GEORGICĂ GRIGORIȚĂ

L'AUTONOMIE ECCLÉSIASTIQUE SELON LA LEGISLATION CANONIQUE ACTUELLE DE L'EGLISE ORTHODOXE ET DE L'EGLISE CATHOLIQUE

Étude canonique comparative

EDITRICE PONTIFICIA UNIVERSITÀ GREGORIANA
ROMA 2011

Vidimus et approbamus ad normam Statutorum Universitatis

Romae, Pontificia Universitate Gregoriana
Die 3 mensis Decembris anni 2010

Prof. Gianfranco Ghirlanda
Rev. P. Lorenzo Lorusso

© 2011 Gregorian & Biblical Press
Piazza della Pilotta, 35 00187 - Roma
books@biblicum.com - www.gbpress.net

ISBN 978-88-7839-**190**-1

INTRODUCTION

Le concept d'*autonomie ecclésiastique* est une des notions déjà discutées et analysées entre les théologiens et les canonistes, orthodoxes et catholiques[1]. Des nos jours, ce concept d'*autonomie ecclésiastique* pose aussi des difficultés qui concerne autant l'organisation ecclésiastique interne de l'Eglise orthodoxe et de l'Eglise catholique, que le dialogue officiel orthodoxe catholique. Confrontées à la réorganisation de leurs structures ecclésiales dans les différents pays de l'ancien bloc communiste, l'Eglise orthodoxe et l'Eglise catholique ont vu surgir de graves difficultés. Celles-ci concernent certes d'abord leur organisation interne, mais trouve aussi en écho dans le dialogue orthodoxe-catholique.

D'abord, il faut préciser que par l'expression *autonomie ecclésiastique* on comprend le système canonique qui concerne le rapport entre d'une part un diocèse/éparchie ou un regroupement des diocèses/éparchies et, d'autre part, l'Eglise universelle ou l'Eglise répandue dans tout l'univers. Ce rapport de communion ecclésiale a été prévu de manière précise dans les prescriptions canoniques de l'Eglise orthodoxe et de l'Eglise catholique. Il n'est pas difficile de comprendre que ces prescriptions sont différentes, surtout parce qu'elles réfléchirent les deux traditions de l'Eglise, orientale et occidentale[2]. Pour cette raison, notre démarche se veut comparative, mais non pas critique. Plus précisément, dans notre travail nous essayerons d'identifier si, dans les deux législations canoniques, il y a des

---

[1] Jusqu'aujourd'hui ont été organisés plusieurs congrès, débats et réunions dans lesquels a été analysé le concept d'*autonomie ecclésiastique*. Nous ne rappelons ici que le dernier congrès de la *Société pour le droit des Eglises orientales*, ténu récemment à Vénice (21-26 septembre 2009), qui a été intégralement dédié aux formes d'autonomie dans les Eglises orientales.

[2] Le pape Jean-Paul II avait présenté très plastique cette réalité, en affirmant que les deux traditions ecclésiastiques, d'Occident et d'Orient, constituent, en fait, les deux poumons de l'unique Eglise du Christ.

éléments communs relatifs à l'*autonomie ecclésiastique*, afin de les présenter – bien sûr dans le profond respect des différences – comme points des départ pour un dialogue sincère et ouverte entre l'Eglise orthodoxe et l'Eglise catholique. De plus, dans le cas où on identifie des aspects problématiques ou lacuneux concernant l'*autonomie ecclésiastique* dans les deux législations canoniques, il est notre devoir de les souligner et de proposer des corrections afin de pouvoir avoir une image fidèle de ce concept.

Au regard des enjeux ecclésiologiques que représente le concept d'*autonomie ecclésiastique*, notre intérêt a été stimulé par deux faits: le premier touche l'inexistence d'une étude exhaustive concernant l'*autonomie ecclésiastique*, ni dans l'Eglise orthodoxe, ni dans l'Eglise catholique, et encore moins une étude comparatif. Les auteurs orthodoxes et catholiques n'ont analysé ce concept que d'une manière ponctuelle et subjective. Le second constat concerne l'échec immérité de la dernière rencontre de la *Commission mixte internationale pour le dialogue théologique entre l'Eglise catholique romaine et l'Eglise orthodoxe*[3] qui s'est réuni à Ravenne dans la période 8-15 octobre 2007. L'échec de cette rencontre est constitué du fait que le document «Conséquences ecclésiologiques et canoniques de la nature sacramentelle de l'Eglise. Communion ecclésiale, conciliarité et autorité»[4], discuté par les membres de cette Commission, n'a pas été signé

---

[3] La *Commission mixte internationale pour le dialogue théologique entre l'Eglise catholique romaine et l'Eglise orthodoxe* est une commission bilatérale qui compte 60 membres à parité entre orthodoxes et catholiques, nommés par leurs hiérarchies. Instituée en 1979 par Jean-Paul II et Dimitrios Ier, elle est placée sous l'égide d'une coprésidence catholique et orthodoxe. Lors de sa première session, qui s'est tenue en 1980 à Patmos, a été décidé aussi la méthode de travail. Le but clairement affirmé de ce dialogue étant le rétablissement de la pleine communion entre les deux Eglises, il avait été décidé de partir des éléments qui unissent les Eglises orthodoxe et catholique romaine. Les travaux de la commission devaient avoir lieu tous les deux ans, mais se sont vite compliqués de problèmes ecclésiastiques et politiques opposant les deux parties ou divisant en son sein l'une ou l'autre partie, qui ont gêné la lisibilité, si ce n'est la pertinence de la démarche. Parce que la commission est une instance de consultation, et non pas de décision, les résultats de ses travaux, si complétés, doivent être soumis aux diverses hiérarchies en cause qui en disposeront alors selon leur gré, étant entendu qu'elles auront de surcroît, en cas d'accord, à en assurer la réception auprès de leurs fidèles. Pour plus de détails, voir G. BRUNI, *Quale ecclesiologia?*; J.C. ARNAZ CUESTA, «Desarrollo histórico», 7-61; H. VALL VILARDELL, «Il lungo camino», 7-14; H. LEGRAND, «Le dialogue», 415-430.

[4] Pour le texte de ce document, voir COMMISSION MIXTE INTERNATIONALE POUR LE DIALOGUE THEOLOGIQUE ENTRE L'EGLISE CATHOLIQUE ROMAINE ET L'EGLISE ORTHODOXE, «Conséquences ecclésiologiques», 579-597. Pour une présentation détaillée du

par les représentants de l'Eglise orthodoxe de Russie, qui ont quitté la rencontre à cause de la présence des représentants de la soi-disant *Eglise apostolique d'Estonie*[5]. Ainsi, le Document de Ravenne, qui pourrait représenter un grand pas avant pour le dialogue orthodoxe-catholique[6], a été malheureusement dépourvu de toute valeur officielle[7].

Document de la Ravenne, voir G. GHIRLANDA, «Il *Documento di Ravenna*», 541-595; D. SALACHAS, «Conciliarità e autorità», 17-34; I. ICĂ JR., «Important acord teologic», 227-256; F. BOUWEN, «Xe Session plénière», 59-78; J. FAMEREE, «Communion ecclésiale», 236-247; A. DE VILLE, «Ravenna and Beyond», 99-138; K. WARE, «The Ravenna Document», 766-789.

[5] A leur arrivée à Ravenne, les délégués du Patriarcat de Moscou ont constaté que la partie orthodoxe comportait une délégation officielle de l'*Eglise apostolique orthodoxe d'Estonie*, placée sous l'autorité du Patriarcat de Constantinople avec le statut d'autonomie, mais que Moscou précisément ne reconnaît pas comme telle (ce problème est analysé ultérieurement dans la thèse), et qui n'avait pas participé, en conséquence, aux sessions précédentes de Baltimore en 2000 et de Belgrade en 2006. Le chef de la délégation russe à Ravenne, l'évêque Hilarion Alfeyev, a récusé la présence, *ex officio*, d'une délégation de l'*Eglise apostolique orthodoxe d'Estonie*, en arguant qu'accepter cet état de fait reviendrait à acter une reconnaissance *de facto*, mais non sans proposer que les membres de ladite délégation soient assimilés à la représentation de Constantinople. Le métropolite Jean Zizioulas, co-président orthodoxe de la Commission, a répondu à cette objection en proposant que *et* la présence de l'*Eglise apostolique orthodoxe d'Estonie et* le déni de reconnaissance de Moscou soient portés comme tels dans la déclaration finale. L'évêque Hilarion a décliné cette proposition en soulignant que Moscou, pour sa part, n'imposait pas la présence d'Eglises qui ne sont pas unanimement considérées comme autocéphales (Eglise orthodoxe d'Amérique) ou autonomes (Eglise orthodoxe de Japon). La partie catholique a jugé qu'il s'agissait d'une affaire intra- orthodoxe. En l'absence de solution, la délégation russe s'est retirée (cf. W. KASPER, «Le radici del conflitto», 531-541). Le Saint Synode du Patriarcat de Moscou, dans sa réunion du vendredi 12 octobre 2007, lors de sa session d'automne, a entériné la décision de la commission russe de quitter le dialogue à cause d'un désaccord avec le Patriarcat de Constantinople (cf. H. ALFEYEV, «Le dialogue manqué»).

[6] Les points essentiels pour le dialogue orthodoxe-catholique compris dans ce document sont les suivants: les deux délégations (catholique et orthodoxe) concordent sur le fait que l'Eglise de Rome, en tant que l'Eglise qui «préside à la charité» occupait au premier millénaire la première place dans l'ordre canonique (n. 41); le document explique les thèmes de la *conciliarité/synodalité* et de l'*autorité* de l'Eglise à leurs différents niveaux (local, régional et universel), tout en précisant que, si les orthodoxes et les catholiques reconnaissent ces deux principes, ils ne l'appliquent pas de la même manière (n. 5-44); le document insiste sur le fait que la *conciliarité/synodalité* et l'*autorité* doivent se conjuguer à tous les niveaux de manière que le premier évêque ne puisse rien faire sans les autres évêques, ni les autres sans lui (n. 43-44). Toutefois, dans le document il y a aussi des éléments inacceptables pour l'ecclésiologie orthodoxe. Le premier élément concerne la seule note du Document de Ravenne qui fait valoir que les conceptions orthodoxe et

catholique de l'Eglise n'y sont pas exposées correctement. En effet, «cette note semble mettre en question le fondement même du dialogue comme se déroulant entre des Eglises qui se reconnaissent comme telles et qui donc admettent l'ecclésialité théologique de l'autre Eglise: le dialogue se passe entre des Eglises séparées qui tentent de retrouver la pleine communion dans le Corps du Christ et non pas entre une «Eglise *non*-séparée» et une «Eglise séparée» qu'il faudrait convertir en la ramenant à sa propre communion. Ce qui est en jeu ici est le concept théologique d'*Eglises sœurs*, concept qui semblait être un acquis depuis les débuts du dialogue.» (T. POTT, «Le document», 573). Le deuxième élément est le parallélisme entre «la communion avec le siège Rome» en Occident et «la communion avec le siège de Constantinople» en Orient comme condition et/ou critère d'ecclésialité, de catholicité, de conciliarité/synodalité (n. 39). Or, le seule critère de catholicité dans l'Eglise orthodoxe a toujours consisté dans la communion dogmatique, canonique et cultuelle (de culte) des Eglises locales entre elles, et non pas dans la seule communion avec le siège de Constantinople. Il faut noter que la question était posée, en fait, dès la session précédente de la Commission mixte en 2006, à Budapest: les représentants du Patriarcat du Moscou avaient déjà refusé le texte du document de travail et le comité de rédaction avait proposé, en février 2007, une formulation acceptable qui ne mentionnait plus la communion avec le siège de Constantinople. Le retrait de la délégation russe a donc permis de revenir à la première mouture dans le document final. En analysant cette situation, le patriarche de Moscou et de toute la Russie, Alexeï II, avait affirmé: «Cependant nous avons des remarques sérieuses quant à ce document. Concrètement parlant, le paragraphe 39 du ledit document stipule qu'après le schisme entre l'Occident et l'Orient en 1054, «qui a rendu impossible la convocation des conciles œcuméniques *stricto sensu*» les deux Eglises ont continué, dans les situations de crise à convoquer les conciles. «À ces conciles étaient présents les évêques des Eglises locales liées au trône de Rome, mais à l'époque on considérait qu'elles étaient liées au trône de Constantinople» cite ce paragraphe. Le paragraphe exprime bien que dans le monde chrétien existe bien deux centres Rome et Constantinople, mais nous savons pertinemment que le trône de Constantinople ne représente pas pour l'Eglise orthodoxe une notion identique au trône de Rome pour les catholiques. On a l'impression que ce document offre un nouveau modèle d'organisation de l'Eglise, que notre Eglise n'approuve point. Ainsi, il a été clair que l'absence de l'Eglise orthodoxe russe à Ravenna a facilité l'insertion de ce paragraphe dans le document. Nous avons même un doute, qui plus est, que l'incident avec l'*Eglise orthodoxe apostolique de l'Estonie* ait été spécialement provoqué afin d'exclure provisoirement du dialogue le Patriarcat de Moscou. Ainsi, en tenant compte de ces arguments: la non-participation de notre délégation à Ravenna et le contenu contestable du document - l'Eglise orthodoxe russe conserve le droit de ne pas le reconnaître en tant qu'expression de tous les orthodoxes dans le dialogue avec l'Eglise catholique.», (ALEXEÏ II, «L'incident»).

[7] Il faut souligner d'abord que le Document de Ravenna n'est pas un document officiel d'accord théologique ratifié par les deux Eglises, orthodoxe et catholique, mais un document d'accord entre des théologiens dûment mandatés par les deux Eglises. Ensuite, il faut préciser que la délégation de l'Eglise de Bulgarie étant empêchée, n'a pu se rendre à la session, et que la délégation du Patriarcat de Géorgie a dû quitter la session dès le 9 octobre 2009 après-midi, en raison des célébrations du trentième anniversaire de Sa Sainteté Ilia, Patriarche de l'Eglise de Géorgie. Il en résulte donc que, aux travaux de la Commis-

Nous nous proposons alors de prendre comme point de départ les prescriptions canoniques actuelles de l'Eglise orthodoxe et de l'Eglise catholique et de les analyser pour identifier les niveaux d'autonomie prévue pour chaque unité ecclésiale. C'est dans ce cadre que nous identifierons aussi les éléments communs de l'*autonomie ecclésiastique*. Pour cette raison notre travail est divisé en deux parties distinctes: une pour l'Eglise orthodoxe, l'autre pour l'Eglise catholique.

Dans la première partie de notre travail il est présentée d'abord l'*autonomie ecclésiastique* ainsi comme est-t-elle prévue dans le *corpus canonum* de l'Eglise orthodoxe. Ensuite, dans la même partie, on fait une analyse de la manière dans laquelle cette *autonomie ecclésiastique* est appliquée dans les actuels Statuts d'organisation de l'Eglise orthodoxe de Constantinople, de l'Eglise orthodoxe de la Roumanie et de l'Eglise orthodoxe de Russie.

Puis une deuxième partie est dédiée à l'analyse de l'*autonomie ecclésiastique* dans l'Eglise catholique. Premièrement ils seront analysés les documents du concile Vatican II, pour passer ensuite aux deux Codes de droit canonique en vigueur aujourd'hui dans l'Eglise catholique. Il sera donc analysé le concept d'*autonomie ecclésiastique* ainsi comme est-t-il prévu dans l'Eglise catholique latine et dans les Eglises catholiques orientales.

Enfin, nous confronterons les deux visions ecclésiologiques afin d'identifier des éléments communs. Est-ce qu'il y a la possibilité d'élaborer, bien sûr dans le respect des différences, une théorie commune orthodoxe-catholique du concept d'*autonomie ecclésiastique*.

---

sion, n'ont pas participé les représentants des trois Eglises orthodoxes locales (les patriarcats de Géorgie, de Moscou et de Bulgarie), et, en conséquence, ils n'ont pas signé le document final. Ainsi, il est absolument clair que le Document de Ravenne ne peut point être considéré comme expression du dialogue officiel orthodoxe-catholique.

PREMIÈRE PARTIE

L'AUTONOMIE ECCLÉSIASTIQUE SELON L'ACTUELLE LÉGISLATION CANONIQUE DE L'EGLISE ORTHODOXE

CHAPITRE I

L'ecclésiologie de l'Eglise orthodoxe: organisation, statuts

1. L'ecclésiologie orthodoxe: aperçu général

1.1 *Le syntagme d'Eglise orthodoxe: étymologie et sens actuel*

Avec le syntagme de «l'Eglise orthodoxe», aujourd'hui, vient d'être identifiée toute l'Eglise du Christ, qui, à partir de 1054[1], a rompu ses relations de communion dogmatique, liturgique et canonique avec l'Eglise occidentale gouvernée par l'évêque de Rome. Mais, pour mieux comprendre l'organisation canonique de l'Eglise orthodoxe, il est nécessaire de présenter l'étymologie du mot «orthodoxe», comme aussi l'ecclésiologie orthodoxe ainsi qu'elle a été prévue dans les sources canoniques de l'Eglise chrétienne du Ier millénaire.

Le mot «orthodoxe» est un substantif d'origine grecque, composé de ὀρθός – *orthos* (correct, droit)[2] et δόξα – *doxa* (foi/doctrine)[3], et sa traduction littérale est «doctrine correcte»[4]. À partir des premiers

---

[1] Quel que soit le partage des responsabilités, et partage il y a, la rupture de communion de 1054 restera pour l'Orthodoxie le fait, peut-on dire unilatéral, de Rome, provoqué par ses prétentions hégémoniques et ses «déviances théologiques». Pour la vision orthodoxe sur la cassure canonique du XIe siècle, voir J. MEYENDORFF, *Lo scisma tra Roma e Costantinopoli*; P. L'HUILLIER, «Le schisme de 1054», 144-164; I.-V. LEB, «Le grand schisme», 29-40; T.M. POPESCU, «Geneza şi evoluția schismei», 163-217; J.H. ERICKSON, «Leavened and Unleveaned», 155-176.

[2] «ὀρθός – verus, rectus – vrai, droit», *Byzantinon Dikaion*, 324; Cf. aussi *Magnien-Lacroix*, 1271; *Bailly*, 1400; .

[3] «δόξα – opinio, doctrina – opinion, doctrine», *Byzantinon Dikaion*, 140; Cf. aussi *Magnien-Lacroix*, 451; *Bailly*, 531.

[4] « ὀρθοδοξία – recta doctrina, vera (sana) doctrina – vrai (saine) doctrine», *Byzantinon Dikaion*, 324. Cf. aussi *Thesaurus Graecae Linguae*, V, col. 2174.

siècles du christianisme, l'expression «orthodoxe» exprime, dans le langage de l'Eglise, la pleine adhésion au message originaire de Jésus-Christ, transmis par ses Apôtres, sans additifs, ni amputations, ni mutations[5]. En tant que fidèles à ce message, les Eglises locales se définissaient elles-mêmes comme «orthodoxes». Cependant, l'expression «l'Eglise orthodoxe» devient d'usage commun seulement après la rupture de communion de 1054, quand elle est employée pour distinguer les quatre patriarcats[6] orientaux de celui de Rome[7]. Depuis ce moment-là, on parle de l'*Eglise catholique* pour identifier le patriarcat de Rome (appelé aussi l'*Eglise romaine* ou l'*Eglise latine*[8]), et de l'*Eglise orthodoxe* pour identifier les patriarcats d'Alexandrie, d'Antioche, de Constantinople et de Jérusalem (appelée aussi l'*Eglise orientale*[9]). En fait, seulement à partir de ce moment-là, l'Eglise occidentale prendra le nom d'*Eglise catholique* et l'Eglise orientale sera identifiée comme l'*Eglise orthodoxe*[10].

---

[5] A. DI BERNARDINO, *Dizionario patristico*, II, 2544-2545. Pour plus de détails, voir M. SIMONETTI, *Ortodossia ed eresia*; C. BĂDILIȚĂ, *Orthodoxie versus ortodoxie*.

[6] Par le mot «patriarcat» est comprise une Eglise locale soumise à l'autorité d'un synode, dont le premier-évêque ou le proto-hiérarque porte le titre de «patriarche».

[7] Cf. M. ŞESAN, «Din istoricul noțiunii de Ortodoxie», 63-75; «Circulația cuvântului «ortodox»», 240-263; «De l'Orthodoxie», 122-134; «Orthodoxie. Histoire d'un mot», 425-434; «Orthodoxie. Histoire d'un mot», 50-56.

[8] Au premier millénaire chrétien, par l'expression l'*Eglise latine* on entendait le Patriarcat de Rome (le patriarche était l'évêque de Rome) qui dans les premiers siècles du christianisme était formé des provinces occidentales de l'Empire Romain, c'est-à-dire de l'Europe latine (l'Italie, la Gaule, la Péninsule Ibérique et l'Allemagne). Après la rupture de communion de 1054, l'Eglise de Rome est souvent désignée par l'expression l'*Eglise latine* ou l'*Eglise catholique*, principalement parce qu'elle utilisait le latin comme langue liturgique. Après l'expansion missionnaire, en particulier après le XVIe siècle, l'Eglise latine s'est diffusée sur les autres continents.

[9] Il faut aussi préciser ici que, avec les grandes migrations du XIXe et surtout du XXe siècle, sous la pression de la misère économique (l'exode vers le Nouveau Monde et l'Australie, puis vers l'Europe occidentale) ou bien des guerres et des persécutions (révolutions communistes, effondrement de la Grèce d'Asie Mineure, drames palestinien et libanais), le christianisme orthodoxe a perdu son caractère géographique oriental. L'Eglise orthodoxe est aujourd'hui présente sur tous les continents et la rencontre de l'Orthodoxie et de l'Occident, grâce aux différentes «diasporas» orthodoxes, constitue sans conteste un des grands événements spirituels de notre époque.

[10] A ce sujet, voir P. EVDOKIMOV, *L'Orthodoxie*; S. BOULGAKOV, *L'Orthodoxie*; T. NIKOLAU, *Die Orthodoxe Kirche*, H. ALFEYEV, *L'Orthodoxie*. Voir également A. FORTESCUE, *The Eastern Orthodox Church*. Il faut absolument noter ici que, dans l'Eglise catholique, on parle plutôt d'*Orthodoxie* ou des *Eglises orthodoxes*, car selon la vision catholique l'Eglise du Christ est une et subsiste dans l'Eglise catholique gouver-

1.2 Eléments essentiels de l'actuelle ecclésiologie de l'Eglise orthodoxe

En ce qui concerne l'ecclésiologie orthodoxe[11], il faut préciser que les théologiens orthodoxes affirment généralement que l'Eglise, en raison de sa nature, à la fois divine et humaine, et de son identité eschatologique, ne peut être enfermée dans aucune définition: elle peut seulement être décrite[12]. Cette position des théologiens orthodoxes est justifiée par le fait que, les traités systématiques des Pères de l'Eglise, ne contiennent pas non plus un chapitre spécial sur l'Eglise. En parlant de cette question, l'un des théologiens orthodoxes les plus connus, Paul Evdokimov (1901-1970), expliquait que:

> ni le *Peri archon* d'Origène, ni le *Discours catéchétique* de S. Grégoire de Nysse, ni la *Confession de foi orthodoxe* de S. Jean Damascène ne traitent de l'ecclésiologie *ex professo*. Certes, pourrait-on dire, au temps des Pères, l'évidence de la vie est si éclatante qu'elle se passe de toute définition formelle. Peut-on discuter de la lumière pendant que le soleil luit? «L'idée de l'Eglise n'existe point, mais elle-même existe, et pour tout membre vivant, l'Eglise est la chose la plus palpable et la plus connue», dit avec raison le père

---

née par le Pontife Romain et le Collège des évêques (cf. LG 8b) et les Eglises orthodoxes, bien qu'elles ne soient pas en pleine communion avec l'Eglise catholique, sont considérées des Eglises particulières car dans elles on trouve la succession apostolique et donc l'Eucharistie (cf. CN n. 14, JEAN PAUL II, Encyclique *Ut unum Sint*, n. 55-58, 59-60).

[11] Pour plus de détails sur l'ecclésiologie de l'Eglise orthodoxe, voir N. LOSSKY, «L'ecclésiologie», 7-14; I. BRIA, «Introducere în ecleziologia ortodoxă», 695-704; O. CLÉMENT, «L'ecclésiologie orthodoxe», 10-36. Pour la vision catholique de cette ecclésiologie, voir Y. SPITERIS, *Ecclesiologia ortodossa*; «La Chiesa tra patrologia ed escatologia», 308-395; E. LANNE, «Le mystère de l'Eglise», 171-212.

[12] «L'Eglise, je parle ici pour l'orthodoxie, s'oublie elle-même, ne cherche pas à se définir ni à s'installer, ne joue pas avec ses titres. Elle se doit d'être transparente à la fois à Dieu et au monde. Transparente comme le prêtre qui célèbre l'eucharistie, in *Persona Christi* comme dit la théologie latine, icône du Christ, comme nous le disons. Il s'efface pour laisser entendre parler le Christ dans les paroles de l'institution, dans l'invocation du Saint-Esprit, dans la prédication évangélique. Transparence à Dieu, dans laquelle l'Eglise intercède pour le monde entier, car elle est là pour continuer l'oeuvre du Christ pour le salut du monde. D'autre part, elle est transparente aux hommes et leur communique la grâce de Dieu. L'Eglise se place dans une double médiation d'intercession et de grâce.», B. BOBRINSKOY, «Le message de l'Orthodoxie», 37. Cf. aussi N. MATSOUKAS, *Teologia dogmatica*, II, 193-204; P. TREMBELAS, *Dogmatique de l'Eglise orthodoxe*, II, 366; P. EVDOKIMOV, *L'Orthodoxie*, 123; D. STĂNILOAE, *Teologia Dogmatică Ortodoxă*, II, 255; P.S. BOULGAKOV, *L'Orthodoxie*, 4. Voir également I. KARMIRIS, *L'insegnamento dogmatico*; J. MEYENDORFF, «The Orthodox Concept of the Church», 59-71; D. POPESCU, «Natura Bisericii», 652-664.

Florensky. «Viens et Vois», note, dans le même sens de participation intérieure, le père Serge Boulgakoff. C'est pourquoi le besoin même de définir est déjà inquiétant en soi et marque le moment de l'éclipse de l'évidence. Et on comprend que, dans les formules des manuels et des catéchismes, ce n'est pas l'Eglise qui parle sur sa propre nature, mais ce sont les théologiens et les écoles qui la définissent. Ainsi le catéchisme de Laurent Zizani (1627), la Confession de Pierre Moghila (1640), la Confession du patriarche Dosithée au synode de Jérusalem (1672), le catéchisme de Th. Procopovitch, les Confessions du patriarche Gennadios (1459) et du patriarche Mitrophane (1625), se réfèrent aux quatre «notes» du Credo, ou se limitent par une définition simpliste d'une «société» unie par la foi, la hiérarchie et les sacrements. Ce sont des textes de circonstance, de nature polémique et le plus souvent calqués sur les formules occidentales[13].

Cependant, la même ecclésiologie constate que l'identité de l'Eglise du Christ est fondée sur l'accomplissement de la sainte Eucharistie. En raison de cette vision, l'ecclésiologie orthodoxe a été identifiée régulièrement comme une *ecclésiologie eucharistique*[14] et rien d'autre. Le passage de 1 Co. 10, 16-17 mis en rapport avec d'autres passages de Paul sur l'unité du corps du Christ[15] et sur l'eucharistie[16] révèle clairement le caractère eucharistique de l'Eglise. En fait, les passages ici mentionnés – avec, au cœur, 1 Co. 10, 16-17 – constituent la base néotestamentaire fondamentale de l'*ecclésiologie eucharistique* remise en valeur au XXe siècle dans le dialogue œcuménique, grâce surtout aux théologiens orthodoxes[17] appartenant à l'exil russe[18], dont l'initiateur a

---

[13] P. EVDOKIMOV, «Les principaux courants de l'ecclésiologie orthodoxe», 57.
[14] Je pense ici, en particulier, à A. MAFFEIS, «La Chiesa e l'Eucaristia», 149-180; G. GALEOTA, «La chiesa», 267-283; K.C. FELMY, *La teologia ortodossa*, 223-380.
[15] 1 Co. 12, 12; Rm. 12, 4-5; Ep. 4, 3-6; Ga. 3, 28; Col. 3, 11.
[16] 1 Co. 11, 23-26
[17] Pour une présentation de la théologie orthodoxe du XXe siècle, voir Y. SPITERIS, *La teologia ortodossa*; M. CAMPATELLI, *La teologia ortodossa*, 7-30; I. TODORAN – N. CHIŢESCU – I. ICĂ – D. STĂNILOAE, *De la théologie orthodoxe*.
[18] La diaspora russe a commencé à se constituer à la suite de la révolution bolchevique d'octobre 1917. La révolution, et la guerre civile qui s'ensuivit, furent la cause d'une importante émigration en provenance de l'ex empire tsariste. Environ quatre millions de russes (la plupart des émigrés sont des «Russes blancs», à savoir des nobles, des partisans et nationalistes tsaristes) quitteront la Russie à cause du nouveau régime. L'Eglise orthodoxe russe a essayé de se réorganiser pour pouvoir survivre dans cette nouvelle situation politique et sociale. Malheureusement, elle s'était aussi scindée, pendant l'émigration, en trois groupes («juridictions») indépendants, voire antagonistes: 1. celui du *Synode hors-frontières*, attaché avec un traditionalisme extrême à l'héritage politique, culturel et spirituel de l'ancien régime; 2. celui de l'*Ar*-

été Nicolas Afanassieff (1893-1966)[19].

En fait, Nicolas Afanassieff peut être considéré comme le théologien orthodoxe qui a systématisé l'*ecclésiologie eucharistique*[20]. Sa thèse centrale peut se résumer comme suit:

> Là où est l'Eucharistie, là est la plénitude de l'Eglise et vice versa, ce n'est que là où est la plénitude de l'Eglise que peut être célébrée l'Eucharistie[21].

Pour lui, on ne peut avoir une expérience de l'Eglise que lorsqu'elle célèbre l'Eucharistie. Toute assemblée locale qui célèbre l'Eucharistie est l'Eglise locale, car tout le Corps du Christ est présent, et le Corps du Christ ne peut être divisé. Le Christ, par l'Eucharistie, incorpore en lui toutes les réalités humaines pour en faire un seul corps avec Lui. On voit que l'union avec le Christ n'est pas conçue comme une union individuelle d'un croyant avec Lui, mais comme l'union avec le Christ par et dans l'union de tous les croyants qui forment son Corps dans la célébration eucharistique.

1.2.1 L'*ecclésiologie eucharistique* vs. l'*ecclésiologie de communion*

Successivement, parce que l'*ecclésiologie eucharistique* d'Afanassieff était très simpliste et présentait plusieurs défauts[22], cette position

---

chevêché d'Europe occidentale qui avait intégré l'obédience du Patriarcat de Constantinople; 3. celui du Patriarcat de Moscou. Cf. N. STRUVE, *Soixante-dix ans d'émigration russe*, 63-100; M. GORBOFF, *La Russie fantôme*.

[19] Pour la présentation de la personnalité et de l'œuvre de ce théologien russe, voir J.K. SYTY, «Nicolas Afanassieff», 85-100; A. JOOS, «Comuniune universale», 7-47, 223-260; K.C. FELMY, *La teologia ortodossa*, 230-240; Ş. BARBU, «Charism, Law», 19-43. Voir aussi A. NICHOLS, *Theology in the Russian Diaspora*.

[20] On peut se reporter à son ouvrage majeur, *L'Eglise du Saint Esprit*, et à ses études: «L'assemblée Eucharistique dans l'Eglise ancienne», 1-36, «L'Eglise de Dieu dans le Christ», 1-38, «L'Apôtre Pierre et l'évêque de Rome», 465-475, «L'Eglise qui préside dans l'amour», 7-64, 620-641, et «Una Sancta», 436-475.

[21] N. AFANASSIEFF, «L'Eglise qui préside dans l'amour», 29.

[22] Des théologiens orthodoxes, comme Liviu Stan et Panayotis Trembelas, ont reproché à Afanassieff d'avoir été influencé par le piétisme protestant, en particulier par le juriste allemand Rudolph Sohm (1841-1917), et que l'opposition qu'il fait entre le local et l'universel soit discutable. L. STAN, «Der Primat der Wahrheit», 449-458; «Primatul adevărului», 179-184; P.N. TREMBELAS, «Θεωριαι απαραδεκτοι περι την Unam Sanctam», 167-168, 198-199, 235-237, 268-269, 296-298, 318-320, 351-353. Il faut mentionner que cette ecclésiologie a aussi été critiquée par des auteurs catholiques, comme B. Schultze ou J.J. Holtzman. Cf. B. SCHULTZE, «Ecclesiologia universale», 14-35; J.J. HOLTZMAN, «Eucharistic ecclesiology», 5-21.

a été assumée de façon critique[23] par l'actuel métropolite de Pergam, Jean Zizioulas[24]. Il met en cause l'adéquation totale entre Eucharistie et Eglise dans ses conclusions extrêmes[25]. Pour lui, il est dangereux de considérer que seule l'Eucharistique est nécessaire pour qu'il y ait l'Eglise. En ce sens, le théologien grec affirme que

> pour exprimer le concept d'Eglise, de son unité, d'autres éléments sont nécessaires à côté de l'Eucharistie, telle la foi correcte sans laquelle même l'Eucharistie est impossible[26].

Il insiste spécialement sur la place de l'évêque dans l'assemblée eucharistique, car, selon son opinion, c'est le rôle de l'évêque dans la liturgie eucharistique qui lui donne son rôle, sa place dans la vie du Corps qu'est l'Eglise. L'Eglise qui se fait par l'Eucharistie ne peut être que l'Eglise épiscopale où l'évêque, successeur des apôtres, témoigne de la foi reçue et l'annonce. En redonnant, toute sa place à l'évêque, Zizioulas peut aussi réarticuler les diverses Eglises les unes par rapport aux autres en mettant en évidence que l'évêque n'est pas évêque tout seul, mais qu'il est membre d'un

---

[23] Zizioulas a critiqué pour la première fois l'ecclésiologie d'Afanassieff dans sa thèse de doctorat Cf. J. ZIZIOULAS, *Η ενότης της εκκλησίας*, 16-18. Cette critique a été développée aussi dans ses écrits ultérieurs: J. ZIZIOULAS, *L'être ecclésial*, 18-20; «Cristologia, pneumatologia», 118-120.

[24] Pour la personnalité et l'oeuvre de Jean Zizioulas, voir Y. SPITERIS, *La teologia ortodossa*, 363-416; G. BAILLARGEON, «Jean Zizioulas, porte parole», 176-193; D.H. KNIGHT, ed., *The Theology of John Zizioulas*; K.C. FELMY, *La teologia ortodossa*, 230-240; A. PORPORA, «Percorsi della teologia ortodossa», 6-155.

[25] «Furthermore, eucharistic ecclesiology such as has been developed by Fr. Afanasiev and his followers raises serious problems, and because of this it is in need of fundamental correction. The principal "wherever the eucharist is, there is the Church" on which this ecclesiology is built, tents to lead towards two basic errors that Fr. Afanasiev did not avoid, any more than those who have faithfully followed him. The first of these errors consists in considering even the parish where the eucharist takes place as a complete and "catholic" Church. […] The other great problem created by "eucharistic ecclesiology", as Fr. Afanasiev has developed, it concerns the relationship between the local Church and the Church "universal". The eucharistic community envisaged in its parochial or even episcopal form is necessarily local. The principle "wherever the eucharist is, there is the Church" risks suggesting the idea that each Church could, independently of other local Churches, be the "one, holy, catholic and apostolic Church".», J. ZIZIOULAS, *Being Communion*, 24-25.

[26] J. ZIZIOULAS, *L'Eucharistie, l'Evêque et l'Eglise*, 251.

collège épiscopal, que son Eglise locale est communion avec les autres Eglises locales[27].

Le résultat de cette critique a été développé graduellement dans un type d'*ecclésiologie de communion* pas assez bien défini et qui présente encore beaucoup de lacunes. En réalité, Zizioulas, dans ses premiers écrits, en gardant l'idée de son mentor Georges Florovsky (1893-1979), ne considérait l'ecclésiologie que comme un chapitre de la christologie[28]. Par conséquent, en 1993, dans la préface de la traduction française de sa thèse de doctorat, le métropolite même a dû reconnaître diplomatiquement, que

> l'étude [...] présente un caractère christologique accentué qui pourrait faire négliger le rôle de l'Esprit Saint dans l'unité de l'Eglise. Tout l'effort de l'auteur au cours de ses travaux ultérieurs a été de réaliser une synthèse correcte entre Christologie et Pneumatologie[29].

Plus tard, il a essayé de réaliser une synthèse entre la christologie et la pneumatologie[30]. Pour cela, il a parlé d'une «anamnesis[31] eucharistique» qu'il définit comme une réalisation existentielle, une représentation du Corps du Christ, et il a présenté l'existence de l'Eglise, en tant que Corps du Christ et dans sa catholicité, comme une réalité qui dépend constamment de l'Esprit Saint[32]. Cette synthèse est faite à partir de la christologie, et sans priorité de celle-ci sur la pneumatologie, mais le résultat a toujours été très contesté. En effet, Zizioulas prend ces deux principes simultanément et crée une distinction entre elles à l'aide des deux notions de *constitution* et d'*institution*; selon lui, l'Eglise est «instituée» par le Christ et «constituée» par l'Esprit Saint[33]. Malheureusement, encore aujourd'hui, cette tentative de synthèse n'a pas été développée par le métropolite grec, et, par conséquent, son ecclésiolo-

---

[27] Cette vision de Zizioulas a été reprise par le théologien grec G. Tsetsis dans une étude publiée en 1986: G. TSETSIS, «La dimension universelle», 23-64.
[28] G. BAILLARGEON, *Perspectives orthodoxes sur l'Eglise-Communion*, 64; L. TURCESCU, «Eucharistic Ecclesiology or Open Sobornicity?», 91-92.
[29] J. ZIZIOULAS, *L'Eucharistie, l'Evêque et l'Eglise*, 7.
[30] Jusqu'à 1972, Zizioulas proposait une ecclésiologie avec une dominante nettement christologique, et le premier article où il l'intègre véritablement à la pneumatologie est «Die pneumatologische Dimension der Kirche», publié en 1973.
[31] Dans le langage liturgique, le terme «anamnesis» constitue l'essence même de l'anaphore eucharistique, c'est-à-dire la consécration des dons.
[32] Cf. J. ZIZIOULAS, «Le mystère de l'Eglise dans la tradition orthodoxe», 323-335.
[33] J. ZIZIOULAS, «Christologie, pneumatologie et institutions ecclésiales», 147.

gie est maintenant considérée comme incomplète[34] et non représentative par les théologiens orthodoxes[35].

De plus, les canonistes orthodoxes contemporains ont accusé le métropolite grec de soutenir la monarchie épiscopale[36], lorsqu'il parle d'une soi disant «acceptation progressive» du synode comme norme dans la vie de l'Eglise[37]. Le canoniste roumain Nicolas Durǎ critique d'une manière véhémente le théologien grec, en affirmant:

---

[34] Pour des critiques de la théologie proposée par Zizioulas, spécialement sur ses vision et interprétation de la tradition patristique de l'Eglise orthodoxe, en particulier sur le rapport entre la personne et la nature, voir D. POPESCU, «Centralitatea lui Hristos», 11-20; L. TURCESCU, «"Person" versus "Individual"», 527-539; J. BEHR, *The Way to Nicaea*; *The Nicene Faith*; A. LOUTH, *John Damascene*; G. KARALIS, «La teologia ortodossa», 6-12; J. BEHR, «The Trinitarian Being», 67-88; Y. SPITERIS, *La teologia ortodossa*, 407-415; P. NÈGRE, «"Ceci est mon Corps"», 194-219. Une partie de cette critique a été analysée par Alan Brown, qui avait aussi essayé de défendre l'orthodoxie du métropolite grec: A. BROWN, «On the Criticism of *Being as Comunion*», 35-78. De plus, une critique très dure de l'entière théologie proposée par le métropolite grec a été faite par le théologien serbe Rudoljub Lazić, qui considère la théologie de Zizioulas comme hérétique: R. LAZIĆ, *Novatorsko bogoslovlje mitropolita Ziziulasa*. Une position très dure, contre la théologie du Zizioulas, a été prise aussi par la rédaction de la revue *Italia ortodossa* en 1999, qui accusait le métropolite grec d'être l'exposant de la pure théologie catholique, plus précisément de la théologie d'Henri de Lubac. En conclusion, le même staff éditorial, précisait que «per rispetto al mondo Cattolico e al mondo Riformato affermiamo che lo stile e gli argomenti di Zizioulas li ingannano perché sono spesso lontani dal vero. Quest'autore non rappresenta in alcun modo la teologia tradizionale ortodossa ma dei personali e, a volte, peculiari aspetti teologici che non hanno nulla a che fare con l'esperienza comune condivisa e fedelmente praticata dalla gran maggioranza dei credenti ortodossi per secoli.», «Il teologo Ioannis Zizioulas espone veramente l'Ortodossia?», 3.

[35] Pour une vision générale sur l'ecclésiologie orthodoxe, comme aussi pour une critique pertinente de l'*ecclésiologie eucharistique*, voir L. TURCESCU, «Eucharistic Ecclesiology or Open Sobornicity ?», 83-103; C. BERGER, «Does the Eucharist make the Church ?», 23-70; Ș. BARBU, «From Ontology to Ecclesiology», 201-216.

[36] Il faut souligner ici que l'Eglise orthodoxe refuse toute vision monarchique de l'évêque. Pour les orthodoxes, l'évêque (ἐπίσκοπος – surveillant) «n'est pas simplement le fonctionnaire n. 1 ou le chef d'une institution juridique, ni quelqu'un qui surveille à l'image d'un gendarme qui a la charge de l'ordre public d'individus anonymes, mais il surveille à l'image d'un cerveau qui enregistre et se préoccupe des besoins d'un corps vivant et qui saisit l'état normal ou les souffrances des différents membres». D. CIOBOTEA, «L'Eglise, mystère de la communion», 68.

[37] J.H. ERICKSON, «Las Iglesias locales y la catolicidad», 675.

Jean Zizioulas, l'un des représentants marquants de cette ecclésiologie eucharistique, a tort lorsqu'il affirme que « ... l'acceptation définitive des structures conciliaires supra-locales, ayant autorité sur l'évêque du lieu, fut provoquée par la nécessité urgente de résoudre le problème de l'admission à l'eucharistie entre les Eglises locales». En réalité, le canon 5e du Ier concile œcuménique, que lui-même invoque pour soutenir son argumentation, n'envisage pas le problème de l'admission à l'eucharistie entre les Eglises locales, mais le sujet des excommuniés et la tenue des synodes deux fois par an. De plus, le canon 5e du Ier concile œcuménique a confirmé les décisions prises par des canons apostoliques (cf. cc. 12e, 13e, 16e, 32e, 33e, 34e, 37e). Ensuite, il s'agissait de la confirmation de l'institution synodale de type métropolitain. Certes, de telles affirmations montrent que l'interprétation du texte des canons n'est pas toujours à la portée des ecclésiologues[38].

Personnellement, je considère que la plus grave erreur du théologien grec est celle de confondre le concept de président de l'assemblée eucharistique (προεστώς – président) avec celle de premier évêque d'une Eglise locale (πρῶτος – premier)[39]. En fait, dans la logique de son ecclésiologie, il part du fait que le premier évêque de la *taxis* (τάξις), à savoir le premier dans l'ordre de préséance, n'est que le premier évêque de l'assemblée eucharistique, c'est-à-dire le président de l'Eucharistie[40]. Malheureusement, il fait une grave confusion, car la théologie orthodoxe distingue clairement entre l'ordre de célébration de la sainte liturgie, où le premier évêque c'est celui qui a la plus ancienne ordination, et l'ordre de préséance, où le premier c'est l'évêque de la ville la plus importante. Dans le même sens, N. Dură avait aussi fait l'observation suivante:

> Bien que la «synaxe» liturgique ait servi de modèle et d'archétype pour les structures conciliaires de l'Eglise, pourtant, on ne doit pas l'identifier à l'institution synodale, comme cherchent à le faire des représentants de cette ecclésiologie [eucharistique], d'ailleurs en grande vogue à notre époque. [...] Enfin, on doit retenir que le concile apostolique ne fut pas une «synaxe» liturgique, comme l'affirment les adeptes de l'ecclésiologie

---

38 N. Dură, *Le régime de la synodalité*, 95.

39 La même erreur est faite par G. Papathomas, un de ses disciples, qui affirme textuellement que «le προεστώς, dans le langage ecclésial, est le chef de l'Eucharistie (président) qui, de ce fait, est également le chef de la Communauté ecclésiale, c'est-à-dire l'évêque, le chef de l'Eglise locale» (G. Papathomas, *L'Eglise de Grèce*, 525).

40 J. Zizioulas, *L'Eucharistie, l'Evêque et l'Eglise*, 113, note 32. Cette théorie, absolument erronée à mon avis, est encore aujourd'hui employée par Grigorios Papathomas, canoniste du Patriarcat de Constantinople (cf. G. Papathomas, «Différentes modalités», 42-72; «Le droit canonique d'appel», 219-233; «Les sanctions», 281-322).

eucharistique, mais il s'est certainement réuni dans le cadre d'une célébration eucharistique, pratique qui allait d'ailleurs rester en usage tout au long du Ier millénaire, lors de la réunion des conciles œcuméniques et locaux[41].

Donc, il est évident que l'ecclésiologie proposée par Zizioulas est aujourd'hui très contestée à l'intérieur de l'Eglise orthodoxe; par conséquent, elle ne peut pas être prise comme représentative pour l'Orthodoxie.

1.2.2 L'ecclésiologie eucharistique vs. l'ecclésiologie de la «sobornicité ouverte»

Un critique de la même *ecclésiologie eucharistique*, lancée par Afanassieff, a été faite aussi[42] par le théologien roumain Dumitru Stăniloae[43] (1903-1993)[44]. Stăniloae avait montré que l'*ecclésiologie eucharistique* ne représente qu'une partie de l'ecclésiologie orthodoxe, qui, en fait, est une *ecclésiologie de communion*[45], parce qu'elle est fondée dans la commu-

---

[41] N. DURĂ, *Le régime de la synodalité*, 95-96.

[42] Bien que les deux théologiens orthodoxes – Dumitru Stăniloae (1903-1993) et Ioannis Zizioulas (né en 1931) – ont été quasi contemporains, ils se sont ignorés réciproquement. Il est étonnant que Zizioulas n'ait pas utilisé les travaux de Stăniloae, ni dans sa thèse de doctorat, ni plus tard. Malgré le fait qu'une grande partie de l'œuvre de Stăniloae a été traduite en différentes langues, il semble que le métropolite grec ne la connaissait pas. Personnellement, je crois qu'il n'a pas pris en considération l'ecclésiologie de la «sobornicité ouverte», promue par Stăniloae dès 1955, à cause de l'appartenance étymologique de mot «sobornicité» à une certaine tradition linguistique, à savoir le slavon.

[43] Stăniloae a critiqué directement Afanassieff pour la première fois en 1966 dans l'article «Biserica universală şi sobornicească», en s'opposant aux idées du théologien russe, développées dans son article «Una Sancta. En mémoire de Jean XXIII». Mais les thèses de son ecclésiologie avaient été mises en circulation en 1955 lors de la publication de son article «Sinteză ecclesiologică».

[44] Pour la présentation de son œuvre et de sa personnalité, voir: G.F. ANGHELESCU, *Părintele Dumitru Stăniloae*; Ş. LUPU, *La sinodalità e/o conciliarità*; R. ROBERTSON, *Contemporary Romanian Orthodox Ecclesiology*; C. MILLER, *The Gift of the World*; D. COGONI, «La teologia ortodossa», 35-59, 233-280; T. VALDMAN, «Dumitru Stăniloae», 143-155; V. BEL, «Dumitru Stăniloae», 41-48; G. HOLBEA, «Eclesiologia părintelui Dumitru Stăniloae», 67-91. Pour sa bibliographie complète, voir G.F. ANGHELESCU, «Părintele Profesor Academician Dumitru Stăniloae», 16-67.

[45] Cf. D. STĂNILOAE, «Biserica Universală şi Sobornicească», 183; DANIEL, *Teologie şi spiritualitate*, 294. Voir également O. CLÉMENT, «L'ecclésiologie orthodoxe», 10-36 ; I BRIA, «Eclesiologia comuniunii», 669-681; E. SKUBLICS, «The rebirth», 95-124. Pour plus des détails sur ce sujet voir, aussi J. RIGAL, *L'Ecclésiologie de communion*; V. IGNĂTESCU, «Principiul comuniunii în Ortodoxie», 358-368.

nion trinitaire[46]. En partant du fait que, selon la doctrine de l'Eglise orthodoxe, Dieu, qui est Un et Trine à la fois, est *koïnônia* (κοινωνία – communion) dans son Être même, le théologien roumain affirme que la Trinité, à l'intérieur de laquelle chaque personne est égale aux deux autres et différente des deux autres, constitue, pour l'Eglise, le modèle de l'unité – communion à l'intérieur de laquelle chaque communauté locale est à la fois égale par rapport aux autres et différente des autres. Pour Stăniloae, l'Esprit Saint est le créateur de la communion, car «Il est la troisième Personne dans laquelle les deux premières se rencontrent dans le plein amour en dehors de toute séparation»[47]. De plus, suivant l'enseignement des Pères cappadociens sur la présence et l'œuvre de l'Esprit Saint, le théologien roumain affirme que la troisième Personne de la Trinité est soit un lieu, où nous tous sommes regroupés, soit un pont qui rend possible l'unité; cependant, ce pont – souligne Stăniloae – ne peut pas être compris comme un lieu «statique», mais comme un lieu «fluide, vivifiant, dans lequel vivent et se meuvent tous ceux qui font partie de l'Eglise»[48].

Selon le théologien roumain, l'entité fondamentale de l'Eglise est l'Eglise locale[49]: les chrétiens d'un endroit défini, regroupés autour de leur évêque, assisté par les prêtres et les diacres. Sous l'inspiration de l'Esprit Saint, c'est l'évêque, en tant que successeur des Apôtres[50], qui assure l'unité de l'Eglise locale, et c'est la synodalité des évêques qui assure l'unité de l'*Eglise répandue dans l'univers*[51]. Plus exactement,

---

[46] «Sfânta Treime arată că principiul unității este nu o persoană singulară, ci comuniunea sau principiul iubirii», D. STĂNILOAE, «Temeiurile teologice ale ierarhiei și ale sinodalității», 165.

[47] D. STĂNILOAE, *Prière de Jésus et expérience du Saint Esprit*, 116.

[48] D. STĂNILOAE, «Sfântul Duh și sobornicitatea Bisericii», 36.

[49] D. STĂNILOAE, *Teologia Dogmatică*, II, 255-302. Voir aussi D. POPESCU, «Biserica locală», 507-512.

[50] Il faut noter ici que, selon la théologie orthodoxe, l'épiscopat orthodoxe dans son ensemble est successeur des apôtres, et qu'il n'y a pas de successions personnelles. De même que tous les apôtres étaient égaux entre eux, aucun n'ayant reçu du Seigneur une primauté de gouvernement sur les autres, de la même manière tous les évêques exercèrent la même autorité, chacun avec les mêmes droits et les mêmes devoirs, reconnaissant pourtant à quelques-uns des privilèges d'honneur et de préséance sur la base soit de l'ancienneté de leur ordination (c. 86 du synode de Carthage), soit de l'importance politique de la ville où réside leur évêché (c. 3 du IIe synode œcuménique, cc. 17 et 28 du IVe synode œcuménique, cc. 36 et 39 du synode in Trullo). Cf. I.N. FLOCA, «Întâietate onorifică», 6; L. STAN, «Succesiunea apostolică», 305-325.

[51] Bien que certains canonistes orthodoxes utilisent l'expression «Eglise universelle» pour identifier l'entière Orthodoxie, il faut souligner que dans le *corpus cano-*

un synode est une expression de la nature trinitaire de l'Eglise car, de même que les personnes de la Trinité agissent en unité, l'Eglise agit en unité lorsque les évêques décident d'un commun accord.

Critiquant l'*ecclésiologie eucharistique* proposée par Afanassieff, D. Stăniloae analyse aussi la vision ecclésiologique d'Alexander Schmemann (1921-1983)[52], qui, en combattant l'universalisme ecclésiologique catholique, utilise au début l'*ecclésiologie eucharistique* quand il affirme que l'Eglise se réalise comme Corps du Christ dans l'Eucharistie. Ensuite, il développe cette ecclésiologie en affirmant que, comme l'Eucharistie n'est pas une partie du Corps du Christ, mais le Christ entier, de même l'Eglise qui se réalise dans l'Eucharistie, n'est pas un membre ou une partie d'un tout, mais l'Eglise de Dieu, entière et indivisible, qui est et se manifeste dans tous les lieux. Donc, l'Eglise locale, comme organisme sacramentel, n'est pas un membre ou une partie d'un tout, mais elle *est* l'Eglise. Dans cette perspective, Schmemann exclut l'idée d'un pouvoir suprême, à savoir un pouvoir supérieur à l'Eglise locale et à son évêque, car le ministère pastoral, comme tous les autres ministères dans l'Eglise, a son origine dans l'unité organique de l'Eglise, Corps du Christ. Ça signifie qu'il n'y a pas un ministère supérieur à celui de l'évêque.

Il est donc clair que, contrairement à Afanassieff, Schmemann affirme l'unité organique de l'Eglise, dans le sens que les Eglises locales ne se complètent pas les unes avec les autres comme membres ou parties d'un tout, mais chacune et toutes forment l'Eglise du Christ. Stăniloae apprécie beaucoup cette vision et la complète affirmant que:

> précisément cette ontologie de l'Eglise, comme unité théandrique, incarnée entièrement et indivisiblement dans chaque Eglise, fonde le lien entre les Eglises, car cette plénitude de l'Eglise, non seulement ne s'oppose pas au lien qui l'unit avec les autres Eglises et à la dépendance envers elles, mais, au contraire, elle postule ce lien et cette dépendance comme condition indispensable de son incarnation. La plénitude de l'Eglise locale consiste

---

num de l'Eglise orthodoxe cette expression ne se retrouve pas, mais les canons utilisent le syntagme suivant: «Eglise répandue dans l'univers – τὴν κατὰ τὴν οἰκουμένην Ἐκκλησίαν» (utilisé dans les canons suivants c. 57 de Synode de Carthage de 419, et c. 56 de Synode in Trullo de 691). Donc, il est correct d'un point de vue canonique de désigner l'entière Eglise orthodoxe par l'expression «Eglise répandue dans l'univers» ou «Eglise répandue à travers l'univers».

[52] Liturgiste de formation, le père Schmemann n'a pas fait de l'ecclésiologie le but de sa recherche. Sa contribution majeure sur ce sujet consiste en deux études sur la notion de primauté dans l'Eglise orthodoxe, publiées toutes les deux en 1960. Cf. A. SCHMEMANN, «La primauté de Pierre», 117-150; «The Idea of Primacy», 49-75.

dans le fait qu'elle possède en elle-même tout ce que possède chaque Eglise et que toutes possèdent ensemble ... D'autre part, c'est seulement en accord avec les autres Eglises, qu'une Eglise locale possède cette plénitude, dans la mesure où elle ne fait pas du don unique et indivisible de Dieu son bien propre, «séparé», «hérétique» dans le vrai sens du mot[53].

Mais, malgré cela, Stăniloae critique aussi Schmemann pour le fait qu'il avait affirmé que pour être en communion entre elles, les Eglises locales auraient besoin d'un primat. En réalité, Schmemann avait reconnu un rôle au synode des évêques, comme la première forme du primat, ou comme la condition et la base du primat, en précisant que le synode n'est pas un pouvoir exercé sur l'Eglise, mais un témoignage de l'identité des Eglises dans la même foi, la même vie et le même amour. Selon Stăniloae,

> si Schmemann s'était arrêté là, il serait resté dans l'esprit parfait de l'enseignement orthodoxe. Mais il va plus loin, en affirmant que pour le maintien des Eglises dans le lien de la foi et de la vie, le primat de l'Eglise de Rome est nécessaire aussi, primat qui, certainement, ne peut pas être accepté comme un primat de pouvoir suprême, mais ne doit pas être réduit à une simple présidence d'honneur[54].

Par conséquent, Stăniloae critique Schmemann parce qu'il est arrivé finalement à reconnaître le primat papal dans un sens quasi plein, et identifie cette ecclésiologie comme «eucharistique universaliste-primatiale»[55]. De plus, le théologien roumain remarque non seulement le fait que les visions présentées par Afanassieff et Schmeman sont

---

53 «Tocmai această ontologie a Bisericii ca unitate teandrică, întrupată întreagă şi indivizibil în fiecare Biserică, întemeiază legătura între Biserici. Căci aceasta plenitudine a Bisericii, nu numai că se opune legăturii care o uneşte cu celelalte Biserici şi unei dependenţe faţă de ele, ci din contra postulează aceasta legătură şi aceasta dependenţă, ca condiţie indispensabilă a întrupării sale. Plenitudinea Bisericii locale constă în aceea că ea posedă în ea însăşi tot ce posedă fiecare Biserică şi ce posedă toate la un loc ... De altă parte, numai în acord cu alte Biserici, o Biserică locală posedă aceasta plenitudine, în măsura în care ea nu face din darul unic şi indivizibil al lui Dumnezeu binele ei propriu, «separat», «eretic», în sensul propriu al cuvântului.» (notre traduction), D. STĂNILOAE, «Biserica Universală şi Sobornicească», 177.

54 «Dacă s-ar fi oprit aici, Schmemann ar fi rămas în spiritul perfect al învăţăturii ortodoxe. Dar el merge mai departe, afirmând că pentru păstrarea Bisericilor în legătura credinţei şi a vieţii, este necesar şi primatul episcopului Romei, care, desigur, nu poate fi acceptat ca un primat de putere supremă, dar nu trebuie redus nici numai la o preşedinţie de onoare.» (notre traduction), D. STĂNILOAE, «Biserica Universală şi Sobornicească», 178.

55 D. STĂNILOAE, «Biserica Universală şi Sobornicească», 176.

incomplètes, mais aussi que les théologiens catholiques regardent avec sympathie ces visions ecclésiologiques, car elles sont compatibles avec un primat de l'évêque de Rome[56].

Après qu'il a identifié et critiqué les points faibles de l'*ecclésiologie eucharistique* et de ses dérivés, le théologien roumain se propose d'exposer l'ecclésiologie selon l'authentique tradition dogmatique orthodoxe. S'appuyant sur une forte base trinitaire[57], Stăniloae non seulement conteste l'*ecclésiologie eucharistique*, mais il insiste constamment sur le fait que – dans une théologie correcte de l'Eglise – nous ne pouvons pas dissocier la christologie de la pneumatologie. Selon lui, la conception orthodoxe de l'Eglise est en même temps *eucharistique* et *christologique*: le mystère de l'Eglise se réalise et se vit essentiellement à travers le mystère eucharistique. L'expression «Corps du Christ» s'applique à la fois à la Sainte Communion et à l'Eglise. Ceux qui partagent la communion au Saint Corps et au Précieux Sang du Christ deviennent et sont le Corps du Christ, qui est l'Eglise. C'est pour cette raison aussi que l'Eglise orthodoxe tient à ce que seuls les orthodoxes communient à la Divine Liturgie, car partager la même coupe, c'est partager la même foi, c'est aussi être «en communion» avec tous ceux qui ont mangé et bu de cette coupe. L'Eglise est le rassemblement autour du repas eucharistique, elle est l'unité des croyants, le «peuple royal», réuni pour la «fraction du pain» et la «bénédiction de la coupe»[58]. De même, l'Eglise est *pneumatologique* dans la mesure où l'Eglise est le prolongement de la Pentecôte, de la descente de l'Esprit Saint sur les Apôtres, événement qui, toujours et sans cesse, forme et constitue l'Eglise. La Pentecôte est accomplie et vécue lors de chaque rassemblement eucharistique: «Nous t'invoquons, nous te prions et nous te supplions: envoie ton Esprit Saint sur nous et sur les dons qui sont présents ici»[59], prie le prêtre au moment de l'épiclèse de la Divine Liturgie de saint Jean Chrysostome.

En fait, Stăniloae ne peut pas concevoir l'Eglise en dehors de la Trinité, comme une Eglise exclusivement christologique ou exclusivement

---

[56] D. STĂNILOAE, «Biserica Universală şi Sobornicească», 179. Pour la place de l'ecclésiologie eucharistique dans le dialogue officiel orthodoxe-catholique, voir: H. LEGRANDE, «L'ecclésiologie eucharistique», 354-374; R. BORDEIANU, «Orthodox-Catholic Dialogue», 239-265.

[57] «Esenţa tainică, teandrică, a Bisericii are un temei etern intratrinitar», D. STĂNILOAE, «Sinteză eclesiologică», 270. Voir également D. STĂNILOAE, «Sfânta Treime, structura supremei iubiri», 333-355.

[58] Cf. Ac. 2, 42-46.

[59] *Liturghier*, 151.

pneumatologique. La vraie Eglise est, pour lui, autant christologique que pneumatologique, car elle se réfléchit en premier lieu dans la communion des Personnes trinitaires. Stăniloae appelle cette ecclésiologie «la *sobornicité ouverte (sobornicitatea deschisă)*»[60], en reconnaissant que la terminologie ne lui appartient pas, mais qu'elle provient des auteurs orthodoxes russes[61]. En fait, étymologiquement, le mot «sobornicité» est d'origine russe, et dérive du mot соборность (sobornost)[62].

Suivant la tradition de A. S. Khomiakov (1804-1860)[63], le théologien roumain comprend par le terme «sobornicité», la communion et la catholicité dans le même temps, c'est-à-dire le mode synodal de garder l'enseignement de l'Eglise au niveau épiscopal, comme aussi le mode général communautaire de pratiquer l'enseignement[64]. De plus, pour lui,

---

60 D. STĂNILOAE, «Sobornicitatea deschisă», 165-180. Pour la valeur œcuménique de cette ecclésiologie, voir R.G. ROBERTSON, «Dumitru Stăniloae on Christian Unity», 105-125; N. MOȘOIU, «"Sobornicitatea deschisă"», 87-117.

61 D. STĂNILOAE, «Sinteză eclesiologică», 283.

62 Ce mot représente la traduction russe du mot grec «καθολικῶς» du neuvième article du symbole nicéo-constantinopolitain. Notons ici que, pour les orthodoxes, le mot «καθολική» provient de «καθ'ὅλου» et signifie l'intégrité au sens intensif. N. CHIȚESCU, «Sobornicitatea Bisericii», 159. En effet, l'Eglise orthodoxe suit la doctrine de S. Cyrille de Jérusalem qui affirme que «l'Eglise est appelée catholique [...] du fait qu'elle enseigne d'une manière intégrale (καθολικῶς) et sans omission tous les dogmes [...] qu'elle soigne et guérit catholiquement (intégralement)». PG 33, col. 1044. Par conséquent, pour les orthodoxes, l'adjectif «catholique» associé au terme «Eglise», indique une valeur qualificative, car l'extension quantitative et spatiale n'est qu'une conséquence et une manifestation de cette intégrité intérieure. Pour ce motif, la théologie orthodoxe affirme que, si une Eglise locale se sépare de l'Eglise répandue par l'univers, l'Eglise restera pourtant un corps intègre et incorruptible. L'Eglise – selon la théologie orthodoxe – n'est pas une somme ou communion de ses différentes parties, mais toute Eglise locale ayant un évêque à sa tête, dans son être même, dans sa structure, est le plérôme catholique (cf. D. BUT-CAPUȘAN, «Sobornicitatea», 197-207; V. BEL, «Die Bedeutung der Katholizität», 51-61). Pour plus de détails sur la notion de *sobornost'*, voir G. CIOFFARI, «La sobornost'», 259-324; H.J. RUPPERT, «Das Prinzip der Sobornost'», 22-56.

63 Parce que ce théologien russe accentuait beaucoup le rôle de l'Esprit-Saint dans l'Eglise, son ecclésiologie a été qualifiée «d'ecclésiologie pneumatocratique». J. ROMANIDIS, «Orthodox Ecclesiology», 73. Pour plus de détails sur la personnalité et l'œuvre de Khomiakov, voir P. BARON, *Un théologien laïc*; R.E. ASHER, «The Ecclesiology», 204-219; G. CIOFFARI, «A.S. Chomjakov», 87-127; J. VAN ROSSUM, «A.S. Khomiakov», 67-82; «The Notion of Freedom», 297-312; P. VOGT, «The Church as Community», 393-413.

64 Cf. D. STĂNILOAE, *Teologia Dogmatică Ortodoxă*, II, 186.

la *sobornicité* n'est pas une simple unité, mais un type spécial d'unité. Il peut exister l'unité d'un tout dans lequel ne se distinguent pas les parties constitutives, ou l'unité d'un groupe maintenu dans un lieu par un commandement extérieur, ou une unité entre des entités voisines, uniformes. La *sobornicité* se différencie de l'unité simple, car elle est un type spécial de l'unité: l'unité en communion[65].

Selon lui, la seule unité conforme à la dignité des personnes, est cette unité de communion, la seule unité qui n'introduit pas des rapports de subordination entre les personnes, et dans laquelle les structures hiérarchiques ne sont pas conçues comme quelque chose d'extérieur ou de supérieur aux personnes qui s'y trouvent en relation. «Dans l'unité de communion – affirme le théologien roumain – les personnes sont unies dans l'égalité, et l'institution est l'expression de leur communion»[66].

Ainsi, pour Stăniloae, la *sobornicité ouverte*, comme modèle d'unité, n'est pas un choix arbitraire des théologiens orthodoxes, ni un calcul mathématique, mais une réponse sincère et responsable à la prière de Jésus demandant que les chrétiens soient unis entre eux de la même manière que le Père et le Fils sont unis entre eux[67].

1.3 L'Eglise locale et l'Eglise répandue dans l'univers dans l'ecclésiologie orthodoxe

Il faut souligner d'emblée que, pour les orthodoxes, la détermination de l'Eglise comme «locale» ou «établie localement» représente l'unique catégorie employée par l'ecclésiologie paulinienne, comme aussi par l'ensemble de l'ecclésiologie patristique qui a suivi[68]. Pour cette raison, l'Eglise orthodoxe affirme que le critère qui permet toujours de définir une communauté ecclésiale est son emplacement local, c'est-à-dire le lieu où cette communauté se manifeste. Et cela, parce qu'il s'agit toujours de la même Eglise, mais qui se manifeste en différents lieux, comme par exemple l'Eglise qui est à Corinthe[69], l'Eglise de Galatie[70], Eglise de Roumanie, Eglise de Grèce, etc.. Il faut aussi répéter ici que, pour la théologie orthodoxe, une Eglise locale ne repré-

---

[65] D. STĂNILOAE, «Sfântul Duh şi sobornicitatea Bisericii», 39.
[66] D. STĂNILOAE, *Teologia Dogmatică*, I, 247.
[67] Cf. Jn. 17.
[68] N. LOSSKY, «L'ecclésiologie dans une perspective orthodoxe», 7-14; G. LARENTZAKIS, «Über die Bedeutung der Ortskirche», 227-238.
[69] 1 Cor. 1, 2; 2 Cor. 1, 1.
[70] Gal. 1, 2.

sente pas une «partie – *pars*» ou une «portion – *portio*» de l'*Eglise répandue à travers l'univers*, mais elle est la manifestation locale de celle-ci en plénitude. Si l'ecclésiologie orthodoxe utilise des adjectifs pour qualifier les différentes Eglises locales, elle n'utilise que des noms de lieu, pour indiquer où se réalise l'Eglise du Christ.

L'Eglise est une. La théologie orthodoxe affirme que l'unité de l'Eglise est fondé, premièrement, sur la confession de la foi[71], c'est-à-dire que, à l'intérieur de l'Eglise orthodoxe, il n'est pas possible d'avoir des Eglises locales ayant une confession de foi différente de celle partagée par l'ensemble des autres Eglises. La foi est seulement une. Ensuite, il est aujourd'hui généralement accepté que l'Eglise orthodoxe présente non seulement une grande unité de foi mais aussi une unité dans la pratique disciplinaire et surtout liturgique[72]. Ceci est évidemment dû au fait que depuis environ un millénaire, par des accidents de l'histoire, l'Eglise orthodoxe s'est retrouvée avec un ensemble liturgique qui est connu sous le nom de «syro-byzantin»[73]. Par conséquent, aujourd'hui, chaque Eglise orthodoxe locale affirme au début de son statut d'organisation et de fonctionnement, qu'elle garde l'unité dogmatique, canonique et liturgique avec toute l'*Eglise orthodoxe répandue par l'univers*[74].

2. L'ecclésiologie orthodoxe et les «saints canons»

À la lumière de cette ecclésiologie, l'Eglise orthodoxe se définit – du point de vue administratif – comme une communion d'Eglises locales, autonomes ou autocéphales; chacune d'elles doit garder son unité doc-

---

[71] «Canonical unity thus depends upon unity of faith, and the later must be evident by itself and not determined by some external criterion.» J. MEYENDORFF, *The Orthodox Church*, 58. Pour plus de détails, voir aussi A. ALIVIZATOS, «Περὶ τῆς ἑνότητος», 435-456. C. SÎRBU, «Unitatea ortodoxă», 539-553; «Din trecutul unității ortodoxe», 63-84; C. PAPASTATHIS, «Unity Among the Orthodox Churches», 75-88; N. NISSIOTIS, «Présence théologique», 167-203.

[72] «Unitatea Bisericii ecumenice nu se exprimă însă doar prin unitatea dogmatică, ci şi prin unitatea canonică şi cultică. Doar acest triumvirat a dat expresie totală afirmării unității Bisericii ecumenice.», N. DURĂ, "Regula de credință", 13.

[73] N. LOSSKY, «Orthodoxie et diversités liturgiques», 137-141; E. BRANIŞTE, «Unitate şi varietate», 423-444; P. PRUTEANU, «Evoluția rânduielilor», 63-99.

[74] Conformément, par exemple, à l'article 2 du Statut de l'Eglise orthodoxe russe (2000), au premier article du Statut de l'Eglise géorgienne (1995), au deuxième article du Statut de l'Eglise orthodoxe roumaine (2007), ou au premier article du Statut de l'Eglise orthodoxe de Grèce (1977).

trinale, canonique et cultuelle avec *l'Eglise œcuménique de l'Orient* ou *Eglise orthodoxe répandue par tout l'univers*[75].

D'ailleurs, cette pratique exprime la vision orthodoxe sur la législation ecclésiastique[76]. En effet, la distinction entre les canons (*canones – κανόνες*)[77] et les lois (*leges – νόμοι*)[78], déjà soulignée par l'Empereur Justinien[79] dans ses *Novelles*[80], est encore en vigueur[81] dans l'Eglise orthodoxe.

---

[75] En théologie orthodoxe, les termes canoniques *Eglise locale* et *Eglise établie localement*, de même que l'expression l'*Eglise répandue dans l'univers*, ont une très claire signification. Pourtant, selon cette même ecclésiologie, l'Eglise doit être entendue comme en même temps établie localement et répandue à travers l'univers. De plus, l'expression *Eglise locale* désigne à la fois une éparchie, comme aussi plusieurs éparchies réunies par une structure de type synodal (métropolie ou patriarcat) et présidées par un πρῶτος – prôtos (archevêque, métropolite, pape, patriarche, catholicos). Dans l'actuel langage ecclésiastique orthodoxe, le terme «éparchie» (*eparchia*) représente l'équivalent du mot catholique «diocèse» (*dioecesis*). En qui concerne l'origine de ces vocables, il faut préciser qu'elles ont été empruntées du langage juridique de l'Empire romain. En effet, l'empereur Constantin le Grand (306-337), en suivant le modèle de son prédécesseur Dioclétien (285-305), avait divisé l'Empire en quatre préfectures, qui, à leur tour, se divisaient en *diocèses* (διοίκησις). Les diocèses comprenaient plusieurs provinces, qui, en grec, étaient nommés *éparchies* (επαρχίαι). Du langage juridique romain, les deux vocables sont passés dans le langage ecclésiastique. Ainsi, le terme «diocèse» est aujourd'hui employé par les catholiques latins, tandis que le mot «éparchie» est utilisé à la fois par les catholiques orientales et les orthodoxes.

[76] Voir L. STAN, «Legislaţia bisericească şi valoarea ei canonică», 598-617.

[77] «κανών – regula – règle», *Byzantinon Dikaion*, 256; «Canon –canon, règle – κανών», *Latinikon Dikaion*, 37.

[78] «Νόμος – lex (constituta, statuta) – loi (constitution, statut)», *Byzantinon Dikaion*, 313; «Lex – loi – νόμος», *Latinikon Dikaion*, 133. Cf. aussi *Thesaurus Graecae Linguae*, V, col. 1554-1555. Voir aussi C. A. SPULBER, *Le concept byzantin de la loi*.

[79] JUSTINIEN, *Novella* CXXXVII, 3: «εἴτε κατὰ τοὺς θείους κανόνας, εἴτε κατὰ τοὺς ἡμετέρους νόμους (sive secundum sacros canones sive secundum leges nostras reum invenerit)»; JUSTINIEN, Novella CXXIII, 2: «κατὰ τοὺς νόμους ἢ τοὺς κανόνας (secundum leges aut canones)». Voir aussi le chapitre *Leges e canones*, dans B. BIONDI, *Giustiniano primo*, 92-116; A. ALIVIZATOS, «Les rapports de la législation ecclésiastique», 79-87.

[80] Les «novelles» sont des lois promulguées par un empereur byzantin à partir de Justinien. Ce vocable apparaît au VIe siècle pour désigner les 158 nouvelles constitutions impériales promulguées de 534, date de l'édition du *Corpus Iuris Iustiniani*, jusqu'à la mort de Justinien (565), qui ont été réunis dans un collection sous le nom de «Novelles – Νεαραί». Donc, les «novelles» sont des nouvelles constitutions édictées par l'empereur Justinien ou par ses successeurs, spécialement par Justin II et par Tibero II, publiées partie en latin, partie en grec, et désigne une loi ajoutée au *Corpus Iuris Iustiniani*. Cf. E. ALBERTARIO, *Introduzione storica*, 35. Voir également N. VAN DER WAL, *Manuale Novellarum Justiniani*; G. LANATA, *Legislazione e natura nelle Novelle*; «Du vocabulaire de la loi», 37-48.

2.1 Le «*corpus canonum*» de l'Eglise orthodoxe: aperçu général

Par l'expression «saints canons», on comprend, dans l'Eglise orthodoxe, la collection des 85 canons apostoliques, des canons des synodes œcuméniques et locaux, et des canons des Saints Pères, c'est-à-dire tous ceux qui ont été reconnus par le canon 2 du synode in Trullo (691-692)[82] et qui ont été confirmés par le premier canon du septième synode œcuménique (787).

Nous devons préciser que, contrairement à l'Eglise catholique, l'Eglise orthodoxe admet comme ayant un caractère œcuménique le concile qui a été convoqué par l'empereur Justinien II dans la salle du palais de Constantinople, appelée Τροῦλλος (*Trullus*), vers 691/692. Ce concile, connu sous le nom de concile *in Trullo* ou concile *Quinisexte* (Πενθέκτη σύνοδος)[83], entre le cinquième et le sixième concile œcuménique, a ratifié 102 canons, qui ont repris des dispositions existantes et ont édicté de nouvelles règles sur la discipline ecclésiastique[84]. Le deuxième canon du

---

[81] Cette distinction que l'ecclésiologie orthodoxe fait entre les saints canons (κανόνες) et les lois ecclésiastiques (νόμοι) est aujourd'hui assez évidente dans les titres des livres de droit canonique orthodoxe en langue grecque, qui s'intitulent: «Οἱ ἱεροὶ κανόνες καὶ ἐκκλησιαστικοὶ νόμοι» (Des saints canons et des lois ecclésiastiques) ou «Κώδικας Ἱερῶν Κανόνων καὶ Ἐκκλησιαστικῶν Νόμων» (Code des saints canons et des lois ecclésiastiques). Cf. P.I. Akanthopoulos, *Κώδικας Ἱερῶν Κανόνων*; A. Alivizatos, *Οἱ ἱεροὶ κανονες*.

[82] «La tradition canonique byzantine parle des canons des *conciles œcuméniques*, des *saints synodes locaux* et des *règles canoniques des Saints Pères*. […] D'après la tradition canonique orthodoxe, les synodes locaux se sont dès le début réunis *selon le modèle du synode apostolique*, et leurs canons sont devenus *œcuméniques*, après leur ratification par le deuxième canon du concile œcuménique in Trullo.» N. Durǎ, *Le régime de la synodalité*, 298. Voir aussi J.H. Erickson, «The Orthodox Canonical Tradition», 155-167.

[83] La dénomination *Quinisextum* (Πενθέκτη) de ce synode a été utilisée pour la première fois dans les travaux des canonistes byzantins du XIIe siècle (cf. S. Troianos, «Ἡ Πενθέκτη Οἰκουμενικὴ Σύνοδος», 63). Il y a aussi des théologiens orthodoxes qui la refusent; pour tous les arguments en faveur de cette théorie, voir T. Valdman, «Însemnătatea sinodului al IV-lea ecumenic», 715.

[84] Le concile in Trullo (Quinisexte) revêt une importance capitale pour la doctrine canonique orthodoxe, car il a défini dans son deuxième canon quels canons sont admis par l'Eglise orthodoxe (canons apostoliques, canons des conciles locaux, canons des Pères de l'Eglise) et a édicté une longue série de canons disciplinaires, valables pour la période byzantine et même au-delà, jusqu'à nos jours. En revanche, il n'a pas édicté de canons ayant comme but la réglementation des problèmes dogmatiques. Par ailleurs, quelques décisions du concile in Trullo sont en désaccord avec la discipline occidentale, comme la désapprobation du jeûne pendant les samedis de carême (c. 55), l'ordination de diacres et de prêtres déjà mariés (c. 13), l'égalité

concile in Trullo, après avoir énuméré tous les canons précédents acceptés officiellement dans l'Eglise, précise que:

> il n'est permis à personne de falsifier les canons énumérés plus haut, ou de les déclarer nuls ou admettre d'autres canons que ceux-là, canons composés en contrefaçon par ceux qui ont essayé d'exploiter la vérité. Si quelqu'un est convaincu d'innover à propos de quelque canon ou d'essayer de le tourner, il aura à répondre de ce même canon, il sera soumis à la peine que ce canon impose et guéri par ce canon même contre lequel il a péché[85].

Plus tard, les Pères du septième synode œcuménique ont établi dans le premier canon que:

> Nous embrassons de tout cœur les divins canons, exultant en eux comme celui qui a fait un riche butin, et nous confirmons dans son entier et sans changement le contenu de leurs ordonnances, tel qu'il fut exposé par les saintes trompettes de l'Esprit, les tout glorieux apôtres, les six saints synodes œcuméniques, les conciles locaux rassemblés en vue d'édicter de telles ordonnances, et celles de nos saints Pères ; car ils sont tous sans exception, illuminés par le même Esprit, décidé ce qui est à notre avantage. Et tous ceux qu'ils ont condamné à l'anathème, nous les anathématisons; ceux qu'ils ont condamné à la déposition, nous les déposons; ceux qu'ils ont condamné à l'excommunication, nous les excommunions; ceux qu'ils ont livré aux épithimies, nous les y soumettons de même[86].

C'est pour ces raisons que tous ces canons constituent aujourd'hui l'unique *corpus canonum*[87] de l'Orthodoxie[88], qui ne peut être changé

---

d'honneur entre les sièges de Rome et de Constantinople (c.36). Toutefois, ce concile a eu le mérite d'unifier et de codifier la discipline ecclésiastique. Pour plus de détails, voir G. GKAVARDINAS, Ἡ Πενθέκτη Οἰκουμενικὴ Σύνοδος; G. NEDUNGATT – M. FEATHERSTONE, ed., *The Council in Trullo*; D.J. CONSTANTELOS, *Renewing the Church*; H. OHME, *Concilium Quinisextum*; V. LAURENT, «L'œuvre canonique», 7-41; R. FLOGAUS, «Das Concilium Quinisextum», 25-64.

[85] *Syntagme*, II, 308-309; *Discipline antique*, I-1, 124-125.
[86] *Syntagme*, II, 555-556; *Discipline antique*, I-1, 247-248.
[87] «Le *Corpus Canonum* de l'Eglise œcuménique du Ier millénaire, œuvre synodale, n'est pas seulement le témoin d'une ancienne tradition canonique, mais aussi un document ecclésiologique vivant. D'ailleurs, les *Saints canons* et la *Sainte Tradition* sont la charte constitutionnelle de l'Eglise orthodoxe d'hier et d'aujourd'hui. Après la *Sainte Ecriture*, la *Sainte Tradition* constitue la deuxième source vivante de toute l'Eglise orthodoxe.», N. DURĂ, *Le régime de la synodalité*, 354.
[88] Il est intéressant d'observer que, le pape Jean-Paul II lui aussi, dans sa constitution apostolique *Sacri Canones* (18 octobre 1990) avec laquelle il a promulgué le CCEO, a reconnu que: «In verità lo stesso Concilio, mentre affermava

ou remplacé⁸⁹ que par le synode œcuménique, l'autorité suprême dans l'Eglise orthodoxe⁹⁰. Il faut aussi préciser ici que la théologie orthodoxe distingue clairement entre les décisions dogmatiques (ὅρος – ὅροι) des synodes et celles disciplinaires (κανὼν – κανόνες)⁹¹. Les décisions dogmatiques ne peuvent jamais être changées, en revanche, celles disciplinaires peuvent être modifiées, mais seulement par le synode œcuménique⁹².

La tradition orthodoxe affirme que les canons qui ont une valeur officielle et d'autorité universelle pour l'Eglise Orthodoxe sont ceux des

---

che gli autori dei sacri canoni *illuminati da un solo e medesimo Spirito* avevano stabilito *le cose che sono necessarie*, ritenne quei canoni come un unico corpo di leggi ecclesiastiche e lo confermò come un *codice* per tutte le Chiese orientali, come già in precedenza aveva fatto il sinodo Quinisesto, riunito nella Sala del Trullo della città di Costantinopoli nell'anno del Signore 691 circoscrivendo più distintamente nel secondo canone l'ambito delle stesse leggi», *Comm. CCEO*, 25.

⁸⁹ N. AFANASSIEFF, «The Canons of the Church», 54-58. C. DRON, *Valoarea actuală*; V. ŞESAN, «Revizuirea canoanelor», 145-159; L. STAN, «Codificarea canoanelor», 627-648; «Legislaţia bisericească şi valoarea ei canonică», 598-617; «Tăria nezdruncinată a sfintelor canoane», 300-304; P. BOUMIS, «Το κυρος και η ισχυς των ιερον κανονων», 94-114; I. MOLDOVAN, «Sfintele canoane», 101-114.

⁹⁰ «Selon l'ecclésiologie orthodoxe seule l'Eglise est le royaume de Dieu sur la terre et l'organe de Dieu pour le salut des hommes, et les conciles œcuméniques sont ses organes d'autorité suprême», N. DURĂ, *Le régime de la synodalité,* 304; Cf. aussi S. VERKHOVSKY, «The Highest Authority», 76-88; P. L'HUILLIER, «Le concile œcuménique», 128-142; A. PECKSTADT, «L'autorité dans l'Eglise», 35-51. Il faut souligner ici que, aujourd'hui, on a peut-être trop souvent tendance de voir le synode dans une perspective quelque peu formelle, c'est-à-dire de n'en voir que son aspect «organisationnel», dans une perspective différente, voire même opposée à ce que représente par exemple le Pape dans l'Eglise catholique. Il est vrai que les synodes des évêques sont les plus hautes autorités dans les différentes Eglises locales autocéphales, et que le synode œcuménique est l'autorité suprême dans l'Eglise orthodoxe, mais dans le même temps, le synode ne se situe jamais au-dessus des Eglises locales. V. ŞESAN, *Curs de drept bisericesc*, 140; D.G. BOROIANU, *Dreptul bisericesc*, 102-107; C. CHIRICESCU, *Privire asupra instituţiei sinodale*, 14-15.

⁹¹ I. IVAN, «Ὅροσ şi κανών», 365-372. Voir aussi I. KARMIRIS, «The Distinction between the Horoi and the Canons», 79-107.

⁹² «The Ecumenical Councils make two types of decisions: 1. Doctrinal, or theological, which are infallible, unchangeable, and must be believed by every Orthodox. 2. Disciplinary or administrative canons. The disciplinary canons cover various questions as to the performance of sacraments, jurisdiction of parishes, dioceses, marriage and divorce questions, penance and others. These canons are changeable by other Ecumenical Council, and they are not infallible. They are binding upon the faithful, however, and are to be enforced by the clergy», *Dictionary of Orthodox Theology*, 39.

Synodes œcuméniques, à savoir : 20 du Ier synode à Nicée (325), 7 du IIe synode à Constantinople (381), 8 du IIIe synode à Ephèse (431), 29 du IVe synode à Chalcédoine (451), 102 du synode in Trullo (691) et 22 du VIIe synode à Nicée (787). De plus, le synode *Quinisexte*[93] approuva des canons de *synodes locaux*, à savoir: 85 canons apostoliques, 25 d'Ancyre (314), 15 de Néocésarée (315), 25 d'Antioche (341), 21 de Sardique (343), 21 de Gangres (après 340), 60 de Laodicée (entre 343 et 380), 1 de Constantinople (394), 133 de Carthage (419). On peut y ajouter les 17 canons du synode *Prime-Second* de Constantinople (861), ainsi que les 3 canons du synode réuni dans la même ville en 879/880. Certains extraits d'ouvrages ou de lettres de Pères éminents de l'Eglise ont acquis une autorité semblable à celle des canons des synodes locaux par l'approbation du synode Quinisexte[94].

La collection officielle qui réunit tous les canons valables pour l'Eglise orthodoxe est appelée le *Nomocanon*[95] *en XIV titres* ou *Nomocanon de Photius*[96]. Elle fut probablement compilée par le pa-

---

[93] De nos jours, il y a des Auteurs qui affirment que la reconnaissance, tant par l'Orient que pour l'Occident, du synode *Quinisexte* ou *in Trullo* comme œcuménique est une question déjà dépassée (cf. N. DURĂ, *The Ecumenicity of the Council in Trullo*, 229-262). Voir aussi G. NEDUNGATT – M. FEATHERSTONE, ed., *The Council in Trullo*; E. BRUNET, «Il ruolo di papa Gregorio II», 37-65.

[94] N. MILAŞ, *Drept bisericesc oriental*, 65-92; I.N. FLOCA, *Drept canonic*, 75-76; V. TSYPIN, Церковное Право, 53-74; V. PHEIDAS, *Droit canon*, 23-24; P. MENEVISSOGLOU, Ιστορικη εισαγωγη εις τους κανονας, 91-100; R. POTZ – E. SYNEK, *Orthodoxes Kirchenrecht*, 224-225.

[95] On appelle *nomocanon* (de grec νόμος – loi et κανόν – canon) un recueil de canons apostoliques, de canons de conciles, et de lois impériales relatives aux matières ecclésiastiques. Le plus ancien recueil de ce type est celui de Fulgendus Ferrandus, diacre de l'Eglise de Carthage du VIe siècle. Cf. J. GAUDEMET, «Nomokanon», 417-429.

[96] «Le nom de Photius comme auteur du *Nomocanon en XIV titres* n'apparaît pour la première fois qu'à la fin du XIIe siècle, à savoir chez Théodore Balsamon.», N. DURĂ, *Le régime de la synodalité*, 344-345. Vladimir Beneševič, est convaincu que Photius n'a pas été l'auteur de cette collection. V.N. BENEŠEVIČ, Канонический Сборникъ XIV титуловъ, 56. Il y a des canonistes orthodoxes, comme N. Milaş et A. Pavlov, qui ont affirmé que l'auteur de ce Nomocanon a été, en réalité, le patriarche de Constantinople Sergius (610-638) (cf. N. MILAŞ, *Dreptul bisericesc oriental*, 148-149; A.S. PAVLOV, Курс церковного права, 75-76). En outre, un historien occidental affirme que, de fait, l'auteur du Nomocanon serait le patriarche Jean IV le Jeûneur (582-595) (cf. E. HONIGMANN, *Trois mémoires*, 56-60). De plus, l'historien des sources de droit, N. van der Wal, affirme que cette collection a été composée par Eutychès et complétée par Jean IV le Jeûneur vers 580, mais que l'extension de cette collection dans un nomocanon a été faite par un soi-disant «Anonymus» alias «Enantiophanes» vers 615 (cf. N. VAN DER WAL, «Wer war der "Enan-

triarche Photius[97] en 883[98], avant d'être proclamée comme valable pour l'Eglise par un *Synode endémique*[99] réuni à Constantinople en 920. Aucune des autres collections de canons compilées ultérieurement n'a été proclamée par un synode comme valable pour toute l'Orthodoxie, bien que certaines d'entre elles aient eu un caractère quasi officiel, comme par exemple *Kormčaia Kniga* (Кормчая книга)[100] pour les serbes, bulgares et russes, ou la *Îndreptarea legii*[101]

---

tiophanes" ?», 125-136). Un autre auteur, B. Stolte, partage la même opinion: B. STOLTE, «In Search of the Origins», 183-194; «A Note on the un-Photian Revision», 115-130.

[97] Pour détails concernant la vie et l'activité du patriarche de Constantinople Photius voir J. HERGENRÖTHER, *Photius, Patriarch von Konstantinopel*; D. GĂINĂ, «Din activitatea canonică a patriarhului Fotie», 347-364.

[98] N. VAN DER WAL – J.H.A. LOKIN, *Historiae iuris*, 88-89; S.N. TROIANOS, *Οἱ πηγές τοῦ βυζαντινοῦ δικαίου*, 88.

[99] Le *synode endémique* – ἐνδημοῦσα σύνοδος représente le synode des évêques séjournant (ἐνδημοῦντες) temporairement à Constantinople. Ce type de synode n'a pas été prévu dans le *corpus canonum* de l'Eglise orthodoxe (cf. N. DURĂ, «Le régime de la synodalité», 267-283; M. CRISTIȘOR, «Tipuri de sinoade», 426-443), mais il est né à cause des circonstances de cette époque-là dans l'empire byzantin. En effet, après l'occupation des Patriarcats d'Antioche et d'Alexandrie par les arabes, beaucoup d'évêques appartenant à ces sièges-là, ne pouvant pas résider dans leurs évêchés, sont restés à Constantinople, et ont participé au synode patriarcal de Constantinople. Ce type de synode, qui comprenait autant les évêques du Patriarcat de Constantinople que les évêques présents à ce moment-là dans la capitale, est connu dans l'histoire sous le nom de *synode endémique*. A partir de ce type de synode s'est développé le *synode permanent*, à savoir l'organisme central délibératif de chaque Eglise locale orthodoxe, qui fonctionne entre les séances du synode de cette Eglise-là, et qui est composé du premier hiérarque de cette Eglise-là et de ses métropolites (cf. E. MARINA, «Temeiuri istorice și canonice», 190-214). Aujourd'hui, chaque Eglise locale prévoit dans son statut l'existence du synode permanent (cf. E. MARINA, «Organizarea sinoadelor permanente», 337-354; A. TSAGKARI, *Η ιστορία και το νομικό πλαίσιο της Διαρκούς Ιεράς Συνόδου*). Voir également J. HAJJAR, *Le synode permanent*; P. RODOPOULOS, «Sinodality – "Collegiality"», 229-248.

[100] La *Kormčaja kniga* – Кормчая Книга (*Le livre du timonier* ou *Le navigateur*) est une collection des normes ecclésiastiques et lois civiles, valable pour les pays slaves (Serbie, Russie, etc.), qui est basée sur la traduction des différentes anciennes collections grecques. Le nom *Kormcaja kniga* – Кормчая Книга n'a été utilisé qu'à partir du XIIIe siècle. La première édition imprimée a été réalisée en 1650, mais la plus importante est celle préparée par le patriarche de Moscou Nikon, en 1653. Pour plus de détails, voir V. TSYPIN, *"Кормчая Книга"*; E.N. SCHAPOV, *Византийское и южнославянское правовое наследие*; I. ŽUŽEK, *Kormčaja kniga*.

[101] La *Îndreptarea Legii* (*Le guide de la loi*), connue aussi sous le nom de «Pravila cea Mare» (*La Grande Règle*) ou «Pravila de la Târgoviște» (*La Règle du Târgoviște*), a été publiée à Târgoviște (Roumanie) le 20 mars 1652, à l'initiative du métropolite Etienne

pour les roumains, ou encore le *Pidalion* (Πήδαλιον)[102] pour les grecs. Aujourd'hui encore, même après la publication à Athènes de la remarquable collection intitulée *Syntagme Athénienne*, la collection officielle des canons de l'Eglise orthodoxe reste le *Nomocanon en XIV titres*[103].

Il faut aussi noter que, à côté de ce corps de canons valables pour toute l'Eglise orthodoxe[104], il y a des lois, ecclésiastiques et civiles, qui, même si elles ne font pas partie de ce corps, règlent l'Eglise et ses affaires administratives. Toutes ces lois, qui sont majoritairement de nature administrative, sont appelées *nomoi* (νομοί – *leges*)[105] dans la législation du Ier millénaire.

2.2 Le «corpus canonum» comme source des principes fondamentaux pour l'organisation de l'Eglise orthodoxe

L'unicité du *corpus canonum* de l'Eglise orthodoxe se manifeste aujourd'hui par le fait que chaque Eglise locale orthodoxe se définit dans son statut[106] d'organisation et de fonctionnement comme une Eglise qui

---

(Ştefan). Pour plus de détails, voir G. CRONŢ, «Îndreptarea Legii», 57-82; I. IVAN, «Pravila cea Mare», 580-609; L. STAN, «Importanţa canonică şi juridică a Pravilei», 561-579.

[102] Le *Pidalion* – Πηδάλιον (le Gouvernail) est une collection grecque qui a été publiée à Leipzig, en 1800, sous la coordination de Nicodème l'Hagiorite (1749-1809) et d'Agapios Leonardos (1741-1815). Ce recueil contient le texte des canons accompagné des commentaires faits par le moine Nicodème, qui était considéré à l'époque «le meilleur jeune canoniste», I.P. BOUMIS, *Κανονικόν Δίκαιον*, 22.

[103] Cf. I. IVAN, «Importanţa principiilor fundamentale canonice», 155, note 1.

[104] Il faut noter qu'au XXe siècle, des théologiens orthodoxes influencés par le modèle catholique de la codification des canons, ont proposé de codifier les canons de l'Eglise orthodoxe. La tentative la plus connue est celle de l'actuel patriarche de Constantinople, Bartholomé Archontonis (Βαρθολομαίος Αρχοντώνης), qui, dans sa thèse de doctorat soutenue en 1968 à l'Institut Pontifical Oriental de Rome, avait plaidé pour un code unique de l'Eglise orthodoxe qui devrait nécessairement être rédigé en grec, car – disait-il – la majorité des sources du droit canon orthodoxe est écrite dans cette langue (cf. B. ARCHONTONIS, *Περί την κωδικοποίησιν των ιερών κανόνων*). De plus, il avait fait la même proposition au premier congrès de la «Société pour le Droit des Eglises orientales» (cf. B. ARCHONTONIS, «A Commun Code for orthodox Churches», 45-53).

[105] Cf. P. RODOPOULOS, «Sacred canons and laws», 9-15; S.N. TROIANOS, «Nomos und kanon», 37-51; R. MACRIDES, «Nomos and Kanon», 61- 85; A. SCMINCK, «Leges ou nomoi ?», 309-316; B.H. STOLTE, «Of Nomoi and Kanones», 121-136; E. KARABELIAS, «Le droit ecclésiastique», 195-267; P. KARANICOLAS, «Synodical Legislation», 217-227; A. KNIAZEFF, «La place de la loi de l'Eglise», 61-73.

[106] Aujourd'hui, chaque Eglise orthodoxe autocéphale a son statut d'organisation, dans lequel sont affirmés les principes canoniques fondamentaux de l'Eglise orthodoxe. Ces statuts ou chartes statutaires sont considérés comme des étalons de la *canonicité* d'une Eglise locale, c'est-à-dire que, à travers ces statuts, on peut vérifier dans quelle mesure une Eglise locale respecte ou non les principes canoniques fondamentaux d'organisation de

maintient l'unité doctrinale, canonique et cultuelle avec l'*Eglise œcuménique de l'Orient* ou l'*Eglise orthodoxe répandue dans l'univers*. Du point de vue canonique, cette unité signifie que chaque Eglise orthodoxe locale doit respecter les principes fondamentaux d'organisation et de fonctionnement de l'Eglise orthodoxe[107]. La somme des principes canoniques fondamentaux[108] – contenue dans les canons de l'unique *corpus canonum* de l'Eglise constitue actuellement la *doctrine canonique* de l'Eglise orthodoxe[109].

Selon l'ecclésiologie orthodoxe, chaque Eglise locale autocéphale doit développer son organisation canonique en partant de ces principes fondamentaux. Même si ces derniers sont tous contenus dans le *corpus canonum*

---

l'Eglise orthodoxe (cf. D. CIOBOTEA, «Problema canonicității», 103). Actuellement, seul le Patriarcat de Constantinople, qui réside à Istanbul (Turquie), ne possède pas de statut d'organisation, car il n'a pas de statut juridique civil; ceci, parce qu'il n'a pas été mentionné dans le Traité de Lausanne (1923); à l'époque, il a seulement obtenu l'assurance orale qu'il ne serait pas expulsé de Turquie. Plus précisément, encore aujourd'hui, le Patriarcat de Constantinople est continuellement persécuté et chicané par les autorités civiles turques de manière que l'activité du Patriarcat soit réduite au minimum. Ainsi, ce Patriarcat, pour pouvoir survivre en Turquie, est obligé de fonctionner d'une manière impropre: par exemple, il n'y a pas un Saint-synode mais seulement un Synode permanent qui remplace le Saint-synode (cf. T. AGHNIDES, *The Ecumenical Patriarchate*). Pour plus de détails, voir H. OHME, *Das Ökumenische Patriarchat von Konstantinopel*.

[107] Pour plus de détails sur les principes canoniques fondamentaux d'organisation et de fonctionnement de l'Eglise orthodoxe, voir: P. BRATSIOTIS, *Die Grundprinzipien*; L. STAN, «Περὶ τῶν θεμελιωδῶν κανονικῶν ἀρχῶν», 5-18; «Das Wesen», 180-189; I. KALOGHIROS, «Ἡ ἑνότης», 480-498; N. DURĂ, «Principiile canonice», 127-144; P.J. PANAYOTAKOS, «Les bases», 619-626; I. IVAN, «Importanța principiilor», 155-165; I.N. FLOCA, *Drept canonic*, I, 191-205.

[108] «Acestor principii de organizație și administrație li se zice *fundamentale*, fiindcă ele au fost rânduite de la început, în lumina învățăturii Mântuitorului Hristos, ca niște coloane de nezdruncinat, la baza organizației Bisericii, alături de dogme și preceptele morale, iar *canonice* li se zice, fiindcă, după o practică neîntreruptă, prin uz, ele au fost stabilite prin normele, numite canoane, pe care Sfinții Părinți ai sinoadelor ecumenice le-au legiferat sau le-au confirmat, ca îndreptare cu obligativitate în întreaga Biserică», I. IVAN, «Importanța principiilor», 155.

[109] «La doctrine canonique, à savoir les principes canoniques fondamentaux et les commentaires des canonistes, a toujours constitué une source du droit canonique, tant en Orient qu'en Occident. D'ailleurs, la somme de ces principes […], qui forme la base de la doctrine canonique, reste indispensable pour toute Eglise locale d'aujourd'hui et de demain, car on ne peut jamais s'en dispenser. Aucune interprétation des normes canoniques ne peut se faire en dehors de la doctrine canonique exprimée par cette somme des principes canoniques fondamentaux ou de base», N. DURĂ, *Le régime de la synodalité*, 123. Cf. aussi J.H. ERICKSON, «The Orthodox Canonical Tradition», 167.

38   PARTIE I : L'AUTONOMIE DANS L'EGLISE ORTHODOXE

de l'Eglise orthodoxe, leur présentation et leur interprétation sont marquées par les diverses écoles de théologie orthodoxe[110]. Mais, afin de garder l'objectivité de l'étude, il conviendra de les énumérer. Donc, les principes fondamentaux d'organisation et de fonctionnement de l'Eglise orthodoxe sont: *le principe ecclésiologique institutionnel, le principe organique* ou *constitutionnel ecclésial, le principe hiérarchique, le principe synodal, le principe de l'économie, le principe ethnique, le principe d'autonomie interne, le principe de l'autocéphalie, le principe de l'autonomie externe, le principe nomocanonique, le principe de loyauté envers l'Etat.*

2.3 *Les principes fondamentaux d'organisation de l'Eglise orthodoxe et la subsidiarité*

De plus, il est important de préciser ici qu'il y a des jeunes théologiens orthodoxes formés en Occident, spécialement à Paris[111], qui ont essayé d'introduire à côté de ces principes fondamentaux un nouveau principe: le principe de la *subsidiarité*[112]. Malheureusement, c'est tout à fait évi-

---

[110] Il convient de souligner ici que, «si dans l'Orthodoxie il n'y a pas une tension entre les théologiens et le «magistère» ou l'épiscopat, cela ne s'explique pas simplement par le fait que l'Orthodoxie ne dispose pas d'une autorité centrale universelle, qui s'est spécialisée à exercer un contrôle sur la manière dont les théologiens des différentes écoles du monde se conforment à la doctrine officielle, mais cela est dû aussi au fait que la théologie et la doctrine ecclésiale ne relèvent pas de la compétence de deux secteurs distincts et partiels dans l'Eglise: la théologie faite par les théologiens en tant que spécialistes et la doctrine ecclésiale établie par le magistère ou la hiérarchie. [...] Si les évêques sont tenus en premier lieu d'enseigner la foi en tant que chefs des Eglises locales ou leurs pasteurs, les gardiens de la foi est le peuple tout entier.», D. CIOBOTEA, «L'Eglise, mystère de communion», 74.

[111] Il s'agit de G. Papathomas et de P.D. Vlaicu, tous deux docteurs en droit canonique à l'*Institut Catholique* de Paris, qui dans leur thèse de doctorat parlent du principe de subsidiarité, comme s'il appartenait à la Tradition canonique orthodoxe. L'archimandrite grec Grigorios Papathomas a été le premier théologien orthodoxe à introduire le principe de subsidiarité, comme principe fondamental pour l'organisation de l'Eglise orthodoxe, par sa thèse intitulée *Le Patriarcat Œcuménique de Constantinople, les Eglises autocéphales orthodoxes de Chypre et de Grèce et la Politeia monastique du Mont Athos dans l'Europe Unie*, et soutenue en 1994, sous la coordination de madame le professeur Brigitte Basdevant. Ultérieurement, l'innovation de G. Papathomas, a été adoptée en 2005 par P.D. Vlaicu dans sa thèse *Le Statut canonique et de droit étatique de l'Eglise orthodoxe en Roumanie postcommuniste: identité nationale et liberté religieuse et de religion*, soutenue à la même Faculté et sous la coordination du même professeur.

[112] Par exemple, G. Papathomas, affirme que «le principe canonique de subsidiarité (*subsidiarius*) demande de ne pas réserver, à l'instance suprême du Saint Synode de la

dent que ce principe n'appartient pas à la tradition orthodoxe[113], mais sont certains théologiens catholiques qui, au début du XXe siècle, sous l'influence de l'encyclique *Quadragesimo Anno* du pape Pie XI[114], ont essayé de faire entrer le principe de subsidiarité dans la théologie catholique, principe qui était inspiré de la sociologie[115]. L'essentiel de ce texte fut repris ultérieurement par Pie XII dans une allocution aux cardinaux[116], et par Jean XXIII dans ses encycliques *Mater et Magistra*[117] et

---

Hiérarchie, les affaires qui peuvent être traitées à un niveau moins élevé, c'est-à-dire par le synode [local] métropolitain», G. PAPATHOMAS, *Le patriarcat œcuménique*, 708-709; *L'Eglise de Grèce*, 527. La même idée est reprise par P.D. Vlaicu dans une extrait de sa thèse, publié en 2005 (cf. P.D. VLAICU, «L'identité canonique», 236-237).

[113] Il faut souligner ici que, bien que le principe de la *subsidiarité* pourrait être assimilé – du point de vue administratif – au principe de l'*autonomie ecclésiastique*, cette expression ne se retrouve jamais dans la tradition orthodoxe.

[114] Cette encyclique, écrite par le pape Pie XI en réponse à la Grande Dépression, a été publiée le 15 mai 1931, plus précisément 40 ans après que le pape Léon XIII avait publiée son encyclique «Rerum Novarum» (cf. LÉON XIII, Encyclique *Rerum novarum*, 641-670), qui est considérée comme le texte inaugural de la doctrine sociale catholique. A travers ce document, le pape Pie XI préconisait l'établissement d'un nouvel ordre social basé notamment sur le principe de la subsidiarité. En effet, l'idée de la subsidiarité est citée comme une thérapie contre la surcharge imposée à l'Etat, et en même temps comme «principe le plus important de la philosophie sociale en général»: chaque activité sociale est subsidiaire de par sa force et sa nature, et elle doit soutenir les membres du corps social, sans cependant jamais les briser ni les absorber. En fin de compte, l'Etat ne doit certes pas perdre son pouvoir, mais il doit plutôt pouvoir remplir «d'autant plus librement, fortement et promptement» les tâches qui sont de sa responsabilité exclusive (cf. PIE XI, Encyclique *Quadragesimo Anno*, 177-228). De plus, il faut aussi mentionner ici que «a dare concreta fomulazione a questo principio sia stato il padre Oswald von Nell Breuning, s.j., che collaborò attivamente nella redazione dell'enciclica e si ispirò largamente alle idee di alcuni eminenti rappresentanti del pensiero cattolico tedesco nella dottrina sociale, come il Vescovo Ketteler e in particolare il gesuita Gustavo Gundlach», R.J. CASTILLO LARA, «La sussidiarietà», 447.

[115] Cf. J. WERCKMEISTER, *Petit dictionnaire*, 193-194. Voir aussi L. ROSA, «Il "principio della sussidiarietà"», 589-606, 151-163.

[116] «Il Nostro Predecessore di f. m. Pio XI, nella sua Enciclica sull'ordine sociale *Quadragesimo anno*, traeva […] una conclusione pratica, allorché enunciava un principio di generale valore, vale a dire: ciò che uomini singoli possono fare da sé e con le proprie forze, non deve essere loro tolto e rimesso alla comunità; principio che vale egualmente per le comunità minori e di ordine inferiore di fronte alle maggiori e più alte. Poiché – così proseguiva il sapiente Pontefice – ogni attività sociale è per natura sua sussidiaria; essa deve servire di sostegno per i membri del corpo sociale, e non mai distruggerli e assorbirli. Parole veramente luminose, che valgono per la vita sociale in tutti i suoi gradi, ed anche per la vita della Chiesa, senza pregiudizio della sua struttura gerarchica». PIE XII, «Allocution aux cardinaux», 144.

Pacem in terris[118]. Ensuite, le principe de subsidiarité fut officialisé dans l'Eglise catholique au moment du concile Vatican II comme principe de l'éthique sociale catholique[119]. Ainsi, selon l'éthique sociale catholique, la subsidiarité renvoie à des situations de détresse et exige que l'individu commence par s'aider lui-même et que, si l'aide d'autrui est requise, elle vient d'abord des communautés «les plus petites», c'est-à-dire des communautés, non étatiques, les plus proches, avant de provenir des communautés «les plus grandes», et notamment de la communauté politique.

Et parce que l'étymologie est ici une clé de compréhension non négligeable, il faut préciser que «subsidiarité» vient du terme latin «subsidium» qui signifie «aide», «réserve», «appui»[120]. De plus, il faut souligner ici que le mot latin «subsidium» provient du langage militaire romain et ne signifie pas, dans ce cas, une aide quelconque, mais une équipe de réserve[121], ou encore, pour parler en termes pécuniaires, une réserve d'urgence dont on n'a absolument pas besoin si les circonstances sont favorables[122]. L'acceptation de l'éthique sociale catholique correspond donc à la signification originelle du mot «subsidiarité», à savoir une aide qui n'intervient pas en première position, mais seulement lorsque l'aide qui vient en première position – l'aide pour soi-même et l'aide de groupes proches – ne suffit pas.

Après le concile Vatican II, le principe de la subsidiarité a toujours été un sujet de préoccupation dans l'Eglise catholique: le Synode des évêques[123] de 1967 vota pour l'introduction de la subsidiarité parmi les

---

[117] Cf. JEAN XXIII, Lett. Enc. *Mater et magistra*, 401-464.

[118] Cf. JEAN XXIII, Lett. Enc. *Pacem in terris*, 257-304.

[119] Dans les documents conciliaires le principe de subsidiarité n'a été jamais appliqué à l'Eglise, mais il a été toujours utilisé comme principe de la doctrine sociale catholique (cf. GS 68; GE 3, 6).

[120] Cf. L. QUICHERAT – A. DAVELUY, ed., *Dictionnaire latin-français*, 1329.

[121] «Subsidium – ligne de troupes en position derrière le front de bataille, corps ou troupes de réserve», C. LEBAIGUE, *Dictionnaire latin-français*, 1210.

[122] «The Latin term *subsidium* originates from military terminology and does not refer to any kind of assistance, but to a reserve force; expressed in economic terms it is an emergency provision, which under favourable conditions is not needed at all», O. HÖFFE, *Democracy in an Age of Globalisation*, 83.

[123] Dans l'Eglise catholique, le *Synode des évêques* est une institution permanente établie par le pape Paul VI, le 15 septembre 1965, à travers le m.p. *Apostolica sollicitudo* (cf. PAUL VI, M.p. *Apostolica sollicitudo*, 775-780). Les normes de ce *motu proprio* – on appelle *motu proprio* un texte émanant d'une décision que le Pontife Romain a prise de sa propre initiative, (cf. F.G. MORRISEY, *Les documents pontificaux*, 20) – sont reprises dans l'actuel CIC du canon 342 au canon 348. Bien que le *Synode des évêques* soit une institu-

principes directeurs de la révision du Code de droit canonique[124]; le Synode des évêques de 1969 vota en faveur de son application aux conférences épiscopales; dans la préface du Code de droit canonique de 1983, on lit que l'un des principes directeurs qui sous-tendent la nouvelle loi est aussi le principe de la subsidiarité (toujours entendu comme un moyen juridique d'organisation de l'Eglise catholique); enfin, le synode extraordinaire de 1985 avait recommander l'étude de la subsidiarité afin d'identifier la modalité dans laquelle ce principe pourrait être appliqué dans l'Eglise catholique[125].

Au Synode des évêques de 2001, la réflexion sur le principe de la subsidiarité est revenue avec autant, sinon plus, de détermination que les synodes précédents[126]. Les Pères synodaux considéraient le principe de la subsidiarité comme l'un des problèmes majeurs qu'il convient reconsidérer pour savoir dans quelle mesure son intégration dans l'Eglise est-t-elle possible. Dans le cas positif, il serait urgent d'identifier les modalités les plus adéquates pour l'application dudit principe. Ainsi, pendant une de ses

---

tion permanente, ses fonctions et sa collaboration concrète ne le sont pas. En d'autres termes, le *Synode des évêques* se réunit et entre en fonction uniquement quand le Pontife Romain estime nécessaire ou opportun de consulter l'épiscopat. D'une manière générale, on peut définir le *Synode des évêques* comme une assemblée des évêques représentant le Corps épiscopal de l'Eglise catholique dont la tâche est d'aider le Pontife Romain, en vertu de ses fonctions d'Evêque de Rome et de Tête du Collège des évêques, dans le gouvernement de l'Eglise catholique, en lui apportant leurs conseils. Cette institution sera analysée de manière détaillée dans la partie de la thèse sur l'Eglise catholique.

[124] Plus précisément, le Synode de 1967 a approuvé les principes directeurs pour la reforme du Code de droit canonique de 1917 (*Principia quae Codicis Iuris Canonici recognitionem dirigant*). Parmi ceux-ci, il y avait aussi le principe de la subsidiarité, mais qui alors se referait plutôt à l'aspect juridique-organisationnel qu'à l'aspect ecclésiologique. Pour plus de détails, voir T.J. GREEN, «Subsidiarity», 771-799.

[125] Cf. G. GHIRLANDA, «"Populus Dei Universus"», 77-78, note 107; P. MAGAGNOTTI, ed., *Il principio della sussidiarietà*, 17-48.

[126] Ce synode, qui avait pour thème «L'Evêque: serviteur de l'Evangile de Jésus-Christ pour l'espérance du monde», a tenu une fois de plus à ramener sur la table de travail le principe de subsidiarité. Il le fonde dans l'ecclésiologie de communion dont il deviendrait le lien. Le débat fut fort intéressant, car une partie de Pères synodaux demandaient fortement que le principe de subsidiarité soit reconnu comme principe d'institution divine pour définir la coopération entre les différents niveaux de gouvernement de l'Eglise, tandis que les autres Pères synodaux exigeraient que, au lieu du principe de la subsidiarité, soit plutôt utiliser le principe théologique de la communion, selon lequel chaque membre de l'Eglise exerce une fonction qui lui a été confiée. Pour d'autres détails, voir G. GHIRLANDA, «Il *munus regendi*», 81-85.

interventions aux travaux du Synode, Mgr. J. A. Fiorenza, président de la Conférence des évêques des Etats-Unis d'Amérique, s'interrogeait:

> Ne serait-il pas opportun et urgent que ce Synode discute encore une fois du problème de la subsidiarité à l'intérieur de l'Eglise ? S'agit-il d'une expression ecclésiologique valable de communion, ou seulement d'un principe sociologique qui ne peut pas être adapté correctement à la réalité transcendante de l'Eglise ? Et s'il est approprié à la vie de l'Eglise, quelles sont les modalités pratiques selon lesquelles il peut être appliqué sans porter atteinte au droit et à la liberté de l'évêque de Rome de gouverner l'Eglise et de confirmer le don précieux de l'unité, tout en prévenant l'esprit de nationalisme et le risque de réduire l'Eglise à une fédération d'Eglises particulières ?[127]

Après le Synode, le pape Jean-Paul II (1978-2005) a souhaité répondre aux problèmes soulevés dans la Sale du Synode dans son l'Exhortation apostolique post-synodale *Pastores Gregis*. Ainsi, au numéro 56 de cette exhortation, le pape Jean-Paul II présente d'une manière édifiante sa ligne de réflexion et sa position sur le principe de subsidiarité:

> On sait que le principe de subsidiarité fut formulé par mon prédécesseur le pape Pie XI pour la société civile. Le concile Vatican II, qui n'a jamais employé le mot «subsidiarité», a toutefois encouragé le partage entre les organismes de l'Eglise, lançant, sur la théologie de l'épiscopat, une nouvelle réflexion qui porte maintenant ses fruits dans l'application concrète du principe de la collégialité à la communion ecclésiale. Mais, en ce qui concerne l'exercice de l'autorité épiscopale, les Pères synodaux ont jugé que le concept de subsidiarité s'avérait ambigu et ils ont insisté sur la nécessité d'une étude théologique plus approfondie de la nature de l'autorité épiscopale à la lumière du principe de communion[128].

Il appert donc que, encore aujourd'hui, ce principe n'a pas un statut très clair dans l'actuelle ecclésiologie catholique[129] et, par conséquent, y crée encore des problèmes d'interprétation[130].

---

[127] «Synode des évêques. Xe Assemblée générale ordinaire», 982.

[128] JEAN-PAUL II, Ex. Ap. Post-synodale *Pastores Gregis*, 144-145. Pour plus de détails, voir G. GHIRLANDA, «Linee di governo», 585-600.

[129] Le pape Paul VI lui-même, en 1969, signalait déjà le danger que pouvait comporter l'application du principe de subsidiarité à la vie de l'Eglise (cf. PAUL VI, Allocution avant la clôture officielle, 729).

[130] Parmi l'abondante bibliographie relative au principe de subsidiarité et à son application dans l'Eglise catholique, nous pouvons citer: A. LEYS, *Ecclesiological Impacts*; P.-S. FREILING, *Das Subsidiaritätsprinzip*; W. BERTRAMS, «De principio subsi-

En définitive, pour répondre à cette tentative innovatrice d'introduire le principe de la subsidiarité dans l'ecclésiologie orthodoxe, il est plus que suffisant de citer ici les mots de l'actuel patriarche de Constantinople, Bartholomé Ier, qui, dans son discours au Parlement européen, rappelait les origines du principe de la subsidiarité:

> [...] il est frappant que l'organisation réelle et démocratique de l'Eglise chrétienne orthodoxe – avec son degré d'autonomie administrative et d'autorité locale des évêques, des patriarches et des Eglises autocéphales, et en même temps l'unité eucharistique dans la foi – représente un prototype récemment institutionnalisé par l'Union européenne sous le nom de *principe de subsidiarité*[131].

Toutefois, le patriarche Bartholomé Ier a oublié de préciser que, pour la théologie orthodoxe, la subsidiarité est tout à fait différente de l'*autonomie ecclésiastique*. Premièrement, parce que, selon l'ecclésiologie orthodoxe, l'*autonomie ecclésiastique* appartient ontologiquement à une Eglise locale, tandis que la subsidiarité ne constitue que l'intervention d'une autorité supérieure afin de soutenir une autorité inférieure. Deuxièmement, parce que la subsidiarité implique nécessairement l'existence des deux niveaux d'autorité: celui supérieur et celui inférieur. Par conséquent, une éventuelle acceptation de la subsidiarité comme principe fondamental d'organisation de l'Eglise orthodoxe porterait concrètement à un changement radical dans l'organisation interne de l'Orthodoxie, en particulier, en ce qui concerne son ordre de préséance (τάξις). Donc, dans ce cas, l'égalité foncière des évêques ne sera plus respecté, mais, obligatoirement, dans chaque synode des évêques, local ou panorthodoxe, il sera un évêque «supérieur» qui devra bénéficier d'un primat d'autorité en rapport avec les autres évêques «inférieurs». Plus exactement, à la tête de chaque synode, locale ou panorthodoxe, ne sera plus un proto-hiérarque (πρῶτος), mais un *primatus*.

---

diarietatis», 3-65; O. KARRER, «Le principe de subsidiarité», 575-606; J. BEYER, «Principe de subsidiarité», 801-822; «Le principe de subsidiarité», 435-459; G. BARBERINI, «Appunti e riflessioni», 329-361; R. METZ, «La subsidiarité», 155-200; G. MUCCI, «Il principio di sussidiarietà», 428-442; J. ABBASS, «Subsidiarity and the Eastern Code», 41-65; J.C. ORSI, «O Princípio de Subsidiariedade», 399-412; J. KOMONCHAK, «Subsidiarity in the Church», 298-349; «Le principe de subsidiarité», 391-448; J.J. BURKHARD, «The Interpretation and Application», 279-342; O. CONDORELLI, «Sul principio di sussidiarietà», 942-1010; J.G. JOHNSON, «Subsidiarity», 488-523; A. VIANA, «El principio de subsidiariedad», 147-172; J. BARROCHE, «La subsidiarité», 777-788; P. VALDRINI, «A propos de la contribution», 147-163. Ce principe de subsidiarité sera étudié d'une manière approfondie dans un chapitre ultérieur.

[131] BARTHOLOMÉ Ier, «L'apport de l'Eglise orthodoxe», 25-26.

Il appert, donc, qu'il est absolument impossible d'accepter la subsidiarité comme principe fondamental d'organisation de l'Eglise orthodoxe, même si celui-là pourrait très légèrement être assimilé – du point de vue administratif – au principe de l'*autonomie ecclésiastique.*

CHAPITRE II

L'*autonomie ecclésiastique* selon la doctrine canonique de l'Eglise orthodoxe

1. Le concept d'autonomie ecclésiastique: étymologie et sens selon la doctrine canonique de l'Eglise orthodoxe

Le concept d'*autonomie ecclésiastique*, en tant que question canonique qui figurait parmi les dix questions principales à traiter par le soi-disant «Saint et Grand Synode panorthodoxe»[1] (projet aujourd'hui sérieusement dévalué[2]), constitue actuellement l'une des notions les

---

[1] L'Eglise orthodoxe ne reconnaît que sept synodes comme œcuméniques, le dernier étant celui de l'année 787. Après la rupture de communion de 1054, l'Eglise orthodoxe a toujours affirmé qu'elle n'a pas la possibilité de réunir un synode œcuménique. Pour ce motif toutes les réunions des évêques orthodoxes ont été appelées *congrès / conférence / commission inter-orthodoxe* ou *panorthodoxe*. A partir du début du XXe siècle s'est développée l'idée de réunir un synode qui rassemblerait tous les évêques orthodoxes du monde et qui serait nommé «le saint et grand synode panorthodoxe». En fait, en 1919, le patriarche roumain Miron Cristea a été le premier à envoyer une lettre à toutes les autres Eglises locales orthodoxes en proposant un synode de l'entière Orthodoxie pour résoudre ses problèmes urgents (cf. M. CRISTEA, *Chestiunea unui nou Sinod ecumenic*). «Le Saint et Grand Synode panorthodoxe à venir devra s'occuper d'un nombre limité de thèmes et plus précisément des thèmes suivants: 1. Diaspora orthodoxe, 2. L'autocéphalie et la manière dont elle doit être proclamée, 3. L'autonomie et la manière dont elle doit être proclamée, 4. Diptyques (c'est-à-dire ordre de préséance des Églises dans leur commémoration liturgique), 5. La question du calendrier commun, 6. Empêchements au mariage, 7. Réadaptation des prescriptions ecclésiastiques concernant le jeûne, 8. Relations des Églises orthodoxes avec le reste du monde chrétien, 9. Orthodoxie et mouvement œcuménique, 10. Contribution des Églises locales à la réalisation des idéaux chrétiens de paix, de liberté, de fraternité et d'amour entre les peuples et suppression des discriminations raciales.» (*Synodica*, III, 118).

[2] Par l'expression «le Saint et Grand Synode orthodoxe» est désigné un projet de l'Eglise orthodoxe de réunir tous ses évêques afin de discuter ses questions vitales. La

plus discutées entre les théologiens[3], les historiens[4] et les canonistes[5] orthodoxes. Dans le même temps, l'ecclésiologie orthodoxe définit l'*autonomie ecclésiastique* comme un des principes fondamentaux d'organisation et de fonctionnement de l'Eglise orthodoxe[6].

---

décision de réunir un tel synode a été prise lors d'une conférence panorthodoxe réunie à Rhodes entre le 24 septembre et le 1ᵉʳ octobre 1961. Aujourd'hui, après beaucoup de travaux faits dans des commissions et conférences préparatoires (la dernière rencontre date de 2009, lorsqu'une commission inter-orthodoxe s'est réunie en Suisse, à Chambésy), le projet est sérieusement dévalué à cause de sa confiscation par le Patriarcat de Constantinople, qui n'aurait voulu l'utiliser que pour ses propres intérêts (l'affirmation d'une primauté d'honneur parmi les autres Eglises locales orthodoxes, le droit de juridiction sur l'entière diaspora orthodoxe, le privilège d'être la dernière instance d'appel pour le jugement de tous les évêques orthodoxes, etc.), totalement étrangers aux besoins et exigences de l'Orthodoxie entière. Maintenant, les théologiens orthodoxes ne sont plus d'accord avec cette initiative, en particulier parce que «le Saint et Grand Synode orthodoxe – projeté par Constantinople – n'a en réalité pour but que de ratifier ses prétentions hégémoniques sur l'entière diaspora orthodoxe», N. DURĂ, «Le "Primat pétrinien"», 190, note 73.

[3] P. TREMBELAS, «Αρχαι, κρατησασαι εν τη ανακηρυξει του αυτοκεφαλου», 5-22; «Οι οροι και οι παραγοντες της ανακηρυξεως του αυτοκεφαλου» 210, 218-220, 247-250, 264-266, 278-281; C. GALERIU, «Autocefalie şi Ortodoxie», 202-233; I. MOLDOVAN, «Etnicitate şi autonomie», 234-267; G. BASIOUDIS, «Μια πτυκή από το σύγχρονο εκκλησιολογικό προβληματισμό», 95-102; A. SCHMEMANN, «A Meaningful Storm», 3-27; D. CIOBOTEA, «Autocefalia bisericească», 290-298; A. PLĂMĂDEALĂ, «Autocefalia şi modul proclamării ei», 91-98.

[4] Cf. P. AKANTHOPOULOS, *Οι θεσμοι της αυτονομίας και του αυτοκεφάλου*; G. CIUHANDU, «Autochefalie», 33-50; V. PHEIDAS, «L'Eglise locale», 141-150; «Τὸ "αὐτοκέφαλον" καὶ τὸ "αὐτόνομον"», 9-32; I. DURĂ, «Les "Tomes synodaux"», 63-66; J.H. ERICKSON, «Autocephaly», 28-41; «Common Comprehension», 100-112; Z. PANEV, «Aux origines de l'autocéphalie», 125-134; C. PAPASTATHIS, «Aspects de l'autocéphalie», 299-302; S.N. TROIANOS, «Einige Bemerkungen», 157-164.

[5] Cf. S. TROÏTSKY, «О церковной автокефалии», 33-54; «Државна власт», 1-16; «Суштина и фактори автокефалије», 1-16; V. ŞESAN, «Autocefalia–Autonomia», 237-249; L. STAN, «Despre autonomia», 376-393; «Despre autocefalie», 369-396; «Autocefalia şi autonomia în Ortodoxie», 278-316; «Autocefalia şi autonomia în Biserica Ortodoxă», 567-579; «Obârşia autocefaliei şi a autonomiei», 80-113; P. L'HUILLIER, «Problems concerning Autocephaly», 165-191; «Accession to Auto-cephaly», 267-304; L. PATSAVOS, «Unity and Autocephaly», 311-320; S.N. TROIANOS, «Παρατηρησεις επι των τυπικον», 335-348; I.N. FLOCA, «L'autocéphalie», 104-113; G. PAPATHOMAS, *Essai de bibliographie*, 17-26; «Face au concept d'"Eglise nationale"», 149-170; C. RUS, «Probleme referitoare la autocefalie», 209-238; V. GOREANU, «Autocefalia», 50-64; G. GRIGORIŢĂ, «Autonomie et synodalité», 141-214; «Autocefalia în Biserica Ortodoxă», 65-82; «L'Orthodoxie», 109-163.

[6] Cf. N. MILAŞ, *Dreptul bisericesc oriental*, 246-248; I.N. FLOCA, *Drept canonic*, II, 325-326; V. TSYPIN, *Церковное Право*, 200-209. Cf. aussi L. STAN, «Despre autonomia bisericească», 376-393; «Autocefalia şi autonomia în Ortodoxie», 278-316; «Auto-

En pratique, dans l'Eglise orthodoxe, quand on parle de l'*autonomie*, on comprend, d'une part l'indépendance de chaque Eglise établie localement vis-à-vis de l'autorité politique du lieu[7], et d'autre part l'indépendance administrative d'une Eglise locale vis-à-vis de l'Eglise-mère (patriarcale). Dans le premier cas il s'agit *d'autonomie extérieure*, car elle concerne des relations extérieures à l'Eglise[8], et dans le deuxième cas il s'agit *d'autonomie interne* parce qu'elle concerne des relations à l'intérieur même de l'Eglise[9]. Habituellement, dans la terminologie orthodoxe, l'expression *autonomie ecclésiastique* est utilisée pour indiquer l'*autonomie interne*.

Pour mieux comprendre ce concept d'*autonomie ecclésiastique* et son application dans l'Eglise orthodoxe, il est nécessaire de présenter l'étymologie du mot *autonomie*. Etymologiquement, le mot *autonome* (αὐτόνομος – autonomos), qui est un composé de deux vocables grecs, αὐτὸς (soi-même)[10] et νομος (loi)[11], indique une entité (personne ou institution) qui se gouverne avec ses propres lois, et se traduit habituellement par *indépendant*[12] ou *libre*[13].

Par conséquent, dans l'Eglise orthodoxe, l'*autonomie ecclésiastique* est entendue comme la capacité d'une Eglise locale à gérer ses affaires selon ses propres lois (*νόμοι–leges*)[14], mais en respectant en même temps les prescriptions de l'unique *corpus canonum* de l'Orthodoxie répandue par tout l'univers, *corpus* qui ne peut être changé que par un synode œcuménique, l'autorité suprême dans l'Eglise orthodoxe[15]. C'est-à-dire que, selon la doctrine canonique orthodoxe,

---

cefalia şi autonomia în Biserica Ortodoxă», 567-579; «Obârşia autocefaliei», 80-113; J.H. ERICKSON, «Common Comprehension», 100-112; I.M.L. CONSTANTINESCU, «The principle», 220-243; V. GOREANU, «Reflectarea», 270-293.

[7] «Autonomia este principiul fundamental canonic în temeiul căruia Biserica Ortodoxă – privită sub aspectul ei extern, ca societate cu ordine juridică – este independentă de oricare altă societate, inclusiv statul în cuprinsul căruia s-a organizat şi îşi desfăşoară activitatea corespunzătoare misiunii ei», I. IVAN, «Câţiva termeni», 81.

[8] L. STAN, «Autocefalia şi autonomia în Biserica Ortodoxă», 569; Voir aussi A. KNIAZEFF, «Le Royaume de César», 265-278, 19-36.

[9] S. TROÏTSKY, «О церковной автокефалии», 50; L. STAN, «Despre autonomia bisericească», 378.

[10] Cf. *VGI*, 309-310, 529; *Liddell*, I, 281; *Magnien-Lacroix*, 269; *Bailly*, 317-318; *DELG*, 143.

[11] Cf. *VGI*, 1287; *Liddell*, II, 1180; *Magnien-Lacroix*, 1204; *Bailly*, 1332; *DELG*, 742.

[12] «αὐτονομία – independentia – indépendance», *Byzantinon Dikaion*, 95.

[13] Cf. *VGI*, 308; *Liddell*, I, 281; *Magnien-Lacroix*, 271.

[14] «αὐτονομία – potestas vivendi suis legibus», *TGL*, I-2, col. 2543.

[15] Pour détails, voir p. 33, note 90.

l'Eglise du Christ est, essentiellement, une communion d'Eglises locales, dont chacune est autonome par rapport aux autres.

En pratique, selon l'ecclésiologie orthodoxe, l'*autonomie* signifie la capacité d'une entité ecclésiastique locale (éparchie[16], archevêché, métropole, patriarcat ou catholicosat) à gouverner indépendamment toutes ses affaires administratives, mais en restant toujours en communion dogmatique, canonique et de culte avec toute l'*Eglise orthodoxe répandue dans l'univers*; autrement dit, aucune Eglise locale (même autocéphale et patriarcale) ne peut rien changer sur le plan dogmatique, canonique et de culte, lequel a été fixé par le *corpus canonum* de l'Eglise.

En fait, l'Eglise orthodoxe comprend, par l'expression *autonomie ecclésiastique*, le «système canonique»[17] qui concerne le rapport entre, d'une part, une éparchie ou un regroupement d'éparchies et, d'autre part, leur Eglise-mère (patriarcale); c'est un rapport de communion

---

[16] L'*éparchie* (ἐπαρχία) est l'unité territoriale ecclésiale qui se trouve sous la direction d'un évêque et qui est composée par les paroisses et les monastères qui se trouvent sur ce territoire. Le mot éparchie a été emprunté au langage juridique de l'Empire romain. En fait, l'empereur Constantin le Grand (306-337), suivant le modèle de son prédécesseur, l'empereur Dioclétien (285-305), avait divisé l'Empire en quatre préfectures, qui à leur tour se subdivisaient en diocèses. Les diocèses comprenaient plusieurs provinces, qui en langue grecque étaient nommées éparchies (ἐπαρχίαι). De là, le terme grec est passé ultérieurement dans le langage ecclésiastique; il est aujourd'hui utilisé dans l'Eglise orthodoxe et dans les Eglises orientales catholiques.

[17] «Pour le profit de ses fidèles, l'Eglise orthodoxe utilise avec une certaine liberté plusieurs formes d'organisation, plusieurs structures organiques, que l'on appelle des «systèmes». En d'autres termes, le système présuppose une hétérogénéité et une uniformité à la fois, et son application une «législation» commune; il forme un tout et exclut tout ce qu'il ne contient pas. En tant que *révocable* – du point de vue ecclésial –, il est bien distinct de l'*institution* qui demeure *irrévocable*. Comme tels (systèmes ecclésiaux), l'Église – ayant la liberté de les appliquer, de suspendre ou d'annuler leur application lorsqu'elle l'estime nécessaire – connaît entre autres le système synodal, le système de l'autocéphalie, le système de la pentarchie, etc., sans qu'elle les élève au rang d'*institution*. Enfin, l'application/(ré)activation des systèmes ecclésiaux par l'Église n'est pas identique à un systématisme institutionnel, profondément étranger à son hypostase. Par ailleurs, l'Église, déjà depuis les temps néotestamentaires, utilisa l'*institution* du *synode local* comme expression exclusive de son unité ecclésiale. Par la suite et à partir de cette institution ecclésiale, elle a appliqué des systèmes synodaux notamment sous deux formes: soit sous la forme de grands ou de petits synodes/conciles locaux (événement ecclésial ordinaire), soit sous la forme de synodes/conciles généraux ou œcuméniques (événement ecclésial extraordinaire)», G. PAPATHOMAS, «La dialectique», 77, note 6. Cf. aussi D. KYRIAKOS, «Das System», 99-115, 273-286.

ecclésiale et, en même temps, d'indépendance administrative[18]. Dans le cas du rapport éparchie – Eglise-mère, il s'agit d'*autonomie éparchiale*, et dans le cas du rapport d'un regroupement des éparchies – Eglise-mère, il s'agit d'*autonomie ecclésiastique*.

2. **L'autonomie ecclésiastique et ses degrés d'extension dans l'Eglise orthodoxe**

En réalité, à l'intérieur de l'Orthodoxie, cette *autonomie ecclésiastique* présente différents degrés, dont le plus bas est l'*autonomie éparchiale*, et le plus haut est l'*autocéphalie*. Entre ces deux extrêmes, les Eglises locales ont la possibilité de bénéficier des différents degrés d'*autonomie*.

2.1 *L'autonomie éparchiale*

Par le syntagme *autonomie éparchiale*, l'ecclésiologie orthodoxe exprime le droit propre à chaque éparchie de se gouverner selon ses propres lois (νόμοι – *leges*), en gardant toujours l'unité ecclésiale sur le *vinculum fidei, cultus et disciplinae communis*. L'expression concrète de cette unité ecclésiale est l'appartenance de cette éparchie à une Eglise locale (métropolie, patriarcat) guidée par un Synode des évêques. Il est absolument clair, donc, qu'il n'y a pas la possibilité d'avoir dans l'Eglise orthodoxe des éparchies «indépendantes», c'est-à-dire des éparchies qui n'appartiennent à aucune Eglise locale.

L'autonomie de l'évêque d'un lieu et, implicitement, de son éparchie a été prévue par de nombreux canons du *corpus canonum*. En premier lieu, l'*autonomie éparchiale* est garantie par les canons qui interdisent à tout

---

[18] La théologie orthodoxe affirme toujours que l'*autonomie ecclésiastique* n'est pas une institution, mais seulement un système ecclésial, parce que, en fait, «l'Eglise ne connaît seulement que deux institutions (ecclésiales) fondées par/dans le Nouveau Testament – dès le début de l'apparition historique de l'Eglise – et faisant partie de sa structure propre: l'évêque/l'Eglise local(e) et le synode local. D'une part, l'évêque / l'Eglise local(e) constitue(nt) une institution constitutive, alors que le synode n'est qu'une institution fonctionnelle de l'Eglise (l'Eglise peut continuer à vivre malgré une suspension momentanée des convocations de synode pour des raisons circonstancielles). En d'autres termes, si l'évêque doit être considéré comme l'élément constitutif permanent du corps ecclésial inter-local, le synode représente l'élément-moteur périodique de la «liturgie» (c'est-à-dire du fonctionnement) de l'Eglise. Tous les autres éléments sont soit des extensions de ces institutions (p. ex. la paroisse – synode patriarcal), soit des systèmes ecclésiaux (et canoniques). L'institution, ayant un caractère irrévocable, doit être bien distinguée du système (p. ex. le système métropolitain, le système d'autocéphalie, etc.) et du sacrement/mystère (p.ex. le sacrement de l'Eucharistie). Enfin, l'Eglise applique/(re)active des systèmes mais ne fonde pas des institutions.», G. PAPATHOMAS, *Essai de bibliographie*, 19, note 3.

évêque, indifféremment de son titre administratif[19] (archevêque[20], métropolite[21], exarque[22], pape[23], patriarche[24] ou catholicos[25]), de s'immiscer

---

[19] La théologie orthodoxe – en suivant les prescriptions des canons 18 du 1er synode œcuménique et 7 du synode in Trullo – affirme que pour chaque degré de la hiérarchie d'institution divine (évêque, prêtre, diacre), l'Eglise a prévu différents titres administratifs, qui peuvent être accordés par l'autorité de l'Eglise. Tous ces titres ne changent rien en ce qui concerne l'ordre de la hiérarchie de l'institution divine; ils n'ont de valeur que pour l'administration ecclésiastique. Pour détails, voir P. MENEVISOGLOU, «La signification», 74-90; C. ENESCU, «Despre titlurile», 644-651.

[20] Le nom d'*archevêque* (ἀρχιεπίσκοπος) fut d'abord utilisé (milieu du IVe siècle) pour désigner les évêques supérieurs (ἀρχή – *archè* et ἐπίσκοπος – *évêque*), c'est-à-dire les hiérarques résidant dans les villes principales. Pourtant, selon les saints canons, le titre d'archevêque n'implique pas une juridiction supérieure à celle de l'évêque; il ne représente qu'un titre d'honneur accordé à certains évêques pour différentes raisons. La tradition ecclésiastique indique une origine alexandrine pour ce titre, affirmant que, pour la première fois, il a été employé par des théologiens d'Alexandrie, comme Saint Athanase (PG 25, col. 337) ou Saint Epiphane (PG 42, col. 188). Cependant, le titre fut donné aussi à l'évêque de Rome (PL 13, col. 98). Par exemple, au synode de Chalcédoine (451), l'évêque de Rome, c'est-à-dire Léon Ier à cette époque, était presque toujours nommé archevêque (Mansi, VI, col. 565, 580, 589, 940, 977; VII, col. 4, 8, 32, 97, 117; IX, col. 195). Aujourd'hui, dans l'Eglise orthodoxe, il y a des cas particuliers, où, à cause des raisons historiques et politiques, le titre d'archevêque est donné au premier hiérarque d'une Eglise autonome (Eglise orthodoxe de Finlande) ou autocéphale (Eglise orthodoxe de Grèce et Eglise orthodoxe de Chypre). Dans ces cas-là, le rapport dans l'ordre de préséance est bouleversé, car l'archevêque est investi d'une autorité supérieure à celle des métropolites. Pour plus de détails, voir H. PAPADOPOULOS, «Ὁ τίτλος τοῦ ἀρχιεπισκόπου», 289-295; G. KONIDARIS, *Περί τον τίτλον*; I.F. STĂNCULESCU, «Arhiepiscopii», 598-617.

[21] Le nom *métropolite* (μητροπολίτης) représente le titre donné à l'évêque de la métropole (de μήτηρ – *mère* et πόλις – *ville*). Le métropolite est le premier hiérarque (πρῶτος) d'une circonscription ecclésiastique comprenant plusieurs éparchies. Aujourd'hui, dans l'Eglise orthodoxe, pour des raisons historiques et politiques, le titre de métropolite est utilisé dans les différentes Eglises locales avec des significations diverses. Ainsi, la majorité des Eglises locales orthodoxes ont gardé l'acception classique de ce titre. L'exception est constituée par les Eglises de langue grecque (Patriarcat de Constantinople, Eglise de Grèce et Eglise de Chypre), où tous les évêques titulaires d'une éparchie portent le titre de métropolite. Donc, dans ces Eglises-là, le titre de métropolite est synonyme d'évêque titulaire d'une éparchie. Pour plus de détails, voir P. GHIDULIANOV, *Митрополиты*; G.I. SOARE, *Mitropolia în dreptul canonic*; «Sistemul mitropolitan», 104-143.

[22] Le mot *exarque* (ἔξαρχος) indique le titre donné au premier métropolite parmi ceux d'un diocèse civil, appelé *exarchat*. Pour la première fois, ce titre est employé accidentellement par le canon 6 du synode de Sardique, et officiellement par les canons 9 et 17 du IVe synode œcuménique. Donc, avec le terme «exarque», qui était à l'époque employé par le langage administratif de l'Empire pour indiquer le gouverneur d'une province, le vocabulaire ecclésiastique identifiait le premier hiérarque de la nouvelle structure supra-métropolitaine, qui, ultérieurement, serait appelé «patriarche». Au-

jourd'hui, dans l'Eglise orthodoxe, le titre «exarque» est donné à un évêque qui est délégué par un patriarche (cf. A.-A. MUNTEANU, «Exarhii», 549-569).

[23] Le titre *pape* (πάππας – *pater*, *père*) a été largement employé dans les premiers siècles de l'Eglise. Les découvertes archéologiques du XIXe siècle montrent qu'un des premiers hiérarques qui a porté ce titre a été Cerdo (107-120), évêque d'Alexandrie. Etymologiquement, le mot pape vient du grec πατήρ (pater – père), qui, par abréviation et altération, est devenu πάπας ou πάππας. Il n'avait, donc, initialement rien d'un titre officiel, mais indiquait une appellation affectueuse, celle que l'enfant donne à son père (papà). Toutefois, des auteurs – surtout occidentaux – ont aussi soutenu qu'il est une abréviation des premières syllabes des mots des différentes expressions latines: *pastor pastorum*, *pater patrum* ou *pater patriae*. Plus tard, ce titre a été réservé aux évêques qui résidaient dans les villes les plus importantes, comme par exemple Alexandrie, Rome, Carthage. Aujourd'hui, dans l'Eglise orthodoxe, seul l'évêque d'Alexandrie porte le titre de «pape». Pour détails, voir B. LABANCA, «Del nome papa», 47-101.

[24] Pour l'étymologie du mot *patriarche* (πατριάρχης), la tradition orthodoxe conserve deux théories. Selon la première, il est un composé du πατηρ (*père*, *parent*) et de ἀρχή (*premier*), et doit être traduit par «pro géniteur» ou «ancêtre»; c'est avec ce sens-là, qu'il est utilisé dans l'Ancien Testament, où les patriarches Abraham, Isaac et Jacob représentent les «ancêtres» du peuple juif. La deuxième théorie affirme que l'expression «patriarche» est un composé de πάτρια (*patrie*, *pays*) et de ἀρχών (*premier*, *tête*), et, elle doit, donc, être traduite par «tête d'un peuple d'un pays» ou «tête d'une nation» (cf. I. MARGA, «Instituția patriarhatului», 50). Ensuite, la même tradition orthodoxe affirme que le titre de «patriarche» a été employé par le vocabulaire ecclésiastique seulement à partir du Ve siècle. En fait, «on trouve pour la première fois le titre de *patriarche* dans les Actes du concile de Séleucie-Ctésiphon (Église syro-orientale) de 424. Mais, il semble que ce n'est qu'à partir du synode de 545 que le catholicos de Seleucie-Ctésiphon prit effectivement le titre de patriarche. L'appellation de *patriarche* fut aussi employée lors du IVe concile œcuménique. En effet, lors de la IIIe session du concile de Chalcédoine (451), les évêques égyptiens qualifiaient le pape Léon *d'archevêque et patriarche œcuménique de la grande Rome*. Néanmoins, les opinions des canonistes, ecclésiologues, historiens etc. sont différentes et quelquefois même ambiguës, tant en ce qui concerne la notion de patriarche que l'institution du patriarcat. D'abord, il y a ceux qui affirment que la notion même de patriarche est apparue dès l'époque apostolique, parce que, selon les Synaxaires orientaux, l'Apôtre Jacques, frère du Seigneur, fut le premier patriarche de Jérusalem. Ensuite, il y a ceux qui affirment que tant la notion de patriarche, que l'institution de patriarcat, furent créées par le Ier concile œcuménique. […] Selon la tradition canonique byzantine, reprise par le Pidalion, le canon 6e du Ier concile œcuménique fait référence expresse aux trois patriarcats, à savoir, d'Alexandrie, d'Antioche et de Rome. Mais, d'après la même tradition manuscrite, le nom de patriarche fut mis en circulation – pour la premier fois – du temps de l'empereur Théodose le Petit, et il fut surtout associé *aux évêques des sièges apostoliques*», (N. DURĂ, *Le régime de la synodalité*, 450-451). Plus précisément, le titre de «patriarche – comme il est aujourd'hui compris par les orthodoxes – a été introduit par une décision prise dans la 14e séance du IVe synode œcuménique, tenue le 31 octobre 451 (cf. L. STAN, «Importanța canonico-juridică», 446). Voir aussi M. CLÉMENT, «L'apparition du pa-

dans les affaires d'une autre éparchie[26]. Ainsi, le 20e canon de Synode *in Trullo* établit que:

> il n'est pas permis à un évêque de prêcher publiquement dans une ville qui n'appartient pas à son diocèse; si quelqu'un est pris à faire cela, qu'il soit dépouillé de son évêché et réduit au rang de prêtre[27].

Dans le même sens, différents canons interdisent à tout évêque l'accomplissement des actes sacramentaux en dehors de son éparchie. En ce sens le 35e canon apostolique prévoit que:

> l'évêque ne doit pas oser faire des ordinations hors des limites de son éparchie, dans des villes ou des villages, qui ne dépendent pas de lui; s'il est prouvé qu'il a fait cela sans le consentement de ceux à qui ces villes ou ces villages appartiennent, qu'il soit déposé, lui et ceux qu'il a ordonnés[28].

Cette même interdiction se retrouve aussi dans le texte du canon 2 du IIe synode œcuménique: il y est affirmé que les évêques, s'ils n'y sont pas invités (appelés), «ne doivent jamais intervenir hors de leur éparchie pour des ordinations d'évêques ou quelque autre acte ecclésiastique»[29]. De même, le canon 22 du synode d'Antioche prévoit que :

> un évêque ne doit pas s'introduire dans un ville qui n'est pas soumise à son autorité, ni dans un territoire de campagne qui ne lui appartient pas, pour faire une ordination; il ne doit pas établir des prêtres et des diacres dans les lieux soumis à un autre évêque, sinon avec le consentement de l'évêque de la région. Si donc, quelqu'un osait transgresser cette ordonnance, l'ordination faite serait nulle et lui-même recevrait l'épithimie de la part de synode[30].

---

triarcat», 162-173. Dans le texte des saints canons, le terme «patriarche» a été utilisé pour la première fois dans les canons 2, 7 et 37 du synode in Trullo (691-692). Pour plus de détails, voir M. PORTARU, «"Patriarh" și "patriarhie"», 416-443.

[25] «Catholicos – Title used in several churches for the chief hierarch of that church or of a significant division of it. Though different in meaning, it is often equivalent in use to the title Patriarch. In the case of the Catholicos Patriarch of Georgia and the Catholicos Patriarch of the Ethiopian Church, the two titles are combined. Sometimes both are used as distinct elements of a single title, as with the Catholicos of Ejmiacin and Patriarch of all Armenians», K. PARRY – *al.*, *The Blackwell Dictionary*, 112.

[26] Cf. cc. 11 et 12 de Synode de Sardique,

[27] *Syntagme*, II, 344; *Discipline antique*, I, 152.

[28] *Syntagme*, II, 47; *Discipline antique*, I-2, 24-25.

[29] *Syntagme*, II, 169-170; *Discipline antique*, I-1, 46-47. Pour plus de détails, voir I. IVAN, «Hotărârile canonice», 836-838; N. DURA, «Legislația canonică», 630-671.

[30] *Syntagme*, III, 164-165; *Discipline antique*, I-2, 121-122.

Conformément aux canons 35 apostolique et 13 du synode d'Antioche, l'épithimie[31] que doit recevoir l'évêque qui célèbre des ordinations en dehors de son éparchie est la déposition[32] par son synode.

Par le 48e canon du synode de Carthage, après les ordinations, il a été interdit aussi aux évêques de célébrer des baptêmes dans d'autres diocèses. Des canons, on conclut qu'il est absolument interdit à un évêque d'accomplir des actes sacramentaux et d'autres actes ecclésiastiques en dehors de son éparchie, sans y être invité par l'évêque de ce lieu. Les canons prévoient aussi que tout évêque qui ne respecterait pas cette règle soit déposé. En ce sens sont évocateurs les mots du canon 13 du synode d'Antioche:

> aucun évêque ne doit oser passer de sa province à une autre, ni ordonner quelqu'un pour le service de la messe, ni emmener des desservants avec lui pour ce service, sauf quand il a été invité par des lettres du métropolitain et de ses évêques, dont il traverse le territoire. Si personne ne l'a appelé et qu'il s'y rend et procède à des ordinations et à d'autres affaires ecclésiastiques qui lui sont étrangères, ses actes seront frappés de nullité et lui-même subira la peine de son désordre et de sa démarche inconsidérée, en restant déposé par le fait même, selon la décision du saint synode[33].

De même, les canons interdisent totalement aux évêques d'accueillir dans leurs éparchies des prêtres ou des diacres d'une autre éparchie[34], ou

---

[31] Le mot *épithimie* (επιτίμια) est spécifique au langage ecclésiastique orthodoxe. Par lui, est désignée la pénitence à accomplir par le pénitent recevant l'absolution. Celle-ci n'a pas le caractère d'une punition, ni d'une «satisfaction» pour les péchés commis, mais d'un médicament qui doit aider la personne à retrouver le chemin vers la communion avec le Christ (cf. *Dictionary of Orthodox Theology*, 119-120). Pour plus de détails, voir D. PAPATHANASSIOU GHINIS, *Théologie et pastorale*; A.-A. MUNTEANU, «Aplicarea epitimiilor», 445-465; G. PĂTRULESCU, «Epitimiile canonice», 535-550.

[32] Selon la tradition orthodoxe, la *déposition* (καθαίρεσις) représente l'exclusion totale et définitive d'un clerc du clergé. Ainsi, le clerc déposé perd irrévocablement le droit d'accomplir tout acte sacramental, comme aussi le droit de gouverner et d'enseigner (cf. c. 27 de Carthage, c. 8 du S. Nicolas de Constantinople, c. 21 du Synode in Trullo). De plus, le canon 28 apostolique établit que «si un évêque, un prêtre ou un diacre déposé à juste titre pour des délits connus de tous, ose reprendre la fonction qui lui avait été jadis confiée, qu'un tel soit entièrement exclu de l'Eglise» (*Syntagme*, II, 36; *Discipline antique*, I-2, 20). Pour plus de détails, voir G.D. KATZIAPOSTOLOU, *Η καθαίρεσις*; S. CÂNDEA, *Pedeapsa depunerii*; N. DURĂ, «Precizări privind unele noțiuni», 84-135, 105-143; I.N. FLOCA, «Caterisirea», 83-90.

[33] *Syntagme*, III, 150-151; *Discipline antique*, I-2, 114-115.

[34] Cf. aux canons 15 et 16 apostoliques, 16 du Ier synode œcuménique, 20 du IVe synode œcuménique, 17 et 18 du synode in Trullo, 3 du synode d'Antioche, 13 du synode de Sardique, 54, 80 et 94 du synode de Carthage.

encore d'ordonner dans leurs éparchies des candidats venant d'autres éparchies, sans avoir le consentement de l'évêque de ceux-ci[35].

Afin de souligner la même autonomie éparchiale, l'Eglise orthodoxe, en suivant les prescriptions des *saints canons*, affirme clairement que seulement l'évêque a la pleine compétence sur tous les biens de son éparchie et, de même, qu'il a l'obligation de les administrer en conformité avec les besoins de l'Eglise. Ainsi, pour les biens ecclésiastiques, le canon 38 apostolique établit:

> que l'évêque ait le soin de tout les biens de l'Eglise et les administre comme un gérant de Dieu. Mais, il ne lui est pas permis de s'en approprier quoi que ce soit ou d'en faire don à ses parents; si ceux-ci sont pauvres, qu'il leur vienne en aide comme à des pauvres, sans léser à leur occasion les intérêts de l'Eglise[36].

De plus, les canons 7 et 8 du synode de Gangres prévoient que, sans l'accord de l'évêque ou de responsable nommé par celui-ci, aucune action d'administration des biens ecclésiastiques n'est permise. En outre, le canon 41 apostolique a prévu que seuls les prêtres et les diacres puissent être désignés comme des collaborateurs de l'évêque pour l'administration de ces biens. Plus exactement, le canon 26 du IVe synode œcuménique précise que:

> toute Eglise qui a un évêque, doit aussi avoir un économe pris dans le clergé de cette Eglise, qui administrera les biens de l'Eglise sous l'avis de son évêque, afin de ne pas laisser l'administration de l'Eglise sans témoins [...]. Si l'évêque ne le fait pas, il sera soumis aux saints canons[37].

Donc, chaque évêque doit administrer les biens de son éparchie par un économe. Face aux évêques qui n'observent pas cette prescription, le canon 11 du VIIe synode œcuménique confère au métropolite le droit de nommer un économe pour cette éparchie-là. Sur la base de cette prescription, la doctrine canonique orthodoxe donne ce droit à chaque premier hiérarque d'une Eglise locale (archevêque, métropolite, patriarche ou catholicos). En d'autres termes, l'Eglise orthodoxe reconnaît au premier hiérarque d'une Eglise locale le droit d'intervenir dans les cas où un

---

[35] Cf. aux canons 16 du synode Ier œcuménique, 15 du synode de Sardique, 54 du synode de Carthage.

[36] *Syntagme*, II, 52; *Discipline antique*, I-2, 26-27. La même prescription est prévue aussi dans les canons suivants: c. 41 apostolique, c. 12 du VIIe synode œcuménique, c. 24 et 25 du synode d'Antioche, c. 2 de S. Cyril d'Alexandrie.

[37] *Syntagme*, II, 276-277; *Discipline antique*, I-1, 89-90.

évêque, par négligence ou par abus, ne respecte pas ses obligations concernant l'administration des biens ecclésiastiques. Ce droit, qui appartient exclusivement au premier hiérarque d'une Eglise locale, a été appelé «droit de dévolution»[38], bien que ce terme-là ne se retrouve pas dans le texte des canons[39]. De plus, il faut souligner ici que, dans l'Eglise orthodoxe, le droit de dévolution est considéré comme nécessaire et auxiliaire à la synodalité[40]. Effectivement, ce droit consiste dans le fait que, dans le cas d'un évêque accusé de fraude financière, le premier hiérarque de cette Eglise-là peut appeler celui-ci devant le synode afin de répondre aux accusations. De même, le premier hiérarque doit nommer un économe pour l'éparchie de l'évêque accusé[41]. D'autre part, le jugement de l'évêque accusé sera toujours fait par le synode de son Eglise[42].

En ce qui concerne le jugement des évêques, dans le *corpus canonum* de l'Eglise orthodoxe il est prévu que

> l'évêque accusé de quelque faute, par des hommes dignes de foi et qui sont des fidèles, doit nécessairement être convoqué par les évêques; s'il répond à la convocation et avoue, la preuve contre lui ayant été faite, on fixera l'épithémie; s'il ne répond pas à la convocation, on le convoquera une seconde fois, en lui envoyant aussi deux évêques. Et si même alors il n'en tient pas compte et ne vient pas, on le convoquera une troisième fois, en envoyant de nouveau deux évêques vers lui; si même alors il n'en tient pas compte et ne vient pas, le synode prendra contre lui les mesures convenables, afin que sa contumace ne paraisse pas lui apporter des avantages[43].

---

[38] Le mot *dévolution* exprime – juridiquement – le passage d'un droit, d'un bien ou d'un ensemble des biens composant un patrimoine vers un ou plusieurs patrimoines. On parle ainsi de la «dévolution successorale». Dans l'Eglise orthodoxe, ce mot est pris plutôt dans un sens extensif, car les canonistes orthodoxes ne l'utilisent que pour exprimer le résultat du transfert des compétences. En fait, ceux-ci affirment que le droit de dévolution est le droit de surveillance et de guidance fraternelle exécuté *ex officio* par le premier hiérarque d'une Eglise locale quand un des évêques de cette Eglise-là, par négligence ou par abus, ne respecte pas ses obligations prévues par les saints canons. De plus, il est spécifié que ce droit ne peut être appliqué que dans les cas des affaires administratives.

[39] Les canonistes orthodoxes reconnaissent que le droit de dévolution, malgré son utilisation antique dans l'administration ecclésiastique, n'est pas propre à l'Eglise, mais il a été emprunté au droit romain. Pour d'autres détails concernant le droit de dévolution, voir C. PÎRVU, «Dreptul de devoluțiune», 386-398; V. ȘESAN, «Dreptul de devoluțiune», 71-85.

[40] C. PÎRVU, «Dreptul de devoluțiune», 388.

[41] G.I. SOARE, «Sistemul mitropolitan», 114-115.

[42] Cf. aux cc. 74 apostolique et 14 d'Antioche.

[43] C. 74 apostolique, *Syntagme*, II, 93-94; *Discipline antique*, I-2, 45-46.

Donc, depuis le début, les prescriptions des canons prévoient que seulement les synodes des évêques ont le droit de juger un évêque. Plus précisément, un évêque accusé doit être cité et entendu par le synode duquel il fait partie. S'il ne se présente pas devant le synode, après la première citation, il sera cité encore deux fois. Et, s'il ne se présente pas non plus, après la troisième citation, le jugement aura lieu en absence de l'accusé.

Si, pour n'importe quelle raison, il n'est pas possible que le synode se réunisse pour juger l'évêque accusé, le 12e canon de Carthage prévoit que celui-là sera jugé par une assemblée de douze évêques[44].

Ensuite, les saints canons indiquent que,

> [Dans le cas où] un évêque a été accusé de diverses fautes et que tous les évêques de la province ont été unanimes à porter sur lui un jugement défavorable, il ne pourra plus se présenter devant un autre tribunal, mais la décision des évêques de la province restera irrévocable[45].

Ainsi, les canons précisent aussi qu'un jugement prononcé par les évêques à l'unanimité, lors d'un synode, reste irrévocable. De plus,

> [Dans le cas où] un évêque est accusé de diverses fautes et que les évêques de la province sont partagés à son sujet, les uns déclarent l'accusé innocent, les autres coupable, pour dissiper toute incertitude, il a paru bon au saint synode que l'évêque de la métropole convoque d'autres évêques de la province voisine, pour qu'ils servent d'arbitres et dissipent le doute, portant par eux et ceux de sa province un jugement certain sur l'affaire[46].

Pour la déposition d'un évêque, le canon unique du synode local de Constantinople (394) exige:

> [Que] tous les évêques de la province soient présents, afin que le vote d'un si grand nombre démontre la rectitude de la condamnation de celui qui, présent et devant un tribunal régulier, fut jugé digne de déposition[47].

---

[44] C. 12 Synode de Carthage: «Conformément aux décisions des anciens synodes, si un évêque tombe sous quelque accusation, ce dont Dieu nous garde, et la grande nécessité de temps empêche la réunion d'un grand nombre d'évêques, qu'il soit entendu de douze évêques, afin qu'il ne reste pas longtemps sous le coup de l'accusation», *Syntagme*, III, 322; *Discipline antique*, I-2, 225-226.

[45] C. 15 d'Antioche, *Syntagme*, III, 330; *Discipline antique*, I-2, 116.

[46] C. 14 d'Antioche, *Syntagme*, III, 329; *Discipline antique*, I-2, 115-116.

[47] *Syntagme*, III, 143 ; *Discipline antique*, I-2, 442-443.

Il est donc évident que, pour le jugement d'un évêque, il n'y a pas d'instance au-dessus du synode. Pour les cas des litiges entre un évêque et un clerc, l'instance est le synode métropolitain, tandis que les litiges entre un évêque et un métropolite seront jugés par le synode patriarcal[48]. Par conséquent, la déposition d'un évêque constitue un acte de jugement synodal. Elle fait fonctionner la synodalité soit au niveau de l'Eglise locale, soit à celui de l'*Eglise répandue dans l'univers*.

De même, en vertu du principe canonique de l'autonomie éparchiale[49], chaque évêque a le droit de juger les clercs et les laïcs de son éparchie[50]. D'où la règle que celui qui a été puni d'excommunication de par son propre évêque «ne peut être admis par un autre évêque, avant sa réintégration par le sien propre»[51]. Notons aussi qu'une sentence d'excommunication prononcée par un évêque ne peut être annulée que par le synode des évêques[52].

Pareillement, la doctrine canonique de l'Eglise orthodoxe affirme que l'élection des évêques constitue la responsabilité exclusive du synode[53]. En fait, quand un évêché devient vacant, le métropolite a l'obligation de convoquer, dans un délai maximum de trois mois[54], tous les évêques de sa circonscription afin d'élire le nouvel évêque[55]. Généralement, le lieu où les évêques se réunissent est la métropolie, mais cela n'est pas obligatoire, car – disait Théodore Balsamon[56] en commentant le 13ᵉ canon de

---

[48] Cf. cc. 9 et 17 du IVᵉ synode œcuménique, c. 6 du IIᵉ synode œcuménique.

[49] Cf. cc. 35 et 37 apostoliques, c. 2 du IIᵉ œcuménique, c. 20 du VIᵉ œcuménique, cc. 9, 13 et 22 d'Antioche, c. 18 d'Ancyre, c. 3 et 11 de Sardique et c. 7 du synode Prime-Second.

[50] Cf. c. 5 du Iᵉʳ œcuménique, c. 9 du IVᵉ œcuménique, c. 102 du synode in Trullo, c. 14 de Sardique. Bien que, selon la doctrine canonique orthodoxe, l'évêque, dans son éparchie, est le juge ordinaire (il est le berger de son troupeau), habituellement il délègue son pouvoir de juger à un *consistoire*, à savoir une assemblée composée de plusieurs clercs de l'éparchie nommés par l'évêque même. Pour plus de détails, voir G.I. SOARE, *Natura juridică a consistoriilor bisericești*.

[51] C. 6 d'Antioche, *Syntagme*, III, 138; *Discipline antique*, I-2, 109.

[52] C. 6 d'Antioche, *Syntagme*, III, 138; *Discipline antique*, I-2, 109.

[53] Cf. cc. 4 et 6 du Iᵉʳ synode œcuménique, c. 3 du synode in Trullo, c. 19 et 23 d'Antioche, c. 12 de Laodicée. Pour détails, voir G. CRONȚ, *Alegerea ierarhilor*.

[54] Cf. c. 25 du IVᵉ synode œcuménique.

[55] Cf. cc. 4 et 6 du Iᵉʳ synode œcuménique, c. 19 d'Antioche.

[56] Théodore Balsamon (Θεόδωρος Βαλσαμῶν), a été pour longtemps nomophylaxe (νομοφύλαξ – *gardien des lois*) au Patriarcat de Constantinople; en 1193, il a été élu patriarche d'Antioche, mais, parce que, à cette époque-là, Antioche était sous l'occu-

Carthage – «ce n'est pas le lieu qui établit l'évêque, mais le vote et l'élection du synode»[57]. Les évêques convoqués sont obligés de se présenter, et, dans le cas où ils ne peuvent pas se présenter à cause de l'éloignement, ou de la maladie ou à cause d'autres motifs bénis, ils sont obligés d'envoyer des lettres pour exprimer leur opinion et leur vote[58]. Afin que l'élection soit valide, la présence de trois évêques au minimum est requise[59]. Donc, il est évident que l'élection, comme le jugement d'un évêque appartenant à une Eglise locale, sont de la compétence exclusive du synode de cette Eglise-là.

Et la même autonomie éparchiale offre aux évêques la possibilité de démissionner. Pourtant, les canons ne prévoient la démission (παραίτησις) d'un évêque que dans les cas de force majeure[60]. Ensuite, la démission d'un évêque doit être acceptée par le synode dont il fait partie[61].

---

pation arabe, il est resté toute sa vie à Constantinople, où il est mort en 1195. Sa plus importante œuvre est «Scholia» (Σκόλια) ou «Commentaire au Nomocanon en 14 titres de Photios», qui a été rédigé vers 1170. Cette oeuvre a été publiée pour la première fois en latin à Paris en 1561, et après à Bâle en 1562; le même texte, en variante grecque et latine, sera publié en 1615 à Paris et en 1620 à Bâle. De même, le commentaire du Balsamon se retrouve soit dans la «Pandecta Canonum» de William Beveridgius, soit dans les volumes 137 et 138 de la Patrologie de l'abbé Migne. Cependant, la meilleure et, dans le même temps, l'édition la plus connue du commentaire du Balsamon reste celle publiée dans le «Syntagme Athénien», où ses commentaires alternent avec celles de Zonara et d'Aristen. Pour détails concernant sa vie et son activité, voir, G.P. STEVENS, *De Theodoro Balsamone*; D. SIMON, «Balsamon zum Gewohnheitsreicht», 119-133; C. GALLAGHER, «Theology and Canon Law», 161-181; R. BROWNING, «Theodore Balsamon's Commentary», 421-427; C.G. FÜRST, «Balsamon», 233-248.

[57] *Syntagme*, III, 327.
[58] Cf. c. 4 du Ier synode œcuménique, c. 19 d'Antioche.
[59] Cf. c. 4 du Ier synode œcuménique.
[60] Et, parce que les saints canons n'indiquent pas exactement les cas de force majeure dans lesquels les évêques pourraient démissionner, certains auteurs orthodoxes ont essayé de les identifier. Ainsi, Pierre L'Huillier avait affirmé que: «Thus, canon law appears completely to exclude the possibility of a bishop's resigning. In reality, we need to be a bit more nuanced. What is formally condemned is for a bishop to run away in the face of difficulties. But there can be proper causes for resignation: extreme age or incurable sickness, which can make a bishop incapable of fulfilling the duties of his charge. There can also be objective churchly reasons for resignation: if one part of the episcopate looks on a bishop with suspicion so that his authority is compromised. This was the situation in which St. Gregory the Theologian found himself after his promotion to the see of Constantinople was contested by Pope Damasus and the bishops of Egypt. In addition, if a bishop, or any cleric, commits a grave sin constituting an impediment to the exercise of the priesthood, even if this fault remains hidden and has not given rise to scandal, he is bound by conscience to resign.», (P. L'HUILLIER, *The Church of the Ancient* Councils, 172-173). Si,

De plus, il faut préciser ici que les canons garantissent cette autonomie de l'évêque, non seulement devant les autres évêques quels que soient leur titres[62], mais aussi devant les synodes[63]. En effet, dans l'Eglise orthodoxe, aucune évêque – quelque soit son titre – ne peut jamais imposer à un autre évêque une décision prise arbitrairement. De même, ni un synode – qu'il soit métropolitain, patriarcal ou même œcuménique – ne peut jamais imposer à un évêque une décision qui a été prise d'une manière discrétionnaire.

2.2 *L'autonomie ecclésiastique*

Pendant le premier millénaire chrétien – quand le *corpus canonum* s'est formé – l'organisation de l'Eglise a connu un développement particulier, surtout après l'année 313, date de sa reconnaissance officielle dans l'Empire romain[64]. En réalité, à partir de la fin du IIIe siècle et du début du IVe siècle, l'organisation de l'Eglise chrétienne s'est enrichie d'un nouveau système: le *système métropolitain*[65]. Celui-ci donnait le rôle de premier évêque d'une Eglise locale à l'hiérarque de la métropole, nommé *métropolite*[66]. Ce système, à son tour, a été développé ultérieurement dans d'autres systèmes d'organisation ecclésiale plus complexes, comme par exemple le *système exarchal*, avec en son centre l'*exarque*, et le *système patriarcal*, avec le *patriarche* comme figure principale. Il faut aussi noter ici, que le *système patriarcal* représente, selon les orthodoxes,

---

en dehors des cas de force majeure, un évêque décide de démissionner, les canons prévoient qu'il soit déposé (cf. c. 17 d'Antioche et c. 3 de Cyrille d'Alexandrie).

[61] Pour plus de détails, voir C.M. RALLES, Περί παραιτήσεως επισκόπων; I. IVAN, *Demisia din preoție*; K. PITSAKIS, «"Démissionne" (παραιτησις)», 1-65.

[62] Cf. c. 34 apostolique, c. 2 du IIe œcuménique. Il faut noter ici que les saints canons imposent toujours que les décisions soient prises dans l'Eglise par la vie synodale, tout en soulignant l'égalité foncière des évêques entre eux.

[63] Cf. c. 34 apostolique, c. 9 d'Antioche.

[64] Pour plus de détails, voir G.I. SOARE, *Forma de conducere*; N. DURĂ, «Biserica creștină în primele patru secole», 451-469.

[65] Il faut noter ici que, la théologie orthodoxe affirme généralement que le système métropolitain a été introduit dans l'Eglise par les canons 4 et 5 du Ier synode œcuménique. Pour détails concernant l'apparition de ce système d'administration ecclésiastique dans la vie de l'Eglise, comme aussi sur sa place actuelle dans l'organisation de l'Eglise orthodoxe, voir P. GHIDULIANOV, Митрополиты; G.I. SOARE, *Mitropolia în dreptul canonic*; «Sistemul mitropolitan», 104-143. Voir aussi E. HERMAN, «Appunti sul diritto metropolitico», 522-550.

[66] *Dictionnaire de Droit Canonique*, II, 647.

la plus haute dignité et, dans le même temps, le dernier titre administratif créé pour l'organisation de l'Eglise[67].

Afin de pouvoir mieux comprendre cette évolution de l'organisation ecclésiastique, il faut souligner que l'Eglise chrétienne – devenue déjà institution officielle de l'Empire romain – a choisi par voie synodale d'accommoder son organisation administrative à l'appareil administratif d'Etat[68]. En ce sens-là, le canon 17 du IVe synode œcuménique précise très clairement que, «si par ordre de l'empereur une ville a été ou se fonde, le rang hiérarchique des Eglises devra se conformer à l'ordre civil et public des cités»[69].

Par conséquent, l'Eglise s'est organisée selon le modèle étatique, c'est-à-dire que l'évêque résidant dans la métropole (μητροπολίς) a été reconnu comme le premier hiérarque parmi les évêques d'un diocèse et a pris le nom de *métropolite* (μητροπολίτης). Les nouvelles unités ecclésiales ainsi formées, à savoir les métropolies, jouissaient à cette époque-là de la pleine autonomie ecclésiastique, c'est-à-dire qu'elles étaient toutes autocéphales. En ce sens, est significatif le témoignage du canoniste byzantin du XIIe siècle, Théodore Balsamon, qui affirma que, «anciennement, toutes les métropolies avaient été autocéphales et que les métropolites avaient été ordonnés par leurs propres synodes»[70]. Plus tard, à savoir au quatrième synode œcuménique de Chalcédoine (451), les évêques résidents dans les centres plus connus de l'Empire romain furent reconnus comme les premiers évêques de leurs Eglises locales, et reçurent le titre de *patriarche* (πατριάρχης). Les nouvelles Eglises locales formées ainsi jouissaient de l'autocéphalie[71] et étaient appelées «patriarcats». Ainsi, la tradition orthodoxe affirme que, à partir du IVe siècle, l'Eglise a canonisé le principe «d'accommodement» selon lequel elle s'accorde toujours avec les structures de l'administration de l'Etat.

Autrement dit, selon la tradition orthodoxe, à partir du début du IVe siècle tous les évêques d'une province se groupèrent autour de celui de la capitale appelé *métropolite*; par un usage bientôt converti

---

[67] Pour plus détails, voir V. POCITAN, *Geneza demnității patriarhale*.
[68] Pour d'autres détails, voir M. CIUCUR, «Principiul adaptării», 555-566.
[69] *Syntagme*, II, 258-259; *Discipline antique*, I-1, 83.
[70] «τὸ παλαιὸν πάντες οἱ τῶν ἐπαρχιῶν μητροπολῖται αὐτοκέφαλοι ἦσαν, καὶ ὑπὸ τῶν οἰκείων συνόδων ἐχειροτονοῦντο», *Syntagme*, II, 171; G. BEVERIDGE, *Synodicon*, I, 88; PG 137, col. 317-318d. Cf. aussi A. LOTOTSKY, Автокефалия, II, 5-7; L. STAN, «Autocefalia și autonomia în Biserica Ortodoxă», 567.
[71] Cf. A. LOTOTSKY, Автокефалия, II, 8-12.

en règle de l'Eglise, les métropolites se trouvent donc investis d'une dignité, d'une autorité supérieure, mais, conformément à la même coutume, eux-mêmes durent subir à leur tour la même règle de regroupement. Au-dessus des capitales des provinces, il y avait les diverses métropoles de l'Empire: Rome, d'abord, puis, en Orient, avant 331 – l'année de la fondation de Constantinople – Alexandrie et Antioche[72]. Plus tard, à travers des autres canons des synodes œcuméniques, à ces trois villes (Rome, Alexandrie et Antioche), les pères synodaux ont ajouté Constantinople[73], la nouvelle capitale de l'Empire, comme aussi Jérusalem[74]. Rome étant la première ville de l'Empire, l'évêque de Rome – qui était le premier hiérarque de l'Occident chrétien – eut naturellement le premier rang dans l'ordre de la préséance ($\tau\alpha\xi\iota\varsigma$)[75], mais sans nulle distinction d'autorité parmi les autres premiers hiérarques. Conformément à l'interprétation orthodoxe, avec l'apparition du système patriarcal, les différentes Eglises locales se sont organisées autour de certains grands sièges

---

[72] Cf. c. 6 du Ier synode œcuménique. Voir aussi H. CHADWICK, «Fait and Order», 171-195; M.R. CATAUDELLA, «Intorno al VI canone», 379-421.

[73] En 381, le canon 3 du IIe synode œcuménique mit Constantinople après Rome dans l'ordre de préséance, car «Constantinople était la nouvelle Rome», *Syntagme*, II, 172; *Discipline antique*, I-1, 47-48. Ultérieurement, en 451, le canon 28 du IVe synode œcuménique reconnaissait pour l'Eglise de Constantinople le même statut, car la «ville honorée de la présence de l'empereur et du sénat et jouissant de la même aînesse que Rome, l'ancienne ville impériale, devait aussi avoir le même rang supérieur qu'elle, tout en étant la seconde après elle.», *Syntagme*, II, 281; *Discipline antique*, I-1, 91-92. Ensuite, en 691, le canon 36 du synode in Trullo maintint la même position pour le siège de Constantinople.

[74] En 325, par le canon 7 du Ier synode œcuménique, Jérusalem fut reconnue comme une éparchie qui dépendait de la métropolie de Césarée de Cappadoce. Plus tard, en 691, le canon 36 du synode in Trullo situait l'Eglise de Jérusalem à la cinquième position dans l'ordre de préséance, après Rome, Constantinople, Alexandrie et Antioche.

[75] Selon la doctrine canonique orthodoxe, le mot $\tau\alpha\xi\iota\varsigma$ (ordre, arrangement) indique une notion spécifique à l'Eglise, car, selon la même doctrine, chaque Eglise autocéphale a sa place dans la communion des Eglises locales. Cet ordre des Eglises locales, à l'intérieur de l'Eglise du Christ, ne crée aucun effet juridique, mais elle indique seulement la place d'honneur de chaque Eglise locale. Ainsi, jusqu'à la rupture de communion de 1054, l'ordre de préséance ($\tau\alpha\xi\iota\varsigma$) établi par les saints canons était la suivante: Rome, Constantinople, Alexandrie, Antioche et Jérusalem. Après 1054, dans l'Eglise orthodoxe, le patriarcat de Constantinople a pris la première place, justifiant que le patriarcat de Rome n'était plus en communion avec l'Eglise orthodoxe. Ultérieurement, dans l'Eglise orthodoxe, à cause de la création des nouvelles Eglises locales ou de la réorganisation des différentes Eglises, cet ordre a suivi des modifications.

épiscopaux, auxquels furent dès lors reconnus – par les synodes œcuméniques – des privilèges ou prérogatives d'honneur (πρεσβεῖα τῆς τιμῆς)[76]. Selon la doctrine canonique orthodoxe, ces sièges jouissaient d'une priorité de prestige parmi les autres sièges épiscopaux, mais cette priorité est dépourvue de tout pouvoir juridique[77].

Justement, l'apparition de l'autorité supra-métropolitaine, dont jouissaient les cinq sièges patriarcaux, a conduit à un remaniement profond de l'autonomie/l'autocéphalie des sièges métropolitains. A partir de ce moment, l'élection et l'ordination des métropolites devinrent de la compétence exclusive du synode patriarcal respectif. Par conséquent, l'autonomie des métropolies diminuait en faveur de ces cinq patriarcats autocéphales.

D'un autre côté, la conséquence juridique de ce changement d'organisation administrative de l'Eglise a été la théorie de la pentarchie (πενταρχία)[78]. On sait que la conception juridique de l'organisation pentarchique de l'Eglise apparaît pour la première fois non pas dans l'Eglise[79], mais dans les lois de l'Empire, à savoir dans les novelles 123 et 131 de Justinien (527-565), qui donnait une forme juridique à l'ordre de préséance (τάξις) des cinq patriarcats: Rome, Constantinople, Alexandrie, Théopolis (Antioche) et Jérusalem. Plus précisément, le système synodal de gouvernement de l'Eglise[80] a été utilisé par l'empereur byzantin afin d'affirmer et de préserver l'unité politique de l'Empire[81]. En effet, ce

---

[76] Cf. c. 28 de IVe synode œcuménique,

[77] Cf. N. DURĂ, «Le "Primat pétrinien"», 171-201; H. ALFEYEV, «Il primato e la conciliarità», 4-8.

[78] Dès sa création, la théorie de l'organisation pentarchique de l'Eglise a fait couler beaucoup d'encre. Je ne me permets d'indiquer ici que les études les plus importantes: F.R. GAHBAUER, *Die Pentarchietheorie*; V. PHEIDAS, Προϋποθέσεις διαμορφώσεως; Ιστορικοκανονικά προβλήματα; V. PERI, «La pentarchia», 209-311; E. MORINI, «Roma nella pentarchia», 833-942.

[79] Evidemment, la vision de la pentarchie comme institution de l'Eglise – soutenue par des historiens comme Vlasios Pheidas ou Vittorio Peri – est totalement erronée. Certes, il est vrai que, au VIIe siècle, saint Maxime le Confesseur, dans la dispute contre Pyrrhus, affirme qu'un véritable synode œcuménique ne peut être tenu sans l'assentiment et la présence des cinq patriarcats (PG 91, 352 D), mais cette affirmation ne peut pas justifier le fait que la pentarchie serait une institution de l'Eglise.

[80] Pour la présentation historique de la synodalité au premier millénaire, voir N. DURĂ, *Le régime de la synodalité*, 107-222.

[81] V. PHEIDAS, Ιστορικοκανονικά προβλήματα, 266; A. LOTOTSKY, Автокефалия, I, 152. Voir aussi J. MEYENDORFF, «Justinien», 43-60; E. CHRYSOS, Η εκκλησιαστική πολιτική.

système de gouvernement synodal fut un instrument utile entre les mains des empereurs de Byzance pour mener la politique religieuse impériale. Autrement dit, le principe synodal fut adopté et asservi par la politique impériale byzantine pour ses intérêts séculiers immédiats[82].

Donc, pour revenir à notre sujet, il est évident que, dans cette nouvelle situation, créée par le développement de l'organisation administrative de l'Eglise, l'autonomie des éparchies diminua, par leur intégration dans de plus grandes unités ecclésiales créées, à savoir les métropolies, les exarchats ou les patriarcats. Ces nouvelles unités furent gouvernées par des synodes formés par tous leurs évêques et eurent comme premier hiérarque, l'évêque de la capitale, (le métropolite, l'exarque ou le patriarche)[83]. Ces synodes, selon les canons, eurent l'obligation de se rassembler périodiquement, plus précisément deux fois par an[84], ou sinon, au moins une fois par an[85].

A travers les attributions reçues par ces synodes, l'Eglise a voulu assurer le gouvernement autonome de chaque métropolie, exarchat ou patriarcat, dans les mêmes limites que l'autonomie des éparchies, et en excluant toute l'intervention des autres unités ecclésiales (archevêchés, métropolies ou patriarcats) ou des autres hiérarques, possesseurs de n'importe quel titre administratif (archevêque, métropolite, exarque, pape, patriarche ou catholicos). Les nouvelles Eglises locales ainsi formées, jouissaient de l'autonomie maximale, et parce que leur premier hiérarque était élu par son propre synode, sans aucune intervention extérieure, et sans l'obligation d'aucune confirmation de la part d'une autre autorité, ces Eglises-là furent appelées «Eglises autocéphales».

En réalité, dans les canons du *corpus canonum* il n'y a pas de prescriptions directes pour régler l'autonomie/autocéphalie des unités supérieures à l'éparchie. Pour réglementer l'autonomie des différentes unités ecclésiales ont été utilisés, par analogie, les mêmes canons qui garantissent l'autonomie de l'éparchie. Ainsi, l'autonomie des éparchies a été transférée à des unités ecclésiales plus grandes, c'est-à-dire aux métropolies, aux exarchats ou aux patriarcats.

---

[82] Cette question sera ultérieurement analysée, à savoir dans le chapitre sur le Patriarcat de Constantinople.

[83] A. LOTOTSKY, Автокефалия, I, 193.

[84] Cf. c. 37 apostolique, c. 5 du Ier synode œcuménique, c. 19 du IVe synode œcuménique, c. 20 du synode d'Antioche.

[85] Cf. c. 8 du synode in Trullo, c. 6 du VIIe synode œcuménique.

En suivant ses principes canoniques fondamentaux et son expérience pratique, l'Eglise orthodoxe a prévu pour la constitution d'une Eglise autonome (métropolie ou archevêché) différentes normes[86]. Premièrement, il faut noter qu'il est totalement interdit de déclarer unilatéralement l'autonomie d'une unité ecclésiale[87]. Celle-ci doit toujours être déclarée en accord avec le synode de l'Eglise de laquelle fait partie l'unité ecclésiale en question[88]. De plus, cette dernière ne pourra rédiger sa demande d'autonomie que si elle a au minimum, deux ou trois évêques; ceci afin qu'elle puisse organiser un synode propre[89], respectant ainsi la synodalité, un des principes canoniques fondamentaux de l'organisation de l'Eglise orthodoxe.

L'Eglise orthodoxe, suivant la doctrine canonique et la pratique ecclésiale, a établi que seulement le synode de l'Eglise autocéphale dont l'unité ecclésiale fait partie, a le droit de proclamer l'autonomie. Ainsi,

---

[86] L. STAN, «Autocefalia şi autonomia în Ortodoxie», 311-312; S. TROÏTSKY, «О церковной автокефалии», 50-51.

[87] Cf. c. 12 du IVe synode œcuménique.

[88] Il convient noter ici que la Commission inter-orthodoxe préparatoire du Saint et Grand Synode Panorthodoxe, réunie à Chambésy du 9 au 17 décembre 2009, a adopté un texte intitulé «L'autonomie et la manière de la proclamer» (COMMISSION INTER-ORTHODOXE PREPARATOIRE, «L'autonomie»), dans lequel, au surplus des conditions traditionnelles orthodoxes exigées pour l'octroi de l'*autonomie ecclésiastique*, ont été établi aussi deux règles absolument innovatrices. La première affirme que «chaque Eglise autocéphale ne peut octroyer le statut d'autonomie que dans les limites de sa circonscription territoriale canonique. Dans le domaine de la diaspora orthodoxe, des Eglises autonomes ne sont créées qu'après consensus panorthodoxe, obtenu par le Patriarcat œcuménique selon la pratique panorthodoxe en vigueur» (art. 2e). La deuxième règle exige que, «dans des cas d'octroi du statut d'autonomie à la même circonscription géographique ecclésiale par deux Eglises autocéphales, engendrant dès lors une contestation de l'autonomie de part et d'autre, les parties impliquées s'adressent conjointement ou séparément au Patriarche œcuménique afin que celui-ci trouve la solution canonique à la question canonique à la question selon la pratique panorthodoxe en vigueur» (art. 2f). En effet, ces deux conditions, non seulement emploient un concept étranger à la doctrine canonique orthodoxe, à savoir celui de *territoire canonique*, mais elles se constituent comme un revendication cachée du droit d'appel exclusif dans l'Eglise orthodoxe de la part du Patriarcat de Constantinople, droit qui est absolument contraire à la doctrine canonique et à la tradition ecclésiale orthodoxes. Cet aspect problématique concernant le droit d'appel dans l'Eglise orthodoxe, ainsi que celui de territoire canonique, seront analysés ultérieurement. Enfin, il faut aussi noter que, en ce qui concerne ces deux règles innovatrices, il n'y a aucune pratique panorthodoxe en vigueur.

[89] Cf. c. 1 apostolique.

l'autonomie ecclésiastique doit être conférée à travers un acte officiel – nommé *tomos*[90] d'autonomie – émis par le synode de l'Eglise autocéphale dont l'unité autonome fait partie. Après la proclamation de l'autonomie, il n'est pas nécessaire que les autres Eglises locales reconnaissent la nouvelle Eglise autonome, car cet acte ne représente qu'une question d'administration interne d'une Eglise locale. Bien sûr, cette autonomie sera notifiée aux autres Eglises locales, mais seulement pour les informer.

Par ailleurs, dans le «tomos d'autonomie» sont aussi spécifiées les limites de cette *autonomie ecclésiastique*, c'est-à-dire les restrictions et les obligations par lesquelles l'Eglise autonome reste liée à l'Eglise autocéphale sous l'autorité de laquelle elle se trouve[91]. En général, il n'y a pas de liste exacte avec ces limites et servitudes; chaque synode patriarcal peut choisir les conditions par lesquelles il concède un degré d'autonomie plus ou moins grand à la nouvelle unité ecclésiale. D'habitude, l'Eglise patriarcale, qui offre l'autonomie à une unité ecclésiale, réserve pour son synode les droits suivants[92]:

– consacrer le Saint Myron[93] pour l'Eglise autonome, ou – dans les cas exceptionnels – reconnaître ce droit à l'Eglise autonome;

---

[90] Dans le vocabulaire ecclésiastique orthodoxe, le mot «tomos» (du grec τόμος – *morceau coupé*, dérivé du verbe τέμνειν – *couper, découper*) désigne un texte officiel promulgué par le synode d'une Eglise patriarcale; habituellement, il s'agit du document statutaire pour la proclamation de *l'autonomie* ou *l'autocéphalie* d'une Eglise locale par son Eglise-mère. Dans le «tomos» sont inclus les motifs, ainsi que les conditions et les devoirs de l'Eglise qui a été reconnue comme *autonome* ou *autocéphale*.

[91] V. ŞESAN, «Autocefalia–Autonomia», 246-247.

[92] Cf. L. STAN, «Despre autonomia», 388-389; S. TROÏTSKY, «О церковной автокефалии», 50-51.

[93] Le *Saint Myron* (ἅγιον μύρον) ou *Saint Chrême* (du grec χρῖσμα–onguent, parfum) représente un mélange de plus de quarante huiles essentielles et d'huile d'olive, qui est béni le Jeudi Saint par les évêques d'un synode d'une Eglise autocéphale. Après sa bénédiction, le Saint Myron est transmis à toutes les éparchies de l'Eglise locale et est utilisé pour la Chrismation (Confirmation), de même que pour la consécration des églises et des autels, comme aussi pour la bénédiction des antimensions (cf. P. MENEVISSOGLOU, *Το Άγιον Μύρον*, 29-40, 188-227; voir également L. PETIT, «Composition et Consécration du Saint Chrême», 129-142). Il faut souligner ici que, selon l'ecclésiologie orthodoxe, le droit de bénir le Saint Myron appartient aux synodes des Eglises autocéphales, et que ce droit est considéré comme un des signes externes de l'autocéphalie d'une Eglise locale. Malgré cela, à partir du IXe siècle, le Patriarcat de Constantinople a commencé une politique de centralisation de l'Orient chrétien autour de Constantinople, politique qui comprenait aussi l'attribution du droit

- élire ou ordonner le premier hiérarque de l'Eglise autonome, ou seulement confirmer canoniquement l'élection de celui-ci (ce droit peut être appliqué aussi pour les autres évêques de l'Eglise autonome, comme aussi pour les transferts d'évêques d'un diocèse à un autre);
- juger le premier hiérarque de l'Eglise autonome, soit en première instance ou seulement en recours;
- établir des normes pour le gouvernement de l'Eglise autonome, ou élaborer des chartes statutaires pour celle-ci, ou seulement approuver les documents élaborés par l'Eglise autonome;
- envoyer des lettres pastorales et des circulaires;
- convoquer les hiérarques de l'Eglise autonome pour y participer aux travaux du synode de l'Eglise autocéphale;
- envoyer des observateurs aux synodes de l'Eglise autonome;
- établir d'éventuelles contributions de la part de l'Eglise autonome.

La pratique de l'Eglise orthodoxe, en conformité à ses principes canoniques fondamentaux d'organisation et à la nature de l'autonomie ecclésiastique, a désigné, et a consacré avec le temps, différentes exigences. L'unité ecclésiale qui demande l'autonomie doit donc:
- montrer un caractère stable en ce qui concerne la foi et garder les prescriptions traditionnelles disciplinaires-canoniques et liturgiques de l'Eglise orthodoxe;
- montrer sa maturité en ce qui concerne son administration propre, à savoir être capable d'autogouverner ses affaires courantes;
- avoir au minimum deux ou trois évêques, afin de pouvoir organiser son propre synode;
- montrer des motifs ecclésiaux bien fondés pour la constitution d'une nouvelle unité autonome (ces motifs peuvent être, par exemple, de nature ethnique, géographique, politique ou de force majeure);
- adresser, par ses représentants hiérarchiques propres, une lettre de demande au synode de l'Eglise autocéphale (patriarcale) ou, dans le cas d'une unité formée spontanément et qui ne dépend d'aucune Eglise autocéphale, à l'Eglise autocéphale de droit. Il n'est en aucun cas possible à une Eglise de se déclarer unilatéralement autonome; l'approbation de l'Eglise autocéphale compétente est toujours requise[94].

---

exclusif de bénir et de distribuer le Saint Myron dans l'Eglise orthodoxe. Cf. V. PARLATO, «La politica di accentramento», 79-84.

[94] Cf. L. STAN, «Despre autonomia», 392.

A son tour, l'Eglise autocéphale, à qui il est demandé d'offrir l'autonomie ecclésiastique, a l'obligation d'analyser la demande et de donner une réponse. Dans le cas d'une réponse affirmative, le synode[95] de l'Eglise autocéphale doit proclamer l'autonomie ecclésiastique de l'unité ecclésiale par un acte officiel (le «tomos d'autonomie») dans lequel doivent être indiqués les fondements qui justifient cette autonomie, comme aussi les droits et les obligations de la nouvelle Eglise autonome relativement à l'Eglise autocéphale.

Les restrictions auxquelles est soumise une Eglise autonome sont les suivantes:
- l'Eglise autonome doit recevoir des lettres pastorales de la part du premier hiérarque de l'Eglise autocéphale;
- les décisions et les enseignements à caractère dogmatique du Synode de l'Eglise autocéphale sont obligatoires pour l'Eglise autonome;
- dans les cas d'erreurs portant sur la foi, l'Eglise autonome doit répondre devant le Synode de l'Eglise autocéphale;
- le premier hiérarque de l'Eglise autonome doit être ordonné par au moins trois évêques du Synode de l'Eglise autocéphale, le premier hiérarque de ce synode toujours inclus[96].

De même, l'Eglise autocéphale doit annoncer, par un acte officiel, l'entière Orthodoxie de la création d'une nouvelle Eglise autonome. Bien que la notification soit obligatoire, elle n'a pas pour but la reconnaissance de la nouvelle Eglise autonome, mais seulement d'informer les autres Eglises locales. Après avoir reçu l'autonomie, l'unité ecclésiale a l'obligation de mentionner dans les liturgies le nom du premier évêque de l'Eglise autocéphale de laquelle elle fait partie. De plus, elle n'a le droit d'établir des relations extérieures qu'à travers le synode de l'Eglise autocéphale, ou avec l'accord de celui-ci.

En conclusion, nous pouvons affirmer que *l'autonomie ecclésiastique* ne concerne que la vie administrative d'une Eglise locale, qui reste encore en lien, plus ou moins direct avec l'Eglise autocéphale de laquelle elle fait partie. L'*autonomie ecclésiastique* signifie, en réalité, qu'une Eglise locale

---

[95] Seulement dans les cas de force majeure, le *tomos d'autonomie* peut être accordé par le premier évêque de l'Eglise autocéphale, mais ce *tomos* n'a qu'un caractère provisoire, et, en conséquence, il doit être confirmé ultérieurement par le synode de l'Eglise autocéphale. En aucun cas, il n'est permis qu'une unité ecclésiale soit proclamée autonome par une Eglise différente de l'Eglise de laquelle cette unité fait partie.

[96] L. STAN, «Despre autonomia bisericească», 390-392.

peut gouverner sa vie interne selon les décisions de son propre synode des évêques. Sur le plan pratique, l'*autonomie ecclésiastique* se manifeste par une indépendance administrative qui peut même être totale; dans ce dernier cas, on parle d'*autocéphalie ecclésiastique*.

2.3 *L'autocéphalie ecclésiastique*

Généralement, par l'expression «autocéphalie ecclésiastique», le langage ecclésiastique orthodoxe désigne le statut canonique d'une Eglise locale qui jouit de l'autonomie ecclésiastique maximale[97], et qui a le droit d'élire son propre premier hiérarque par son synode des évêques[98]. Toutefois, pour une meilleure compréhension de cette expression, il me semble très utile d'expliquer l'origine étymologique du mot «autocéphalie», comme aussi son développement dans l'Eglise.

Etymologiquement, le terme canonique «autocéphalie» vient du grec «αὐτοκεφαλία», qui est un composé de «αὐτός – *soi-même*» et de «κεφαλή – *tête*»; il signifie, donc, «avec sa propre tête»[99]. La traduction latine de ce mot grec a été rendue par l'expression «sui iuris»[100], mais fréquemment, il est aussi traduit par «indépendant»[101]. D'autre part, il faut aussi souligner que l'adjectif «αὐτοκέφαλος – autocéphale» ne se retrouve jamais employé dans le texte des canons du *corpus canonum*. Il a été utilisé, pour la première fois dans le langage ecclésiastique, au VIe siècle, par l'auteur byzantin Théodore le Lecteur[102] (525), afin de décrire le statut de l'Eglise de Chypre[103]. Ainsi, l'historien byzantin affirmait que,

---

[97] En effet, selon l'ecclésiologie orthodoxe, une Eglise autonome est une Eglise autocéphale en formation, sur laquelle l'Eglise-mère exerce encore une certaine tutelle.

[98] Cf. N. MILAȘ, *Dreptul bisericesc oriental*, 251; I.N. FLOCA, *Drept canonic*, I, 534; V. TSYPIN, Церковное Право, 203-203.

[99] «αὐτοκέφαλος – autocephalus, se ipsum caput habens – autocéphale, dépendant de soi seul, qui est son propre chef», *Byzantinion Dikaion*, 95.

[100] Cf. G. GRIGORIȚĂ, *Il concetto di "Ecclesia sui iuris"*, 43.

[101] «αὐτοκέφαλια – independentia ecclesiastica – autocéphalie», *Byzantinion Dikaion*, 95. Cf. aussi *VGI*, 307; *Liddell*, 280.

[102] Théodore le Lecteur (en grec Θεόδωρος Αναγνώστης) vécut aux Ve et VIe siècles. Il doit son surnom de «lecteur» à son activité de lecteur à Sainte Sophie de Constantinople pendant la première partie du VIe siècle. A la fin du règne de l'empereur Anastase Ier (491-518), il écrivit, à l'instigation d'un clerc paphlagonien, une *Historia tripartita* qui rassemblait les trois histoires ecclésiastiques dites canoniques (c'est-à-dire celles de Socrate, de Sozomène et de Théodoret). Le moine Epiphanius en traduisit quelques parties en latin, en réponse aux souhaits de Cassiodore. Pour plus de détails, voir P. NAUTIN, «Théodore Lecteur», 213-243.

[103] Cf. S. TROÏTSKY, «О церковной автокефалии», 36; L. STAN, «Despre autocefalie», 374, note 6; E. LANNE, «Eglises locales et patriarcats», 402, note 32.

[...] sous ce prétexte, les Cypriotes obtinrent qu'ils fussent autocéphales dans leur métropolie, et qu'ils ne dépendissent pas d'Antioche[104].

Toutefois, la tradition canonique orthodoxe affirme que l'autocéphalie prend racine dans le canon 34 apostolique, où les termes «αὐτὸς – *soi-même*» et «κεφαλὴ – *tête*» se retrouvent ensemble pour la première fois[105], et dans le canon 8 du IIIe synode œcuménique, qui déclarait l'autocéphalie de l'Eglise de Chypre[106]. A ces deux canons s'ajoutent tous les autres du *corpus canonum* qui parlent de l'autonomie d'une Eglise locale[107], car l'autocéphalie ne représente que le degré maximum de l'autonomie[108].

Dans l'Eglise orthodoxe, le principe d'autocéphalie représente un système d'organisation ecclésiastique par lequel se définit une Eglise locale, organisée dans un cadre géographique[109] et ethnique[110] bien dé-

---

[104] «Ἐξ ἧς προφάσεως καὶ περιγεγόνασι Κύπριοι, τῷ αὐτοκέφαλον εἶναι τὴν κατὰ αὐτοὺς μητρόπολιν, καὶ μὴ τελεῖν ὑπὸ Ἀντιόχειαν.», PG 86, col. 184. La traduction latine de ce texte est la suivante «Qua de causa Cyprii obtinuerunt ut metropolis ipsorum libera esset ac sui juris, nec Antiochenae sedi amplius subjaceret», PG 86, col. 183.

[105] Cf. D. CIUBOTEA, «Autocefalia bisericească», 275; A. LOTOTSKY, *Autokefalja*, 136; S. TROÏTSKY, «О церковной автокефалии», 34; L. STAN, «Autocefalia şi autonomia în Ortodoxie», 285.

[106] Le canon 8 du IIIe synode œcuménique n'utilise pas l'expression «autocéphalie», mais il donne seulement au synode des évêques de Chypre le droit d'ordonner ses propres évêques, y compris son premier hiérarque. D'où la conclusion que par ce canon le IIIe synode a octroyé l'autocéphalie de l'Eglise de Chypre, qui auparavant était sous l'autorité de l'Eglise d'Antioche. Pour détails, voir G. PAPATHOMAS, *L'Eglise autocéphale de Chypre*, 46-96.

[107] Les principaux canons du *corpus canonum* qui traitent de l'*autonomie ecclésiastique* sont les suivants: 14, 30, 32, 33, 35, 38, 74 apostoliques; 4, 5, 6 du Ier synode œcuménique; 2 et 6 du IIe synode œcuménique; 8, 9, 12, 17, 20 du IVe synode œcuménique; 20, 25, 36, 39, du synode in Trullo; 11 du VIIe synode œcuménique.

[108] Cf. L. STAN, «Despre autonomie», 378; «Autocefalia şi autonomia în Ortodoxie», 309.

[109] «La reconnaissance de l'autocéphalie de l'Église d'une nation privée d'un espace géographique propre, concret et clairement défini, est impensable du point de vue canonique; c'est pour cette raison que l'Église orthodoxe n'a jamais proclamé l'autocéphalie des Églises des peuples nomades, menant une vie errante (Abazges, Alanes et autres).», V. PHEIDAS, «L'Eglise locale», 146.

[110] La doctrine canonique orthodoxe, suivant les prescriptions du canon 34 apostolique, affirme toujours que l'ethnie (ἔθνος=*gens, natio*, B. HEDERICI, *Lexicon Graeco-Latinum*, 245) ou la nation (*gens=nation*=ἔθνος, *Latinikon Dikaion*, 106) constitue un des principes fondamentaux d'organisation de l'Eglise. Bien sûr, le principe ethnique ne constitue pas un principe exclusif ou absolu pour l'organisation d'une Eglise autocéphale, et, par conséquent, il ne peut être pris en considération qu'avec les autres

terminé, et qui est gouvernée par son propre synode. Celui-ci est composé de tous les évêques effectifs toujours ensemble avec leur premier hiérarque, et il gère librement ses relations avec les autorités étatiques et les autres Églises[111]. Autrement dit, dans l'Eglise orthodoxe,

> par autocéphalie, on entend, au sens canonique, l'état d'indépendance administrative, juridictionnelle ou de direction d'une Église orthodoxe vis-à-vis d'autres communautés ecclésiales. Toutes ces communautés sont égales en droit mais sont cependant interdépendantes dogmatiquement et canoniquement, et constituent ensemble l'Orthodoxie œcuménique[112].

En outre, les auteurs affirment que l'autocéphalie constitue une des notes caractéristiques de l'Orthodoxie[113], et qu'elle

> présuppose le contexte de la *koinonia ecclésiale*. L'autocéphalie est donc une catégorie relationnelle, communionnelle, car, d'une part, elle englobe et met ensemble [*synode*] plusieurs Églises locales [*épiscopies*] qui s'y trouvent en *koinonia* entre elles au sein de l'Église autocéphale (unité et communion conciliaires *ad intra*), [...] et, d'autre part, elle se trouve, à son tour, en *koinonia* avec d'autres Églises autocéphales-patriarcales (unité et communion conciliaires *ad extra*)[114].

Mais, nous devons préciser aussi, qu'il n'existe aucun saint canon dans le *corpus canonum* de l'Eglise orthodoxe qui définisse directement et clairement les conditions et les facteurs de l'autocéphalie[115]. De

---

principes canoniques fondamentaux. Cf. I. IVAN, «Etnosul-neamul», 186-201; T. NIKOLAOU, «The term ἔθνος (Nation)», 453-478; I.V. LEB, «Die Nation», 277-291.

[111] «Une Église autocéphale, en tant qu'Église locale, est gouvernée par son propre Saint-Synode composé de tous les évêques effectifs et gère librement ses relations avec les autorités étatiques et les autres Églises. Cependant elle est tenue de confesser la même foi ecclésiale et de garder le même vécu sacramentel que les autres Églises autocéphales», G. PAPATHOMAS, *Le patriarcat œcuménique de Constantinople*, 678.

[112] I.N. FLOCA, «L'autocéphalie», 104.

[113] Cf. D. CIOBOTEA, «Autocefalia bisericească», 268-271.

[114] G. PAPATHOMAS, «La dialectique», 79.

[115] Malgré cela, les théologiens orthodoxes, en faisant une interprétation analogique des saints canons et en suivant aussi l'expérience pratique de l'Eglise, ont déjà établi les conditions nécessaires pour la proclamation et la reconnaissance de l'autocéphalie ecclésiastique (cf. A. BOGOLEPOV, «Conditions», 11-37; M. CIUCUR, «Dreptul de acordare», 536-541; P. L'HUILLIER, «Accession to Autocephaly», 267-304; S. TROÏTSKY, «О церковной автокефалии», 45-50; L. STAN, «Despre autocefalie», 389-395; I.N. FLOCA, *Drept canonic*, II, 322-325; A. LOTOTSKY, Автокефалия, I, 145-155). Il faut encore noter ici, qu'il y a eu des auteurs (appartenant surtout au milieu orthodoxe hellénique) qui, en voulant offrir au patriarcat de Constantinople une importance et un rôle particulier à

plus, il n'existe aucune décision d'un concile panorthodoxe qui définirait ou règlerait ce système fondamental de l'Eglise orthodoxe[116]. C'est seulement l'interprétation extensive des saints canons et la pratique ecclésiastique qui ont créé les principes fondamentaux d'organisation et

---

l'intérieur de l'Eglise orthodoxe, ont exagéré en affirmant que seulement ce patriarcat-là pourrait offrir l'autocéphalie. Ainsi, le 8 septembre 1998 le Patriarcat de Constantinople a publié un nouveau *tomos* par lequel reconnait l'autocéphalie à l'Eglise orthodoxe de la République Tchèque et de la Slovaquie («Phanar: nouvel octroi d'autocéphalie», 60-61), bien que celle-ci avait déjà reçu son autocéphalie en 1951 de la part de son Eglise-mère, à savoir le Patriarcat de Moscou. Cette action unilatérale souligne la position du Patriarcat de Constantinople qui estime indûment que l'accession de toute Eglise locale à l'autocéphalie ne peut être accordée que par lui, contrairement à la position de l'Orthodoxie entière, qui considère que l'autocéphalie relève de la compétence de l'Eglise-mère. Des autres auteurs orthodoxes sont même allés plus loin encore en affirmant que seul le synode œcuménique peut proclamer une Eglise locale autonome ou autocéphale, et que, en conséquence, l'autocéphalie offerte aux différentes Eglises, après le dernier synode œcuménique, a seulement un caractère provisoire qui devrait être confirmé par un prochain synode œcuménique (cf. P. TREMBELAS, «Αρχαι, κρατησασαι εν τη ανακηρυξει του αυτοκεφαλου», 21-22). Ces deux théories erronées ont été, à leur époque, critiquées et démontées par des canonistes orthodoxes (cf. L. STAN, «Obârşia autocefaliei şi a autonomiei», 80-113; S. TROÏTSKY, «О церковной автокефалии», 36-42; «Цариградска црква», 1-21; «Где и в чем главная опасность?», 31-42). En outre, il faut souligner ici que autant les canons du *corpus canonum*, que l'histoire de l'Eglise vient infirmer ces deux théories erronées. Par exemple, un simple survol de l'histoire de l'Eglise montre que, au cours des siècles, ont existé des cas qui viennent infirmer de telles opinions. Ainsi, l'autocéphalie de l'Eglise de Chypre a été déclarée par le canon 8 du IIIe synode œcuménique, sans aucune obligation d'être confirmée par le patriarcat de Constantinople (cf. H. ALIVIZATOS, «Die Kircheordnung», 529-541), et celle de l'Eglise de Géorgie a été octroyée au VIe siècle par le Patriarcat d'Antioche sans être confirmée ni par un synode œcuménique, ni par le Patriarcat de Constantinople (cf. M.-H. BIEDERMANN, «1500 Jahre Autokefalie», 310-331; M. TARCHNISVILI, «Die Entstehung», 107-126). En dépit de cette réalité canonique et historique, aujourd'hui encore, des auteurs orthodoxes, habituellement professeurs à l'Institut Sainte Serge de Paris (école au statut canonique très particulier, car elle appartient à l'*Archevêché des Eglises Orthodoxes Russes en Europe Occidentale*, structure ecclésiale actuellement organisée comme exarchat sous l'autorité du Patriarcat de Constantinople), qui continuent à promouvoir les deux théories (cf. G. PAPATHOMAS, «Différentes modalités canoniques», 42-88; J. GETCHA, «Le droit d'appel», 169-184).

[116] Dans toutes ces réunions orthodoxes ont été faites différentes propositions sur la manière de proclamer et de reconnaître l'autonomie ou l'autocéphalie. (cf. MÉTHODIOS, «Εισήγησις του Μητροπολίτου 'Αξώμης Μεθοδίου», 645-653). D'autres auteurs ont affirmé que ce thème ne doit pas être l'objet d'un Synode panorthodoxe, car dans les canons et la pratique de l'Eglise, on peut trouver tous les éléments nécessaires pour l'identification des conditions nécessaires à la proclamation et la reconnaissance de l'autonomie et de l'autocéphalie. D. STĂNILOAE, «Opinii în legătură cu viitorul Sfânt şi Mare Sinod», 430-431.

de fonctionnement de l'Eglise. Selon ces principes, les caractéristiques du système d'autocéphalie sont:
- chaque Eglise locale autocéphale est gouvernée par son propre Saint-synode présidé par son premier hiérarque (πρῶτος); le Saint-synode est composé de tous les évêques de cette Eglise locale et constitue sa seule autorité canonique.
- cette Eglise locale ne relève plus d'une Eglise-mère (patriarcale) et possède, en outre, le droit d'élire son propre premier hiérarque (πρῶτος); les électeurs sont les évêques du Saint-synode, et l'élu n'a pas besoin d'être confirmé par une autorité ecclésiastique extérieure.
- une Eglise autocéphale a le droit de convoquer des synodes ou des assemblées ecclésiastiques qui concernent les communautés qui sont sous son autorité.
- cette Eglise locale s'administre librement dans ses rapports avec les autorités de l'Etat (autonomie extérieure), comme aussi, dans ses rapports avec les autres Eglises locales orthodoxes.

Quant à la modalité d'accorder l'autocéphalie, nous devons souligner que ce droit appartient exclusivement à l'Eglise-mère (patriarcale), qui donne le *tomos* d'autocéphalie pour cette Eglise-là et qui, dans le même temps, l'envoie à toutes les autres Eglises orthodoxes locales[117]. Pour

---

[117] Il convient noter ici que la Commission inter-orthodoxe préparatoire, réunie à Chambésy du 9 au 17 décembre 2009, a adopté un texte intitulé «L'autocéphalie et la manière de la proclamer» (COMMISSION INTER-ORTHODOXE PREPARATOIRE, «L'autocéphalie»), dans lequel il a été établi que, «exprimant le consentement de l'Eglise-mère et le consensus panorthodoxe, le Patriarche œcuménique proclame officiellement l'autocéphalie de l'Eglise requérante en promulguant le Tomos d'autocéphalie. Ce tomos est signé par le Patriarche œcuménique, leurs Béatitudes les proto-hiérarques des très saintes Eglises orthodoxes, invités à cet effet par le Patriarche œcuménique, y joignant leur co-témoignage en opposant leurs signatures». Toutefois, dans la note de ce texte il a été précisé que «le contenu de tomos d'autocéphalie et la manière de présenter les signatures des proto-hiérarques des très saintes Eglises orthodoxes ont été renvoyés pour examen et recherche du consensus des Eglises en la matière à la prochaine Commission inter-orthodoxe préparatoire». En tenant compte du fait que ce texte ne représente qu'un accord théologique entre les délégués des Eglises locales, nous sommes tout à fait en droit de faire certaines observations qui s'imposent. La première concerne le fait que la proclamation officielle d'une nouvelle Eglise autocéphale par le Patriarche œcuménique. Selon l'ecclésiologie orthodoxe, ce droit appartient exclusivement à l'autorité suprême de l'Eglise-mère, car, en tant que Eglise autocéphale (patriarcale), elle ne peut pas accepter l'ingérence d'aucune autre autorité dans les affaires qui concerne ses fidèles. Or, jusqu'après la promulgation de son autocéphalie, la nouvelle Eglise autocéphale est canoniquement sur l'autorité du Saint-synode de son Eglise-mère. Par conséquent, toute intromission dans l'acte de promulgation de la nouvelle autocéphalie en détriment de l'Eglise-mère constitue

pouvoir accorder et recevoir l'autocéphalie, il faut que l'Eglise-mère et l'Eglise-fille respectent différentes conditions qui ont été établies par la doctrine canonique de l'Eglise. Celles-ci sont réparties en trois catégories: les conditions pour l'Eglise-fille, les conditions pour l'Eglise-mère et les conditions pour l'*Eglise orthodoxe répandue dans l'univers.*

Les conditions que l'Eglise-fille doit respecter sont les suivantes:
- elle doit montrer un caractère stable en ce qui concerne la foi, et garder les prescriptions traditionnelles liturgiques et disciplinaires-canoniques;
- elle doit montrer sa maturité en ce qui regarde son administration propre, à savoir être capable d'autogouverner ses affaires courantes;
- elle doit avoir, au moins, 4 évêques qui lui sont propres[118], afin de pouvoir former un synode conformément aux prescriptions canoniques;
- elle doit encore prouver que la volonté d'obtenir l'autocéphalie vient non seulement de la hiérarchie, mais aussi des fidèles de cette Eglise;
- l'Eglise-fille doit demander l'autocéphalie dans les formes canoniques: elle doit suivre toutes les étapes obligatoires (la demande doit être faite au nom du clergé et des fidèles, et doit toujours être adressée à l'Eglise-mère; elle doit encore contenir tous les arguments qui la justifient). Il est, donc, absolument interdit d'accorder l'autocéphalie à une Eglise locale sans avoir l'accord

---

une ingérence dans les affaires de cette Eglise-là, c'est-à-dire un non-respect de son autocéphalie. Il en résulte donc clairement qu'il n'est jamais possible que le Patriarcat de Constantinople puisse proclamer l'auto-céphalie d'une Eglise que n'est pas son Eglise-fille. Pour la même raison, le tomos d'autocéphalie ne peut point être signé par tous les proto-hiérarques, mais seulement par les hiérarques de l'Eglise-mère toujours avec leurs proto-hiérarques. Et, ensuite, la nouvelle Eglise autocéphale est reconnue comme telle à travers l'échange des lettres de communion avec les autres Eglises autocéphales. De la même manière que la décision concernant l'autonomie ecclésiastique, cette décision constitue elle aussi un revendication cachée de la primauté de pouvoir dans l'Eglise orthodoxe par le Patriarcat de Constantinople, primat qui n'a jamais existé dans la doctrine canonique et la tradition ecclésiale orthodoxes. Le péril le plus grave est constitué du fait qu'une éventuelle reconnaissance officielle des ces privilèges pour le Patriarche de Constantinople le transformerait dans une instance supérieure aux autres Eglises orthodoxes autocéphales. Par conséquent, l'ecclésiologie orthodoxe serait modifiée pour pouvoir justifie ce type d'autorité suprême à deux niveaux: le premier tenu par le Patriarche de Constantinople, et le deuxième tenu par les autres proto-hiérarques des Eglises autocéphales. Cet aspect sera aussi analysé en détail ultérieurement.

[118] Ainsi, une unité ecclésiale autocéphale doit-elle comprendre 4 éparchies, pour pouvoir consacrer un évêque sans aide extérieure, même si l'un des sièges se trouve vacant.

de son Eglise-mère;
- après l'obtention de l'autocéphalie, la nouvelle Eglise autocéphale doit l'annoncer à toutes les autres Eglises orthodoxes autocéphales par des lettres par lesquelles elle leur demande aussi d'entrer en communion avec elles.

Les conditions pour que l'Eglise-mère puisse offrir l'autocéphalie sont les suivantes:
- elle doit émettre un «tomos» synodal, par lequel elle proclame l'autocéphalie de son Eglise-fille; ce dernier doit toujours être un acte synodal, sauf en cas de force majeure où il peut être un acte personnel du premier hiérarque (πρῶτος) de l'Eglise-mère[119];
- dans le *tomos* d'autocéphalie, l'Eglise-mère doit indiquer la solidité de l'acte de promulgation et doit énumérer aussi les droits de la nouvelle Eglise autocéphale;
- elle doit annoncer aux autres Eglises locales orthodoxes la proclamation de la nouvelle Eglise autocéphale, et les prier de consentir à ce que la nouvelle Eglise autocéphale entre en communion avec elles[120].

Les conditions qui sont demandées à *l'Eglise orthodoxe répandue dans l'univers* pour reconnaître une nouvelle Eglise autocéphale sont les suivantes:
- la nouvelle Eglise autocéphale doit être reconnue par toutes les Eglises locales autocéphales;
- la reconnaissance de la nouvelle autocéphalie doit être donnée par des lettres ou des actes de consentement, rédigés comme des réponses aux lettres de l'Eglise-mère et de l'Eglise-fille.

Dans les cas où l'autocéphalie d'une Eglise locale est légitime et a été canoniquement demandée, mais où l'Eglise-mère a refusé de l'octroyer, *l'Eglise orthodoxe répandue dans l'univers* a le droit et l'obligation d'intervenir dans le but d'accorder cette autocéphalie. De même, *l'Eglise orthodoxe répandue dans l'univers* a le droit d'intervenir pour ne pas reconnaître ou pour retirer l'autocéphalie à une Eglise qui ne respecte plus les conditions exigées. Cette intervention de l'*Eglise orthodoxe répandue dans l'univers* se fait soit par la voix d'un synode œcuménique (dans les cas où

---

[119] Dans ce cas-là, l'autocéphalie n'a qu'un caractère provisoire et, par conséquent, elle doit être confirmée par le synode de l'Eglise-mère.
[120] Cf. DANIEL, *La joie de la fidélité*, 232.

CHAP. II : L'AUTONOMIE SELON LA DOCTRINE ORTHODOXE 75

il existe la possibilité de se réunir)[121], soit par le *consensus Ecclesiae dispersae* lorsqu'il n'y a pas la possibilité de réunir un synode œcuménique[122].

Ce devoir d'intervention éventuelle de l'*Eglise orthodoxe répandue dans l'univers* s'explique. En effet, quand une Eglise locale proclame l'autocéphalie d'une autre Eglise locale, elle le fait au nom de toute l'Orthodoxie: par cet acte, l'Eglise locale exerce un pouvoir qu'elle détient d'une manière solidaire avec l'entière *Orthodoxie répandue dans l'univers*[123]. Dans l'histoire ecclésiastique il y a beaucoup de cas où *l'Eglise répandue dans l'univers* est intervenue dans des affaires d'autocéphalie. Citons, par exemple, les cas de l'Eglise de Chypre (c. 8 du IIIe synode œcuménique; c. 39 du synode in Trullo), de la métropolie de Césarée de Palestine (c. 7 du Ier synode œcuménique), de l'Eglise d'Egypte, d'Italie, de Syrie (c. 6 du Ier synode œcuménique; c. 2 du IIe synode œcuménique), ou encore le cas du litige entre les métropolies autocéphales de Nicomédie et de Nicée (c. 12 du IVe synode œcuménique).

La reconnaissance de l'autocéphalie appartient à toute l'Eglise orthodoxe. Il est donc nécessaire qu'une nouvelle Eglise autocéphale soit reconnue comme telle par toute l'Eglise orthodoxe, et l'autocéphalie d'une Eglise n'est pas validement reconnue dans le cas où une Eglise locale s'abstient ou ne la reconnaît pas en invoquant en ce sens des motifs canoniques. Cette reconnaissance se concrétise à travers l'acte par lequel chaque Eglise locale orthodoxe entre en communion avec la nouvelle Eglise autocéphale. En réalité, on ne peut pas parler d'une véritable reconnaissance – dans le sens où, par cet acte, se confirmerait ou se créerait cette autocéphalie –, parce que l'autocéphalie, qui a été conférée canoniquement, est déjà valide dès le moment où elle a été donnée. La reconnaissance d'une nouvelle autocéphalie par *l'Eglise orthodoxe répandue dans tout l'univers*, n'a

---

[121] Voir pour exemple le cas de l'Eglise de Chypre, reconnue comme autocéphale par le synode d'Ephese, le troisième synode œcuménique, en 431 (le canon 8).

[122] Voir les cas de l'Eglise de Pologne, de l'Eglise de Tchéquie et de Slovaquie, et de l'Eglise d'Albanie. Toutefois, il faut aussi préciser ici qu'il y a un cas dans l'Orthodoxie où cette modalité d'intervention n'a pas réussit à résoudre totalement le problème. Il s'agit de l'Eglise orthodoxe d'Amérique, canoniquement autocéphale dès 1970 (autocéphalie octroyé par son Eglise-mère, à savoir le Patriarcat de Moscou), qui n'a pas été encore reconnue par toutes les Eglises orthodoxes autocéphales. La cause de ce désagrément est constituée par le fait que l'Eglise de Constantinople, à partir de 1923, a commencé d'exiger absolument injustement d'être la seule autorité valide à octroyer l'autocéphalie dans l'Orthodoxie. En définitive, l'Eglise orthodoxe d'Amérique est vraiment autocéphale, et elle si comporte donc comme telle, bien que les canonistes constantinopolitains s'éreintent à soutenir le contraire.

[123] M. CIUCUR, «Dreptul de acordare al autocefaliei», 541.

qu'un caractère déclaratif et non pas constitutif[124]. En outre, il est absolument interdit de reconnaître l'autocéphalie déclarée de manière unilatérale, c'est-à-dire sans l'approbation de l'Eglise-mère, car cette reconnaissance doit être «la reconnaissance d'une liberté obtenue, non pas par rupture, mais par un accord qui ne brise pas la communion spirituelle»[125]. Après qu'une Eglise locale est reconnue comme autocéphale, la tradition orthodoxe demande qu'elle soit inscrite dans les diptyques[126].

De plus, nous devons préciser que l'autocéphalie n'est pas accordée pour l'éternité, mais, si les conditions nécessaires ne sont plus respectées, cette autocéphalie peut être retirée par la même autorité qui l'avait donnée ou par le synode œcuménique. On peut, donc, rencontrer les situations suivantes:

- l'Eglise-même peut renoncer à son autocéphalie, devenant une Eglise autonome sous l'autorité de son Eglise-mère ou sous l'autorité d'une autre Eglise qui a été désignée par *l'Orthodoxie répandue dans l'univers*[127];
- l'Eglise-mère peut déterminer les autres Eglises locales à ne pas reconnaître ou à retirer une autocéphalie qui avait été octroyée[128];
- l'épiscopat de l'entière Orthodoxie, à travers la Synaxe des proto-

---

[124] L. STAN, «Autocefalia şi autonomia în Ortodoxie», 299-300.

[125] D. CIOBOTEA, «L'Eglise, mystère de communion», 81.

[126] Dans le passé, le terme «diptyques» (δίπτυχος) signifiait une sorte de double tablette qui pouvait être pliée en deux – le plus souvent décorée à l'extérieur, et avec des inscriptions à l'intérieur –, que le christianisme a utilisé pour enregistrer les noms de ceux qui appartenaient à l'Eglise, les vivants comme les morts. Quand certains devenaient des hérétiques, ils ont été immédiatement retirés de ces listes. Aujourd'hui dans les diptyques sont écrites toutes les Eglises locales qui sont en communion avec l'Eglise orthodoxe, en suivant aussi leur ordre honorifique (τάξις). L'inscription d'une Eglise locale dans les diptyques montre que celle-ci est en communion canonique, dogmatique et cultuelle avec l'Eglise orthodoxe, et indique aussi sa place dans l'ordre de préséance (τάξις). Cf. N. DURĂ, «Dipticele», 636-659. Voir également R. TAFT, *The Diptychs*; P. FRISONE, «I dittici», 157-167.

[127] Dans le cas où une Eglise autocéphale devient une Eglise autonome sous l'autorité d'une Eglise autocéphale différente de son Eglise-mère, *l'Orthodoxie répandue dans l'univers* a le droit et l'obligation de désigner cette Eglise autocéphale. Cette décision doit être prise normalement dans une séance du Synode œcuménique. S'il n'y a pas la possibilité de réunir un tel synode, cette décision peut être prise dans une réunion de la Synaxe des proto-hiérarques des Eglises orthodoxes, à savoir la réunion de tous les proto-hiérarques des Eglises orthodoxes autocéphales.

[128] Habituellement, dans ce cas, l'Eglise-mère envoie des lettres iréniques aux autres Eglises autocéphales afin de les communiquer les difficultés concernant l'autocéphalie de son Eglise-fille et de les informer sur la solution canonique qui s'impose.

hiérarques des Eglises orthodoxes autocéphales, ou le synode œcuménique peut retirer n'importe quelle autocéphalie lorsqu'il y a des motifs réels (c. 28 du IVe synode œcuménique[129]);
- l'autocéphalie peut aussi disparaître par la désorganisation de cette Eglise ou par la disparition de ses fidèles, ou encore dans certaines conditions de force majeure.

Dans l'histoire, des autocéphalies sont apparues et ont disparu à cause d'actes impériaux[130] ou étatiques[131], mais l'Eglise a toujours soutenu qu'elle seule a le droit d'accorder ou de retirer l'autocéphalie, et elle a rejeté ces actes unilatéraux en conformité avec le canon 12 du synode IV œcuménique.

Ce que nous avons présenté jusqu'ici montre à l'évidence que l'autonomie ecclésiastique, avec son degré maximum (l'autocéphalie), constitue une des notes caractéristiques de l'Orthodoxie, à travers laquelle est reconnu le statut canonique d'une Eglise locale qui jouit d'une indépendance administrative, tout en restant en même temps dans une relation d'interdépendance dogmatique, canonique et cultuelle avec l'*Eglise orthodoxe répandue par l'univers*. Enfin, l'ecclésiologie orthodoxe précise que l'*autonomie ecclésiastique* ne constitue pas un principe exclusif ou absolu pour l'organisation administrative de l'Eglise, mais qu'elle existe uniquement en corroboration avec les autres principes fondamentaux d'organisation de l'Eglise orthodoxe, notamment en corroboration avec la synodalité.

---

[129] Il faut préciser ici que ce canon a constitué déjà l'objet d'analyse de plusieurs études, dont je ne signale que les plus importantes: J. MARINA, «Valabilitatea», 173-187; V. MONACHINO, *Le origini del patriarcato*; R. SOUARN, «Le 28e canon», 19-22, 55-58; A. WUYTS, «Le 28e canon», 265-282; T.O. MARTIN, «The Twenty-Eight Canon», 433-458; J.H. ERICKSON, «El canon 28», 241-260; P. L'HUILLIER, «Un aspect estompé», 12-22. Pour une analyse détaillée des circonstances dans lesquelles a été rédigé le canon 28 de Calcédoine, voir P. L'HUILLIER, *The Church of the Ancient Councils*, 267-290.

[130] Par exemple, le 15 avril 535, l'empereur Justinien, à travers une nouvelle adressée à l'évêque Catelianus de Thessalonique, annonçait l'autocéphalie du nouvel archevêché *Justiniana Prima* dont le siège était dans la ville natale de l'empereur, à savoir Tauresium dans l'Illyricum (cf. B. GRANIC, «Die Gründung», 123-140). Un autre exemple est l'archevêché de Ravenne qui, le 1er mars 666, est devenu autocéphale par décision de l'empereur Constans II Pogonatus (cf. A. SIMONINI, *Autocefalia ed esarcato*; T.S. BROWN, «The Church of Ravenna», 1-28). Pour d'autres détails, voir R.A. MARKUS, «Carthage», 277-302.

[131] Voir les cas des soi-disant «Eglises orthodoxes autocéphales» de Macédoine, du Monténégro, d'Ukraine et de Biélorussie, créées sous la pression des autorités politiques des pays respectifs.

CHAPITRE III

L'*autonomie ecclésiastique* et l'organisation actuelle de l'Eglise orthodoxe

Pour une meilleure compréhension de l'actuelle organisation de l'Eglise orthodoxe, il est nécessaire d'analyser la question du rapport entre l'*autonomie ecclésiastique* et la *synodalité* dans l'Eglise orthodoxe, car cette question constitue, peut-être, l'aspect le plus délicat et le plus passionnant de l'ecclésiologie orthodoxe, et cela justement à cause du fait que, apparemment, l'autonomie s'opposerait à la synodalité. Pour cela, il faut que nous connaissions la notion de synodalité, comme elle est comprise par les orthodoxes, comme aussi le fait que ce rapport implique directement la vision de la théologie orthodoxe sur la liberté et l'unité.

1. La synodalité en rapport avec l'*autonomie ecclésiastique* dans l'Eglise orthodoxe

Par «synodalité» (συνοδικότης), qui dérive du grec «synode» (σύνοδος)[1], la théologie orthodoxe comprend toute mode de gouvernement de l'Eglise qui suit le modèle synodal, lequel constitue «la forme authentique du gouvernement ecclésiastique voulu par le Christ et mise en application dès l'époque apostolique»[2], et implique la participation active tant des clercs, que des laïcs[3] à la vie ecclésiale[4]. Ainsi, pour les ortho-

---

[1] Etymologiquement, le mot synode–σύνοδος, composé de la préposition σύν (ensemble, tous ensemble, cf. *Bailly*, 1833-1835; *Liddell*, 1720) et du substantif ἡ ὁδός (route, voie, chemin, cf. *Bailly*, 1352; *Liddell*, 1199), signifie «ensemble sur la même voie». Voir aussi A. LUMPE, «Zur Geschichte des Wortes Synodus», 40-53; F.J. SCHMALE, «Synodus», 80-103.

[2] N. DURĂ, *Le régime de la synodalité*, 266.

[3] Pour plus de détails, concernant le rôle des laïcs dans l'Eglise orthodoxe, voir L. STAN, *Mirenii în Biserică*; «Poziția laicilor», 195-203.

doxes, la «synodalité» est l'un des principes ecclésiologiques fondamentaux énoncé par le Christ et mis en application par Ses apôtres, dans le synode apostolique[5], qui fut, en effet, le premier synode de l'Eglise, et qui reste comme paradigme d'application concrète de ce principe synodal. De plus, la même ecclésiologie affirme que la «synodalité» – la clé de voûte de l'organisation de l'Eglise orthodoxe – a été affirmée et confirmée en toute clarté aussi par les canons du *corpus canonum*[6]. Plus précisément, la doctrine canonique orthodoxe témoigne que la première institution synodale confirmée par les canons fut le synode métropolitain[7]. D'où la conclusion que l'institution synodale et la forme de gouvernement de type collégial sont propres à l'Eglise orthodoxe. Mais il faut aussi bien préciser ici que la «synodalité» de l'Eglise orthodoxe n'est pas analogue à la «collégialité» de l'Eglise catholique, car «synode et concile sont deux termes qui expriment la même notion et la même réalité, mais deux conceptions différentes»[8]. Plus précisément, selon l'ecclésiologie orthodoxe le Synode

---

[4] D. STĂNILOAE, «Natura sinodicității», 605-614; L. STAN, «Despre sinodalitate», 155-163.

[5] La doctrine canonique orthodoxe affirme que l'institution synodale fut déjà instaurée par les apôtres, puisqu'ils réuniront le premier synode, où les apôtres avec les presbytres de Jérusalem, toute l'Eglise étant présente, discutèrent et décidèrent dans l'Esprit Saint de l'imposition des certaines obligations, en relation avec les prescriptions locales de la loi juive, à ceux qui, de la gentilité, venaient à la foi nouvelle. Dès lors, la doctrine canonique orthodoxe affirme clairement que les Apôtres, bien que pendant leurs vie ont eu aussi des activités personnelles très importantes (par exemple, ils ont écrit personnellement des lettres aux premières communautés chrétiennes dans lesquelles ont donné des dispositions d'autorité), pour les questions concernant l'*Eglise répandue dans l'univers*, ils ont toujours agi par voie synodale. Pour plus de détails, voir N. DURĂ, «Le concile des Apôtres», 61-84.

[6] Pour une attente et minutieuse présentation du régime de la synodalité au Ier millénaire chrétien, voir N. DURĂ, *Le régime de la synodalité*.

[7] Cf. 4, 5 et 6 du Ier synode œcuménique.

[8] N. DURĂ, *Le régime de la synodalité*, 107. Plus précisément, «per la Chiesa latina il termine *Synodus*, nonostante l'antica tradizione per la quale venivano così chiamati i Concili Ecumenici (anche il Vaticano II userà più volte quest'espressione) e non, venne, in tempi successivi, usato per denominare riunioni ecclesiastiche convocate per deliberare su Chiese particolari, sopratutto in ambito diocesano, differenziandosi anche tecnicamente dall'espressione *Concilium*. In tal modo nel CIC del 1917 i cc. 222-229 erano dedicati al *Concilium Oecumenicum*, i cc. 281-292 ai *Concilia Plenaria et Provincialia*, mentre i cc. 356-362 regolavano il *Synodus Diocesana*, convocato dal Vescovo Diocesano e nel quale egli è l'unico legislatore. Nel CIC del 1983 la terminologia rimane pressoché invariata: si tratta del Concilio Ecumenico nei canoni dedicati al Collegio dei Vescovi (cc. 337-341), mentre i cc. 439-446 sono dedicati ai Concili Particolari, e i cc. 460-468 sono per il Sinodo diocesano» (M.C.

des évêques impose l'égalité foncière des évêques qui le composent, tandis que dans l'ecclésiologie catholique le Collège des évêques présuppose toujours un primat qui lui garantit l'existence. De plus, le mot

> «συνέδριον», dans son usage patristique, est synonyme de «σύνοδος», dont chacun sait qu'il répond au latin «concilium», ce qui montre bien l'embarras du traducteur alexandrin des lettres papales devant le terme juridique de «collège», pour lequel la langue classique ne connaissait pas de correspondant grec général (d'où la transcription «κολλήγιον», attestée par les inscriptions). Un meilleur équivalent du «collegium» des lettres romaines se trouve dans le décret éphésien qui dépose Nestorius en le déclarant étranger à tout le «συλλόγου ἱερατικοῦ» (une expression que les versions latines du VIe siècle rendent, conformément à l'étymologie, par «collegio sacerdotali»). C'est d'ailleurs le terme «σύλλογος» que les théologiens orthodoxes grecs actuels ont spontanément retrouvé pour traduire le «collegium» de la constitution *Lumen Gentium* (en même temps qu'ils forgeraient le néologisme «συλλογικότης» pour «collegialitas»). Ce faisant, ils avaient conscience d'exprimer une catégorie catholique romaine inconnue de leur ecclésiologie traditionnelle; comme ils l'ont justement souligné, la «collégialité» du IIe concile du Vatican ne coïncide pas avec la «synodalité» de l'ecclésiologie orthodoxe[9].

Pour en revenir à notre propos, il est évident, donc, que la plus haute autorité dans l'Eglise orthodoxe est le Synode des évêques. Cependant, il faut aussi préciser que le synode n'est garanti ni par le nombre, ni par la provenance de ceux qui le composent, mais par la recherche de la vraie tradition apostolique par les évêques siégeant en assemblée, avec le désir loyal et la crainte de Dieu. Cela étant, les synodes décident de droit divin avec l'assistance de l'Esprit Saint, et non en tant que représentants et fondés de pouvoir du plérôme ecclésiastique. Plus précisément, selon la doctrine canonique orthodoxe, les Eglises locales ne reçoivent pas passivement ou automatiquement les décisions d'un Synode des évêques. Au contraire, c'est aux Eglises locales qu'il appartient de décider du sort de chaque décision d'un Synode des évêques: l'accepter ou la rejeter. Le processus de reconnaissance d'une décision d'un Synode des évêques suppose une discussion active au sein de chaque Eglise locale. Ainsi, afin de reconnaître une décision d'un Synode des évêques, il y a besoin non seulement de sa promulgation offi-

---

BRAVI, *Il Sinodo dei Vescovi*, 124-125, note 10). Voir également A. LUMPE, «Zur Geschichte der Wörter *Concilium* und *Synodus*», 1-21.

[9] A. DE HALLEUX, «La collégialité», 435-436. Voir également C. GALLAGHER, «Collegiality in the East and the West», 64-115.

cielle par les autorités ecclésiastiques, mais aussi de sa réception par les théologiens, les moins et les laïcs. Le plérôme de la communauté ecclésiastique locale est ainsi directement impliquée dans le processus de réception des décisions d'un Synode des évêques[10].

En ce qui concerne les synodes œcuméniques, leur autorité se fonde sur l'assistance de l'Esprit Saint et sur leur conformité à la Tradition ecclésiale. Pour cette raison, les décisions de chaque synode jouissaient d'une autorité formelle dès qu'on remplissait les deux critères, qui apportaient avec eux *ipso facto* leur réception par l'Eglise locale ou par l'*Eglise répandue par l'univers*. Au sujet de cette autorité des synodes, il faut souligner que l'Eglise orthodoxe n'a jamais reconnu, ni institutionnalisé comme infaillibles ses organismes synodaux ou individuels[11]. Même les synodes œcuméniques ne représentent pour les orthodoxes que des organismes par lesquels l'Eglise a affirmé sa propre infaillibilité. Donc, selon la doctrine canonique orthodoxe, l'infaillibilité n'appartient pas aux synodes, mais exclusivement à l'Eglise[12]. En effet, dans l'Eglise orthodoxe,

> la notion d'«infaillibilité» de l'Eglise a été formulée en réponse au dogme catholique de l'infaillibilité (*infallibilitas*) du pape de Rome dans les questions de foi et d'éthique, lorsqu'il s'exprime «du haut de la chaire apostolique» (*ex cathedra*). Ce dogme fut adopté en Occident en 1870. Si dans l'Eglise d'Occident le garant de l'infaillibilité est l'évêque de Rome, en vertu des pouvoirs hérités de Pierre, dans l'Eglise d'Orient ce garant est représenté par l'esprit collégial de tout «le peuple de Dieu», doté du «sacerdoce royal»[13].

---

[10] Cf. L. STAN, «Despre "recepţia" în Biserică», 395-401; H. ALFEYEV, «The Reception of the Ecumenical Councils», 413-430.

[11] Cf. P. L'HUILLIER, «The Development of the Concept», 243-262.

[12] Pour les orthodoxes, l'Eglise seule, et non pas tel ou tel de ses organes, est infaillible. L'Eglise, en tant que Corps divino-humain du Seigneur Jésus-Christ qui est sa tête. Tel est le sens, selon l'ecclésiologie orthodoxe, du dogme des deux natures défini par le IVe synode œcuménique de Chalcédoine en 451. En disant que le Christ était une Personne unique en deux natures, à la fois vrai Dieu et vrai Homme, «le même parfait dans la divinité, et le même parfait dans l'humanité», semblable à nous en tout sauf le péché, les Pères ont défini l'Eglise et notre rapport à elle. Ainsi – affirment les orthodoxes – aucun homme n'a reçu mission ni pouvoir pour légiférer au-dessus et en-dehors du Corps de l'Eglise. Par conséquent, il n'y a rien au-dessus du consentement de l'Eglise, Corps du Christ: les deux natures sont unies sans confusion ni séparation. Pour plus de détails, voir N. AFANASSIEFF, «L'infaillibilité de l'Eglise», 183-201.

[13] H. ALFEYEV, *Le mystère de la foi*, 119, note 9. Pour une présentation détaillée de l'actuelle vision catholique sur l'autorité suprême dans l'Eglise, voir p. 308-313. Pour la vision catholique sur l'infaillibilité, voir p. 326-328.

Quant à la relation entre la liberté et l'unité, la théologie orthodoxe affirme que lors de la création de l'homme, Dieu sert de modèle pour l'homme; de même lorsque Jésus parle de l'unité de l'Eglise ou de l'humanité rassemblée en Dieu, il ne prend comme modèle de cette unité aucun système de ce monde, mais la vie même qui existe en Dieu et qui se révèle dans la communion (κοινωνία) trinitaire. Or, selon la même théologie, l'unité trinitaire ne dérive pas d'un principe de subordination de tous à un, mais de l'habitation spirituelle réciproque ou de don de soi réciproque. Il y a, bien sûr, un ordre dans l'intérieur de la communion dû à la distinction des Personnes qui gardent leur propre identité, même dans leur union la plus parfaite et suprême. Cependant, cet ordre n'annule point l'égalité des Personnes, leur consubstantialité et la plénitude de chacune qui est en même temps la plénitude de toutes. Si, dans la Trinité, le Père préside à la communion, tout ce qu'il décide ou ce qu'il fait, il le fait en accord avec le Fils et l'Esprit Saint. Tout ce qu'il a, il le donne au Fils et à l'Esprit Saint qui à leur tour se donnent au Père[14]. Cette périchorèse (περιχώρησις) trinitaire révélée dans l'histoire du salut a deux dimensions constitutives fondamentales: l'unité et la liberté sans lesquelles la communion n'est pas authentique.

Donc, selon la théologie orthodoxe, la communion authentique comprend en soi-même deux aspects fondamentaux: l'unité et la liberté. Ensuite, ce rapport s'exprime aussi dans l'ecclésiologie orthodoxe qui est aussi trinitaire: l'Eglise est une icône, c'est-à-dire une image de la Sainte Trinité, illustrant le mystère de l'unité dans la diversité. En conséquence,

> l'unité de l'Eglise est la *koïnonia* de la vie trinitaire communiquée par l'Esprit Saint à ceux qui croient en Christ pour accéder à la communion avec le Père. De ce fait, la vie trinitaire est en même temps Source et Modèle de la *koïnonia* ecclésiale: «Qu'ils soient un, comme nous sommes un, Moi en Toi et Toi en Moi ... qu'ils soient un en nous» (Jn. 17, 21-22)[15].

Donc, de même qu'à l'intérieur de la Trinité les Personnes sont égales et consubstantielles, ainsi l'Orthodoxie se comprend comme étant une communion des Eglises locales, égales et «consubstantielles», c'est-à-dire que chacune à part et toutes ensemble ont la même plénitude dans la vérité de la foi et de la vie sacramentelle (à savoir, l'unité dogmatique, canonique et cultuelle). De plus, de même qu'à l'intérieur de la Trinité les Personnes sont à la fois distinctes et égales, ainsi

---

[14] Pour détails, voir D. STĂNILOAE, «Relațiile treimice», 503-525.
[15] D. CIOBOTEA, «L'Eglise, mystère de communion et de la liberté», 77-78.

l'Eglise est composée d'Eglises locales égales et distinctes du point de vue administratif, c'est-à-dire autocéphales (le degré maximum de l'*autonomie* est l'*autocéphalie*), et aucune d'entre elles, ni aucun évêque, ne peut prétendre à avoir aucun pouvoir sur les autres Eglises ou évêques. Effectivement, pour l'ecclésiologie orthodoxe,

> l'autocéphalie est aussi une expression de la compréhension orthodoxe de la *koïnonia* en tant que unité et liberté des Eglises les unes en rapport avec les autres. Une Eglise autocéphale est celle qui a sa propre direction, qui se gouverne elle-même[16].

Ensuite, le même régime synodal vient d'être appliqué aussi pour chaque Eglise locale, car la plénitude de sa catholicité fonde son égalité foncière avec différentes Eglises en communion, indépendamment de leur grandeur, de leur importance politique ou de leur ancienneté. D'où la conclusion qu'un évêque ne peut jamais être subordonné à un autre évêque. Toutes les distinctions créées par différents titres administratifs (archevêque, métropolite, patriarche, pape ou catholicos) n'affectent pas l'égalité essentielle des évêques entre eux, et donc, aucun évêque n'a d'autorité immédiate sur un autre évêque.

Donc, il est évident que, selon la théologie orthodoxe, les questions tant de l'*autonomie* que de la *synodalité* ecclésiales découlent également de la notion de *communion* (κοινωνία): les Eglises locales, par leur existence diversifiée, constituent la réalité même de l'Eglise Une, répandue à travers l'univers, dans la mesure où elles sont en communion les unes avec les autres.

2. Synodalité et autonomie dans le «corpus canonum» de l'Eglise orthodoxe

Le premier canon du *corpus canonum* qui traite de cette tension entre les principes de l'autonomie et de la synodalité est le fameux c. 34 apostolique[17], qui établit que:

> les évêques de chaque nation (ἔθνους) doivent savoir qui d'entre eux est le premier (πρῶτον) et le doivent considéré comme leur tête (κεφαλήν); qu'ils ne fassent rien d'important sans son avis (γνώμης) et que chacun

---

[16] D. CIOBOTEA, «L'Eglise, mystère de communion et de la liberté», 80.

[17] Ce canon a généré beaucoup des discutions et débats, concrétisées en nombreux études: E. KOVALESKY, «Analyse du XXXIV canon», 67-75; P. RODOPOULOS, «Ecclesiological Review», 92-99; N.A. ZAOZERSKY, «The Exact Meaning», 770-784. Voir également E. LANNE, «Le canon 34», 212-233; B.E. DALEY, «Primacy», 5-21.

fasse seulement ce qui concerne son éparchie (παροικία) et les villages qui sont dépendants d'elle. Mais, lui aussi, qu'il ne fasse rien sans l'avis (γνώμης) de tous les autres; car, ainsi, la concorde régnera et seront glorifiés le Père, le Fils et l'Esprit Saint[18].

D'ailleurs, il est évident que ce canon précise clairement qu'il s'agit d'une forte interdépendance, d'une réciprocité entre «tous les évêques» et le «premier» (πρῶτος – prôtos[19]), d'une part, et, entre le «premier» et «tous les évêques», d'autre part. En effet, même si le «premier» évêque est «la tête» (κεφαλήν), néanmoins il ne jouit de ce statut canonique que lorsqu'il est situé dans un contexte nettement synodal, car la tête n'existe jamais sans le corps. Et, justement à cause de ce rapport de dépendance réciproque, la théologie orthodoxe affirme toujours qu'il n'y a pas la possibilité d'établir des rapports de subordination entre les différents évêques ou sièges épiscopaux. Voilà, donc, l'image la plus claire de la synodalité et de l'autonomie, et de leur application dans l'Eglise orthodoxe.

Ainsi, nous pouvons affirmer que la clé de l'ecclésiologie orthodoxe se trouve exprimé dans ce canon-là, où la tension entre l'autonomie et la synodalité vient d'être expliqué de la manière suivante: «la concorde régnera», et à la fois «seront glorifiés le Père, le Fils et l'Esprit Saint», pourvu que le premier évêque d'une Eglise locale, organisée dans un cadre ethnique bien déterminé, «ne fasse rien sans l'avis» de tous les évêques de cette Eglise-là, et que ces évêques «ne fasse rien d'important» dans leurs éparchies «sans l'avis» de leur premier hiérarque. Donc,

> non seulement l'esprit de concorde, mais encore même la doxologie liturgique de la Sainte Trinité, ne peuvent se réaliser dans une Eglise locale – fût-elle organisée dans un cadre ethnique et géographique bien précis – sans que tous les évêques agissent «synodaliter». Le régime synodal s'ex-

---

[18] «Τοὺς ἐπισκόπους ἑκάστου ἔθνους εἰδέναι χρὴ τὸν ἑαυτῶν πρῶτον, καὶ ἡγεῖσθαι αὐτὸν ὡς κεφαλήν, καὶ μηδέν τι πράττειν περιττὸν ἄνευ τῆς ἐκείνου γνώμης, ἐκεῖνα δὲ μόνον πράττειν ἕκαστον, ὅσα τῇ αὐτοῦ παροικίᾳ ἐπιβάλλει καὶ ταῖς ὑπ' αὐτὴν χώραις. Ἀλλὰ μηδὲ ἐκεῖνος ἄνευ τῆς πάντων γνώμης ποιείτω τι· οὕτω γὰρ ὁμόνοια ἔσται καὶ δοξασθήσεται ὁ πατὴρ καὶ ὁ υἱὸς καὶ τὸ ἅγιον πνεῦμα», *Syntagme*, I, 97 ; *Discipline antique*, I, 2, 24.

[19] Selon l'ecclésiologie orthodoxe, le premier hiérarque d'une Eglise locale (le *prôtos* – πρῶτος), est toujours considéré comme un évêque parmi les évêques du synode de cette Eglise-là. Il est le premier, mais le premier parmi les égaux car, dans le cas du *prôtos* il s'agit seulement d'une diaconie et non d'un pouvoir. Cf. N. DURĂ, «Întâistătătorul în Biserica Ortodoxă», 15-50; V. PHEIDAS, «L'autorité du *prôtos*», 37-50; H. ALFEYEV, «La primauté et la conciliarité», 24-36; I.N. FLOCA, «Întâietate onorifică», 6-16. Voir aussi L. ÖRSY, «The Development of the Concept», 83-97.

prime d'abord dans cet esprit de concorde entre tous les évêques, qui est d'ailleurs la raison d'être de l'Eglise[20].

En conséquence, il est clair que, pour l'ecclésiologie orthodoxe, l'autonomie ne représente pas une catégorie ou un principe absolu, mais elle n'existe que dans le cadre de la synodalité, car l'autonomie et la synodalité sont lies ontologiquement. En effet, selon la doctrine canonique orthodoxe, on ne peut pas revendiquer ou affirmer l'autonomie en dehors de la synodalité.

En outre, le même canon prescrit aussi un autre principe fondamental d'organisation ecclésiale, à savoir le principe ethnique. Bien que le texte du canon indique clairement que les évêques «de chaque nation» (ἑκάστου ἔθνους) doivent connaître qui est le premier d'entre eux et le doivent considérer comme leur tête, et que le mot ἔθνους signifie «ethnie» ou «nation»[21], il y a eu, et il y a encore des auteurs orthodoxes qui se sont efforcés de changer son sens, en affirmant qu'il devrait être traduit soit par «territoire»[22], soit par «peuple du lieu»[23]. Encore aujourd'hui, dans certains manuels grecs, le mot ἔθνους est traduit par «éparchie» (ἐπαρχία)[24], car, affirment les auteurs, le terme ἔθνους ne représenterait que «une région administrative d'une province ecclésiastique»[25].

De plus, de nos jours il y a des orthodoxes qui voudront justifier des anomalies canoniques en utilisant le principe ethnique, comme l'unique principe d'organisation ecclésiale. Voir, par exemple, le cas des soi-disant

---

[20] N. DURĂ, *Le régime de la synodalité*, 833.

[21] Cf. B. HEDERICI, *Lexicon Graeco-Latinum*, 245; *Latinikon Dikaion*, 106.

[22] Les auteurs qui soutiennent une telle théorie, appartiennent habituellement au milieu ecclésial hellénique, plus précisément il s'agit des théologiens qui sont sous l'autorité du Patriarcat de Constantinople. En effet, le vrai but de ce changement n'est que d'attribuer au siège de Constantinople l'autorité sur l'entière diaspora orthodoxe (cf. N. CORNEANU, «La diaspora et les Eglises-mères», 52-57). «A partir du XIIe siècle, les canonistes byzantins se sont efforcés de changer le texte original du canon 34e apostolique, en remplaçant le mot «ethnos» par «territoire». Par exemple, Zonara (XIIIe siècle) a remplacé le mot «ἔθνους» par «ὁρῶν». […] Malheureusement, l'interprétation tendancieuse de Zonara fut reprise en notre siècle par des canonistes du patriarcat de Constantinople pour argumenter ses prétentions de juridiction, tant sur la mission universelle, que sur la diaspora.» (N. DURĂ, *Le régime de la synodalité*, 416).

[23] E. KOVALESKY, «Analyse du XXXIV canon», 69, note 4.

[24] Cf. P.I. AKANTHOPOULOS, Κώδικας Ιερών Κανόνων, 31.

[25] «ἔθνους – η διοικητική περιφέρια της επαρχίας», P.I. AKANTHOPOULOS, Κώδικας Ιερών Κανόνων, 669.

«Eglises orthodoxes» de Macédoine[26], du Monténégro[27], d'Ukraine[28] ou de la Biélorussie[29], qui pour leur création n'ont pu invoquer que le principe ethnique.

---

[26] En 1961, une partie des orthodoxes de l'ancienne République yougoslave de Macédoine, qui étaient sous l'autorité canonique de l'Eglise orthodoxe serbe, ont rompu la communion canonique avec leur Eglise-mère et ont créé une nouvelle «Eglise orthodoxe» sans l'accord de leur autorité ecclésiastique. La nouvelle structure «orthodoxe», sous le nom d'*Eglise orthodoxe de Macédoine*, s'est autoproclamée autocéphale le 19 juillet 1967, en invoquant le principe ethnique comme motif pour sa requête d'indépendance ecclésiastique (cf. D. ILIEVSKI, *The Macedonian Orthodox Church*; J. Z. BOŽIC, *Die Autokephalieerklärung*). Parce que l'Eglise orthodoxe n'a pas reconnu cette autocéphalie, proclamée unilatéralement, la soi-disant «Eglise orthodoxe de Macédoine» est considérée comme schismatique (cf. C. PAPASTATHIS, «L'autocéphalie de l'Eglise de Macédoine», 151-154; D. SLIJEPCEVIC, «Die Autokephalie», 3-17; K. PAVLOWITCH, «The Church of Macedonia», 42-59). D'autre part, en 1991, après la proclamation de l'indépendance de l'ancienne République de Macédoine (l'acronyme anglais est *Former Yugoslav Republic of Macedonia – FYROM*), l'Eglise orthodoxe de Serbie, qui est la seule autorité canonique reconnue là-bas, a initié la réorganisation de cette Eglise dans un exarchat, dont le nom est l'*Archevêché d'Ohrid*. En mai 2005, le Saint-synode de l'Eglise orthodoxe serbe a proclamé l'autonomie de l'*Archevêché d'Ohrid*, l'autonomie reconnue par l'entière Eglise orthodoxe.

[27] L'histoire de la soi-disant «Eglise orthodoxe du Monténégro» est liée à la situation politique au Monténégro et à la proclamation de son l'indépendance politique en 2006. En effet, une «Eglise orthodoxe du Monténégro» était créée déjà en 1990, mais elle a commencé son développement seulement après 2006, lorsqu'elle a bénéficié d'une aide importante et de soutien de la part des autorités politiques monténégrines. Comme cette structure «orthodoxe» – autoproclamée autocéphale sur la base aussi du principe ethnique – n'est pas reconnue par l'Eglise orthodoxe, elle est considérée comme schismatique. L'Eglise orthodoxe reconnaît la *Métropolie du Monténégro et du littoral*, rattachée canoniquement à l'Eglise orthodoxe de Serbie, comme la seule autorité canonique dans la République du Monténégro. Cf. P. RODOPOULOS, «Autocephaly in the Orthodox Church», 213-219.

[28] Dans la situation chaotique d'après la Première Guerre Mondiale, les autorités politiques du nouvel état créé, l'Ukraine, ont encouragé la création d'une Eglise autocéphale sur son territoire. Par conséquent, en 1919, l'Etat ukrainien – invoquant exclusivement le principe ethnique – a promulgué une loi qui créait la soi-disant «Eglise autocéphale d'Ukraine». De plus, en 1920, les mêmes autorités politiques ont organisé une assemblée des fidèles orthodoxes afin de constituer la nouvelle «structure ecclésiale». Parce que, à cette assemblée, n'a participé aucun évêque orthodoxe, les participants ont décidé d'ordonner eux-mêmes l'un d'eux. À cause de la modalité totalement contraire à la doctrine et à la tradition orthodoxe par laquelle elle a été créée, cette «Eglise autocéphale» n'a jamais été reconnue par l'Eglise orthodoxe (cf. M. D'HERBIGNY, «"L'Eglise orthodoxe"», 73-126; M. D'HERBIGNY – P. VOLKONSKY, «Dossier americain», 129-224; B.R. BOCIURKIW, «The Issues», 245-273). En 1930, cette structure a été dissoute par le même gouvernement ukrainien. Pendant l'occupation allemande de l'Ukraine, la soi-disant «Eglise autocéphale d'Ukraine» a été rétablie, mais elle n'a eu qu'une existence éphémère,

Bien sûr, il est évident que les deux théories constituent des interprétations extrémistes du c. 34 apostolique, et, par conséquent, elles sont absolument erronées. Et cela, parce que, selon la doctrine canonique orthodoxe, l'ethnie ou la nation ne peut jamais ni constituer l'unique principe pour l'organisation d'une Eglise locale, ni être ignorée. Effectivement, la doctrine canonique, la pratique ecclésiale et la tradition orthodoxe témoignent que le principe ethnique ne peut être pris en considération comme principe fondamental pour l'organisation de l'Eglise qu'ensemble avec les autres principes canoniques fondamentaux.

---

car elle sera supprimée tout suite après par les soviétiques. Malgré cela, une partie de la diaspora ukrainienne – surtout aux Etats-Unis et au Canada – s'est déclarée l'héritière de cette structure «schismatique», en se nommant l'*Eglise autocéphale d'Ukraine* (cf. F. HEYER, *Die Orthodoxe Kirche*; B. DUPUY, «Un épisode», 331-346; B.R. BOCIURKIW, «The Rise», 228-249; «The Ukrainian Autocephalous Orthodox Church», 310-347; O. YURCHENKO, «The Ukrainian Autocephalous Orthodox Church», 63-69). Après 1991, lors de la proclamation d'indépendance du pays, l'Eglise orthodoxe en Ukraine a connu de sérieuses turbulences, causées en général par des mouvements qui souhaitent l'autocéphalie de l'Eglise en invoquent seulement le principe ethnique comme motif. Ainsi, en juin 1992, sous l'impulsion de cette partie de la diaspora ukrainienne, l'ancien métropolite Philarète – après sa retraite de la direction de la *Métropolie de Kiev et de toute l'Ukraine* de l'Eglise orthodoxe de Russie, et sans l'accord de l'autorité canonique – a créé une nouvelle «Eglise orthodoxe en Ukraine», qui s'est autoproclamée autocéphale et s'est intitulée l'*Eglise orthodoxe autocéphale ukrainienne*. Ensuite, cette nouvelle structure «orthodoxe» s'est divisée en deux «Eglises orthodoxes»: d'une part les fidèles de Philarète qui se sont regroupés dans un nouvelle «Eglise orthodoxe», intitulée *Patriarcat de Kiev*, et, d'autre part, les autres qui ont continuée de se faire appeler *Eglise orthodoxe autocéphale ukrainienne*. Bien sûr, que l'Eglise orthodoxe n'a pas reconnu ni l'une, ni l'autre de ces structures, et, en conséquence, elles sont considérées comme schismatiques. L'Eglise orthodoxe reconnaît comme l'unique autorité canonique en Ukraine, la *Métropolie de Kiev et de toute l'Ukraine* qui est une Eglise locale orthodoxe «auto-administrée», rattachée canoniquement à l'Eglise orthodoxe de Russie. En outre, il faut préciser que le Saint-synode de l'Eglise de Russie a déposé son ex-métropolite Philarète le 22 mai 1992; plus tard, le 11 juin 1992, le même synode avait réduit Philarète au statut de laïc, et en février 1997 l'avait excommunié (cf. V.I. PETRUSHKO, *Автокефалистские Расколы*; T. BREMER, ed., *Religion und Nation*; T. KUZIO, «In Search of Unity», 393-415; F.E. SYSYN, «The Third Rebirth», 191-219).

[29] Bien que cette «Eglise orthodoxe», invoquant le principe ethnique, elle s'est déjà autoproclamée comme *Eglise orthodoxe autocéphale biélorusse* en 1922, elle s'est organisée seulement à l'extérieur de la Biélorussie, plus précisément dans la diaspora biélorusse, ayant son siège à New York aux Etats-Unis. L'Eglise orthodoxe ne l'a jamais reconnue, et, donc, elle est considérée comme schismatique (cf. N. TEODOROVICH, «The Belorussian Autocephalous Orthodox Church», 70-75). L'Eglise orthodoxe reconnaît comme l'unique autorité canonique en Biélorussie, l'*Exarchat de Minsk et de toute la Biélorussie*, qui est une Eglise locale orthodoxe «auto-administrée», rattachée canoniquement à l'Eglise orthodoxe de Russie.

En vue de mieux comprendre l'organisation de l'Eglise orthodoxe il faut rappeler ici un autre principe fondamental, à savoir celui qui prévoit un seul évêque en un seul lieu[30]. Ainsi, l'ecclésiologie orthodoxe interdit fermement la possibilité d'avoir deux évêques dans un même lieu, et prévoit, donc, comme unité de base l'éparchie, à savoir un lieu bien déterminé, où a autorité un évêque. Effectivement, l'éparchie est formée par l'évêque ensemble avec les prêtres et les diacres, qu'il nomme dans les paroisses, avec les fidèles de ces paroisses et avec les monastères existants dans ce lieu.

3. Autonomie et synodalité dans l'organisation de l'Eglise orthodoxe

Concernant l'organisation de l'Eglise orthodoxe, nous avons déjà précisé que la doctrine canonique orthodoxe prévoit que les éparchies soit réunies dans des métropolies, qui peuvent à leur tour former un patriarcat ou catholicosat, et que les éparchies, qui présentent des caractéristiques particulières (sociales, historiques ou politiques), reçoivent d'habitude le titre d'archevêché. Résultat, l'Eglise orthodoxe se comprend comme une communion des Eglises locales, chacune avec son titre administratif et son degré d'autonomie. De plus, pour certains sièges épiscopaux, à cause de l'importance politique de la ville où ils résident[31], l'autorité de l'Eglise a reconnu leur «aînesse d'honneur» (πρεσβεῖα τῆς τιμῆς[32]) parmi les autres

---

[30] Cf. c. 8 du Ier synode œcuménique. Voir aussi J. MEYENDORFF, «One Bishop in One City», 54-62.

[31] Il est nécessaire de préciser que, selon les orthodoxes, l'importance canonique des différentes Eglises locales a varié avec le temps. Ainsi, la mère de toutes les Eglises, celle de Jérusalem, n'a jamais occupé la première place, bien qu'elle aurait pu la demander. De même, des autres Eglises locales, fondées par des apôtres, pouvaient à titre égal prétendre aux premières places dans l'ordre de préséance. Cependant, c'est aux Eglises locales des deux capitales de l'Empire que les synodes œcuméniques leur accordent l'*aînesse d'honneur*.

[32] Etymologiquement, cette expression – qui est utilisée uniquement dans le c. 3 du IIe synode œcuménique – s'est traduite par «l'aînesse d'honneur» ou, dans un français meilleur, «l'honneur de l'aînesse», formule absolument normale pour l'époque où les évêques se considérant comme des frères, et, donc, quand ils reconnaissent, par voie synodale, l'importance d'un parmi eux, ils le considéraient comme leur premier né, à savoir l'aîné. De plus, les canons du *corpus canonum* (c. 6 du Ier synode œcuménique, cc. 2 et 3 du synode IIe œcuménique, c. 28 du IVe synode œcuménique, c. 36 du synode in Trullo) utilisent toujours l'expression πρεσβεῖα (aînesse) pour indiquer le privilège d'un siège épiscopal d'être aux premières places de l'ordre de préséance (τάξις). Par conséquent, il est évident que dans le *corpus canonum* il n'est prévu aucun type de primauté, mais seulement les

sièges ou leur «préséance d'honneur»³³. La reconnaissance de cette «aînesse d'honneur» pour certains sièges épiscopaux ne crée aucun changement dans les relations des Eglises locales, mais seulement offre aux sièges respectifs les premières places dans l'ordre de préséance (τάξις). Donc, l'Eglise orthodoxe se comprend comme une communion des Eglises locales, autonomes ou autocéphales; en raison de l'importance (politique ou historique) des villes où réside leur premier hiérarque, chaque Eglise locale prend sa place dans l'ordre de préséance.

Ainsi, du point de vue de l'autonomie ecclésiastique, les Eglises locales orthodoxes peuvent être classés en deux catégories: les *Eglises autocéphales* et les *Eglises autonomes*. Actuellement, les *Eglises autocéphales*, selon l'ordre de préséance, sont les suivantes: l'Eglise de Constantinople³⁴, l'Eglise d'Alexandrie³⁵, l'Eglise d'Antioche³⁶, l'Eglise de Jérusalem³⁷, l'Eglise de Géorgie³⁸, l'Eglise de Russie³⁹, l'Eglise de Roumanie⁴⁰, l'Eglise de Bulgarie⁴¹, l'Eglise de Serbie⁴², l'Eglise de

---

places sont indiquées dans l'ordre de préséance. Donc, la théologie orthodoxe ne distingue aucun «privilège d'autorité» (πρεσβεῖα ἐξουσίας) qui serait supérieur à celle de l'évêque, car «l'aînesse d'honneur» – canonisée par les synodes œcuméniques – ne concerne que le «bon ordre» (τάξις) de l'Eglise. D'autre part, il est vrai que, dans les collections canoniques latines, l'ex-pression a été traduite habituellement par l'expression «honoris primatum» (*Discipline antique*, I-1, 48), mais cela ne peut constituer qu'une erreur de traduction.

[33] Par exemple, le professeur Périclès-Pierre Joannou traduit l'expression πρεσβεῖα τῆς τιμῆς par le syntagme «préséance d'honneur» (cf. *Discipline antique*, I-1, 47).

[34] Son premier hiérarque porte le titre d'*Archevêque de Constantinople, nouvelle Rome, et Patriarche œcuménique*, et réside dans le quartier de Phanar (en turc «Fener») à Istanbul (anciennement Constantinople), en Turquie.

[35] Son premier hiérarque porte le titre de *Pape et Patriarche de la grande ville d'Alexandrie, de la Libye, de la Pentapole, de l'Ethiopie et de toute l'Afrique, Père des Pères, Pasteur des Pasteurs, Hiérarque des Hiérarques, Le troisième Apôtre, et Juge de l'univers*, et réside à Alexandrie en Egypte.

[36] Son premier hiérarque porte le titre de *Patriarche d'Antioche, la grande ville de Dieu, de la Syrie, de l'Arabie, de la Cilicie, d'Ibérie et de Mésopotamie, et de tout l'Orient*, et réside à Damas en Syrie.

[37] Son premier hiérarque porte le titre de *Patriarche de la sainte ville de Jérusalem, et de toute la Palestine, de la Syrie, de l'Arabie, sauf la Jordanie, la Cana de Galilée, et le Saint Sion*, et réside à Jérusalem en Israël.

[38] Son premier hiérarque porte le titre d'*Archevêque de Mtskheta et de Tbilissi, et Catholicos-Patriarche de toute la Géorgie*, et réside à Tbilissi, en Géorgie.

[39] Son premier hiérarque porte le titre de *Patriarche de Moscou et de toute la Russie*, et réside à Moscou, en Russie.

[40] Son premier hiérarque porte le titre d'*Archevêque de Bucarest, Métropolite de Munténie et de Dobroudja, Locum Tenens de Césarée de Cappadoce, et Patriarche de toute la Roumanie*, et réside à Bucarest, en Roumanie.

Chypre[43], l'Eglise de Grèce[44], l'Eglise d'Albanie[45], l'Eglise de Pologne[46] et l'Eglise de la République Tchèque et la Slovaquie[47]. Les *Eglises autonomes* sont les suivantes: l'Eglise du Sinaï (siège au Caire, Egypte; rattachée canoniquement à l'Eglise de Jérusalem), l'Eglise de Finlande (siège à Kuopio, Finlande; rattachée canoniquement à l'Eglise de Constantinople), l'Eglise du Japon (siège à Tokyo, Japon; rattachée canoniquement à l'Eglise de Russie), l'Eglise de Chine[48] (siège à Shanghai, Chine; rattachée canoniquement à l'Eglise de Russie), l'Eglise d'Ohrid[49] (siège à Skopje, Macédoine; rattachée canoniquement à l'Eglise de Serbie).

En outre, nous pouvons aussi énumérer ici d'autres Eglises locales qui, bien qu'elles ne soient pas officiellement appelées «autonomes», jouissent d'une vraie autonomie ecclésiastique. Habituellement, ces Eglises sont celles qui, en raison de différents motifs historiques ou politiques, se trouvent en dehors du pays où réside leur premier hiérarque. Ainsi, dans l'Eglise orthodoxe de Russie, selon le huitième chapitre de son actuel statut d'organisation, il y a différentes «Eglises auto-administrées» (*Самоуправляемые Церкви*), à savoir l'Eglise d'Ukraine (siège à Kiev, Ukraine), l'Eglise de Lituanie (siège à Riga, Lituanie), l'Eglise de Molda-

---

[41] Son premier hiérarque porte le titre de *Métropolite de Sofia et Patriarche de toute la Bulgarie*, et réside à Sofia, en Bulgarie.

[42] Son premier hiérarque porte le titre d'*Archevêque de Peć, Métropolite de Belgrade et de Karlowitz, et Patriarche de Serbie*, et réside à Belgrade, en Serbie.

[43] Son premier hiérarque porte le titre d'*Archevêque de la nouvelle Justinienne et de toute Chypre*, et réside à Nicosie, à Chypre.

[44] Son premier hiérarque porte le titre d'*Archevêque d'Athènes et de toute la Grèce*, et réside à Athènes, en Grèce.

[45] Son premier hiérarque porte le titre d'*Archevêque de Tirana et de toute l'Albanie*, et réside à Tirana, en Albanie.

[46] Son premier hiérarque porte le titre de *Métropolite de Varsovie et de toute la Pologne*, et réside à Varsovie, en Pologne.

[47] Son premier hiérarque porte le titre d'*Archevêque de Prague et Métropolite des pays de Tchéquie et de Slovaquie*, et réside à Prešov, en Slovaquie.

[48] Le Saint-synode de l'Eglise orthodoxe de Russie lui a octroyé le *tomos* d'autonomie dans sa séance du 17 mai 1957; cette autonomie a été reconnue par l'Eglise orthodoxe (cf. *L'Eglise Orthodoxe Russe*, 142-143). De nos jours, l'Eglise orthodoxe de Chine est en cours de réorganisation.

[49] Le Saint-synode de l'Eglise orthodoxe de Serbie, réuni en session plénière du 15 au 26 mai 2005, a octroyé le *tomos* d'autonomie à l'Eglise orthodoxe de Macédoine sous le nom de *Archevêché d'Ohrid*; cette autonomie promulguée canoniquement a été tout de suite reconnue par l'Eglise orthodoxe. Actuellement, le Saint-synode de cette Eglise autonome comprend quatre évêques, et son premier hiérarque porte le titre *Métropolite de Skopje et Archevêque d'Ohrid*.

vie (siège à Chisinau, Moldavie) et l'Eglise d'Estonie (siège à Tallin, Estonie). Ces quatre Eglises locales jouissent des différents degrés d'autonomie à l'intérieur de l'Eglise de Russie, bien qu'elles ne soient pas directement appelées «autonomes». Le niveau d'autonomie le plus élevé concerne l'Eglise d'Ukraine, qui a un statut d'organisation propre.

D'autres Eglises, qui ne sont pas officiellement déclarées autonomes, mais qui jouissent de l'autonomie ecclésiastique, sont les Eglises de la diaspora[50] orthodoxe de chaque Eglise autocéphale[51]. En effet, en dehors des pays traditionnellement orthodoxes, il y a actuellement des Eglises orthodoxes qui sont rattachées canoniquement à une Eglise autocéphale (d'habitude, l'appartenance respecte le principe ethnique[52]). En suivant les principes canoniques fondamentaux d'organisation, l'ecclésiologie orthodoxe prévoit que ces communautés doivent rester sous l'autorité de leurs Eglises-mères jusqu'au moment où elles arrivent à accomplir toutes les conditions nécessaires pour pouvoir se détacher graduellement de leurs Eglises-mères, afin d'obtenir de la part de celles-ci d'abord l'*autonomie ecclésiastique*, puis, l'*autocéphalie*[53]. Malgré cela, à partir de 1923, l'Eglise de Constantinople – en se trouvant dans une situation très diffi-

---

[50] La «diaspora» représente un phénomène nouveau dans l'Orthodoxie, apparu seulement au début du XXe siècle, à cause de l'émigration massive des Russes et des Grecs. Aujourd'hui, en dehors des pays traditionnellement orthodoxes, il existe une vaste «diaspora» orthodoxe qui comprend des communautés de diverses origines ethniques, avec des affinités culturelles et appartenances juridictionnelles diverses (grecque, syrienne, roumaine, bulgare, ukrainienne, russe, albanaise, etc.), en Europe occidentale, aux Etats-Unis, en Asie, en Australie, en Amérique Latine, en Nouvelle Zélande. Pour détails, voir W. KLEIN, «Orthodoxe in der Diaspora», 74-86. Pour bibliographie concernant la diaspora orthodoxe, voir G. PAPATHOMAS, *Essai de bibliographie*, 69-105.

[51] Il faut souligner ici que, selon la doctrine canonique orthodoxe, une Eglise autonome n'a pas le droit d'avoir sa propre diaspora. Cf. L. STAN, «Despre autonomia bisericească», 391.

[52] L'unique Eglise locale orthodoxe qui ne respecte pas le principe ethnique est le Patriarcat de Constantinople. En effet, en 1908, le patriarche Joachim III (1878-1884, 1901-1912), après des discussions avec le Saint-synode de l'Eglise de Grèce, avait décidé ensemble avec son Saint-synode de concéder la diaspora de langue grecque à l'autorité de l'Eglise de Grèce. Plus tard, le 1er mars 1922, le controversé patriarche de Constantinople, Mélétios IV (1921-1923), sans consulter ni le Saint-synode de l'Eglise de Grèce, ni des autres autorités ecclésiastiques de l'Orthodoxie, décidait unilatéralement de remettre la diaspora grecque sous l'autorité du Patriarcat de Constantinople, et, en outre, de revendiquer pour le Patriarcat de Constantinople l'autorité sous l'entière diaspora orthodoxe. Pour détails, voir B. TZORTZATOS, «Η εις την εκκλησιαν της Ελλαδος», 21-32; L. STAN, «Diaspora ortodoxă», 607-609.

[53] N. CORNEANU, «La diaspora orthodoxe», 6.

cile[54] – a initié un processus de revendication de son autorité sur l'entière diaspora orthodoxe. Les autres Eglises locales orthodoxes n'ont jamais reconnu un tel privilège pour l'Eglise de Constantinople, et, en conséquence, l'organisation de la diaspora orthodoxe a connu beaucoup d'anomalies canoniques et abus. Encore aujourd'hui, à cause de cette prétention de l'Eglise de Constantinople, la diaspora orthodoxe connaît une pratique d'organisation ecclésiale totalement contraire à la doctrine canonique orthodoxe, à savoir la «co-territorialité»[55].

---

[54] Dans le Traité de Lausanne (1923), le Patriarcat de Constantinople n'a pas été mentionné, et, par conséquent, l'Eglise de Constantinople a perdu tous ses privilèges dont elle jouissait dans l'Empire ottoman. Après la signature du Traité des échanges de populations grecques et turques s'ensuivent: 1,3 millions de Grecs ottomans contre 385000 turcs de Grèce. Donc, à partir de 1923, l'Eglise de Constantinople se retrouve sans aucun statut reconnu par le nouvel état créé, la Turquie, et, avec un nombre infime de fidèles.

[55] La «co-territorialité» représente une innovation ecclésiale de création récente dans l'organisation de l'Eglise orthodoxe (début du XXe siècle), par laquelle on entend la co-existence de plusieurs Eglises locales dans un même lieu bien déterminé géographiquement. En effet, cette anomalie canonique n'est «née» que le 15 septembre 1921, dans la diaspora orthodoxe américaine, où, le fameux Mélétios Metaxakis (1871-1935) – étant déposé du siège du métropolite d'Athènes, et, donc, sans avoir aucune délégation d'un Synode, et sans tenir compte qu'il y avait déjà là des structures orthodoxes locales, créées par les missionnaires russes à partir du XVIIIe siècle – avait créé une éparchie «spéciale» pour les américains d'origine grecque, à savoir l'*Archevêché grec de l'Amérique du Nord et du Sud* («Greek Archdiocese of North and South America»). Ainsi, Mélétios Metaxakis a fait un changement radical dans l'organisation de l'Eglise orthodoxe, en introduisant un adjectif qualificatif dans la dénomination d'une Eglise locale. Evidemment, cette innovation est totalement contraire à la doctrine canonique orthodoxe, car «le critère permettant de définir une communauté ecclésiale [...] a toujours été le *lieu*, et jamais une catégorie raciale, culturelle, nationale ou confessionnelle. Nous avions et nous avons encore une Eglise de lieu, à savoir une Eglise locale ou établie localement (p. ex. Eglise qui est à Corinthe, Eglise de Galatie, patriarcat de Serbie, etc.), mais nous n'avons jamais eu, comme aujourd'hui, d'Eglise suivie d'un adjectif qualificatif (par exemple Eglise corinthienne, Eglise galatienne, Eglise serbe, etc.). Et cela, parce que, dans le premier cas, il s'agit toujours de la même Eglise, mais incarnée en différents lieux (Eglise se trouvant à Corinthe, en Galatie, en Serbie), tandis que, dans le second cas, il ne semble pas qu'il s'agisse de la même Eglise, puisqu'il est nécessaire de lui adjoindre un adjectif pour la définir et la distinguer d'une autre: nous disons ainsi Eglise serbe, Eglise grecque, Eglise russe, exactement de la même manière que nous disons Eglise évangélique, Eglise catholique, Eglise anglicane ou Eglise luthérienne.», G. PAPATHOMAS, «La relation d'opposition», 102-103. Comme, à partir de 1922, l'Eglise de Constantinople a prétendu avoir une autorité exclusive sur l'entière «diaspora orthodoxe», ce mode d'organisation, c'est-à-dire la «co-territorialité», s'est perpétuée malheureusement jusqu'aujourd'hui. En effet, dans l'actuelle «diaspora orthodoxe», dans la majorité des cas, dans un seul lieu, il y a différentes Eglises locales, chacune rattachée canoniquement à son Eglise-mère. Ainsi, par

Parce que, la question de la «diaspora orthodoxe» reste encore un aspect problématique de l'organisation de l'Eglise orthodoxe, une commission inter-orthodoxe, réunie en novembre 1990 à Chambesy (Suisse), a suggéré de créer, dans une étape intermédiaire, des «assemblées épiscopales» composées des évêques canoniques reconnus, qui continueraient à rester sous l'autorité du Synode de l'Eglise autocéphale duquel ils sont membres. Une autre commission inter-orthodoxe, réunie en novembre 1993 dans le même lieu, a précisé les régions de la «diaspora orthodoxe» dans lesquelles des «assemblées épiscopales» devraient être créées dans une première étape, définies comme suit: Amérique du Nord et Amérique Centrale, Amérique du Sud, Australie, Grande-Bretagne, France, Belgique et Hollande, Autriche et Italie, Allemagne[56].

4. L'autonomie ecclésiastique et les problèmes organisationnels actuels de l'Eglise orthodoxe

En dehors de toutes les Eglises locales orthodoxes énumérées jusqu'ici, il y a dans l'Orthodoxie des Eglises locales qui ne jouissent pas d'un statut très clair d'autonomie. Et cela, parce que leur statut n'est pas reconnu par l'entière Eglise orthodoxe. Ainsi, en Amérique du Nord où l'Église orthodoxe est présente depuis la fin du XVIIIe siècle grâce aux missionnaires russes[57], en 1970 une Église autocéphale a été proclamée par l'Eglise orthodoxe de Russie. Malheureusement, cette Église locale – l'Eglise orthodoxe d'Amérique (*Orthodox Church of America*) –, n'a pas encore reçu la reconnaissance de la part de toute l'*Eglise orthodoxe répandue dans l'univers*. En conséquence, l'organisation de l'Eglise orthodoxe sur le continent américain connaît encore la même pratique de la «co-territorialité», car, à côté de l'Eglise orthodoxe en Amérique, il y a des structures ecclésiales, appartenant aux

---

exemple, seulement à Paris (France) il y a 5 Eglises locales orthodoxes, autonomes et distinctes: *Archevêché des Eglises Orthodoxes Russes en Europe Occidentale* (exarchat de l'Eglise de Constantinople), *Métropolie orthodoxe roumaine d'Europe Occidentale et Meridionale* (rattachée canoniquement à l'Eglise de Roumanie), *Métropolie de France* (rattachée canoniquement à l'Eglise de Constantinople), *Eparchie de Chersonèse* (rattachée canoniquement à l'Eglise de Russie), et *Eparchie de France et d'Europe Occidentale de l'Eglise orthodoxe serbe* (rattachée canoniquement à l'Eglise de Serbie).

[56] Jusqu'aujourd'hui, dans l'Orthodoxie, s'est organisée une seule assemblée épiscopale, à savoir l'*Assemblée des Evêques Orthodoxes de France* (créée en février 1997, dans le prolongement du Comité inter-épiscopal orthodoxe de France, constitué depuis 1967). Cf. E. MELIA, «Le Comité Interépiscopal Orthodoxe de France», 28-30.

[57] Cf. D. GRIGORIEFF, «The Orthodox Church of America», 196-218.

différentes Eglises autocéphales ou non, qui se sont réunies dans une structure de type synodale, appelée SCOBA (*Standing Conference of the Canonical Orthodox Bishops in the Americas* – *La conférence permanente des évêques orthodoxes canoniques en Amériques*[58]).

Un autre cas de «co-territorialité» est celui d'Estonie, où, en 1991, après la chute du communisme, le Patriarcat de Constantinople a (re)créé[59] une

---

[58] Fondée en 1960, *La conférence permanente des évêques orthodoxes canoniques en Amérique*, réunit les hiérarques canoniques appartenant aux juridictions orthodoxes en Amérique. L'objectif de la Conférence permanente est de créer et de favoriser des liens d'unité entre les Eglises orthodoxes canoniques et les administrations pour un plus fort et plus visible témoignage de la foi orthodoxe. Les hiérarques se réunissent semestriellement pour discuter et pour prendre des décisions en ce qui concerne les questions inter-orthodoxes et œcuméniques, pour analyser les travaux de ses commissions et de dialogue, et pour planifier les événements futurs.

[59] L'Eglise orthodoxe en Estonie existe grâce aux missionnaires russes, qui y ont fondé les premières structures ecclésiales dès le XIe siècle. En 1030, le fils de Vladimir Ier le Grand, le prince Iaroslav Vladimirovitch, dit Iaroslav le Sage fonde la ville de Youriev (actuellement Tartu). Ensuite, dans cette cité ont été fondées de nombreuses églises orthodoxes tandis que le catholicisme s'implantait lui aussi dans ces terres. Au XIIIe siècle la tradition orthodoxe fut évincée de force par les Croisés. L'Eglise orthodoxe commença à renaître au début du XIXe siècle lorsqu'en 1817 fut créé un vicariat de Reval (actuellement Tallinn) dépendant directement de l'éparchie de Saint-Pétersbourg. Toutefois, l'existence canonique de l'Eglise orthodoxe d'Es-tonie ne commence qu'avec la fondation de l'évêché de Riga (vicariat en 1836 et éparchie en 1850). En 1917, au sein de l'éparchie de Riga, est (re)fondé le vicariat de Reval (Tallinn), et Platon Kulbuch, estonien, fut ordonné évêque pour ce vicariat, et *locum tenens* de l'éparchie de Riga. Deux ans plus tard, dans la nuit du 14 au 15 janvier 1919, l'évêque Platon fut assassiné par les bolcheviques. En 1920, tenant compte du fait que la République d'Estonie s'est déclarée souveraine (24 février 1918), le Saint-synode de l'Eglise russe, sous l'influence du patriarche de Moscou Tikhon (1917-1925), déclare autonome l'Eglise d'Estonie, par le *tomos* n. 183, émis le 10 mai 1920 (cf. ALEXEÏ II, Православие в Эстонии, 376, 530-531), et reconnaît son proto-hiérarque dans la personne du père Alexandre Paulus, ordonné évêque le 5 décembre 1920 avant de recevoir ensuite le titre d'archevêque. En 1922, les autorités politiques estoniennes, en profitant du fait que le patriarche Tikhon était emprisonné et que l'Eglise orthodoxe en Russie était durement persécutée par les bolcheviques, ont fait de fortes pressions sur l'Eglise orthodoxe d'Estonie afin qu'elle devienne autocéphale. En ce sens, l'assemblée clérico-laïque de l'Eglise orthodoxe d'Estonie, sans aucune concertation préalable avec son Eglise-mère (l'Eglise orthodoxe de Russie), avait envoyé à Métiétios IV, à l'époque patriarche de Constantinople, une lettre dans laquelle elle demandait que l'Eglise orthodoxe d'Estonie soit acceptée dans le Patriarcat de Constantinople et qu'elle soit aussi immédiatement déclarée autocéphale. Le controversé patriarche Métiétios Metaxakis, sans consulter ni l'Eglise orthodoxe de Russie ni aucune autre Eglise orthodoxe locale, avait accepté que l'Eglise orthodoxe d'Estonie soit sous l'autorité du Patriarcat de Constantinople, mais sans la déclarer autocéphale. En effet, le *tomos* du 7 juillet 1923, par

structure ecclésiale intitulée *Eglise apostolique autonome d'Estonie*, a côté de la déjà existante *Eglise orthodoxe d'Estonie*, rattachée canoniquement à l'Eglise de Russie. Cette situation difficile a trouvé en 1996 une pseudo solution, par la signature d'un accord entre les deux «Eglises», accord qui a entériné le *status quo* et la co-existence des deux structures ecclésiales orthodoxes sur le même territoire (en flagrant contradiction avec l'ecclésiologie orthodoxe). De plus, la présence des représentants de l'*Eglise orthodoxe apostolique d'Estonie* aux travaux de la Commission de dialogue entre l'Eglise orthodoxe et l'Eglise catholique, réunie à Ravenne (Italie), a provoqué tout un scandale ecclésiastique[60].

Enfin, un dernier cas problématique de l'organisation de l'Eglise orthodoxe, qui implique aussi la «co-territorialité»[61], est celui existant dans la République de Moldavie. En effet, en 1990, le Saint-synode de l'Eglise orthodoxe de Roumanie a décidé de réactiver, sur le territoire de la République de Moldavie, la *Métropolie de Bessarabie*[62], et, de plus, de la décla-

---

lequel l'Eglise orthodoxe d'Estonie était mise sous l'autorité du Patriarcat de Constantinople, désigne l'Eglise orthodoxe d'Estonie seulement comme une «métropolie autonome». Bien que cet acte soit totalement contraire à toutes les prescriptions des canons, il est resté en vigueur jusqu'à 1978 quand, sur la demande du Patriarcat de Moscou, le Saint-synode de l'Eglise de Constantinople l'ait supprimé. En 1996, le patriarche de Constantinople Bartholomé Ier, sur la demande des autorités politiques estoniennes et sans aucune consultation avec l'Eglise orthodoxe en Russie, a décidé unilatéralement la (re)création d'une Eglise orthodoxe d'Estonie sous sa autorité. Cf. G. PAPATHOMAS – M.H. PALLI, *The Autonomous Orthodox Church of Estonia*; J. RINNE, «The Orthodox Church in Estonia», 44-48; M.-A. HELJAS, «L'Eglise orthodoxe d'Estonie», 36-45.

[60] Cf. L. LORUSSO, «Ravenna e la questione estone», 4-13.

[61] Tous les cas qui impliquent une organisation «co-territoriale» de l'Eglise orthodoxe seront ultérieurement analysés en détail.

[62] Au début du Moyen Age, plus précisément en 1359, la Principauté de Moldavie (qui s'étendait entre les Carpates, le Dniestr, la Mer Noire, le Danube et la frontière valaque au sud), s'inscrit sur la carte de l'Europe sous la forme d'un état souverain, ayant comme tête le voïévode Bogdan. Ensuite, en 1401, l'Eglise orthodoxe de Moldavie était reconnue comme autocéphale. Cette situation a duré jusqu'au début du XIXe siècle, quand, par le Traité de Bucarest (1812), la moitié Est de la Moldavie (à savoir la Bessarabie) a été annexée à la Russie. Puis, par un décret du tsar du 21 août 1813, l'Eglise orthodoxe de cette partie de la Moldavie a été mise sous l'autorité de l'Eglise russe. Plus précisément, le tsar avait créé une nouvelle éparchie dont le titre était *Eparchie de Chisinau* [Кишиневская епархия], placée sous l'autorité directe du Saint-synode de l'Eglise orthodoxe de Russie, qui à son tour était placé à l'époque sous l'autorité directe du tsar à travers le *haut-procureur*. Toutefois, il appert clairement que l'acte de création d'une éparchie en Bessarabie par le tsar est absolument anti-canonique (le c. 12 du IVe synode œcuménique interdit strictement une telle procédure), et donc qu'il n'est pas valide dans l'Eglise orthodoxe! Mais, bien que ce

rer autonome, bien que dans la même république existait déjà une autre Eglise orthodoxe locale, à savoir la *Métropolie de Chişinău et de toute la Moldavie* (sous l'autorité de l'Eglise orthodoxe de Russie)[63]. Depuis, les

---

changement n'a jamais été reconnu par l'Eglise orthodoxe, les autorités russes ont organisé la vie ecclésiale en Bessarabie jusqu'au début du XXe siècle (cf. N. CIACHIR, *Basarabia*; M. DANILOV, *Cenzura sinodală*; V. GOREANU, «Organizarea eparhiei», 149-160). Lorsqu'en mars 1918 les autorités de la Bessarabie décident de s'unir à la Roumanie (en 1859, la partie occidentale de la Principauté de Moldavie s'est unie à la Valachie pour former la «petite Roumanie»), aussi l'Eglise orthodoxe de Bessarabie rentre sous l'autorité de son Eglise-mère, à savoir l'Eglise de Roumanie. En ce sens, le Saint-synode de l'Eglise orthodoxe de Roumanie avait créé le 22 juin 1922 deux nouvelles éparchies en Bessarabie: l'*Eparchie de Hotin*, avec siège à Bălţi, et l'*Eparchie de Cetatea Albă*, avec siège à Cetatea Albă. De plus, le 15 novembre 1923, le Saint-synode de l'Eglise de Roumanie donnait à l'évêque de Chişinău le titre d'archevêque, et, le 21 avril 1928, décidait que l'Eglise de Bessarabie soit organisée en une métropolie. Plus tard, en 1941, pour des motifs pastoraux, à savoir la persécution stalinienne contre l'Orthodoxie, dans la Métropolie de Bessarabie a été créée la *Mission Orthodoxe Roumaine pour la Transnistrie*, qui avait son siège à Tiraspol et, ensuite, à Odessa, et qui bénéficiait d'un statut d'éparchie (cf. F. ŞERBĂNESCU, «Mitropolia Basarabiei», 5-9, 22-27). En 1944, l'Union soviétique envahit de nouveau la Bessarabie (la première fois c'était en 1940), et crée la «République socialiste soviétique de Moldavie», qui occupe seulement le tiers central de la Bessarabie (le reste du territoire passait à la République socialiste soviétique d'Ukraine). Evidemment, l'Eglise orthodoxe de la «République de Moldavie», qui était partie intégrante de l'Union soviétique, a été obligée de se mettre sous l'autorité de l'Eglise de Russie. Donc, après l'occupation soviétique de la Bessarabie (1940-1941) et l'installation du régime communiste en Bessarabie (1944), la *Métropolie de Bessarabie* a cessé son activité. Malheureusement, l'Eglise orthodoxe de Roumanie n'a eu aucune possibilité de réagir, car, à partir de 1945, la Roumanie était soumise à l'autorité du Parti Communiste qui se déclarait athée. Les autorités communistes, tout en maintenant officiellement un régime de liberté religieuse, imposèrent de très sévères restrictions à l'Eglise orthodoxe de Roumanie. Par conséquent, l'Eglise orthodoxe de Roumanie dut accepter que la *Métropolie de Bessarabie* cesse son activité, bien que cela fût une décision absolument injuste (cf. C. PĂIUŞAN – R. CIUCEANU, *Biserica Ortodoxă Română*). D'autre part, après 1944, l'Eglise de Russie a créé une éparchie pour les orthodoxes de la nouvelle république soviétique, à savoir l'*Eparchie de Chisinau* [Кишиневская епархия].

[63] Avec l'éclatement de l'Union soviétique, la République de Moldavie se déclare indépendante le 27 août 1991, et devient membre de l'ONU. Dans les nouvelles conditions politiques, l'Eglise orthodoxe de Moldavie passe des moments difficiles, car les fidèles orthodoxes du pays se sont divisés: une partie veut rester sous l'autorité de l'Eglise de Russie, tandis que l'autre partie des fidèles désire retourner sous l'auto-rité de leur Eglise-mère, à savoir l'Eglise de Roumanie. Ainsi, le Saint-synode de l'Eglise de Russie a-t-il offert à l'évêque de Chişinău le titre d'archevêque (4 avril 1990). Par la décision patriarcale (указ) n. 3369 du 21 décembre 1992, le patriarche Alexeï II de Moscou et de toute la Russie élevait l'archevêque de Chisinau au rang de métropolite, et

patriarcats russe et roumain n'ont cessé d'être en opposition, malgré les différentes tentatives de dialogue entre eux. Ainsi, à la dernière rencontre, qui a eu lieu le 22 novembre 2007 au monastère de Troyan, en Bulgarie, les délégations russe et roumaine – bien qu'elles ont toutes deux affirmé être convaincues de la nécessité de rétablir le dialogue afin de sortir de ce mutisme obstiné existant entre les deux Églises orthodoxes –, n'ont pas été capables de trouver une solution unanime pour l'organisation de l'Eglise orthodoxe en Moldavie.

---

décidait que l'éparchie de Chisinau serait aussi élevée au rang de métropolie sous le nom de *Métropolie de Chisinau et de Moldavie*. De plus, il faut préciser que le Saint-synode de l'Eglise de Russie, par la décision synodale n. 2867 du 5 octobre 1992, approuvait le Statut d'organisation de l'Eglise orthodoxe de Moldavie, tout en précisant que celle-ci bénéficierait d'une «autonomie ecclésiale et administrative, économique, d'éducation, ainsi que dans ses relations avec les autorités civiles». Cette métropolie a reçu par la suite le statut d'*Eglise auto-administrée*, et figure de nos jours avec les autres *Eglises auto-administrées* recensées dans le Statut d'organisation du Patriarcat de Moscou (2000). Mais au même moment, les fidèles pro-roumains – sous la coordination de Petru Păduraru, évêque de Bălți – ont envoyé le 14 septembre 1992 une lettre au Saint-synode de l'Eglise de Roumanie, par laquelle ils ont demandé de réactiver la *Métropolie de Bessarabie*. Le Saint-synode de l'Eglise de Roumanie, par un *tomos* émis le 19 décembre 1992, a décide de réactiver la *Métropolie de Bessarabie* et de la reconnaître comme «métropolie autonome», sous son autorité (cf. S. VERZAN, «Eveniment istoric», 8-61; pour plus de détails, voir M. PĂCURARIU, *Basarabia*; N. VORNICESCU, ed., *Adevărul despre Mitropolia Basarabiei*). Persécutée continuellement par les autorités civiles moldaves, la *Métropolie de Bessarabie* n'a été reconnue officiellement que le 30 juillet 2002, par la décision n. 1651 du Ministère de la Culture de la Moldavie, décision prise à la suite d'une sentence de la Cour Européenne des Droits de l'Homme, datée du 13 décembre 2001 (cf. «Mitropolia Basarabiei», 441-442; voir aussi L. TURCESCU – L. STAN, «Church-state conflict in Moldova», 443-469). Ensuite, le Saint-synode de l'Eglise orthodoxe de Roumanie, dans sa séance du 22 octobre 2007, a pris acte de la décision de la *Métropolie de Bessarabie* de réactiver ses éparchies suffragantes, à savoir l'Archevêché de Chisinau, l'Eparchie de Bălți, l'Eparchie de la Bessarabie du Sud et l'Eparchie de Dubăsari et de toute la Transnistrie, et les a inscrites dans son nouveau Statut d'organisation. L'article 6 du Statut précise que «l'Eglise orthodoxe de Roumanie est constituée en Patriarcat, dont le titre est *Patriarcat de Roumanie*» (art. 6§1), et que «le Patriarcat de Roumanie comprend des éparchies (archevêchés et évêchés) regroupées en métropolies, ainsi que d'autres unités situées à l'intérieur et à l'extérieur des frontières de la Roumanie» (art. 6§2). Parmi les unités ecclésiales qui se trouvent en dehors des frontières de la Roumanie, le même article énumère «la *Métropolie de Bessarabie*, autonome et d'ancien style, et l'Exarchat de Plai, comprenant: 1. l'*Archevêché de Chisinau*, dont le siège est à Chisinau, 2. l'*Eparchie de Bălți* (anciennement de Hotin), dont le siège est à Bălți, 3. l'*Eparchie de Bessarabie de Sud* (anciennement de Cetatea Albă-Ismail), dont le siège est à Cantemir, 4. l'*Eparchie Dubăsari et de toute la Transnistrie* (ancienne Mission roumaine de Transnistrie), dont le siège est à Dubăsari» (cf. art. 6§2B).

5. L'organisation de l'Eglise orthodoxe: regard conclusif

De la présentation faite jusqu'ici ressort clairement que, actuellement, l'Eglise orthodoxe comprend 15 Eglises locales autocéphales, plusieurs Eglises locales autonomes (chacune avec son degré d'autonomie), et qu'aux Eglises autocéphales sont canoniquement rattachées différentes communautés orthodoxes des «diasporas». Les Eglises autocéphales qui ont comme premier hiérarque un patriarche sont 9, celles qui ont un archevêque sont 3, pendant que celles, qui ont un métropolite, sont deux (Pologne et Etats-Unis). De plus, il y a différentes Eglises locales, qui, à l'intérieur de l'une des Eglises autocéphales, jouissent d'une autonomie ecclésiastique, plus ou moins élargie. Les premiers hiérarques des Eglises autonomes portent le titre, soit d'archevêque, soit de métropolite. Malheureusement, dans l'organisation de l'Eglise orthodoxe il existe aussi des cas où l'autonomie ecclésiastique est mal appliquée par les autorités ecclésiastiques, et, en conséquence, l'autonomie même devient source de conflits à l'intérieur de l'Orthodoxie.

D'autre part, il est évident que les Eglises locales orthodoxes, bien qu'elles jouissent de différents degrés d'autonomie ecclésiastique, ne forment qu'une seule et même Eglise orthodoxe, unie par les dogmes, la liturgie et les canons. Cette unité s'est conservée au long des siècles, malgré les séparations politiques qui rendaient difficiles les relations entre les diverses parties de l'Église orthodoxe. En effet, la théologie orthodoxe affirme que, en Grèce et dans les pays slaves, en Roumanie et au milieu des Arabes, en Amérique et au Japon, l'Orthodoxie est toujours la même.

CHAPITRE IV

L'*autonomie ecclésiastique* et son application concrète dans l'Eglise orthodoxe (études de cas)

1. L'autonomie ecclésiastique dans l'Eglise de Constantinople

L'histoire de l'Eglise de Constantinople[1] est fondamentalement liée à celle de l'Empire romain d'Orient[2], et aux plus vastes événements géopolitiques et historiques survenus, de sa création à nos jours. Par conséquent, pour mieux comprendre l'actuelle organisation de cette Eglise orthodoxe, il est nécessaire de faire une brève présentation de son histoire.

1.1 *L'Eglise de Constantinople: esquisse historique et situation actuelle*

1.1.1 Brève esquisse historique de l'Eglise de Constantinople

a) *La fondation et le développement de l'Eglise de Constantinople dans le premier millénaire chrétien*

La cité de Constantinople (Κωνσταντινούπολις) fut fondée par l'empereur Constantin à l'automne de 324, et inaugurée officiellement comme la «nouvelle Rome»[3], le 11 mai 330, à l'emplacement où existait auparavant

---

[1] Les œuvres historiques sur l'Eglise de Constantinople sont très nombreuses, mais je ne me permets d'indiquer ici que les plus importantes: B. STAVRIDES, Ἱστορία τοῦ Οἰκουμενικοῦ Πατριαρχείου; «A Concise History», 57-153; G. ARAMPATZOGLOU, Ἱστορία τοῦ Οἰκουμενικοῦ Πατριαρχείου; M. DE SARDES, *Le Patriarcat Œcuménique*; G. PAPATHOMAS, *Le Patriarcat œcuménique*.

[2] A partir de 395, date de la mort de l'empereur Théodose Ier (379-395), l'Empire romain a été partagé en deux parties: l'*Empire romain d'Occident*, avec la capitale à Milan, puis à Ravenne et qui disparaît en 476, et l'*Empire romain d'Orient*, avec son centre à Constantinople et qui durera jusqu'au 1453. Pour une présentation détaillée de l'Eglise chrétienne dans l'Empire romain d'Orient, voir J.M. HUSSEY, *The Orthodox Church*; M. WHITTOW, *The Making of Orthodox Byzantium*.

[3] G. DAGRON, *Naissance d'une capitale*, 34.

l'antique colonie grecque de *Byzantion* – Βυζάντιον (VIIe av. J.-C.)^4. L'évangélisation de cette ville fut faite évidemment à partir des premiers siècles, mais les origines apostoliques invoquées tardivement ne sont que de simples légendes^5.

Que l'Eglise de Constantinople n'ait pas des origines apostoliques et qu'elle n'ait pas eu un rôle particulier aux trois premiers siècles chrétiens, est aussi témoigné par le fait que, jusqu'au IVe siècle, elle n'était qu'un simple évêché suffragant de la métropolie d'Héraclée de Thrace. C'est seulement au quatrième siècle qu'elle change son statut ecclésiastique, étant proclamée comme archevêché, et, ensuite, reconnue par le canon 3 du IIe synode œcuménique comme la cadette du «bon ordre» (τάξις), car elle était la «nouvelle Rome». Au cinquième siècle, l'Eglise de Constantinople continue son expansion territoriale^6, et le canon 28 de Chalcédoine,

---

^{4} «En 658 av. J.-C., une colonie de Mégariens fonda un établissement à la pointe de Sérail. D'après une tradition assez tardive, le chef de l'expédition s'appelait Byzas et la ville nouvelle prit à cause de lui le nom de Byzance. Les débuts, tels que les présent cette tradition, ressemblent de façon si frappante à ceux que les Romains racontaient de leur ville, que l'on doit y voir une imitation assez maladroite. Il est certain en effet que les noms de Byzas et de Byzance sont nettement Thraces et il est probable que la colonie mégarienne dût composer avec l'élément indigène.», R. JANIN, «Constantinople», 626. Pour plus de détails sur les noms de la ville de Constantin, voir D.J. GEORGACAS, «The names of Constantinople», 347-367.

^{5} Actuellement, l'Eglise de Constantinople revendique des origines apostoliques et déclare remonter à Saint André, le «premier appelé» (πρωτόκλητος), qui aurait mit à la tête de la petite communauté chrétienne de Byzance son disciple Saint Stachys. Celui-ci aurait eu une suite ininterrompue de successeurs jusqu'au premier évêque sûrement connu, c'est-à-dire Métrophanes (306-314). Très récemment, l'historien grec V. Pheidas revendiquait même une origine johannique pour l'Eglise de Constantinople (cf. V. PHEIDAS, «The Johanine Apostolicity», 23-55). Malheureusement, ces théories sont infirmées soit par témoignages historiques, soit par les prescriptions des canons du premier millénaire. Par exemple, Socrate, qui était né à Constantinople, affirmait, vers 427, que le premier évêque de Constantinople a été Métrophanes (cf. PG 117, col. 805). En effet, les historiens du premier millénaire ont généralement la même opinion. (cf. R. JANIN, «Constantinople», 634-637; S. VAILHÉ, «Les origines de l'Eglise de Constantinople», 287-295). De plus, les canons qui octroyaient l'*aîne-sse de l'honneur* à l'Eglise de Constantinople (c. 3 du IIe synode œcuménique et c. 28 du IVe synode œcuménique), n'invoquaient jamais des origines apostoliques pour cela, mais ils fondaient ce privilège exclusivement sur le fait que Constantinople était la capitale de l'Empire, la «nouvelle Rome». Donc, il est évident que la théorie selon laquelle la fondation de l'Eglise de Constantinople est attribuée à l'apôtre André ne représente qu'une légende née, très probablement, pendant le schisme d'Acace (484-519). Voir également F. DVORNIK, *The Idea of Apostolicity in Byzantium*.

^{6} Ainsi, du IIe synode œcuménique à celui de Chalcédoine, l'Eglise de Constantinople avait réussi à mettre sous son autorité trois grands diocèses civils, à savoir plus de la

pour le même motif, reconfirmait pour elle la même place dans le «bon ordre» de l'Eglise[7]. Donc, dans l'autorité acquise par l'Eglise de Constantinople à la fin du IVe siècle et au début de Ve siècle, sa position de ville impériale par excellence, nouvelle Rome, jouait un rôle décisif. D'ailleurs, sa promotion se fondait exclusivement – du point de vue des canons – sur un des principes de l'organisation ecclésiastique sanctionné par le canon 17 de Chalcédoine: la correspondance entre l'importance civile et l'importance ecclésiastique des sièges.

A partir du sixième siècle, l'Eglise de Constantinople continue son expansion, en entreprenant une forte action de centralisation et d'affirmation de son autorité. Pour cela, elle avait essayé d'imposer son autorité surtout sur les principaux sièges épiscopaux de l'époque. De ce fait, elle avait tenté aussi une offensive contre Rome, mais elle a dû se replier prudemment pour concentrer son action à l'intérieur de l'Empire romain d'Orient[8]. D'autre part, quand la conquête musulmane eût réduit les Eglises d'Antioche, d'Alexandrie et de Jérusalem à n'être plus que des minorités, elles sont passées subrepticement sous l'autorité de l'Eglise de Constantinople, de manière que, déjà au début du deuxième millénaire, leurs patriarches ne représentaient que des simples fonctionnaires de l'administration ecclésiastique constantinopolitaine[9]. Cette fulminante extension, suivie par une forte centralisation, a eu aussi des effets collatéraux: l'évêque de Constantinople s'empare du titre de «patriarche œcuménique»[10] (οἰκουμενικός[11] πατριάρχης) et s'arroge des «droits patriarcaux» exclusifs[12].

---

moitié de l'Empire romain d'Orient. Cf. E. STEIN, «Le développement du pouvoir patriarcal», 80-108. Voir, aussi R. JANIN, «Formation du patriarcat de Constantinople», 135-140.

[7] Pour détails, voir la pertinente et minutieuse analyse de P. L'HUILLIER, «Le décret du Concile de Chalcédoine», 33-69.

[8] Au ce sujet, voir M.V. ANASTOS, *Aspects of the Mind*. Voir également V. MONACHINO, *Le origini del Patriarcato*, 27-32; V. GRUMEL, «L'annexion de l'Illyricum oriental», 191-200; S. VAILHÉ, «Annexion de l'Illyricum», 29-36.

[9] Le cas le plus célèbre est celui de Théodore Balsamon, qui, même s'il a été élu patriarche d'Antioche en 1193, a passé toute sa vie à Constantinople en travaillant pour l'administration patriarcale. Voir p. 57, note 56.

[10] À partir de 588, l'évêque de Constantinople Jean IV le Jeûneur (582-595) a pris le titre de «patriarche œcuménique» comme titre personnel, malgré le fait qu'il était d'un usage assez courant aussi pour d'autres évêques. Cependant, il faut noter que, si le titre de «patriarche œcuménique» a été réservé à l'évêque de Constantinople à partir de la fin du sixième siècle, c'est seulement Photius qui l'introduisit dans le protocole. Du temps de Michel Cérulaire, ce titre a commencé à figurer sur les sceaux officiels de l'Eglise de Constantinople, et le patriarche Manuel Ier (1217-1222) est le premier à l'avoir fait figurer de sa propre main dans la signature d'un document. Cf. S. VAILHÉ, «Le titre de pa-

triarche», 65-69; «Saint Grégoire», 161-171; V. LAURENT, «Le titre de Patriarche œcuménique», 373-386; «Le titre de patriarche œcuménique», 5-26; A. TUILIER, «Le titre de patriarche œcuménique et le schisme», 215-229; «Le titre de patriarche œcuménique», 247-258; V. GRUMEL, «Le titre», 212-218.

[11] «L'adjectif οἰκουμενικός est un dérivé du participe substantivé ἡ οἰκουμένη, qui provient lui-même de l'expression ἡ οἰκουμένη γῆ et qui signifie d'une manière elliptique la terre habitée par les hommes. A l'époque classique, ce participe substantivé, qui apparaît déjà chez Hérodote, s'applique indifféremment à l'ensemble du monde grec et barbare, et il conserve généralement un sens concret. Mais, à partir du IVe siècle et des conquêtes d'Alexandre, le terme désigne nécessairement l'univers hellénisé et il prend de plus en plus une acception politique. Cette acception devait se cristalliser dans la κοινή et à l'époque romaine. A cette époque, sous l'influence du latin qui donne toujours aux mots grecs un sens concret, le substantif οἰκουμένη signifie très précisément le monde civilisé par excellence, c'est-à-dire l'empire romain. [...] Ce sens apparaît dans la langue courante au Ier siècle de notre ère et singulièrement dans les écrits du Nouveau Testament ; il se développe plus particulièrement au Bas-Empire et il atteint sa plénitude juridique au VIe siècle, au moment de la reconquête justinienne qui reprend consciemment l'idée de l'empire romain universel. C'est précisément dans la perspective de cet empire universel qu'apparaît le dérivé οἰκουμενικός du substantif οἰκουμένη. Car, à la différence de ce dernier, qui remonte à l'Antiquité, l'adjectif οἰκουμενικός n'est pas antérieur au IIIe siècle de notre ère, et son apparition tardive dans des textes dépourvus de caractère littéraire souligne les développements de la notion politique de l'οἰκουμένη impériale». A. TUILIER, «Le sens de l'adjectif "œcuménique"», 261. Donc, il est assez évident que, à l'époque quand il fut pris par le patriarche de Constantinople, l'épithète d'*œcuménique*–οἰκουμενικός avait un sens très restreint, car il indiquait l'*œcoumène* – οἰκουμενή d'alors, c'est-à-dire l'*Empire romain d'Orient*.

[12] Initialement, les patriarches de Constantinople, sur la base de «la longue habitude ecclésiastique non écrite qui avait tenu lieu de règle depuis des temps immémoriaux et jusqu'à ce jour» (M. PAÏZI-APOSTOLOPOULOU, «Du charisticariat», 117), ont légitimé les *droits stavropégieux patriarcaux*, autrement dit le droit du patriarche de Constantinople d'avoir des *monastères stavropégieux* (M. DE SARDES, *Le Patriarcat œcuménique*, 306-309), à savoir des monastères exemptés de l'autorité de l'évêque de l'éparchie où ils résident et soumis directement à l'autorité du patriarche (cf. E. BÎRDAȘ, «Stavropighia», 168-198; S.W. BECKET, «The Stauropegial Monastery», 147-167). Ensuite, ce «droit patriarcal» connaît des extensions successives, de manière que, à la fin du Xe siècle, le patriarche de Constantinople concédait l'administration de certains monastères ou centres monastiques à des personnes physiques, et notamment à des laïcs, les soi-disant *charisticaires* (cf. A. VARNALIDIS, *O θεσμός τῆς χαριστικῆς*; H. AHRWEILER, «Charisticariat», 1-27; J. DARROUZÈS, «Dossier sur le charisticariat», 150-165; M. PAÏZI-APOSTOLOPOULOU, «Du charisticariat», 113-120). Quatre siècles plus tard, ce droit était si étendu que le patriarche de Constantinople avait sous son autorité non seulement des monastères, mais aussi des «biens, villages, agglomérations et castels patriarcaux», situés en dehors du territoire de son éparchie. Comme le patriarche de Constantinople administrait tous ces «biens patriarcaux» par son représentant, appelé *exarque*, les territoires ainsi administrés ont commencé à être appelés *exarchats*. Ce régime, grâce au système du *millet* (cf. p. 105, note 15), a réussi à survivre aussi après la prise de Constantinople par les Turcs ottomans, étant maintenu jusqu'en 1923 lorsque l'Empire ottoman a officiellement disparu. Aujourd'hui, dans l'Eglise orthodoxe, sont encore en

b) *L'organisation de l'Eglise de Constantinople après 1054*

Après la rupture de communion de 1054, les canonistes orthodoxes affirmaient qu'il fallait donner à Constantinople la place de l'ancienne Rome dans le «bon ordre» (τάξις) de l'Eglise, car elle était la «nouvelle Rome»[13]. En conséquence, à partir de 1054, par ce type d'extension, les Eglises orthodoxes locales ont, par consensus, reconnu à l'Eglise de Constantinople l'*aînesse de l'honneur* (πρεσβεῖα τῆς τιμῆς), en la mettant sur la première place de l'ordre (τάξις). De plus, à cause de la perte pour l'Empire romain d'Orient des territoires des autres patriarcats (Antioche, Alexandrie, Jérusalem), Constantinople devient le centre quasi unique[14] de l'Eglise orthodoxe et son patriarche l'image de l'autorité ecclésiastique.

Donc, à partir de sa création et jusqu'à la chute de l'Empire romain d'Orient, l'Eglise de Constantinople a réussi, non seulement à se situer sur la première place dans l'ordre ecclésiastique (τάξις), mais aussi à mettre sous son autorité la majorité des Eglises locales orthodoxes.

c) *Le statut de l'Eglise de Constantinople dans l'Empire ottoman*

Avec la conquête ottomane le 29 mai 1453, l'autorité de l'Eglise de Constantinople connaît son apogée, car son patriarche devient maintenant le *millet bashi*[15] ou l'*ethnarque*[16], c'est-à-dire le chef civil et religieux de tous

---

vigueur seulement les *droits stavropégieux patriarcaux*, c'est-à-dire que les patriarches peuvent avoir sous leur autorité directe des *monastères stavropégieux*. Il faut aussi préciser ici que, à partir de cette époque, l'Eglise de Constantinople commence à restreindre le droit de bénir le Saint Myron pour elle-même et à affirmer qu'elle serait l'unique autorité en droit pour la bénédiction et la distribution du Saint Myron. Bien que cette théorie vienne contredire d'une manière flagrante la tradition et l'ecclésiologie orthodoxe, qui présentent la bénédiction du Saint Myron comme une des formes externes de la manifestation de l'autocéphalie d'une Eglise locale, cette nouvelle théorie deviendra règle quasi-absolue dans l'Empire ottoman. Les Eglises autocéphales ont toujours rejeté ce faux privilège pour l'Eglise de Constantinople, qui n'est respecté aujourd'hui que par les soi-disant Eglises autocéphales «grécophones» (Eglises de Grèce et celle de Chypre).

[13] Cf. S.N. TROIANOS, «Rome et Constantinople», 136.

[14] Bien que l'Eglise orthodoxe se définissait comme une communion des Eglises locales autocéphales ou autonomes, elle était quasi en totalité soumise à l'autorité de l'Eglise de Constantinople. Les Eglises autocéphales qui continuaient à l'époque à rester, plus ou moins, en dehors de l'autorité de Constantinople étaient le Patriarcat d'Ohrid (autocéphale dès 927) et le Patriarcat de Peć (autocéphale dès 1219).

[15] Le terme ottoman *millet* (forme turque de l'arabe *milla*) signifie religion, communauté religieuse et nation, et désigne une minorité religieuse légalement protégée à l'époque de l'Empire ottoman (cf. M.O.H. URSINUS, «Millet», 60-64). En effet, le *millet* était la mise en œuvre par le pouvoir ottoman d'un contrôle des populations non-

les chrétiens de l'Empire ottoman[17]. Dans cette période de l'ottomanocratie (1453-1923)[18], le Patriarcat de Constantinople continue sa forte centralisation en supprimant les autocéphalies des Eglises présentes sur le territoire de l'Empire ottoman[19] et en promouvant une politique d'hellénisation[20]. Ainsi, l'autorité de l'Eglise de Constantinople connaît pendant cette période son expansion maximale, car, à l'exception de certains cas, quasi l'entière Eglise orthodoxe était incorporée à l'Eglise de Constantinople[21].

---

musulmanes qu'il avait conquises au moyen d'une religion dont il nommait les dignitaires. Ce système permettait aux minorités respectives de gérer leurs propres affaires en conformité avec leurs propres lois et leurs coutumes, sous la responsabilité de leur représentant religieux. Ainsi, le représentant religieux devenait le seul représentant devant le pouvoir ottoman, qui le reconnaissait comme *millet bashi*, c'est-à-dire le chef du *millet*. Le premier *millet* de l'Empire ottoman fut le *Rum Millet*, qui a été créé en 1454 et qui correspondait à l'Eglise orthodoxe dont le patriarche devient le *millet bashi*. Puis, vinrent le *millet* arménien en 1461 et le *millet* juif à la fin du XVe siècle. Cf. F. VAN DEN STEEN DE JEHAY, *De la situation légale*, 146-172. Voir aussi S. STEFANOV, «Millet system», 138-142.

[16] Le mot «ethnarque – ἐθνάρχης» désigne la traduction grecque de l'expression turque *millet bashi* (ἔθνος – millet – *nation*, et ἀρχών – bashi – *chef*, *tête*). Le premier à avoir cette responsabilité a été Georges Scholarios Gennadios, personnage très populaire parmi les siens, qui le 6 janvier 1454 a été nommé patriarche de Constantinople, et, par conséquent, ethnarque du *Rum Millet* par le sultan Mehmed II. Pour détails, voir R. CLOGG, «Greek Millet», 185-207; S. RUNCIMAN «Rum Milleti», 1-15.

[17] Pour détails concernant les privilèges du patriarche de Constantinople, en tant que *millet bashi*, voir C.G. PAPADOPOULOS, *Les privilèges du Patriarcat œcuménique*; J. MEYENDORFF, «From the Middle Ages to Modern Times», 13-16.

[18] Pour une succincte présentation historique de l'Eglise orthodoxe dans cette période, voir J. MEYENDORFF, «From the Middle Ages to Modern Times», 5-22. Voir également S. RUNCIMAN, *The Great Church in Captivity*.

[19] L'autocéphalie du patriarcat de Peć (l'Eglise serbe) a été abolie le 11 septembre 1766, et celle de l'Archevêché d'Ohrid (l'Eglise bulgare) le 16 janvier 1767. Les deux Eglises ont été totalement incorporées au Patriarcat de Constantinople. Cf. J. DARROUZÈS, *Notitiae episcopatuum*, 197-198, 419-421. Voir aussi, H. GELZER, *Der Patriarchat von Achrida*; V. LAURENT, «L'archevêque de Peć», 303-310.

[20] Dans l'Empire ottoman, la plupart des communautés ethniques non grecques se sentaient doublement opprimées: politiquement par les Turcs et ecclésiastiquement par les Grecs phanariotes de Constantinople (à savoir l'élite grecque, riche et cultivée, vivant dans le quartier du Phanar et ayant des relations privilégiées avec le sultan. Ainsi, afin de poursuivre une politique culturelle et linguistique d'hellénisation, des évêques grecs étaient nommés pour des éparchies dont les fidèles étaient non grecs. Cf. J. DALÈGRE, *Grecs et Ottomans*; V. ROUDOMETOF, «From Rum Millet to Greek Nation», 11-48.

[21] À l'époque de l'ottomanocratie, l'Eglise de Constantinople contrôlait directement quasi l'entière Eglise orthodoxe, spécialement en nommant des évêques (généralement de nationalité grecque) pour toutes les éparchies, et en exigeant pour elle le droit exclusif de bénir et distribuer le Saint Myron. De plus, parce que le patriarche de Constantinople était

d) *L'Eglise de Constantinople après la chute de l'Empire ottoman*

Au début du XIXe siècle, l'Empire ottoman commence son déclin irréversible, et, donc, l'Eglise de Constantinople en ressentait naturellement les conséquences[22]: les nations, libérées du joug ottoman et organisées dans des états souverains, exigent que les Eglises orthodoxes présentes sur leur territoire soit reconnues comme autocéphales[23]. La réaction de l'Eglise de Constantinople est maintenant désespérée: elle refusait d'abandonner l'autorité acquise pendant l'ottomanocratie soit en retardant la reconnaissance de ces autocéphalies[24], soit en les condamnant comme schismatiques[25].

---

institué par le pouvoir ottoman comme la plus haute autorité tant religieuse que civile pour les orthodoxes de l'Empire, il était aussi considéré comme leur dernière instance d'appel (cf. N. VAPORIS, «Some aspects», 154-160; voir aussi S. VAILHÉ, «Le droit d'appel en Orient», 129-146). Sans exagérer, nous pouvons affirmer que, à cette époque, l'Eglise de Constantinople exerçait une hégémonie quasi absolue à l'intérieur de l'Eglise orthodoxe. Autocéphale dès 1448, l'Eglise orthodoxe de Russie constituait la seule Eglise locale orthodoxe qui n'était pas sous l'autorité directe de l'Eglise de Constantinople (cf. N. ZERNOV, *Moscow the Third Rome*, 32-53; J.-C. ROBERTI, «L'Eglise russe des origines», 17-66). De même, les Eglises orthodoxes de Moldavie (autocéphale dès 1401) et de Valachie (autocéphale dès 1359) faisaient beaucoup d'efforts pour rester en dehors de l'autorité de Constantinople (cf. C.S. CĂLIAN, «The Influence of the Byzantine Phanariots», 509-513; M. PĂCURARIU, «Câteva considerații», 67-82; N. ȘERBĂNESCU, «Autocefalia Bisericii», 41-138; M. CIUCUR, «Autonomie și autocefalie», 216-228).

[22] Cf. C. PAPASTATHIS, «The Ecumenical Patriarchate», 367-382.

[23] Il s'agit, en particulier, des Eglises orthodoxes de Serbie, Bulgarie, Roumanie et Grèce. Le cas le plus célèbre est celui de la nation grecque, au sein de laquelle naissait un très fort sentiment nationaliste, qui visait à unir tous les Grecs dans un seul Etat-nation avec pour capitale Constantinople. Ce type de nationalisme grec, identifié par l'expression la *Grande Idée* – Μεγάλη Ιδέα (expression inventée en 1844 par Ioannis Kolletis, le premier ministre grec d'alors), a dominé toute la politique de la Grèce, de la guerre d'indépendance des années 1820, jusqu'à nos jours. Pour détails, voir G. MARCOU, «La posizione politica», 267-293; C.A. FRAZEE, *The Orthodox Church*; T.H. PAPADOPOULLOS, *Studies and Documents*.

[24] Ainsi, par exemple, l'Eglise de Grèce, autocéphale *de facto* dès 1833, a été reconnue par le Patriarcat de Constantinople seulement en 1850. L'Eglise de Bulgarie, autocéphale *de facto* dès 1870, ne sera reconnue que en 1945 par Constantinople. De même, l'Eglise de Roumanie, formée en 1864 par l'union de deux Eglises autocéphales (Eglise de Moldavie et celle de Valachie), ne sera reconnue par Constantinople que le 7 mai 1885.

[25] Lorsque le sultan reconnaissait en 1870 le même régime de *millet* pour une autre Eglise orthodoxe de l'Empire ottoman, à savoir l'Eglise orthodoxe bulgare, les autorités de l'Eglise de Constantinople réagissent d'une manière très violente, en convoquant en septembre 1872 un synode (les actes de ce synode ont été publiés, en grec et en français, dans *Mansi* 45, col. 423-538), qui avait pris des décisions extrémistes: ce synode, contrairement aux canons du *corpus canonum*, avait condamné le principe ethnique comme

Donc, bien que le système ottoman de *millet* ait eu offert au Patriarcat de Constantinople un statut ecclésiastique et juridique très privilégié, à la fin du XIXe siècle l'autorité du patriarche était pratiquement réduite exclusivement aux Grecs de l'Empire ottoman dont le territoire diminuait graduellement[26].

Dans cette situation assez difficile, l'Eglise de Constantinople commence à se réorganiser en transférant, en 1908, son autorité sur les paroisses grecques de la diaspora à l'Eglise de Grèce[27]. Dès l'année 1920, à cause de facteurs politiques et sociaux, l'Eglise de Constantinople change totalement sa vision sur l'organisation ecclésiastique en se concentrant à imposer son autorité sur les communautés orthodoxes grecques de la diaspora[28].

---

hérésie (le soi-disant «phylétisme») et l'Eglise bulgare comme schismatique. Mais, il faut noter que, la même Eglise de Constantinople avait octroyé en 927 l'autocéphalie à l'Eglise bulgare, qui était organisée dans le patriarcat d'Ohrid, en invoquant le même principe ethnique, et que, huit siècles après, le 16 janvier 1767, l'Eglise de Constantinople a réussi à annuler cette autocéphalie abusivement, en mettant les bulgares orthodoxes sous son autorité directe. Pour détails, voir S. BIGHAM, «Le concile de Constantinople», 30-36; P. VOILLERY, «Le haut clergé phanariote», 81-123; V. VERYUSKY, «Происхождение», 23-32; R. BROWNING, *Byzantium and Bulgaria*; I. ZHELEV-DIMITROV, «The Orthodox Church», 491-511.

[26] Au XIXe siècle, les guerres d'indépendance des peuples balkaniques avaient réduit substantiellement le territoire de l'Empire ottoman. De plus, après la première guerre mondiale, l'Empire ottoman vient d'être déchiré entre les pays vainqueurs, et le Traité de Sèvres de 1920 l'avait réduit à un territoire minuscule.

[27] Après des consultations avec le Saint-synode de l'Eglise de Grèce, le patriarche de Constantinople Joachim III (1878-1884, 1901-1912), en accord avec son synode, avait promulgué le 18 mars 1908 un *tomus* patriarcal et synodal par lequel il concédait la diaspora de langue grecque à l'autorité de l'Eglise de Grèce (cf. JOACHIM III, «Γραμματα πατριαρχικα και συνοδικα», 180-186).

[28] L'essor du Royaume de Grèce est stoppé en 1920 par l'arrivée au pouvoir des monarchistes, qui n'étaient pas des adeptes de la «Grande Idée», et qui ne souhaiteront pas avoir une Eglise de Grèce sous l'autorité de Constantinople. De plus, à la suite des succès nationalistes de Mustapha Kemal et de l'abolition du sultanat d'Istanbul, les puissances alliées acceptèrent une révision du Traité de Sèvres de 1920. Le nouveau traité fut signé le 24 juillet 1923 à Lausanne et reconnaissait les frontières de la Turquie moderne. Le Patriarcat de Constantinople n'était pas mentionné dans ce traité, et, donc, perdait tous les privilèges acquis à la période de l'ottomanocratie (cf. T. AGHNIDES, *The Ecumenical Patriarchate*). En outre, les articles 37-45 du Traité de Lausanne prévoyaient aussi des échanges de population destinés à régler le problème des minorités en Grèce et en Turquie. Ces échanges concernèrent 385 000 Turcs et 1,3 million de Grecs. En conséquence, la grande majorité des Grecs de Turquie furent rapatriés en Grèce, et l'autorité du Patriarcat de

L'artisan de ce changement radical a été Mélétios Metaxakis (1871-1935), personnage très pittoresque[29], qui, le 1er mars 1922, étant élu «avec la bénédiction de Londres»[30] patriarche de Constantinople[31], décidait unilaté-

---

Constantinople était réduite à un nombre infime de fidèles. Pour détails, voir l'excellent travail de S. AKGÖNÜL, *Le patriarcat grec orthodoxe*.

[29] Né le 21 septembre 1871, dans l'île de Crète, Mélétios Metaxakis fut, à partir de 1900, le secrétaire du Patriarche de Jérusalem Damien, qui expulse Mélétios de Terre Sainte en 1908 pour «des activités contre le Saint Sépulcre». Ensuite, en 1910, il est élu métropolite de Kition (dans l'Eglise de Chypre) et il devient un des partisans les plus énergiques d'Eléfthérios Venizélos, fondateur du Parti libéral grec et homme politique très influent de l'époque. Ainsi, après l'expulsion du roi Constantin en 1917, Eléfthérios Venizélos prend le pouvoir en Grèce et fait que Mélétios soit élu, le 21 mars 1918, archevêque d'Athènes par le Saint Synode de l'Eglise de Grèce, malgré l'opposition de ce dernier (cf. C. ANDROUTSOS, *Η εκλογή του μητροπολίτου Μελετίου*). En novembre 1920, Venizélos perd les élections, et il laisse la Grèce pour se retirer à Paris. Résultat, Mélétios laisse aussi la Grèce pour aller aux Etats-Unis en février 1921, pendant que, le 29 décembre 1921, le Synode de l'Eglise de Grèce déclare anti-canonique son élection et le dépose, car il avait participé activement aux Etats-Unis à une messe anglicane. Malgré tout ça, le 1er janvier 1922, Mélétios quitte New-York pour aller en Europe; après des visites en Angleterre et en France, il arrive à Istanbul le 24 janvier 1922, où, le même jour il sera intronisé comme patriarche de Constantinople (il fut élu le 8 décembre 1921, bien que l'assemblée n'eût pas réuni le quorum nécessaire). Mais il sera obligé de quitter Istanbul seulement un an après, à savoir le 1 juillet 1923, à cause de la révolte de la population grecque d'Istanbul. Et cela, parce que son élection fut organisée par le «Comité venizéliste de défense nationale», qui l'avait imposé, en effet, comme patriarche, C'est pourquoi la majorité des orthodoxes considéraient nulle son élection (elle n'était pas conforme aux règlements généraux d'alors de l'Eglise de Constantinople, cf. L. PETIT, «Règlements généraux», 398-424, 227-246), qui, en outre, n'était reconnue ni par le gouvernement turc (Mélétios n'était pas de nationalité turque), ni par la plupart des Eglises orthodoxes autocéphales (cf. V. GRÉGOIRE, «L'élection du Patriarche», 454-460). Résultat, le 1er septembre 1923, il fut obligé de démissionner officiellement. Retiré dans un monastère du Mont Athos, il essayait de reprendre le contrôle du patriarcat de Constantinople en proposant de le transférer soit à Thessalonique, soit au Mont Athos. Ultérieurement, le 20 mai 1926, Mélétios sera élu Patriarche et Pape d'Alexandrie, où il restera jusqu'à la fin de sa vie, le 28 juillet 1935. Pour détails, voir: A. TILLYRIDES, «Elefterios Veni-zelos», 271-276; H.J. PSOMIADES, «The Ecumenical Patriarchate», 47-80; V. STAVRIDES, «The Ecumenical Patriarchs», 55-84; «Οἰκουμενικὸς Πατριάρχης Μελέτιος Δ'», 763-774, 159-176.

[30] É. FOUILLOUX, «Les chrétiens d'Orient menacés», 750.

[31] Comme patriarche de Constantinople, il avait reconnu en 1922 la validité des ordinations anglicanes (le 22 juillet 1922, Mélétios avait envoyé une lettre à l'archevêque de Canterbury, Randall Davidson, dans laquelle il l'avait informé que l'Eglise de Constantinople avait reconnu la validité des ordinations anglicanes, cf. MÉLÉTIOS IV, «Ἐπίσημα Γράμματα: Ἡ πρὸς τὰς Αὐτοκεφάλους Ὀρθοδόξους Ἐκκλησίας», 343-344), et avait convoqué, dans la période 20 mai-8 juin 1923, un soi-disant «congrès panorthodoxe» (8 participants appartenant aux cinq Eglises locales, à savoir celles de Constantinople, de Chypre, de Serbie, de Roumanie et de Grèce, ainsi que l'Eglise anglicane; les patriarcats d'Alexandrie, d'Antioche

ralement par un *tomos*[32] patriarcal de (re)mettre sous son autorité la diaspora grecque[33]. Ainsi, en dehors de l'*Archevêché grec de l'Amérique du Nord et du Sud*[34], fondé en 1921 par lui-même pendant son exil aux Etats-Unis et créé à travers le *tomos* patriarcal daté du 17 mai 1922[35], Mélétios avait aussi créé, à travers le *tomos* du 24 mars 1922, l'*Eparchie de Thyatire* pour les orthodoxes grecs de l'Europe occidentale[36]. De plus, en invoquant le canon 28 de Chalcédoine, il prétendait maintenant que le Trône constantinopolitain aurait une autorité absolue sur l'entière diaspora orthodoxe, motif pour

---

et de Jérusalem ont refusé d'y participer, pendant que celles de Russie et de Bulgarie n'ont pas eu la possibilité d'être présentes), qui a pris des décisions lamentables (cf. Πρακτικὰ καὶ ἀποφάσεις του εν Κωνσταντινουπόλει Πανορθοδόξου Συνεδρίου; «Ἀποφάεσεις του πανορθοδόξου συνεδρίον», 189-193; pour la traduction anglaise de ces décisions, ainsi que pour plus de détails, voir P. VISCUSO, *A Quest for Reform*). La décision la plus déplorable a été celle par laquelle fut changé le calendrier, car «d'in-troduction d'un nouveau calendrier dans l'Eglise orthodoxe sans avoir le consensus de l'entière Orthodoxie a détruit l'unité de l'Eglise orthodoxe et a conduit à de graves dissensions internes, qui continuent jusqu'aujourd'hui» (S. TROÏSTKY, Будет вместе бороться с опасностью, 46). Résultat, une partie des Eglises locales orthodoxes ont adopté le nouveau calendrier, pendant que la plupart ont gardé le calendrier julien. De plus, en Grèce, Bulgarie et Roumanie, des communautés orthodoxes se sont détachées de leurs Eglises officielles, en créant la soi-disant *Eglise orthodoxe traditionaliste*, considérée schismatique par l'Eglise orthodoxe. Ce problème de calendrier avait reçu une pseudo solution en 1948 à la Conférence panorthodoxe de Moscou, où a été décidé par toutes les Eglises orthodoxes locales de suivre pour la Pâques le calendrier julien, alors que pour les fêtes fixes le calendrier en usage dans chaque Eglise locale (cf. «Résolution sur la question "du calendrier de l'Eglise"», 448-449). L'unique exception dans l'Orthodoxie est l'Eglise de Finlande qui célèbre la fête de Pâques selon le calendrier grégorien. Donc, encore aujourd'hui, le calendrier constitue un problème très épineux pour l'Orthodoxie. En ce qui concerne la déclaration de Mélétios sur la validité des ordinations anglicanes, il faut préciser qu'elle fut expressément condamnée par une résolution adoptée le 17 juillet 1948 à Moscou par les représentants des Eglises orthodoxes locales (cf. «Résolution sur la question "de la hiérarchie anglicane"», 445-447).

[32] Cf. MÉLÉTIOS IV, «Ἄρσεος καὶ ἀκιρώσεως», 129-130.

[33] Il faut noter ici que ce changement brutal, qui a privé l'Eglise de Grèce de ses légitimes communautés en diaspora, n'était, en réalité, qu'une simple tentative de survivre du Patriarcat de Constantinople. En effet, à partir de ce moment, l'autorité du Patriarcat de Constantinople est concentrée généralement sur les communautés grecques de diaspora. Cf. N. DALDAS, *Le Patriarche œcuménique*; G. PAPATHOMAS, *Le Patriarcat œcuménique*; P. PLANK, « Der Ökumenische Patriarch», 251-265.

[34] «Ce titre n'est plus valide depuis l'institution en 1996 à partir de l'ancien archidiocèse unifié d'Amérique du Nord et du Sud de trois nouveaux diocèses, à savoir les diocèses métropolitains de Toronto, Buenos Aires et Panama. Il en résulte que le territoire de l'archidiocèse est réduit à celui des Etats-Unis d'Amérique.», D. NIKOLAKAKIS, «La diaspora orthodoxe grecque», 143, note 22.

[35] MÉLÉTIOS IV, «Τόμος περὶ ἰδρύτεως τῆς Ἀρχιεπισκοπῆς Ἀμεριχῆς», 218-219.

[36] MÉLÉTIOS IV, «Τόμος περὶ ἰδρύτεως τῆς Ἱερᾶς Μητροπόλεως Θυατείρων», 193-195.

lequel les patriarches de Constantinople commencent à se permettre d'intervenir directement dans des éparchies appartenant aux autres Eglises locales autocéphales (c'est le cas de la Tchécoslovaquie[37], de la Pologne[38], de la Lettonie[39], de l'Estonie et de la Finlande[40]). Pourtant, la simple lecture

---

[37] Sous l'influence des autorités politiques, les orthodoxes de Tchécoslovaquie, qui étaient alors sous l'autorité de l'Eglise de Russie, s'adressèrent au Patriarcat de Constantinople pour obtenir l'autocéphalie, mais le patriarche Mélétios, le 3 mars 1923, n'accordera que l'autonomie (cf. MÉLÉTIOS IV, «Τομος περὶ ἱδρύτεως τῆς 'Ορθοδόξου 'Αρχιεπισκοπῆς Τσεχοσλοβακίας», 69-71). Après 1948, l'Eglise de Tchécoslovaquie se remet sous l'autorité du Patriarcat de Moscou et demande canoniquement l'autocéphalie, qui lui sera octroyée par le *tomos* du patriarche de Moscou Alexeï Ier, le 23 novembre 1951 (cf. I. PULPEA, «Două noi Biserici autocefale», 497; M. ŞESAN, «Proclamarea autocefaliei», 423-434).

[38] Le 13 novembre 1924, par le *tomos* no. 4588, le patriarche de Constantinople, Grégoire VII, sur la demande des autorités civiles polonaises et sans aucune consultation avec les autres Eglises orthodoxes locales, avait octroyé unilatéralement l'autocéphalie à l'Eglise orthodoxe de Pologne jusqu'alors autonome sous l'autorité du Patriarcat de Moscou. Comme le Patriarcat de Constantinople avait donné cette autocéphalie d'une manière unilatérale et sur la demande du gouvernement polonais, les évêques polonais ont envoyé une délégation à Moscou (19-25 juin 1948) pour communiquer à leur Eglise-mère que l'autocéphalie reçue en 1924 est anti-canonique et qu'ils désirent obtenir l'autocéphalie canoniquement de la part du Patriarcat de Moscou. Après avoir analysé cette demande, le Patriarcat de Moscou a octroyé l'autocéphalie à l'Eglise de Pologne le 22 juin 1948, autocéphalie qui a été reconnue par toutes les Eglises orthodoxes locales. Cf. A. VEDERNIKOV, «Внутреннее дело», 43-45; I. PULPEA, «Două noi Biserici autocefale», 485-486.

[39] Le 6 juillet 1921, par le *tomos* n. 1026, le patriarche de Moscou Tikhon, sur la demande de l'Assemblée ecclésiastique lettone réunie le 26 février 1920 à Riga, avait octroyé l'autonomie à l'Eglise orthodoxe de Lettonie, en reconnaissant l'évêque Jean de Pemza (Jānis Pommers) comme archevêque de Riga et de toute la Lettonie. Le 8 octobre 1926, le gouvernement letton reconnaissait officiellement l'Eglise orthodoxe de Lettonie à travers une loi qui fut publiée dans le journal «Valdîvas Vēstnesis» no. 228 du 11 octobre 1926. Pourtant, cette loi prévoyait aussi que l'Eglise orthodoxe de Lettonie devrait interrompre ses relations avec le Patriarcat de Moscou, car celui-ci siégeait dans un pays qui se déclarait athée et était visiblement hostile à l'Eglise. L'archevêque Jean, fidèle à la Tradition canonique orthodoxe, s'opposa ouvertement à l'application de cette loi (il était aussi sénateur) et réussit que, pendant sa vie, ces prescriptions ne soient pas appliquées. Le 12 octobre 1934, l'archevêque Jean est assassiné, et les autorités étatiques lettonnes imposent à l'Eglise orthodoxe de Lettonie de passer sous l'autorité du Patriarcat de Constantinople. Ainsi, à travers le métropolite de Thyatire (siégeant à Londres) Germanos Strenopoulos, l'Eglise de Lettonie avait reçu son deuxième *tomos* d'autonomie; cette fois il était signé par le patriarche de Constantinople, Benjamin Ier, le 4 février 1936 (cf. VENIAMINOS, «Tomos for the autonomy of the Latvian Othodox Church», 46-47). Ensuite, le 29 mars 1936, le métropolite Germanos ordonna et introniza l'archiprêtre Augustins (Pētersons) comme métropolite de Riga et de toute la Lettonie. De son côté, le Patriarcat de Moscou décida, par le décret patriarcal no. 10 du 24 février 1941, de créer pour tous les orthodoxes des pays

du canon 28 de Chalcédoine indique très clairement que le canon ne met sous l'autorité du Patriarcat de Constantinople que les diocèses d'Asie, de Thrace et du Pont. Le privilège d'ordonner les évêques des «pays barbares» d'alors – offert par le même canon à l'Eglise de Constantinople – ne peut jamais être invoqué par Constantinople pour justifier une autorité sur l'entière diaspora orthodoxe. Et cela, pour le simple motif que, actuellement, ni les orthodoxes de la diaspora, ni les pays qui les accueillent ne sont des «barbares». De plus, ni la tradition canonique, ni la praxis ecclésiale orthodoxe ne justifient une telle théorie[41].

En effet, dès lors, l'Eglise de Constantinople, en profitant de la faiblesse d'autres Eglises orthodoxes locales, essaye de se mêler de leurs affaires internes. Cette politique d'expansion violente de l'autorité de l'Eglise de Constantinople sur l'entière diaspora orthodoxe, et non seulement, a été très active jusqu'à la fin de la deuxième guerre mondiale[42], discrètement soutenue jusqu'aux années 1990[43] et ouvertement promue après.

---

baltiques un exarchat unique, et, par le décret no. 11 du 27 février 1941, nomma à la tête de cet exarchat le métropolite de Vilnius, Serge. Au début de l'année 1941, le métropolite Augustins décide de retourner sous l'autorité de son Eglise-mère et le 28 mars 1941 il signa et proclama sa déclaration de repentance dans la cathédrale de Moscou. Ainsi, l'Eglise de Lettonie devient partie de l'Exarchat du Patriarcat de Moscou pour la Lettonie et l'Estonie. Cf. A. CHERNEY, *The Latvian Orthodox Church*, 33-76.

[40] Poussés par leurs autorités politiques, des délégués des Eglises orthodoxes de la Finlande et de l'Estonie, jusqu'alors autonomes sous l'autorité de l'Eglise de Russie (l'Eglise d'Estonie avait reçu son autonomie le 10 mai 1920, et l'Eglise de Finlande le 11 février 1921), arrivèrent à Constantinople au début de juillet 1923, quelques jours avant le départ du patriarche Mélétios, afin d'obtenir l'autocéphalie pour leurs Eglises, en motivant que le Patriarcat de Moscou se trouve en difficulté d'exercer son autorité à cause des persécutions du pouvoir communiste. Les négociations furent menées très rapidement, sans consultations sérieuses, et les deux Eglises n'ont reçu de la part du patriarche que l'autonomie, statut dont elles bénéficiaient déjà (cf. MÉLÉTIOS IV, «Τομος περὶ τῆς Ὀρθοδόξου Ἀρχιεπισκοπῆς Φιλλανδίας», 251-253; «Τομος περὶ τῆς Ὀρθοδόξου Μητροπόλεως Ἐσθονιας», 254-255). Si l'Eglise de Finlande constitue encore aujourd'hui une Eglise autonome sous l'autorité du Patriarcat de Constantinople (cf. V. PURMONEN, «Orthodoxy», 20), la situation de l'Eglise orthodoxe en Estonie est, de nos jours, totalement anormale (cf. «La situation de l'Orthodoxie en Estonie», 23-27; L. LORUSSO, «Ravenna», 4-13).

[41] Cf. J. MARINA, «Valabilitatea actuală», 173-187; L. STAN, «Diaspora ortodoxă», 603-617; S. TROÏTSKY, «О границах распространения права», 34-45.

[42] Ainsi, le canoniste russe S. Troïtsky affirmait, en 1947, que «nous trouvons la même théorie dans les lettres du patriarche Basile III au métropolite de Varsovie Denys, du 12 décembre 1925, et dans beaucoup d'autres documents émis par le même Patriarcat à partir de 1922. L'auteur de cette théorie fut le fervent pan-helléniste métropolite de Kition, puis d'Athènes, plus tard patriarche de Constantinople (1921-1923), puis d'Alexandrie (7 mai

1926), Mélétios Metaxakis (1871-1935), théorie qui ne restera pas sur le papier, mais qui fut énergiquement et avec succès mise en œuvre tant par son créateur, que par les successeurs de ce dernier au siège de Constantinople. Ainsi, le patriarcat de Constantinople en 1922, ouvrait quatre éparchies en Amérique et nommait un exarque pour l'Europe occidentale et centrale avec le titre apocalyptique (II, 18) de métropolite de Thyatire; en 1923, nommait un archevêque de Prague et de toute la Tchécoslovaquie et publiait un *tomos* de rétablissement de l'antique archevêché cyrillo-méthodien sous la juridiction de Constantinople et soumettait à la même juridiction les Eglises de Finlande, d'Estonie et de Pologne; en 1924, établissait un métropolite de Hongrie, exarque pour l'Europe centrale, à Budapest, un évêque à Paris; faisait demeurer l'Eglise de Pologne sous son autorité, bien qu'elle était déjà proclamée et reconnue autocéphale; en 1924, ouvrait deux éparchies en Australie; tentait de fermer le patriarcat russe, afin de mettre l'Eglise russe sous son autorité; en 1925, donnait le titre de Béatitude au premier hiérarque de l'Eglise polonaise; en 1929, envoya en Pologne, avec des droits très entendus de surveillance, l'évêque de Thrace; en 1928, avait mis sous son autorité l'évêque de l'Eglise russe en Amérique, Adam; en 1931, le métropolite russe de l'Europe occidentale, Euloge, ainsi que les évêques à lui soumis, passèrent sous la juridiction de l'Eglise de Constantinople; en 1932, fut soulevée la question de la soumission à Constantinople de toutes les éparchies et paroisses de l'Eglise serbe qui se trouvait, à l'époque, hors de la Yougoslavie. Telle est la liste, longue, mais loin d'être complétée et terminée, des applications de la nouvelle théorie concernant la juridiction sur la *diaspora* orthodoxe.», S. TROÏTSKY, «О границах распространения права», 35.

[43] Il faut noter que, après 1921, le Patriarcat de Constantinople a mis en application sa politique d'expansion d'une manière très discrète. Ainsi, il a créé plusieurs éparchies en diaspora, en oubliant toujours de mettre l'adjectif «grec» dans leurs titres. En effet, même dans le *tomos* de la création de l'actuelle *Archevêché grec orthodoxe d'Amérique du Nord et du Sud*, «le terme grec n'existe pas, du fait que le Patriarcat Œcuménique, en établissant l'Archevêché d'Amérique voulait inclure toutes les communautés orthodoxes qui existaient ou qui seraient fondées à l'avenir» (N. DALDAS, *Le patriarche œcuménique*, 281, note 738). D'ailleurs, cette pratique a été et est encore utilisée par les représentants de l'Eglise de Constantinople. Par exemple, le patriarche Athënagoras avait réorganisé l'éparchie de Thyatire, en créant le 5 février 1963 quatre éparchies, à savoir: 1. la *Métropolie de France et Exarchat de Belgique, du Luxembourg, d'Espagne et du Portugal* (siège à Paris), 2. la *Métropolie d'Alle-magne et Exarchat des Pays-Bas, et du Danemark* (siège à Bonn), 3. la *Métropolie d'Autriche et Exarchat d'Italie, de Suisse, de Hongrie et de l'île de Malte* (siège à Vienne), 4. la *Métropolie de Thyatire et Exarchat de Grande-Bretagne, de Suède et de Norvège* (siège à Londres). Plus tard, le 12 août 1969, le même patriarche avait fait une nouvelle réorganisation, en fondant deux éparchies: 1. la *Métropolie de Belgique et Exarchat des Pays-Bas et de Luxembourg* (siège à Bruxelles), 2. la *Métropolie de Suède et de Scandinavie et Exarchat des Pays Nordiques* (siège à Stockholm). Le 2 octobre 1982 fut créée une nouvelle éparchie, à savoir la *Métropolie de Suisse* (siège à Chambesy). Cette technique de fonder des éparchies sous son autorité directe, en se servant du nom des pays où se trouve le siège du métropolite, montre à l'évidence la tendance universaliste du Patriarcat de Constantinople, ainsi qu'un non respect, non seulement au rapport aux autres Eglises orthodoxes autocéphales qui ont aussi le droit de surveillance sur ses fidèles de la diaspora, mais particulièrement à l'égard de l'Eglise catholique, car la majorité de ses éparchies ont été créées sur le territoire histori-

1.1.2 L'Eglise de Constantinople et la diaspora orthodoxe

a) *L'actuelle politique constantinopolitaine de revendication du droit d'autorité sur l'entière diaspora orthodoxe*

En réalité, après les années 1990, cette politique a été réactivée par l'actuel patriarche de Constantinople Bartholomé, tout de suite après son élection, car son premier acte canonique fut de créer, le 5 novembre 1991, l'*Archevêché d'Italie et de Malte et Exarchat de l'Europe Méridionale* (siège à Venise). De même, il a créé ensuite les éparchies suivantes: en novembre 1996, la *Métropolie de Hong-Kong et de l'Asie de Sud-Est* (siège à Hong-Kong), le 20 janvier 2003, la *Métropolie d'Espagne et de Portugal* (siège à Madrid), le 20 avril 2004, la *Métropolie de Corée et Exarchat de Japon* (siège à Séoul), et le 9 janvier 2008, la *Métropolie de Singapour* (siège à Singapour). De plus, après les années 1990, l'Eglise de Constantinople est intervenue directement dans la vie des autres Eglises locales orthodoxes. Ainsi, par exemple, en 1996 elle a (re)activé la soi-disant *Eglise apostolique orthodoxe d'Estonie*[44], bien que sur le territoire estonien existât déjà l'*Eglise orthodoxe d'Estonie*, autonome et rattachée canoniquement à l'Eglise de Russie[45]. De même, le *tomos* de création de la *Métropolie de Hong Kong* affirme que les orthodoxes de Chine seraient sous l'autorité de celle-ci, bien qu'en Chine existât auparavant l'*Eglise orthodoxe de Chine*, autonome (depuis le 23 novembre 1956) et canoniquement rattachée à l'Eglise de Russie[46]. Pareillement, le *tomos* de la création de la *Métropolie de Corée* affirme que les orthodoxes du Japon seraient sous l'autorité de celle-ci, bien qu'il y ait une *Eglise orthodoxe du Japon* autonome (depuis 1970) et canoniquement rattachée à l'Eglise de Russie[47]. Bien que, dans ces cas, l'Eglise de Russie, à travers des lettres officielles de son Saint-synode, a véhémentement contesté les décisions unilatérales de l'Eglise de Constantinople, les autorités constantinopolitaines n'ont rien entrepris. De plus, à la dernière rencontre de la *Commis-*

---

quement catholique (voir les cas de la France, Allemagne, Autriche, Italie, etc.). Cf. C. KONSTANTINIDES, «The Ecumenical Patriarchate», 5-22.

[44] Cf. G. PAPATHOMAS – M.H. PALLI, *The Autonomous Orthodox Church*, 63-74.

[45] Fondée par des missionnaires russes, l'Eglise orthodoxe d'Estonie avait à recevoir son autonomie en 1920, par la décision no. 183, prise par le Saint-synode de l'Eglise orthodoxe de Russie lors de sa réunion du 27 avril-10 mai 1920. Cf. ALEXEÏ II, Православие в Эстонии, 376, 530-531.

[46] Cf. A. NICA, «Înfiinţarea Episcopiei Ortodoxe Autonome din China», 431-433.

[47] L'Eglise orthodoxe du Japon a reçu son autonomie par une décision du Saint-synode de l'Eglise de Russie, prise le 10 avril 1970. Cf. I.V. LEB, «Ortodoxia în Japonia», 127-140.

sion du dialogue entre l'Eglise orthodoxe et l'Eglise catholique, le représentant de l'Eglise de Constantinople, le métropolite de Pergame, Jean Zizioulas, sans aucune consultation préalable des autres représentants orthodoxes, s'est permis d'inviter officiellement aux travaux de la Commission, les deux représentants de la soi-disant *Eglise apostolique orthodoxe d'Estonie*, l'archimandrite Grigorios Papathomas (citoyen grec de nationalité grecque !) et le diacre Tikhon Tammes[48].

b) *Nouvelles théories constantinopolitaines pour la revendication du droit d'autorité sur l'entière diaspora orthodoxe*

De nos jours, les canonistes constantinopolitains, bien qu'ils reconnaissent ouvertement que l'application du 28e canon de Chalcédoine pour la solution de la diaspora «constitue une solution erronée»[49], ils ne renoncent pas à exiger l'autorité du Patriarcat de Constantinople sur l'entière diaspora orthodoxe. Et, pour cela, ils arrivent même à faire des innovations qui ne trouvent aucun support dans la doctrine canonique orthodoxe.

+ *La théorie de G. Papathomas*

Ainsi, pour justifier une telle théorie, G. Papathomas, sans indiquer aucune référence bibliographique ou aucun exemple de la tradition canonique orthodoxe, affirme que toutes les Eglises orthodoxes locales – à l'exception de l'Eglise de Chypre, d'Antioche, d'Alexandrie et de Jérusalem – ne représenteraient que le territoire *préjuridictionnel* (προ-δικαιοδοσιακόν) du Patriarcat de Constantinople[50], bien que ce terme soit totalement étranger à la terminologie et l'ecclésiologie orthodoxe[51]. Dans le même style, il continue ses démarches en déclarant que

> le droit accordé au cinq patriarches par le IVe Concile œcuménique de Chalcédoine (451) porte en outre une double notion: c'est (a) un *droit territorial* et (b) un *droit juridictionnel*. Le premier est lié à la répartition territoriale entre les cinq Patriarcats faite par le Concile lui-même. Le second regarde l'espace *intrajuridictionnel* de chaque trône patriarcal. Le privilège patriarcal original

---

[48] Cf. I. ICĂ Jr., «Important acord teologic ortodox-catolic», 241, note 3.
[49] Cf. G. PAPATHOMAS, *Le Patriarcat œcuménique*, 111, note 113; «La relation d'opposition», 110. Cf. aussi J. MEYENDORFF, «The Ecumenical Patriarch», 243.
[50] Cf. G. PAPATHOMAS, *Le Patriarcat œcuménique*, 98-107.
[51] L'auteur même reconnaît que l'expression *préjuridictionnel* est un «terme emprunté au droit administratif français» et «qu'il s'agit – en mettant un *nouveau* contenu – d'une qualification concernant le territoire d'une Eglise autocéphale émancipée d'une juridiction – toujours patriarcale –, où l'Eglise patriarcale n'exerce aucune autorité ecclésiastique juridictionnelle, spirituelle ou administrative.», G. PAPATHOMAS, *Le Patriarcat œcuménique*, 705.

et l'initiative canonique du Patriarcat œcuménique – fondée sur le *droit juridictionnel territorial* comme *droit d'émancipation* – de proclamer des Eglises autocéphales dans son territoire *juridictionnel* fait exclusivement partie de sa seconde qualité en tant que Patriarcat. A celle-ci est également liée la notion de territoire *préjuridictionnelle*. Or toutes les Eglises autocéphales possèdent la première qualité en ayant leur ressort territorial propre, dans lequel elles peuvent agir canoniquement selon les principes découlant de leur autocéphalie [*droit plein*], sans pour autant qu'elles aient le droit – et cela ressort des mêmes principes – de sortir des limites de ce territoire canonique pour exercer une juridiction *hyperoria*. La seconde qualité est donc strictement réservée aux cinq anciens Patriarcats [*droit absolu*]. C'est pour cette raison également que les Eglises autocéphales en tant que Patriarcats (modernes) peuvent accorder une autonomie [droit relatif] ecclésiale *intraoria* – et non *hyperoria* – mais pas une autocéphalie tant dans leur territoire *intrajuridictionnel* que (et encore moins) dans un autre territoire *hyperorius*[52].

Ensuite, afin de compléter sa théorie novatrice, G. Papathomas prétend que l'Eglise de Constantinople soit le *locum tenens* – des Orthodoxes – de l'Eglise d'Occident, car – disait-il –

puisque les Eglises patriarcales (Eglise de Rome, d'une part, et les quatre Patriarcats, d'autre part, ainsi que les autres dix Eglises autocéphales orthodoxes d'aujourd'hui) demeurent encore en désunion ecclésiale, selon le principe canonique de priorité d'honneur (πρεσβεῖα τιμῆς) des Eglises autocéphales, étant donné qu'il n'y a pas un «pape et patriarche orthodoxe» de Rome pour les chrétiens orthodoxes de l'Europe occidentale, la juridiction de celui-ci est «transférée» à l'Eglise patriarcale suivante dans la *taxis* des diptyques ecclésiaux. En d'autres termes, il *subroge* le pape et le patriarche de Rome en ce qui regarde *uniquement* les orthodoxes de cet espace ouest-européen jusqu'au moment où la cause ou bien la question de la désunion pourra être examinée dans un Concile et résolue définitivement. C'est pour cette raison que la juridiction territoriale du Patriarche de Constantinople, en tant que *locum tenens*, se prolonge *canoniquement* jusqu'aux confins de l'Europe d'Ouest. Il demeure un «subrogé tuteur» en Europe occidentale et cela par un *déplacement* de la juridiction territoriale patriarcale de Rome sur lui. Par conséquent, on peut répéter ici qu'il n'y a *qu'une mono-juridiction ecclésiale canonique* sur le territoire de l'Europe occidentale, celle du Patriarcat de Rome, exercée *provisoirement* par le Patriarche de Constantinople[53].

Donc, en proposant cette théorie novatrice, l'archimandrite grec s'imagine qu'il pourrait revendiquer «canoniquement» pour l'Eglise de

---

[52] G. PAPATHOMAS, «Différentes modalités», 52-53.
[53] G. PAPATHOMAS, «Différentes modalités», 59-60.

Constantinople l'autorité sur l'entière diaspora orthodoxe. Mais sa théorie est lamentable, car, premièrement, elle ne trouve aucun support dans la doctrine canonique orthodoxe (en réalité, l'auteur même ne se permet d'invoquer aucun canon), et, secondairement, elle présente plusieurs graves défauts. Par exemple, l'auteur, dans la partie introductive de sa théorie, oublie volontairement de préciser que l'Eglise de Constantinople a été jusqu'au quatrième siècle sous l'autorité de l'Eglise de Héraclée de Thrace, donc – si nous suivions cette théorie – l'Eglise de Constantinople serait elle-même le «territoire *préjuridictionnel*» de celle-ci, qui, à son tour, serait le «territoire *préjuridictionnel*» de son Eglise-mère, etc. En conséquence, il est très évident que la théorie de Papathomas est basée sur le principe de causalité, mais un causalisme extrêmement subjectif, car il commence au quatrième siècle (après 331), et précisément à Constantinople ! De plus, une éventuelle application pratique de cette théorie pourrait créer des graves conséquences. Et cela, parce que l'auteur affirme que le patriarche de Constantinople serait le *locum tenens* du Patriarche d'Occident, à savoir de l'évêque de Rome. Ce fait pourrait induire à croire que l'Eglise orthodoxe reconnaîtrait l'autorité de l'Eglise de Rome sur ses fidèles, mais cela est totalement faux. Résultat, cette théorie, qui n'a aucune base canonique, ne peut pas être prise sérieusement en considération, car elle est illogique et présente plusieurs aspects très faibles et même périlleux.

+ *La théorie de A.V. Kartachev*

Mises à part ces tentatives de revendiquer l'autorité sur l'entière diaspora orthodoxe, il faut aussi mentionner que, dans le même but, l'historien Anton Vladimirovitch Kartachev (1875-1960)[54], appartenant à l'immigration

---

[54] Après avoir suivi les cours de l'Académie de Théologie de Saint-Pétersbourg, A.V. Kartachev a été nommé assistant et, ensuite, maître de conférences pour la chaire d'Histoire de l'Eglise de la même Académie. Parce qu'il s'était impliqué activement dans la Révolution russe de 1905, le recteur de l'Académie, l'évêque Serge (Stragorodski), le futur patriarche de Moscou, l'avait obligé à démissionner. Il trouve néanmoins une place à la Bibliothèque publique de Saint-Pétersbourg et aux «Cours Bestoujev», l'école d'enseignement supérieur ouverte aux femmes, où il enseignera jusqu'en 1918. Profondément impliqué dans la vie politique russe, A. V. Kartachev réussit à obtenir, le 25 mars 1917, d'être nommé dans le Gouvernement provisoire comme assesseur du *haut-procureur* (обер прокурор) V. N. Livov (В. Н. Львов). Après trois mois, le 25 juillet 1917, il sera nommé *haut-procureur*. Dix jours plus tard, le 5 août 1917, il décida de réformer l'institution de *haut-procureur*, de manière qu'il change le titre de sa responsabilité (*haut procureur*, qui avait alors une très mauvaise réputation) pour celui de *ministre des cultes*. Toutefois, comme lui-même se décrivait dans un article, «A. V. Kartachev, dernier de la série vieille de deux siècles des *haut-procureurs*, et premier *ministre des cultes*, plaçait

russe établie à Paris, avait affirmé pour la première fois – dans une étude publiée en russe dans l'année 1936 dont le titre est «La pratique du droit d'appel du Patriarche de Constantinople»[55] – que le Patriarche de Constantinople, à cause d'une pratique ecclésiale interrompue[56], aurait le droit d'appel (ἔκκλητον) exclusif dans l'Eglise orthodoxe. L'initiateur de cette théorie expliquait que ce privilège découlerait du fait que, depuis la fondation de la nouvelle capitale de l'Empire par Constantin, la position de l'archevêque de Constantinople auprès de l'Empereur a fait de lui un patriarche *œcuménique*, c'est-à-dire de l'*empire*, le plaçant au second rang du système de la pentarchie. Ensuite, selon cet auteur, l'archevêque de Constantinople aurait reçu en Orient, par une longue pratique, un «droit d'appel» analogue à celui qu'exerçait en Occident l'évêque de Rome[57].

Ultérieurement, bien que le soi-disant «droit d'appel» du Patriarche de Constantinople n'ait jamais été reconnu par l'Eglise orthodoxe, étant considéré toujours comme une conséquence malheureuse du régime de *millet*, le canoniste S. Troïtsky a voulu répondre à l'initiative innovatrice de Kartachev, en écrivant un article[58] où il avait indiqué toutes ses déviations canoniques et ses points faibles, et avait identifié son auteur comme le vrai

---

encore au bas des protocoles du Synode le traditionnel "Lu", marque de la censure gouvernementale» (A. V. KARTACHEV, «La Révolution», 22). A la suite de l'arrivée des bolcheviques au pouvoir, Kartachev décidait de quitter la Russie. Ainsi, dans la nuit du 1er janvier 1919, il part, d'abord en Finlande, et de là, l'année suivante, en France, à Paris, où il restera jusqu'à la fin de sa vie. A Paris, il sera nommé professeur à l'In-stitut de théologie orthodoxe Saint Serge, ouvert en 1925 par le métropolite Euloge Guéorguievsky. De plus, dès les premiers jours de son exil, il cherche à unifier les forces politiques de l'émigration russe afin de pouvoir lutter contre le régime soviétique. Ainsi, en mai 1921, il fonde à Paris le Comité national russe afin de soutenir politiquement l'armée du général Wrangel. Après la dislocation de l'armée, Kartachev restera le président et l'âme du Comité jusqu'à sa fermeture par les Allemands. Dans le même temps, il s'implique activement dans la polémique politique contre les soviétiques, en montrant un nationalisme militant, nettement marqué à droite. Cf. A. NIVIÈRE, «Anton Kartachev», 121-140.

[55] Cf. A.V. KARTACHEV, «Практика апелляционнаго права», 91-111.

[56] Il faut noter que, dans son étude, Kartachev n'utilise aucune collection de saints canons, mais il donne comme références bibliographiques seulement certains études historiques. L'unique livre de droit canon utilisé par Kartachev est représenté par le manuel de Nicodème Milaš, mais même celui-là est cité seulement pour des dates historiques. Donc, l'étude de Kartachev a un caractère exclusivement historique, sans aucune valeur canonique.

[57] Pour une présentation détaillée de ce sujet, voir J. GETCHA, «Le droit d'appel», 169-184. Voir aussi T.M. POPESCU, «A. Kartaşev, *Practica dreptului*», 221-226.

[58] S. TROÏTSKY, «*О смысле 9-го и 17-го канонов*», 57-65.

«idéologue du schisme parisien»⁵⁹, car, en effet, l'étude de Kartachev ne représentait qu'une plaidoirie pour justifier l'anomalie ecclésiastique intitulée *Archevêché des Eglises orthodoxes russes en Europe occidentale – Exarchat du Patriarcat de Constantinople*, qui fut créée en 1936 lorsque le métropolite Euloge Guéorguievsky, l'exarque d'alors du Patriarcat de Moscou en Europe occidentale, avait rompu la communion avec l'Eglise de Russie pour se mettre sous l'autorité de Constantinople⁶⁰.

Récemment, cette théorie a été reprise par le canoniste grec G. Papathomas qui, tout en reconnaissant, qu'après 1453 «ce droit a été renforcé par l'Ethnarchie, lorsque le patriarche œcuménique, en raison des circonstances de l'époque, est devenu un interlocuteur représentatif de la population chrétienne devant les autorités ottomanes», affirmait que le droit

---

⁵⁹ S. TROÏTSKY, «*О смысле 9-го и 17-го канонов*», 58. Voir aussi A. KAZEM-BEK, «Histoire et situation présente du schisme parisienne», 94-117.

⁶⁰ Au lendemain de la révolution de 1917, le Patriarcat de Moscou avait créé, le 8 avril 1921, un *Exarchat russe en Europe occidentale* afin de répondre aux besoins spirituels des immigrés russes, exarchat présidé par le métropolite Euloge Guéorguievsky. Par une décision synodale du 11 juin 1930, signée par le *locum tenens* patriarcal Serge, métropolite de Nizni-Novgorod, le métropolite Euloge était éloigné de la direction de l'Exarchat du Patriarcat de Moscou en Europe occidentale, et cela parce qu'il avait présidé à Westminter, à côté du primat de l'Eglise anglicane, un service liturgique où l'on avait prié pour les martyrs russes. Par une autre décision synodale du 26 décembre 1930, le Saint-synode de l'Eglise de Russie, demandait au métropolite Euloge de se présenter devant lui pour se justifier. Euloge refuse de répondre aux demandes du Saint-synode de l'Eglise de Russie et écrit, le 5 février 1931, une lettre en demandant au Patriarcat de Constantinople de prendre temporairement sous son autorité, son Exarchat. Pour justifier sa demande, le métropolite Euloge avait invoqué comme base canonique les canons 9 et 17 de Chalcédoine. D'une manière absolument unilatérale, le Patriarcat de Constantinople accepta cette demande inédite, bien qu'il n'existât aucune base canonique pour la justifier. Ainsi naît, le 17 février 1931, l'*Exarchat russe provisoire de l'Eglise de Constantinople en Europe occidentale*, qui gardait son autonomie interne et s'organisait selon le statut qu'il s'était donné. D'autre part, en janvier 1931, le Patriarcat de Moscou, alors victime de persécutions sans précédent de la part des autorités soviétiques, nomma à la place du métropolite Euloge, le métropolite de Vilnius, Eleuthère Bogoïavlenski. En 1945, un an environ avant sa mort, le métropolite Euloge revint à la tête de toutes ses paroisses au sein de l'Eglise orthodoxe russe et redevint exarque du Patriarcat de Moscou en Europe occidentale. Cependant, lorsqu'à la mort du métropolite Euloge survenue en 1946, le métropolite Séraphin Loukianov a été nommé nouvel exarque du patriarcat de Moscou, un grand nombre de paroisses, contestant Séraphin, rompit de nouveau le lien canonique avec l'Eglise-mère de Moscou. Ces paroisses ont donné naissance à un «vicariat extraordinaire» des paroisses russes sous l'autorité de l'Eglise de Constantinople, vicariat qui, après des nombreuses péripéties, sera transformé en 1991 en l'actuel *Exarchat des paroisses russes d'Europe occidentale du Patriarcat de Constantinople*. Cf. O. CLÉMENT, «Un "vicariat extraordinaire"», 5-16. N. DALDAS, *Le patriarche œcuménique*, 335-343; J. ROBERTI, «L'Eglise orthodoxe», 21-36.

d'appel a été reconnu, par les canons 3, 4 et 5 de Sardique, à l'Eglise de Rome[61], et que, après 1054, ce droit «revient par transmission au trône patriarcal suivant», à savoir le Patriarcat de Constantinople, qui aurait «la fonction de *locum tenens* de l'Eglise d'Occident»[62].

Bien qu'il ait été déjà montré nettement que cette dernière théorie n'a aucune base canonique[63], il est toutefois important de noter que, selon la doctrine canonique orthodoxe, c'est au premier hiérarque de chaque Eglise autocéphale de recevoir l'appel des clercs de son Eglise, et que cet appel est le dernier appel possible[64].

D'ailleurs, tout ceci montre à l'évidence que, encore aujourd'hui, l'Eglise de Constantinople utilise tous les moyens possibles pour récupérer les privilèges acquis dans l'ottomanocratie, bien que ceux-ci ne se retrouvent pas dans la doctrine canonique orthodoxe.

1.1.3 La situation actuelle de l'Eglise de Constantinople

Donc, de ce survol historique ressort clairement l'idée que l'Eglise de Constantinople, née aux premiers siècles du christianisme, a connu une évolution très particulière au cours des siècles. Ainsi, à partir du quatrième siècle, elle jouit du privilège d'être l'Eglise de la capitale impériale, fait qui la promeut dans le bon ordre de l'Eglise ($τάξις$) jusqu'à être la cadette après l'Eglise de Rome. Après la rupture de communion de 1054, le patriarche de Constantinople, non seulement devient l'*aînée d'honneur* de l'Eglise orthodoxe, mais il continue l'extension de son autorité, principalement dans l'Empire ottoman où il devient le chef absolu de tous les orthodoxes. Avec la disparition de l'Empire ottoman, l'Eglise de Constantinople se retrouve en difficulté, car elle vient de perdre, non seulement tous les privilèges acquis dans l'ottomanocratie, mais aussi la plupart de ses fidèles. Motif pour lequel elle commence à concentrer son autorité spécialement sur les communautés grecques de la diaspora et à exiger des privilèges totalement étrangers à la doctrine canonique orthodoxe, comme, par exemple, l'autorité sur l'entière diaspora orthodoxe ou le droit exclusif d'appel.

---

[61] Pour la vision catholique sur le droit d'appel reconnu par les canons 3, 4 et 5 du Synode de Sardique à l'Eglise de Rome, voir H. LEGRAND, «Brève note», 47-60.

[62] G. PAPATHOMAS, «Différentes modalités canoniques», 57-61; «Le droit canonique d'appel», 219-233.

[63] D. STRUVE, «Réponse au père Grégoire Papathomas», 73-88.

[64] Cf. P. L'HUILLIER, *The Church of the Ancient Councils*, 230-236; I.N. FLOCA, *Drept canonic*, II, 228-237; N. MILAŞ, *Dreptul bisericesc oriental*, 376-400. Voir aussi, P. L'HUILLIER, «La législation du concile de Sardique», 201-230.

Bien que, après 1923, beaucoup de voix dans l'Orthodoxie aient demandé soit le transfert du Patriarcat de Constantinople en dehors de la Turquie[65], soit son remplacement dans le bon ordre ecclésiastique (τάξις)[66], les Eglises orthodoxes locales, par consensus, ont soutenu que l'Eglise de Constantinople reste à Istanbul tout en conservant son privilège de l'*aînesse d'honneur*[67], mais sans reconnaître aucune de ses prétentions hégémoniques. Par conséquent, de nos jours, le Patriarcat de Constantinople siège encore à Istanbul et exerce son autorité sur les orthodoxes grecs de Turquie, de certains territoires de la Grèce (île de Crète, Dodécanèse et les soi-disant «Nouveaux Territoires» du Nord de la Grèce, presqu'île du Mont Athos), de l'entière diaspora orthodoxe grecque, ainsi que sur quelques communautés non grecques de la diaspora orthodoxe, à savoir des communautés qui, forcées par des situations politiques ou sociales, se sont mises volontairement sous l'autorité de l'Eglise de Constantinople (les orthodoxes de Finlande, une partie des orthodoxes d'Estonie, une partie de la diaspora ukrainienne de l'Amérique, la diaspora albanaise d'Amérique, une insignifiante partie de la diaspora russe de l'Europe occidentale). De plus, le même Patriarcat exerce une autorité, plus ou moins directe, même sur l'Eglise orthodoxe de Grèce.

Donc, bien qu'il se veuille œcuménique (ses éparchies couvrent actuellement approximativement la Terre entière[68]) et qu'il se déclare supranational[69] (à l'intérieur du Patriarcat il y a quelques communautés non grecques), il est assez évident que, encore aujourd'hui, le Patriarcat de Constantinople est culturellement et ethniquement grec.

---

[65] Cf. B. GIANNAKIS, «The International status of the Ecumenical Patriarchate, 10-46; J. MEYENDORFF, «The Ecumenical Patriarch», 227-244.

[66] Comme la tradition canonique orthodoxe affirme que la place d'une Eglise locale dans l'ordre ecclésiastique est donnée par l'importance de la ville où réside son premier hiérarque (cf. c. 17 de Chalcédoine), il aurait été normal que, au moment où Constantinople était devenue une simple ville de province (non plus capitale) d'un état musulman, l'Eglise orthodoxe retirât le privilège d'aînesse d'honneur au patriarche de Constantinople, car *cessante causa, cessat effectus*. Pourtant, l'Eglise orthodoxe n'a pas embrassé cette vision, prévue par les canons du *corpus canonum*, mais dans le consentement unanime des Eglises locales a jugé qu'il n'est pas nécessaire de modifier l'ancien ordre des choses, d'autant plus que le bien de toute l'Eglise ne l'exige pas. Cf. S. TROÏTSKY, «Где и в чем главная опасность?», 31-42.

[67] En vérité, dans l'Orthodoxie, ce problème n'a jamais été discuté officiellement, mais il y a eu des auteurs qui ont signalé cette non-correspondance canonique.

[68] Voir, par exemple, G. PAPATHOMAS, «Différentes modalités canoniques», 68.

[69] Cf. M. DE SARDES, *Le Patriarcat œcuménique*, 375; G. PAPATHOMAS, *Le Patriarcat œcuménique*, 92-98.

1.2 *L'autonomie ecclésiastique selon les prescriptions canoniques de l'Eglise de Constantinople*

1.2.1 L'*autonomie ecclésiastique* dans l'organisation de l'Eglise de Constantinople

Comme, de nos jours, l'Eglise de Constantinople ne jouit pas d'une reconnaissance juridique en Turquie, il est évident qu'elle ne peut pas avoir un Statut propre d'organisation. Par conséquent, l'analyse de l'*autonomie ecclésiastique* sera faite suivant la structure organisationnelle du Patriarcat présentée dans son annuaire, ainsi que les Statuts d'organisation des différentes unités ecclésiales soumises à l'autorité du Patriarcat.

Actuellement, dans l'Eglise de Constantinople, la plus haute autorité est représentée par son *Saint et sacré synode*, composé du patriarche, qui est le président[70], et de 12 évêques, qui sont choisis parmi les métropolites, pour une période de 6 mois[71]. L'annuaire actuel du Patriarcat présente une structure organisationnelle où on peut distinguer facilement cinq régimes canoniques différents, à savoir:

    a. les Eglises locales sur lesquelles le Patriarcat exerce historiquement une autorité directe, c'est-à-dire l'archevêché[72] de Constantinople (4 métropolies en Turquie; siège à Istanbul), l'archevêché de Crète (9 métropolies; siège à Héraklion), et les 5 métropolies du Dodécanèse: de Rhodes (siège à Rhodes), de Kos et Nisiros (siège à Kos), de Leros, Kalimnos et Astypalée (siège à Platanos), de Karpathos et Kassos (siège à Pigadia), de Symi (siège à Symi)[73];

    b. les Eglises locales qui se trouvent sur son territoire historique et sur lesquelles le Patriarcat exerce une autorité indirecte, c'est-à-dire les 36 Métropolies des Nouveaux Territoires[74] (Grèce du Nord), qui relèvent toujours du Patriarcat de Constantinople, mais leurs évêques, à la suite d'un accord entre les deux Eglises dès 1928, participent pour l'instant au synode de l'Eglise de Grèce[75].

---

[70] Cf. *Imérologhion*, 619.

[71] En effet, il ne s'agit que d'un *synode permanent*. Pour détails, voir V. STAVRIDES, «The Historical Evolution of the Synods», 147-157.

[72] Il faut rappeler ici que, à cause des motifs historiques particuliers, dans les Eglises grécophones, à partir de 1923, l'archevêque est investi d'une autorité supérieure à celle des métropolites. Par conséquent, dans ces Eglises, les archevêchés jouissent d'une autonomie de type métropolitain à l'intérieur d'un patriarcat. Voir aussi p. 50, note 20.

[73] Cf. *Imérologhion*, 631-786.

[74] Cf. *Imérologhion*, 1047-1122.

[75] Les métropolies des Nouveaux Territoires ont ce régime spécial, car ces territoires ont été ottomans jusqu'au 1913, et grecs depuis. En conséquence, en 1928, le Patriarcat de

c. les Eglises locales qui sont en dehors de son territoire et sur lesquelles le Patriarcat exerce une autorité directe, c'est-à-dire l'Archevêché d'Amérique (8 métropolies; siège à New-York), l'archevêché d'Australie (sans métropolies suffragantes; siège à Sydney), l'Archevêché de Thyatire et de Grande-Bretagne (sans métropolies suffragantes; siège à Londres), 15 Métropolies (de France, d'Allemagne, d'Autriche, de Suède et toute la Scandinavie, de Belgique, de Nouvelle-Zélande, de Suisse, d'Italie et de Malte, de Toronto et de tout le Canada, de Buenos-Aires et d'Argentine, de Hong-Kong, de Corée, du Mexique et d'Amérique centrale, de Singapour, d'Espagne et du Portugal) et différentes communautés non grecques (l'Eglise orthodoxe ukrainienne au Canada, l'Eglise orthodoxe ukrainienne aux Etats-Unis, l'Archevêché des Eglises orthodoxes russes en Europe occidentale, l'Eglise orthodoxe carpatoruthène américaine, l'Eparchie orthodoxe albanaise d'Amérique)[76];
d. les Eglises autonomes (l'Eglise de Finlande et l'Eglise d'Estonie);
e. la Politeia monastique du Mont Athos.

De plus, nous pouvons ajouter ici, même l'Eglise de Grèce, car le Patriarcat de Constantinople exerce sur elle une certaine autorité canonique, bien que, officiellement, l'Eglise de Grèce soit autocéphale[77].

Tout compte fait, il est clair que dans l'organisation de l'Eglise de Constantinople il y a différents niveaux d'autonomie. Dans les trois premiers cas (a., b. et c.), il ne s'agit que de l'*autonomie éparchiale* des métropolies, ou, dans les cas des archevêchés, d'*autonomie ecclésiastique* de type métropolitain. Les seules exceptions sont constituées d'une part par l'Eglise de Crète, qui ne jouit que d'une semi-*autonomie ecclésiastique*, et, d'autre part, des archevêchés de la diaspora, qui jouissent d'une *autonomie ecclésiastique* élargie. A celles-ci il faut ajouter l'Eglise de Grèce qui, à l'intérieur du Patriarcat de Constantinople, bénéficie d'*autonomie ecclésiastique* élargie.

Constantinople et l'Eglise de Grèce ont décidé que ces métropolies soient spirituellement et canoniquement soumises au Patriarcat de Constantinople, alors qu'administrativement elles sont confiées à l'Eglise de Grèce, mais *provisoirement* et *sous tutelle*. Ainsi, à partir de 1928, ces Métropolies de la Grèce septentrionale ont été «prêtées» par le Patriarcat de Constantinople à l'Eglise de Grèce, et leur soumission spirituelle au Patriarcat est garantie canoniquement (*Acte patriarcal et synodal de 1928* et l'*Accord de 2008*) et législativement (Constitution de Grèce de 1975 et Statut de l'Eglise de Grèce de 1977).

[76] Cf. *Imérologhion*, 807-1046.

[77] Bien que l'Eglise orthodoxe de Grèce fût autocéphale *de facto* à partir de 1821, elle ne s'est autodéclarée comme autocéphale qu'en 1833, et avait à recevoir la reconnaissance de la part de l'Eglise de Constantinople ultérieurement, à savoir en 1850 (cf. S. GALANIS, «Comment fut déclarée l'autocéphalie», 37-49, 128-148).

1.2.2 Les différents degrés d'*autonomie ecclésiastique* dans l'organisation de l'Eglise de Constantinople

a) *L'Eglise orthodoxe de Crète*

La situation de l'Eglise de Crète est actuellement réglée par le *Statut d'organisation de l'Eglise de Crète*[78], promulgué comme loi no. 4149 du 16 mars 1961. Selon le premier article de cette loi, l'Eglise de Crète est aujourd'hui «semi-autonome»[79] et en «dépendance canonique du Patriarcat de Constantinople», c'est-à-dire qu'elle n'est ni autocéphale, ni autonome, et que son Saint-synode ne représente pas sa plus haute autorité, car il se trouve sous l'autorité directe du Patriarcat de Constantinople. Plus précisément, ce régime de semi-autonomie est caractérisé par une auto-administration qui n'atteint pas l'autonomie ecclésiastique. Donc, il s'agit en fait d'une *autonomie ecclésiastique* limitée et assez restreinte, mais toujours d'une autonomie supérieure à celle d'une métropolie. En même temps, bien que l'île de Crète fasse partie de la Grèce, l'Eglise de Crète n'a aucun rapport de dépendance avec l'Eglise de Grèce.

Du point de vue canonique, l'Eglise de Crète est aujourd'hui organisée comme l'*Archevêché de Crète,* qui comprend huit métropolies, et l'archevêque et les métropolites composent le Synode provincial de Crète, qui se trouve sous l'autorité directe du Saint-synode de l'Eglise de Constantinople. Selon le Statut de 1961, les relations entre l'Eglise de Crète et le Patriarcat de Constantinople ont été établies de la manière suivante:
- le procès-verbal du Synode provincial de Crète doit être notifié auprès du Saint-synode du Patriarcat de Constantinople (art. 4);
- le Synode provincial de Crète peut juger de la fusion ou de la reconstitution de ses Métropolies ou du déplacement de leur siège, mais ensuite il faut toujours présenter sa consultation à l'approbation du Saint-synode du Patriarcat de Constantinople (art. 10 §4);
- le Synode provincial de Crète peut accepter ou rejeter les démissions des métropolites de Crète ou bien leur déposition, mais il faut toujours soumettre son jugement à l'approbation du Saint-synode du Patriarcat de Constantinople (art. 10 §5);
- le Synode provincial doit toujours informer, à travers son président, le Patriarcat de Constantinople de ses actions importantes (art. 13);

---

[78] Cf. G.K. APOSTOLAKIS, Ἐκκλησιαστικὴ νομοθεσία Κρήτης, 21-72.

[79] Bien qu'elle fût l'une des premières Eglises fondées par l'apôtre Paul (Actes 27, 7-16) et qu'elle avait joui auparavant d'une vraie autonomie ecclésiastique, de nos jours l'Eglise de Crète ne jouit que d'une semi-autonomie à l'intérieur du Patriarcat de Constantinople.

– les autorités de l'Eglise de Crète (Saint-synode, Archevêché et Métropolies) ne peuvent porter correspondance avec les autres Eglises que par l'intermédiaire du Patriarcat de Constantinople (art. 15);
– dès que le siège de l'archevêché de Crète devient vacant et jusqu'à l'installation du nouvel archevêque, son vicaire informe le Patriarcat de Constantinople de son entrée et ses fonctions (art. 19 §1);
– le Saint-synode du Patriarcat de Constantinople élit l'archevêque de Crète à partir d'une liste de trois candidats, qui est rédigée par le Ministre de l'Education Nationale et des Cultes de la Grèce (art. 19 §2);
– les élections des métropolites par le synode provincial de l'Eglise de Crète sont signifiées par son président au Patriarcat de Constantinople (art. 21 §9);
– dès qu'il est invité par le Patriarcat de Constantinople, l'archevêque de Crète devient membre du Saint-synode patriarcal (art. 24);
– tout métropolite de l'Eglise de Crète doit soumettre chaque année, en octobre, une copie du rapport de son activité au synode provincial. Ensuite, ces rapports sont envoyés par l'archevêque au Patriarche de Constantinople (art. 25 §3);
– l'archevêque de Crète, lorsqu'il souhaite se déplacer hors des frontières de la Grèce, doit en demander la permission canonique au Patriarcat de Constantinople (art. 35 §3);
– jusqu'à l'élection du nouvel archevêque, les métropolites de Crète, ainsi que le clergé de l'archevêché, doivent faire mention du nom du Patriarche de Constantinople dans les offices liturgiques (art. 36 §2);
– le Saint-synode du Patriarcat de Constantinople exerce l'autorité judiciaire au premier, deuxième et troisième degré sur l'Eglise de Crète (art. 66 §3, 67 §2, 70);
– le Patriarcat de Constantinople exerce son autorité sur ses monastères stavropégiaques de Crète (art. 89 et 111);
– l'amendement du Statut, surtout en ce qui concerne les questions canoniques, nécessite une collaboration préalable du synode provincial avec le Patriarcat de Constantinople (art. 137).

Ultérieurement, la dépendance de l'Eglise de Crète du Patriarcat de Constantinople devint plus explicite à cause des amendements postérieurs de cette loi. Ainsi, en raison d'honneur, par l'Acte patriarcal et synodal no. 812 de 1962, les éparchies de l'Eglise de Crète ont été élevées en *métropolies*, et par l'Acte patriarcal et synodal no. 283 de 1967, la métropolie de Crète a été élevée en *archevêché*. De plus, par une décision du 22 octobre 1992, le Saint-synode de l'Eglise de Constantinople déclarait que les éparchies crétoises sont des métropolies non plus en raison de leur honneur, mais elles sont des métropolies en activité. Par conséquent, le même synode avait publié, le 9 mars 1993, des *tomos* spéciaux pour chaque métropolie, *tomos* qui indiquent une «dépendance directe et soumission» des métropolies de Crète au Patriarcat de Constantinople. Mais, toutes ces élévations effectuées par le Patriarcat de Constantinople dans l'organisation de l'Eglise de Crète

> ont altéré le système métropolitain prévu par les canons de l'Eglise, applicable jusqu'alors à l'Eglise de Crète et c'est ainsi qu'à été formé malheureusement un régime contraire à la tradition canonique primitive en matière d'organisation ecclésiastique, laquelle place le titre de métropolite au-dessus de celui d'archevêque[80].

Un autre document qui avait restreint la semi-autonomie de l'Eglise de Crète est le décret 77 de 1974 qui prévoyait que lorsque plus d'une métropolie crétoise est vacante, le Synode provincial soit complété par des hiérarques du Patriarcat de Constantinople, et que les évêques assistants ou les métropolites de l'Eglise de Constantinople peuvent être élus pour des sièges épiscopaux vacants de Crète, même s'ils n'étaient pas inscrits au préalable sur la liste des candidats, condition requise par le Statut de 1961.

Donc, l'Eglise de Crète jouit aujourd'hui d'un régime de *semi-autonomie ecclésiastique*, à savoir d'une dépendance modérée du Patriarcat de Constantinople, qui est le résultat de son Statut d'organisation de 1961, ainsi que des amendements faits ultérieurement. Pratiquement, il s'agit d'une forme plus organisée d'autonomie de type métropolitain, dont celle-ci constitue le fondement.

b) *L'Archevêché grec orthodoxe d'Amérique*

En ce qui concerne les archevêchés de la diaspora qui sont sous l'autorité du Patriarcat de Constantinople, il faut noter que celui d'Amérique se détache tant par l'ancienneté (c'est la première éparchie créée dans la diaspora grecque) que par le nombre particulièrement important de ses adhérents. C'est, en effet, le motif pour lequel elle peut être prise comme modèle de l'organisation des archevêchés du Patriarcat de Constantinople.

Selon son Statut, rédigé en juillet 2004 par son Assemblée de clercs et de laïcs et ratifié par le patriarche de Constantinople le 3 janvier 2005[81], l'Archevêché est une unité ecclésiale du Patriarcat de Constantinople, sous le nom d'*Archevêché grec orthodoxe d'Amérique*[82]. Cette unité

---

[80] K.G. PAPAGÉORGIOU, «Le cadre nomocanonique des relations», 159-168.

[81] Pour détails concernant les Statuts précédents de l'Archevêché grec orthodoxe d'Amérique, voir L.J. PATSAVOS, «History of the Charters», 67-92.

[82] Pour l'histoire de l'Archevêché, voir G. PAPAIOANNOU, «The Diamond», 217-306.

ecclésiale se compose des éparchies (métropolies) dont le nombre, le siège et les limites sont désignés par le Synode de l'archevêché, en consultation avec le *Conseil de l'archevêché*[83], et sont soumis à l'évaluation du Synode du Patriarcat de Constantinople, qui peut les approuver ou simplement les ratifier[84]. Actuellement, cette unité ecclésiale comprend l'archevêché, qui a son siège à New York et huit métropolies, à savoir celles de Chicago, de Boston, de San Francisco, de Pittsburg, de Detroit, de Denver, de New Jersey et d'Atlanta[85].

Le Synode des évêques, qui se compose de l'archevêque, en tant que président, et des huit métropolites qui dirigent les éparchies susmentionnées, représente la plus haute autorité de l'Archevêché[86]. Le Synode des évêques est convoqué au moins deux fois par an, avant Pâques et à l'automne, et autrement chaque fois que cela est jugé nécessaire ou à la requête du Patriarcat de Constantinople. Le lieu de réunion est fixé par l'archevêque, qui, en sa qualité d'exarque du Patriarche de Constantinople pour les Etats-Unis et Bahamas, a la charge de plusieurs responsabilités[87]. Dans l'exercice de ses devoirs, l'archevêque est assisté par le *Conseil de l'archevêché*, composé des évêques et des représentants du clergé et des laïcs de chaque éparchie[88]. Ce conseil, convoqué et présidé par l'arche-

---

[83] Le *Conseil de l'archevêché* (*Archidiocesan Council*) est l'organisme consultatif de l'*Archevêque* et du *Synode de l'archevêché*, ainsi que l'organisme qui prend en charge les responsabilités de l'*Assemblée clérico-laïque de l'archevêché* (*Archdiocesan Clergy-Laity Congress*) entre les réunions de celle-ci (cf. art. 2§4). Selon le même Statut, l'*Assemblée clérico-laïque de l'archevêché* représente la plus haute autorité législative de l'*Archevêché*, à l'exception des affaires dogmatiques et canoniques (cf. art. 2§3, art. 4§2, art. 4§3). Cependant, les décisions de cette *Assemblée* sont soumises par le *Synode de l'archevêché* à travers son président, l'archevêque, à l'approbation du Patriarcat de Constantinople (cf. art. 4§14).
[84] Cf. art. 1§2. Effectivement, par la ratification, le Saint-synode de l'Eglise de Constantinople confirme ce qui a été déjà décidé par le Synode de l'Archevêché.
[85] Cf. art. 1§3.
[86] Cf. art. 2§2.
[87] Par exemple, l'archevêque, ensemble avec le Synode de l'archevêché, est responsable devant le Patriarcat de Constantinople pour l'administration correcte de l'Archevêché (art. 3§1B), et pour cela il est obligé d'en référer au Patriarcat de Constantinople et de lui soumettre un rapport annuel sur l'état de l'archevêché (art. 3§1C). Il est aussi chargé de consacrer les évêques de l'archevêché et de les installer dans leurs éparchies (art. 3§1F), ainsi que de présider les organismes centraux de l'archevêché (art. 3§1H). De plus, l'archevêque est responsable de la distribution du Saint Myron, reçu du Patriarcat de Constantinople, aux métropolites de son archevêché (art. 3§1N), comme aussi de cultiver et de renforcer les liens entre l'archevêché et le Patriarcat de Constantinople (art. 3§1L).
[88] Cf. art. 5.

vêque, se réunit au moins deux fois par an, mais aussi de façon extraordinaire aussi souvent qu'il le faut.

L'élection de l'archevêque est le droit exclusif du Synode du Patriarcat de Constantinople. Le *Synode de l'archevêché* et son *Conseil* ne jouissent que d'une voix consultative à propos de la personne de l'archevêque à élire[89]. De même, l'élection des évêques de l'archevêché constitue aussi un droit exclusif du Synode du Patriarcat de Constantinople. Ainsi, le *Synode de l'archevêché*, en consultation avec son *Conseil*, doit présenter une liste de trois candidats au Synode du Patriarcat de Constantinople[90], qui élit alors l'un d'entre eux[91].

Donc, cette brève présentation du système d'organisation de l'*Archevêché grec orthodoxe d'Amérique* indique que le Patriarcat de Constantinople n'a prévu pour celui-ci qu'un régime d'autonomie ecclésiastique de type métropolitain.

c) *Les Eglises autonomes sous l'autorité de l'Eglise de Constantinople*

Relativement aux Eglises autonomes qui sont sous l'autorité du Patriarcat de Constantinople, à savoir l'Eglise orthodoxe de Finlande et l'Eglise apostolique orthodoxe d'Estonie, il faut noter que toutes les deux représentent des cas très particuliers à l'intérieur de l'Orthodoxie.

+ *L'Eglise orthodoxe de Finlande*

La foi orthodoxe est entrée en Finlande à partir du XIIe siècle par l'influence de l'Eglise orthodoxe russe de Novgorod, et elle se développé beaucoup pendant la domination russe du pays (1809-1917). Après l'indépendance du pays (1917), en 1921, l'Eglise de Finlande, grâce au patriarche de Moscou Tikhon, obtient canoniquement de recevoir le statut d'autonomie dans l'Eglise de Russie[92]. Ensuite, en 1923, encouragée par les autorités politiques finnoises, elle demande l'autocéphalie au Patriarcat de Constantinople, au motif que le Patriarcat de Moscou se trouve en

---

[89] En effet, le Synode de l'archevêché, ensemble avec le Conseil, doit rédiger une liste alphabétique des 5 candidats, et l'envoyer, par une délégation spéciale, au Synode du Patriarcat de Constantinople (cf. art. 5§6B).

[90] Cf. art. 5§6C1.

[91] Cf. art. 5§6C2d.

[92] Le patriarche Tikhon avait octroyé l'autonomie à l'Eglise orthodoxe de Finlande par le décret no. 139 du 11 février 1921. Cf. A. VEDERNIKOV, «На канонический путь», 16, note 2; P. HAUPTMANN – G. STRICKER, *Die Orthodoxe Kirche*, 667-668. Pour détails, voir V. PURMONEN, *Orthodoxy in Finland*; C. VASILIU, «Biserica Ortodoxă Finlandeză», 367-383.

difficulté à cause des persécutions du pouvoir communiste. Elle n'obtient de la part de Constantinople qu'un *tomos* d'autonomie, donc un statut dont elle bénéficiait déjà auparavant ! Toutefois, par le même *tomos* l'Eglise de Finlande passe à partir de 1923 sous l'autorité du Patriarcat de Constantinople. Bien que l'Eglise de Russie ait contestée très fortement ce changement, en 1957 elle avait à reconnaître l'Eglise orthodoxe de Finlande comme autonome sous l'autorité du Patriarcat de Constantinople[93]. En 1980, l'*Assemblée ecclésiastique* de l'Eglise de Finlande avait décidé de demander encore une fois l'autocéphalie au Patriarcat de Constantinople[94], mais sa demande n'avait pas reçu une réponse affirmative. Par conséquent, encore aujourd'hui, l'Eglise de Finlande reste une Eglise autonome sous l'autorité du Patriarcat de Constantinople.

De nos jours, l'Eglise orthodoxe de Finlande jouit, à l'intérieur de la société finnoise, du statut de personne juridique publique[95]. Par conséquent, son organisation actuelle est faite en tenant compte du *tomos* d'autonomie promulgué par le patriarche Mélétios Metaxakis, le 6 juillet 1923, ainsi que de son Statut promulgué, le 10 novembre 2006, comme la loi finnoise 985/2006, et entré en vigueur le 1er janvier 2007.

Actuellement, l'Eglise de Finlande est composée de trois éparchies[96] (Carélie, Helsinki et Oulu) dont celle de Carélie est archevêché[97]. La plus haute autorité de l'Eglise de Finlande est représentée par l'*Assemblée ecclésiastique* qui comprend des membres du clergé et des laïcs[98]. Les organismes de l'administration centrale ecclésiastique finnoise sont le *Synode*, responsable pour les affaires doctrinales et pour les relations extérieures, et le *Conseil administratif*, chargé des affaires courantes de

---

[93] Cf. R. ROBERTSON, *The Eastern Christian Churches*, 106. Pourtant, le Patriarcat de Moscou avait organisé pour les orthodoxes russes de la Finlande des paroisses qui relèvent de son autorité directe (cf. H. PAVINSKY, «Russian Orthodox Parishes», 97-100).

[94] Cf. V. PURMONEN, «Orthodoxy in Finland», 21.

[95] Du point de vue juridique, à partir de 1948, l'Eglise orthodoxe de Finlande est une des deux *Eglises nationales* du pays avec l'Eglise évangélique-luthérienne de Finlande, qui rassemble la majorité de la population finnoise. En tant qu'Eglise nationale, l'Eglise orthodoxe de Finlande est reconnue comme personne juridique publique et, donc, elle est financée par la collecte d'un impôt direct.

[96] Selon la nouvelle tradition constantinopolitaine, qui met l'archevêque au-dessus du métropolite, l'Eglise de Finlande a une organisation de type métropolitain, ainsi qu'elle comprend deux métropolies plus un archevêché.

[97] Cf. art. 6 de la Loi 985/2006.

[98] Selon l'art. 10 de la Loi 985/2006, l'*Assemblée ecclésiastique finnoise* comprend dix-huit clercs (tous les évêques, onze prêtres, trois chanteurs ecclésiastiques) et dix-huit laïcs (hommes et femmes), et se réunit une fois tous les trois ans (cf. art. 11).

l'Eglise. Selon le n. 9 du *tomos* d'autonomie, l'archevêque, ainsi que les évêques de l'Eglise de Finlande, sont élus par le Synode finnois, mais l'élection de l'archevêque doit être confirmée par le patriarche de Constantinople. De même, l'Eglise de Finlande ne peut pas bénir le Saint Myron, mais elle doit le recevoir de la part du Patriarcat de Constantinople. D'autre part, il faut noter aussi que l'Eglise de Finlande, après 1923, avait adopté le calendrier grégorien, et qu'aujourd'hui elle constitue l'unique Eglise orthodoxe locale qui célèbre la fête de Pâques selon le calendrier grégorien. Donc, il est clair qu'aujourd'hui l'Eglise de Finlande bénéficie d'un régime d'*autonomie ecclésiastique* normal, tout en bénéficiant de certains privilèges, à savoir de pouvoir se représenter elle-même dans les relations extérieures, et d'avoir un calendrier propre, unique.

+ *L'Eglise orthodoxe d'Estonie*

Quant à l'Eglise orthodoxe en Estonie nous avons déjà mentionné qu'elle existe grâce aux missionnaires russes du XVIIe siècle, et que, dès 1920, elle fut déclarée autonome par le Saint-synode de l'Eglise orthodoxe de Russie. En effet, elle n'était passée en 1923, que d'une manière très équivoque sous l'autorité du Patriarcat de Constantinople[99]. Plus précisément, Mélétios Metaxakis avait créé la *Métropolie orthodoxe d'Estonie*, par le *tomos* du 7 juillet 1923, en expliquant:

> Étant donné que, dans le nouvel Etat récemment constitué et indépendant d'Estonie, l'Eglise orthodoxe, en raison des nouvelles conditions politiques et du désordre ecclésiastique régnant en Russie, s'est séparée de l'Eglise orthodoxe de Russie, dont elle dépendait auparavant, et s'est retrouvée sans protection, et qu'elle a demandé, dans une lettre adressée au Trône œcuménique délivrée et présentée par S.E. Mgr. Alexandre, Archevêque d'Estonie, à être placée sous la direction spirituelle et la protection du Trône œcuménique, afin de pouvoir fonctionner canoniquement et sûrement, nous et les autres vénérés métropolites avons accueilli cette requête avec bienveillance et nous sommes réunis pour statuer sur le cas de l'Eglise orthodoxe en Estonie, conformément à la praxis canonique et lui accorder notre protection que, en raison des circonstances, la Sainte Eglise de Russie ne pouvait lui assurer. Par conséquent, guidé par l'Esprit Saint, nous nous prononçons pour l'autonomie que S.B. Mgr. Tikhon, Patriarche de Moscou et de toute la Russie, a garantie à l'Eglise d'Estonie, et nous décidons que les chrétiens orthodoxes, vivant dans la République bénie d'Estonie, ainsi que leurs fondations, formeront une seule circonscription ecclésiastique, appelée «Métropolie orthodoxe d'Estonie»[100].

---

[99] Pour plus de détails, voir p. 95, note 59.
[100] G. PAPATHOMAS – M.H. PALLI, *The Autonomous Orthodox Church*, 59-60.

Il faut absolument souligner que l'action du patriarche Mélétios est contraire à la doctrine canonique et à la tradition de l'Eglise orthodoxe, car elle vient contredire les prescriptions prévues dans les canons: 30 apostolique, 2 du IIe synode œcuménique, 3 du VIIe synode œcuménique et 16 du synode d'Antioche. Il appert donc clairement, du point de vue canonique, qu'elle ne peut point être retenue comme valide. En conséquence, l'acte de création de la soi-disant *Métropolie orthodoxe d'Estonie* par le patriarche Mélétios est considéré nul.

Pour cette raison, en 1948, les orthodoxes d'Estonie[101], sur leur demande, sont de nouveau reçus canoniquement sous l'autorité de l'Eglise de Russie. De plus, le 13 avril 1978, après des discussions entre l'Eglise de Russie et celle de Constantinople, le *tomos* de 1923 est déclaré non opérationnel[102], en conséquence de quoi il n'y a qu'une seule Eglise

---

[101] A l'exception d'une petite partie de ses membres (des laïcs et 22 prêtres) réfugiés en Suède, où ils constituaient le soi-disant «Saint-synode de l'Eglise d'Estonie en Exil», sous la direction du métropolite Alexandre. Il faut souligner ici qu'il ne s'agi-ssait pas d'un vrai synode, car il n'y avait qu'un seul évêque. En 1954, le métropolite Alexandre décéda en Suède, à Stockholm, sans avoir adressé ne fût-ce qu'une seule missive aux orthodoxes restés en Estonie. Ainsi, avec la mort du métropolite, ledit «synode» cessa donc d'exister. De plus, il faut préciser ici que les saints canons ne permettent pas aux évêques de quitter l'éparchie pour laquelle ils ont été ordonnés. Dans ce sens, le canon 17 d'Antioche précise que «si après avoir reçu la consécration épiscopale et le pouvoir de diriger une éparchie, un évêque ne remplit pas son ministère et s'obstine à ne point se rendre dans l'Eglise pour laquelle il a été ordonné, il doit être excommunié jusqu'à ce qu'il se voie dans la nécessité d'accepter ce qui lui a été destiné, ou que le synode complet des évêques de la province statue sur son cas» (*Syntagme*, III, 158; *Discipline antique*, I-2, 117-118). De même, le canon 16 du synode prime-second de Constantinople prévoit aussi que «si un évêque, gardant sa dignité d'évêque, ne veut ni s'en démettre, ni exercer sa charge pastorale auprès de son peuple, mais reste plus de six mois loin de son éparchie, sans y être retenu par un ordre impérial, ni y remplir un office au service de son patriarche, ni y être sous le coup d'une maladie grave, qui le condamne à l'immobilité absolue, un tel évêque, qui ne serait empêché par aucune des raisons énumérées, s'il s'absentait de son éparchie et restait dans un endroit autre que son éparchie au-delà de la durée de six mois, sera dépouillé complètement de l'honneur et de la dignité épiscopale; car le Saint-synode a décidé que celui qui négligerait le troupeau pris en charge et demeurerait dans un endroit autre que son éparchie au-delà de l'espace de six mois, sera dépouillé complètement de la dignité de hiérarque, qui l'a constitué pasteur de son troupeau, et un autre sera intronisé à l'évêché en son lieu et place» (*Syntagme*, II, 687-688; *Discipline antique*, I-2, 476-478). Il appert alors que, *de facto*, le métropolite Alexandre n'était qu'un évêque excommunié de l'Eglise orthodoxe. Donc l'activité du soi-disant «Saint-synode de l'Eglise d'Estonie en Exil» ne peut être retenue valide dans l'Eglise orthodoxe.

[102] Cf. «Πατριαεχικόν και Συνοδικόν Γράμμα (13.04.1978)», 199-201.

orthodoxe d'Estonie, celle rattachée canoniquement au Patriarcat de Moscou[103].

Après que l'Estonie fut sortie de l'Union Soviétique et eut obtenu son indépendance politique (20 août 1991), le nouveau gouvernement estonien refusa de reconnaître officiellement l'*Eglise orthodoxe d'Estonie*, rattachée canoniquement au Patriarcat de Moscou. De plus, le 11 août 1993, le même gouvernement estonien enregistrait officiellement une nouvelle Eglise, la soi-disant *Eglise apostolique orthodoxe d'Estonie*[104]. Pour cela, les autorités politiques estoniennes avaient accueilli un certain nombre de paroisses appartenant auparavant à l'*Eglise orthodoxe d'Estonie*[105], et avaient demandé leur rattachement au Patriarcat de Constantinople. Pour justifier cette anomalie juridique et canonique, le Département des Affaires Religieuses d'Estonie affirmait qu'il reconnaissait en effet le soi-disant «Saint-synode de l'Eglise d'Estonie en Exil», bien que

---

[103] Pour plus de détails concernant l'histoire de l'Orthodoxie en Estonie, voir M.-A. HELJAS, «L'Eglise orthodoxe», 36-45; A. PÕLD, «History», 275-284.

[104] Si le gouvernement estonien a reconnu officiellement la soi-disant *Eglise apostolique orthodoxe d'Estonie* en 1993, l'*Eglise orthodoxe d'Estonie*, rattachée canoniquement au Patriarcat de Moscou, n'a été reconnue qu'en avril 2002 (cf. T. PULCINI, «Undaing Disunity», 232). En effet, le gouvernement estonien, abusivement, avait reconnu l'*Eglise apostolique orthodoxe d'Estonie* comme le successeur légitime de l'Eglise d'avant-guerre, ce qui, aux yeux du gouvernement estonien, signifiait qu'elle pouvait revendiquer tous les biens de cette Eglise. Ainsi l'*Eglise apostolique orthodoxe d'Estonie* jouit-elle, encore aujourd'hui, du soutien exclusif de l'Etat estonien, lequel refusa jusqu'à peu de reconnaître l'*Eglise orthodoxe d'Estonie* (qui reste dépossédée de ses biens immobiliers historiques). En conséquence, de nos jours, seule l'*Eglise apostolique orthodoxe d'Estonie* a le droit à la propriété privée en Estonie, tandis que l'*Eglise orthodoxe d'Estonie* se contente d'être locataire de ses églises et presbytères. Pour plus de détails concernant l'actuel régime de la liberté religieuse en Estonie, voir: M. KIVIORG, «Church and State», 99-103; «Church and State in Estonia», 95-114; R. RINGVEE, «Religious Freedom», 631-642; «State and Religious Associations», 503-532.

[105] Avant 1993, l'Orthodoxie estonienne comptait approximativement 170.000 fidèles dont environ 20.000 ont choisi de (re)joindre la soi-disant *Eglise apostolique orthodoxe d'Estonie*. Selon le dernier recensement général de 2000, la population d'Estonie était légèrement au-dessus de 1,3 million de personnes (1.376.743), dont les orthodoxes comptaient 143.554 personnes, à savoir 13,9% de la population estonienne âgée de moins de 15 ans (cf. STATISTIKAAMET – STATISTICAL OFFICE OF ESTONIE, *2000. Aasta Rahva Ja Eluruumide Loendus*, 30). De plus, il faut souligner ici que la plus grand partie des orthodoxes estoniens sont de nationalité russe (104.698), ukrainienne (9.984) ou biélorusse (6.051), à savoir environ 85% de la population estonienne âgée de moins de 15 ans qui se déclare orthodoxe, tandis que les orthodoxes de nationalité estonienne ne comptent que 18.517 personnes. (cf. STATISTIKAAMET – STATISTICAL OFFICE OF ESTONIE, *2000. Aasta Rahva Ja Eluruumide Loendus*, 41).

ce Synode n'ait pas de représentant dans le pays. Le 20 février 1996, le Synode de l'Eglise de Constantinople, sous la présidence de son patriarche Bartholomé Ier décidait de répondre à la demande du gouvernement estonien en (re)créant une nouvelle Eglise orthodoxe d'Estonie sous le nom d'*Eglise apostolique orthodoxe d'Estonie*[106] (sic). Pour cela, les autorités constantinopolitaines n'avaient fait que reconnaître la soi-disant *Eglise apostolique orthodoxe d'Estonie*, créée en 1993 par le Gouvernement estonien, bien que les saints canons interdisent toute intrusion du pouvoir civil dans les affaires internes de l'Eglise[107].

De plus, le 24 février 1996, le proto-hiérarque de l'Eglise de Finlande est nommé *locum tenens* de l'*Eglise apostolique orthodoxe d'Estonie*[108]. Trois ans plus tard, le 13 mars 1999, le Saint-synode de l'Eglise de Constantinople élit Stephanos Charalambides, évêque de Nazianze, comme métropolite de l'*Eglise apostolique orthodoxe d'Estonie*, bien que cela soit absolument interdit par les saints canons. L'hiérarque grec est intronisé comme *Métropolite de Tallin et de toute l'Estonie* le 21 mars de la même année[109]. Ensuite sont créées deux nouvelles éparchies pour lesquelles sont ordonnés deux évêques estoniens[110]. En conséquence, de nos jours, l'*Eglise apostolique orthodoxe*

---

[106] «La très sainte Eglise-mère de Constantinople [...] accepta la juste demande des chrétiens orthodoxes d'Estonie et celle de l'honorable Gouvernement d'Estonie de procéder au plein rétablissement en Estonie de l'Eglise apostolique orthodoxe estonienne existant avant 1940 en tant qu'Eglise autonome relevant du Patriarcat oecuménique», BARTHOLOMÉ Ier, «Πατριαρχικὴ καὶ Συνοδικὴ Πρᾶξις», 64. Pour le point de vue du Patriarcat de Constantinople, voir aussi G. PAPATHOMAS, «La réactivation en 1996 de l'autonomie de l'Eglise d'Estonie», 46-61.

[107] Le canon 12 du IVe synode œcuménique avait déjà signalé ce type d'abus de la part des autorités civiles, en précisant: «Nous avons appris que quelques-uns, agissant en opposition avec les principes de l'Eglise, s'adressent aux pouvoirs publics et font diviser en deux par des rescrits impériaux une métropolie, si bien qu'à partir de ce moment-là il y a deux métropolitains dans une seule métropolie. Le saint synode décide qu'à l'avenir nul évêque n'osera agir ainsi; s'il le fait, il sera destitué de son propre rang».

[108] Cf. «Communiqué du Secrétariat Générale», 246-247.

[109] Cf. *Imérologhion*, 1165.

[110] Plus précisément, après la réunion d'une Assemblée Générale de l'*Eglise apostolique orthodoxe d'Estonie*, le métropolite Stéphanos de Tallinn et de toute l'Estonie a présenté deux candidats pour le rang épiscopal devant le Saint-synode de l'Eglise orthodoxe de Constantinople, qui à son tour a élu les deux candidats le 21 octobre 2008. Il s'agit de l'archimandrite Elie Ojaperv, élu évêque de Tallinn, et de l'archimandrite Alexandre Hopjorski, élu évêque de Pärnu-Saaremaa. Ceux-ci ont reçu l'ordination épiscopale aux sièges des évêchés respectifs, le 10 et le 12 janvier 2009. A la sainte liturgie de

d'Estonie représente une métropolie dite «autonome», sous l'autorité du Patriarcat de Constantinople, bien que sa création en 1923 et sa recréation en 1996 soient absolument contraires aux saints canons et à la tradition canonique de l'Eglise orthodoxe.

A son tour, après les années 1990, le Patriarcat de Moscou a réorganisé l'*Eglise orthodoxe d'Estonie* comme une métropolie «auto-administrée», à la tête de laquelle a été élu Corneille Yacobs[111]. Bien que le patriarche Alexeï II, dans le tomos patriarcal du 26 avril 1993, ait précisé que, au sein du Patriarcat de Moscou, l'*Eglise orthodoxe d'Estonie* «bénéficiait d'autonomie ecclésiale et administrative, économique, d'éducation, ainsi que dans ses relations avec les autorités civiles»[112], les autorités de l'Eglise orthodoxe de Russie décidèrent ensuite que l'*Eglise orthodoxe d'Estonie* serait une des «Eglises auto-administrées»[113] du Patriarcat de Moscou.

Malgré les fortes protestations du Patriarcat de Moscou et les nombreuses tentatives de dialogue, encore aujourd'hui l'Eglise orthodoxe en Estonie reste divisée entre l'Eglise de Russie et l'Eglise de Constantinople[114]. Cela constitue une source des problèmes et de fortes tensions[115]

---

leur ordination ont participé sept évêques grecs et chypriotes, sous la présidence du métropolite Stéphanos Charalambides.

[111] Né à Tallinn, en Estonie, Corneille Yacobs en a été ordonné évêque le 15 septembre 1990 (cf. «Наречение и хиротония архимандрита Корнилия», 18-20). En 1994, il est élevé au rang d'archevêque (cf. N. MITROHIN – S. TIMOFEEVA, *Епископы и епархии*, 383-384), et, le 06 novembre 2000, il est élu métropolite de Tallinn et de toute l'Estonie.

[112] Cf. ALEXEÏ II, «Томос Алексия второго», 576-578.

[113] Le concept d'*Eglise auto-administrée*, introduite dans l'Eglise orthodoxe de Russie seulement à partir des années 1990, sera analysé dans le chapitre dédié à l'analyse de l'*autonomie ecclésiastique* dans le Patriarcat de Moscou.

[114] A cause de la (re)création de l'Eglise apostolique orthodoxe d'Estonie, le Patriarcat de Moscou a temporairement rompu ses relations avec l'Eglise de Constantinople (23 février 1996) et avec l'Eglise de Finlande (27 février 1996) (cf. T. PULCINI, «Undaing Disunity», 233). Pour détails concernant la crise provoquée, voir O. CLÉMENT, «Constantinople et Moscou», 89-100; K. VAVOUSKOS, «L'orthodoxie», 62-84. De plus, il faut préciser ici qu'il y a eu des cas où des revues théologiques ont essayé de soutenir l'autonomie de l'Eglise apostolique orthodoxe d'Estonie. Le cas le plus évident est celui de la revue théologique française *Istina*, revue qui en 2004 avait à consacrer son premier numéro exclusivement au sujet de l'Orthodoxie en Estonie, numéro intitulé, d'ailleurs, très suggestif: «Le plaidoyer de l'Eglise orthodoxe d'Estonie pour la défense de son autonomie face au Patriarcat de Moscou».

[115] L'Estonie a connu une nouvelle tension à la suite de la visite du patriarche de Constantinople Bartolomé dans ce pays en octobre 2000 et de la réunion du Saint-synode du Patriarcat de Moscou en novembre. Cette visite a été considérée comme

jusqu'à l'intérieur de l'Orthodoxie[116]. Actuellement, l'*Eglise apostolique orthodoxe d'Estonie* représente une structure ecclésiale reconnue exclusivement par le Patriarcat de Constantinople.

---

une provocation par Moscou, Bartolomé ayant omis de prévenir le patriarche de Moscou de sa visite en Estonie, et l'a qualifiée «d'intrusion sur le territoire canonique du Patriarcat de Moscou» (cf. «Nouvelle tension», 88-89).

[116] La présence des représentants de l'*Eglise apostolique orthodoxe d'Estonie* aux travaux de la Commission du dialogue entre l'Eglise catholique et l'Eglise orthodoxe à Ravenne (2007) a déclenché une forte contestation du représentant de l'Eglise de Russie, à savoir l'évêque Hilarion Alfeyev, car le Saint-synode de l'Eglise orthodoxe de Russie, réuni entre le 13 et 16 août 2000 à Moscou, avait décidé, dans sa séance du 16 août 2000, que ses représentants ne peuvent plus participer à aucune des conférences ou réunions panorthodoxes où il y a des représentants de la soi disant *Eglise apostolique orthodoxe d'Estonie* (cf. «Определение освященного Юбилейного Архиерейского Собора Русской Православной Церкви », 20). En effet, pour cette raison la délégation russe avait abandonné ces travaux (cf. L. LORUSSO, «Ravenna», 4-13). De plus, le 26 mars 2008, les délégations des deux Patriarcats se sont rencontrées à Zurich (Suisse) pour étudier ce problème, mais les pourparlers n'ont pas abouti à un consensus sur la composition de la délégation des Eglises orthodoxes locales au sein de la Commission internationale mixte catholique-orthodoxe. Selon le communiqué du Département des relations extérieures, le Patriarcat de Moscou a suggéré trois solutions qui ont été rejetées par la délégation du patriarcat de Constantinople. Elles ont été formulées de la façon suivante: «1. Seules les Eglises autocéphales et autonomes dont le statut est reconnu par l'ensemble des orthodoxes pourraient participer au dialogue orthodoxe-catholique. Dans ce cas, la participation de l'*Eglise orthodoxe apostolique d'Estonie* ne serait pas admise. 2. Pourraient participer au dialogue toutes les Eglises autocéphales et autonomes dont le statut est reconnu au moins par plusieurs Eglises orthodoxes. Il serait alors précisé que leur participation au dialogue ne signifierait pas que leur statut soit reconnu par l'ensemble des Eglises orthodoxes. Dans ce cas, il faudrait inviter à la commission pour le dialogue théologique l'Eglise orthodoxe en Amérique et l'Eglise orthodoxe du Japon, aux côtés de la délégation de l'*Eglise orthodoxe apostolique d'Estonie* reconnue par le seul patriarcat de Constantinople. De même, il faudrait alors examiner la question de la participation au dialogue des Eglises autonomes qui composent le patriarcat de Moscou. Il s'agit de l'Eglise orthodoxe ukrainienne, de l'Eglise orthodoxe de Moldavie, de l'Eglise orthodoxe de Lettonie et de l'Eglise orthodoxe d'Estonie reconnue par le patriarcat de Moscou. 3. Une solution de compromis est possible. Elle suppose la participation, au sein de la délégation de leur Eglise mère, des délégués des Eglises dont le statut n'est pas reconnu par l'ensemble de l'Orthodoxie. Ainsi, le représentant de la structure ecclésiale du patriarcat de Constantinople en Estonie pourrait participer au travail de la commission en faisant partie de la délégation du patriarcat de Constantinople, tandis que les représentants de l'Eglise orthodoxe d'Amérique, de l'Eglise orthodoxe du Japon et des autres Eglises autonomes feraient partie de la délégation du patriarcat de Moscou.», «La situation de l'Orthodoxie en Estonie», 26-27. De même, le communiqué déplore le fait que le rejet de ces proposi-

Concernant l'autonomie de l'*Eglise apostolique orthodoxe d'Estonie* il faut souligner qu'il ne s'agissait au début que d'une seule éparchie du Patriarcat de Constantinople, et qu'il n'y avait donc pas la possibilité de parler d'*autonomie ecclésiastique*, mais seulement d'*autonomie éparchiale*. En conséquence, sa dénomination initiale d'*Eglise autonome* se révèle totalement impropre. Ce n'est qu'avec la création des deux nouvelles éparchies et l'ordination de leurs évêques, qu'on peut parler d'*autonomie ecclésiastique*. Cependant, il reste encore le problème de la canonicité (c'est-à-dire la conformité aux prescriptions des saints canons) de la création de cette structure ecclésiastique intitulée *Eglise apostolique orthodoxe d'Estonie*.

Nous pouvons résumer en affirmant qu'en réalité l'*Eglise apostolique orthodoxe d'Estonie* ne représente qu'une métropolie du Patriarcat de Constantinople créée sur un lieu où existait déjà une Eglise orthodoxe locale (ce qui est contraire au canon 8 du Ier synode œcuménique), Eglise qui n'a pas été consultée antérieurement (ce qui va à l'encontre du principe de synodalité). De plus, cette structure ecclésiale a été re-créée suite à l'intervention du pouvoir politique d'Estonie (contre les canons suivants: 30 apostolique, 2 du IIe synode œcuménique, 12 du IVe synode œcuménique et 3 du VIIe synode œcuménique). Donc, il n'est pas du tout hasardeux d'affirmer que l'*Eglise apostolique orthodoxe d'Estonie* a été re-créée contrairement à la doctrine canonique et à la tradition orthodoxe. De plus, si nous prenons en considération le fait que l'évêque de l'*Eglise apostolique orthodoxe d'Estonie* est un hiérarque grec (ce qui est contraire au canon 34 apostolique), nous pourrions apercevoir une résurgence de la politique de type phanariote[117] de la part du Patriarcat de Constantinople.

---

tions par le patriarcat de Constantinople a rendu impossible la participation de l'Eglise orthodoxe russe au travail de la Commission internationale mixte orthodoxe-catholique.

[117] Sous la domination ottomane (1453-1833), les Grecs étaient des rayas, c'est-à-dire des vassaux ou esclaves. Parmi eux, dès 17e siècle, un certain nombre d'hommes instruits purent s'assurer une belle position sociale et économique en collaborant avec les Turcs comme diplomates ou administrateurs. Ces *Phanariots* – ainsi appelés parce qu'ils vivaient surtout dans le quartier du Phanar (Φανάρι en grec, *Fener* en turc) à Constantinople – se trouvaient néanmoins, tout aussi bien que les autres *rayas*, dans une situation toujours précaire, à la merci des caprices du Sultan ou de Grand Vizir; ceci les forçait à s'adapter aux intrigues de Sérail, à cacher leur éventuels sentiments de solidarité à l'égard de leur frères de race opprimés, à apprendre – pour survivre – la méfiance et la duplicité. Par conséquent, la politique phanariote était souvent caractérisée par l'injustice, l'inhumanité et la perfidie. Cf. A. PIPPIDI, «Phanar», 231-239.

+ *La Politeia monastique du Mont Athos*

Situé sur la presqu'île du Mont Athos, actuellement partie de la Grèce[118], la *Politeia monastique du Mont Athos* est une communauté monastique qui bénéficie d'un statut d'autonomie *sui generis* dans le Patriarcat de Constantinople. De nos jours, la Politeia du Mont Athos jouit d'un statut juridique de région auto-administrée de l'Etat hellénique, et, en conséquence, tous ceux qui mènent là, la vie monastique, acquièrent, sans autre formalité, la nationalité grecque, dès qu'ils sont admis en tant que novices ou moines[119]. De plus, l'Etat grec, qui exerce son autorité sur la Politeia monastique par un Gouverneur[120], prévoit aussi, par l'article 105 de sa Constitution, qu'il est interdit l'installation d'hétérodoxes ou de schismatiques sur ce territoire[121].

Selon son Statut, la Sainte Montagne est gouvernée par ses vingt monastères, entre lesquels est répartie toute la presqu'île de l'Athos. Ainsi, toute l'administration intérieure du Politeia monastique est con-

---

[118] Depuis l'installation des premiers moines au Mont Athos (IXe siècle) et la fondation de la Grande Laure, monastère créé par saint Athanase l'Athonite (963), jusqu'au 1430, année de l'occupation de la Sainte Montagne par les Turcs, le Mont Athos appartenait à l'Empire byzantin, qui y exerçait sa pleine souveraineté. Il s'agissait, donc, d'un territoire de l'Empire byzantin doté de certains privilèges. A partir de 1430, le Mont Athos devient territoire de l'Empire ottoman, qui y exerça sa pleine souveraineté. Le 2 novembre 1912, la Sainte Montagne est libérée par la flotte grecque, et l'article 5 du Traité de Londres (17/30 mai 1913) mettait la péninsule d'Athos sous le protectorat des Alliés. Le protocole XVI du Traité de Lausanne, signé le 24 juillet 1923, établissait l'attribution définitive de la péninsule athonite à la Grèce. Et, en 1926, par la loi du 10 septembre 1926, fût adopté le premier Statut de la Politeia du Mont Athos, qui était prévu aussi par la Constitution hellénique de 1927. Les dispositions de ce statut n'ont pratiquement pas été modifiées, et sont contenues dans l'article 105 de la Constitution de 1975. Cf. N. ANTONOPOULOS, «La condition internationale du Mont Athos», 381-405.

[119] Cf. art. 105§1 de la Constitution de la Grèce du 9 juin 1975. Voir aussi C. PAPASTATHIS, «The Nationality», 75-86.

[120] Selon l'article 105§5 de la Constitution, le délégué civil du gouvernement hellénique qui porte le nom de *Gouverneur*, ayant rang de préfet (*nomarque*), est le représentant officiel de l'Etat hellénique auprès de la *Politeia* athonite. Il dépend, non du Ministère de l'Intérieur comme tous les autres nomarques, mais de celui des Affaires Etrangères, car à l'Athos il y a des moines provenant aussi de l'étranger, bien que la nationalité hellénique soit imposée à tous. Cf. G. PAPATHOMAS, *Le Patriarcat œcuménique*, 364-365.

[121] Pour plus de détails concernant le régime juridique du Mont Athos, voir C. PAPASTATHIS, «Le statut du Mont Athos», 141-158; «The Status of Mont Athos», 55-75. Pour une présentation de la vision orthodoxe sur la relation avec les hétérodoxes, voir V. GOREANU, «Comuniune sau intercomuniune ?», 263-274.

fiée aux organismes athonites, à savoir la Sainte-Communauté[122], la Sainte-Epistasie[123] et la Sainte-Synaxe[124].

Du point de vue canonique, la Politeia monastique du Mont Athos est située sous l'autorité directe du Patriarcat de Constantinople, bien que, en réalité, cette autorité est très faible[125] et réduite à des compétences quasi-formelles. Donc, dans le cas du Politeia monastique du Mont Athos, il ne

---

[122] La *Sainte Communauté* (Ἱερὰ Κοινότης) est composée des vingt représentants des monastères et constitue l'organisme délibératif central et principal d'auto-administration de la Politeia athonite. Les moines choisis afin de représenter chacun un monastère à la Sainte Communauté, sont élus par leur monastère, d'après son règlement intérieur, au cours de la première moitié du mois de janvier. La durée de la fonction des représentants est, en principe, limitée à un an, mais elle peut être prolongée dans les années suivantes, si le monastère élit de nouveau la même personne. De même, le monastère a le droit de révoquer, à tout moment, son représentant. Tous les représentants sont absolument égaux entre eux et possèdent chacun une voix, et la seule distinction qui existe parmi eux est celle de l'ordre hiérarchique des monastères. La *Sainte-Communauté* exerce le pouvoir législative et judiciaire, en fonctionnant aussi comme tribunal de première instance. Cf. G. PAPATHOMAS, *Le patriarcat œcuménique*, 372-375.

[123] La *Sainte-Epistasie* (Ἱερὰ Ἐπιστασία) représente l'organisme exécutif de l'administration centrale athonite, et est constituée par un comité composé de quatre membres appelés épistates (co-régents), choisis parmi les vingt représentants de la *Sainte-Communauté* et absolument égaux entre eux. Les épistates exercent leur mandat pendant un an, à partir du 1er juin jusqu'au 31 mai, et résident à Karyès; le premier épistate porte le nom de protépistate. La *Sainte-Epistasie* représente et exerce le pouvoir exécutif de la *Sainte-Communauté*, une partie du pouvoir judiciaire et remplit en même temps les fonctions d'un conseil municipal. Cf. G. PAPATHOMAS, *Le patriarcat œcuménique*, 375-377.

[124] La *Sainte-Synaxe* (Ἱερὰ Σύναξις) constitue l'organisme législatif suprême de l'Athos et est composé par les higoumènes des vingt monastères. Elle est convoquée deux fois par an de plein droit et formellement par le *Sainte-Communauté* quand celle-ci l'estime nécessaire, et a compétence législative et judiciaire. Ses décisions sont soumises, pour être sanctionnées, soit au Patriarcat de Constantinople, si leur contenu est ecclésiastique, soit au Ministère grec compétent par l'intermédiaire du *Gouverneur*, si leur contenu est administratif ou exécutif. De plus, la *Sainte-Synaxe* exerce des attributions judiciaires en fonctionnant comme tribunal d'appel pour les affaires jugées par la *Sainte-Communauté* au cas où celle-ci fonctionne comme tribunal de premier degré, et, en dernier ressort, pour les affaires des monastères déjà tranchées par la *Sainte-Communauté* en tant que tribunal d'appel. Elle légifère sans contraintes et ses décisions sont définitives. Cf. G. PAPATHOMAS, *Le patriarcat œcuménique*, 377-381.

[125] Par exemple, un des vingt monastères, précisément celui d'Esphigménou, depuis 1972 a cessé de faire mémoire, dans la divine liturgie, du nom du Patriarche de Constantinople, et a rompu toute communion avec le Patriarcat, manifestant par là son désaccord avec les initiatives œcuméniques du Phanar. En outre, le 30 décembre 2006, les vingt monastères d'Athos publient un communiqué condamnant l'œcuménisme promu par le Patriarche de Constantinople.

s'agit pas d'*autonomie ecclésiastique*, mais d'une communauté monastique qui jouit d'une vraie autonomie administrative au sein de l'Etat hellénique, et qui bénéficie de plusieurs privilèges à l'intérieur du Patriarcat de Constantinople.

+ *L'Eglise orthodoxe de Grèce*

Le cas de l'Eglise de Grèce constitue un cas très particulier à l'intérieur même de l'Orthodoxie. D'une part, parce qu'elle est une personne morale de droit publique, c'est-à-dire un organisme étatique, géré par son Statut, qui est une loi de l'Etat grec[126]. D'autre part, car l'Eglise de Grèce, seule parmi les Eglises orthodoxes locales, ne dispose pas d'un *prôtos*, au sens canonique, et est appelée «autocéphale» bien qu'elle vienne d'être privée de toutes les caractéristiques de l'autocéphalie[127].

En effet, il faut souligner que l'autocéphalie de l'Eglise de Grèce a progressivement décru, à partir du moment où elle fut reconnue par l'Eglise de Constantinople. Ainsi, dans le *tomos* de 1850[128], le Patriarcat de Constantinople avait à reconnaître l'autocéphalie de l'Eglise de Grèce, mais en imposant, en même temps, certaines conditions. Premièrement, le *tomos* interdit à l'Eglise de Grèce de bénir le Saint Myron, en l'obligeant de le recevoir toujours de la part de l'Eglise de Constantinople[129]. Ensuite, le même *tomos* exige que

> il serait convenable que le Saint-synode de Grèce se rapporte au patriarche et au Saint-synode qui l'entoure lorsque les affaires ecclésiastiques en cours nécessitent une consultation et une collaboration, dans l'intérêt et pour l'affermissement de l'Eglise orthodoxe. De son côté, le Patriarche œcuménique avec le Saint et vénérable Synode qui l'entoure, propose avec empressement sa collaboration en communicant ce qui est nécessaire au Saint-synode de Grèce[130].

---

[126] L'actuel Statut de l'Eglise de Grèce, qui comprend 75 articles, a été promulgué en 1977, et a été publié en tant que loi civile grecque, à savoir la Loi no. 590/1977. Pour détails concernant la relation entre l'Eglise orthodoxe et l'Etat grec, voir C. PAPASTATHIS, «Stato e Chiesa», 77-95; S.N. TROIANOS, «Die Verfassung», 111-121.

[127] De nos jours, l'Eglise de Grèce ne peut ni bénir le Saint Myron, ni se représenter toute seule, ni constituer la dernière instance d'appel. En pratique, elle est obligée de recevoir le Saint Myron de la part de l'Eglise de Constantinople, de reconnaître le siège constantinopolitain comme dernière instance d'appel pour ses clercs, et d'être représentée à travers les institutions du Patriarcat de Constantinople.

[128] ANTHIMOS IV, «Πατριαρχικος και συνοδικος τομος», 207-214.

[129] En conformité avec le point 9 du *tomos* «chaque fois que la nécessité se présente», l'Eglise de Grèce doit recevoir le Saint Myron de la part du Patriarcat de Constantinople.

[130] ANTHIMOS IV, «Πατριαρχικος και συνοδικος τομος», 212.

De plus, le même document avait établi que l'Eglise de Grèce ait une structure organisationnelle *sui generis*, car elle est la seule parmi les Eglises orthodoxes locales qui ne dispose pas d'un *prôtos* (le premier hiérarque du synode)[131] au sens canonique. En effet, elle est actuellement organisée comme une Eglise exclusivement synodale[132], car son *prôtos* est le Saint-synode[133] (dont l'archevêque d'Athènes n'est que son président–πρόεδρος[134], sans bénéficier, donc, des droits canoniques du prôtos–πρῶτος).

Ultérieurement, en 1921, l'Eglise de Grèce perd son droit légitime de surveillance sur sa diaspora[135], et, à partir de 1928, elle change substantiellement sa structure organisationnelle par l'annexion des éparchies des «Nouveaux territoires»[136], qui ont été libérés en 1912[137]. Plus précisément, le 4 septembre 1928 est signé un accord entre le siège constantinopolitain et l'Eglise de Grèce, accord par lequel il était établi que les évêques des éparchies des «Nouveaux territoires» restent sous l'autorité du Patriarcat de Constantinople, tout en participant temporairement au Saint-synode de l'Eglise de Grèce[138]. Par conséquent, dans le Saint-

---

[131] Pour le rôle du *prôtos* dans une Eglise autocéphale, voir p. 85, note 19.

[132] Par comparaison, la structure actuelle de l'Eglise de Grèce est identique à celle de l'Eglise de Russie pendant sa période de soumission directe au tsar russe (1721-1917), lorsqu'elle était privée de la possibilité d'avoir un patriarche et était gouvernée exclusivement par son Saint-synode soumis à un contrôlé direct d'un *haut-procureur* nommé par le tsar (Au ce sujet, voir J. PLAMPER, «The Russian Orthodox Episcopate», 5-34). En effet, le Saint-synode de l'Eglise de Grèce était soumis aussi au contrôle d'un représentant royal jusqu'au 1974. Dans son Statut de 1977, l'Eglise de Grèce n'accepte la présence d'un représentant du Gouvernement, à savoir le Ministre de l'Education Nationale et des Cultes, que pendant l'élection de l'archevêque d'Athènes. Cependant, dans le cas où le ministre serait absent, la séance garde sa validité (art. 13§1). Pour détails, voir G. PAPATHOMAS, *L'Eglise de Grèce*, 227-283.

[133] Par exemple, le Saint Synode de la Grèce a le droit d'avoir des *monastères stavropégieux* (art. 39§2).

[134] Pour détails sur le concept de πρόεδρος, voir C. ERBICEANU, «Studii literare», 326-332, 435-442, 599-618.

[135] Bien que la plupart des clercs de la diaspora grecque viennent de la Grèce, et est salariée par l'Eglise de Grèce, de nos jours c'est le Patriarcat de Constantinople qui exerce l'autorité canonique sous les éparchies grecques de la diaspora.

[136] Cf. E. KONSTANTINIDIS, Ανακηρυξις του αυτοκεφαλου της εν Ελλαδι Εκκλησιας.

[137] Ces territoires ont été libérés de l'occupation ottomane en 1912, à la suite de la troisième guerre des Balkans, et la situation canonique des évêques de ces territoires reste assez ambiguë jusqu'en 1928. Pour détails, voir A. ANGHELOPOULOS, Η εκκλησιαστική ιστορία των νέων χωρών.

[138] Cf. BASILEOS III, «Πατριαρχική και Συνοδική Πραξις», 755-759.

synode de l'Eglise de Grèce il y a deux catégories d'évêques[139]: ceux qui sont sous l'autorité de l'Eglise de Grèce et ceux qui sont sous l'autorité du Patriarcat de Constantinople[140]. Donc, il est très évident que l'autocéphalie de l'Eglise de Grèce a été progressivement rétrécie par des décisions du Patriarcat de Constantinople[141], de sorte que, au début du troisième millénaire, elle se manifestait exclusivement par une seule caractéristique, à savoir le droit de l'Eglise de Grèce de se représenter sans la médiation du Patriarcat de Constantinople.

Récemment, le 10 mai 2008, lors de la visite de l'archevêque d'Athènes à Constantinople, un communiqué commun a été publié par lequel nous sommes informés que, pour l'avenir, le Patriarcat de Constantinople et l'Eglise de Grèce auront une unique représentation auprès de l'Union Européenne. Ainsi, l'Eglise de Grèce renonçait à son dernier droit qui découle de l'autocéphalie, à savoir le droit de représentation. En conséquence, il appert qu'actuellement, même si l'Eglise de Grèce est encore formellement appelée autocéphale, elle ne jouit que d'un statut d'*autonomie ecclésiastique* élargie à l'intérieur du Patriarcat de Constantinople.

Selon l'actuel Statut d'organisation, l'autorité suprême de l'Eglise de Grèce est représentée par le *Saint-synode de la Hiérarchie*[142], qui procède à l'élection de l'archevêque d'Athènes et des évêques[143]. Le *Saint-synode de la Hiérarchie*, composé des évêques appartenant à l'Eglise de Grèce et au Patriarcat de Constantinople[144] et présidé par l'archevêque d'Athènes et de toute la Grèce[145], se prononce sur toutes les questions ecclésiastiques[146] et se réunit de plein droit en session ordinaire le 1er octobre de chaque année et en session extraordinaire sur

---

[139] Les évêques de l'Eglise de Grèce sont élus par leur Saint-synode parmi les candidats inscrits sur une liste des candidats éligibles. Conformément à l'article 17, paragraphe 3, du Statut, les évêques éligibles pour les éparchies des «Nouveaux territoires» sont désignés exclusivement par le Saint-synode du Patriarcat de Constantinople.

[140] Cf. à l'article 11 du Statut de l'Eglise de Grèce.

[141] Pour détails concernant les relations entre l'Eglise de Grèce et le Patriarcat de Constantinople dès 1833 jusqu'à nos jours, voir T. CHARTOMATSIDIS, «L'Eglise autocéphale de Grèce», 7-23.

[142] Cf. art. 4.

[143] Cf. art. 4§7.

[144] Cf. art. 11§1.

[145] Cf. art. 3§1.

[146] Cf. art. 4.

convocation de son président[147]. Le *Saint-synode permanent*, constitué de l'archevêque d'Athènes, qui en est le président, et de douze membres, dont six sont choisis parmi les évêques en activité de l'Eglise de Grèce et les autres six sont choisis parmi les évêques en activité dans les Nouveaux Territoires[148], représente l'organisme administratif permanent de l'Eglise de Grèce et reçoit son ordre du jour du *Saint-synode de la Hiérarchie*[149].

En ce qui concerne l'élection des évêques, la responsabilité appartient toujours au *Saint-synode de la Hiérarchie*[150], qui est obligé d'en choisir un parmi ceux qui figurent sur la liste des candidats éligibles à la fonction épiscopale[151]. Il faut souligner ici que les candidats pour les éparchies des «Nouveaux Territoires» sont désignés par le Saint-synode du Patriarcat de Constantinople[152], fait qui implique une intervention directe de ce dernier dans les affaires ecclésiastiques de l'Eglise de Grèce[153]. De plus, les évêques des «Nouveaux Territoires» doivent faire mention dans les offices liturgiques du nom du Patriarche de Constantinople et de son Saint-synode[154]. Donc, il appert que l'autocéphalie de l'Eglise de Grèce, énoncée au premier article du Statut[155], est substantiellement diminuée pendant les articles suivants du même Statut.

---

[147] Cf. art. 6§1.

[148] Cf. art. 7§1.

[149] Cf. art. 3§1.

[150] Cf. art. 17§1.

[151] Cf. art. 17§2. Les qualités requises d'un clerc pour être inscrit sur la liste des candidats éligibles, sont prévues dans les articles 18-22.

[152] Cf. art. 17§3. Plus précis est le point «E» de l'*Acte patriarcale et synodal de 1928*, qui prévoit que les évêques des «Nouveaux Territoires» sont élus et installés dans leur siège «selon les modalités et les procédures de l'Eglise de Grèce, sur la base de la liste des candidats éligibles, rédigée par le Saint-synode de l'Eglise de Grèce siégeant à Athènes et approuvée par le Patriarcat de Constantinople» et que «ce dernier se réserve le droit de proposer des candidats».

[153] À partir de 1928, le régime canonique innovateur des éparchies des «Nouveaux Territoires» a toujours causé des conflits et des tensions entre le Patriarcat de Constantinople et l'Eglise de Grèce. Ainsi, le siège constantinopolitain avait accusé l'Eglise de Grèce des violations de l'Accord de 1928 et de non respect envers son Eglise-mère, tandis que, à son tour, l'Eglise de Grèce avait accusé le Patriarcat de Constantinople des ingérences dans ses affaires internes, et donc d'un non respect de son autocéphalie.

[154] Cf. art. 28. Pour détails, voir P. RODOPOULOS, «Commemoration», 737-741.

[155] Art. 1§2 – «L'Eglise de Grèce est autocéphale, autogérée par ses métropolites en activité, en considération toutefois des articles de la Constitution relatifs à la religion».

En cas de vacance du siège archiépiscopal d'Athènes, le *Saint-synode permanent*, réuni sous la présidence du *locum tenens* cinq jours au plus tard après la vacance du siège, annonce officiellement la vacance aux évêques de l'Eglise de Grèce et fixe la date d'une assemblée extraordinaire du *Saint-synode de la Hiérarchie* qui procédera à l'élection de l'archevêque dans la cathédrale d'Athènes, vingt jours au plus tard à compter du jour de la vacance[156]. Pour le siège archiépiscopal d'Athènes ne peuvent présenter leur candidature que les évêques d'origine hellénique en activité, ainsi que ceux qui sont inscrits sur la liste des candidats éligibles à la fonction épiscopale de l'Eglise de Grèce[157].

Ainsi, le processus effectif d'élection se déroule dans une seule séance ininterrompue du *Saint-synode de la Hiérarchie*[158], et le plus ancien dans l'épiscopat préside la séance, tandis que le plus jeune des évêques présents fait fonction de secrétaire[159]. Le candidat qui obtient la majorité absolue des suffrages est élu. Au cas où, à l'issue du premier tour, aucun des candidats n'aurait rassemblé la majorité absolue, il est immédiatement procédé, selon le même processus, à un deuxième tour. Si, à l'issue du second tour, aucun des candidats n'obtient la majorité absolue, il est procédé immédiatement à un troisième tour, toujours selon le même processus, et le candidat qui obtient la majorité relative est alors considère comme élu. En cas d'égalité des voix à l'issue du troisième tour, l'archevêque sera élu par tirage au sort. Donc, il est évident que la responsabilité de l'élection de l'archevêque d'Athènes appartient exclusivement au Saint-synode de la Hiérarchie et que cette élection ne doit pas être confirmée par une autorité extérieure. Bien que l'élection de l'archevêque d'Athènes représente un droit exclusif du Saint-synode de la Grèce, ce droit ne peut pas être considère comme une manifestation externe de l'autocéphalie, car l'archevêque d'Athènes n'est pas le *prôtos* de l'Eglise de Grèce, mais seulement le président de son Saint-synode.

---

[156] Cf. art. 12§2.

[157] Cf. art. 12§3.

[158] Art. 13§2 – «Le Saint-synode de la Hiérarchie atteint son quorum si les 2/3 au moins des évêques en activité de l'Eglise de Grèce sont présents. Si ce quorum n'est pas atteint, le Saint-synode de la Hiérarchie se réunit le prochain jour ouvrable, à la même heure et au même endroit. Il est considère alors que le quorum est atteint, indépendamment des présents».

[159] Cf. art. 13§1.

Toutefois, il faut noter que l'actuel Statut de l'Eglise de Grèce offre à tous les évêques du *Saint-synode de la Hiérarchie* la possibilité de faire appel, pour des questions ecclésiastiques, au Patriarcat de Constantinople, car

> le droit de se pourvoir en appel devant le Patriarcat œcuménique, à la suite de sentences irrévocables condamnant à la suspension, à la destitution du trône épiscopal ou à la dégradation, droit concédé aux métropolites des Nouveaux Territoires par la clause VI de l'Acte patriarcal et synodal du 4 septembre 1928, est également accordé aux métropolites de l'Eglise autocéphale de Grèce. L'appel se fait dans un délai de 30 jours à compter de la prononciation de la condamnation, en déposant une pièce judiciaire auprès du secrétaire du tribunal ayant prononcé la sentence, lequel la communique le jour même au président du Saint-synode permanent, contraint de la transmettre dans les 30 jours au Patriarcat œcuménique, accompagnée du dossier. Le délai pour interjeter appel et l'interjection en elle-même n'ont pas un effet suspensif. Néanmoins, il n'est pas permis d'entamer le processus pour pourvoir le siège épiscopal, avant la fin de l'année au cours de laquelle le dossier a été transmis[160].

En conséquence, il appert que, de nos jours, l'Eglise de Grèce bénéficie d'une autocéphalie assez «limitée» ou «restreinte», ou, pour mieux dire, d'une autocéphalie «sous conditions». Plus précisément, il faut souligner que ce type d'autocéphalie ne représente, en effet, qu'une *autonomie ecclésiastique* élargie à l'intérieur du Patriarcat de Constantinople. Donc, l'Eglise de Grèce ne peut être considérée que comme une unité ecclésiale du Patriarcat de Constantinople, qui jouit d'une autonomie ecclésiastique de type métropolitain qui est nettement élargie.

1.3 *Conclusion*

En concluant, il est évident que, même si, à l'intérieur du Patriarcat de Constantinople, il y a différents régimes d'*autonomie ecclésiastique*, soit restreint (l'Eglise de Crète), soit élargi (l'Eglise de Grèce), tous ces régimes ne sont pas actuellement assez bien définis, et, par conséquent, ils deviennent, parfois, source de conflits et de tensions inter-ecclésiaux. De plus, le cas des Eglises autonomes de Finlande et d'Estonie constitue des situations très particulières qui ne correspondent pas du tout à la doctrine canonique orthodoxe.

---

[160] Art. 44§2.

2. L'autonomie ecclésiastique dans l'Eglise orthodoxe de Roumanie

2.1 *L'Eglise orthodoxe de Roumanie: brève esquisse historique et situation actuelle*

2.1.1 Brève esquisse historique de l'Eglise orthodoxe de Roumanie

L'Eglise Orthodoxe de Roumanie[161] est une Eglise qui revendique son origine apostolique, en affirmant qu'elle est née de la prédication de l'apôtre André qui avait porté la parole de l'Evangile dans l'ancienne province romaine de la Scythie Mineure, l'actuelle Dobroudja, territoire entre le Danube et la Mer Noire[162]. Organisée ensuite comme un archevêché autocéphale[163], l'Eglise chrétienne a réussi à se développer très vite sur tout le territoire de l'actuelle Roumanie[164]. Ainsi, déjà au XIVe siècle, dans les deux principautés roumaines souveraines (la Moldavie et la Valachie), il y avait deux métropolies autocéphales, à savoir la *Métropolie de la Moldavie* (autocéphale dès 1401)[165] et la *Métropolie de l'Ungro-Valachie* (autocéphale dès 1359)[166].

---

[161] Il faut souligner dès le début que, à l'intérieur de l'Orthodoxie, les Roumains présentent, par leur histoire, deux caractéristiques particulières. La première est constituée par le fait que les Roumains (peuple ethnolinguistique résultat d'un métissage des Daces avec les Romains, maîtres de la Dacie entre 106 et 271 a.C., d'où leur langue dérivée du latin) sont l'unique nation d'origine romaine qui a embrassée l'Orthodoxie. La deuxième caractéristique consiste au fait que, à la différence d'autres nations balkaniques, les Roumains n'ont pas été soumis par la conquête ottomane et n'ont constitué au XIVe siècle que des principautés parfois vassales, c'est-à-dire dont le prince acceptait quelquefois de payer au sultan un tribut. Dans cette situation, le prince restait maître chez lui et cela dura jusqu'à la première partie du XIXe siècle. Pour détails, voir l'œuvre classique sur l'histoire de l'Eglise orthodoxe de Roumanie: M. PĂCURARIU, *Istoria Bisericii Ortodoxe Române*.

[162] Selon certains témoignages historiques – parmi lesquels une relation due à l'historien ecclésiastique Eusèbe de Césarée – de même que, selon la tradition locale, sur le territoire de l'actuelle Dobroudja, Saint André, l'un des apôtres du Christ, prêcha l'Evangile (cf. N. DURĂ, *"Scythia Minor"*, 58-60). Il faut noter que l'origine apostolique de l'Eglise orthodoxe de Roumanie est aussi affirmée par l'article 2 de son actuel Statut d'organisation.

[163] Il s'agit de l'archevêché de Tomis (actuellement la ville de Constanța), qui a été attesté comme autocéphale dans les *Notitiae episcopatuum* du VIe siècle, figurant en deuxième position après l'archevêché d'Odessus (Varna) sur la liste des archevêchés qui à l'époque bénéficiaient d'un régime d'autocéphalie. Cf. E. POPESCU, «Începuturile», 328; «Organizarea», 590-605; N. ȘERBĂNESCU, «1600 de ani», 966-1026.

[164] Cf. E. POPESCU, «Ierarhia ecleziastică», 149-164.

[165] Cf. L. STAN, «Pravila lui Alexandru cel Bătrân», 170-214; I. ENE, «Autonomie și autocefalie», 360-374; L. PILAT, *Între Roma și Bizanț*, 357-386. Voir aussi DANIEL, ed., *Antologie de documente*.

[166] Cf. N. DURĂ, «Forme și stări de manifestare a autocefaliei», 301.

Par suite de l'unification de ces deux principautés roumaines et de la création de la «petite Roumanie» en 1859[167], les deux Métropolies autocéphales se sont aussi unies en créant l'Eglise orthodoxe de Roumanie qui avait comme premier hiérarque le métropolite de Valachie, dont le siège était à Bucarest[168]. Bien qu'il s'agisse d'une Eglise créée par l'unification des deux Eglises autocéphales[169], donc *de facto* et *de jure* autocéphale, l'Eglise de Roumanie ne recevra cependant la reconnaissance formelle de son autocéphalie de la part du Patriarcat de Constantinople que le 25 avril 1885[170] !

A la suite de la première guère mondiale, la Roumanie récupère la Transylvanie[171], un de ses territoires historiques, et, par conséquent, l'Eglise orthodoxe de cette province, organisée comme *Métropolie d'Ardeal*, s'unit avec l'Eglise de Roumanie. Le 4 février 1925, suite à la proposition de plusieurs de ses membres, le Saint Synode de l'Eglise de Roumanie a décide l'élévation du métropolite de Valachie au rang de patriarche, et, donc, la création du Patriarcat de Roumanie[172]. Cette décision sera officialisée le 25 février 1925 à travers la loi promulguée par le Parlement roumain[173] et reconnue officiellement par le Patriarcat de Constantinople le

---

[167] L'idée de l'unité fut plébiscitée en 1857 et aboutit l'année suivante à la formation des *Principautés unies de Moldavie et de Valachie*, qui devinrent en 1859 la *Roumanie*. En effet, pour réaliser cette union politique, les Parlements des deux principautés ont élu en 1859 la même personne comme prince, à savoir Ioan Alexandru Cuza (1859-1866).

[168] Cf. N. ŞERBĂNESCU, «Autocefalia», 97-109; M. CIUCUR, «Autonomie şi autocefalie», 216-228; C. PÎRVU, «Autocefalia», 511-529.

[169] Que les Eglises de la Moldavie et de l'Ungro-Valachie avaient la conscience d'être des Eglises autocéphales, cela a été très bien démontré par le fait que, à partir du XVIe siècle, elles ont toujours béni le Saint Myron. Ainsi, par exemple, en 1882 le Synode de l'Eglise orthodoxe de Roumanie bénissait le Saint Myron, bien qu'elle n'ait pas reçu la reconnaissance formelle du Patriarcat de Constantinople. Pour plus de détails, voir I. DURĂ, «La consécration», 283-307; «Sfinţirea», 549-561; N. DURĂ, «Dispoziţii şi norme», 39-58.

[170] Cf. I.N. FLOCA, «Recunoaşterea autocefaliei», 100-113. Voir aussi I. IONESCU, «Contextul istoric», 314-334.

[171] Après la première guerre mondiale, la Transylvanie est libérée de l'occupation habsbourgeoise et s'unit à la Roumanie pour y former la «grande Roumanie», le 1 décembre 1918.

[172] Pour une présentation détaillée du débat qui a eu lieu au Synode, voir T. SIMEDREA, ed., *Patriarhia Românească*, 19-41. Le texte de la décision officielle de Saint Synode de créer le Patriarcat de Roumanie a été publié dans T. SIMEDREA, ed., *Patriarhia Românească*, 38-39.

[173] Cf. C.C. COSTESCU, ed., *Colecţiunea de legiuiri bisericeşti*, III, 93-94.

30 juillet 1925 à travers le *tomos* numéro 1579[174], et le métropolite de Valachie, Miron Cristea (1925-1939) sera intronisé comme premier patriarche de Roumanie le 1ᵉʳ novembre 1925[175]. La même année, le 6 mai, le premier Statut d'organisation et de fonctionnement de l'Eglise orthodoxe de Roumanie, organisée comme patriarcat, sera aussi publié[176].

Après la deuxième guère mondiale, la Roumanie connaît une des périodes les plus difficiles de son histoire. D'abord, la Roumanie entre dans la sphère d'influence soviétique, devenant un des pays communistes gouvernés par un régime dictatorial et totalitaire. De plus, elle perd plusieurs parties de son territoire historique, parmi lesquelles une grande partie de la province de Moldavie (presque la moitié), qui devient, à l'intérieur de l'Union Soviétique, la soi-disant *République socialiste soviétique de Moldavie*, alors qu'elle ne représentait qu'une partie de la province de la Moldavie, plus précisément la Bessarabie. L'Eglise orthodoxe présente sur le territoire de cette république soviétique est obligée, par les autorités bolcheviques, de passer sous l'autorité du Patriarcat de Moscou, qui, à son tour, créait une éparchie nouvelle pour les orthodoxes de ce nouveau pays[177].

A la suite de la proclamation de l'indépendance politique de la République de Moldavie (27 août 1991), une partie des orthodoxes de ce pays, sous la direction de l'évêque de Bălți (Petru Păduraru)[178], demandait le 14 septembre 1992 au Saint-synode de l'Eglise de Roumanie de retrouver son autorité canonique. Le Saint-synode a répondu tout suite à cette demande, en réactivant la *Métropolie de Bessarabie* (fermée abusivement en 1944 à cause de l'invasion de la Moldavie par les bolcheviques[179]), et en la reconnaissant comme «métropolie autonome» par le *tomos* no. 8090 émis le 19 décembre 1992[180].

---

[174] Cf. I.N. FLOCA, «Canonicitatea», 572. Le texte du *tomos*, signé par le Patriarche Basile de Constantinople, a été publié dans T. SIMEDREA, ed., *Patriarhia Românească*, 131-133.

[175] Cf. N. ȘERBĂNESCU, «Patriarhia Română», 261-262.

[176] Cf. C.C. COSTESCU, ed., *Legea și Statutul pentru organizarea Bisericii*.

[177] Pour plus de détails, voir aussi p. 96, note 62.

[178] Né à Țiganca (Bessarabie) le 24 octobre 1946, Petru Păduraru a été ordonné évêque de Bălți le 1ᵉʳ septembre 1990, dans la cathédrale de Chisinau; à la sainte liturgie, présidée par le patriarche de Moscou et de toute la Russie, Alexis II, ont participé plusieurs hiérarques orthodoxes roumains et russes, parmi lesquels était aussi l'actuel patriarche de Roumanie, Sa Sainteté Daniel (cf. «Наречение и хиротония архимандрита Петра (Пздурару)», 33-35).

[179] En 1940, en conséquence du Pacte Molotov-Ribbentrop, les troupes soviétiques réinvestissent la Bessarabie. En 1944, les autorités soviétiques créent la «République

En tenant compte en premier lieu du fait que les habitants de la Bessarabie, ou les Moldaves, sont des Roumains[181], et que l'Eglise orthodoxe de Bessarabie relève toujours de l'autorité de l'Eglise orthodoxe de Roumanie, qui est l'Eglise-mère des orthodoxes résidant dans la République de Moldavie, nous pouvons conclure que la *Métropolie de Bessarabie* est la seule Eglise orthodoxe en droit sur le territoire de la République de Moldavie. De plus, nous avons déjà vu que la création en 1813 et la recréation en 1944 de l'Eparchie de Chisinau, sous l'autorité de Saint-synode de l'Eglise orthodoxe de Russie avaient été des actes abusifs et anti-canoniques. Par conséquent, la *Métropolie de Chisinau et de toute la Moldavie* est et demeure une structure créée artificiellement, qui ne respecte point la doctrine canonique et la tradition de l'Eglise ortho-

---

socialiste soviétique de Moldavie». Toutefois, la Moldavie soviétique ne couvrait que la partie orientale de la Moldavie historique, l'autre partie restant en Roumanie. D'ailleurs cette «petite Moldavie» ne correspondait pas au territoire historique de la Moldavie, puisque Staline donna la région d'Izmail à l'Ukraine. De même, au nord, la Bucovine fut-elle rattachée à l'Ukraine. En «échange», la nouvelle république soviétique obtenait une bande de territoires sur la rive gauche du Dniestr, qui formait pourtant la frontière entre les territoires russes et la Moldavie avant 1812, et qui constitue aujourd'hui la *République sécessionniste de Transnistrie*. Ensuite, les destructions massives occasionnées par la deuxième guerre mondiale se sont accompagnées d'un immense brassage des populations. Après l'instauration définitive du pouvoir soviétique, toutes les élites roumaines qui le pouvaient fuirent la Bessarabie et la Bucovine. Les purges staliniennes achevèrent de détruire ces élites sociales et intellectuelles, par des vagues de déportations massives en Sibérie. En plus de l'élimination des élites, la soviétisation s'est caractérisée par une politique de «moldavisation» de l'histoire et de l'identité nationales. La langue «roumaine» devient la langue «moldave», avec un retour à la graphie cyrillique. La «querelle de l'alphabet» est loin d'être folklorique: l'usage de l'alphabet cyrillique permettait en effet aux Roumains de Bessarabie de se rapprocher de la Russie, de s'éloigner de la Roumanie et d'empêcher par exemple que les jeunes générations puissent lire la littérature roumaine en alphabet latin. Toute la politique soviétique visait à promouvoir une identité nationale moldave, distincte de l'identité roumaine. Cf. E. ȘIȘCANU, *Basarabia sub regim bolșevic*; G. NEGRU, *Politica etnolingvistică*.

[180] Cf. TEOCTIST, «Act patriarcal și sinodal», 24-26. Pour plus de détails, voir p. 97, note 63.

[181] «The terms "Moldavians" or "Moldovans" refer to a people of Romanian language and origin who inhabit the historical region northeast of Carpathians and southwest of the Prut River in the Republic of Romania and the territory of the adjacent Moldovan Republic between the Prut and the Dniester rivers.» (J.S. OLSON, ed., *An Ethnohistorical Dictionary*, 476). De plus, il faut souligner ici que, du point de vue strictement linguistique et en termes de sociolinguistique, «roumaine» et «moldave» sont une seule et même langue. En pratique, les «roumains» et les «moldaves» se comprennent entre eux spontanément et complètement, sans traducteur ni dictionnaire. Pour plus de détails voir N. TRIFON, «La langue roumaine», 257-281.

CHAP. IV: L'AUTONOMIE ET SON APPLICATION CONCRETE 149

doxe. En outre, le statut actuel (d'*Eglise auto-administrée*[182]) de la *Métropolie de Chisinau et de toute la Moldavie* à l'intérieur du Patriarcat de Moscou constitue une innovation récente, contraire à la doctrine canonique et à la tradition de l'Eglise orthodoxe.

Pour ses fidèles qui résident en dehors de son territoire historique, l'Eglise orthodoxe de Roumanie a créée deux métropolies en Europe (la *Métropolie Orthodoxe Roumaine de l'Europe Occidentale et Méridionale*[183], dont le siège est à Paris et la *Métropolie Orthodoxe Roumaine d'Allemagne, d'Europe Centrale et du Nord*[184], dont le siège est à Nürnberg), un archevêché en Amérique (l'*Archevêché orthodoxe roumain en Amériques*[185], dont le siège est à Chicago) et une éparchie

---

[182] Le concept d'*Eglise auto-administrée* sera analysé dans le chapitre consacré à l'Eglise de Russie.

[183] Après la deuxième guerre mondiale, un des métropolites roumains, Visarion Puiu, fut obligé de rester en Occident à cause de sa condamnation par les autorités communistes du pays. Suite à une pérégrination dans différentes villes européennes, il s'installe à Paris, où, à partir de 1949, il commence à organiser les roumains en exil dans une éparchie intitulée l'*Evêché orthodoxe roumain pour l'Europe occidentale* (cf. J.-P. BESSE, *Eglise orthodoxe roumaine*, 159; D. MAN, «Visarion Puiu», 39-44; O. BOZGAN, «Biserica Ortodoxă», 43-66). En 1972, le Saint-synode de l'Eglise orthodoxe de Roumanie, par sa décision no. 1157 du 28 avril 1972, acceptait que cette éparchie entre dans le Patriarcat de Roumanie (cf. D. RADU, «Grija Bisericii», 1463). Deux ans plus tard, le Saint-synode de l'Eglise orthodoxe de Roumaine, par sa décision n. 11042 du 12 décembre 1974, décidait l'élévation de cette éparchie au rang d'archevêché ayant le titre d'*Archevêché orthodoxe roumain en Europe centrale et occidentale* (Cf. JUSTINIAN, «Lettre canonique d'intronisation», 84-86). En 1995, l'archevêché sera réorganisé, étant élevé par le Saint-synode de l'Eglise orthodoxe de Roumanie au rang de métropolie sous le nom de *Métropolie orthodoxe roumaine de l'Europe occidentale et méridionale*.

[184] Après la chute du communisme, les paroisses orthodoxes roumaines du territoire de l'Allemagne ont pris l'initiative de s'organiser dans une métropolie. Pour ce motif, les représentants de ces paroisses se sont réunis dans un congrès à Königswinter (2-4 octobre 1992), où a été demandé aux autorités de l'Eglise orthodoxe de Roumanie la bénédiction pour la création d'une métropolie. Le Saint-synode de l'Eglise orthodoxe de Roumanie, à travers l'acte patriarcal et synodal du 12 janvier 1994, a reconnu la création de la Métropolie, ayant le titre de *Métropolie orthodoxe roumaine pour l'Allemagne et l'Europe centrale*, et a aussi confirmé l'élection de son premier métropolite. Cf. M. BASARAB, «Mitropolia Ortodoxă Română», 297-299.

[185] Le 25 avril 1929, les roumains orthodoxes des Etats-Unis, réunis dans un congrès à Détroit (Michigan), ont demandé au Saint-synode de l'Eglise orthodoxe de Roumanie la création d'une éparchie qui comprend les paroisses orthodoxes roumaines existantes. Le Saint-synode de l'Eglise orthodoxe de Roumanie a créé cette éparchie par le *tomos* synodal et patriarcal no. 10219 du 1er novembre 1930, sous le nom d'*Evêché missionnaire orthodoxe roumain en Amérique*. Plus tard, dans sa séance du 12 juillet 1950, le Synode permanent de l'Eglise orthodoxe de Roumanie lui a octroyé l'autonomie (cf. I. CASIAN,

en Australie (l'*Evêché orthodoxe roumain de l'Australie et de la Nouvelle Zélande*[186], dont le siège est à Melbourne).

2.1.2 La situation actuelle de l'Eglise orthodoxe de Roumanie

Dans la Roumanie d'aujourd'hui, l'Eglise orthodoxe de Roumanie constitue, du point de vue juridique, un des dix-huit *cultes reconnus* par la Loi 489/2006, étant organisée selon son propre Statut d'organisation[187]. Le premier article de ce Statut[188] précise que

> l'Eglise orthodoxe de Roumanie est la communauté des chrétiens orthodoxes, clercs, moines et laïcs, constitués canoniquement en paroisses et monastères des éparchies du Patriarcat de Roumanie, situés à l'intérieur et hors des frontières de la Roumanie, chrétiens qui confessent Dieu dans la Sainte Trinité, le Père, le Fils et l'Esprit Saint, sur la base de l'Ecriture Sainte et de la Sainte Tradition et qui participent à la vie de l'Eglise à travers les mêmes Saints Mystères, rituels liturgiques et prévisions canoniques[189].

Le cinquième article du même document, complète cette définition en précisant que

---

«Românii din America», 588-602; JUSTINIAN, «Gramata Patriarhală», 660-662), qui sera renouvelée par le *tomos* no. 14079 du Saint-synode de l'Eglise orthodoxe de Roumanie, *tomos* daté du 12 décembre 1974, lorsque l'évêché sera aussi élevé au rang d'archevêché (cf. «Acordarea rangului de Arhiepiscop», 733-737; D. RADU, «Grija Bisericii», 1461). Au Congrès annuel de l'Archevêché du 5-7 juillet 1991, il a été décidé de ne plus utiliser le mot «missionnaire» dans la titulature officielle de l'Archevêché, ainsi le nom officiel est devenu l'*Archevêché orthodoxe roumain en Amériques* (cf. I. DURĂ, «Biserica Ortodoxă», 139, note 15). Pour plus de détails, voir G.V. GÂRDAN, *Episcopia ortodoxă română*.

[186] Suite à la demande des paroisses roumaines orthodoxes d'Australie, le Saint-synode de l'Eglise orthodoxe de Roumanie a créé, par la décision n. 4708 de 2007, l'*Evêché orthodoxe roumain de l'Australie et de la Nouvelle Zélande*.

[187] Cf. «Loi no. 489/2006», 174-186. Pour d'autres détails, voir G. GRIGORIȚĂ, «La nouvelle loi», 227-254; «Le régime juridique», 115-139; A. LEMENI, «L'administration des cultes», 171-183. Pour détails concernant le régime juridique actuel de l'Eglise orthodoxe de Roumanie, voir G. GRIGORIȚĂ, «Legea 489/2006», 161-219; «Lo statuto giuridico», 111-149.

[188] Dans sa séance du 28 novembre 2007, le Saint-synode de l'Eglise orthodoxe de Roumanie a approuvé à l'unanimité le nouveau Statut d'organisation et de fonctionnement de l'Eglise orthodoxe de Roumanie à travers la décision no. 4768. Ensuite, ce statut a été reconnu par le Gouvernement roumain par la décision no. 53 de 16 janvier 2008, étant publié dans «Monitorul Oficial» no. 50 de 22 janvier 2008 (cf. «Statutul pentru organizarea», 13-108; pour d'autres détails concernant ce statut, voir DANIEL, «Liberté et responsabilité», 203-208; pour la traduction italienne annotée du Statut, voir G. GRIGORIȚĂ, «Lo Statuto per l'organizzazione», 263-398).

[189] Cf. art. 1.

l'Eglise orthodoxe de Roumanie comprend les chrétiens orthodoxes de Roumanie et les chrétiens orthodoxes situés en dehors du pays, ainsi que ceux qui sont accueillis canoniquement dans ses propres communautés[190].

De plus, selon le deuxième paragraphe du même article,

l'Eglise orthodoxe de Roumanie est nationale et majoritaire, conformément à son ancienneté apostolique, sa tradition, le nombre de ses fidèles et sa contribution particulière à la vie et la culture du peuple roumain. L'Eglise orthodoxe de Roumanie est l'Eglise du peuple roumain[191].

Dans le même préambule de ce Statut, il est précisé que l'Eglise orthodoxe de Roumanie, ayant une «direction synodale hiérarchique»[192], est et demeure en communion et unité dogmatique, liturgique et canonique avec l'*Eglise orthodoxe répandue à travers l'univers*[193], et qu'elle «est autocéphale et unitaire dans son organisation et son œuvre pastorale, missionnaire et administrative»[194].

Du point de vue de l'organisation canonique et administrative, l'Eglise orthodoxe de Roumanie est composée de six métropolies qui développent leur activité sur le territoire de la Roumanie[195], et des unités ecclésiales qui exercent leur activité à l'extérieur de la Roumanie (trois métropolies[196], un archevêché[197] et une éparchie[198]). Chaque métropolie est composée par des éparchies (évêchés ou archevêchés)[199], et leurs évêques forment le *Synode métropolitain*[200], à savoir l'autorité qui a le droit de surveillance sur le territoire de la métropolie afin que la foi orthodoxe, l'unité liturgique et la discipline canonique soient respectées[201].

---

[190] Cf. art. 5§1.
[191] Cf. art. 5§2.
[192] Cf. art. 3§1.
[193] Cf. art. 2§1.
[194] Cf. art. 2§2.
[195] Ces métropolies sont les suivantes: 1. la Métropolie du Munténie et de la Dobroudja; 2. la Métropolie de la Moldavie et de la Bucovine; 3. la Métropolie d'Ardeal; 4. la Métropolie de Cluj, d'Alba, du Crişana et du Maramureş; 5. la Métropolie d'Olténie; la Métropolie du Banat (cf. art. 6§2A).
[196] Ces métropolies sont les suivantes: 1. la Métropolie de Bessarabie; 2. la Métropolie orthodoxe roumaine de l'Europe occidentale et méridionale; 3. la Métropolie orthodoxe roumaine pour l'Allemagne et l'Europe centrale et du Nord (cf. art. 6§2B).
[197] Il s'agit de l'Archevêché orthodoxe roumain en Amériques (cf. art. 6§2B).
[198] Il s'agit de l'Evêché orthodoxe roumain d'Australie et de la Nouvelle Zélande (cf. art. 6§2B).
[199] Cf. art. 110§1.
[200] Cf. art. 111§1.
[201] Cf. art. 111§3.

Le *Synode métropolitain*, présidé par le Métropolite, peut être convoqué par son président chaque fois que de besoin[202].

Les éparchies (évêchés ou archevêchés)[203] sont des unités ecclésiales constituées par un nombre de paroisses, groupées en doyennés[204], ainsi que des monastères qui se trouvent sur un territoire donné[205]. Les organismes de direction des éparchies sont: l'*hiérarque* (évêque ou archevêque), l'*Assemblée éparchiale*[206] comme organisme délibératif, le *Conseil éparchial*[207] et le *Conseil éparchial permanent*[208] comme organismes exécutifs[209].

---

[202] Cf. art. 112§1.

[203] Cf. art. 84§2.

[204] Il faut noter ici que, suivant l'ecclésiologie orthodoxe, l'actuel Statut de l'Eglise orthodoxe de Roumanie prévoit que, à l'intérieur d'une éparchie, plusieurs paroisses peuvent se réunir dans une unité ecclésiale dirigée par leur premier prêtre (cf. art. 69-72), à savoir le *proto-presbytre* ou *proto-prêtre* ou *premier-prêtre* (en roumain «protopop»). Ce qui représente à peu près l'équivalent du titre de doyen dans l'Eglise catholique. Par conséquent, l'unité ecclésiale ainsi formée est appelée *proto-presbytérat* (en roumain «protopopiat»), et représente à peu près l'équivalent du doyenné catholique.

[205] Cf. art. 84§1.

[206] L'*Assemblée éparchiale* est l'organisme délibératif pour toutes les questions d'ordre administratif, social-philanthropique, culturel, économique et patrimonial d'une éparchie (cf. art. 90). Elle est composée de représentants du clergé et du laïcat, en proportion d'un tiers de clercs et deux tiers de laïcs (cf. art. 91§1).

[207] Le *Conseil éparchial* est l'organisme exécutif de l'*Assemblée éparchiale*, étant responsable des problèmes ecclésiastiques administratifs, culturels, social-philanthropiques, économiques et patrimoniaux de l'éparchie entière (cf. art. 95). Ce *Conseil* est composé de 9 membres (3 clercs et 6 laïcs), élus par l'*Assemblée éparchiale* parmi ses membres pour une période de 4 ans (cf. art. 96§1). L'hiérarque de l'éparchie est le président du *Conseil éparchial* (cf. art. 96§2) et les évêques-vicaires de l'éparchie sont membres de droit du *Conseil*, ayant le droit de vote délibératif (cf. art. 96§3). Le Vicaire administratif de l'éparchie, les conseillers éparchiaux, l'inspecteur éparchial, le secrétaire éparchial, l'exarque, le conseiller juridique et le comptable en chef, sont membres permanents du *Conseil éparchial*, ayant le droit de vote consultatif (cf. art. 96§5).

[208] Entre les séances du *Conseil éparchial* fonctionne le *Conseil éparchial permanent* (cf. art. 100), qui est composée de l'hiérarque, en tant que président, l'évêque-vicaire, le vicaire-administratif, les conseillers éparchiaux, l'inspecteur éparchial, le secrétaire éparchial, l'exarque, le conseiller juridique et le comptable en chef, comme membres (cf. art. 101§1). Le *Conseil éparchial permanent* peut être convoqué par son président toutes les fois qu'il y a besoin, et avec le permis de l'hiérarque, il peut être présidé aussi par l'évêque-vicaire, par le vicaire-administratif ou par un des conseillers éparchiaux. Dans le dernier cas, le procès-verbal des travaux est soumis à l'approbation de l'hiérarque (cf. art. 101§3).

[209] Cf. art. 85.

2.2 *L'autonomie ecclésiastique selon l'actuel Statut d'organisation de l'Eglise orthodoxe de Roumanie*

Afin de mieux comprendre l'application de l'autonomie ecclésiastique dans l'actuelle organisation de l'Eglise orthodoxe, il est absolument nécessaire de faire une présentation de la structure hiérarchique de l'autorité ecclésiastique dans l'Eglise orthodoxe de Roumanie.

2.2.1 L'autorité suprême de l'Eglise orthodoxe de Roumanie

a) *Le Saint-synode*

Selon l'article 11 de son Statut, la plus haute autorité de l'Eglise orthodoxe de Roumanie concernant tous ses domaines d'activité est son *Saint-synode*, composé du patriarche, en tant que président, et de tous les évêques en fonction[210]. Pour le *Saint-synode*, qui doit se réunir en séance de travail au moins deux fois par an (au printemps et à l'automne)[211], l'article 14 de l'actuel Statut prévoit les attributions suivantes:

- garder l'unité dogmatique, liturgique et canonique dans l'Eglise orthodoxe de Roumanie, ainsi que la communion avec l'*Eglise orthodoxe répandue dans l'univers*[212];
- analyser toutes les questions d'ordre dogmatique, liturgique, canonique et pastoral-missionnaire en leur donnant des solutions en conformité avec l'enseignement de l'Eglise orthodoxe, et décider, selon les saints canons, sur toutes les questions ecclésiastiques[213];
- prendre des décisions concernant la bénédiction du Saint Myron, selon les exigences de l'Eglise orthodoxe de Roumanie[214];
- prendre des décisions concernant la canonisation des saints et émettre le *tomos* pour la proclamation de la canonisation[215];
- exprimer la position officielle de l'Eglise orthodoxe de Roumanie sur les projets des actes normatifs de l'Etat roumain concernant l'activité des cultes, l'enseignement théologique et religieux, l'assistance sociale et religieuse, le patrimoine culturel national, en particu-

---

[210] Cf. art. 12§1.
[211] Cf. art. 13.
[212] Cf. art. 14a.
[213] Cf. art. 14b.
[214] Cf. art. 14c.
[215] Cf. art. 14d. Pour plus de détails concernant le processus de canonisation dans l'Eglise orthodoxe, voir L. STAN, «Despre canonizarea sfinților», 260-278; «Canonizarea sfinților», 360-368; V. GOREANU, «Canonizarea sfinților», 106-122.

lier celui ecclésiastique, ainsi que dans d'autres domaines d'intérêt ecclésiastique et social[216];
- approuver, avec une majorité des deux tiers des membres présents, le Statut d'organisation et fonctionnement de l'Eglise orthodoxe de Roumanie, ainsi que ses modifications ultérieures[217];
- approuver les règlements ecclésiastiques, rédigés en conformité avec le Statut de l'Eglise orthodoxe de Roumanie[218];
- prendre l'initiative et approuver les accords et partenariats avec l'Etat roumain et avec des autres institutions dans les domaines d'intérêt général ecclésiastique[219];
- exprimer la position officielle de l'Eglise orthodoxe de Roumanie sur des questions d'intérêt général pour la société[220];
- approuver, avec une majorité des deux tiers du nombre des membres présents, la création, la suppression, la modification territoriale et le changement de la titulature des éparchies et des métropolies qui appartiennent au Patriarcat de Roumanie[221];
- approuver les statuts des éparchies, des métropolies et des autres unités ecclésiales qui se trouvent en dehors de la Roumanie[222];
- élire, avec une majorité des deux tiers du nombre des membres présents, le patriarche, et, avec une majorité de la moitié plus un du nombre des membres présents, les métropolites, les archevêques, les évêques du Patriarcat de Roumanie[223];
- émettre la «gramata» (décision) pour l'intronisation du patriarche[224];
- prendre des décisions concernant la retraite des évêques et établir leurs droits[225];
- prendre des décisions, avec une majorité des deux tiers du nombre total de ses membres, concernant l'appel en jugement canonique de ceux de ses membres qui sont accusés de déviations de l'enseignement et de la discipline de l'Eglise orthodoxe[226];

---

[216] Cf. art. 14e.
[217] Cf. art. 14f.
[218] Cf. art. 14g.
[219] Cf. art. 14h.
[220] Cf. art. 14i.
[221] Cf. art. 14j.
[222] Cf. art. 14k.
[223] Cf. art. 14l et art. 14m.
[224] Cf. art. 14n.
[225] Cf. art. 14o.
[226] Cf. art. 14p.

- approuver ou rejeter, en principe, les recours des clercs en matière de déposition et donner des réponses aux lettres de repentance écrites par ceux-ci, avec l'avis préalable de l'évêque du lieu[227];
- donner des conseils et surveiller que l'activité des organismes délibératifs et exécutifs des évêchés, archevêchés, métropolies et du patriarcat soit développée selon les prévisions statutaires et les règlements ecclésiastiques[228];
- prendre l'initiative et cultiver des relations fraternelles inter-orthodoxes, relations de dialogue et de coopération inter-chrétienne et interreligieuse au niveau national et international[229];
- approuver les normes concernant l'organisation et le fonctionnement des unités d'enseignement théologique pré-universitaire et universitaire, ainsi que les normes concernant l'enseignement de la religion dans les écoles d'Etat, privées ou confessionnelles[230];
- approuver les normes de l'activité missionnaire-pastorale et celles-ci pour la promotion de la vie religieuse et morale du clergé[231];
- établir les normes pour l'activité sociale philanthropique pour l'entière Eglise orthodoxe de Roumanie et approuver les mesures pour l'organisation de l'assistance religieuse dans l'armée, les prisons, les hôpitaux, les foyers d'enfant et de personnes âgées, les institutions sociales destinées aux personnes défavorisées[232];
- décider la création, l'organisation et la suppression des associations et fondations ecclésiales de caractère national qui sont constituées et dirigées par l'Eglise orthodoxe de Roumanie; offrir ou retirer la bénédiction (approbation) pour la création, organisation et suppression des associations et fondations orthodoxes du Patriarcat de Roumanie qui ont une direction propre et développent leur activité dans les éparchies de celui-ci[233];
- prendre l'initiative, autoriser et surveiller la traduction, la correction, l'édition et la diffusion de l'Ecriture Sainte, la publication et la diffusion des livres de culte, du calendrier ecclésiastique, des manuels de théologie et des manuels de religion; surveiller d'un point de vue dogmatique, liturgique et cano-

---

[227] Cf. art. 14q.
[228] Cf. art. 14r.
[229] Cf. art. 14s.
[230] Cf. art. 14t.
[231] Cf. art. 14u.
[232] Cf. art. 14v.
[233] Cf. art. 14w.

nique, les travaux d'architecture, peinture, sculpture et les autres formes d'art ecclésiastique orthodoxe et prendre les mesures nécessaires dans les cas de déviations[234].
- approuver chaque année la modalité de constitution du Fond Central Missionnaire; instituer des fonds spéciaux et établir leur modalité de constitution, ainsi que leur destination[235];
- faire l'interprétation, de manière définitive et obligatoire, des dispositions statutaires et réglementaires pour tous les organismes ecclésiaux[236].

Pour l'étude et la formulation des propositions sur les questions qui doivent être soumises à la délibération, le *Saint-synode* choisit, parmi ses membres, quatre Commissions synodales[237], qui sont présidées par un métropolite[238]. Ces commissions sont les suivantes: 1. la *Commission Pastorale, Monacale et Sociale*; 2. la *Commission Théologique, Liturgique et Didactique*; 3. la *Commission Canonique, Juridique et pour la Discipline*; 4. la *Commission pour les Communautés Extérieures, Relations inter-orthodoxes, interchrétiennes et interreligieuses*[239]. Le *Saint-synode* peut inviter dans ses Commissions, pour consultation, des professeurs de théologie, clercs, moines, laïcs, spécialistes dans les domaines abordés[240].

b) *Le Synode Permanent*

Pendant la période entre les sessions du Saint-synode, fonctionne comme organisme central délibératif le *Synode permanent*[241], qui est composé du patriarche, en tant que président[242], et de tous les métropolites ensemble avec trois hiérarques (un archevêque et deux évêques), désignés annuellement par le *Saint-synode*[243]. Le *Synode permanent* exerce les attributions prévues pour le *Saint-synode* dans l'art. 14 e, i, r, t et x, ainsi que toutes les autres attributions qui lui sont conférées par le *Saint-synode* ou par le Statut et les règlements[244].

---

[234] Cf. art. 14x.
[235] Cf. art. 14y.
[236] Cf. art. 14z.
[237] Cf. art. 15§1.
[238] Cf. art. 15§2.
[239] Cf. art. 15§3.
[240] Cf. art. 16.
[241] Cf. art. 17§1.
[242] Cf. art. 17§3.
[243] Cf. art. 17§2.
[244] Cf. art. 18§1 e 18§2.

c) *L'Assemblée Nationale Ecclésiastique*

Pour toutes les questions d'ordre administratif, social, culturel, économique et patrimonial, l'organisme central délibératif de l'Eglise orthodoxe de Roumanie est l'*Assemblée Nationale Ecclésiastique*[245]. Elle est composée de trois représentants de chaque éparchie (un clerc et deux laïcs), désignés par les *Assemblées Eparchiales* respectives, pour une période de quatre ans[246]. Les membres du *Saint-synode* participent aux travaux de cet organisme avec voix délibérative[247].

d) *Le Conseil Nationale Ecclésiastique*

L'organisme exécutif central du *Saint-synode* et de l'*Assemblée Nationale Ecclésiastique* est représenté par le *Conseil National Ecclésiastique*[248], composé de douze membres de l'*Assemblée Nationale Ecclésiastique* (un clerc et un laïc comme représentants de chaque Métropolie du pays, élus pour quatre ans)[249].

e) *Le Patriarche de Roumanie et l'autorité suprême de l'Eglise orthodoxe de Roumanie*

Le patriarche, en tant que proto-hiérarque de l'Eglise orthodoxe de Roumanie, est aussi le président de tous les organismes centraux délibératifs et exécutifs[250]. De plus, selon l'article 26, le patriarche, en tant que *prôtos* de l'Eglise orthodoxe de la Roumanie, a aussi les attributions suivantes:
- il convoque et préside les organismes centraux délibératifs et exécutifs de l'Eglise orthodoxe de Roumanie, veillant à l'accomplissement de leurs décisions[251];
- il prévoit les mesures nécessaires, selon la décision du Saint-synode, pour la préparation et la bénédiction du Saint Myron au Patriarcat de Roumanie[252];
- il représente le Patriarcat de Roumanie dans les relations avec les autorités publiques centrales et locales, en justice et devant les tiers, personnellement ou par des délégués chargés[253];

---

[245] Cf. art. 19.
[246] Cf. art. 20§1.
[247] Cf. art. 20§2.
[248] Cf. art. 28.
[249] Cf. art. 29§2.
[250] Cf. art. 24.
[251] Cf. art. 26§a. Dans le cas où une éparchie n'accomplit pas les décisions des organismes centraux délibératifs ou exécutifs, le patriarche doit informer ces organismes et les proposer des solutions canoniques et statutaires.
[252] Cf. art. 26§b.

- il représente l'Eglise orthodoxe de Roumanie dans ses relations avec les autres Eglises orthodoxes locales, personnellement ou par des délégués[254];
- il représente, personnellement ou par des délégués, l'Eglise orthodoxe de Roumanie dans les relations avec les autres Eglises chrétiennes, les organisations interchrétiennes, les organisations religieuses et interreligieuses, du pays et de l'extérieur[255];
- il adresse des lettres pastorales pour toute l'Eglise orthodoxe de Roumanie, avec l'agrément du *Saint-synode* ou du *Synode permanent*[256];
- il visite fraternellement les hiérarques de l'Eglise orthodoxe de Roumanie dans leurs éparchies[257];
- il prend soin de l'accomplissement des prévisions statutaires pour l'occupation des éparchies vacantes[258];
- il préside le Saint-synode pour l'élection des métropolites orthodoxes roumains situés en Roumanie et hors frontières[259];
- il ordonne, ensemble avec d'autres hiérarques, les métropolites et les intronise[260];
- il émet la «gramata» (décision) pour l'intronisation des métropolites situés en Roumanie et hors frontières[261];
- il nomme des *locum tenens* des métropolites en cas de vacance des sièges métropolitains[262];
- il conseille fraternellement les hiérarques des éparchies orthodoxes de Roumanie et hors frontières, et facilite la conciliation lorsqu'il y a d'éventuels malentendus entre ces hiérarques[263];
- il analyse, dans les séances du *Synode permanent*, les plaintes contre les hiérarques, et il communique le résultat au *Saint-synode*[264];
- en consultation avec le *Synode permanent*, il propose au *Saint-synode* des candidats pour la fonction d'évêque-vicaire patriarcal, et préside la séance du Saint-synode pour leur élection[265];

---

[253] Cf. art. 26§c.
[254] Cf. art. 26§d.
[255] Cf. art. 26§e.
[256] Cf. art. 26§f.
[257] Cf. art. 26§g.
[258] Cf. art. 26§h.
[259] Cf. art. 26§i.
[260] Cf. art. 26§j.
[261] Cf. art. 26§k.
[262] Cf. art. 26§l.
[263] Cf. art. 26§m.
[264] Cf. art. 26§n.

CHAP. IV: L'AUTONOMIE ET SON APPLICATION CONCRETE 159

- il nomme, maintient et révoque, dans une séance de la *Permanence du Conseil National Ecclésiastique*[266], le personnel de la direction, ainsi que les autres catégories du personnel clérical et laïque de la Chancellerie du Saint-synode, de l'Administration patriarcale, de l'Institut biblique et de mission de l'Eglise orthodoxe de Roumanie, et des autres institutions centrales ecclésiastiques[267];
- il confirme et dissout, par Décision patriarcale, les *Assemblées Eparchiales*[268];
- il exerce le droit de dévolution dans les métropolies afin de rétablir l'ordre canonique et administratif[269];
- selon la tradition orthodoxe, il a le droit de créer des monastères stavropigieux et de les diriger à travers ses délégués, dans les limites des compétences établies par Décision patriarcale, en communiquant celles-ci à l'évêque du lieu[270];
- il exerce toutes autres attributions prévues par les Saints Canons, le Statut actuel, les règlements ecclésiastiques ou les attributions confiées par le *Saint-synode*[271].

Il appert donc clairement que pour le patriarche de l'Eglise orthodoxe de Roumaine l'actuel Statut d'organisation a prévu plusieurs privilèges spécifiques à la tradition de l'Eglise orthodoxe. Toutefois, il faut noter ici qu'aucun de ces privilèges ne port atteinte à l'autonomie dont chaque évêque jouit dans son éparchie.

---

[265] Cf. art. 26§o.
[266] Entre les séances du *Conseil National Ecclésiastique* fonctionne la *Permanence du Conseil National Ecclésiastique* comme organisme exécutif central (cf. art. 31§1). Elle est composée du patriarche, en tant que président, des évêques-vicaires patriarcaux, du Vicaire administratif patriarcal, des conseillers patriarcaux et de l'inspecteur ecclésiastique général, comme membres, et prend des décisions par le consensus des membres présents (cf. art. 31§2). Avec la permission du patriarche, la *Permanence du Conseil National Ecclésiastique* peut aussi être présidée par un des évêques-vicaires patriarcaux, mais le procès-verbal de la séance est soumis à l'approbation du patriarche, et les décisions ne deviennent exécutoires qu'après leur confirmation par écrit de la part du patriarche (cf. art. 31§3). La *Permanence du Conseil National Ecclésiastique* peut être convoquée par le président chaque fois que de besoin (cf. art. 33§1).
[267] Cf. art. 26§p.
[268] Cf. art. 26§q.
[269] Cf. art. 26§r.
[270] Cf. art. 26§s
[271] Cf. art. 26§t.

2.2.2 Les différents degrés d'*autonomie ecclésiastique* dans l'organisation de l'Eglise orthodoxe

a) *L'autonomie ecclésiastique à l'intérieur de la Roumanie*

Il faut noter dès le début que l'*autonomie éparchiale* est très bien mise en évidence par l'article 84 qui affirme que

> aucune éparchie ne peut avoir, créer et administrer des unités de culte sur le territoire d'une autre éparchie.

En ce qui concerne l'autonomie ecclésiastique, le Statut de fonctionnement de l'Eglise orthodoxe de Roumanie prévoit une autonomie de type métropolitain pour toutes les métropolies du Patriarcat de Roumanie. Ainsi, les métropolies sont dirigées par un métropolite[272], qui, ensemble avec les hiérarques des éparchies suffragantes, constituent le *Synode métropolitain*[273]. Ayant comme président le métropolite[274], le Synode métropolitain veille que, sur le territoire de la métropolie, soient défendues et promues la foi orthodoxe, l'unité liturgique et la discipline canonique du clergé et des moines[275].

Selon l'art. 113, le *Synode métropolitain* a les responsabilités suivantes: proposer au *Saint-synode* la création des nouvelles éparchies ou la modification territoriale de celles déjà existantes; analyser et aviser les sollicitations venant de ses éparchies concernant la canonisation des saints, les projets de textes liturgiques, en les envoyant au Saint-synode; donner son avis sur les propositions faites par les évêques suffragants pour l'élection des évêques-vicaires afin d'être envoyées au Saint-synode; approuver la création, la suppression ou la transformation des monastères de moines en monastères de sœurs ou des monastères de sœurs en monastères de moines, ainsi que l'élévation des skytes[276] au rang de monastère; recevoir et analyser les recours des clercs déposés par un des consistoires éparchiaux de la Métropolie; admettre ou rejeter, en principe, les demandes de recours (dans le cas d'admission, en principe, du recours, il renvoie la cause pour être jugée sur le fond par le Consistoire métropolitain); valider ou invalider les décisions concernant l'aliénation des biens immobiliers, qui ont été prises

---

[272] Cf. art. 110§2.
[273] Cf. art. 111§1.
[274] Cf. art. 112§1.
[275] Cf. art. 111§3.
[276] Les «skytes» (en roumain «schit») sont des ermitages où vivent des moines ou des sœurs dans un très petit nombre; les «skytes» relèvent toujours de l'autorité directe d'un monastère.

CHAP. IV: L'AUTONOMIE ET SON APPLICATION CONCRETE 161

par les Assemblées Eparchiales des éparchies suffragantes. En ce qui concerne les éparchies, il faut noter que, selon l'actuel Statut, elles sont des unités ecclésiales composées par un certain nombre de paroisses, groupées en doyennés, et par les monastères qui se trouvent sur ce territoire.

A son tour, le métropolite, qui est le dirigeant canonique de la métropolie[277], a les attributions suivantes:
- il convoque et préside le Synode métropolitain[278];
- il préside la séance du Saint-synode pour l'élection des archevêques et évêques suffragants[279];
- il ordonne, ensemble avec les autres hiérarques, les archevêques et les évêques suffragants, ainsi que les évêques-vicaires des éparchies de la métropolie, entouré des évêques de ces éparchies-là[280];
- il émet la «gramata» (décision) pour l'intronisation des archevêques et des évêques suffragants et les intronisent[281];
- il nomme des *locum tenens* des archevêques et des évêques pour les éparchies suffragantes, en cas de vacance[282];
- visite fraternellement les archevêques et les évêques de la métropolie[283];
- convoque les «Synaxes» (consultations) des supérieurs et des Pères spirituels des monastères des éparchies suffragantes, au moins une fois tous les trois ans[284];
- il reçoit les réclamations concernant les archevêques, les évêques et les évêques-vicaires des éparchies de la métropolie, et dispose, en consultation avec le patriarche, leur analyse dans le *Synode permanent*, en informant le *Saint-synode* sur le résultat de l'analyse[285];
- il émet la Décision métropolitaine de constitution du Consistoire métropolitain, composé par des membres délégués par les *Assemblées éparchiale* suffragantes, et nomme président un des membres[286];
- il exerce toutes les autres attributions prévues par les Saints Canons, le Statut actuel, les règlements ecclésiastiques ou les attributions confiées par le *Saint-synode*[287].

---

[277] Cf. art. 114§1.
[278] Cf. art. 114§4a.
[279] Cf. art. 114§4b.
[280] Cf. art. 114§4c.
[281] Cf. art. 114§4d.
[282] Cf. art. 114§4e.
[283] Cf. art. 114§4f.
[284] Cf. art. 114§4g.
[285] Cf. art. 114§4i.
[286] Cf. art. 114§4j.

Donc, il est clair que, selon l'actuel Statut d'organisation et de fonctionnement de l'Eglise orthodoxe de Roumanie, les métropolies jouissent d'une large *autonomie ecclésiastique* à l'intérieur du Patriarcat de Roumanie.

b) *L'autonomie ecclésiastique en dehors de la Roumanie*

De plus, il faut préciser que dans le cas des trois métropolies qui exercent leur activité en dehors de la Roumanie, cette autonomie est encore élargie, car elles bénéficient de certains privilèges: premièrement elles ont le droit de gérer toute seule leur relation avec les autorités civiles du pays où s'exercent leurs activités[288], et d'établir des relations directes avec celles-ci; deuxièmement, elles ont le droit d'avoir un Statut propre pour leur organisation et leur fonctionnement, bien que celui-ci doive être approuvé par le *Saint-synode*; troisièmement, pour des motifs historiques et pratiques, elles peuvent avoir la possibilité de suivre le calendrier julien[289], bien que l'Eglise orthodoxe de Roumanie ait choisi de le changer pour le nouveau calendrier orthodoxe créé en 1923.

La métropolie qui jouit de la plus large autonomie ecclésiastique est celle de la Bessarabie, car, pour elle, le Saint-synode de l'Eglise orthodoxe de Roumanie a donné aussi un *tomos* d'autonomie, dans lequel a été précise:

> la Métropolie de la Bessarabie est une métropolie autonome, avec son propre Statut, dirigée par le Synode métropolitain, ayant à sa tête le métropolite, et chacune de ses éparchies a sa propre Assemblée éparchiale. Le métropolite et son Synode ont tous les droits prévus par le Statut propre, les saints canons et le Statut de l'Eglise orthodoxe de Roumanie. [...] Tous les hiérarques de la Métropolie de Bessarabie sont membres de droit du Saint-synode de l'Eglise orthodoxe de Roumanie. [...] La Métropolie de la Bessarabie a le droit de suivre le calendrier de style ancien[290].

Donc, la particularité de l'autonomie de la Métropolie de la Bessarabie est constituée par le fait que la Métropolie est nommée par le *tomos* comme «autonome» et qu'elle a le droit de suivre le calendrier julien.

Un cas particulier est constitué par l'Archevêché orthodoxe roumain en Amériques, qui, à l'intérieur du Patriarcat de Roumanie, bénéficie d'un

---

[287] Cf. art. 114§4k.
[288] Ainsi, par exemple, la Métropolie orthodoxe roumaine pour l'Allemagne et l'Europe centrale et du Nord bénéficie dans la Bavière (République d'Allemagne) du statut de «corporation de droit publique» (*Körperschaft des Öffentlichen Rechtes*), pendant que la Métropolie orthodoxe roumaine de l'Europe occidentale et méridionale, dont le siège est à Paris, suive le modèle de la séparation française de l'Etat et des Eglises.
[289] Il ne s'agit que de la Métropolie de Bessarabie.
[290] Cf. TEOCTIST, «Act patriarcal şi sinodal», 24-25.

CHAP. IV: L'AUTONOMIE ET SON APPLICATION CONCRETE 163

statut d'autonomie, octroyé par le Synode permanent le 12 juillet 1950 et renouvelé par le Saint-synode le 12 décembre 1974[291]. En effet, il ne s'agit que d'une seule éparchie, dont l'autonomie a été prévue comme suit:

1. Le territoire se trouvant dans la juridiction de l'Archevêché missionnaire orthodoxe roumain en Amériques et comprenant les paroisses orthodoxes formées d'ouailles d'origine roumaine ou affiliées par leur foi ou par parenté comprend les Etats-Unis d'Amérique, le Canada, l'Amérique du Sud et l'aire du Pacifique.
2. L'Archevêché missionnaire orthodoxe roumain en Amériques s'est organisé et s'administre de manière indépendante d'après ses propres statuts et règlements, ayant à garder des liens canoniques et spirituels avec le Saint-synode de l'Eglise orthodoxe de Roumanie d'où il reçoit le Saint Myron, conformément aux saints canons et à la structure hiérarchique de l'Eglise orthodoxe.
3. L'archevêque est élu par le Congrès ecclésiastique dudit Archevêché, constitué des délégués du clergé et des laïques des paroisses, selon le statut de l'Archevêché et les lois des Etats-Unis d'Amérique sur le territoire desquels l'Archevêché a son siège.
4. Le Congrès ecclésiastique local est l'autorité qui propose au Saint-synode de l'Eglise orthodoxe de Roumanie la confirmation de l'élu et son élévation à la dignité épiscopale, pour le cas où il n'a pas encore reçu l'ordination épiscopale.
5. L'autorité spirituelle de l'Archevêché émane de celle du Saint-synode de l'Eglise orthodoxe de Roumanie, qui lui donne l'acte patriarcal d'investiture dans un cadre solennel et publiquement.
6. L'archevêque, aidé par les organes législatifs, exécutifs et de discipline de l'Archevêché missionnaire orthodoxe roumain en Amériques, dirige l'éparchie de manière indépendante, ayant le droit et la liberté de nommer les prêtres, les archiprêtres, les conseillers et les fonctionnaires, de conférer des distinctions et des rangs ecclésiastiques, d'appliquer des sanctions disciplinaires, d'avoir une administration économique et financière propre, de faire imprimer, à compte de l'éparchie, des revues, des journaux, des bulletins, des almanachs, des livres cultuels et d'éducation religieuse, de surveiller et de diriger l'entière activité ecclésiastique et culturelle des paroisses.
7. L'archevêque est membre du Saint-synode de l'Eglise orthodoxe de Roumanie, ayant droit de vote dans les problèmes concernant son éparchie. Les positions ou les décisions du Saint-synode concernant les relations entre l'Eglise orthodoxe de Roumanie et l'Etat roumain ne sont obligatoires ni

---

[291] Cette autonomie a été renouvelée par le *tomos* synodal et patriarcal no. 14089 de 1974, donné suite à la lettre no. 163 de 1973 envoyée par l'Archevêché au Saint-synode et après le rapport du 10 décembre 1974 présenté par l'archimandrite Bartolomeu Anania devant le Saint-synode. Cf. JUSTINIAN, «Tomos pour l'élévation», 77.

pour l'Archevêque de l'Archevêché missionnaire orthodoxe roumain en Amériques, ni pour les prêtres, ni pour les fidèles se trouvant dans sa juridiction, car ceux-ci vivent dans des pays ayant des systèmes politiques et sociaux différents de ceux de la Roumanie.
8. Les paroisses de l'Archevêché missionnaire orthodoxe roumain en Amériques sont les propriétaires légaux des biens meubles et immeubles qu'elles possèdent ayant le devoir de les administrer selon le Statut de l'Archevêché et les lois des Etat respectifs. Le Patriarcat orthodoxe de Roumanie ne revendique pas de droits de propriété sur les biens meubles ou immeubles des paroisses se trouvant dans la juridiction de l'Archevêché missionnaire orthodoxe roumain en Amériques.
9. L'Archevêché missionnaire orthodoxe roumain en Amériques jouit du droit d'établir et d'entretenir des relations inter-orthodoxes, inter-chrétiennes et œcuméniques avec les organisations religieuses se trouvant sur le territoire de sa juridiction, tout en observant la doctrine et les règles canoniques de l'Eglise orthodoxe. L'Archevêque est le seul hiérarque investi de l'autorité en vue de le représenter canoniquement et légalement.
10. L'Archevêque peut avoir comme auxiliaire dans son activité un évêque-vicaire, qui jouit des honneurs dus à son rang et qui, pareillement à l'Archevêque, est membre du Saint-synode de l'Eglise orthodoxe de Roumanie. Le candidat à la dignité d'évêque-vicaire est recommandé par l'Archevêque d'un commun accord avec le Conseil diocésain. La procédure de confirmation et de consécration est celle-là même prévue pour l'Archevêque à la différence que son intronisation est faite par l'Archevêque[292].

Donc, de ce document il appert que l'Archevêché orthodoxe roumain en Amériques bénéficie d'une autonomie ecclésiastique assez large, qui est très semblable à celle de type métropolitain, sauf qu'il n'y a pas de synode.

2.3 *Conclusion*

En conclusion, nous pouvons affirmer que, dans le cas de l'Eglise orthodoxe de Roumanie, l'autonomie ecclésiastique constitue une réalité évidente, car elle est expressément prévue et garantie par son actuel Statut d'organisation et fonctionnement. Ainsi, à l'intérieur du Patriarcat de Roumanie, les métropolies bénéficient d'une claire autonomie ecclésiastique, qui peut seulement être élargie pour les unités ecclésiales situées en dehors du pays. De plus, le cas spécial de l'Archevêché orthodoxe roumain en Amériques, qui bénéficie d'une autonomie ecclésiastique de type quasi-métropolitain, ne doit être compris que dans une logique pratique.

---

[292] JUSTINIAN, «Tomos pour l'élévation de l'Evêché», 78-79.

3. L'autonomie ecclésiastique dans de l'Eglise orthodoxe de Russie

3.1 *L'Eglise orthodoxe de Russie: brève esquisse historique et situation actuelle*

3.1.1 *Brève esquisse historique de l'Eglise orthodoxe de Russie*

Bien que, de nos jours, l'Eglise orthodoxe de Russie[293] représente parmi les Eglises locales orthodoxes celle qui compte le plus de fidèles[294], l'histoire maintient comme date officielle de sa naissance le jour de 6 janvier 988[295], à savoir le jour dans lequel le prince Vladimir de Kiev (980-1015) se fait baptiser[296]. Jusqu'au milieu du XVe siècle, l'Eglise de Russie a été une province ecclésiastique du Patriarcat de Constantinople, étant dirigée par un métropolite[297]. Suite à une série d'actions désespérées du Patriarcat de Constantinople, l'Eglise de Russie rejette en 1448 l'autorité constantinopolitaine en condamnant les actes d'union avec Rome signés par celui-ci à Ferrare-Florence en 1439, en devenant ainsi *de*

---

[293] L'ethnogenèse de l'ensemble politico-culturel constituant les Rus', d'où devaient sortir par la suite les peuples russe, ukrainien et biélorusse, est particulièrement complexe et suscite jusqu'à présent des controverses parmi les spécialistes. La rencontre des tribus slaves de l'Est avec les Varègues, guerriers-marchands d'origine scandinave, est à l'origine de ce processus qui devait aboutir à la création d'un Etat puissant avec pour capitale Kiev. Pour d'autres détails, voir V. VODOFF, *Autour du mythe de la sainte Russie*; F. DVORNIK, *Les slaves*.

[294] Cf. «Le nombre des Orthodoxes dans le monde», 55-56.

[295] Cf. A. POPPE, «The Political Background to the Baptism of Rus'», 240-241.

[296] Longtemps considéré comme le point de départ du christianisme russe, le baptême du grand prince Vladimir de Kiev ne fut en fait que l'aboutissement d'une longue évolution et indique notamment la proclamation de la foi chrétienne comme religion de l'Empire russe. En effet, la foi chrétienne s'était déjà diffusée bien avant 988, sous l'effet du développement des contacts commerciaux et culturels entre les populations varègue-slaves et l'Empire byzantin, et surtout grâce à la politique missionnaire menée par Byzance vers les Balkans et les peuples slaves en général. Certains historiens, sur la base des chroniques byzantines et la Chronique des temps passés (la plus ancienne source historique russe), affirment que les premiers repères de cette politique missionnaire remonteraient à 860 et seraient à mettre en liaison avec la mission des apôtres des slaves, Cyrille et Méthode, sur les rives de la Crimée. Pour d'autres détails concernant la christianisation des peuples slaves, ainsi que l'histoire de leur Eglise, voir V. VODOFF, *Naissance de la chrétienté russe*.

[297] Cf. S. SENYK, «The Patriarchate of Constantinople», 91-101. Pour le développement de l'Orthodoxie russe dans cette période, ainsi que pour son rapport avec l'Eglise de Constantinople, voir également G.P. FEDOTOV, *The Russian Religious Mind*; J. MEYENDORFF, *Byzantium and the Rise of Russia*; J. SHEPARD, «Some Problems», 10-33; D. OBOLENSKY, «Russia and Byzantium», 157-171; K. ROSE, «Byzanz und die Autonomiebestrebungen», 291-322.

facto autocéphale[298]. Cependant, il a fallu encore un siècle et demi avant que les patriarcats orientaux acceptent officiellement cette situation et qu'ils donnent à l'Eglise orthodoxe de Russie le titre de patriarcat.

Ainsi, en 1589, non seulement l'Eglise orthodoxe de Russie est élevée au rang du patriarcat, mais elle est aussi reconnue comme la cinquième dans l'ordre des diptyques (τάξις) de l'Eglise orthodoxe, après les patriarcats de Constantinople, Antioche, Alexandrie et Jérusalem. Donc, à partir de ce moment-là et jusqu'au début du XVIIIe siècle, l'Eglise orthodoxe de Russie sera organisée comme patriarcat, étant dirigée par le *Patriarche de Moscou et de toutes les Russies*[299]. Pendant toute cette période, l'Eglise orthodoxe de Russie, en suivant le développement territorial de la principauté russe, a connu un essor extraordinaire[300], au point que ses théologiens arrivaient à affirmer que le Patriarcat de Moscou était la troisième et la dernière Rome[301].

---

[298] L'autocéphalie de l'Eglise orthodoxe de Russie, à laquelle aspiraient la plus grande partie de la hiérarchie et le pouvoir séculier, a été finalement acquise de façon inattendue. L'Empire byzantin, en agonie, avait demandé l'aide de l'Occident pour écarter la menace turque. En échange d'un secours militaire, Constantinople acceptait de reconnaître l'union des Eglises orientale et occidentale, ce qui amena la hiérarchie orientale à se soumettre à l'autorité du pape lors du concile de Ferrare-Florence en 1439. Le métropolite de Moscou, le grec Isidore, signa au nom de son Eglise les actes du Concile qui furent immédiatement rejetés par les hiérarques russes de Moscou. Dès son retour, Isidore, accusé d'être tombé dans l'*hérésie latine*, fut déposé et remplacé par Jonas, un évêque russe. Un synode national, réuni à Moscou en 1448, confirma l'élection de Jonas, et l'Eglise orthodoxe de Russie, en choisissant son propre métropolite sans en référer à Constantinople, se constitua *de facto* en Eglise autocéphale. Cinq ans plus tard (1453), Constantinople tombait aux mains des Turcs de sorte que l'autocéphalie de l'Eglise orthodoxe de Russie se trouva justifiée par les faits. Pour plus de détails, voir A. ZIEGLER, *Die Union des Konzils von Florenz*; G. ALEF, «Muscovy and the Council of Florence», 389-401.

[299] Cf. A.P. BOGDANOV, *Русские Патриархи*, I, 34-112.

[300] Pour plus de détails, voir W. VON SCHELIHA, *Russland und die orthodoxe Universalkirche*.

[301] Au moment où les Turcs provoquaient la chute de Constantinople et envahissaient les Balkans, la principauté de Moscou poursuivait son ascension spectaculaire. En 1493, le grand prince Ivan III (1462-1505) prend le titre de souverain de tout le pays. Le prestige d'Ivan III se trouva accru par son mariage avec la nièce du dernier empereur byzantin, Zoé Paléologue. En effet, Zoé, veuve d'un prince romain, épousa en 1472 Ivan III, et, suivant un usage byzantin, changea son nom en celui de Sophie. Cette alliance était surtout lourde de symbole: Ivan III s'apparentait à la dynastie de l'Empire déchu dont il semblait devenir l'héritier (cf. G. ALEF, «The Adoption», 2). De plus, en 1547, Ivan IV (Ivan le Terrible) prit le titre de *Tsar* (*César*) et revêtit les insignes jadis réservés aux empereurs byzantins. Et comme l'Etat moscovite s'interrogeait sur son sens et sa place dans le monde, nombreuses légendes et théories ont été créées. Parmi celles-ci, il faut souligner celle du moine

En 1721, le tsar Pierre le Grand (1672-1725) abolissait le système patriarcal dans l'Eglise orthodoxe de Russie, en le remplaçant par un système de direction collégiale[302]. Désormais l'autorité était exercée par un Saint-synode, composé de douze membres (évêques et prêtres), tous nommés par le tsar et placés, dès 1722, sous le contrôle d'un fonctionnaire laïc, le *haut-procureur*[303], qui incarnait le lien institutionnel dorénavant existant entre l'Eglise et l'Empire[304].

Après la chute de la monarchie (mars 1917), l'Eglise orthodoxe de Russie reprend sa liberté et décide de convoquer une vraie assemblée ecclésiastique à Moscou, la première depuis deux cents ans. Délégués clercs et laïcs s'efforcèrent de ranimer les institutions ecclésiales en introduisant les principes de la représentation élective à tous les niveaux. L'œuvre de l'assemblée ecclésiastique de Moscou fut couronnée par le rétablissement du patriarcat et l'élection à la tête de l'Eglise du patriarche Tikhon Bella-

---

Philothée de Pskov. Celui-ci expliquait dans une lettre au tsar que le royaume moscovite, depuis la chute de Byzance, était l'héritier de l'Empire byzantin et le responsable de toute la chrétienté orthodoxe. La Rome antique était tombée dans l'hérésie latine, la deuxième Rome (Constantinople) avait sombré sous les assauts des Ottomans, Moscou devait devenir la troisième et la dernière Rome, destinée à rayonner sur le monde entière. Cf. H. SCHAEDER, *Moskau das dritte Rom*, 55. Pour plus de détails, voir N. ZERNOV, *Moscow the Third Rome*; E. LANNE, «Les trois Rome», 21-30; D. STRÉMOOUKHOFF, «Moscow The Third Rome», 84-101; D.B. ROWLAND, «Moscow – The Third Rome», 591-614; J. MEYENDORFF, «Was There Ever a 'Third Rome'?», 45-60.

[302] Inspirées du modèle protestant, les nouvelles relations entre l'Eglise orthodoxe de Russie et l'Empire russe ont été définies dans un «Règlement ecclésiastique» publie en 1721 (cf. C. TONDINI, *Le Règlement Ecclésiastique*). Par ce texte, le tsar abolissait officiellement le patriarcat de Moscou, dont la fonction avait été supprimée *de facto* déjà à la mort du patriarche Adrien, en 1700, puisque aucun successeur ne lui avait été désigné. Cf. J. CRACAFT, *The Church Reform*. Pour plus de détails, voir aussi I. SMOLITSCH, *Geschichte der Russischen Kirche 1700-1917*.

[303] Le *haut-procureur* (обер прокуроръ) avait pour tâche principale de veiller à la bonne marche des institutions ecclésiales et à la légalité de leurs décisions. Plus précisément, il était responsable de la censure gouvernementale pour tous les documents qui sorties du Saint-synode de l'Eglise de Russie, ayant le droit de mettre en bas de ces documents le qualificatif «Lu», à savoir leur acceptation.

[304] Une partie de la hiérarchie ecclésiastique russe, fidèle à l'idéologie byzantine, allait elle-même à la rencontre de l'Etat pour lui apporter une légitimité fondée sur une construction théologique, attribuant au pouvoir tsariste une mission sacrée. Ainsi, afin de se justifier, l'archevêque Théophane Prokopovitch – l'artisan de la réforme et auteur du «Règlement ecclésiastique» –, affirmait que le tsar, représentant de Dieu sur terre, était à ce titre aussi le chef suprême de l'Eglise. Pour d'autres détails concernant le rapport entre le tsar et l'Eglise orthodoxe de Russie, voir G. CODEVILLA, *Lo zar e il patriarca*; H. ALFEYEV, *L'Orthodoxie*, 149-185.

vine (1864-1925)³⁰⁵. Bien que l'Eglise orthodoxe de Russie soit en train de retrouver sa structure traditionnelle et son autonomie envers l'Etat, le gouvernement créé, après le coup d'Etat bolchevique d'octobre 1917, exprimait officiellement son hostilité à l'Eglise. En effet, la loi de séparation entre l'Eglise et l'Etat, signée par Lénine le 23 janvier 1918³⁰⁶, au lieu de garantir la liberté religieuse visait à retirer toute base légale aux activités de l'Eglise orthodoxe³⁰⁷.

De plus, dans l'année 1918, en Russie se déclenchait très vite la guerre civile: des armées «blanches» (par opposition aux armées «rouges», bolcheviques) se formèrent dans les provinces du Nord, du Sud et de l'Est du pays. De ce fait, des nombreuses éparchies se sont trouvées coupées du patriarche et de son administration centrale. Ainsi, le 20 novembre 1920, par le décret no. 362, le patriarche Tikhon, encore libre de ses actes et de ses décisions, prescrivit à tous les évêques russes, séparés de lui «par des frontières d'Etat ou fronts militaires», de s'unir entre eux et de créer un organisme administratif pour diriger l'Eglise orthodoxe russe hors des frontières de la Russie, jusqu'au jour où la liberté de communication et la liberté d'action du patriarche de Moscou seraient rétablies³⁰⁸.

Cette décision patriarcale n'était pas du tout une surprise pour les évêques russes mais elle venait plutôt confirmer une réalité déjà existante car, à partir du mois de mai 1919, à Stavropol, un organisme unifié pour l'administration des éparchies séparées de Moscou par le front de la guerre civile fut déjà institué. Cependant, le repli des armées «blanches», puis leurs évacuations transférèrent cette «Administration de l'Eglise»³⁰⁹, successivement à Novotcherkassk, en Crimée, à Constantinople, enfin en

---

³⁰⁵ Pour d'autres détails, voir le travail du H. DESTIVELLE, *Le concile de Moscou*.

³⁰⁶ Cf. «Декрет СНК, изданный 23 Января 1918 г.», 5-6.

³⁰⁷ Bien que le patriarche Tikhon ait adopté une ligne totalement apolitique, les autorités bolcheviques encourageaient des manifestations «spontanées» contre l'Eglise orthodoxe de Russie. Cf. V. TSYPIN, *История Русской Православной Церкви*, 45-72; G. MAKLAGOFF, «L'Eglise orthodoxe et le pouvoir civil», 22-72.

³⁰⁸ Cf. M. POLSKY, *Каноническое положение*, 14; P. HAUPTMANN– G. STRICKER, ed., *Die Orthodoxe Kirche*, 666-667.

³⁰⁹ Cette «Administration de l'Eglise» comptait, en 1921, 34 évêques présidés par le métropolite de Kiev Antoine Khrapovitsky. Pour des motifs pastoraux, l'Eglise orthodoxe de Russie située en pays étrangers fut divisée en trois régions ecclésiastiques: l'Amérique, où fut envoyé le métropolite Platon Rojdestvensky; l'Europe occidentale, qui fut confiée à l'archevêque Euloge Guéorguievsky; l'Europe orientale (les pays balkaniques), relevant du ressort direct du métropolite Antoine Khrapovitsky. Pour d'autres détails, voir l'excellent travail d'A. KOSTRÏOKOV, *Русская Эару-бежная Церковь*.

Yougoslavie où elle fut hébergée par le patriarche de Serbie à Sermtsy-Karlovitsy. Toutefois, deux facteurs déterminèrent ensuite l'éclatement de cette «Administration de l'Eglise»: la reprise des relations quasi normales avec le patriarcat de Moscou, et les fortes tensions politiques qui agitaient l'émigration russe à l'époque. A la suite de ces événements, l'archevêque Euloge Guéorguievsky demandait au patriarche Tikhon de confirmer officiellement sa nomination en Europe occidentale (avant la Révolution, les paroisses orthodoxes russes situées en Europe occidentale relevaient de l'obédience du métropolite de Saint-Pétersbourg). Par le décret patriarcal et synodal daté du 8 avril 1921, Euloge était nommé exarque du Patriarche de Moscou pour les paroisses orthodoxes russes en Europe occidentale et le 30 janvier 1922, il était élevé au rang de métropolite[310].

D'autre part, il faut préciser que cette «Administration de l'Eglise russe à l'étranger» avait convoqué un concile général à l'automne de 1921, concile qui adopta à la majorité des deux tiers une proclamation réclamant la restauration de la monarchie et le rétablissement de la dynastie des Romanov. Toutefois 34 délégués, parmi lesquels le métropolite Euloge, se désolidarisent de cet acte politique. En conséquence à cette prise de position, le patriarche Tikhon fut amené à dissoudre officiellement cette «Administration de l'Eglise russe à l'étranger» en avril 1922 et à confier l'ensemble des paroisses orthodoxes russes à l'étranger au métropolite Euloge en mai 1922. Cependant, les autres évêques de cette «Administration de l'Eglise russe à l'étranger» ne se conformèrent que partiellement aux décrets patriarcaux, car, le 30 août 1922, ils décideront la dissolution de l'Administration et confieront la direction de l'Eglise orthodoxe de Russie à l'étranger à un Synode permanent des évêques élus par une Assemblée qui se réunit tous les trois ans. De plus, le 1er septembre 1922, ce Synode refusait ouvertement de considérer le métropolite Euloge comme leur tête canonique. En effet, cette Administration ne se saborda que pour renaître sous la forme d'un Synode des évêques russes à l'étranger. Dès lors le conflit était inévitable, mais il n'atteindra son paroxysme que le 21 janvier 1927, lorsque le Synode des évêques russes à l'étranger, logé encore à Karlovitsy[311], décida de dépo-

---

[310] Pour plus de détails relatifs à la vie du métropolite Euloge, voir E. GUEOR-GUIEVSKY, *Le chemin de ma vie*.

[311] Le Synode des évêques russes à l'étranger dut se replier de Karlovitsy à Munich, puis, en 1949, à New-York, où il a continué de vivre de façon absolument autonome en se référant toujours au décret du patriarche Tikhon du 20 novembre 1920. Cf. D. POSPIELOVSKY, *Русская православная церковъ*, 219-255.

ser le métropolite Euloge. C'était la première rupture dans l'Eglise orthodoxe de Russie à l'étranger. Alors, à partir de ce moment, deux groupes des évêques orthodoxes russes existaient en Europe: ceux qui, sous la coordination du métropolite Euloge, restèrent sous l'obédience du Patriarcat de Moscou, et ceux qui formèrent le soi-disant «Synode des évêques orthodoxes russes hors frontières»[312], qui n'était intégré à aucune obédience canonique[313].

Plus tard, en 1930, à Westminster, le métropolite Euloge avait présidé, à côté du primat de l'Eglise anglicane, un service liturgique pour les martyrs russes de l'Union Soviétique. Immédiatement, le 11 juin 1930, le *locum tenens* du patriarche de Moscou, le métropolite Serge signait la décision patriarcale et synodale de destitution de métropolite Euloge de la direction de l'Exarchat du Patriarcat de Moscou en Europe occidentale. Par une autre décision synodale, du 26 décembre 1930, le métropolite Euloge était invité devant le Saint-synode de l'Eglise de Russie pour se justifier. Conscient de sa faute (il n'a pas respecté les prescriptions des saints canons, qui affirment qu'il est totalement interdit de célébrer avec les schismatiques[314]) et étant au courant de la situation très difficile du patriarcat de Moscou, le métropolite Euloge avait cherché une solution plus convenable pour lui-même. Ainsi, le 5 février 1931, il écrivait au patriarche de Constantinople une lettre dans laquelle il lui demandait que son éparchie soit acceptée temporairement sous l'autorité de l'Eglise de Constantinople[315]. D'une

---

[312] Après la mort du patriarche Tikhon, le Synode des évêques orthodoxes russes hors frontières ne reconnut pas l'autorité des intérims du *locum tenens* patriarcaux (les métropolites Pierre et, ensuite, Serge), en les accusant de collaboration avec les bolcheviques. De plus, après l'appel lancé aux évêques à l'étranger de reconnaître le pouvoir soviétique par le métropolite Serge et le Synode patriarcal du 29 juin 1927, le Synode des évêques hors frontières décida le 5 septembre 1927 de suspendre la communion avec le Patriarcat de Moscou. Ainsi, l'*Eglise orthodoxe russe hors frontières* a continué d'exister, tout en gardant son régime autonome atypique (sans être rattachée à aucune obédience canonique), jusqu'en 2007 lorsqu'elle a signé l'acte de communion canonique avec l'Eglise de Russie. Ainsi, l'*Eglise orthodoxe russe hors frontières* est devenue une unité ecclésiale du Patriarcat de Moscou. Pour d'autres détails historiques, voir A. YOUNG – K. PRUTER – P.D. SELDIS, ed., *The Russian Orthodox Church Outside Russia*.

[313] Cf. H. ALFEYEV, *L'Orthodoxie*, 245-246.

[314] Le canon 33 du Synode de Laodicée précise textuellement «qu'il ne faut pas prier avec les hérétiques ou des schismatiques».

[315] Pour justifier sa demande inédite, le métropolite Euloge avait invoqué comme base canonique les canons 9 et 17 de Chalcédoine, bien que ceux-ci n'indiquent rien de similaire. En effet, le métropolite Euloge, invoquant les deux canons, affirmait qu'au Patriarcat de Constantinople reviendrait un soi-disant privilège d'*instance d'appel* à l'intérieur de l'Orthodoxie. Et, pour appuyer cette innovation bizarre du métropolite Euloge, en 1936,

manière absolument inattendue, le patriarche de Constantinople Photius II répondit positivement à cette demande inédite par un décret daté du 17 février 1931 par lequel il nomma Euloge comme exarque du Patriarcat de Constantinople pour les paroisses russes en Europe occidentale[316]. Toutefois, deux évêques, le métropolite de Vilnius Eleuthère Bogoïavlenski et l'hiérarque Benjamin Fedtchenkov, ainsi qu'une grande partie des paroisses, refusèrent de suivre le métropolite Euloge et gardèrent fidélité au patriarcat de Moscou. A son tour, le Patriarcat de Moscou, bien qu'il fût alors persécuté durement par les autorités soviétiques, nomma à la tête de son Exarchat en Europe occidentale le métropolite Eleuthère Bogoïavlenski. Ainsi, s'établirent en Europe trois groupes d'évêques orthodoxes russes:

---

un des professeurs de l'Institut Saint-Serge de Paris, l'historien A.V. Kartachev, avait même publié un article dans lequel il affirmait pour la première fois que le patriarcat de Constantinople jouirait d'un droit d'appel exclusif dans l'Eglise orthodoxe. Pour d'autres détails, voir pp. 117-120. Voir aussi N. ROSS, «La rupture», 76-100.

[316] En 1945, le métropolite Euloge revint sous l'autorité du Patriarcat de Moscou et redevint exarque du Patriarcat de Moscou en Europe occidentale. Toutefois, lorsqu'en 1946 le métropolite Euloge mourut, une partie des paroisses n'acceptèrent pas la nomination du métropolite Séraphin Loukianov comme exarque et rompit encore une autre fois la communion avec le Patriarcat de Moscou. Tout de suite, ces paroisses demandèrent à l'Eglise de Constantinople d'être acceptées sous son autorité. Ainsi naît un «vicariat extraordinaire» des paroisses russes sous l'autorité du Patriarcat de Constantinople. Toutefois, le 5 février 1963, le patriarche de Constantinople Athënagoras supprima cette structure anormale, tout en créant pour ses fidèles la *Métropolie de France et l'Exarchat de Belgique, du Luxembourg, d'Espagne et du Portugal* avec le siège à Paris. En effet, le Patriarcat de Constantinople avait invité les membres du vicariat à rejoindre la nouvelle métropolie, en rappelant que sa protection n'avait été accordée qu'à titre provisoire. Les membres du vicariat ont refusé et ont créé en 1966 l'*Archevêché orthodoxe de France et d'Europe occidentale* en nommant l'archevêque Georges (Tarassov) à la tête de cette structure. Cette anomalie canonique n'a été reconnue d'aucune Eglise orthodoxe locale jusqu'en 1971, lorsque le même Patriarcat de Constantinople décidait de la reprendre sous son autorité sous le nom d'*Archevêché des paroisses russes en Europe occidentale*. Le 19 juin 1999, cet archevêché fut élevé au rang d'exarchat du Patriarcat de Constantinople (cf. BARTHOLOMÉ Ier, «Tomos patriarcal et synodal», 109-112). En avril 2003, une crise surgit à l'intérieur de cet archevêché car une partie de ses membres souhaitait le retour sous l'autorité du Patriarcat de Moscou. Pour dépasser cette crise, l'évêque Gabriel (De Vylder), citoyen belge, fut élu comme archevêque. Donc, de nos jours, du point de vue canonique, la situation de cet archevêché est plus anormale que jamais. Et cela, parce que, cet archevêché n'a pas à sa direction un évêque russe, et n'est pas rattaché canoniquement à l'Eglise de Russie, bien qu'il s'appelle l'*Archevêché des Eglises orthodoxes russes en Europe occidentale*. Pour plus de détails, voir C. CHAILLOT, *Histoire de l'Eglise orthodoxe*, 7-10, 21, 28-29; N. DALDAS, *Le patriarche œcuménique*, 335-343; O. CLÉMENT, «Un "vicariat extraordinaire"», 5-16; E. BEHR-SIGEL, «Présence de l'Orthodoxie russe», 226-239.

ceux qui restèrent sous l'autorité du Patriarcat de Moscou, ceux qui ont été acceptés sous l'autorité du Patriarcat de Constantinople, et ceux qui se sont regroupés dans le soi-disant «Synode russe hors frontières»[317].

Pour retourner à l'histoire de l'Eglise orthodoxe de Russie au temps du patriarche Tikhon, il faut mentionner que, après la guerre civile, le pouvoir soviétique commença les premières persécutions systématiques de l'Eglise en confisquant les objets de culte (1922), en condamnant arbitrairement des clercs (le patriarche Tikhon même, pendant plus d'un an, fut assigné en résidence surveillée[318]) et en essayant de créer des dissensions à l'intérieur de l'Eglise (les bolcheviques ont essayé de créer des structures soi-disant «orthodoxes» à l'intérieur même de l'Eglise orthodoxe de Russie, comme l'*Eglise vivante*, etc.)[319].

De plus, dans cette période assez compliquée, le patriarche Tikhon, en tenant compte de la gravité de la situation interne ainsi que de la nouvelle organisation géopolitique, avait poussé le Saint-synode de l'Eglise orthodoxe de Russie à octroyer l'autonomie aux différentes Eglises locales en invoquant le motif de force majeure; ainsi, l'Eglise d'Estonie fut déclarée autonome le 10 mai 1920[320], tandis que l'Eglise orthodoxe de Finlande a reçu son autonomie le 11 février 1921[321]. Sous la pression et avec le soutien des autorités étatiques, les dirigeants des deux Eglises autonomes (d'Estonie et de Finlande) ont profité de la situation extrêmement difficile dans laquelle était l'Eglise de Russie et ont demandé au Patriarcat de Constantinople de leur octroyer l'autocéphalie, bien que ces demandes fussent tout à fait contraires à la pratique et aux prescriptions des saints canons. Toutefois, le patriarche de Constantinople ne leur a octroyé que l'autonomie, c'est-à-dire le même statut qu'elles avaient déjà à l'intérieur du Patriarcat de Moscou ! Vers la même période, en Ukraine, un schisme

---

[317] Cf. V. TSYPIN, *История Русской Православной Церкви*, 91-108.

[318] Le 10 mai 1922, le patriarche Tikhon est inculpé dans un pseudo-processus inventé par les autorités bolcheviques, et il est mis aux arrêts à domicile, étant empêché d'exercer officiellement ses fonctions. Cf. N. STRUVE, *Les chrétiens en URSS*, 32.

[319] Pour plus de détails, voir V.V. LOBANOV, *Патриарх Тихон*.

[320] En 10 mai 1920, en tenant compte que la République d'Estonie s'est déclarée souveraine (24 février 1918), le Saint-synode de l'Eglise orthodoxe de Russie a déclaré autonome l'Eglise d'Estonie par le *tomos* no. 183 (cf. ALEXEÏ II, *Православие в Эстонии*, 376, 530-531).

[321] Le 11 février 1921, le Saint-synode de l'Eglise orthodoxe de Russie avait octroyé l'autonomie à l'Eglise orthodoxe de Finlande par le *tomos* no. 139. Cf. A. VEDERNIKOV, «*На канонический путь*», 16, note 2; P. HAUPTMANN – G. STRICKER, ed., *Die Orthodoxe Kirche*, 667-668. Pour d'autres détails, voir T.I. SHEVCHENKO, «К вопросу», 42-69; C. VASILIU, «Biserica Ortodoxă Finlandeză», 367-383.

apparut sur des bases exclusivement nationalistes et donna naissance à la soi-disant «Eglise autocéphale ukrainienne» dont la canonicité n'a jamais été reconnue à cause de l'absence de succession apostolique[322].

La mort du patriarche Tikhon en 1925, alors que s'amorçait un processus de reconnaissance entre le Patriarcat et le gouvernement soviétique, ouvrit une longue période d'incertitude et de troubles en raison d'impossibilité de doter l'Eglise russe d'une direction stable. En effet, les autorités bolcheviques empêchaient la réunion d'un synode de l'Eglise de Russie pour l'élection d'un nouveau patriarche. Ainsi, par exemple, le métropolite Pierre Polianski désigné *locum tenens* patriarcal fut rapidement arrêté par les autorités bolcheviques et déporté en Sibérie[323]. Les autres principaux métropolites étaient eux aussi emprisonnés. Donc, à cette époque, l'Eglise orthodoxe de Russie se trouvait à la fois dépourvue de toute ossature dirigeante et de toute existence légale[324]. Essayant de remédier cette situation désastreuse, le métropolite Serge Stragorodski, qui exerçait l'intérim du *locum tenens*, proclame, en 1927, sa loyauté au pouvoir soviétique et obtient une légalisation semi-partielle de l'Eglise russe. Cependant, ce n'est qu'en 1943, que les autorités bolcheviques ont autorisé la réunion d'un synode des évêques de l'Eglise orthodoxe de Russie[325] (ils n'étaient que 19 évêques !), qui a élu, le 8 septembre 1943, comme patriarche de Moscou, le métropolite Serge Stragorodski. Toutefois, le moment de répit pour l'Eglise orthodoxe de Russie après la deuxième guère mondiale a été très court, car les efforts de réorganisation engagés par le patriarche Alexis Ier (Simanski), qui avait succédé au patriarche

---

[322] La soi-disant Eglise autocéphale ukrainienne ne jouit point de la succession apostolique, car elle a était créée par les autorités civiles ukrainiennes et non pas par la mission pastorale de l'Eglise orthodoxe. De plus, son premier évêque a été élu et ordonné par une assemblée des laïcs, organisée par les mêmes autorités politiques. Il appert, donc, très clairement que, dans ce cas, il n'y a pas la possibilité de parler de la succession apostolique. Pour plus de détails concernant l'histoire de cette Eglise schismatique, voir p. 87, note 28.

[323] Cf. G. SCHULZ, «Versuch der Registrierung», 84-93.

[324] L'Eglise orthodoxe de Russie a connu sous le régime soviétique la période la plus tragique de son histoire. Cf. T. SHEVKUNOVA, Русская Православная Церковь; D. POSPIELOVSKY, Русская православная церковъ; S. MERLO, «La Chiesa russa», 697-742; W.B. HUSBAND, «Soviet Atheism», 74-107.

[325] La permission pour convoquer le synode des évêques a été obtenue à la suite du colloque du 4 septembre 1943 entre Staline et le métropolite Serge Stragorodski, l'intérim du *locum tenens* du trône patriarcal, qui était entouré des métropolites Alexeï de Leningrad et Nicolas de Kiev. Pour plus de détails, voir D. POSPIELOVSKY, «"The Best Years" of Stalin's Church Policy», 139-162; «Stalin e la Chiesa», 51-86.

Serge en 1945[326], se heurtent à la politique du «dégel» promue par les soviétiques, particulièrement dans la période où Nikita Khrouchtchev (1958-1964) pris la tête de Parti Communiste de l'Union Soviétique[327].

C'est seulement en 1987, avec la politique de la *perestroïka*, qu'arrivent des signes prévoyant un changement d'attitude en matière de politique religieuse[328]. Mais, la célébration du millénaire de la christianisation de la Russie en 1988 a marqué un tournant significatif: la religion fut d'alors définitivement réhabilitée en Russie[329]. En conséquence, le 8 juin 1988, le *Synode des évêques* adoptait un nouveau statut d'organisation pour l'Eglise orthodoxe de Russie[330].

3.1.2 La situation actuelle de l'Eglise orthodoxe de Russie

Ensuite, après la chute du communisme, l'Eglise orthodoxe de Russie prenant avantage du nouveau régime juridique de la liberté religieuse[331],

---

[326] Après la mort du patriarche Serge, le Synode de l'Eglise de Russie avait convoqué une Assemblée générale du 31 janvier au 2 février 1945 à la quelle ont participé plus de 170 délégués russes (chaque éparchie était représentée par son évêque, par un clerc et un laïc) et 34 représentants des Eglises orthodoxes locales. Le premier jour de l'Assemblée fut adopté, à l'unanimité, le Statut d'organisation de l'Eglise orthodoxe de Russie (cf. «Statut de l'administration», 47-52), et le dernier jour le patriarche Alexeï fut élu, à l'unanimité, et fut intronisé le 4 février 1945 (cf. N. STRUVE, *Les chrétiens en U.R.S.S.*, 70-71). Ainsi, après plus de 25 ans de persécutions continues et d'existence chaotique, l'Eglise de Russie retrouvait un Statut et un patriarche, qui lui assuraient une existence légale. Ultérieurement, le Statut de 1945 subit une modification aux effets particulièrement pernicieux au Synode des évêques de 1961 (cf. «Положение о Русской Православной Церкви», 15-17).

[327] Pour plus de détails, voir S.L. FIRSOV, «Le persecuzioni», 119-148.

[328] Cf. D. POSPIELOVSKY, *Русская православная церковъ*, 380-443; V. TSYPIN, *История Русской Православной Церкви*, 191-204.

[329] Cf. K. ROUSSELET, «Religion et politique en Russie», 10.

[330] A travers ce Statut, l'Eglise réussit à réintroduire un certain nombre des principes qui jusqu'alors étaient ignorés, tel que la tenue des assemblées ecclésiales, la représentativité élective à ses réunions, ou encore la restauration de l'autorité du prêtre dans la gestion des paroisses. En effet, ce Statut s'inspirait largement de Concile de 1917(cf. *Устав об управлении Русской Православной Церкви*).

[331] Il faut préciser que, après 1990, la Russie s'est officiellement engagée à reconnaitre sur son territoire la liberté de religion. Selon l'article 2 de la Constitution de la Russie, l'Eglise et l'Etat sont séparés. Ensuite, dans la Fédération de Russie, une nouvelle loi fédérale sur «la liberté de conscience et les associations religieuses» a été adoptée le 26 septembre 1997 et est entrée en vigueur le 1er octobre 1997. Cette loi, qui reconnait et garantit la liberté de conscience et de religion pour tous les citoyens de la Fédération de Russie, réaffirme la séparation entre l'Eglise et l'Etat et stipule qu'aucune religion ne peut se prévaloir d'un statut de l'Eglise d'Etat, toute en soulignant «le rôle particulier de l'Orthodoxie dans le développement de la nation russe et dans sa culture». La loi fait la

reprend sa totale liberté et commence à se réorganiser[332]. En effet, dans cette période de transition, l'organisation du Patriarcat de Moscou a souffert des nombreux changements, car l'Eglise orthodoxe de Russie était obligée à réorganiser ses structures en tenant compte des nouvelles réalités géopolitiques[333]. Plus précisément, les réformes de la fin du régime soviétique et de l'indépendance des états ex-soviétiques ont amorcé dans chaque nouvelle république ce qui a souvent été perçu comme un renouveau religieux. Après soixante-dix ans d'athéisme dit «scientifique», chaque Etat a pris à contre-pied la politique menée jusque-là en laissant réapparaître au grand jour le phénomène religieux. Pour les pouvoirs en place, le fait religieux revêt d'autant plus d'impor-tance qu'il faut arriver à construire un Etat-nation spécifique dans lequel la foi constitue l'un des éléments de référence[334]. Par conséquence, l'éclatement de l'Empire soviétique et sa transformation en vague «Communauté des Etats Indépendants» affecta directement l'organisa-tion du Patriarcat de Moscou dont les éparchies se sont trouvés partagés entre différentes républiques indépendantes. Parmi celles-ci, c'est l'indépendance de l'Ukraine qui a posé le problème le plus compliqué à l'Eglise de Russie dans son ensemble. Dans ce pays, en effet, le mouvement nationaliste qui allait conduire à la sécession avait très tôt revêtu un net caractère religieux, avec la réapparition à la surface des gréco-catholiques, ou uniates ukrainiens, qui reconnaissent l'autorité du pape[335], mais aussi la réapparition des soi-disant Eglises orthodoxes ukrainiennes «indépendantes» ou «autocéphales»[336].

---

distinction entre, d'une part, les *organisations religieuses*, qui ont le statut de personne morale et bénéficient ainsi d'une totale existence légale en Russie, et, d'autre part, les *groups religieux*, qui ne dispose pas de ce statut et dont la situation reste encore précaire. Selon cette nouvelle législation, l'Eglise orthodoxe de Russie est considérée comme un acteur essentiel de l'histoire du peuple russe. En effet, le préambule à cette loi reconnait «la contribution spéciale de l'Orthodoxie à l'histoire de la Russie, à l'établissement et au développement de la spiritualité et de la culture en Russie» (cf. «Russia. Law on the Freedom of Conscience», 279-299). Voir aussi V. CHAPLIN, «Law and Church-State Relations», 281-294; J.L. SANTOS DIEZ, «La nueva Ley federal», 651-685; M. ELLIOT – S. CORRADO, «The 1997 Russian Law», 109-134; A. KRASSIKOV, «Comment est appliquée en Russie la loi de 1997 ?», 235-251.

[332] Pour plus de détails, voir Z. KNOX, «The Symphonic Ideal», 575-596.

[333] Cf. S. SAFRONOV, Русская Православная Церковь, 36-41. Voir aussi Z. KNOX, «Postsoviet challenges», 87-113; B. ORLOV – S. KOTZER, «The Russian Orthodox Church», 147-171.

[334] Cf. J. JOHNSON, «Religion after Communism», 1-25.

[335] Cf. E.I. CASSIDY, «La légalisation», 346-348.

[336] Pour plus de détails concernant tous les mouvements autocéphalistes d'Ukraine, voir V. PETRUSHKO, Автокефалистские расколы на Украине.

Afin de répondre à la nouvelle réalité géopolitique créée après l'implosion de l'URSS, les autorités du Patriarcat de Moscou ont introduit une nouvelle forme d'organisation ecclésiastique, à savoir la catégorie des «Eglises auto-administrées» (самоуправляемые церкви). En effet, le *Synode des évêques* (Архиерейский Собор) de l'Eglise orthodoxe de Russie, tenue du 30 au 31 janvier 1990, avait adopté un document intitulé «Le statut des exarchats du Patriarcat de Moscou»[337], fait qui a conduit à la création d'une deuxième section dans le chapitre 7 du Statut de l'Eglise orthodoxe de Russie (1988), dédiée aux exarchats. Ensuite, les décisions du *Synode des évêques* du 30-31 janvier 1990 ont été approuvé par l'*Assemblée locale* (Поместный Собор) de l'Eglise orthodoxe de Russie, tenue du 6 au 12 juin 1990, qui a aussi décidé que l'Exarchat d'Ukraine de l'Eglise orthodoxe russe devient l'*Eglise orthodoxe d'Ukraine* à statut d'*Eglise auto-administrée* à l'intérieur du Patriarcat de Moscou. Plus précisément, l'article 21 de décisions de l'*Assemblée locale* de 1990 affirme que:

> la notre Eglise multinationale bénit la renaissance nationale-culturelle qui existe dans ses nations, mais rejette le chauvinisme, le séparatisme et les luttes ethniques. En réponse aux aspirations légitimes des orthodoxes en Ukraine, les éparchies ukrainiennes ont fusionnées dans l'*Eglise orthodoxe d'Ukraine*, auto-administrée (самоуправляемую Украинскую Право-славную Церковь). Cette Eglise, avec une large autonomie (самостоятельностью) reste en relation canonique légitime avec le Patriarcat de Moscou, ainsi que avec les autres Eglises orthodoxes locales[338].

Ultérieurement, les évêques de l'Eglise orthodoxe d'Ukraine, réunis en synode le 9 juillet 1990 à Kiev, en faisant référence à l'article 21 de décisions de l'*Assemblée locale* de 1990, ont rédigé un appel au Patriarche de Moscou et au *Saint-synode* de l'Eglise orthodoxe de Russie dans lequel ils demandaient un statut d'autonomie élargie pour leurs Eglise. Cet appel fut approuvé par le Saint-synode de l'Eglise orthodoxe d'Ukraine le 10 juillet

---

[337] Cf. «Положение об экзархатах Московского Патриархата», 9-12.

[338] «Наша многонациональная церковь благословляет национально-культур-ное возрождение входящих в нее народов, но отвергает шовинизм, сепаратизм и национальную рознь. В ответ на законное чаяние православных на Украине украинские епархии были объединены в самоуправляемую Украинскую Православную Церковь. Эта Церковь, обладая широкой самостоятельностью, сохраняет законную каноническую связь как с Московским Патриархатом, так и со всеми другими Поместными Православными Церквями.» (notre traduction), «Определения Поместного Собора Русской Православной Церкви», 9.

de la même année, et envoyé au *Saint-synode* de l'Eglise de Russie, qui l'avait examiné le 20 juillet 1990, en décidant de le transmettre au *Synode des évêques* du Patriarcat de Moscou afin d'être analyser. A son tour, le *Synode des évêques* de l'Eglise orthodoxe de Russie, réunie à Moscou du 25 au 27 octobre 1990, avait décidé que:

1. A l'Eglise orthodoxe d'Ukraine est accordée l'indépendance (независимость) et l'autonomie (самостоятельность) dans sa gestion.
2. A cet égard, le nom de «Exarchat Ukrainien» est aboli.
3. Le proto-hiérarque de l'Eglise orthodoxe d'Ukraine sera élu par l'épiscopat ukrainien avec la bénédiction de Sa Sainteté le Patriarche de Moscou et de toute la Russie.
4. Le proto-hiérarque de l'Eglise orthodoxe d'Ukraine porte le titre de «Métropolite de Kiev et de toute l'Ukraine».
5. Dans l'Eglise orthodoxe d'Ukraine, le Métropolite de Kiev et de toute l'Ukraine jouit du titre de «Bienheureux».
6. Le Métropolite de Kiev et de toute l'Ukraine a le droit de porter deux «engolpion»[339] et la croix pectorale pendant les cérémonies liturgiques.
7. Le synode de l'Eglise orthodoxe d'Ukraine élit et fournit les évêques éparchiaux et les évêques-vicaires, crée et supprime les sièges épiscopales dans toute l'Ukraine.
8. Le Métropolite de Kiev et de toute l'Ukraine, en tant que proto-hiérarque de l'Eglise orthodoxe d'Ukraine, est membre permanent du Saint-synode de l'Eglise orthodoxe de Russie.[340]

---

[339] Dans l'Eglise orthodoxe, les évêques portent comme signe distinctif l'*éngolpion* (du grec ἐγκόλπιον – «sur la poitrine»), à savoir un médaillon rond dont le centre est insérée une icône avec l'image du Christ ou de la Vierge Marie; dans le dernier cas, l'*éngolpion* est appelé Παναγία – *Panaghia*. Habituellement, selon la tradition orthodoxe, un évêque a le droit de porter un engolpion. Par ailleurs, il faut souligner ici que, selon la tradition de l'Eglise orthodoxe, exclusivement les proto-hiérarques des Eglises autocéphales ont le privilège de porter deux éngolpion et la croix pectorale.

[340] «1.Украинской Православной Церкви предоставляется независимость и самостоятельность в ее управлении. 2. В связи с этим наименование «Украин-ский экзархат» упраздняется. 3. Предстоятель Украинской Православной Церкви избирается украинским епископатом и благословляется Святейшим Патриархом Московским и всея Руси. 4. Предстоятель Украинской Право-славной Церкви носит титул «Митрополит Киевский и всея Украины». 5. Ми-трополиту Киевскому и всея Украины в пределах Украинской Православной Церкви усвояется титул «Блаженнейший». 6. Митрополит Киевский и всея Украины имеет право ношения двух панагий и предношения креста во время богослужения. 7. Синод Украинской Православной Церкви избирает и поста-вляет правящих и викарных архиереев, учреждает и упраздняет кафедры в пределах Украины. 8. Митрополит Киевский и всея Украины, как Предстоятель Украинской Православной Церкви, является

Afin de mettre en pratique les décisions du *Synode des évêques* de l'Eglise orthodoxe de Russie, le patriarche de Moscou Alexeï II avait émis une «grammate»[341] patriarcale par laquelle à l'Eglise orthodoxe d'Ukraine était octroyé officiellement le statut d'*Eglise auto-administrée*. Plus précisément, le document, qui est adressé au métropolite de Kiev ainsi que à tous les fidèles de l'Eglise orthodoxe d'Ukraine, affirme que:

> Nous, humble Alexeï II, par la grâce de Dieu patriarche de Moscou et de toute la Russie, ensemble avec le très saint épiscopat de l'Eglise orthodoxe de Russie – Patriarcat de Moscou –, réunis dans le Synode des évêques de 25 au 27 octobre 1990 au monastère de Saint Daniel à Moscou, ville bénie par Dieu, mus par l'aspiration à la paix bénie, l'amour divine et l'unité fraternelle dans un commun labeur dans le champ de Dieu de l'entière Eglise locale orthodoxe d'Ukraine, tenant compte du désir et de la demande de ses très saints archi-pasteurs, réunis le 9 juillet 1990 à Kiev, ville bénie par Dieu, pour examiner et résoudre leur problèmes relatifs à l'indépendance et à l'autonomie de leur Eglise,
> – bénissons par le biais de cette Grammate avec le pouvoir qui nous a été donné par le Très-saint et le Donateur de vie Esprit que l'Eglise orthodoxe d'Ukraine soit indépendante et autonome dans sa gestion, et que Vous, élu à l'unanimité le 9 juillet 1990 par l'épiscopat de l'Eglise orthodoxe d'Ukraine, soit son Proto-hiérarque. [...]
> – l'Eglise orthodoxe d'Ukraine, à travers notre Eglise orthodoxe de Russie, demeure en communion avec l'Eglise Une, Catholique et Apostolique[342].

постоянным членом Священного Синода Русской Православной Церкви.» (notre traduction), «Определение Архи-ерейского Собора Русской Православной Церкви 25-27 октября 1990», 2.

[341] Littéralement, le mot «grammate» (du grec γράμματα, devenue en russe грамота) est traduit par «lettre». Dans le langage ecclésiastique orthodoxe, le mot «grammate» indique toute lettre émise par une autorité ecclésiastique supérieure (métropolite, patriarche ou saint-synode) pour communiquer une décision interne qui a été prise.

[342] «Мы, смиренный Алексий Второй, Божиею милостию Патриарх Московский и всея Руси, купно со всеми Преосвященными архиереями Русской Православной Церкви - Московского Патриархата, собравшимися на Архи-ерейский Собор 25-27 октября 1990 года в Свято-Даниловом монастыре в Бого-спасаемом граде Москве, руководствуясь стремлением иметь благословенный мир, богозаветную любовь Христову и братское единение в общем делании на ниве Божией со всей Полнотой Украинской Православной Церкви во внимание к желанию и ходатайству ея Преосвященных архипастырей, собравшихся 9 июля сего 1990 года в Богоспасаемом граде Киеве для обсуждения и решения их церковной жизни на началах независимости и самостоятельности, благо-словляем через настоящую Грамоту нашу силою Всесвятого и Животворящего Духа быть отныне Украинской Православной Церкви независимой и самос-тоятельной в своем управлении, а Вам,

L'importance capitale de ce document patriarcal réside dans le fait que, pour la première fois dans l'histoire, une Eglise locale orthodoxe autocéphale a octroyé l'autonomie à une Eglise-fille à travers une «grammate». De plus, la nouvelle Eglise ne s'appelle pas Eglise autonome comme aurait été normal, mais «Eglise auto-administrée». Cette manière bizarre ainsi que l'introduction d'une nouvelle catégorie dans l'ecclésiologie ne peut être expliqué que par l'anxiété des autorités ecclésiastiques russes concernant une éventuelle reconnaissance de la part des autres Eglises locales orthodoxes autocéphales, nettement de la part du Patriarcat de Constantinople[343].

Voilà, donc, la modalité originale par laquelle une innovation ecclésiologique, à savoir celle d'*Eglise auto-administrée*, totalement étrangère à la doctrine canonique orthodoxe, est entrée sans aucune justification canonique dans la vie de l'Eglise orthodoxe de Russie, étant ensuite entièrement insérée dans le nouveau Statut d'organisation et de fonctionnement qui le Patriarcat de Moscou s'avait donné en 2000[344]. Plus précisément, dans l'actuel Statut pour l'organisation de l'Eglise de Russie, le chapitre VIII est entièrement dédié aux «Eglises auto-administrées», à savoir l'*Eglise orthodoxe d'Ukraine*, l'*Eglise orthodoxe de Lituanie*, l'*Eglise orthodoxe de Moldavie* et l'*Eglise orthodoxe d'Estonie*. De plus, après plusieurs reprises de dialogue[345], l'Eglise orthodoxe de Russie est

---

единогласно избранному 9 июля 1990 года Епископатом Украинской Православной Церкви - Ее Предстоятелем. [...] Украинская Православная Церковь, соединенная через нашу Русскую Право-славную Церковь с Единой Святой» (notre traduction), ALEXEÏ II, «Грамота ми-трополиту Киевскому и всея Украины», 11.

[343] Personnellement, je crois que les autorités ecclésiastiques russes, tenant compte des expériences du passée (voir le cas de l'Eglise orthodoxe d'Amérique, l'Eglise orthodoxe de Pologne, l'Eglise orthodoxe de Tchéquie et de la Slovaquie, etc., déclarées autonomes ou même autocéphales par le Patriarcat de Moscou, et qui n'ont pas été reconnues comme tel par le Patriarcat de Constantinople) n'ont pas voulu répéter les mêmes erreurs. Plus exactement, les autorités du Patriarcat de Moscou n'ont pas voulu que l'autonomie de l'Eglise orthodoxe d'Ukraine ne soit pas reconnue. Par conséquent, ils ont créé une nouvelle catégorie ecclésiale, à savoir l'*Eglise auto-administrée*, qui offre presque les mêmes privilèges comme une Eglise autonome, sauf qu'elle n'exige pas une reconnaissance des autres Eglises locales orthodoxes autocéphales.

[344] Cf. «Определение Юбилейного Архиерейского Собора», 21.

[345] L'étape décisive sur le chemin de l'unité de l'Orthodoxie russe fut le *Synode des évêques* de l'Eglise orthodoxe de Russie, déroulé à Moscou en aout 2000, où le patriarche Alexis II affirma que la division entre l'Eglise en Russie et l'Eglise à l'é-tranger était «une tragédie historique du peuple russe» et appela l'*Eglise orthodoxe russe hors frontières* à rétablir l'unité perdue. Ensuite, le métropolite Laure de New-York et d'Amérique orien-

arrivée à signer le 17 mai 2007 l'acte de communion canonique avec l'*Eglise orthodoxe russe hors frontières* (*Русская Православная Церковь Заграницей*), en refaisant ainsi l'unité de l'Orthodoxie russe[346]. Ensuite, par une décision du *Synode des évêques* de l'Eglise orthodoxe de Russie, tenu à Moscou du 24 au 29 juin 2008, l'*Eglise orthodoxe russe hors frontières* a été insérée parmi les *Eglises auto-administrées* du Patriarcat de Moscou[347].

En outre, pour les fidèles de l'Eglise orthodoxe de Russie qui habitent à l'extérieur des frontières de la Communauté des Etats Indépendants et des

---

tale, proto-hiérarque de l'Eglise orthodoxe russe hors frontières, accompagnés des plusieurs évêques et prêtres, avait effectué une visite en Russie, au mois de mai 2004. Lors de ce séjour a été prise la décision de créer deux commissions parallèles pour le dialogue bilatéral. La première réunion des commissions du Patriarcat de Moscou et de l'Eglise orthodoxe russe hors frontières s'est tenue à Moscou, au Département des Relations Extérieures de l'Eglise, du 22 au 24 juin 2004. Les autres sessions se tinrent à Munich (14-17 septembre 2004), à Moscou (17-19 novembre 2004), près de Paris (2-4 mars 2005), à Moscou (26-28 juillet 2005), dans l'état de New-York (17-20 février 2006), de nouveau à Moscou (26-28 juin 2006) et à Cologne (24-26 octobre 2006).

[346] Le 17 mai 2007, jour de l'Ascension du Seigneur, l'Acte rétablissant l'unité canonique a été signé à la cathédrale du Christ Saveur de Moscou par le patriarche Alexis II et le métropolite Laur, proto-hiérarque de l'*Eglise orthodoxe russe hors frontières*. Cet acte a été élaboré dans la huitième session commune des Commissions du *Patriarcat de Moscou* et de l'*Eglise orthodoxe russe hors frontières*, qui s'est tenue à Cologne (Allemagne). Cf. «Acte de communion canonique», 3-7. Voir aussi, E. SYNEK, «Zur Wiedervereinigung», 468-477.

[347] Plus précisément, a été décidé que «пункт 17 главы VIII Устава Русской Православной Церкви (*Самоуправляемые Церкви*) считать параграфом 18. Добавить в главу VIII Устава Русской Православной Церкви пункт 17 сле-дующего содержания: "Самоуправляемой частью Русской Православной Церкви является также Русская Православная Церковь Заграницей в исторически сложившейся совокупности ее епархий, приходов и других церковных учреждений. Нормы настоящего Устава применяются в ней с учетом Акта о каноническом общении от 17 мая 2007 года, а также Положения о Русс-кой Православной Церкви Заграницей с изменениями и дополнениями, внесе-нными Архиерейским Собором Русской Зарубежной Церкви 13 мая 2008 года"» [le paragraphe 17 du chapitre VIII du Statut de l'Eglise orthodoxe de Russie (*Les Eglises auto-administrées*) deviendra le paragraphe 18. Au chapitre VIII du Statut de l'Eglise orthodoxe de Russie sera ajouté le paragraphe 17 comme suit: «L'Eglise orthodoxe russe hors frontières avec l'ensemble de ses éparchies historiques, paroisses et autres institutions ecclésiastiques, est aussi partie auto-administrée de l'Eglise orthodoxe de Russie. Les normes de l'actuel Statut seront appliquées à la lumière de l'Acte de communion canonique, daté du 17 mai 2007, et du Statut de l'Eglise orthodoxe russe hors frontières tel que a été modifié par le Synode des évêques de l'Eglise orthodoxe russe hors frontières du 13 mai 2008».] (notre traduction). Cf. «Определение освященного Архиерейского Собора».

Pays Baltes, à l'exception des ceux-là qui sont sous l'auto-rité de l'*Eglise orthodoxe russe hors frontières*, l'actuel Statut prévoit qu'ils soient regroupés dans des éparchies, proto-presbytérats, paroisses, monastères (éparchiaux ou stravropigiaux), représentations et missions, qui sont appelés «les institutions ecclésiales dans des lointains pays étrangers» (*Церковные учреждения в дальнем зару-бежье*)[348] et qui sont sous l'autorité directe du *Département des Relations Extérieures de l'Eglise* (*Отдел внешних церковных связей*)[349]. Dans ces conditions, on comprend que tous les fidèles appartenant aux «institutions ecclésiales dans de lointains pays étrangers» sont placés sous la tutelle directe du *Département des Relations Extérieures de l'Eglise*, bien qu'ils soient le plus souvent réunis dans des éparchies[350] sous l'autorité d'un évêque et même parfois d'un archevêque local.

---

[348] Cf. chap. XIV, art. 1.

[349] Cf. chap. XIV, art. 2. Ce département synodal, fondé en 1946, répondait à l'intention de l'*Assemblée locale* de l'Eglise orthodoxe de Russie de 1917-1918 concernant la création d'une structure synodale destinée à promouvoir les relations avec les autres chrétiens. Progressivement, le département s'est chargé non seulement des contacts avec les autres Eglises chrétiennes, mais aussi des relations avec la société civile, l'Etat et les autres religions. Résultat, des nos jours, dans le Patriarcat de Moscou, le service synodal le plus important demeure le *Département des Relations Extérieures de l'Eglise* qui, d'une part, assure le liaison avec les Eglises du Patriarcat à l'étranger, et, d'autre part, entretient des liens permanents avec les autres confessions ainsi que avec les organisations civiles. C'est une sorte de ministère des affaires étrangère, chargé non seulement des contacts internationaux, mais aussi des relations publiques, ce qui lui donne un poids considérable. Cf. C. DE SMOLENSK, *L'Evangile et la liberté*, 149-156.

[350] Les éparchies orthodoxes russes qui se trouvent actuellement sous l'autorité directe du *Département des Relations Extérieure de l'Eglise*, sont les suivantes: l'*Eparchie de Berlin et d'Allemagne* (créée en 1921, siège à Berlin et rassemble les paroisses du Patriarcat de Moscou qui se trouvent en Allemagne), l'*Eparchie de Bruxelles et du Belgique* (créée en 1929, siège à Bruxelles et rassemble les paroisses du Patriarcat de Moscou qui se trouvent en Belgique); l'*Eparchie de Vienne et d'Au-triche* (créée en 1945, siège à Vienne et rassemble les paroisses du Patriarcat de Moscou qui se trouvent en Autriche), l'*Eparchie d'Argentine et de l'Amérique de Sud* (créée en 1946, siège a Buenos-Aires et rassemble les paroisses du Patriarcat de Moscou qui se trouvent en Amérique centrale et de Sud, à l'exception de celles de Mexique), l'*Eparchie de Chersonèse* (créée en 1946, siège à Paris et rassemble les paroisses du Patriarcat de Moscou qui se trouvent en France, en Espagne, en Suisse et en Portugal), l'*Eparchie de Sourozh* (créée en 1962, siège a Londres et rassemble les paroisses du Patriarcat qui se trouvent en Grande-Bretagne), l'*Eparchie de la Haye et des Pays Bas* (créée en 1972, siège à Bruxelles et rassemble les paroisses du Patriarcat de Moscou qui se trouvent en des Pays Bas), l'*Eparchie de Budapest et d'Hongrie* (créée en 2000, siège à Budapest et rassemble les paroisses du Patriarcat de Moscou qui se trouvent en Hongrie). De plus, il y a des cas où les paroisses du Patriar-

Pour conclure cette brève exposition, on peut dire que, actuellement, du point de vue organisationnel, l'Eglise orthodoxe de Russie se définit comme une communion des Eglises locales autonomes, des Eglises locales à administration propre ou «auto-administrées» (*самоуправляемые церкви*), des Eglises locales à statut d'exarchat et des Eglises locales situées sous la tutelle directe du *Département des Relations Extérieures* du Patriarcat de Moscou. Les Eglises autonomes qui sont rattachées canoniquement au Patriarcat de Moscou sont l'Eglise orthodoxe de Chine et l'Eglise orthodoxe du Japon. Les Eglises «auto-administrées» sont les suivantes: l'*Eglise orthodoxe d'Ukraine*, l'*Eglise orthodoxe de Lituanie*, l'*Eglise orthodoxe de Moldavie*, l'*Eglise orthodoxe d'Estonie* et l'*Eglise orthodoxe russe hors frontières*. La seule Eglise qui est organisée comme exarchat du Patriarcat de Moscou est l'*Eglise orthodoxe de Biélorussie*.

3.2 *L'autonomie ecclésiastique selon l'actuel Statut d'organisation de l'Eglise de Russie*

3.2.1 L'Eglise orthodoxe de Russie et son «territoire canonique»

Du début il faut souligner que l'actuel Statut[351] du Patriarcat de Moscou présente des particularités dans sa modalité de présenter l'orga-nisation ecclésiastique de l'Eglise orthodoxe de Russie, notamment les concepts d'*Eglise auto-administrée* et du *territoire canonique*. Ainsi, par exemple, le premier article du Statut définit l'Eglise orthodoxe de Russie comme est «une Eglise locale autocéphale multinationale»[352], donc une Eglise qui

---

cat de Moscou sont réunit dans des administrations ecclésiales, mises parfois sous l'autorité d'un évêque qui dépend directement du *Département des Relations Extérieures de l'Eglise*. C'est le cas de l'*Administration des paroisses du Patriarcat de Moscou en Finlande* (créée en 1957, siège a Helsinki et réunit les paroisses du Patriarcat de Moscou en Finlande), de l'*Administration des paroisses du Patriarcat de Moscou au Canada* (créée en 1970, siège à Edmonton et réunit les paroisses du Patriarcat de Moscou qui se trouvent au Canada), de l'*Administration des paroisses du Patriarcat de Moscou aux Etats-Unis* (créée en 1970, siège à New-York et réunit les paroisses du Patriarcat de Moscou qui se trouvent aux Etat Unis) et de l'*Administration des paroisses du Patriarcat de Moscou en Italie* (créée en 2006, siège à Rome et réunit les paroisses du Patriarcat de Moscou qui se trouvent en Italie).
[351] Pour une présentation générale du Statut, voir A. KLUTSCHEWSKY – T.M. NEMETH – E. SYNEK, «Das Statut der Russischen Orthodoxen Kirche», 41-72.
[352] L'article 1 du Statut affirme que «Русская Православная Церковь является многонациональной Поместной Автокефальной Церковью, находящейся в вероучительном единстве и молитвенно-каноническом общении с другими Поместными Православными Церквами» [L'Eglise orthodoxe de Russie est une

exerce son autorité sur des orthodoxes appartenant aux différentes nations. La première difficulté de cette expression se manifeste de manière claire et nette dans le moment où elle est mise en corroboration avec le canon 34 apostolique, qui énonce le principe ethnique comme un des principes canoniques fondamentaux d'organisation de l'Eglise orthodoxe. En effet, cette expression indique une revendication – totalement contraire à la doctrine canonique orthodoxe – d'une autorité ecclésiastique mondiale de la part de l'Eglise orthodoxe de Russie. Donc, en pratique, il s'agit d'une Eglise locale qui se veut ou se prétend à être mondiale ou universelle !

De plus, le troisième article du même Statut précise que l'autorité de l'Eglise orthodoxe de Russie s'exerce sur toutes les personnes orthodoxes qui vivent sur son «territoire canonique»[353], c'est-à-dire la Russie,

---

Eglise locale autocéphale multinationale qui demeure en unité doctrinale et en communion liturgique et canonique avec les autres Eglises orthodoxes locales] (notre traduction). Il faut aussi préciser que cet article ne représente pas une innovation du Statut de 2000, car il reproduit fidèlement le texte du premier article du Statut de 1988. Donc, cette vision était acceptable dans l'époque de l'Union Soviétique, où tous les orthodoxes, à l'exception des géorgiens, ont été soumis à l'autorité du Patriarcat de Moscou. Aujourd'hui, une telle affirmation non seulement crée des problèmes ecclésiologiques à l'intérieur même de l'Orthodoxie, mais elle est désuète et totale contraire à la doctrine canonique orthodoxe. Pour détails, voir la critique très polémique de G. PAPATHOMAS, «Problème d'une absorption ecclésiale», 125-133. Bien que cet auteur identifie clairement les innovations de l'actuel Statut d'organisation du Patriarcat de Moscou, il n'arrivent pas à les critiquer d'une manière objective, car il s'identifie à la vision ecclésiologique universaliste du Patriarcat de Constantinople.

[353] Le syntagme du «territoire canonique» n'a été employé qu'à partir du Statut de 2000, car dans le Statut de l'année 1988, ce syntagme ne se retrouve pas. En effet, l'article 3 du Statut de 1988 affirme que «Юрисдикция Русской Православной Церкви простирается на лиц православного исповедания, проживающих на те-рритории СССР, за исключением Грузии,, а также на добровольно входящих в нее православных, живущих за границей» [La juridiction de l'Eglise orthodoxe de Russie s'étend à ceux qui confessent la foi orthodoxe et résident sur le territoire de l'URSS, à l'exception de la Géorgie, ainsi que à ceux désirent volontairement être orthodoxes et qui vivent hors frontières] (notre traduction). Ainsi, mystérieusement, dans le Statut du Patriarcat de Moscou de l'année 2000, le territoire de l'Union soviétique, à l'exception de la Géorgie, est devenu le «territoire canonique de l'Eglise orthodoxe de Russie» ! Alors, l'insertion du syntagme «territoire canonique» dans le Statut de 2000 ne pourrait nous indiquer que l'Eglise de Russie avait essayé d'assurer ainsi sa prééminence sur toutes les autres confessions chrétiennes qui voudraient exercer leur activité dans les pays énumérés dans l'article 3. Et cela parce que la seule raison, qui pourrait être invoquée pour justifier l'entrée de cette innovation dans l'actuel Statut d'organisation de l'Eglise de Russie, est l'inquiétude des autorités ecclésiastiques russes concernant les actions des autres confessions dans les pays de l'ex Union Soviétique, pays traditionnellement orthodoxes, mais fortement marquées par l'athéisme militant soviétique. Pour détails concernant la vision de

l'Ukraine, la Biélorussie, l'Azerbaïdjan, le Kazakhstan, la Kirghizie, la Lettonie, la Lituanie, le Tadjikistan, la Turkménie, l'Ouzbékistan et l'Estonie, ainsi que sur les personnes qui vivent dans d'autres pays et qui, «volontairement», choisissent d'entrer sous l'autorité du Patriarcat de Moscou[354]. Par conséquent, il appert clairement que l'Eglise orthodoxe de Russie connaît deux niveaux d'organisation canonique: les unités ecclésiales situées sur son «territoire canonique» et les unités ecclésiales qui se trouvent en dehors de son «territoire canonique». Donc, nous pouvons conclure que son ecclésiologie connaît aussi deux variantes: une valable pour son «territoire canonique» et l'autre à l'ex-térieur de son «territoire canonique» ! Plus précisément, nous avons,

> d'une côté, le *territoire canonique*, argument incontestable et permanent d'«autoprotection» et de défense, et, de l'autre, la *juridiction ethno-ecclésiale* mondiale, pratique d'expansionnisme (pour ne pas dire d'impérialisme) ecclésiastique. Cela revient à dire qu'il y a une ecclésiologie pour l'intérieur du

---

l'Eglise russe sur le principe du «territoire canonique», voir H. ALFEYEV, «La notion du territoire canonique», 30-32 et 25-28. Dans cette article l'auteur reconnaît que «le terme *territoire canonique* est lui-même récent», et cherche d'identifier son contenu ecclésiologique. Malheureusement, l'argumentation, ainsi que la bibliographie utilisée, sont très loin d'être valides ! Une vision plus concrète et valide a été donnée par le métropolite Philarète de Minsk (cf. P. DE MINSK, «Il "territorio canonico"», 534-535). En outre, il faut aussi signaler ici l'article du métropolite Pantéléimon de Tyroloï et Serention (cf. P. RODOPOULOS, «Territorial jurisdiction», 207-223), tout en précisant que le respectif étude se résume à une présentation historique des commentaires appartenant aux canonistes byzantins de XIIe siècle (notamment Balsamon et Zonara) sur l'organisation territoriale de l'Eglise. En effet, l'auteur en faisant une grave confusion entre l'organisation territoriale de l'Eglise (de laquelle parlent les saints canons) et le concept de «territoire canonique» (absolument étranger à la doctrine canonique orthodoxe), s'efforce à soutenir la théorie constantinopolitaine selon laquelle le Patriarcat de Constantinople serait l'unique l'instance dans l'Orthodoxe à avoir une autorité universelle. Pour une analyse sérieuse et objective, voir M. SĂSĂUJAN, «Die lokalen orthodoxen Kirchen», 159-183. Voir également, J. OELDEMANN, «Das Konzept des Kanonischen Territoriums», 92-98.

[354] L'article 3 du Statut affirme que «Юрисдикция Русской Православной Церк-ви простирается на лиц православного исповедания, проживающих на кано-нической территории Русской Православной Церкви: в России, Украине, Белоруссии, Молдавии, Азербайджане, Казахстане, Киргизии, Латвии, Литве, Таджикистане, Туркмении, Узбекистане, Эстонии, а также на добровольно входящих в нее православных, проживающих в других странах» [La juridiction de l'Eglise orthodoxe de Russie s'étend à ceux qui confessent la foi orthodoxe et résident sur le territoire canonique de l'Eglise orthodoxe de Russie: Russie, Ukraine, Biélorussie, Moldavie, Azerbaïdjan, Kazakhstan, Kirghizstan, Lettonie, Lituanie, Tadjikistan, Turkménistan, Ouzbékistan et Estonie, ainsi que à ceux qui désirent volontairement être orthodoxes et qui vivent dans d'autres pays] (notre traduction).

pays et l'intérieur du territoire de l'Eglise établie localement, et une autre ecclésiologie pour l'étranger et les territoires extérieures de l'Eglise établie localement, que ceux-ci soient des territoires de la «diaspora orthodoxe» ou des territoires canoniques d'autres Eglises établies localement ou même des territoires du patriarcat de Rome … Les principes ecclésiologiques de ce type […] excluent toute possibilité de *communion ecclésiologique* entre les Eglises et, pire encore, ne prennent nullement en considération les autres Eglises établies localement, confirmant ainsi clairement la rupture de l'unité ecclésiologique. De tels statuts donnent a priori à toute Eglise établie localement, pénétrée de cet esprit, le sentiment d'un *«être ecclésial» absolument autonome et unique au niveau mondial*, créant ainsi un *autocéphalisme* et une *hydrocéphalie*, mais jamais une *communion des Eglises* …[355]

Effectivement, l'introduction du concept de «territoire canonique» dans le Statut d'organisation de l'Eglise orthodoxe de Russie a créé un double système ecclésiologique d'exercice de l'autorité, dualité absolument inadmissible du point de vue de la doctrine canonique orthodoxe. Et cela, non seulement parce que ce concept ne se retrouve pas dans l'ecclésiologie orthodoxe, mais aussi parce qu'il privilégie la territorialité et l'autorité ecclésiastique unique à l'intérieur des «frontières» de l'Eglise orthodoxe de Russie, pendant que, à l'extérieur, il prolifère la co-territorialité et l'autorité ecclésiastique multiple. De ce fait, le choix du Patriarcat de Moscou d'insérer ce concept dans son Statut d'organisation a conduit indubitablement à une altération de son ecclésiologie. De tout façon, que le concept de territoire canonique soit une anomalie ecclésiologique est montré à l'évidence par le fait que son introduction dans l'organisation de l'Eglise orthodoxe de Russie a créé et il crée encore des difficultés soit à l'intérieur de l'Orthodoxie[356] que dans le cadre des relations œcuméniques[357].

---

[355] G. PAPATHOMAS, «De la dispersion de l'Eglise», 367.

[356] Le cas le plus flagrant est celui de l'Orthodoxie en Moldavie, où le Patriarcat de Moscou justifie sa présence exclusivement par le fait que la République de Moldavie serait, à son avis, une partie de son «territoire canonique». Donc, une justification totalement erronée du point de vue de l'ecclésiologie orthodoxe, qui n'arrive pas à résoudre le conflit ecclésial, mais qui crée des nombreux et graves problèmes. Pour détails, voir les pp. 96-98.

[357] Par exemple, au milieu de février 2002, suite à la création d'une province ecclésiastique latine en Russie, donc sur le «territoire canonique» de l'Eglise de Russie, le Patriarcat de Moscou interrompait les relations officielles avec l'Eglise catholique et annulait la visite programmée du cardinal Walter Kasper, président du Conseil Pontifical pour l'unité des chrétiens. Le cardinal, à son tour, avait écrit un article très dure dans lequel il avait mis en discussion le concept de «territoire canonique» et demandait les épreuves du prosélytisme

3.2.2 L'autorité suprême dans l'Eglise orthodoxe de Russie

Pour en revenir à notre propos, à savoir le concept d'*autonomie ecclésiastique* selon l'actuel Statut d'organisation du Patriarcat de Moscou, il est nécessaire de faire une présentation de la structure hiérarchique de l'autorité ecclésiastique dans l'Eglise orthodoxe de Russie. Ainsi, l'actuel Statut décrit l'Eglise orthodoxe de Russie comme ayant une structure hiérarchique de gouvernement[358], tout en affirmant que ses organismes suprêmes d'autorité sont l'*Assemblée locale* (Поместный Собор), le *Synode des évêques* (Архиерейский Собор) et le *Saint-synode* (Священный Синод)[359].

a) *L'Assemblée locale*

L'*Assemblée locale* représente l'autorité suprême pour les affaires dogmatiques et canoniques de l'Eglise orthodoxe de Russie[360], et elle se réunit aux dates fixées par le *Synode des évêques*. En cas de force majeure, le patriarche de Moscou (ou son *locum tenens*) et le *Saint-synode* peuvent la convoquer. Toutefois, dans ce cas-là, les programmes, l'ordre du jour, la procédure, ainsi que la composition de l'*Assemblée locale* doivent être approuvés par le *Synode des évêques*[361]. En ce qui concerne les membres

---

catholique en Russie (cf. W. KASPER, «Le radici del conflitto», 531-541). Pour plus de détails concernant ce conflit, voir: H. LEGRAND, «La difficile comunicazione», 530-533; H. OVERMEYER, «La lucha», 203-213. De plus, il faut mentionner ici aussi le livre d'Adriano Garuti, dédié entièrement au problème du «territoire canonique» en Russie (cf. A. GARUTI, *Libertà religiosa ed ecumenismo*), tout en précisant que le respectif volume, limité à la bibliographie occidentale, n'offre qu'une vision catholique sur ce problème. Pour le cadre général de cette problématique, voir: P. ERDÖ – P. SZABÓ, ed., *Territorialità e personalità*.

[358] Cf. chap. I, art. 6.

[359] L'article 7 du premier chapitre affirme que «Высшими органами церковной власти и управления являются Поместный Собор, Архиерейский Собор, Священный Синод во главе с Патриархом Московским и всея Руси» [Les organismes suprêmes d'autorité ecclésiastique et de direction sont l'*Assemblée locale* (Поместный Собор), le *Synode des évêques* (Архиерейский Собор), le *Saint-synode* (Священный Синод), dirigés par le Patriarche de Moscou et de toute la Russie] (notre traduction). Il faut préciser ici que dans la langue russe le terme *собор* (sobor) peut être traduit par «assemblée», «synode» et «cathédrale». En tenant compte de cette homonymie, ainsi que de l'ecclésiologie orthodoxe, j'ai traduit l'espressione russe Поместный Собор par l'*Assemblée locale* et l'expression Архиерейский Собор par le *Synode des évêques*.

[360] Cf. chap. I, art. 1.

[361] Cf. chap. I, art. 2. Habituellement, l'*Assemblée locale* doit se réunir à intervalles de temps réguliers, au moins tous les cinq ans. Malheureusement, c'est ne que depuis la libération du régime soviétique en Russie, qu'une telle Assemblée a pu se tenir pour la

de l'*Assemblée locale*, c'est le *Synode des évêques* qui doit établir les normes pour l'élection des membres, ainsi que leur nombre, de manière que les clercs, les moines et les laïcs soient représentés[362]. Toutefois, les évêques, ainsi que les évêques-vicaires, de l'Eglise orthodoxe de Russie doivent être membres *ex officio* de l'*Assemblée locale*[363].

Selon l'actuel Statut, dans l'Eglise orthodoxe de Russie, les responsabilités de l'*Assemblée locale* sont les suivantes, il se doit:
- d'interpréter l'enseignement de l'Eglise orthodoxe sur la base de la Sainte Ecriture et de la Sainte Tradition, tout en maintenant l'unité dogmatique et canonique avec les Eglises locales orthodoxes[364];
- de résoudre les problèmes canoniques, liturgiques et pastoraux, en assurant l'unité de l'Eglise orthodoxe de Russie, et en gardant la pureté de la fois orthodoxe, de la morale et de la piété chrétiennes[365];
- d'approuver, de changer, d'annuler et d'expliquer ses décisions concernant la vie ecclésiale[366];
- d'approuver les décisions dogmatiques et canoniques prises par le *Synode des évêques*[367];
- de canoniser les saints[368];
- d'établir la procédure pour l'élection du patriarche de Moscou et de toute la Russie et de l'élire[369];
- de déterminer et d'appropirer les principes pour la relation avec l'Etat[370];

---

première fois en juin 1988, à l'occasion de la commémoration du millénaire de la christianisation de la Russie. En outre, il faut aussi mentionner ici que, dans la période 1700-1988, l'*Assemblée locale* a été convoquée seulement une foi, à savoir en 1917-1918. D'autre part, des assemblées exceptionnelles peuvent être convoquées, en particulier pour procéder à l'élection du nouveau proto-hiérarque de l'Eglise orthodoxe de Russie après le décès du patriarche de Moscou, comme ce fut le cas en 1945 (élection du patriarche Alexis Ier), en 1971 (élection du patriarche Pimen) et en juin 1990 (l'élection du patriarche Alexis II).

[362] Cf. chap. I, art. 4. Seulement dans des cas spéciaux, l'élection des membres de l'*Assemblée locale*, ainsi que leur nombre, peuvent être établis par le *Saint-synode*, mais avec l'ultérieure approbation du *Synode des évêques*.

[363] Cf. chap. I, art. 3.
[364] Cf. chap. II, art. 5a.
[365] Cf. chap. II, art. 5b.
[366] Cf. chap. II, art. 5c.
[367] Cf. chap. II, art. 5d.
[368] Cf. chap. II, art. 5e.
[369] Cf. chap. II, art. 5f. Il faut aussi préciser que le patriarche de Moscou et de toute la Russie est élu à vie. Cf. chap. IV, art. 11.
[370] Cf. chap. II, art. 5g.

– de donner des conseils, si de besoin, sur les problèmes contemporains[371].

La présidence de l'*Assemblée locale* est assurée par le patriarche de Moscou, et, en cas de son absence, par le *locum tenens* patriarcal[372], alors que le présidium de l'*Assemblée*, qui doit diriger les séances, est formé du président (le patriarche) et de 12 membres de l'*Assemblée*, qui doivent avoir le rang d'évêque[373]. Pour atteindre le quorum, il faut les deux tiers des membres délégués, ainsi que des deux tiers du nombre des évêques présents[374]. Bien que, à certaines séances de l'*Assemblée locale*, puissent participer des théologiens, des experts, des observateurs et des invités, les membres de l'*Assemblée locale* ont le droit de demander aussi des sessions fermées. Ainsi, par exemple, l'élection du patriarche de Moscou et de toute la Russie est toujours organisée dans une séance fermée de l'*Assemblée locale*[375]. Sauf les cas exceptionnels prévus par son règlement, l'*Assemblée locale* prend ses décisions à la majorité des votes; en cas de parité, pour la situation d'une votation ouverte, le président de l'*Assemblée* a le droit de décision[376]. Les décisions d'une *Assemblée locale* ont effet immédiatement après leur adoption[377].

b) *Le Synode des évêques*

Le *Synode des évêques* est l'autorité suprême pour le gouvernement hiérarchique de l'Eglise orthodoxe de Russie et comprend tous les évêques, ainsi que les évêques-vicaires qui sont à la tête des départements synodaux ou des académies de théologie ou qui ont autorité canonique sur des paroisses[378]. Tous les autres évêques-vicaires peuvent prendre part au *Synode des évêques* mais sans avoir le droit de voter[379]. Le *Synode des évêques* doit être convoqué par le Patriarche de Moscou et de toute la Russie au moins une fois tous les quatre ans, et avant une

---

[371] Cf. chap. II, art. 5h.
[372] Cf. chap. II, art. 6.
[373] Cf. chap. II, art. 9.
[374] Cf. chap. II, art. 7.
[375] Cf. chap. II, art. 16.
[376] Cf. chap. II, art. 17.
[377] Cf. chap. II, art. 19.
[378] Cf. chap. III, art. 1.
[379] Cf. chap. III, art. 1.

CHAP. IV: L'AUTONOMIE ET SON APPLICATION CONCRETE 189

Assemblée locale[380]. Le responsable pour l'organisation du *Synode des évêques* est le *Saint-synode* de l'Eglise orthodoxe de Russie[381].

Selon l'article 4 du troisième chapitre du Statut, les responsabilités du *Synode des évêques* de l'Eglise orthodoxe de Russie sont les suivantes:
- de garder la pureté et la fidélité à la doctrine orthodoxe et aux normes morales chrétiennes[382];
- d'adopter le Statut pour l'organisation et le fonctionnement de l'Eglise orthodoxe de Russie, ainsi que de le modifier et de l'amender[383];
- de garder l'unité dogmatique et canonique de l'Eglise orthodoxe de Russie[384];
- de donner des solutions aux principaux problèmes théologiques, canoniques, liturgiques et pastoraux concernant les activités internes et externes de l'Eglise[385];
- de canoniser les saints et d'approuver les rituels et les services liturgiques[386];
- d'interpréter d'une manière compétente les saints canons et les autres normes ecclésiales[387];
- de donner des conseils pastoraux concernant les problèmes contemporains[388];
- de déterminer le caractère des relations avec les organismes étatiques[389];
- de maintenir des relations avec les Eglises orthodoxes locales[390];
- d'établir, de réorganiser et de dissoudre des «Eglises auto-administrées», des exarchats et des éparchies, ainsi que d'établir leurs limites territoriales et leurs noms[391];
- d'établir, de réorganiser et de dissoudre les départements synodaux[392];

---

[380] Cf. chap. III, art. 2.
[381] Cf. chap. III, art. 3.
[382] Cf. chap. III, art. 4a.
[383] Cf. chap. III, art. 4b.
[384] Cf. chap. III, art. 4c.
[385] Cf. chap. III, art. 4d.
[386] Cf. chap. III, art. 4e.
[387] Cf. chap. III, art. 4f.
[388] Cf. chap. III, art. 4g.
[389] Cf. chap. III, art. 4h.
[390] Cf. chap. III, art. 4i.
[391] Cf. chap. III, art. 4j.

- d'approuver les demandes des titres de propriété, d'usufruit et les dispositions au sujet des propriétés de l'Eglise orthodoxe de Russie[393];
- d'accepter les propositions de l'agenda, des programmes, des règles procédurales pour les sessions et la structure de l'*Assemblée locale* à la veille de sa convocation, ainsi que les propositions concernant l'élection du patriarche de Moscou et de toute la Russie, si son élection est attendue[394];
- de surveiller à l'implémentation des décisions de l'*Assemblée locale*[395];
- de juger les activités du *Saint-synode* et des départements synodaux[396];
- d'approuver ou d'annuler les actes législatives du *Saint-synode* et de les modifier[397];
- d'établir et de dissoudre les organismes ecclésiale de gestion[398];
- d'établir la procédure pour tous les tribunaux ecclésiastiques[399];
- d'analyser les rapports financiers présentés par le *Saint-synode* et d'approuver les principes pour la planification des revenus généraux ecclésiaux futurs et des dépenses[400];
- d'approuver les nouvelles gratifications générales ecclésiales[401].

De plus, il faut souligner ici que, en ce qui concerne l'activité judiciaire, le *Synode des évêques* constitue la dernière instance d'appel pour l'Eglise orthodoxe de Russie[402], et que ses décisions sont considérées:

a. de première et dernière instance, dans le cas de déviations dogmatiques et canoniques dans les activités du patriarche de Moscou et de toute la Russie[403];

---

[392] Cf. chap. III, art. 4k.
[393] Cf. chap. III, art. 4l.
[394] Cf. chap. III, art. 4m.
[395] Cf. chap. III, art. 4n.
[396] Cf. chap. III, art. 4o.
[397] Cf. chap. III, art. 4p.
[398] Cf. chap. III, art. 4q.
[399] Cf. chap. III, art. 4r.
[400] Cf. chap. III, art. 4s.
[401] Cf. chap. III, art. 4t. Il faut préciser ici que par les «gratifications générales ecclésiales», le Statut entend tous les moyens par lesquels les autorités du Patriarcat de Moscou récompensent les personnes méritoires qui ont aidé l'Eglise de Russie dans son activité missionnaire et pastorale.
[402] Cf. chap. III, art. 5.
[403] Cf. chap. III, art. 5. Plus précisément, dans l'article 12 du quatrième chapitre du Statut il est affirmé que «le droit de juger le Patriarche de Moscou et de toute la Russie, ainsi

b. de dernière instance dans les cas suivants:
- les différends entre deux ou plusieurs évêques du Patriarcat de Moscou[404];
- les écarts canoniques ou les déviations dogmatiques des évêques du Patriarcat de Moscou[405];
- tous les cas où le tribunal général ecclésiastique de l'Eglise de Russie demande la sentence définitive[406].

La présidence du *Synode des évêques* est assurée par le patriarche de Moscou ou, en cas d'absence, par le *locum tenens* patriarcal[407], alors que le présidium du *Synode des évêques* est assuré par le *Saint-synode*. Le présidium, qui est responsable de la tenue et de la direction du *Synode des évêques*, doit établir l'agenda (ordre de jour), le programme et les règles de procédure du *Synode*, ainsi que de soumettre les propositions dans l'ordre dans lequel le *Synode* doit étudier les problèmes urgents et les matières de la procédure et du protocole[408]. Pour atteindre le quorum, il faut le deux tiers des membres évêques présents[409]. De plus, bien que, à certaines séances du *Synode des évêques*, puissent participer des théologiens, des experts, des observateurs et des invités, ceux-ci ne bénéficient pas du droit de vote[410].

Sauf les cas spéciaux prévus dans le règlement adopté par le Synode, les décisions du *Synode des évêques* sont prises par la majorité simple, soit dans le cas de session à vote ouvert, soit dans le cas de vote secret. Dans le cas de parité pour un vote ouvert, le président a le droit décisif, alors que dans le cas de parité pour un vote secret, il faut refaire le scrutin[411]. Les décisions d'un *Synode des évêques* ont effet immédiatement après leur adoption[412].

---

que d'accepter sa retraite, appartient au *Synode des évêques*». En effet, «dans le cas du décès du Patriarche de Moscou et de toute la Russie, de son départ à la retraite, de son procès au tribunal ecclésiastique, ou dans les cas où des autres raisons qui rend impossible de mettre en œuvre son ministère patriarcale, le Saint-synode sous la présidence de l'aîne par l'ordination des ses membres permanents doit immédiatement élire le *Locum Tenens* du trône patriarcal parmi ses membres permanents.» (cf. chap. IV, art. 13).

[404] Cf. chap. III, art. 5a.
[405] Cf. chap. III, art. 5b.
[406] Cf. chap. III, art. 5c.
[407] Cf. chap. III, art. 6.
[408] Cf. chap. III, art. 7.
[409] Cf. chap. III, art. 14.
[410] Cf. chap. III, art. 11.
[411] Cf. chap. III, art. 12.
[412] Cf. chap. III, art. 15.

192   PARTIE I : L'AUTONOMIE DANS L'EGLISE ORTHODOXE

De même, il faut préciser que, selon l'article 13 du troisième chapitre du Statut, aucun évêque ne peut refuser de participer au *Synode des évêques*, à l'exception du cas de maladie ou d'autres raisons, considérées valides par le Synode lui-même.

c) *Le Saint-synode*

Pendant la période entre les séances du *Synode des évêques*, dans l'Eglise orthodoxe de Russie fonctionne comme organisme dirigeant le *Saint-synode*, qui est constitué par treize évêques éparchiaux (sept membres permanents[413] et six temporaires[414]) et présidé par le patriarche de Moscou ou son *locum tenens*[415]; autrement dit le *Saint-synode* ne représente que le Synode-permanent du Patriarcat de Moscou[416]. Les réunions du *Saint-synode* sont convoquées par le patriarche de Moscou[417], et ses séances sont, en général, fermés[418]. Bien que, dans certains cas, les évêques éparchiaux, les présidents des départements synodaux et les recteurs des académies de théologie peuvent prendre part aux séances du *Saint-synode*, ceux-ci ne bénéficient que d'un droit de vote consultatif[419].

---

[413] Les sept évêques membres permanents du *Saint-synode*, qui siègent *ex officio*, sont les suivants: le Métropolite de Kiev et de toute l'Ukraine, le Métropolite de Saint-Pétersbourg et de Ladoga, le Métropolite de Kroutitsy et de Kolomna, le Métropolite de Minsk et de Sloutsk, Exarque patriarcal pour toute la Biéloussie, le Métropolite de Chisinau et de toute la Moldavie, le Président du Département des Relations Extérieures du Patriarcat de Moscou et le Chancelier du Patriarcat de Moscou (cf. chap. V, art. 4).

[414] Les autres six membres sont désignés parmi les évêques éparchiaux, à titre temporaire, pour participer à l'une des sessions semestrielles du *Saint-synode* en fonction de l'ancienneté de leur ordination épiscopale; plus précisément, il sera convoqué un évêque de chaque groupe dont les éparchies de l'Eglise orthodoxe de Russie sont regroupées. Il faut aussi souligner qu'un évêque ne peut pas être convoqué au *Saint-synode* avant avoir deux ans d'expérience dans l'administration de son éparchie (cf. chap. V, art. 5).

[415] Cf. chap. V, art. 1 et 3. Dans le cas où le patriarche, à cause des certains raisons, ne peut pas exercer son office du président, le Statut prévoit que le *Saint-synode* soit présidé de l'aîne par l'ordination des ses membres (cf. chap. V, art. 14). De plus, le Statut précise que, dans des cas exceptionnels, pour atteindre le quorum il faut les deux tiers des membres du *Saint-synode* (cf. chap. V, art.9). En autre, le même Statut affirme aussi que «la participation des membres permanents et temporaires du Saint-synode à ses sessions constitue leur devoir canonique» et que «les membres du Saint-synode qui absent sans avoir un motif valable doit être admonesté fraternellement» (cf. chap. V, art. 8). Malheureusement, l'actuel Statut ne précise ni qui doit être l'autorité responsable pour ces cas, ni quelle devrait être la modalité d'admonestation fraternelle.

[416] Pour détails concernant le *Synode permanent*, voir p. 35, note 99.

[417] Cf. chap. V, art. 10.

[418] Cf. chap. V, art. 11.

[419] Cf. chap. V, art. 7.

CHAP. IV: L'AUTONOMIE ET SON APPLICATION CONCRETE   193

Le *Saint-synode* prendre des décisions soit par consensus général de tous les membres participants à la session, soit par la majorité des voix; en cas d'égalité de votes, la décision est prise dans le sens du vote de son président[420]. Les décisions prises par le *Saint-synode* devient exécutoires à partir de la leur signature et ne peuvent pas être modifiées, sauf dans le cas où des nouvelles données, qui modifient le cœur du problème, ont été présentées[421]. La surveillance de la bonne mise en œuvre des décisions prises par le *Saint-synode* doit être exercer par son président[422]. De plus, le même Statut prévoit que pour l'entière activité déroulée, le *Saint-synode* doit présenter un rapport détaillé au *Synode des évêques* à travers le patriarche de Moscou[423].

Selon l'actuel Statut, le *Saint-synode*, dans l'exercice de ses fonctions, il se doit:
- de prendre soin pour la bonne préservation et interprétation de la fois orthodoxe et des règles de la morale et de la piété chrétiennes[424];
- de servir à la maintenance de l'unité intérieure de l'Eglise orthodoxe de Russie[425];
- de maintenir l'unité avec les autres Eglises orthodoxes[426];
- d'organiser l'activité interne et externe de l'Eglise et de donner des solutions aux problèmes ecclésiastiques d'importance générale qui le concernent[427];
- d'interpréter les décisions canoniques et de résoudre les difficultés relatives à leur mise en œuvre[428];
- de réglementer les questions liturgiques[429];
- de publier des règlements disciplinaires qui concernent le clergé, les moines et les employés de l'Eglise[430];
- d'évaluer les principaux événements dans le domaine des relations inter-ecclésiales, interconfessionnelles et interreligieuses[431];

---

[420] Cf. chap. V, art. 16. En outre, aucun de ceux qui sont présents aux sessions du *Saint-synode* ne peut pas s'abstenir de voter (cf. chap. V, art. 17).
[421] Cf. chap. V, art. 23.
[422] Cf. chap. V, art. 24.
[423] Cf. chap. V, art. 2.
[424] Cf. chap. V, art. 25a.
[425] Cf. chap. V, art. 25b.
[426] Cf. chap. V, art. 25c.
[427] Cf. chap. V, art. 25d.
[428] Cf. chap. V, art. 25e.
[429] Cf. chap. V, art. 25f.
[430] Cf. chap. V, art. 25g.
[431] Cf. chap. V, art. 25h.

- de maintenir des relations interconfessionnelles et interreligieuses à la fois sur le territoire canonique du Patriarcat de Moscou et à l'extérieur de celui-ci[432];
- de coordonner les actions de la plérôme de l'Eglise orthodoxe de Russie dans ses efforts de retrouver la paix et la justice[433];
- d'exprimer des préoccupations pastorales sur les problèmes sociaux[434];
- d'adresser des messages spéciaux pour tous les fideles de l'Eglise orthodoxe de Russie[435];
- de maintenir une bonne relation entre l'Eglise et l'Etat conformément à l'actuel Statut et à la législation en vigueur[436];
- d'approuver les Statuts des Eglises auto-administrées et des Exarchats[437];
- d'adopter les statuts civils de l'Eglise orthodoxe de Russie et de ses unités canoniques, ainsi que de les modifier et de les compléter[438];
- d'approuver les procès-verbaux des synodes des Exarchats[439];
- de résoudre les questions relatives à la création ou la dissolution des unités canoniques de l'Eglise orthodoxe de Russie qui sont sous l'autorité du *Saint-synode*, avec l'approbation ultérieure du *Synode des évêques*[440];
- d'établir l'ordre de propriété, d'usage et de disposition des bâtiments et des biens de l'Eglise orthodoxe de Russie[441];
- d'approuver les décisions du tribunal général ecclésiastique[442];
- d'élire et de nommer les évêques et, dans des cas exceptionnels, de les transférer ou de les retirer[443];
- de convoquer les évêques aux sessions du *Saint-synode*[444];

---

[432] Cf. chap. V, art. 25i.
[433] Cf. chap. V, art. 25j.
[434] Cf. chap. V, art. 25k.
[435] Cf. chap. V, art. 25l.
[436] Cf. chap. V, art. 25m.
[437] Cf. chap. V, art. 25n.
[438] Cf. chap. V, art. 25o.
[439] Cf. chap. V, art. 25p.
[440] Cf. chap. V, art. 25q. En effet, le *Saint-synode* se doit d'établir et de supprimer, ainsi que de changer les limites et les noms des éparchies, avec l'approbation ultérieure du *Synode des évêques*. Cf. chap. V, art. 31a.
[441] Cf. chap. V, art. 25r.
[442] Cf. chap. V, art. 25s.
[443] Cf. chap. V, art. 26a. De plus, le même *Saint-synode* doit adopter des règlements-type pour les institutions éparchiales (cf. chap. V, art. 31b).

CHAP. IV: L'AUTONOMIE ET SON APPLICATION CONCRETE 195

- d'analyser les rapports présentés par les évêques sur la situation de leurs éparchies et de prendre des décisions sur ces rapports[445];
- d'inspecter par le biais de ses membres l'activité des évêques, chaque fois lorsqu'il le juge nécessaire[446];
- de déterminer le salaire des évêques[447];
- de nommer les recteurs des académies de théologie, les abbés (les abbesses) des monastères, et les chefs des départements synodaux, ainsi que leurs adjoints[448];
- de nommer les évêques, le clergé et les laïcs assumés à travailler à l'extérieur[449];
- de pouvoir créer des commissions ou des autres organismes de travail pour prendre soin de différents problèmes de l'Eglise orthodoxe de Russie[450];
- de guider les départements synodaux du Patriarcat de Moscou[451];

---

[444] Cf. chap. V, art. 26b.

[445] Cf. chap. V, art. 26c. En effet, le Saint-synode se doit de vérifier que tous les organismes de l'autorité de l'Eglise des éparchies, des proto-presbytérats et paroisses, fonctionnent en conformité avec les dispositions de la loi (cf. chap. V, art. 31f).

[446] Cf. chap. V, art. 26d.

[447] Cf. chap. V, art. 26e.

[448] Cf. chap. V, art. 27a et 27b. Il faut mentionner aussi que le *Saint-synode* se doit aussi: d'approuver, derrière à la présentation du Comité pour l'Education, les statuts et les programmes des établissements d'enseignement théologique, les programmes des séminaires théologiques, et d'établir de nouveaux département à l'intérieur des académies théologiques (cf. chap. V, art. 31e); d'approuver les statuts des monastères et de surveiller, en général, sur la vie monastique (cf. chap. V, art. 31c); d'établir des monastères stavropigiaques (cf. chap. V, art. d).

[449] Cf. chap. V, art. 27c.

[450] Plus précisément, les problèmes pour lesquels le *Saint-synode* peut instituer des commissions ou des autres organismes de travail sont les suivants: les questions théologiques importants qui concernent l'activité interne et externe de l'Eglise; la conservation du texte des livres liturgiques, leurs traduction et leurs publication; la canonisation des saints; la publication des recueils de saints canons, des livres et des manuels de théologie pour les établissements d'éducation théologique, de la littérature théologique, des périodiques officiels et d'autre littérature pertinente; l'amélioration de la formation théologique, spirituelle et morale du clergé et de l'activité des établissements d'éducation théologique; la mission, la catéchisation et l'éducation religieuse; la situation de l'enseignement religieux; les problèmes des monastères et des moins; les œuvres de charité et de service social; le bon état de l'architecture des églises, de la peinture des icones, des chants et des arts appliqués; les monuments religieux et les antiquités administrés par l'Eglise orthodoxe de Russie; la production des ustensiles ecclésiastiques, des bougies, des vêtements et des autres éléments nécessaires à la maintenance de la tradition liturgique, de la beauté et de la bon ordre dans les églises; les pensions de retraite du clergé et des employés de l'Eglise; la solution pour des problèmes économiques (cf. chap. V, art. 28).

- d'approuver le plan général de dépenses de l'Eglise, d'examiner les devis des départements synodaux, des établissements d'enseignement théologique, ainsi que la situation de leurs rapports financiers[452];
- de mener des audits, en cas de nécessité, dans les éparchies, les monastères et les établissements d'enseignement théologique dont il prend soin[453];
- de juger les différends relatifs à l'interprétation du Statut d'organisation du Patriarcat de Moscou[454].

d) *Le Patriarche de Moscou et de toute la Russie*

En ce qui concerne le patriarche de Moscou et de toute la Russie[455], il faut préciser que, grâce au fait qu'il est le proto-hiérarque de l'Eglise orthodoxe de Russie, il bénéficie d'une «aînesse d'honneur» (первенство чести) parmi les évêques du Patriarcat de Moscou[456]. Par conséquent, le patriarche de Moscou doit prendre soin des affaires internes et externes de l'Eglise orthodoxe de Russie, et doit la gouverner ensemble avec le *Saint-synode*[457]. Dans le même temps, le Statut précise que la relation entre le patriarche de Moscou et le *Saint-synode* doit être déterminée par les canons 34 apostolique et 9 du Synode d'Antioche, ainsi que par la Tradition orthodoxe[458]. Le patriarche de Moscou, ensemble avec le *Saint-synode*, doit convoquer les *Synodes des évêques*, et, dans des cas exceptionnels, les *Assemblées locales*, et il doit les présider[459]. Dans l'exercice de son autorité canonique, le patriarche de Moscou et de toute la Russie a aussi les responsabilités suivantes:

---

[451] Dans son activité de guidance des départements synodaux, le *Saint-synode* se doit: d'approuver les statuts de leurs activité; d'approuver leurs plans annuels de travail et de recevoir des rapports de leur part; de prendre des décisions sur les aspects les plus importants des travaux en cours des départements synodaux; d'inspecter, en cas de nécessité, ces institutions (cf. chap. V, art. 29).

[452] Cf. chap. V, art. 30.
[453] Cf. chap. V, art. 32.
[454] Cf. chap. V, art. 33.
[455] Selon l'article 9 du chapitre IV de l'actuel Statut, le Patriarche de Moscou et de toute la Russie, doit être l'évêque éparchial de l'éparchie de Moscou, qui comprend la ville et la région de Moscou. Dans l'administration de l'éparchie de Moscou, le patriarche est aidé par un évêque-vicaire patriarcal qui porte le titre de Métropolite de Kroutitsy et de Kolomna.
[456] Cf. chap. IV, art. 2.
[457] Cf. chap. IV, art. 4.
[458] Cf. chap. IV, art. 5.
[459] Cf. chap. IV, art. 6.

- de mettre en application les décisions de l'*Assemblée locale*, du *Synode des évêques* et du *Saint-synode*[460];
- de présenter à l'*Assemblée locale* et au *Synode des évêques* des rapports sur la situation de l'Eglise orthodoxe de Russie pendant la période entre leurs réunions[461];
- de soutenir l'unité de la hiérarchie de l'Eglise orthodoxe de Russie[462];
- d'exercer une surveillance autoritaire sur les départements synodaux[463];
- d'adresser des lettres pastorales à la plérôme de l'Eglise orthodoxe de Russie[464];
- de signer les documents ecclésiaux généraux après leur approbation appropriée par le *Saint-synode*[465];
- d'exercer l'autorité exécutive et administrative dans le gouvernement du Patriarcat de Moscou[466];
- de communiquer avec les proto-hiérarques des Eglises orthodoxes, conformément aux décisions de l'*Assemblée locale*, du *Synode des évêques* et du *Saint-synode*, ainsi que à titre personnel[467];
- de représenter l'Eglise orthodoxe de Russie dans ses rapports avec les plus hauts organismes de l'administration et du gouvernement de l'Etat[468];
- d'avoir le devoir d'adresser des pétitions et d'intercéder devant les organismes étatiques, soit sur le «territoire canonique», soit en dehors de celui-ci[469];
- d'approuver les Statuts des «Eglises auto-administrées», des exarchats et des éparchies[470];
- de recevoir les appels des évêques éparchiaux des «Eglises auto-administrées»[471];
- d'émettre des décisions pour l'élection et la nomination des évêques éparchiaux, des dirigeants des départements synodaux,

---

[460] Cf. chap. IV, art. 7a.
[461] Cf. chap. IV, art. 7b.
[462] Cf. chap. IV, art. 7c.
[463] Cf. chap. IV, art. 7d.
[464] Cf. chap. IV, art. 7e.
[465] Cf. chap. IV, art. 7f.
[466] Cf. chap. IV, art. 7g.
[467] Cf. chap. IV, art. 7h.
[468] Cf. chap. IV, art. 7i.
[469] Cf. chap. IV, art. 7j.
[470] Cf. chap. IV, art. 7k.
[471] Cf. chap. IV, art. 7l.

des évêques-vicaires, des recteurs des écoles théologiques et des autres officiels, nommés par le *Saint-synode*[472];
- de prendre soin du remplacement opportun des sièges épiscopaux[473];
- de confier aux évêques l'administration temporelle des éparchies dans les cas où l'évêque éparchial est malade pour une longue période, il est mort ou il est jugé par un tribunal ecclésiastique[474];
- de surveiller l'activité des évêques dans leurs devoirs pastoraux afin de vérifier s'ils prennent soin de leurs éparchies[475];
- d'avoir le droit de visiter, en cas de nécessité, toutes les éparchies de l'Eglise orthodoxe de Russie[476];
- de donner des conseils fraternels aux évêques, soit en ce qui concerne leurs vie personnelle, soit en ce qui concerne leurs devoirs pastoraux; dans le cas où les évêques ne suivent pas les conseils du patriarche, celui-ci doit proposer au *Saint-synode* de prendre des décisions appropriées[477];
- de prendre en considération les cas de malentendus entre les évêques, qui demandent volontairement sa médiation sans procédure judiciaire; la décision du Patriarche, dans des tels cas, est obligatoire pour les deux parties[478];
- de recevoir les plaintes concernant les évêques et de leur donner un bon déroulement[479];
- d'approuver aux évêques des congés plus grands de 14 jours[480];
- d'accorder aux évêques les titres établis et les plus haut distinctions ecclésiastiques[481];
- d'accorder aux clercs et aux laïcs les distinctions ecclésiastiques[482];
- d'approuver l'attribution des grades académiques et de rangs[483];

---

[472] Cf. chap. IV, art. 7m.
[473] Cf. chap. IV, art. 7n.
[474] Cf. chap. IV, art. 7o.
[475] Cf. chap. IV, art. 7p. Dans le cas où un évêque n'accomplit pas ses devoirs pastoraux, le patriarche doit informer les organismes centraux exécutifs et les proposer des solutions canoniques et statutaires.
[476] Cf. chap. IV, art. 7q.
[477] Cf. chap. IV, art. 7r.
[478] Cf. chap. IV, art. 7s.
[479] Cf. chap. IV, art. 7t.
[480] Cf. chap. IV, art. 7u.
[481] Cf. chap. IV, art. 7v.
[482] Cf. chap. IV, art. 7w.
[483] Cf. chap. IV, art. 7x.

– de prendre soin, en temps utile, de la production et de la consécration du Saint Myron pour les besoins généraux de l'Eglise[484].

Après cette présentation des responsabilités du Patriarche de Moscou, il faut observer que celui-ci jouit d'un statut canonique nettement supérieur à un proto-hiérarque. En autres mots, le Patriarche de Moscou, selon l'actuel Statut d'organisation de l'Eglise orthodoxe russe représente un peu plus qu'un proto-hiérarque, car certaines responsabilités prévues dans le Statuts semblèrent lui donner plutôt le statut d'un primat.

En ce qui concerne l'élection du patriarche, il faut préciser que le Statut prévoit que la procédure d'élection soit établie par le *Saint-synode*[485]. En effet, il est prévu que, six mois au plus tard après la vacance du siège patriarcal[486], le *locum tenens* patriarcal ensemble avec le *Saint-synode*, en suivant les prescriptions de l'article 2 du deuxième chapitre du Statut, doivent convoquer l'*Assemblée locale* pour élire le nouveau patriarche[487]. Il faut aussi préciser que le patriarche de Moscou et de toute la Russie est élu à vie[488].

Dans l'exercice de son ministère, le patriarche de Moscou et de toute la Russie est aidé par l'Administration patriarcale de Moscou[489] et par les départements synodaux[490], à savoir ses organismes exécutifs; celles-ci ont le

---

[484] Cf. chap. IV, art. 7y.

[485] Cf. chap. IV, art. 13.

[486] Pendant la période de vacance du siège patriarcal, l'Eglise orthodoxe de Russie doit être dirigée par son *Saint-synode* présidé par le *locum tenens* patriarcal (cf. chap. IV, art. 15a), qui doit accomplir toutes les charges du Patriarche de Moscou et de toute la Russie, sauf celles prévues dans le chap. IV, art. 7v. En outre, le nom du *locum tenens* doit être commémoré pendant les services divins dans toutes les églises du Patriarcat de Moscou (cf. chap. IV, art. 15b). De plus, le Métropolite de Kroutitsy et de Kolomna doit diriger indépendamment l'éparchie de Moscou (cf. chap. IV, art. 15d).

[487] Cf. chap. IV, art. 16.

[488] Cf. chap. IV, art. 11.

[489] L'Administration patriarcale de Moscou est une institution de l'Eglise orthodoxe de Russie qui unit les structures qui sont directement gérées par le Patriarche de Moscou et de toute la Russie. L'Administration patriarcale de Moscou doit être administré par le Patriarche de Moscou et de toute la Russie (cf. chap. VI, art. 1).

[490] Un « département synodal» est une institution de l'Eglise orthodoxe de Russie en charge des questions générales ecclésiastique qui relèvent de sa compétence (cf. chap. VI, art. 2). Les départements synodaux sont crées et supprimées par une décision du *Synode des évêques* ou du *Saint-synode*, et doit répondre pour leurs activités devant ceux-ci. Les statuts du Patriarcat de Moscou et des départements synodaux, ainsi que leurs amendements doivent être confirmés par le patriarche de Moscou et de toute la Russie, et approuvés par le *Saint-synode* (cf. chap. VI, art. 4). Les départements synodaux sont dirigées par des personnes nommées par le *Saint-synode* (cf. chap. VI, art. 5).

droit exclusif de représenter le patriarche de Moscou et de toute la Russie et le *Saint-synode*, dans le domaine d'activité relevant de leurs compétences[491]. De même, les départements synodaux doivent être des organismes de coordination en ce qui concerne les institutions similaires agissant dans les «Eglises auto-administrées», dans les exarchats, dans les éparchies, et, en tant que tels, elles sont en droit d'appeler, dans les limites de leur compétence, les évêques éparchiaux et les chefs des autres unités canoniques, de les envoyer des documents normatifs et de les demander des informations nécessaires[492]. Selon son actuel Statut d'organisation, dans l'Eglise orthodoxe de Russie il y a les suivants départements synodaux: la *Chancellerie patriarcale*; le *Département des Relations Extérieures de l'Eglise*; le *Service des éditions*; le *Comité pour l'Education*; le *Département pour Catéchisation et pour l'Education religieuse*; le *Département pour la Charité et pour le Service social*; le *Département pour la Mission*; le *Département pour les Relations avec les Forces Armés et les organismes pour l'application de la loi*; le *Département pour les Affaires de la Jeunesse*.

3.2.3 Les différents degrés d'*autonomie ecclésiastique* dans l'organisation de l'Eglise orthodoxe de Russie

Nous avons déjà précisé que, selon son actuel Statut, l'Eglise orthodoxe de Russie se définit comme une communion des Eglises locales autonomes, des Eglises locales à administration propre ou «auto-administrées», des Eglises locales à statut d'exarchat et des Eglises locales situées sous la tutelle directe du *Département des Relations Extérieures* du Patriarcat de Moscou. Nous n'avons pas l'intention d'a-border ici la question des Eglises autonomes qui se trouvent sous l'au-torité canonique du Patriarcat de Moscou, à savoir l'*Eglise orthodoxe de Chine* et l'*Eglise orthodoxe de Japon*. Et cela, parce que ces deux Eglises ont un statut canonique bien reconnu dans l'Orthodoxie et leur organisation ne soulève pas des difficultés. Nous souhaiterons, en revanche, nous attarder sur un autre problème, essentiel à nos yeux et pourtant trop peu soulevé, du statut d'autonomie ecclésiastique des différentes Eglises locales qui sont rattachées à l'Eglise orthodoxe de Moscou. L'actuel Statut traite des trois types de relation entre les différentes Eglises locales et le Patriarcat de Moscou, en pratique les Eglises locales à administration propre ou «auto-administrées», les Eglises locales à statut d'exarchat et les Eglises locales situées sous la tutelle directe du *Département des Relations Extérieures* du Patriarcat de Moscou.

---

[491] Cf. chap. VI, art. 3.
[492] Cf. chap. VI, art. 9.

CHAP. IV: L'AUTONOMIE ET SON APPLICATION CONCRETE 201

a) *Les institutions ecclésiales dans des lointains pays étrangers*

Pour les Eglises locales situées sous la tutelle directe du *Département des Relations Extérieures* du Patriarcat de Moscou, en autres mots «les institutions ecclésiales dans des lointains pays étrangers», l'actuel Statut réserve l'entier chapitre XIV, où il est précisé que

> 1. Les institutions ecclésiales dans des lointains pays étrangers sont les éparchies, les proto-presbytérats, les paroisses, les monastères stravropigiaux et éparchiaux, ainsi que les missions, les représentations et les représentations ecclésiastiques (подворья), situés en dehors des pays de la Communauté des Etats Indépendants et des pays baltes.
> 2. La plus haute autorité de l'Eglise exerce sa juridiction sur ces institutions à travers le Département des Relations Extérieures de l'Eglise.
> 3. Les institutions ecclésiales dans des lointains pays étrangers de l'Eglise orthodoxe de Russie, dans leur administration et leur activité obéissent aux présents statuts ainsi qu'à leurs propres statuts qui doivent être confirmés par le Saint Synode, dans le respect des lois existant dans chaque pays.
> 4. Les institutions ecclésiales dans des lointains pays étrangers sont créées et supprimées sur décision du Saint-synode. Les représentations et les représentations ecclésiastiques (подворья) situées à l'étranger ont un statut stavropigial.
> 5. Les institutions ecclésiales dans des lointains pays étrangers accomplissent leur service en conformité avec les buts et les objectifs de l'activité extérieure de l'Eglise orthodoxe de Russie sous la surveillance autoritaire (начальственным наблюдением) du président du Département des Relations Extérieures de l'Eglise.
> 6. Les dirigeants et les cadres responsables des institutions ecclésiales dans des lointains pays étrangers sont désignés par le Saint-synode sur proposition du président du Département des Relations Extérieures de l'Eglise[493].

Dès lors il appert nettement que ces institutions ecclésiales rattachées à l'Eglise orthodoxe de Russie ne bénéficient pas d'un régime d'autonomie ecclésiastique, mais elles sont soumises à la direction directe du président du Département des Relations Extérieures du Patriarcat de Moscou. Et, bien que le président de ce Département soit un métropolite, il n'y a pas la possibilité de parler d'un système métropolitain, car le président il est métropolite de Smolensk et de Kaliningrad ! De plus, il faut aussi souligner que, dans le cas où il s'agit des éparchies, celles-ci bénéficient d'une autonomie eparchiale diminuée, car elles doivent agir sous la «surveillance autoritaire» du président du Département et «en conformité avec les buts et les objectifs de l'activité extérieure de l'Eglise orthodoxe de Russie». Par conséquent,

---

[493] Cf. chap. XIV, art. 1-6.

on pourrait présenter cette situation exceptionnelle de la manière suivante: un seul super-diocèse de l'étranger lointain, divisé en éparchies confiées à des dirigeants ayant rang d'évêques ou même d'archevêques (une désignation devenue honorifique), mais qui ne sont en fait que des représentants ou délégués sur place du Président du Département des Relations Extérieures de l'Eglise[494].

b) *Les Exarchats*

Par ailleurs, pour les éparchies de l'Eglise orthodoxe de Russie l'actuel Statut prévoit qu'elles se doivent réunir dans des exarchats selon le principe régional et ethnique[495]. Dans les exarchats du Patriarcat de Moscou, l'autorité suprême est exercée par leur synode présidé par l'exarque[496]. Le synode d'un exarchat doit aussi adopter un statut propre pour son organisation et fonctionnement, statut qui doit être approuvé par le Synode des évêques et confirmé par le patriarche de Moscou[497]. En outre, les procès-verbaux du synode d'un exarchat doivent être présentés au Saint-synode et approuvés par le patriarche de Moscou[498]. Le nom et les limites territoriales des exarchats doivent être établis par le *Synode des évêques*[499]. En revanche, les décisions relatives à la création et à la suppression des éparchies d'un exarchat, ainsi que celle concernant leurs limites territoriales, doivent être prises par le patriarche de Moscou et par le Saint-synode, sur la proposition du synode de l'exarchat[500].

En ce qui concerne l'élection d'un exarque, le Statut précise qu'elle se doit faire par le *Saint-synode* et que l'exarque élu doit être nommé à travers un décret patriarcal[501]. De plus, les évêques et les évêques-vicaires de l'exarchat doivent être élus et nommés par le *Saint-synode* derrière à la

---

[494] D. STRUVE, «Une "Métropole auto-administrée" russe est-elle possible ?», 29.

[495] Cf. chap. IX, art. 1. Il faut aussi noter ici que, actuellement, le seul exarchat du Patriarcat de Moscou est celui de Biélorussie, qui a été créé par un décision de *Saint-synode* de l'Eglise orthodoxe de Russie, prise le 16 octobre 1989.

[496] Cf. chap. IX, art. 5. Il faut aussi préciser ici que, les décisions de l'*Assemblée locale*, du *Synode des évêques* et du *Saint-synode* sont obligatoires pour les exarchats. (cf. chap. IX, art. 3). De plus, le tribunal général ecclésiastique et le tribunal du *Synode des évêques* de l'Eglise orthodoxe de Russie constituent les instances de dernier appel pour les exarchats (cf. chap. IX, art. 4).

[497] Cf. chap. IX, art. 6. De plus, le synode d'un exarchat doit agir sur la base des saints canons, du Statut de l'Eglise orthodoxe de Russie et de son propre statut (cf. chap. IX, art. 7).

[498] Cf. chap. IX, art. 8.

[499] Cf. chap. IX, art. 2.

[500] Cf. chap. IX, art. 13.

[501] Cf. chap. IX, art. 9. Il faut noter que l'exarque doit être un évêque éparchial chargé à diriger l'exarchat selon les saints canons, le statut du Patriarcat de Moscou et le statut de l'exarchat.

présentation faite par le synode de l'exarchat[502]. Le nom de l'exarque doit être commémoré dans toutes les églises de l'exarchat après le nom du patriarche de Moscou[503]. En outre, le Statut précise qu'un exarchat doit toujours recevoir le Saint Myron de la part du patriarche de Moscou[504].

Donc, il appert que, dans les cas des exarchats du Patriarcat de Moscou, il s'agit d'une structure ecclésiale qui bénéficie d'un statut d'autonomie ecclésiastique de type métropolitaine.

c) *Les Eglises «auto-administrées»*

Relative aux Eglises à administration propre ou «auto-administrées», l'actuel Statut de l'Eglise orthodoxe de Russie affirme qu'elles exercent leur activité sur la base et dans les limites du tomos patriarcal qui leur est accordé, conformément aux décisions d'une *Assemblée locale* ou d'un *Synode des évêques*[505]. Les décisions au sujet de la constitution ou de la suppression d'éparchies entrant dans une Eglise «auto-administrée» et la définition de leurs limites territoriales sont prises par le patriarche de Moscou ainsi que par le Saint-synode sur proposition du Synode de l'Eglise «auto-administrée»[506].

Dans les Eglises «auto-administrées», l'autorité ecclésiastique et administrative est exercée par son *Assemblée ecclésiale* (собор) et par son *Synode*[507], présidés par son proto-hiérarque avec le titre de métropolite ou d'archevêque[508]. Le proto-hiérarque d'une Eglise «auto-administrée» est

---

[502] Cf. chap. IX, art. 12.
[503] Cf. chap. IX, art. 11.
[504] Cf. chap. IX, art. 14.
[505] Cf. chap. VIII, art. 1. Il faut aussi préciser que la décision de créer ou de supprimer une Eglise «auto-administrée», ainsi que d'établir ses limites territoriales, relèvent du *Synode des évêques*. (cf. chap. VIII, art. 2). En outre, les décisions des *Assemblées locales* et des *Synodes des évêques* s'imposent aux Eglise «auto-administrées» (cf. chap. VIII, art. 11). De plus, le tribunal général ecclésiastique et le tribunal du *Synode des évêques* de l'Eglise orthodoxe de Russie constituent les instances de dernier appel pour les Eglises «auto-administrées» (cf. chap. VIII, art. 12).
[506] Cf. chap. VIII, art. 8.
[507] Le synode d'une Eglise «auto-administrée» adopte les statuts règlementant l'administration de cette Eglise sur la base et dans les limites du tomos patriarcal qui lui est accordé. Ces statuts sont soumis à l'approbation du *Saint-synode* et doivent être confirmés par le patriarche de Moscou (cf. chap. VIII, art. 13).
[508] Cf. chap. VIII, art. 3. L'Assemblée ecclésiale et le Synode d'une Eglise «auto-administrée» agissent dans les limites définies par le tomos patriarcal, le Statut de l'Eglise orthodoxe de Russie et les statuts règlementant l'administration de l'Eglise «auto-administrée» (cf. chap. VIII, art. 14).

élu par son propre Synode parmi les candidats approuvés par le patriarche de Moscou et par le *Saint-synode*[509], et il entre en fonction après la confirmation du patriarche de Moscou[510]. Les évêques d'une Eglise «auto-administrée» sont élus par leur synode des évêques parmi les candidats approuvés par le patriarche de Moscou et par le *Saint-synode*[511]. En outre, l'actuel Statut de l'Eglise orthodoxe de Russie exige qu'une Eglise «auto-administrée» reçoive le Saint Myron de la part du patriarche de Moscou[512].

Selon l'actuel Statut du Patriarcat de Moscou, les Eglises «auto-administrées» sont les suivantes: l'*Eglise orthodoxe de Lituanie*, l'*Eglise orthodoxe de Moldavie*, l'*Eglise orthodoxe d'Estonie*, l'*Eglise orthodoxe russe hors frontières* et l'*Eglise orthodoxe d'Ukraine*[513]. La dernière Eglise de cette liste jouit, à l'intérieur du Patriarcat de Moscou, d'un régime spécial, car, selon l'actuel statut de l'Eglise orthodoxe de Russie, elle est une Eglise «auto-administrée» avec «des droits d'autonomie élargie» (правами широкой автономии.). En effet, dans sa vie et son activité, elle est guidée par le tomos du patriarche de Moscou de 1990 et par le statut de l'Eglise orthodoxe d'Ukraine, confirmé par son proto-hiérarque et approuvé par le patriarche de Moscou[514]. Malheureusement, le Statut ne précise pas quelles sont exactement les «droits d'autonomie élargie» de l'Eglise orthodoxe d'Ukraine. De plus, ni dans le tomos patriarcal, qui, en fait, est une grammate patriarcale, il n'est pas précisé quelles sont les limités de ces «droits d'autonomie élargie», mais il est affirmé que

> l'Eglise orthodoxe d'Ukraine soit indépendante et autonome dans sa gestion, et que Vous, élu à l'unanimité le 9 juillet 1990 par l'épiscopat de l'Eglise orthodoxe d'Ukraine, soit son Proto-hiérarque[515].

---

[509] Cf. chap. VIII, art. 4.
[510] Cf. chap. VIII, art. 5. Le proto-hiérarque d'une Eglise «auto-administrée» est un évêque éparchial et il doit présider son Eglise sur la base des saints canons, du Statut de l'Eglise orthodoxe de Russie et du statut de l'Eglise «auto-administrée» (cf. chap. VIII, art. 6). Le nom du proto-hiérarque est commémoré dans toutes les églises de l'Eglise «auto-administrée» après le nom du patriarche de Moscou (cf. chap. VIII, art. 7).
[511] Cf. chap. VIII, art. 9. De plus, les évêques d'une Eglise «auto-administrée» sont membres de l'*Assemblée locale* et du *Synode des évêques*, et participent à leurs travaux en conformité avec les chapitres II et III du Statut de l'Eglise orthodoxe de Russie, ainsi qu'au sessions du *Saint-synode* (cf. chap. VIII, art. 10).
[512] Cf. chap. VIII, art. 15.
[513] Cf. chap. VIII, art. 16 et 17.
[514] Cf. chap. VIII, art. 18.
[515] ALEXEÏ II, «Грамота митрополиту Киевскому и всея Украины», 11.

Donc, il faut voir si dans l'actuel Statut d'organisation de l'Eglise orthodoxe d'Ukraine[516], il y a des prévisions relatives au statut de l'autonomie de l'Eglise orthodoxe d'Ukraine. Ainsi, dans son statut d'organisation, l'Eglise orthodoxe d'Ukraine est définie comme étant «autonome et indépendante» (самостійною і незалежною) dans sa structure et sa gouvernance[517]. L'autorité suprême ecclésiale et de contrôle est représentée par l'Assemblée ecclésiale, par le Synode des évêques et par le Saint-synode de l'Eglise orthodoxe d'Ukraine, présidés par le métropolite de Kiev et de toute l'Ukraine[518]. De plus, le nouveau statut précise que le synode des évêques de l'Eglise orthodoxe d'Ukraine constitue sa dernière instance judiciaire d'appel[519]. Mais, comme cela était totalement contraire aux dispositions du Statut de l'Eglise orthodoxe de Russie, où il est prévu que son *Synode des évêques* constitue la dernière instance d'appel[520], le saint-synode de l'Eglise orthodoxe d'Ukraine avait envoyé, le 16 juin 2008, un appel au patriarche de Moscou dont lequel ils lui ont demandé de changer l'article 5 du chapitre III du Statut de l'Eglise orthodoxe de Russie et de transférer les prérogatives de dernière instance d'appel pour l'Eglise orthodoxe d'Ukraine à son synode des évêques[521]. Pour répondre à cette appel, le *Synode des évêques* de l'Eglise orthodoxe de Russie, tenu à Moscou de 24 au 29 juin 2008, avait décide que les points b) et c) de la deuxième partie de l'article 5 du cinquième chapitre sera modifié de la manière suivante:

> le Synode des évêques de l'Eglise orthodoxe de Russie [...] constitue sa dernière instance d'appel:
> b. dans les cas des désobéissances des lois ecclésiastiques de la part des évêques et des dirigeants des départements synodaux;
> c. dans tous les cas, qui lui ont été attribues par le patriarche de Moscou et le Saint-synode[522].

---

[516] L'actuel statut d'organisation de l'Eglise orthodoxe d'Ukraine fut adopté pendant son Assemblée ecclésiale du 25 au 27 novembre 1990 et amendé par la suite: à son synode des évêques de 27 mai 1992, à son Assemblée ecclésiale de 26 juin 1992 et à son synode des évêques de 21 décembre 2007 (cf. «Статут про управління Української Православної Церкви»).

[517] Cf. chap. I, art. 1.

[518] Cf. chap. I, art. 2.

[519] Cf. chap.III, art. 8.

[520] Cf. chap. III, art. 5.

[521] Cf. «Журнали засідання Священного Синоду».

[522] Cf. «Определение освященного Архиерейского Собора Русской Православной Церкви (Москва, 24-29 июня 2008 года)».

De plus, dans le même but, le *Synode des évêques* avait aussi décidé de faire les suivantes modifications dans le septième chapitre de l'actuel Statut de l'Eglise orthodoxe de Russie:

> Le premier article du septième chapitre doit se lire comme suit: «le pouvoir judiciaire dans l'Eglise orthodoxe de Russie doit être assuré par les tribunaux ecclésiastiques de première instance».
> L'article 12 du septième chapitre doit se lire comme suit: «Les tribunaux éparchiaux doit être composés d'au moins cinq jugés, évêques ou prêtres. Le président, le vice-président et le secrétaire du tribunal éparchial sont nommés par l'évêque de l'éparchie. L'Assemblée éparchiale élit, sur la recommandation de l'évêque de l'éparchie, au moins deux membres du tribunal éparchial. La durée du mandat des jugés du tribunal éparchial est de trois ans, avec la possibilité d'être renommé ou réélu pour un nouveau mandat».
> L'article 13 du septième chapitre doit se lire comme suit: «Le retrait anticipé du président ou d'un membre du tribunal éparchial se fait par décision de l'évêque éparchial».
> L'article 16 du septième chapitre doit se lire comme suit: «Les décisions d'un tribunal éparchial entrent en vigueur et doivent être appliquées après leur approbation par l'évêque éparchial, et, dans le cas prévus dans l'article 5 du présent chapitre, après l'approbation du patriarche de Moscou et de toute la Russie».
> L'article 18 du septième chapitre doit se lire comme suit: «Le tribunal général ecclésiastique est considéré comme tribunal de première instance dans les cas des désobéissances des lois ecclésiastiques de la part des évêques et des dirigeants des départements synodaux. Le tribunal général ecclésiastique est considéré comme tribunal de deuxième instance dans les cas des désobéissances des lois ecclésiastiques de la part des clergé, de monastères ou de paroisses, qui sont de la compétence des tribunaux éparchiaux»[523].

---

[523] «Пункт 1 главы VII Устава Русской Православной Церкви изложить в следующей редакции: "Судебная власть в Русской Православной Церкви осуществляется церковными судами посредством церковного судопроизводства". Пункт 12 главы VII изложить в следующей редакции: "Епархиальный суд состоит не менее чем из пяти судей, имеющих епископский или священнический сан. Председателя, заместителя председателя и секретаря епархиального суда назначает епархиальный архиерей. Епархиальное собрание избирает по пред-ставлению епархиального архиерея не менее двух членов епархиального суда. Срок полномочий судей епархиального суда – три года, с возможностью пере-назначения или переизбрания на новый срок". Пункт 13 главы VII изложить в следующей редакции: "Досрочный отзыв председателя или члена епархиаль-ного суда осуществляется по решению епархиального архиерея". Пункт 16 главы VII изложить в следующей редакции: "Решения епархиального суда вступают в законную силу и подлежат исполнению после их утверждения епархиальным архиереем, а в случаях, предусмотренных

D'où la conclusion que l'Eglise orthodoxe d'Ukraine est réussie progressivement à modifier le Statut d'organisation du Patriarcat de Moscou afin d'élargir son régime d'autonomie ecclésiastique, nettement en ce qui concerne l'activité judiciaire. Pourtant, encore aujourd'hui, les limites «des droits d'autonomie élargie» de l'Eglise orthodoxe d'Ukraine à l'intérieure du Patriarcat de Moscou restent inconnues. Bien sûr, l'Eglise orthodoxe d'Ukraine est une «Eglise auto-administrée» du Patriarcat de Moscou qui, de plus, jouit, à l'intérieur de l'Eglise orthodoxe de Russie, des certains privilèges[524]. De plus, il faut observer que, des nos jours, ces privilèges ont la tendance de se multiplier, élargissant ainsi le cadre de l'autonomie ecclésiastique de l'Eglise orthodoxe d'Ukraine. Pour ce raison, nous pouvons affirmer seulement qu'elle jouit d'un réel régime d'*autonomie ecclésiastique* de type métropolitaine toute en bénéficiant de nombreux privilèges.

D'autre part, il faut préciser que, selon les dispositions de l'actuel Statut d'organisation du patriarcat de Moscou, les autres «Eglises auto-administrées» jouissent aussi d'un régime d'autonomie ecclésiastique de type métropolitain, sans bénéficier pourtant de toutes les privilèges acquis par l'Eglise orthodoxe d'Ukraine. Parmi celles-ci, le cas de l'*Eglise orthodoxe russe hors frontières* est le plus intéressant, car dans sa vie et son activité[525], elle ne doit pas se diriger selon un tomos patriarcal, mais elle

---

пунктом 5 настоящей главы, - с момента утверждения Патриархом Московским и всея Руси". Пункт 18 главы VII изложить в следующей редакции: "Общецерковный суд расс-матривает в качестве суда первой инстанции дела по церковным правонарушениям архиереев и руководителей Синодальных учреждений. Общецерковный суд является судом второй инстанции по делам по церковным правонарушениям клириков, монашествующих и мирян, подсудных епархиальным судам".» (notre traduction), «Определение освященного Архиерейского Собора Русской Православной Церкви (Москва, 24-29 июня 2008 года)».

[524] Il faut mentionner ici que certains privilèges de l'Eglise d'Ukraine bénéficie sont spécifiques aux Eglises autocéphales. Parmi ceux-ci, il faut souligner les suivants: le Métropolite de Kiev et de toute l'Ukraine a le droit de porter deux «engolpion» et la croix pectorale pendant les cérémonies liturgiques; le synode de l'Eglise orthodoxe d'Ukraine élit et fournit les évêques éparchiaux et les évêques-vicaires, crée et supprime les sièges épiscopales dans toute l'Ukraine; l'Eglise orthodoxe d'Ukraine a le droit de se représenter toute seule, à travers son Département des relations extérieures, créé le 18 avril 2008 par son Saint-synode.

[525] Il est nécessaire de noter ici qu'il n'y a aucune différentiation géographique entre l'*Eglise orthodoxe russe hors frontières* et les *Institutions ecclésiales dans des lointains pays étrangers*. La seule différence existante est de nature historique, c'est-à-dire que, pendant la période où la Russie a été sous la domination bolchevique, l'*Eglise orthodoxe russe hors frontières* a coupé tout lien avec le Patriarcat de Mos-

doit agir en conformité avec l'Acte de communion canonique (Акт о каноническом общении), daté du 17 mai 2007, et avec son Statut tel que a été modifié par son *Synode des évêques* du 13 mai 2008. Plus précisément, dans l'Acte de communion a été prévu que:

1. L'Eglise orthodoxe russe hors frontières, portant son sacerdoce salvateur au sein de l'ensemble, tel qu'il s'est historiquement formé, de ses éparchies, paroisses, monastères, fraternités et autres institutions ecclésiastiques, demeure une partie auto-administrée inaliénable de l'Eglise Locale Orthodoxe Russe.
2. L'Eglise orthodoxe russe hors frontières est autonome en ce qui concerne les questions relatives à la pastorale, l'enseignement, l'administration, les biens matériels, l'immobilier, les affaires civiles, tout en étant en même temps en union canonique avec la plénitude de l'Eglise Orthodoxe Russe.
3. Le pouvoir suprême spirituel, législatif, administratif, judiciaire et de contrôle au sein de l'Eglise orthodoxe russe hors frontières est exercé par son Synode des évêques, convoqué par son proto-hiérarque en accord avec les statuts de l'Eglise orthodoxe russe hors frontières.
4. Le proto-hiérarque de l'Eglise orthodoxe russe hors frontières est élu par son Synode des évêques. Cette élection, en accord avec les normes du droit canon, est confirmée par le patriarche de Moscou et de toute la Russie et par le Saint-Synode de l'Eglise orthodoxe de Russie.
5. Le nom du proto-hiérarque de l'Eglise orthodoxe de Russie ainsi que le nom du proto-hiérarque de l'Eglise orthodoxe russe hors frontières est commémoré liturgiquement dans toutes les églises de l'Eglise orthodoxe russe hors frontières devant le nom de l'évêque local en accord avec l'ordre établi.
6. La décision de créer ou supprimer des éparchies faisant partie de l'Eglise orthodoxe russe hors frontières est prise par son Synode des évêques en accord avec le patriarche de Moscou et de toute la Russie et le Saint-Synode de l'Eglise orthodoxe de Russie.
7. Les évêques de l'Eglise orthodoxe russe hors frontières sont élus par son Synode des évêques ou bien, dans les cas prévus par les statuts de l'Eglise orthodoxe russe hors frontières, par son Synode permanent. Cette élection est confirmée, en accord avec les fondements canoniques, par le patriarche de Moscou et de toute la Russie et le Saint-Synode de l'Eglise orthodoxe russe.
8. Les évêques de l'Eglise orthodoxe russe hors frontières sont membres de l'Assemblée locale et du Synode des évêques de l'Eglise orthodoxe de Russie et participent selon l'ordre établi aux sessions du Saint-Synode. Les représentants des clercs et des laïcs de l'Eglise orthodoxe russe hors fron-

---

cou, tandis que les *Institutions ecclésiales dans des lointains pays étrangers* ont toujours resté sous l'autorité du Patriarcat de Moscou.

tières participent à l'Assemblée locale de l'Eglise orthodoxe de Russie selon l'ordre établi.
9. L'instance de pouvoir ecclésiastique suprême pour l'Eglise orthodoxe russe hors frontières sont l'Assemblée locale et le Synode des évêques de l'Eglise orthodoxe de Russie.
10. Les décisions du Saint-Synode de l'Eglise orthodoxe de Russie sont effectives au sein de l'Eglise orthodoxe russe hors frontières en tenant compte des particularités définies par le présent Acte, les Statuts de l'Eglise orthodoxe russe hors frontières et la législation des pays dans lesquels elle exerce son ministère.
11. Les appels contre les décisions de l'instance ecclésiastico-judiciaire suprême de l'Eglise orthodoxe russe hors frontières sont adressés au patriarche de Moscou et de toute la Russie.
12. Les changements apportés aux Statuts de l'Eglise orthodoxe russe hors frontières par son instance législative suprême doivent, lorsqu'ils concernent des aspects canoniques, être confirmées par le patriarche de Moscou et de toute la Russie et le Saint-Synode de l'Eglise orthodoxe de Russie.
13. L'Eglise orthodoxe russe hors frontières reçoit le Saint Myron du patriarche de Moscou et de toute la Russie[526].

Il appert, donc, que, après le rétablissement de la communion canonique, l'Eglise orthodoxe russe hors frontières constitue avec le Patriarcat de Moscou l'unique Eglise orthodoxe de Russie, une des Eglises locales autocéphales de l'Orthodoxie répandue par l'univers. Toutefois, l'Eglise orthodoxe russe hors frontières jouit à l'intérieur du Patriarcat de Moscou d'un régime d'autonomie ecclésiastique. En particulier, cette autonomie se manifeste par le fait que sa vie est réglée par son propre Synode des évêques et un synode permanent des évêques dont l'unité sera assuré par son proto-hiérarque. Résultat, l'Eglise orthodoxe hors frontières bénéficie de presque le même statut d'autonomie que l'Eglise orthodoxe d'Ukraine, c'est-à-dire d'une autonomie ecclésiastique de type métropolitaine.

Dans les cas des Eglises auto-administrées de Lettonie, d'Estonie et de la Moldavie, il faut préciser qu'elles bénéficient du même régime d'autonomie ecclésiastique de type métropolitaine que l'Eglise orthodoxe russe hors frontières. Une seule différence: les Eglises de Lettonie, d'Estonie et de la Moldavie sont organisées en base du principe ethnique, tandis que l'Eglise orthodoxe russe hors frontières est le fruit des événements politiques.

---

[526] «Acte de communion canonique», 4-5.

3.3 *Conclusion*

De tout ce qui nous avons dit jusqu'ici, il appert que l'actuel Statut d'organisation de l'Eglise orthodoxe de Russie prévoit différents niveaux d'autonomie ecclésiastique, chacun étant spécifique pour une certain type d'organisation ecclésiastique. Ainsi, nous avons un statut d'autonomie ecclésiastique de type métropolitain pour les Eglises auto-administrées et pour les exarchat, pendant que pour les Eglises qui se trouvent «dans des lointains pays étrangers» il est prévu un régime de dépendance directe du Département des Relations Extérieures, dépendance qui annule même l'autonomie éparchiale de celles-ci. En outre, le régime d'autonomie ecclésiastique des Eglises «auto-administrées» varie aussi d'une simple autonomie ecclésiastique de type métropolitaine (c'est le cas d'Eglise orthodoxe de Lettonie, de l'Eglise orthodoxe de la Moldavie et de l'Eglise orthodoxe d'Estonie) à une autonomie ecclésiastique métropolitaine élargie (c'est le cas de l'Eglise orthodoxe russe hors frontières et de l'Eglise orthodoxe d'Ukraine).

Par conséquent, nous pouvons affirmer que, sur la base de l'*auto-nomie ecclésiastique*, l'organisation actuelle de l'Eglise orthodoxe de Russie connaît une structure trapézoïdale à différents niveaux. Sur la petite base du trapèze nous pouvons mettre l'Eglise orthodoxe d'Ukraine, qui jouit d'un régime d'autonomie ecclésiastique métropolitaine élargie, très proche de l'autocéphalie. Sur le deuxième niveau est situé l'Eglise orthodoxe russe hors frontières, qui jouit d'une autonomie ecclésiastique métropolitaine, tout en bénéficiant des certains privilèges. Ensuite, sur le troisième niveau nous avons les Eglises orthodoxes d'Estonie, de Lettonie et de la Moldavie, qui ne jouit que d'une simple autonomie ecclésiastique de type métropolitain. Sur le quatrième niveau sont situées les éparchies du Patriarcat de Moscou, qui jouissent d'autonomie éparchiale. Le dernier niveau, à savoir la grande base de notre trapèze, est réservé aux «institutions ecclésiales dans des lointains pays étrangers», qui dépendent directement du Département des Relations Extérieurs de l'Eglise orthodoxe de Russie, et qui, donc, ne bénéficient d'aucune régime d'autonomie ecclésiastique.

4. Conclusion

De tout ce qui nous avons présenté, il appert clairement que l'Eglise orthodoxe se comprend elle-même, d'un point de vue administratif, comme une communion (κοινωνία) des Eglises locales, autonomes ou autocéphales, qui resteront toujours dans une interdépendance dogmatique, canonique et cultuelle. Ainsi, chaque Eglise orthodoxe locale, qu'elle soit autonome ou autocéphale, doit garder son unité doctrinale, canonique et cultuelle avec l'*Eglise orthodoxe répandue par tout l'univers*. Quant à l'*autonomie ecclésiastique*, nous sommes tout à fait en droit d'affirmer que, selon l'ecclésiologie orthodoxe, elle représente un des principes fondamentaux d'organisation de l'Eglise orthodoxe, par lequel on comprend l'indépendance administrative d'une Eglise locale vis-à-vis de son Eglise-mère (patriarcale). En pratique, dans l'Eglise orthodoxe, l'*autonomie ecclésiastique* est entendue comme la capacité d'une Eglise locale à gérer ses affaires selon ses propres lois, mais en respectant en même temps les prescriptions de l'unique *corpus canonum* de l'Orthodoxie répandue par tout l'univers, *corpus* qui ne peut être changé que par un synode œcuménique, l'autorité suprême dans l'Eglise orthodoxe.

Toutefois, cette *autonomie ecclésiastique* est appliquée de manière différente dans les Statuts d'organisation de trois Patriarcats analysés. Ainsi, le Patriarcat de Moscou présent plusieurs innovations dans ce sens. La première c'est le concept d'*Eglise auto-administrée* qui ne trouve aucun support dans la doctrine canonique orthodoxe. La deuxième est représentée par le concept de territoire canonique et par les conséquences ecclésiologiques créés par son application. De même, il faut pas oublier que, selon l'actuel Statut, le Patriarche de Moscou, à l'intérieur de l'Eglise de Russie, jouit d'une autorité personnelle sur les évêques, fait qui le fait sembler être plutôt un primat et non plus un proto-hiérarque.

De plus, de l'analyse de l'organisation de l'Eglise orthodoxe il en résulte qu'aujourd'hui encore il y a dans l'Orthodoxie des cas où l'*autonomie ecclésiastique* est employée d'une façon unilatérale et même abusive, c'est-à-dire sous la pression des autorités politiques et sans corroboration avec les autres principes fondamentaux d'organisation de l'Eglise orthodoxe, notamment la *synodalité*. Les cas les plus flagrants se rencontrent en Estonie et en Moldavie, où l'autonomie ecclésiastique a été octroyée, en dehors de la synodalité et sous la pression des autorités politiques, à l'*Eglise apostolique orthodoxe d'Estonie* (sous l'autorité du Patriarcat de Constantinople) et à la *Métropolie de Chisinau et de toute la Moldavie* (sous l'autorité du Patriarcat de Moscou). Cela constitue évidemment un acte contraire aux saints canons[527].

En outre, les nouvelles structures ecclésiales sont visiblement privilégiées par les autorités politiques, tandis que les Eglises qui y sont déjà

---

[527] Pour une analyse détaillé de ces deux cas, voir G. GRIGORIȚĂ, «Autonomie et synodalité», 141-214.

établies canoniquement (l'*Eglise orthodoxe d'Estonie* sous l'autorité du Patriarcat de Moscou et la *Métropolie de Bessarabie* sous l'autorité du Patriarcat de Roumanie) demeurent persécutées par les mêmes autorités politiques. Celles-ci, manifestement, sont intervenues abusivement dans les affaires internes de l'Eglise orthodoxe et ont créé dans ces deux pays des structures parallèles dans le dessein de les contrôler et de les manipuler dans l'intérêt de l'Etat, surtout en ce qui concerne la restitution des biens immobiliers que l'Eglise orthodoxe possédait avant l'installation du communisme dans ces pays[528].

Au surplus, les autorités politiques de ces pays, cherchant à rendre plus crédibles les structures ecclésiales créées abusivement et contrairement aux saints canons, sont allées jusqu'à impliquer des Patriarcats orthodoxes. Ainsi, en Estonie, le Patriarcat de Constantinople appuie les actions des autorités politiques estoniennes, tandis qu'en Moldavie, le Patriarcat de Moscou soutient les démarches des autorités politiques moldaves. Le Patriarcat de Constantinople s'est ainsi arrogé l'autorité sur les orthodoxes d'Estonie, tout comme celui de Moscou sur les orthodoxes de Moldavie. Nous avons vu aussi que le Patriarcat de Moscou, en se réorganisant dans les années 1990, a introduit le concept innovant d'*Eglise auto-administrée*, totalement contraire à la doctrine canonique et à la tradition de l'Eglise orthodoxe.

Rappelons encore qu'à titre de solution la doctrine canonique et la tradition de l'Eglise orthodoxe prévoient une réorganisation autour de l'Eglise orthodoxe canoniquement constituée et reconnue en cet endroit.

En Estonie, donc, ne devrait se trouver qu'une seule Eglise orthodoxe, réorganisée autour de l'Eglise orthodoxe d'Estonie sous l'autorité de son Eglise-mère (l'Eglise orthodoxe de Russie). Dans ce processus, le Patriarcat de Moscou devra reconsidérer le statut de l'Eglise orthodoxe d'Estonie, car l'actuel statut d'Eglise auto-administrée ne correspond point à la doctrine canonique ni à la tradition de l'Eglise orthodoxe. Plus précisément, le Saint-synode de l'Eglise orthodoxe de

---

[528] Jusqu'à présent, l'*Eglise orthodoxe d'Estonie* et la *Métropolie de Bessarabie* utilisent de nombreuses églises à titre de locataire, tandis que les structures ecclésiales parallèlement créées en Estonie et en Moldavie (l'*Eglise apostolique orthodoxe d'Estonie* et la *Métropolie de Chisinau et de toute la Moldavie*) ont reçu, de la part des autorités politiques estoniennes ou moldaves, la propriété des édifices cultuels et de leurs terrains. Et cela, bien que la plus grande partie de ces églises appartenaient, avant la nationalisation des biens de l'Eglise orthodoxe par les Soviétiques, aux Eglises orthodoxes canoniquement reconnues en Estonie et en Moldavie, à savoir l'*Eglise orthodoxe d'Estonie* et la *Métropolie de Bessarabie*.

Russie devra réviser son système d'organisation comme il est prévu dans son actuel Statut, en remplaçant le concept d'*Eglise auto-administrée* par celui d'*Eglise autonome*.

Pour ce qui est de la Moldavie, la doctrine canonique et la tradition de l'Eglise orthodoxe préconisent, là encore, une réorganisation de l'Orthodoxie moldave autour de la Métropolie de Bessarabie, sous l'autorité de l'Eglise-mère de celle-ci, c'est-à-dire l'Eglise orthodoxe de Roumanie. De plus, nous avons vu que l'Orthodoxie en Moldavie présente toutes les caractéristiques d'une Eglise autocéphale et, en conséquence, l'Eglise orthodoxe de Roumanie a pleinement le droit de proclamer l'autocéphalie de l'Eglise orthodoxe de Moldavie.

Toutefois, la même doctrine canonique et la même tradition de l'Eglise orthodoxe demandent que la réorganisation de l'Orthodoxie en Estonie et en Moldavie soit faite conformément aux principes fondamentaux d'organisation, notamment celui de synodalité.

Quant à la situation de l'Orthodoxie en Macédoine, Monténégro, Ukraine, Biélorussie, il est absolument claire que les communautés récemment y créées, auto-intitulées «Eglises orthodoxes», ne constituent que simples structures schismatiques. Par conséquent, ils doivent immédiatement identifier les moyens de pénitence prévus par la doctrine canonique orthodoxe pour le retour des schismatiques dans l'Eglise orthodoxe afin de rentrer en communion avec l'Orthodoxie canoniquement établie dans ce pays-là. La solution canonique pour ces cas est constituée donc par le retour de toutes ces communautés schismatiques au sein de l'Eglise orthodoxe canoniquement y établie.

Il appert donc, aux yeux du canoniste, que les patriarcats impliqués dans tous ces cas ont le devoir d'identifier au plus vite possible tous les moyens nécessaires pour résoudre canoniquement les conflits ecclésiaux existant à l'heure actuelle en Estonie et en Moldavie, et pour le retour des communautés schismatiques de Macédoine, du Monténégro, d'Ukraine et de la Biélorussie au sein de l'Orthodoxie.

DEUXIÈME PARTIE

L'AUTONOMIE ECCLÉSIATIQUE SELON L'ACTUELLE LÉGISLATION CANONIQUE DE L'EGLISE CATHOLIQUE

CHAPITRE V

L'ecclésiologie de l'Eglise catholique: organisation, hiérarchie, codes.

Des nos jours, l'ecclésiologie catholique affirme que avec le syntagme de «l'Eglise catholique» est identifiée, malgré la schisme de 1054[1], l'Eglise du Christ qui est gouvernée par l'évêque de Rome et qui est tout-à-fait distincte des Eglises d'Orient, constituées alors par les patriarcats de Constantinople, d'Alexandrie, d'Antioche et de Jérusalem et gouvernées par leurs synode des évêques, indépendamment de l'Evêque de Rome[2]. Parce que cette Eglise est gouvernée par l'évêque de Rome, elle a été aussi appelée «Eglise romaine»[3]. Mais, pour mieux comprendre l'actuelle orga-

---

[1] Des auteurs catholiques affirment qu'il est difficile de dater la rupture de communion avec précision, car ni le concile de Lyon I, ni le concile de Florence ne se réfèrent à 1054. Pour cette raison, Y.Congar parle d'un «estrangement» ou d'éloignement progressif entre l'Orient et l'Occident (cf. Y. CONGAR, «Neuf cents ans», 3-95).

[2] Quel que soit le partage des responsabilités (et partage il y a), la rupture de communion de 1054 restera pour le Catholicisme le fait, peut-on dire unilatéral, de l'Ori-ent, provoqué par la non-acceptation du primat de l'Evêque de Rome de la part des orientaux. Par conséquent, après 1054, les auteurs catholiques parlent habituellement des *Eglises d'Orient* et non de l'*Eglise d'Orient*. Et cela, notamment parce que, selon l'ecclésiologie catholique, la seule Eglise de Christ subsiste dans l'Eglise catholique, bien que, selon la même ecclésiologie, des vrais éléments ecclésiaux existent aussi dans les Eglises d'Orient. Donc, pour l'ecclésiologie catholique, il n'y a pas *une* Eglise orthodoxe, mais *des* Eglises orthodoxes, bien que dans certains documents officiels du Saint-Siège on trouve aussi la locution «Eglise orthodoxe». Pour la vision catholique sur la cassure canonique du XIe siècle, voir S. RUNCIMAN, *The Eastern Schism*.

[3] Il convient souligner ici que, selon l'ecclésiologie catholique, l'évêque de Rome a été dès début et continue toujours à être le Pontife Suprême de l'Eglise universelle, c'est-à-dire de toute l'Eglise de Christ, donc de tous les baptisés, même de ceux qui ne sont pas en communion avec l'Eglise de Rome. En ce sens, voir, par exemple, K. SCHATZ, *La primauté du Pape*. Pour la vision orthodoxe sur le statut canonique de l'évêque de Rome, voir N. DURĂ, «Episcopul Romei», 7-34.

nisation de l'Eglise catholique, il est nécessaire de présenter l'étymologie de l'adjectif «catholique», avant d'ex-pliquer l'ecclésiologie catholique telle que les documents du concile Vatican II (1962-1965)[4] et les actes magistériels postérieurs l'ont fixée.

1. Le syntagme d'Eglise catholique: étymologie et sens actuel

Etymologiquement, le mot «catholique» est d'origine grecque (καθολικός, dérivé du καθ'ὅλου – *d'ensemble, en général, au total*, qui est un composé du κατά et ὅλος – *entier*) et sa traduction littéraire est: «général» ou «universel»[5]. Le premier auteur chrétien qui a employé l'expression «Eglise catholique» semble être Saint Ignace d'Antioche († 107) dans sa lettre aux Smyrniotes où il affirme:

> Que là où se trouve l'évêque, là soit la foule des fidèles, de même que là où est Jésus Christ, là est l'*Eglise entière* (καθολικὴ ἐκκλησία)[6].

Toutefois, il faut préciser que le mot «catholique» n'a pas été forgé par l'évêque d'Antioche, mais qu'il est déjà connu et employé par les auteurs profanes. En effet, au début de christianisme, ce terme était déjà d'un usage courant avec le sens de «général»[7]. A partir du IVe siècle, le mot «catholique» acquiert un caractère officiel car il se retrouve dans le neuvième article du Symbole de foi dit de Nicée-Constantinople (du nom des deux villes où eurent lieu les premiers synodes œcuméniques de 325 et de 381), en indiquant l'un des quatre attributs essentiels de l'Eglise. Ainsi, en récitant ce symbole de foi, les chrétiens affirment qu'ils croient en l'*Eglise Une, Sainte, Catholique et Apostolique*. De cela, il apert que le mot «catholique» indique à la fois le fait que l'Eglise du Christ est répandue dans tout l'univers et qu'elle porte l'intégralité du dépôt de la foi. En somme, ce

---

[4] Nous citerons les textes du concile Vatican II d'après *Le Concile Vatican II (1962-1965)*. Afin de ne pas surcharger nous nous limiterons le plus souvent à la citation en langue française du texte, du moins chaque fois qu'il n'y a pas de difficulté de traduction. Toujours dans le même but nous ne mentionnerons que les références des passages conciliaires parallèles.

[5] Cf. *Bailly*, 995; *Magnien-Lacroix*, 878; *Lidell*, 855-856.

[6] «ὅπου ἂν φανῇ ὁ ἐπίσκοπος, ἐκεῖ τὸ πλῆθος ἔστω, ὥσπερ ὅπου ἂν ᾖ Χριστὸς Ἰησοῦς, ἐκεῖ ἡ καθολικὴ ἐκκλησία. – Ubi comparuerit episcopus, ibi et multitudo sit, quemadmodum ubi fuerit Christus Iesus, ibi catholica est ecclesia.» (notre traduction), IGNACE D'ANTIOCHE, «Ad Smyrnaeos», 851. Pour plus de détails, voir A. DE HALLEUX, «"L'Eglise catholique"», 5-24; D. STOCKMEIER, «Zum Begriff», 63-74; Y. CONGAR, «Romanité et catholicité», 161-190. Voir également A. GARCIADIEGO, *Katholiké Ekklesia*.

[7] Cf. H. LECLERCQ, «Catholique», 2624-2639.

n'est qu'au IVe siècle que l'expression «Eglise catholique» (ἡ καθολικὴ ἐκκλησία) prend la signification dogmatique spéciale qu'elle a conservée depuis et qualifie l'Eglise du Christ par opposition aux sectes ou aux communautés hérétiques. Cependant, la tonalité confessionnelle de l'expression «Eglise catholique» ne devient d'usage commun qu'après la rupture de 1054, lorsqu'elle est employée notamment par l'Eglise de Rome pour exprimer sa conviction d'être l'Eglise universelle[8].

2. Eléments essentiels de l'actuelle ecclésiologie de l'Eglise catholique

L'actuelle ecclésiologie catholique est fondée sur les enseignements du magistère de l'Eglise catholique dont le concile Vatican II (1962-1965) constitue une référence essentielle[9]. L'importance du concile Vatican II pour l'ecclésiologie catholique découle principalement du fait que les constitutions de ce concile, à côté de certains éléments essentiels de l'ecclésiologie de Vatican I[10], contiennent aussi les amorces pour une

---

[8] Cf. J.-M. TILLARD, *L'Eglise locale*, 17-34, 88-104. Voir aussi A. DE POULPIQUET, «Essai sur la notion de catholicité», 17-36; M. BRLEK, «De vocis catolica origine et notione», 263-286; Y. CONGAR, «Romanité et catholicité», 161-190; M. DE SALIS AMARAL, «El influjo del diálogo con los teólogos ortodoxos», 401-411.

[9] En ce sens, voir C. DELPERO, *La Chiesa del Concilio*; J.A. KOMONCHAK, «The Significance», 69-92. Pour une analyse détaillée de l'evolution de l'ecclésiologie catholique, voir G. ZIVIANI – V. MARALDI, «Ecclesiologia», 287-410.

[10] Plus précisément, «ces éléments sont liés avant tout à la formulation de la primauté papale de juridiction et d'enseignement, que Vatican II a reprise presque sans changement de son prédécesseur; mais ils déterminent en outre la représentation du ministère et de l'autorité en général» (H.J. POTTMEYER, «Continuité et innovation», 92). Pour mieux comprendre cette affirmation, il faut rappeler ici un fait déjà notoire, à savoir que le concile Vatican I avait compté parmi ses intentions la rédaction d'un document sur le mystère de l'Eglise. Les événements de l'époque en empêchèrent: l'occupation de Rome par les troupes italiennes interrompit même les travaux du concile. Quant au thème de l'Eglise, le concile Vatican I n'a rédigé qu'un seul document, la constitution «Pastor Aeternus» promulguée par Pie IX le 18 juillet 1870, à la quatrième séance publique de Vatican I (cf. «Constitutio dogmatica», 40-47; pour plus de détails, voir U. BETTI, *La costituzione dommatica*). Cette constitution, qui renferme la définition de l'infaillibilité et de la primauté de juridiction de l'évêque de Rome dans l'Eglise catholique, est en effet le point de référence majeur des catholiques. Comme la nature de l'épiscopat n'a pas été traitée par ce concile, de fortes tensions se sont créées à l'intérieur de l'Eglise catholique à tel point que les évêques catholiques allemands se virent contraints de préciser dans une déclaration célèbre que les évêques ne devaient être pas tenus pour des simples fonctionnaires de l'évêque de Rome, mais comme des membres d'une hiérarchie de droit divin, qui prodigue son appui au Pape dans le gouvernement de l'Eglise catholique. Ensuite, le pape Pie

ecclésiologie de communion[11]. En effet, porté par le renouveau des études bibliques et patristiques, et par le progrès des recherches œcuméniques, le dernier concile de l'Eglise catholique a pris ses distances vis-à-vis de l'ecclésiologie ultramontaine[12]. Pour cette raison, les auteurs catholiques affirment habituellement que le concile Vatican II est passé d'une ecclésiologie selon laquelle l'Eglise était, par excellence, une société parfaite (*societas perfecta*)[13] à une ecclésiologie qui affirme que l'Eglise est es-

---

IX a confirmé cette déclaration par une lettre apostolique du 4 mars 1875 (cf. PIE IX, Lett. ap. "*Mirabilis illa constantia*", 3117). Plus tard, le pape Pie XI (1922-1939) demanda à quelques théologiens de reprendre les dossiers de Vatican I, en consultant même l'épiscopat catholique en 1925 sur l'opportunité de la convocation d'un concile. Malgré une réponse positive, les circonstances historiques des années qui suivent firent abandonner le projet (cf. G. CAPRILE, «Pie XI et la reprise du Concile du Vatican», 2175-2188). Le pape Pie XII (1939-1958) reprend le projet et lance en 1948 des travaux préliminaires destinés à choisir des sujets doctrinaux à traiter en concile. Toutefois, un désaccord sur la procédure conciliaire incite le pape à stopper les travaux (cf. G. CAPRILE, «Pie XII et un nouveau projet de Concile», 49-68; F.-C. UGINET, «Les projets de concile», 65-78). Le concile Vatican II s'est proposé de manière explicite de poursuivre l'œuvre commencée par Vatican I, en particulier en complétant par un document sur la nature de l'épiscopat ce qui avait été déjà enseigné au sujet de la primauté de juridiction et de l'infaillibilité de l'évêque de Rome. Toutefois, le Vatican II a fait d'abord une intégration des décisions du Vatican I, en reprenant et réaffirmant, dans une vision ecclésiale plus ample et complète, tout ce qui avait été précédemment proclamé au sujet de la primauté et de l'infaillibilité de l'évêque de Rome. Ainsi, dans les documents de Vatican II, les prérogatives du Pape demeurent exactement celles que le précédent concile avait définies en termes solennels. Pour plus de détails, voir G. THILS, *La primauté pontificale*; H.J. POTTMEYER, «Recent Discussions», 227-245; «The *plena et suprema potestas*», 216-234; «Lo sviluppo», 5-63; P. RODRIGUEZ, «Naturaleza», 281-307.

[11] Cf. J. RIGAL, *L'ecclésiologie de communion*, 59-81.
[12] Cf. Y. CONGAR, «L'ecclésiologie», 77-114.
[13] «Come risposta alla negazione della visibilità e organizzazione della Chiesa e al tentativo di sottometterla, perché società imperfetta (*societas imperfecta* o *collegium*), allo Stato, verso la metà del sec. XVII, i giuristi cattolici cominciano a proporre il concetto di «società perfetta» (*societas perfecta*) ripreso dal linguaggio del magistero pontificio con Pio IX e Leone XIII, e poi dai loro successori. Tale concetto non viene usato dal Vaticano II e figura sporadicamente in Paolo VI. Ne viene però mantenuto il contenuto essenziale nell'affermazione che la Chiesa, senza cessare di essere prima di tutto comunità religiosa e anche sopranaturale, è nello stesso tempo autonoma e indipendente rispetto alla comunità politica e allo Stato.», C. CORRAL SALVADOR, «Chiesa cattolica», 168. Pour plus de détails concernant la question, surtout en ce qui concerne le fait que le concept d'*Eglise-société parfaite* ne contrevienne point à la vision de l'Eglise comme communion et comme sacrement de salut, voir G. GHIRLANDA, «La Chiesa società», 101-131. Voir aussi J. RIGAL, *Le mystère*, 55-75.

sentiellement communion[14]. Ainsi, aux yeux des théologiens catholiques, le concile Vatican II:

> n'a pas, par des voies détournées, restauré l'ecclésiologie sociétaire. Il n'a pas davantage opposé une ecclésiologie de l'Eglise-communauté à une ecclésiologie de l'Eglise-société. A cette dernière, le Concile a, en réalité, opposé une ecclésiologie de l'Eglise-communion. Toute l'originalité de la doctrine conciliaire est dans cette nuance. La conséquence est qu'il n'y a pas contradiction, mais complémentarité, entre l'ecclésiologie de communion et l'autocompréhension de l'Eglise comme société. Cette autocompréhension s'inscrit maintenant non plus au centre, mais à la périphérie de la réflexion de l'Eglise sur elle-même, au point exact où son mystère interne de communion reçoit ses garanties d'unité, d'universalité, de permanence. Comme «société» sans «communion», l'Eglise se réduirait à une entreprise humaine dont l'Esprit sera absent. Comme «communion» imaginée sans structures sociétaires visibles, elle cesserait de se reconnaître rassemblée au nom du Christ par les Apôtres et leurs successeurs, et se priverait du signe authentique qui l'identifie comme communauté historique concrète incarnée dans l'histoire. Dans la première exclusion, l'Eglise pêcherait contre la sainteté; dans la seconde, contre l'unité, l'apostolicité et la catholicité. L'une et l'autre aboutiraient à conformer l'Eglise aux «schèmes de ce monde» (Rm 12, 2), soit en la réduisant à un modèle temporel d'organisation et de pouvoir, soit en la ramenant juridiquement au rang de «collège», comme le faisaient les juristes régalistes aux XVIIe et XVIIIe siècles. Toutes deux entraînent avec elles un processus de sécularisation[15].

Alors, pour mieux comprendre toutes les nuances de ce renouvellement ecclésiologique opéré par le concile Vatican II, il convient d'approfondir ici les notions de «société» (*societas*), de «société parfaite» (*societas perfecta*) ou «société juridiquement parfaite» (*societas iuridice perfecta*), et de «communion» (*communio*).

---

[14] Cf. Y. CONGAR, *Le Concile Vatican II*, 71. De plus, il faut rappeler ici qu'Emmanuel Lanne, afin d'accentuer l'importance de cette changement, notamment le rôle de l'Eglise locale, avait parlé même d'une vraie «révolution copernicienne» opérée par Vatican II au sein de l'ecclésiologie catholique, «puisque désormais ce n'est plus l'Eglise locale qui gravite autour de l'Eglise universelle, mais l'Eglise unique de Dieu en Jésus-Christ qui se trouve présente dans chaque célébration de l'Eglise locale par l'action continuelle de l'Esprit Saint» (cf. E. LANNE, «L'Eglise locale et l'Eglise universelle», 490). Toutefois, en affirmant cela, cet auteur était lui-même conscient que ce nouveau renouvellement ecclésiologique ne représentait pas une création *ex nihilo* du Vatican II, mais constituait le fruit d'une évolution théologique, étant préparé surtout par la recherche théologique antécédente (cf. E. LANNE, «L'Eglise locale: sa catholicité», 46-66).

[15] R. MINNERATH, *Le droit de l'Eglise*, 198-199.

2.1 L'Eglise – société parfaite et l'Eglise – communion

Pendant plusieurs siècles, la doctrine catholique a professé pacifiquement que l'Eglise vérifiait la définition classique de la société (*societas*), entendue comme groupement visible d'hommes qui s'associent en vue de poursuivre une finalité commune[16]. A partir de XVIe siècle, les théologiens catholiques, en réaction à la Réforme, qui nierait le sens salvifique de l'élément visible de l'Eglise, insistèrent sur l'étude des éléments extérieurs et visible de l'Eglise, accentuant ainsi la vision de l'Eglise comme société. Robert Bellarmin (1542-1621), l'un des théologiens les plus représentatifs de l'époque, illustra significativement cette nouvelle approche ecclésiologique:

> Notre définition relève qu'il n'y a qu'une seule Eglise et non deux, et que cette unique et vraie Eglise est le groupement des hommes, rassemblé par la profession de foi chrétienne, la communion aux mêmes sacrements sous le gouvernement des pasteurs légitimes [...] L'Eglise est, en effet, un groupement d'hommes aussi visible et palpable que le groupement du peuple romain, ou du Royaume de France, ou de la République de Vénice[17].

Toutefois, l'emploi courant et l'application du concept de «société» dans l'Eglise catholique s'est particulièrement développée à partir de XVIIe siècle afin de répondre aux revendications régaliennes des Etats. En effet, sur la base de la définition de la *societas iuridice perfecta* comme ordonnancement juridique primaire, qui ne tire sa légitimé d'aucun autre organisme et possède les moyens de réaliser ses finalités propres[18], les théologiens catholiques ont commencé d'affirmer que l'Eglise elle aussi est une société parfaite (*Ecclesia est societas perfecta*), c'est-à-dire complète, dotée de tout ce qui est nécessaire à sa mission[19]. Ainsi, la conception d'une Eglise comme société parfaite, défendue face aux ennemis du

---

[16] Cf. Y. CONGAR, *Le concile de Vatican II*, 9-10.

[17] «Nostra autem sententia est Ecclesiam unam tantum esse, non duas, et illam et veram esse coetum hominum eiusdem christianae fidei professione, et eorumdem sacramentorum communione colligatum sub regimine legitimorum pastorum [...]. Ecclesia enim est coetus hominum ita visibilis et palpabilis, ut est coetus populi romani, vel regnum Galliae aut respublica Venetorum.» (notre traduction), R. BELLARMIN, *De controversiis christianae fidei*, III, cap. 2, Voir aussi T.M. PARKER, «The Medieval Origins», 23-31.

[18] «Le fait d'appeler une société "parfaite" ne se réfère pas à son excellence ou à sa sainteté mais plutôt à son autonomie et à ce qu'elle se suffit à elle-même. Une société parfaite est donc celle qui est complète et indépendante en soi et qui possède tous les moyens nécessaires pour atteindre la fin qu'elle se propose.», P. GRANFIELD, «Essor et déclin», 14.

[19] Cf. R. SCHWARZ, *Die Eigenberechtigte Gewalt der Kirche*, 58-67.

dehors, trouvera une expression solennelle dans l'ecclésiologie dite de la *societas iuridice perfecta*. Cette théorie, que l'Ecole de Droit public ecclésiastique (*Ius publicum ecclesiasticum*)[20] a formalisée et qui inspirera la doctrine, l'enseignement et le magistère catholiques jusqu'à la seconde guerre mondiale environ[21], en effet valorisait fortement l'aspect temporel de l'Eglise, en laissant par contrecoup dans l'ombre l'aspect spirituel[22]. Plus précisément,

> on peut dire que c'est vraiment à partir de la publication du *Syllabus* (8 décembre 1864) que le concept de «société parfaite» reçoit une consécration définitive de la part du magistère. Ce document pontifical, quel que soit le jugement que l'on puisse porter sur son opportunité et son genre littéraire,

---

[20] Les «coups de butoir répétés contre le dualisme chrétien et la pleine reconnaissance du droit canonique suscitèrent des réactions de type apologétique. La plus importante fut sans doute celle qu'amorcèrent l'Ecole de Würzburg et saint Robert Bellarmin dès le XVIe siècle pour répliquer à la réforme protestante. Cette ligne de pensée se prolongea jusqu'au XXe siècle. La notion-clé est celle de *societas iuridica perfecta*, empruntée au iusnaturalisme rationaliste. Comment défendre l'autonomie de l'Eglise et la juridicité de son droit ? Il suffit de montrer que l'Eglise est une société parfaite, c'est-à-dire qu'elle est dotée d'une fin et de moyens propres lui permettant de réaliser par elle-même sa raison d'être. Cela étant vrai, l'adage romain *ubi societas, ibi ius* permet d'affirmer l'existence d'un droit autonome basé sur un pouvoir souverain. La doctrine iuspubliciste en arrivera (au XIXe siècle) à distinguer entre le droit public externe et le droit public interne. La première branche iuspubliciste justifie l'indépendance de l'Eglise par rapport à l'Etat et même une supériorité indirecte, compte tenu de la supériorité de la fin surnaturelle sur la fin temporelle. Quant à la seconde, elle fait office de droit constitutionnel; elle fond le droit qui existe à l'intérieur de l'Eglise sur le pouvoir que le Christ a conféré à la hiérarchie.», J.-P. SCHOUPPE, *Le droit canonique*, 46. Pour d'autres détails, voir A. DE LA HERA – C. MUNIER, «Le droit public ecclésiastique», 32-63; P. LOMBARDIA, «Le droit ecclésiastique», 59-112. Pour le développement du droit public ecclésiastique ultérieur au concile Vatican II, voir J.-P. DURAND, «Le renouvellement», 129-146.

[21] Il est vrai que dans le premier Code de droit canonique de l'Eglise catholique (1917), l'expression *societas perfecta* n'a pas été cependant employée, mais on la trouve dans la première phrase de la constitution *Providentissima mater ecclesia* de Benoît XV qui promulga le Code. Pour plus de détails, voir R. METZ, «Pouvoir, centralisation et droit», 49-64; G. DALLA TORRE, «Il codice», 225-242.

[22] «L'ecclésiologie devint, selon le mot de Congar, «hiérarchologie». On donnait l'impression que l'Eglise, en tant que société organisée, était distincte de l'Eglise en tant que communauté de foi et de culte. […] Il y avait aussi un problème œcuménique, étant donné que l'on identifiait la véritable Eglise et la société pleinement parfaite. La seule Eglise catholique était l'Eglise et les autres communautés chrétiennes étaient des «non-Eglises». […] Enfin, l'ecclésiologie de la société parfaite ne permettait pas une théologie de l'Eglise locale. Selon les auteurs des manuels, les Eglises locales (les diocèses) n'étaient pas des sociétés parfaites, car elles ne possédaient pas le plein pouvoir législatif, judiciaire et coercitif.», P. GRANFIELD, «Essor et déclin», 18-19.

et l'un des plus diffusés et de plus connus de tout le XIXᵉ siècle. […] Sous sa forme concise, cette longue série de propositions condamnées ne pouvait manquer d'impressionner. […] Les erreurs relatives à l'Eglise et à ses droits, et les théories réprouvées concernant l'Etat, occupent à elles seuls trente-sept des quatre-vingt propositions. En tête est condamnée l'affirmation qui les résument toutes, à savoir que «l'Eglise n'est pas une société véritable et parfaite, entièrement libre»[23].

Toutefois, dans les années qui séparent les deux guerres mondiales, le concept de «société parfaite» se révélait aux yeux des théologiens catholiques comme notablement insuffisant pour traduire la dimension mystérique de l'Eglise. En conséquence, les auteurs catholiques commencent d'approfondir une ecclésiologie centrée sur la notion de corps du Christ[24]. Cet approfondissement fut «officialisé» en quelque sorte par l'encyclique de Pie XII *Mystici corporis* (29 juin 1943)[25]. En reprenant, dès l'*incipit*, l'image paulinienne du «Corps du Christ» appliquée à l'Eglise, cette encyclique avalisait pour ainsi dire le mouvement de renouveau ecclésiologique sans pour autant abandonner la doctrine de la *societas perfecta*, qui avait prévalu dans les enseignements du magistère de l'Eglise catholique depuis la fin du concile de Trente[26].

Ainsi, à la veille du Vatican II, la théologie catholique était focalisée sur le problème de la définition de l'Eglise. Au-delà de la compréhension de l'Eglise comme société parfaite, les auteurs catholiques avaient redécouvert que l'Eglise est aussi une communauté de foi, d'espérance et de charité. Cette communauté est avant tout guidée par l'Esprit-Saint plus que par les structures juridiques ou administratives. Cette prise de conscience posait ainsi le problème des rapports entre la dimension historique et visible de l'Eglise comme société hiérarchique, et sa dimension spirituelle de Corps mystique du Christ. En effet, le problème est de savoir à qui revient le primat dans la définition de l'Eglise et la résolution des questions[27].

Cependant, le concile Vatican II n'a pas opté pour une des différentes théories, celle à connotation principalement mystique ou celle institutionnelle, mais il a rétabli l'idée que les aspects institutionnels et charisma-

---

[23] R. MINNERATH, *Le droit de l'Eglise*, 41-42.
[24] Cf. J. RIGAL, *Le mystère de l'Eglise*, 154-173.
[25] Cf. PIE XII, Encyclique *Mystici Corporis Christi*, 193-248. Pour d'autres détails, voir R. CORONELLI, *Incorporazione alla Chiesa*, 61-77.
[26] Pour une analyse et une explication minutieuses de l'évolution de l'emploi du concept de «société parfaite» dans l'ecclésiologie catholique, voir G. GHIRLANDA, «La Chiesa società», 104-115.
[27] Cf. A. ANTÓN, «Lo sviluppo della dottrina sulla Chiesa», 27-87.

tiques de l'Eglise sont inséparables et qu'ils forment ensemble une seule réalité complexe[28]:

> le Christ, unique Médiateur, a établi et soutient sans cesse ici-bas sa sainte Eglise, qui est une communauté de foi, d'espérance et de charité, comme un organisme visible par lequel il répand sur tous la vérité et la grâce. Mais la société constituée d'organes hiérarchiques et le Corps mystique du Christ, le groupement visible et la communauté spirituelle, l'Eglise terrestre et l'Eglise déjà pourvue des biens célestes ne doivent pas être considérés comme deux entités; ils constituent bien plutôt une seule réalité complexe formée d'un élément humain et d'un élément divin[29].

En conséquence, la méthode choisie par Vatican II pour définir l'Eglise fut de recevoir pleinement le concept d'*Eglise-communion* sans pour au-

---

[28] Les derniers recherches historico-théologiques sur les documents du Vatican II offrent une conclusion commune: à Vatican II, et plus spécialement dans *Lumen Gentium*, deux paradigmes ecclésiologiques s'affrontent, celui de l'Eglise comme communauté et celui de l'Eglise comme société. Le premier paradigme, l'Eglise communauté, a prédominé pendant le premier millénaire chrétien, tandis que le second a prédominé lors du second. Les textes de la phase préparatoire et de la première session du Vatican II sont caractérisés par l'affirmation de l'Eglise comme société (cf. A. ACERBI, *Due ecclesiologie*, 107-237; G. GHIRLANDA, *Hierarchica communio*, 435-650). Au cours de la deuxième session du Vatican II, le paradigme de l'Eglise-communauté est apparu, et c'est lui qui a prévalu au moment de la révision de l'ensemble du schéma de *Lumen Gentium* (cf. A. ACERBI, *Due ecclesiologie*, 239-437). Ensuite, lors de la troisième et de la dernière session, les Pères conciliaires se sont divisés pour un de ces paradigmes ecclésiologiques. Faute de parvenir à un accord, ils on décidé de conserver les deux thèses, côte à côte. On est donc indiscutablement en présence d'une ecclésiologie juridique d'une part, et d'autre part, d'une ecclésiologie de communion (cf. A. ACERBI, *Due ecclesiologie*, 586). Toutefois, en tenant compte que cette longue et minutieuse élaboration a impliqué un effort soutenu de la part des Pères conciliaires, l'affirmation de A. Acerbi que ces deux ecclésiologies n'ont été qu'insuffisamment harmonisées entre elles (cf. A. ACERBI, *Due ecclesiologie*, 586) il nous semble excessive. En outre, il faut aussi signaler que, parmi les auteurs catholiques, il y a eu des voix qui parlaient même des «nouvelles ecclésiologies» issues du Vatican II (cf. G.B. MONDIN, *Le nuove ecclesiologie*). Voir aussi G.L. MÜLLER, «*Lumen Gentium*"», 15-32.

[29] LG 8a. Pour d'autres détails, voir A. ANTÓN, «Estructura teándrica», 39-72; G. GHIRLANDA, «La Chiesa società», 124-129. De plus, il convient de noter ici que Vatican II n'avait pas renié le concept de «société juridique parfaite» et que G. Ghirlanda souligne que le principe de la souveraineté de l'Eglise dans son domaine propre – de même que celle de l'Etat dans l'ordre temporel – doit continuer à être le point de référence pour les relations entre l'Eglise catholique et les Etats (cf. G. GHIRLANDA, «Senso teologico», 41-54). Voir aussi B.-D. DE LA SOUJEOLE, «L'Eglise comme société», 219-258.

tant négliger les autres images de l'Eglise³⁰. Et cela peut s'expliquer de la façon suivante:

> chaque époque historique a projeté une image d'Eglise pour exprimer la réalité mystérique de celle-ci. Donc, d'une part, dans la manière plus profonde, une image exprime la conscience que l'Eglise a sur elle-même dans un moment historique précis, et que, en conséquence, reporte ce qu'elle dans son essence est et doit être; d'autre part, [cette image] exprime la figure historique, la forme concrète, que l'Eglise offre d'un façon externe percevable³¹.

Ainsi, l'idée de la communion ecclésiale est répétée dans différents documents conciliaires, à tel point que l'image d'*Eglise-communion* constitue un vrai fil conducteur dans l'ecclésiologie de Vatican II³². Pourtant, le concile choisit de parler d'abord du mystère de l'Eglise et de le situer dans le mystère de la Trinité qui en est tout à la fois la source, l'œuvre et le terme. Ainsi, le concile affirme dans le premier paragraphe du *Lumen Gentium* que:

> le Christ est la Lumière des nations; aussi, en annonçant l'Evangile à toute créature (cf. Mt. 16,15), le saint Concile réuni dans l'Esprit-Saint désire-t-il ardemment illuminer tous les hommes de la lumière du Christ qui resplendit sur le visage de l'Eglise. Celle-ci, pour sa part, est dans le Christ comme un sacrement ou, si l'on veut, un signe et un moyen d'opérer l'union intime avec Dieu et l'unité de tout genre humain³³.

---

[30] Il faut noter ici que «l'insistance de Vatican II sur l'Eglise-communion est, pour une part, due à des travaux antérieurs parmi lesquels ceux d'Yves Congar ou d'Henri de Lubac. L'idée toutefois, y est plus ou moins explicite. Elle ne fera vraiment l'objet d'un traitement privilégié que dans l'ouvrage de Jérôme Hamer, intitulé précisément *L'Eglise est une communion*, ouvrage traduit en 1962, l'année même où s'ouvrait le concile Vatican II», J. RIGAL, *L'Ecclésiologie de communion*, 61.

[31] «Ogni epoca storica ha proiettato un'immagine di Chiesa per esprimere la realtà misteriosa di essa. Quindi, da una parte, in modo più profondo, un'immagine esprime la coscienza che in un momento storico la Chiesa ha di se stessa e che di conseguenza rende quello che essa nella sua essenza è e deve essere; d'altra, esprime la figura storica, la forma concreta, che la Chiesa offre in modo esternamente percepibile.» (notre traduction), G. GHIRLANDA, *Il diritto nella Chiesa*, 30.

[32] Cf. W. KASPER, «L'Eglise comme communion», 15-31.

[33] LG 1. Il convient de souligner ici que «la définition de l'Eglise comme un *mysterium* reprend un thème élaboré par la patristique. Le mot indique le plan et le don de Dieu comme le font également les expressions équivalentes placées en parallèle: *sacramentum, instrumentum, signum*. Toutes se réfèrent à cette union intime avec Dieu par laquelle se réalise l'unité du genre humain. Il y avait quelque audace à introduire, dans le vocabulaire de la théologie contemporaine, une élaboration patristique appliquant à l'Eglise le vocabulaire du *mysterion* et de sacrement. Tout un mouvement théologique,

Il est absolument clair, donc, que les Pères conciliaires ont choisi comme point de départ pour la définition de l'Eglise[34] l'affirmation selon laquelle «l'Eglise est un mystère»: c'est le titre du premier chapitre de *Lumen Gentium*. Afin d'éviter les confusions qu'une mauvaise exégèse du mot «mystère» aurait pu créer, la Commission théologique du Concile a exposé, le 15 septembre 1964, le sens du ce mot dans une *relatio* fort importante:

> Le mot «mystère» n'indique pas seulement quelque chose d'inconnaissable ou de caché, mais, comme cela est reconnu par beaucoup, désigne une réalité divine, transcendante et salvifique qui est, par quelque moyen visible, révélée et manifestée. Cette dénomination, qui est surtout biblique, est apparue particulièrement apte à désigner l'Eglise.[35]

Nous voyons donc que, selon le concile Vatican II, le sens le plus profond de l'Eglise s'exprime comme *mystère* et/ou *sacrement*[36]. Ces deux

---

qu'ébauchaient au siècle dernier, J.A. Möhler et M.J. Scheeben, avait préparé cette acclimatation intellectuelle; il amenait O. Semmelroth, en 1953, à présenter l'Eglise comme le sacrement primordial: *Ursakrament*. On sait que le cardinal Frings s'y référa avec la force d'une conviction méditée. Mais le texte utilise la théologie patristique sans intermédiaire. L'expression *mysterion tes Ecclesias* s'enracine dans la tradition des Pères et apparaît dans les *fragments sur Jobs* d'Origène, qui y attachait toute une doctrine de la révélation et de l'économie du salut. Augustin, dans un traité contre les donatistes, déclarait que l'Eglise des baptisés est le mystère de l'arche du salut. Cette formule conclut une longue évolution jalonnée par l'ecclésiologie d'Ignace d'Antioche, dans sa lettre à Smyrne, et aussi par la formule de Cyprien: "L'Eglise est sacrement de l'unité".», C. PIETRI, «L'ecclésiologie patristique», 517-518. De même, il faut mentionner ici l'hypothèse proposée par M. Deneken: comme l'expression d'*Eglise, sacrement du salut* surgit au début du XIXe siècle dans la théologie allemande, il est clair qu'elle constitue l'apport original du romantisme allemand à la théologie catholique (cf. M. DENEKEN, «Les romantiques allemands», 55-74).

[34] Il faut noter ici que les théologiens catholiques ont déjà précisé que »l'Eglise, en tant que mystère, échappe à toutes les définitions, même si Bellarmin intitule l'un des chapitres de son ouvrage sur les conciles: «De definitione ecclesiae» (III,2). Certes, le langage conceptuel a sa place dans l'ecclésiologie, mais il ne saurait se substituer à l'emploi des analogies et des figures». J. RIGAL, *Le mystère de l'Eglise*, 105.

[35] «Vox «mysterium» non simpliciter indicat aliquid incognoscibile aut abstrusum, sed, uti hodie iam apud plurimos agnoscitur, designat realitatem divinam transcedentem et salvificam, quae aliquo modo visibili revelatur et manifestatur. Unde vocabulum, quod omnino biblicum est, ut valde aptum apparet ad designandam Ecclesiam.» (notre traduction), *AS* III/1, 170.

[36] Dans les documents de Vatican II, l'Eglise catholique se définit plusieurs fois comme «sacrement»: *sacramentum*: LG 1, 9, 59; SC 5, 26; GS 42; AG 5; *universale sacramentum salutis*: LG 48; GS 45; AG1. Pour d'autres détails concernant la définition de l'Eglise comme sacrement voir W. KASPER, *La théologie et l'Eglise*, 345-352; J. RIGAL, *L'ecclésiologie de communion*, 318-329; *Le mystère de l'Eglise*, 81-86.

termes furent primitivement la traduction l'un de l'autre, même si par la suite le sens a pu se différencier. Premièrement, le terme grec μυστήριον, couramment employé par les Pères grecs, fut latinisé en *mysterium* par les auteurs latins. A partir du IIe siècle chrétien, en parallèle à l'usage de ce terme grec, dans les régions chrétiennes de langue latine, s'introduit l'usage du mot *sacramentum*[37]. Pendant le haut Moyen Âge, le terme *sacramentum* a commencé à recevoir différentes définitions. Parmi celles-ci, il faut remarquer celles données par Isidore de Séville († 636) et par Augustin d'Hippone († 430): le premier relie *sacramentum* à *sacrum secretum*[38], le second à *sacrum signum*[39]. La première définition fut préférée jusqu'au XIIe siècle, mettant plus en avant le côté caché du mystère que le signe révélateur dans le sacrement. Au XIIe siècle, dans l'Eglise catholique, des synonymes *sacramentum* et *mysterium*, seul le premier est employé[40]. La Scholastique catholique cherchera à mieux comprendre les sacrements, qui, selon les auteurs, sont alors au nombre de trois, sept, dix ou même douze. La logique et l'attrait pour les sciences vont conduire à chercher les différences spécifiques entre ces sacrements. La première distinction va se faire entre les termes. Alger de Liège († 1131) différencie *sacramentum* de *mysterium*, séparant le signifié du signifiant et retournant à l'influence augustinienne[41]. Hugues de Saint-Victor († 1141) sépare parmi ceux-ci les *sacramenta salutis* des autres[42]. Dans le même temps, les auteurs catholiques commencent à distinguer entre le *sacramentum*, qui

---

[37] Pour plus de détails, voir C. MOHRMANN, «Sacramentum», 233-244.

[38] «Quae ob id sacramenta dicuntur, quia sub tegumento corporalium rerum virtus divina secretius salutem eorumdem sacramentorum operatur, unde et a secretis virtutibus, vel a sacris sacramenta dicuntur.», PL 82, col. 255.

[39] «sacramentum, id est sacrum signum», PL 41, col. 282. Pour plus de détails, voir P.C. COUTURIER, «*Sacramentum* et *Mysterium*», 163-332.

[40] Il faut voir dans la pensée juridique romaine du XIIe siècle et, surtout, dans l'introduction de la métaphysique aristotélicienne du XIIIe siècle les raisons de la disparition de cette approche de l'Eglise (cf. J. AUER – J. RATZINGER, *Piccola dogmatica*, 155). Pour plus de détails, voir J. DE GHELLINCK, «Un chapitre», 79-96.

[41] Pour désigner le sacrement lui-même, en occurrence le baptême, Alger de Liège utilise l'expression «baptismi mysterium» (PL 180, col. 839), tandis que le terme *sacramentum* revêt sous sa plume le sens d'élément matériel visible, ici l'eau ou la saint chrême, signe extérieur de l'effet intérieur: «sacramentum sicut acquam baptismatis vel oleum chrismatis» (PL 180, col. 739). En outre, Alger précise: »In hoc differunt: quia sacramentum signum est visibile aliquid significans, mysterium vero aliquid occultum ab eo significatum» (PL 180, col. 751).

[42] «Prima ergo ad salutem, secunda ad exercitationem, tertia ad praeparationem constituta sunt», PL 176, col. 327.

reste même en cas d'inconduite, et la *res sacramenti*, qui donne les biens liés à la grâce, en l'occurrence qui rend membre du Christ, ce qui requiert d'être vertueux. Par conséquent, d'après la théologie scholastique, l'action des sacrements peut se décomposer en plusieurs parties. Premièrement, la *res* qui est l'effet surnaturel final du sacrement, la participation à la vie intime du Dieu trine. Cet effet n'est produit que par le moyen d'un effet intermédiaire, le *res et sacramentum*, qui participe du signe visible, *sacramentum*, et de l'effet final *res*. L'effet intermédiaire est donc à la fois effet, signe et gage, donc signe sacramentel[43]. Enfin, le concile de Trente (1545-1563), décide officiellement qu'il y a sept sacrements institués par le Christ, ni plus, ni moins[44].

Nous rencontrons ici une ambiguïté: comment établir la distinction entre les sept sacrements de l'Eglise catholique, que le terme *sacramentum* désigne exclusivement, et un sacrement général, l'Eglise. De plus, si l'Eglise est un sacrement il reste difficile de préciser quelle est sa matière, sa forme, son ministre. Or il est nécessaire de rappeler ici que, dans l'Eglise catholique, le terme théologique de *sacramentum* a été ciselé de la réalité des sept sacrements.

Afin de pouvoir répondre à cette question, les théologiens catholiques partent de l'affirmation d'Augustin selon laquelle il n'y a pas d'autre sacrement de Dieu que le Christ[45], pour affirmer que l'Incarna-tion de Jésus Christ fut suivie d'un deuxième degré, pour ainsi dire, d'Incarnation qui se réalise dans l'Eglise visible, image du Christ et de son œuvre. Les catégories scolastiques recouvrent donc les réalités suivantes: le *sacramentum* visible est l'Eglise-société, la *res et sacramentum*, première réalité signifiée, est le Christ dans son œuvre rédemptrice, signe sacramentel elle-même de la *res* plus profonde, Dieu trine lui-même[46]. Pour résumer, nous pouvons affirmer que, pour la théologie catholique, le terme *mystère* appliqué à l'Eglise dit plutôt la réalité cachée du salut, l'ensemble du plan de Dieu depuis la création, tandis que le mot *sacrement* indique davantage le signe visible, repérable, à travers lequel, per l'action de l'Esprit-Saint, se rendre présente la réalité invisible, et il est appliqué au baptême d'eau, par exemple, mais aussi il s'applique analogiquement au Verbe fait homme et à son Eglise[47]. Ainsi, pour l'ecclésiologie catholique, le terme *sacrement* ex-prime un concept analogue, et pour ce motif il peut être appliqué à

---

[43] Cf. P. LOPEZ GONZALEZ, «Origen de la expresión», 73-119.
[44] Cf. É. BESSON, *La dimension juridique des sacrements*, 75.
[45] Cf. PL 33, col. 845.
[46] P.J. ALFARO, «Christus, Sacramentum Dei Patris», 4-9.
[47] Cf. A. DULLES, «The Sacramental Ecclesiology», 550-562.

l'Eglise par analogie aux sept sacrements présents dans l'Eglise catholique. Et cela, notamment parce que dans l'Eglise-sacrement il n'y a ni une matière, ni une forme, ni un ministre. Toutefois, la même ecclésiologie précise que les sept sacrements existent dans l'Eglise catholique parce qu'elle est soit *mystère* que *sacrement*.

Il appert donc que, selon l'ecclésiologie catholique, la notion de «société juridiquement parfaite» constitue une notion absolument nécessaire pour la vision de l'Eglise comme sacrement et comme sacrement de salut, donc de l'Eglise comme communion, qui est dans le même temps visible (la communauté – société juridiquement parfaite) et invisible (la communion de grâce participation à la vie de la Sainte Trinité). Alors, nous sommes tout à fait en droit de conclure en affirmant avec G. Ghirlanda que:

> l'important n'est pas l'emploi des locutions «société juridique parfaite» et celle dérivée de «système juridique originaire, primaire et autonome», qui peuvent être liées aux temps qui présentent une vision des chosés dépassée, mais le maintien du contenu de ces locutions est d'une importance fondamentale pour l'Eglise, car autrement la notion même d'Eglise comme sacrement du salut se viderait du signification. Toutefois, il faut aussi dire que jusqu'a présent ils n'ont pas trouvé des locutions meilleures; par conséquent, ce n'est pas seulement légitime, mais aussi il est nécessaire de les utiliser, en tenant compte bien sûr des risques qui peuvent arriver avec l'emploi unilatéral et totalisant de celles-ci[48].

2.2 *L'Eglise – communion dans le mystère de la Trinité*

Ainsi, il est évident que le concile Vatican II choisit de définir l'Eglise comme mystère et/ou sacrement afin de pouvoir la présenter en partant d'*en haut*, c'est-à-dire de la Trinité. De plus, dans la présentation de l'Eglise, le concile part aussi *de dedans*, à savoir de là où se nouent mystérieusement les relations intimes entre Dieu et son Peuple, de là où se réalise visiblement l'Alliance nouvelle[49].

---

[48] « […] l'importante non è l'uso delle locuzioni «società giuridicamente perfetta» e di quella derivata di «ordinamento giuridico originario, primario e autonomo», che possono essere legati a tempi con una visione delle cose superata, ma è di fondamentale importanza per la Chiesa mantenere il contenuto di tali locuzioni, altrimenti si svuoterebbe di significato la stessa nozione di Chiesa come sacramento di salvezza. Ma à anche da dire che finora non se ne sono trovate di migliori, per cui non solo è legittimo, ma è necessario farne uso, tenendo però presenti i rischi in cui si può cadere con l'uso unilaterale e totalizzante di esse.» (notre traduction), G. GHIRLANDA, «La Chiesa società», 131. Pour plus de détails concernant l'histoire de l'ecclésiologie catholique au deuxième millénaire, voir A. ANTÓN, *El Misterio de la Iglesia*.

[49] Cf. A. ANTÓN, «La Iglesia "pueblo de Dios"», 465-501.

Cette conscience renouvelée que l'Eglise catholique prend d'elle-même au concile Vatican II se révèle dès les premiers paragraphes de la constitution *Lumen Gentium*. Dans ces paragraphes consacrés à l'enracinement du mystère de l'Eglise dans la Trinité[50], les citations de l'Ecriture Sainte et de la Tradition abondent, manifestant évidemment la volonté du Pères conciliaires de demeurer fidèles à la Révélation et de retrouver le vocabulaire biblique et patristique pour présenter le mystère de l'Eglise. Tout ce développement ecclésiologique est résumé par le concile à travers une citation de saint Cyprien:

> L'Eglise universelle apparaît comme un peuple rassemblé dans l'unité du Père, du Fils et de l'Esprit-Saint[51].

Ensuite, le sixième paragraphe de la même constitution offre un florilège des images de l'Eglise, qui ont été tirées de la vie pastorale, de la vie des champs, du travail de construction, de la famille, des épousailles[52]. En effet, celles-ci ne sont que les images utilisées déjà par les prophètes, reprises après par le Christ, et développées enfin par les Pères de l'Eglise, pour faire pressentir le mystère du rassemblement des hommes en Jésus-Christ par la puissance de l'Esprit. Toutefois, il n'y a pas dans ces paragraphes un développement sur la Trinité mais la description, dans un langage biblique et patristique, de l'économie du salut: le Père envoie son Fils

---

[50] Cf. LG 2-5. Dans ce sens, M. Malanga affirmait: «La Chiesa è davvero una comunione, perché è una proiezione storica, un prolungamento creato della increata comunione trinitaria», (M. MALANGA, «La Chiesa», 271). Pour une analyse détaillée de la relation entre les trois Personnes divines et l'Eglise selon les documents de Vatican II, voir C. SCANZILLO, *La Chiesa, sacramento di comunione*, 44-59; M. KEHL, *Die Kirche*, 63-131. Voir aussi, B. FORTE, *La Chiesa della Trinità*.

[51] LG 4: «apparet universa Ecclesia sicuti "de unitate Patris et Filii et Spiritus Sancti plebs adunata"» (notre traduction). Dans un commentaire à cette citation de *De Dominica oratione* de Cyprien, G. Canobbio affirmait: «Si può concludere che la citazione del passo di Cipriano in LG 4 non rende ragione né del contesto immediato dell'opera, né del contesto generale della teologia del vescovo appassionato dell'unità. Il redattore si è accontentato di assumere un aspetto di quella teologia, funzionale alla dottrina esposta nei nn. 2-4 circa l'origine della Chiesa dalla Trinità. Se in Cipriano l'accento cade sull'unità ricevuta e da mantenere, in LG cade sull'origine della Chiesa dalla Trinità. Per questo appare alquanto affrettato sostenere che in LG si affermerebbe un parallelo tra unità-diversità nella Trinità e unità-diversità nella Chiesa», (G. CANOBBIO, «Unità della Chiesa», 32).

[52] Cf. LG 6a. Plus précisément, dans la constitution *Lumen Gentium* ont été utilisées trente-cinq images pour identifier l'Eglise. Celles-ci peuvent être regroupées autour de quatre grand thèmes: la vie pastorale (pasteur, bercail, troupeau), la vie agricole (champ de Dieu, olivier, vigne), l'architecture et la vie sociale (maison de Dieu, Alliance, Peuple de Dieu, Corps du Christ, cité), la vie familiale et conjugale (mère, épouse, famille).

qui rassemble en lui les hommes par la puissance de l'Esprit-Saint. De plus, l'image de l'Eglise comme Corps mystique du Christ n'a pas été abandonnée, mais elle a été également accueillie dans la constitution dogmatique sur l'Eglise[53]. Cependant, cette notion de Corps est plus qu'une image. Il s'agit d'un Corps vivant dans lequel les membres et leurs fonctions sont diverses, mais tous sont reliés à l'unique Tête qu'est le Christ[54].

Donc, il très clair que, selon les premiers paragraphes du *Lumen Gentium*, l'Eglise jaillit de la Trinité:

> Le mystère trinitaire de Dieu se reflète dans une trilogie devenue célèbre: l'Eglise Peuple de Dieu, Corps du Christ et Temple de l'Esprit-Saint (LG 1-7; PO 2; AG 7§3). Ces trois notions méritent d'être retenues en priorité à cause de leur équilibre ecclésiologique, mais surtout parce qu'elles expriment le mystère le plus fondamental et le plus vital de l'Eglise[55].

Il est important de remarquer ici que, selon la théologie catholique, une ecclésiologie trinitaire corroborée avec une ecclésiologie christologique (l'une ne nie pas l'autre, mais elles se complètent réciproquement) n'exclut pas qu'un évêque peut être subordonné à un autre. Cette vision s'appuie sur la théologie trinitaire de l'Eglise catholique, qui affirme que, même entre les Personnes divines, il y a des propriétés et, donc, des appropriations et missions différentes, qui, bien qu'elles ne comportent pas la subordination, établie une ordre (*taxis*), car le Père est le principe, l'origine et la source unique de la divinité, comprise toujours en relation avec le Fils et l'Esprit Saint à partir de l'éternité[56]. De plus, le Christ, constamment référé au Père, dans sa nature humaine, toujours unie au nature divine dans l'unicité de la Personne, est obéissant au Père[57]. En se basant sur cette théologie, les auteurs catholiques affirment que:

> l'analogie qui peut être établie entre l'Eglise dans son ensemble et la Sainte Trinité, tout en soulignant l'unité entre les différents charismes, ministères et services, n'élimine pas la subordination dans la différentiation: les fidèles sont subordonnés aux évêques, qui reçoivent autorité et pouvoir du Christ pour guider le Peuple de Dieu. On ne voit pas, alors, pour quoi n'admettre même

---

[53] Cf. LG 7. Voir aussi Y. CONGAR, « "Lumen Gentium" n° 7», 179-202; A. DIRIART, «L'ecclésiologie du Corps du Christ», 253-275, 373-395.

[54] Cf. Y. CONGAR, *Le Concile de Vatican II*, 137-161; A. ANTÓN, «Iglesia, Cuerpo de Cristo», 283-304.

[55] J. RIGAL, *Découvrir l'Eglise*, 82.

[56] Cf. L.F. LADARIA, *Il Dio vivo*, 414-416. Voir aussi E. DURAND, *Le Père, Alpha et Oméga de la vie trinitaire*; L.F. LADARIA, «*Tam Pater nemo*», 95-123.

[57] Cf. L.F. LADARIA, *Il Dio vivo*, 357-361. Voir aussi, L.F. LADARIA, «L'uomo in Cristo alla luce della Trinità», 147-169.

une différentiation des missions entre les Eglises et entre les évêques, qui comportent même des rapportes de subordination[58].

Il en résulte, donc, que l'ecclésiologie catholique présente un point de vue assez différent de celui de l'ecclésiologie orthodoxe, car dans l'Eglise catholique il y a la possibilité d'y avoir des évêques subordonnés à un autre évêque, réalité qui ne peut jamais exister dans l'Eglise orthodoxe[59].

En résumant, nous pouvons dire que le concile Vatican II, dans son désir d'offrir une définition à l'Eglise, a évité à dessein de décrire l'Eglise au moyen d'un modèle ou d'une seule image. Il a préféré définir l'Eglise à l'aide de plusieurs représentations, tout en gardant les éléments valables du modèle de société et en accueillant la théologie du Corps mystique du Christ. Toutefois, il semble avoir accordé la préférence à l'expression *Peuple de Dieu*, ce qui ressort du fait que le chapitre deuxième[60] de la constitution *Lumen Gentium* s'intitule: «Le Peuple de Dieu».

Pourtant, il convient de souligner ici qu'au concile Vatican II, la notion biblique de «Peuple de Dieu» était absente du premier schéma sur l'Eglise[61]. Ce n'est qu'après un long parcours durant lequel les Pères conciliaires ont montré l'insuffisance de la notion de Corps mystique du Christ pour articuler, à elle seule, les différentes problématiques, que cette notion biblique est entrée dans les discussions conciliaires et, ensuite, dans les documents du concile Vatican II[62].

Certainement, la notion de «Peuple de Dieu» présente bien des avantages, car le mot «peuple» évoque un grand rassemblement de personnes différentes et pourtant unies par une même histoire, une culture, des coutumes et un destin commun. Le peuple s'oppose d'une part, au petit groupe dont tous les membres se connaissent, et, d'autre part, à la secte qui est fermée. De plus, de soi, cette notion montre l'Eglise comme un ensemble, avant de poser distinctions ou articulations. Une vision unilatérale

---

[58] «[…] l'analogia che si può stabilire tra la Chiesa nel suo complesso e la SS. Trinità, pur sottolineando l'unità tra i diversi carismi, ministeri e servizi, non elimina la subordinazione nella differenziazione: i fedeli sono subordinati ai vescovi che ricevono autorità e potestà da Cristo per guidare il popolo di Dio. Non si vede, allora, perché non ammettere anche una differenziazione di missioni tra le Chiese e tra i vescovi, che comportino anche rapporti di subordinazione» (notre traduction), G. GHIRLANDA, «Il *Documento di Ravenna*», 549.

[59] Pour le point de vue orthodoxe, voir p. 84-86.

[60] Cf. LG 9-17.

[61] Cf. AS I-4, 12-121.

[62] Pour l'*iter* de la notion «Peuple de Dieu» dans les travaux du concile Vatican II, voir K. UMBA, *La notion de Peuple de Dieu*, 17-27.

qui identifierait l'Eglise à la hiérarchie est donc ici absolument exclue. L'Eglise, à travers cette notion, se révèle ainsi comme réalité communautaire, et, par conséquent, elle appartient à tous les baptisés, tant pour ce qui concerne leur dignité de membres que leur responsabilité dans le monde. Donc, reparendre cette notion pour désigner l'Eglise, c'est offrir une possibilité de sortir d'une juxtaposition – parfois vécue même comme opposition – entre clercs et laïcs. En effet, l'Eglise, selon Vatican II, est un peuple prophétique, sacerdotal et royal, et tous ses membres prophètes, prêtres et rois ont la charge de la croissance de ce peuple, c'est-à-dire de sa vie et de sa mission[63]. Cependant, il y a au sein du Peuple de Dieu une distinction entre les membres. Selon l'ecclésiologie catholique, cette distinction est donné par l'Esprit-Saint qui

> non seulement sanctifie le Peuple de Dieu, le conduit et l'orne de vertus au moyen des sacrements et de ministères mais, «en distribuant à chacun ses dons comme il lui plaît (I Cor. 12, 11), il dispense également, parmi les fidèles de tout ordre, des grâces spéciales qui les habillent à assumer des activités et des services diverses, utiles au renouvellement et à l'expansion de l'Eglise[64].

La plus importante parmi celles-ci est la charisme de la paternité spirituelle, transmisse avec le sacrement d'ordre[65] qui communique la succession apostolique et détermine la structure hiérarchique fondamentale de l'Eglise. De plus, il faut aussi souligner ici que la notion de «Peuple de Dieu» évite une conception d'Eglise purement institutionnelle.

Dans le même temps, la choix de la notion de «Peuple de Dieu» montre à l'évidence que les Pères conciliaires ont voulu exprimer la nature et la fonction de l'Eglise en partant de sa dimension mystique. Pour cette raison, les Pères conciliaires ont développé la doctrine de l'Eglise sur deux axes: un axe qui contemple l'Eglise ancrée dans le mystère trinitaire qui engendre une communion divine entre les hommes, et un autre qui met en relief la visibilité de la communion divine entre les hommes. Et cela parce que le concile a considéré que si la notion de «mystère» traduisait mieux la nature spirituelle de l'Eglise, la notion de «Peuple de Dieu» était la plus adaptée pour indiquer la manifestation visible et historique de l'Eglise. Par conséquent, le premier chapitre de la constitution *Lumen Gentium* est intitulé *De Mysterio Ecclesiae*, tandis que le second a pour titre *De Populo Dei*. Mais ces deux chapitres sont intimement liés entre eux: le premier manifeste la nature divine et la

---

[63] Cf. LG 32, 41.
[64] LG 12b.
[65] Cf. LG 10b.

fonction de l'Eglise dans le monde et dans l'histoire du salut comme communion à la vie trinitaire, et le deuxième montre comment cette communion trinitaire se réalise historiquement parmi les hommes[66].

Que la notion de «Peuple de Dieu» ait dominé l'ecclésiologie catholique postconciliaire c'est ce que nous semble montrer le fait que le pape Jean-Paul II (1978-2005), en promulguant, en 1983, le nouveau Code de Droit Canonique, ait donné comme titre de son deuxième livre celui de chapitre II de *Lumen Gentium*: «De Populo Dei». Le premier canon de la deuxième livre du Code veut synthétiser l'enseignement conciliaire sur le Peuple de Dieu, en affirmant:

> Les fidèles du Christ sont ceux qui, en tant qu'incorporés au Christ par le baptême, sont constitués en Peuple de Dieu et qui, pour cette raison, faits participants à leur manière à la fonction sacerdotale, prophétique et royale du Christ, sont appelés à exercer, chacun selon sa condition propre, la mission que Dieu a confiée à l'Eglise pour qu'elle l'accomplisse dans le monde[67].

A la fin de 1985, un Synode extraordinaire[68] des évêques était convoqué à Rome pour dresser notamment un bilan de la manière dont le concile Vatican II avait été reçu dans l'Eglise catholique et avait pénétré sa vie. Dans le contexte de l'évolution postconciliaire de l'ecclésiologie catholique, le Synode propose une lecture renouvelée des documents conciliaires, dans laquelle l'accent porte sur le mystère de l'Eglise et surtout sur le modèle de communion[69]. Effectivement, dans son Rapport final, le Synode avait déclaré:

> L'ecclésiologie de communion est le concept central et fondamental dans les documents du Concile[70].

Bien sûr, les auteurs catholiques ont tout suite précisé qu'il ne s'agissait pas ici d'une relecture du Vatican II au sens strict du mot et que la notion

---

[66] Pour d'autres détails concernant l'importance du concept d'*Eglise – Peuple de Dieu* dans l'ecclésiologie de Vatican II, voir J. RIGAL, *Le mystère de l'Eglise*, 111-154; A. ANTÓN, «El capítulo», 155-181; «Hacia una síntesis», 311-364.

[67] C. 204§1 CIC.

[68] Dans l'Eglise catholique, l'institution de «synode des évêques» fut créée le 15 septembre 1965 par le pape Paul VI (cf. PAUL VI, M.p. *Apostolica sollicitudo*, 775-780), un mois et demi avant la promulgation du décret *Christus Dominus*, qui y fait référence dans son n. 5. Pour d'autres détails, voir M.C. BRAVI, *Il Sinodo dei Vescovi*; N. ETEROVIČ, ed., *Il sinodo dei vescovi*; G. GHIRLANDA, «Sinodo dei vescovi», 999-1002; «Il nuovo *Ordo Synodi Episcoporum*», 3-43.

[69] Concernant la contribution du Synode des évêques de 1985 au développement de l'ecclésiologie catholique, voir G. ROUTHIER, «L'Assemblée», 61-88.

[70] SYNODE DES ÉVÊQUES, *Synode extraordinaire. Célébration de Vatican II*, 559.

de «Peuple de Dieu» n'avait pas été remplacée par celle d'*Eglise-communion*. En effet – disent les même auteurs – le Rapport final ne veut marque qu'un nouvel accent: la préférence se porte non plus sur le concept de «Peuple de Dieu», mais sur le modèle de l'Eglise comme communion[71]. A ce point, il convient d'insister ici sur la notion de «communion ecclésiastique» (*communio ecclesiastica*), (ré)décou-verte par les Pères conciliaires au Vatican II, qui est d'une importance primaire et fondamentale pour l'ecclésiologie catholique[72].

2.3 *La communion ecclésiastique*

Bien que le concile n'offre pas une définition exhaustive du concept de *communio*, il y a des auteurs qui, sur la base de documents du Concile, ont réussi à identifier les éléments de cette définition. Ainsi par exemple, selon l'opinion de G. Ghirlanda[73], l'expression de *communio* a été employée dans les documents de Vatican II selon trois acceptations distinctes, où plutôt selon une acceptation générale dont sont déri-vées les deux autres. Le premier sens de la notion de *communio* est celui de la *communio spiritualis seu ecclesialis*, définie par cet auteur comme

> le lien qui existe entre les baptisés et entre les diverses Eglises particulières, lien créé par l'Esprit Saint dans la pluralité de dons hiérarchiques et charismatiques, et de ministères, avec une référence constitutive à l'Eucharistie[74].

---

[71] Cf. A. DENAUX, «L'Eglise comme communion», 25-37, 161-180.

[72] «Il Concilio era conscio che con la comprensione di *communio* come comunione delle chiese particolari fondata nell'eucaristia riprendeva un concetto e una realtà fondamentale della chiesa antica», H. MÜLLER, «Comunione ecclesiale e strutture di corresponsabilità», 21. Pour plus de détails concernant l'ecclésiologie de communion, voir également J. RIGAL, *L'ecclésiologie de communion*; J.-M. TILLARD, *Eglise d'Eglises*; *L'Eglise locale. Ecclésiologie de communion*; *Chaire de l'Église*.

[73] Nous avons choisi cet auteur car il nous semble que Gianfranco Ghirlanda est celui qui a le plus analysé le concept de communion dans l'Eglise catholique, ainsi que ses implications canoniques, à travers notamment sa thèse de doctorat et aussi ses articles que nous citons ici. Cf. G. GHIRLANDA, *Hierarchica communio*; «De notione comunionis hierarchicae», 41-68; «La notion de communion hiérarchique», 231-254; «De hierarchica communione», 31-57.

[74] G. GHIRLANDA, «La notion de communion hiérarchique», 235 (voir aussi «De caritate ut elemento iuridico», 629). Dans un autre article, le même auteur offre des éclairages précieux en ce sens, affirmant que «la communion des fidèles (*communio fidelium*), qui est fondée dans le baptême sous l'impulsion de l'Esprit Saint (UR 2b), a une relation directe à l'Eucharistie. En fait, c'est la participation à l'Eucharistie qui conduit à la communion avec le Christ (AG 39a; LG3; 7b), et avec la Trinité (UR 5a). C'est de cette communion, en vertu de laquelle les fidèles sont rendus participants de la nature divine (UR 5a), que jaillit la communion entre les membres de l'Eglise (LG 7b; UR 7c; AG 39a; GS

Les deux autres acceptions, qui découlent de la première, sont la *communio ecclesiastica* et la *communio hierarchica*. Ensuite, le même Auteur précise en plus que:

> La communion ecclésiastique (*communio ecclesiastica*) a évidement toujours Christ comme source et centre, étant en vigueur entre tous les baptisés dans l'Eglise catholique ou en elle reçus, qui sont unis à Christ aux liens de la profession de la foi, des sacrements et du régime ecclésiastique et de la communion (cf. . LG 13; 14; 15; OE 4; 30; UR 3e; 4d; 17b; 18; GS 92c; cc. 96; 205; 204). Par conséquent, la communion ecclésiastique est en vigueur entre les Eglises particulières et entre celles-ci et Rome, et pour elle-même se manifeste par la concélébration eucharistique (cf. UR 20; 4c; 15a; LG 13c; AG 22b; c. 897). Cette communion ecclésiastique constitue la *pleine communion catholique* («*plenitudo communionis catholicae*»; cf. OE 4; UR 3a; 4d; 13b; 19a). Les Eglises orthodoxes et les autres communautés chrétiennes séparées ne vivent pas dans cette communion, même si celle-ci sont en différent degré de communion avec l'Eglise catholique, selon le différent degré de communion de vie, de foi, des sacrements et de charité, et la différente mise en œuvre de la structure hiérarchique fondamentale de l'Eglise (cf. UR 3a; 13b; LG 15)[75].

Plus précisément, dans l'Eglise catholique, la communion hiérarchique des évêques avec le Pontife Romain et le Collège des évêques et des prêtres avec les évêques, est élément constitutif de la communion ecclésiastique, qui, à son tour, représente, en général, l'élément constitutif de la pleine manifestation de l'Eglise comme communion. En fait, pour la théologie

---

38b) et entre toutes les Eglises (*communio inter Ecclesias*) (UR 14a; 15a). C'est donc ici que se trouve le fondement constitutif de la communion de la vie, de la foi, de sacrements et de charité (LG 9b; UR 14a) entre les fidèles et entre les Eglises.», G. GHIRLANDA, «Eglise universelle, particulière et locale», 265.

[75] «la comunione ecclesiastica («communio ecclesiastica»), che evidentemente ha sempre Cristo come fonte e centro, vige tra tutti i battezzati nella Chiesa cattolica o in essa ricevuti, che sono congiunti con Cristo dai vincoli della professione di fede, dei sacramenti e del regime ecclesiastico e della comunione (cfr. LG 13; 14; 15; OE 4; 30; UR 3e; 4d; 17b; 18; GS 92c; cc. 96; 205; 204). Di conseguenza la comunione ecclesiastica vige tra le Chiese particolari e tra queste e Roma, e di per se stessa è manifestata dalla concelebrazione eucaristica (cfr. UR 20; 4c; 15a; LG 13c; AG 22b; c. 897). Questa comunione ecclesiastica costituisce la *piena comunione cattolica* («*plenitudo communionis catholicae*»; cfr. OE 4; UR 3a; 4d; 13b; 19a). Le Chiese ortodosse e altre comunità cristiane separate non vivono in tale comunione, sebbene siano in grado diverso in comunione spirituale con la Chiesa cattolica, a seconda del diverso grado di comunione di vita, di fede, di sacramenti e di carità, e alla differente attuazione della struttura gerarchica fondamentale della Chiesa. (cfr. UR 3a; 13b; LG 15)» (notre traduction), G. GHIRLANDA, *Il diritto nella Chiesa*, 41. Voir aussi J. BEYER, «"Hierarchica communio"», 464-473.

catholique, la communion hiérarchique représente un des éléments fondamentaux pour la définition du ministère de l'évêque de Rome et des évêques (l'autre élément est représenté par la consécration épiscopale), et cela parce que le ministère du Pape consiste dans le fait que lui, comme successeur de Pierre, est le principe perpétuel et visible, et le fondement de l'unité de la foi et de la communion, aussi bien de tous les évêques, que de tous les fidèles[76]. De même, le ministère épiscopal a comme contenu le fait que les évêques sont le principe et fondement de l'unité dans leurs Eglises particulières, qu'ils représentent[77]. D'autre part, les mêmes évêques, réunis en collège, c'est-à-dire tous les évêques ensemble avec l'évêque de Rome, le Chef du Collège, représentent l'entière Eglise catholique[78]. En résumant, nous pouvons affirmer avec G. Ghirlanda, que, dans l'Eglise catholique,

> la communion hiérarchique et la communion ecclésiastique sont des réalités qui s'impliquent mutuellement, car la seconde ne peut subsister que s'il y a d'abord la première. En fait, les Eglises particulières, et donc les fidèles qui les composent, sont en communion ecclésiastique avec Rome et entre elles dans la mesure où les évêques sont eux-mêmes en communion hiérarchique avec l'évêque de Rome, chef du Collège, principe perpétuel et visible, ainsi que fondement de la foi et de la communion, et avec tous les membres du Collège[79].

De plus, certains auteurs catholiques ont même identifié différents «degrés» de la communion hiérarchique. Ainsi, dans un de ses articles, W. Bertrams affirmait que par la communion les documents de Vatican II

---

[76] Cf. LG 18b, 22b, 23a.

[77] Cf. LG 23a.

[78] «L'unité collégiale apparaît aussi dans les relations réciproques de chaque évêque avec les Eglises particulières et avec l'Eglise universelle. Le Pontife Romain, comme successeur de Pierre, est le principe perpétuel et visible, le fondement de l'unité tant des évêques que de la masse de fidèles. Chaque évêque, de son côté, est le principe visible et le fondement de l'unité de son Eglise particulière, formée à l'image de l'Eglise universelle: et c'est dans toutes ces Eglises particulières et par elles qu'est constituée l'Eglise catholique, une et unique. Par conséquent, chaque évêque représente sa propre Eglise et tous ensemble avec le Pape représente l'Eglise entière dans le lien de la paix, de l'amour et de l'unité» (LG 23a). Cf. aussi G. GHIRLANDA, «Comunione ecclesiale», 211-212. En fait, pour le même Auteur, «la visione della Chiesa come una *hierarchica communio* viene a fondere la più antica tradizione della *communio inter Ecclesias* che ha come centro la Chiesa di Roma, e l'ecclesiologia classica predominante che a mano a mano, lungo i secoli, si è andata esplicitando nella visione della Chiesa come società visibile con una struttura centralizzata fortemente gerarchizzata.», G. GHIRLANDA, *Hierarchica communio*, 411. Voir aussi W. BERTRAMS, «De origine et significatione», 23-30; A. ACERBI, *Due ecclesiologie*, 13-105; G. GHIRLANDA, «De hierarchica communione», 31-57.

[79] G. GHIRLANDA, «Eglise universelle, particulière et locale», 273.

désignent la possession en commun des biens surnaturels de l'ordre de salut. Par conséquent – dit-il –, pour le concile Vatican II les «baptisés» non-catholiques sont en communion plus ou moins plénière ou parfaite avec l'Eglise catholique, d'après la qualité des liens de foi et de constitution qui les unissent. Passant à la condition des évêques non-catholiques, le même auteur conclut que ceux-ci ont, dans l'Eglise du Christ, une certaine communion hiérarchique, à savoir pour l'exercice du pouvoir épiscopal, «quoad potestatem episcopalem exercendam»[80]. En effet, selon cet auteur, cette communion hiérarchique est plus ou moins parfaite, selon que ces évêques reçoivent et confessent plus ou moins d'éléments constitutifs de cette communion[81]. Toutefois, une simple lecture des documents conciliaires nous indique clairement qu'il est absolument impossible que cette théorie soit acceptée dans l'Eglise catholique. Et cela parce que la communion hiérarchique implique nécessairement le fait que les évêques reconnaissent une primauté de juridiction au Pape. Donc, la communion hiérarchique n'existe que dans le cas où cette condition est accomplie. Par conséquent, dans l'Eglise catholique, il n'y a pas la possibilité de parler de degrés de la communion hiérarchique[82].

2.4 *L'Eglise du Christ subsiste dans l'Eglise catholique (LG 8b)*

En outre, il faut préciser ici que, fondamentalement, en ce qui concerne l'Eglise, la Constitution *Lumen Gentium*, après avoir présenté le mystère de l'Eglise en relation avec le mystère trinitaire[83] et à la lumière des images bibliques de l'Eglise[84], en particulier du Corps mystique du Christ[85], affirme:

> Telle est l'unique Eglise du Christ, que, dans le Symbole, nous reconnaissons comme une, sainte, catholique et apostolique, que notre Sauveur, après sa résurrection remit à Pierre pour qu'il la paisse (Jn. 21, 17). C'est elle que le même Pierre et les autres Apôtres furent chargés par lui de répandre et de guider (cf. Mt. 28, 18 ss), elle enfin qu'il établit pour toujours «colonne et soutien de la vérité» (I Tim. 3, 15). Cette Eglise, constituée et organisée en ce monde comme une communauté, subsiste (*subsistit*) dans l'Eglise catholique, gouvernée par le

---

[80] W. BERTRAMS, «De gradibus "Communionis"», 304.
[81] Cf. W. BERTRAMS, «De gradibus "Communionis"», 295-305.
[82] Pour plus de détails concernant la validité de l'exercice du pouvoir de gouvernement des évêques non-catholiques, notamment des évêques de l'Eglise orthodoxe, voir G. GHIRLANDA, «Il *Documento di Ravenna*», 541-595.
[83] Cf. LG 2-4.
[84] Cf. LG 5-6.
[85] Cf. LG 7.

successeur de Pierre et les évêques en communion avec lui, encore que, hors de cet ensemble, on trouve plusieurs éléments de sanctification et de vérité qui, en tant que dons propres à l'Eglise du Christ, invitent à l'unité catholique[86].

A ce point, il devient nécessaire de faire une enquête plus scrupuleuse sur l'expression *subsistit in*, toute en précisant que ce syntagme – qui fût introduit très probablement derrière la proposition du Sébastien Tromp, secrétaire à l'époque de la Commission Doctrinaire du Concile Vatican II[87] –, a déjà trouvé, dans les commentaires des théologiens catholiques, les explications les plus variées depuis l'idée qu'elle exprimerait la singularité de l'Eglise catholique unie à l'évêque de Rome jusqu'à l'idée que l'on serait parvenu à une équivalence entre toutes les autres Eglises chrétiennes et que l'Eglise catholique aurait abandonnée sa prétention de spécificité[88]. De plus, il faut aussi signaler que les mots *subsistit in*, par lesquels la constitution sur l'Eglise *Lumen Gentium* définit la présence de l'Eglise du Christ dans l'Eglise catholique, sont d'une importance fondamentale pour comprendre l'ecclésiologie du Concile de Vatican II, spécialement en ce qui concerne les principes catholiques de l'œcuménisme[89].

Ainsi, avant le Concile Vatican II, l'ecclésiologie catholique affirmait que l'Eglise catholique romaine est (*est*) l'Eglise du Christ. En fait, Pie XII avait éclairé parfaitement, soit dans *Mystici Corporis*[90] soit dans *Humani Generis*[91], que le Corps mystique du Christ, l'Eglise du Christ et l'Eglise catholique étaient l'unique et même chose[92]. Pour mieux comprendre la signification du changement que le Concile a opéré, en substituant au

---

[86] LG 8b.

[87] Cf. K.J. BECKER, «"Subsistit in" (Lumen Gentium 8)», 6.

[88] Cf. G. PHILIPS, *L'Eglise et son mystère*, I, 119; A. HOUTEPEN, «La realtà», 157-175; R. KNITTEL, «Il 'Subsistit' di *Lumen Gentium* 8», 253-271; G. PATTARO, «Ecclesia subsistit in», 27-58; D. HERCSIK, «Il *subsistit in*», 111-122; K.J. BECKER, «"Subsistit in"», 1,6-7; G. DE ROSA, «La chiesa di Cristo», 67-73; F.A. SULLIVAN, «"Sussiste" la Chiesa di Cristo», 811-824; «Quaestio Disputata», 395-409; «The Meaning», 116-124; G. MUCCI, «Il 'subsistit in'», 444-455; A. JACQUEMIN, «Les enjeux ecclésiologiques», 67-78.

[89] Cf. J. WILLEBRANDS, «La signification», 35. Voir aussi, A. VON TEUFFENBACH, *Die Bedeutung*; L. SARTORI, «Il *Subsistit in*», 227-251; P. LÜNING, «Das ekklesiologische Problem», 1-23.

[90] Cf. PIE XII, Encyclique *Mystici Corporis Christi*, 193-248. Pour plus de détails, voir V. MOREL, «Le Corps mystique», 703-726.

[91] «Corpus Christi mysticum et Ecclesiam Catholicam Romanam unum idemque esse», PIE XII, Encyclique *Humani Generis*, 571.

[92] Pourtant, même dans le schéma qui fut présentée par la commission préparatoire dans la session d'ouverture de l'année 1962, il était affirmé que «Ecclesia Catholica Romana est Mysticum Christi Corpus […] ideoque sola iure Catholica Romana noncupatur Ecclesia», AS I-4, 15.

verbe *est* le verbe *subsistit*, il faut que nous précisions d'avance que sa principale motivation a été la perspective œcuménique[93]. Toutefois, les auteurs catholiques affirment que de l'exégèse des documents du Vatican II appert que l'expression *subsistit in* entend non seulement entériner l'acception du *est*, à savoir l'identité entre l'Eglise du Christ et l'Eglise catholique, mais qu'elle veut souligner, surtout, le fait que l'Eglise du Christ demeure à jamais dans l'Eglise catholique[94]. Voilà, par exemple, comment Joseph Ratzinger – l'actuel Pape Benoît XVI – avait expliqué la différence des termes:

> «Subsister» est un cas spécial du verbe «être». Le Concile veut nous informer que l'Eglise de Jésus Christ comme sujet concret en ce monde peut être trouvée dans l'Eglise catholique. Même si l'Eglise est seulement Une et «subsiste» dans un unique sujet, aussi en dehors de ce sujet il existe des réalités ecclésiales – des véritables Eglises locales et différentes communautés ecclésiales[95].

---

[93] En analysant l'évolution des différents schémas conciliaires, G. Ghirlanda affirmait: «è ben chiaro lo sforzo di attuazione di un equilibrio tra le diverse tendenze emerse nella discussione conciliare circa il problema della relazione esistente tra l'elemento visibile e quello invisibile nella Chiesa. La *Relatio, Alinea 1*, mostra che la Commissione Dottrinale non ha voluto accettare né le tesi tendenti ad una eccessiva separazione tra i due elementi né quelle sostenitrici di una loro quasi identificazione. Quello che di veramente positivo abbiamo nel *textus emendatus* è che i due elementi vengono considerati sullo stesso piano e ambedue indispensabili perché la Chiesa sia quella che Cristo ha veramente voluto. Il testo e la *Relatio* sostengono una distinzione, ma un legame anche di dipendenza reciproca necessaria: il mistero della Chiesa vive concretamente nella Chiesa Cattolica, in quanto essa lo rivela. E naturalmente, parlando di Chiesa Cattolica, si intende la Chiesa quale realmente è esistita ed esiste, come società concreta, quella professata nel Simbolo Apostolico, gerarchicamente ordinata, sotto la guida del governo supremo del Sommo Pontefice, successore di Pietro, e dei Vescovi, successori degli Apostoli, in comunione con lui. Questa è l'unica vera Chiesa di Cristo, anche se il cambiamento della terminologia «subsistit in» invece di «est», e la soppressione della formula solenne «docet enim Sancta Synodus et sollemniter profitetur», vogliono evitare sic et simpliciter una rigida identificazione tra il Corpo Mistico di Cristo e la Chiesa Cattolica Romana, come ancora avveniva nel *textus prior*.» (G. GHIRLANDA, *Hierarchica communio*, 207-208). Pour une présentation encore plus détaillée du travail effectué en ce sens par les Pères conciliaires, voir G. GHIRLANDA, *Hierarchica communio*, 187-190, 207-212.

[94] «La parola "sussiste" non ha altro significato che quello di "continua ad esistere". Se dunque la Chiesa di Cristo "continua ad esistere" (*subsistit in*) nella Chiesa Cattolica, la continuità di esistenza comporta una sostanziale identità di essenza», U. BETTI, «Chiesa di Cristo», 743.

[95] «"Subsistere" è un caso speciale di "esse". Il Concilio vuol dirci che la Chiesa di Gesù Cristo come soggetto concreto in questo mondo può essere incontrata nella

Mais, bien que les auteurs ne s'accordent pas tous sur la portée œcuménique de l'expression *subsistit in*[96], sur le caractère unique du statut de l'Eglise catholique il y a une convergence totale. En fait, aucun auteur catholique ne se permet d'affirmer, en se fondant sur les documents du Vatican II, que l'Eglise du Christ subsisterait au même titre dans d'autres confessions chrétiennes comme elle subsiste dans l'Eglise catholique. Pratiquement, tous les auteurs catholiques concordent sur le fait que le mot *subsistit* veut dire que ce n'est que dans l'Eglise catholique que se retrouvent tous les éléments constitutifs de l'Eglise du Christ, tandis qu'au dehors de l'Eglise catholique il y a des éléments propres à l'Eglise du Christ mais pas dans leur totalité.

3. Les derniers éclaircissements magistériels sur l'ecclésiologie catholique

Afin de mieux élucider les divers aspects de l'ecclésiologie catholique et pour éviter les malentendus, la Congrégation de la Doctrine de la Foi a considéré qu'il y avait besoin des explications ultérieures, notamment dans la déclaration *Mysterium Ecclesiae* (1973)[97], la notification à propos du livre *Eglise: charisme et pouvoir* du père Leonardo Boff (1985)[98], la lettre aux évêques *Communionis Notio* (1992)[99], la déclaration *Dominus Iesus* (2000)[100] et *Le réponse à des questions concernant certains aspects de la doctrine de l'Eglise* (2007)[101].

Si les deux premiers documents ne font que présenter la doctrine du Vatican II sur l'Eglise ou à corriger les erreurs d'interprétation[102], les

---

Chiesa cattolica. Benché la Chiesa sia soltanto una e "sussista" in un unico soggetto, anche al di fuori di questo soggetto esistono realtà ecclesiali – vere Chiese locali e diverse comunità ecclesiali» (notre traduction), J. RATZINGER, «L'ecclesiologia», 79.

[96] Voir, par exemple, le débat entre les deux professeurs de la Grégorienne, K.J. Becker et F.A. Sullivan (cf. K.J. BECKER, «"Subsistit in"», 1, 6-7; F.A. SULLIVAN, «Quaestio Disputata», 395-409. Voir aussi J.-F. CHIRON, «Eglise du Christ», 65-79).

[97] Cf. CONGREGATIO PRO DOCTRINA FIDEI, Déclaration *Mysterium Ecclesiae*, 396-408. Pour un commentaire de cette déclaration, voir E. LANNE, «Le mystère de l'Eglise», 449-484.

[98] Cf. CONGREGATIO PRO DOCTRINA FIDEI, Notification *De scripto P. Leonardi Boff*, 756-762.

[99] Cf. CONGREGATIO PRO DOCTRINA FIDEI, Lett. *Communionis notio*, 838-850.

[100] Cf. CONGREGATIO PRO DOCTRINA FIDEI, Déclaration *Dominus Iesus*, 742-765.

[101] Cf. CONGREGATIO PRO DOCTRINA FIDEI, «Responsa ad quaestiones», 604-608.

[102] Par exemple, en 1985, face à l'interprétation erronée sur la question de l'expression *subsistit in* du père Leornardo Boff, la Congrégation pour la Doctrine de la Foi affirmait:

autres actes officiels de la Congrégation de la Doctrine de la Foi portent des précisions extrêmement importantes pour l'ecclésiologie catholique. Ainsi, par exemple, en 1992 le document *Communionis notio* de la Congrégation de la Doctrine de la Foi, signalait à l'attention un concept d'Eglise particulière qui présente la communion des Eglises particulières dans une manière propre à affaiblir, sur le plan visible et institutionnel, la conception de l'unité de l'Eglise. Le deuxième chapitre de cette lettre (*De Ecclesia universali et Ecclesiis particularibus*), abordant le sujet de l'Eglise comme communion des Eglises, formule sa clé herméneutique: l'«intériorité mutuelle» entre l'Eglise universelle et les Eglises particulières, qui est définie de cette manière:

> Pour comprendre le vrai sens de l'application analogique du terme communion à l'ensemble des Eglises particulières, il faut avant tout considérer que ces Eglises, en tant que «parties de l'unique Eglise du Christ», ont avec le tout, c'est-à-dire avec l'Eglise universelle, un rapport particulier d'«intériorité mutuelle», parce que dans chaque Eglise particulière «est vraiment présente et agissante l'Eglise du Christ, une, sainte, catholique et apostolique»[103].

Selon ce principe-guide de l'actuelle ecclésiologie catholique, chaque Eglise particulière est vraiment Eglise (bien qu'elle ne constitue pas toute l'Eglise), et l'Eglise universelle ne se distingue pas de la communion des Eglises particulières (bien qu'elle ne soit pas seulement la somme arithmétique de ces Eglises-là, ni la confédération de celles-ci), mais l'entière Eglise universelle est présente dans chaque Eglise particulière. Cette expression, déjà définie par le Concile Vatican II avec la célèbre formule *ex quibus et in quibus*[104], est mieux expliquée dans *Communionis notio* avec l'expression *Ecclesia in et ex Ecclesiis: Ecclesiae in et ex Ecclesia*[105]. Plus

---

«Il Concilio aveva invece scelto la parola *subsistit* proprio per chiarire che esiste una sola "sussistenza" della vera Chiesa, mentre fuori della sua compagine visibile esistono solo *elementa Ecclesiae*, che – essendo elementi della stessa Chiesa – tendono e conducono verso la Chiesa cattolica.», CONGREGATIO PRO DOCTRINA FIDEI, Notification *De scripto P. Leonardi Boff*, 758-759.

[103] CN 9a: «Ut germanus sensus percipiatur quo vox communionis analogice applicari queat Ecclesiis particularibus simul sumptis, ante omnia prae oculis habendum est inter illas, in quantum "unius Ecclesiae Christi partes", et totum, id est Ecclesiam universalem, vigere peculiarem relationem "mutuae interioritatis", quia in unaquaque Ecclesia particulari "vere inest et operatur Una Sancta Catholica et Apostolica Christi Ecclesia"». Voir aussi A. MELLONI, «Note sul lessico», 307-319.

[104] LG 23a.

[105] Toutefois, il faut mentionner aussi qu'il y a des auteurs catholiques qui n'ont pas été d'accord avec cette précision car, disaient-ils, «en mettant sur le même pied

précisément, dans cette lettre, le rapport entre l'Eglise universelle et les Eglises particulières est défini comme suit:

> En naissant dans et de l'Eglise universelle, c'est d'elle et en elle qu'elles ont leur ecclésialité. Par conséquent, la formule du Concile Vatican II: l'Eglise dans et à partir des Eglises (*Ecclesia in et ex Ecclesiis*) est inséparable de cette autre formule: les Eglises dans et à partir de l'Eglise (*Ecclesiae in et ex Ecclesia*)[106].

En fait, dans l'ecclésiologie catholique, la «muette intériorité» permet de comprendre que l'Eglise particulière est sujet complet en elle-même, seulement quand, en elle-même, est présente et agit l'Eglise Une, Sainte, Catholique et Apostolique. Et cela parce que la «muette intériorité» éclaire davantage la catholicité de l'Eglise. En effet, selon l'ecclésiologie catholique il faut éviter de penser la catholicité comme décrivant l'Eglise uniquement comme un tout, sans prendre en considération les parties[107]. Bien au contraire, si l'Eglise universelle se réalise dans et par chaque Eglise particulière, alors ce ne pas seulement l'ensemble de la communion des Eglises qui est catholique, mais c'est la catholicité qui décrit chaque Eglise particulière[108]. Pour cette raison, affirme la *Communionis notio*,

> «l'Eglise universelle ne peut être conçue ni comme la somme des Eglises particulières, ni comme une fédération d'Eglises particulières». Elle n'est pas le résultat de leur communion, mais elle est, dans son mystère essentiel, une réalité *ontologiquement* et *chronologiquement* préalable à toute Eglise particulière *singulière*.

---

les deux axiomes «in quibus et ex quibus» et «in et ex Ecclesia (universali)» [...] on tente de fonder en étendant l'idée traditionnelle d'une maternité de l'Eglise pour tous les croyants à une «maternité» de l'Eglise universelle pour toutes les Eglises. De la préexistence de l'Eglise dans le dessein de Dieu, on tente ainsi de déduire l'existence en soi d'une Eglise universelle qui, dans l'histoire, n'existe jamais indépendamment des Eglises réelles et préalablement à elles». H. LEGRAND, «La théologie des Eglises sœurs», 475. Voir également, P. RODRIGUEZ, «La comunion», 559-567; A. CATTANEO, «La priorità», 503-539; S. PIÉ-NINOT, «*Ecclesia in et ex ecclesiis*», 276-288.

[106] CN 9c: «Nascentes in et ex Ecclesia universali, in ipsa et ab ipsa habent suam ecclesialitatem propterea formula Concilii Vaticani II: Ecclesia in et ex Ecclesiis, inseparabilis est ab hac altera: Ecclesiae in et ex Ecclesia».

[107] Et cela notamment parce que, dans l'Eglise catholique, la *catholicité* est vécue comme communion: tous les chrétiens se sentent frères, quelques soit leur pays, niveaux, etc. Ainsi, «grâce à cette catholicité, chaque élément apporte aux autres et à toute l'Eglise ses propres dons; en sorte que le tout, comme chaque partie, profite du fait que tous communiquent entre eux et travaillent dans l'unité et sans restriction à la perfection de l'ensemble», LG 13c.

[108] Cf. R.R. GAILLARDETZ, *The Church in the Making*, 65.

En effet, *ontologiquement*, l'Eglise-mystère, l'Eglise une et unique, selon les Pères précède la création, et donne naissance à les Eglises particulières comme à ses propres filles; elle s'exprime en elles, elle est mère et non produit des Eglises particulières. En outre, *chronologiquement*, l'Eglise se manifeste le jour de la Pentecôte dans la communauté des cent vingt réunis autour de Marie et des douze Apôtres, représentants de l'unique Eglise et futurs fondateurs des Eglises locales, qui ont une mission tournée vers le monde: dès ce moment, l'Eglise *parle toutes les langues*[109].

Plus récemment, en 2000, à travers la déclaration *Dominus Iesus*, la Congrégation pour la Doctrine de la Foi a donné des éclaircissements supplémentaires sur la même question de l'expression *subsistit in*, en précisant:

> Il existe donc une unique Eglise du Christ, qui subsiste dans l'Eglise catholique, gouvernée par le successeur de Pierre et les évêques en communion avec lui. Les Eglises qui, quoique sans communion parfaite avec l'Eglise catholique, lui restent cependant unies par des liens très étroits comme la succession apostolique et l'Eucharistie valide, sont de véritables Eglises particulières. Par conséquent, l'Eglise du Christ est présente et agissante dans ces Eglises, malgré l'absence de la pleine communion avec l'Eglise catholique, provoquée par leur non-acceptation de la doctrine catholique du Primat, que l'évêque de Rome, d'une façon objective, possède et exerce sur toute l'Eglise conformément à la volonté divine. En revanche, les Communautés ecclésiales qui n'ont pas conservé l'épiscopat valide et la substance authentique et intégrale du mystère eucharistique ne sont pas des Eglises au sens propre; toutefois, les baptisés de ces communautés sont incorporés au Christ par le baptême et se trouvent donc dans une certaine co-mmunion bien qu'imparfaite avec l'Eglise[110].

---

[109] CN 9a,b: «Ecclesia universalis nequit concipi quasi sit summa Ecclesiarum particularium aut Ecclesiarum particularium quaedam foederatio»; non est enim fructus communionis istarum, sed, pro essentiali suo mysterio, *ontologice* et *temporaliter* praecedit quamcumque Ecclesiam particularem.

Enimvero *ontologice* Ecclesia quae est mysterium, Ecclesia una et unica, secundum Patres praecedit creationem, et parturit Ecclesias particulares sicut filias, in iis seipsam exprimit, est mater Ecclesiarum particularium et non earum effectus. Praeterea *in tempore* Ecclesia manifesta apparet die Pentecostes in communitate centum viginti congregatorum cum Maria atque duodecim Apostolis, personam gerentibus unicae Ecclesiae futurisque fundatoribus Ecclesiarum localium, qui missione potiuntur respiciente mundum universum: tunc iam Ecclesia *loquitur cunctis linguis*».

[110] «Unica ergo est Christi Ecclesia, subsistens in Ecclesia Catholica, cuius moderatio spectat ad Petri Successorem et ad Episcopos in communione cum eo. Ecclesiae illae quae, licet in perfecta comunione cum Ecclesia Catholica non sint, eidem tamen iunguntur vinculis strictissimis, cuismodi sunt successio apostolica et valida Eucharistiae celebratio, verae sunt Ecclesiae particulares. Quapropter in his quoque Ecclesiis praesens est et operatur Christi Ecclesia, quantumvis plena desit communio cum Ecclesia Catholica, eo

D'autre part, il faut mentionner que, avant la publication du document *Dominus Iesus*, le 5 septembre 2000, la même Congrégation avait fait parvenir, le 30 juin 2000, une note aux évêques catholiques du monde entier sur l'usage approprié de l'expression «Eglises sœurs»[111]. Cette note «confidentielle»[112] a une importance particulière parce qu'elle présente la perspective officielle de l'Eglise catholique sur le rapport avec les autres confessions chrétiennes, notamment sur la relation avec l'Eglise orthodoxe. Ainsi, la note précisé-t-elle:

> En effet, au sens propre, les Eglises sœurs sont uniquement les Eglises particulières entre elles (ou les regroupements d'Eglises particulières, par exemple les Patriarcats entre eux ou les Provinces ecclésiastiques entre elles). Il doit toujours rester clair, même quand l'expression Eglises sœurs est utilisée dans ce sens propre, que l'Eglise universelle, une, sainte, catholique et apostolique, n'est pas la sœur, mais la mère de toutes les Eglises particulières.
> On peut aussi parler d'Eglises sœurs, au sens propre, en référence à des Eglises particulières catholiques et non catholiques; et donc même l'Eglise particulière de Rome peut être dite sœur de toutes les Eglises particulières. Mais, comme rappelé ci-dessus, on ne peut dire au sens propre, que l'Eglise

---

quod ipsae doctrinam catholicam non acceptant de Primatu, quem, ex Dei consilio, Episcopos Romanus obiective possidet et in Ecclesiam universam exercet. Illae vero Communitates ecclesiales, quae validum Episcopatum et genuinam ac integram substantiam eucharistici mysterii non servant, sensu proprio Ecclesiae non sunt; attamen qui baptizati sunt iis in Communitatibus Baptismate Christo incorporantur, et ideo in quadam cum Ecclesia comunione, licet imperfecta, exstant.» (notre traduction), CONGREGATIO PRO DOCTRINA FIDEI, «Déclaration *Dominus Iesus*», 758-759. Pour plus de détails relatifs à cette déclaration, voir A. AMATO, «*Dominus Iesus*», 79-114; A. GARUTI, «Nè "ritorno" nè "consenso differenziato"», 551-560; Y. SPITERIS, «L'ecclesiologia della *Dominus Iesus*», 346-366.

[111] Cf. CONGREGATIO PRO DOCTRINA FIDEI, «Note sur l'expression "Eglises sœurs"», 823-825.

[112] Bien que cette note ait été approuvée par le pape Jean-Paul II au cours de l'audience du 9 juin 2000, elle n'a pas été publiée de manière officielle dans les *Acta Apostolicae Sedis*, mais devait rester confidentielle. Cependant, dans plusieurs pays, à partir d'une version anglaise publiée fin aout 2000 par l'agence américaine CNS, cette note, signée par Joseph Ratzinger, alors préfet de la Congrégation pour la Doctrine de la Foi, et par Tarcisio Bertone, alors secrétaire de la même congrégation, a été éditée en plusieurs langues, étant l'objet de nombreux commentaires. Cf. H. LEGRAND, «La théologie des Eglises sœurs», 461-496; A. CATTANEO, «Primato del Vescovo di Roma», 467-483; «"Chiese sorelle"», 269-281. Pour plus de détails concernant la notion d'Eglise-sœur, notamment dans le cadre du dialogue orthodoxe-catholique, voir E. LANNE, «Eglise sœur et Eglise mère», 86-97; «Eglises unies ou Eglises sœurs», 322-342; «Eglises sœurs», 47-74; J. MEYENDORFF, «Eglises sœurs», 35-46; Y. SPITERIS, «La Chiesa ortodossa riconosce veramente», 43-81; A. GARUTI, «"Chiese sorelle"», 631-686.

> catholique soit sœur d'une Eglise particulière ou d'un groupe d'Eglises. Il ne s'agit pas seulement d'une question de terminologie, mais surtout du respect d'une vérité fondamentale de la foi catholique: celle de l'unicité de l'Eglise du Christ. Il existe, en effet, une unique Eglise, et le pluriel Eglises ne peut se référer qu'aux Eglises particulières.
> Par conséquent, il faut éviter l'usage de formules comme «nos deux Eglises», parce qu'elles sont sources de malentendus et de confusion théologique: elles insinuent, si elles sont appliquées à l'Eglise catholique et à l'ensemble de l'Eglise orthodoxe (ou à une Eglise orthodoxe), une pluralité non seulement au niveau des Eglises particulières, mais à celui de l'Eglise une, sainte, catholique et apostolique, proclamée dans le Credo, dont l'existence est ainsi offusquée.
> Enfin, il faut garder à l'esprit que l'expression Eglises sœurs au sens propre, comme en témoigne la tradition commune de l'Orient et de l'Occident, ne peut être employée que, exclusivement, pour les communautés ecclésiales qui ont conservé un Episcopat et une Eucharistie valides[113].

Du cette précision, il appert que, au-delà de son intention formelle, essentiellement pastorale (éviter les malentendus), la Note avance une sérieuse réserve doctrinale: elle exige des catholiques qu'ils reconnaissent à l'Eglise universelle, qui subsiste dans l'Eglise catholique, la qualification de «Mère de toutes les Eglises particulières»[114]. Par conséquent, il est clair que pour l'actuelle ecclésiologie catholique il y a une antériorité chronologique et ontologique de l'Eglise universelle sur les Eglises particulières[115]. Toutefois, cette conclusion n'est pas une nouveauté, car elle était déjà énoncée dans la *Communionis notio*[116], qui, en outre, affirme que dans la Pentecôte se manifeste le mystère de l'Eglise et, donc, la structure même de l'Eglise.

En outre, il faut rappeler ici que, dans un article anonyme marqué par trois étoiles, publié dans l'*Osservatore Romano* du 23 juin 1993[117], il a été indiqué clairement le but de la lettre *Communionis notio*: l'exclusion totale de l'idée selon laquelle il serait née premièrement une Eglise lo-

---

[113] CONGREGATIO PRO DOCTRINA FIDEI, «Note sur l'expression "Eglises sœurs"», 824-825.

[114] Pour une présentation détaillée du concept d'Eglise mère selon le concile Vatican II, voir l'excellent travail de G. ZIVIANI, *La Chiesa madre*.

[115] Il faut mentionner ici que, dans la période 2000-2001, il y a eu un débat public entre le cardinal W. Kasper, l'actuel président du Conseil Pontifical pour la Promotion de l'Unité des Chrétiens, et J. Ratzinger, l'actuel pape Benoît XVI, sur la relation entre l'Eglise universelle et les Eglises particulières, qui s'est déroulé en trois étapes. Pour plus de détails, voir K. MCDONNELL, «The Ratzinger/Kasper debate», 227-250; J. MARTINEZ GORDO, «El debate de J. Ratzinger y W. Kasper», 269-301.

[116] Cf. CN 9a.

[117] Cf. ***, «La Chiesa come comunione», 1, 4.

cale à Jérusalem, de laquelle seraient nées progressivement les autres Eglises locales qui, en se regroupant peu à peu, ont formé ainsi l'Eglise universelle[118]. Notons, de plus, que cette formule est d'une importance particulière pour l'ecclésiologie catholique, car elle a été reprise à plusieurs reprises par le pape Jean Paul II dans des documents suivants, comme par exemple le m.p. *Apostolos Suos* du 21 mai 1998[119], ou l'ex. ap. *Pastores Gregis* du 16 octobre 2003[120].

Mais, malgré la clarté et la continuité des documents magistériels de l'Eglise catholique, certains auteurs ont vu dans ce développement doctrinaire une altération de la doctrine génuine du Vatican II. Ainsi, en 2003, le

---

[118] «L'obiettivo della Lettera è dunque, in primo luogo, quello di escludere l'idea secondo cui sarebbe sorta prima una Chiesa locale a Gerusalemme, a partire della quale si sarebbero formate progressivamente altre Chiese locali che raggruppandosi poco a poco, avrebbero dato origine così alla Chiesa universale. […] Infatti, dal fatto ovvio che l'espressione "priorità ontologica" non si trovi nella Scrittura, non si può dedurre che il suo contenuto sia extra-biblico. Anzi, l'affermazione della priorità ontologica della Chiesa universale nei confronti delle singole Chiese particolari è fondata sull'ecclesiologia paolina, come risulta soprattutto dalle Lettere agli Efesini e ai Colossesi. […] La Chiesa che si qualifica come previa è certamente la "Chiesa mistero", ma anche la "Chiesa una ed unica" che si manifestò nel giorno di Pentecoste. Questa Chiesa di Gerusalemme, che appariva "localmente" determinata, non era tuttavia una Chiesa locale (o particolare) nel senso attuale di questa espressione; non era cioè una *portio Populi Dei* (cfr. Decr. *Christus Dominus*, n. 11), una "singola Chiesa particolare", come dice la Lettera, ma il *Populus Dei*, la *Ecclesia universalis*, la Chiesa che parla tutte le lingue e, in questo senso, madre di tutte le Chiese particolari, le quali, attraverso gli Apostoli, nasceranno da lei come figlie. Forse il motivo per cui talvolta non è stata bene intesa la priorità ontologica, che la Lettera attribuisce alla Chiesa universale, è che, con eccessiva frequenza, si considera la Chiesa universale come una realtà astratta contrapposta alla realtà concreta che sarebbe la Chiesa particolare. La Lettera, al contrario, in questa frase circa la priorità, considera la Chiesa universale nel modo più concreto e allo stesso tempo più misterioso. La Chiesa universale di cui in essa si parla è la Chiesa di Gerusalemme nell'evento della Pentecoste. E non c'è cosa più concreta e localizzata che i centoventi lì riuniti. Ma l'originalità irrepetibile e il mistero dei centoventi consiste nel fatto che la struttura ecclesiale che li costituisce come Chiesa è la *struttura stessa della Chiesa universale*: lì vi sono i Dodici, con a capo Pietro, e in comunione con loro tutta la Chiesa che cresce – i cinquemila – e che parla tutte le lingue, in un momento di unità e universalità che è al tempo stesso quanto mai locale, senza essere – in quanto Chiesa di Pentecoste – una "singola Chiesa particolare", nel senso che oggi si da a questa espressione. A Pentecoste non c'è "mutua interiorità" della Chiesa universale e della Chiesa particolare, poiché queste due dimensioni non si danno ancora come distinte. C'è l'ephapax cristologico (cfr. *Ebr* 7, 27), anticipazione escatologica della Chiesa, del Corpo di Cristo *tout court*.», ***, «La Chiesa come comunione», 4.

[119] Cf. *Apostolos Suos* 12b.

[120] Cf. ex. ap. *Pastores Gregis* 8.

dominicain Herve Legrand, en analysant les dernières prises de positions de la Congrégation pour la Doctrine de la Foi, en arrivait même à affirmer:

> Dans les documents romains récents, de nature et d'autorité diverses, souvent canoniques, la *communio ecclesiae* n'est guère valorisée comme *communio ecclesiarum*. Trois facteurs l'expliquent: 1. un concept de collège des évêques où celui-ci est toujours considéré comme dépendant de son chef, sans que la réciproque soit vraie, ce qui aboutit à donner plus de pouvoir à «un seul» qu'à «tous»; 2. une scission malheureuse entre la co-mmunion des évêques et la communion des Eglises; 3. l'absence d'une véritable théologie des Eglises régionales; 4. plus récemment l'idée, formulée clairement dans *Communionis notio* (1992), reprise depuis dans la *Note* secrète *sur les Eglise sœurs*, avançant la priorité de l'Eglise universelle sur toutes les Eglises particulières[121].

Très probablement pour répondre à ce type de critique, le 10 juillet 2007, la même Congrégation a publié un nouveau document[122] destiné à préciser les enseignements donnés dans la déclaration *Dominus Iesus*, ainsi que dans les autres prises de positions précédentes. Ces «réponses à des questions concernant certains aspects de la doctrine de l'Eglise» ont été rédigées selon la forme traditionnelle de cinq questions-réponses. Plus précisément, après une brève introduction, le document répond aux questions de façon assez péremptoire sans argumentations susceptibles de prouver la doctrine exposée, se contentant de rappeler l'enseignement des documents précédents. Un commentaire légèrement plus explicit accompagne le texte, sans pour autant apporter beaucoup plus d'éclaircissements[123]. Ainsi, à la première question sur la continuité de la doctrine catholique, il est précisé:

> Le Concile n'a pas voulu changer et n'a de fait pas changé la doctrine en question, mais a bien plutôt entendu la développer, la formuler de manière plus adéquate et en approfondir l'intelligence[124].

---

[121] H. LEGRAND, «La synodalité mise en œuvre», 527-529.

[122] Cf. CONGREGATIO PRO DOCTRINA FIDEI, «Responsa ad quaestiones», 604-608. Pour un commentaire de ce document, voir A. GARUTI, «L'ecclesiologia oggi», 25-40; S. PIÉ-NINOT, «Vocabulario teológico», 483-492.

[123] Ce document est accompagné par un commentaire, qui n'a pas été destiné à la publication dans les *Acta Apostolicae Sedis*. Toutefois, il faut souligner ici qu'il s'agit d'une *Note*, et que donc, elle ne cherche pas à donner des arguments pour justifier la doctrine exposée, car sa charge principale est de réitérer la doctrine des documents précédents, où naturellement il y a toute l'argumentation nécessaire.

[124] «Noluit mutare, at evolvere, profundius intellegere et fecundius exponere voluit, nec eam mutavisse dicendum est.», CONGREGATIO PRO DOCTRINA FIDEI, «Responsa ad quaestiones», 605.

Aux deuxième et troisième demandes, qui s'interrogent sur le sens de l'expression «subsistit in» et son usage à la place de verbe «est», le document répond de la manière suivante:

> Selon la doctrine catholique, s'il est correct d'affirmer que l'Eglise du Christ est présente et agissante dans les Eglises et les Communautés ecclésiales qui ne sont pas encore en pleine communion avec l'Église catholique, grâce aux éléments de sanctification et de vérité qu'on y trouve, le verbe «subsister» ne peut être exclusivement attribué qu'à la seule Eglise catholique, étant donné qu'il se réfère à la note d'unité professée dans les symboles de la foi ('Je crois en l'Eglise, Une'); et cette Eglise une subsiste dans l'Eglise catholique. [...] L'usage de cette expression, qui indique la pleine identité de l'Eglise du Christ avec l'Eglise catholique, ne change en rien la doctrine sur l'Eglise, mais a pour raison d'être de signifier plus clairement qu'en dehors de ses structures, on trouve «de nombreux éléments de sanctification et de vérité», «qui, appartenant proprement par don de Dieu à l'Eglise du Christ, appellent par eux-mêmes l'unité catholique».[125]

Pour la quatrième et la cinquième questions, qui mettent en cause les raisons pour lesquelles le concile Vatican II avait donné le nom d'*Eglise* aux Eglises orientales, qui ne sont pas en communion avec l'Eglise de Rome, et non plus aux communautés chrétiennes nées de la Réforme du XVIe siècle, le document se contente de répondre seulement en reprenant des textes antérieures. Ainsi, aux Eglises orientales qui ne sont pas en communion avec l'Eglise de Rome, le Vatican II reconnaît le statut d'*Eglises*:

> «Puisque ces Eglises, bien que séparées, ont de vrais sacrements, surtout en vertu de la succession apostolique: le Sacerdoce et l'Eucharistie, qui les unissent intimement à nous», elles méritent le titre d'«Eglises particulières et locales», et sont appelées Eglises sœurs des Eglises particulières catholiques.

---

[125] «Dum secundum doctrinam catholicam recte dici potest, Ecclesiam Christi in Ecclesiis et communitatibus ecclesialibus nondum plenam communionem cum Ecclesia catholica habentibus adesse et operari propter sanctificationis et veritatis elementa quae in illis sunt, verbum "subsistit" soli Ecclesiae catholicae ut singulare tantum at-tribuitur, quia refertur nempe ad notam unitatis in symbolis confessam (Credo...unam Ecclesiam); quae Ecclesia una subsistit in Ecclesia catholica [...] Usus vocabuli retinentis plenam identitatem Ecclesiae Christi et Ecclesiae Catholicae doctrinam de Ecclesia non immutat, rationem tamen habet veritatis, apertius significans quod extra eius compaginem "elementa plura sanctificationis et veritatis" inveniuntur, "quae ut dona Ecclesiae Christi propria ad unitatem catholicam impellunt"» (notre traduction), CONGREGATIO PRO DOCTRINA FIDEI, «Responsa ad quaestiones», 606-607.

[…] Cependant, étant donné que la communion avec l'Eglise catholique, dont le Chef visible est l'Evêque de Rome et Successeur de Pierre, n'est pas un complément extérieur à l'Eglise particulière, mais un de ses principes constitutifs internes, la condition d'Eglise particulière dont jouissent ces vénérables Communautés chrétiennes souffre d'une déficience[126].

Toutefois, le même document, pour les communautés chrétiennes nées de la Réforme du XVIe siècle, précise:

Selon la doctrine catholique, ces Communautés n'ont pas la succession apostolique dans le sacrement de l'ordre. Il leur manque dès lors un élément essentiel constitutif de l'Église. Ces Communautés ecclésiales, qui n'ont pas conservé l'authentique et intégrale réalité du Mystère eucharistique, surtout par la suite de l'absence de sacerdoce ministériel, ne peuvent être appelées «Eglises» au sens propre selon la doctrine catholique[127].

En somme, de tout ce qui nous avons dit jusqu'ici, il appert que nous pouvons

synthétiser l'apport conciliaire en concédant que le *subsistit in* n'a rien changé au discours traditionnel de l'Eglise catholique sur elle-même; mais il a certainement changé son discours sur les autres confessions (la Congrégation pour la doctrine de la foi le reconnaît implicitement) – donc sur l'Eglise du Christ – donc sur l'Eglise catholique elle-même, au moins en retour et indirectement: tout se tient, dans une sorte d'effet de système[128].

---

[126] «"Cum autem illae Ecclesiae quamvis seiunctae, vera sacramenta habeant, praecipue vero, vi successionis apostolicae, Sacerdotium et Eucharistiam, quibus arctissima necessitudine adhuc nobiscum coniunguntur", titulum merentur "Ecclesiae particulares vel locales", et Ecclesiae sorores Ecclesiarum particularium catholicarum nuncupantur. […] Quia autem communio cum Ecclesia catholica, cuius visibilis Caput est Episcopus Romae ac Successor Petri, non est quoddam complementum Ecclesiae particulari ab extra adveniens, sed unum e principiis internis quibus ipsa constituitur, conditio Ecclesiae particularis, qua potiuntur venerabiles illae communitates christianae, defectu tamen afficitur.» (notre traduction), CONGREGATIO PRO DOCTRINA FIDEI, «Responsa ad quaestiones», 607-608.

[127] «secundum doctrinam catholicam hae communitates successionem apostolicam in sacramento Ordinis non habent, ideoque elemento essentiale Ecclesiam constitutivo carent. Illae communitates ecclesiales, quae, praesertim propter sacerdotii ministerialis defectum, genuinam atque integram substantiam Mysterii eucharistici non servant, secundum doctrinam catholicam Ecclesiae sensu proprio nominari non possunt.», CONGREGATIO PRO DOCTRINA FIDEI, «Responsa ad quaestiones», 608. Pour plus de détails, voir aussi P. GRANFIELD, «"Iglesias y comunidades eclesiales"», 83-97.

[128] J.-F. CHIRON, «Eglise du Christ», 77.

Alors, nous sommes tout à fait en droit d'affirmer ici qu'il y a un parallélisme de vision ecclésiologique de la part de l'Eglise orthodoxe et de l'Eglise catholique. L'Eglise catholique se considère elle-même la seule vraie Eglise de Christ, bien qu'elle reconnaisse aussi l'existence des certains éléments ecclésiaux dans les autres Eglises et les communautés ecclésiales qui ne sont pas en pleine communion avec elle. A son tour, l'Eglise orthodoxe se considère elle-même l'unique Eglise du Christ, bien qu'elle reconnaisse aussi l'existence des certains éléments ecclésiaux propre à l'Eglise du Christ en dehors d'elle.

CHAPITRE VI

L'Eglise universelle, locale et particulière dans l'Eglise catholique

1. L'Eglise universelle, locale et particulière au Vatican II

Avant de parler de l'Eglise universelle, locale et particulière, il est absolument nécessaire d'identifier les éléments ecclésiaux fondamentaux parce que, selon la doctrine catholique, seulement ainsi on puisse parler ensuite de l'Eglise. En bref, bien qu'il est difficile de donner une définition satisfaisante de l'Eglise en analysant les documents du Vatican II, l'ecclésiologie catholique affirme qu'on peut parler d'Eglise lorsqu'on retrouve les éléments essentiels suivants: 1. le baptême qui constitue fidèles et peuple de Dieu (*LG* 10a; 11a; *AG* 6c); 2. une différenciation organique entre les fidèles pour la diversité des dons hiérarchiques et charismatiques dans l'unité de l'Esprit (*LG* 4a; 12b; 13c; *AG* 4; *GS* 32d); 3. l'acceptation totale de l'organisation de l'Eglise visible et de tous les moyens de salut qui y sont attachés, le premier étant l'eucharistie; 4. l'union avec le Christ dans le corps visible de l'Eglise par le moyen des liens de la profession de foi, des sacrements, de gouvernement ecclésiastique et de la communion (LG 14; 15; UR 3c; 4d); 5. le gouvernement exercé par le Souverain Pontife et les évêques (*LG* 8b; 9a; 14b; *OE* 2; *AG* 6c).[1]

De plus, même si la terminologie conciliaire n'est pas toujours aussi claire[2], dans la théologie catholique l'universalité, la particularité et le local sont considérées seulement comme des attributs du sujet Eglise; car, d'autre part, l'Eglise n'existe pas dans l'abstrait, elle n'existe toujours que

---

[1] Cf. G. GHIRLANDA, «Eglise universelle, particulière et locale», 274-275.

[2] Dans ce sens, K. Walf précisait que «dans les commentaires des textes conciliaires, on a souvent attiré l'attention sur l'intention foncière de Vatican II: il aurait été un concile avec une finalité pastorale, non avec une finalité dogmatique ou, à plus forte raison, canonique. De là résulterait aussi la rédaction peu claire et peu univoque des textes.», K. WALF, «Lacunes et ambiguïtés», 209.

dans une spécification, soit universelle, soit particulière, soit locale. Donc, pour l'ecclésiologie catholique, l'aspect le plus important est que l'universalité, la particularité et le local sont des attributs du même sujet: l'Eglise[3]. Par conséquent, l'aspect terminologique ne reste que secondaire. On retiendra alors que, malgré le manque de précision terminologique du Concile Vatican II, la communion ecclésiastique se réalise à trois niveaux: universel, particulier et local[4].

Au concile Vatican II, les expressions *Ecclesia universa* et *Ecclesia universalis* sont employées pour indiquer la réalité de l'Eglise comme *totum ut summa* et comme *totum ut unum*[5]. Il faut noter d'emblée que les docu-

---

[3] Selon la lettre CN n.7, les attributs de «universel», «particulier», «local» peuvent se référer à l'Eglise seulement s'il y a tous les éléments essentiels qui la déterminent.

[4] «Communio catholica ecclesiastica tribus dimensionibus realizatur: universali, particulari et locali.», G. GHIRLANDA, «De Definitione Ecclesiae universalis», 612. Cf. aussi G. GHIRLANDA, «Chiesa universale, particolare e locale», 848.

[5] LG 4b. Par ailleurs, il faut souligner ici que, dans les documents du Vatican II, «*Populus Dei universus* è sinonimo di *Ecclesia universa*. Il n. 4 della Cost. domm. *Lumen Gentium* così conclude: Sic apparet universa Ecclesia sicuti «de unitate Patris et Filii et Spiritus Sancti plebs adunata». La plebs adunata è il Popolo di Dio (SC 26a, 33b, 41b, LG 41c, DV 10a, 14, PO 7a). [...] L'aggettivo *universus* riferito a *Populus Dei* si trova nel Concilio solo 4 volte. Invece l'aggettivo *universa* è riferito ben 31 volte a *Ecclesia* nel Concilio e 29 volte nel *Codex Iuris Canonici*, nonché 18 volte nel *Codex Canonum Ecclesiarum Orientalium*. *Universus*, da *unus et verto*, significa *ad unum reductus*, *totus*, *omnis*, *integer*, tutto, ciò che è raccolto in unità, in contrapposizione a sparpagliato. Indica, quindi, un *totum ut summa*, non nel senso di somma matematica, ma di contrapposto a parte o porzione, in quanto indica l'unità delle varie parti in un tutto. Sinonimo di *universus* è *totus*, nel senso di *integer, universus, solidus*, tutto intero. Riferito a *Ecclesia* si trova nel Concilio 26 volte, nel *Codex Iuris Canonici* 4 volte, mentre una volta sola nel *Codex Canonum Ecclesiarum Orientalium*. Riferito a *Populus Dei* 8 volte nel Concilio e mai nel *Codex Iuris Canonici* e nel *Codex Canonum Ecclesiarum Orientalium*." (G. GHIRLANDA, «"Populus Dei universus"», 37, 41-42). De plus, il faut aussi noter que «nei due Codici mai si usa l'aggettivo *universalis* riferito a *Ecclesia*, mentre nel Concilio 27 volte. È un opzione del legislatore, di cui però non si ha alcun resoconto negli Atti della Commissione di riforma. L'aggettivo *universalis* riferito a *Populus Dei* si trova una sola volta. Una volta si trova anche il termine *universalitas* riferito ad esso. *Universalis*, dà l'idea di una realtà diffusa ovunque. Per quello che a noi interessa, vuole significare la realtà misterica della Chiesa o Popolo di Dio, che si estende attraverso tutti i tempi e in tutti i luoghi e quindi è presente nella sua totalità e unità in ogni sua parte (LG 23a; LG 28b). Correlativo a *universalis* è *catholicus*, che dà l'idea di una realtà che per quanto diffusa è però rivolta verso un centro che ne assicura l'unità, quindi una realtà totalizzante. [...] Anche la *Ecclesia universalis* presuppone un qualche principio di unità, che la fa essere, nonostante la sua diffusione nello spazio e nel tempo, un *totum ut unum*, per cui è un tutto indivisibile. Principi vitali sono il Padre, Cristo (stranamente non si fa riferimento allo Spirito), la

ments conciliaires n'offrent pas une définition exhaustive pour l'Eglise universelle. Bien que les documents conciliaires indiquent l'Eglise universelle seulement comme *de unitate Patris et Filii et Spiritus Sancti plebs adunata*, sur la base des différents éléments offerts par les mêmes documents conciliaires, on peut affirmer que, selon la vision catholique, l'Eglise universelle est la communion ecclésiastique universelle de l'entier peuple de Dieu, qui, sous le guide de l'évêque de Rome et du Collège des évêques s'étend sur toute la terre, et est constituée par la communion entre toutes les Eglises particulières[6].

De plus, il faut souligner que, pour définir l'Eglise, qui se manifeste aussi bien au niveau particulier qu'au niveau local, les Pères conciliaires ont utilisé uniquement les expressions suivantes: *Ecclesia particularis*, *Ecclesia localis* et *Ritus*[7]. En tous cas, le Concile n'a canonisé aucune

---

missione ricevuta da Cristo, la predicazione apostolica. Principi strutturali sono dati dalla costituzione divina della Chiesa: l'essere le Chiese particolari a immagine della Chiesa universale e il riferimento delle componenti di esse a quest'ultima; la comunione con la Chiesa universale; la sollecitudine dei vescovi per le altre Chiese e per la Chiesa universale; la funzione primaziale del Romano Pontefice e la funzione del Collegio episcopale. Come si può vedere i principi che fanno sì che la Chiesa come Popolo di Dio sia un *totum ut summa* e nello stesso tempo un *totum ut unum* son gli stessi. Questo ci dice che si tratta della stessa realtà, che nella sua complessità può essere colta sotto diverse prospettive, ciascuna delle quali, però è pienamente comprensibile alla luce dell'altra, per cui parlare di *Populus Dei universus* o di *Populus Dei universalis*, oppure di *Ecclesia universa* o di *Ecclesia universalis* è lo stesso, in quanto ognuna di queste nozioni dovrebbe essere intesa alla luce dell'altra. Infatti si tratta sempre della *una et unica Ecclesia catholica* che *exsistit* nelle (*in quibus*) e dalle (*ex quibus*) Chiese particolari, le quali sono formati *ad imaginem Ecclesiae universalis* (LG 23a). *Populus Dei universus* o *Ecclesia universa* vogliono indicare l'*ex quibus*, in quanto il tutto risultante da un congiunto di parti, le Chiese particolari; invece *Populus Dei universalis* o *Ecclesia universalis* indicano l'*in quibus*, cioè il tutto che è presente in ogni sua parte. […] l'*ex quibus* e l'*in quibus* sono due aspetti o dimensioni dell'*una et unica Ecclesia catholica*.» (G. GHIRLANDA, «"Populus Dei universus"», 44-46).

[6] Cf. G. GHIRLANDA, «Chiesa universale (Ecclesia universalis)», 173; «La Chiesa particolare», 553. Parmi l'abondante bibliographie relative à l'interprétation de la doctrine du Concile Vatican II sur l'Eglise universelle, nous rappelons H. DE LUBAC, *Les églises particulières*; J. BEYER, «Chiesa universale e chiese particolari», 73-87; P. CHOUINARD, «Les expressions *Eglise locale*», 115-161; G. GHIRLANDA, «Eglise universelle, particulière et locale», 263-297.

[7] Cf. P. DELHAYE – M. GUERET – P. TOMBEUR, *Concilium Vaticanum II*. Pour une bibliographie concernant l'Eglise particulière et l'Eglise locale, voir M. MARIOTTI, «Orientamenti bibliografici», 505-516 et 214-242; «Appunti bibliografici», 155-182; A. CONTRI, «La teologia della Chiesa locale», 333-401. Voir aussi L. VILLEMIN, «Le diocèse», 74-94; S. MADRIGAL, «A propósito del binomio», 7-29.

expression pour définir une réalité spécifique[8], mais il a plutôt déterminé une imprécision terminologique parce qu'il a utilisé la même expression pour définir deux réalités bien distinctes. En fait, il utilise l'expression *ecclesia particularis* soit pour définir le diocèse[9] soit pour identifier les Eglises orientales catholiques (les patriarcats orientaux catholiques[10] ou les archevêchés majeurs catholiques[11]), soit encore pour indiquer des autres organismes analogues à ceux-ci[12]. En ce qui concerne l'expression *ecclesia particularis*, comme nous l'avons déjà précisé, il faut tenir compte que, d'une part le décret conciliaire *Orientalium Ecclesiarum* désigne par le nom d'*Eglises particulières* les différents rites existants dans l'Eglise catholique, à savoir l'Eglise latine et les diverses Eglises orientales catholiques[13], et, d'autre par le décret *Christus Dominus* identifie par l'expression *Eglise particulière*, le diocèse[14].

---

[8] «Les documents de Vatican II ne canonisent en effet aucune expression spécifique et ne nous engagent dans aucune voie définitive. Les textes conciliaires s'expriment selon une terminologie diversifiée qui laisse toutefois prévaloir l'expression *Ecclesia particularis* pour désigner le diocèse. Cependant, il ne prétend pas en exclure une autre ni limiter cette expression à cette seule signification.», G. ROUTHIER, «*Église locale* ou *Église particulière*», 283.

[9] CD 3b., 11a.b., 23e., 28a., LG 23a.b., 27a., 45b., AG 6c.d., 19, 20a.g., SC 13b.

[10] LG 13 c.; OE 2, 3, 4, 16, 17, 19; UR 14 a.

[11] OE 10. Il faut noter ici que l'expression «archevêché majeur» (*archiepiscopus maior*) est pléonastique (à cause de l'emploi de deux renforcements: le préfixe *archi* – ἀρχή avec valeur superlative et l'adjectif *majeur* – *maior*, qui est un comparatif de supériorité), étant introduite très récemment dans le langage catholique (depuis le milieu du XXe siècle). Cf. G. GRIGORIȚĂ, *Il concetto di "Ecclesia sui iuris"*, 17, note 4.

[12] Le texte le plus éloquent est celui de OE 2, où il est affirmé que «Sancta et catholica Ecclesia, quae est Corpus Christi mysticum, constat ex fidelibus, qui eadem fide, iisdem sacramentis et eodem regimine in Spiritu Sancto organice uniuntur, quique in varios coetus hierarchia iunctos coalescentes, particulares Ecclesias seu ritus constituunt».

[13] Après la rupture de la communion intervenue en 1054 entre l'Occident et l'Orient, en particulier après le Concile de Florence (1438-1439), certains membres des différentes Eglises orthodoxes locales se sont unis à l'Eglise catholique, en générant des nouvelles communautés, identifiées au début par l'expression de «Eglises catholiques de rite grec» ou «Eglises grecques catholiques». Aujourd'hui, la théologie catholique indique ces communautés par l'expression «Eglises orientales catholiques». De nos jours, à chaque Eglise orthodoxe locale correspond une communauté unie à Rome. L'exception unique est constituée par l'Eglise maronite, qui est unie entièrement à Rome en 1182 au temps des croisades. Par conséquent, il n'y a pas une Eglise maronite orthodoxe. Cf. A. FORTESCUE, *The Uniate Eastern Churches*; D. ATTWATER, *The Catholic Eastern Churches*; G. DE VRIES, «Le Chiese Orientali», 45-48; T. M. POPESCU, «Cum s-au făcut unirile cu Roma», 120-142.

[14] CD 11: «Dioecesis est Populi Dei portio, quae Episcopo cum cooperatione presbyterii pascenda concreditur, ita ut, pastori suo adhaerens ab eoque per Evangelium et

CHAP. VI : L'EGLISE UNIVERSELLE, LOCALE ET PARTICULIERE 257

De plus, dans les documents du Concile Vatican II, l'expression *Ecclesia particularis* est utilisée aussi comme synonyme du terme *Ecclesia localis*, alors que le décret conciliaire sur l'œcuménisme *Unitatis Redintegratio* affirme que:

> le Concile se plaît à rappeler à tous entre autres événements d'importance, qu'il y a en Orient plusieurs Eglises particulières ou locales, au premier rang desquelles sont les Eglises patriarcales, et dont plusieurs se glorifient d'avoir été fondées par les Apôtres eux-mêmes[15].

Mais cependant, l'expression *Ecclesia localis* n'a pas seulement le sens d'une Eglise orientale catholique[16], car J. Beyer identifie l'Eglise locale avec le diocèse[17], alors que G. Ghirlanda affirme que l'expression doit être comprise d'une manière spécifique comme une paroisse[18].

Eucharistiam in Spiritu Sancto congregata, Ecclesiam particularem constituat, in qua vere inest et operatur Una Sancta Catholica et Apostolica Christi Ecclesia.». Donc, lorsque le décret *Christus Dominus* nous donne la définition de la diocèse, il nous offre aussi la définition de l'Eglise particulière. Ensuite, il faut remarquer que dans cette définition c'est le Peuple de Dieu qui est mis en première place. Et cela notamment parce que un évêque sans une portion du Peuple de Dieu ne constitue pas un diocèse; de même, une portion du Peuple de Dieu sans un évêque, ne constitue non plus un diocèse. En effet, selon cette définition, il s'agit de la communion des baptisés gouvernés par un évêque. Habituellement, cette communion devrait se réaliser dans les limites d'un territoire particulier, mais les documents conciliaires ne l'indique pas explicitement. En conséquence, on peut aussi concevoir des diocèses personnels. En outre, il faut remarquer que la même définition nous dit que le diocèse est une portion du Peuple de Dieu (*Populi Dei portio*). Et cela parce que dans le CD 11 «si è voluto usare il termine «*portio*» e non «*pars*», come era nel *textus prior*, inoltre si è voluto anche evitare la locuzione «*portio Ecclesiae universalis*», affinché non si intendesse nel senso che si possano dare divisioni e parti nella Chiesa di Cristo. È da osservare che data l'equivalenza tra *Populus Dei* e *Ecclesia* la stessa cosa si potrebbe dire riguardo alla formulazione attuale del testo.», (G. GHIRLANDA, «"Populus Dei universus"», 47).

[15] UR 14: «Sacrosanctae Synodo gratum est omnibus in mentem revocare plures in Oriente florere particulares seu locales Ecclesias, inter quas primum locum tenent Ecclesiae Patriarchales, et ex quibus non paucae ab ipsis Apostolis ortum habere gloriantur.» (notre traduction).

[16] Cf. O.G. DE CARDEBAL, «Genesi di una teologia della Chiesa locale», 27-61.

[17] «L'Église locale est diocèse.», J. BEYER, «Paroisse, Église locale», 179.

[18] «Allora, terminologicamente, possiamo usare l'espressione *Chiesa particolare* per il patriarcato e la diocesi o per ogni altra porzione del popolo di Dio ad essa assimilata, in quanto la specificazione non è data in modo primario dal luogo; invece per *le comunità locali di fedeli* possiamo tranquillamente anche usare l'espressione Chiesa locale, in quanto la specificazione è data in modo particolare proprio dal luogo. Dobbiamo dire che in modo specifico la nozione di *Chiesa locale* si può applicare alla parrocchia, tuttavia non in modo esclusivo, in quanto può essere

Un problème encore plus sensible est constitué par le fait que, avec l'expression *Ecclesia localis*, après qu'elle a été utilisée pour indiquer les Eglises orientales catholiques de type patriarcal, elle a été aussi identifiée d'une manière analogue pour indiquer les conférences épiscopales[19].

Il convient de noter ici que, même si les conférences épiscopales sont une réalité qui a commencé à exister dans l'Eglise catholique bien avant le concile Vatican II, plus précisément au début du XIXe siècle[20], elles n'ont reçu un caractère officiel qu'après leur reconnaissance par le concile Vatican II[21]. En effet, c'est le décret *Christus Dominus* sur la charge pastorale des évêques, qui avait précisé que:

> de notre temps surtout, il n'est pas rare que les évêques ne puissent accomplir leur charge convenablement et avec fruit, s'ils ne réalisent pas avec les autres évêques une concorde chaque jour plus étroite et une action plus coordonnée.

---

attribuita anche ad altre comunità locali.», G. GHIRLANDA, «Chiesa universale, particolare e locale», 853; Cf. anche G. GHIRLANDA, «La chiesa particolare», 555.

[19] LG 23 d : «Inter quas aliquae, notatim antiquae *Patriarchales Ecclesiae*, veluti matrices fidei, alias pepererunt quasi filias […]. Quae *Ecclesiarum localium* in unum conspirans varietas indivisae Ecclesiae catholicitatem luculentius demonstrat. Simili ratione *Coetus Episcopales* hodie multiplicem atque fecundam opem conferre possunt.»

[20] Habituellement, les historiens prend comme date de naissance des conférences épiscopales la réunion des évêques de Belgique tenue le 16 novembre 1830 à Malines (cf. M. COSTALUNGA, «De episcoporum Conferentiis», 223; G. FELICIANI, *Le conferenze episcopali*, 16). Toutefois, il convient préciser ici que les conférences épiscopales sont apparues dans l'Eglise catholique non pas tellement pour des motifs pastoraux, mais davantage pour des questions concernant les relations Eglise-Etat et requérant une position commune de la part des évêques d'une nation (cf. R. LETTMANN, «Episcopal Conferences», 347). Par conséquent, il faut souligner ici le caractère national de l'apparition des conférences épiscopales, pour faire ressortir ce qui G. Feliciani exprime ainsi: «la questione nazionale è strettamente intrecciata con la storia delle origini delle conferenze episcopali» (G. FELICIANI, *Le conferenze episcopali*, 141). La problématique des conférences épiscopales a pris une importance particulière dans l'Eglise catholique, lorsque, sous le pontificat de Pie XI, ont apparues les premières conférences épiscopales dans les pays de mission (cf. J. MANZANARES, «Las Conferencias Episcopales», 5-57). Pour celles-ci, les problèmes ne se situaient pas dans l'adaptation de la pastorale au changement du rapport Eglise-Etat, tel qu'il se manifestait en Europe ou dans l'Amérique de Nord, à savoir la montée du nationalisme, mais ils se situaient plutôt dans l'adaptation de la pastorale au mouvement de la décolonisation. Plus précisément, la problématique du rapport Eglise-Etat dans les pays de mission était une problématique de respect des cultures à évangéliser (cf. G. FELICIANI, *Le conferenze episcopali*, 179-181).

[21] «C'est la constitution «Lumen Gentium» promulguée le 21 novembre qui, dans son n° 23, a donné à la Conférence épiscopale son droit de cité dans l'Eglise», P. GOUYON, «Les relations», 8. Pour une analyse détaillée sur les conférences épiscopales dans les documents du Vatican II, voir F. GUILLEMETTE, *Théologie des conférences épiscopales*. Voir aussi P.W.F. DANDOU, *Les conférences des évêques*.

CHAP. VI : L'EGLISE UNIVERSELLE, LOCALE ET PARTICULIERE   259

> Les Conférences épiscopales, établies déjà dans plusieurs nations, ont donné des preuves remarquables de fécondité apostolique; aussi ce saint Synode estime-t-il tout à fait opportun qu'en tous lieux les évêques d'une même nation ou d'une même région constituent une seule assemblée et qu'ils se réunissent à dates fixes pour mettre en commun leurs lumières prudentes et leurs expériences. Ainsi la confrontation des idées permettra-t-elle de réaliser une sainte harmonie des forces en vue du bien commun des Eglises[22].

De plus, le même document avait établi aussi la notion[23], la structure[24] et les compétences[25] des conférences épiscopales. De même, le texte prévoit aussi la possibilité de constituer une seule Conférence pour plusieurs pays et encourage les relations entre Conférences épiscopales de diverses nations voisines ou limitrophes[26]. Toutefois, le pape Jean Paul II, pour mieux mettre en évidence la différence entre le rapport Eglises particulières – Eglise universelle (la «muette intériorité») et Eglises particulières – Conférence épiscopale, avait souligné dans le motu proprio *Apostolos Suos*[27]:

> les regroupements d'Eglises particulières ont avec les Eglises qui les composent une relation correspondant au fait qu'ils sont fondés sur les liens de traditions communes de vie chrétienne et d'enracinement de l'Eglise dans des communautés humaines unies par la langue, la culture et l'histoire. Cette relation est très différente du rapport d'intériorité mutuelle de l'Eglise universelle avec les Eglises particulières. De manière similaire, les organismes formés par les Evêques d'un territoire (pays, région, etc.) et les Evêques qui les composent sont dans une relation qui, tout en ayant une certaine ressemblance, est en réalité bien différente de celle du Collège épiscopal et des évêques individuellement. La validité et le caractère d'obligation des actes du ministère épiscopal exercé conjointement au sein des Conférences épiscopales et en communion avec le Siège apostolique découlent du fait que ce dernier a constitué ces organismes et leur a confié, en se fondant sur le pouvoir sacré des évêques personnellement, des compétences précises[28].

En commentant cette différence, G. Ghirlanda apport des éclaircissements, en expliquant de façon très clair que:

---

[22] CD 37.
[23] Cf. CD 38a.
[24] Cf. CD 38b, c.
[25] Cf. CD 38d.
[26] Cf. CD 38e.
[27] Cf. JEAN-PAUL II, M.p. *Apostolos suos*, 641-658. Voir aussi A. ANTÓN, «La lettera apostolica *Apostolos Suos*», 119-132.
[28] *Apostolos Suos* 13. Voir aussi K. WINTERKAMP, *Die Bischofskonferenz*, 510-527; F.A. SULLIVAN, «The Teaching Authority», 472-493; L. ÖRSY, «Episcopal Conference», 409-431.

cette relation de intériorité mutuelle ne se reproduit pas entre les Conférences épiscopales et les évêques qui les composent. En effet, il n'existe pas une pouvoir de la Conférence épiscopale, comme entité antérieure à laquelle les évêques participeraient, mais au contraire [...] Le pouvoir des évêques est préliminaire en rapport au pouvoir des conférences qui ceux-ci constituent et il est exigé un acte constitutif du Saint-Siège afin qu'une Conférence existe et qu'elle ait des attributions de compétence[29].

Par conséquent, dans l'Eglise catholique, les Conférences épiscopales bénéficient d'une fonction essentiellement consultative, et, donc, elles ne jouissent ni d'une compétence législative générale, ni d'une pouvoir de gouvernement ordinaire propre. En outre, il faut mentionner ici que le décret *Christus Dominus* érige en principe que tous les diocèses, ceux également qui jusqu'à présent sont soumis directement au Saint-Siège et ne sont unis à aucun autre diocèse, et de même les autres circonscriptions territoriales qui relèvent des mêmes dispositions de droit, soient rattachés à une province ecclésiastique[30]. De plus, il recommande l'érection de régions ecclésiastiques (comprenant plusieurs provinces chacune)[31], et que c'est aux Conférences épiscopales concernées d'examiner la question de la délimitation des circonscriptions ecclésiastiques (provinces et régions, outre que les conférences épiscopales) et de proposer leurs vœux au Saint-Siège en vue d'une éventuelle modification de celles-ci[32].

---

[29] «Tale rapporto di mutua immanenza (che c'è tra il Collegio episcopale e i singoli vescovi) non si riproduce tra le Conferenze Episcopali e i singoli Vescovi che le compongono. Infatti, non c'è una potestà della Conferenza Episcopale, come entità anteriore a cui i Vescovi parteciperebbero, ma al contrario [...] La potestà dei singoli Vescovi è previa rispetto alla potestà della Conferenze che essi compongono ed è richiesto un atto costitutivo della Santa Sede perché una Conferenza esista e abbia delle attribuzioni di competenza.» (notre traduction), G. GHIRLANDA, «Il m.p. *Apostolos Suos*», 621-622. Voir également P. ERDÖ, «Osservazioni giuridico-canoniche», 249-266; F.A. PASTOR, «"Authenticum Episcoporum Magisterium"», 79-118; A. BETTETINI, «Collegialità, unanimità e "potestas"», 493-509.

[30] Cf. CD 40b. Dans l'Eglise catholique, on donne le nom de *province ecclésiastique* «au groupement des diocèses dépendant d'un même archevêque ou métropolitain. Par l'effet des mêmes causes géographiques et historiques, les circonscriptions ecclésiastiques se sont organisées sur le modèle des circonscriptions civiles de l'Empire romain. [...] Et lorsque les diocèses furent groupés en provinces ecclésiastiques, ces provinces eurent en général pour métropoles et pour limites les métropoles et les limites des provinces civiles.», R. NAZ, ed., *Dictionnaire de droit canonique*, VII, 397.

[31] Cf. CD 40c. Il faut noter ici que l'institution de «région ecclésiastique» constitue une nouveauté introduite par le concile Vatican II. Cf. E. BONET, «La région», 55-63.

[32] Cf. CD 41.

En retournant à la question du lexique flou utilisé dans les documents conciliaires pour identifier l'Eglise qui se manifeste au niveau local ou particulier, il faut mettre en évidence que le premier auteur important qui a essayé d'éclairer cette imprécision terminologique de Vatican II a été Henri de Lubac. En effet, il a adopté l'expression *Ecclesia particularis* pour le diocèse, et a réservé *Ecclesia localis* pour indiquer un groupe d'Eglises établies dans une aire socioculturelle bien définie[33]. Malgré cette tentative, d'autres auteurs, comme Yves Congar[34] ou Hervé Legrand[35], ont choisi l'expression *Ecclesia localis* pour désigner le diocèse, et l'expression *Ecclesia particularis* pour définir cette Eglise caractérisée par différents facteurs socioculturels, inversant l'usage des termes proposé par De Lubac[36]. D'autres auteurs encore, comme Jean-Marie Tillard, excluent totalement l'utilisation de l'expression *Ecclesia particularis*[37], en préférant celle de *Ecclesia localis*[38], et au lieu du terme *Eglise universelle* ils ont opté pour celui l'*Eglise de Dieu*[39].

En ce qui concerne la locution *Ecclesia particularis seu ritus*, nous pouvons affirmer d'abord qu'elle représente en quelque sorte une nouveauté[40],

---

[33] Cf. H. DE LUBAC, *Les églises particulières*, 29-56. Voir aussi F. COCCOPALMERIO, «Alcune considerazioni», 295-318.

[34] Cf. Y. M. CONGAR, «Bulletin d'ecclésiologie», 486-487; 283-284.

[35] Cf. H. LEGRAND, «Les évêques, les Églises locales», 461-509; «Collégialité des évêques et communion des églises», 545-568; «Un seul évêque par ville», 5-43.

[36] Dans ce sens, Y. Congar affirmait textuellement: «On sait que le vocabulaire du concile est hésitant, pas fixe. Je me rallierai à l'inverse de ce qu'avaient patronné le père H. DE LUBAC (*Les Eglises particulières dans l'Eglise universelle*, Paris, 1971) et le cardinal BAGGIO (le 5 octobre 1974) aux propositions de J.-M. DE LACHAGA, *Eglise particulière et minorités ethniques* ..., Paris, 1978», Y. CONGAR, «Les implications christologiques», 125, note 18.

[37] Cf. J.-M. TILLARD, *L'Eglise locale*, 285. En effet, «pour exclure la notion d'*Eglise particulière*, le P. Tillard argue du fait 1) que le droit de 1983 autorise de placer à la tête d'Eglises particulières des administrateurs, des vicaires, des prélats, 2) qu'on risque de voir l'Eglise «se muer dans certaines circonstances en une Eglise de mouvements» et 3) que le vocabulaire de Vatican II est confus en ce qui concerne *Eglise particulière* et *Eglise locale*», G. CHANTRAINE, «La corrélation radicale», 77. Personnellement, je crois que la crainte exprimée par J.-M. Tillard est totalement injustifiée.

[38] «Garder l'expression "Eglise locale", c'est donc, en restant fidèle à l'Ecriture, demeurer dans l'intuition profonde de l'ecclésiologie de communion, qui lie l'Église à l'œuvre de Dieu dans la création.», J.-M. TILLARD, *L'Église locale*, 290.

[39] Cf. J.-M. TILLARD, *Eglise d'Eglises*, 13-215.

[40] Tout suite après le Concile Vatican II, il y a eu des études d'après lesquelles les auteurs ont essayé de montrer que l'association *ecclesia particularis – ritus* n'est pas une invention du Concile, mais que dans la première tentative de la codification orientale catholique (à savoir les 4 *motu proprio*: *Crebrae allatae* – promulgué le 22 février 1949 et

avec laquelle la théologie catholique tentait de substituer l'ex-pression *Rites orientaux* par l'expression *Eglises orientales*[41]; et à partir de là, des auteurs ont essayé d'en déduire l'affirmation que même l'Eglise latine est seulement un *Rite*[42], malgré la présence en elle des différents rites liturgiques[43]. Cette équivoque était possible parce que, jusqu'au Vatican II, par le terme *ritus*[44] la théologie catholique entendait soit une cérémonie religieuse[45], soit l'ensemble des formes liturgiques propres à une Eglise[46], soit

---

entré en vigueur le 2 mai 1949, *Sollicitudinem nostram* – promulgué le 6 janvier 1950 et entré en vigueur le 6 janvier 1951, *Postquam apostolicis Litteris* – promulgué le 9 février 1952 et entré en vigueur le 21 novembre 1952, *Cleri sanctitati* – promulgué le 2 juin 1957 et entré en vigueur le 25 mars 1958, cf. G. GRIGORIȚĂ, *Il concetto di "Ecclesia sui iuris"*, 8, nota 7), le terme *ritus*, dans la majorité des cas, était compris avec la signification d'une Eglise particulière déterminée (cf. W. BASSET, *The determination of Rite*, 102-106). Malgré cette démarche, Neophytos Edelby dans son commentaire au décret *Orientalium Ecclesiarum* affirme que: «Si le concept d'église particulière est désormais assez défini, celui de Rite l'est beaucoup moins, et l'identification *Eglise particulière–Rite* est encore plus insolite», N. EDELBY – I. DICK, *Les Eglises Orientales catholiques*, 135.

[41] «Dal Concilio Vaticano II si tende ad usare l'espressione Chiese orientali al posto di Riti orientali allorché si vuole indicare una comunità di fedeli orientali gerarchicamente organizzata», I. ŽUŽEK, «Che cosa è una Chiesa, un Rito Orientale ?», 273.

[42] «Ce ne sont pas seulement les Eglises Orientales qui constituent des Rites. L'Eglise d'Occident est, elle aussi, dans ce sens, un Rite parmi d'autres», N. EDELBY – I. DICK, *Les Eglises Orientales catholiques*, 135.

[43] «En Occident, à côté du rite romain, ont existé ou existent encore, parfois à l'état de vestiges, les rites ambrosien (ou milanais), celtique, gallican, lyonnais, hispanique (ou mozarabe ou wisigothique). De façon similaire, on emploie ce terme à propos de la liturgie propre à un ordre religieux : liturgie bénédictine, des carmes, des chartreux, des cisterciens, des frères prêcheurs», G. MATHON – G.H. BAUDRY – E. THIERY, ed., *Catholicisme*, 1267.

[44] «Le rite, du latin *ritus*, du sanscrit védique *rta* (force de l'ordre cosmique et mental), est comportement collectif et acte personnel. Il se place au carrefour de la nature, de la société, de la culture, de la religion. C'est une pratique périodique, à caractère public, assujettie à des règles précises, dont l'efficacité de facture extra empirique s'exerce en particulier dans le monde de l'invisible. Le rite met en jeu la condition humaine, au cours d'un apprentissage, d'une initiation, d'une célébration, d'un culte. Il conduit l'homme à se saisir dans un ordre, autant qu'à la source d'une puissance capable d'autres liens et d'un autre ordre», P. POUPARD, *Dictionnaire des religions*, 1452-1453.

[45] «Nella Chiesa cattolica, il rito, nel senso proprio, si dice il modo o l'ordine con cui si eseguono le varie funzioni sacre, cioè le cerimonie della Santa Messa, dell'Ufficio, dell'amministrazione dei Sacramenti o sacramentali», *Enciclopedia Cattolica*, X, Città del Vaticano, 1953, 1007; «Le mot rite, dans le langage ecclésiastique, a presque toujours été chargé d'un contenu religieux. Il a commencé par signifier une cérémonie du culte, une coutume religieuse, ou les actes liturgiques, soit chaque acte en particulier, comme le rite de mêler l'eau au vin dans le saint Sacrifice de la Messe ou le rite de baptiser par immer-

ces communautés qui se sont détachées des différentes Eglises orthodoxes locales pour s'unifier à l'Eglise catholique⁴⁷ (en ce sens, l'expression plus employée était celle de *rite grec*).

De nos jours, est déjà certifié que, après le Concile de Trente (1545-1563), l'Eglise de Rome adopta le terme *rite grec* pour désigner les communautés ecclésiales grecques et albanaises, nouvellement immigrées dans les Royaumes de Sicile et de Naples⁴⁸. Telles communautés – même si différentes entre elles à cause de leur histoire, langue et tradition – sont considérées comme un bloc unitaire, parce qu'elles sont étrangères au cadre canonique sorti du Concile tridentin⁴⁹. Leurs diversités ont été dépassées par l'élément unique qui les caractérisent: la forme liturgique byzantine et son expression linguistique, à savoir le grec. En réalité, avec le terme *rite grec*, l'ecclésiologie catholique de l'époque évitait de nommer Eglises ces communautés⁵⁰, pour pouvoir être en concordance avec les exigences unificatrices du Concile de Trente.

Le Concile Vatican II, avec son décret *Orientalium Ecclesiarum*, a effectué un grand changement sur la vision ecclésiologique catholique de ces orientaux⁵¹, qui se sont unis avec Rome et ont créé des communautés de tradition orientale à l'intérieur de l'Eglise catholique⁵². A ces communau-

---

sion du corps dans l'eau ou par aspersion, soit l'ensemble de ces actes comme tout le rite du baptême», E. EID, «Rite – Eglise de droit propre – Juridiction», 7.

⁴⁶ Cf. G. G. MATHON – G. H. BAUDRY – E. THIERY, ed., *Catholicisme*, 1267.

⁴⁷ Cf. E. HERMAN, «De ritu in jure canonico», 96-158; « De conceptu ritus», 340-360; A. JOUBEIR, *La notion canonique de rite*.

⁴⁸ Cfr. V. PERI, *Chiesa romana*; R. COTRONEO, *Il rito greco di Calabria*.

⁴⁹ «Le développement autonome de la notion canonique de rite aux dépens du contenu ecclésial, vient aussi de ce que les unions que l'on avait cru sceller s'éva-nouissent entre les mains de ceux qui pensaient les tenir. Dans la communion romaine, avec ses nouvelles dimensions mondiales, les anciennes Églises d'Orient n'ont guère leur place. Elles y seraient étouffées par la centralisation post-tridentine qui transforme le catholicisme en un bastion inexpugnable», E. LANNE, «La conception post-tridentine de la primauté», 582.

⁵⁰ «En Occident, on a pris l'habitude de les appeler *Rites*. L'appellation se fonde historiquement sur une fausse conception qui ne voyait dans ces Églises Orientales unies que des *rites liturgiques* différents de celui de l'Église d'Occident. L'appella-tion de *Rites* était accueillie avec d'autant plus de faveur qu'on répugnait à employer le terme *Églises particulières*. Encore aux premiers temps de Vatican II, certains étaient choqués par ce terme, soupçonné de cacher des tendances séparatistes. L'Église, disaient-ils, n'y en a qu'une : l'Église catholique, universelle. Tout le reste, ce ne sont que des *rites*», N. EDELBY – I. DICK, *Les Églises Orientales catholiques*, 140-141.

⁵¹ S. MANNA, *Decreto sulle Chiese Orientali Cattoliche*, 17. Cfr. anche I. DICK, «Vatican II et les Églises orientales catholiques», 615-625.

⁵² Nous avons déjà précisé que, aujourd'hui, à chaque Eglise locale orthodoxe correspond une Eglise orientale catholique, à l'exception de l'Eglise maronite, entièrement

tés orientales catholiques, le décret a conféré le statut des Eglises particulières, égales et avec la même dignité que l'Eglise particulière latine[53]. Pour la constitution d'une *Eglise-Rite*[54] de ce type, les commentateurs du décret ont affirmé qu'il est nécessaire qu'un groupe de fidèles, qui professent la même foi et ont les mêmes sacrements, aient le même gouvernement hiérarchique[55]. En fait, l'élément fondamental est la constitution hiérarchique autonome de ce groupe en rapport avec les autres groupes similaires à l'intérieur de l'Eglise universelle[56]. Autrement dit, il s'agit de l'*autonomia Ritus*[57].

Par conséquent, de tout ce que nous avons précisé jusqu'ici, nous pouvons conclure que, sous l'aspect terminologique, le Concile Vatican II n'est pas encore assez clair, car pour désigner les différentes Eglises particulières ou locales, il utilise les expressions suivantes: *ecclesia particularis*, *ecclesia localis* et *ritus*. Malheureusement, chaque terme ou expression

---

catholique. De même, il faut aussi préciser qu'ils n'existent pas des Eglises orientales catholiques correspondantes aux Eglises orthodoxes locales nées récemment (comme, par exemple, l'Eglise orthodoxe japonaise, l'Eglise orthodoxe américaine, etc.). De plus, il faut aussi souligner que l'*uniatisme* ne retrouve pas un correspondant dans l'Eglise orthodoxe, car il n'y a pas une Eglise latine unie à l'Eglise orthodoxe.

[53] Par le décret *Orientalium Ecclesiarum*, dans l'Eglise Catholique, s'est affirmé «d'égalité des Églises entre elles. Le décret commence par déclarer que ce ne sont pas seulement les Églises d'Orient qui sont des Églises particulières ou Rites. L'Église d'Occident elle-même, ou Église romaine, malgré le nombre considérable de ses fidèles et son importance apostolique, n'est en définitive qu'une Église particulière, comme la plus petite des Églises d'Orient. Etant toutes égales, les Églises ont toutes aussi les mêmes droits et les mêmes obligations», N. EDELBY – I. DICK, *Les Églises Orientales catholiques*, 157. Voir aussi P. VALDRINI, «*L'Aequalis dignitas*», 51-68; L. LORUSSO, «Il riconoscimento della pari dignità», 451-473.

[54] «Ce qui constitue formellement une Eglise-Rite, c'est sa reconnaissance par l'Eglise catholique comme communauté hiérarchique intérieurement autonome», N. EDELBY – I. DICK, *Les Églises Orientales catholiques*, 143.

[55] «For the formation of a Rite or Church it is necessary that a particular group is composed of faithful professing the same faith, dispensing the same (seven) sacraments, and living under the same (hierarchical) government», V. J. POSPISHIL, *Orientalium Ecclesiarum*, 10; »I fedeli organicamente uniti nello Spirito Santo da una stessa fede, dagli stessi sacramenti e dallo stesso governo, compongono la chiesa cattolica. Congiunti dalla *gerarchia* in vari gruppi stabili costituiscono le chiese particolari o riti», S. MANNA, *Decreto sulle Chiese Orientali Cattoliche,* 21.

[56] «Ce qui constitue un Rite, ce n'est ni le territoire, ni la nation, ni le rite liturgique, ni la langue liturgique. C'est, si l'on veut, tout cela à la fois, amis avec un élément formel indispensable : la constitution hiérarchique autonome de ce groupe par rapport aux autres groupes similaires au sein de l'Église universelle», N. EDELBY – I. DICK, *Les Églises Orientales catholiques*, 141.

[57] A. COUSSA, *Epitome praelectionum de jure ecclesiastico orientali*, I, 15-16.

n'a pas dans l'ecclésiologie conciliaire une seule signification, et ainsi, après le Concile, les auteurs n'utilisent pas une terminologie uniforme.

2. L'Eglise universelle, locale, et particulière selon l'actuelle législation canonique de l'Eglise catholique.

Dans le pontificat du pape Jean-Paul II (1978-2005), l'Eglise catholique a connu peut-être la période la plus prolifique pour la restauration et la codification de son droit canonique[58], à tel point qu'elle est réussie à se créer un nouvel *Corpus Iuris Canonici*[59], dans lequel on a voulu appliquer les principes ecclésiologiques énoncés dans le concile Vatican II[60]. Les auteurs catholiques concordent, habituellement[61], que dans ce nouvel *Corpus Iuris Canonici* soit compris le Code de Droit Canonique (*Codex Iuris Canonici*)[62], le Code des Canons des Eglises orien-

---

[58] Pour plus de détails concernant l'évolution de la conception du droit canonique pendant le pontificat du pape Jean-Paul II, voir G. GHIRLANDA, «Il diritto canonico nel Magistero», 57-81; Z. GROCHOLEWSKI, «Giovanni Paolo II», 335-344.

[59] L'ancien *Corpus Iuris Canonici* constitue un recueil de six collections canoniques, fait par le juriste Jean Chappuis en 1500, recueil qui a été approuvé ensuite par le pape Grégoire XIII à travers la constitution *Cum pro munere* donné le 1er juillet 1580 (il s'agit de l'édition dite «romaine»). Ce *Corpus* a constitue la source la plus importante pour le droit canonique catholique jusqu'à l'entré en vigueur du Code de droit canonique de 1917. Cf. R. NAZ, *Traité de Droit Canonique*, 40.

[60] «Il *Codex Canonum Ecclesiarum Orientalium* non solo "veluti novum complementum magisterii a Concilio Vaticano II propositi habendus est, quo universae Ecclesiae ordinatio canonica tandem expletur", ma costituisce, insieme al *Codex Iuris Canonici* e alla Costituzione Apostolica sulla Curia Romana *Pastor Bonus*, una delle tre componenti dell'unico *Corpus Iuris Canonici* della Chiesa universale». JEAN-PAUL II, «Allocution *Ad eos qui conventui de iure Ecclesiae*», 245. Pour plus de détails concernant la réception du concile Vatican dans le CIC, voir J. BEYER, *Du Concile*; B. NAAMAN, «La recezione», 303-342; M. GRAULICH, «"… transferendi in sermonem canonisticum ecclesiologiam conciliarem"», 138-156.

[61] Pourtant, certains auteurs considèrent comme égaux le Code de Droit Canonique et le Code des Canons pour les Eglises orientales et affirment que la constitution *Pastor Bonus* ne devrait être inclue dans un tel *Corpus* que *secundum quid*. Et cela parce que – selon ces auteurs – cette constitution ne constituerait qu'une *parenthèse organisationnelle* entre les deux Codes (cf. C.G. FÜRST, «Interdipendenza», 13, note 2). Voir aussi J. ABBASS, «The Interrelationship», 1-40; «CCEO e CIC», 207-256; T. J. GREEN, «The Latin and Eastern Codes», 235-279; H. ALWAN, «Rapporto», 69-92; L. LORUSSO, «Interrelazione», 277-330; R. METZ, «Les deux Codes», 75-94.

[62] Le 25 janvier 1983, par la constitution apostolique *Sacrae Disciplinae Leges* (JEAN-PAUL II, «Const. Ap. *Sacrae Disciplinae Leges*», VII-XXX), le pape Jean-Paul II promulguait l'actuelle Code de Droit Canonique (JEAN-PAUL II, «*Codex Iuris Canonici*», 1-301), qui s'adressait particulièrement à l'Eglise latine (cf. B. ESPOSITO,

tales (*Codex Canonum Ecclesiarum Orientalium*)⁶³ et la constitution apostolique *Pastor Bonus*⁶⁴. Par conséquence, notre recherche prendra en considération ces trois documents.

D'emblée il faut remarquer deux aspects essentiels de l'actuelle législation canonique catholique. Le premier est le fait qu'elle ne donne aucune définition de l'Eglise universelle⁶⁵, mais elle se conte de nous informer que:

> L'Eglise catholique et le Siège apostolique ont qualité de personne morale de par l'ordre divin lui-même⁶⁶.

Selon cette affirmation, il en résulte clairement que l'*Eglise catholique* n'est point d'institution humaine, mais divine. Par conséquent, ses droits et obligations ne proviennent d'aucune autorité humaine, mais directement de Dieu lui-même. Ainsi, l'*Eglise catholique* est une *personne morale* par l'ordre divin lui-même⁶⁷. De même, le *Siège Apostolique*⁶⁸, en tant qu'il

---

«L'ambito d'applicazione», 437-461). Ce code est entré en vigueur le 27 novembre 1983. Pour plus de détails, voir *Comm.CIC*; J. BEYER, «Le nouveau code», 360-382, 566-583. Pour une opinion orthodoxe, voir P. L'HUILLIER, «Le Code», 423-430.

⁶³ Le 18 octobre 1990, par la constitution apostolique *Sacri Canones* (JEAN-PAUL II, «Const. Ap. *Sacri Canones*», 1033-1044), le pape Jean-Paul II promulguait le *Code des Canons des Eglises Orientales* (JEAN-PAUL II, «*Codex Canonum Ecclesiarum Orientalium*», 1061-1363), qui s'adressait notamment aux Eglises de l'Orient, unies à Rome (cf. L. LORUSSO, «L'ambito d'applicazione», 451-478). Pour plus de détails concernant la manière dont ce codification a été réalisée, voir R. METZ, *Le nouveau droit*, 27-55. Voir aussi *Comm.CCEO*; P. ERDÖ, «La codification», 323-333. Pour une opinion orthodoxe, voir J.H. ERICKSON, «The Code», 285-306.

⁶⁴ Le 28 juin 1988, le pape Jean-Paul II promulguait la constitution apostolique *Pastor Bonus* (JEAN-PAUL II, «Const. Ap. *Pastor Bonus*», 841-934), qui révisait l'en-semble de la Curie Romaine, jusqu'alors organisée selon les prescriptions de la constitution apostolique *Regimini Ecclesiae Universae* du 15 août 1967. Ladite constitution est entrée en vigueur le 1ᵉʳ mars 1989. Pour plus de détails concernant l'organisa-tion actuelle de la Curie Romaine, voir: *Comm.PB*; P.A. BONNET – C. GULLO, ed., *La Curia Romana*; J.H. PROVOST, «La costituzione», 325-345; J.I. ARRIETA, «La Reforma», 185-204.

⁶⁵ Cf. R.J. AUSTIN, «The Particular Church», 339-357.

⁶⁶ c. 113§1 CIC; cf. aussi c. 1258 CIC. De plus, il est précisé que «dans l'Eglise, outre les personnes physiques, il y a aussi des personnes juridiques, c'est-à-dire en droit canonique des sujets d'obligations et de droits en conformité avec leur nature.» (c. 113§2 CIC).

⁶⁷ Selon la doctrine catholique, dans l'Eglise du Christ, les personnes physiques sont constituées sujets dans le droit canonique par le baptême (cf. c. 96 CIC). A la différence du CIC/17, l'actuel CIC ne réserve le syntagme *personne morale* que pour les sujets existant dans l'Eglise en vertu du droit divin, alors que les sujets qui sont créés par le droit ecclésiastique, c'est-à-dire en vertu d'une disposition de l'autorité de l'Eglise catholique, sont dites *personnes juridiques* (cf. c. 113§2 CIC; 920 CCEO). Dans l'Eglise catholique, sont constituées en *personnes juridiques,* par disposition du droit ou par concession spéciale de l'autorité compétente donnée par décret, des ensembles de personnes ou de choses ordon-

est le Siège des successeurs de Pierre[69], est également une *personne morale* par disposition divine même. Il en résulte, donc, que le *Siège Apostolique* et l'*Eglise catholique* sont deux entités juridiques distinctes, c'est-à-dire que le *Siège Apostolique* est sujet autonome de droits et d'obligations qui ne coïncident pas avec ceux de l'*Eglise catholique*.

Le deuxième aspect essentiel est constitue du fait que l'actuelle législation canonique de l'Eglise catholique a fait un choix terminologique évident: pour indiquer le diocèse (*dioecesis*) / l'éparchie (*eparchia*)[70] et les circonscriptions ecclésiastiques[71] à eux assimilés, elle utilise toujours le

---

nés à une fin qui s'accorde avec la mission de l'Eglise et dépasse les intérêts des individus (cf. cc. 114§1CIC; 921§1 CCEO). Pour plus de détails, voir F.J. URRUTIA, *Les normes générales*, 187-198; A. MONTES CASAS, «La recepción de la personalidad moral», 143-178; A. GAUTHIER, «Juridical Persons», 77-92; V. DE PAOLIS, «L'autorità competente», 3-20, 223-255; D. ALBORNOZ, «La nozione di personalità morale», 423-461, 79-110.

[68] Dans l'actuelle législation canonique catholique, le syntagme *Siège Apostolique* (*Sedes Apostolica*) ou *Saint-Siège* (*Sancta Sedes*) est employé avec deux significations distinctes: 1. une acception générale qui comprend «non seulement le Pontife Romain, mais encore, à moins que la nature des choses ou le contexte ne laisse comprendre autrement, la Secrétairerie d'Etat, le Conseil pour les Affaires Publiques de l'Eglise et les autres instituts de la Curie Romaine» (cc. 361 CIC; 48 CCEO); 2. une acception stricte qui comprend exclusivement le Pontife Romain. Toutefois, il faut préciser que dans ce cas l'expression *Siège Apostolique* est employée dans son sens strict, à savoir celui de Pontife Romain. Il convient de préciser, en outre, que l'Eglise catholique se déclare comme personne souveraine de droit international public. Le Saint-Siège, reconnu par les Etats, est le représentant exclusif de l'Eglise catholique. Ce qui n'interdit pas au Saint-Siège d'associer des évêques résidentiels et des conférences des évêques à des responsabilités diplomatiques. Néanmoins, le Saint-Siège represente bien l'Eglise catholique, même si celle-ci ne s'identifie pas au Saint-Siège. Pour plus de détails, voir G. BARBERINI, *Chiesa e Santa Sede*; J. ABBASS, «Apostolic See», 173-215.

[69] Cf. cc. 331, 333 CIC; 43, 45 CCEO.

[70] Pour plus de détails concernant l'étymologie de ces mots, voir p. 30, note 75.

[71] Il est nécessaire de préciser ici que «il concetto di circoscrizione ecclesiastica comporta l'idea di delimitazione, in modo obiettivo e certo, di un gruppo relativamente autonomo di fedeli cristiani sottomesso alla competente gerarchia ecclesiastica» (F. R. RAMOS, *Le Diocesi*, 41, note 1). De plus, il faut aussi noter que «le retour au terme circonscription est usuel en droit ecclésial catholique comme en témoignent la praxis du Saint-Siège, les documents officiels faisant état de l'érection, de la modification ou de la suppression de ces structures pastorales et, tout spécialement, l'*Annuario Pontificio*. Le droit canonique distingue les *circonscriptions* des groupements non constitués par la hiérarchie pour assurer la mission ecclésiale mais liés au phénomène associatif entre fidèles. Sous l'empire du Code de 1917, les circonscriptions ecclésiastiques étaient en principe *territoriales*. Mais, depuis le Concile Vatican II et le Code de 1983, on assiste à un assouplissement du principe territorial qui a permis l'assom-ption du critère *personnel*, aux côtés du territorial, comme principes informateurs de l'organisation ecclésiale.», (J.-P.

syntagme *Eglise particulière* (*Ecclesia particularis*)[72] et jamais l'expression *Eglise locale* (*Ecclesia localis*)[73]. Ainsi, la définition donnée au dio-

---

SCHOUPPE, «Les circonscriptions», 435). Toutefois, il faut noter ici une contradiction entre la définition donné par Ramos et celle de Schouppe qui inclut aussi les associations. Cette deuxième vision reste un peu bizarre.

[72] Cf. R. PAGÉ, *Les Eglises particulières*, 12. Il faut noter ici que certains auteurs catholiques n'ont pas été d'accord avec ce choix terminologique opérée par la législation canonique catholique. La voix la plus véhémente est celle du père H. Legrand qui dans un article récent affirmait: «le *Code* de 1983 utilise constamment le néologisme «Eglise particulière» pour designer techniquement et exclusivement le diocèse. Ce choix d'un terme de la racine *pars* ne peut se recommander ni du Nouveau Testament, ni des Pères, ni du dernier concile qui n'a pas adopté de vocabulaire unifié pour designer le diocèse. Toutes les traductions du Code, en langues romanes et en anglais, reconduisent cette option critiquable, l'allemand *Teilkirche* prêtant le plus au malentendu. De ce fait se répand une compréhension théologiquement inadéquate de l'arti-culation entre les diocèses et l'Eglise entière, contraire à la décision prise par Vatican II de considérer le diocèse comme une *portio* de l'Eglise. De plus, dans toutes ces langues, *particulier* est lexicographiquement l'antonyme d'*universel*. Puisque ces deux termes forment un couple de sens contraire, prend-on, en les privilégiant, la bonne voie pour exprimer que l'Eglise catholique est pleinement présente dans l'Eglise diocésaine, selon l'enseignement sans ambiguïté de Vatican II ? Cette option du Code, par un effet peut-être imprévu, entraîne que l'Eglise locale diocésaine apparaît caractérisée par sa particularité, la pleine catholicité se situant hors-elle. Au mini-mum, on ne prend ainsi aucune précaution contre le risque de comprendre la catholicité comme universalisme, choix qui s'écarterait de la tradition et de Vatican II», (H. LEGRAND, «Un seul évêque», 23-24). Toutefois, dans l'actuelle ecclésiologie catholique, l'affirmation du théologien dominicain ne peut point être retenu comme valide, car «in LG 23b la Chiesa particolare è detta *portio Ecclesiae universalis* e le Chiesa particolari in LG 13c sono *partes Ecclesiae*, in CD 3b sono *dominici gregis partes* e in CD 6c *unius Ecclesiae Christi partes*. La teminologia, comunque, risulta ambigua: "Pars enim dicitur quod divisum est a toto", "proprie dicitur unum aliquod ex iis, in quae totum dividitur, portio, membrum; *parte, porzione*"; "Portio, nomen quod ex eadem familia factum videtur, ac *pars*", "portio proprie est pars cuiuscumque rei, *porzione, parte*"; "particularis ad partem pertinens: opponitur universali". Qualcuno, in modo suggerente, vede nel termine *portio* l'idea di una "proporzionalità" a tutta la Chiesa, comunque è importante tener presente l'intento della Commissione Dottrinale, che voleva riflettere una verità teologica, anche se inadeguatamente resa dai termini usati: il Popolo di Dio è congregato nello Spirito Santo, mediante il Vangelo e l'Eucaristia, quindi è un tutto indivisibile. Per questo le Chiese particolari, che si le consideri come *portiones* o come *partes* del Popolo di Dio, sono da ritenersi particolarizzazioni dell'unica e indivisibile Chiesa di Cristo, nel senso che in esse è presente l'*Ecclesia universalis*, come un *totum ut unum* e da esse è costituita l'*Ecclesia universa*, come un *totum ut summa*. Questo fa sì che la *una sancta catholica et apostolica Christi Ecclesia*, che esiste (*exsistit*) nelle e dalle Chiese particolari, in esse *vere inest et operatur* (LG 23a; CD 11a; cc. 368, 369 CIC; 177§1 CCEO). Da questo dipende il fatto che, per il suo riferimento necessario e costitutivo al tutto,

cèse est absolument identique à celle de l'éparchie, à tel point que, en se inspirant de CD 11, le canon 177§1 CCEO répète littéralement ce qui le canon 369 CIC récit textuellement:

> Le diocèse est la portion du Peuple de Dieu confiée à un évêque pour qu'il en soit, avec la coopération du presbyterium, le pasteur, de sorte que dans l'adhésion à son pasteur et rassemblée par lui dans l'Esprit Saint par le moyen de l'Evangile et de l'Eucharistie, elle constitue une Eglise particulière dans laquelle se trouve vraiment présente et agissante l'Eglise du Christ, une, sainte, catholique et apostolique.

Ce qu'il faut remarquer d'abord ici est que cette définition de l'Eglise particulière énumère tous les éléments nécessaires pour qu'une Eglise particulière soit pleinement Eglise, c'est-à-dire présence particulière de l'Eglise universelle avec tous ses éléments essentiels. Par conséquent, l'autorité suprême de l'Eglise catholique, c'est-à-dire le Pontife Romain et le Collège des évêques avec le Pontife Romain, son chef, et jamais en dehors de ce chef, doit être toujours présente en chaque Eglise particulière comme élément propre[74]. Ensuite, il faut noter que cette définition n'indique pas le territoire parmi les éléments constitutifs. Cependant, dans le c. 372 CIC il est exigé que les Eglises particulières et les autres structures ecclésiales qui leur sont assimilées soient délimités à l'intérieur d'un territoire:

> En principe, la portion du Peuple de Dieu qui constitue un diocèse ou une autre Eglise particulière sera circonscrite en un territoire déterminé de sorte qu'elle comprenne tous les fidèles qui habitent ce territoire[75].

De plus, il faut aussi noter que le cc. 107§1 CIC et 916§1 CCEO prévoient le domicile et le quasi-domicile[76] de chaque fidèle comme

---

l'universalità, ossia la cattolicità, intrinseca all'unica Chiesa di Cristo, sia una nota propria della Chiesa particolare. È da tener presente, però, proprio perché concettualmente *particularis* riguarda una parte, o porzione, in opposizione a *universalis*, indica qualcosa che non esaurisce la totalità della Chiesa di Cristo, ma rappresenta solo una parte di essa, sia questa una diocesi o un'eparchia oppure un patriarcato o altra Chiesa *sui iuris*.» (G. GHIRLANDA, «"Populus Dei universus"», 47-48).

[73] Cf. cc. 368-374 CIC; c. 177 CCEO; art. 26-29 PB.
[74] Cf. CN 13.
[75] c. 372§1 CIC.
[76] Selon l'actuelle législation canonique catholique, pour acquérir un *domicile* en droit canonique catholique, il faux deux éléments dont l'un est réel, c'est-à-dire l'habitation effective dans un territoire précis, et l'autre est intentionnel, à savoir la volonté de résider indéfiniment ou la résidence effective depuis cinq années complètes (cf. cc. 102§1 CIC; 912§1 CCEO). Pour acquérir un *quasi-domicile*, il est nécessaire

critère déterminatif pour l'appartenance à une Eglise particulière. Toutefois, pour certains cas, l'actuelle législation canonique catholique permet que cette détermination soit faite selon d'autres critères:

> Cependant, là où au jugement de l'autorité suprême de l'Eglise après qu'elle ait entendu les conférences des évêques concernées, l'utilité s'en fait sentir, des Eglises particulières distinctes par le rite des fidèles ou pour toute autre raison semblable pourront être érigées sur ce territoire[77].

Il appert ainsi que le critère de l'appartenance à une Eglise particulière n'est pas nécessairement la localisation dans un territoire déterminé, mais le fait objectif de former une communauté de personnes fondée sur l'identité de culture chrétienne, qui se manifeste spécialement à travers la participation aux mêmes sacrements (l'Eucharistie, surtout) et l'union indéfectible à celui qui récapitule en lui-même le principe de la communion: l'évêque ou ceux qui lui sont assimilés. C'est sous cet angle que toute Eglise particulière constitue une portion du Peuple de Dieu[78].

De plus, pour rester fidèle au concile Vatican II, qui avait bien voulu marquer que l'Eglise universelle ne résulte pas de l'addition des Eglises particulières, et que les Eglises particulières ne sont pas «une partie» de l'Eglise universelle, le canon 368 du CIC récit textuellement:

> Les Eglises particulières dans lesquelles et à partir desquelles existe l'Eglise catholique une et unique sont en premier lieu les diocèses auxquels sont assimilés, sauf s'il s'avère qu'il en va autrement, la prélature territoriale et l'abbaye territoriale, le vicariat apostolique et la préfecture apostolique, ainsi que l'administration apostolique érigée de façon stable[79].

Ce canon, dont ses premiers mots sur le rapport entre l'Eglise catholique une et unique et les Eglises particulières sont empruntés à LG 23a, détermine, en outre, les structures ecclésiastiques auxquelles s'applique, par leur nature ou par assimilation, l'ensemble de normes établies pour les Eglises particulières. Ainsi, le canon énumère un certain nombre des figures d'Eglises particulières, tout en mettant en premier lieu le *diocèse*, car cette structure ecclésiale est par sa nature Eglise particulière, tandis que les autres structures ecclésiales énumérées (les *prélatures territoriales*, les

---

d'avoir l'intention de résider pendant trois mois dans un territoire déterminé, ou d'avoir y résidé déjà effectivement pendant trois mois (cf. cc. 102§2 CIC; 912§2 CCEO). Pour plus de détails, voir M. WALSER, «El domicilio», 617-638.

[77] c. 372§2 CIC.

[78] Pour plus de détails, voir G. GHIRLANDA, «Criteri di organizzazione», 93-122; «Significato teologico-ecclesiale della territorialità», 251-264.

[79] Il faut noter que ce canon n'a pas d'équivalence dans CCEO.

abbayes territoriales[80], les *vicariats apostoliques*, les *préfectures apostoliques*[81], et les *administrations apostoliques*[82] érigées de façon stables) ne sont que assimilées au diocèse. Le critère d'assimilation, qui découle de la nature même des structures énumérées expressément au c. 368 CIC, comprend deux conditions essentielles: 1. la leur délimitation territoriale (requise expressément par le c. 372§1 CIC); 2. être constitue comme une portion du Peuple de Dieu totalement indépendante et exempte de toute autre juridiction territoriale de même rang.

---

[80] «La prélature territoriale ou l'abbaye territoriale est une portion déterminée du peuple de Dieu, territorialement circonscrite, dont la charge, à cause de circonstances spéciales, est confiée à un Prélat ou à un Abbé qui la gouverne comme son pasteur propre, à l'instar de l'évêque diocésain.» (c. 370 CIC). Toutefois, il faut noter que, de nos jours, ces structures ecclésiales, déjà anciennes dans l'Eglise catholiques (ces deux figures étaient appelées prélature et abbaye *nullius dioeceseos*, cf. cc. 319-327 CIC/17), tendent à disparaître. Ainsi, par exemple, le m.p. *Catholica Ecclesia* du 23 octobre 1976 prescrit de ne plus ériger à l'avenir d'abbaye de ce type (cf. PAUL VI, M.p. *Catholica Ecclesia*, 694-696). D'autre part, il faut noter que le prélat territorial reçoit habituellement l'ordination épiscopale et il portera le titre *Evêque prélat de* suivi du titre de la prélature. (cf. *Comm. CIC*, 226). De plus, il faut aussi remarquer que la réglementation spécifique de ces abbayes et prélatures que l'on trouve dans le CIC/17 a disparu dans l'actuel CIC.

[81] «Le vicariat apostolique ou la préfecture apostolique est une portion déterminée du peuple de Dieu qui, à cause de circonstances particulières, n'est pas encore constituée en diocèse, et dont la charge pastorale est confiée à un Vicaire apostolique ou à un Préfet apostolique qui la gouverne au nom du Pontife Suprême.» (c. 371§1 CIC). Habituellement, ces structures ecclésiales ont une nature transitoire, car elles sont employées dans les territoires de mission où il n'est pas encore possible d'organiser pleinement l'hiérarchie ecclésiastique (les «circonstances particulières» auxquelles se réfère le canon se ramènent d'ordinaire à cette situation). Tant que subsiste cette situation, ledit territoire dépend directement du Saint-Siège, à travers la Congrégation pour l'Evangélisation des Peuples. C'est pourquoi le Vicaire Apostolique ou le Préfet apostolique qui dirigent une structure de ce type, n'agit pas, ce faisant, en leur nom propre, mais «au nom du Pontife Romain», c'est-à-dire avec un pouvoir ordinaire non pas propre mais vicaire (cf. c. 131§2 CIC). Il faut aussi mentionner que le vicaire apostolique reçoit habituellement la consécration épiscopale, tandis que le préfet apostolique est normalement un prêtre (cf. G. GHIRLANDA, *Il diritto nella Chiesa*, 529).

[82] «L'administration apostolique est une portion déterminée du peuple de Dieu qui, pour des raisons tout à fait spéciales et graves, n'est pas érigée en diocèse par le Pontife Suprême, et dont la charge pastorale est confiée à un Administrateur apostolique qui la gouverne au nom du Pontife Suprême.» (c. 371§2 CIC). Ces «raisons tout à fait spéciales et graves» sont fréquemment politiques (difficultés avec les gouvernements civils, changements des frontières entre Etats, etc.). Au sujet des administrateurs apostoliques, il faut souligner qu'ils ne sont que des représentants du Pontife Suprême au nom duquel ils gouvernent. Donc, leurs pouvoir n'est pas propre, mais vicaire (cf. c. 131§2 CIC).

Propre à cause de ces deux conditions, l'actuel CIC ne mentionne pas parmi les circonscriptions ecclésiastiques assimilées au diocèse quatre autres structures ecclésiales: l'*ordinariat militaire*, la *prélature personnelle*, l'*ordinariat latin pour les fidèles orientaux* et la *mission sui iuris*. Si le statut canonique des prélatures personnelles dans l'Eglise catholique est réglé par le Code même[83], et la situation des vicariats militaires a été clarifiée ensuite à travers la constitution apostolique *Spirituali militum curae*[84] qui les avait donné le nom d'*ordinariats militaires* ou *ordinariats des armes* et les avait assimilés au diocèse[85], le statut canonique des *missions sui iuris* reste encore indéterminé[86]. De plus, récemment, le

---

[83] Introduite sur les vœux exprès du concile Vatican II (cf. PO 10b; AG 20, note 4; AG 27, note 28), cette nouvelle structure ecclésiale est contemplée dans le titre IV de la première partie du Livre II du CIC (entre un titre relatif aux clercs et un autre aux associations de fidèles), étant ainsi assimilée aux divers types d'associations de fidèles que l'ordonnancement canonique catholique reconnaît (cc. 298-329 CIC). Donc, de ce choix méthodologique, il appert que le Législateur de l'Eglise catholique a voulu exprimer son intention de ne pas assimiler les prélatures personnelles aux Eglises particulières, et de ne les pas considérer comme appartenant à la constitution hiérarchique de l'Eglise. En outre, selon le CIC, une prélature personnelle est, par sa nature, un organisme clérical (cf. c. 295 CIC), et les laïcs collaborent de l'extérieur à travers une convention aux œuvres de la prélature (cf. c. 295 CIC), cf. G. GHIRLANDA, *Il diritto nel mistero della Chiesa*, 164-165). Pour plus de détails, voir G. GHIRLANDA, «Prelatura personale», 818-821; «Natura delle prelature personali», 299-314; A. CELEGHIN, «Prelatura personale», 95-138; J. MANZANARES, «De praelaturae personalis», 387-423. Toutefois, certains auteurs catholiques soutient ouvertement l'idée que les prélatures personnelles pourraient être assimilées aux diocèses (cf. G. LO CASTRO, *Le prélatures personnelles*, 176; voir aussi E. BAURA, ed., *Studi sulla prelatura*; A. VIANA, *Introducción al estudio*; G. LO CASTRO, «Le prelature personali», 423-456).

[84] JEAN-PAUL II, «Const. Ap. *Spirituali militum curae*», 481-486.

[85] Actuellement, les ordinariats militaires sont considères des diocèses personnels, bien que *sui generis* (cf. G. GHIRLANDA, «La Chiesa particolare», 557), et, par conséquent, ils sont régis par les mêmes normes que les diocèses, à moins que la Constitution *Spirituali militum curae* ou les statuts sanctionnés par le Saint-Siège pour chaque ordinariat n'établissent pas différemment. L'Ordinaire reçoit la consécration épiscopale et jouit d'un juridiction cumulative avec celle de l'Ordinaire de lieu. De plus, l'Ordinaire fait partie de droit de la Conférence des évêques de la nation où l'Ordi-nariat a son siège. Pour plus de détails, voir E. BAURA, *Legislazione ordinaria*; A. VIANA, *Territorialidad*; F. RAMOS, «Lo statuto giuridico», 209-217; G. GHIRLANDA, «De differentia», 219-251; A. VALLINI, «L'ordinariato castrense», 1163-1193; D. LE TOURNEAU, «La juridiction cumulative», 171-214; «La nouvelle organisation», 37-66; J.-P. SCHOUPPE, «Les Ordinariats aux Armées», 173-190.

[86] D'emblée il faut noter que la figure de la *mission sui iuris*, qui est de date récente (la première *mission sui iuris* ne fut crée que le 4 octobre 1912, bien qu'elles étaient déjà

pape Benoît XVI a décidé la possibilité de créer, à travers la Congrégation pour la Doctrine de la Foi, des Ordinariats personnels pour les anglicanes désirant entrer dans la communion de l'Eglise catholique, et les a assimilés aux diocèses[87]. Bien que ce type d'ordinariat personnel se calque sur le modèle des ordinariats militaires, il s'en distingue cependant par des nombreux points[88].

Toutefois, il faut souligner que ces circonscriptions ecclésiastiques, qui le CIC assimile au diocèse, ne se retrouvent pas dans le CCEO. En effet, le CCEO n'indique comme Eglises particulières que l'éparchie (*eparchia*)[89] et l'exarchat (*exarchia*)[90], bien que ce dernier n'est pas explicitement indiqué par le CCEO comme une *Ecclesia particularis*[91].

---

prévues dans le décret *Excelsum* du 12 septembre 1896, (cf. *New Commentary*, 508, note 29), ne se retrouve ni dans le CIC, ni dans le CCEO, ni dans la constitution apostolique *Pastor Bonus*. Seul l'*Annuaire pontifical* essaye, d'une manière très simple, de la définir comme «le territoire de mission qui n'appartient ni à un vicariat apostolique, ni à une préfecture apostolique» (cf. *Annuario Pontificio*, 1825); le même annuaire nous offre des informations sur 11 *missions sui iuris*. Par conséquent, il absolument claire que, selon l'actuel ordonnancement canonique catholique, il n'y a pas la possibilité de envisager une éventuelle assimilation des *missions sui iuris* au diocèse. Pour plus de détails, voir A. PUGLIESE, «De missione sui iuris», 175-184; J. GARCIA MARTIN, «Origen de las misiones», 265-324; P. STOCKMANN, «Die *Missio "sui iuris"*», 453-478.

[87] Cf. BENEDICT XVI, «Const. Ap. *Anglicanorum coetibus*».

[88] Cf. G. GHIRLANDA, «La costituzione apostolica *Anglicanorum coetibus*», 373-430. Voir aussi G. GHIRLANDA, «Il significato della costituzione *Anglicanorum coetibus*» 385-392; J.M. HUELS, «"Anglicanorum coetibus"», 389-430.

[89] «L'éparchie est la portion du peuple de Dieu confiée à un évêque pour qu'il en soit, avec la coopération de son presbyterium, le pasteur, de sorte que dans l'adhésion à son pasteur et par lui rassemblée dans l'Esprit Saint grâce à l'Evangile et à l'Eucha-ristie, elle constitue une Eglise particulière, en laquelle est vraiment présente et agissante l'Eglise du Christ, une, sainte, catholique et apostolique.» (c. 177§1 CCEO).

[90] «L'Exarchat est la portion du peuple de Dieu, qui en raison de circonstances particulières n'est pas érigée en éparchie et qui, circonscrite territorialement ou d'autre manière, est confiée à un Exarque pour qu'il en soit le pasteur.» (c. 311§1 CCEO). En outre, «les exarchats et les exarques sont assimilées juridiquement aux éparchies et aux évêques éparchiaux (cc. 311-313 CCEO). L'équivalent dans l'Eglise latine serait le vicariat apostolique et la préfecture apostolique, avec à leur tête un vicaire apostolique et un préfet apostolique (c. 371§1 CIC).», R. METZ, *Le nouveau droit*, 74.

[91] Bien que habituellement l'exarchat est assimilé à l'éparchie, C. Vasil' a tenu à préciser que «il CCEO trattando di esarcati nel suo c. 311 non fornisce una chiara risposta alla domanda se anche l'esarcato *Ecclesiam particularem costitutat, in qua vere inest et operatur una, sancta, catholica et apostolica Christi Ecclesia*, cioè circa il suo essere o no la Chiesa particolare. Non sembra chiaro se possiamo dedurre qualche conclusione in merito dall'asserzione del CCEO c. 331 secondo il quale quanto nel diritto è detto delle

Bien que les deux codes (CIC et CCEO) ont des points communs, en ce qui concerne les regroupements des Eglises particulières il faut souligner que les deux codes prévoient des structures ecclésiastiques tout à fait différentes: si le CIC parle de régions et de provinces ecclésiastiques, le CCEO préfère d'introduire une terminologie nouvelle, en utilisant l'expression *Ecclesia sui iuris*[92] pout identifier les regroupements des éparchies. Afin de mieux comprendre l'articulation différente de tous ces circonscriptions ecclésiastiques intermédiaires, ainsi que leur importance pour l'organisation de l'Eglise catholique, il est donc nécessaire de les présenter ainsi comme elles sont prévues dans l'actuelle législation canonique catholique.

Ainsi, pour les regroupements des Eglises particulières dans l'Eglise latine, le c. 431 CIC prévoit:

> Pour promouvoir l'action pastorale commune à divers diocèses voisins, selon les circonstances des personnes et de lieux, et pour mieux favoriser les relations mutuelles entre évêques diocésains, les Eglises particulières voisines seront regroupées en provinces ecclésiastiques circonscrites sur un territoire donné[93].

De plus, le même canon précise que, dans l'Eglise latine,

> En principe, il n'y aura plus désormais de diocèses exempts; c'est pourquoi chaque diocèse et les autres Eglises particulières situées sur le territoire d'une province ecclésiastique doivent être rattachés à cette province ecclésiastique[94].

Ensuite, il est spécifié que ces unions des diocèses voisins, appelés *provinces ecclésiastiques*, doivent rester sous l'autorité du métropolite

---

eparchie vale anche degli esarcati (a meno che non sia disposto diversamente dal diritto e non consti dalla natura della cosa). D'altra parte, l'esarcato è una porzione del popolo di Dio affidata ad un gerarca che di regola è vescovo. Il CCEO non specifica quali siano le speciali circostanze per quali l'esarcato non viene eretto in eparchia e sembra che in questa materia non ci sono criteri vincolanti. Un'altra piccola sfumatura di differenza fra gli esarcati e una delle circoscrizioni latine equiparate alla diocesi sta nel fatto che quest'ultima «*pro regula ... certo territorio circumscribatur*», mentre l'esarcato è una «*populi Dei portio ... territorialiter vel alia ratione circumscripta*». Credo che si possa parlare di una vera differenza, quando in primo caso si asserisce che una determinata cosa deve essere «di regola» fatta secondo un criterio territoriale, mentre per l'esarcato sembra il nesso con aspetto territoriale molto meno marcato e l'esarcato si definisce o sulla base dello stesso criterio territoriale o sulla base di qualche altro criterio», C. VASIL', « "Populus Dei universus"», 95-96.

[92] Pour plus de détails concernant l'introduction de l'expression *Ecclesia sui iuris* dans l'actuelle législation canonique catholique, voir G. GRIGORIȚĂ, *Il concetto di Ecclesia sui iuris*, 17-36.

[93] C. 431§1 CIC.

[94] C. 431§2 CIC.

(*metropolita*), qui est l'archevêque du diocèse qui lui a été confié (cf. c. 435 CIC). Quant aux régions ecclésiastiques, le CIC avait établit:

> Si l'utilité s'en fait sentir, surtout dans les nations où les Eglises particulières sont très nombreuses, les provinces ecclésiastiques voisins peuvent, sur proposition de la conférence des évêques, être unies en régions ecclésiastiques par le Saint-Siège[95].

En outre, le c. 434 CIC nous indique directement la finalité pastorale qui peut se constituer comme motif pour la constitution des régions ecclésiastiques: «il appartient à l'assemblée des évêques de la région ecclésiastique de favoriser la coopération et l'action pastorale commune dans la région». Cependant, le même canon précise que les pouvoirs que les canons du CIC accordent à la Conférence des évêques[96] ne sont pas de la compétence de cette assemblée, à moins que certains de ces pouvoirs ne lui aient été spécialement accordés par le Saint-Siège. Donc, il ne faut pas confondre cette assemblée avec une Conférence des évêques. Au surplus, il convient de souligner ici que, selon l'ac-tuelle législation canonique catholique, une Conférence des évêques n'est, en elle-même, ni une Eglise locale, ni une Eglise particulière, ni un regroupement des Eglises particulières et ni peut être assimilée à ceux-ci. Et cela notamment parce que:

> Une conférence des évêques, institution à caractère permanent, est la réunion des évêques d'une nation ou d'un territoire donné, exerçant ensemble certaines charges pastorales pour les fidèles de son territoire, afin de mieux promouvoir le bien que l'Eglise offre aux hommes, surtout par les formes et moyens d'apostolat adaptés de façon appropriée aux circonstances de temps et de lieux, selon le droit[97].

---

[95] C. 433§1 CIC. Pour plus de détails, voir F. ROMÁN CASTRO, «Las regiones eclesiásticas», 553-600; J.A. ARRIETA, «Problemas organizativos», 110-127.

[96] Cf. cc. 447-459 CIC.

[97] C. 447 CIC. Il convient de noter aussi que les Conférences des évêques ne peuvent point être assimilées aux patriarcats orientaux catholiques, car ceux-ci »non sono semplicemente assemblee di vescovi, ma, per antichissima origine storica, sono raggrupamenti di Chiese, con propria disciplina, uso liturgico e patrimonio teologico e spirituale, con a capo un patriarca, che ha vera giurisdizione sugli altri vescovi (LG 13c; 23d). Per questa ragione i patriarcati sono chiamati Chiese particolari (LG 13c; OE 2; 3; 4; 16; 17; 19; UR 14a) o locali (UR 14a; LG 23d), mentre le conferenze, in quanto assemblee di vescovi, il cui presidente non ha alcuna autorità sugli altri, mai sono dette nei documenti del Vaticano II, o in altri documenti ufficiali, Chiese particolari o locali. Come, infatti, è escluso che le regioni ecclesiastiche possano essere considerate sostrato nazionale delle conferenze dei vescovi e strutture interposte tra la S. Sede e i vescovi diocesani, così è

Donc, il appert clairement que entre les structures de communion intermédiaires prévus par le CIC, à savoir les provinces et les régions ecclésiastiques, il y a deux différences essentielles: 1. si la province ecclésiastique a un caractère nécessaire, la région ecclésiastique n'est que recommandée par le Code pour les cas où l'utilité s'en fait sentir; 2. si les provinces ecclésiastiques jouissent *ipso iure* de la personnalité juridique dès le moment de leur érection, les régions ecclésiastiques peuvent être érigées en personnes juridiques par l'autorité compétente, ce qui n'arrive pas dans tous le cas.

Quant aux regroupements des Eglises particulières à l'intérieur des Eglises orientales catholiques, nous avons déjà dit que pour celles-ci le Législateur a préféré d'employer le nouveau syntagme d'*Ecclesia sui iuris*[98], bien que le concile Vatican II les avait nommées «particulares Ecclesias seu Ritus»[99]. Cette choix terminologique a été décidée par le groupe de consulteurs (*coetus centralis*) de la «Commission Pontificale pour la révision du Code de Droit Canon des Eglises Orientales»[100] dans sa séance d'avril 1980, bien que la majorité des membres n'expri-maient pas leurs volonté profonde pour ce changement lexical[101] et bien que les motivations invoquées (à savoir l'emploi de l'expression *Ecclesia sui iuris* dans le canon 303§1 du motu proprio *Postquam Apostolicis Litteris*[102], et

---

escluso che le conferenze possano essere concepite come una curia interposta tra la Curia romana e le curie diocesane», G. GHIRLANDA, «Conferenza dei vescovi», 252. Pour plus de détails concernant cet aspect, voir G. GHIRLANDA, «De episcoporum conferentiis reflexiones», 630-633. Voir aussi, J.I. ARRIETA, «Organismi episcopali», 531-557.

[98] Toutefois il faut préciser que le syntagme *sui iuris* provient du droit romain, étant emploie même dans les *Institutions* de Gaius. Cependant il faut souligner que, dans le langage chrétien, l'expression *Ecclesia sui iuris* a été employée pour la première fois au VIe siècle lorsque l'historien byzantin Théodore le Lecteur avait traduit le mot grec αὐτοκέφαλος –autocéphale par le syntagme latin *sui iuris* (cf. PG 183-184). Pour plus de détails concernant l'étymologie du syntagme *Ecclesia sui iuris*, voir G. GRIGORIȚĂ, *Il concetto di "Ecclesia sui iuris"*, 36-45.

[99] OE 2.

[100] La «Commission Pontificale pour la révision du Code de Droit Canon des Eglises Orientales» (*Pontificia Commissio Codici Iuris Canonici Orientalis Recognoscendo*) fut créée au mois de juin 1972 (cf. I. ŽUŽEK, «Presentazione», 591).

[101] Plus précisément, d'un total de 13 membres de la Commission, 2 membres ont décidé de s'abstenir, 5 ont voté *contre* et seulement 6 ont été *pour* ce changement. Cf. PONTIFICIA COMMISSIO CODICI IURIS CANONICI ORIENTALIS RECOGNOSCENDO, «Schema Canonum», 5. Voir aussi G. GRIGORIȚĂ, *Il concetto di "Ecclesia sui iuris"*, 20-22.

[102] «Ritus orientalis de quibus canones decernunt sunt alexandrinus, antiochenus, constantinopolitanus, chaldeus et armenus, aliique ritus quos uti *sui iuris* expresse vel tacite agnoscit Ecclesia», PIE XII, M.p. *Postquam apostolicis Litteris*, 144.

la préférence de la locution *sui iuris* au lieu d'*autonome*[103]) n'étaient pas de tout convaincantes. En effet, la Commission, en constatant que les termes *Ritus* et l'expression *Ecclesia particularis* étaient inadéquates pour identifier les Eglises orientales catholiques, avait décidé d'employer le syntagme *Ecclesia sui iuris* pour définir chacune de ces Eglises[104].

Donc, dans le CCEO, les Eglises orientales canoniques ne sont plus appelées *Ritus* ou *Ecclesia particularis* ou encore *Ecclesia localis*, mais elles sont toujours identifiées par le syntagme *Ecclesia sui iuris*[105]. En outre, le canon 27 CCEO nous offre même un définition, bien que tautologique[106], de l'*Ecclesia sui iuris*:

---

[103] «Facendo riferimento alle Chiese Orientali Cattoliche che riconoscono il primato giurisdizionale e l'infallibilità del Sommo Pontefice, Capo Supremo della Chiesa e fedelmente vi sottostanno, si preferisce generalmente sostituire alla parola autonomia il termine Chiesa *sui iuris*, non tanto per particolari difficoltà di comprensione, quanto per la prevedibile confusione che ne deriverebbe con la stessa parola usata in senso analogo dagli ortodossi», I. ŽUŽEK, «Che cosa è una Chiesa, un Rito orientale ?», 275.

[104] D'abord, la Commission avait décidé que «1. La nozione di Rito sia riesaminata e si concordi una nuova terminologia per designare le varie Chiese particolari dell'Oriente e dell'Occidente. 2. Per quanto riguarda la struttura delle singole Chiese particolari, siano codificate le conseguenze giuridiche del principio di uguaglianza di tutte le Chiese dell'Oriente e dell'Occidente, affermato dal Concilio Vaticano II (OE, 3), come, per esempio, che ogni Chiesa Orientale deve avere la propria gerarchia organizzata secondo gli antichi canoni e le genuine tradizioni orientali», PONTIFICIA COMMISSIO CODICI IURIS CANONICI ORIENTALIS RECOGNOSCENDO, «Principi direttivi», 7. Mais, parce que l'expression «Eglise particulière» était déjà employée officiellement dans le CIC pour définir un diocèse, la Commission a dû opter pour l'expression «Ecclesia sui iuris». Ce changement fut annoncé dans les pages de la revue *Nuntia*, sans pourtant des explications supplémentaires: «Verumtamen, canon iste, in textu anni 1976 publici iuris factus (Nuntia 3, pag. 45), pluries denuo recognitus, nunc extat in formulatione quae a Coetu a Studiis Centrali, mense Aprile 1980 coadunato, est adprobata. Definitio Ritus utpote patrimonii liturgici theologici ac disciplinaris, necnon definitio Ecclesiarum orientalium utpote Coetuum hierarchia iunctorum, quos uti *sui iuris* agnoscit Suprema Ecclesiae Auctoritas, omnimodam claritatem in ius introducunt, quae, ceterum, ex ipsa tituli in duo capita divisione elucet. De substantia canonis iam nullum dubium in Coetibus a Studiis movetur. Ad terminos vero quod attinet, in § 2 canonis adhibitos, notare convenit quinque Coetus Centralis Consultores, contra sex (duo abstinerunt) vocem *Ecclesiae particularis*, in Decreto conciliari *Orientalium Ecclesiarum* passim adhibitam, voci *Ecclesiae sui iuris* praeferre.», PONTIFICIA COMMISSIO CODICI IURIS CANONICI ORIENTALIS RECOGNOSCENDO, «Schema Canonum», 5. Voir aussi, I. ŽUŽEK, «Le *Ecclesiae sui iuris* nella revisione del diritto canonico», 869-882; E. SLEMAN, «De *Ritus* à *Ecclesia sui iuris*», 253-276; C. VASIL', «Chiese orientali cattoliche», 119-151.

[105] Cf. V. FELDHANS, «*Ecclesia sui iuris* and the Local Church», 350-360.

[106] Cf. G. GRIGORIȚĂ, *Il concetto di "Ecclesia sui iuris"*, 59.

> Le groupe des fidèles chrétiens uni par la hiérarchie selon le droit, que l'autorité suprême de l'Eglise reconnaît expressément ou tacitement comme *sui iuris*, est dénommé dans le présent Code Eglise *sui iuris*[107].

Ensuite, après une présentation de la modalité d'inscription à une *Ecclesia sui iuris*[108] et aux rites qui y doivent être observés[109], le même CCEO prévoit quatre diverses catégories d'*Ecclesiae sui iuris*: les Eglises patriarcales (*Ecclesiis patriarchalibus*)[110], les Eglises archiépiscopales majeures (*Ecclesiis archiepiscopalibus maioribus*)[111], les Eglises métropolitaines *sui iuris* (*Ecclesiis metropolitanis sui iuris*)[112] et les autres *Ecclesiae sui iuris* (*ceteris Ecclesiis sui iuris*)[113]. Pourtant le CCEO ne définit aucune de ces catégories d'*Ecclesiae sui iuris*, mais il nous indique seulement que les Eglises patriarcales sont celles qui ont à leur tête un patriarche, qui en est à la fois le père et le chef (*pater et caput*)[114]. A ce titre, le patriarche a pouvoir sur tous les membres de l'Eglise patriarcale, les évêques et les autres fidèles[115]. Pour les Eglises archiépiscopales majeures, qui ont à leur tête un Archevêque Majeur[116], le CCEO prévoit:

> Ce qui dans le droit commun est dit des Eglises patriarcales ou des Patriarches est censé valoir pour les Eglises archiépiscopales majeures ou les Archevêques majeurs, à moins qu'une autre disposition ne soit expressément établie par le droit commun ou ne résulte de la nature de chose[117].

Quant aux Eglises métropolitaines, le CCEO prévoit qu'à leur tête soit un métropolite d'un siège déterminé, nommé par le Pontife Romain

---

[107] «Coetus christifidelium hierarchia ad normam iuris iunctus, quem ut sui iuris expresse vel tacite agnoscit suprema Ecclesiae auctoritas, vocatur in hoc Codice Ecclesia sui iuris» (c. 27 CCEO). Il faut noter ici que cette définition ne dit rien en relation à l'éparchie ou l'Eglise particulière.

[108] Cf. cc. 29-38 CCEO.

[109] Cf. cc. 39-41 CCEO.

[110] Cf. cc. 55-150 CCEO. Pour plus de détails, voir J. CHIRAMEL, *The patriarchal Churches*;

[111] Cf. cc. 151-154 CCEO.

[112] Cf. cc. 155-173 CCEO.

[113] Cf. cc. 174-176 CCEO.

[114] Cf. c. 55 CCEO. Toutefois, il faut noter que «la formulazione *sicut caput et pater* attribuita al patriarca come risulta nel canone 55, nella sua completezza, sembra essere alquanto recente», N. LODA, «La formulazione *sicut caput et pater*», 108.

[115] Cf. cc. 55-56 CCEO.

[116] Cf. c. 151 CCEO.

[117] C. 152 CCEO.

et aidé selon le droit par le Conseil des hiérarques[118]. Enfin, pour la quatrième catégorie d'*Ecclesia sui iuris*, le CCEO prévoit:

> L'*Ecclesia sui iuris* qui n'est ni patriarcale, ni archiépiscopale majeure, ni métropolitaine, est confiée à un hiérarque qui est à sa tête selon le droit commun et le droit établi par le Pontife Romaine[119].

Il en résulte donc que la répartition des *Ecclesiae sui iuris* en quatre catégories est fondée sur la variété des chefs qui en assument leur direction: un patriarche, un archevêque majeur, un métropolite ou un simple hiérarque.

A ce point il convient d'apporter ici une importante précision terminologique qui a trait à la notion d'*Ordinaire* ou d'*Hiérarque*[120], souvent employée par le droit canonique catholique. L'actuelle législation canonique catholique indique clairement ceux qui sont *Ordinaires* ou *Hiérarques*:

> Par Ordinaire, on entend en droit, outre le Pontife Romain, les Evêques diocésaines et ceux qui, même à titre temporaire seulement, ont la charge d'une Eglise particulière ou d'une communauté dont le statut est équiparé au sien selon le c. 368, ainsi que ceux qui y jouissent du pouvoir exécutif ordinaire général, c'est-à-dire les Vicaires généraux et épiscopaux; de même pour leurs membres, les Supérieurs majeurs des instituts religieux cléricaux de droit pontifical et des sociétés cléricales de vie apostolique de droit pontifical, qui possèdent au moins le pouvoir exécutif ordinaire[121].

Sont Hiérarques, outre le Pontife Romain, en premier lieu le Patriarche, l'Archevêque Majeur, le Métropolite, qui est à la tête d'une Eglise métropolitaine *sui iuris*, et l'Evêque éparchial ainsi que ceux qui leur succèdent selon le droit par intérim dans le gouvernement[122].

Donc, les *Ordinaires* ou les *Hiérarques* sont généralement ceux qui ont un pouvoir ordinaire, même s'il est vicaire, mais non pas tous. Notamment et de façon restrictive sont *Ordinaires* tous ceux qui ont un office épiscopal ou quasi-épiscopal. Plus précisément, peuvent être qualifiés d'*Ordinaires* ou d'*Hiérarques* tous ceux qui, dans l'Eglise catholique, détiennent en raison de leur office au moins le pouvoir exécutif général. Enfin, tous ceux qui sont énumérés aux canons 134§1 CIC, sauf les supérieurs des instituts religieux et des sociétés de vie apostolique, sont

---

[118] Cf. c. 155§1 CCEO.
[119] C. 174 CCEO.
[120] Si le CIC emploie le terme *Ordinaire* (*Ordinarius*), le CCEO utilise avec le même sens le mot *Hiérarque* (*Hierarcha*).
[121] C. 134§1 CIC.
[122] C. 984§1 CCEO.

dits également *Ordinaires du lieu*[123]. Dans les Eglises orientales catholiques,

> les Hiérarques du lieu, outre le Pontife Romain, sont l'Evêque éparchial, l'Exarque, l'Administrateur apostolique, ceux qui, à défaut de susdits, succèdent légitimement par intérim dans le gouvernement, de même que le Protosyncelle et le Syncelle; mais le Patriarche, l'Archevêque Majeur et le Métropolite, qui est à la tête d'une Eglise métropolitaine *sui iuris*, ainsi que ceux qui leur succèdent selon le droit par intérim dans le gouvernement, sont Hiérarques du lieu seulement pour l'éparchie qu'ils gouvernent[124].

Cette terminologie présente une certaine incohérence due surtout au fait que, si l'Eglise particulière est déterminée par un critère autre que le territoire, son supérieur est toujours appelé *Ordinaire du lieu* ou *Hiérarque du lieu*. Il faut toutefois remarquer que, dans le cas des Eglises catholiques orientales, le c. 984§3 CCEO prévoit exclusivement le critère territoriale pour la détermination de l'Hiérarque du lieu.

3. Conclusion

En récapitulant, nous pouvons affirmer que l'actuelle législation canonique catholique avait fait des choix terminologiques importantes. Premièrement, elle nous dit que l'Eglise catholique et le Siège Apostolique, c'est-à-dire le Romain Pontife et les organismes de la Curie Romaine, sont «personnes morales» de par l'ordre divin lui-même. Deuxièmement, la même législation avait choisi d'appeler *Ecclesia particularis* le diocèse / l'éparchie et ses circonscriptions assimilés (la prélature territoriale, l'abbaye territoriale, le vicariat apostolique, la préfecture apostolique, l'ordinariat militaire, l'ordinariat pour les anglicanes, l'exarchat, ainsi que l'administration apostolique érigée de façon stable). Quant aux regroupements des Eglises particulières, la même législation prévoit des modèles différentes: 1. pour l'Eglise latine, il est exigé que les Eglises particulières soient regroupées dans des provinces ecclésiastiques, qui à leur tour peuvent se regrouper dans des régions ecclésiastiques; pour les Eglises orientales catholiques, il est prévu que les Eglises particulières soient regroupées dans diverses catégories des *Ecclesiae sui iuris*.

---

[123] Cf. c. 134§2 CIC. Il faut souligner ici que, même si le prélat d'une prélature personnelle est un *Ordinaire* (cf. c. 295§1 CIC), il n'est pas *Ordinaire du lieu*, car son juridiction est personnelle. De même, il faut noter que l'évêque qui est à la tête d'un diocèse/éparchie personnel n'est pas l'*Ordinaire* ou l'*Hiérarque du lieu*, mais l'*Ordinaire* ou l'*Hiérarque personnel*, comme par exemple l'Ordinaire aux armées.

[124] C. 984§2 CCEO.

Ainsi, nous pouvons affirmer que, si dans l'Eglise orthodoxe l'ecclésiologie est centrée sur le lieu, à savoir sur l'Eglise qui se manifeste dans un lieu précis, dans l'Eglise catholique l'ecclésiologie est centrée sur la manifestation de l'Eglise au niveau universel et au niveau particulier. En conséquence, la terminologie employée résulte elle-même différente: pour les catholiques l'important est le rapport de droit divin de la «intériorité mutuelle» *Eglise universelle – Eglises particulières*, avec les sujets spécifiques de gouvernement, eux aussi de droit divin, à savoir le Pontife Romain et le Collège des évêques et les évêques individuellement dans un rapport de «intériorité mutuelle», tandis que pour les orthodoxes est fondamentale la relation de droit divin de communion *Eglise répandue dans l'univers – Eglise locale*, avec les sujets spécifiques d'autorité, eux aussi de droit divin, à savoir le Synode des évêques et les évêques individuellement. Quant aux structures de communion intermédiaires, il faut noter que chaque Eglise possède des modèles d'organisation ecclésiastiques propres. Ainsi, l'ecclésiologie catholique parle de *provinces* et de *régions ecclésiastiques* comme structures intermédiaires d'organisation dans l'Eglise latine, et des *Ecclesiae sui iuris* comme des structures intermédiaires pour les Eglises orientales catholiques. De plus, les *Ecclesiae sui iuris* sont divisées en quatre catégories: patriarcats, archevêchés majeures, métropolies et autres *Ecclesiae sui iuris*. L'ecclésiologie orthodoxe emploie les structures d'organisation intermédiaires développées dans le premier millénaire chrétien: *archevêchés, métropolies, patriarcats* et *catholicosats*.

CHAPITRE VII

Le pouvoir de gouvernement dans l'Eglise catholique

Après cette exposition de l'actuelle ecclésiologie catholique, il serait normal de passer tout de suite à la présentation de la structure hiérarchique fondamentale de l'Eglise catholique. Toutefois, puisqu'on peut bien comprendre la structure hiérarchique fondamentale de l'Eglise catholique, ainsi comme est-elle prévue par l'actuelle législation canonique catholique, il est nécessaire d'approfondir ici le concept de pouvoir de gouvernement dans l'Eglise catholique. Et cela notamment parce qu'une présentation de la structure hiérarchique fondamentale sans une exposition préalable du pouvoir de gouvernement et de son exercice dans l'Eglise catholique, résulterait totalement incompréhensible, surtout pour un théologien ou canoniste non-catholique.

1. Le pouvoir de gouvernement selon les documents du Vatican II

Il faut noter d'emblée que, dans l'Eglise catholique, la question de l'origine du pouvoir de gouvernement des évêques a été largement débattue[1]. Après Vatican II, les auteurs catholiques, qui ont analysé la

---

[1] Dans l'Eglise catholique, le débat sur l'origine du pouvoir de gouvernement commença au XIe siècle, étant causé surtout par la question de la validité et de l'effi-cacité des actes du gouvernement posés par les évêques non-catholiques. Pour une présentation historique de cette problématique dans le deuxième millénaire, voir: O. DE BERTOLIS, *Origine ed esercizio della potestà*; M. SYGUT, *Natura e origine della potestà*; F. VISCOME, *Origine ed esercizio della potestà*; A. CELEGHIN, *Origine e natura della potestà*; G. GHIRLANDA, «De potestate iuxta schemata», 401-428; «De natura, origine et exercitio potestatis», 109-164; «Note sull'origine», 337-350; H. VAL PÉREZ, «La potestà ordinaria», 597-618; A.-M. STICKLER, «Origine e natura», 73-90; E. CORECCO, «Natura e struttura», 24-52.

question de l'origine du pouvoir sacré, n'ont pas été toujours d'accord, mais chacun a donné son contribution et a souligné certains aspects de la problématique. A notre avis, les différentes positions doctrinales exprimées peuvent être synthétisées en trois directions générales: 1. l'origine du pouvoir sacré est dans le sacrement d'Ordre; 2. le pouvoir sacré repose sur le concours de deux éléments distinctes, à savoir le sacrement d'Ordre et la mission canonique; 3. vision de synthèse entre les différentes opinions sur l'origine du pouvoir sacré[2].

Et quelle est alors la vision correcte sur l'origine du pouvoir dans l'Eglise catholique ? Afin de pouvoir répondre à cette demande il est nécessaire d'analyser les enseignements du Vatican II, ainsi que les éclaircissements donnés ensuite par les auteurs catholiques. Mais, parce que nous ne permettons pas de reprendre ici tout le débat concernant l'origine du pouvoir sacré, nous ne ferons ici que la présentation argumentée de la vision que nous semble la plus pertinente, c'est-à-dire celle selon laquelle l'origine du pouvoir sacré repose sur le concours de deux conditions distinctes mais absolument nécessaires: la consécration épiscopale et la mission canonique[3].

---

[2] Pour une présentation systématique du débat sur l'origine du pouvoir sacré dans la période d'après le Vatican II, voir A. CELEGHIN, *Origine e natura della potestà*.

[3] Il faut noter ici que la première théorie ne peut pas être retenue comme valide, surtout parce que, dans ce cas, la possibilité des laïcs de coopérer au pouvoir de gouvernement (possibilité prévue d'ailleurs par l'actuelle législation canonique) ne pourrait point être justifiée. En ce sens, A. Celeghin précisait: «il problema della potestà sacra, come era prevedibile, ha suscitato un dibattito molto nutrito e molto ampio anche tra i membri della Commissione per la revisione del Codice. E poiché anche tra loro esistevano posizioni diverse e difficilmente conciliabili, in particolare sulla possibilità di conferire anche ai laici uffici che implicassero esercizio di potestà sacra, il 12 marzo 1976 i Consultori della Commissione proposero di sottoporre la questione alla S. Congregazione per la Dottrina della Fede. Questa, con l'approva-zione del S. Padre avvenuta il 17.12. 1976, senza voler entrare in merito a tutta la questione della potestà sacra, l'8.2.1977 rispose che «dogmaticamente, i laici sono esclusi soltanto dagli uffici intrinsecamente gerarchici, la cui capacità è legata alla ricezione del sacramento dell'ordine». Successivamente la Segreteria della Pontificia Commissione per la revisione del Codice e i Consultori (tranne due), avendo presente anche la risposta della S. Congregazione per la Dottrina della Fede, sentirono il dovere di precisare che «non si può neppure affermare che il Concilio abbia insegnato l'origine sacramentale di ogni potestà di regime». Tale risposte non consentono quindi di affermare essere dottrinalmente certo che tutta la potestà sacra provenga dall'ordine sacro e che possa essere quindi esercitata solo dal chierico. Sono molto esplicite, al proposito, da una parte l'espressione di «uffici *intrinsecamente gerarchici*», legati a chi ha ricevuto l'ordine sacro, la quale lascia intendere che ci sono uffici di governo *non intrinsecamente gerarchici*, e dall'altra l'affermazione che l'origine

Sans entrer dans l'analyse détaillée de cette problématique, à laquelle nous ne sommes pas intéressés directement, il faut préciser d'abord que, habituellement, les auteurs catholiques sont d'accord que le pouvoir sacré est un et qu'il provient du Christ. Ainsi, le Christ constitue la première source du pouvoir sacré qui, dans l'histoire, est exercé dans l'Eglise et par l'Eglise qui, à son tour, devienne donc la deuxième source de ce pouvoir[4]. Toutefois, ce pouvoir est accordé afin que les différents ministères soient accomplis dans l'Eglise. De plus, on doit affirmer qu'il y a différentes niveaux d'intervention du Christ ou de l'Eglise dans l'exercice de ce pouvoir, dus à la manière dans laquelle les actes sont accomplis *in persona Christi* (actes sacramentels) ou *nomine Christi* (actes non sacramentels)[5].

Ensuite, il faut souligner ici que, pendant les débats du Vatican II, les Pères conciliaires étaient divisés en deux parties dont l'une affirmait que l'origine du pouvoir juridictionnelle des évêques dérive de la mission canonique, et la seconde qui l'identifiait dans l'ordination sacramentelle[6]. D'autre part, de l'analyse scrupuleuse des Actes du concile Vatican II il en résulte que ce dernier, ainsi que le Concile de Trent, enfin, n'a pas voulu décider sur cette question, motif pour lequel G. Ghirlanda avait affirmé:

> le Concile n'a souhaité pour rien entrer dans la question de l'origine intermédiaire ou directe du pouvoir de juridiction des évêques[7].

La doctrine canonique catholique traditionnelle, considérée comme doctrine incontestable e consacrée dans le CIC1917 (cc. 108§3; 109; 219), faisait la distinction entre le pouvoir d'ordre et le pouvoir de juridiction, en affirmant qu'ils sont distincts par leur nature et dans leur source: le premier est fondé sur l'ordination, le deuxième sur la mission canonique[8]. Ainsi, le concile Vatican II enseigne que

---

sacramentale della potestà di governo non è insegnamento del Concilio.», A. CELEGHIN, «Il "potere di governo"», 312.

[4] A. CELEGHIN, *Origine e natura della potestà sacra*, 484.

[5] Cf. G. GHIRLANDA, «Note sull'origine», 345-346.

[6] Cf. F. VISCOME, *Origine ed esercizio della potestà*, 227.

[7] «Il concilio non è voluto affatto entrare nella questione dell'origine mediata e immediata della potestà di giurisdizione dei Vescovi» (notre traduction), G. GHIRLANDA, *Hierarchica communio*, 418-419, note 17. Cf. aussi A. CELEGHIN, *Origine e natura della potestà sacra*, 482.

[8] En effet, précise l'actuel pape Benoît XVI, dans l'Eglise catholique, «depuis le XIIe siècle environ, on distingue, dans le ministère de l'évêque, entre l'*ordo* et la *iurisdictio*, le pouvoir d'ordre et le pouvoir pastoral, le pouvoir d'ordre étant alors considéré comme relatif au "vrai corps du Christ" dans l'eucharistie, dans laquelle le prêtre, en vertu de l'ordo, peut transsubstantier le pain par la célébration de la sainte

> [la] consécration épiscopale confère la plénitude du sacrement de l'Ordre que la coutume liturgique de l'Eglise et la voix des saints Pères appellent sacerdoce suprême, résumé du ministère sacré. La consécration épiscopale confère aussi, avec la charge (*munus*) de sanctifier, celle d'enseigner et de gouverner; cependant. de par leur nature, ces charges ne peuvent être exercées que dans la communion hiérarchique (*hierarchica communio*) avec le Chef et les membres du Collège[9].

La première observation qui doit être fait est celle que le texte conciliaire non parle pas de *potestas*, mais de *munus*, deux concepts différents mais étroitement liés entre eux[10]. Dans l'Eglise catholique, donc, dans la consécration, est conférée au nouvel évêque la participation ontologique aux charges sacrées. Cependant il est souligné qu'il est absolument nécessaire de bien faire la différence entre le *munus* (fonction) et la *potestas* (pouvoir), car, dans le texte de *Lumen Gentium*, a été utilisé

> à dessein le mot «fonction», et non «pouvoir», qui pourrait être entendu d'un pouvoir déjà libre de s'exercer. Pour qu'un tel pouvoir existe en fait, il faut que l'autorité hiérarchique l'ait juridiquement ou, si l'on veut, canoniquement déterminé. La détermination dont il est question peut consister dans la concession d'un office particulier ou l'assignation des sujets, et elle est faite d'après les normes approuvées par l'autorité suprême[11].

D'où il appert que le texte conciliaire ne s'est pas contenté de déclarer que le sacre épiscopal donne la disposition préalable en vue de recevoir ensuite le vrai pouvoir des mains de l'évêque de Rome, mais il a bien mis en valeur que le sacre épiscopal confère vraiment la charge (*munus*) épiscopale, même si son exercice pratique requiert encore une détermination canonique venant de l'autorité hiérarchique[12].

---

messe, tandis que le pouvoir pastoral se rapporte au "corps mystique du Christ"», J. RATZINGER, *Le nouveau peuple*, 119. Pour plus de détails, voir L. VILLEMIN, *Pouvoir d'ordre*; «Conséquences», 145-154; J.J. CUNEO, «The Power», 183-219.

[9] LG 21b.

[10] Cf. G. GHIRLANDA, *Il diritto nella Chiesa*, 257-258. Voir aussi R. TORFS, «*Auctoritas*», 93-106.

[11] NEP 2.

[12] Cette distinction est décrite de façon excellente par G. Ghirlanda, lorsqu'il affirme que «con la consacrazione episcopale viene conferita la pienezza del sacramento dell'ordine, data la grazia dello Spirito Sacro e impresso il sacro carattere; quindi oltre al *munus* (missione/funzione) di santificare, vengono ricevuti anche i *munera* di insegnare e di governo, i quali, però, per loro natura debbono essere esercitati nella comunione gerarchica col capo del collegio e i membri di esso. Nella consacrazione episcopale è data un'ontologica partecipazione ai sacri *munera*, i quali

La distinction et l'étroite corrélation entre le *munus* pastoral reçu dans la consécration et le pouvoir ordinaire, propre, immédiat, que l'évêque possède dans son diocèse en vertu de son office qu'il a reçu avec la mission canonique, sont exprimées dans le c. 381§1 CIC, et ensuite reprises par le pape Jean Paul II dans l'ex. ap. *Pastores Gregis*[13], et plus explicitement dans le directoire pour le ministère pastoral des évêques *Apostolorum successores*[14] de la Congrégation pour les évêques[15].

En synthétisant, nous pouvons affirmer que, dans l'Eglise catholique, le pouvoir de juridiction épiscopale prêt à s'exercer en acte repose sur le concours de deux conditions distinctes mais absolument nécessaires. La première est la consécration épiscopale qui confère le *munus* (pastoral) ou la fonction et l'*habilitas* à recevoir l'office épiscopal, motif pour lequel la consécration seule, sans la deuxième condition, la détermination canonique, n'implique pas un pouvoir apte à s'exercer en acte. La détermination canonique, dont la forme peut varier selon le temps et les coutumes,

---

sono da distinguere dalla potestà libera all'esercizio, che si ha con la missione canonica o giuridica determinazione.», (G. GHIRLANDA, «Potestà sacra», 804). Malgré la clarté des textes conciliaires, certains auteurs catholiques ont rejeté cette théorie en proposant de retenir que la consécration épiscopale provoque en même temps l'un et l'autre effet que l'on ne peut distinguer qu'en abstraction (cf. Y. Congar, «La consécration», 123-140; H. LEGRAND, «Nature de l'Eglise», 114).

[13] Cf. Ex. Ap. *Pastores Gregis* 8, 9, 43, 56. Dans les n. 9 et 43 de cette exhortation on trouve les affirmations qui distinguent le plus explicitement et, dans le même temps, mettent en relation étroite le *munus* pastoral reçu sacramentellement et le pou-voir de gouvernement qui lui est associé: «Ces trois fonctions (*triplex munus*) et les pouvoirs qui y sont liés manifestent sur le plan de l'agir le ministère pastoral (*munus pastorale*), que chaque évêque reçoit au moment de sa consécration épiscopale» (n. 9); «Il en résulte que l'évêque représente et gouverne l'Eglise qui lui est confiée, avec le pouvoir nécessaire pour exercer le ministère pastoral reçu par le sacrement (*munus pastorale*), comme participation à la consécration et à la mission mêmes du Christ» (n. 43).

[14] L'instruction *Apostolorum successores* afin de distinguer et, dans le même temps, corréler le *munus* pastoral et le pouvoir d'enseigner et de gouverner est encore plus explicite lorsqu'elle affirme: «Pour accomplir sa mission l'évêque diocésain exerce, au nom du Christ, un *pouvoir* qui, de par le droit, est connexe à la charge conférée avec la mission canonique. Ce pouvoir est propre, ordinaire et immédiat, quoique son exercice soit en définitive réglé par l'autorité suprême de l'Eglise et donc qu'il puisse être circonscrit dans certaines limites par le Pontife Romain, pour le bien de l'Eglise ou des fidèles» (n. 64). De plus, la même instruction specifie que: «ces deux dernières fonctions (d'enseigner et de gouverner), en effet, ne peuvent être exer-cées que dans la communion hiérarchique à cause de leur nature intrinsèque (*natura sua*), autrement les actes accomplis ne sont pas valides» (n. 12), parce que, dans le cas où l'évêque n'est pas en communion hiérarchique, il ne reçoit pas l'office auquel est associé le pouvoir. Voir aussi, n. 159.

[15] Pour plus de détails, voir G. GHIRLANDA, «Linee di governo», 575-583.

requiert toujours la communion hiérarchique avec l'évêque de Rome et le Collège des évêques[16].

Nous pouvons retenir, donc, que, dans l'Eglise catholique, l'évêque reçoit à la consécration le *munus* (pastoral) épiscopal, qui en soi-même est unique mais qui, pour l'accomplissement des différentes responsabilités, se distingue en trois fonctions: d'enseigner, de sanctifier, et de gouverner. Ces fonctions doivent être exercées dans la communion hié-rarchique avec le chef du Collège des évêques et le Collège même et dans l'unité fraternelle avec les autres membres du Collège des évêques. Et cela parce que, sans la communion hiérarchique, l'évêque n'est pas membre du Collège des évêques, et, donc, il ne peut pas recevoir un office et, donc, le pouvoir pour l'exercer. Il appert donc que, pour qu'un évêque soit membre du Collège des évêques, il est exigé non seulement que la consécration épiscopale soit valide, mais aussi qu'elle soit licite.

2. Le pouvoir de gouvernement selon l'actuelle législation canonique catholique

2.1 *Le pouvoir de gouvernement en général*

Parmi les personnes physiques ou juridiques au sein de l'Eglise catholique, certaines détiennent ce que le droit canonique catholique nomme lui-même le pouvoir de gouvernement (*potestas regiminis*) ou encore pouvoir de juridiction (*potestas iurisdictionis*)[17]. A ce pouvoir, qui est d'institution divine, sont aptes, selon les dispositions de droit, ceux qui on reçu l'ordre sacré[18]. Toutefois, la même législation permet aussi que «à l'exercice de ce

---

[16] Plus exactement, c'est l'évêque de Rome qui confère cette détermination canonique, soit explicitement, soit implicitement, en vertu des normes ou des usages reconnus par l'autorité suprême de l'Eglise catholique, en vigueur selon les lieux et les temps. Et cela, parce que «la mission canonique des évêques se transmet au moyen des coutumes légitimes non révoquées par la suprême et universelle autorité de l'Eglise, ou encore au moyen des lois créées ou reconnues par cette même autorité, ou bien directement par le successeur même de Pierre; et si celui-ci refuse ou dénie la communion apostolique, les évêques ne pourront pas entrer en charge», (LG 24b).

[17] Il convient de noter ici une question de vocabulaire: le CIC/1917 privilégiait le terme *iurisdictio* alors que l'actuel CIC et le CCEO parlent d'abord de *potestas regiminis* tout en reconnaissant que cette expression équivaut à *potestas iurisdictionis*. Cette option est le résultat d'une double considération. D'une part, le syntagme *potestatis regiminis* est plus conforme au concile Vatican II qui parle de *munus regendi*. Et d'autre part, dans le langage des droits étatiques actuels le mot *iurisdictio* désigne habituellement l'exercice du pouvoir judiciaire. Or pouvoir judiciaire et *potestas iurisdictionis* sont deux choses distinctes en droit canonique catholique, car le premier est contenu dans le deuxième.

[18] Cf. cc. 129§1 CIC; 979§1 CCEO.

pouvoir, les fidèles laïcs peuvent coopérer (*cooperari possunt*) selon le droit»[19]. A un premier vu, cette affirmation laisse penser que dans l'Eglise catholique les fidèles laïcs puissent, dans certains cas, être sujets d'un pouvoir. Cependant la même législation canonique catholique affirme:

> Seuls les clercs peuvent recevoir des offices (*officia*) dont l'exercice requiert le pouvoir d'ordre ou le pouvoir de gouvernement ecclésiastique[20].

Pour les Eglises orientales catholiques:

> les clercs ont le droit d'obtenir de leur Evêque éparchial, étant réalisées les conditions requises par le droit, un office (*officium*), un ministère (*ministerium*), ou une charge (*munus*) à exercer au service de l'Eglise[21].

Toutefois, il faut remarquer ici la différence de nuance entre l'affirmation du CCEO et celle du CIC. En effet, le CCEO, sans préciser si cela implique un exercice du pouvoir d'ordre ou de juridiction, dit que les clercs «ont le droit» d'obtenir un office, un ministère, ou une charge, et

---

[19] Cc. 129§2 CIC, 979§2 CCEO. Il faut noter ici que le c. 129 CIC est le fruit d'un compromis entre les deux théories sur l'origine du pouvoir dans l'Eglise catholique (voir aussi G. MAZZONI, «Ministerialità e potestà», 73-97; A. JACOBS, «La participation des laïcs», 317-336). De plus, il convient aussi remarquer ici qu'il est absolument évident qu'une régulation de la coopération par le droit ne vaut pas uniquement dans le cas où la fonction exercée par les fidèles laïcs relèverait de l'ordre gouvernemental. L'idée d'une coopération encadrée rejoint notamment des exigences quant à l'identité et l'authenticité d'une Eglise organisée hiérarchiquement. Ainsi comprise, la coopération est donc très proche de la notion de «communion organique» à laquelle se réfère l'Instruction interdicastérielle *Ecclesia de mysterio* sur la collaboration des fidèles laïcs aux ministères des prêtres, approuvée sous forme spécifique par Jean-Paul II, le 13 août 1997. Suivant cette instruction, en effet «il découle du mystère de l'Eglise que tous les membres du Corps mystiques sont appelés à participer activement à la mission et à la construction du Peuple de Dieu, dans une communion organique des divers ministères et charismes» (CONGREGATIO PRO CLERICIS ET ALII, Instruction *Ecclesia de mysterio*, 852).

[20] C. 274§1 CIC. Il faut noter ici que, dans l'Eglise catholique, le mot *officium* a connu une importante évolution terminologique (cf. P. ERDÖ, «Ministerium, munus et officium», 412-432; «Elementos di un sistema», 542-543; A. MONTAN, «Ministeria, munera, officia», 104-117), et qu'encore aujourd'hui, dans l'actuelle législation canonique catholique, il est employé avec différentes contenus (cf. X. OCHOA, *Index verborum*, 315-316; A. MONTAN, «Ministeria, munera, officia», 115). Toutefois, selon l'actuelle législation canonique catholique «un office ecclésiastique (*officium ecclesiasticum*) est toute charge constituée de façon stable par disposition divine ou ecclésiastique pour être exercée en vue d'un fin spirituelle» (cc. 145§1 CIC; 936§1 CCEO). «Les obligations et les droits propres à chaque office ecclésiastique sont déterminés par le droit qui le constitue ou par le décret de l'autorité compétente qui, tout ensemble, le constitue et le confère» (cc. 145§2 CIC; 936§2 CCEO).

[21] C. 371§1 CCEO.

non que «seuls les clercs peuvent recevoir» des offices, dont l'exercice requiert le pouvoir d'ordre ou le pouvoir de gouvernement ecclésiastique, ainsi comme il est prévue dans le CIC. Mais, pour mieux comprendre la formulation de ce dernier, il est nécessaire de préciser qu'elle fut pris quasi *ad litteram* de l'ancien CIC 1917[22], où on devenait clerc avec la première tonsure[23], c'est-à-dire sans recevoir le sacrement d'Ordre. Pourtant, il nous semble plus juste la formulation du CCEO, surtout parce qu'elle est fait dans le chapitre dédié aux droits et aux obligations des clercs; chose qui peut être rencontrée aussi dans le c. 274§1 CIC.

Par conséquence, il est absolument clair que, dans l'Eglise catholique latine, ne sont habilités à obtenir le pouvoir de gouvernement que les ministres sacrés[24]. Cela ne veut pas dire que les fidèles laïcs soient inhabiles, mais qu'ils peuvent exercer ce pouvoir comme coopérateurs. La formulation du c. 129§2 reste ambiguë et montre toute l'incertitude de la doctrine catholique, ainsi que la solution de compromis. En effet, la coopération signifie que le laïque, de manière complémentaire, peut recevoir ces offices qui sont habituellement exercés par un clerc mais qui ne demandent pas nécessairement le sacrement d'ordre, bien que ces-ci impliquent l'exercice du pouvoir de juridiction, comme par exemple est le cas de l'office de juge dans un tribunal ecclésiastique[25]. Il appert cependant que

---

[22] C. 118 CIC 1917: «Seul les clercs peuvent recevoir le pouvoir d'ordre, le pouvoir de juridiction, ainsi que les bénéfices et les pensions ecclésiastiques» (notre traduction).

[23] Cf. c. 108§1 CIC 1917.

[24] Evidemment, c'est une aptitude liée à la seule réception du sacrement de l'ordre, même si pour s'exercer ensuite elle a besoin de l'octroi d'un office ecclésiastique. Voir aussi P. ERDÖ, «La partecipazione sinodale», 89-107.

[25] Cf. cc. 1421§2 CIC; 1087§2 CCEO. De manière concrète, dans l'Eglise catholique, les missions des laïcs se bornent à l'office de juge ecclésiastique, à l'office d'auditeur, aux finances du diocèse, à la participation au conseil qui gère les finances du diocèse, à l'assistance pastorale dans une paroisse où il n'y a pas de prêtre, à l'administration des biens temporels d'une personne juridique, aux instituts religieux laïcs (cf. J.P. BEAL, «The Exercise of the Power», 1-92). Toutefois, il faut souligner qu'on ne peut pas dire que le verbe coopérer (*cooperare*) veut dire précisément que, dans les cas des laïcs, il ne s'agit pas d'assumer un pouvoir, mais plutôt d'apporter leur collaboration à ce pouvoir, et, une fois acquis ce statut de «collaborateur», de se trouver investis de toutes les prérogatives que le droit canonique positif veut bien leur accorder (cf. A. CELEGHIN, «Il "potere di governo"», 307-318; A. D'AURIA, «I laici», 135-160; M.-E. OLMOS ORTEGA, «La participación de los laicos», 89-114). En fait, le juge laïque reçoit un office et a pouvoir ordinaire comme les autres deux membres du collège, car autrement le collège ne se constituerait: le vote du juge laïque a la même valeur que les votes des autres juges pour déclarer, per exemple, la nullité du mariage. Pour une analyse détaillée sur la notion de «laïc» et de ses

le fondement de la *potestas* est toujours sacramentel: la possible *cooperatio* du fidèle laïc ne trouve sa motivation que dans le baptême qui fait participer à la fonction royale du Christ.

En synthétisant, nous pouvons affirmer que la *capacitas* de recevoir des offices mêmes ceux qui impliquent l'exercice du juridiction est contenue dans le baptême[26]; la *habilitas* des clercs provienne de l'ordination, tandis que celle des laïcs provienne de la mission reçu de la part de l'autorité ecclésiastique. Cependant, il faut souligner que les laïcs n'ont pas le droit à un office qui implique l'exercice du pouvoir de gouvernement[27]. Et cela notamment parce que seulement avec l'ordination est donné la *habilitas* aux offices qui impliquent l'exercice du pouvoir de gouvernement et du pouvoir de juridiction[28].

Quant au domaine d'exercice de ce pouvoir de gouvernement, l'actuelle législation canonique catholique tient à préciser qu'il ne se limite pas au for externe (son domaine naturel), mais qu'il embrasse parfois aussi le for interne[29], ce dernier étant ou sacramentel ou extra-sacramentel. L'actuelle législation canonique catholique lève ainsi l'équivoque qui lassait subsister le c. 196 du CIC/1917 qui divisait le pouvoir de juridiction en pouvoir de for externe et pouvoir de for interne, pour affirmer clairement qu'il s'agit dans les deux cas de l'exercice d'un même pouvoir dans deux cadres différents[30].

2.2 *Pouvoir ordinaire et pouvoir délégué*

Pour ce pouvoir de gouvernement, l'actuelle législation canonique catholique accepte deux grandes variantes, c'est-à-dire le «pouvoir ordinaire» et le «pouvoir délégué»:

> Le pouvoir de gouvernement est dit ordinaire lorsqu'il est attaché par le droit lui-même à un office; il est délégué lorsqu'il est accordé à la personne elle-même sans médiation d'un office[31].

---

responsabilités actuelles dans l'Eglise catholique, voir D.G. ASTIGUETA, *La noción de laico*; R. GARCÍA MATEO, «Il rapporto Laico-Chierico-Consacrato», 359-382; J.H. PROVOST, «The Participation of the Laity», 417-448; A. BORRAS, «Les laïcs», 305-326.

[26] Cf. R. PAGÉ, «Juges laïcs», 197-212.
[27] Cf. cc. 129§2, 150, 228§1 CIC; 408§2, 979§2 CCEO.
[28] Cf. cc. 129§1, 150, 274§1 CIC; 371§1, 979§1 CCEO.
[29] Cf. cc. 130 CIC; 980 CCEO.
[30] Cf. J.-M. POMMARÈS, *La coordination des fors interne et externe*; V. POLITI, «Foro interno e foro esterno», 179-205; P. ERDÖ, «Foro interno e foro esterno», 3-35.
[31] C. 131§1 CIC. Cf. aussi c. 981§1 CCEO.

Le pouvoir ordinaire est donc lié toujours à un office, indépendamment de la personne qui assume cette charge[32], tandis que le pouvoir délégué est au contraire lié à la personne elle-même et cesse au plus tard avec elle[33]. Et, parce que ce pouvoir délégué est exercé au nom d'autrui, il reste strictement limité au domaine indiqué dans le mandat de délégation[34]. A son tour le pouvoir ordinaire de gouvernement connaît une importante sous-division: il peut être *propre* ou *vicarial*[35]. Le pouvoir ordinaire propre est le pouvoir exercé par le titulaire d'un office au nom propre, car ce pouvoir est annexé à un office qui est par lui-même autonome[36]. Le pouvoir ordinaire vicarial est, au contraire, un pouvoir de gouvernement qui s'exerce comme prolongement d'un pouvoir propre: celui qui détient un pouvoir ordinaire vicarial il le possède *ex officio*, mais il l'exerce au nom et pour le compte du détenteu du pouvoir ordinaire propre, ainsi que *ad mentem delegantis*[37]. Plus précisément, celui qui possède un pouvoir vicarial, le possède en vertu de l'office même, mais l'exerce au nom et pour le compte du titulaire du pouvoir ordinaire propre.

---

[32] Cf. cc. 143§1 CIC; 991§1 CCEO. De plus, il est prescrit que, «sauf autre disposition du droit, le pouvoir ordinaire est suspendu, s'il est légitimement fait appel ou formé un recours contre la privation ou la révocation d'un office», (cc. 143§2 CIC, 991§2 CCEO).

[33] «Le pouvoir délégué s'éteint à l'accomplissement du mandat, avec le terme de sa durée ou à l'épuisement du nombre de cas pour lequel il a été donné; à la disparition du but de la délégation; avec la révocation du délégant signifiée directement au délégué, ainsi qu'avec la renonciation du délégué à son mandat signifiée au délégant et acceptée par celui-ci; mais le pouvoir délégué ne s'éteint pas à l'extinction du droit du délégant, à moins que cela ne résulte des clauses du mandat», (cc. 142§1 CIC, 992§1 CCEO).

[34] En fonction de la nature de ce mandat, le pouvoir délégué peut être *a iure*, si la délégation est prévue dans la loi, ou *ab homine*, s'il procède d'un acte administratif particulier. Lorsque le mandat est donné pour tout un ensemble des cas ou des situations (*ad universitatem casuum*), le pouvoir délégué est appelé *universel*, tandis que dans la situation d'un mandat donné pour un cas concret (*ad actum*), il est appelé *particulier* (cf. c. 137§1 CIC). De plus, il faut noter que le pouvoir de gouvernement peut être délégué aux plusieurs personnes afin qu'une même affaire soit résolue *in solidum* ou collégialement (cf. c. 140; 517§1; 542; 543 CIC). Aussi est-il décidé que «qui se prétend délégué doit prouver sa délégation» (c. 131§3 CIC). Cf. *Prontuario*, 920; *Commentaire*, 114-115; *Comm.CIC*, 80-81.

[35] Cf. cc. 131§2 CIC; 981§2 CCEO.

[36] Tel est bien sûr le cas du Pontife Romain à la tête de l'Eglise catholique, mais aussi des évêques à la tête de leurs Eglises particulières, de ceux qui leur sont assimilés par le droit.

[37] Tel est le cas, par exemple, de la Curie Romaine vis-à-vis du Romaine Pontife, de la curie diocésaine vis-à-vis de l'évêque et spécialement en son sein des vicaires généraux et épiscopaux.

2.3 *L'extension du pouvoir de gouvernement*

Bien que l'actuelle législation canonique catholique évite de donner une définition du pouvoir de gouvernement, elle distingue, en partant des *tria munera* du concile Vatican II, les pouvoirs législatif, exécutif et judiciaire[38].

2.3.1 Le pouvoir législatif

En ce qui concerne le pouvoir législatif, il est simplement rappelé:

> Le pouvoir législatif doit s'exercer selon les modalités prescrites par le droit; celui qu'un législateur inférieur à l'autorité suprême détient dans l'Eglise ne peut être délégué validement sauf autre disposition expresse du droit; une loi contraire au droit supérieur ne peut être validement portée par un législateur inférieur[39].

Toutefois, la simple lecture de ce canon nous indique trois prescriptions essentielles: 1. le pouvoir législatif doit s'exercer dans l'Eglise ca-tholique selon les modalités prescrites; 2. mis à part le législateur suprême, personne ne peut déléguer ce pouvoir validement, à moins qu'il n'en soit explicitement disposé autrement (donc, il s'agit d'une responsabilité personnelle); 3. il est strictement interdit de légiférer contre une loi de rang supérieur.

De plus, il faut noter que, dans l'Eglise catholique, ce pouvoir législatif appartient pour l'Eglise universelle au Pontife Romain[40], au Collège des évêques[41], et, pour certains cas, au Synode des évêques[42] et à la Curie

---

[38] Cc. 135§1 CIC; 985§1 CCEO. Pour certains auteurs catholiques, la choix de l'actuelle législation catholique de distinguer dans le pouvoir de gouvernement les pouvoirs législatif, exécutif et judiciaire, constitue un «curieux mélange de la doctrine conciliaire des trois *munera* et des théories de Locke et de Montesquieu des trois pouvoirs; d'une perspective théologique et pastorale et de l'analyse du pouvoir dans les Etats libéraux contemporains. Construction qui ne pouvait manquer de surprendre, voire de heurter» (J. GAUDEMET, «Pouvoir d'ordre», 95). Toutefois, il faut souligner que, malgré cette division tripartite, l'actuelle législation canonique catholique n'a pas permis une adoption du principe de séparation des pouvoirs.

[39] Cc. 135§2 CIC; 985§2 CCEO.

[40] Cf. cc. 331 CIC; 43 CCEO.

[41] Le Collège des évêques exerce ce pouvoir sur l'Eglise catholique toute entière de manière solennelle dans le concile œcuménique (cf. cc. 337§1 CIC; 50§1 CCEO). Toutefois, il faut souligner ici qu'il appartient au seul Pontife Romain d'approuver, de confirmer et de promulguer les décrets d'un Concile œcuménique (cf. cc. 338§1 CIC; 51§1 CCEO). Le Collège des évêques exerce ce même pouvoir par l'action unie des évêques disperses dans le monde, «quand, comme telle, cette action est demandée ou reçue librement par le Pontife Romain, de sorte qu'elle devient un acte véritablement

Romaine⁴³, aux Conciles particulières⁴⁴, aux Conférences des évêques⁴⁵ et aux Assemblées des Hiérarques de plusieurs Eglises *sui iuris*⁴⁶ pour les

---

collégial», motif pour lequel les décrets doivent être confirmés et promulgués par le Pontife Romain (cc. 337§2 CIC; 50§2 CCEO).

⁴² Le Synode des évêques n'exerce ce pouvoir que lorsqu'il le reçoit du Pontife Romain «à qui il revient alors de ratifier les décisions du synode» (c. 343 CIC).

⁴³ Les dicastères (du grec «δικαστήριον – tribunal», *Byzantinon Dikaion*, 136; B. HEDERICI, *Lexicon Graeco-Latinum*, 219) sont les différentes institutions toutes spécialisé dans un domaine de compétence précis qui, possédant un pouvoir ordinaire vicaire, aident le Pontife Romain dans le gouvernement de l'Eglise catholique. Pour les cas spéciaux, ces dicastères peuvent avoir la délégation de la part du Pontife Romain pour exercer le pouvoir législatif. Pour les lois universelles ou les décrets généraux de portée universelle, portés par la Curie Romaine au nom du Pontife Romain, l'approbation préalable «en forme spécifique» est toujours nécessaire (cf. art. 18§2 PB). En outre, «d'ordinaire, rien d'important ou d'extraordinaire ne sera fait sans avoir été communiqué au préalable au Souverain Pontife par le modérateurs des dicastères», (art. 18§3 PB). Les organismes de la Curie Romaine sont la Secrétairerie d'Etat, les congrégations, les conseils pontificaux, les tribunaux, ainsi que les différentes services administratifs du Saint-Siège en charge des affaires économiques, (cf. *Prontuario*, 416-418). Pour plus de détails concernant la question de l'approbation en forme spécifique, voir A. VIANA, «"Approbatio in forma specifica"», 209-228; J. GARCIA MARTIN, «Los actos administrativos», 733-759; F.X. URRUTIA, « ... Atque de specifica approbatione», 543-561.

⁴⁴ D'abord il faut noter que dans les conciles particulières, les évêques exercent leur pouvoir non individuellement, mais comme *coetus* qui agit collégialement. Ensuite, il faut dire que les compétences législatives de ces conciles particulières sont très larges, restant toujours sauf le droit universel de l'Eglise catholique et, en particulier, les attributions de chaque évêque dans son diocèse respectif (cf. c. 445 CIC). L'évêque diocésain doit cependant respecter les lois d'un concile particulier; la dispense en ce cas ne peut être donnée que par le Pontife Romain même. De plus, il faut noter que «une fois le concile particulier achève, le président veillera à ce que tous les actes du concile soient transmis au Siège Apostolique; les décrets édictés par le concile ne seront promulgués qu'après leur reconnaissance par le Siège Apostolique; il revient au concile lui-même de définir le mode de promulgation des décrets et les délais dans lesquels les décrets promulgués entreront en vigueur», (c. 446 CIC; art. 82 et 157 PB). Toutefois, il faut souligner que «la *recognitio* da parte della Santa Sede non fa dei decreti emanati dal Concilio particolare atti pontifici; essi rimangono atti promulgati per autorità del Concilio stesso. La *recognitio* serve solo a verificare che vi sia l'unità nella fede e che il diritto particolare non contrasti con il diritto universale (c. 446). Il c. 446 non stabilisce che i decreti promulgati senza la *recognitio* non hanno forza obbligante, come invece dispone il c. 455§2 nel caso dei decreti delle Conferenze dei vescovi, quindi essa certamente non è richiesta dal canone per la validità e neppure si può sostenere che lo debba essere per la natura della cosa, dato il fondamento teologico dei Concili particolari.», G. GHIRLANDA, «Concili particolari e conferenze dei vescovi», 120, note 11. Voir aussi G. GHIRLANDA, «"Munus regendi et munus docendi"», 349-388. Bien que la notion de la *recognitio* ne soit pas définie par l'actuelle législation canonique catholique, les auteurs catholiques ont précisé que la *recognitio* est un élément qui manifeste, de la part de qui la demandent et de qui la concèdent, une expression de

Eglises particulières de leur circonscription et pour ce qui relève du champ de leur compétence; aux Synodes des Eglises patriarcales et archiépiscopales majeures pour les respectives Eglises *sui iuris* et pour ce qui relève du champ de leur compétence⁴⁷; aux Conseils des Hiérarques pour les

---

communion qui indique le fait que les évêques ont agi dans la *hierarchica communio*. Pour plus de détails, voir PONTIFICIUM CONSILIUM DE LEGUM TEXTIBUS, «La natura giuridica», 10-17; U. RHODE, «Die *Recognitio*», 433-468.

⁴⁵ La compétence législative des conférences des évêques est limitée à des matières qui leur ont été attribuées par le droit général (le CIC présente plusieurs), ou par mandat spécial du Saint-Siège, *motu proprio* ou à la demande de la conférence des évêques. En dehors de ce domaine, la conférence des évêques n'a pas de compétence (cf. c. 455§1 CIC). Les décrets généraux d'une conférence des évêques «doivent être rendus à la majorité des deux tiers au moins des suffrages des Prélats membres de la conférence ayant voix délibérative; ils n'entrent en vigueur que lorsqu'ils ont été promulgués légitimement après avoir été reconnus par le Siège Apostolique», (c. 455§2 CIC). Il appert donc que cette *recognitio* est une *conditio iuris* (cf. J. MANZANARES, «Papal Reservation and *Recognitio*», 245) nécessaire à toute promulgation des décrets ou des actes émanant d'une conférence des évêques, ainsi que d'un concile particulier. Sans cette condition, aucun décret ni acte de ces institutions ecclésiales catholiques ne peut avoir force de loi. Par conséquent, la *recognitio* s'avère être une condition extrinsèque qui donne aux décrets valeur de loi. Enfin, «le mode de promulgation et la date à partir de laquelle les décrets entrent en vigueur seront déterminés par la conférence des évêques elle-même», (c. 455§3 CIC). Pour d'autres détails, voir G.B. RE, «Legge universale», 83-101; A. PERLASCA, «La potestas legislativa», 145-155; T.J. GREEN, «The Normative Role», 137-175; J. MIÑAMBRES, «La natura giuridica della "recognitio"», 517-524.

⁴⁶ Dans les Eglises orientales catholiques, on a comme institutions analogues aux Conférences des évêques les Assemblées des Hiérarques de plusieurs Eglises *sui iuris* (cf. Ex. Ap. *Pastores Gregis* 63). Le pouvoir législatif de ce type d'assemblée est très limité, car ses décisions «n'ont pas force d'obligation juridique, à moins qu'il ne s'agisse de celles qui ne peuvent porter aucun préjudice au rite de chaque Eglise *sui iuris* ou au pouvoir des Patriarches, des Synodes, des Métropolites et des Conseils des Hiérarques, et qui, à la fois, ont été prises au moins par deux tiers des suffrages des membres ayant voix délibérative et ont été approuvées par le Siège Apostolique», (c. 322§2 CCEO). De plus il a été précisé que «une décision, bien que prise à l'unanimité des suffrages, qui dépasse de façon quelconque la compétence de cette assemblée, est privée de tout valeur, jusqu'à ce qu'elle ait été approuvée par le Pontife Romain lui-même», (c. 322§3 CCEO). Voir aussi P. SZABÓ, «Convento dei Gerarchi», 587-612; P. PALLATH, «L'Assemblée des Hiérarques», 101-126.

⁴⁷ Cf. c. 110§1 CCEO. Toutefois, il faut noter que les lois portées par le Synode des évêques d'une Eglise patriarcale ou archiépiscopale majeure, et promulguées par le Patriarche ou par l'Archevêque majeur, obligent partout dans le monde les fidèles de telles Eglises, si elles sont des lois liturgiques; mais si elles sont des lois disciplinaires ou s'il s'agit des autres décisions prises par ces Synodes, elles ont force de droit dans les limites du territoire de la respective Eglise *sui iuris* (cf. c. 150§2 CCEO). De plus, il faut noter ici que les actes pris par un Synode des évêques d'une Eglise catholique orientale patriarcale

Eglises métropolitaines *sui iuris* et pour ce qui relève du champ de leur compétence[48]; à chaque évêque diocésain/éparchial pour son propre diocèse/éparchie[49].

En ce qui concerne le droit d'interprétation de toutes ces lois, dans l'actuelle législation canonique catholique il a été précisé que:

> Le législateur interprète authentiquement les lois, ainsi que celui auquel il a confié le pouvoir de les interpréter authentiquement[50].

Il en résulte donc que, selon l'autorité qui la fait, l'interprétation revêt deux formes: *authentique* et *individuelle*. Dans l'Eglise catholique cette charge d'interpréter authentiquement les lois, notamment les lois universelles, a été spécialement[51] confiée à ce que l'on appelle actuel-

---

ou archiépiscopale majeure relatifs aux lois et aux décisions doivent être adressés au plus tôt au Pontife Romain (cf. c. 111§3 CCEO), mais non pas pour la *recognitio*.

[48] Cf. c. 167§1 CCEO. Dans ce cas, «le Métropolite informera au plus tôt le Saint-Siège des lois et des normes portées par le Conseil des Hiérarques et ces lois et normes ne peuvent être validement promulguées, avant que le Métropolite ait reçu du Siège Apostolique la notification écrite relative à la réception des actes du Conseil; le Métropolite informera également le Siège Apostolique de toutes les autres activités accomplies dans le Conseil des Hiérarques», (c. 167§2 CCEO). En outre, il faut aussi noter ici que «il appartient au Métropolite de faire la promulgation des lois et la publication des décisions du Conseil des Hiérarques», (c. 167§3 CCEO). Pour plus de détails, voir P. SZABÓ, «La questione della competenza legislativa», 485-515.

[49] Il faut spécifier ici que l'évêque diocésain / éparchial exerce le pouvoir législatif toujours par lui-même (cf. cc. 391§2 CIC; 191§2 CCEO). Pour cette raison, «dans le synode diocésain l'Evêque diocésain est l'unique législateur, les autres membres du synode ne possédant que voix consultative; lui-même signe seul les déclarations et les décrets du synode qui ne peuvent être publiés que par son autorité», (c. 466 CIC). De même, «dans l'Assemblée éparchiale, l'Evêque éparchial est seul législateur; tous les autres n'ayant que voix consultative; lui seul souscrit toutes les décisions, qui ont été prises dans l'Assemblée éparchiale; si elles sont promulguées au cours de cette même assemblée, elles commencent aussitôt à obliger, sauf autre disposition expresse», (c. 241 CCEO). Pour d'autres détails, voir J.L. GUTIERREZ, «La potestà legislativa», 509-526; G.P. MONTINI, «La diocesi», 117-125; P. AMENTA, «Il Sinodo diocesano», 627-653; G. BRUGNOTTO, «Tipologia degli atti», 126-144.

[50] Cc. 16§1 CIC; 1498§1 CCEO.

[51] «Les auteurs signalent qu'*est aussi interprète authentique le législateur hiérarchiquement supérieur*. Cette affirmation est sans doute exacte en ce qui concerne le Pontife Romain (cf. c. 333 CIC) et le Concile œcuménique (cf. cc. 336-337 CIC) parce que leurs pouvoirs sont universels et immédiats et que rien ni personne n'y échappent. Mais elle ne se vérifie pas en ce qui concerne le concile particulier ou la Conférence des évêques sur les lois des évêques diocésains, puisque leurs compétences ne s'étendent qu'aux matières communes (cc. 445 et 455). Ajoutons que le Pontife Romain peut interpréter les documents du Concile œcuménique et le Concile

lement le «Conseil pontifical pour les textes législatifs» (*Pontificium Consilium de legum textibus*)[52]. Dans ce cas,

> L'interprétation authentique donnée sous forme de loi a la même force que la loi elle-même et doit être promulguée; si elle ne fait que déclarer le sens des termes de la loi en eux-mêmes certains, elle a effet rétroactif; si elle restreint ou étend la portée de la loi, ou si elle explicite une loi douteuse, elle n'a pas d'effet rétroactif[53].

L'interprétation des lois peut aussi être individuelle, à savoir qu'elle est faite par celui qui doit appliquer la loi: le juge ecclésiastique ou une autorité administrative. A cet égard il a été disposé:

> L'interprétation par voie de sentence judiciaire ou par un acte administratif dans une affaire particulière n'a pas force de loi; elle ne lie que les personnes et ne concerne que les questions pour lesquelles l'interprétation est donnée[54].

Au surplus, la même législation canonique catholique prévoie que «celui qui a le pouvoir législatif peut également porter des lois pénales»[55]. Ainsi, il peut sanctionner par une loi pénale aussi bien les lois portées par lui que celles qui proviennent de n'importe quel autre législateur ecclésiastique, et même les lois divines, dans la mesure où leur violation comporte dans le domaine de sa compétence (territoriale ou personnelle) une gravité ou un scandale particulier[56].

2.3.2 Le pouvoir judiciaire

En ce qui concerne le pouvoir judiciaire, il faut d'abord noter que, selon l'actuelle législation canonique catholique,

> Le Pontife Romain est le juge suprême pour l'ensemble du monde catholique; il dit le droit par lui-même ou par les tribunaux ordinaires du Siège Apostolique, ou par des juges qu'il a délégués[57].

œcuménique ceux du Pape puisque, d'un point de vue canonique, ils possèdent tous deux le pouvoir suprême et universel.», *Code Annoté*, 24-25.

[52] Cf. art. 154-158 Const. Ap. *Pastor Bonus*. Pour d'autres détails, voir T. BERTONE, «La legge canonica», 29-43; J. HERRÁNZ, «El Pontificio Consejo», 115-132; «La interpretación auténtica», 501-527.

[53] Cc. 16§2 CIC; 1498§2 CCEO.

[54] Cc. 16§3 CIC; 1498§3 CCEO.

[55] Cc. 1315§1 CIC; 1405§1 CCEO.

[56] Cf. *Comm.CIC*, 762-763.

[57] Cc. 1442 CIC; 1059§1 CCEO. Pour plus de détails, voir Z. GROCHOLEWSKI, «Il Romano Pontefice», 39-64; P.A. BONNET, «La competenza», 303-330, 515-530; J. OCHOA, «I titoli di competenza», 133-181.

De plus, la même législation prescrit que «le Premier Siège n'est jugé par personne»[58]. Il appert donc que le Pontife Romain, car c'est à lui qui se rapportent les mots *Prima Sedes*[59], ne peut être jugé sur la terre par aucun pouvoir humain. Et cette prérogative est considérée dans l'Eglise catholique comme relevant du droit divine, de sorte que le Romain Pontife lui-même ne peut y renoncer. Pour cette raison il est précisé qu'il n'y a ni appel ni recours contre une sentence ou un décret du Pontife Romain[60].

Dans l'Eglise universelle, le Collège des évêques, uni toujours à son chef l'évêque de Rome, a le pouvoir judiciaire plein[61], qui peut être exercé dans le Concile œcuménique. Le Pontife Romain a personnellement le pouvoir judiciaire plein[62].

Quant au pouvoir judiciaire des évêques, il est précisé que l'évêque diocésain/éparchial l'exerce dans sa diocèse/éparchie soit par lui-même, soit par le Vicaire judiciaire et les juges, selon le droit[63]. Toutefois,

---

[58] «Prima Sedes a nemini iudicatur», (c. 1404 CIC). De plus, il est même spécifié que «en cas de violation du c. 1404, les actes et les décisions sont tenus pour nuls et non avenus», (c. 1406§1 CIC). Nul, pas même un Concile œcuménique, ne pourrait donc les adopter ou les confirmer.

[59] «Romanus Pontifex a nemini iudicatur», (c. 1058 CCEO). Pour plus de détails historiques concernant cette formule, voir S. VACCA, *Prima Sedes a nemine iudicatur.*

[60] Cf. cc. 333§3, 1405§2, 1732 CIC; 45§3, 1060§3, 996 CCEO. De plus, l'actuelle législation canonique catholique prescrit que celui «qui recourt au Concile œcuménique ou au Collège des évêques contre un acte du Pontife Romain sera puni de censure», (c. 1372 CIC).

[61] Cf. cc. 336 CIC; 49 CCEO.

[62] Cf. cc. 331, 333§1 CIC.

[63] Cf. 391§2, 1419§1 CIC; 191§2 CCEO. Dans un diocèse, l'évêque peut exercer sa fonction de juge lui-même ou, éventuellement, en déléguant une personne pour connaître d'une cause. Mais, sauf pour exiguïté d'un diocèse ou petit nombre de causes, il est contraint de constituer un office canonique de vicaire judiciaire ou, selon le terme utilisé avant le code de 1983, d'official, un prêtre qui juge en son nom. La constitution d'un tel office est obligatoire. De plus, dans l'Eglise catholique on a eu recours à la constitution de tribunaux interdiocésains ou de tribunaux régionaux, pratique qui permet de concentrer les efforts en un lieu en garantissant une compétence que ne pourrait pas assurer chaque diocèse laissé seul devant l'obligation de créer un tribunal diocésain. D'autant plus que le droit canonique catholique connaît l'architecture en différentes instances. La sentence d'un tribunal de première instance, diocésain ou interdiocésain ou régional, peut être appelée devant un tribunal de seconde instance. En général, la seconde instance a son siège dans le diocèse de l'arche-vêque mais la sentence du tribunal de l'archevêque peut être contestée en appel devant un autre tribunal diocésain dûment désigné qui devient un tribunal d'appel. De la sorte, par un système circulaire, sur un territoire défini le système canonique permet qu'un tribunal de première instance juge en appel des sentences prononcées par le tribunal d'un autre diocèse ou d'autres diocèses. Cette règle s'applique alors que doit être sauf le principe selon lequel on peut à tout moment s'adresser au Pontife Romain pour

Le pouvoir judiciaire que possèdent les juges ou les collèges judiciaires doit être exercé selon les modalités prescrites par le droit; il ne peut être délégué si ce n'est pour accomplir les actes préparatoires à un décret ou à une sentence[64].

Si les évêques diocésains/éparchiaux ont le pouvoir judiciaire qui leur est donné par le droit, celui-ci est toutefois limité dans certains cas. La première limitation est constituée du fait que l'actuelle législation prescrit que le Siège Apostolique n'est jugé par personne[65]. Du fait que le Pontife Romain est le juge suprême pour le monde catholique[66], dérive ensuite toutes les autres limitations du pouvoir judiciaire des évêques diocésains/éparchiaux, car, sur la base de cette affirmation, l'actuelle législation canonique catholique a réservé, pour le Pontife Romain lui-même ou pour les tribunaux qui jugent au son nom, différentes affaires[67]:

---

qu'il connaisse la cause en raison de la primauté qu'il reçoit sur l'Eglise catholique. Dans ce cas, sauf à créer un tribunal spécial, c'est la Rote romaine qui connaîtrait de cette cause. Pour plus de détails, voir P.A. BONNET, «I tribunali», 183-225.

[64] Cc. 135§3 CIC; 985§3 CCEO.

[65] Cf. cc. 1404 CIC, 1058 CCEO.

[66] Cf. cc. 1442 CIC; 1059§1 CCEO.

[67] Pour une présentation détaillée de toutes ces réservations pontificales, voir M.-E. HERGHELEGIU, *Reservatio Papalis*, 57-64. Les tribunaux ordinaires du Siège Apostolique sont la Rote Romaine et la Signature Apostolique. La Rote Romaine est le tribunal apostolique d'appel pour l'Eglise universelle (cf. cc. 1443 CIC; 1065 CCEO; art. 126 PB). Ce tribunal juge en seconde ou en troisième instance les causes déjà jugées par les tribunaux inférieurs locaux et légitimement appelées devant le Saint-Siège. Ce tribunal juge, en outre, en première instance les causes réservées par le droit au Saint-Siège, comme celles qui lui seraient directement confiées par le Romain Pontife (cf. c. 1444§2° CIC; art. 128 PB). Le tribunal suprême de la Signature Apostolique a une triple compétence, définie clairement par l'actuelle législation catholique. Dans une première section, dite «judiciaire», sa compétence est celle de juger: la plainte en nullité contre les sentences de la Rote Romaine en cas de nullité selon les cc. 1620 et 1622 CIC (cf. c. 1445§1,1 CIC; art. 122§1 PB); les demandes de remise en l'état (*restitutio in integrum*) contre les sentences de la Rote Romaine pour les motifs indiqués aux cc. 1645-1646 CIC et dans les délais légaux (cf. c. 1445§1,1° CIC; art. 122§1 PB); d'autres recours contre les sentences de la Rote Romaine dans les causes portant sur l'état des personnes, si la Rote Romaine a refusé de les réexaminer (cf. c. 1445§1,2° CIC; art. 122§2 PB); les exceptions de suspicion et d'autres causes contre l'un des auditeurs de la Rote Romaine, pour des actes commis dans l'exercice de leur charge (cf. c. 1445§1,3° CIC; art. 122§3 PB); les conflits de compétence entre les tribunaux soumis à des tribunaux distincts (cf. cc. 1416, 1445§1,4° CIC; 1083§2 CCEO; art. 122§4 PB). Dans sa deuxième section, la Signature Apostolique est notamment compétente pour: les recours contre les actes administratifs particuliers portés par les dicastères de la Curie Romaine ou approuvés par eux, pourvu que soit alléguée une violation de la loi; de même, la Signature a compétence s'il y a lieu des dommages-intérêts (cf. c. 1445§2 CIC; art. 123§2-3 PB); les conflits administratifs dont la solution lui et confiée par le Pontife Romain (cf. c. 1445§2; art. 123§3 PB); les controverses administratives que les dicastères de la Curie Romaine

- le Romain Pontife se réserve pour lui-même le droit de juger toutes les affaires concernant les personnes qui exercent la magistrature suprême de l'Etat[68], les cardinaux[69], les patriarches[70], les légats du Siège Apostolique et les évêques, même titulaires, pour les causes pénales qui concerneraient ces derniers[71]; il peut aussi invoquer devant soi-même toute cause qu'il jugerait opportun d'y juger[72];
- pour le tribunal de la Rote Romaine[73] il est réservé de juger les évêques dans les causes contentieuses[74], l'abbé primat ou l'abbé

---

soumettent à son jugement (cf. c. 1445§2 CIC; art. 123§3 PB); les conflits de compétence entre les dicastères de la Curie Romaine (cf. c. 1445§2; art. 20, 123§3 PB). A travers sa troisième section, la Signature Apostolique doit: veiller à la correcte administration de la justice dans l'Eglise catholique selon les normes des canons (cf. 1445§3,1° CIC; art. 124§1 PB); faire des observations sur l'activité des avocats et procureurs ecclésiastiques catholiques et, éventuellement, les punir (cf. c. 1445§3,1° CIC; art. 124§1 PB); proroger la compétence des tribunaux (cf. c. 1445§3,2° CIC; art. 124§3 PB); veiller à la constitution de tribunaux interdiocésains de première instance (prévues par le c. 1423 CIC) et d'un ou de plusieurs tribunaux d'appel, lorsque le tribunal interdiocésain est formé par des diocèses de la même province ecclésiastique, ou lorsqu'il est composé de tribunaux de provinces distinctes (cf. c. 1439 CIC; art. 124§4 PB); approuver la formation ou l'usage de tribunaux d'appel pour juger les causes qui relèvent habituellement de la compétence du Saint-Siège, à savoir d'approuver des tribunaux inter-diocésains (cf. art. 124§4 PB); juger les demandes adressées au Saint-Siège pour obtenir que la cause soit déférée à la Rote Romaine ou pour une autre grâce relative à l'administration de la justice (cf. art. 124§2 PB). Enfin, il convient aussi de noter ici que le tribunal du Vicariat de Rome n'est pas un tribunal du Saint-Siège, mais c'est le tribunal de l'évêque du diocèse de Rome. Pour plus de détails, voir Z. GROCHOLEWSKI, «Il ministero del Supremo Tribunale», 193-213; C. DE DIEGO LORA, «Los tribunales», 419-461, 121-158; P.A. BONNET, «La competenza», 3-37; G.P. MONTINI, «De querela nullitatis», 669-697; «Il risarcimento», 179-220; «I ricorsi», 85-120; J. ABBASS, «The Roman Rota», 439-490; C.G. FÜRST, «Lex prior», 269-283.

[68] Cf. c. 1405§1,1 CIC; 1060§1,3 CCEO.
[69] Cf. c. 1405§1,2 CIC.
[70] Cf. c. 1060§1,1 CCEO.
[71] Cf. cc. 1405§1,3 CIC; 1060§1,2 CCEO.
[72] Cf. c. 1405§1,4 CIC; 1060§1,4 CCEO.
[73] Il est nécessaire de préciser ici que, dans les cause réservées à la Rote Romaine, l'incompétence des autres juges est absolue (cf. 1406§2 CIC), et l'éventuelle sentence des tribunaux est entachée d'un vice irrémédiable de nullité (cf. 1620§1 CIC).
[74] Cf. cc. 1405§3,1 CIC. Ce droit n'est plus valable dans les causes relatives aux droits et biens temporels des personnes juridiques normalement représentés par l'évêque. Dans ce dernier cas, la première instance compétente est le tribunal d'appel de la région (cf. cc. 1419§2 CIC; 1066§2 CCEO). De plus, pour les Eglises orientales catholiques il est prescrit que, «à l'exception des évêques qui exercent leur pouvoir dans les limites du territoire de l'Eglise patriarcale, tous les autres évêques sont jugés dans les causes contentieuses par le tribunal désigné par le Pontife Romain, restant sauf le c. 1066§2 CCEO, (cf. c. 1060§2 CCEO)».

supérieur d'une congrégation monastique et le Modérateur suprême des instituts religieux de droit pontifical[75], les diocèses et les autres personnes ecclésiastiques, physiques ou juridiques, qui n'ont pas de Supérieur au-dessous du Pontife Romain[76];
– à la Congrégation pour la Doctrine de la Foi, ont été réservées ce qu'on appelle dans l'Eglise catholique les *delicta graviora*[77], ainsi que les causes ayant trait à la foi catholique qui sont de sa compétence: causes d'apostasie ou d'hérésie[78];
– à la Congrégation pour le Culte divine et la discipline des Sacrements, ont été réservées les causes relatives à la validité des ordres sacrés, s'il s'agit d'un empêchement courant (la congrégation ne décide que le mode sous lequel doivent être instruites et traitées ces causes)[79].

Au surplus, l'actuelle législation canonique catholique ainsi que la pratique judiciaire de l'Eglise catholique prévoient aussi des autres situations où le pouvoir judiciaire de l'évêque diocésain/éparchial peut être limité par des déterminations spéciales prescrites par les congrégations romaines, comme, par exemple, les procédures tendant à obtenir une dispense par grâce du Pontife Romain en vertu de son pouvoir primatiale[80].

Il y a lieu aussi de signaler ici qu'en raison de la primauté du Pontife Romain, tout fidèle de l'Eglise catholique a le droit de demander que sa cause soit dévolue devant les tribunaux de Saint-Siège, comme il a le droit d'introduire sa cause auprès de ces mêmes tribunaux, à n'importe quel degré de juridiction et n'importe quel moment du procès[81]. En cas

---

[75] Cf. c. 1405§3,2 CIC.

[76] Cf. cc. 1405§3, 3 CIC; 1061 CCEO.

[77] Cf. art. 52 PB; cc. 1367 CIC; 1442 CCEO. JEAN-PAUL II, M.p. *Sacramentorum Sanctitatis Tutela*, 737-739. Voir aussi B.E. FERME, «Graviora delicta», 365-382; «La competenza», 447-469; A. BORRAS, *L'excommunication*, 50-52.

[78] Cf. cc. 1364,1, 1362§1,1 CIC; 1152§2, 1436§1, 1437 CCEO. Voir aussi A. BORRAS, *L'excommunication*, 37-45.

[79] Cf. cc. 1709§1, 1712 CIC; 1386§1, 1387 CCEO. Il faut préciser ici que tous les autres cas concernant les ordres sacrés doivent être soumis à la Congrégation pour la Doctrine de la Foi, qui est également compétente pour toute action concernant des délits commis dans l'administration des sacrements, relevant au for externe d'une censure réservée au Saint-Siège; comme, par exemple, les délits commis dans l'admi-nistration du sacrement du pénitence (cf. cc. 1388 CIC; 1456 CCEO)

[80] C'est le cas de la dispense d'un mariage entre un catholique et un non-catholique en faveur de la foi, le soi-disant «privilège pétrinien» (*privilegium petrinum*) qui dépend de la Congrégation pour la Doctrine de la Foi.

[81] Cf. cc. 1417§1 CIC; 1059§1 CCEO.

de dévolution devant un tribunal du Saint-Siège d'une cause déjà introduite et légitimement commencée devant un tribunal inférieur, compétent, le recours n'est que dévolutif, c'est-à-dire que le tribunal saisi peut continuer à conduire la procédure jusqu'à la sentence, à moins que le tribunal romain ne manifeste expressément l'intention de se charger de poursuivre la cause jusqu'à sa conclusion. Lorsqu'une cause a été jugée en première instance, il est possible de faire directement appel devant les tribunaux du Saint-Siège, sans passer par les instances locales d'appel[82].

Il est donc très clair que, à l'exception de ces limitations prévues au pouvoir judiciaire des évêques, c'est à l'évêque diocésain/éparchial que revient en premier lieu le devoir de «dire le droit» dans son Eglise particulière par l'exercice de son pouvoir judiciaire.

2.3.3 Le pouvoir exécutif ou administratif

Quant au pouvoir exécutif, l'actuelle législation canonique catholique précise que son attribution peut tenir à l'office ou à une délégation. Dans le premier cas,

> Le titulaire du pouvoir exécutif, même lorsqu'il est hors de son territoire, exerce validement son pouvoir sur ces sujets, même absents du territoire, à moins qu'il ne s'avère par la nature de l'affaire ou une disposition du droit qu'il en va autrement; il exerce aussi son pouvoir sur les étrangers présents sur son territoire, s'il s'agit de la concession de mesures favorables ou de l'application des lois universelles ou particulières auxquelles ils sont tenus selon le c. 13§2, n.2[83].

Pour le deuxième cas, il a été d'abord décidé que, pour un acte particulier ou pour un ensemble de cas, le pouvoir exécutif ordinaire peut être délégué, à moins d'une autre disposition expresse du droit.[84] En ce qui concerne la possibilité d'une subdélégation, la législation catholique distingue:

> Le pouvoir exécutif délégué par le Siège Apostolique peut être subdélégué pour un acte particulier ou pour un ensemble de cas, à moins que le délégué n'ait été choisi en raison de ses qualités personnelles ou que la subdélégation n'ait été expressément interdite[85].

Le pouvoir exécutif délégué par une autre autorité ayant pouvoir ordinaire, s'il a été délégué pour un ensemble de cas, ne peut être subdélégué

---

[82] Cf. cc. 1417§2, 1444§1 CIC; 1059§2 CCEO.
[83] Cc. 136 CIC; 986 CCEO. Pour plus détails, voir F.X. URRUTIA, «Administrative Power», 253-274.
[84] Cf. cc. 137§1 CIC; 988§1 CCEO. Pour plus détails, voir F.X. URRUTIA, «Delegation of the Executive Power», 339-356.
[85] Cc. 137§2 CIC; 988§2 CCEO.

que cas par cas; s'il a été délégué pour un acte particulier ou pour des actes déterminés, il ne peut être subdélégué sans concession expresse du délégant[86]. Quant à la subdélégation d'une subdélégation, il est interdit sauf concession expresse du délégant[87]. En ce qui concerne une éventuelle suspension du pouvoir exécutif, l'actuelle législation précise:

> A moins d'une disposition autre du droit, le fait de s'adresser à une autorité compétente, même supérieure, ne suspend pas le pouvoir, exécutif, ordinaire ou délégué, d'une autorité compétente[88].

Ainsi, en règle générale, le recours d'un intéressé devant une autorité compétente ou même devant une autorité supérieure à celle qui est en train d'exercer son pouvoir exécutif n'a pas d'effet suspensif. Toutefois, une autorité inférieure n'interviendra pas dans une affaire portée devant une autorité supérieure, à moins d'une raison grave et urgente; auquel cas, elle en avisera aussitôt l'autorité supérieure.[89]

Pour l'exercice collectif du pouvoir exécutif délégué, la législation catholique distingue entre une délégation solidaire[90] et une délégation collégiale[91], tout en précisant:

> Un pouvoir exécutif délégué à plusieurs personnes est présumé avoir été délégué solidairement[92].

Quant à l'exercice successif du pouvoir exécutif délégué, la législation canonique catholique prescrit:

---

[86] Cc. 137§3 CIC; 988§3 CCEO.
[87] Cc. 137§4 CIC; 988§4 CCEO.
[88] Cc. 139§1 CIC. Il faut noter ici que cette règle ne se retrouve pas dans le CCEO.
[89] C. 139§2 CIC.
[90] Cf. c. 140§1 CIC. «A delegation granted jointly implies that every single individual is equally fully competent to act, but that the first one who uses the delegated power excludes the others from acting legitimately. They continue to hold the delegated power but may no longer exercise it; hence, if one of these persons should act, it would be valid, but illicit. However, if the first one to take action does not fulfill or terminate his task, the others are equally competent to licitly exercise their delegated power once again. The fact that the first individual is unable or unwilling to proceed in the matter must be established authentically.», *New Commentary*, 191.
[91] Cf. c. 140§2 CIC. «When delegated power is given to a college, that power is to be exercised according to canon 199. In distinction to individuals who are jointly delegated, the members of a college do not receive the delegation individually, but only as a college. Hence, they ought to act according to canon 119 unless the delegating person has provides otherwise, e.g., by prescribing that a majority different from the one in canon 119 suffices for approval of an action.», *New Commentary*, 191.
[92] C. 140§3 CIC.

Si plusieurs ont été successivement délégués, celui dont le mandat est le plus ancien et n'a pas été ensuite révoqué réglera l'affaire[93].

Bien que les détenteurs du pouvoir exécutif propre ou délégué sont tenus à respecter scrupuleusement tous ces prescriptions canoniques,

En cas d'erreur commune de fait ou de droit, comme en cas de doute positif et probable de droit ou de fait, l'Eglise supplée le pouvoir exécutif de gouvernement tant au for externe qu'au for externe.[94]

Il en résulte donc que même si l'auteur des dispositions exécutrices ou actes administratifs individuels a outrepassé ses pouvoirs, l'exercice de ceux-ci profite aux administrés soit dans la mesure où il leur est favorable et où ils ignoraient légitimement le dépassement des pouvoirs, soit en cas d'erreur du détenteur du pouvoir lui-même lorsque cette erreur leur profite.

En outre, seulement celui qui détient le pouvoir exécutif peut émettre, dans les limites de sa compétence, un acte administratif particulier[95], restant cependant sauves les dispositions du canon 76§ 1 du CIC. Au surplus, il convient préciser que le pouvoir exécutif est subordonné au pouvoir législatif, car les actes administratifs présupposent l'existence d'une loi qui doit être appliquée[96]. Toutefois, ceux qui émanent des actes administratifs agissent en vertu de leur fonction exécutive, en exerçant ainsi le pouvoir exécutif. Plus précisément, tels documents sont émanés, au niveaux universelle, par les congrégations de la Curie Romaine[97], tandis que, au niveaux local, ils sont émanés par les

---

[93] C. 141 CIC. Il convient de noter qu'ici il s'agit d'une application pratique du vieil adage romain *Prior tempore potior iure*, mais il est, comme il va de soi en matière de délégation, subordonné à l'absence de révocation du mandat du plus ancien délégué.

[94] Cc. 144§1 CIC; 994 CCEO. De plus, il est précisé que cette règle s'applique aux facultés dont il s'agit aux cc. 882, 883, 966 et 1111§1 CIC (cf. c. 144§2 CIC); de même, «des prescriptions du droit concernant le pouvoir exécutif de gouvernement sont valables aussi pour le pouvoir dont il s'agit aux cc. 441§1 et 511§1 CCEO, et pour les facultés qui sont requises par le droit pour la valide célébration ou administration des sacrements, à moins qu'une autre disposition ne soit établie par le droit commun ou ne résulte de la nature de la chose» (c. 995 CCEO).

[95] Les actes administratifs particuliers se distinguent en deux catégories: 1. les *décrets* qui émanent généralement de la propre initiative de l'autorité; il faut y rattacher les *préceptes* (cf. cc. 48-58 CIC; 1517-1526 CCEO); 2. les *rescrits* qui sont des réponses, par écrit, à une demande qui a été présentée (cf. cc. 59-75 CIC; 1527-1539 CCEO). Voir aussi J. CANOSA, «La legislazione generale», 255-273.

[96] Cf. G. GHIRLANDA, «Esecutiva potestà», 463-464.

[97] Cf. c. 360 CIC.

curies épiscopales[98] ou par les conférences des évêques dans les cas prévus par le droit ou lorsqu'il y a le mandat spécial du Saint-Siège[99].

3. Conclusion

En récapitulant nous pouvons affirmer que, dans l'Eglise catholique, au pouvoir de gouvernement (*potestas regiminis*), qui est d'institution divine, sont habilités les clercs. Les laïcs ont toutefois la possibilité de collaborer à ce pouvoir de gouvernement, qui est dit *ordinaire* lorsqu'il est lie à une charge, et *délégué* lorsqu'il est lié à une personne. Dans ce *potestas regiminis* l'actuelle législation canonique catholique distingue les pouvoirs législatif, judiciaire et exécutif ou administratif. Toutefois, ce pouvoir de gouvernement n'est pas morcelé dans l'Eglise catholique. Une seule personne peut assumer le pouvoir législatif, le pouvoir judiciaire et le pouvoir exécutif. C'est le cas, pour l'Eglise universelle, du Pontife Romain et du Collège des évêques, et, pour chaque Eglise particulière de son évêque propre.

---

[98] Cf. cc. 469 CIC; 243§1 CCEO.
[99] Cf. c. 455§1 CIC.

CHAPITRE VIII

Primauté et collégialité dans l'Eglise catholique

Dans l'Eglise catholique, lorsqu'on parle de la primauté en relation à la collégialité, il faut d'abord préciser que ce binôme a constitué et constitue encore un des aspects les plus sensibles et les plus analysés de la théologie catholique, à un tel point que, récemment, même le pape Jean-Paul II, dans sa lettre encyclique de 1995 sur l'œcuménisme *Ut Unum Sint*, invitait les responsables des Eglises et les théologiens chrétiens à entrer dans un «dialogue patient et fraternel» au sujet de l'exer-cice de la primauté de l'évêque de Rome, afin d'identifier des «nouvelles manières» de son exercice[1]. De plus, poser la question du rapport primauté-collégialité revient à s'attaquer au problème de l'autorité su-prême dans l'Eglise catholique. Donc, afin de mieux comprendre le rapport entre l'évêque de Rome et les évêques dans l'Eglise catholique, il convient d'approfondir d'abord la notion d'autorité suprême dans l'Eglise catholique et sa modalité d'exercice, ainsi comme ont été prévues dans les documents conciliaires et comme ont été insérés par la suite dans la législation canonique catholique.

---

[1] En conséquence, les théologiens ont essayé de répondre à cet appel soit individuellement, soit dans le cadre des symposions organisés sur ce thème. Parmi ces «réponses», je ne me permets d'indiquer ici que les plus intéressants et sérieux: G. GHIRLANDA, «Lo ius divinum del Primato pontificio», 1043-1113; A. ACERBI, *Il ministero del papa*; J.R. QUINN, *The Reform of the Papacy*; H. J. POTTMEYER, *Die Rolle des Papsttums*; *Il Primato del Successore di Pietro*; J. PUGLISI, ed., *Petrine Ministry and the unity of the Church*; *Il Primato del Successore di Pietro nel ministero della Chiesa*; W. KASPER, ed., *Il ministero petrino*; P. TIHON, ed., *Changer la papauté?*; F. COCCOPALMERIO, «Il primato del Romano Pontefice», 3-46; D. SALACHAS, «Réponse d'un canoniste», 135-168. Une synthèse de la problématique a été faite par le *Conseil Pontifical pour la Promotion de l'Unité des Chrétiens* afin d'être présenté à sa session plénière du novembre 2001 (cf. CONSEIL PONTIFICAL POUR LA PROMOTION DE L'UNITE DES CHRETIENS, «Le Ministère pétrinien», 29-42).

1. Primauté et collégialité dans l'Eglise catholique selon les documents du Vatican II

1.1 L'autorité suprême dans l'Eglise catholique selon les documents du Vatican II

Selon l'enseignement du concile Vatican II, l'autorité suprême dans l'Eglise catholique est exercée par l'évêque de Rome e par le Collège des évêques toujours en union avec son chef, l'évêque de Rome. En ce sens, il est précisé:

> le Collège ou corps épiscopal n'a cependant d'autorité que si on le conçoit comme uni à son chef le Pontife Romain, successeur de Pierre, lequel conserve intégralement sa primauté sur tous, tant pasteurs que fidèles. En effet, le Pontife Romain, en vertu de son office qui est celui de Vicaire du Christ et de Pasteur de toute l'Eglise, a sur celle-ci un pouvoir plénier, suprême et universel, qu'il peut toujours exercer en toute liberté. D'autre part, l'ordre des évêques, qui succède au collège des Apôtres dans le magistère et le gouvernement pastoral, en qui même se perpétue le corps apostolique, uni à son chef le Pontife Romain, et jamais sans ce chef, est également sujet du pouvoir suprême et plénier sur toute l'Eglise, pouvoir qui ne peut être exercé qu'avec le consentement du Pontife Romain[2].

Donc, la question qui demeure encore est de savoir comment les documents de Vatican II ont prévu l'exercice du pouvoir suprême sur l'Eglise universelle dont jouit l'évêque de Rome, en harmonie avec celui dont jouit le Collège des évêques toujours en union avec son chef. Une première observation, qui s'impose ici, est celle que les Pères conciliaires ont été d'accord avec deux modalités distinctes d'exercice du pouvoir suprême dans l'Eglise catholique: soit par l'action de l'évêque de Rome seul (modalité personnelle), soit par

---

[2] LG 22b. La même affirmation se trouve dans le numéro 3 de la *Nota explicativa praevia*, où il est précisé que «le collège, qui n'existe pas sans sa tête, s'appelle le sujet aussi du pouvoir suprême et plénier dans l'Eglise universelle». La *Nota explicativa praevia* aux Moyens (*Modi*) sur le chapitre III du Schéma *de Ecclesia* a été voulue par le Pape Paul VI et communiquée aux Pères conciliaires le 16 novembre 1964, avant la votation finale sur la constitution dogmatique *Lumen Gentium* afin que la doctrine exposée dans ce chapitre soit expliquée et interprétée selon l'esprit et la sentence de cette Note. Et cela avec l'intention de porter le Collège à l'unanimité, fait qu'effectivement a été manifesté dans la votation finale sur la constitution (cf. G. GHIRLANDA, *Hierarchica communio*, 386-397). Pour plus de détails, voir G. ALBERIGO, *Histoire du concile*; B. GUILLAUME, «La genèse du n. 22», 197-227.

l'action du Collège des évêques en union avec son chef, l'évêque de Rome (modalité collégiale)³. Et cela, notamment parce que

---

³ Cf. W. BERTRAMS, *Vicarius Christi*; J. RATZINGER, «La collégialité épiscopale», 763-790. Il faut souligner aussi que le concile Vatican II n'a pas prise une décision claire. En effet, à la suite d'une pétition des certains Pères conciliaires, qui sollicitaient une position plus claire sur ce problème, la Commission doctrinale du concile avait répondue que «Commissio non voluit intrare in quaestionem disputatam de unico subiecto potestatis supremae vel de duobus eiusdem potestatis subiectis inadequate distinctis. Stet ergo textus, qui post longas discussiones in commissione, praesentem formam recepit.» (*AS*, III/8, 72). Par conséquent, encore aujourd'hui, il y a dans l'Eglise catholique deux visions différentes sur l'autorité suprême. Il y a ceux qui affirment qu'il n'y a qu'un sujet de l'autorité suprême, c'est-à-dire le Collège des évêques; mais celui-ci exerce son autorité suprême de deux façons: ou réuni toujours avec son chef, ou à travers le Pontife Romain, en tant que formellement chef du Collège des évêques, donc – soulignent les auteurs – par un acte qui, en quelque sort, est encore un acte collégial. Les representants de cette position sont, par exemple, après K. Rahner: T.I. Jimenez Urresti, G. Thils, A. Antón, O. Semmelroth, E. Schillebeeckx, C. Duquoc, B. Gherardini, Y. Congar, H. Legrand. Au contraire, des autres auteurs catholiques affirment que les sujets de la suprême autorité de l'Eglise catholique sont deux sujets inadéquatement distincts, c'est-à-dire le Pontife Romain, qui seul peut accomplir des actes qui ne sont en aucun cas de la compétence des évêques (comme par exemple: convoquer et diriger le Collège; établir ou approuver les normes pour la nomination des évêques ou pour la confirmation des évêques légitimement élus; donner le mandat pontifical; donner ou refuser la communion apostolique; etc.), d'une part, et le Collège des évêques toujours avec leur chef, d'autre part. Parmi les auteurs qui soutiennent cette dernière vision, il faut rappeler W. Bertrams, K. Mörsdorf, F. Frost, G. Ghirlanda et J. Ratzinger (cf. D. VALENTINI, «Regard», 43-55). Ainsi, dans sa thèse de doctorat, M. Visioli divisait tous ces prises de position en deux catégories: celles inacceptables pour la théologie catholique et celles qui pourraient être accepté. Dans la première catégorie l'auteur avait mis le «conciliarisme» (doctrine affirmant la supériorité du Concile des évêques sur l'évêque de Rome) et le «papisme» (doctrine qui affirme l'autorité absolue du pape). D'autre part, parmi les théories acceptables, M. Visioli énumérait les suivantes: 1. l'autorité suprême est exerce par un sujet unique: le collège des évêques (les auteurs précisent toutefois que, dans ce cas, le collège est compris toujours avec le pape, qui, à son tour, agit au nom du collège, bien qu'il est juridiquement libre d'accomplir des actes personnels; et cela parce que sans cette précision il y a le risque de tomber dans le «conciliarisme»); 2. l'autorité suprême est exerce par un sujet unique: l'évêque de Rome (cette théorie est différente du «papisme» parce que ses souteneurs acceptent que le collège des évêques jouit d'une pouvoir de gouvernement, bien que ce pouvoir soit dérivé du pouvoir primatiale de l'évêque de Rome); 3. l'autorité suprême est exerce par deux sujet distincts: l'évêque de Rome seul et le collège des évêques avec son chef (cf. M. VISIOLI, *Il diritto della Chiesa*, 19-27). En outre, il faut remarquer que les premières deux prises de position acceptables présentent des aspects faibles: la première n'offre pas une image claire de la position du pape au sein du collège (ainsi, par exemple, cette théorie ne précise clairement quelle serait la position du pape dans le cas de division du collège pour une question doctrinale), tandis que la deuxième est déjà désuète.

[la] distinction n'est pas à faire entre le Pontife romain et les évêques vus collectivement, mais entre le Pontife romain lorsqu'il agit seul et ce même Pontife agissant avec les évêques[4].

Toutefois, c'est toujours le même pouvoir suprême qui s'exerce tantôt par l'évêque de Rome seul, tantôt par le Collège des évêques en union avec son chef. En ce sens, le m.p. *Apostolos Suos* offre des éclaircissements très importantes en ce qui concerne la nature du Collège des évêques, en précisant:

> la collégialité des actes du corps épiscopal est liée au fait que l'«on ne peut concevoir [l'Eglise universelle] comme la somme des Eglises particulières ou comme une fédération d'Églises particulières». «Elle n'est pas le résultat de leur communion, mais elle est, dans son mystère essentiel, une réalité ontologiquement et chronologiquement préalable à toute Église particulière singulière». De même, le Collège épiscopal ne doit pas être compris comme la somme des évêques à qui sont confiées les Eglises particulières, ni le résultat de leur communion, mais, en tant qu'élément essentiel de l'Eglise universelle, il est une réalité antérieure à la charge d'être tête de l'Eglise particulière. En effet, le pouvoir du Collège épiscopal sur toute l'Eglise n'est pas constitué par la somme des pouvoirs exercés individuellement par les évêques dans leurs Eglises particulières; il s'agit d'une réalité antérieure à laquelle participent les évêques, qui ne peuvent agir pour toute l'Eglise sinon collégialement. Seul le Pontife romain, chef du Collège, peut exercer personnellement le pouvoir suprême sur l'Eglise. En d'autres termes, «la collégialité épiscopale, au sens propre ou strict, n'appartient qu'au Collège épiscopal tout entier, lequel, comme sujet théologique, est indivisible»[5].

Il faut noter ici surtout le fait que ce texte met en valeur le fondement ecclésiologique du Collège des évêques qui, selon la doctrine catholique, reproduit la structure même de l'Eglise et, sur cette base, définit les relations entre le Collèges des évêques en tant que tel et les évêques pris individuellement.

En outre, il apert que, dans l'Eglise catholique, le pouvoir suprême considéré en lui-même, même s'il se manifeste dans l'Eglise selon un double mode, personnel ou collégial, ne perd rien de son unicité. Ensuite, il faut souligner que, selon la doctrine catholique, le double mode d'exercice du

---

[4] NEP 3. Il est bon de faire remarquer ici que cette précision «è stata volutamente sottolineata da Paolo VI per contrastare quelle correnti di pensiero che vedevano nel collegio un soggetto autonomo, ponendo così in pericolo l'integrità della dottrina sulla primazialità», M. VISIOLI, *Il diritto della Chiesa*, 22, note 18. Voir aussi J. MANZANARES, «Concilio ecumenico», 143-165.

[5] *Apostolos Suos* 12b.

pouvoir suprême se trouve dans une harmonie parfaite avec l'unicité de ce pouvoir, car c'est toujours à l'évêque de Rome qu'il appartient de décider du mode personnel ou collégial d'exercice et c'est encore à lui qu'appartient de ratifier et sanctionner la décision finale. Pour la modalité collégiale d'exercice du pouvoir suprême dans l'Eglise catholique, le concile Vatican II a précisé d'une façon très claire que:

> Le pouvoir suprême que possède ce Collège sur toute l'Eglise s'exerce de façon solennelle dans le Concile œcuménique. Il n'y a aucun Concile œcuménique qui n'ait été confirmé ou du moins accepté comme tel par le successeur de Pierre; et c'est une prérogative du Pontife Romain de convoquer ces Conciles, de les présider et de les confirmer. Ce même pouvoir collégial peut être exercé, en union avec le Pape, par les évêques répandus en tous les points du monde, à condition que le chef du collège les appelle à une action collective ou, du moins, approuve ou accepte librement l'action conjointe des évêques dispersés, en sorte qu'elle constitue un véritable acte collégial[6].

Concernant la première modalité d'exercice du pouvoir suprême dans l'Eglise catholique, autrement dit l'action de l'évêque de Rome d'exercer seul (*seorsim*)[7] son pouvoir suprême et plénier, il faut souligner que celui-ci, en tant que «principe perpétuel et fondement de l'unité qui lie entre eux soit les évêques soit la multitude des fidèles»[8], doit remplir son office au service de cette unité, et accomplir par là la mission salvifique de l'Eglise[9].

De plus, la manière personnelle d'exercice du gouvernement de l'Eglise représente la manière ordinaire, car l'autre mode (par voie collégiale) est comparativement peu fréquent. Et cela parce que le Collège des évêques, unie toujours à son chef, peut exercer le pouvoir suprême et plénier au cours d'un concile œcuménique ou selon une autre modalité extra-conciliaire. Cette intermittence de l'exercice du pouvoir suprême de la part du Collège des évêques ne contredit pas le fait que le Collège aussi, par sa nature même, accomplisse la même fonction d'unité. En effet,

> ce Collège, en tant qu'il est composé de plusieurs membres, reflète la variété et l'universalité du Peuple de Dieu; et en tant qu'il est rassemblé sous un seul chef, il signifie l'unité du troupeau du Christ[10].

---

[6] LG 22b.
[7] Cf. NEP 3.
[8] Cf. LG 23a.
[9] Cf. CONGREGATIO PRO DOCTRINA FIDEI, «La primauté du Successeur de Pierre», 1016-1020.
[10] LG 22b. Voir aussi *Apostolos Suos* 12b.

Donc, même si le Collège des évêques existe d'une façon permanente, l'exercice du pouvoir suprême n'est pas permanent. Plus précisément,

> le collège, même s'il existe toujours, n'agit pas toujours, pour autant, comme collège pris au sens strict, comme le montre bien la tradition de l'Eglise. En d'autres termes, il n'est pas toujours «en plein exercice»; bien plus, ce n'est que par intervalles qu'il pose un acte strictement collégial, et non sans le consentement de sa tête[11].

Il en résulte donc que, dans l'Eglise catholique, le Collège des évêques – à la différence de l'évêque de Rome qui gouverne ordinairement l'Eglise – agit par intermittence, c'est-à-dire de façon extraordinaire. En réalité, le Collège des évêques peut exercer le pouvoir suprême et plénier lorsque l'évêque de Rome l'appelle à une action collégiale. L'initiative d'une action collégiale peut appartenir aussi aux évêques dispersés dans le monde, mais, pour que cette action soit collégiale, il est absolument nécessaire le consentement de l'évêque de Rome[12]. Alors, il est clair que l'initiative de mettre en mouvement l'exercice collégial du pouvoir suprême et plénier dans l'Eglise catholique appartient ordinairement à l'évêque de Rome, car il revient à son jugement de décider, selon les besoins de l'Eglise.

Ainsi, le Collège des évêques ne se conçoit jamais sans son chef, car celle-ci a été prévue dans les documents du Vatican II comme une exigence intrinsèque, tant au niveau ontologique, qu'au niveau opératif[13]. Et cela parce que l'évêque de Rome, en tant que chef du Collège, ne représente ni un *primus inter pares* dans le Collège, ni un élément extérieur qui superviserait les activités du Collège, mais il demeure toujours à l'intérieur du Collège comme un élément constitutif et indispensable. En

---

[11] NEP 4a.

[12] Cf. LG 22b. D'ailleurs, dans la Note explicative préalable fut précisé d'une façon très explicite que «nous disons "... le consentement de sa tête", afin qu'on n'aille pas imaginer une dépendance d'ordre purement externe; le mot "consentement" appelle au contraire la communion entre la tête et les membres, et implique la nécessité d'un acte qui ressortit proprement à la tête. La clausule négative: "non sans le consentement de la tête" englobe tous les cas; d'où il suit évidemment que les normes approuvées par l'autorité suprême doivent toujours être observées. On voit ainsi qu'il s'agit bien d'une union des évêques à leur tête, et jamais d'une action que poseraient les évêques indépendamment du Pape. En ce dernier cas, l'action de la tête faisant défaut, les évêques ne peuvent agir collégialement, comme le montre clairement la notion de "collège".», NEP 4a.

[13] Cf. NEP 3.

effet, pour que le Collège des évêques existe, ils sont nécessaires, simultanément, bien que diversement, tant le chef que les membres[14].

Afin de mieux comprendre tous les aspects de la relation prévue entre l'évêque de Rome et les autres évêques dans l'exercice de l'autorité suprême dans l'Eglise catholique, il convient d'approfondir ici la notion de succession apostolique, qui est à la base de ce rapport, ainsi que la relation prévue entre les membres du Collège, autrement dit de la collégialité[15].

1.2 *La succession apostolique selon les documents du Vatican II*

En ce qui concerne la succession apostolique, les documents du Vatican II affirment que le Christ choisit douze disciples et en fit ses Apôtres, en leur donnant forme d'un collège, c'est-à-dire d'un groupe stable, et mit à leur tête Pierre, choisi parmi eux[16]. Ainsi, selon la doctrine catholique, l'un des douze, l'apôtre Pierre, est mis à la tête de ce collège, mais de telle manière qu'il continue d'appartenir au Collège. Ensuite, les mêmes documents affirment que «le saint Concile enseigne-t-il que les évêques, de par l'institution divine, ont occupé, dans la succession, la place des Apôtres en tant que pasteurs de l'Eglise»[17]. Toutefois,

---

[14] Pour plus de détails concernant cet aspect de la relation entre l'épiscopat catholique et l'évêque de Rome, voir G. ALBERIGO, «Institutions exprimant la communion», 259-295; J. LECUYER, «Institutions en vue de la communion», 297-301.

[15] Pour compte rendu des débats conciliaires concernant la notion de la «collégialité», voir M.C. BRAVI, *Il Sinodo dei Vescovi*, 13-116. Pour une présentation chronologique de l'évolution du concept de collégialité épiscopale dans l'Eglise catholique à partir de concile Vatican II, voir L.A.G. TAGLE, *Episcopal Collegiality*. Voir également P. CHENAUX, «Il dibattito sulla collegialità», 395-406. Il faut aussi mentionner ici que, déjà en 1964, un des observateurs orthodoxes au Concile Vatican II, N. A. Nissiotis, avait à signaler que la collégialité est une notion très imprécise, qui n'a aucun fondement scripturaire ou historique, et que les orthodoxes voient le signe d'un dangereux malentendu ecclésiologique dans le fait qu'un concile soumette à la discussion cette conception, ni biblique ni historique, de la collégialité et décide, en plus, de l'adopter (cf. N.A. NISSIOTIS, «Die Ekklesiologie», 157-158). A son tour, l'actuelle pape Benoît XVI avait réagit toute de suite, an affirmant que «il faut tenir compte des affirmations de ce genre, surtout pour qu'une doctrine redécouverte en partant de l'œcuménisme ne devienne pas, finalement, un nouvel obstacle dressé devant lui, parce qu'on en aura traité en n'insistant systématiquement que sur un aspect» (J. RATZINGER, «La collégialité épiscopale», 777). C'est peut-être une raison pour laquelle le Vatican II n'a jamais employé le mot «collégialité» dans ses documents, mais il a parlé surtout de «collège» et de «corps épiscopal»; toutefois cet aspect sera analysé par la suite.

[16] LG 19.

[17] LG 20. Il faut remarquer d'emblée que ce texte du concile Vatican II parle du Collège des Apôtres, mais il ne emploie point l'expression Collège des évêques.

le parallélisme entre Pierre et les autres Apôtres d'une part, entre le Souverain Pontife et les évêques de l'autre n'implique pas la transmission du pouvoir extraordinaire des Apôtres à leurs successeurs; il n'implique pas non plus, bien sûr l'égalité de la tête et des membres du collège, mais seulement la proportionnalité entre la première relation (Pierre-Apôtres) et la seconde (Pape-Evêques)[18].

Donc, comme les Apôtres formaient un Collège avec, à sa tête, Pierre, il en résulte que, selon la doctrine catholique, les évêques avec, à leur tête, l'évêque de Rome comme successeur personnel de Pierre, d'une manière semblable (*pari ratione*), sont unis entre eux[19]. L'union collégiale entre les évêques catholiques est fondée à la fois sur l'ordination épiscopale et sur la communion hiérarchique. En réalité, selon cette doctrine, l'existence du Collège des Apôtres entraine l'existence du Collège des évêques, même s'il n'y a pas d'égalité mais simplement une proportionnalité entre le rapport Pierre-Apôtres et le rapport Pape-évêques[20].

---

[18] NEP 1.

[19] Cf. LG 22a.

[20] Il faut souligner d'abord que l'expression *pari ratione* a été préférée par les Pères conciliaires au syntagme *eadem ratione* notamment pour pouvoir mieux indiquer ce rapport de proportionnalité. Donc, dans le texte définitif, la proportionnalité exacte entre le rapport Pierre-apôtres et Pape-évêques est indiquée par le syntagme *pari ratione* (LG 22a), à travers lequel les Pères conciliaires ont voulu souligner que la différence entre le Pape et les autres évêques de l'Eglise catholique ne repose donc pas sur une autre relation à l'apostolat mais sur celle de la charge (*munus*) assumée: succédant à l'apôtre Pierre, le Pape reçoit la charge (*munus*) de cet apôtre, à savoir le ministère destiné à l'Eglise universelle. A leurs tours, les autres évêques de l'Eglise catholique ne succèdent pas à un apôtre donné mais au groupe apostolique. Ainsi, l'évêque individuel lui-même succède au groupe apostolique avec le collège épiscopal et par lui. Par conséquent, ce n'est que par l'intégration au collège épiscopal et en coopérant avec lui qu'un évêque participe à la fonction sacrée. Il appert donc que, sous ce rapport de la succession apostolique, la position du Pape est différente de celle des évêques individuels. En d'autres termes, le Pape, en tant qu'évêque de Rome, reçoit, à travers une succession personnelle, les prérogatives qui, selon la théologie catholique, l'apôtre Pierre a eu dans le collèges des apôtres, tandis que les autres évêques, ne succédant pas personnellement à un apôtre donné, ne reçoivent pas personnellement les prérogatives d'un apôtre. Toutefois, les évêques dans leurs ensemble, à savoir l'ordre des évêques (*ordo episcoporum*), succèdent aux apôtres dans le magistère et le gouvernement pastoral car dans le corps épiscopal se perpétue le corps apostolique (cf. LG 22b). Par conséquent, dans l'Eglise catholique, les évêques ne jouissent des prérogatives des apôtres qu'en tant que Collège des évêques. Pour plus de détails, voir A.M. JAVIERRE ORTAS, «Successione apostolica», 380-416.

CHAP. VIII : PRIMAUTÉ ET COLLÉGIALITÉ 315

1.3 *La collégialité épiscopale selon les documents du Vatican II*

Ainsi, après avoir parlé de l'institution du Collège des Apôtres, des évêques comme successeurs des Apôtres, puis avoir établi la doctrine sur la sacramentalité de l'épiscopat, la constitution *Lumen Gentium* affirme clairement le caractère collégial de l'ordre épiscopal[21]. En effet, les Pères conciliaires ne se sont pas contenté de montrer par déduction l'existence du Collège des évêques à partir du Collège des Apôtres, mais ils ont tenu à exposer aussi les manifestations effectives de la collégialité. En affirmant que la communion, qui depuis les origines unit les évêques, est une des formes qui manifestent la collégialité[22], les documents du Vatican II précisent ensuite que l'ordination épiscopale constitue, en effet, la base ontologique des fonctions ministérielles que l'évêque exerce dans la communion hiérarchique *cum Petro et sub Petro*, qui indique la dimension ecclésiologique-structurelle de celles-ci[23]. Et cela, parce que, selon la doctrine conciliaire, c'est l'ordination épiscopale qui transmet aux évêques le contenu de la succession apostolique, laquelle est participation à une réalité existant à l'origine *in solidum* dans le Collège des Apôtres. Selon la même doctrine, le contenu de la succession apostolique embrasse toute la fonction pastorale du Jésus Christ et se ramène en fin de compte à l'unique autorité du Jésus Christ[24]. De plus, à cette autorité unique de Jésus Christ transmise au Collège des évêques, qui succède au Collège des Apôtres, participe, en vertu de la consécration épiscopale légitime, chaque évêque, qui devient ainsi héritier du ministère apostolique, lequel, de par sa nature, est et reste un et indivisible.

Les documents conciliaires n'insistent pas seulement sur la présence de Jésus Christ dans les évêques pris collégialement, mais ils parlent aussi de la présence de Jésus Christ dans l'évêque considéré singulièrement[25]. Ainsi, lorsque le texte conciliaire affirme que les évêques ne doivent pas être considérés comme vicaires du Pontife Romaine[26], il laisse en fait sous-entendre que ceux-ci sont vicaires du Christ. De plus, les mêmes documents affirment que l'ordination épiscopale constitue la racine sacramentelle de l'insertion d'un évêque dans le corps épiscopal

---

[21] Cf. LG 22a.
[22] Cf. NEP 2b. Voir aussi G. ALBERIGO, *Cardinalato e collegialità*; L. MORTARI, *Consacrazione episcopale e collegialità*.
[23] Cf. LG 21-22.
[24] Cf. LG 21a.
[25] Cf. LG 20c; 21a,b.
[26] Cf. LG 27b.

et, en conséquence, dans le Collège des évêques[27]. Le fondement de la collégialité épiscopale est, donc, à chercher dans la sacramentalité de l'épiscopat qui est conférée par l'ordination épiscopale (*causa efficiente*) et dans la communion hiérarchique (*conditio sine qua non*), absolument nécessaire afin que l'ordination soit légitime et que l'évêque soit membre du Collège[28]. La dimension collégiale est constitutive pour le ministère épiscopal, motif pour lequel l'insertion de l'évêque dans le Collège est antérieure à la charge d'être tête dans une Eglise particulière[29], et la sollicitude de chaque évêque pour les autres Eglises et pour l'Eglise universelle fait partie de sa charge d'être tête de l'Eglise particulière[30]. Tous les évêques sont ainsi coresponsables pour le bien de l'Eglise[31].

---

[27] Cf. LG 22a: «Membrum Corporis episcopalis aliquis constituitur vi sacramen-talis consecrationis et hierarchica communione cum Collegii Capite atque membris».

[28] L'insertion d'un évêque dans le Collège des évêques se réalise toujours au moment de la consécration épiscopale, à condition qu'elle soit légitime, à savoir qu'elle soit faite dans la communion hiérarchique avec le chef du Collèges des évêques, c'est-à-dire l'évêque de Rome, et avec les autres membres du Collège. Cette exigence implique le fait que l'évêque de Rome reconnaisse le nouvel évêque comme tel, avec tous les effets qui en découlent, et que le nouvel évêque, à son tour, reconnaisse l'évêque de Rome comme chef du Collège des évêques, avec toutes les prérogatives prévues par la doctrine catholique. Ces deux actes sont inclus, en réalité, dans la consécration épiscopale, lorsqu'elle se déroule sans opposition explicite ou implicite à la volonté de l'évêque de Rome. Après le Concile Vatican II, certains auteurs ont mis en discussion la prééminence de ces deux aspects: si le rôle du chef d'une Eglise locale est prééminent ou c'est celui de membre du Collège des évêques. Pour détails, voir G. ALBERIGO, «La collegialità episcopale», 274-302. De plus, il faut ajouter ici que des documents postconciliaires comme, par exemple, le m.p. *Apostolos Suos* ou l'ex. ap. *Pastores Gregis*, affirment que l'insertion d'un évêque dans le Collège des évêques est une réalité antérieure à tout autre charge d'être tête de l'Eglise particulière. Et, comme application pratique de cet aspect, dans l'Eglise catholique, il y a des nombreux évêques qui, tout en exerçant des tâches proprement épiscopales, ne sont pas à la tête d'une Eglise particulière, come par exemples les évêques émérites (pour plus de détails, voir F. D'OSTILIO, *I vescovi emeriti*; E. POULAT, «L'évêque», 235-242; G.D. GALLARO, «The Bishop Emeritus», 374-389). Les unes et les autres font partie du Collège des évêques et ils doivent être convoqués lorsque le Collège est appelé à exercer son pouvoir suprême (cf. *Apostolos Suos* 12b; Ex. ap. post-synodale *Pastores Gregis*, 8). Pour d'autres détails, voir G. GHIRLANDA, «Linee di governo», 568-600.

[29] Cf. Ex. Ap. *Pastores gregis* 8; *Apostolos suos* 12.

[30] Cf. LG 23b,c; CD 3; 5; 6a.

[31] Pour plus de détails, voir G. GHIRLANDA, «Atto giuridico e corresponsabilità ecclesiale», 225-272. Voir aussi S. BERLINGO, «*Consensus, consilium*», 87-118.

Pour en revenir à la question de la collégialité, il est à souligner ici que le mot «collégialité» (*collegialitas*) ne se rencontre jamais employé dans les documents du Vatican II[32]. Mais, même si les documents conciliaires n'utilisent point le mot «collégialité»[33], dans la période post-conciliaire ce terme a été avalisé, à tel point que certains auteurs parlent même d'une inflation dans l'emploie de ce mot[34]. Remarquons ensuite que le texte de *Lumen Gentium* emploie cependant le mot «collège» (*collegium*) d'une part à propos du groupe des Apôtres, d'autre part à propos du Corps des évêques[35]. Toutefois, il faut aussi rappeler ici les difficultés que le mot «collège» a rencontré pendant les discussions conciliaires. En effet,

> le terme «collège» appliqué aux Apôtres a suscité une certaine réticence chez plusieurs Pères et théologiens. [...] En tout cas pour lever toute espèce de scrupule, la Commission théologique a intercalé une précision dans le texte: un collège, c'est-à-dire un groupe permanent[36].

En conséquence, le texte promulgué de la constitution *Lumen Gentium* n'utilise jamais purement et simplement le terme *collegium* appliqué à

---

[32] Les auteurs catholiques ont déjà reconnu, non sans fondement, l'ambiguïté qui résulte sur le plan théologique de l'absence du concept clairement défini de la «collégialité» (cf. note 9, p. 81). Ainsi, par exemple, E. Corecco précisait que «il Vaticano II non è riuscito ad affrontare il problema della sinodalità in termini dottrinalmente esaurienti. La ragione ultima sta probabilmente nel fatto che non seppe sviluppare un discorso teologico esplicito sulla Chiesa a partire della *communio* che comunque lega come tenue filigrana, tutta l'ecclesiologia vaticana. Sintomo di questo imbarazzo dottrinale è il mancato uso di sostantivi astratti come «sinodalità», «conciliarità», e perfino «collegialità», i quali avrebbero inevitabilmente postulato una definizione teorica. Il concilio ha evitato anche l'uso degli aggettivi «sinodale» e «conciliare», restringendo con grande parsimonia il proprio lessico all'aggettivo «collegialis», che per la sua insopprimibile valenza tecnico-giuridica, era tra queste voci quello meno adatta ad esprimere con precisione l'idea della sinodalità. [...] Il Vaticano II, usando con la prevalenza l'accettazione tecnica dell'aggettivo «collegiale», ha dato adito all'equivoco secondo il quale la «sinodalità» – poco felicemente tradotta dalla dottrina teologica corrente con «collegialità» – si identifichi con l'attività dei vescovi riuniti in Concilio», E. CORECCO, «Sinodalità», 1446-1447. Voir aussi M. MIELE, *Dalla sinodalità alla collegialità*; D. SALACHAS, «Sinodalità della Chiesa locale», 249-271.

[33] Les documents de Vatican II emploient cependant les expressions de «l'unité collégiale / *unio collegialis*» (LG 23a) et celle de «la communion de la charité fraternelle / *communio fraternae caritatis*» (CD 36a).

[34] Cf. J.B. D'ONORIO, *Le Pape et le gouvernement de l'Eglise*, 178.

[35] Cf. LG 22a.

[36] G. PHILIPS, *L'Eglise et son mystère*, I, 232.

l'épiscopat catholique entier, mais on trouve tantôt *ad modum collegii* (à la façon d'un collège)[37], tantôt *collegium seu corpus* (collège ou corps)[38], tantôt *collegium seu coetus stabilis* (un groupe stable)[39]. Bien plus, dans la phrase même où *collegium* eût été le plus naturellement et le plus proprement employé, on ne trouve pas *collegium*, on ne trouve pas même *corpus*, on trouve *Ordo episcoporum*[40] qui dit beaucoup moins que l'un et l'autre, et qui n'évoque pas même l'idée d'un corps constitué, mais seulement celle, infiniment plus vague, d'une classe, d'une catégorie, d'une appartenance à un certain rang[41]. Enfin, la *Nota explicativa praevia*, pour éviter toute équivoque à laquelle une erreur d'interprétation du mot *collegium* aurait pu donner lieu, avait précisé premièrement que le Collèges des évêques ne doit pas être compris comme un groupe des égaux qui ont délégué leur pouvoir à leur président, mais d'un groupe stable dont la structure et l'autorité doivent être déduites de la Révélation. Deuxièmement, la Note précise que le texte conciliaire fait alterner l'usage de ce mot avec celui de *ordo*, de *corpus* ou de *coetus stabilis*, pour rappeler l'interchangeabilité de ces vocables appliqués à l'épiscopat catholique pris dans son ensemble. En commentant cet aspect, l'actuel pape Benoît XVI – à l'époque expert au Concile – précisait que:

> la Commission théologique jugea qu'il convenait de tenir compte des objections qui s'élevaient continuellement contre l'emploi de «collège» et qui menaçaient de fausser finalement le débat sur le fond. A la suite d'une proposition d'amendement, soutenue surtout par des évêques italiens, elle ajouta à l'appellation de l'ensemble des Douze le qualificatif «seu coetus stabilis». Collège était ainsi explique au sens de «groupe stable». D'après ce qui a été dit, le but de la précision apportée n'était pas d'affaiblir le caractère essentiellement communautaire (collégial) de la fonction apostolique en y substituant l'indication d'un simple accord moral. Non, la seule intention était de prévenir tout malentendu auquel «collège» aurait pu donner lieu. Dans le même esprit, à des phases antérieures de la rédaction du texte déjà, on avait décidé de faire al-

---

[37] Cf. LG 19; NEP 1.

[38] Cf. LG 22b. La même expression se retrouve dans le décret *Christus Dominus* (cf. CD 3a). En outre, il est convenable de mentionner ici que cette manière de dire «collegium seu corpus» est d'ailleurs particulièrement fâcheuse, car l'équivalence introduite ici entre «collegium» et «corpus» est absolument artificielle, les deux mots correspondant en réalité à deux notions distinctes.

[39] Cf. LG 19; NEP1.

[40] Cf. LG 22b.

[41] Pour plus de détails concernant le concept d'*ordo*, voir M. USEROS, «Orden y jurisdicción», 689-723; P. VON BENEDEN, «Ordo», 161-176; B. BOTTE, «Presbyterium et ordo episcoporum», 5-27.

terner le mot avec «ordre» et «corps» (ordo, corpus), synonymes employés par l'ancienne tradition ecclésiastique. En tout cas, la réciprocité des termes fait entrevoir qu'aucun des vocables mis à notre disposition par la langue juridique profane ne peut exprimer d'une manière parfaitement juste la réalité propre au caractère intrinsèque de l'Eglise, car il y a bien des analogies dans le domaine temporel, mais pas d'expressions adéquatement parallèles. Sous ce rapport, la langue théologique ne sera d'ailleurs jamais qu'un pénible balbutiement[42].

Il appert donc qu'il y a des différences essentielles entre la notion de «collégialité», comprise sur le plan juridique et civil d'une part, et sur le plan théologique d'autre part[43]. En effet, dans l'Eglise catholique, le rapport entre l'évêque de Rome et les autres évêques n'implique aucune égalité de la tête par rapport aux membres, contrairement aux collèges de la société civile, où tous les membres, y compris le président, jouissent des mêmes pouvoirs[44]. De plus, comme la doctrine catholique affirme que l'institution du Collège des évêques fait partie de la structure voulue par Jésus Christ pour son Eglise, il en résulte que cette institution est de par sa nature absolument irréformable, ce qui n'est pas le cas pour les autres institutions collégiales d'origine purement humaine.

1.4 *Les différents types de collégialité épiscopale*

En ce qui concerne la notion de la collégialité appliquée au Collège des évêques, la théologie catholique fait la distinction entre la collégialité appliquée à l'exercice d'un acte «vraiment» collégial, c'est-à-dire d'un acte que implique la participation du Collège des évêques dans son ensemble, et la collégialité appliquée aux rapports et échanges qui existent entre les membres de l'épiscopat catholique. Et cela, parce que

> le concept de collégialité ne peut être qu'un «concept différencié» dans l'usage théologique et canonique [...] Dès lors se pose un délicat problème de terminologie que l'après-Concile n'a pas encore réussi à résoudre d'une manière satisfaisante. Sans doute, comme le prouve la pratique du Magistère, rien

---

[42] J. RATZINGER, «La collégialité épiscopale», 765-766. Il faut souligner ici que, selon la théologie catholique, la nature du Collège des évêques est déduite de la Révélation (cf. NEP 1).

[43] En effet, même dans le milieu civile le mot «collégialité» n'est pas employé, mais il est presque toujours utilisé le mot «collège» qui a été emprunté du langage juridique romain.

[44] Cf. NEP 1. Cf. aussi R. MINNERATH, *Le Pape, évêque universel ou premier des évêques?*, 178. Et cela parce que «nel significato corrente, infatti, «collegium» esprime una *societas aequalium*, il cui presidente gode della medesima dignità dei membri, pur avendo diritti e doveri propri.», M. VISIOLI, *Il diritto della Chiesa*, 37.

ne s'oppose à ce que l'on désigne par le qualificatif de *collégiales* d'autres formes d'expression de groupes plus ou moins étendus d'évêques. Il faudrait cependant qu'il soit bien clair que, dans ce cas, *collégial* intervient ici dans un sens analogique et, si nous nous reportons à Lumen Gentium n. 22, théologiquement impropre. Lorsque le langage cherchera à atteindre une réelle précision, il devra désigner de telles formes par l'expression: *indirectement collégial* ou *collégial au second degré*, etc., pour les distinguer des actions pleinement collégiales de Lumen Gentium n. 22[45].

Pendant que les documents du concile Vatican II ont parlé en général du Collège des évêques et de l'exercice de son pouvoir suprême, la Note préalable parle plus précisément d'*acte plein* et d'*acte strictement collégial*[46]. Par conséquent, les auteurs catholiques et le Magistère ont commencé à distinguer différents types de la collégialité, en parlant de «collégialité au sens strict» et de «collégialité au sens large»[47], de «collégialité affective» et de «collégialité effective»[48], de «collégialité pleine» et de «collégialité partielle»[49]. Toutefois, on chercherait en vain

---

[45] P. EYT, «La collégialité», 547-548.

[46] NEP 4 : «Le collège [...] n'est pas toujours «en plein exercice» (*in acto pleno*); bien plus, ce n'est que par intervalles qu'il pose un acte strictement collégial (*actu stricte collegiali*), et non sans le consentement de sa tête».

[47] Selon les textes conciliaires, c'est l'exercice ou le non-exercice du pouvoir suprême qui détermine si une certaine participation des évêques à la charge pastorale de l'Eglise est collégiale au sens large ou au sens stricte. En effet, «la restriction de l'action collégiale à certains intervalles où elle s'exerce ne concerne que celle qui est strictement collégiale, «actus stricte collegialis», ou qui marque le plein exercice, «actus plenus», du pouvoir collégial sur toute l'Eglise. Cela n'exclut pas la possibilité ou même la nécessité, pour le collège d'une Eglise particulière, de poser des actes valide.», J. RATZINGER, «La collégialité épiscopale», 786. Pour plus de détails, voir F. DUPRÉ LA TOUR, *Le synode des évêques*, 174-178.

[48] En ce sens, nous pouvons citer le pape Jean Paul II qui, dans une lettre datée de 9 avril 1979 (le Jeudi Saint) et adressée à tous les évêques de l'Eglise catholique, disait: «Expetamus igitur, Venerabiles ac Dilecti Fratres, oportet hac praesertim die, ut quaecumque Concilium Vaticanum II in nostra conscientia tam mire renovavit, ea maturiorem formam collegialem assequantur – tum qua principium communis operae nostrae (quae collegialitas effectiva dicitur) tum qua signum fraterni vinculi cordium (quod collegialitas affectiva vocatur) – ad Corpus Christi mysticum aedificandum et unitatem universi populi Dei arctiorem reddendam.» (JEAN-PAUL II, «Epître *Ad universos Ecclesiae Episcopos*», 834). Ensuite, ce discours sur les différentes distinctions de la collégialité a été repris aussi par le Synode des évêques de 1985. Pour plus de détails, voir F. DUPRÉ LA TOUR, *Le synode des évêques*, 179-183.

[49] A. Garuti avait montré que, dans l'Eglise catholique, à côté de l'expression solennelle de la collégialité exprimée sous la forme du concile œcuménique, exis-

une systématisation sémantique de ces locutions dans les textes de Vatican II, car les différentes expressions employées doivent être lues comme étant dans un rapport synonymique.

On peut donc en conclure qu'à la différence de la collégialité au sens strict, à savoir celle exercée par tous les évêques dispersés dans le monde ou dans les conciles œcuméniques[50], la collégialité du Collège des évêques dispersés n'a été affirmée dans les documents de Vatican II qu'en termes généraux, laissant ainsi place à des formes collégiales nouvelles ou renouvelées.

1.5 *Conclusion*

De tout ce qui nous avons dit jusqu'ici, nous pouvons conclure que, selon les documents de Vatican II, dans l'Eglise catholique a été admise le fait d'un double sujet pour le pouvoir suprême: l'évêque de Rome et le Collège des évêques toujours avec son chef. Le Collège des évêques est donc sujet

---

tent des formes partielles non dénuées du caractère collégial. En ce sens, il avait cité les conférences épiscopales et les synodes des évêques (cf. A. GARUTI, *La collegialità*, 55). Dans le même sens, A. Anton, en analysant l'activité des Conférences des évêques dans l'Eglise catholique, avait conclu que, dans ce cas, il s'agit d'une «activité collégiale quoique partielle» (A. ANTÓN, «Le "status" théologique», 280). Pour justifier sa position, cet auteur précisait aussi que «on pourra et on devra affirmer que le collège trouve sa pleine réalisation et expression – le sentiment collégial étant aussi clairement déterminé d'un point de vue juridique – à travers l'agir de tout le collège épiscopal réuni en concile ou dispersé de par le monde tandis qu'en ses autres formes d'intervention (synodes, conférence épiscopale, etc.) il ne se réalise que partiellement.» (A. ANTÓN, «Le "status" théologique», 278). En autre, des autres auteurs catholiques ont parlaient même de degrés inferieures de la collégialité, à savoir de la collégialité réalisée à certains niveaux de la vie de l'Eglise, lors des échanges, concertations ou prises de décisions communes entre évêques d'une certaine région (cf. G. DEJAIFVE, «La collégialité épiscopale», 491). Voir également, N. LODA, *La collegialità nella Chiesa*; W. BERTRAMS, «La collegialità episcopale», 436-455; A. ANTÓN, «Sinodo e collégialità», 62-78; C. COLOMBO, «Il significato della collegialità», 13-28.

[50] Il faut noter que, après la rupture de communion entre l'Occident et l'Orient (1054), l'Eglise catholique a continué à donner le titre de «concile œcuménique» à certains conciles qu'elle avait convoqué et organisé, tandis que l'Eglise orthodoxe, tout en continuant à réunir des assemblées épiscopale (synodes), n'a plus utilisé ce terme. Aussi, l'Eglise orthodoxe reconnait comme «œcuméniques» seulement sept conciles (à savoir celles du premier millénaire), tandis que dans l'Eglise catholique il y a eu vingt-et-un conciles œcuméniques. Le dernier concile œcuménique de l'Eglise catholique est celui de Vatican II (1962-1965). Cf. N. TANNER, *The Councils*.

du pouvoir suprême et plénier sur toute l'Eglise catholique, mais la communion hiérarchique des évêques avec l'évêque de Rome est la condition exigée pour la constitution même du Collège et pour l'exercice de son pouvoir. Ce pouvoir ne vient pas pourtant du Pontife Romain. Et cela, notamment, parce que le Collège des évêques, à cause du fait que dans lui-même persévère le Collège apostolique, possède de droit divin le pouvoir suprême, c'est-à-dire qu'il le reçoit directement du Christ. Toutefois, l'évêque pris individuellement, puisqu'il est membre du Collège seulement s'il est consacré légitimement, pour pouvoir participer au pouvoir collégial, qu'il peut exercer seulement ensemble aux autres évêques, doit non seulement avoir reçu validement la consécration épiscopale, mais il doit aussi être en communion hiérarchique avec le Chef du Collège et le Collège même.

Ensuite, il faut souligner que l'évêque de Rome a et peut exercer le pouvoir suprême et plénier dans l'Eglise catholique au titre de son *munus* (fonction/charge) personnel reçu directement du Christ, en vertu de la succession personnelle de l'apôtre Pierre. La succession des évêques aux Apôtres est collégiale et dans elle un nouvel élu est introduit par la consécration épiscopale. Toutefois, parce que la dimension sacramentelle de la succession apostolique est intégrée dans la dimension ecclésiologique-structurelle de la communion hiérarchique il en résulte que, dans l'Eglise catholique, les évêques sont dans une dépendance structurelle vis-à-vis de l'évêque de Rome; de nos jours, cette dépendance se manifeste habituellement à travers la mission canonique ou à travers des autres actes qui manifestent directement ou indirectement la communion hiérarchique avec le Chef du Collège. Si l'évêque n'est pas en communion hiérarchique avec le Chef du Collège il ne peut pas être en communion ni avec le Collège.

2. L'autorité suprême dans l'Eglise catholique selon son actuelle législation canonique catholique

Nous avons déjà vue que le Vatican II affirme que, de par la volonté du Christ et en droit divin, le pouvoir suprême dans l'Eglise catholique réside dans un double sujet: il est tout entier dans le Pontife Romain seul, et son exercice est alors *personnel*; est tout entier dans le Pontife Romain joint au collège épiscopal, et son exercice est alors *collégial*. Entre l'autorité du Pontife Romain seul et l'autorité du Pontife Romain joint au Collège des évêques, l'opposition est impossible. Il n'y a pas plus d'autorité dans le collège joint à son chef que dans le chef seul, mais il y a plus des participants à la même autorité.

De l'autorité suprême de l'Eglise catholique traite à la fois le CIC[51] et le CCEO[52]. Les canons traitant de l'autorité suprême dans l'Eglise catholique soulignent d'abord la responsabilité commune des évêques dans le magistère et le gouvernement pastoral de l'Eglise, toujours en continuité avec le collège apostolique:

> De même que, par disposition du Seigneur, saint Pierre et les autres Apôtres constituent un seul Collège, d'une manière semblable (*pari ratione*) le Pontife Romain, successeur de Pierre, et les évêques, successeurs des Apôtres, sont unis entre eux[53].

Pour en saisir la profondeur de ces mots, empruntés textuellement à LG 22, une comparaison avec le Code de droit canonique de 1917 n'est pas inutile. Ce dernier, en traitant des clercs, distinguait d'une part ce qui avait trait aux clercs en général[54], et d'autre part ce qui concernait les clercs en particulier[55]. C'est à ce second stade qu'il sous-distinguait entre d'un côté le «pouvoir suprême»[56], principalement attribué au Pontife Romain, et, d'un autre côté, le «pouvoir épiscopal»[57], principalement attribué aux évêques. Le «pouvoir suprême» était considéré dans le CIC 1917 comme universel:

> Le Pontife Romain successeur de Saint Pierre dans sa primauté, a non seulement la primauté d'honneur, mais le pouvoir de juridiction suprême et entier sur l'Eglise universelle, tant dans les matières qui concernent la foi et les mœurs, que dans celles qui se rapportent à la discipline et au gouvernement de l'Eglise répandue dans tout l'univers[58].

Toutefois, le même CIC 1917 parlait aussi de Concile œcuménique[59], tout en précisant que «il ne peut y avoir de Concile œcuménique qui ne

---

[51] Cf. cc. 330-367 CIC. Il faut noter que les canons sur le Pontife Romain et le collège des évêques reprennent presque textuellement LG 18-29 et la NEP. Pour plus de détails, voir A. DE LA HERA, «La suprema autoridad», 515-540.

[52] Cf. cc. 42-54 CCEO. Il convient de noter ici que les textes de ces canons sont empruntés pour une bonne part, et souvent littéralement, aux cc. 330-341, 361 CIC. Pour plus de détails, voir D. SALACHAS, «Il ministero del vescovo di Roma», 77-108.

[53] Cc. 330 CIC, 42 CCEO.

[54] Cf. cc. 108-214 CIC 1917.

[55] Cf. cc. 215-486 CIC 1917.

[56] Cf. cc. 218-328 CIC 1917.

[57] Cf. cc. 329-486 CIC 1917.

[58] C. 218§1 CIC/1917 (notre traduction).

[59] Cf. cc. 222-229 CIC/1917.

soit pas convoqué par le Pontife Romain»[60], et que «il appartient au Pontife Romain de présider le Concile œcuménique par lui-même ou par d'autres, d'établir ou de déterminer les matières à traiter et l'ordre à suivre, de transférer le concile, de le suspendre, de le dissoudre et d'en confirmer les décrets»[61]. Il appert donc que, à cause de la manque d'une affirmation claire de l'existence du Collège des évêques comme réalité stable de l'Eglise catholique, était la doctrine commune que le CIC 1917 affirmait que les évêques si constituaient comme Collège au moment où le Pontife Romain convoquait le Concile œcuménique, et que, à travers le même acte de convocation, le Pontife Romain lui transmettait le pouvoir collégial. Il s'agissait donc non pas d'un pouvoir délégué, mais d'un pouvoir transmis[62].

D'autre part, le pouvoir épiscopal était expressément rattaché à la dimension particulière de l'Eglise:

> Les évêques sont les successeurs des apôtres et d'institution divine; ils sont préposés aux Eglises particulières qu'ils gouvernent en vertu d'un pouvoir ordinaire, sous l'autorité du Pontife Romain[63].

Il en résultait donc clairement qu'au plan universel le pouvoir du gouvernement (encore appelé pouvoir de juridiction[64]) appartenait alors de manière quasi-exclusive au Pontife Romain (sauf les cas où était convoqué le Concile œcuménique). C'est cette conception très monarchique que le Vatican II a non pas abolie mais restituée avec plus de justesse par rapport aux visions théologiques catholiques concernant les dispositions fondatrices du Christ. En effet, la nouveauté du concile Vatican II en ce sens est constituée du fait qu'on a introduit l'exercice du pouvoir suprême du Collège des évêques dans l'affirmation du Collège des évêques comme réalité stable dans l'Eglise catholique[65].

---

[60] C. 222§1 CIC/1917.
[61] C. 222§2 CIC 1917.
[62] Pour plus de détails, voir R. METZ, «Les conciles œcuméniques», 192-213.
[63] C. 329§1 CIC 1917.
[64] Cf. c. 196 CIC 1917.
[65] Plus précisément, «le changement important, peut-être unique, qu'a apporté le Concile dans le rapport entre le pape et les évêques consiste dans *un* mot, l'adjectif *plena* qui a été ajouté à la *potestas* du Concile œcuménique. Tandis que le CIC 1917 fait encore la différence subtile, d'après laquelle le pape possède la *suprema et plena potestas iurisdictionis* sur toute l'Eglise (c. 218), le concile au contraire uniquement la *suprema potestas* (c. 228), la Constitution dogmatique sur l'Eglise reconnaît aussi à l'*ordo Episcoporum* la *suprema ac plena potestas* (n. 22). Mais cette assertion elle-même est anxieusement et de

2.1 L'autorité suprême de l'Eglise catholique: le Pontife Romain et le Collège des évêques

L'actuelle législation canonique catholique ne fait donc que reprendre les textes du Vatican II pour mieux expliquer cette ecclésiologie de communion[66]. Ainsi, selon ladite législation, à la tête de l'Eglise catholique, ce n'est plus seulement un seul homme, le Romain Pontife, mais c'est aussi un collège, celui des évêques rassemblées autour du Romain Pontife. Celui-ci est toujours chef de l'Eglise catholique mais il ne la gouverne pas seul: il gouverne aussi avec les évêques catholiques du monde entier[67]. La constitution de l'Eglise catholique est hiérarchique mais elle n'est ni monarchique, ni oligarchique. Elle a quelque chose des deux mais les dépasse en une vision ecclésiologique de communion.

2.1.1 La charge (*munus*) et le pouvoir du Pontife Romain

C'est donc cette vision ecclésiologique de communion qu'il convient d'approfondir en envisageant successivement le statut canonique du Romain Pontife, ainsi comme est-il prévu dans l'actuelle législation canonique catholique:

> L'évêque de l'Eglise de Rome, en qui demeure la charge que le Seigneur a donné d'une manière singulière à Pierre, premier des Apôtres, et qui doit être transmise à ses successeurs, est le chef du Collège des évêques, Vicaire du Christ et Pasteur de l'Eglise tout entière sur cette terre[68].

D'emblée il faut noter que la dignité du Romaine Pontife dans l'Eglise catholique lui vient de ce qu'il est *l'évêque de l'Eglise de Rome*[69]. Ensuite,

---

plusieurs manières protégée contre les erreurs. Pour prévenir toutes les méprises, le pouvoir du pape dans ce contexte est souligné, en supplément de *plena* et *suprema*, par l'épithète *universalis*.», K. WALF, «Lacunes et ambiguïtés», 212. Il faut noter ici surtout le fait que l'Auteur se réfère au Concile œcuménique, tandis que les textes conciliaires font référence au Collège des évêques en tant que tel; en outre, il est nécessaire de prendre en considération ici la NEP 3 qui clarifie que le pouvoir du Collège ne peut être que suprême et pleine, car autrement sera mise en danger la plénitude du pouvoir du Pontife Romain, qui doit être toujours considéré à l'intérieur du Collège même (cf. NEP 4).

[66] Cf. B. NAAMAN, «L'ecclesiologia di comunione», 583-641. Voir aussi H. MÜLLER, «Utrum "Communio" sit principium», 85-108.

[67] Cf. cc. 331, 336 CIC, Voir aussi T. BERTONE, «I soggetti», 486-498.

[68] Cc. 331 CIC, 43 CCEO.

[69] Il faut noter ici que, parmi les autres titres employés par ce canon, deux méritent une attention particulière, à savoir ceux de *Successeur de Pierre* et de *Vicaire du Christ*. Le premier titre veut dire que l'évêque de Rome exerce dans l'Eglise catholique le rôle que, selon la théologie catholique, saint Pierre a exercé dans l'Eglise de

il faut remarquer, comme nous avons déjà vu, que la relation établie entre le rapport Pontife Romain – évêques catholiques et Pierre – Apôtres, est celle d'une analogie de proportionnalité. Premièrement, il en résulte donc que le fondement de l'union existante entre le Pontife Romain et les évêques catholiques est, par institution divine (*statuente Domino*), la succession apostolique, qui est personnelle dans le cas de la succession du Pontife Romain au Pierre, et collégiale dans le cas de la succession des évêques aux Apôtres. Pour cette raison, certaines prérogatives de l'apôtre Pierre ont été transmises personnellement au Pontife Romain, pendant que certaines prérogatives des Apôtres ont été transmises au Collège des évêques, et non pas aux évêques individuellement (comme, par exemple, c'est le cas de l'infaillibilité)[70]. Il faut noter ici que, selon l'ecclésiologie catholique, l'Eglise est infaillible; elle exerce cette infaillibilité selon deux modes: 1. infaillibilité du Pape s'exprimant *ex cathedra*; 2. infaillibilité du Magistère ordinaire et universel[71]. Selon le chapitre 4 de la Constitution dogmatique *Pastor Aeternus*,

> le Pontife Romain lorsqu'il parle *ex cathedra*, c'est-à-dire lorsque, remplissant sa charge de pasteur et de docteur de tous les fidèles catholiques, il définit, en vertu de sa suprême autorité, qu'une doctrine sur la foi ou les mœurs doit être tenue par toute l'Eglise, jouit, par l'assistance divine à lui promise en la personne de saint Pierre, de cette infaillibilité dont le divin Rédempteur a voulu que fût pourvue son Eglise, lorsqu'elle définit la doctrine sur la foi et les mœurs. Par conséquent, ces définitions du Pontife romain sont irréformables par elles-mêmes et non en vertu du consentement de l'Eglise[72].

---

son temps. Le deuxième titre, qui n'a pas été introduit dans la titulature de l'évêque de Rome qu'au Moyen Age, veut exprimer le fait que, dans l'Eglise catholique, l'évêque de Rome a la fonction de représentation de Jésus-Christ lui-même. Toutefois, il ne s'agit pas seulement d'une représentation nominale, car ce titre porte en soi des activités vicariales, comme, par exemple, dans la dissolution des certains mariages, dans la déclaration de doutes concernant le droit naturel, etc. (cf. *Code Annoté*, 231). Pour un présentation détaillée de ces titres papaux, voir *New Commentary*, 432. Voir aussi CONGREGATIO PRO DOCTRINA FIDEI, «Il primato del successore di Pietro», 493-503; M. MACCARRONE, *Vicarius Christi*; L. RESTREPO URIBE, «Vicarius», 274-276; P. FEDELE, «Il primato», 199-265; E. LANNE, «Collegialità e primato», 15-26.

[70] Cf. NEP 1.

[71] Pour une présentation détaillée du concept de l'infaillibilité dans l'Eglise catholique, voir F. VISCOME, *Origine ed esercizio della potestà*, 24-26, 63-74; R. FISICHELLA, «Le Magistère ordinaire», 29-42; B. SESBOÜE, «Le Magistère ordinaire», 43-52; F.A. SULLIVAN, «The ordinary universal magisterium», 338-360.

[72] «Romanum Pontificem, cum ex cathedra loquitur, id est, cum omnium Christianorum pastoris et doctoris munere fungens, pro suprema sua Apostolica auctoritate

A son tour, la constitution dogmatique *Lumen Gentium* réitère explicitement la définition de l'infaillibilité pontificale:

> Cette infaillibilité, dont le divin Rédempteur a voulu pourvoir son Eglise pour définir la doctrine concernant la foi et les mœurs, s'étend aussi loin que le dépôt lui-même de la Révélation divine à conserver saintement et à exposer fidèlement. De cette infaillibilité, le Pontife Romain, chef du collège des évêques, jouit du fait même de sa charge quand, en tant que pasteur et docteur suprême de tous les fidèles, et chargé de confirmer ses frères dans la foi (cf. *Lc* 22, 32), il proclame, par un acte définitif, un point de doctrine touchant la foi et les mœurs. C'est pourquoi les définitions qu'il prononce sont dites, à juste titre, irréformables par elles-mêmes et non en vertu du consentement de l'Eglise, étant prononcées sous l'assis-tance du Saint-Esprit à lui promise en la personne de saint Pierre, n'ayant pas besoin, par conséquent, d'une approbation d'autrui, de même qu'elles ne peuvent comporter d'appel à un autre jugement. Alors, en effet, le Pontife Romain ne prononce pas une sentence en tant que personne privée, mais il expose et défend la doctrine de la foi catholique, en tant qu'il est, à l'égard de l'Eglise universelle, le maître suprême en qui réside, à titre singulier, le charisme d'infaillibilité qui est celui de l'Eglise elle-même. L'infaillibilité promise à l'Eglise réside aussi dans le corps des évêques quand il exerce son magistère suprême en union avec le successeur de Pierre. À ces définitions, l'assentiment de l'Eglise ne peut jamais faire défaut, étant donné l'action du même Esprit Saint qui conserve et fait progresser le troupeau entier du Christ dans l'unité de la foi[73].

Pour l'Eglise catholique, donc, l'infaillibilité pontificale est un dogme selon lequel l'Evêque de Rome ne peut se tromper lorsqu'il s'exprime *ex cathedra*[74], et ce, en matière de foi et de morale[75], car,

---

doctrinam de fide vel moribus ab universa Ecclesia tenendam definit, per assistentiam divinam ipsi in beato Petro promissam, ea infallibilitate pollere, qua divinus Redemptor Ecclesiam suam in definienda doctrina de fide vel moribus instructam esse voluit; ideoque eiusmodi Romani Pontificis definitiones ex sese, non autem ex consensu Ecclesiae, irreformabiles esse» (notre traduction), H. DENZINGER, ed., *Enchiridion Symbolorum Definitionum*, n. 3074. Pour l'exégèse du texte, voir D. SALVATORI, *L'oggetto del Magistero definitivo*, 57-170. Pour une réponse orthodoxe au dogme de l'infaillibilité, voir J. GETCHA, «La lettre encyclique», 361-385. Voir aussi R. COSTIGAN, *The Consensus of the Church*; G. THILS, «Le magistère infaillible», 115-315.

[73] LG 25c.

[74] Dans la théologie catholique, l'expression latine *ex cathedra*, signifiant littéralement «de la chaire», se réfère à un enseignement du Pape dont on considère qu'il a l'intention d'invoquer l'infaillibilité. La «chaire» à laquelle on se réfère n'est pas littéralement une chaire, mais se réfère symboliquement à la position du Pape en tant qu'enseignant officiel de la doctrine catholique: la chaire était le symbole de l'enseignant dans l'ancien monde, et les évêques jusqu'à aujourd'hui ont une cathèdre (*cathe-*

selon la théologie catholique, le Pape exprime et garantit dans le même temps l'infaillibilité de toute l'Eglise. En fait, cette infaillibilité concerne exclusivement la garde du dépôt de la foi, lequel est complet depuis la mort du dernier des Apôtres; une définition infaillible ne saurait donc rien ajouter ni retrancher au contenu de la Révélation, ni prendre pour objet un autre type de vérité[76].

Ainsi, en retournant à la question de la nature de la structure hiérarchique de l'Eglise catholique, il en résulte que celle-ci est à la fois collégiale et primatiale, aspect très bien expliqué d'ailleurs par le pape Jean-Paul II dans la prémisse à son constitution apostolique *Pastor Bonus*:

> C'est sur le fondement de la communion qui, dans un certain sens, maintient ensemble toute l'Eglise, que s'explique et se réalise aussi la structure hiérarchique de l'Eglise, dotée par le Seigneur d'une nature collégiale et en même temps primatiale lorsque lui-même «fit des Douze ses apôtres, leur donnant forme d'un collège, c'est-à-dire d'un groupe stable, et mit à leur tête Pierre choisi parmi eux». Il s'agit ici de la participation spéciale des pasteurs de l'Eglise à la triple charge (*munus*) du Christ, à savoir du magistère, de la sanctification et du gouvernement: les apôtres avec Pierre – les évêques avec l'évêque de Rome. […] «les évêques ont donc reçu, pour l'exercer avec l'aide des prêtres et des diacres, le ministère de la communauté. Ils président au nom et en place de Dieu le troupeau dont ils sont les pasteurs, par le magistère doctrinal, le sacerdoce du culte sacré, le ministère du gouvernement. De même que la charge confiée personnellement par le Seigneur à Pierre, le premier des apôtres, et destinée à être transmise à ses successeurs, constitue une charge permanente, permanente est également la charge confiée aux apôtres d'être les

---

dra), un siège ou trône, symbole de leur enseignement et de leur autorité de gouvernement. Dans l'Eglise catholique, le Concile Vatican I a clairement lié l'infaillibilité pontificale à l'intention explicite de définir un point de foi et restreint le magistère ordinaire à l'enseignement constant et universel des Papes et des évêques, pris conjointement. Depuis la fin du XIXe siècle, et encore de nos jours, s'est manifestée chez plusieurs théologiens, la tendance à attribuer en propre au Pape un magistère ordinaire qui diffuserait son infaillibilité personnelle à tous ses actes d'enseignement. Le droit canon de 1917 ne favorise pourtant pas une telle extension. Le concile Vatican II et l'actuelle législation canonique non plus; ils attribuent au Pape un magistère authentique. Cf. B. SESBOÜE, «La notion de magistère», 55-94; «Magistère ordinaire», 267-275; J-F. CHIRON, «Le Magistère dans l'histoire», 483-518.

[75] Il est nécessaire de noter ici que l'infaillibilité pontificale, qui concerne donc la véracité des actes pontificaux en matière de foi et de morale, est souvent confondue avec la primauté pontificale, qui concerne, quant à elle, l'autorité juridictionnelle de l'Evêque de Rome dans l'Eglise catholique. Voir aussi N. BLAZQUEZ, «Primado», 205-221.

[76] Pour plus de détails, voir J.-F. CHIRON, *L'infaillibilité*; I.J. BERMEJO, «El símbolo de la fe», 83-121; M. MOSCONI, «Commento a un canone», 83-97.

pasteurs de l'Eglise, charge dont l'ordre sacré des évêques doit assurer la pérennité». Il en résulte que, «par sa composition multiple, ce collège exprime la variété et l'universalité du Peuple de Dieu: il y exprime par son rassemblement, sous un seul chef, l'unité du troupeau du Christ»[77].

Cette systématique de l'ecclésiologie catholique s'attelle à mettre en évidence l'exercice primatial et collégial du gouvernement de l'Eglise catholique. Il faut en souligner la densité théologique de cette vision ecclésiologique: l'Eglise catholique n'est pas guidée par un gouvernement central ordinaire dont le Collège épiscopal avec le Pontife Romain serait l'organisme, mais le Pontife Romain, «en vertu de sa charge, possède le pouvoir ordinaire, suprême, plénier, immédiat et universel qu'il peut toujours exercer librement»[78].

Ce pouvoir est *ordinaire* au sens qu'il est lié à l'office primatial, qui, selon la théologie catholique, constitue un *munus* établi de façon stable dans l'Eglise par institution divine. De plus, dans l'Eglise catholique, le terme ordinaire est plutôt employé en opposition à délégué. Par conséquent, l'emploi de mot ordinaire veut dire surtout que la primauté de l'évêque de Rome est fondée non pas sur une délégation de la part des évêques ou de la part du Peuple de Dieu, mais sur le mandat du Christ à Pierre.

Le pouvoir du Pontife Romain est *suprême* dans le sens que dans l'Eglise catholique il n'y a rien, ni personne au-dessus de lui[79]. Le même pouvoir est dit *plénier*, car il ne connaît aucune limite quant aux matières de sa compétence[80]. Il en résulté donc que la plénitude du pouvoir du gouvernement du Pontife Romain est constituée du fait qu'il comprend soit le pouvoir législatif que celui judiciaire et exécutif. De plus, la *plenitudo potestatis* du Pontife Romain comprend aussi le pouvoir suprême de magistère et la prérogative d'infaillibilité qui lui est lié[81].

De même, il est dit aussi *immédiat* et *universel* car il ne connaît pas des limites quant aux lieux et temps de sa compétence[82]. Ainsi, il en résulte

---

[77] PB n. 2.
[78] Cc. 331 CIC, 43 CCEO. Voir aussi Z. GROCHOLEWSKI, «L'esercizio», 77-108.
[79] Cf. *New Commentary*, 433-436. Voir aussi D. CITO, «Il Papa», 32-45.
[80] Cf. *New Commentary*, 433. Pour une présentation détaillée de tous ces matières, voir G. GHIRLANDA, *Il diritto nella Chiesa*, 499-450.
[81] «Le Pontife Suprême, en vertu de sa charge, jouit de l'infaillibilité dans le magistère lorsque, comme Pasteur et Docteur suprême de tous les fidèles auquel il appartient de confirmer ses frères dans la foi, il proclame par un acte décisif une doctrine à tenir sur la foi ou les mœurs» (cc. 749§1 CIC; 597§1 CCEO). Voir aussi K. WALF, «L'infaillibilité», 257-266.
[82] Cf. *New Commentary*, 433-434.

que l'évêque de Rome gouverne directement et sans intermittence le moindre recoin de l'Eglise catholique, le moindre fidèle catholique. Toutefois, il ne faudrait pas en conclure hâtivement que, dans l'Eglise catholique, le Pontife Romain est, de droit, un despote. C'est toute le contraire, car quelqu'un qui a une charge (*munus*) ne possède qu'un pouvoir limité qu'il ne peut pas confondre avec sa propre personne, comme c'est le cas du despote qui gouverne toujours en son nom propre. Le pouvoir du Pontife Romaine est limité dans le sens qu'il ne peut l'exercer arbitrairement, c'est-à-dire que l'évêque de Rome dans l'exercice de son pouvoir doit toujours respecter et protéger «la forme de gouvernement établie par Notre-Seigneur Jésus-Christ dans son Eglise»[83]. Le pouvoir de l'évêque de Rome est donc dit «ordinaire, suprême, plénier, immédiat et universel» surtout parce qu'on voulait en outre garantir le fait que lorsque la *necessitas Ecclesiae* l'exige, l'évêque de Rome peut intervenir directement partout dans l'Eglise sans l'entremise ou l'autorisation préalable d'autres instances. De plus, il ne faut pas oublier de noter ici que le pouvoir du Pontife Romain est épiscopal, car il est lié au fait que le Pontife Romaine est avant tout évêque de Rome[84].

Quant au rôle du Pontife Romain par rapport aux Eglises particulières, l'actuelle législation catholique précise:

> En vertu de sa charge, non seulement le Pontife Romain possède le pouvoir sur l'Eglise tout entière, mais il obtient aussi sur toutes les Eglises particulières et leurs regroupements la primauté du pouvoir ordinaire par laquelle est à la fois affermi et garanti le pouvoir propre ordinaire et immédiat que les évêques possèdent sur les Eglises particulières confiées à leur soin[85].

Le primat du Pontife Romain s'entend donc aussi à chacune des Eglises particulières et de leurs regroupements. Mais cette affirmation ne veut pas dire que ce pouvoir n'ait pas de limites objectives. Il est limité par le droit divin. Premièrement, l'extension de ce pouvoir est limitée à la fin pour laquelle l'Eglise a été instituée. Deuxièmement, selon l'ecclésiologie catholique, le primat de l'évêque de Rome constitue «un élément intégrant de la volonté de Jésus-Christ qui a voulu aussi que l'épiscopat existe dans l'Eglise et que tous les fidèles jouissent d'un domaine d'autonomie légitime»[86]. Ainsi, il appert clairement que ce pouvoir primatial est cependant loin de s'opposer au pouvoir des

---

[83] LG 27b.
[84] Cf. G. GHIRLANDA, «Lo *ius divinum* del Primato pontificio», 1043-1113.
[85] Cc. 333§1 CIC, 45§1 CCEO.
[86] *Code bilingue*, 260.

évêques, car il doit affirmer et garantir le pouvoir propre, ordinaire et immédiat de l'évêque sur l'Eglise particulière qui lui a été confie. Le rapport entre les deux pouvoirs peut cependant poser des problèmes sur le plan de la compréhension et de la traduction de l'exercice du pouvoir suprême et plénier dans l'Eglise catholique[87].

Pour le moment dans lequel le Pontife Romain acquiert ce pouvoir, il est précisé:

> Le Pontife Romain obtient le pouvoir plénier et suprême dans l'Eglise par l'élection légitime acceptée par lui, conjointement à la consécration épiscopale. C'est pourquoi, l'élu au pontificat suprême revêtu du caractère épiscopal obtient ce pouvoir dès le moment de son acceptation. Et si l'élu n'a pas le caractère épiscopal, il sera ordonné aussitôt évêque[88].

Trois conditions sont donc nécessaires et suffisantes pour devenir Pontife Romain: l'élection légitime[89], l'acceptation et la consécration épiscopale puisque le Pontife Romaine est, par définition, l'évêque de Rome.

Selon le c. 349 CIC, c'est au collège de cardinaux, réunis en conclave, qui revient exclusivement la responsabilité d'élire le Pontife Romain[90].

---

[87] Cf. G. ALBERIGO, «Institutions exprimant la communion», 260.

[88] C. 332§1 CIC.

[89] De nos jours, l'élection du Pontife Romain est réglementée par la const. ap. *Universi Dominici Gregis* du 22 février 1996 (cf. JEAN-PAUL II, Const. Ap. *Universi Dominici Gregis*, 305-343). Les dernières précisions sur la modalité d'élection de l'évêque de Rome ont été faites par le pape Benedict XVI, le 11 juin 2007 (cf. BENEDICT XVI, M.p. *De Aliquibus Mutationibus*, 776). Pour plus de détails, voir R. PUZA, «Le nouveau règlement», 163-174; P. MAJER, «"Universi Dominici Gregis"», 669-712; J.I ARRIETA, «Il sistema elettorale», 137-162; J. FOSTER, «The Election», 691-705; J. MIÑAMBRES, «Nuove determinazioni», 757-762. Voir aussi A.V. BRAIDA, «Le modalità», 483-619; S. SCRIMA, «"De aliquibus mutationibus …"», 291-305.

[90] Dans l'Eglise ancienne, l'évêque de Rome était élu par le clergé et le peuple. C'étaient les évêques les plus proches qui, en présence du peuple, témoin de la dignité de l'élu, faisaient connaître leur préférence. Plus tard c'est l'aristocratie et surtout les empereurs qui jouèrent un rôle décisif. Le système actuel d'élection a été adopté en 1179, lorsque le pape Alexandre III, afin de soustraire l'élection pontificale au jeu des factions romaines et aux pressions de l'empereur germanique, avait donné le décret *In nomine Domini* par lequel réservait l'élection du pape au collège des cardinaux. En 1216, quand il fallut donner un successeur à Innocent III, les habitants de Pérouse décidèrent de faire pressions sur les cardinaux en les enfermer; cette action ne tarda pas à produire l'effet désiré: Honorius III fut élu en deux jours seulement. A l'occasion de la cinquième session du concile de Lyon, le pape Grégoire X, par la bulle *Ubi periculum* (7 juillet 1274), décida la clôture absolue des cardinaux pendant l'élection pontificale. Depuis 1274, les cardinaux y procèdent pour l'élection pontificale dans une réunion particulière dénommé «conclave», à savoir qu'elle se déroule à huis fortement clos (de latin *cum clave* – sous clef). Au XXe siècle, l'élection

Plus techniquement, l'élection suppose d'abord les électeurs. Le pape Jean-Paul II, dans la const. ap. *Universi Dominici Gregis*, a prescrit en ce sens les normes suivantes:

> Le droit d'élire le Pontife Romain appartient uniquement aux cardinaux de la Sainte Eglise Romaine, à l'exception de ceux qui, avant le jour de la mort du Souverain Pontife ou avant le jour où le Siège apostolique est devenu vacant, ont déjà quatre-vingts ans accomplis. Le nombre maximum de cardinaux électeurs ne doit pas dépasser cent vingt. Il est absolument exclu que tout autre dignitaire ecclésiastique ait le droit d'élection active ou bien qu'intervienne une autorité laïque quels que soient son rang ou son ordre.[91]

Le droit de vote est donc refusé à tout autre dignitaire de l'Eglise catholique ou d'une autre Eglise et l'ingérence d'une puissance mondiale, quel que soit son rang, est exclue. En fait, les cardinaux sont les seuls électeurs du Pontife Romain parce que, à travers leurs titres ou leurs diaconies, ils sont insérés dans le clergé romain[92]. Avec cette précision, l'ecclésiologie catholique veut souligner le fait que le Pape est surtout l'évêque de Rome, et donc la tête visible de l'Eglise et du Collège des évêques.

Une fois le vote accompli, le doyen des cardinaux ou le premier cardinal par ordre et par l'ancienneté demande à l'élu, au nom de tout le Collège des électeurs, s'il accepte l'élection. En cas d'acceptation, un document officiel sera rédigé concernant le vote et l'acceptation[93]. De plus, il est spécifié:

> après l'acceptation, l'élu qui a déjà reçu l'ordination épiscopale est immédiatement évêque de l'Eglise de Rome, vrai pape et Chef du Collège épiscopal; il acquiert *de facto* et il peut exercer le pouvoir plein et suprême sur l'Eglise universelle. Si l'élu n'a pas le caractère épiscopal, il doit aussitôt être ordonné évêque[94].

Toutefois, dans ce dernier cas, les cardinaux doivent prêter obéissance à l'élu et son élection ne sera communiquée au peuple qu'après son ordination épiscopale[95].

---

de l'évêque de Rome a été révisée à plusieurs reprises (Pie X, Pie XI, Pie XII, Jean XXIII, Paul VI, Jean-Paul II). Pour plus de détails, voir A. MELLONI, *Il conclave*.

[91] Art. 33 UDG.
[92] Cf. c. 350§§1,2 CIC.
[93] Cf. art. 87 UDG.
[94] Cf. art. 88 UDG. «L'ordination épiscopale du Souverain Pontife élu qui n'est pas encore évêque […] sera faite selon l'usage de l'Eglise par le doyen du Collège des cardinaux ou, en son absence, par le vice-doyen ou, si celui-ci est lui-même empêché, par le plus ancien des cardinaux évêques» (art. 90 UDG; cf. aussi c. 355§1 CIC).
[95] Cf. art. 89 UDG. Pour plus de détails, voir G. GHIRLANDA, «Accettazione della legittima elezione», 615-656.

Il appert donc très clairement que, dans l'Eglise catholique, le Pontife Romain peut exercer son pouvoir plein et suprême dès l'acceptation de son élection légitime. Toutefois, il faut souligner ici que l'origine du pouvoir de l'évêque de Rome ne réside pas dans l'acte de son élection par les cardinaux (ils indiquent seulement le nom du nouveau l'évêque de Rome, car autrement les cardinaux seraient au-dessus du Pontife Romain), mais il est lié à la succession personnelle à l'Apôtre Pierre et donc il est conféré immédiatement par le Christ. Ainsi, une fois qu'il a été élu et il a accepté l'élection, le nouveau évêque de Rome détient et peut exercer librement le pouvoir plein et suprême dans l'Eglise catholique seul s'il a déjà l'ordination épiscopale. Sinon, il est prévue que celui-ci soit aussitôt ordonné évêque, notamment parce qu'il a été élu pour être évêque de Rome.

Pour les cas spécial où le Siège Apostolique devient vacant pendant la célébration d'un concile ou d'un Synode des évêques, il a été spécifié:

> S'il arrive que le Siège apostolique devienne vacant pendant la célébration d'un concile œcuménique ou d'un synode des évêques, qu'ils se tiennent à Rome ou en autre lieu dans le monde, l'élection du nouveau Pontife devra être faite uniquement et exclusivement par les cardinaux électeurs [...], et non par le concile lui-même ou par le synode des évêques. C'est pourquoi je déclare nuls et invalides les actes qui, en quelque manière, auraient la témérité de vouloir modifier les normes de l'élection ou le collège des électeurs. Bien plus, étant confirmés à ce sujet le c. 340 et aussi le c. 347§2 du CIC et le c. 53 du CCEO, le concile lui-même ou le synode des évêques, à quelque point qu'ils se trouvent, doivent être considérés comme suspendus immédiatement *ipso iure*, dès qu'on a reçu la nouvelle de la vacance du Siège apostolique. Ils doivent donc aussitôt, sans nul retard, cesser toute réunion, congrégation ou session, et arrêter la rédaction ou la préparation de tous décrets ou canons, ou s'abstenir de promulguer ceux qui ont été confirmés, sous peine de leur nullité; et ni le concile ni le synode ne pourront continuer pour quelque motif que ce soit, même très grave et digne de considération spéciale, jusqu'à ce que le nouveau Pontife canoniquement élu ait ordonné de les reprendre ou de les continuer[96].

Cette décision a été prise pour éviter toute forme de *conciliarisme* et pour indiquer le fait que le Pape est à la tête du Collège des évêques parce qu'il est évêque de Rome et non pas vice-versa.

---

[96] Art. 34 UDG. Cf. aussi cc. 340, 347§2 CIC; 53 CCEO.

2.1.2 L'exercice du pouvoir du Pontife Romain

De la relation étroite qui existe dans l'Eglise catholique, par droit divin, entre l'évêque de Rome et les évêques catholiques[97] découle aussi la manière d'exercice du pouvoir du Pontife Romain:

> Dans l'exercice de sa charge de Pasteur Suprême de l'Eglise, le Pontife Romain est toujours en lien de communion avec les autres évêques ainsi qu'avec l'Eglise tout entière; il a cependant le droit, selon les besoins de l'Eglise, de déterminer la façon personnelle ou collégiale d'exercer cette charge[98].

Le problème de la compatibilité des pouvoirs du Pontife Romain et de ceux des évêques catholiques, très difficile à résoudre en théorie, trouve donc une solution dans ce canon où a été explicitement recherchée la mise en pratique de l'ecclésiologie de communion qui considère l'Eglise comme une *communio* et en cela même détermine les relations qui doivent s'établir entre les Eglises particulières et l'Eglise universelle, entre la collégialité et la primauté. En ce sens, l'ex. ap. *Pastores Gregis* offre des éclaircissements très importants lorsqu'elle précise:

> La réalité de la communion, qui est à la base de toutes les relations intra-ecclésiales et qui a été mise en relief aussi lors du débat synodal, est un rapport de réciprocité entre le Pontife Romain et les évêques. En effet, si d'une part l'évêque, pour exprimer en plénitude sa fonction elle-même et fonder la catholicité de son Eglise, doit exercer le pouvoir de gouvernement[99] qui lui est propre (*munus regendi*) dans la communion hiérarchique avec le Pontife Romain et avec le Collège épiscopal, d'autre part le Pontife Romain, chef du Collège, dans l'exercice de son ministère de Pasteur suprême de l'Eglise (*munus supremi Ecclesiae pastoris*), agit toujours dans la communion avec tous les autres évêques, et même avec toute l'Eglise. Alors, dans la communion de l'Eglise, de même que l'évêque n'est pas seul mais qu'il se réfère continuellement au Collège et à son chef, et qu'il

---

[97] Cf. cc. 330 CIC; 42 CCEO.
[98] Cc. 333§2 CIC; 45§2 CCEO.
[99] Il est nécessaire de signaler ici que la traduction française du texte officiel latin de l'Exhortation n'est pas exacte, car dans le texte officiel se fait référence au *munus regendi* qui est traduit par «pouvoir de gouvernement», en contredisant ainsi la distinction que la même Exhortation au son numéro 56 fait entre le *munus docendi* et le *munus regendi* et entre les *potestas magisteri* et *regiminis*: «conformément à la doctrine du Concile Vatican II, on doit affirmer que la fonction d'enseigner (*munus docendi*) et celle de gouverner (*munus regendi*) – et donc le pouvoir correspondant de magistère et de gouvernement – dans l'Eglise particulière sont de par leur nature exercées par chaque évêque diocésain dans la communion hiérarchique avec le Chef du Collège et avec le Collège lui-même».

est soutenu par eux, de même aussi le Pontife Romain n'est pas seul, mais il est toujours en référence aux évêques et il est soutenu par eux. C'est là un autre motif pour lequel l'exercice du pouvoir suprême du Pontife Romain n'annule pas mais confirme, fortifie et défend le pouvoir ordinaire, propre et immédiat de l'évêque dans son Eglise particulière[100].

En analysant la relation qui existe entre la primauté et la collégialité dans l'Eglise catholique, G. Ghirlanda part aussi du concept de communion, qui unit le Pontife Romain et les évêques catholiques entre eux dans un relation de réciprocité qui existe de façon permanent, pour affirmer ensuite que:

> Dans l'Eglise s'établit une circularité entre le témoignage de foi du Pontife Romain, successeur de Pierre, et le témoignage de foi des évêques, successeurs des Apôtres, pris individuellement et ensemble; entre la responsabilité personnelle du Pontife Romain en ce qui concerne le bien de l'Eglise universelle et de toutes les Eglises particulières, et la sollicitude des évêques envers l'Eglise universelle et les autres Eglises particulières et la leurs responsabilité personnelle envers les Eglises particulières à eux confiées[101].

Toutefois il faut se rendre compte que, dans le c. 333§2 CIC, l'accent est mis cependant sur la liberté inconditionnelle du Pontife Romain de décider la manière d'exercice de sa charge de Pasteur Suprême. L'actuelle législation canonique catholique précise:

> Les évêques assistent le Pontife Romain dans l'exercice de sa charge en lui apportant leur collaboration sous diverses formes, entre autres celle du Synode des évêques. Il est aidé en outre des Pères Cardinaux ainsi que par d'autres personnes et par diverses institutions selon les besoins du moment; toutes ces personnes et institutions remplissent en son nom et sous son autorité la tâche qui leur est confiée pour le bien de toutes les Eglises, selon les règles définies par le droit[102].

---

[100] Ex. Ap. *Pastores Gregis* 56. Voir aussi A. CATTANEO, «L'esercizio», 63-80.

[101] «Nella Chiesa si stabilisce una circolarità tra la testimonianza di fede del Romano Pontefice , successore di Pietro, e la testimonianza di fede dei vescovi come singoli e nel loro insieme, successori degli Apostoli; tra la responsabilità personale del Romano Pontefice riguardo al bene della Chiesa universale e di tutte le Chiese particolari e la sollicitudine dei vescovi verso la Chiesa universale e le altre Chiese particolari e la loro responsabilità personale verso le Chiese particolari loro affidate» (notre traduction), G. GHIRLANDA, «Lo *Ius divinum* del Primato pontificio», 1049.

[102] Cc. 334 CIC; 46§1 CCEO. Il faut noter que le c. 46§1 CCEO, à la différence du c. 334 CIC, indique aussi nominalement les légats pontificaux parmi les personnes qui aident le Pontife Romain.

Il faut noter d'abord que ce canon, qui doit être toujours lu en corroboration avec le c. 333§2 CIC, met en premier lieu le concours des évêques en mettant ainsi en évidence l'importance du Synode des évêques. Il rappelle ensuite le rôle des cardinaux et, de façon implicite, celui de la Curie Romaine. Il s'agit toutefois des organismes de participation au pouvoir du Pontife Romain, car ceux-ci, selon leur nature, soit aident avec leurs opinions le Pontife Romain à prendre personnellement les décisions que les concernent, soit ils exercent «au nom» et «sous l'autorité» du Pontife Romain les fonctions et le pouvoir ordinaire vicaire que leur ont été confiés[103].

2.1.3 La cessation du pouvoir du Pontife Romain

L'actuelle législation canonique catholique ne dit cependant rien de spécial sur la cessation du pouvoir du Pontife Romain. Il est seulement précisé:

> Quand le siège de Rome devient vacant ou totalement empêché, rien ne doit être innové dans le gouvernement de l'Eglise tout entière; les lois spéciales portées pour ces circonstances seront alors observées[104].

Ainsi, pendant que la Cost. Ap. *Universi Dominici Gregis*[105] offre la normative relative à la vacance du Siège de Rome, pour la situation dans laquelle le Siège de Rome serait empêché il y a une *lacuna legis*[106], car aucune norme n'a été rendue publique sur l'éventualité que l'exercice de l'office du Pontife Romain soit empêché[107]. Les auteurs catholiques précisent cependant que le pouvoir du Pontife Romain étant un pouvoir lie à un office cesse à la disparition de celui-ci. Les mêmes auteurs catholiques affirment aussi que la disparition de l'office primatial du Pontife Romain peut être causée par: 1. la morte; 2. la folie sûre et perpétuelle; 3. l'apostasie notoire, l'hérésie ou schisme; 4. par renonciation[108]. En cas de

---

[103] Pour plus de détails concernant le concept de participation dans l'Eglise catholique, voir p. 315-320.

[104] Cc. 335 CIC; 47 CCEO.

[105] Cf. JEAN-PAUL II, Const. Ap. *Universis Dominici Gregis*, 305-343. Voir aussi UFFICIO DELLE CELEBRAZIONI LITURGICHE DEL SOMMO PONTEFICE, *Sede Apostolica vacante*.

[106] «Quite clearly there is a lacuna in canon law, since it makes no legal provisions for a case in which the pope is temporarily or permanently incapacitated, e.g., due to political obstruction, physical or mental illness, etc.», *New Commentary*, 438.

[107] Cf. *Code Bilingue*, 262.

[108] «Nel secondo e nel terzo caso il Romano Pontefice per il diritto stesso decadrebbe dal suo ufficio primaziale e perderebbe ogni sua potestà, perché non svolgerebbe più la funzione per la quale è costituito. [...] Per il fatto, poi, che il Romano

renonciation[109], l'actuelle législation canonique ca-tholique prescrit que celle-ci »soit faite librement et qu'elle soit dûment manifestée, mais non pas qu'elle soit acceptée par qui que ce soit»[110]. La dernière précision se comprend aisément: imposer une acceptation, aussi bienveillante soit-elle, aboutirait à mettre quelqu'un, au moins pour un instant, au-dessus du Pontife Romain.

2.1.4 La période de vacance du Siège Apostolique

Nous avons déjà vu que, pour la période de vacance de Siège apostolique, l'actuelle législation canonique catholique prévoit que rien ne doive être innové dans le gouvernement de l'Eglise, tout en précisant que des lois spéciales seront observées. De plus, il est spécifié:

> Pendant la vacance du Siège Apostolique, le Collège des cardinaux possède dans l'Eglise uniquement le pouvoir que lui attribue la loi particulière[111].

Cette loi particulière est constitue par la const. ap. *Universi Dominici gregis*. En ce qui concerne le gouvernement de l'Eglise catholique pendant la période de vacance du Siège Apostolique, cette constitution a particulièrement précisé:

– le Collège des cardinaux n'a aucun pouvoir ni aucun juridiction sur les questions qui sont de ressort du Pontife Romain, durant sa vie ou dans l'exercice des fonctions de sa charge; ces questions devront toutes être réservées exclusivement au futur évêque de Rome[112];

Pontefice non può essere giudicato da nessuno (c. 1404), egli non può essere deposto da nessuno, quindi in caso di rottura della comunione si avrebbe solo una dichiarazione del fatto. Si tratta di un caso da ritenersi improbabile nella realtà per l'assistenza della divina Provvidenza, ma previsto in dottrina; tuttavia è difficile determinare chi dichiarerebbe il fatto e come», G. GHIRLANDA, *Il diritto nella Chiesa*, 502.

[109] Les règles pour qu'une renonciation à un office soit valide ont été prévus dans les cc. 187-189 CIC et 967-971 CCEO. Quant à la possibilité qu'un pape renonce à son office, il faut souligner que celle-ci est plutôt théorique. En pratique, aucun pape n'a renonce à l'office primatial depuis des centaines d'années. Bien que les preuves manquent, les historiens estiment à une dizaine au plus le nombre des papes qui ont démissionné dans l'histoire. Le plus célèbre est Célestin V, arrivé pape en 1294, à l'âge de 85 ans. Cinq mois plus tard, il quittait ses fonctions, déclarant ne pas se sentir à la hauteur de la tâche. Pour plus de détails, voir P.G. CARON, «La démission du Pape», 60-67.

[110] Cc. 332§2 CIC. Le Pontife Romain peut renoncer à sa charge pour diverses raisons ou même sans raison, car il n'a pas à se justifier devant quiconque (cf. c. 1404 CIC).

[111] C. 359 CIC.

[112] Cf. art. 1-6 UDG. De plus, il a été spécifiée qu'il sera «invalide et nul tout acte de pouvoir ou de juridiction appartenant au Pontife Romain, durant sa vie ou dans l'exercice des fonctions de sa charge, que le Collège des cardinaux lui-même croirait

- tous les chefs des dicastères de la Curie Romaine, c'est-à-dire le cardinal secrétaire d'Etat, les cardinaux préfets, les archevêques présidents, ainsi que les membres de ces mêmes dicastères, cessent leurs fonctions. Exception est faite pour le cardinal camerlingue[113] et pour le grand pénitencier, qui continuent à s'occuper des affaires courantes, soumettant au Collège des cardinaux ce qui aurait du être référé au Pontife Romain[114];
- le cardinal vicaire général pour le diocèse de Rome, le cardinal archiprêtre de la Basilique vaticane et le cardinal vicaire général pour la Cité du Vatican ne quittent pas leur charge[115];

---

devoir poser, sinon dans les limites de ce qui est expressément permis par la présente Constitution» (cf. art. 1 UDG). Pour plus de détails concernant le gouvernement de l'Eglise catholique pendant la vacance du Siège Apostolique, voir J. MIÑAMBRES, «Il governo della Chiesa», 713-729.

[113] «Le camerlingue (en latin, *camerarius*) est le cardinal placé à la tête de la Chambre Apostolique. Cet organisme du gouvernement suprême de l'Eglise remonte au XIe ou XIIe siècle, aussi est-ce à la même époque qu'il faut placer l'origine du titre de *camerarius* dans le sens que nous attribuons au mot camerlingue. Beaucoup d'auteurs estiment que ce haut dignitaire a remplacé l'archidiacre que saint Grégoire VII supprima; il en est d'autres qui pensent qu'il a succédé à l'antique *vestararius* qui avait la garde des objets précieux: vêtements, meubles, bijoux du Saint-Siège. Quoi qu'il en soit, son rôle se déduit du but assigné à la Chambre apostolique; le *camerarius* avait la direction de tout ce qui concernait les finances et les ressources temporelles de la papauté envisagée comme gouvernement suprême de l'Eglise aussi bien que comme souverain temporel. Une fonction aussi importante a fait du *camerarius* le premier personnage parmi ceux qui entouraient le pape et son pouvoir s'est étendu à un très vaste domaine, jusqu'au jour où, cessant de remplir effectivement les charges attachées à son titre, son influence, a peu à peu décru au point que le camerlingue n'a plus guère aujourd'hui qu'un titre d'honneur en dehors de la vacance du Saint-Siège, durant laquelle il continue à avoir une situation de premier plan. Cette charge ne fut pas, dès le commencement, conférée toujours à un cardinal. A la fin du XIIe siècle, Cencius dans la préface de son *Liber censuum* dit avoir été *camerarius* de Clément III et l'être alors de Célestin III, mais ce n'est que peu après qu'il fut fait cardinal tout en gardant sa fonction de *camerarius*.», R. NAZ, ed., *Dictionnaire de droit canonique*, II, 1275.

[114] Cf. PB 6; art. 14 UDG. De plus, il est précisé: «lorsque le Siège Apostolique est vacant, il est du droit et du devoir du cardinal camerlingue de la sainte Eglise romaine, y compris par l'intermédiaire de son délégué, de demander à toutes les administrations dépendant du Saint-Siège des rapports sur leur situation patrimoniale et économique, de même que des informations sur les affaires extraordinaires éventuellement en cours, et de demander d'autre part à la Préfecture des affaires économiques du Saint-Siège le bilan général des dépenses de l'année précédente, ainsi que le budget prévisionnel de l'année suivante. Il est tenu de soumettre ces rapports et chiffres au Collège des cardinaux.», (art. 171§2 PB).

[115] Cf. art. 15 UDG.

- le substitut de la Secrétariat d'Etat ainsi que le secrétaire pour les relations avec les Etats et les secrétariats des dicastères de la Curie Romaine garderont la direction de leurs services respectifs et en répondront devant le Collège des cardinaux[116];
- la mission et les pouvoirs des représentants pontificaux ne cessent pas[117].

Quant aux pouvoirs des organismes de la Curie Romaine pendant la vacance du Siège Apostolique, il est prévu que tous les dicastères, à l'exception de la Signature Apostolique et de la Rote Romaine[118],

> n'ont aucun pouvoir en ce qui concerne les affaires que, *sede plena*, ils ne peuvent traiter ou expédier seulement *facto verbo cum SS.mo*, ou bien *Ex audientia SS.mi* ou *vigore specialium et extraordinariarium facultatum* que le Pontife Romain a coutume d'accorder aux préfets, aux présidents ou aux secrétaires de ces dicastères[119].

De plus, il est précisé que les pouvoirs ordinaires de chaque dicastère ne cessent pas pendant la vacance du Siège Apostolique. Toutefois,

> les dicastères ne doivent user de ces facultés que dans la concession de grâces de moindre importance, tandis que les affaires plus graves ou controversées, si leur solution peut être différée, devront être exclusivement réservées au futur Pontife; mais, si elles n'admettent aucun retard (comme, entre autres, les cas in *articulo mortis* pour les dispenses que le Souverain Pontife a coutume d'accorder), le Collège des cardinaux pourra les confier au cardinal qui était préfet jusqu'à la mort du Pontife, ou à l'archevêque jusqu'alors président, et aux autres cardinaux du même dicastère à qui le Souverain Pontife défunt en aurait probablement confié l'examen. En de telles circonstances, ils pourront décider per *modum provisionis*, jusqu'à l'élection du Pontife, ce qu'ils auront jugé le plus apte à la sauvegarde et à la défense des droits et des traditions ecclésiastiques[120].

---

[116] Cf. art. 20 UDG. Les secrétaires qui pourvoient au gouvernement ordinaire des dicastères pendant la vacance du Siège Apostolique, traitant seulement des affaires ordinaires, ont cependant besoin de la confirmation du Pontife Romain dans les trois mois qui suivent son élection (cf. PB 6).

[117] Cf. art. 21 UDG; c. 357 CIC.

[118] «Le Tribunal suprême de la Signature Apostolique et le Tribunal de la Rote Romaine continuent, pendant la vacance du Saint-Siège, à traiter les causes selon leurs lois propres, restant fermes les prescriptions figurant dans l'art. 18, alinéas 1 et 3 de la Const. Ap. *Pastor Bonus*», (art. 26 UDG).

[119] Art. 24 UDG.

[120] Art. 25 UDG.

Il appert donc que, pendant la période de vacance du Siège Apostolique, l'exercice du pouvoir de gouvernement des organismes centraux de l'Eglise catholique est très limité dans l'Eglise catholique, étant permis seulement les choses impérieusement nécessaires. Toutefois, pour les actes importantes il est requit aussi la confirmation ultérieure du Pontife Romain. Ce fait montre à l'évidence que, selon la doctrine catholique, personne ne peut substituer le Pontife Romain.

2.2 *Les organismes qui aident le Pontife Romain dans le gouvernement de l'Eglise catholique*

Dans l'exercice du pouvoir suprême de l'Eglise catholique, le Pontife Romaine ne gouverne pas seul, mais il est assisté de personnes et d'institutions établis à ce but. Pourtant, pour de mieux comprendre la fonction de tous ces organismes, il est absolument nécessaire de rappeler ici une précision conceptuelle concernant la différence existante entre la *participation* et la *coresponsabilité* dans l'Eglise catholique comprise comme communion[121].

Ainsi, il faut préciser d'abord que la *coresponsabilité* indique une situation où plusieurs sujets ont tous la même capacité ou le même pouvoir, et donc ils jouissent de mêmes droits et devoirs en ce qui concerne un objet. Quant à la *participation*, il faut noter qu'elle indique le cas précis d'un sujet qui participe au pouvoir d'un autre sujet, qui prend en effet la décision[122]. Plus précisément,

> La participation exprime la relation de la totalité (participé) avec le particulier (participant), donc la relation de ce qui réalise par son nature la globalité (participé) avec ce qui réalise seulement une partie de la totalité (participant). Toutefois, chaque participant en soi même se met comme totalité dans son domaine, donc comme totalité fragmentaire e particulière qui n'embrasse pas et n'épuise pas la totalité du participé selon toutes les modalités et les possibilités de celui-ci, notamment parce qu'il n'y participe que partiellement. Ce fait constitue à la fois l'unité et la diversité entre le participé et le participant, donc la relation entre les deux, qui est une relation de communion dans la différenciation. Si le participant prendrait toutes les propriétés essentielles du participé, il se identifierait avec le participé et disparaîtrait même la communion, qui toujours postule la diffé-

---

[121] Pour une présentation détaillée des concepts de *participation* et de *coresponsabilité* en relation à l'Eglise comme communion, voir l'excellente analyse d'A. LEITE SOARES, *A comunhão na consticuição hiérarquica*, 343-400.

[122] Plus précisément, «participar é "partialiter habere", o que se opõe a "habere totaliter"», A. LEITE SOARES, *A comunhão na consticuição hiérarquica*, 348.

renciation. La participation implique différentes responsabilités entre les sujets impliqués dans le rapport: un est investi avec une pleine responsabilité personnelle en ce qui concerne un objet particulier, les autres participent partiellement à cette responsabilité[123].

En appliquant ces principes de la *participation* et de la *coresponsabilité* au gouvernement de l'Eglise, l'ecclésiologie catholique affirme que celui qui détient en soi même tout pouvoir est le Christ. Ainsi,

> C'est le Christ, constitué comme Tête de l'Eglise, qui continue à la gouverner à travers les médiations humaines, donc à travers les ministres constitués par lui-même, soit en ce qui concerne la structure hiérarchique de l'Eglise, soit en ce qui concerne les instituts de vie consacrée. En Christ est la totalité du pouvoir, qui lui a été conféré par le Père, dans la plénitude de l'Esprit-Saint. Le Christ, à travers la ministérialité de l'Eglise, rend participants de ce son pouvoir différents de ses ministres, non seulement ceux-ci ordonnés au ministère sacré, mais aussi des autres, pour l'office qu'ils doivent remplir dans l'Eglise. De ce point de vue, personne dans l'Eglise ne détienne la totalité du pouvoir, mais seulement ils participent à ce pouvoir; toutefois, dans l'actuelle économie historique de la ministérialité de l'Eglise – qui administre les dons du Dieu, donc aussi celui de gouvernement, selon les différents ministères dans elle institués – il y a certains, les successeurs des Apôtres, et le premier parmi ceux-ci le Pontife Romain, qui participent au pouvoir du Christ en plénitude (cf. cc. 331, 336, 381§1 CIC). Mais, cette totalité du pouvoir du Pontife Romain et des évêques, dans leurs propre domaine, se met en relation avec les autres membres de l'Eglise, non certainement en relation avec le Christ[124].

---

[123] «Partecipazione esprime la relazione della totalità (partecipato) col particolare (partecipante), quindi la relazione di ciò che realizza per natura sua la globalità (partecipato) con ciò che realizza solo una parte della totalità (partecipante). Ogni partecipante, tuttavia, in se stesso si pone come totalità nel suo ambito, quindi come totalità frammentaria e particolare, che non abbraccia e non esaurisce la totalità del partecipato secondo tutte le modalità e le possibilità di questo, proprio perché ne partecipa solo parzialmente. Questo costituisce nello stesso tempo l'unità e la diversità tra il partecipante e il partecipato, quindi la relazione tra i due, che è di comunione nella differenziazione. Se il partecipante assumesse tutte le proprietà essenziali del partecipato, si identificherebbe col partecipato e sparirebbe anche la comunione, che postula sempre la differenziazione. La partecipazione comporta responsabilità diverse tra i soggetti implicati nel rapporto: uno è investito di una piena responsabilità personale riguardo ad un oggetto particolare, gli altri partecipino parzialmente a tale responsabilità.» (notre traduction), G. GHIRLANDA, *Introduzione al diritto ecclesiale*, 127-128.

[124] «È Cristo, costituito Capo della Chiesa, che continua a governarla attraverso delle mediazioni umane, quindi attraverso i ministri da lui costituiti, sia per quello che riguarda la struttura gerarchica di essa, sia per quello che riguarda gli istituti di vita

Il appert donc que, selon l'ecclésiologie catholique, il y a une totalité du pouvoir du Pontife Romain, due à son ministère qu'il doit remplir en vertu du don de l'Esprit-Saint, don qui lui offre une responsabilité tout-à-fait personnelle en relation à l'Eglise universelle. A cette responsabilité du Pontife Romain les autres membres de l'Eglise ne peuvent y participer que partiellement, car celle-ci ne peut pas être partagée comme coresponsabilité particulière. Et cela notamment parce que, selon l'ecclésiologie catholique, aucun sujet ne possède le même pouvoir du Pontife Romain à l'égard de l'Eglise universelle[125]. Pour cette raison, donc, il en résulte qu'il n'y a aucune possibilité d'avoir de la part de personne une coresponsabilité partagée avec le Pontife Romain dans l'exercice de son pouvoir personnel primatial, même si, sur la base de la communion sacramentelle existante entre le Pontife Romain et les évêques, s'instaure une coresponsabilité générale en ce qui concerne le bien de l'Eglise, fait qui permet au Pontife Romain d'exercer son pouvoir personnel primatial d'une manière collégiale[126].

Ainsi, le seul organisme vraiment et proprement coresponsable dans les décisions concernant l'Eglise universelle est le Collège des évêques. Les organismes qui participent au pouvoir du Pontife Romain sont: le Synode des évêques[127], le Collège des cardinaux, la Curie Romaine et les légats pontificaux.

---

consacrata. In Cristo è la totalità del potere, conferitogli dal Padre, nella pienezza dello Spirito. Cristo, attraverso la ministerialità della Chiesa, rende partecipi di questo suo potere vari ministri, non solo quelli ordinati nel ministero sacro, ma anche altri, per l'ufficio che debbono svolgere nella Chiesa. Sotto questo punto di vista nessuno nella Chiesa detiene la totalità del potere, ma solo vi partecipa; tuttavia nell'attuale economia storica della ministerialità della Chiesa – la quale amministra i doni di Dio, quindi anche quello del governo, secondo i diversi ministri in essa istituiti – ci sono alcuni, i successori degli Apostoli, e primo fra questi il Romano Pontefice, che partecipano al potere di Cristo in pienezza (cf. cc. 331, 336, 381§2). Ma tale totalità del potere del Romano Pontefice e dei vescovi, nel proprio ambito, si pone in relazione agli altri membri della Chiesa, non certamente in relazione a Cristo. (notre traduction), G. GHIRLANDA, *Introduzione al diritto ecclesiale*, 128.

[125] Cette affirmation est basée sur la vision catholique de la succession apostolique, qui affirme que l'évêque de Rome succède personnellement à l'Apôtre Pierre, tandis que les évêques succèdent au Collège des Apôtres.

[126] Cf. c. 333§2 CIC. Pour une analyse détaillée de ce canon, voir *New Commentary*, 440-441.

[127] Bien que l'actuelle terminologie catholique utilise ici la même expression que l'Eglise orthodoxe emploie pour identifier son organisme suprême d'autorité, il faut absolument souligner qu'il n'y aucune possibilité de comparer les deux institutions homonymes. Ni en ce qui concerne leur nature, ni en ce qui concerne leur objectif.

2.2.1 Le Collège des évêques

a) *Le Collège des évêques en général (nature, membres, pouvoir)*

Au Collège des évêques en tant que successeur des Apôtres incombe aussi la charge de gouverner l'Eglise catholique. A cet égard, l'actuelle législation canonique catholique, en assumant pleinement la doctrine énoncée par le concile Vatican II, prescrit:

> Le Collège des évêques dont le chef est le Pontife Suprême et dont les évêques sont les membres en vertu de la consécration sacramentelle et par la communion hiérarchique entre le chef et les membres du Collège, et dans lequel se perpétue le corps apostolique, est lui aussi en union avec son chef et jamais sans lui, sujet du pouvoir suprême et plénier sur l'Eglise tout entière[128].

Il en résulte donc que, dans l'Eglise catholique, le Collège des évêques possède exactement le même pouvoir de gouverner que le Pontife Romain. Bien que le canon ne le dise pas expressément, ce pouvoir «suprême et plénier» est tout aussi «immédiat et universel» que celui du Pontife Romain. Mais, à la différence de ce dernier, celui du Collège des évêques est un pouvoir exercé collectivement, non individuellement. Comme nous avons déjà dit, participent à ce pouvoir de gouvernement tous les évêques légitimement consacrés, c'est-à-dire ceux qui sont en communion hiérarchique avec le Pontife Romain et les membres du Collège des évêques[129]. Tous ces évêques participent, par mission divine, au pouvoir plein et suprême du Collège des évêques. Toutefois, le pouvoir suprême sur l'Eglise catholique détenu par le Collège des évêques ne peut s'exercer qu'avec le consentement du Pontife Romain.

Comme le pouvoir du Collège des évêques n'est conféré ni par l'évêque de Rome, ni par le peuple, il en résulte qu'il est originaire, comme celui du Pontife Romain. En effet, il est «originaire» notamment, comme nous l'avons déjà vu, parce qu'il est participation immédiate au pouvoir du Collèges des Apôtres qui persévère dans le Collège des évêques. Pourtant, il faut remarquer que le mot «chef» (*caput*) est répété quatre fois dans ce canon. On insiste donc sur la relation entre le Pontife Romain et le Collège

---

[128] Cc. 336 CIC; 49 CCEO. «There are only two terminological differences between canon 336 and canon 49 of the Eastern Code, possibly out of consideration for the Eastern Churches in union with Rome: instead of *Summus Pontifex* («Supreme Pontiff») one finds *Romanus Pontifex* («Roman Pontiff») and in the place of "sacramental consecration" one finds "sacramental ordination"», *New Commentary*, 446-447.

[129] Cf. G. GHIRLANDA, *Il diritto nella Chiesa*, 509.

des évêques, en se concentrant sur le premier pour rappeler que, de ce fait, le ministère du successeur de Pierre n'est pas

> un service «global» qui touche toute Eglise particulière de l'«extérieur», mais comme appartenant déjà à l'essence de toute Eglise particulière de l'«intérieur». [...] Le fait que le ministère du Successeur de Pierre soit *intérieur* à toute Eglise particulière découle nécessairement de cette *intériorité mutuelle* fondamentale entre Eglise universelle et Eglise particulière[130].

En outre, le pape Jean-Paul II dans la *Pastores Gregis* n. 8 avait établie une sorte de «intériorité mutuelle» entre le Collège des évêques dans son ensemble et les seuls évêques qui composent ce collège, lorsqu'il affirme:

> Le rapport de intériorité réciproque qui existe entre l'Eglise universelle et l'Eglise particulière, et qui fait que les Eglises particulières sont «formées à l'image de l'Eglise universelle, [Eglises particulières] dans lesquelles et à partir desquelles existe l'Eglise catholique, une et unique», se retrouve dans le rapport entre le Collège épiscopal dans sa totalité et l'évêque pris individuellement[131].

Quant à l'exercice de pouvoir plein et suprême par le Collège des évêques, l'actuelle législation canonique catholique indique différentes modalités, toute en précisant:

> Il appartient au Pontife Romain, selon les besoins de l'Eglise, de choisir et de promouvoir les formes selon lesquelles le Collège des évêques exercera collégialement sa charge à l'égard de l'Eglise tout entière[132].

Comme nous avons déjà précisé, le Collège des évêques exerce, de manière solennelle, le pouvoir sur l'Eglise catholique dans le Concile œcuménique[133]. D'autres formes, non solennelles, de l'exercice de ce pouvoir existent[134], mais elles ne peuvent être mis en œuvre qu'à l'initiative du Pontife Romaine lui-même ou acceptées librement par lui:

---

[130] CN 13. Pour détails concernant la «intériorité mutuelle», voir p. 243-248.
[131] Ex. ap. *Pastores Gregis* 8.
[132] C. 337§3 CIC; 50§3 CCEO. Voir aussi R. BACCARI, «Disputa», 3-21.
[133] Cc. 337§1 CIC; 50§1 CCEO.
[134] Cf. cc. 337§2, 749§2 CIC. Certains auteurs catholiques affirment vaguement que l'élection de l'évêque de Rome est elle-aussi une des ces formes d'exercice de pouvoir dans l'Eglise: »It is up to the pope to determine whether and how the college of bishops should collegially exercise its mission regarding the universal Church. Even here problems can arise if the pope, for whatever reason, is not prepared to allow the college to exercise its task. One of the most important legal actions in the Church occurs without the pope, that is, the papal election. This is also a collegial act, even if it involves only the college of

[Le Collège des évêques] exerce ce même pouvoir par l'action unie des évêques dispersés dans le monde, quand, comme telle, cette action est demandée ou reçue librement par le Pontife Romain, de sorte qu'elle devienne un acte véritablement collégial[135].

Il est plus qu'évident ici que l'accent est mis sur la liberté inconditionnelle du Pontife Romain vis-à-vis du Collège des évêques: l'exercice effectif du pouvoir du Collège des évêques est pratiquement laissé à la discrétion personnelle du Pontife Romain dans l'exercice de son pouvoir personnel[136], qui juge les besoins de l'Eglise. Pourtant, la normative canonique catholique a réglementé l'exercice direct et immédiat du gouvernement de l'Eglise catholique: d'une part, le Pontife Romain, aidé par les évêques présents dans la Curie Romaine qui représentent l'entière épiscopat catholique, dans la vie quotidienne de l'Eglise catholique, et de l'autre, le Collège des évêques ensemble avec le Pontife Romain pour les moments solennels de la vie de l'Eglise catholique (notamment lorsqu'ils sont réunis dans un concile œcuménique) ou pour les actes hors le Concile demandés ou acceptés librement par le Pontife Romain[137]. Cela ne veut pas dire que le Collège des évêques soit exclu di gouvernement quotidien

---

cardinals and not the entire college of bishops. Still, according to current opinion, the college of cardinals is representative of the college of bishops.», (*New Commentary*, 448). Il faut préciser ici que cette opinion, bien qu'elle ne soit que vaguement énoncée, n'est peut point être acceptée dans l'Eglise catholique. Et cela, surtout parce que l'actuelle législation canonique catholique exige que tout mode de l'exercice de pouvoir par le Collège des évêques, sans aucune exception, soit demandé ou reçu librement par le Pontife Romain (cf. cc. 337§2 CIC; 50§1 CCEO). En outre, les cardinaux ne représentent pas le Collège des évêques, mais le clerc romain, bine qu'ils soient des évêques originaires de toutes les parts du monde; enfin, il est disposé que, dans le cas de vacance du Siège de Rome, le Concile œcuménique doit être interrompu (cf. c. 340 CIC) et l'assemblée du Synode des évêques suspendue, notamment pour éviter toute ingérence du Collège des évêques ou des représentants de l'épiscopat dans l'élection du Pontife Romain.

[135] Cc. 337§2 CIC; 50§1 CCEO.

[136] Cf. cc. 337§§2-3, 338§2, 341 CIC; 50§§2-3, 51§2, 54 CCEO.

[137] Dans l'Eglise catholique, la réunion de tous les évêques en concile et la décision de tous les évêques sur un ou plusieurs points de gouvernement, toujours sous l'autorité du Pontife Romain, constituent deux hypothèses de ce que l'on peut appeler la «collégialité formelle». Ces actions strictement collégiales sont cependant très rares. En ce qui concerne le premier type de gouvernement formellement collégial, la théologie catholique affirme que, dans l'histoire de l'Eglise, n'ont été que 21 conciles œcuméniques. Quant à l'autre type de gouvernement formellement collégial, il faut préciser d'abord qu'il est récent dans l'Eglise catholique, étant introduit officiellement depuis l'entrée en vigueur du CIC, sur la base de LG 25. La rareté s'explique surtout par les difficultés pratiques à mettre en place la formation collégiale.

de l'Eglise. Tout au contraire, car, en dehors du concile œcuménique et de l'action unie des évêques catholiques disperses dans le monde en accord avec le Pontife Romain, le Collège des évêques participe normalement au gouvernement de l'Eglise catholique à partir de *munus regendi* de chaque évêque dans son Eglise particulière. Plus précisément, à cause de la dimension collégiale du ministère épiscopal[138] et du fait que l'autorité suprême de l'Eglise catholique (le Pontife romain et le Collège des évêques) est un élément interne constitutif de l'Eglise particulière[139], le Collège des évêques est fait présente en quelque sorte par chaque évêque dans le gouvernement quotidien de l'Eglise particulière qui lui a été confié. Cela étant, le gouvernement de l'Eglise catholique passe à travers l'action des évêques dans leurs Eglises particulières et directement par l'agir du Pontife Romain en communion avec tous les évêques catholiques. C'est la *sollicitudo omnium Ecclesiarum* ou *affectus collegialis* ancrée dans la consécration épiscopale[140]. Et, comme cette affection co-llégiale est sacramentalement fondée, il appert qu'elle constitue une réalité ontologique qui existe toujours. Bien qu'elle est réalisée et s'exprime à différents niveaux et de diverses manières, y compris de façon institutionnelle, cette affection collégiale n'est réalisée et ne s'ex-prime en plénitude que dans l'action collégiale au sens strict, c'est-à-dire dans l'action de tous les évêques avec leur chef, le Pontife Romain, avec qui ils exercent le pouvoir plénier et suprême sur toute l'Eglise[141].

b) *Le Concile œcuménique*

Afin de mieux comprendre la nature et le fonctionnement du Concile œcuménique dans l'Eglise catholique, il est nécessaire de préciser d'abord que la sollicitude pour l'Eglise universelle, qui est propre aux évêques à cause de la dimension collégiale de leur ministère épiscopal, se manifeste dans l'action collégiale. Ainsi, les prérogatives attribuées au Pontife Romain, soit en ce qui concerne le Concile œcuménique soit en ce qui concerne l'action commune des évêques dispersés dans le monde, indiquent la communion des évêques avec le Pontife Romain et du Pontife Romain avec les évêques. Quant à la notion d'action collégiale, il convient de noter qu'il s'agit d'une action de coresponsabilité.

---

[138] Cf. ex. ap. *Pastores Gregis* 8.
[139] Cf. CN 13.
[140] Cf. LG 23
[141] Cf. ex. ap. *Pastores Gregis* 8.

Ensuite, il faut préciser que dans l'actuelle législation canonique catholique, la célébration d'un concile œcuménique fait l'objet de précisions[142]. Ainsi, il est prescrit:

> Tous les évêques qui sont membres du Collège des Évêques et eux seuls ont le droit et le devoir de participer au Concile œcuménique avec voix délibérative[143].

Toutefois, en cas de réunion d'un concile œcuménique, la même législation canonique réserve pour le Romain Pontife les suivantes prérogatives:
- de convoquer le concile œcuménique[144];
- de présider le concile œcuménique par lui-même ou par les autres[145];
- de transférer, de suspendre ou de dissoudre le concile œcuménique[146];
- de déterminer les matières à traiter en concile œcuménique[147];
- d'approuver les questions proposées comme matières à traiter par les Pères d'un concile œcuménique[148];
- d'établir le règlement à suivre pendant le concile œcuménique[149];
- d'approuver en union avec les Pères d'un concile œcuménique les décrets de celui-ci[150];
- de confirmer et de promulguer les décrets d'un concile œcuménique[151].

---

[142] Cf. cc. 337-341 CIC, 50-54 CCEO. Pour plus de détails, voir Z. GROCHOLEWSKI, «Die Canones», 51-81; J. MANZANARES, «Concilio ecuménico», 143-165.

[143] Cc. 339§1 CIC; 52§1 CCEO. De plus, «quelques autres personnes non revêtues de la dignité épiscopale peuvent être appelées au Concile œcuménique par l'autorité suprême de l'Eglise à qui il appartient de préciser leur participation au Concile», (cc. 339§2 CIC; 52§2 CCEO).

[144] Cf. cc. 338§1 CIC; 51§1 CCEO. Pour plus de détails concernant la vision catholique entre l'évêque de Rome et le concile œcuménique, voir V. PERI, «La synergie entre le pape et le Concile œcuménique», 163-193.

[145] Cf. cc. 338§1 CIC; 51§1 CCEO.
[146] Cf. cc. 338§1 CIC; 51§1 CCEO.
[147] Cf. cc. 338§2 CIC; 51§2 CCEO.
[148] Cf. cc. 338§2 CIC; 51§2 CCEO.
[149] Cf. cc. 338§2 CIC; 51§2 CCEO.
[150] Cf. cc. 341§1 CIC; 54§1 CCEO.
[151] Cf. cc. 341§1 CIC; 54§1 CCEO. Dans un Concile œcuménique, tous les évêques ont le droit de vote délibératif, tandis que le Pontife Romain ne vote pas formellement, mais il approuve, confirme et promulgue les décrets du concile. Par conséquent, dans le cas où il n'y a pas ces actes du Pontife Romain, les décrets du concile n'ont pas de force obligatoire. Ce fait signifie que, en tant que décrets émis par un Concile œcuménique

En synthétisant, nous pouvons affirmer que, dans l'Eglise catholique, la manifestation la plus évidente du pouvoir du Collège des évêques sur l'Eglise toute entière est le Concile œcuménique, c'est-à-dire la réunion légitime de tous les évêques catholiques du monde sur la convocation du Pontife Romaine.

2.2.2 Le Synode des évêques

L'actuelle législation ne pouvait pas ne pas accorder une place enviable au Synode des évêques[152], institue le 15 septembre 1965 par le pape Paul VI[153] afin d'apporter au Romain Pontife «une aide plus efficace»[154] en le conseillant dans les questions importantes touchant au gouvernement de l'Eglise catholique. Ainsi, le c. 342 CIC le donne la définition suivante:

> le Synode des évêques est la réunion des évêques qui, choisis des diverses régions du monde, se rassemblent à des temps fixés afin de favoriser l'étroite union entre le Pontife Romain et les évêques et d'aider de ses conseils le Pontife Romain pour le maintien et le progrès de la foi et des mœurs, pour conserver et affermir la discipline ecclésiastique, et aussi afin d'étudier les questions concernant l'action de l'Eglise dans le monde[155].

Il appert clairement que cette définition ne fait autre que décrire la finalité du Synode des évêques pour exposer ensuite sa nature à partir de sa finalité. Toutefois, cette définition précise que, dans l'Eglise catholique, le Synode des évêques a une double fonction: de favoriser la communion hiérarchique et de conseiller le Pontife Romain. Cette double fonction reste cependant strictement circonscrite dans l'aire de l'aide que prêtent les évêques catholiques au Pontife Romain dans son action de gouverner l'Eglise catholique. Sur la base de la coresponsabilité générale de tout l'épiscopat catholique pour le bien de l'Eglise, le

---

légitimement réuni, il n'y a pas la possibilité de dire qu'ils sont inexistants, mais qu'ils sont juridiquement inefficaces. De plus, selon la doctrine catholique, les actes du Pontife Romain manifestent la communion entre tous les évêques et le Pontife Romain, car ils sont accomplis à l'intérieur du Collège.

[152] L'endroit où placer le Synode des évêques dans l'actuel CIC «a fait l'objet de discussions lors de l'élaboration du Code et l'on a finalement choisi de le mettre avant le chapitre III sur le collège des cardinaux», *Code bilingue*, 266.

[153] Cf. PAUL VI, M.p. *Apostolica sollicitudo*, 775-780. Pour un commentaire de cette lettre, voir W. BERTRAMS, «Commentarium», 115-132. Pour une présentation historique détaillée de la création de l'institution de Synode des évêques, voir M.C. BRAVI, *Il Sinodo dei Vescovi*, 13-116.

[154] Cf. CD 5.

[155] C. 342 CIC.

Synode des évêques se révèle comme un organisme de participation au pouvoir primatial du Pontife Romain[156].

De plus, le Synode des évêques est appelé à aider le Pape dans le gouvernement de l'Eglise, non par des décisions, mais par des conseils dans de domaines aussi variés que la foi et les mœurs, la discipline ecclésiastique et l'action de l'Eglise catholique dans le monde. Le Synode entre dans le procès de la formation de la décision finale qui est de la compétence du Pontife Romain. A cet égard, il est précisé clairement:

> Il appartient au Synode des évêques de discuter des questions à traiter et d'exprimer des souhaits, mais non de trancher ces questions ni de porter des décrets, à moins que, dans des cas précis, il n'ait reçu pouvoir délibératif du Pontife Romain à qui il revient alors de ratifier les décisions du Synode.[157]

Le pouvoir délibératif que le Synode des évêques reçoit est un pouvoir délégué par le Pontife Romain, ainsi qu'il reste sa nature d'organisme de participation[158]. En ce qui concerne la modalité de réunion, ils sont prévus trois types distincts d'assemblées synodales:

1. l'assemblée ordinaire générale[159];
2. l'assemblée extraordinaire générale[160];

---

[156] Cf. W. BERTRAMS, «De Synodi Episcoporum potestate cooperandi», 528-549. Toutefois, certains auteurs ne sont point d'accord avec cette vision, car – disent-ils – la nouvelle institution de Synode des évêques «n'apportait aucun exercice effectif de la collégialité au sens d'une coresponsabilité et d'une participation au plan législatif et exécutif», L. KAUFMANN, «Le synode épiscopal», 91. Voir aussi J. BEYER, «De Synodi Episcoporum», 609-626.

[157] C. 343 CIC. D'autre part, il faut noter que le CCEO ne parle pas de l'institution du Synode des évêques, mais il précise seulement: «la participation des patriarches et de tous les autres hiérarques, qui sont à la tête des *Ecclesiae sui iuris*, au Synode des évêques est régie par des normes spéciales établies par le Pontife Romain» (c. 46§2 CCEO).

[158] Cf. G. GHIRLANDA, «Il nuovo *Ordo Synodi Episcoporum*», 3-43.

[159] Ce type d'assemblée, qui se tient d'habitude tous les trois ans, traite des questions concernant directement le bien de l'Eglise catholique tout entière (cf. c. 345 CIC). «Le Synode des évêques réuni en assemblée générale ordinaire se compose de membres qui sont pour la plupart évêques, élus pour chaque assemblée par les conférences des évêques selon les dispositions fixées par le droit particulier du synode; d'autres membres sont désignés en vertu de ce même droit; d'autres sont nommés directement par le Pontife Romain; y viennent aussi quelques membres d'instituts religieux cléricaux élus selon ce même droit particulier» (c. 346§1 CIC). Jusqu'aujourd'hui ont été convoquées dans l'Eglise catholique 12 sessions ordinaires du Synode des évêques (la première fut convoquée dans la période 29 septembre-29 octobre 1967, et la dernière dans la période 5-26 octobre 2008).

[160] De même que l'assemblée ordinaire, l'assemblée extraordinaire du Synode des évêques traite des questions concernant directement le bien de l'Eglise catholique tout

3. l'assemblée spéciale[161].

Et, parce que le Synode des évêques est directement soumis à l'autorité du Pontife Romain[162], la même législation réserve pour le Pontife Romain les prérogatives suivantes:
- de convoquer le Synode des évêques chaque fois que cela lui paraît opportun[163];
- de désigner le lieu où se tiendra l'assemblée du Synode des évêques[164];
- de ratifier le choix des membres à élire selon le droit particulier[165];
- de désigner et de nommer des autres membres[166];
- de fixer en temps opportun, selon le droit particulier et avant la célébration du Synode, la matière des questions à traiter[167];
- de préciser l'ordre du jour[168];
- de présider le Synode par lui-même ou par d'autres[169];
- de conclure le synode, le transférer, le suspendre et le dissoudre[170].

---

entière (cf. c. 345 CIC). «Le Synode des évêques réuni en assemblée générale extraordinaire pour traiter d'affaires qui demandent une décision rapide, se compose de membres dont la plupart, évêques, sont désignés par le droit particulier du synode en raison de l'office qu'ils remplissent; d'autres sont nommés directement par le Pontife Romain; y viennent aussi quelques membres d'instituts religieux cléricaux élus selon ce même droit.», (c. 346§2 CIC). Dès l'institution du Synode des évêques, deux assemblées extraordinaires ont été tenus (11-28 octobre 1969 et 24 novembre-8 décembre 1985).

[161] L'assemblée spéciale est convoquée pour étudier les affaires concernant directement une ou plusieurs régions déterminées (cf. c. 345 CIC). «Le Synode des évêques réuni en assemblée spéciale se compose de membres choisis principalement dans les régions pour lesquelles il est convoqué, selon le droit particulier qui régit le synode.», (c. 346§3 CIC).

[162] Cf. c. 344 CIC. Il faut noter ici qu'il y a eu une tendance qui voudrait que le Synode des évêques soit un organisme au service du Collège des évêques et non comme organe au service du Pontife Roman (cf. G. ALBERIGO, «Institutions exprimant la communion», 291-295). Toutefois, l'actuel pape Benedict XVI, a déjà corrigé ce type de tendance en affirmant que, au-delà des problèmes pratiques du fonctionnement de ce genre de synode, il y a un sérieux empêchement pour accepter une telle vision, à savoir le fait que le pouvoir du chef du Collège des évêques, ainsi que le pouvoir du Collège, ne peut pas être délégué à un groupe de ses membres (cf. J. RATZINGER, «Quelques questions», 67-88).

[163] Cf. c. 344,1° CIC.
[164] Cf. c. 344,1° CIC.
[165] Cf. c. 344,2° CIC.
[166] Cf. c. 344,2° CIC.
[167] Cf. c. 344,3° CIC.
[168] Cf. c. 344,4° CIC.
[169] Cf. c. 344,5° CIC.
[170] Cf. c. 344,6° CIC.

Bien que le Synode des évêques est un institution permanente dans l'Eglise catholique, l'exercice de ses fonctions n'est que temporel, car:

> La charge confiée dans le synode aux évêques et aux autres membres prend fin quand le Pontife Romain prononce la clôture de l'assemblée du synode des évêques[171].

Enfin, il est prévu le fonctionnement des secrétariats du Synode. Il existe d'abord un secrétariat général permanent dont la mission est liée aux synodes en assemblée générale, dirigé par un Secrétaire général, nommé par le Pontife Romain. Ce secrétariat, qui ne fait pas partie de la Curie Romaine et ne dépend pas d'elle mais est subordonné directement et uniquement au Pontife Romain,

> Dispose d'un conseil du secrétariat composé d'évêques dont les uns sont élus par le Synode des évêques lui-même selon le droit particulier, les autres nommés par le Pontife Romain; pour toute la charge prend fin au début de la nouvelle assemblée générale[172].

Ainsi, ce secrétariat assure d'abord la mise au point des sujets que doit aborder le synode pour lequel il est nommé, veille à son déroulement et à la mise en application des propositions formulées, puis assure la transition avec le secrétariat permanent du synode suivant. En outre,

> Pour toute assemblée du Synode des évêques, sont constitués un ou plusieurs secrétaires spécialisés nommés par le Pontife Romain; ils ne demeurent dans la charge qui leur est confiée que jusqu'à la fin de l'assemblée du Synode[173].

Enfin, il faut aussi préciser que, pour mieux ordonner la structure et l'activité du Synode des évêques ainsi que la procédure de diverses assemblées, il a été prévu même un Règlement du Synode des évêques (*Ordo Synodi Episcoporum*)[174].

En récapitulant, nous pouvons affirmer que, dans l'Eglise catholique, le Synode des évêques représente une assemblée d'évêques, directement et uniquement sujette au pouvoir du Pontife Romain, qui, en ma-

---

[171] C. 347§1 CIC.
[172] C. 348§1 CIC.
[173] C. 348§2 CIC.
[174] Le premier *Ordo Synodi Episcoporum* fut promulgué le 8 décembre 1966. La dit norme réglementaire a été successivement mis à jours a plusieurs reprises. La dernière foi a été fait le 29 septembre 2006 par l'actuelle pape Benedict XVI, (cf. SECRETARIA STATUS, «*Ordo Synodi Episcoporum*», 755-779). Pour plus de détails, voir G. GHIRLANDA, «Il nuovo *Ordo Synodi Episcoporum*», 3-43; J.I. ARRIETA, «Il regolamento», 659-670; M. GRAULICH, «Die Neufassung des Ordo», 154-176.

nifestant l'affection collégiale et la sollicitude de l'épiscopat catholique pour le bien de l'Eglise, exprime son conseil sur différents problèmes ecclésiaux. Donc, le Synode des évêques n'a que fonction consultative.

2.2.3 Le Collège des cardinaux

Nous avons déjà précisé que le Collège des cardinaux fut d'abord constitué aux alentours du XIIe siècle par les évêques des diocèses suffragants de Rome, ainsi que par prêtres et diacres de ces diocèses, qui avaient pour tâche d'aider l'Evêque de Rome de leurs conseils dans sa mission de gouvernement[175]. Le CIC 1917, dans son canon 230, définissait encore le Collège des cardinaux comme «le Sénat du Pontife Romain» dont les membres «l'assistent comme conseillers et collaborateurs principaux dans le gouvernement de l'Eglise». Dans le CIC actuel, le qualificatif de «Sénat» ne se retrouve plus, mais la fonction fondamentale des cardinaux n'a pas changé: il s'agit toujours de conseiller et d'assister le Pontife Romain. Toutefois, à la différence du Synode des évêques, ces fonctions de conseil sont permanentes. A cet égard, il est précisé:

> Les cardinaux de la Sainte Eglise Romaine constituent un Collège particulier auquel il revient de pourvoir à l'élection du Pontife Romain selon le droit particulier; les cardinaux assistent également le Pontife Romain en agissant collégialement quand ils sont convoqués en corps pour traiter de questions de grande importance, ou individuellement, à savoir par les divers offices qu'ils remplissent en apportant leur concours au Pontife Romain surtout dans le soin quotidien de l'Eglise tout entière[176].

Donc, bien que la fonction la plus connue des cardinaux est de se réunir pour élire le Pontife Romain, ils ont aussi un rôle de conseillers du Pontife dans le gouvernement de l'Eglise catholique: ils exercent ce rôle collégialement lorsqu'ils sont convoqués en consistoire[177], ou bien

---

[175] Pour plus de détails historiques concernant le Collège des cardinaux, voir S. KUTTNER, «Cardinalis», 129-214; J.F. BRODERICK, «The Sacred College», 7-71.

[176] C. 349 CIC.

[177] Le consistoire (du latin «*consistere* – se tenir avec») désignait l'antichambre où l'empereur romain rendait la justice. Aujourd'hui, dans l'Eglise catholique, un consistoire est la réunion des cardinaux convoqués par le Pontife Romain, en assemblée «ordinaire» ou «extraordinaire» (cf. c. 353§1 CIC), dont les origines remontent au XIe siècle. Un consistoire ordinaire est la réunion de l'ensemble des cardinaux, du moins ceux qui se trouvent à Rome, convoqués par le Pontife Romain afin d'être consultés sur certaines affaires graves, mais qui surviennent assez communément, ou bien afin d'accomplir certains actes particulièrement solennels (cf. c. 353§2 CIC). Ce type de consistoire peut être public ou tenu à huis-clos. Le deuxième cas survient quand il s'agit de résoudre des questions spécifiques liées à la vie de l'Eglise (cf. c.

personnellement à travers les dicastères de la Curie romaine dont ils sont membres[178]. L'actuelle législation canonique catholique veut que les cardinaux présentent la démission de leur charge à la Curie Romaine ou dans leur diocèse à l'âge de 75 ans[179]. Ceux qui ont atteint 80 ans ne peuvent plus participer au conclave et cessent d'appartenir à tout organisme ou dicastère du Saint-Siège[180].

Proches collaborateurs du Pontife Romain, intimement associés au gouvernement de l'Eglise catholique, parfois à l'élaboration de sa législation, mis à la tète de certains dicastères, veillant à l'administration de l'Eglise en cas de vacance du Siège Apostolique, les cardinaux jouissent actuellement d'un rôle important dans le gouvernement de l'Eglise catholique. Cette participation au gouvernement central est avant tout la fonction des cardinaux de la Curie Romaine, qui demeurent à Rome. Mais des évêques, ou plus souvent des archevêques, en charge d'une Eglise particulière, reçoivent également la dignité cardinalice. En outre, les titulaires de certains sièges archiépiscopaux, à travers le monde, accèdent traditionnellement à la dignité cardinalice[181].

Malgré toute cette internalisation du Collège des cardinaux, ceux-ci sont cooptés dans le clergé romain à travers le titre cardinal, motif pour lequel l'ancienne répartition des cardinaux en trois ordres (épiscopal[182], presbyté-

---

353§4 CIC). Contrairement au consistoire ordinaire, un consistoire extraordinaire est systématiquement tenu à huis-clos (cf. c. 353§4 CIC). Il permet au Pontife Romain de consulter l'ensemble des cardinaux lorsque des nécessités particulières de l'Eglise ou l'étude d'affaires de grande importance le conseillent (cf. c. 353§3 CIC; PB 23). Voir aussi S. NOETHLICHS, «Das päpstliche Konsistorium», 272-287.

[178] Pour plus de détails, voir T. BERTONE, «Il servizio del cardinalato», 109-121.

[179] Cf. c. 354 CIC; PB 5§2.

[180] Cf. PB 5§2.

[181] «Les cardinaux sont tenus par l'obligation de coopérer étroitement avec le Pontife Romain; aussi, les cardinaux qui exercent tout office que ce soit dans la Curie et qui ne sont pas évêques diocésains sont-ils tenus par l'obligation de résider à Rome; les cardinaux qui ont la charge d'un diocèse comme évêques diocésains se rendront à Rome chaque fois qu'ils seront convoqués par le Pontife Romain.» (c. 356 CIC). Il est spécifié cependant que «les cardinaux qui se trouvent hors de Rome et hors de leur propre diocèse sont exempts, en ce qui concerne leur propre personne, du pouvoir de gouvernement de l'évêque du diocèse où ils résident» (c. 357§2 CIC).

[182] Les cardinaux évêques sont titulaires d'une Eglise suburbicaire des environs de Rome, qui leur a été attribue par le Pontife Romain (cf. c. 350§1 CIC). Toutefois, les diocèses suburbicaires ont maintenant un évêque propre, qui jouit du pouvoir de gouvernement; les cardinaux titulaires de ces diocèses ne possèdent que le titre et quelques honneurs, qui leur sont accordées quand ils y sont présents.

ral[183] et diaconal[184]) continue à rester dans l'actuelle législation canonique. Cette classification qui expliquait les fonctions des premiers cardinaux, n'a plus guère aujourd'hui qu'une portée honorifique[185]. De plus, les patriarches catholiques orientaux peuvent être reçu dans le Collège des cardinaux et doivent porter le titre de leur siège patriarcal[186].

La présidence du Collège des cardinaux revient au cardinal évêque le plus anciennement promu à un siège suburbicaire. Il porte le titre de doyen et, depuis une décision de Pie XI, en 1910, il ajoute à son titre suburbicaire celui de l'évêché d'Ostie[187]. Le cardinal doyen n'est cependant qu'un *primus inter pares*, car il ne possède aucune pouvoir de gouvernement sur les autres cardinaux[188].

---

[183] Les cardinaux prêtres ont un titre presbytéral à Rome, à savoir d'une église de Rome (cf. c. 350§2 CIC). Toutefois ces églises, dont les titre est attribués aux cardinaux prêtres, sont soumis à la juridiction ordinaire du diocèse de Rome. Habituellement, les évêques diocésains nommés cardinaux font partie de l'ordre presbytéral, qui comprend aussi des autres membres.

[184] Les cardinaux diacres ont un titre diaconal à Rome, c'est-à-dire d'une église de Rome (cf. c. 350§2 CIC). Ces églises, exactement comme dans les cas des cardinaux prêtres, sont soumises à la juridiction ordinaire du diocèse de Rome. Habituellement, appartiennent à l'ordre diaconal les cardinaux qui au moment de leur promotion ne sont pas évêques diocésains. Le cardinal proto-diacre, à savoir le premier de l'ordre diaconal, «annonce au peuple le nom du nouveau Pontife Suprême élu; de même, c'est lui qui à la place du Pontife Romain impose le *palllium* aux Métropolitains ou le remet à leurs procureurs.», (c. 355§2).

[185] «Les cardinaux qui ont reçu en titre une Eglise suburbicaire ou une église à Rome, après en avoir pris possession, promouvront par leur conseil et leur patronage le bien de ces diocèses et de ces églises, mais sans y posséder aucun pouvoir de gouvernement et sans s'immiscer d'aucune manière dans ce qui regarde l'administration de leurs biens, la discipline ou le service des églises.», (c. 357§1 CIC).

[186] Cf. c. 350§3 CIC. Plus précisément, les patriarches catholiques orientaux promus au cardinalat appartiennent à l'ordre épiscopal. Ils conservent cependant le titre de leur propre siège patriarcal, sans le cumuler avec celui d'un diocèse suburbicaire (cf. PAUL VI, M.p. *Ad purpuratorum patrum*, 295-296).

[187] Cf. c. 350§4 CIC. Les diocèses suburbicaires, ou de la banlieue de Rome, étaient au nombre de sept: Albano, Frascati, Ostie, Palestrina, Porto et Sainte-Rufine, Sabine et Poggio Mirteto, Velletri. Mais il n'y avait que six cardinaux évêques, le diocèse d'Ostie étant toujours attribué au doyen, qui conservait en outre le gouvernement du diocèse qui était le sien avant son accession à la charge de doyen. Cette situation archaïque est maintenant révolue, et le siège suburbicaire un simple titre pour le cardinal, comme les titres des Eglises romaines pour les autres cardinaux. Pour plus de détails, voir R. GRISON, «Il problema del cardinalato», 125-157.

[188] Cf. c. 352§1 CIC. Quand le doyen est empêché, il est remplacé par le vice-doyen (cf. c. 352§1 CIC).

La promotion au cardinalat relève du libre choix du Pontife Romain. Toutefois, seuls ceux qui ont reçu la prêtrise peuvent y accéder et le nouveau cardinal; s'il n'est pas évêque, devra recevoir la consécration épiscopale[189]. Le décret de nomination est le plus souvent rendu public devant le Collège des cardinaux[190], toutefois le Pontife Romain peut, en annonçant sa création, garder secret (*in pectore*) le nom du nouveau promu. Jusqu'à publication de son nom, le cardinal respectif n'a ni les obligations ni les droits des cardinaux[191].

Il y a des rôles individuels des cardinaux de participation au gouvernement de l'Eglise catholique selon la décision du Pontife Romain. Sous cet angle,

> le cardinal à qui le Pontife Romain a commis la charge de le représenter dans une célébration solennelle ou dans une assemblée comme légat *a latere*, c'est-à-dire, comme son *alter ego*, et de même le cardinal à qui le Pontife Romain a confié une charge pastorale déterminée comme son *envoyé spécial*, n'ont compétence que pour les affaires que leur a confiées le Pontife Romain[192].

Ils exercent ainsi un office pour lequel ils ont été dûment mandatés. Ce sont néanmoins des personnes qui, dans cette qualité, sont appelés à être des collaborateurs très proches du Pontife Romain.

Les cardinaux, pour le rôle même qu'ils accomplissent, jouissent de certains privilèges, comme par exemple le fait qu'ils ne peuvent être jugés que par le Pontife Romain[193].

2.2.4 La Curie Romaine

Dans l'actuel CIC, de Curie Romaine[194] ne parlent que deux canons, tandis que dans le CCEO il n'y a aucune réglementation en ce sens. Ainsi, il est d'abord précisé:

---

[189] Cf. c. 351§1 CIC. Il faut noter ici que jusqu'en 1962 les cardinaux de l'ordre diaconal étaient prêtres, mais à partir de cette date ils doivent toujours recevoir la consécration épiscopale, sauf dispense spéciale du Pontife Romain (cf. Jean XXIII, «M. p. *Cum gravissima*», 256-258). De plus, il faut noter ici que, à partir de Jean-Paul II, dans l'Eglise catholique ont été créé cardinaux des prêtres qui n'ont pas été consacrés évêques par la suite, par exemple les pères conciliaires Henri de Lubac et Yves Congar, ainsi qu'un certain nombre des cardinaux récents non-électeurs (Urbano Navarrete).

[190] Cf. c. 351§2 CIC.
[191] Cf. c. 351§3 CIC.
[192] C. 358 CIC.
[193] Cf. c. 1405§1,2° CIC. Voir aussi A.R.A. McCormack, «The Privileges of Cardinals», 125-162.

> La Curie Romaine dont le Pontife Suprême se sert habituellement pour traiter les affaires de l'Eglise tout entière, et qui accomplit sa fonction en son nom et sous son autorité pour le bien et le service des Eglises, comprend la Secrétairerie d'Etat ou Secrétariat du Pape, le Conseil pour les affaires publiques de l'Eglise, les Congrégations, Tribunaux et autres Instituts; leur constitution et compétence sont définies par la loi particulière[195].

Cette loi particulière, qui règle l'organisation et le fonctionnement de la Curie Romaine est, en effet, la constitution apostolique *Pastor Bonus*. On a préféré d'avoir une règlementation particulière pour la Curie Romaine, car celle-ci constitue l'un des organismes les plus élevés de l'Eglise catholique et surement le plus important, puisque à travers la Curie le Pontife Romain réalise la plus grande part de son travail de Pasteur suprême. Ainsi, la Curie Romaine est-elle l'organisme central stable détenteur du pouvoir de gouvernement au sein de l'Eglise catholique. Il ne s'agit toutefois que d'un pouvoir dérivé, plus exactement d'un pouvoir dit «vicaire», qui est par nature lié au ministère primatial de l'évêque de Rome, puisque la Curie Romaine agit toujours au nom du Pontife Romain et sous son autorité. Cette unité avec le Pontife Romain est fortement soulignée par le c. 361 CIC qui affirme:

> Sous le nom de Siège Apostolique ou de Saint-Siège, on entend dans le présent Code, non seulement le Pontife Romain, mais encore, à moins que la nature des choses ou le contexte ne laisse comprendre autrement, la Secrétairerie d'Etat, le Conseil pour les affaires publiques de l'Eglise et les autres Instituts de la Curie Romaine[196].

Selon l'actuelle législation canonique catholique[197], dans la Curie Romaine un rôle particulier est accompli par la *Secrétairerie d'Etat*

---

[194] Le terme «Curie» (*Curia*) vient de la Rome antique. Il signifiait la salle du Sénat et les sénateurs eux-mêmes. Progressivement il devint le symbole du gouvernement de la ville et du monde (*Urbs et Orbis*). L'Eglise de Rome adopta ce terme: Curie Romaine pour le gouvernement de l'Eglise catholique et Curie diocésaine/ éparchiale pour le gouvernement de chaque diocèse / éparchie. Pour plus de détails, voir N. DEL RE, *La Curia Romana*. Il convient de noter ici que, dans l'Eglise orthodoxe, l'organisme éparchiale équivalent à la *Curie diocésaine* est l'*Administration éparchiale*. Pour les unités ecclésiales administratives supérieures à l'éparchie (métropolie et patriarcat), il y l'*Administration métropolitaine* ou *patriarcale*.

[195] C. 360 CIC.

[196] C. 361 CIC.

[197] Nous avons déjà précisé que c'est à la const. ap. *Pastor Bonus* qu'est revenue la tâche annoncée par le CIC d'organiser la Curie Romaine. Cette constitution deman-

qui est divisée en deux sections (la *Section des affaires générales*, qui s'occupe des affaires courant du secrétariat du Pontife Romain dans les affaires internes de l'Eglise et de rapports entre les dicastères[198], et la *Section des rapports avec les Etats*, à qui revient la responsabilité de diriger la charge des légats du Saint-Siège, la présence et l'activité du Saint-Siège près les organisations internationales[199]). Ensuite, la Curie Romaine comprend neuf *Congrégations*[200] (*pour la doctrine de la foi*[201], *pour les Eglises orientales*[202], *du culte divin et de la discipline des sacrements*[203], *pour les causes des saints*[204], *pour les évêques*[205], *pour l'évangélisation des peuples*[206], *pour le clergé*[207], *pour les instituts de vie consacrée et pour les sociétés de vie apostolique*[208], *pour l'éducation catholique*[209]), trois *tribunaux*[210] (la *Pénitencerie Apostolique*[211], le *Tribunal suprême de la Signature Apostolique*[212], le *Tribunal de la Rote Romaine*[213]), onze *Conseils pontificaux* (*des laïcs*[214], *pour l'unité des chrétiens*[215], *de la famille*[216], *pour la*

---

dait à son tour que soit établi un nouveau règlement général de la Curie (cf. PB 37). C'est chose faite depuis le 4 février 1992. Un nouveau règlement général, qui complétait celui de 1992, fut cependant promulgué le 30 avril 1999. Donc, aujourd'hui l'organisation de la Curie Romaine est régie par PB, par le Règlement général de la Curie Romaine de 1999 et par l'*Ordo servandus* que chaque dicastère devra préparer et publier (cf. PB 38). Pour plus de détails, voir SANCTA SEDES, «Regolamento Generale», 629-699; A. CATTANEO, «La fundamentación eclesiológica», 39-57; J.I. ARRIETA, «Funzione pubblica», 585-613.

[198] Cf. PB 41-44.
[199] Cf. PB 45-47.
[200] Cf. PB 48-116.
[201] Cf. PB 48-55.
[202] Cf. PB 56-61.
[203] Cf. PB 62-70.
[204] Cf. PB 71-74.
[205] Cf. PB 75-84.
[206] Cf. PB 85-92.
[207] Cf. PB 93-104.
[208] Cf. PB 105-111.
[209] Cf. PB 112-116.
[210] Cf. PB 117-130.
[211] Cf. PB 117-120. La compétence de la *Pénitencerie Apostolique* «porte sur le matières qui concernent le for interne et les indulgences» (PB 117).
[212] Cf. PB 121-125. Pour plus de détails, voir p. 299, note 67.
[213] Cf. PB 126-130. Pour plus de détails, voir p. 299, note 67.
[214] Cf. PB 131-134.
[215] Cf. PB 135-138.
[216] Cf. PB 139-141.

justice et la paix[217], *de la sollicitude à l'égard des nécessiteux*[218], *pour la pastorale des migrants et de personnes en déplacement*[219], *pour la pastorale des services de la santé*[220], *des textes législatifs*[221], *pour le dialogue interreligieux*[222], *de la culture*[223], *des communications sociales*[224]), et trois *Services administratifs*[225] (la *Chambre Apostolique*[226], l'*Administration du patrimoine du Siège Apostolique*[227], la *Préfecture des affaires économiques du Saint-Siège*[228]).

La Curie Romaine comporte encore d'autres organismes de moindre importance[229] et des avocats[230]. Certains institutions sont rattachées au Saint-Siège sans pour autant faire partie au sens strict de la Curie Romaine: les Archives Secrètes, la Bibliothèques Apostolique, les Académies Pontificales, divers moyens de communication, la Fabrique de Saint-Pierre, l'Aumônerie Apostolique[231]. Il est très facile d'observer que tous les champs d'activité de l'Eglise sont couverts.

En récapitulant nous pouvons affirmer que la Curie Romaine représente l'organisme administratif à travers lequel l'Evêque de Rome dirige l'Eglise catholique.

---

[217] Cf. PB 142-144.
[218] Cf. PB 145-148.
[219] Cf. PB 149-151.
[220] Cf. PB 152-153.
[221] Cf. PB 154-158.
[222] Cf. PB 159-162.
[223] Cf. PB 166-168. In faut préciser ici que, le 25 mars 1993, l'ancien *Conseil Pontifical pour le dialogue avec les non-croyants* (prévu par le PB 163-165) fut uni avec le Conseil Pontifical pour la culture (cf. JEAN-PAUL II, M.p. *Inde a pontificatus*, 549-552).
[224] Cf. PB 169-170.
[225] Cf. PB 171-179.
[226] Cf. PB 171. Ses responsabilités s'exercent surtout lors de la vacance du Siège Apostolique: le cardinal camerlingue, qui est le président de cet organisme, soumet les rapports financiers et administratifs qu'il reçoit des dicastères aux réunions du Collège des cardinaux ayant lieu avant le conclave.
[227] Cf. PB 172-175. Sa responsabilité principale est d'administrer les biens temporels du Saint-Siège.
[228] Cf. PB 176-179. Sa responsabilité principale est d'établir le budget annuel du Saint-Siège ainsi que les états financiers annuels des revenus et dépenses. Elle supervise aussi les activités économiques des dicastères.
[229] Cf. PB 180-182.
[230] Cf. PB 183.
[231] Cf. PB 186-193.

2.2.5 Les légats pontificaux

L'actuelle législation canonique catholique, en suivant la recommandation du Concile Vatican II[232] ainsi que les prescriptions du m.p. *Sollicitudo omnium Ecclesiarum*[233], précise d'abord:

> Le Pontife Romain a le droit inné et indépendant de nommer des légats et de les envoyer auprès des Eglises particulières dans les diverses nations ou régions, ou en même temps auprès des Etats et Autorités publiques, ainsi que de les transférer et de les rappeler, en respectant cependant les règles du droit international en ce qui regarde l'envoi et le rappel des légats accrédités auprès des Etats[234].

La représentation stable du Pontife Romain appartient aux seuls légats[235], mais de façon plus ponctuelle:

> Représentent aussi le Siège Apostolique les personnes qui sont désignées pour une mission pontificale comme Délégués ou Observateurs auprès d'Organismes internationaux, ou bien auprès de Conférences et d'Assemblées[236].

Selon l'actuelle législation canonique catholique, la mission de légat du Pontife Romain comporte deux axes différents[237]. Le premier concerne l'Eglise dans sa vie interne:

> La charge principale du légat pontifical est de rendre toujours plus solides et efficaces les liens d'unité qui existent entre le Siège Apostolique et les Eglises particulières[238].

Selon le c. 364 CIC appartiennent donc au légat pontifical dans les limites de son ressort:
– d'informer le Siège Apostolique de la situation des Eglises particulières et de tout ce qui touche la vie même de l'Eglise et le bien des âmes;
– d'aider les évêques par son action et ses conseils, demeurant entier l'exercice de leur pouvoir légitime;

---

[232] Cf. CD9. Voir aussi M. OLIVIERI, «Le rappresentanze pontificie», 3-58.
[233] Cf. PAUL VI, M.p. *Sollicitudo omnium Ecclesiarum*, 473-484.
[234] C. 362 CIC. Pour plus de détails, voir D. LE TOURNEAU, «Les légats pontificaux», 229-260; R. METZ, «Papal Legates», 259-284.
[235] Cf. c. 363§1 CIC.
[236] C. 363§2 CIC. Pour détails, voir K. WALF, «The Nature of the Papal Legation», 85-105.
[237] Cf. c. 364-365 CIC.
[238] C. 363 CIC.

- d'entretenir des relations fréquentes avec la Conférence des évêques, en lui apportant toute aide possible;
- en ce qui concerne la nomination des évêques, de transmettre au Siège Apostolique ou de lui proposer les noms des candidats, ainsi que l'enquête concernant les sujets à promouvoir, selon les règles données par le Siège Apostolique;
- de s'efforcer d'encourager ce qui concerne la paix, le progrès et la coopération des peuples;
- de collaborer avec les évêques pour développer des relations opportunes entre l'Eglise catholique et les autres Eglises ou communautés ecclésiales, et même les religions non chrétiennes;
- de défendre auprès des chefs d'Etat, en action concertée avec les évêques, ce qui concerne la mission de l'Eglise et du Siège Apostolique;
- d'exercer les facultés et de remplir les autres mandats qui lui sont confiés par le Siège Apostolique.

Il appert donc que tout légat assume un pouvoir dérive de celui du Pontife Romain en vue d'agir comme le ferait le Pontife lui-même auprès des Eglises particulières et de leurs regroupements. Cette mission demeure avant tout d'assistance et de conseil.

Le second axe ne concerne que les relations extérieures de l'Eglise catholique, notamment ses rapports avec les Etats. Les légats ont à ce titre une mission diplomatique.

Quant au statut du légat, il faut noter que l'actuelle législation canonique catholique prévoit pour les légats pontificaux de règles d'exemp-tion du pouvoir de gouvernement de l'Ordinaire du lieu où se situe la légation:

> Le siège de la Légation pontificale est exempt du pouvoir de gouvernement de l'Ordinaire du lieu, sauf en ce qui regarde la célébration des mariages[239].
> Le légat pontifical peut, après avoir averti autant que possible les Ordinaires des lieux, accomplir des célébrations liturgiques, même selon le rite pontifical, dans toutes les églises de sa légation[240].

En ce qui concerne la cessation de la fonction de légat, il est précisé:

> La charge du légat pontifical n'expire pas à la vacance du Siège Apostolique, à moins que les lettres pontificales n'en disposent autrement; mais elle cesse à l'expiration de son mandat, par le rappel qui lui est signifié, par sa renonciation acceptée par le Pontife Romain[241].

---

[239] C. 366, 1° CIC.
[240] C. 366, 2° CIC.
[241] C. 367 CIC.

Le maintien de la charge en cas de vacance du Siège Apostolique s'explique par le souci d'assurer l'intérim, sans que le légat puisse en rien innover.

2.3 *Regard conclusif*

De ce qui nous avons dit jusqu'ici il en résulte que, dans l'Eglise catholique, il y a deux sujets inadéquatement distincts de pouvoir suprême: le Pontife Romaine seul, et le Collège des évêques toujours avec son chef. Dans l'exercice de son pouvoir suprême de gouvernement, le Pontife Romain est aidé par différents organismes, comme le Synode des évêques, le Collège des cardinaux, la Curie Romaine et les légats pontificaux, qui sont tous des organismes de participation, parce que leurs opinions entrent dans le procès de formation de la décision qui est de la compétence du Pontife Romain ou parce qu'ils exercent un pouvoir vicaire au nom du Pontife Romain.

On peut donc légitimement affirmer que, dans l'Eglise catholique, le pouvoir de gouvernement plénier et suprême existe sous deux formes: le pouvoir exercé par le Collège épiscopal en communion avec son chef (mode collégial), le Pontife Romain, et celui exercé par le Pontife Romain seul (mode personnel). Mais les deux formes d'exercice de ce pouvoir ne peuvent en aucune façon être considérées comme des pouvoirs séparés et en concurrence entre eux. De plus, deux pièges sont à éviter. Affirmer d'abord qu'il existe deux sources de gouvernement de l'Eglise: le Pontife Romain, d'un côté, le Collège des évêques, de l'autre. Autre tentation: affirmer que, tout bien pesé, le Collège des évêques ne gouverne pas puisque ce qui lui est demandé est d'être uni au Pontife Romain. En effet, le Pontife Romain est toujours à l'intérieur du Collège. En ce qui concerne les deux formes d'exercice du pouvoir suprême dans l'Eglise catholique, nous pouvons affirmer que le mode personnel constitue le mode quotidien de l'exercice du pouvoir suprême, tandis que le mode collégial est appliqué surtout dans les moments solennels de l'Eglise catholique.

Ainsi, dans l'Eglise catholique, en vertu de sa charge primatiale en tant que successeur de saint apôtre Pierre, l'Evêque de Rome, qui est membre de Collèges des évêques et chef de ce Collège, exerce un pouvoir suprême et plénier, vraiment épiscopal, ordinaire et immédiat. Par conséquent, tous les clercs et les fidèles catholiques, aussi bien personnellement que collectivement, lui sont soumis hiérarchiquement et lui doivent obéissance, quels que soient leur rite et leur rang hiérarchique, et ce non seulement dans ce qui se rapporte à la foi et aux mœurs, mais aussi dans tout ce qui appartient à la discipline et au gouvernement de l'Eglise catholique. De plus, ce primat s'étend aussi à chacune des personnes (physiques ou juridiques), des Eglises particulières et aux regroupements des celles-ci.

Selon la doctrine catholique, l'exercice du pouvoir personnel du Pontife Romain trouve son limite dans le droit divin, à savoir dans la fonction même pour laquelle le Christ l'appelle de l'accomplir en communion avec les autres évêques et avec l'Eglise toute. Cette fonction du Pontife Romain, selon la même doctrine, est d'être ici sur la terre le principe perpétuel et visible et le fondement de l'unité soit des évêques, soit de la multitude des fidèles, dans le respect du pouvoir du Collège des évêques et des évêques pris singulièrement dans leurs Eglises particulières. Et aussi le Collège des évêques, toujours uni à son Chef, trouve son limite dans le droit divin, dans la fonction d'exprimer la variété et l'universalité du Peuple de Dieu et de signifier l'unité.

De la même manière, dans l'exercice de leur pouvoir, les évêques trouvent aussi leur limite dans le droit divin, à savoir d'être principe visible et fondement d'unité dans leurs Eglises, en gardant la communion hiérarchique avec le Pontife Romain et le Collège des évêques.

3. **L'autorité de l'évêque diocésain/éparchial en rapport avec le primat-collégialité dans l'organisation actuelle de l'Eglise catholique**

L'Eglise catholique considère de droit divin deux pôles: le Pontife Romain et le Collège des évêques comme deux sujets distincts du pouvoir suprême dans l'Eglise catholique, et les évêques prises individuellement comme sujets du pouvoir ordinaire, propre et immédiat dans les diocèses qui leur ont été confiés. Toutefois, afin de mieux comprendre le rapport primauté-collégialité dans l'Eglise catholique il est nécessaire de présenter maintenant le statut canonique de l'évêque pris individuellement.

3.1 *Le statut canonique de l'évêque dans l'Eglise catholique*

Selon l'actuelle législation canonique catholique, la direction des Eglises particulières est assumée par les évêques. S'inspirant très directement des mots employés par le concile Vatican II[242], le canon 375 CIC dispose tout d'abord:

---

[242] Cf. LG 20; CD 2.

> Les évêques qui d'institution divine succèdent aux Apôtres par l'Esprit Saint qui leur est donné sont constitués pasteurs dans l'Eglise pour être, eux-mêmes, maîtres de doctrine, prêtres du culte sacré et ministres de gouvernement[243].

C'est donc le fait de succéder au Collège des Apôtres institués par le Christ qui définit l'évêque ou l'épiscopat dans l'Eglise catholique. Il s'agit donc de la succession apostolique qui, nous avons déjà vu, n'est pas personnelle (un évêque ne succède pas à l'un des Apôtres, sinon, il n'y aurait de droit que douze évêques) mais institutionnelle (soit parce qu'un évêque succède à la mission ou à la charge des Apôtres: cette charge allant se développant avec l'extension par le monde entier de l'Eglise catholique, il est juste que de nouveaux et plus nombreux évêques la remplisse personnellement; soit parce qu'ensemble aux autres il succède au Collège des Apôtres). Les évêques sont des «pasteurs»: leur tâche est de veiller sur le peuple de Dieu dont ils sont à la fois membres (en raison de leur sacerdoce commun lié à la réception du baptême) et tête (en raison de leur consécration épiscopale)[244]. Comme le Pontife Romain, qui lui aussi est évêque, ils récapitulent en leur fonction et leur personne toute l'Eglise universelle lorsqu'ils agissent collégialement, toute l'Eglise particulière qui leur est confiée lorsqu'ils agissent individuellement en tant que pasteurs de celle-ci[245]. C'est sous ce second angle qu'ils sont envisagés ici. Cette fonction individuelle réunit de façon particulièrement claire les trois *munera Christi*. Les évêques sont «maîtres de doctrine» – fonction prophétique; ils sont «prêtres du culte sacré» – fonction sacerdotale; ils sont «ministres de gouvernement» – fonction royale. En ce sens, le même canon 375 CIC ajoute:

> Par la consécration épiscopale elle-même, les évêques reçoivent avec la charge de sanctifier, celles d'enseigner et de gouverner, mais en raison de leur nature, ils ne peuvent les exercer que dans la communion hiérarchique avec le chef et les membres du Collège[246].

Est ainsi utilement précisé le statut spécifique des membres de l'épiscopat. Comme nous l'avons déjà vu, en raison de leur consécration et de leur communion hiérarchique avec la Tête du Collège et du Collège même, ils appartiennent de droit divin au Collège des évêques et c'est en raison de

---

[243] C. 375§1 CIC. Il faut remarquer ici que ce canon n'a pas de correspondant dans le CCEO.
[244] Cf. *Pastores Gregis* 10-11. Pour plus de détails, voir G. GHIRLANDA, «Linee di governo», 533-608; M. SEMERARO, «Il ministero episcopale», 11-21; V. DE PAOLIS, «Stile pastorale di governo», 23-52.
[245] Cf. LG 23; CD 11.
[246] C. 375§2 CIC.

cette appartenance qu'ils peuvent recevoir l'office d'être à la tête d'une Eglise particulière[247]. De plus, il est spécifié que l'évêque n'enseigne, ne sanctifie et ne gouverne l'Eglise dans sa dimension particulière (comme d'ailleurs dans sa dimension universelle) que si, ce faisant, il est en communion hiérarchique avec d'une part le chef du collège épiscopal – le Pontife Romain –, d'autre part le dudit Collège. Toutefois, il revient en particulier au Pontife Romain en tant que pasteur suprême – pasteur de tous les pasteurs – de veiller, par une intervention directe, le cas échéant, à ce qu'au sein de l'Eglise particulière qui lui est confiée, l'évêque n'assure pas cette dimension de communion[248]. C'est ici encore le principe de communion hiérarchique qui justifie que, selon l'actuelle législation canonique catholique, l'évêque ne puisse agir, au sein de son Eglise particulière, que selon le droit, puisque celui-ci n'est autre, comme nous l'avons déjà vu, que la concrétisation du principe de communion dans l'Eglise.

De plus, l'actuelle législation canonique catholique fait une précision terminologique très importante en précisant que:

> Sont appelés *diocésains* les évêques auxquels est confiée la charge d'un diocèse; *titulaires*, les autres évêques[249].

Il appert donc que, dans l'Eglise catholique, les *évêques diocésains* ou les *évêques éparchiaux*, autrefois appelés résidentiels[250], ont une charge bien déterminée: celle d'être les pasteurs propres d'un diocèse ou d'une éparchie, c'est-à-dire d'une Eglise particulière au sens le plus fort du terme[251]. Les *évêques titulaires* sont les autres évêques, avec divers cas de

---

[247] Cf. ex. ap. *Pastores Gregis* 8; *Apostolos Suos* 12. Pour une présentation historique de la question, voir P.A. BONNET, «Diritto e potere», 77-159.

[248] Pour plus de détails concernant les visites du Pontife Romain dans un diocèse, voir P. GRANFIELD, «The Church local and universal», 449-471. En outre, il faut noter que cette intervention directe peut même adopter l'aspect disciplinaire (cf. J.M. HUELS, «The correction and punishment of a diocesan bishop», 507-542).

[249] C. 376 CIC; cf. aussi cc. 178-179 CCEO.

[250] Cf. c. 334 CIC 1917.

[251] Dans l'Eglise catholique ces évêques portent des titres divers selon la nature et l'étendue de leurs attributions. Dans l'Eglise catholique latine ils peuvent être: 1. *évêques*, nommés à la tête d'un diocèse et formant la grand majorité du corps épiscopal (cf. c. 376 CIC); 2. *archevêques*, lorsqu'un évêque est investi d'une dignité honorifique, dépourvue de toute signification juridique et attachée soit au siège (il s'agit d'évêques élevés au rang archiépiscopal sans être placés pour autant à la tête d'une province ecclésiastique et donc sans évêchés suffragants; ils sont alors dits «immédiatement soumis au Saint-Siège»), soit à la personne (il s'agit des cas où le titre d'arche-vêque est octroyé par le Pontife Romain à un prélat qu'il veut particulièrement honorer ou à un prélat à qui a été confié un office

figures possibles. Soit il s'agit d'évêques qui s'occupent également d'un diocèse à titre de *coadjuteurs* ou d'*auxiliaires*[252]; soit il s'agit de prélats ayant reçu l'épiscopat afin de veiller sur une Eglise particulière autre qu'un diocèse[253]; soit enfin il s'agit d'évêques qui n'ont reçu[254] ou qui

---

dans la Curie Romaine); 3. *métropolitains* ou *archevêques métropolitains*, lorsqu'il s'agit de l'archevêque d'un diocèse qui préside une circonscription dite «province ecclésiastique» composée d'évêchés dits «suffragants» (cf. c. 435 CIC); 4. *patriarches*, lorsqu'il s'agit des évêques nommés à la tête d'un diocèse investi de ce titre purement honorifique; dans l'Eglise latine, il y a 5 patriarcats: Venise, Lisbonne, Indes orientales (Goa), Indes occidentales et Jérusalem (cf. c. 438 CIC). De plus, il faut ajouter ici les *prélats territoriaux* qui, étant assimilés aux évêques diocésains, exercent des prérogatives épiscopales sur un territoire ne relevant d'aucun diocèse, d'où leur ancienne appellation de «prélats nullius» (sous-entendu «*nullius dioeceseos*»). Dans les Eglises orientales catholiques ils peuvent être: 1. *évêques*, nommés à la tête d'un éparchie et formant la grand majorité du corps épiscopal (cf. c. 178 CCEO); 2. *métropolites*, lorsqu'il s'agit de l'évêque d'une éparchie qui préside une province ecclésiastique à l'intérieur d'un patriarcat oriental catholique (cf. c. 133§1 CCEO), ou lorsqu'il s'agit de l'évêque qui est à la tête d'une *Ecclesia sui iuris* de type métropolitain (cf. c. 155§1 CCEO); 3. *archevêques majeurs*, lorsqu'il s'agit d'un métropolite qui est à la tête d'une *Ecclesia sui iuris* de type archiépiscopal majeur (cf. c. 151 CCEO); 4. *patriarches*, lorsqu'il s'agit de l'évêque qui est à la tête d'une *Ecclesia sui iuris* de type patriarcal (cf. c. 56 CCEO).

[252] Dans l'Eglise catholique, *évêque coadjuteur* et *évêque auxiliaire* sont des figures juridiques qui ont des vocations différentes mais qui, à certains égards, se rassemblent, ce qui justifie leur traitement simultané par l'actuelle législation canonique catholique (cf. cc. 403-411 CIC; 212-218 CCEO). En effet, dans les deux cas, il s'agit d'aider l'évêque diocésain ou éparchial dans sa mission de direction du diocèse ou de l'éparchie. La différence fondamentale entre l'*évêque auxiliaire* et l'*évêque coadjuteur* réside dans le fait que le second est toujours nommé avec droit de succession, droit dont ne bénéficie pas le premier. Trois catégories sont cependant prévues: 1. *évêques auxiliaires muni des facultés communes* (cf. cc. 403§1 CIC; 212§1 CCEO); 2. *évêques auxiliaires muni des facultés spéciales* (cf. c. 403§2 CIC); 3. *évêques coadjuteurs* (cf. cc. 403§3 CIC; 212§2 CCEO). Dans tous les cas, les *évêques auxiliaires* affectés au service d'une Eglise diocésaine ou éparchiale, restent *titulaires*, fictivement, d'une autre Eglise n'ayant plus d'existence propre, le plus souvent une Eglise, disparue, de l'antiquité chrétienne. Cf. *Prontuario*, 1274-1277; *New Commentary*, 539-546; *Comm.CIC*, 244-248; *Comm.CCEO*, 193-197; *Code bilingue*, 324-330. Voir aussi M. FOSTER, «The Role of Auxiliary Bishops», 423-430.

[253] L'actuelle législation canonique catholique prévoit les suivants catégories: 1. les *vicaires aux armes* ou les *ordinaires militaires*, à qui est confié le soin pastoral des personnels des armées d'un pays; 2. les *ordinaires personnels pour les anglicans* qui entrent dans pleine communion avec l'Eglise catholique, ont été créés à la fin de l'année 2009 pour permettre aux dits groupes d'entrer dans la pleine communion avec l'Eglise Catholique, en conservant en même temps les éléments du patrimoine spirituel et liturgique anglicans spécifiques; 3.les *vicaires apostoliques*, institués dans l'Eglise catholique au milieu du XVIIe siècle pour administrer une portion de fidèles non encore érigée en dio-

n'ont plus aucune charge à l'égard d'une Eglise particulière quelconque[255]. On leur confère alors un titre sur un diocèse aujourd'hui disparu[256] ou encore leur titre est rattaché nominalement à l'Eglise particulière dont ils étaient anciennement évêques avant leur démission de ce poste[257].

Pour l'évêque diocésain/éparchial et pour ceux qui lui sont assimilés, l'actuelle législation canonique catholique prévoit des normes spéciales. Ainsi, pour l'Eglise catholique latine, il est prescrit que:

> A l'évêque diocésain revient, dans le diocèse qui lui est confié, tout le pouvoir ordinaire, propre et immédiat requis pour l'exercice de sa charge pastorale, à l'exception des causes que le droit ou un décret du pontife Suprême réserve à l'autorité suprême ou à une autre autorité ecclésiastique[258].

Presque la même chose a été prescrite aussi pour les évêques orientaux catholiques:

> L'évêque éparchial, à savoir celui à qui est confiée une éparchie pour en être le pasteur en son nom propre, la gouverne comme vicaire et légat du Christ; le

---

cèse; 4. les *administrateurs apostoliques*, auxquels le Saint-Siège confie soit un groupe de fidèles qui ne forme pas encore un diocèse, soit un véritable diocèse où un évêque ne peut pas être nommé (généralement pour des raisons politiques); 5. les *exarques apostoliques*, préposés à la charge des catholiques orientaux résidant dans des pays traditionnellement de rite latin; 6. les *abbés territoriaux*, qui sont responsables d'une abbaye territoriale.

[254] Il s'agit des évêques préfets, présidents ou secrétaires de dicastère à la Curie Romaine ou des légats pontificaux. Leurs fonctions prennent une forme d'apparence plus administrative, car ils sont appelés au service de la communauté ecclésiale catholique tout entière.

[255] Il s'agit des évêques diocésains démissionnaires.

[256] Il leur est seulement attribué un diocèse (éparchie) fictif ne consistant qu'en un titre formel et représentant un ancien diocèse (éparchie) disparu longtemps. Ce que l'on appelle des diocèses (éparchies) *in partibus infidelium*, c'est-à-dire «dans les contrées des infidèles». Toutefois, «cette appellation, qui a la vie dure, a été supprimée par un décret de la Sacrée Congrégation «de Propaganda Fide» du 27 février 1882, puis par la lettre apostolique de Léon XIII «In suprema» du 10 juin 1882. Cette modification de nom s'explique, selon le cas, par le retour de la foi sur ces territoires maintenant englobés dans des diocèses plus vastes (ex. Elvas, inclus dans l'actuel archidiocèse d'Evora au Portugal), ou bien par les protestations de certaines orthodoxes qui, en Grèce par exemple, ne voulurent pas être rangés parmi les infidèles sous prétexte qu'ils ne partageaient pas la totalité de la foi catholique reçue des Apôtres», (J.-B. D'ONORIO, *La nomination des évêques*, 13, note 14). Mais cette pratique, canoniquement, a une importance particulière pour l'actuelle ecclésiologie catholique, car on veut montrer que tout évêque par principe est toujours attaché à une Eglise qui lui soit propre.

[257] Alors leurs titre est: «évêque émérite de ...» ou «ancien évêque de ...».

[258] C. 381§1 CIC.

pouvoir, qu'il exerce personnellement au nom du Christ, est propre, ordinaire et immédiat, même si l'exercice de ce pouvoir est régi en dernier lieu par l'autorité suprême de l'Eglise et peut être circonscrit dans certaines limites en vue de l'utilité de l'Eglise ou des fidèles chrétiens[259].

Ce qu'il faut souligner ici est que, selon l'actuelle législation canonique catholique, les évêques diocésains/éparchiaux possèdent tout le pouvoir ordinaire, propre et immédiat requis pour l'exercice de leur charge pastoral dans leur diocèses/éparchies. A première vue, cette affirmation semblerait entrer en contradiction directe avec une autre prescription de l'actuelle législation canonique catholique, à savoir celle qui parle de «pouvoir plénier» (*plena potestas*) du Pontife Romain et du Collège des évêques[260]. Toutefois, il faut remarquer d'abord que «pouvoir plénier» (*plena potestas*) n'est pas le synonyme de «tout le pouvoir» (*omnis potestas*)[261], car le «pouvoir plénier» signifie qu'à lui ne manque aucune part de la juridiction, et que, donc, il concerne par lui-même exclusivement l'autorité suprême de l'Eglise catholique. Toutefois, lorsqu'on parle de «pouvoir plénier», il y a aussi la possibilité de le relier aux différents objets distincts. Ainsi le «pouvoir plénier» peut concerner l'Eglise universelle ou l'Eglise particulière. Toutefois, il est plus qu'évident que la plénitude du pouvoir de l'autorité suprême de l'Eglise catholique (le Pontife Romain et le Collège des évêques) s'étend à toute l'Eglise universelle, et, donc, immédiatement à toutes les Eglises particulières et leurs regroupements, aux fidèles et aux pasteurs, tandis que la plénitude du pouvoir d'un évêque diocésain/épar-chial s'étend seulement à son Eglise particulière. D'autre part, le pouvoir de l'évêque diocésain/éparchiale n'est pas seulement limité territorialement, mais aussi par la matière à l'intérieur de son territoire, car l'évêque et son Eglise sont destinataires des lois universelles et sont soumises aux réservations énoncées par les cc. 381§1 CIC ou 178§1 CCEO. Et alors, G. Ghirlanda se demande: est-il encore possible

---

[259] C. 178 CCEO. Il faut remarquer ici que ce canon n'emploi pas l'expression «omnis potestas», utilisée d'ailleurs dans le c. 381§1 CIC, mais il affirme que l'évêque éparchial exerce ce pouvoir «personnellement au nom du Christ». Donc, bien que ce canon non le fait explicitement, il affirme implicitement que l'évêque éparchial, dans l'éparchie qui lui a été confiée, exerce *tout le pouvoir* nécessaire pour l'exercice de sa charge pastorale, et cela notamment parce que ce pouvoir provient du Dieu (cf. *Comm. CCEO*, 166). Pour plus de détails, voir W.A. BLEIZIFFER, «*Episcopale munus*», 145-162.

[260] Cf. cc. 331, 332§1; 336 CIC, 43, 44§1, 49 CCEO.

[261] Pour une réflexion sur l'emploi de l'expression *omnis potestas* dans le cas de l'évêque diocésain, voir G.P. MONTINI, «Alcune riflessioni», 23-34.

de parler d'*omnis potestas* de l'évêque diocésain/éparchial si celui-ci est soumis aux limitations très significatifs?[262]

Il est très important de rappeler ici que, sur la base du décret CD 8b, on passe dans l'Eglise catholique du système des facultés quinquennales concédées par le Saint-Siège au système des réserves, afin de reconnaitre tout le pouvoir ordinaire, propre et immédiat de l'évêque nécessaire pour le gouvernement de l'Eglise qui lui a été confiée.

Afin de répondre à la demande de G. Ghirlanda, il est absolument nécessaire de rappeler ici ce qui la lettre *Communionis notio* dit sur le rapport entre l'Eglise universelle et les Eglises particulières, et entre le pouvoir suprême et le pouvoir particulière. Ainsi, ledit document affirme que l'unité de l'Eglise catholique est enracinée dans l'unité de l'épiscopat; pour que celui-ci soit un, il faut qu'il y ait un chef du Collège des évêques[263]. De manière analogue – affirme le même document –, pour qu'une Eglise soit une, il faut qu'il y ait une Eglise à la tête des Eglises, celle de Rome, dont l'évêque, successeur de Pierre, est le chef du Collège des évêques. Afin que chaque Eglise particulière soit pleinement Eglise, l'autorité suprême de l'Eglise universelle doit être présente en elle comme élément propre[264]. Sur la base de ces précisions ecclésiologiques, le Synode des évêques de 2001 a essayé de répondre à la notre demande en appelant aussi au principe de la subsidiarité[265]. Toutefois, certains auteurs catholiques ont saisi que ce principe n'est pas totalement propre à l'ecclésiologie catholique, et qu'il sera mieux d'employer l'expression l'*autonomie légitime*. En ce sens, G. Ghirlanda précisait:

> [...] on peut même parler d'application du principe de la subsidiarité, mais pour éviter l'ambiguïté qui peut se poser à cause de la nature philosophique-sociologique d'un tel principe, dans l'ecclésiologie serait mieux de parler d'application du principe de la juste et légitime autonomie[266].

---

[262] Cf. G. GHIRLANDA, «Il *munus regendi* del vescovo», 677-704, 77-96.
[263] Cf. CN 12.
[264] Cf. CN 13.
[265] Cf. G. GHIRLANDA, «Il *munus regendi* del vescovo», 83-85.
[266] «[...] si può anche parlare di applicazione del principio di sussidiarietà, ma per evitare l'ambiguità che può sorgere dalla natura filosofico-sociologica di tale principio, nell'ambito ecclesiologico sarebbe meglio parlare di applicazione del principio della giusta e legittima autonomia» (notre traduction), G. GHIRLANDA, «Il *munus regendi* del vescovo», 93. Il faut aussi préciser ici que, avant G. Ghirlanda, le concept d'*autonomie légitime* ou de *juste autonomie* a été déjà employé par des autres auteurs catholiques comme, par exemple, J. Beyer (cf. J. BEYER, «Principe de subsi-

Que G. Ghirlanda a eu raison dans son affirmation, a été confirmé par l'ex- ap. *Pastores Gregis* qui, en traitant de ministère de l'évêque dans l'Eglise catholique, affirme:

> […] l'évêque diocésain possède tout le pouvoir ordinaire, propre et immédiat, nécessaire pour l'accomplissement de son ministère pastoral. Il possède donc un domaine propre d'exercice autonome de cette autorité, domaine reconnu et protégé par la législation universelle. D'autre part, le pouvoir de l'évêque coexiste avec le pouvoir suprême du Pontife Romain, lui aussi épiscopal, ordinaire, immédiat sur toutes les Eglises et leurs regroupements, sur tous les pasteurs et tous les fidèles. […] La fonction d'enseigner (*munus docendi*) et celle de gouverner (*munus regendi*) – et donc le pouvoir correspondant de magistère et de gouvernement – dans l'Eglise particulière sont de par leur nature exercées par chaque évêque diocésain dans la communion hiérarchique avec le chef du Collège et avec le Collège lui-même. Cela n'affaiblit pas mais au contraire renforce l'auto-rité épiscopale, en ce sens que les liens de la communion hiérarchique qui unissent les évêques au Siège Apostolique exigent une coordination nécessaire entre la responsabilité de l'évêque diocésain et celle de l'autorité suprême, qui est dictée par la nature même de l'Eglise. C'est le droit divin lui-même qui impose des limites à l'exercice de l'une et de l'autre. C'est pourquoi le pouvoir des évêques «n'est pas annulé par le pouvoir suprême et universel, mais au contraire est confirmé, fortifié et défendu par lui, l'Esprit-Saint assurant indéfectiblement le maintien de la forme de gouvernement instituée par le Christ Seigneur dans son Eglise»[267].

Il appert donc clairement qu'il n'y a aucune concurrence ou contradiction entre le pouvoir exercé par l'évêque diocésain/éparchial dans son Eglise particulière et le pouvoir plénier de l'autorité suprême de l'Eglise catholique. Et cela notamment parce que l'autorité suprême de l'Eglise catholique (le Pontife Romain et le Collège des évêques), non seulement est présente en chaque diocèse/éparchie comme élément propre, mais elle reconnaît et protège pour chaque évêque diocésain/éparchial un domaine propre pour l'exercice autonome de son pouvoir.

3.2 *Les organismes au service de l'évêque diocésain/éparchial*

Dans l'exercice de son *omnis potestas* dans le diocèse/l'éparchie qui lui a été confié, l'évêque diocésain/éparchial ne gouverne pas seul,

---

diarité», 801-822), K. Mörsdorf (cf. K. MÖRSDORF, «Die Autonomie der Ortskirche», 388-405) ou l'actuel Secrétaire d'Etat, T. Bertone (cf. T. BERTONE, *Benedetto XIV*, 88; «I fedeli nella Chiesa», 67). Voir aussi les pages 38-44.

[267] Ex. Ap. *Pastores Gregis* 56. Voir aussi J.R. VILLAR, «L'ambiguità», 81-97.

mais il est assisté des organismes qui l'aident dans l'action de gouvernement, à savoir le Synode diocésain ou l'Assemblée éparchiale, le Conseil presbytéral, le Collèges des consulteurs, le Conseil pastoral et la Curie diocésaine/éparchiale[268].

3.2.1   Le Synode diocésain[269] ou l'Assemblée éparchiale[270]

Selon l'actuelle législation canonique catholique, le *Synode diocésain* (pour les diocèses catholiques latins) ou l'*Assemblée éparchiale* (pour les éparchies catholiques orientales) est la réunion des prêtres et des autres fidèles de l'Eglise particulière choisis pour apporter leur concours à l'évêque diocésain/éparchial pour le bien de la communauté diocésaine/éparchiale tout entière[271], lorsque, au jugement de l'évêque diocésain/éparchial et après que celui-ci ait entendu le conseil presbytéral, les circonstances le suggéreront[272]. Toutefois,

---

[268] Cf. cc. 460-514 CIC; 235-278 CCEO. Pour plus de détails, voir M. CARTAXO, «Orgãnos de participação», 81-98; D. SALACHAS, *Istituzioni di diritto*, 238-248.

[269] Cf. cc. 460-468 CIC. Pour plus de détails, voir G. GHIRLANDA, «Il Sinodo diocesano», 577-592; «Aspetti teologici e canonici», 480-493; P. AMENTA, «Il Sinodo diocesano», 627-653; F. COCCOPALMERIO, «Il sinodo diocesano», 406-416; J.-M. TUFFERY-ANDRIEU, «Un aspect», 355-376; D.M. ROSS, «The Diocesan Synod», 560-571. Il faut noter ici que, le 19 mars 1997, la *Congrégation pour les évêques* de concert avec la *Congrégation pour l'évangélisation des peuples* ont publié une *Instruction sur les synodes diocésains* (cf. CONGREGATIO PRO EPISCOPIS – CONGREGATIO PRO GENTIUM EVANGELISATIONE, «Istruzione sui sinodi diocesani»). Pour plus de détails concernant cette instruction, voir J. HIRNSPERGER, «Die Diözesansynode», 855-873; A. VIANA, «La instrucción de la curia romana», 727-748; F.J. RAMOS, «Il sinodo diocesano», 365-401. Voir aussi R. PUZA, «Le principe synodale», 647-667.

[270] Cf. cc. 235-242 CCEO. Pour plus de détails, voir D. SALACHAS, «L'istituzione ecclesiale dell'assemblea eparchiale», 861-877.

[271] Cf. c. 460 CIC; 235 CCEO. Dans le cas où un évêque catholique latin a la charge de plusieurs diocèses, ou il y a la charge de l'un comme évêque propre mais d'un autre comme administrateur, il peut, de tous les diocèses qui lui sont confiés, convoquer un seul synode diocésain (cf. c. 461§2 CIC). Pour les éparchies catholiques orientales il est prévue que, durant la vacance du siège éparchial, l'assemblée éparchiale est suspendue de plein droit, jusqu'à ce que le nouvel évêque éparchial ait décidé de l'affaire (cf. c. 237§2 CCEO).

[272] Cf. c. 461§1 CIC; 236 CCEO. De plus, il convient noter ici que «seul l'évêque diocésain convoque le synode diocésain, mais non pas celui qui gouverne le diocèse par intérim» (c. 462§1 CIC) et que «l'évêque diocésain préside le synode diocésain; il peut cependant, pour chacune des sessions du synode, déléguer le vicaire général ou un vicaire épiscopal pour remplir cet office» (c. 462§2 CIC). De même, pour les éparchies catholiques orientales, il est prévu «qu'il appartient à l'évêque éparchial de

dans le synode diocésain l'évêque diocésain est l'unique législateur, les autres membres du synode ne possédant que voix consultative; lui-même signe seul les déclarations et les décrets du synode qui ne peuvent être publiés que par son autorité[273].

Ensuite, l'évêque diocésain doit communiquer le texte des déclarations et des décrets du synode au Métropolitain ainsi qu'à la Conférence des évêques[274]; les évêques éparchiaux doivent aussi communiquer le texte des déclarations et des décrets de l'assemblée éparchiale à l'autorité indiquée par le droit particulier de leur *Ecclesia sui iuris*[275].

Enfin, il faut remarquer ici que, dans l'Eglise catholique, le *Synode diocésain* ou l'*Assemblée éparchiale* représente presque l'équivalent de ce qui est l'*Assemblée éparchiale* dans l'Eglise orthodoxe[276]. La différence essentielle est constituée par leur responsabilité: le *Synode diocésain* ou l'Assemblée éparchiale sont organismes consultatifs de l'évêque, tandis que l'*Assemblée éparchiale* est un organisme délibératif de l'éparchie.

3.2.2 Le Conseil presbytéral[277]

Le Conseil presbytéral est la réunion des prêtres représentant le presbyterium qui soit comme le sénat de l'évêque, et à qui il revient de l'aider selon le droit dans le gouvernement du diocèse, dans le but de promouvoir le plus efficacement possible le bien pastoral de la portion du peuple de Dieu confiée à l'évêque[278].

Pour constituer le Conseil presbytéral, ont droit à la voix tant active que passive: 1. tous les prêtres séculiers incardinés dans le diocèse/ éparchie; 2. les prêtres séculiers non incardinés dans le diocèse/épar-chie, ainsi que les prêtres membres d'un institut religieux ou d'une société de vie apostolique qui, résidant dans le diocèse, y exercent un office pour le bien du diocèse[279]. Dans la mesure où les statuts[280] le prévoient, la voix active et

---

convoquer l'assemblée éparchiale, de la présider par lui-même ou par un autre, de la transférer, la proroger, la suspendre et la dissoudre» (c. 237§1 CCEO).

[273] C. 466 CIC. Cf. aussi c. 241 CCEO. Pour plus de détails, voir E. ZANETTI, «"Nel Sinodo diocesano l'unico legislatore è il Vescovo diocesano"», 63-68.

[274] Cf. c. 467 CIC.

[275] Cf. c. 242 CCEO.

[276] Cf. p. 172, note 46.

[277] Cf. cc. 495-502 CIC; 264-270 CCEO. Pour plus de détails, voir O. ÉCHAPPÉ, «À propos du Conseil», 775-780; F. GIANNINI, «La Chiesa particolare», 514-527.

[278] Cf. cc. 495§1 CIC; 264 CCEO.

[279] Cf. cc. 498§1 CIC; 267§1 CCEO.

[280] Le conseil presbytéral aura ses propres statuts approuvés par l'évêque diocésain/éparchial, en tenant compte des règles établies par la Conférence des évêques (cf.

passive peut être accordée aussi à d'autres prêtres qui ont domicile ou quasi-domicile dans le diocèse/éparchie[281].

Il revient à l'évêque diocésain de convoquer le conseil presbytéral, de le présider et de déterminer les questions qui doivent y être traitées, ou d'accueillir les questions proposées par les membres[282]. En effet, le Conseil presbytéral n'a que voix consultative et l'évêque diocésain/ éparchial l'entendra pour les affaires de plus grande importance, mais il n'a besoin de son consentement que dans les cas expressément fixés par le droit[283]. Ainsi, le conseil presbytéral ne peut jamais agir sans l'évêque diocésain/éparchial, auquel seul revient également le soin de rendre public ce qui a été fait dans ce même conseil[284]. À la vacance du siège, le Conseil presbytéral cesse et ses fonctions sont remplies par le collège des consulteurs diocésains/éparchiaux[285]. Si le Conseil presbytéral ne remplissait pas la fonction qui lui est confiée pour le bien du diocèse ou en abusait gravement, après consultation du métropolite ou, s'il s'agit du siège métropolitain lui-même, après consultation de l'évêque suffragant le plus ancien de promotion, l'évêque diocésain/ éparchial pourrait le dissoudre mais il devrait le constituer à nouveau dans l'année[286].

3.2.3 Le Collège des consulteurs[287]

Le Collège des consulteurs[288] est constitué par l'évêque diocésain/ éparchial qui librement choisit, les membres, dont il détermine le

---

c. 496 CIC) ou par les dispositions du droit commun et du droit particulier de son *Ecclesia sui iuris* (cf. c. 265 CCEO).

[281] Cf. cc. 498§2 CIC; 267§2 CCEO.

[282] Cf. cc. 500§1 CIC; 269§1 CCEO.

[283] Cf. cc. 500§2 CIC; 269§2 CCEO. Toutefois, pour les *Ecclesiae sui iuris* de type patriarcal, il est précisé qu'il reste sauf le droit du patriarche, en ce qui concerne les affaires de l'éparchie que lui-même gouverne, de n'être tenu, même dans ces cas, que de consulter le conseil presbytéral (cf. c. 269§2 CCEO).

[284] Cf. cc. 500§3 CIC; 269§3 CCEO.

[285] Cf. cc. 501§2 CIC; 270§2 CCEO.

[286] Cf. cc. 501§3 CIC; 270§3 CCEO.

[287] Cf. cc. 502 CIC; 271 CCEO. Pour plus de détails, voir G. INCITTI, «Il collegio», 293-312; E. PIACENTINI, «Le competenze», 401-410; J. HANNON, «Diocesan Consultors», 147-179; L. MARTINEZ SISTACH, «El Colegio», 155-176; «El Colegio de Consultores en el nuevo Código», 291-306.

[288] Il convient de noter d'abord que cet organisme n'a pas été prévu par le Vatican II (*Prontuario*, 256) et que, dans ce cas, il s'agit d'un collège par analogie. Et cela surtout à cause de fait que, selon l'actuelle législation canonique catholique, il revient seul à l'évêque diocésain/éparchial la prérogative de déterminer l'action à accomplir par le Collège des consulteurs. Plus précisément, ce conseil peut être convoqué pour

nombre, en veillant toutefois que ce nombre se situe entre six et douze. Les membres du collège sont élus parmi les membres élus du Conseil presbytéral pour une durée de cinq ans et, à l'expiration des cinq années, le collège continuer d'exercer ses fonction propres jusqu'à ce qu'un nouveau collège soit constitué[289].

L'évêque diocésain/éparchial, qui préside le collège[290], fait partie du groupe; mais il n'en est pas un membre au même titre que les autres membres. Il est, pour dire, au-dessus de la mêlée: c'est lui seul, en effet, qui convoque le collège et détermine la matière à traiter, qui préside la séance et prend part à la discussion, de façon discrète, bien entendu, de sorte qu'il n'empiète pas sur les prérogatives du modérateur[291]. Cependant, au terme des échanges, la décision revient uniquement à l'évêque, et à lui seul.

En synthétisant, nous pouvons dire que le collège des consulteurs se présente, donc, simplement et avant tout comme un organe consultatif, un simple conseil qui donne son avis. Son rôle est cependant éminemment grand, car la consultation est l'expression la plus authentique de la participation de la communauté à l'exercice de l'autorité. Il doit en effet éclairer l'évêque, c'est-à dire le prévenir des avantages et des inconvénients éventuels d'une décision à prendre ou d'un acte à poser par rapport au bien de son Eglise. En plus et à côté de ce rôle ordinaire, le collège des consulteurs «gouverne» le diocèse/éparchie, dans les certaines circonstances que le droit lui-même déterminées[292]. Il peut donc prendre les initiatives utiles à la vie et au bien de la communauté diocésaine, restant sauve cependant la clause qui veut que *sede vacante nihil innovetur*[293].

---

donner son avis à l'évêque diocésain/éparchial à tout moment, et en particulier sur les questions de gouvernement qui sont particulièrement importantes, et sur lesquelles l'évêque est tenu de le consulter.

[289] Cf. cc. 502§1 CIC; 271§2 CCEO.

[290] Cf. cc. 502§2 CIC; 271§5 CCEO.

[291] «Quand l'évêque diocésain doit prendre l'avis de son conseil (quel qu'il soit: synodal, presbytéral, pastoral, économique), il ne participe pas au *vote* qui va lui donner l'*avis* de son conseil. Certes, il n'est pas passif au sein de son conseil, comme la muette statue du *commandeur*; il participe à l'échange, à la réflexion, au mûrissement de la réflexion; il est appelé, cependant, à le faire dans une certaine *discrétion* […] de sorte que le conseil puisse bien lui donner l'*avis* demandé (et non seulement acquiescer à une décision déjà prise et évidente). C'est encore plus vrai quand l'évêque doit avoir le consentement de son conseil pour agir.», B. DAVID, «Le conseil diocésain», 12.

[292] Selon les canons 502§2 CIC et 271§5 CCEO, il s'agit précisément de l'empêchement (cf. c. 413§2 CIC; 233§2 CCEO) ou de la vacance du siège (cf. c. 419 CIC, 221§3 CCEO).

[293] C. 428§1 CIC; 228§1 CCEO. Voir aussi M. MOSCONI, «*Sede vacante nihil innovetur*», 146-175; P. AMENTA, «Appunti», 355-375.

3.2.4 Le Conseil pastoral[294]

Le conseil pastoral se compose de fidèles, désignés selon le mode fixé par l'évêque diocésain/éparchial, qui soient en pleine communion avec l'Eglise catholique, tant clercs ou membres d'instituts de vie consacrée, que laïcs surtout[295]. Il appartient à l'évêque diocésain/éparchial seul, selon les besoins de l'apostolat, de instituer et de convoquer le Conseil pastoral, de le présider et de publier ce qui y a été traité[296]. Lorsque le siège épiscopal devient vacant, le Conseil pastoral cesse[297].

Au Conseil pastoral il revient, sous l'autorité de l'évêque, d'étudier ce qui dans le diocèse touche l'activité pastorale, de l'évaluer et de proposer des conclusions pratiques[298]. Le Conseil pastoral n'est donc qu'un organisme diocésain/éparchial consultatif[299].

3.2.5 La Curie diocésaine/éparchiale[300]

Selon la législation canonique catholique, l'évêque diocésain/éparchial doit avoir auprès de son siège une curie diocésaine/éparchiale, qui l'aide dans le gouvernement du diocèse/éparchie qui lui a été confié, surtout dans la direction de l'action pastorale, dans l'administration du diocèse/éparchie, ainsi que dans l'exercice du pouvoir judiciaire[301].

Appartiennent à la Curie diocésaine/éparchiale le vicaire général/protosyncelle, les vicaires épiscopaux/syncelles, le vicaire judiciaire, l'économe éparchial et le conseil pour les affaires économiques, le chancelier, les juges éparchiaux, le promoteur de justice et le défenseur du lien, les notaires et d'autres personnes, qui sont engagées par l'évêque éparchial pour bien remplir les offices de la Curie diocésaine/éparchiale[302]. La nomination de ceux qui occupent des offices dans la Curie diocésaine/éparchiale, ainsi que leur révocation, incombe à l'évêque diocésain/éparchial[303].

---

[294] Cf. cc. 511-514 CIC; 272-275 CCEO. Pour plus de détails, voir F. BRIAN, «Ministère épiscopal», 273-286; J.A. RENKEN, «Pastoral Councils», 132-154.

[295] Cf. cc. 512§1 CIC; 273 CCEO.

[296] Cf. cc. 514§1 CIC; 275 CCEO.

[297] Cf. cc. 513§2 CIC; 274§2 CCEO.

[298] Cf. cc. 511 CIC; 272 CCEO.

[299] Cf. cc. 514§1 CIC; 273§1 CCEO.

[300] Cf. cc. 469-494 CIC; 243-263 CCEO. Pour plus de détails, voir G. MARCHETTI, *La curia come organo di partecipazione*; «La curia diocesana», 565-591; C. REDAELLI, «Natura e compiti», 140-153; N. GONZÁLES-PINTO, «La Curia», 253-351.

[301] Cf. cc. 469 CIC; 243§1 CCEO.

[302] Cf. cc. 475-494 CIC; 245-263 CCEO.

[303] Cf. cc. 470 CIC; 244§1 CCEO.

Les actes de la Curie destinés à avoir effet juridique doivent être signés par l'Ordinaire dont ils émanent, et ceci pour la validité, et en même temps par le chancelier de la curie ou par un notaire[304]; mais le chancelier doit faire connaître les actes au Modérateur de la Curie[305].

Afin de résumer ce qui nous avons dit ici, nous pouvons affirmer que, selon l'actuelle législation canonique catholique, l'évêque, pour bien articuler sa responsabilité personnelle dans le service de son Eglise avec celle de l'ensemble du Peuple de Dieu et pour bien conduire celui-ci à vivre sa mission, fait appel à des organismes qui l'assistent dans le gouvernement du diocèse/éparchie qui lui a été confié. Chacun de ces organismes participent au processus décisionnel de l'évêque. Ainsi, le *Synode éparchiale* ou l'*Assemblée éparchiale* représente un organisme diocésain/éparchial consultatif; le *Conseil presbytéral* s'associe à la charge pastorale de l'évêque pour la partager et y participer; le *Conseil pastoral* participe avec l'évêque à la mise en place d'orientations pastorales et au discernement des priorités pastorales. Le *Collège des consulteurs*, organisme consultatif qui émane du *Conseil presbytéral* assiste l'évêque dans certaines décisions d'une importance spéciale, en donnant son avis sur certaines matières. A son tour, la Curie diocésaine/ éparchiale constitue un organisme de participation à la charge pastorale de l'évêque diocésain/éparchial.

3.3 *La nomination des évêques dans l'Eglise catholique*

Un aspect qui démontre très bien le lien étroit qui existe entre l'évêque diocésain/éparchial et le Pontife Romain est constitue par la nomination des évêques. En ce qui concerne l'accession à l'épiscopat dans l'Eglise catholique, l'actuelle législation canonique précise quatre points importants: la désignation des évêques[306], l'idonéité à l'épiscopat[307], le mandat pontifical[308], la consécration épiscopale[309] et la profession de foi et le

---

[304] Cf. c. 474 CIC.

[305] «Là où c'est opportun, un Modérateur de la Curie qui doit être prêtre peut être nommé; il revient à ce dernier, sous l'autorité de l'évêque, de coordonner ce qui touche la conduite des affaires administratives, et de veiller aussi à ce que les autres membres de la curie accomplissent convenablement l'office qui leur est confié.» (c. 473§2 CIC; cf. aussi c. 243§3 CCEO).

[306] Cf. cc. 377 CIC; 155§1, 174, 181 CCEO.

[307] Cf. cc. 378 CIC; 180 CCEO. Toutefois, il faut préciser que «le jugement définitif sur l'idonéité d'un sujet à promouvoir appartiennent au Siège Apostolique» (c. 378§2 CIC). Voir aussi G. TREVISAN, «Le buone qualità», 58-69.

[308] Selon l'actuelle législation canonique catholique, «il n'est permis à aucun évêque de consacrer quelqu'un évêque à moins que ne soit d'abord établie l'existence du mandat pontifical» (c. 1013 CIC). Ainsi, «l'évêque qui, sans mandat pontifical,

serment de fidélité au Siège Apostolique de celui qui est promu à l'épiscopat[310]. Quant à la désignation des évêques, de laquelle nous sommes directement intéressés, il est précisé que celle-ci peut résulter soit d'une nomination directe par le Pontife Romain[311], soit d'une élection légitime confirmée par le Pontife Romain[312]. De plus, conformément aux souhaits du concile Vatican II[313], il est précisé que désormais aucun droit ou privilège d'élection, de nomination, de présentation ou de désignation d'évêque n'est accordé aux autorités civiles[314].

La nomination directe est en vigueur surtout dans l'Eglise catholique latine mais, pour certains cas précis, elle est aussi en usage dans les Eglises catholiques orientales[315]. Elle présuppose l'existence de propositions de

---

consacre quelqu'un évêque, et de même celui qui reçoit la consécration de cet évêque, encourent l'excommunication *latae sententiae* réservée au Siège Apostolique» (c. 1382 CIC). Pour plus de détails, voir Z. TRACZ, «Consagración episcopal», 283-332.

[309] Si la personne promue à l'épiscopat (nommée ou élu) n'est pas encore évêque (il se peut qu'on prenne l'évêque d'un diocèse/éparchie pour le nommer dans une autre; de même, un évêque d'un diocèse/éparchie peut être élu pour une autre), il sera consacré évêque dans les trois mois à compter du jour de la proclamation, s'il s'agit d'un candidat élu, ou de la réception de la lettre apostolique, s'il s'agit d'un candidat nommé, et, en tous cas, avant la prise de possession de son office (cf. cc. 379 CIC; 188§1 CCEO).

[310] Cf. cc. 380, 833§3 CIC; 187§2 CCEO. Il convient noter ici qu'il ne semble pas pour l'instant qu'une formule spécifique pour la profession de foi et pour le serment de fidélité au Siège Apostolique de ces qui sont promus à l'épiscopat ait été confectionnée et approuvée. La Congrégation pour la Doctrine de la Foi a publié en 1989 une formule de profession de foi accompagnée d'un serment de fidélité (cf. CONGREGATIO PRO DOCTRINA FIDEI, «Professio Fidei», 104-106, 1169). La même formule a été republié par la même congrégation en 1998 (cf. CONGREGATIO PRO DOCTRINA FIDEI, «Professio Fidei», 542-551). Pour plus de détails, voir L. DE FLEURQUIN, «The Profession of Faith», 485-499; J.A. FUENTES, «Sujeción del fiel», 517-545; R. PAGÉ, «Le document», 51-68.

[311] Cf. cc. 377§1 CIC; 181§2 CCEO. Pour une présentation détaillée de la question, voir J.-B. D'ONORIO, *La nomination des évêques*; M. TKHOROVSKYY, *Procedura per la nomina*, 139-213; F. SARRAZIN, «La nomination des évêques», 367-408.

[312] Cf. cc. 377§1 CIC; 181 CCEO. Pour plus de détails, voir M. BROGI, «Elezioni dei Vescovi», 597-613; R. LETAYF, «Election des évêques», 419-443; D. SALACHAS, «I vescovi eparchiali», 207-238. Voir aussi J. GAUDEMET, *Les élections dans l'Eglise*.

[313] Cf. CD 20.

[314] Cf. 377§5 CIC.

[315] Sont nommés par le Pontife Romain tous les évêques orientaux catholiques qui n'appartiennent ni à une Eglise patriarcale ni à une Eglise archiépiscopale majeure. (cf. c. 181§2 CCEO). De plus, «le Synode des évêques de l'Eglise patriarcale, en se conformant aux canons relatifs aux élections d'évêques, élit des candidats, trois au moins, pour remplir l'office d'évêque éparchial, d'évêque coadjuteur ou d'évêque auxiliaire hors des limites du territoire de l'Eglise patriarcale et les propose, par l'intermédiaire du Patriarche, au Pontife

nominations adressées au Pontife Romain. A cet effet, pour l'Eglise catholique latine, il est prévu que les évêques de chaque province ecclésiastique ou, si c'est plus opportun, la conférence des évêques, élaborent au moins tous les trois ans une liste de prêtres aptes à l'épiscopat, qui est ensuite transmisse au Siège Apostolique[316]. S'agissant surtout de prêtres que le Pontife Romain ne connaît pas personnellement, la tradition de l'Eglise catholique exige que soient sélectionnés trois d'entre eux après enquête, la soi-disant *terna*. Aussi,

> chaque fois qu'un évêque diocésain ou un évêque coadjuteur doit être nommé, il appartient au Légat pontifical pour les trois noms à proposer au Siège Apostolique, de s'informer sur chacun et de communiquer au Siège Apostolique avec son propre avis les suggestions du Métropolitain et des suffragants de la province où se trouve le diocèse à pourvoir ou à laquelle il est rattaché, ainsi que du président de la conférence des Évêques; en outre, le Légat pontifical entendra des membres du Collège des consulteurs et du chapitre cathédral, et, s'il le juge à propos, il demandera secrètement et séparément l'avis de quelques membres de l'un et l'autre clergé et de laïcs reconnus pour leur sagesse[317].

Quant aux évêques auxiliaires, en revanche, la sélection des trois noms revient à l'évêque diocésain qui a besoin de leur aide:

> à moins de disposition autre légitimement établie, l'évêque diocésain qui estime que son diocèse a besoin d'un auxiliaire proposera au Siège Apostolique une liste d'au moins trois prêtres les plus aptes à recevoir cet office[318].

Romain pour la nomination, le secret restant gardé, même à l'égard des candidats, par tous ceux qui ont connu de quelque manière l'issue de l'élection» (c. 149 CCEO). La même procédure est aussi prévue pour les Eglises archiépiscopales majeures (cf. c. 152 CCEO). En ce qui concerne la nomination du métropolite et des évêques d'une Métropolie *sui iuris*, il est prévu que «le Conseil des hiérarques établira pour chaque cas une liste d'au moins trois candidats les plus aptes et l'enverra au Siège Apostolique en gardant le secret, même à l'égard des candidats; pour établir cette liste, les membres du Conseil des hiérarques, s'ils le jugent opportun, peuvent demander l'avis de quelques prêtres ou d'autres fidèles chrétiens reconnus pour leur sagesse au sujet des nécessités de l'Eglise et des qualités spéciales du candidat à l'épiscopat» (c. 168 CCEO). Pour plus de détails, voir L. MARINELLI, «Processo informativo», 615-624; L. LORUSSO, «La designazione dei vescovi», 46-57; «Sede vacante – sede impedita», 131-167.

[316] Cf. c. 377§2 CIC. Le même canon garantit aussi le droit de chaque évêque de faire connaître séparément au Siège Apostolique le nom de prêtres qu'il estime dignes et idoines pour la charge épiscopale.

[317] C. 377§3 CIC.

[318] C. 377§4 CIC.

Le deuxième système d'accession à l'épiscopat prévue par l'actuelle législation canonique catholique, à savoir l'élection légitime confirmée par le Pontife Romain[319], prévaut dans les Eglises orientales catholiques[320]. Ainsi, dans les cas des Eglises patriarcales ou archiépiscopales majeures, les candidats idoines à l'épiscopat peuvent être proposés seulement par les membres de leur Synode des évêques[321]. Ceux-ci examinent alors les candidatures et procèdent à la constitution d'une liste par scrutin secret, qui est envoyée ensuite au Pontife Romain pour obtenir son assentiment[322]. L'approbation de cette liste par le Pontife Romain vaut pour tous les candidats retenus, à moins que l'un d'entre eux soit explicitement révoqué par le Pontife Romain[323].

Quant à l'élection proprement dite, il faut dire qu'elle est réalisée par le synode de l'Eglise patriarcale ou archiépiscopale majeure, pour le cas précis de l'élection du patriarche ou de l'archevêque majeur. Pour être élu il faut recueillir la majorité absolue des suffrages des évêques qui sont présents à l'élection. Toutefois, si une telle majorité ne pouvait se dégager, des règles plus souples sont prévues après le troisième tour de scrutin. A la fin de l'élection, deux cas peuvent arriver: ou bien le candidat retenu était déjà inscrit sur la liste approuvée par le Pontife Romain et l'élection est alors définitive dès lors que le candidat l'accepte[324]; ou bien le candidat retenu ne faisait pas partie de la liste et le nom du candidat doit alors être communiqué en secret au Pontife Romain pour obtenir son assenti-

---

[319] Pour une comparaison entre les deux systèmes prévus pour l'accession à l'épiscopat dans l'Eglise catholique, voir: R. METZ, «La désignation des évêques dans le droit actuel», 321-334; N. LODA, «Sul concetto di nomina», 445-471.

[320] Dans l'Eglise catholique latine, l'unique collège électoral pour l'élection d'un évêque est constitue par le chapitre cathédral de certains diocèses qui, des nos jours, «sont au nombre de 22, soit 18 en Allemagne, en vertu des concordats et conventions entre 1929 et 1994 (Aachen, Erfurt, Essen, Freiburg im Breisgau, Fulda, Görlitz, Hamburg, Hildesheim, Köln, Limburg, Magdeburg, Mainz, Meissen, Münster, Osnabrück, Paderborn, Rottenburg-Stuttgart, Trier); 3 en Suisse (Bâle et Sankt Gallen en vertu de conventions entre 1828 et 1845; Chur, en vertu d'une coutume datant au moins du début du XIIe siècle et confirmée par un privilège octroyé par la S. Congr. Consistoriale le 28-06-1948, Décret *Etsi salva*, non publié); 1 en Autriche, en vertu du concordat du 5 juin 1933 (Salzburg)», *Code Bilingue*, 305. De plus, il faut signaler ici un autre siège qui a toujours été électif, celui de Rome, bien que, dans l'Eglise catholique, il constitue, par sa nature même et son rôle, un cas absolument particulier.

[321] Cf. c. 182§1 CCEO.
[322] Cf. c. 182§3 CCEO.
[323] Cf. c. 182§4 CCEO.
[324] Cf. c. 184 CCEO.

ment[325]. Si ceux-ci est accordé, le candidat connaît qu'il est élu et il lui reste à accepter cette élection[326].

Il appert donc que, en ce qui concerne l'accession à l'épiscopat dans l'Eglise catholique, dans la procédure intervient différents instances de l'Eglise particulière, mais le Pontife Romain jouit d'un droit exclusif de nommer les évêques soit directement, à savoir par la nomination libre, soit indirectement, c'est-à-dire à travers la reconnaissance de l'élection légitime. Le système de la nomination des évêques dans l'Eglise catholique constitue un moyen qui exprime la communion entre le Pontife Romain et les évêques, motif pour lequel un évêque nommé illégitimement se trouve en dehors de la communion hiérarchique et, donc, il n'est pas membre du Collège et il ne peut pas recevoir l'office d'être à la tête d'une Eglise particulière.

3.4 *Les visites «ad limina»*

Un autre aspect qui témoigne le lien étroit qui existe entre le Pontife Romain et les évêques est celui de la visite *ad limina apostolorum*. Pour tous les évêques qui sont à la tête des Eglises particulières, l'actuelle législation canonique catholique exige qu'ils se rendent en visite *ad limina apostolorum*[327], une fois tous les cinq ans[328], et que, à cette occasion, ils

---

[325] Cf. c. 185§1 CCEO.

[326] Cf. c. 185§2 CCEO. Pour plus de détails, voir R. METZ, «La désignation des évêques dans les Eglises orientales catholiques», 217-230.

[327] L'expression latine *ad limina apostolorum* signifie mot-à-mot «au seuil des Apôtres» et désigne aujourd'hui la visite que chaque évêque catholique doit effectuer à Rome tous les cinq ans pour vénérer les tombeaux des Apôtres Pierre et Paul, y rencontrer l'évêque de Rome et lui présenter un rapport sur l'état de la diocèse/éparchie qui lui a été confié (cf. c. 399§1 CIC, 206§2 CCEO, art. 31 PB). Quant à l'origine de ce type de visite, la théologie catholique affirme qu'elle est d'institution très ancienne (cf. F.R. CELSI, *Le "Relationes ad limina"*, 27-29), car on trouve la trace et le modèle d'une première visite *ad limina* dans la lettre de saint Paul aux Galates (Gal. I, 18, II, 2). De nos jours, la visite *ad limina* est envisagée par les cc. 399-400 CIC, 92§3, 134§2, 206§2, 208§2, 317 CCEO, 28-32 PB, ainsi que par un document spécial publié par la Congrégation pour les évêques le 29 juin 1988 (cf. CONGREGATIO PRO EPISCOPIS, «Direttorio», 156-165). En pratique, les évêques d'une région ecclésiastique ou d'un pays (ceux qui appartient à la même Conférence des évêques) effectuent ensemble la visite *ad limina*. Toutefois, il est prévue que chaque évêque doit être reçu individuellement par le Pontife Romain pour un colloque personnel, car la visite doit garder un caractère «éminemment personnel» (cf. CONGREGATIO PRO EPISCOPIS, «Direttorio», 161). Pour plus de détails, voir M.-M. CARCEL ORTI – V. CARCEL ORTI, *Historia, Derecho y Diplomática*; V. CARCEL ORTI, «Legislazione e Magistero», 451-500; G. GHIRLANDA, «La visita "ad limina Apostolorum"», 359-382; «Rapporti S. Sede- Vescovi», 123-149;

fassent un rapport au Souverain Pontife au sujet de leur diocèse[329]. Pour le rapport primauté-collégialité existant dans l'Eglise catholique, les visites *ad limina* présentent une importance très particulière:

> car elles constituent comme le sommet des relations entre les pasteurs de chaque Eglise particulière et le Pontife Romain. Celui-ci, en effet, recevant en audience ses frères dans l'épiscopat, traite avec eux des affaires concernant le bien de l'Eglise et la fonction pastorale des évêques, et les confirme et les soutient dans la foi et dans la charité. Ainsi se renforcent les liens de la communion hiérarchique et est mise en évidence la catholicité de l'Eglise et l'unité du Collège des évêques[330].

Il appert donc que, dans l'Eglise catholique, les visites *ad limina* constituent un instrument particulièrement privilégié de la collégialité épiscopale qui présent d'une façon excellent le rapport qu'existe entre le seul évêque et le Pontife Romain. A l'intérieur de ce rapport de communication ecclésiale il y a un double mouvement: d'une part la convergence vers le centre des évêques catholiques qui ont ainsi l'occasion de renforcer la conscience de leur responsabilité de successeurs des Apôtres et de sentir plus intensément leur communion hiérarchique avec le Pontife Romain qui est le successeur de Pierre; d'autre part, le *munus* de l'évêque de Rome qui, en exerçant son ministère primatial, reçoit les pasteurs des Eglises particulières, ses frères dans l'épiscopat, et traite avec eux des questions concernant leur mission ecclésiale[331]. Ainsi,

> dans la visite ad limina, deux personnes se rencontrent, l'évêque d'une Eglise particulière et l'évêque de Rome, successeur de Pierre, l'un et l'autre porteurs

---

[328] «Si l'année fixée pour la présenter ce rapport tombe en tout ou en partie dans les deux premières années de sa présence à la tête du diocèse, l'évêque peut cette fois-là ne pas rédiger ni envoyer son rapport», (c. 399§2 CIC).

[329] Cf. cc. 399§1 CIC, 206§2 CCEO, art. 28 PB. En outre, il est prévue que le rapport sur l'état de la diocèse/éparchie soit envoyé au Saint-Siège six mois avant le temps fixé pour la visite. Les dicastères de la Curie Romaine auxquels cela revient «devront l'examiner avec attention et leurs remarques seront mises en commun lors d'une réunion particulière, de façon à en tirer une brève synthèse qu'on aura sous les yeux au cours de la rencontre» (art. 32 PB).

[330] Art. 29 PB.

[331] De plus, il est précisé que «les visites *ad limina* concernent également les dicastères de la Curie Romaine. En effet, grâce à elles, un dialogue profitable entre les évêques et le Siège Apostolique se développe et s'approfondit, des informations réciproques sont échangées, des conseils et des suggestions opportunes sont offerts pour le plus grand bien et progrès de l'Eglise aussi bien que pour l'observance de la discipline commune de l'Eglise.», (art. 30 PB).

d'une responsabilité à laquelle ils ne peuvent se soustraire, mais ne pouvant être séparés l'un de l'autre; chacun représente, et doit représenter à sa façon propre, l'ensemble de l'Eglise, l'ensemble des fidèles, l'ensemble des évêques qui, en un certains sens, constituent l'unique «nous» dans le Corps du Christ. C'est dans leur communion, en effet, que leurs fidèles sont en communion, et que sont en communion l'Eglise universelle et les Eglises particulières[332].

Ce mouvement ou circulation vitale entre l'Eglise universelle et les Eglises particulières, qui se réalise visiblement dans les visites *ad limina*, est définit comme une «périchorèse» ou il est comparé au mouvement de diastole-systole, par lequel le sang part du cœur vers les extrémités du corps et, de là, revient au cœur[333].

3.5 *Regard conclusif*

De ce qui nous avons présenté ici il appert que, selon l'ecclésiologie catholique, il n'y a aucune discordance entre le pouvoir plein et suprême exercé par le Pontife Romain et le pouvoir pleine, ordinaire et propre, que chaque évêque exerce dans le diocèse qui lui a été confié. Mais, il y a un lien étroit entre le Pontife Romain et les évêques prises individuellement. Ce lien, qui exprime la communion hiérarchique, est mis en évidence surtout à travers la nomination des évêques et les visites *ad limina*. Ces aspects particuliers renforcent encore de plus le rapport primauté-collégialité ainsi comme il est compris dans l'organisation actuelle de l'Eglise catholique.

4. Conclusion

En récapitulant tous ce qui nous avons présenté dans ce chapitre nous pouvons affirmer que le rapport primauté-collégialité dans l'Eglise catholique est un rapport de communion sacramentelle et hiérarchique. Mais, pour mieux comprendre ce rapport, il faut rappeler d'abord les précisions faites par le concile Vatican II en ce qui concerne la base de ce rapport, à savoir la succession apostolique.

Ainsi, selon les documents conciliaires, le Pontife Romain succède personnellement à l'Apôtre Pierre, tandis que les évêques succèdent au Collège des Apôtres. D'ici ressort clairement que la relation qui existe entre le Pontife Romain et les évêques catholiques est une relation de communion sacramentelle et hiérarchique. Ensuite, il faut rappeler que les mêmes do-

---

[332] PB, Annexe I, 3.
[333] Cf. PB, Annexe, I, 2.

cuments conciliaires prévoient que la relation entre le Pontife Romain et les évêques soit de nature collégiale. Dans ce sens, l'ecclésiologie catholique affirme que le pouvoir suprême dans l'Eglise catholique réside dans un double sujet: le Pontife Romain seul, et le Pontife Romain joint au Collège des évêques. Entre l'autorité du Pontife Romain seul et l'autorité du Pontife Romain joint au Collège des évêques, l'opposition est impossible. Il n'y a pas plus d'autorité dans le collège joint à son chef que dans le chef seul, mais il y a plus des participants à la même autorité. Il appert donc que, entre le Pontife Romain et les évêques catholiques il y a une relation de communion sacramentelle et hiérarchique de nature collégiale. A l'intérieur de cette relation doit être donc compris le rapport primauté-collégialité et le rapport entre le Pontife Romain et les évêques pris individuellement.

De plus, dans son action de gouverner l'Eglise, le Pontife Romain est aidé par différents organismes créés à ce but, à savoir: le Synode des évêques, le Collège des cardinaux, la Curie Romaine et les légats pontificaux. Ainsi, tandis que le rapport entre le Pontife Romain et le Collège des évêques est un rapport de coresponsabilité concernant le gouvernement et l'enseignement dans l'Eglise catholique, le rapport entre le Pontife Romain et les organismes ci-haut mentionnés est de participation, car ceux-ci, à travers leurs opinions et avec l'exercice du pouvoir vicaire à eux confié par le Pontife Romain, aident le même Pontife Romain dans le gouvernement ordinaire de l'Eglise catholique.

En conséquence, le lien entre le Pontife Romain et les évêques catholiques prises individuellement est encore de plus renforcé par ces organismes qui aident le Pontife Romain dans le gouvernement de l'Eglise, notamment parce que ceux-ci, en représentant tout l'épiscopat catholique, sont intégrés dans le rapport primauté-collégialité.

En résumant, nous pouvons affirmer que, dans l'Eglise catholique, la communion sacramentelle et hiérarchique constitue le principe fondamental régulateur du rapport primauté-collégialité. Les organismes de coresponsabilité, comme par exemple le Concile œcuménique, ou ceux qui aident le Pontife Romain dans le gouvernement de l'Eglise catholique ne peuvent pas être simplement réduites à une question de gestion et d'exercice du pouvoir, car ces organismes constituent aussi une manifestation de la communion ecclésiastique. Par conséquent, ces organismes, à travers leur organicité et leur manière d'agir, contribuent aussi au contour du rapport primauté-collégialité.

CHAPITRE IX

L'*autonomie ecclésiastique* et son application concrète dans l'Eglise catholique

1. L'*autonomie ecclésiastique* selon les documents du concile Vatican II

Concernant le concept d'*autonomie ecclésiastique* il faut souligner que cette expression ne se retrouve jamais utilisée dans les documents du Vatican II[1]. Bien que le mot «autonomie» (*autonomia*) est employé dans certaines textes conciliaires, il est toujours mis en référence à l'ordre temporelle[2], à la famille[3], à l'homme ou à la personne[4], à la culture[5], aux sciences[6], ou encore il est utilisé pour indiquer le rapport entre la communauté politique et l'Eglise catholique[7].

Cette absence a été cependant interprété par certaines auteurs catholiques comme un signe de la volonté des Pères conciliaires d'éviter l'utilisation du mot «autonomie», car celui-ci serait – à leur avis – ambigu et, donc, pourrait porter à des conséquences ecclésiologiquement erronées, notamment aux formes de revendication autarchique de l'Eglise particulière / Eglise locale et de l'exercice du pouvoir de l'évêque diocésain en rapport à l'Eglise universelle et à l'évêque de Rome[8]. Mais, il est très clair que cela ne pourrait avenir que dans le cas où l'autonomie ecclésiastique

---

[1] Cf. G. GHIRLANDA, «Autonomia delle Chiese particolari», 23; K. MÖRSDORF, «Die Autonomie der Ortskirche», 388.

[2] Cf. AA 1b, 7b; GS 36.

[3] Cf. AA 11c; GS 71b.

[4] Cf. GS 20a; 36b; 41b; 41c; 55; 71b; 75c.

[5] Cf. GS 56e.

[6] Cf. GS 36b; 59c.

[7] GS 76c: «Communitas politica et Ecclesia in proprio campo ab invicem sunt independentes et autonomae».

[8] Cf. P. AMENTA, *Partecipazione alla potestà legislativa*, 104-105.

est appliquée dans l'Eglise catholique par analogie à l'organisation fédérale ou confédérale d'un Etat, ou aux autonomies locales des différentes parties composantes d'un Etat[9]. Dans le même temps, il faut souligner ici que, à l'intérieur de l'Eglise catholique, qui se définit comme une communion des Eglises particulières, le concept d'*autonomie ecclésiastique*, surtout à cause de son étymologie[10], ne peut point être interprété comme une indépendance absolue, mais elle doit être toujours entendue comme la capacité d'une Eglise particulière ou d'un regroupement des Eglises particulières de pouvoir gérer ses affaires selon ses propres lois (*νόμοι–leges*)[11], tout en respectant non seulement les prescriptions canoniques propres à l'Eglise catholique, mais aussi la nature mystérique de l'Eglise et donc l'intériorité mutuelle entre l'Eglise universelle et l'Eglise particulière, et donc l'immanence dans l'Eglise particulière de l'autorité suprême, le Pontife Romain et le Collège des évêques[12]. Par conséquent, une éven-

---

[9] Cf. G. GHIRLANDA, «Autonomia delle Chiese particolari», 25; K. MÖRSDORF, «Die Autonomie der Ortskirche», 391; T. BERTONE, *Benedetto XIV*; «I fedeli nella Chiesa», 64-101.

[10] Pour détails concernant l'étymologie du mot «autonomie», voir p. 47.

[11] «αὐτονομία – potestas vivendi suis legibus», *Thesaurus Graecae Linguae*, I-2, col. 2543.

[12] En ce sens, nous sommes tout à fait en droit d'affirmer avec G. Ghirlanda que «Poiché il diritto nella Chiesa entra nella dinamica dell'annuncio del Vangelo e dell'espressione della vita cristiana, la legge universale non può non incarnarsi nella particolarità. Ogni legge ha il carattere della frammentarietà, in quanto non può prevedere tutte le situazioni particolari in cui i singoli o i gruppi possono trovarsi, ancor più la legge canonica in quanto ogni fedele o un gruppo di fedeli in ultimo si definiscono nella Chiesa in relazione al fine supremo, la salvezza. Poiché tale salvezza, […], pur in se stessa universale, è da ricercarsi nella concretezza dell'attuazione storica e culturale sia dei singoli che dei gruppi, per cui essa si particolarizza attraverso l'azione della Chiesa, il diritto particolare entra necessariamente in un rapporto di complementarietà col diritto universale. La legge particolare è certamente più vicina all'esperienza storica e culturale del gruppo per cui è emanata e quindi può essere un aiuto più efficace al perseguimento del fine ultimo.», G. GHIRLANDA, «Autonomia delle Chiese particolari», 54-55. Il appert donc que, dans l'Eglise catholique, entre la législation particulière et celle universelle il y a un rapport de complémentarité (cf. voir G. GHIRLANDA, «Diritto universale e diritto particolare», 11-20). De plus, il faut noter que cette distinction est très semblable, sinon identique, à celle que l'ecclésiologie orthodoxe fait entre les canons et les lois (cf. p. 30). Donc, nous pouvons aller encore plus loin en affirmant que, en ce qui concerne cet aspect, la vision ecclésiologique est commune: une législation générale commune (*corpus canonum* pour les orthodoxes et droit universel pour les catholiques) et plusieurs législations particulières (les lois-νόμοι pour les orthodoxes, les législations particulières pour les catholiques), qui se trouvent dans un rapport parfait de complémentarité.

tuelle application dans l'Eglise catholique du principe d'autonomie ecclésiastique par analogie au concept d'autonomie employé dans l'organisation étatique est absolument erronée et privée de toute logique.

Toutefois, de l'analyse de l'ecclésiologie de Vatican II qui nous avons fait il appert que la réticence des documents conciliaires d'utiliser le mot «autonomie» pour indiquer l'autonomie d'un diocèse ou des unités ecclésiales équivalentes à lui, ou encore pour définir l'autonomie des regroupements des diocèses (province ecclésiastique, région ecclésiastique, conférence des évêques ou patriarcat), ne peut pas être comprise dans le sens que le Vatican II n'a pas voulu laisser aucun espace dans Eglise catholique pour l'*autonomie ecclésiastique*[13]. Et cela parce que les documents conciliaires présentent le rapport entre les Eglises particulières/ Eglises locales et l'Eglise universelle, ainsi que le rapport entre les évêques catholiques et l'évêque de Rome, même s'ils n'arrivent pas à nous donner une image exacte de ces rapports. En effet, seulement de l'analyse de ces rapports nous pouvons vérifier si le Vatican II n'a pas exclu le concept d'autonomie ecclésiastique.

Avec cette image de l'autonomie, nous sommes tout à fait en droit de préciser que H. Legrand affirme à tort que

> aucune Eglise ne peut être autonome: elle [l'Eglise locale] est véritablement sujet: elle se construit dans une relation nécessaire aux autres, ceci pour être fidèle à son identité même[14].

Et cela notamment parce que les textes mêmes du Vatican II nous offrent les deux fondements ecclésiologiques de l'autonomie du diocèse ou des unités ecclésiales équivalentes[15], à savoir que chaque Eglise particu-

---

[13] Cf. K. MÖRSDORF, «Die Autonomie der Ortskirche», 389.

[14] H. LEGRAND, «Le développement d'Eglises-sujets», 167.

[15] Il convient de souligner ici que, dans ce catégorie, sont comprises seulement les unités ecclésiales énumérées dans les canons 368 CIC et 311§1 CCEO, à savoir la *prélature territoriale*, l'*abbaye territoriale*, le *vicariat apostolique*, la *préfecture apostolique*, l'*administration apostolique* érigée de façon stable, ainsi que l'*exarchat*. L'*ordinariat militaire* n'entre pas proprement dans cette catégorie (en effet, il est seulement assimilé au diocèse), car le pouvoir de l'Ordinaire militaire est «propre mais cumulative par rapport au pouvoir de l'évêque du diocèse, car les personnes appartenant à l'Ordinariat ne cessent pas pour autant d'être les fidèles de l'Eglise particulière dont ils font partie en raison de leur domicile ou de leur rite» (JEAN-PAUL II, Const. Ap. *Spirituali militum curae*, IV,3). Même l'Ordinariat pour les anglicans qui entrent dans la pleine communion avec l'Eglise catholique est seulement assimilé en droit au diocèse parce que le pouvoir de l'Ordinaire, même s'il n'est pas cumulatif

lière possède tous les moyens naturels et surnaturels pour réaliser la mission du salut que le Christ avait donné à son Eglise, et que chaque évêque exerce son pouvoir propre, ordinaire et immédiat dans l'Eglise de laquelle il est le pasteur.

Pour le premier argument c'est la constitution *Lumen Gentium* qui nous offre le fondement lorsqu'elle affirme que, dans l'Eglise catholique, toutes les Eglises particulières sont «formées à l'image de l'Eglise universelle; et c'est dans toutes ces Eglises particulières et par elles qu'est constituée l'Eglise catholique, une et unique»[16]. D'où résulte que

> les Eglises particulières ne sont pas des parties d'un tout qui, par addition ou fédération, fonderaient l'Eglise universelle. Chaque Eglise particulière, au contraire, *est* l'Eglise du Christ, en tant que présente en un lieu donné. Il ne lui manque aucun des moyens de salut que le Seigneur a donnés à son Eglise[17].

Le deuxième argument trouve ses fondements dans le décret *Christus Dominus* qui affirme que

> les évêques en tant que successeurs des Apôtres, ont de soi, dans les diocèses qui leur sont confiés, tout le pouvoir ordinaire propre et immédiat, requis pour l'exercice de leur charge pastorale, étant sauf toujours et en toutes choses le pouvoir que le Pontife Romain a, en vertu de sa charge, de se réserver des causes ou de les réserver à une autre autorité[18].

Dans le même sens, le texte de décret précise encore que

> chaque évêque à qui a été confié le soin d'une Eglise particulière, paît ses brebis au nom de Seigneur, sous l'autorité du Souverain Pontife, à titre de pasteur propre, ordinaire et immédiat, exerçant à leur égard la charge d'enseigner, de sanctifier et de gouverner[19].

Les idées majeures qui ressortent à la lecture de ces textes conciliaires sont deux. La première nous dit que les évêques ont, donc, dans le diocèse qui leur est confié tous les pouvoirs nécessaires au gouvernement de ce diocèse. En effet, les évêques

> ont le *pouvoir législatif*, le pouvoir d'édicter des prescriptions de portée générale pour le bien commun du diocèse; certes, ils ont seulement le pouvoir de porter des lois qui ne sont contraires ni au droit commun de

---

au pouvoir de l'évêque, est ordinaire vicaire en rapport au Pontife Romain (cf. BENEDICT XVI, Const. Ap. *Anglicanorum coetibus*).

[16] LG 23a.
[17] J.-G. BOEGLIN, *Pierre dans la communion des Eglises*, 77-78.
[18] CD 8a.
[19] CD 11b.

l'Eglise ni au droit du patriarcat, de la région ecclésiastique ou de la province ecclésiastique; mais, ils peuvent porter des lois *praeter ius commune* et *praeter ius provinciale et regionale* relativement à toutes les matières ecclésiastiques, à moins que certaines matières ne soient expressément soustraites à leur compétence législative par l'autorité suprême, et ne soient réservées à l'autorité suprême elle-même, le pape ou le collège épiscopal, ou à quelque autre autorité, comme le sont le synode patriarcal, le concile provincial ou national, et la conférence des évêques. Les évêques ont de même le *pouvoir administratif*, le pouvoir de poser tous actes de caractère particulier ou individuel, tels que les nominations aux offices ecclésiastiques, l'érection de ces offices, les concessions de privilèges et de permissions, etc.; ils peuvent poser tous les actes administratifs nécessaires ou utiles à l'administration de leur diocèse, à l'exception de ceux que l'autorité suprême se réserve à elle-même ou à quelque autre autorité ecclésiastique. Les évêques ont enfin le *pouvoir judiciaire*: ils sont chacun dans son diocèse juges ordinaires, en première instance, au for externe, de toutes les causes ecclésiastiques, tant personnelles que réelles, qui ne sont pas expressément réservées à un juge supérieur par l'autorité suprême[20].

La deuxième idée nous précise que, dans son diocèse, l'évêque exerce un pouvoir propre, c'est-à-dire qu'il ne l'exerce pas au nom d'un autre, fut-il le chef du Collège des évêques, mais en son nom propre. Et cela, selon le texte du décret, ne s'oppose pas au fait que cette pouvoir propre s'exerce sous l'autorité de l'évêque de Rome. En effet, le pouvoir propre s'oppose au pouvoir vicarial qui, comme le terme l'indique, est exercé au nom d'une autre personne et non plus seulement sous son autorité. De plus, cette pouvoir de l'évêque est dit ordinaire, c'est-à-dire qu'il revient à l'évêque en vertu même de sa charge. Enfin, cette pouvoir de l'évêque est immédiat, à savoir qu'il peut l'exercer à l'égard de tous et chacun des fidèles compris dans son Eglise particulière, sans être contraindre de passer par quelque médiation que ce soit.

Toutefois, dans ce rapport, il faut remarquer un aspect essentiel qui pourrait créer des ambiguïtés, à savoir la modalité dans laquelle les évêques catholiques peuvent exercer leur pouvoir propre, ordinaire et immédiat sous l'autorité de l'évêque de Rome, autrement dit le façon d'exercice de la collégialité dans l'Eglise catholique. Dans ce sens nous avons déjà vu que les documents conciliaires ont prévu une manière collégiale d'exercice du pouvoir suprême dans l'Eglise catholique, tout en accentuant sur l'aspect de l'Eglise-communion. D'autre part, il faut aussi

---

[20] W. ONCLIN, «Les évêques et l'Eglise universelle», 96-97.

préciser ici que le concile n'a donné que les principes généraux pour l'exercice de la collégialité, en laissant pour la législation canonique la charge de réglementer les aspects techniques de l'exercice de la collégialité. Donc, bien que les documents de Vatican II nous offrent les bases pour l'autonomie diocésaine, les textes conciliaires n'offrent pas la possibilité d'identifier des détails relatifs à celle-ci. Pour cela il sera nécessaire d'analyser l'actuelle législation canonique de l'Eglise catholique pour voir comment le législateur a accommodé les principes énoncés par Vatican II à la vie de l'Eglise catholique.

En ce qui concerne l'autonomie des regroupements des Eglises particulières, autrement dit des régions ou provinces ecclésiastiques, ou des conférences épiscopales, il faut de même préciser que les textes conciliaires nous donnent seulement les principes fondamentaux. Ainsi, le troisième chapitre du décret *Christus Dominus*, dédié à la coopération des évêques au bien commun de plusieurs Eglises, attaque aussi la question des regroupements des Eglises particulières. En effet,

> le Concile s'est limité à quelques règles très générales en cette matière, confiant aux conférences épiscopales le soin d'examiner les situations particulières et de proposer au Siège apostolique romain les vœux et avis relatifs à la délimitation et au découpage des provinces ecclésiastiques ou à l'érection de régions ecclésiastiques. Le motu proprio *Ecclesiae sanctae* est revenu sur ce point en pressant les conférences épiscopales de soumettre au Saint-Siège les modifications souhaitées pour le plus grand bien des âmes. Elles feront aussi connaître les modalités selon lesquelles doivent être agrégés des diocèses de leur territoire qui étaient soumis directement au Siège apostolique romain.
> Il n'est pas question de supprimer l'institution des métropolitains et de provinces ecclésiastiques, même si celles-ci sont appelées à être regroupées au sein des régions ecclésiastiques. L'érection de ces dernières ne donnera pas lieu à la création de nouveaux degrés dans la hiérarchie épiscopale; il ne s'agira, à ce palier, que de structures de service apostolique, de cadres destinés à coordonner les activités pastorales et missionnaires[21].

---

[21] C. MUNIER, «La coopération des évêques», 352. De plus, il est nécessaire de souligner que le même décret *Christus Dominus* a prescrit des limités très étroites pour l'autonomie législative des Conférence des évêques. Ainsi, «les décisions de la Conférence épiscopale, pourvu qu'elles aient été prises légitimement et par les deux tiers au moins des suffrages des prélats ayant voix délibérative à la Conférence, et qu'elles aient été reconnues par le Siège apostolique, obligeront juridiquement, mais seulement dans les cas prescrits par le droit commun ou quand un ordre spé-

Donc, les documents conciliaires se résument seulement à nous offrir le cadre général des regroupements des diocèses, sans entrer dans des détails techniques. Par conséquent, pour une analyse de l'autonomie ecclésiastique il sera aussi nécessaire un examen de l'actuelle législation canonique de l'Eglise catholique.

En ce qui concerne les Eglises orientales catholiques, nous avons déjà présenté les avancées du concile Vatican II qui offrent aux celles-ci un cadre d'autonomie spéciale leur permettant d'épanouir leur spécificités, en spécial dans la liturgie[22]. Toutefois les textes conciliaires n'indiquent pas les détails de cette autonomie, en laissant ainsi à la charge de la législation canonique spécifique de préciser les limites et la fonctionnalité de ladite autonomie.

En résumant tout ce qui nous avons dit jusqu'ici, il appert que les documents du concile Vatican II indiquent d'une manière générale les bases fondamentales de l'autonomie du diocèse et des regroupements des diocèses, bien que ils n'arrivent pas à nous offrir les détails techniques de son fonctionnement. Il appert donc que, pour connaître les modalités du fonctionnement de l'autonomie diocésaine ou ecclésiastique dans l'Eglise catholique, il est nécessaire d'analyser son actuelle législation canonique.

---

cial du Siège apostolique, donné sur son initiative ou à la demande de la Conférence elle-même, en aura ainsi disposé» (CD 38, 4). Dans le même sens, l'ex. ap. post-synodale *Pastores Gregis* 63 a précisé par la suite que «la Conférence des évêques étant en tout cas un organe permanent qui se réunit périodiquement, sa fonction sera efficace si elle se situe comme auxiliaire par rapport à celle que les évêques exercent de droit divin dans leur Eglise. En effet, au niveau de son Eglise particulière, l'évêque diocésain paît au nom du Seigneur le troupeau qui lui est confié, en tant que pasteur propre, ordinaire et immédiat, et son action est strictement personnelle, non collégiale, même si elle est animée par l'esprit de communion. Au niveau de regroupement d'Eglises particulières par zones géographiques (nation, région, etc.), les évêques qui leur sont préposés n'exercent donc pas conjointement leur ministère pastoral par des actes collégiaux similaires à ceux du Collège épiscopal, lequel, comme sujet théologique, est indivisible. C'est pourquoi les évêques de la même Conférence des évêques, réunis en assemblée, n'exercent conjointement pour le bien de leurs fidèles, dans les limites des compétences qui leur sont attribuées par le droit ou par un mandat du Siège apostolique, que certaines des fonctions qui découlent de leur ministère pastoral (*munus pastorale*).». En effet, le pouvoir duquel jouit une Conférence des évêques dans l'Eglise catholique est toujours délégué soit *a iure* soit *ab homine*. Pour plus de détails, voir G. GHIRLANDA, «Il m.p. *Apostolos Suos* sulle Conferenze dei Vescovi», 609-657. Voir aussi G. FELICIANI, «La dimensione collegiale», 53-61.

[22] Voir p. 261-264.

2. L'*autonomie ecclésiastique* selon l'actuelle législation canonique catholique

2.1 *Le concept d'autonomie* selon l'actuelle législation canonique catholique

Dans l'actuelle législation canonique catholique, le substantif «autonomie» (*autonomia*), ainsi que l'adjectif «autonome» (*autonomus*), sont employés très rarement. Plus précisément, dans l'actuel *Corpus Iuris Canonici* de l'Eglise catholique, le terme «autonome» est utilisé exclusivement pour indiquer l'autonomie des associations privées des fidèles[23], des instituts de vie consacrés[24], des universités catholiques[25], des écoles catholiques[26], des fondations pieuses[27]. Parfois, lorsque le mot «autonome» est employé dans l'actuelle législation canonique catholique, il est accompagné d'un adjectif qualificatif destiné à mieux préciser la nature de cette autonomie. Ainsi, dans l'actuelle législation catholique, nous rencontrons les expressions suivantes: l'autonomie canonique (*canonica autonomia*)[28], la juste autonomie (*iusta autonomia*)[29] et l'autonomie scientifique (*scientifica autonomia*)[30].

D'autre part, il faut souligner que l'actuelle législation catholique n'emploi jamais le terme «autonome» ni en référence à l'Eglise particulière, ni aux regroupements des Eglises particulières. Toutefois, l'ex. ap. *Pastores Gregis* précise:

> [...] dans l'Eglise particulière, l'évêque diocésain possède tout le pouvoir ordinaire, propre et immédiat, nécessaire pour l'accomplissement de son ministère pastoral. Il possède donc *un domaine propre d'exercice autonome de cette autorité, domaine reconnu et protégé par la législation universelle.* D'autre part, le pouvoir de l'évêque coexiste avec le pouvoir suprême du Pontife Ro-

---

[23] Cf. c. 323 CIC.

[24] Cf. cc. 580, 586, 708 CIC. Pour plus de détails, voir G. GHIRLANDA, «Iusta autonomia», 113-142; «La giusta autonomia», 679-699; V. DE PAOLIS, «La vita consacrata», 291-315, 379-401; Y. SUGAWARA, «Autonomia degli istituti di vita consacrata», 415-436; S. PETTINATO, «Esenzione e autonomia», 194-229. Voir aussi V. KOLUTHARA, *Rightful Autonomy*; F. BERZDORF, *Autonomie und Exemtion*; T. RINCÓN-PÉREZ, «La justa autonomía», 13-50.

[25] Cf. c. 809 CIC; 640§2 CCEO.

[26] Cf. c. 806§1 CIC; 638§1 CCEO.

[27] Cf. 115§3, 1303§1 CIC; 1047§1, 1048 CCEO.

[28] Cf. c. 580 CIC.

[29] Cf. c. 586§1 CIC. Pour plus de détails, voir A. LOSINGER, *Iusta autonomia*.

[30] Cf. c. 809 CIC.

main, lui aussi épiscopal, ordinaire et immédiat sur toutes les Eglises et leurs regroupements, sur tous les pasteurs et tous les fidèles[31].

Il appert donc que, malgré la réticence de l'actuelle législation catholique d'utiliser le mot «autonome» en référence à l'Eglise particulière, un document magistériel successif indique cependant un domaine propre d'exercice autonome de l'autorité de l'évêque diocésain. Afin d'identifier les dimensions exactes de ce domaine, il est absolument nécessaire d'analyser l'actuelle législation canonique catholique. Et, parce que le Législateur catholique a prévue un Code pour l'Eglise catholique latine et un autre pour les Eglises catholiques orientales, nous suivons la même systématique dans notre analyse.

2.2 *L'autonomie dans l'Eglise catholique latine*

Dans l'actuel *Codex Iuris Canonici* il n'y a aucune référence directe ni à l'autonomie de l'Eglise particulière, ni à celle des regroupements des Eglises particulières. C'est seulement l'analyse de la législation canonique catholique actuelle qui règle les rapports Eglise universelle – Eglise particulière et évêque diocésain – autorité suprême qui peut nous indiquer s'il y a une autonomie diocésaine dans l'Eglise catholique. En ce qui concerne le premier rapport, nous avons déjà vu que, selon l'actuelle législation canonique, chaque Eglise particulière, étant une *portio Populi Dei*, constitue une vrai Eglise et, donc, elle possède tous les moyens naturels et surnaturels pour réaliser la mission du salut que le Christ avait donné à son Eglise. Ce fait constitue le fondement ecclésiologique de l'autonomie diocésaine. Ce qu'il nous reste donc à analyser ici est la manière dans laquelle chaque évêque catholique exerce son pouvoir propre, ordinaire et immédiat dans l'Eglise particulière de laquelle il est le pasteur.

Lorsqu'il parle de l'Eglise particulière et de l'évêque à qui lui a été confié, le CIC fait plusieurs précisions qui indiquent clairement le domaine propre d'exercice de l'autorité de cet évêque. Donc, pour pouvoir identifier quel est le niveau d'autonomie diocésaine prévue dans l'Eglise catholique latine, il est nécessaire de définir le cadre exacte d'exercice de l'autorité de l'évêque dans l'Eglise particulière qui lui a été confié.

---

[31] Ex. ap. *Pastores Gregis*, 56: «[…] in Ecclesia particulari dioecesanum Episcopum omnem habere ordinariam, propriam immediatamque potestatem, quae ad eius pastorale ministerium obeundum est necessaria. *Quocirca ad eum proprius huius auctoritatis exercendae suo iure ambitus pertinet, quem ambitum agnoscunt et leges universae tutantur*. Potestas autem Episcopi, altera ex parte, una cum suprema Romani Pontificis potestate exsistit, ipsa quoque episcopali, ordinaria et immediata quae singulas Ecclesias earumque sodalitates, omnes pastores fidelesque complectitur» (notre soulignement).

D'autre part, pour le cas des regroupements supra-diocésains des Eglises particulières, il est nécessaire d'identifier la modalité d'exercice de l'autorité à l'intérieur de ceux-ci, ainsi que le rapport de celle-ci avec l'autorité suprême de l'Eglise catholique.

2.2.1 L'autonomie diocésaine

En ce qui concerne l'épiscopat catholique, nous avons déjà vu que chaque évêque est avant tout membre du Collège des évêques, et que le membre du Collège qui se voit confier le soin pastoral d'un diocèse est ensuite appelé «évêque diocésain»[32]. De plus, l'évêque diocésain est l'Ordinaire du diocèse qui lui a été confié[33] et le représente dans toutes les affaires juridiques du diocèse[34]. Etant «maître de la doctrine, prêtre du culte sacré et ministre du gouvernement»[35],

> à l'évêque diocésain revient, dans le diocèse qui lui a été confié, tout le pouvoir ordinaire, propre et immédiat requis pour l'exercice de sa charge pastorale, à l'exception des causes que le droit ou un décret du Pontife Suprême réserve à l'autorité suprême ou à une autre autorité ecclésiastique[36].

Ce pouvoir ordinaire, propre et immédiat concernant le pouvoir de gouvernement, comme nous avons déjà vu, se distingue en trois catégories: les pouvoirs législatif, exécutif et judiciaire[37]. Ces trois pouvoirs sont indivi-

---

[32] C. 376 CIC. Il convient rappeler ici que, dans l'Eglise catholique, le Pontife Romain nomme librement les évêques, ou il confirme ceux qui ont été légitimement élus (cf. c. 377§1 CIC).

[33] Cf. c. 134 CIC. Voir p. 279, note 120.

[34] Cf. c. 393 CIC.

[35] Cf. c. 375§1 CIC. Dans les diocèses qui leur ont été confiés, les évêques diocésains sont aussi: «authentiques docteurs et maîtres de la foi» (c. 753 CIC), «modérateurs de tout le ministère de la parole» (c. 756§2 CIC), «grand prêtres, principaux dispensateurs des mystères de Dieu» (c. 835§1 CIC) et «modérateurs, promoteurs et gardiens de toute la vie liturgique» (c. 835§1 CIC).

[36] C. 381§1 CIC. Ainsi, «sauf autre disposition explicite du droit, il revient à l'évêque diocésain de pourvoir par libre collation aux offices ecclésiastiques dans sa propre Eglise particulière» (c. 157 CIC). Pour plus de détails sur la charge pastorale de l'évêque, selon l'actuel CIC, voir T.J. GREEN, «The Pastoral Governance Role», 472-506.

[37] Il faut rappeler ici que l'actuelle législation canonique, en partant des *tria munera* du concile Vatican II, distingue une *potestas regiminis*, une *potestas docendi* et une *potestas sanctificandi*. De plus, dans la *potestas regiminis*, la même législation distingue les pouvoirs législatif, exécutif et judiciaire. Pour une analyse historique de l'évolution de la *potestas regiminis* de l'évêque diocésain dans l'Eglise catholique, à partir du Concile Vatican I jusqu'à la promulgation de l'actuel CIC, voir A. ARCE, «Configuración canónica de la potestad de régimen», 357-412.

sibles car, au niveau diocésain, ceux-ci sont unis en la personne de l'évêque diocésain[38]. Il faut souligner cependant que, en ce qui concerne le pouvoir législatif, l'actuelle législation canonique catholique prévoit que l'évêque diocésain soit le seul à pouvoir décider, édicter des lois et des décrets[39]. Toutefois, l'évêque diocésain n'est pas seul dans le procès de décision: il est entouré des conseils, les uns obligatoires[40], les autres facultatifs[41]. Si au niveau du diocèse les trois pouvoirs (législatif, exécutif et judiciaire) se retrouvent unis en la personne de l'évêque, il peut en aller différemment quant à leur exercice, car le CIC précise:

> l'évêque exerce lui-même le pouvoir législatif; il exerce le pouvoir exécutif par lui-même ou par les Vicaires généraux ou les Vicaires épiscopaux, selon le droit; le pouvoir judiciaire, par lui-même ou par le Vicaire judiciaire et les juges, selon le droit[42].

---

[38] Cf. c. 391§1 CIC.

[39] Il faut noter ici que le pouvoir législatif de l'évêque diocésain est cependant limité, car, selon l'actuelle législation canonique catholique latine, «une loi contraire au droit supérieur ne peut être validement portée par un législateur inférieur» (c. 135§2 CIC). Toutefois, le CIC ne dit pas quelle est la limite entre les normes encore conformes au droit supérieur et celles qui lui sont contraires. De plus, encore aujourd'hui, il n'y a pas des études exhaustives sur l'application concrète de ce principe au niveau local, à savoir dans le diocèse, mais seulement des analyses sur la hiérarchie des normes dans l'actuelle législation canonique catholique. Cf. R. Puza, «La hiérachie des normes», 127-142; V. De Paolis, «Tipologia e gerarchia delle norme», 123-151; E. Tawil, «Le respect de la hiérarchie des normes», 167-185; P. Toxé, «La hiérarchie des normes», 113-128; J. Traserra, «La legislación particular», 165-194. Voir aussi P. Gefaell, «Il diritto particolare», 179-196.

[40] Le CIC prévoit comme obligatoires: 1. le *Conseil presbitéral*, qui est «comme le Sénat de l'évêque» (cf. cc. 495-501 CIC); 2. le *Collège des consulteurs*, qui en dérive du Conseil presbytéral, dont les avis sont consultatifs et parfois requis pour telle ou telle décision (cf. cc. 272, 377§3, 382§3, 404§3, 413§2, 419, 421§1, 485, 494§§1-2, 502, 1018§1, 1277 CIC); 3. le *Conseil des Affaires Economiques* (cf. c. 492 CIC). De plus, il est prévu que dans chaque Eglise particulière lorsque, au jugement de l'évêque diocésain et après que celui-ci ait entendu le conseil presbytéral, les circonstances le suggéreront, il sera célébré le Synode diocésain (cf. c. 461§1 CIC). Pour plus de détails, voir M. Rivella, «Le funzioni del Consiglio presbiterale», 48-60; M. Marchesi, «Il Consiglio presbiterale», 72-93; S. Kotzula, «Der ekklesiologische Gehalt», 58-82; C. Redaelli, «I regolamenti del Collegio dei Consultori», 109-130; M. Calvi, «Il Collegio dei Consultori», 149-162; B. David, «Le conseil diocésain pour les affaires économiques», 9-22; J. Hannon, «Diocesan Consultors», 147-179.

[41] Le CIC prévoit comme facultatifs d'autres Conseils comme, par exemple, le *Conseil épiscopal* (cf. c. 473§4 CIC) ou le *Conseil pastoral diocésain* (cf. cc. 511-514 CIC).

[42] C. 391§2 CIC. Pour une présentation détaillée de la manière dans laquelle, dans l'Eglise catholique latine, l'évêque diocésain doit gouverner le diocèse qui lui a été

Il appert donc que, pour identifier le niveau de l'autonomie diocésaine, il est nécessaire d'analyser comment l'évêque diocésain, dans le diocèse qui lui a été confié, exerce sa charge pastorale (d'enseigner, de sanctifier, de gouverner), en particulier son pouvoir de gouvernement.

Il faut souligner d'abord que l'actuel CIC exige pour l'évêque diocésain d'avoir la résidence personnelle dans son diocèse[43]. Ainsi, l'activité de l'évêque diocésain est réduite strictement à son diocèse, car le CIC prévoit:

> que dans l'exercice de sa charge pastorale, l'évêque diocésain montre sa sollicitude à l'égard de tous les fidèles confiés à ses soins, quels que soient leur âge, leur condition ou leur nationalité, qu'ils habitent sur son territoire ou qu'ils s'y trouvent pour un temps; qu'il applique son souci apostolique même à ceux qui ne peuvent pas assez bénéficier de l'activité pastorale ordinaire à cause de leurs conditions de vie, ainsi qu'à ceux qui ont abandonné la pratique religieuse[44].

Et, dans le même sens, il est prévu que:

> L'évêque favorisera les diverses formes d'apostolat dans son diocèse, et veillera à ce que dans le diocèse tout entier ou dans ses districts particuliers, toutes les œuvres d'apostolat soient coordonnées sous sa direction, en respectant le caractère propre de chacune d'elles[45]. Il rappellera le devoir qu'ont les fidèles d'exercer l'apostolat chacun selon sa condition et ses aptitudes, et il les exhortera à prendre part et à apporter leur aide aux diverses œuvres d'apostolat, selon les besoins de lieux et des temps.[46]

Quant au sujet de l'exercice du *munus docendi*, il faut préciser d'abord que, dans le diocèse qui lui est confié, chaque évêque catholique, bien qu'il ne jouit pas de l'infaillibilité quand il enseigne, est

---

confié, voir G. GHIRLANDA, «Linee di governo della diocesi», 533-608. Voir aussi G.H. TAVARD, «The Task of A Bishop», 361-381.

[43] Cf. c. 395§1 CIC. Voir aussi PONTIFICIUM CONSILIUM DE LEGUM TEXTIBUS, «L'obbligo del Vescovo di risiedere in Diocesi», 182-186.

[44] Cf. c. 383§1 CIC. De plus, «parce qu'il doit défendre l'unité de l'Eglise tout entière, l'évêque est tenu de promouvoir la discipline commune à toute l'Eglise et en conséquence il est tenu d'urger l'observation de toutes les lois ecclésiastiques. Il veillera à ce que des abus ne se glissent pas dans la discipline ecclésiastique, surtout en ce qui concerne le ministère de la parole, la célébration des sacrements et des sacramentaux, le culte de Dieu et des saints, ainsi que l'administration des biens» (c. 392 CIC). Pour plus de détails, voir F. FABENE, «La funzione di vigilanza», 207-232.

[45] Cf. c. 394§1 CIC.
[46] Cf. c. 394§2 CIC.

«authentique docteur et maître de la foi»[47] et «modérateur de tout le ministère de la parole»[48]. Ensuite, il faut noter que:

> l'évêque diocésain est tenu de proposer et d'expliquer aux fidèles les vérités de foi qu'il faut croire et appliquer dans la vie, en prêchant souvent lui-même[49].

Le même canon prescrit le fait que l'évêque diocésain:

> veillera aussi à ce que soient suivies avec soin les prescriptions canoniques sur le ministère de la parole, surtout celles qui concernent l'homélie et l'institution catéchétique, de telle sorte que la doctrine chrétienne tout entière soit transmise à tous[50].

Ces devoirs sont ensuite développés par le CIC qui, à l'intérieur de l'Eglise latine, attribue d'amples compétences à l'évêque diocésain[51]. Ainsi, il revient aux évêques diocésains, individuellement ou réunis en Conférence des évêques, de donner de règles pratiques en ce qui concerne l'activité œcuménique, en respectant toujours les dispositions portées par l'autorité suprême de l'Eglise catholique[52]. De même, il revient à l'évêque

---

[47] C. 753 CIC.

[48] C. 756§2 CIC. Et, en ce sens, le c. 753 CIC précise: «les évêques qui sont en communion avec le chef du Collège et ses membres, séparément ou réunis en Conférences des évêques ou en conciles particuliers, bien qu'ils ne jouissent pas de l'infaillibilité quand ils enseignent, sont les authentiques docteurs et maîtres de la foi des fidèles confiés à leurs soins; à ce magistère authentique de leurs évêques, les fidèles sont tenus d'adhérer avec une révérence religieuse de l'esprit». Une présentation détaillée du *munus docendi* de l'évêque diocésain a été fait dans le Ve chapitre de l'actuel Directoire pour le ministère pastoral des évêques (cf. *Ap.S.* n. 118-141). Voir aussi M. GIDI THUMALA, *El obispo diocesano*; D.G. ASTIGUETA, «Il munus docendi», 641-676, 21-75; J.A. CORIDEN, «The Teaching Ministry», 382-407.

[49] C. 386§1 CIC.

[50] C. 386§1 CIC. Et, en ce sens, il est précisé que les évêques diocésains «pourvoiront aussi à ce que le message évangélique parvienne aux non-croyants demeurant sur le territoire, car le soin des âmes doit s'étendre à eux non moins qu'aux fidèles» (c. 771§2 CIC). Cette responsabilité est encore mieux expliquée dans l'actuel «Directoire pour le ministère pastoral des évêques», qui précise: «la charge d'évangélisation de l'évêque ne s'épuise pas dans la sollicitude envers les fidèles, mais concerne aussi ceux qui ne croient pas au Christ ou qui ont abandonné, intellectuellement ou pratiquement, la foi chrétienne. Il orientera les efforts de ses collaborateurs vers cet objectif et il ne se lassera pas de rappeler à tous le bonheur et la responsabilité qu'il y a de collaborer avec le Christ dans l'activité missionnaire.» (*Ap.S.* n. 119).

[51] Pour une présentation détaillée des dispositions fondamentales concernant le droit de l'enseignement de l'Eglise catholique dans les deux Codes (CIC et CCEO), voir N. LUDECKE, *Die Grundnormen des katholischen Lehrrechts*, 93-414.

[52] Cf. c. 755§2 CIC. Pour plus de détails, voir T.J. GREEN, «The Church's teaching mission», 23-57.

diocésain de promulguer les règles pour l'exercice de la prédication, que devront observer tous ceux qui exercent ce ministère dans le diocèse[53]. De plus, il est de la compétence de l'évêque diocésain, en tenant compte des prescriptions du Siège Apostolique, d'édicter des règles en matière de catéchèse[54], selon les différentes modalités adaptées aux besoins des fidèles[55], et de prendre aussi les dispositions qui concernent la formation correcte des catéchistes[56].

De même, il est de la compétence de l'évêque diocésain, en tenant compte des éventuelles dispositions édictées à ce sujet par la Conférence des évêques, de régler ce qui tient à l'enseignement et à l'éducation religieuse catholique, donnés en n'importe quelle école, ou transmis par le moyens de communication sociale[57]. L'organisation générale des écoles catholiques lui revient aussi, ainsi que de veiller au maintien de leur identité[58].

Pour les universités et les centres d'études supérieurs catholiques, il est prévu que l'évêque diocésain, tout en respectant l'autonomie de l'institution universitaire selon ses propres statuts, accomplisse ce qui relève de son devoir et des dispositions de la Conférence des évêques[59]. Ainsi, l'évêque diocésain a le droit et le devoir de veiller à ce que dans ces universités et centres d'études les principes de la doctrine catholique soient fidèlement gardés[60]. De même, pour tout institut d'études supérieures de

---

[53] Cf. c. 772§1 CIC. Les aspects particuliers de cette tâche sont: 1. l'éventuelle restriction de l'exercice de la prédication (cf. c. 764 CIC); 2. la règlementation de ce qui touche aux modalités particulières de la prédication, adaptées aux nécessités des fidèles, tels que les exercices spirituels, les missions sacrées, etc. (cf. c. 770 CIC); 3. une grande attention à ce qui la parole de Dieu soit annoncée aux fidèles qui ne bénéficient pas suffisamment de la charge pastorale commune et ordinaire (cf. c. 771§1 CIC) et aussi aux non-croyants (cf. c. 771§2 CIC).

[54] Cf. c. 775§1 CIC.

[55] Cf. cc. 777 et 1064 CIC.

[56] Cf. c. 780 CIC. Pour plus de détails, voir J. TOBIN, «The Diocesan Bishop as Catechist», 365-414.

[57] Cf. c. 804§1 CIC. De plus, il est du devoir des évêques de veiller sur les publications et sur l'usage des moyens de communication sociale (cf. c. 823 CIC).

[58] Cf. c. 806 CIC.

[59] Cf. cc. 807-814. Pour un exposé complet de la discipline des universités catholiques, voir JEAN-PAUL II, Const. Ap. *Ex corde Ecclesiae*, 1475-1509. Voir aussi P. VALDRINI, «Les universités catholiques», 445-458.

[60] Cf. c. 810§2 CIC. Ainsi, dans le cas où une institution universitaire se présentait de quelque façon comme catholique sans l'être vraiment, l'évêque diocésain, après avoir cherché à résoudre positivement le problème, doit déclarer publiquement ce

son diocèse, l'évêque diocésain, selon les normes des statuts de l'institution universitaire, donne le mandat au candidat à l'enseignement de disciplines théologiques[61].

Quant aux universités et aux facultés ecclésiastiques (c'est-à-dire celles qui s'occupent de la formation et de la recherche scientifique dans les sciences sacrées ou dans d'autres disciplines qui sont reliées) qui fonctionnent dans le diocèse, il est prévue que celles-ci ne peuvent être constitues que si elles sont érigées par le Saint-Siège ou approuvées par lui[62]. De même, il est prévue que la haute direction de ces universités et facultés appartient aussi au Saint-Siège[63] et que chaque université et faculté doit avoir ses statuts et son programme d'études approuvés par le Siège Apostolique[64]. De plus, avant d'accorder la mission canonique[65] de l'enseignant des disciplines concernant la foi et la morale qui est sur le point d'être engagé de façon stable, le Grand Chancelier[66] doit demander le *nulla osta* du Saint-Siège[67]. Nous pouvons facilement remarquer ici une limitation du *munus docendi* de l'évêque diocésain par ce type de contrôle imposé par le Saint-Siège.

En ce qui concerne l'évangélisation, le CIC précise qu'il revient à l'évêque diocésain de promouvoir, dans le diocèse, l'activité missionnaire de l'Eglise[68], et, si le diocèse se trouve en territoire de mission, de diriger

---

désaccord avec la foi et la morale de l'Église, pour dissiper toute équivoque dans l'opinion publique (cf. *Ap.S.* n. 135).

[61] Cf. c. 812 CIC.

[62] Cf. c. 816§1 CIC.

[63] Cf. c. 816§1 CIC. «Dans le cas où l'évêque occupe la charge de Grand Chancelier, il exercera les fonctions qui lui sont propres. Sinon, la responsabilité de veiller sur les universités ou sur les facultés ecclésiastiques situées dans son diocèse retombe de toute façon sur lui, pour que les principes de la doctrine catholique soient fidèlement observés. S'il constate des abus ou des irrégularités, il les communiquera au Grand Chancelier ou, si c'est le cas, à la Congrégation romaine compétente.» (*Ap.S.* n. 136).

[64] Cf. c. 816§2 CIC. Pour plus de détails, voir F.X. URRUTIA, «Ecclesiastical Universities», 459-469.

[65] Pour plus de détails concernant la mission canonique, ainsi que le mandat d'enseigner, voir B. MALVAUX, «Les professeurs», 521-548; P. DE POOTER, «La "mission canonique"», 596-618; J.J. CONN, «The mandate», 227-248.

[66] Le Grand Chancelier représente le Saint-Siège auprès de l'Université ou de la Faculté et aussi bien ces dernières auprès du Saint-Siège, il en promeut l'action et le développement, et il en favorise la communion avec l'Église particulière et universelle (cf. *Ap.S.* n. 136).

[67] Cf. *Ap.S.* n. 136. Pour plus de détails, voir L. PIANO, «La prassi», 564-578; W. LÖFFLER, «*Missio canonica*», 429-462.

[68] Cf. c. 782§2 CIC.

et coordonner l'activité missionnaire[69]. En outre, dans le diocèse qui lui a été confié, il revient à l'évêque diocésain la responsabilité de vigiler sur les moyens de communication sociale[70], ainsi que sur les livres et les revues qui s'imprimeront ou se vendront sur son territoire[71]. Toutefois,

> les livres des Saintes-Ecritures ne peuvent être publiés sans l'approbation du Siège Apostolique ou de la Conférence des évêques; de même, pour en publier des traductions en langue vernaculaire, il est requis qu'elles soient approuvées par la même autorité et qu'en même temps elles soient munies des explications nécessaires et suffisantes[72].

De la même manière, l'actuel CIC affirme qu'il appartient à la Conférence des évêques, si cela paraît utile, de veiller à ce que soient édités des catéchismes pour son territoire, avec l'approbation préalable du Siège Apostolique[73]. L'évêque diocésain n'est pas obligé d'adopter un tel catéchisme; s'il le juge opportun, il peut élaborer un catéchisme propre pour son diocèse sans l'approbation du Saint-Siège[74]. Il y a donc ici une reconnaissance de l'autonomie de l'évêque diocésain soit en rapport à la Conférence des évêques[75], que en rapport au Saint-Siège.

De tous ce qui nous avons dit jusqu'ici, il appert clairement que l'actuelle législation canonique offre à l'évêque diocésain un large espace d'exercice de son *munus docendi* à l'intérieur du diocèse qui lui a été confié. Cet espace est cependant légèrement réduit par des prescriptions canoniques qui réservent au Saint-Siège différentes prérogatives. Le fait que l'évêque diocésain ne peut pas omettre de transmettre à ses fidèles les enseignements et les indications qu'il reçoit du Saint-Siège[76], n'est pas considéré comme un limite à l'exercice de son *munus*, mais comme un signe de la communion dans la foi unique et dans la discipline[77].

Quant au sujet de l'exercice du *munus sanctificandi*, l'actuel CIC précise que les évêques sont, «dans l'Eglise qui leur est confié, les modérateurs, les promoteurs et les gardiens de toute la vie liturgique»[78]. Ainsi, il

---

[69] Cf. c. 790 CIC.
[70] Cf. cc. 822§2, 823§1, CIC.
[71] Cf. cc. 823§1, 826-828 CIC.
[72] C. 825§1 CIC.
[73] Cf. c. 775§2 CIC.
[74] Cf. c. 775§1 CIC.
[75] Cf. V. DE PAOLIS, «Autonomia del Vescovo», 351-358.
[76] Cf. *Ap.S.* n. 120.
[77] Cf. cc. 375§2, 386§2 392§1 CIC.
[78] C. 835§1 CIC. En ce sens, le c. 387 CIC prévoit que «l'évêque diocésain, se souvenant qu'il est tenu par l'obligation de donner l'exemple de la sainteté dans la charité,

est de la compétence de l'évêque diocésain, en tenant compte des dispositions de l'autorité suprême de l'Eglise, d'édicter des règles en matière liturgique pour son diocèse, auxquelles tous sont tenus[79]. De plus, le même CIC confie à l'évêque diocésain les tâches suivantes:

- régler ce qui est de la participation des fidèles non ordonnés à la liturgie, en observant les dispositions du droit supérieur à ce sujet[80];
- établir, si la Conférence des évêques ne l'a pas fait, les cas de «graves nécessités» pour l'administration de certains sacrements aux chrétiens non catholiques[81];
- déterminer les conditions pour conserver l'Eucharistie chez soi ou l'emporter avec soi en voyage[82];
- là où les nombre des ministres sacrés serait insuffisant, fixer les règles pour l'exposition de l'Eucharistie par des fidèles non ordonnés[83];
- établir des règles pour les processions[84];
- déterminer les cas de nécessité de l'absolution collective, en tenant compte des critères établis d'un commun accord avec les autres membres de la Conférence des évêques[85];
- donner les dispositions pour l'administration commune de l'Onction de Malades à plusieurs malades en même temps[86];
- établir des règles pour les célébrations dominicales en l'absence de prêtre, en observant ce qui est prescrit par la législation universelle de l'Eglise à ce sujet[87].

---

l'humilité et la simplicité de vie, s'appliquera à promouvoir de toutes ses forces la sainteté des fidèles, selon la vocation propre à chacun, et comme il est le principal dispensateur des mystères de Dieu, il n'épargnera aucun effort pour que les fidèles dont il a la charge grandissent en grâce par la célébration sacramentelle, qu'ils connaissent le mystère pascal et en vivent». De plus, «l'évêque diocésain, après la prise de possession de son diocèse, doit appliquer la Messe pour le peuple qui lui est confié tous les dimanches et les autres fêtes de précepte dans sa région», (c. 388§1 CIC).

[79] Cf. c. 838§§1,4 CIC; cf. aussi c. 841 CIC. Voir aussi T.J. GREEN, «The Church's Sanctifying mission», 245-276; J. CALVO, «Las competencias», 645-674.

[80] Cf. c. 230§§2,3 CIC.
[81] Cf. c. 844§§4,5 CIC.
[82] Cf. c. 935 CIC.
[83] Cf. c. 943 CIC.
[84] Cf. c. 944§2 CIC.
[85] Cf. c. 961§2 CIC.
[86] Cf. c. 1002 CIC.
[87] Cf. c. 1248§2 CIC.

Quant au sujet de l'exercice de *munus regendi*, il faut noter ici que le CIC a confié en particulier à l'évêque diocésain:
- la législation particulière concernant le chapitre des chanoines[88];
- la constitution du Conseil pastoral diocésain, ainsi que l'élaboration de ses statuts[89];
- les règles qui assurent la charge de la paroisse en l'absence du curé[90];
- les règles pour les registres paroissiaux[91];
- la décision pour la constitution des Conseils pastoraux paroissiaux et la détermination des normes qui les règlent[92];
- la promulgation des normes qui régissent les Conseils paroissiaux pour les affaires économiques[93];
- la détermination ultérieure des droits et des devoirs des vicaires paroissiaux[94];
- la détermination ultérieure des facultés des vicaires forains[95];
- la décision d'ériger les associations diocésaines de fidèles, publiques[96] et privées[97], dans son propre territoire.

Au sujet de la discipline du clergé du diocèse, le CIC a établit qu'il revient à l'évêque diocésain de veiller:

à ce que les prêtres accomplissent dûment les obligations propres à leur état et aient leur disposition les moyens et les institutions dont ils ont besoin pour entretenir leur vie spirituelle et intellectuelle; de même, il veillera à ce qu'il soit pourvu à leur honnête subsistance et à leur protection sociale, selon le droit[98].

---

[88] Cf. cc. 503, 505, 510§3 CIC. Dans l'Eglise catholique, le chapitre est un collège de clercs appelés chanoines, attachés à une cathédrale. L'institution en remonte au début du IXe siècle. Le chapitre (du latin *capitulum*) accomplit les fonctions liturgiques les plus solennels dans son église. En outre, il revient au chapitre des chanoines de remplir certains fonctions qui lui sont confiées par le droit ou par l'évêque diocésain. L'érection, la modification et la suppression d'un chapitre cathédral sont réservées au Siège Apostolique (cf. c. 504 CIC).

[89] Cf. cc. 511, 513§1 CIC.
[90] Cf. c. 533§3 CIC.
[91] Cf. c. 535§1 CIC; cf. aussi cc. 895, 1121, 1182 CIC.
[92] Cf. c. 536 CIC.
[93] Cf. c. 537 CIC.
[94] Cf. c. 548 CIC.
[95] Cf. c. 555 CIC; cf. aussi c. 553 CIC.
[96] Cf. c. 312 CIC.
[97] Cf. c. 322-323 CIC.
[98] C. 384 CIC.

Ainsi, selon l'actuel CIC, il revient à l'évêque diocésain d'édicter des règles plus précises en ce qui concerne l'obligation des clercs de garder la continence parfaite et perpétuelle, et, dans des cas particuliers, de porter un jugement sur l'observation de cette obligation[99]. De même, il est de la compétence de l'évêque diocésain de déterminer la durée des absences du diocèse[100], ainsi que l'abstention de tout ce qui ne convient pas à l'état clérical[101].

De plus, il faut noter ici que,

> chaque fois qu'il le jugera profitable à leur bien spirituel, l'évêque diocésain a le pouvoir de dispenser les fidèles des lois disciplinaires tant universelles que particulières portées par l'autorité suprême de l'Église pour son territoire ou ses sujets, mais non des lois pénales ou de procédure, ni de celles dont la dispense est spécialement réservée au Siège Apostolique ou à une autre autorité[102].

Il faut souligner d'abord que ces prescriptions constituent une modification radicale de la législation canonique catholique précédente qui réservait la faculté de dispenser des lois universelles de l'Eglise au Pontife Romain et ne concédait ce droit aux évêques diocésains que par délégation ou par exception[103]. Ensuite, nous pouvons remarquer que ce canon établi le principe suivant: l'évêque diocésain, à cause de son office, a le pouvoir (*valet*) de dispenser des lois ecclésiastiques. Il s'agit d'un pouvoir ordinaire qui s'exerce dans les cas particuliers, concrets, qui concernent à la fois les personnes physiques et celles juridiques[104], chaque fois que l'évêque jugera profitable à leur bien spirituel. Toutefois, ce pouvoir de l'évêque diocésain, qui peut être aussi délégué[105], s'exerce sur les lois disciplinaires, universelles ou particulières, promulguées pour son territoire ou pour ses fidèles par l'autorité suprême de l'Eglise. Ainsi, il en résulte que l'évêque diocésain ne peut pas dispenser des lois processuelles et pénales promulguées pour mieux garantir la justice et la tutelle

---

[99] Cf. c. 277§3 CIC.
[100] Cf. c. 283§1 CIC.
[101] Cf. c. 285§1 CIC.
[102] C. 87§1 CIC.
[103] Cf. *Prontuario*, 459.
[104] Cf. c. 85 CIC. Il convient de souligner ici que la dispense d'une loi n'est pas son abrogation. Elle est un relâchement (*relaxatio*) de la loi qui, en continuant d'exister, ne s'applique pas dans un cas particulier. Pour plus de détails, voir M. BONNET, «La "dispense" dans le Code», 51-56, 101-113.
[105] Cf. cc. 85, 134§3 CIC.

des droits[106]. De même, l'évêque diocésain ne peut pas accorder les dispenses qui ont été réservées expressément (*specialiter*) au Pontife Romain ou à une autre autorité[107]. D'autre part, il faut préciser que, en cas de doute de fait (*in dubio facti*), la faculté de dispenser de l'évêque diocésain s'étende aussi sur les lois irritantes et inhabilitantes[108], pourvu que, s'il s'agit d'une dispense réservée, l'autorité à qui est elle réservée ait coutume de concéder cette dispense[109]. De plus, l'évêque diocésain, pour une juste cause, peut proroger une seul fois les rescrits accordés par le Siège Apostolique et venus à expiration[110].

Au sujet de l'administration économique du diocèse, l'actuel CIC affirme que l'évêque diocésain est responsable de la discipline concernant l'ensemble de l'administration des biens ecclésiastiques soumis à son pouvoir[111]. En matière économique, à l'évêque diocésain revient aussi:

– d'imposer des contributions modérées sur le territoire du diocèse, en observant les conditions canoniques[112];

---

[106] Pour une analyse détaillée des catégories de lois qui peuvent ou ne peuvent pas être objet de dispense par les autorités compétentes dans l'Eglise catholique latine, voir J.M. HUELS, «Categories of Indispensable or Dispensable Laws», 41-73.

[107] Les dispenses réservées personnellement au Pontife Romain sont: 1. la dispense de l'obligation du célibat, c'est-à-dire de l'empêchement de contracter mariage, à laquelle sont tenus les diacres et les prêtres, même s'ils sont revenus ou ont été réduits légitimement à l'état laïc (cf. cc. 291, 1078§2, 1°, 1079§1, 1087 CIC); 2. la dispense sur le mariage célébré, mais non consommé (cf. c. 1142 CIC). Les dispenses réservées au Saint-Siège sont: 1. la dispense accordée à l'évêque consécrateur de célébrer seul une consécration épiscopale (cf. c. 1014 CIC); 2. la dispense de plus d'un an concernant l'âge requis pour l'ordination presbytérale et diaconale (cf. 1031§4 CIC); 3. la dispense de l'empêchement provenant des ordres sacrés ou du vœu public perpétuel de chasteté dans un institut religieux de droit pontifical (cf. c. 1078§2 CIC); 4. la dispense de l'empêchement de crime dont il s'agit au c. 1090 CIC (cf. c. 1078§2); 5. la dispense des vœux qui lèse les droits acquis par les tiers (cf. c. 1196 CIC); 6. la dispense du serment tourne au préjudice de tiers qui s'opposent à la remise de l'obli-gation (cf. c. 1203 CIC).

[108] «Seules doivent être considérées comme irritantes ou inhabilitantes les lois qui spécifient expressément qu'un acte est nul ou une personne inhabile» (c. 10 CIC; cf. aussi c. 1495 CCEO). Par loi irritante, on désigne dans l'Eglise catholique une loi qui précise que l'acte est nul si certaines formes ou conditions ne sont pas respectées. L'appellation de loi inhabilitante qualifie une loi qui ôte à un sujet juridique la possibilité de poser l'acte validement. Pour plus de détails, voir M.C. HEINZMANN, *Le leggi irritanti e inhabilitanti*, 121-189.

[109] Cf, c. 14 CIC.

[110] Cf. c. 72 CIC.

[111] Cf. c. 1276§2 CIC. Pour plus de détails, voir C. REDAELLI, «La responsabilità del Vescovo», 317-335; A. LONGHITANO, «L'amministrazione dei beni», 83-102.

[112] Cf. c. 1263 CIC. Voir aussi N. CAFARDI, «L'autorità di imporre», 127-138.

- de promulguer des normes sur les contributions dans le diocèse, dans la mesure ou la Conférence des évêques n'a pas pris des dispositions sur ce point[113];
- d'établir, quand c'est nécessaire, des collectes spéciales en faveur des besoins de l'Eglise[114];
- de prendre les mesures par lesquelles il sera pourvu à la destination des offrandes versées par les fidèles à l'occasion des fonctions liturgiques dites paroissiales et à la rémunération des clercs qui exercent ces fonctions[115];
- de définir les autres conditions de constitution et d'acceptation des fondations[116].

En ce qui concerne l'exercice du pouvoir judiciaire, le CIC prévoit que dans chaque diocèse et pour toutes les causes non expressément exceptées par le droit, le juge de première instance est l'évêque diocésain, qui peut exercer le pouvoir judiciaire par lui-même ou par autrui[117]. Cependant, s'il s'agit des droits et des biens temporels d'une personne juridique représentée par l'évêque, c'est le tribunal d'appel qui juge en première instance[118].

Outre les dispositions présentées jusqu'ici, il faut noter que, selon le CIC, l'évêque diocésain, en général, est responsable de l'organisation et de la surveillance de différents formes de vie consacrée[119] qui demeurent dans

---

[113] Cf. c. 1262 CIC.
[114] Cf. cc. 1265-1266 CIC.
[115] Cf. c. 531 CIC.
[116] Cf. c. 1304§2 CIC.
[117] Cf. c. 1419§1 CIC.
[118] Cf. c. 1419§2 CIC.
[119] Dans l'actuelle terminologie catholique, l'expression «vie consacrée» désigne toute personne ou tout groupe de personnes qui s'engagent au moins au célibat à cause du Christ et de l'Evangile. Elle recouvre traditionnellement les formes de vie suivantes: la vie religieuse apostolique, monastique et missionnaire, les Instituts séculiers, les Sociétés de vie apostolique (au moins celles-ci dans lesquelles les conseils évangéliques sont assumés par les liens sacrés), les ermites, l'Ordre des vierges consacrées et les veuves consacrées (cf. cc. 573-746 CIC; *Rituel de Bénédiction des veuves* approuvé pour la «Fraternité Notre Dame de la Résurrection» par l'Archevêque de Paris et confirmé en 1984 par la Congrégation pour la Liturgie et le Culte Divin). De plus, les évêques doivent s'efforcer de discerner les nouveaux dons de vie consacrée confiés par l'Esprit-Saint à l'Eglise. En ce sens, ils en aideront les promoteurs à exprimer le mieux possible leurs projets et à les protéger par des statuts appropriés. Cependant, l'approbation de nouvelles formes de vie consacrée est réservée uniquement au Siège Apostolique (cf. c. 605 CIC). Pour plus de détails, voir V. DE PAOLIS, «Le nuove forme di vita consacrata», 531-552.

son diocèse[120]. Ainsi, l'évêque diocésain, sur le territoire de son diocèse, peut ériger des Instituts de vie consacrée par décret formel[121], pourvu que le Siège Apostolique ait été consulté[122]. En outre, restant sauves les dispositions du c. 586 CIC[123], l'Institut de vie consacrée de droit diocésain demeure sous la sollicitude spéciale de l'évêque diocésain[124]. Toutefois,

> pour mieux pourvoir au bien des Instituts et aux nécessités de l'apostolat, le Pontife Suprême, en raison de sa primauté sur l'Eglise tout entière et en considération de l'utilité commune, peut exempter les Instituts de vie consacrée de l'autorité des Ordinaires du lieu et les soumettre à lui seul ou à une autre autorité ecclésiastique[125].

En ce qui concerne les maisons d'un Institut religieux, il est prévu que celles-ci soient érigées par l'autorité compétente selon les constitutions, avec le consentement préalable de l'évêque diocésain, donné par écrit[126]. De même, le consentement de l'évêque diocésain est requis aussi pour qu'une maison religieuse soit destinée à des œuvres apostoliques différentes de celles pour lesquelles elle a été constituée[127]. Pour la suppression

---

[120] L'évêque diocésain peut visiter toutes les formes de vie consacrée présentes dans son diocèse sauf les *Instituts religieux de droit pontifical*, qui ne peuvent être visités par l'évêque diocésain que dans des cas prévus expressément par le droit (cf. cc. 397§2 et 683 CIC). D'autre part, l'évêque diocésain ne peut visiter en aucun cas les Instituts exempts de la juridiction des Ordinaires de lieu (cf. c. 591 CIC). Pour plus de détails, voir G. GHIRLANDA, «Iusta autonomia», 113-142; D.J. ANDRES, «Relaciones», 569-600; P. BURGO, «La visita del Vescovo», 159-169.

[121] Il s'agit d'un *Institut de vie consacrée de droit diocésain* car il a été érigé par l'évêque diocésain et il n'a pas reçu le décret d'approbation du Saint-Siège. Dans le cas où l'Institut est érigé par le Siège Apostolique ou approuvé par décret formel de celui-ci, il s'agit d'un *Institut de vie consacrée de droit pontifical* (cf. c. 589 CIC). Pour plus de détails, voir G. GHIRLANDA, «Iter per l'approvazione degli istituti di vita consacrata», 621-646; «Relazioni tra Vescovi e Istituti di vita consacrata», 584-592.

[122] Cf. c. 579 CIC. Pour plus de détails, voir J. GARCIA MARTIN, «La consulta previa», 131-147.

[123] «À chaque Institut est reconnue la juste autonomie de vie, en particulier de gouvernement, par laquelle il possède dans l'Eglise sa propre discipline et peut garder intact le patrimoine dont il s'agit au c. 578» (c. 586§1 CIC). «Il appartient aux Ordinaires des lieux de sauvegarder et de protéger cette autonomie» (c. 586§2 CIC). Pour plus de détails, voir T. RODRIGUEZ, *Justa autonomía de los Institutos*.

[124] Cf. c. 594 CIC.

[125] C. 591 CIC. Pour plus de détails, voir O. MANZO, «L'esenzione degli Istituti», 317-346; P. ETZI, «L'attuale fisionomia canonica dell'esenzione», 257-283. Voir aussi G. PASQUALE, «An exemptio sit tuitio pontificalis», 35-67.

[126] Cf. c. 609§1 CIC. Toutefois, «pour ériger un monastère de moniales est requise en outre la permission du Saint-Siège» (c. 609§2 CIC).

[127] Cf. c. 612 CIC.

d'une maison religieuse légitimement constitué, il est nécessaire que l'évêque diocésain soit consulté[128]. Celle-ci parce que l'évêque diocésain est le responsable et le modérateur pour la pastorale du diocèse.

Quant au monastère *sui iuris*[129] qui, outre son propre Modérateur, n'a pas d'autre Supérieur majeur et qui n'est pas associé à un autre Institut de religieux de telle sorte que le Supérieur de cet Institut possède sur ce monastère un véritable pouvoir déterminé par les constitutions, il est prévu qu'il soit confié selon le droit à la vigilance particulière de l'évêque diocésain[130]. De plus, l'évêque diocésain:

---

[128] Cf. c. 616§1 CIC.

[129] L'actuelle législation canonique catholique distingue parmi les diverses formes de monastère le *monasterium sui iuris*. Cette expression est de date récente, étant insérée dans la terminologie catholique en 1952 par le m.p. *Postquam apostolicis Litteris* qui, dans son c. 313§2,2b, affirmait: «monasterium dicitur *sui iuris*, cuius Superiori iura et obligationes Superioris maioris, ad normam canonum et statutorum, competunt; cetera monasteria, *dependentia*: quorum quaedam sunt filialia, quae tendunt ad condicionem monasterii sui iuris, alia *subsidiaria*» (PIE XII, M.p. *Postquam apostolicis Litteris*, 147). L'actuel CIC définit ce type de monastère dans le c. 613§1: «domus religiosa canonicorum regularium et monachorum sub proprii Moderatoris regimine et cura *sui iuris* est, nisi constitutiones aliter ferant». Le c. 433§2 du CCEO précise que: «monasterium *sui iuris* est illud, quod ab alio monasterio non dependet et regitur proprio typico ab auctoritate competenti approbato». Les auteurs catholiques ont traduit ce syntagme en français par »monastère de droit propre», «monastère autonome», «monastère isolée» ou «monastère juridiquement isolé», ou encore par «monastère *sui iuris*» (cf. A. BAMBERG, «Monasterio autónomo», 477-478). Toutefois, il est préférable de maintenir l'expression technique *sui iuris* pour définir ce type de monastère.

[130] Le monastère *sui iuris* est avant tout un monastère qui n'est pas rattaché à un autre institut de religieux et dont la hiérarchie interne est réduite. Il n'a pas de Supérieur majeur autre que son propre Modérateur et le pouvoir de ce Modérateur est déterminé par les constitutions. Le monastère *sui iuris* est placé sous la vigilance particulière de l'évêque diocésain mais ce lien direct avec l'évêque diocésain n'en fait pas pour autant un institut de vie consacrée de droit diocésain. C'est ainsi que le présente le c. 615 CIC: «Le monastère *sui iuris* qui, outre son propre Modérateur, n'a pas d'autre Supérieur majeur et qui n'est pas associé à un autre institut de religieux de telle sorte que le Supérieur de cet institut possède sur ce monastère un véritable pouvoir déterminé par les constitutions, est confié selon le droit à la vigilance particulière de l'évêque diocésain». Le c. 628§2,1° CIC confie à l'évêque diocésain la visite des monastères *sui iuris*. C'est aussi l'évêque diocésain qui, selon le c. 625§2 CIC, préside à l'élection du Supérieur des monastères *sui iuris*. Enfin, comme pour tous les monastères de moniales, l'évêque diocésain a, selon le c. 667§4 CIC, la faculté d'entrer pour une juste cause dans la clôture et de permettre, pour une cause grave et avec le consentement de la Supérieure, que d'autres personnes soient admises dans la clôture et que les moniales en sortent pour un temps vraiment nécessaire. Pour plus de détails, voir F.R. DE PASCUAL, «Los monasterios autónomos», 5-30.

- a la faculté d'entrer pour une juste cause dans la clôture de monastères de moniales qui sont situés dans son diocèse, et de permettre, pour une cause grave et avec le consentement de la Supérieure, que d'autres personnes soient admises dans la clôture et que des moniales en sortent pour le temps vraiment nécessaire[131];
- pour une cause très grave et pressante, peut interdire à un membre d'un institut religieux de demeurer dans le diocèse, si le Supérieur majeur, averti, a négligé d'y pourvoir; cependant, l'affaire doit être aussitôt déférée au Saint-Siège[132];
- a pouvoir sur l'exercice de l'apostolat des religieux[133];
- peut visiter par lui-même ou par un autre les églises et oratoires où les fidèles ont habituellement accès, les écoles et autres œuvres de religion ou de charité spirituelle ou temporelle confiées aux religieux; mais cela ne concerne pas les écoles ouvertes exclusivement aux propres élèves de l'Institut[134];
- incardine ou admette à l'essai le religieux qui est clerc et qui a abandonné l'Institut[135] ou a été démis[136];
- exerce une compétence en ce qui concerne la sortie et la démission d'un Institut[137].

En ce qui concerne les Instituts séculiers, il est prévu que l'évêque diocésain ait autorité sur les membres qui sont clercs[138] et qu'il les puisse concéder l'indult de sortie de l'Institut[139]. Dans les cas des sociétés de vie apostolique, il est prévu que l'évêque diocésain donne le consentement écrit pour l'érection d'une maison et son opinion pour la suppression[140]. De plus, tous les membres s'une société de vie apostolique sont soumis à l'évêque diocésain en ce qui concerne n ce qui regarde le culte public, la charge des âmes et les autres œuvres d'apostolat[141].

---

[131] Cf. c. 667§4 CIC.
[132] Cf. c. 679 CIC. Pour plus de détails, voir R. MacDermott, «Ecclesiastical Authority and Religious Autonomy», 461-480.
[133] Cf. cc. 678, 680-682 CIC.
[134] Cf. 683§1 CIC. Dans le cas où l'évêque diocésain «découvre éventuellement des abus et qu'il en ait averti en vain le Supérieur religieux, il peut y pourvoir par lui-même de sa propre autorité» (c. 683§2 CIC)..
[135] Cf. c. 693 CIC.
[136] Cf. c. 701 CIC.
[137] Cf. cc. 686§§1,3; 688§2; 691§2; 701 CIC.
[138] Cf. c. 715 CIC.
[139] Cf. c. 727 CIC.
[140] Cf. c. 733§1 CIC.
[141] Cf. c. 738§2 CIC.

De tout ce qui nous avons présenté ici, il appert très clair que le cadre d'exercice de l'autorité de l'évêque dans le diocèse qui lui est confié est très large, bien que l'activité pastorale de l'évêque soit strictement limitée à son diocèse. De plus, il est prévue que l'évêque diocésain doit visiter sa diocèse chaque année en tout ou en partie, de telle sorte qu'il le visitera en entier au moins tous les cinq ans, par lui-même, ou, s'il est légitiment empêché, par un autre clerc du diocèse[142]. En autre, dans l'Eglise catholique, la soi-disant visite *ad limina Apostolorum*, pour laquelle l'évêque diocésain doit, tous les cinq ans, se rendre à Rome[143] où il doit présenter au Pontife Suprême un rapport sur l'état du diocèse qui lui est confié»[144], constitue avant tout un signe de la communion dans la même foi apostolique qui lie les évêques au Pontife Romain. Il s'agit donc d'une actualisation partielle de la collégialité, car cette visite est un moyen de communication entre eux afin d'actualiser un aide mutuel dans le gouvernement de l'Eglise. Enfin elle est une manifestation de la communion hiérarchique qui lie les évêques au Pontife Romain[145].

En synthétisant, nous pouvons affirmer que, dans le diocèse qui lui est confié, l'évêque diocésain jouit d'un cadre très large d'exercice de son autorité, et donc d'une autonomie qui concerne surtout l'organisation et l'administration du diocèse. Parce que cette autonomie se définit par rapport à l'Eglise universelle et au Pontife Romain, elle est limitée par l'obligation de l'évêque diocésain de présenter un rapport quinquennal sur l'activité du diocèse au Pontife Romain. Ainsi, il faut reste soumis aux lois universelles[146] et aux réserves établies par le droit en faveur de l'autorité suprême ou d'une autre autorité[147]. Pour cette raison, il nous semble correct d'affirmer que l'autonomie de laquelle bénéficie un diocèse dans l'Eglise catholique est une *autonomie contrôlée*. Ou pour être dans le ton de la terminologie actuellement employée par des canonistes catholiques, d'une *juste autonomie* ou d'une *autonomie légitime*, dans le sens que cette autonomie est réglementée par le droit et qu'elle est définie en rapport, d'une part, à la nécessité de la portion du Peuple de Dieu qui constitue le

---

[142] Cf. c. 396§1 CIC. Pour plus de détails, voir: E. MIRAGOLI, «La visita pastorale», 122-149.

[143] Cf. c. 400§1 CIC.

[144] Cf. c. 399§1 CIC.

[145] Cf. G. GHIRLANDA, «La visita "ad limina Apostolorum"», 359-382; «Rapporti S. Sede-Vescovi», 123-149.

[146] Cf. c. 392§1 CIC.

[147] Cf. c. 381§1 CIC.

diocèse, et, d'autre part, à la communion hiérarchique qui lie l'évêque diocésain au Collège des évêques et à son chef.

Il faut noter ici que la possibilité de la Conférence des évêques de limiter l'autonomie de l'évêque diocésain est extrêmement réduite, car la Conférence des évêques est un organisme consultatif qui exerce le pouvoir législatif délégué *a iure* ou par le Saint-Siège, dans des cas strictement déterminés par le droit et lorsque certains conditions sont accomplies[148]. Encore plus restreinte, comme nous voyons en suite, est la possibilité d'un métropolite de limiter en vertu de son pouvoir délégué *a iure* l'autonomie d'un évêque diocésain. D'autre part, l'auto-nomie diocésaine est lie aux décisions du Concile provincial et du Concile plénier, qui, ainsi comme nous pouvons voir, exercent un pouvoir ordinaire propre.

2.2.2 L'*autonomie ecclésiastique* (provinces et régions ecclésiastiques)

Dans l'Eglise catholique latine, pour promouvoir l'action pastorale commune à divers diocèses voisins, selon les circonstances de personnes et de lieux, et pour mieux favoriser les relations mutuelles entre évêques diocésains, les Eglises particulières voisines seront regroupées en *provinces ecclésiastiques* circonscrites sur un territoire donné[149] de telle façon qu'il n'y aura plus désormais de diocèses exempts[150]. Toutefois, il revient à la seule autorité suprême de l'Eglise catholique, après avoir entendu les évêques concernés, de constituer, supprimer ou modifier les provinces ecclésiastiques[151]. Ensuite il est prévu que, si l'utilité s'en fait sentir, surtout dans les nations où les Eglises particulières sont très nombreuses, les provinces ecclésiastiques voisines peuvent, sur proposition de la Conférence des évêques, être unies en *régions ecclésiastiques* par le Saint-Siège[152].

Il appert donc que, pour pouvoir identifier le niveau d'autonomie duquel jouissent les provinces ou les régions ecclésiastiques, il est nécessaire d'analyser la rapport qu'existe entre les autorités de ces instances administratives intermédiaires[153] et l'autorité suprême de l'Eglise catholique.

---

[148] Cf. cc. 447, 455 CIC. Pour plus de détails, voir G. GHIRLANDA, «Il m.p. *Apostolos Suos* sulle Conferenze dei Vescovi», 609-657.

[149] Cf. c. 431§1 CIC. Chaque province ecclésiastique jouit de plein droit de la personnalité juridique (cf. c. 432§2 CIC).

[150] Cf. c. 431§2 CIC.

[151] Cf. c. 431§3 CIC.

[152] Cf. c. 433§1 CIC. Une région ecclésiastique peut être érigée en personne juridique (cf. c. 433§2 CIC).

[153] Il faut noter ici que les provinces et les régions ecclésiastiques ne constituent pas des structures hiérarchiques de l'Eglise catholique, mais seulement des instances

a) *L'autonomie des provinces ecclésiastiques*

Selon l'actuel CIC, le *concile provincial*[154] et le *métropolite*[155] jouissent de l'autorité sur la province ecclésiastique[156]. Les *conciles provinciaux* constituent la seconde catégorie des conciles particuliers prévus par l'actuelle législation canonique catholique[157]. A la différence des premiers, à savoir les *conciles pléniers*[158], ceux-ci regroupent seulement les évêques d'une même province ecclésiastique[159]. D'ordinaire, ils sont placés sous la conduite et la présidence du métropolite[160]. Ainsi,

---

administratives intermédiaires qui expriment la fraternité et la communion entre les diocèses d'une même province ou région. Et cela parce que entre l'évêque d'un diocèse et le Pontife Romain aucun écran ne doit s'interposer. Pour plus de détails, voir F.J. RAMOS, *Le Chiese particolari*; J.L. GUTIERREZ, «I raggruppamenti», 437-455.

[154] Dans les *conciles provinciaux* sont réunis les évêques d'une *province ecclésiastique*. La fréquence des conciles provinciaux à été fixée à deux fois par an par le c. 5 du premier concile œcuménique de Nicée (325). Cette mesure a été renouvelée par le c. 17 du IVe synode œcuménique de Chalcédoine (451). Le c. 6 du Latran IV (1215) a décidé que la fréquence de ces conciles doit passer à un rythme annuel dans toute l'Eglise catholique. Le concile de Trente (1545-1565), dans sa vingt-quatrième session, fixera la célébration de ces assemblées à un intervalle régulier de trois ans. Cette norme restera en vigueur dans l'Eglise catholique jusqu'au CIC/1917 qui avait précisé, dans le c. 283, que les conciles provinciaux ne seront convoqués que tous les vingt ans. Le CIC actuel ne donne, en la matière, aucune indication précise. Voir aussi, D.-M. BOUIX, *Du concile provincial*; M.P.J. WILSON – M.J. O'BRIEN, «Provincial and Plenary Councils», 241-267.

[155] Dans l'Eglise catholique latine, «le métropolite, qui est l'archevêque du diocèse qui lui a été confié, préside la province ecclésiastique; cet office est joint au siège épiscopal fixé ou approuvé par le Pontife Romain», (c. 435 CIC). Pour plus de détails concernant le titre de métropolite voir p. 53, note 21. Voir aussi P. MONETA, «La sede episcopale metropolitana», 82-96.

[156] Cf. c. 432§1 CIC.

[157] Cf. cc. 439-446 CIC. Si dans le CIC/1917, la responsabilité entière des conciles particuliers reposait sur le Pontife Romain qui en accordait l'autorisation et les dirigeait par le biais de légats pontificaux (cf. cc. 281-292 CIC/1917), dans l'actuel CIC, elle revient aux évêques, avec néanmoins l'approbation du Siège Apostolique (pour ce qui est du concile plénier). Pour plus de détails, voir J.H. PROVOST, «Particular Councils», 537-562. Voir aussi J.-B. D'ONORIO, «Les conciles», 275-284; J. ORLANDIS, «Funciòn storica», 289-304; H.J. SIEBEN, «Concilium perfectum», 203-229.

[158] Le concile plénier est celui qui réunit toutes les Eglises particulières d'une même Conférence des évêques (cf. c. 439§1 CIC).

[159] Cf. c. 443§§1,2 CIC.

[160] «Il revient au métropolite, avec le consentement de la majorité des évêques suffragants: 1. de convoquer le concile provincial; 2. de choisir le lieu de la célébration du concile provincial dans le territoire de la province; 3. d'établir l'ordre du jour et les

dans les diocèses suffragants, il revient au métropolite: 1. de veiller à ce que la foi et le discipline ecclésiastique soient soigneusement observées et, s'il y a des abus, d'en informer le Pontife Romain; 2. d'accomplir la visite canonique, la chose ayant été au préalable approuvée par le Siège Apostolique, si le suffragant l'a négligée; 3. de désigner l'Administrateur diocésain selon les cc. 21§2 et 425§3[161].

De plus, quand les circonstances le demandent, le métropolite peut recevoir du Siège Apostolique des charges particulières et un pouvoir qui doivent être déterminés dans le droit particulier[162]. Mais pour pouvoir exercer les charges à lui confiées par l'actuelle législation canonique catholique,

le métropolite est tenu par l'obligation, dans les trois mois à partir de la consécration épiscopale, ou s'il a été déjà consacré, à partir de la provision canonique, de demander lui-même ou par procureur au Pontife Romain le pallium qui de fait signifie le pouvoir dont le métropolite, en communion avec l'Eglise Romaine, est muni par le droit dans sa propre province[163].

---

questions à traiter, fixer le début et la durée du concile provincial, le transférer, le prolonger et l'achever» (cf. c. 442§1 CIC). «Il revient au métropolite, et s'il est légitimement empêché, à l'évêque suffragant élu par les autres évêques suffragants, de présider le concile provincial» (c. 442§2 CIC). Pendant la vacance du siège métropolitain, le concile provincial ne doit pas être convoqué (cf. c. 440§2 CIC).

[161] C. 436§1 CIC.
[162] Cf. c. 436§2 CIC.
[163] C. 437§1 CIC. Le *pallium* est une étole de laine blanche, brodée de six croix de soie noire, qui se porte sur la chasuble. La laine en est fournie par deux agneaux offerts par le Chapitre du Latran, bénis pour la fête de sainte Agnès, le 21 janvier. En attendant d'être remis aux métropolites, les *pallium* sont conservés à Saint-Pierre dans un coffret placé sous l'autel de la Confession. Ce signe d'honneur et d'autorité est porté par le Pape et les métropolites. Insigne de responsabilité, le *pallium* est aussi un symbole de communion entre le Pape et les évêques. Ainsi, c'est le Cardinal Proto-Diacre qui à la place du Pontife Romain impose le *pallium* aux métropolites ou le remet à leurs procureurs (cf. c. 355§2 CIC). Quant à l'origine du *pallium*, T. Klauser et L. Duchesne affirment qu'il s'agit d'un indult impérial; des autres auteurs affirment qu'il dérive de l'antique manteau des philosophes grecs, qui se distinguait de la toge, beaucoup plus longue et conventionnelle. Braun précise que le *pallium* n'est qu'une imitation du grec *omophorion* (ὠμοφόριον), qui est devenu en Occident l'insigne propre au Pape, pendant qu'en Orient il représente une insigne liturgique propre à tous les évêques (cf. M. RIGHETTI, *Manuale di storia liturgica*, 524-530). R. Naz n'est pas d'accord avec cette affirmation de Braun, car «il existe aussi un pallium grec, ornement plus long et plus large, orné de croix rouges que portent les patriarches et qu'ils confèrent aux métropolitains de leurs rite ainsi qu'aux évêques des Eglises les plus insignes, après qu'ils ont eux-mêmes reçu le pallium latin» (R. NAZ, ed., *Dictionnaire de droit canonique*, VI, 1192). Pour plus de détails historiques concernant le *pallium*, voir J.M. MARTÍ BONET, *El palio*; B. D'ALTEROCHE, «Le statut», 553-586.

Toutefois, il faut souligner ici que

> le métropolite n'a aucun pouvoir de gouvernement dans les diocèses suffragants; il peut néanmoins, dans toutes les églises, exercer les fonctions sacrées, comme l'évêque dans son propre diocèse, après en avoir informé l'évêque diocésain s'il s'agit d'une église cathédrale[164].

De même, l'actuelle législation canonique catholique prévoit que

> le titre de Patriarche et de Primat, en dehors de prérogatives honorifiques, ne comporte dans l'Eglise latine aucun pouvoir de gouvernement, sauf s'il s'avère qu'il en va autrement pour certains d'entre eux en vertu d'un privilège apostolique ou d'une coutume approuvée[165].

De ce qui nous avons dit jusqu'ici il en résulte clairement que le métropolite exerce, dans la province ecclésiastique qu'il préside, un pouvoir délégué *a iure*, à savoir par le Législateur Suprême, le Pontife Romain, déterminé par l'actuelle législation canonique catholique d'une manière limitative. Ce fait est en pleine cohérence avec la vision catholique qui affirme que dans l'Eglise il y a deux instances de gouvernement de droit divin: le Collège des évêques avec le Pontife Romain au niveau universel et l'évêque diocésain au niveau particulier. Par conséquent, chaque instance intermédiaire de gouvernement personnel peut exercer un pouvoir sur les évêques diocésains seulement par la délégation de l'autorité suprême de l'Eglise catholique.

Ainsi, le métropolite peut porter le *pallium* selon les lois liturgiques, dans toute église de la province ecclésiastique qu'il préside, mais absolument pas hors de celle-ci, même pas avec l'autorisation de l'évêque diocésain[166]. Et, si le métropolite est transféré à un autre siège métropolitain, il a besoin d'un nouveau *pallium*[167].

Quant au concile provincial, il est prescrit qu'il sera célébré, chaque fois qu'il paraîtra opportun, de l'avis de la majorité des évêques diocé-

---

[164] C. 436§3 CIC. Il en résulte claire donc que le métropolite n'est pas le supérieur des évêques, mais celui qui a pour rôle de faciliter la concertation et la coopération dans une province ecclésiastique. De plus, il faut remarquer ici que ce canon exige aux métropolites d'informer d'avance les évêques diocésains lorsqu'ils veulent exercer les fonctions sacrées dans une église cathédrale, en indiquant ainsi le respect de l'autonomie diocésaine.

[165] C. 438 CIC.

[166] Cf. c. 437§2 CIC. La raison de cette limitation est évidente: le *pallium* est le signe du pouvoir hiérarchique, et le métropolite en dehors de sa province ne jouit d'aucune autorité particulière (cf. *Prontuario*, 849).

[167] Cf. c. 437§3 CIC.

sains de la province[168]. En ce qui concerne la compétence, il est prévu que le concile provincial:

> veillera à pourvoir pour son territoire aux besoins pastoraux du peuple de Dieu; il possède le pouvoir de gouvernement, surtout législatif, en sorte que, restant toujours sauf le droit universel de l'Eglise, il puisse décider ce qu'il paraît opportun de réaliser pour le développement de la foi, pour conduire l'action pastorale commune, pour régler les mœurs, pour faire observer la discipline ecclésiastique commune, la promouvoir ou la défendre[169].

Il en résulte donc que le concile provincial jouit d'un pouvoir ordinaire propre, surtout législatif[170] mais pas exclusivement[171], dû au magistère ordinaire des évêques réunis en concile provincial[172]. Toutefois, il convient souligner ici que le pouvoir exercé par le concile provincial n'est pas une partie du pouvoir du Collège des évêques, mais il s'agit du pouvoir propre ordinaire qui les évêques possèdent en tant que pasteurs des Eglises particulières, exercé de manière collégiale[173]. Ainsi, le concile provincial exprime et actualise, en communion hiérarchique avec le chef du Collège des évêques et ses membres, l'*affectus collegialis*, la sollicitude des évêques pour les autres Eglises et la communion entre celles-ci[174]. Pour cette raison le concile provincial est un organisme di coresponsabilité[175]. Notons que, malgré les souhaits formulés par le concile Vatican II et traduits dans l'actuels CIC, les conciles provinciaux n'ont pratiquement pas suscité d'intérêt et ont du mal à se frayer une voie dans l'Eglise catholique, car

---

[168] Cf. c. 440§1 CIC. Dans le cas où les limites de la province ecclésiastique coïn-cident avec le territoire national, le concile provincial ne peut être célébré qu'avec l'approbation du Siège Apostolique (cf. c. 439§2 CIC). Pour une présentation historique de ces conciles dans l'Eglise catholique, voir H.J. SIEBEN, «Das Nationalkonzil», 526-562.

[169] C. 445 CIC.

[170] Les décrets généraux du concile provincial sont lois particulières (cf. cc. 12§3, 13§1, 29 CIC) et l'évêque diocésain ou l'Ordinaire du lieu peuvent dispenser de ceux-ci (cf. cc. 87, 88 CIC). Et, malgré la recognition (*recognitio*) du Saint-Siège exigée pour ceux-ci (cf. c. 446 CIC, art. 58§1, 82, 89 PB), les décrets sont promulgués par l'autorité du concile lui-même (cf. 446 CIC).

[171] Cf. cc. 753, 823§2, 952§1 CIC.

[172] Cf. c. 753 CIC.

[173] Cf. c. 119 CIC.

[174] Cf. cc. 446 CIC; art. 82 PB.

[175] Pour un présentation détaillée des concepts de coresponsabilité et participation appliqués aux organismes de gouvernement universels et locaux, voir G. GHIRLANDA, *Introduzione al diritto ecclesiale*, 126-143. De plus, à cause du fait que des autres catégories des fidèles sont membres des conciles provinciaux et qu'ils ont droit de vote consultatif, il en résulté que ce concile est aussi un organisme de participation.

une institution intermédiaire entre la conférence épiscopale et le concile plénier d'une part et d'autre part le synode diocésain et les autres organismes de concertation à l'échelle diocésaine (le conseil presbytéral et le conseil pastoral) n'a pratiquement plus de place[176].

En ce qui concerne l'autonomie des provinces ecclésiastiques, nous pouvons affirmer qu'elle est réglée par le rapport existant entre le concile provincial et le Métropolitain d'une part, et l'autorité suprême de l'Eglise catholique d'autre part. Et nous avons déjà vu que, dans ce rapport, les métropolites et les conciles provinciaux jouissent des certains prérogatives propres, surtout, pour les conciles provinciaux, en ce qui concerne le pouvoir législatif. Ainsi, parce que le métropolite jouit d'un pouvoir délégué et parce que les décrets du concile provincial ne peuvent pas être promulgués s'ils ne sont pas revus par le Siège Apostolique, nous sommes tout-à-fait en droit d'affirmer que la province ecclésiastique jouit d'une autonomie ecclésiastique contrôlée ou d'une juste autonomie ecclésiastique.

b) *L'autonomie des régions ecclésiastiques*

Il faut préciser d'emblée que la région ecclésiastique, qui comprend plusieurs provinces ecclésiastiques, constitue une figure canonique nouvelle dans l'Eglise catholique[177] et que sa constitution n'est pas obligatoire[178]. De plus, une région ecclésiastique ne doit pas s'identifier avec le territoire national.

Selon l'actuelle législation canonique, il appartient à l'assemblée des évêques de la région ecclésiastique de favoriser la coopération et l'action pastorale commune dans la région. Cependant, les pouvoirs que les canons de l'actuel CIC accordent à la Conférence des évêques[179] ne sont pas de la compétence de cette assemblée, à moins que certains de ces pouvoirs ne lui aient été spécialement concédés par la Saint-Siège[180]. Il appert donc que l'assemblée des évêques d'une région ecclésiastique, présidée par un évêque diocésain, ne jouit pas habituellement de pouvoir. Par conséquent, il est absolument clair que, dans l'Eglise catholique, la région ecclésiastique ne jouit d'aucune forme d'autonomie ecclésiastique.

Quant aux conciles pléniers, à savoir celui qui réunit toutes les Eglises particulières d'une même Conférence des évêques, il faut noter d'abord

---

[176] R. METZ, «Les conciles nationaux, pléniers, régionaux», 147-148.
[177] Cf. CD 40§3, 41.
[178] Cf. c. 433§1 CIC.
[179] Cf. cc. 447-459 CIC.
[180] Cf. c. 434 CIC.

que celui-ci doit être convoqué chaque fois qu'il apparaîtra nécessaire ou utile à cette conférence, avec l'approbation du Siège Apostolique[181]. Toutefois, il revient à la Conférence des évêques de convoquer le concile plénier, de choisir le lieu de la célébration du concile dans le territoire de la Conférence des évêques, d'élire parmi les évêques diocésains le président du concile plénier, qui doit être approuvé par le Siège Apostolique, et d'établir l'ordre du jour et les questions à traiter, fixer le début et la durée du concile plénier, le transférer, le prolonger et l'achever[182]. Les décrets d'un concile plénier doivent être toujours reconnus par le Siège Apostolique[183]. Il en résulte donc qu'il n'y a pas la possibilité de parler d'une vraie autonomie ecclésiastique dans le cas des conciles pléniers.

2.3 L'autonomie dans les Eglises catholiques orientales

Il faut rappeler d'abord que le CCEO présente une particularité en ce qui concerne les regroupements des Eglises particulières à l'intérieur des Eglises orientales catholiques. Plus précisément, le CCEO exige que toutes les éparchies et les exarchats orientaux catholiques soient regroupés dans des *Ecclesiae sui iuris*. Par conséquent, il est absolument évident que, pour identifier le niveau d'autonomie duquel jouissent toutes ces unités ecclésiales (exarchats, éparchies, *Ecclesiae sui iuris*), il est nécessaire d'analyser d'abord le concept d'*Ecclesia sui iuris* et les conséquences de son application dans l'ecclésiologie catholique.

2.3.1 Le concept d'*Ecclesia sui iuris* et l'*autonomie ecclésiastique*

Nous avons déjà vu que l'expression *Ecclesia sui iuris*, insérée officiellement dans la législation canonique catholique le 18 octobre 1990 lorsque le CCEO était promulguait par le Pape Jean-Paul II, en plus d'être absolument innovatrice pour le langage canonique catholique[184], a opéré aussi un grand changement dans l'ecclésiologie catholique[185]. Ainsi, le c. 27[186] du CCEO définit les Eglises orientales catholiques

---

[181] Cf. c. 439§1 CIC.
[182] Cf. c. 441 CIC.
[183] Cf. c. 446 CIC.
[184] «Avec l'expression *Ecclesia sui iuris*, nous nous trouvons devant une expression nouvelle dans l'histoire canonique», É. SLEMAN, «De *Ritus* à *Ecclesia sui iuris*», 267. Pour une présentation détaillée de l'histoire de l'expression *Ecclesia sui iuris*, voir G. GRIGORIȚĂ, *Il concetto di "Ecclesia sui iuris"*, 17-55.
[185] Pour plus de détails, voir p. 317-320.
[186] Il faut noter que dans le CIC il n'y a pas un canon correspondant au c. 27 CCEO. Cf. C.G. FÜRST, *Canones Synopse*, 118.

comme *Ecclesiae sui iuris*, en essayant même de donner une définition pour ce concept nouveau:

> Le groupe des fidèles chrétiens uni par la hiérarchie selon le droit, que l'autorité suprême de l'Eglise reconnaît expressément ou tacitement comme *sui iuris*, est dénommé dans le présent Code *Ecclesia sui iuris*[187].

Nous devons reconnaître dès début la faiblesse de cette définition qui n'arrive pas à définir le concept d'*Ecclesia sui iuris* car celui-ci reste fermé dans un cercle vicieux: *Ecclesia sui iuris* est [...] *sui iuris*. En autres mots, la faiblesse de cette définition est constitue de fait qu'elle n'arrive pas à définir l'expression *sui iuris*, car elle ne dit pas ce que cela signifie, ni quelles sont les caractéristiques d'une Eglise reconnue comme *sui iuris*. En effet, la définition du concept d'*Ecclesia sui iuris*, donnée par le c. 27 CCEO, semble tomber dans la tautologie. Pour corriger ce défaut du c. 27 CCEO, certains auteurs catholiques ont traduit l'expression *sui iuris* avec le mot *autonome*[188], bien que cette traduction soit absolument incorrecte. Et cela notamment parce que, dans le langage ecclésiastique, le terme *autonome* (αὐτόνομος)[189] ne peut jamais être synonyme de *sui iuris*, mais il peut être traduit par *sui legibus*[190], car *nomos* (νόμος) ne se traduit pas en latin par *ius* mais par *lex*[191]. D'autre part, il faut préciser que le terme *ius* est défini en grec par le mot δίκαιον[192], et

---

[187] C. 27 CCEO: «Coetus christifidelium hierarchia ad normam iuris iunctus, quem ut sui iuris expresse vel tacite agnoscit suprema Ecclesiae auctoritas, vocatur in hoc Codice Ecclesia sui iuris» (notre traduction).

[188] «A group of Christian faithful bound together according to the norm of law by a hierarchy, and which is expressly or tacitly recognized as *autonomous* by the supreme authority of the Church, is called a Church *sui iuris* (c. 27)», V.J. POSPISHIL, *Eastern Catholic Church Law*, 81; «A group of Christian faithful united by a hierarchy according to the norm of law which the supreme authority of the Church expressly or tacitly recognizes as *autonomous* is called in this Code an autonomous Church (*ecclesia sui iuris*)», J.D. FARIS, *Eastern Catholic Churches*, 144; «A Church *sui iuris* is a community of the faithful united by its own hierarchy in communion with the pope that is expressly or tacitly recognized by the supreme authority of the Church as *autonomous*», J. HUELS, *Empowerment for Ministry*, 256.

[189] Pour une présentation détaillée de terme *autonome*, voir p. 47

[190] «Αὐτονομία – *potestas vivendi suis legibus*», «Αὐτονομος – *qui suis legibus vivit*», B. HEDERICI, *Lexicon Graeco-Latinum*, 156.

[191] «Νόμος – lex (constituta, statuta) – loi (statut, constitution)», *Byzantinon Dikaion*, 313. «Lex – loi – νόμος», *Latinikon Dikaion*, 133.

[192] «ius – δίκαιον», *Latinikon Dikaion*, 190. Cf. aussi B. HEDERICI, *Lexicon Latino-Graecum*, 105.

que, par conséquent, l'expression *sui iuris* est traduite par αὐτεξούσιος[193] (maître de soi, indépendant)[194].

Bien que le défaut de cette définition a été signalé tout de suite après la promulgation du CCEO, jusqu'aujourd'hui aucune correction n'a été faite[195]. De plus, il faut souligner ici qu'aucun canon du CCEO n'offre d'autres détails sur la définition du concept d'*Ecclesia sui iuris*. A cause de l'imprécision de cette définition, les Auteurs catholiques, en partant toujours du texte du canon 27 CCEO, ont essayé d'identifier les components nécessaires pour la constitution d'une *Ecclesia sui iuris*. En premier lieu, ceux-ci ont observé que aujourd'hui le terme Rite (*Ritus*) ne défini plus une communauté unie à Rome[196], mais

> Le rite est le patrimoine liturgique, théologique, spirituel et disciplinaire qui se distingue par la culture et les circonstances historiques des peuples et qui s'exprime par la manière propre à chaque Eglise de droit propre de vivre la foi[197].

---

[193] «sui iuris – αὐτεξούσιος», *Latinikon Dikaion*, 130.

[194] «αὐτεξούσιος – maître de soi, indépendant», *Bailly*, 312. Cf. aussi *Liddell*, 279; *Magnien-Lacroix*, 268.

[195] «There seems to be an inherent defect in the definition/description of a *sui iuris* Church as seen in canon 27. The definition has to describe what the defined is. The canon is not intended mainly to define what a Church is (a group of Christian Faithful held together by a hierarchy; hence a diocese is also a Church, a particular Church) but what a *sui iuris* Church is. Thus this definition is circular and defective according to the rules of definition.», A. VALIYAVILAYIL, «The notion of *sui iuris* Church», 60, note 9. De même, des autres auteurs catholiques reconnaissent aussi que «the definition is not entirely satisfactory because it is somewhat circuitous: a church declared as *sui iuris* is called in this code a Church *sui iuris*», J. FARIS, «The Latin church», 285.

[196] Comme nous avons déjà dit, jusqu'au concile Vatican II, dans l'Eglise catholique les différentes communautés orientales unies à Rome étaient identifiées avec le terme *Ritus* (rite), et seulement avec le décret *Orientalium Ecclesiarum* celles-ci ont été reconnues comme Eglises. Toutefois, «per lungo tempo le Chiese orientali nell'*Annuario Pontificio* non apparivano come un gruppo a se stante, eccetto il caso delle Chiese patriarcali elencate nel titolo *Patriarcati* (in questo titolo fino ad oggi vengono allegramente mescolate le antiche Chiese patriarcali orientali con dei patriarcati meramente titolari latini). Nel 1944 per la prima volta appare nell'*Annuario Pontificio* il capitolo *I riti nella Chiesa*. Il capitolo ha due parti, nella prima parte vengono descritti cinque riti principali (soltanto dall'anno 1993 non vengono indicati più *i riti* ma *le tradizioni rituali*), mentre la seconda parte, chiamata *Prospetto della gerarchia cattolica di riti orientali* riporta l'elenco delle rispettive Chiese», C. VASIL', «Chiese orientali cattoliche», 145, note 82.

[197] C. 28§1 CCEO: «Ritus est patrimonium liturgicum, theologicum, spirituale et disciplinare cultura ac rerum adiunctis historiae populorum distinctum, quod modo fidei vivendae uniuscuiusque Ecclesiae sui iuris proprio exprimitur» (notre traduction)

Ce signifie qu'aujourd'hui chaque communauté orientale catholique, identifiée par l'autorité comme une *Ecclesia sui iuris*, possède son propre rite (*ritus*) qui représente le patrimoine liturgique, théologique, spirituel et disciplinaire de cette Eglise[198]. Selon le c. 28§2 CCEO, ces rites prennent leur origine dans les traditions alexandrine, antiochienne, arménienne, chaldéenne et constantinopolitaine. Mais, successivement,

> à l'intérieur de chacune de ces cinq traditions, se sont développés différents rites. […] A l'exception de l'Eglise arménienne qui coïncide et se concrétise dans la tradition arménienne, plusieurs Eglises orientales *sui iuris* de la même tradition ont leur propre rite, à savoir leur propre patrimoine spécifique qui les distingue des autres Eglises *sui iuris* appartenant à la même tradition […] Pour cette raison, dans le cadre d'une même tradition grande et antique, il y a différentes Eglises *sui iuris*, chacune avec son propre spécifique, dans le sens entendu par le c. 28§1[199].

En autres mots, des nos jours, dans l'Eglise catholique, à côté de l'Eglise latine, il y a 21 (ou 22) Eglises orientales catholiques, qui sont *sui iuris*, et chacune d'elles ont leur propre rite, c'est-à-dire leur propre patrimoine liturgique, théologique, spirituel et disciplinaire. L'obser-vation qui s'impose ici est que, même si on peut parler de différents patrimoines liturgiques ou spirituels ou disciplinaires (comme réflexion ou interprétation particulière de l'unique contenu de la foi), du point de vue orthodoxe, il serait très difficile d'avoir une Eglise avec différents patrimoines théologiques, si le patrimoine théologique est compris comme l'ensemble des doctrines acceptées par l'Eglise. Et cela surtout parce que dans l'Eglise orthodoxe le patrimoine théologique indique plutôt la doctrine dogmatique génuine, tandis que pour l'Eglise catholique ce terme définit surtout la réflexion ou l'interprétation particulière de l'unique contenu de la foi. L'important, ici, est de se mettre d'accord sur le contenu sémantique qui se donne aux mêmes termes dans les deux Eglises. Toutefois, nous croyons

---

[198] «Il concetto stesso di *Ecclesia sui iuris*, prima ancora del riconoscimento del suo status giuridico dalla suprema autorità della Chiesa, si distingue per il suo *Ritus*, ossia in virtù del suo sacro patrimonio teologico, giuridico, liturgico e spirituale, formatosi progressivamente durante i secoli», *Comm. CCEO*, 40.

[199] «Nell'ambito di ciascuna di queste cinque tradizioni sono nati diversi riti […]. Ad eccezione della Chiesa armena che coincide e si concretizza nella tradizione armena, molte Chiese orientali *sui iuris* della stessa tradizione hanno il proprio rito, cioè il proprio patrimonio specifico che la distingue dalle altre Chiese *sui iuris* appartenenti alla stessa tradizione generica […] Nell'ambito, perciò, di una stessa antica grande tradizione ci sono diverse Chiese *sui iuris*, ciascuna con il proprio specifico, inteso nel senso del canone 28 § 1» (notre traduction), *Comm.CCEO*, 40.

que, pour cette raison, il est nécessaire que l'expression «patrimoine théologique» (*patrimonium theologicum*), employé dans le c. 28§1 CCEO, soit mieux expliquée, car il est absolument claire qu'il n'y a pas la possibilité d'avoir une Eglise avec plusieurs théologies.

En ce qui concerne l'origine de tous ces rites, spécifiques à chaque *Ecclesia sui iuris*, le c. 28§2 CCEO affirme que:

> Les rites, dont il s'agit dans le Code, sont, sauf constatation différente, ceux qui sont issus des traditions Alexandrine, Antiochienne, Arménienne, Chaldéenne et Constantinopolitaine[200].

La simple interprétation de ce canon nous mette devant la question suivante: comment il pourrait être expliquée la différence entre les rites des deux *Ecclesiae sui iuris* qui, selon CCEO, proviennent de la même tradition ? Par exemple, l'Eglise catholique orientale ukrainienne et celle russe proviennent toutes les deux de la tradition constantinopolitaine[201].

La réponse pourrait être identifié dans le fait que, dans l'Eglise catholique, pendant l'histoire, à cause des différents facteurs et circonstances, même dans la même tradition on peut avoir des diversifications dans le rite liturgique (comme, par exemple, c'est le cas de rite copte et de rite éthiopique, qui tous les deux proviennent de la tradition liturgique alexandrine), et on peut vérifier des cas où les Eglises appartenant à la même tradition peuvent codifier un droit particulier différent. Ce fait crée des diversifications disciplinaires, etc., tandis que la différence ethnique est seulement un des éléments de l'identification de l'*Ecclesia sui iuris* et suivant non décisif ou univoque. Cependant, il y a des auteurs qui affirment que les différences entre les rites liturgiques qui proviennent de la même tradition sont presque inexistantes[202].

Les éléments essentiels d'une *Ecclesia sui iuris* – énumérés dans le c. 27 CCEO – sont donc les suivants:

a. le groupe des fidèles (*coetus christifidelium*);
b. une hiérarchie qui unit, – selon le droit (*ad normam iuris*) – le groupe des fidèles;

---

[200] C. 28§2 CCEO: «Ritus, de quibus in Codice agitur, sunt, nisi aliud constat, illi, qui oriuntur ex traditionibus Alexandrina, Antiochena, Armena, Chaldaea et Constantinopolitana» (notre traduction).

[201] Plus précisément, «le chiese cattoliche che appartengono alla tradizione constantinopolitana sono oggi tredici : Bielorussa, Bulgara, Greca, Italo-Albanese, Melkita, Romena, Rutena, Slovacca, Ucraina, Ungherese, Russa, Serba, Albanese», *Comm. CCEO*, 42.

[202] Cf. A.A. KING, *The Rites*. Voir aussi R. JANIN, *Les Eglises orientales*; N. LIESEL, *Les liturgies catholiques orientales*.

c. la reconnaissance, expresse ou tacite, de ce groupe comme *sui iuris* de la part de l'autorité suprême.

En partant du c. 27 et 28 du CCEO, les Auteurs catholiques ont essayé d'indiquer précisément quels sont les éléments essentiels d'une *Ecclesia sui iuris*. Habituellement, ceux-ci parlent de 3 éléments essentiels d'une *Ecclesia sui iuris* (ceux 3 énumérés par le c. 27 CCEO)[203], auxquels certains Auteurs ajoutent même le rite (*ritus*), notamment parce que celui-ci représente le patrimoine «liturgique, théologique, spirituel et disciplinaire» de chacune d'entre elles.

Il est nécessaire de préciser ici que le CIC, dans le sixième titre du premier livre, lorsqu'il se parle de la condition canonique des personnes physiques, plus précisément dans les canons 111 et 112, a employé pour quatre fois l'expression *Ecclesia ritualis sui iuris*[204]. En plus, ces deux canons utilisent pour deux fois l'expression *Ecclesia ritualis* comme synonyme du syntagme *Ecclesia ritualis sui iuris*[205]. Avec ces deux expressions, le CIC définit les communautés orientales catholiques, en employant ainsi la terminologie de Vatican II, qui avait reconnu à ces communautés le statut d'Eglises. Toutefois, le CIC n'emploie jamais ces expressions pour définir l'Eglise latine, en préférant d'employer l'expression *Ecclesia latina*[206], et n'offre néanmoins aucune définition pour l'expression d'*Ecclesia ritualis sui iuris*[207].

---

[203] Cfr I. ŽUŽEK, «Presentazione del CCEO», 601; L. OKULIK, «Configurazione canonica», 218; *Comm. CCEO*, 37-38. Toutefois, des autres Auteurs catholiques affirment que «the definition of a Church *sui iuris* has four constitutive elements: 1. a community of Christian faithful; not simply a group, which in sociological terms can be a casual gathering; 2. hierarchy: one hierarch or more, joining the said community together in the visible unity of faith through the ministry of the word, the sacraments and governance; 3. norm of Law (*ius*): not merely charismatic groups or basic communities, however spiritual and fruitful and zealous they might be; 4. recognition by the supreme Church authority, which presupposes the foregoing three elements.», J. FARIS, «Churches *Sui Iuris* and Rites», 104.

[204] Cf. cc. 111§2, 112§1, 112§1,1°, 112§2 CIC.

[205] Cf. cc. 111§1, 112§1,3° CIC.

[206] Dans la législation canonique catholique actuelle, l'Eglise latine n'est jamais indiquée ou nommée comme *Ecclesia sui iuris*. Dans les canons 111 et 112 du CIC – les seuls canons du CIC où a été employée l'expression *Ecclesia ritualis sui iuris* – on parle des *Ecclesiae ritualis sui iuris*, pour indiquer ainsi les Eglises orientales catholiques, et l'Eglise latine est toujours indiquée par l'expression *Ecclesia latina*, et seulement indirectement par l'expression *Ecclesia ritualis* ou *Ecclesia ritualis sui iuris*. Plus précisément, l'Eglise latine est considérée implicitement une *Ecclesia ritualis sui iuris*, surtout dans les expressions suivantes: *vel in alia Ecclesia ritualis sui iuris* (c. 111§2 CIC), *alii Ecclesiae ritualis sui iuris adscribuntur* (c. 112§1 CIC) et *ad aliam Ecclesia ritualem legitime transierit* (c. 112§1,2° CIC). Dans le CCEO, lorsqu'il s'agit de l'Eglise latine au rapport

D'autre part, de nos jours, certains canonistes catholiques affirment que l'adjectif *ritualis* a été déjà enlevé dans le CCEO car il était superflu[208], bien que l'expression *Ecclesia rituales sui iuris* a été employée dans des actes officiels de la Curie Romaine même après la promulgation du CCEO[209].

Le CIC, ainsi comme nous avons déjà précisé, n'offre pas des informations supplémentaires sur ce qui signifie une *Ecclesia ritualis sui iuris* ou une *Ecclesia ritualis*, et néanmoins les sources des ces deux canons ne nous aident pas à identifier la définition d'une *Ecclesia ritualis sui iuris*. Pour cette raison, il ne nous reste autre à faire que de prendre en considération les opinions des Auteurs sur cet argument. La majorité des Auteurs, en commentant ces deux canons du CIC, s'accordent sur le fait que l'Eglise latine est une *Ecclesia ritualis sui*

---

aux Eglises orientales catholiques, il est toujours spécifié *etiam Ecclesiae latinae*. Pour cette raison, certains Auteurs (surtout orientaux catholiques) considèrent l'Eglise latine comme chaque autre Eglise orientale catholique *sui iuris* et égale à celle-ci, et, comme telle, ils étendent à elle la normative prescrite pour les Eglises orientales catholiques (cf. J. FARIS, «The Latin Church *Sui Iuris*», 280-293; G. GALLARO – D. SALACHAS, «Interecclesial matters», 258-259).

[207] Pour plus de détails, voir G. GRIGORIȚĂ, *Il concetto di "Ecclesia sui iuris"*, 83-97.

[208] «La parola *rituales* che, almeno nel contesto del Codice orientale, quando si parla delle *Ecclesiae sui iuris*, è ritenuta superflua e controproducente soprattutto perché vi sono diverse *Ecclesiae sui iuris* che appartengono fondamentalmente allo stesso rito», I. ŽUŽEK, «Le *Ecclesiae sui iuris*», 876. «On note que l'adjectif *ritualis* qui figure dans l'expression employée par le CIC, a été supprimé dans le CCEO, décision qui s'explique, entre autres, par les propositions, faites dès le début des travaux de révision, de bien distinguer les notions de *rite* et d'*Eglise*, mais aussi par l'argument que le rite n'est pas un élément caractéristique de chaque Eglise, étant donné que plusieurs Eglises partagent le même rite. Ainsi, l'adjectif *ritualis* était considéré comme superflu», A. KAPTIJN, «Problématiques», 406.

[209] Par exemple, le cardinal Angelo Sodano, l'ancien Secrétaire d'Etat du Saint-Siège, dans un rescrit du 26 novembre 1992 – c'est-à-dire après la promulgation de CCEO – employait encore l'expression *Ecclesia ritualis sui iuris*: «Ad normam can. 112 § 1, 1° Codicis Iuris Canonici, quisque vetatur post susceptum Baptismum alii ascribi *Ecclesiae rituali sui iuris*, nisi licentia ei facta ab Apostolica Sede. Hac de re, probato iudicio Pontificii Consilii de Legum Textibus Interpretandis, Summus Pontifex Ioannes Paulus II statuit eiusmodi licentiam praesumi posse, quoties transitum ad aliam *Ecclesiam ritualem sui iuris* sibi petierit Christifidelis Ecclesiae Latinae, quae Eparchiam suam intra eosdem fines habet, dummodo Episcopi dioecesani utriusque dioecesis in id secum ipsi scripto consentiant», SECRETARIA STATUS, «Rescrit *Fit facultas licentiam*», 81. Il faut toutefois noter qu'ici il s'agit d'un rescrit *ex audientia*, donné comme interprétation authentique du canon 112§1,1°, et que, donc, il est normal d'employer dans ce rescrit la même expression qui est utilisée dans le canon.

iuris[210], même s'ils n'offrent aucune définition pour ce concept et reconnaissaient que le CIC ne le dit explicitement. Mais, lorsqu'ils parlent de «Rite» (*Ritus*), les commentateurs du CIC ne sont pas toujours d'accord. Ainsi, tandis que certains soutient que les rites principaux dans l'Eglise catholique sont celui occidental et celui oriental[211], les autres affirment soit qu'il y a 21 rites plus l'Eglise latine[212], soit simplement qu'il y a 22 rites[213]. En tous cas, tous parlent de «Rite» comme de l'élément fondamental de l'identité d'une *Ecclesia ritualis sui iuris*, mais ensuite ne le définissent pas, en argumentant que *Codex plerumque non definit ritus*[214].

Quant au rapport qui doit exister entre une *Ecclesia ritualis sui iuris* et l'Eglise universelle, les Auteurs s'accordent sur le fait que la première jouit d'une certaine autonomie. Ainsi, dans un commentaire exégétique du premier canon du CIC, Javier Otaduy a essayé de définir l'*Ecclesia ritualis sui iuris*:

> Quand nous parlons de deux systèmes normatifs supérieurs nous ne voulons pas dire que ceux deux systèmes normatifs correspondent à deux structures institutionnelles au sens strict. L'Eglise latine se reprend sérieusement, car elle conserve l'unité structurelle propre au Patriarcat d'Occi-dent, mais les Eglises orientales ne correspondent pas exactement à la manière d'une institution unique. Chacune d'elles est une Eglise rituelle *sui iuris* (autocéphale, avec autonomie de régime et de discipline)[215].

---

[210] «Dai cc. 111 e 112 si trae che anche nel *Codex Iuris Canonici* la Chiesa latina viene considerata una *Ecclesia sui iuris*», G. GHIRLANDA, «"Populus Dei universus"», 62. «The Latin church constitutes a ritual church *sui iuris*», *New Commentary*, 151.

[211] «I Riti fondamentali sono due: latino (occidentale) e orientale», *Comm. CIC*, 68.

[212] «Attualmente, in ragione del rito c'è, da una parte, la Chiesa latina, nella quale permangono vari riti liturgici, ma che non implicano differenze nell'ordine gerarchico e disciplinare; e dall'altra ci sono 21 Chiese orientali cattoliche che hanno propri riti liturgici ed anche gerarchia e disciplina proprie: si tratta di diverse Chiese rituali *sui iuris*, cosi chiamate perché rette dalle loro rispettive discipline peculiari», P. LOMBARDIA – J.I. ARRIETA, ed., *Codice di diritto canonico*, 113-114.

[213] «The Roman Catholic Church consists of twenty-two autonomous (*sui iuris*) churches, formerly called rites, each with its own hierarchy, tradition and discipline», *New Commentary*, 49.

[214] C. 2 CIC. Presque la même chose est dite dans le c. 3 CCEO, qui récit: «Codex, etsi saepe ad praescripta librorum liturgicorum se refert, de re liturgica plerumque non decernit». Pour plus de détails, voir B. ESPOSITO, «Il rapporto», 139-186; L. LORUSSO, «Il rapporto», 163-182.

[215] «Cuando hablamos de dos sistemas normativos superiores no queremos decir que esos sistemas normativos respondan a dos estructuras institucionales en sentido estricto.

Selon cet Auteur, une *Ecclesia ritualis sui iuris* est autocéphale et jouit d'autonomie de régime et disciplinaire. La nouveauté de cette affirmation n'est pas constituée par le fait qu'une *Ecclesia ritualis sui iuris* soit définit comme autocéphale (nous avons vu que déjà au sixième siècle le terme grec αὐτοκέφαλὴ – a été traduit en latin par *sui iuris*), mais par le fait que l'élément fondamental de cette autocéphalie est le Rite (*Ritus*)[216]. La nouveauté absolue est constituée donc par le fait d'avoir dans ce cas une «autocéphalie ritualiste» qui, implicitement, impliquerait aussi une «ecclésiologie ritualiste»[217], qui dans l'Eglise du premier millénaire, soit d'Occident que d'Orient, n'a jamais existée.

La Iglesia latina sí lo seria, porque tiene la unidad estructural propia del Patriarcado de occidente, pero las Iglesias orientales no están conformadas propiamente al modo de una única institución. Cada una de ellas es una Iglesia ritual *sui iuris* (autocefala, con autonomía de régimen y de disciplina)» (notre traduction), *Comentario*, 257.

[216] «El rito seria el soporte básico y objetivo de cada Iglesia ritual autónoma: aquel patrimonio litúrgico, teológico, espiritual y disciplinar que refleja en cada Iglesia el modo de vivir la fe católica (cfr. c. 28§1 CCEO). Así pues, en rigor, no cabe identificar el rito con la Iglesia ritual autónoma, aunque existan tantos ritos como Iglesias rituales *sui iuris*», *Comentario*, 257.

[217] Il faut noter ici que, récemment, G. Papathomas affirmait que l'ecclésiologie catholique est une «ecclésiologie ritualiste» – par «ritualisme», cet Auteur entend «des différents *rites* (les anciennes traditions liturgiques) qui continuent de *coexister* au sein de l'Eglise catholique romaine et qui instituent des groupes religieux ou des entités ecclésiales en principes parallèles, superposés et universels» (G. PAPATHOMAS, «Au temps de la Post-Ecclésialité», 3, note 1) –, née au temps des Croisades (XIIIe siècle), et que, «en effet, le mouvement politique des Croisades donna une autre tournure à la rupture de communion de 1054 et, en proclamant le schisme, entendons un fait canonique qui considère un corps ecclésial comme détaché de l'ensemble du corps et, par conséquent, inexistant dans un lieu donné, imprima une autre direction au nouvel ordre des choses ecclésiologique qu'il instaurait. Se sont ainsi formées deux catégories d'Eglises aux cotés des anciens Patriarcats d'Orient. Des Patriarcats homonymes latins se constituent en Orient (le Patriarcat latin de Jérusalem – dont la formation remonte à la fin de la première Croisade en 1099 –, suivi immédiatement par le Patriarcat latin d'Antioche en 1100, puis l'Eglise catholique non autocéphale de Chypre en 1191, etc., et ce fait, en lui-même – si l'on admet qu'il s'agit d'une rupture de communion et non d'un schisme – engendre implicitement, mais officiellement au sein de l'Église le problème ecclésiologique de la co-territorialité [1099]). Cependant, l'apparition de cette innovation qu'est le concept de co-territorialité n'en reste pas là. À coté de ces entités ecclésiastiques latines se constituent des Patriarcats ritualistes latins et des Eglises catholiques orientales (Patriarcats maronite, melchite, syrien catholique, etc.), placés sous la juridiction transfrontière (*hyperoria*) et hiérarchiquement isocèle (équivalente) du Patriarcat et du Pape de Rome, et cela, sur un seul et même territoire. La juridiction devenait ainsi transfrontière (*hyperoria*) – toujours dans le cas d'une rupture de communion – parce que de nouveaux Patriarcats de rite latin et ritualistes «orientaux» étaient créés sur le territoire canonique d'une Eglise d'Orient, mais elle devenait aussi

Toutefois, si le rite (*ritus*) est l'élément distinctif d'une *Ecclesia sui iuris*, quelle est alors la différence entre le rite de l'Eglise oriental catholique ukrainienne et celle russe, étant toutes les deux *Ecclesiae sui iuris* de culture slave et en provenant toutes deux de la tradition byzantine ? La réponse est simple: l'unique différence réside dans le fait qu'elles appartiennent aux nations différentes. Cette vision des réalités orientales catholiques se constate de manière empirique: en effet, l'élé-ment distinctif entre différentes *Ecclesiae sui iuris* est constitué par la nation ou l'ethnie (ἔθνος – *gens / natio*)[218]. Il faut noter ici que certains canonistes catholiques ont identifié déjà cet aspect. Ainsi, par exemple, G. Ghirlanda affirme que les *Ecclesiae sui iuris* sont constituées sur des «facteurs humains ethnico-socio-culturels»[219]. Avec la même conviction, D. Salachas parle de l'*Ecclesia sui iuris* comme

> d'une communauté catholique déterminée, rassemblée autour de la propre hiérarchie et pourvue d'éléments spécifiques ethnico-religieux, surtout après qu'il a été reconnu à ces communautés par l'autorité suprême de l'Eglise le *status* d'Eglises *sui iuris*[220].

Plus précis est M. Brogi, qui parle des *Ecclesiae sui iuris* comme des «groupes ethniques»[221]. De son côté, C. Vasil' affirme:

---

isocèle, en ce sens que, même si ces Patriarcats étaient égaux entre eux, ils étaient cependant tous subordonnés et placés dans une situation de commune dépendance à l'égard du Patriarcat de Rome. Cette aberration ecclésiologique, nouvelle elle aussi, s'est maintenue jusqu'à nos jours.», G. PAPATHOMAS, «Au temps de la Post-Ecclésialité», 4-5. Il est nécessaire de noter ici que récemment (mars 2006) l'Evêque de Rome a renoncé au titre de «Patriarche d'Occident». De plus, certains auteurs catholiques ont même proposé que l'Evêque de Rome soit considéré comme «Patriarche de Rome» (cf. G. GHIRLANDA, «Il *Documento di Ravenna*», 583). Par conséquent, il est évident que la théorie de G. Papathomas doit être revue à la lumière de la nouvelle réalité ecclésiale catholique. Cet aspect sera analysé par la suite.

[218] Quant à l'ecclésiologie orthodoxe, il convient préciser ici que, dans l'Eglise orthodoxe, la nation ou l'ethnie constitue, sur la base du canon 34 apostolique, un des principes fondamentaux d'organisation. Pour plus de détails, voir p. 69, note 110.

[219] G. GHIRLANDA, «"Populus Dei universus" et "populi Dei portiones"», 59.

[220] «di una determinata comunità cattolica radunata attorno ad una propria gerarchia e dotata di particolari elementi specifici etnico-religiosi, specialmente dopo che è stato riconosciuto a queste comunità dalla suprema autorità della Chiesa lo *status* di Chiese *sui iuris*» (notre traduction), D. SALACHAS, «*Ecclesia universa* et *Ecclesia sui iuris*», 69. Cf. aussi D. SALACHAS, «Il concetto ecclesiologico», 47.

[221] «Credo che si possa pacificamente concludere che il ventuno comunità (o *gruppi etnici*) comunemente indicate siano senz'altro chiese, e chiese *sui iuris*», M. BROGI, «Prospettive pratiche», 746-747.

> Outre à un aspect purement canonique, dans l'identification terminologique et ecclésiologique des Eglises orientales, en particulier de tradition constantinopolitaine, nous pouvons également noter une forte connotation ethnico-nationale, qui est considérée comme un point d'identification de ces Eglises. Les Eglises orthodoxes, depuis des siècles, ont la tendance d'identifier l'indépendance politico-nationale avec le développement de l'indépendance ecclésiale, avec la soi-disant autocéphalie. La même identification nationale a été héritée par ces Eglises orientales catholiques qui se sont formées à travers les unions partielles des groupes de fidèles et des hiérarchies appartenant aux Eglises orthodoxes. Ainsi, nous parlons, par exemple, de l'Eglise orientale catholique grecque, de l'Eglise orientale catholique bulgare, de l'Eglise orientale catholique albanaise et de l'Eglise orientale catholique russe[222].

Pour cet auteur, le facteur ethnique ou national constitue donc un des éléments de l'identification des *Ecclesiae sui iuris*, bien qu'il précise qu'il s'agit suivant d'un élément spécifique aux Eglises orientales catholiques qui ont un correspondent dans les Eglises orthodoxes locales, et beaucoup moins dans les situations où il n'existe pas de correspondent.

Il appert ainsi que l'ethnie ou la nation – même s'elle n'est pas prévue dans la législation canonique catholique actuelle – représente un des facteurs qui peut constituer une *Ecclesia sui iuris*.

Et, si la nation constituerait pour l'Eglise catholique l'élément distinctif pour une *Ecclesia sui iuris*, il serait absolument clair que l'Eglise latine – qui comprenne une multitude des nations – ne peut jamais être considérée comme telle. Dans ce cas, on pourrait dire qu'il y a une multitude des *Ecclesiae sui iuris* à l'intérieur de l'Eglise latine, structurées notamment sur les Conférences des évêques, qui habituellement sont nationales[223]. Du fait que les Conférences des évêques ne sont pas assimilables aux patriar-

---

[222] «Oltre ad un aspetto prettamente canonistico, nell'identificazione terminologica ed ecclesiologica delle Chiese orientali, specialmente di tradizione constantinopolitana, possiamo notare anche una forte connotazione *etnico-nazionale* che viene riferita come punto d'identificazione di queste Chiese. Le chiese ortodosse da secoli tendono all'identificazione dell'indipendenza politico-nazionale con lo sviluppo dell'indipendenza ecclesiale, con la cosiddetta autocefalia. La stessa identificazione nazionale è ereditata da quelle Chiese orientali cattoliche che si sono costituite attraverso le unioni parziali di gruppi di fedeli e da gerarchie già appartenenti alle singole Chiese ortodosse. Cosi parliamo per esempio di Chiesa orientale cattolica greca, di Chiesa orientale cattolica bulgara, di Chiesa orientale cattolica albanese e di Chiesa cattolica orientale russa» (notre traduction), C. VASIL', «"Populus Dei universus"», 100. Voir aussi, C. VASIL', «Etnicità delle Chiese *sui iuris*», 97-108.

[223] Cf. c. 447 CIC. «In very many countries of the world on a national level there is an episcopal conference», M. WIJLENS, «Local Churches», 110.

cats orientaux catholiques[224], on peut conclure que celles-ci ne peuvent pas être *Ecclesiae sui iuris* de type patriarcal. De plus elles ne peuvent être ni archevêchés majeurs (dans une Conférence des évêques peut exister plus d'un archevêque), ni métropolies *sui iuris* (une Conférence des évêques peut comprendre plusieurs provinces présidées par métropolites). D'autre part, il est difficile d'affirmer que celle-ci peuvent être inclues dans cette catégorie de *ceterae Ecclesiae sui iuris*, qui se trouvent dans une dépendance étroite du Pontife Romain. Si les Conférences des évêques seraient *Ecclesiae sui iuris*, alors elles appartiendraient à un autre modèle d'*Ecclesia sui iuris*, différent de ceux prévus dans le CCEO[225].

Toutefois, toutes ces suppositions ne trouvent aucun support dans la législation canonique catholique actuelle, et, per conséquent, nous pourrions conclure que l'Eglise latine n'est pas une *Ecclesia sui iuris*. Cette conclusion est évidente surtout parce que, même si nous aurions accepté l'hypothèse selon laquelle l'Eglise latine est une *Ecclesia sui iuris*, il ne se pourrait pas avoir une explication convaincante en ce qui concerne la manière et le temps de sa reconnaissance, expresse ou tacite, par l'autorité suprême de l'Eglise catholique.

Dans le même temps, on pourrait aussi affirmer que l'Eglise latine est une *Ecclesia sui iuris*, en regard des *Ecclesiae sui iuris* orientales, à cause du fait qu'elle se distingue de celles-ci pour son patrimoine liturgique, théologique, spirituel et disciplinaire, avec la particularité que à sa tête se trouve le Pontife Romain qui est aussi l'autorité suprême pour les autres *Ecclesiae sui iuris*. Toutefois, dans ce cas, il sera très difficile d'identifier quel type d'*Ecclesia sui iuris* est l'Eglise latine, car l'Evêque de Rome a récemment renoncé à son titre de «Patriarche d'Occident»[226]. Par conséquent, si nous affirmerions que l'Eglise latine

---

[224] Cf. G. GHIRLANDA, «De episcoporum conferentiis», 630-633.

[225] Il est intéressant de noter ici que, avant la promulgation de CCEO, I. Žužek présupposait déjà l'existence d'un autre type d'*Ecclesia sui iuris*, qui serait spécifique à l'Eglise latine: «Non è fuori luogo notare qui, per quanto riguarda la Chiesa latina, anch'essa *Ecclesia ritualis sui iuris*, come è ovvio dai canoni 111 e 112 del CIC, che la sua natura è tale da esulare dalle figure giuridiche delineate sopra [patriarcato, arcivescovado, metropoli], anche se tra i titoli del Romano Pontefice vi è quello di *patriarca*. [...] È perciò impossibile che la struttura della Chiesa latina sia uguale o analoga ad una *Ecclesia patriarchalis* orientale», I. ŽUŽEK, «Le *Ecclesiae sui iuris*», 878.

[226] En 2006, le pape Benoît XVI avait décidé de se séparer d'un de titres traditionnellement attribués à l'Evêque de Rome. Plus précisément, dans l'*Annuaire pontifical* de l'année 2006, le titre de «Patriarche d'Occident» ne figure plus. Or, l'*Annuaire pontifical* le reportait chaque année depuis 1863. En effet, l'édition 2006 de l'*An-nuaire pontifical* reporte les 8 titres du pape: «Evêque de Rome, Vicaire de Jésus Christ, Successeur du prince des

Apôtres, Souverain Pontife de l'Eglise universelle, Primat d'Italie, Archevêque et métropolite de la province romaine, Souverain de l'Etat de la Cité du Vatican, Serviteur des serviteurs de Dieu». Dans l'Annuaire de l'année 2005, pour le pape Jean-Paul II, le titre de «Patriarche d'Occident», s'insérait encore, en cinquième position, entre «Souverain de l'Eglise universelle» et «Primat d'Italie». En réalité, des vives critiques contre l'utilisation de ce titre ont été déjà faites avant par le franciscain Adriano Garuti qui estimait que le titre n'a pas de réelle pertinence, car il n'y a pas symétrie entre la vision orientale et la vision occidentale (cf. A. GARUTI, *Il papa patriarca d'Occidente?*; «Il Papa Patriarca d'Occidente? Riflessioni sull'origine del titolo», 42-85; «Il Papa patriarca d'Occidente? Considerazione dottrinale», 23-59; «Ancora a proposito del Papa», 31-45). En effet, le père Garuti combattait l'initiative de Yves Congar de minimaliser le ministère et l'autorité du Pape dans l'Eglise catholique à travers une distinction factice entre le rôle de l'Evêque de Rome comme placé à la tête de toute l'Eglise catholique et ses compétences spécifiques (disciplinaires et liturgiques), limitées au Patriarcat d'Occident (cf. Y.M. CONGAR, «Titres donnés», 55-64; «Le Pape comme Patriarche», 373-390). Toutefois, cet abandon a donné lieu à différents commentaires, comme, par exemple, celui de Hilarion Alfeyev, évêque orthodoxe russe de Vienne et responsable de la Délégation permanente du Patriarcat de Moscou auprès de l'Union Européenne, qui, dans son bulletin électronique *Europaica* du 6 mars 2006, avait écrit que «certains ont vu dans cet abandon du titre de patriarche d'Occident un signe du désir du pape d'améliorer les relations avec l'Eglise orthodoxe. Cependant, il reste mystérieux de quelle façon la suppression de ce titre peut améliorer les relations du siège de Rome avec les orthodoxes. Bien au contraire, ce geste peut être interprété comme une preuve des prétentions de plus en plus croissantes de l'évêque de Rome à la primatie universelle, bien soulignée dans les titres conservés. […] De tous les titres du pape le plus acceptable pour les orthodoxes est celui de l'évêque de Rome. Les titres d'archevêque-métropolite de la province romaine et de primat d'Italie sont également reconnus par les Eglises orthodoxes. Ces trois désignations pourraient tout à fait être celles du pape si la communion devait être rétablie entre l'Orient et l'Occident. Dans ce cas le pape serait considéré aussi comme le patriarche d'Occident, c'est-à-dire le chef des chrétiens qui ne relèvent pas de la juridiction des patriarches orientaux. […] Dans ce contexte les titres les plus inacceptables et même scandaleux de l'évêque de Rome sont ceux qui soulignent sa prétention à la juridiction universelle: vicaire de Jésus-Christ, successeur du prince des apôtres et souverain pontife de l'Eglise universelle. Selon le point de vue orthodoxe, il n'y a pas et il ne peut y avoir de vicaire unique du Christ sur la terre. Le titre de successeur de l'apôtre Pierre a été utilisé par Rome dans un sens déformé, signifiant la soumission de toute l'Eglise universelle au siège romain. Le titre de souverain pontife (*pontifex maximus*) a été porté par les empereurs païens de Rome. L'empereur Constantin n'y a pas renoncé en devenant chrétien. Dans le cas de l'évêque de Rome le titre de souverain pontife de l'Eglise universelle une fois de plus renvoie à sa prétendue autorité universelle qu'aucune Eglise orthodoxe n'a jamais reconnue et ne peut reconnaître. Si le pape voulait faire un geste ou donner un signe aux orthodoxes, comme il le promettait dès son premier discours en tant qu'évêque de Rome, c'est au titre de souverain pontife qu'il aurait dû renoncer. Espérons que le Conseil Pontifical pour l'unité des chrétiens donnera une explication officielle de ce geste.» (H. ALFEYEV, «Que signifie pour les orthodoxes», 14-15). Par conséquent, le 22 mars 2006, le Conseil Pontifical pour la Promotion de l'Unité des Chrétiens a publié une Note proposant une interprétation officielle de cette suppression.

Ainsi, la note de ce Conseil, qui s'adresse avant tout aux non-catholiques, rappelle tout d'abord l'histoire de l'emploi de ce titre par les évêques des Rome. Du point de vue historique, explique-t-elle, les anciens patriarcats d'Orient, établis par les synodes de Constantinople (381) et de Chalcédoine (451), se référaient à un territoire assez clairement circonscrit, alors que le territoire du patriarcat d'Occident restait un peu vague. Selon la même note, c'est en 642 que le titre de patriarche d'Occident a été utilisé pour la première fois, par le pape Théodore Ier (642-649), un pape d'origine grecque, né à Jérusalem; cependant, ce titre a été ensuite très rarement utilisé. Ainsi de suite, la note explique le sens de cette suppression, en particulier devant l'évolution du terme «Occident». Actuellement, précise-t-elle, la définition du mot «Occident» renvoie à un contexte culturel qui ne se réfère plus seulement à l'Eglise occidentale, mais aussi aux Etats-Unis d'Amérique, à l'Australie et la Nouvelle Zélande, par rapport à d'autres contextes culturels. Or, si l'on voulait donner un sens au mot «Occident» dans le langage ecclésial actuel, il ne devrait se référer qu'à l'Eglise latine. Le titre de «Patriarche d'Occident» décrirait alors la relation particulière de l'évêque de Rome avec l'Eglise latine et il pourrait exprimer l'autorité particulière de l'évêque de Rome sur celle-ci. De plus, selon les auteurs de cette note, le titre de «patriarche d'Occident» se révèle donc peu précis dès l'origine, et il est devenu au fils des siècles «obsolète» et «pratiquement plus utilisable». «Il apparaît donc privé de sens d'insister pour le porter»: c'est la raison pour laquelle, conclut la note, on «n'a pas jugé utile» de le conserver. De plus, la renonciation à ce titre n'est que l'expression d'un «réalisme historique et théologique», et d'un désir de «favoriser le dialogue œcuménique», conclut la note (cf. PONTIFICIUM CONSILIUM AD CHRISTIANORUM UNITATEM FOVENDAM, «Comunicato circa la soppressione», 3). Evidement, cette suppression a donné aussi l'occasion aux orthodoxes de prendre position. Comme ce titre était reconnu par l'Eglise orthodoxe, son abandon a été compris par les orthodoxes comme la misse en avant des prétentions universelles de l'évêque de Rome et comme un refus de dialogue. Ainsi, l'évêque Hilarion Alfeyev, répondant à la Note quelques semaines plus tard, observe que «le Conseil pontifical n'explique point de quelle utilité peut être, pour le dialogue œcuménique, la suppression du titre de "patriarche d'Occident". Le communiqué ne donne aucun commentaire au sujet des autres titres du pape qui sont inacceptables, voire scandaleux du point de vue de l'ecclésiologie orthodoxe. Pour cette raison, le communiqué du Conseil pontifical ne peut être considéré comme une réponse adéquate aux problèmes posés, d'une part, par la suppression d'un titre "orthodoxe" et, d'autre part, par les prétentions à la juridiction universelle des titres conservés du pape: "vicaire de Jésus-Christ", "successeur du prince des apôtres", "souverain pontife de l'Eglise universelle"» (H. ALFEYEV, «Les églises orthodoxes ne feront pas leur deuil», 18). De même, dans le communiqué du Secrétariat du Patriarcat de Constantinople a été aussi souligné que «il est extrêmement important pour l'Eglise orthodoxe que le pape Benoît XVI, tout rejetant le titre de "patriarche d'Occident", ait conservé ceux de "vicaire du Christ" et de "souverain pontife de l'Eglise universelle". Ces titres provoquent de sérieux difficultés pour les orthodoxes, étant donné qu'ils sont perçus comme impliquant une juridiction universelle de l'évêque de Rome sur l'Eglise tout entière, ce que les orthodoxes n'ont jamais accepté» (SECRETARIAT GENERAL DU SAINT ET SACRE SYNODE DU PATRIARCAT ŒCUMENIQUE, «Communiqué concernant la renonciation», 12). Pour plus de détails concernant ces réactions, voir M. STAVROU, «L'abandon par Rome», 19-23; L. LORUSSO, «Reazioni ortodosse», 11-13. Voir également A. GARUTI, *Patriarca d'Occidente? Storia e attualità*; M. DYMYD, «Les enjeux de l'abandon», 24-52;

est une *Ecclesia sui iuris*, nous devons faire nécessairement la précision qu'elle est une *Ecclesia sui iuris, sed sui generis*.

Pour en revenir à la définition donnée par le c. 27 du CCEO, il faut souligner que celle-ci est très vague, car ses termes sont très généraux et ne présent aucune spécificité précise. Et cela, surtout parce que l'expression «group de fidèles» (*coetus christifidelium*) peut être comprise aussi comme un groupe de deux ou trois personnes[227]. Le deuxième élément de la définition, l'hiérarchie (*hierarchia*), qui a la fonction d'unir ces fidèles *ad normam iuris*, présent le même caractère général, car il n'y a aucune précision concernant à qui il se réfère. En fait, pour cette première partie de la définition (*coetus christifidelium hierarchia ad normam iuris iunctus*), se peuvent comprendre différentes communautés di fidèles unis par l'hiérarchie, comme, par exem-ple, un diocèse ou une structure à lui assimilé, ou un group des diocèses. Toutes ces structures présentent les deux premières caractéristiques de la définition du c. 27 CCEO: un group des fidèles unis par l'hiérarchie.

Le troisième élément de la définition est le plus important car il est constitué par un facteur externe[228]: la reconnaissance tacite ou expresse de la

---

H. LEGRAND, «Le Pape, patriarche d'occident», 250-278; N. ÁLVAREZ DE LAS ASTURIAS, «'Patriarca de Occidente'», 431-463; N. DURĂ, «De la instituția», 455-479. Personnellement, je considère qu'il faut relativiser la portée de l'initiative de supprimer le titre de «Patriarche d'Occident», car l'*Annuaire pontifical* ne jouit dans l'Eglise catholique d'aucune autorité magistérielle. En fait, seuls les *Acta Apostolicae Sedis* engagent formellement l'autorité du Saint-Siège. Comme le communiqué du Conseil Pontifical n'a pas été publié ni dans l'*Acta Apostolicae Sedis*, ni dans l'*Osservatore Romano*, il reste encore la possibilité que le prochain Evêque de Rome reprenne ce titre.

[227] Certains Auteurs ont même essayé d'identifier l'expression «groupe de fidèles» (*coetus christifidelis*) avec la locution «portion de Peuple de Dieu» (*populi Dei portio*): «un raggruppamento di fideli, ossia una porzione del popolo di Dio» (L. OKULIK, «Configurazione canonica», 218). Toutefois, il est absolument claire que cette affirmation ne constitue qu'une interprétation personnelle. De plus, cette équivalence, en conformité avec le c. 177§1 du CCEO et le c. 369 du CIC, mènerait à la conclusion que même un diocèse/éparchie soit une *Ecclesia sui iuris*. En fait, dans l'Eglise catholique, il y a des *Ecclesiae sui iuris* composées d'une seule éparchie: toutefois l'impor-tant est l'identité juridique de ce group des fidèles et la reconnaissance de la part de l'autorité suprême de l'Eglise catholique. Mais cela ne signifie pas que «chaque éparchie» peut devenir ou peut être considérée une *Ecclesia sui iuris*, en spécial lorsqu'il s'agit d'une éparchie qui avec des autres éparchies font partie d'un regroupement des éparchies qui ensemble créent une Eglise particulière orientale.

[228] Le c. 27 CCEO exige 3 éléments essentiels pour une *Ecclesia sui iuris*. Deux de ces éléments sont internes (le groupe des fidèles et l'hiérarchie qui les unit), tandis que le troisième est constitue d'un élément externe, car la reconnaissance vienne de l'extérieur de ces groupes, à savoir de l'autorité suprême de l'Eglise catholique.

part de l'autorité suprême de l'Eglise catholique que ce groupe des fidèles est *sui iuris*. L'exigence de cette reconnaissance signifie de précis que, dans l'Eglise catholique, ces groupes des fidèles unis par l'hiérarchie font référence seulement à l'autorité suprême de l'Eglise (le Pape ou le Concile œcuménique[229]), c'est-à-dire qu'ils sont directement sujets de celle-ci. Pour ce type de rapport, les Auteurs catholiques parlent, par conséquent, d'une autonomie des *Ecclesiae sui iuris*[230], toujours en précisant que celle-ci ne peut être qu'une autonomie diminue ou relative[231]. En d'autres mots, l'autonomie des *Ecclesiae sui iuris*, présentées dans le CCEO, représente le rapport de dépendance (plus ou moins étroite) de l'autorité suprême de l'Eglise catholique (le Pape ou le Concile œcuménique).

De plus, en prenant en considération ce troisième élément, C.G. Fürst a affirmé que le c. 27 du CCEO implique non seulement le fait que de nouvelles *Ecclesiae sui iuris* (orientales donc) peuvent naître par la reconnaissance de la part de l'autorité suprême de l'Eglise, mais qu'on peut légitimement envisager aussi, sur la base de OE 3, la reconnaissance d'*Ecclesiae sui iuris* à l'intérieur de l'Eglise latine, puisque ce texte parle des Eglises particulières aussi bien d'Orient que d'Occident[232]. Dans le même sens s'est exprimé A. Borras:

---

[229] Cf. cc. 336-341 CIC, 42-54 CCEO.

[230] Avant la promulgation du CCEO, voir: I. ŽUŽEK, «Che cosa è una Chiesa», 263-277; «Le *Ecclesiae sui iuris*», 869-882; D. SALACHAS, «Il concetto ecclesiologico», 45-53; «Le *status* ecclésiologique», 29-56. Après la promulgation du CCEO, voir: D. SALACHAS, «*Ecclesia universa*», 65-76; «Eglises catholiques orientales», 93-119; M. BROGI, «Le Chiese sui iuris», 517-544; A.N. CHUCRALLAH, *Les Églises "sui iuris"*; S.T. VANIYAPURACKAL, *The ecclesiological and canonical concept*; A. VALIYAVILAYIL, «The notion of *sui iuris* Church», 57-90; M. VATTAPPALAM, «Ecclesiology of Churches *sui iuris*», 10-21; É. SLEMAN, «De *Ritus* à *Ecclesia sui iuris*», 253-276; P. SZABÓ, «Autonomia disciplinare», 67-96; W.A. BLEIZIFFER, «Termenul ecleziastic», 63-72; V. PARLATO, «Concetto e status», 131-156.

[231] «Si l'on tient compte du fait que le critère fondamental de l'autonomie administrative d'une Eglise orientale *sui iuris* […] comporte surtout son droit de choisir et d'ordonner son propre chef et ses propres évêques, on peut conclure que l'autonomie des Eglises orientales catholiques reste encore bien relative et limitée», D. SALACHAS, «La figure juridique du patriarche», 415. «Si tratta di una autonomia relativa a diversi gradi, delimitata dal diritto comune delle Chiese orientali e dalla suprema autorità della Chiesa», D. SALACHAS, «*Ecclesia universa*», 72. «The requirement of an express or tacit recognition on the part of the supreme authority of the Church as an external element and an essential criterion for the juridical status of a Church as *sui iuris* signifies precisely that its autonomy is relative, as it is circumscribed by norms promulgated and approved by the supreme authority of the Church», D. SALACHAS, «Ecclesial Communion», 163.

[232] C.G. FÜRST, «Die Synoden», 85.

Pourquoi ne pas concevoir et instaurer un patriarcat (latin) africain (pour le continent Afrique et Madagascar), un patriarcat des Amériques (ou un patriarcat latino-américain et un patriarcat nord-américain), un patriarcat d'Asie (comprenant l'Asie et l'Australie), un patriarcat d'Europe (dont le titulaire serait l'évêque de Rome) ?[233]

Quant à l'autre partie de la définition comprise dans le c. 27 CCEO, nous avons déjà mentionné qu'elle n'explique ni ce qui est le *status* de *sui iuris*, ni comment l'autorité suprême de l'Eglise catholique reconnait un tel groupe comme *sui iuris*. Pour ces raisons, nous ne pouvons pas savoir quelle est la procédure officielle grâce à laquelle certains «groupes des fidèles unis par la hiérarchie» sont reconnus comme *sui iuris*. De plus, le c. 27 CCEO affirme très claire que cette définition est valide seulement dans le CCEO (*in hoc Codice*), c'est-à-dire non pas au-delà de l'environnement des Eglises orientales catholiques.

Il est important de mentionner ici que le commentaire officiel du CCEO a préféré traduire l'expression *Ecclesia sui iuris* par *Eglise sui iuris*[234], bien que certains Auteurs aient traduit la même expression avec *Eglise autonome*[235]. Une autre observation qui s'impose ici est que aucun canon du CCEO ne parle pas de l'autonomie ecclésiastique (en général), ni de l'autonomie des *Ecclesiae sui iuris*[236]. Pour cette raison, il faut souligner que toutes les théories qui existent aujourd'hui dans l'Eglise catholique sur l'autonomie des *Ecclesiae sui iuris* ne sont que des opinions personnelles des différents Auteurs[237].

La théorie la plus originale est incontestablement celle initiée de J. Faris et V. Pospishil. Et cela notamment parce que ces Auteurs non seulement traduisent l'expression *sui iuris* par *autonome*, mais ils arri-

---

[233] A. BORRAS, «*Ut unum sint*», 368.

[234] *Comm.CCEO*, 37. En ce qui concerne cet aspect, nous avons déjà mentionner que, dans le langage ecclésiastique, le syntagme *sui iuris* ne peut point être traduit par *autonome*.

[235] «La locuzione Chiesa *sui iuris* significa Chiesa giuridicamente autonoma, ossia di diritto proprio oppure a statuto specifico», D. SALACHAS, «Teologia e nomotecnica», 512; «*Sui iuris* was translated here as *autonomous*, conforming to pope John Paul II, who speaks of the *autonomy* of the Eastern Churches» (V.J. POSPISHIL, *Eastern Catholic Church Law*, 81). «Quand l'expression *Ecclesia sui iuris* a été adoptée définitivement en 1989, il a été signalé qu'elle qualifiait une Église ayant sa propre loi, et qu'elle signifiait *autonomia*» (É. SLEMAN, «De *Ritus* à *Ecclesia sui iuris*», 267). Cf. aussi J. FARIS, *Eastern Catholic Churches*, 141-152.

[236] Cf. I. ŽUŽEK, *Index Analyticus*, 25, 114-116.

[237] Pour une présentation détaillée de toute ces interprétations personnelles, voir: P. SZABÓ, «Opinioni sulla natura», 235-247; «Ancora sulla sfera», 157-213.

vent à assimiler l'autonomie des *Ecclesiae sui iuris* avec la capacité de chaque état des Etats-Unis de se autogouverner[238]. Cette théorie est évidemment erronée, surtout à cause de sa méthode qui fait une comparaison entre l'organisation ecclésiastique et celle étatique.

De tous ce qui nous avons dit jusqu'ici, nous pouvons affirmer que la définition comprise dans le c. 27 CCEO est plus que générale (en effet, elle est une tautologie), et qu'elle comprend seulement un élément essentiel spécifique, c'est-à-dire la reconnaissance tacite ou expresse, de la part de l'autorité suprême de l'Eglise catholique, d'un groupe des fidèles unis par la hiérarchie comme *sui iuris*. Mais, même ce critère ne nous aide pas beaucoup, car il n'est pas précisé quelle est la modalité à travers laquelle un telle reconnaissance est faite, ni les conditions requis afin que «un groupe des fidèles unis pas la hiérarchie» soit reconnu comme *sui iuris*.

En concluant, nous pouvons préciser que la définition de l'*Ecclesia sui iuris* offerte par le c. 27 CCEO non seulement présente un défaut et a un caractère général (en effet, étant une tautologie), mais elle est même incomplète. De plus, même le CCEO n'offre aucune précision en ce qui concerne cette définition.

2.3.2 L'*autonomie ecclésiastique* dans les différents types d'*Ecclesia sui iuris* prévus dans le CCEO

Après la présentation des *Ecclesiae sui iuris*, le CCEO parle de l'in-scription à une *Ecclesia sui iuris*[239], puis de l'observance des rites[240]. Après le chapitre qui traite de l'autorité suprême dans l'Eglise catholique[241], le CCEO regroupe les différentes *Ecclesiae sui iuris* en 4 catégories:

a) Eglises patriarcales[242];
b) Eglises archiépiscopales majeures[243];

---

[238] «One can aptly compare the independence of the autonomous churches to the status of the individual states in the United States» (J. FARIS, *Eastern Catholic Churches*, 144). «This autonomy can be envisioned as that of the states of the United States of America vis-à-vis of the federal government» (V.J. POSPISHIL, *Eastern Catholic Church Law*, 110).

[239] Cf. cc. 29-38 CCEO. Pour plus de détails, voir A. KAPTIJN, «L'inscription à l'Eglise de droit propre», 49-70.

[240] Cf. cc. 39-41 CCEO.

[241] Cf. cc. 42-54 CCEO.

[242] Cf. cc. 55-150 CCEO. Il faut noter ici que le changement de terminologie trouve difficilement son application dans l'actuelle législation pour les orientaux catholiques, car le CCEO n'emploie pas le terme «Patriarcats» mais seulement celui d'«Eglises patriarcales».

c) Eglises métropolitaines[244];
d) les autres *Ecclesiae sui iuris*[245].

a) *Les Eglises patriarcales*

En parlant des Eglises patriarcales, le CCEO confirme que l'institution patriarcale remonte à une ancienne tradition de l'Eglise, déjà reconnue par les premiers conciles œcuméniques[246], mais lorsqu'il parle de patriarche (πατριάρχης/*patriarcha*), il affirme que:

> un honneur particulier est dû aux patriarches des Eglises orientales, qui sont chacun à la tête de son Eglise patriarcale comme père et chef[247];

ou que:

> le patriarche est l'évêque, auquel appartient le pouvoir sur tous les évêques, sans excepter les métropolites, et sur tous les autres fidèles chrétiens de l'Eglise, à la tête de laquelle il est, selon les normes du droit approuvé par l'autorité suprême de l'Eglise[248].

Il appert donc que, selon le CCEO, le patriarche[249] est le père et le chef (*caput*) de l'Eglise patriarcale. Cette affirmation nouvelle[250] des canons du CCEO ne trouve aucun support dans les canons du premier millénaire, car ces derniers parlent toujours de patriarche en tant que *prôtos* (πρῶτος–*primus*) de son Eglise. Le seul canon du *corpus canonum* du premier millénaire qui associe le terme *prôtos* à celui de *caput* (κεφαλήν) est le c. 34 apostolique. Toutefois, ce canon précise que le *prôtos* ne doit faire rien sans l'avis (γνώμη-*consilium*)[251] de tous les évêques de cette Eglise, et que

---

[243] Cf. cc. 151-154 CCEO.

[244] Cf. cc. 155-173 CCEO.

[245] Cf. cc. 174-176 CCEO.

[246] Cf. c. 55 CCEO. Pour une présentation détaillée de la vision orientale catholique sur le concept de *patriarche* et *patriarcat*, voir D. SALACHAS, «L'istituzione patriarcale», 231-284; G. NEDUNGATT, «Der Patriarch», 83-121; «The Patriarchal Ministry», 1-89; G. WOJCIECHOWSKI, «Los derechos», 278-344; V.G. D'SOUZA, «Patriarch», 147-173.

[247] C. 55 CCEO.

[248] C. 56 CCEO.

[249] Pour une présentation détaillée de la figure de patriarche selon le CCEO, voir F.J. MARINI, *The power of the Patriarch*; C. VASIL', «Modificazioni», 293-304; I. ŽUŽEK, «Canons concerning the Authority of Patriarchs», 29-69.

[250] «La formulazione *sicut caput et pater* attribuita al patriarca come risulta nel canone 55, nella sua completezza, sembra essere alquanto recente», N. LODA, «La formula *sicut pater et caput*», 108.

[251] Il faut noter ici que certains Auteurs catholiques orientaux, en essayant d'utiliser ce canon pour justifier la nouvelle vision du patriarche en tant que *pater et caput* d'une Eglise, sont arrivés à faire des traductions qui ne correspondent pas au sens propre du

aussi les évêques ne fassent rien sans l'avis (γνώμη-*consilium*) de *prôtos*, en affirmant ainsi l'un des principes fondamentaux d'organisation de l'Eglise, à savoir la synodalité[252]. En commentant cette nouveauté du CCEO, D. Salachas affirmait:

> La vraie et génuine origine des pouvoirs supra-épiscopales et supra-métropolitaines des patriarches exige que tels pouvoirs soient circonscrits et exercés *ad normam iuris* dans le contexte de la structure synodale des Eglises orientales *sui iuris*, selon l'esprit du c. 34 des Apôtres. [...] Selon l'esprit du c. 34 des Apôtres, le patriarche devient *le père et le chef*, sans que ceci porte aucune préjudice ni au pouvoir propre et immédiat de l'évêque dans son Eglise locale, ni à l'autorité du Synode des évêques de l'Eglise patriarcale[253].

Malheureusement, l'affirmation de D. Salachas ne trouve aucun support dans le CCEO, car dans le c. 56 est affirmé très clairement:

> Le patriarche est l'évêque, auquel appartient le pouvoir sur tous les évêques, sans excepter les métropolites, et sur tous les autres fidèles chrétiens de l'Eglise, à la tête de laquelle il est, selon les normes du droit approuvé par l'autorité suprême de l'Eglise[254].

Cette vision de patriarche comme *pater et caput* d'une *Ecclesia sui iuris* de type patriarcal, qui a pouvoir sur tous les évêques (inclus les métropolites) et sur tous les autres fidèles, même sur ceux-ci qui se trouve hors du territoire d'une telle Eglise[255], est plutôt assimilable au modèle d'organisation ecclésiastique à l'Eglise catholique[256] qui fait référence à

---

terme grec. Ainsi, par exemple, bien que le terme γνώμη-*consilium* (cf. B. HEDERICI, *Lexicon Graeco-Latinum*, 189) signifie *conseil*, *opinion*, *avis* (cf. *Liddell*, 354), C. Vasil' la traduit avec le terme *consentement* (cf. C. VASIL', «"Populus Dei Universus"», 8), et la même traduction est faite par D. Salachas (cf. D. SALACHAS, «Lo status *sui iuris*», 574).

[252] Pour plus de détails, concernant le rôle du *prôtos* dans l'Eglise selon le *corpus canonum*, voir les p. 84-86.

[253] «La vera e genuina origine dei poteri sovraepiscopali e sovrametropolitani dei Patriarchi esige che tali poteri siano circoscritti ed esercitati *ad normam iuris* nel contesto della struttura sinodale delle Chiese orientali *sui iuris*, secondo lo spirito del c. 34 degli Apostoli. [...] Secondo lo spirito del c. 34 degli Apostoli, il Patriarca diventa *il padre e il capo*, senza che ciò porti nessun pregiudizio alla potestà propria e immediata del vescovo nella sua Chiesa locale, neppure all'autorità del Sinodo dei Vescovi della Chiesa patriarcale.» (notre traduction), D. SALACHAS, «Lo status *sui iuris*», 573; 575-576.

[254] C. 56 CCEO.

[255] Pour plus de détails, voir L. LORUSSO, «Estensione della potestà patriarcale», 845-870. Voir aussi J. ABBASS, «Canonical Dispositions», 321-362.

[256] Cet aspect a été signalé même par les canonistes catholiques orientaux, qui ont affirmé que «l'espressione *sicut pater et caput* così come appare nel canone 55 risulta

434   PARTIE II : L'AUTONOMIE DANS L'EGLISE CATHOLIQUE

l'Evêque de Rome comme «chef du Collège des évêques»[257], qui non seulement possède le pouvoir sur l'Eglise tout entière, mais aussi sur toutes les Eglises particulières et sur leurs regroupements[258].

Plus précisément, dans une *Ecclesia sui iuris* de type patriarcale, le patriarche est évêque d'une éparchie où il possède les droits et devoirs de tout évêque, mais, sur le patriarcat formé de plusieurs éparchies, il a un pouvoir étendu qu'il exerce personnellement[259] ou au sein du Synode des évêques de l'Eglise patriarcale. Patriarche et Synode des évêques[260] sont

---

avere il precedente applicativo chiaro nei riguardi del Romano Pontefice nelle definizioni del Concilio di Firenze relativamente all'affermazione del primato papale» (N. LODA, «La formula *sicut pater et caput*», 113). De plus, il convient noter ici que, bien avant à la promulgation du CCEO, en 1962, dans un étude «historico-juridique» sur la figure juridique de patriarche, E. Eid essayait de promouvoir l'idée que la vision catholique orientale du patriarche est identique à celle du premier millénaire (cf. E. EID, *La figure juridique du Patriarche*). Toutefois, un auteur catholique latin a observé que «le père Eid se borne cependant à une étude sur la figure juridique du Patriarche d'après le nouveau Code de droit canonique oriental, dont la publication intégrale n'a pas encore eu lieu. On sait que ce Code est latin dans l'esprit et n'est oriental que dans les termes.[…] Le P. Eid se sert aussi, parfois, d'une drôle de terminologie. A la page 62 il parle par exemple de rites qui «sont promus patriarcats».[…] A la page 90 il est dit que la participation à la Primauté du Pape dont jouiraient les Patriarches pourrait être entièrement supprimée par le pape, *ad libitum*. Cela peut être vrai en droit canonique latin absolu, mais nous ne savons pas dans quelle mesure une pareille affirmation pourrait contribuer à un rapprochement des Eglises», L. MISSIR REGGIO MAMAKY DE LUSIGNAN, *Rome et les Eglises d'Orient*, 117-118.

[257] Cf. cc. 331 CIC; 43 CCEO.

[258] Cf. cc. 333§1 CIC; 45§1 CCEO.

[259] «La caratteristica specifica della potestà del patriarca è rappresentata dal fatto che la sua potestà è *personale* in maniera esclusiva» (C. VASIL', «"Populus Dei universus"», 104). Ainsi, le patriarche catholique oriental exerce personnellement son pouvoir à travers sa «curie patriarcale, distincte de la curie de l'éparchie du patriarche, qui se compose du Synode permanent, des évêques de la curie patriarcale, du tribunal ordinaire de l'Eglise patriarcale, de l'économe patriarcal, du chancelier patriarcal, de la commission liturgique ainsi que d'autres commissions qui par le droit sont attachées à la curie patriarcale» (c. 114§1 CCEO). «Le Synode permanent se compose du patriarche et de quatre évêques désignés pour cinq ans» (c. 115§1 CCEO). «Trois de ces évêques, dont deux au moins doivent être pris parmi les évêques éparchiaux, sont élus par le Synode des évêques de l'Eglise patriarcale, et un est nommé par le patriarche» (c. 115§2 CCEO). «Il appartient au patriarche de convoquer et de présider le Synode permanent» (c. 116§1 CCEO). Pour plus de détails, voir F. ELUVATHINGAL, *Patriarchal and Major Archiepiscopal Curia*.

[260] Selon le c. 102§1 CCEO, au Synode des évêques de l'Eglise patriarcale doivent être convoqués tous les évêques ordonnés et eux seuls de la même Eglise partout où ils sont constitués à l'exclusion de ceux dont il s'agit au c. 953§1 CCEO (inhabiles *ad normam iuris* à émettre un suffrage) ou de ceux qui sont punis des peines canoniques

donc les deux instances suprêmes de gouvernement du patriarcat, le synode ayant surtout à exercer un pouvoir législatif[261]. Toutefois, la promulgation des lois et la publication des décisions du Synode des évêques de l'Eglise patriarcale relèvent de la compétence du patriarche[262]. De même, l'interprétation authentique des lois du Synode des évêques de l'Eglise patriarcale jusqu'au prochain Synode relève de la compétence du patriarche qui doit consulter le Synode permanent[263]. Les lois issues du Synode des évêques et promulguées par le patriarche, si elles sont liturgiques, sont en vigueur dans et hors les limites du territoire patriarcal[264]; si elles sont disciplinaires ou s'il s'agit d'autres décisions du Synode, elles ont force de loi dans les limites du territoire patriarcal[265]; tandis que, si elles sont approuvées par le Siège apostolique, elles ont force de loi partout[266]. Les actes relatifs aux lois et aux décisions votées par le

---

dont il s'agit aux cc. 1433-1434 CCEO (réduits à un grade inférieur, déposés, excommuniés). Quant aux évêques éparchiaux constitués en dehors des limites du territoire de l'Eglise patriarcale et aux évêques titulaires, le droit particulier peut restreindre leur suffrage délibératif, restant cependant saufs les canons concernant l'élection du patriarche, des évêques et des candidats pour remplir l'office d'évêque éparchial, d'évêque coadjuteur ou d'évêque auxiliaire hors des limites du territoire de l'Eglise patriarcale (cf. cc. 102§2, 149 CCEO). Il appartient au patriarche de convoquer le Synode des Evêques de l'Eglise patriarcale et de le présider.(c. 103 CCEO). Pour plus de détails, voir P. PALLATH, *The Synod of Bishops*; C.G. FÜRST, «Die Synoden», 67-85; C. VASIL', «Le principe de la synodalité», 87-117.

[261] Cf. c. 110§1 CCEO. Le Synode des évêques exerce aussi le pouvoir judiciaire supérieur dans l'Eglise patriarcale, car il constitue le tribunal supérieur dans les limites du territoire de l'Eglise patriarcale, restant sauves les causes réservées au Pontife Romain (cf. c. 1062§1 CCEO), tandis que le Siège Apostolique constitue le tribunal suprême de troisième instance (cf. c. 1065 CCEO). Il faut aussi rappeler ici que le Pontife Romain juge les Patriarches (cf. c. 1060§1,1 CCEO) et les évêques orientaux catholiques dans les causes pénales (cf. c. 1060§1,2 CCEO). De plus, au Synode des évêques revient le pouvoir d'élire le patriarche (cf. c. 63 CCEO) et les évêques (cf. c. 181§1 CCEO) de l'Eglise patriarcale, et de proposer la *terna* pour la nomination par le Pontife Romain des évêques hors des limites du territoire de l'Eglise patriarcale (cf. c. 181§2 CCEO). Au patriarche il revient, en principe, le pouvoir administratif, de régime de l'Eglise patriarcale.

[262] Cf. c. 112§1 CCEO.
[263] Cf. c. 112§2 CCEO.
[264] Cf. c. 150§2 CCEO.
[265] Cf. c. 150§2 CCEO.
[266] Cf. c. 150§3 CCEO. Il est nécessaire de préciser ici que «les lois portées par l'autorité suprême de l'Eglise, dans lesquelles le sujet passif n'est pas expressément indiqué, regardent les fidèles des Eglises orientales seulement dans la mesure où il s'agit de choses relatives à la foi ou aux mœurs ou de déclaration de la loi divine, ou sont prises dans ces lois des dispositions concernant explicitement ces mêmes fidèles,

Synode et promulguées par le patriarche sont envoyés au plus tôt (*quam primum*) au Pontife Romain; certains actes ou même tous seront communiqués, selon le jugement du même Synode, aux autres Patriarches des Eglises orientales[267]. Et parce que le c. 111§3 CCEO ne précise pas la raison pour laquelle ces actes sont envoyés au Pontife Romain pour information, et non pas pour approbation, confirmation ou révision, nous pourrions conclure que, à travers cette pratique, l'autorité suprême de l'Eglise catholique reconnaît ainsi la pleine autonomie législative du Synode de l'Eglise patriarcale. Par conséquent, l'envoi des actes au Pontife Romain et, éventuellement, aux autres Patriarches orientaux catholiques, constituerait un signe visible de communion.

Quant à l'administration de la justice, il est prévu que le Synode des évêques de l'Eglise patriarcale, restant sauve la compétence du Siège Apostolique, est le tribunal supérieur dans les limites du territoire de la même Eglise[268]. Le Synode des évêques de l'Eglise patriarcale doit élire par suffrages secrets pour cinq ans de son sein un Modérateur[269] général de l'administration de la justice ainsi que deux évêques qui, avec lui comme président, constituent le tribunal; cependant si un de ces trois évêques est en cause ou ne peut être présent, le patriarche, avec le consentement du Synode permanent, lui substituera un autre évêque; de même, dans le cas d'une récusation, le patriarche en traitera avec le consentement du Synode permanent[270]. Il appartient à ce tribunal de juger les causes contentieuses soit des éparchies, soit des évêques, aussi des évêques titulaires[271].

---

ou bien s'il s'agit de choses favorables qui ne contiennent rien de contraire aux rites orientaux» (c. 1492 CCEO). Pour plus de détails, voir G. NEDUNGATT, «Normae indolis iuridicae», 477-491.

[267] Cf. c. 111§3 CCEO.

[268] Cf. 110§2, 1062§1 CCEO.

[269] «Le Modérateur général de l'administration de la justice a le droit de vigilance sur tous les tribunaux situés dans les limites du territoire de l'Eglise patriarcale ainsi que le droit de décider dans une récusation intentée contre un juge du tribunal Ordinaire de l'Eglise patriarcale» (c. 1062§5 CCEO).

[270] Cf. c. 1062§1 CCEO.

[271] Cf. 1062§3 CCEO. Il convient noter ici que «le Code oriental de 1990 présente un différence par rapport au Code latin en ce qui concerne l'infliction des peines. Il s'agit d'une particularité significative, qui mérite d'être relevée. Le droit latin connaît l'infliction automatique des peines, dénommées peines *latae sententiae*. Elle correspond à une tradition du droit pénal latin bien établie; le Code de 1917 s'y est parfaitement conformé, en maintenant un nombre important de délits entraînant la peine prévue par le droit (CIC/1917, c. 234 et suiv.). On avait espère que le Code latin de 1983 ne retiendrait pas les peines infligées *ipso facto* du fait de l'accomplissement de l'acte délictueux. Finalement,

CHAP. IX : L'AUTONOMIE ET SON APPLICATION

Avec le consentement de son synode permanent, le patriarche peut, en particulier, ériger de nouveaux exarchats[272], et, avec son synode des évêques, il peut constituer des provinces et nommer les évêques sur le territoire propre de l'Eglise patriarcale[273]. La place faite au territoire explique que l'étendue des pouvoirs du patriarche est limité dans l'espace car habituellement les fidèles d'une Eglise patriarcale installés en Occident ne relève pas directement de la juridiction du patriarche[274]. Toutefois, le Siège Apostolique a toujours prévu pour les fidèles catholiques orientaux, qui se trouvent hors le territoire de leur *Ecclesia sui iuris*, des structures pastorales spécifiques[275]. Ainsi, pour en venir aux

---

elles ont été maintenues; on en a simplement réduit le nombre par rapport au Code de 1917. Le droit pénal qui figurait dans le projet du Code oriental qui a été approuvé en 1948 par Pie XII, mais qui n'a jamais été promulgué, avait suivi à l'encontre de la tradition orientale la législation latine et adopté les peines *latae sententiae*; la plupart des canons reproduisent à ce sujet *verbatim* les canons du Code de 1917: une des nombreuses preuves manifestes de la latinisation du précédent Code oriental ! Pour s'en rendre compte, il suffit de se rapporter au projet relatif aux peines de ce Code, dont les canons du droit pénal n'ont pas été promulgués, mais ont été reproduits dans les *Nuntia* (4, 1977, p. 114 et suiv.). La Commission qui a été chargée de rédiger le nouveau Code a eu la sagesse de reprendre l'ancienne tradition orientale, qui ne connaissait pas les peines infligées de manière automatique. Le Code oriental de 1990 exige pour l'infliction de toute peine une sentence judiciaire ou un décret pénal (CCEO, c. 1408). C'était le retour à la tradition des Eglises orientales, qui n'ont jamais connu ce mode d'infliction des peines.» (R. METZ, «Le nouveau Code», 46). Pour une présentation détaillée de la manière dans laquelle est prévue l'administration de la justice dans les deux Codes catholiques, voir J. ABBASS, «Trials in General», 834-874.

[272] Cf. c. 85§3 CCEO.
[273] Cf. OE 9. Voir aussi c. 146§§1,2 CCEO. Dans ce sens, il est précisé que «le pouvoir du patriarche peut s'exercer validement dans les limites du territoire de l'Eglise patriarcale seulement, à moins qu'il ne s'avère autrement de la nature de la chose ou du droit commun ou du droit particulier approuvé par le Pontife Romain» (c. 78§2 CCEO). Pour plus de détails, voir F. ALOOR, *The territoriality*; D. LE TOURNEAU, «La *potestas regiminis*», 825-835; «Le caractère personnel», 85-93; J.D. FARIS, «At Home Everywhere», 5-30.
[274] Cf. cc. 148-150 CCEO. Le c. 214 du CIC énonce clairement les droits des fidèles catholiques à leur propre rite, mais il existe des divergences d'opinion quant à l'interprétation de l'obligation des évêques de pourvoir à leurs besoins spirituels telle qu'énoncée dans le CCEO (cf. c.193§1) et le CIC (cf. c. 383§2). Le texte du CCEO impose, en effet, des critères plus élevés aux évêques orientaux pour le soin pastoral de fidèles d'autres *Ecclesiae sui iuris* que le texte du CIC n'impose aux évêques latins pour les fidèles de rite oriental (cf. J. ABBASS, «Latin bishops'duty», 7-32). Voir aussi, M. BROGI, «Il diritto all'osservanza del proprio rito», 108-119.
[275] Parmi les premières dispositions du Siège Apostolique, la plus importante est celle du pape Pie X, qui, en 1907, a nommé un évêque de l'Eglise orientale catholique

fidèles catholiques orientaux de la diaspora, le Siège Apostolique a prévu soit à créer une hiérarchie propre, sous forme d'Ordinariats orientaux, d'exarchats apostoliques ou d'éparchies[276], voir de visitateurs apostoliques[277] ou d'évêques recevant la charge pastorale des certains émigrés[278], soit à ériger un Ordinariat relevant de l'hiérarchie latine pour les fidèles orientaux résidant dans un pays de rite latin[279].

De plus, le patriarche, avec son synode, doit veiller continuellement à ce que l'Evangile soit prêché dans le monde entier, sous la direction du Pontife Romain, par des prédicateurs convenablement préparés et envoyés par l'autorité compétente selon les dispositions du droit com-

---

ruthène pour les fidèles ruthènes des Etats-Unis (cf. PIE X, Lett.Ap. *Quibus ritus ruthenus constituitur*, 3-12).

[276] Cf. D. LE TOURNEAU, «Le soin pastoral des catholiques orientaux», 396, note 26. Il faut noter ici que les *exarchats apostoliques* sont des structures hiérarchiques personnelles constitués pour les fidèles catholiques orientaux qui résident hors le territoire patriarcal. Par conséquent, l'érection, la modification et la suppression de ces exarchats sont de la compétence du seul Siège Apostolique (cf. c. 311§2, 314§1 CCEO). De plus, l'exarque gouverne l'exarchat au nom du Pontife Romain (cf. c. 312 CCEO). Selon P. Gefaell, dans l'Eglise catholique il y a trois types des *exarchats apostoliques*: *unirituels* (responsables pour les fidèles de la même *Ecclesia sui iuris*), *multirituels* (responsables pour les fidèles des différentes *Ecclesiae sui iuris*), et *transrituels* (institués lorsque la fin pastorale de l'exarchat n'est pas liée à aucune *Ecclesia sui iuris*). Cf. P. GEFAELL, «Enti e Circoscrizioni meta-rituali», 507.

[277] Cf. art. 59 PB.

[278] Cf. J.L. GUTIÉRREZ, «Las dimensiones particulares», 268-269. Voir aussi C. VASIL', «Alcune considerazioni», 109-125.

[279] Dans l'Eglise catholique, les Ordinariats pour les fidèles catholiques orientaux résidant en dehors de leur *Ecclesia sui iuris* et ne disposant pas de hiérarchie propre sont des structures personnelles créés par le Saint Siège qui dépendent de la Congrégation pour les Eglises orientales (cf. J.I. ARRIETA, *Diritto dell'organizzazione*, 365-366; voir aussi J. FARIS, «Eastern Churches», 119-142; P. GEFAELL, «Impegno della Congregazione»,117-137). Ainsi, en France, les fidèles catholiques orientaux sont placés sous la juridiction de l'Archevêque de Paris, désigné à cet effet «Ordinaire des orientaux en France», de sorte que, pour les aspects juridiques comme la nomination de titulaires de charges pastorales sur le territoire de la Conférence des évêques français, le patriarche ne jouit d'aucun pouvoir propre et autonome. Cet point juridique est source de difficulté dans les relations entre les catholiques orientaux et occidentaux (cf. D. LE TOURNEAU, «Le soin pastoral des catholiques orientaux», 391-419). Pour plus de détails, voir L. OKULIK, ed., *Nuove terre e nouve Chiese*; L. LORUSSO, *Gli orientali cattolici*; P. SZABÓ, «Le Chiese *sui iuris* in diaspora», 167-192; P. STOCKMANN, «Die Ordinariate», 431-448; J. CARNERERO PEÑALVER, «La atención pastoral», 715-742; D.-M. JAEGER, «Erezione di circoscrizioni», 499-521.

mun[280]. Toutefois, les territoires des missions sont ceux que le Siège Apostolique a reconnus comme tels[281].

En tant que *caput et pater* de son Eglise, le patriarche oriental catholique peut avoir des monastères stavropégieux[282], et, pour une cause grave, après avoir consulté l'évêque éparchial et avec le consentement du Synode permanent, peut, dans l'acte même d'érection, accorder à un monastère *sui iuris* le statut de monastère stavropégiaque[283]. Toutefois, en ce qui concerne le gouvernement interne et la discipline religieuse, les instituts religieux de droit pontifical présents sur le territoire de l'Eglise patriarcale sont soumis immédiatement et exclusivement au Siège Apostolique[284]. De plus, les patriarches orientaux catholiques peuvent avoir auprès du Siège Apostolique un procureur nommé par lui avec l'assentiment préalable du Pontife Romain[285].

En ce qui concerne l'élection du patriarche, le CCEO prévoit qu'elle soit faite par le Synode des évêques de l'Eglise patriarcale selon la procédure canonique établie dans les cc. 64-77[286]. Lorsque le siège patriarcal devient vacant, l'administrateur de cette Eglise convoque le Synode des évêques[287]; habituellement le Synode pour l'élection doit avoir lieu dans le mois à compter de la vacance du siège patriarcal, restant sauf le droit particulier fixant un délai plus long, mais non au-delà de deux mois[288]. Si l'élection n'est pas achevée dans les quinze jours à compter du commencement du Synode des évêques de l'Eglise patriarcale, l'affaire *ad Romanum Pontificem devolvitur*[289]. Mais ensuite il ne se précise pas quelle est la

---

[280] Cf. c. 585§1 CCEO.

[281] Cf. c. 594 CCEO. Pour plus de détails, voir N. LODA, «Il diritto missionario», 321-366, 5-25; «Le missioni e l'evangelizzazione», 355-376.

[282] «Le monastère stavropégiaque est immédiatement soumis au patriarche, de sorte que lui seul a les mêmes droits et obligations que l'évêque éparchial à l'égard du monastère, des membres qui y sont inscrits et des personnes qui nuit et jour vivent dans le monastère; toutes les autres personnes attachées au monastère sont soumises au patriarche d'une manière immédiate et exclusive seulement en ce qui se rapporte à leur charge ou à leur office.» (c. 486§2 CCEO). Pour plus de détails, voir S.W. BECKET, «The Stauropegial Monastery», 147-167.

[283] Cf. c. 481§1 CCEO. Voir aussi L. LORUSSO, «Monasteri», 1185-1197.

[284] Cf. c. 413 CCEO. Voir aussi J. ABBASS, «The Patriarch», 293-318.

[285] Cf. c. 61 CCEO. Pour plus de détails, voir D. CECCARELLI-MOROLLI, «La figura del "procurator patriarchae apud S. Sedem"», 733-740.

[286] Pour une présentation détaillée, voir P. ALAPPATT, *The Election*.

[287] Cf. c. 65§1 CCEO.

[288] Cf. c. 65§2 CCEO.

[289] Cf. c. 72§2 CCEO.

modalité d'intervention du Pontife Romain, c'est-à-dire s'il s'agit d'une intervention directe pour la nomination du patriarche ou d'une intervention indirecte[290]. En tous cas, cette possibilité d'intervention de la part de l'Evêque de Rome dans les affaires ecclésiastiques d'un patriarcat – qui est une *Ecclesia sui iuris* – indique clairement la dépendance étroite de chaque patriarcat catholique oriental du Pontife Romain.

Si, par contre l'élection est validement faite, on y va ensuite à l'acceptation de l'élection. Ainsi,

> si l'élu est au moins évêque légitimement proclamé, le président ou, si le président est élu, l'évêque le plus ancien d'ordination épiscopale intimera aussitôt l'élection à l'élu au nom de tout le Synode des évêques de l'Eglise patriarcale selon la formule et la manière reçues dans l'Eglise patriarcale propre; mais si l'élu n'est pas encore évêque légitimement proclamé, le secret doit être gardé, même à l'égard de l'élu, par tous ceux qui de quelque manière ont eu connaissance de l'issue de l'élection, le Synode des évêques de l'Eglise patriarcale est suspendu et l'intimation sera faite si toutes les formalités requises par les canons pour la proclamation épiscopale ont été achevées[291].

Dans ce dernier cas, nous pouvons distinguer deux possibilités:

a. si le prêtre élu come patriarche figure dans la liste des candidats à l'épiscopat, pour laquelle le Pape a déjà donné son consentement (*assensus*), l'élection comme patriarche lui sera immédiatement intimée[292];
b. si le prêtre élu comme patriarche ne figure pas dans cette liste, le Synode des évêques doit informer aussitôt le Siège Apostolique afin d'obtenir le consentement (*assensus*) du Pontife Romain[293].

Toutefois, dans les deux cas, nous avons ici un autre exemple d'intervention plus ou moins directe du Pontife Romain dans les affaires d'une

---

[290] Selon D. Salachas, «the intervention of the Roman Pontiff could be rather understood in the sense of *Sede Romana moderante*, when there would be dissensions concerning canonical election (UR 14). In fact, such an interpretation would indicate the nature of relationship between the Apostolic See and Eastern Churches. The Roman Pontiff, as the guarantor of the canonical functioning of synodal life of the Eastern Churches, oversees that such function is carried out according to the norm for the good of the faithful and unity of the patriarchal Church», D. SALACHAS, «Ecclesial Communion», 165-166.

[291] C. 73 CCEO.

[292] Cf. c. 184 CCEO.

[293] Cf. cc. 182§1, 185 CCEO. Voir aussi H. PAARHAMMER, «Bischofsbestellung», 390-407.

Ecclesia sui iuris patriarcale[294]. De plus, après l'élection, le Synode des évêques de l'Eglise patriarcale doit informer par lettres synodales au plus tôt le Pontife Romain de l'élection et de l'introni-sation canoniquement accomplies ainsi que de la profession de foi et de la promesse de remplir fidèlement son office émises par le nouveau patriarche devant le Synode selon les formules approuvées[295]. Au surplus, le nouveau patriarche par lettre signée de sa propre main doit solliciter au plus tôt du Pontife Romain la communion ecclésiastique[296]. Malgré la clarté du c. 76§2 CCEO, L. Kovalenko affirme:

> la *communio* du patriarche avec le Pontife Romain doit être considérée comme la reconnaissance réciproque de la véritable unité dans la fois, dans les sacrements et dans la discipline, ainsi que comme un élément coordinateur entre une Eglise *sui iuris*, dont le père et le chef est le patriarche, et le Pontife Romain comme fondement de l'unité de l'Eglise universelle[297].

Et, parce que le c. 76§2 CCEO affirme que «*novus patriarcha per litteras manu propria subscriptas quam primum expostulare debet a Romano Pontefice ecclesiasticam communionem*», le patriarche demande la com-

---

[294] Le droit du Pontife Romain d'intervenir (*ius interveniendi*) dans les affaires d'une Eglise orientale catholique patriarcale a été expressément prévu par le décret *Orientalium Ecclesiarum*: «des Patriarches, avec leurs Synodes, constituent l'instance supérieure pour toutes les affaires du Patriarcat, y compris le droit d'ériger de nouvelles éparchies et de nommer les évêques de leur rite dans les limites du territoire patriarcal, restant sauf le droit inaliénable du Pontife Romain d'intervenir dans chaque cas considéré en particulier», (*OE*9d). Afin d'adoucir cette prescription conciliaire, les commentateurs de ce décret ont expliqué que «*ius interveniendi* veut dire le pouvoir d'intervenir, si le Pape le juge opportun. Le droit d'intervenir ne comporte pas l'obligation d'intervenir, à savoir l'exercice nécessaire de ce droit. Que le Pape puisse intervenir ne signifie pas qu'il doive intervenir […], qu'il doive nécessairement intervenir, et que sans son intervention préalable ou subséquente le Patriarche avec son Synode ne peut, validement ou licitement, poser les actes en question […] Nous affirmons que du droit d'intervenir ne résulte logiquement ni l'obligation ni la nécessité d'intervenir. Il est vrai qu'au droit d'intervenir chez le Pape, doit correspondre une obligation chez le Patriarche et le Synode. Mais cette obligation est celle de ne pas empêcher ce droit de s'exercer toutes les fois que le Pape désire le faire. Du texte conciliaire on ne peut logiquement déduire davantage.», N. EDELBY – I. DICK, *Les Eglises Orientales catholiques*, 360.

[295] Cf. 76§1 CCEO. De plus, selon le même canon, des lettres synodales sur l'élection accomplie seront aussi envoyées aux patriarches des autres Eglises orientales catholiques.

[296] Cf. c. 76§2 CCEO. Ainsi, dès son intronisation, le patriarche gouverne, mais il ne peut convoquer le Synode ni ordonner des évêques avant d'avoir reçu la communion ecclésiastique du Pontife Romain (cf. c. 77§2 CCEO).

[297] L. KOVALENKO, «*Communio ecclesiastica* del Patriarca», 790.

munion ecclésiastique au Pontife Romain[298], car, selon l'ecclésiologie catholique, à travers celle-ci on professe l'unité de la foi, des sacrements et de la discipline avec le Pontife Romain, reconnu par la même ecclésiologie comme fondement de l'unité de l'Eglise universelle. Par conséquent, une telle demande implique clairement la dépendance unilatérale d'un patriarche oriental catholique du Pontife Romain (communion hiérarchique).

Une explication peut-être plus concrète concernant le rapport entre les patriarches orientaux catholiques et le Pontife Romain est donnée dans la constitution apostolique *Sacri Canones*[299], où il est affirmé expressément que «*Patriarchae et synodi iure canonico supremae Ecclesiae auctoritatis participes sunt*», bien qu'il n'est pas précisée la modalité de la participation. On peut se demander cependant comment mettre d'accord cette affirmation avec le c. 78§1 CCEO, selon lequel le patriarche catholique orientale jouit de pouvoir ordinaire et propre, et dans une manière assai personnelle qui ne peut pas créer un Vicaire pour toute l'Eglise patriarcale et ne peut pas le déléguer à quelqu'un pour la totalité des cas[300]. En fait, l'affirmation de la Const. Ap. *Sacri Canones* veut sauver le suivant principe ecclésiologique de l'Eglise catholique: toute instance de gouvernement personnel intermédiaire entre les seuls deux pôles de droit divin, l'autorité suprême au niveau universel (à savoir l'Evêque de Rome et le Collège des évêques qui comprend celui-ci toujours en tant

---

[298] La formulation de ce canon indique d'une manière très claire qu'il s'agit d'une demande de communion ecclésiastique que le patriarche doit faire au Pontife Romain. Il ne s'agit en aucun cas – comme affirme D. Salachas – d'un échange des lettres de communion ecclésiastique entre les patriarches et le Pape, ni d'une lettre avec laquelle le Pape répond en accueillant la demande de communion ecclésiastique du patriarche nouvellement élu (cf. D. SALACHAS, «Le novità», 122; voir aussi D. SALACHAS, «Ecclesiastical Communion», 126-154). En effet, un échange des lettres de communion ecclésiastique implique une obligation réciproque (interdépendance), ce qui signifie que le Pape devrait demander la *communio ecclesiastica* aux patriarches, fait qui n'arrive jamais dans l'Eglise catholique. Selon la théologie catholique, il n'y pas la possibilité de supposer que le Pontife Romain devrait demander la *communio ecclesiastica* aux patriarches orientaux catholiques, car celle-ci, étant corrélative à la communion hiérarchique, indique subordination hiérarchique, et le Pape ne peut être subordonné à aucune autre autorité (cf. cc. 331 CIC, 43 CCEO).

[299] Cf. JEAN-PAUL II, Const. Ap. *Sacri Canones*, 1033-1044.

[300] Il faut toutefois reconnaître que cette affirmation représente une vraie évolution dans la conception catholique de l'autorité patriarcale à l'égard de la primauté du Pontife Romain. Et cella notamment parce que, avant Vatican II, on considérait que le pouvoir du patriarche lui était accordé par le Pontife Romain (cf. c. 216§1 *Cleri Sanctitate*), et que ce pouvoir s'exerce selon la norme de droit «*sub auctoritate Romani Pontificis*» (c. 216§2,1 *Cleri Sanctitate*) Voir aussi G.P. MILANO, «Riflessioni», 155-175.

que Chef), et l'Evêque diocésain au niveau local, exerce son pouvoir sur ce dernier par la concession de l'autorité suprême. Dans le cas de patriarche oriental catholique, le Pontife Romain, en tant que Législateur suprême, exprime cette concession dans la configuration de la figure de patriarche de sorte que celui-ci jouisse d'un pouvoir ordinaire et propre afin de remplir avec l'autonomie nécessaire son ministère.

De plus, même si le c. 76§2 CCEO ne fait aucune mention en ce qui concerne le *pallium*, aujourd'hui, dans l'Eglise catholique, il y est en vigueur la pratique de la concession du *pallium*[301] aux patriarches orientaux catholiques de la part de l'Evêque de Rome, pratique qui manifeste surtout la communion ecclésiastique avec le Pontife Romain[302]. Si nous ajoutons ici le c. 57 CCEO qui affirme:

> §1 L'érection, le rétablissement, la modification et la suppression des Eglises patriarcales sont réservés à l'autorité suprême de l'Eglise.
> §2 Seulement l'autorité suprême de l'Eglise peut modifier le titre légitimement reconnu ou concédé à chaque Eglise patriarcale.

nous pouvons identifier clairement l'étroite dépendance de chaque patriarcat oriental catholique du Pontife Romain[303]. En tenant compte du fait que le Patriarche oriental catholique, même s'il jouit d'un pouvoir ordinaire et propre – comme les évêques diocésains ou les éparques – mais considéré comme participation au pouvoir du Pontife Romain, on peut dire que, sur cet aspect, l'autonomie d'une *Ecclesia sui iuris* patriarcale peut être considérée, par rapport à l'autonomie ecclésiastique ainsi comme est-elle prévue dans l'Eglise orthodoxe, une autonomie diminuée ou réduite, ou, pour mieux dire, une semi-autonomie ecclésiastique. Mais, étant l'*Ecclesia sui iuris* patriarcale et le Patriarche le niveux de dépendance directe des éparchies et des éparques, et parce aux ceux derniers font référence différentes matières qui, dans l'Eglise latine, sont référés par les évêques diocésains au Siège Apostolique, on peut dire que, sous cet aspect, l'*Ecclesia sui iuris* patriarcale bénéficie d'un niveux d'autonomie supérieur celui

---

[301] Il faut souligner ici que le *pallium* est un emprunt de l'Eglise latine, étant totalement étranger à la tradition orientale (cf. PAUL VI, M.p. *Inter eximia episcopalis*, 441-442). Voir aussi G. GRIGORIȚĂ, *Il concetto di "Ecclesia sui iuris"*, 74, note 70; G. ORIOLI, «La collazione del Pallio», 88-96.

[302] Cf. D. SALACHAS, «Lo status *sui iuris* delle chiese patriarcali», 583.

[303] Pour une présentation détaillée de la vision orientale catholique sur la relation Pontife Romain – *Ecclesiae sui iuris*, voir G. THEKKEKARA, *The power*.

des éparchies, qui peut être dite «juste» ou «légitime», car elle est réglée par le droit et est de premier degré[304].

Toutefois, il faut souligner ici que cette conclusion ne représente pas une nouveauté car, des Auteurs orientaux catholiques sont aussi arrivés à la même conclusion[305] et, en conséquence, ils ont déjà proposé de réexaminer les rapports entre le Siège apostolique et les patriarches avec leurs Synodes, surtout parce que,

> concrètement, presque 200 fois le CCEO renvoie au Siège apostolique pour toute une série de matières, qui pourraient être édictées par les Patriarches avec leurs Synodes. En plus, plusieurs facultés accordées par le Pontife Romain à la Congrégation pour les Eglises orientales et d'autres dicastères de la Curie Romaine pourraient être réservées aux Patriarches avec leurs Synodes, restant sauf le droit inaliénable du Pontife Romain d'intervenir dans les cas particuliers et le droit d'appel à Rome comme suprême instance[306].

b) *Les Eglises archiépiscopales majeures*

Le deuxième modèle d'*Ecclesia sui iuris* prévu par le CCEO est l'Eglise archiépiscopale majeure *sui iuris* (*Ecclesia archiepsicopalis sui iuris*)[307]. Le n. 10 du décret sur les Eglises orientales catholiques *Orientalium Ecclesiarum* spécifie que ce qui est prévu pour les patriarches s'applique aussi, selon le droit canonique, aux archevêques majeurs[308]. Dans ce sens, le c. 152 CCEO affirme:

> Ce qui dans le droit commun est dit des Eglises patriarcales ou des patriarches est censé valoir pour les Eglises archiépiscopales majeures ou les archevêques majeurs, à moins qu'une autre disposition ne soit expressément établie par le droit commun ou ne résulte de la nature de la chose.

Par conséquent, l'archevêque majeur est le chef (*caput*) d'une Eglise archiépiscopale majeure, étant défini ainsi:

---

[304] Certains Auteurs ne parlent pas des modèles d'*Ecclesia sui iuris*, mais de degrés d'autonomie de ces Eglises: «The Eastern Catholic Churches are divided into four grades of Churches *sui iuris* in a descending scale of ecclesial autonomy starting with the highest, the Patriarchal Churches», J. FARIS, «Churches *Sui Iuris* and Rites», 107. Toutefois, parce que le CCEO ne parle jamais d'autonomie ecclésiastique, il est préférable de parler de modèles d'*Ecclesiae sui iuris* offerts par le Code et non pas de degrés d'autonomie ecclésiastique.

[305] Cf. p. 429, nota 231.

[306] Cf. D. SALACHAS, «La figure juridique du patriarche», 414.

[307] Pour une présentation détaillée de l'Eglise archiépiscopale majeure selon le CCEO, voir G. THANCHAN, *The Juridical Institution of Major Archbishop*.

[308] Voir aussi, H. CHIMY, *De figura iuridica arhiepiscopi maioris*.

L'archevêque majeur est le métropolite d'un siège déterminé ou reconnu par l'autorité suprême de l'Eglise, qui est à la tête de toute une Eglise orientale *sui iuris* non revêtue du titre patriarcal[309].

Il absolument claire que l'Eglise archiépiscopale majeure possède le même système de gouvernement de l'Eglise patriarcale orientale catholique. Selon le CCEO, les différences existent seulement dans l'ordre de préséance et non pas dans le pouvoir[310]. Par conséquent, le pouvoir de l'archevêque majeur est de la même nature que celui du patriarche, à savoir ordinaire, propre, comme participation au pouvoir du Pontife Romain[311].

La différence la plus évidente est constituée par la modalité d'élec-tion du patriarche et d'archevêque majeur. Le patriarche élu par lettre signée de sa propre main doit solliciter au plus tôt du Pontife Romain la communion ecclésiastique[312], tandis que l'archevêque majeur élu doit solliciter par lettre signée de sa propre main du Pontife Romain la confirmation de son élection[313]. L'exigence de la confirmation pour l'élection de l'archevêque majeur indique très clairement que le deuxième modèle d'*Ecclesia sui iuris* se trouve dans une dépendance encore plus étroite du Pontife Romain, et, par conséquent, son autonomie est diminuée par rapport à celle de l'*Ecclesia sui iuris* patriarcale, et, donc, de deuxième degré.

c) *Les Eglises métropolitaines*

Dans le titre VI, le CCEO parle du troisième et du quatrième modèle d'*Ecclesia sui iuris*: les Eglises métropolitaines *sui iuris*[314] et les autres *Ecclesiae sui iuris*[315].

---

[309] C. 151 CCEO.

[310] Cf. c. 154 CCEO. En exceptant le fait, déjà précisé, que l'expression «archevêque majeur» constitue une innovation dans le droit canonique et, dans le même temps, un pléonasme, il est nécessaire de souligner ici une autre particularité du CCEO. En pratique, le CCEO a calqué le modèle grec d'ordre hiérarchique, modèle qui constitue une exception dans l'Eglise orthodoxe, parce que seulement dans l'Eglise de Grèce, à partir de 1923, à cause des raisons historiques, l'archevêque est supérieur au métropolite. Pour plus de détails concernant le système grec, voir p. 50, note 20.

[311] Cf. c. 152 CCEO.

[312] Cf. c. 76§2 CCEO.

[313] Cf. c. 153§2 CCEO.

[314] Cf. cc. 155-173 CCEO. Il faut noter ici que l'expression «Eglise métropolitaine *sui iuris*" constitue une autre innovation du CCEO, car ce syntagme ne se retrouve ni dans le langage catholique latin, ni dans celui orthodoxe. En effet, avant la promulgation du CCEO, cette expression n'a jamais été employée. Dès le début, soit en Occident qu'en Orient, on a toujours parlé des *Eglises métropolitaines* ou des *Métropolies*. Pour une présentation détaillée des Eglises métropolitaines *sui iuris*, voir T. KUZHINAPURATH, «Metropolitan Church *sui iuris*», 41-48.

Selon le c. 155§1 CCEO, à la tête de l'Eglise métropolitaine *sui iuris* est le métropolite d'un siège déterminé[316], nommé par le Pontife Romaine et aidé par un Conseil des hiérarques (*consilium hierarcharum*)[317]. Le pouvoir qui, selon le CCEO, appartient au métropolite sur les évêques et tous les autres fidèles chrétiens de l'Eglise métropolitaine à la tête de laquelle il est, est ordinaire et propre, mais personnel de telle sorte qu'il ne peut constituer un vicaire pour toute l'Eglise métropolitaine *sui iuris*, ni déléguer son pouvoir à quelqu'un pour l'ensemble des cas[318]. De plus, le pouvoir du métropolite et du Conseil des hiérarques s'exerce validement seulement dans les limites du territoire de l'Eglise métropolitaine *sui iuris*[319]. Dans l'éparchie qui lui est confiée, le métropolite a les mêmes droits et les mêmes obligations que l'évêque éparchial dans la sienne[320].

Dans l'Eglise métropolitaine *sui iuris* à la tête de laquelle il est, outre ce que lui attribue le droit commun ou le droit particulier établi par le Pontife Romain, le métropolite est compétent pour:

1. ordonner et introniser les évêques de cette même Eglise dans le délai fixé par le droit;
2. convoquer le Conseil des hiérarques selon le droit, préparer à propos les questions qui doivent y être traitées, le présider, le transférer, le proroger, le suspendre et le dissoudre;
3. ériger le tribunal métropolitain;

---

[315] Cf. cc. 174-176 CCEO.

[316] «Le siège de l'Eglise métropolitaine *sui iuris* est dans la ville principale, d'où le métropolite, qui est à la tête de cette même Eglise, prend le titre» (c. 158§1 CCEO).

[317] «Au Conseil des hiérarques doivent être convoqués tous les évêques ordonnés et eux seuls de la même Eglise métropolitaine *sui iuris* partout où ils sont constitués, à l'exclusion de ceux dont il s'agit au c. 953§1, ou de ceux qui sont punis des peines canoniques dont il s'agit aux c. 1433-143; des évêques d'une autre Eglise *sui iuris* ne peuvent être invités que comme hôtes, si la majorité des membres du Conseil des hiérarques en convient» (c. 164§1 CCEO). En ce qui concerne le droit de vote, il est précisé que «des évêques éparchiaux et les évêques coadjuteurs ont le suffrage délibératif dans le Conseil des hiérarques; tous les autres évêques de l'Eglise métropolitaine *sui iuris* peuvent avoir ce suffrage, si cela est expressément établi dans le droit particulier» (c. 164§2 CCEO). Pour plus de détails, voir P. SZABÓ, «La questione della competenza legislativa», 485-515; «"Concilium Hierarcharum"», 85-90.

[318] Cf. c. 157§1 CCEO. Quant à la relation métropolite-évêques, il est précisé que »dans les affaires extraordinaires ou qui comportent une difficulté spéciale, les évêques éparchiaux n'omettront pas d'entendre le métropolite, ni le métropolite, les évêques éparchiaux» (c. 160 CCEO).

[319] Cf. c. 157§2 CCEO.

[320] Cf. c. 158§2 CCEO.

4. veiller à ce que la foi et la discipline ecclésiastique soient observées avec soin;
5. faire la visite canonique dans les éparchies, si l'évêque éparchial l'a négligée;
6. nommer un Administrateur de l'éparchie dans le cas prévu par le c. 221§4;
7. nommer ou confirmer celui qui a été légitimement proposé ou élu à un office, si l'évêque éparchial, non retenu par un juste empêchement, a omis de le faire dans le délai fixé par le droit, ainsi que nommer l'économe éparchial, si l'évêque éparchial après monition a négligé de le nommer;
8. communiquer les actes du Pontife Romain aux évêques éparchiaux et à d'autres, qu'ils concernent, à moins que le Siège Apostolique n'y ait pourvu directement, et veiller à l'exécution fidèle des prescriptions qui sont contenues dans ces actes.[321]

Quant à la nomination du métropolite et des évêques, le Conseil des hiérarques de l'Eglise métropolitaine *sui iuris* doit établir pour chaque cas une liste d'au moins trois candidats les plus aptes afin de l'envoyer au Siège Apostolique en gardant le secret, même à l'égard des candidats[322]. De plus, il est prévu que le métropolite, dans les trois mois à compter de son ordination épiscopale ou, s'il est déjà évêque ordonné, de son intronisation, soit tenu par obligation de demander au Pontife Romain le *pallium*[323]. En ce qui concerne les lois d'une telle Eglise, il est prévu que

> le Métropolite informera au plus tôt le Siège Apostolique des lois et des normes portées par le Conseil des Hiérarques et ces lois et normes ne peuvent être validement promulguées, avant que le Métropolite ait reçu du Siège Apostolique la notification écrite relative à la réception des actes du Conseil[324].

De tout ce qui nous avons dit jusqu'ici, il appert que entre une Eglise métropolitaine *sui iuris* et le Pontife Romain il y a un rapport encore plus étroit que celui de l'archevêché majeur[325]. En pratique, l'autonomie de laquelle jouit l'Eglise archiépiscopale majeure est ultérieure-

---

[321] C. 159 CCEO. Pour plus de détails, voir P. SZABÓ, «Analisi della competenza giuridica del Metropolita *sui iuris*», 151-177.
[322] Cf. c. 168 CCEO.
[323] Cf. c. 156§1 CCEO.
[324] Cf. c. 167§2 CCEO
[325] Pour une présentation de l'Eglise métropolitaine *sui iuris* par rapport à l'Eglise patriarcale, selon le CCEO, voir R.M. SCHMITZ, «Der Papst», 705-721.

ment encore diminuée dans le cas des Eglises métropolitaines *sui iuris*. Par conséquent, dans le cas des *Ecclesiae sui iuris* métropolitaines on peut parler d'une autonomie de troisième degré.

Il est convenable de noter ici que, selon le CCEO, dans les Eglises orientales catholiques il y a deux types de métropolites: les métropolites d'une Eglise patriarcale ou archiépiscopale majeure et les métropolites d'une Eglise métropolitaine *sui iuris*. La différence entre un métropolite d'une Eglise métropolitaine *sui iuris* et un métropolite d'une Eglise patriarcale ou archiépiscopale majeure est constituée par le fait que le premier est le chef (*caput*) d'une *Ecclesia sui iuris*, mis immédiatement sur l'autorité du Pontife Romain, tandis que l'autre reste sur l'autorité du patriarche ou de l'archevêque majeur[326].

d) Les autres *Ecclesiae sui iuris*

Le quatrième modèle d'*Ecclesia sui iuris* prévu par le CCEO ne possède pas un nom spécifique. Il est seulement spécifié que une Eglise orientale catholique qui n'est ni patriarcale, ni archiépiscopale majeure, ni métropolitaine peut être érigée par l'autorité suprême de l'Eglise comme une *Ecclesia sui iuris*. Celle-ci est confiée à un hiérarque qui est à sa tête selon le droit commun et le droit particulier établi par le Pontife Romain[327]. Ces Eglises dépendent immédiatement du Siège Apostolique et leurs chefs – s'ils sont évêques – exercent les pouvoirs comme délégués du Pontife Romain, en exerçant les droits et les devoirs spécifiques qui sont exercés dans l'Eglise métropolitaine *sui iuris* par le métropolite[328]. De plus, ces Eglises ont leur propre droit particulier (*ius particulare*) établi par le Saint Siège, comme aussi par l'autorité compétente de celles-ci, à savoir l'hiérarque à qui a été confié de présider chacune de celles-ci.

Pour ce dernier modèle d'*Ecclesia sui iuris* nous pouvons facilement identifier le rapport très étroit avec le Pontife Romain, et, évidement, leur étroite dépendance de celui-ci. A cause de cette étroite dépendance, certains Auteurs affirment que ces Eglises sont des Eglises «romani iuris»[329] ou «formes mineures»[330] d'*Ecclesiae sui iuris*. En ce qui

---

[326] Pour plus de détails, voir J. MANGALATHIL, *The Metropolitans*.

[327] Cf. c. 174 CCEO.

[328] Cf. c. 175 CCEO.

[329] «However, the *Code of Canons of the Eastern Churches* introduces some confusion into interpretation of the term *Ecclesia sui iuris*. In c. 155-173 it deals with metropolitan Churches *sui iuris*, and in c. 174-176 with even smaller Church units, eparchies *sui iuris*. Obviously, such small ecclesiastical units could hardly develop a distinct

concerne l'autonomie d'une telle Eglise, il est absolument claire qu'il s'agit d'une autonomie plus que relative, inférieure non seulement à celle des *Ecclesiae sui iuris*, mais aussi à celle des Eglises particulières, ainsi comme est-t-elle prévue dans l'actuelle législation de l'Eglise catholique latine, car l'hiérarque a un pouvoir délégué, tandis que l'évêque diocésain jouit de pouvoir ordinaire propre.

Il est intéressant de noter ici que certains Auteurs parlent même de l'existence des autres Eglises orientales catholiques qui ne peuvent pas être encadrés dans la catégorie d'*Ecclesiae sui iuris*[331], sans, toutefois, préciser la typologie de celles-ci[332].

De ce qui nous avons dit jusqu'ici, nous pouvons affirmer que le concept d'*Ecclesia sui iuris* remonte officiellement au CCEO, plus précisément au c. 27, mais même ce Code n'arrive pas à expliquer ou à définir ce qu'est une *Ecclesia sui iuris*. De plus, la modalité dans laquelle le CCEO groupe les *Ecclesiae sui iuris* en 4 modèles, montre encore des autres innovations étrangères à la tradition orientale génuine, en compliquant encore de plus la vision sur ce nouveau concept.

e) L'intervention du Pontife Romain dans les *Ecclesiae sui iuris*

Selon le CCEO, il peut y avoir une intervention du Pontife Romain dans les *Ecclesiae sui iuris* dans les cas suivants:

---

liturgical, theological, spiritual and disciplinary patrimony. Consequently, they depend immediately from the Apostolic See (c. 175). Hence, they should not be called *sui iuris*, but rather *Romani iuris*», I. MONCZAK, «Appointments», 858.

[330] D. SALACHAS, «*Ecclesia universa*», 72.

[331] «Escluderei dall'elenco delle Chiese *sui iuris* i Georgiani cattolici di rito bizantino (quelli di rito armeno appartengono alla Chiesa armena) dei quali dal 1914 non si hanno più notizie. Avrei anche qualche difficoltà di chiamare *Ecclesia sui iuris* l'Amministrazione Apostolica dell'Albania meridionale, i due Esarcati Apostolici per i Russi dell'URSS e della Manciuria, tutti senza titolari. Dubito anche se si possa chiamare *Ecclesia sui iuris* la eparchia di Krizevci in Jugoslavia, del resto fiorente, tuttavia composta da fedeli di cinque diversi *ritus* e dunque appartenenti alle varie *Ecclesiae sui iuris* (i discendenti degli Uscocchi sono il nucleo originario, ma in maggioranza l'eparchia è composta dagli Ucraini, Ruteni, Macedoni e Romeni abitanti nella Jugoslavia)», I. ŽUŽEK, «Presentazione del CCEO», 602.

[332] «Sebbene il CCEO abbia previsto quattro modelli di Chiese *sui iuris*, ciò non vuol dire che tutte le ventuno Chiese orientali cattoliche appartengono ad una di queste categorie. Si possono avere altre Chiese cattoliche orientali, che non sono *sui iuris*, ma il Codice orientale si applica anche a loro», J. CHIRAMEL, «La struttura gerarchica delle Chiese orientali», 141; «Bisogna notare che, sebbene questo Codice riguardi tutti e sole le Chiese orientali cattoliche (can. 1), non tutte le 21 Chiese orientali oggi esistenti sono *Ecclesiae sui iuris* dal punto di vista giuridico e formale», D. SALACHAS, «*Ecclesia universa*», 68.

- dans l'érection, le rétablissement, la modification et la suppression des *Ecclesiae sui iuris*[333];
- dans la concession de la communion ecclésiastique aux patriarches orientaux catholiques[334];
- dans l'obligation de chaque patriarche oriental catholique de demander toujours le assentiment du Pape pour conclure avec les autorités civiles des conventions qui ne soient pas contraires au droit établi par le Siège Apostolique, et de demander l'approbation de la même autorité pour rendre ces conventions exécutives[335];
- dans la confirmation des archevêques majeurs[336];
- dans la concession du *pallium* aux métropolites qui sont à la tête des *Ecclesiae sui iuris*[337], ainsi que aux patriarches et aux archevêques majeurs;
- dans le consentement pour la nomination des évêques[338] ou dans la nomination directe des évêques[339];
- dans le droit exclusif du Pontife Romain de juger les patriarches orientaux catholiques[340], les évêques orientaux catholiques dans les causes pénales[341], les fidèles orientaux catholiques qui exercent la

---

[333] Cf. cc. 57, 155§2 CCEO.
[334] Cf. cc. 76§2, 77§2 CCEO.
[335] Cf. c. 98 CCEO.
[336] Cf. c. 153§§2,3,4 CCEO.
[337] Cf. 156 CCEO. Il convient rappeler ici que, en ce qui concerne la concession du *pallium* aux métropolites qui se trouve à la tête des *Ecclesiae sui iuris*, les consulteurs de la Commission pour la rédaction du CCEO ont fait en 1986 la précision suivante: «un organo di consultazione di grande *pondus sociologicum*, ha proposto che il *pallium* che viene dato ai Metropoliti che presiedono ad una *Ecclesia sui iuris*, abbia un significato simile a quello che si suole dare ai Patriarchi che non è tanto "signum potestatis metropolitanae" quanto piuttosto "simbolo di unità e segno di comunione con la Sede Apostolica" e, si potrebbe aggiungere anche, vincolo di carità e stimolo di fortezza. Il gruppo di studio è stato concorde nell'accettare la sostanza di questa proposta essendo convinto che il *pallium* che si dà ai Metropoliti che presiedono alle *Ecclesiae sui iuris*, non può avere esattamente lo stesso significato di quello che viene concesso ai metropoliti che presiedono ad una provincia ecclesiastica. Pertanto si è introdotto la specifica *eius* prima della parola *potestas* ... e si è aggiunta la clausola "atque plenae cum ipso Romano Pontifice Ecclesiae metropolitanae sui iuris communionis"», «La nuova revisione dello Schema Canonum», 118.
[338] Cf. c. 149 CCEO.
[339] Cf. c. 181§2 CCEO.
[340] Cf. c. 1060§1,1° CCEO.
[341] Cf. c. 1060§1,2° CCEO.

magistrature suprême dans l'Etat[342] et les autres causes qu'il a évoquées lui-même à son jugement[343];
- dans le droit de désigner un tribunal pour juger dans les causes contentieuses les évêques qui exercent leur pouvoir hors le territoire d'une *Ecclesia sui iuris* de type patriarcal[344];
- dans l'intervention du Pontife Romain dans l'administration des biens ecclésiastiques d'une *Ecclesia sui iuris* de type patriarcal[345];
- dans le droit du Siège Apostolique de pouvoir réduire les charges de célébrer la Divine Liturgie[346];
- dans le cas où un clerc perd l'état clérical par un rescrit du Siège Apostolique[347];
- dans la soumission immédiate et exclusive au Siège Apostolique des instituts religieux de droit pontifical présents sur le territoire des Eglises orientales catholiques[348];
- dans le cas où «le monastère dépendant, la maison ou la province d'un institut religieux d'une *Ecclesia sui iuris*, même de l'Eglise latine, qui sont inscrits avec le consentement du Siège Apostolique à une autre *Ecclesia sui iuris*, doivent observer le droit de cette Eglise, restant saufs les prescriptions de la règle ou des statuts, qui concer-

---

[342] Cf. c. 1060§1,3° CCEO.

[343] Cf. c. 1060§1,4° CCEO.

[344] Cf. c. 1060§2 CCEO.

[345] Cf. cc. 1008, 1036 CCEO. Certains auteurs orientaux catholiques ne sont pas d'accord avec cette prescription canonique et, par conséquent, ils ont fait la proposition suivante: «With due regard for the inalienable right of the Roman Pontiff to intervene in particular cases of administration of temporal goods of the Catholic Church throughout the world, it would be appropriate for the Roman Pontiff to recognize the right of the patriarch to administer all the goods of the patriarchal Churches within the territorial boundaries of the patriarchal Church, with the consent of the synod of bishops, according to the personal statutes in force and after having consulted the Apostolic See and with due regard for the primary right of eparchial bishops», D. SALACHAS, «Ecclesial Communion», 184.

[346] Cf. c. 1052§1 CCEO.

[347] Cf. c. 394, 3° CCEO. Voir aussi D. SALACHAS, *Istituzioni*, 286-288.

[348] Cf. c. 413 CCEO. Il faut noter ici que, dans les Eglises orientales catholiques, «tous les religieux sont soumis au Pontife Romain comme à leur Supérieur suprême; ils sont tenus par l'obligation de lui obéir même en vertu du vœu d'obéissance» (c. 412§1 CCEO). De plus, «pour mieux pourvoir au bien des instituts et aux besoins de l'apostolat, le Pontife Romain, en raison de sa primauté sur l'Eglise tout entière, peut en vue de l'utilité commune exempter du gouvernement de l'évêque éparchial les instituts de vie consacrée et les soumettre à lui seul ou à une autre autorité ecclésiastique» (c. 412§2 CCEO). Voir aussi D. SALACHAS, *La vita consacrata*, 41-86.

nent le gouvernement interne de cet institut, et les privilèges octroyés par le Siège Apostolique»[349];
- dans la permission du Saint-Siège donnée à une personne pour pouvoir être licitement admise au noviciat d'un monastère ou d'un institut religieux d'une autre *Ecclesia sui iuris*[350] ;
- dans le consentement du Siège Apostolique requis pour la validité du passage à un monastère d'une autre *Ecclesia sui iuris*[351] ;
- dans l'indult réservé au Siège Apostolique pour le cas où un membre de vœux perpétuels d'un monastère demande de retourner à la vie séculière[352];
- dans l'approbation du Siège Apostolique du décret de renvoi d'un membre de vœux perpétuels d'un monastère ou ordre de droit pontifical[353];

---

[349] C. 432 CCEO. Il faut noter ici que ce canon n'a pas de correspondant dans le CIC. De plus, même certains Auteurs orientaux catholiques ne sont pas d'accord avec les prescriptions de ce canon, et, par conséquent, ils voudraient le modifier. Et cela parce que »this praxis is not exempt from eventual risks, among which we may mention a *tacit latinization* of the Eastern religious institutes. Therefore, in the perspective of safeguarding the identity of these religious institutes, it would be justified for the Apostolic See in giving the said consent to Latin Institutes, especially of pontifical right, to require a previous consultation with the respective authority of the Eastern Church *sui iuris*. In this case, c. 432 would have to be drafted in the following manner: With the consent of the Apostolic See and *after consulting the competent authority of the respective Eastern Church of the place*, a dependant monastery, a house or province of a religious institute of the Latin Church that is ascribed to another Church *sui iuris*, must observe *the spiritual patrimony* and the law of this latter Church, except for the prescripts of the typicon or statutes that regard the internal governance of the same institute or for the privilege granted by the Apostolic See.», D. SALACHAS, «Ecclesial Communion», 187.

[350] Cf. cc. 451, 517§2 CCEO. Il faut noter ici que ce deux canons n'ont pas des correspondants dans le CIC. Voir aussi J. ABBASS, «The Admission», 293-318.

[351] Cf. c. 487§4 CCEO. Voir aussi J. ABBASS, «Transfer», 121-151.

[352] Cf. c. 492§2 CCEO. Il est prévu cependant que «un membre de vœux perpétuels ne demandera l'indult de quitter l'ordre ou la congrégation et de retourner à la vie séculière que pour des causes très graves; il adressera sa demande au Supérieur général, qui l'enverra avec son avis et celui de son conseil à l'autorité compétente» (c. 549§1 CCEO). «Dans les ordres, cet indult est réservé au Siège Apostolique; mais dans les congrégations, en plus du Siège Apostolique, peuvent le concéder aussi: 1. le patriarche à tous les membres qui ont domicile dans les limites du territoire de l'Eglise, à la tête de laquelle il est, après avoir consulté l'évêque éparchial, s'il s'agit de congrégations de droit éparchial; 2. l'évêque éparchial de l'éparchie dans laquelle le membre a domicile, s'il s'agit d'une congrégation de droit éparchial» (c. 549§2 CCEO). Voir aussi J. ABBASS, «Departure», 97-128; «Dismissal», 361-392.

[353] Cf. cc. 500§4, 553 CCEO.

- dans la révision des textes liturgiques par le Siège Apostolique avant leur approbation[354];
- dans la possibilité du Siege Apostolique d'accorder une faculté spéciale à un ministre afin qu'il puisse célébrer les sacrements différemment des prescriptions liturgiques de son *Ecclesia sui iuris*[355];
- dans le droit du Siège Apostolique d'accorder la dispense pour: 1. l'empêchement de l'ordre sacré; 2. l'empêchement du vœu public perpétuel de chasteté émis dans un institut religieux, à moins qu'il ne s'agisse de congrégations de droit éparchial; 3. l'empêchement de conjugicide[356];
- dans le droit du Siège Apostolique d'accorder la dispense de la forme de la célébration du mariage prescrite par le droit[357];
- dans le droit du Siège Apostolique de concéder la sanation radicale d'un mariage nul[358];
- dans le droit du Pontife Romain de dissoudre un mariage non-consommé pour une cause juste[359];

---

[354] «L'approbation des textes liturgiques, après révision par le Siège Apostolique, est réservée dans les Eglises patriarcales au patriarche avec le consentement du Synode des évêques de l'Eglise patriarcale; dans les Eglises métropolitaines *sui iuris*, au métropolite avec le consentement du Conseil des Hiérarques; dans toutes les autres Eglises, ce droit appartient au seul Siège Apostolique ainsi que, dans les limites déterminées par lui, aux évêques et à leurs groupes légitimement constitués», (c. 657§1 CCEO). «Appartient aussi à ces mêmes autorités le droit d'approuver les traductions de ces mêmes livres destinées à l'usage liturgique, après un rapport fait au Siège Apostolique s'il s'agit d'Eglises patriarcales ou métropolitaines *sui iuris*», (c. 657§2 CCEO).

[355] Cf. c. 674§2 CCEO.

[356] Cf. c. 795§1 CCEO. Le patriarche peut cependant dispenser des empêchements du conjugicide et du vœu public perpétuel de chasteté émis dans des congrégations de toute condition juridique (cf. c. 795§2 CCEO).

[357] Cf. c. 835 CCEO.

[358] «Le patriarche et l'évêque éparchial peuvent concéder la sanation radicale (*sanatio in radice*) cas par cas, si l'invalidité du mariage est causée par un défaut de la forme de la célébration du mariage prescrite par le droit ou par quelque empêchement dont ils peuvent eux-mêmes dispenser, et dans les cas prescrits par le droit si sont remplies les conditions dont il s'agit au c. 814; dans tous les autres cas et s'il s'agit d'un empêchement de droit divin, qui a déjà cessé, la sanation radicale peut être concédée par le seul Siège Apostolique», (c. 852 CCEO). Il convient noter ici que l'institution juridique de la sanation radicale d'un mariage nul appartienne exclusivement à la tradition latine, et elle n'a pas été mentionnée dans les sources orientales catholiques qu'à partir de XIXe siècle. Dans l'Eglise orthodoxe cet institution reste encore absolument inconnue. Cf. J. PRADER, *Il matrimonio*, 238, note 5.

[359] Cf. c. 862 CCEO.

— dans le consens requis au Siège Apostolique pour pouvoir transférer des reliques, des icônes ou des images insignes, qui dans une église sont honorées d'une grande vénération populaire[360];
— dans la désignation par le Siège Apostolique de l'hiérarque pour les fidèles chrétiens d'une *Ecclesia sui iuris* qui se trouvent dans des lieux où n'est érigé pas même un exarchat[361];
— dans le droit du Pontife Romain de décider autrement en ce qui concerne les peines[362];
— dans le consentement requis *ad validitatem* au Siège Apostolique pour l'aliénation des biens ecclésiastiques[363].

En ce qui concerne l'autonomie ecclésiastique qui, selon certains Auteurs catholiques orientaux, caractériserait une *Ecclesia sui iuris*, nous avons déjà précisé que le CCEO ne parle jamais de celle-ci, bien que les compétences reconnues par le droit pour celui qui est à la tête de celle-ci peuvent configurer une autonomie qui s'articule en divers degrés: de celui le plus haut pour les patriarcats orientaux catholique pratiquement jusqu'à la disparition totale, comme c'est effectivement le cas du dernier modèle d'*Ecclesiae sui iuris* qui dépendent directement du Siège Apostolique.

Le fait que certains Auteurs, en parlant de ces *Ecclesiae sui iuris*, soulignèrent leur autonomie[364] (en affirmant même que, avec le CCEO, les Eglises orientales catholiques ont récupérée l'autonomie de laquelle elles bénéficiaient dans le premier millénaire[365]), ne peut être compris

---

[360] Cf. c. 888§2 CCEO.

[361] Cf. c. 916§5 CCEO. S'il s'agit des fidèles chrétiens d'une Eglise patriarcale, le patriarche avec l'assentiment du Siège Apostolique désigne l'hiérarque responsable (cf. c. 916§5 CCEO).

[362] Cf. c. 1408 CCEO.

[363] Cf. c. 1036§4 CCEO. Voir aussi J. ABBASS, «Alienating», 125-147.

[364] «The expression *sui iuris*, which has its roots in Roman Law, is seldom used in modern law and hence it evades proper comprehension. The best translation would be *autonomous* as many canonists tend to do. Hence one can say that a *sui iuris* Church is an *autonomous* Church», A. VALIYAVILAYIL, «The notion of *sui iuris* Church», 90; «Le Chiese *sui iuris* godono di un'autonomia di potere, possono stabilire esse stesse, per mezzo dei propri organi, le norme per la propria organizzazione e la propria attività interna, anche se tali norme debbono essere sottoposte all'approvazione di un'autorità superiore, per essere valide ed efficaci, e non essere in contrasto con le norme o altri provvedimenti emanati dall'autorità superiore», A. SAMPAIO DE OLIVEIRA, *L'autonomia*, 83. Toutefois, les mêmes Auteurs orientaux catholiques reconnaissent quelquefois que «l'autonomia delle Chiese orientali cattoliche è ben relativa», D. SALACHAS, «Le novità», 111. Voir aussi D. SALACHAS, «Églises catholiques orientales», 93-119.

[365] «Il CCEO ha cercato d'essere fedele alle tradizioni autentiche dell'Oriente e ad accogliere la nuova visione ecclesiologica del Concilio Vaticano II nella disciplina

que dans l'atmosphère d'enthousiasme avec lequel a été reçue l'évolution ecclésiologique des communautés orientales unies à Rome. Autrement dit, il y a la possibilité d'identifier une évolution ecclésiologique dans l'Eglise catholique à l'égard de ces communautés qui, immédiatement après leur approche de l'Eglise de Rome, ont été identifiées avec le terme *Ritus*[366]. Puis, dans le Vatican II, celles-ci ont été reconnues comme des Eglises particulières ou Rites[367], et avec le CCEO ont été déclarées *Ecclesiae sui iuris*. Mais, même si nous reconnaissons que la vision ecclésiologique sur les Eglises orientales catholiques a beaucoup évoluée, nous ne pouvons pas être d'accord avec l'affirmation qu'une *Ecclesia sui iuris* signifie une Eglise autonome – surtout dans le sens dans lequel ce mot est employé dans l'Eglise orthodoxe –, car, ainsi comme nous avons déjà vu, ces Eglises (*Ecclesiae sui iuris*), selon le CCEO, jouissent à l'intérieur de l'Eglise catholique seulement d'une autonomie qui peut diminuer jusqu'à la disparition totale.

De plus, dans la législation actuelle de l'Eglise catholique, l'*auto-nomie ecclésiastique* n'est pas comprise comme une indépendance administrative (qui peut varier d'une dépendance totale à l'indépendance totale) d'une Eglise locale qui reste dans le même temps en relation d'interdépendance dogmatique, canonique et de culte avec les autres Eglises locales (comme est-elle considérée dans l'Eglise orthodoxe), mais comme un rapport de dépendance directe de cette Eglise du Pontife Romain. De manière concrète, ce «rapport de dépendance» se manifeste à travers un instrument intermédiaire, à savoir la Curie Romaine. Pratiquement, c'est la Congrégation pour les Eglises orientales (*Congregatio pro Ecclesiis Orientalibus*)[368]

---

ecclesiastica. L'autorità del patriarca con il sinodo è ampiamente riconosciuta. Cosi, l'autonomia posseduta dalle Chiese orientali nel primo millennio è ricuperata largamente, benché la sua estensione sia molto circoscritta nelle Chiese metropolitane e le altre Chiese *sui iuris*», J. CHIRAMEL, «La struttura gerarchica», 141.

[366] Le terme *Ritus* constitue une «invenzione postridentina: un rito (tollerato) invece di una Chiesa», V. PERI, *La Chiesa romana*, 91.

[367] Cf. OE 2-3.

[368] Après le grand schisme (1054), plusieurs tentatives furent faites pour réunir les deux parties de la chrétienté déchirée, en particulier aux conciles de Lyon II (1274) et de Ferrara-Florence (1439). Aucun n'obtint de succès durable (cf. H.-M. BLANCHET, «La question de l'union», 5-48). Du fait du développement d'une ecclésiologie mettant l'accent sur l'autorité de l'Evêque de Rome, la chrétienté orientale fut alors l'objet, à partir du XVIe siècle, d'une véritable activité missionnaire, dans le but de les ramener à la communion avec Rome, avec pour conséquence que, dans la majorité des Eglises locales orthodoxes, une partie des fidèles constitua une Eglise parallèle unie à Rome, alors qu'une Eglise

qui a reçu institutionnellement du Pontife Romaine le mandat de manifester aux Eglises orientales catholiques la sollicitude du Pape et de se tenir en relation avec chaque Eglise orientale en communion avec Rome. Voilà, donc, une autre particularité du CCEO: l'autonomie des *Ecclesiae sui iuris* se rapporte au Pontife Romain à travers un dicastère de la Curie Romaine, à savoir la Congrégation pour les Eglises orientales.

Quant à l'autorité de ce dicastère sur les Eglises orientales en communion avec Rome, l'actuelle législation catholique précise:

> La compétence de cette Congrégation s'étend à toutes les affaires qui sont propres aux Eglises orientales et qui doivent être déférées au Siège apostolique, tant en ce qui concerne la structure et l'organisation des Eglises que l'exercice des fonctions d'enseignement, de sanctification et de gouvernement, ou les per-

---

orthodoxe continuait d'exister (cf. V. PERI, «La genesi», 3-29; E. LANNE, «La conception post-tridentine», 569-590). Les origines de la *Congrégation pour les Eglises Orientales* remontent aussi au XVIᵉ siècle, lorsque le pape Grégoire XIII (1572-1585) institua en 1573 une *Congregatio de rebus Graecorum* pour s'occuper des affaires de ces «Eglises uniates». Toutefois, à la fin du même siècle (avant 1588), ce dicastère ne figurait plus dans la structure de la Curie Romaine (cf. V. PERI, «La Congregazione dei Greci», 129-256). C'est seulement à partir du XIXᵉ siècle que, dans la Curie Romaine, il a réapparu, à l'intérieur de la Congrégation *Propaganda Fide*, une section dédié intégralement aux orientaux unis à Rome, à savoir la *Congregatio de Propaganda Fide pro negotiis ritus orientalis* érigée par le pape Pie IX le 6 janvier 1862 avec la Constitution Apostolique *Romani Pontifices*. En 1916, l'échec des missionnaires assomptionnistes pour organiser un institut d'études orientales à Constantinople et plus tard à Athènes, amena Mgr Louis Petit, archevêque latin d'Athènes depuis 1912, à soumettre à Benoît XV un rapport, rédigé en français, intitulé «Les missions d'Orient», dans lequel il y proposait la fondation, à Rome, d'un collège destiné aux étudiants désireux de se spécialiser en vue de l'apostolat dans les pays non catholiques, et la création d'une Congrégation des rites orientaux, indépendante de la Congrégation *Propaganda Fide* (cf. G.M. CROCE, «Alle origini della Congregazione», 257-333). Le pape Benoît XV rendit cette section autonome le 1ᵉʳ mai 1917 avec le Motu Proprio *Dei Providentis* et l'appela *Congregatio pro Ecclesia Orientali* (cf. A. VILLIEN, «La nouvelle Congrégation», 497-505). Le Pape Paul VI, avec la Constitution apostolique *Regimini Ecclesiae Universae* du 15 août 1967, transforma son nom en *Congregatio pro Ecclesiis Orientalibus* (cf. M. BROGI, «La Congregazione», 240). Actuellement, la *Congrégation pour les Eglises orientales* est composée d'un cardinal préfet, lequel la dirige et la représente avec l'aide d'un secrétaire (cf. art. 4 PB), et d'un déterminé numéro des cardinaux et des évêques (cf. art. 3§3 PB), désignés par le Pape *ad quinquennium* (cf. art. 5§1 PB). De même, sont membres de droit les patriarches et les archevêques majeurs des Eglises orientales catholiques et le président du Conseil Pontifical pour la promotion de l'unité des Chrétiens (cf. art. 57§1 PB). Pour plus de détails, voir M. VATTAPPALAM, *The Congregation*; J. ABBASS, «Pastor Bonus», 587-610; D. SALACHAS, «La funzione della Congregazione», 177-206; M. BROGI, «L'Impegno quotidiano», 681-693; L. LORUSSO, «Costituzione e provvisione», 229-266.

sonnes, leur statut, leurs droits et obligations. Elle traite aussi de tout ce qui est prescrit au sujet des relations quinquennales et des visites *ad limina*[369].

Il appert donc que la compétence de la Congrégation pour les Eglises orientales ne connaît aucune limitation territoriale, mais les orientaux catholiques se trouvent sous l'autorité de ce dicastère par la simple appartenance à une des Eglises orientales catholiques. Toutefois, la const. ap. *Pastor Bonus* a aussi précisé que:

> les décisions d'importance majeure doivent être soumises à l'approbation du Souverain Pontife, excepté celles pour lesquelles des facultés spéciales ont été attribuées aux modérateurs des dicastères ainsi que les sentences du tribunal de la Rote romaine et du tribunal suprême de la Signature apostolique, prononcées dans les limites de leur compétence propre. Les dicastères ne peuvent porter de lois ou de décrets généraux ayant force de loi ni déroger aux prescriptions du droit universel en vigueur, à moins que ce ne soit dans des cas particuliers et avec l'approbation spécifique du Souverain Pontife[370].

Il en résulte donc que l'autorité de la Congrégation pour les Eglises orientales est elle aussi bien limitée par rapport à l'autorité du Pontife Romain. Par conséquent, il est absolument clair que l'autonomie des Eglises orientales catholiques, organisées comme des *Ecclesiae sui iuris*, est constituée surtout par les privilèges donnés aux patriarches ou aux archevêques majeurs avec leurs Synodes des évêques, à l'intérieur de leurs Eglise.

2.3.3 L'autonomie des unités ecclésiales qui se trouvent à l'intérieur des *Ecclesiae sui iuris*

Après l'analyse faite dans le sous-chapitre antérieur, la demande qui reste encore est si on peut parler de l'autonomie des unités ecclésiales qui se trouvent à l'intérieur d'une *Ecclesia sui iuris*. Le CCEO prévoit deux cas possibles: les métropolies qui se trouvent dans les Eglises orientales

---

[369] Art. 58§1 PB. «Toutefois, demeure intacte la compétence spécifique et exclusive des Congrégations de la Doctrine de la foi et pour les Causes des saints, de la Pénitencerie apostolique, du tribunal suprême de la Signature apostolique et du tribunal de la Rote romaine, comme de la Congrégation du Culte divin et de la Discipline des sacrements pour ce qui touche à la dispense pour un mariage conclu et non consommé. Dans les affaires qui concernent aussi les fidèles de l'Eglise latine, la Congrégation doit procéder, lorsque l'importance de la chose le requiert, après consultation du dicastère compétent en cette matière pour les fidèles de l'Eglise latine.» (art. 58§2 PB).

[370] Art. 18 PB.

catholiques de type patriarcal et archiépiscopal majeur, et les éparchies qui composent chaque *Ecclesia sui iuris*.

a) *L'autonomie des métropolies*

Toutefois, parce que nous avons déjà vu que les *Ecclesiae sui iuris* elles-mêmes ne bénéficient pas directement de l'*autonomie ecclésiastique*, il est évident que les métropolies, qui les composent, ne peuvent point bénéficier d'un tel type d'autonomie. Il faut cependant voir quelles sont les prescriptions prévues dans le CCEO pour ce type de métropolies.

Ainsi, il est précisé d'abord que la dignité de métropolite est toujours attachée à un siège éparchial déterminé[371] et que le métropolite a, dans sa propre éparchie, les mêmes droits et les mêmes obligations que l'évêque éparchial dans la sienne[372]. Ensuite, il est prévu que, dans les éparchies de sa province, outre ce que lui attribue le droit commun[373], il appartient au métropolite qui préside à une province dans les limites du territoire d'une Eglise patriarcale ou archiépiscopale majeure: 1. d'ordonner et d'introniser les évêques de la province dans le délai fixé par le droit[374], restant sauf le droit du patriarche ou de l'archevêque majeur d'ordonner les métropolites personnellement ou, s'il est empêché, par d'autres évêques et en outre, si le droit particulier en dispose ainsi, d'ordonner aussi tous les évêques[375]; 2. de convoquer le Synode métropolitain aux temps fixés par le Synode des évêques de l'Eglise patriarcale ou archiépiscopale majeure, de préparer à propos les questions qui doivent y être traitées, de présider le Synode, le transférer, le proroger, le suspendre et le dissoudre[376]; 3. d'ériger le tribu-

---

[371] Cf. c. 134§1 CCEO.
[372] Cf. c. 134§2 CCEO.
[373] «Par droit commun dans on entend, en plus des lois et des coutumes légitimes de l'Eglise tout entière, également les lois et les coutumes légitimes communes à toutes les Eglises orientales» (c. 1493§1 CCEO).
[374] Cf. c. 133§1,1 CCEO.
[375] Cf. c. 86§1,2 CCEO.
[376] Cf. c. 133§1,2 CCEO. Il faut souligner ici que le CCEO n'indiquent pas exactement les responsabilités du Synode métropolitaine dans une *Ecclesia sui iuris* de type patriarcal ou archiépiscopal majeur, mais il précise seulement que le Synode des évêques de l'Eglise patriarcale doit déterminer de façon précise les droits et les obligations des métropolites et des Synodes métropolitains selon les coutumes légitimes de leur propre Eglise patriarcale et les circonstances de temps et de lieux (cf. c. 137 CCEO). Ces précisions concernant les limites de l'autorité de ce type de Synode et du métropolite restent donc à être préciser dans le droit particulier de chaque *Ecclesia sui iuris*. «Par droit particulier on entend toutes les lois, les coutumes légitimes, les statuts et les autres règles du droit qui ne sont communes ni à l'Eglise tout entière, ni à toutes les

nal métropolitain³⁷⁷; 4. de veiller à ce que la foi et la discipline ecclésiastique soient observées avec soin³⁷⁸; 5. de faire la visite canonique, si un évêque éparchial l'a négligée³⁷⁹; 6. de nommer ou de confirmer celui qui a été légitimement proposé ou élu à un office, si l'évêque éparchial non retenu par un empêchement juste a omis de le faire dans le délai fixé par le droit, et aussi de nommer l'économe éparchial, si l'évêque éparchial après monition a négligé de le nommer³⁸⁰. De même, il est prévu que, dans toutes les affaires juridiques de la province, le métropolite la représente³⁸¹.

De plus, il est prévu que tous les évêques de la province doivent commémorer le métropolite dans la divine liturgie et dans les louanges divines selon les prescriptions des livres liturgiques³⁸² et que le métropolite, qui préside à une province, a partout la préséance sur le métropolite titulaire³⁸³.

Il appert donc que les métropolies qui se trouvent à l'intérieur d'une Eglise orientale catholique de type patriarcal ou archiépiscopal majeur ne jouissent pas de l'autonomie, mais elles bénéficient simplement des certains privilèges.

b) *L'autonomie des éparchies*

Quant à l'autonomie des éparchies, il faut rappeler d'abord ici que, de la même manière que dans l'Eglise latine, l'évêque oriental catholique est avant tout membre du Collège des évêques, et que le membre du Collège qui se voit confier le soin pastoral d'une éparchie est ensuite appelé «évêque éparchial»³⁸⁴. De plus, l'évêque éparchial est l'Hié-rarque de l'éparchie qui lui a été confiée³⁸⁵ et la représente dans tous les affaires

---

Eglises orientales» (c. 1493§2 CCEO). Pour plus de détails concernant le droit particulier des *Ecclesiae sui iuris*, voir S. MARINČÁK, ed., *Diritto particolare*; K. BHARANIKULANGARA, *Particular Law*; I. ŽUŽEK, «Qualche nota», 354-366; A. MINA, «Sviluppo del diritto», 535-553. Voir aussi D. SALACHAS, «Sussidio e proposte», 679-735, 381-540; P. SZABÓ, «Diritto particolare», 167-178; M. CRISTESCU, «"Unitas" and "varietas ecclesiarum"», 160-207; H.N. BAKHOUM, «Il diritto particolare», 723-741.

³⁷⁷ Cf. c. 133§1,3 CCEO.
³⁷⁸ Cf. c. 133§1,4 CCEO. De même, le CCEO ne précise pas quelle est la responsabilité exact du métropolite dans les cas où la foi et la discipline ne sont pas respectés.
³⁷⁹ Cf. c. 133§1,5 CCEO.
³⁸⁰ Cf. c. 133§1,6 CCEO.
³⁸¹ Cf. c. 133§2 CCEO.
³⁸² Cf. c. 135 CCEO.
³⁸³ Cf. c. 136 CCEO.
³⁸⁴ Cf. c. 178 CCEO.
³⁸⁵ Cf. c. 984§1 CCEO. Voir aussi p. 321, note 120.

juridiques de l'éparchie[386]. Parce que l'évêque éparchial gouverne l'éparchie qui lui a été confiée «comme vicaire et légat du Christ»[387],

> le pouvoir, qu'il exerce personnellement au nom du Christ, est propre, ordinaire et immédiat, même si l'exercice de ce pouvoir est régi en dernier lieu par l'autorité suprême de l'Eglise et peut être circonscrit dans certaines limites en vue de l'utilité de l'Eglise ou des fidèles chrétiens[388].

Ainsi, il appartient à l'évêque éparchial de gouverner l'éparchie qui lui est confiée avec pouvoir législatif, exécutif et judiciaire, ordinaire, propre et immédiat[389]. L'évêque éparchial exerce lui-même personnellement le pouvoir législatif[390], bien qu'il est entouré des conseils, les uns obligatoires[391], les autres facultatifs[392]. Il exerce le pouvoir exécutif soit par lui-même soit par le Protosyncelle[393] ou les syncelles[394]; le pouvoir judiciaire soit par lui-même, soit par le vicaire judiciaire et les juges[395]. Il appert donc que, de la même manière que dans le cas de l'autonomie diocésaine dans l'Eglise latine, le niveau de l'autonomie éparchiale ne peut être identifié que par l'analyse de la modalité dans laquelle l'évêque éparchial exerce, dans l'éparchie qui lui a été confiée, sa charge pastorale (d'enseigner, de sanctifier, de gouverner), en particulier son pouvoir de gouvernement. Toutefois, il est évident que le niveau de l'autonomie épar-

---

[386] Cf. c. 190 CCEO.

[387] C. 178 CCEO. Dans l'éparchie qui lui a été confiée, l'évêque éparchial est aussi: «le principal dispensateur des mystères de Dieu» (c. 197 CCEO), «modérateur, promoteur et gardien de toute vie liturgique» (c. 199§1 CCEO), et «promoteur de la discipline ecclésiastique» (c. 201§1 CCEO).

[388] C. 178 CCEO.

[389] Cf. c. 191§1 CCEO.

[390] Il faut souligner ici que le pouvoir législatif de l'évêque éparchial est cependant limité, car dans l'Eglise catholique, le pouvoir législatif «exercenda est modo iure praescripto» (c. 985§2 CCEO).

[391] Le CCEO prévoit comme obligatoires: 1. Le *Conseil presbytéral* (cf. cc. 264-270 CCEO); 2. le *Collège des consulteurs* (cf. c. 271 CCEO); 3. le *Conseil pour les affaires économiques* (cf. c. 263 CCEO). De plus, il est prévu que, dans chaque Eglise particulière des *Ecclesiae sui iuris*, toutes les fois qu'au jugement de l'évêque éparchial et après avoir consulté le conseil presbytéral les circonstances le suggèrent, il sera célébrée l'*Assemblée éparchiale* (cf. c. 236 CCEO). Pour plus de détails, voir P. Szabó, «Competenza governativa», 445-456.

[392] Le CCEO prévoit comme facultatif le *Conseil pastoral* (cf. cc. 272-275 CCEO).

[393] Le *Protosyncelle* représente le correspondant oriental catholique de ce qui est le *vicaire général* dans l'Eglise latine (cf. c. 245 CCEO).

[394] Les *syncelles* représentent le correspondant oriental catholique de ce qui sont les *vicaires épiscopaux* dans l'Eglise latine (cf. c. 246 CCEO).

[395] Cf. c. 191§2 CCEO.

chiale, hors de la limitation territoriale³⁹⁶, est doublement limité: d'une part, par l'autorité de l'*Ecclesia sui iuris* de laquelle l'éparchie fait part, et, d'autre part, par l'autorité suprême de l'Eglise catholique.

Il convient préciser ici que, si dans le gouvernement de son éparchie les compétences de l'éparque sont les mêmes que dans l'Eglise latine l'évêque diocésain a dans son diocèse, le contenu et le degré de l'autonomie ne change pas, même si certaines compétences, que dans l'Eglise latine sont réservées pour le Saint-Siège, dans les Eglises orientales catholiques sont réservées pour le patriarche et d'autres au Saint-Siège.

En ce qui concerne l'exercice du *munus docendi*, il est précisé que la charge d'enseigner au nom de l'Eglise appartient aux seuls évêques³⁹⁷. Ainsi,

> les évêques qui sont en communion avec le chef du Collège et ses membres, séparément ou réunis en synodes ou en conciles particuliers, bien qu'ils ne jouissent pas de l'infaillibilité quand ils enseignent, sont les authentiques docteurs et maîtres de la foi des fidèles chrétiens confiés à leur soin³⁹⁸.

Ensuite, il faut noter que:

---

[396] Il faut remarque que CCEO, de la même manière que CIC, exige pour l'évêque éparchial d'avoir la résidence personnelle dans son éparchie (cf. c. 204§1 CCEO). De même, il faut souligner ici le caractère exclusivement territorial du pouvoir de l'évêque éparchial que celui de l'évêque diocésain, car, dans l'exercice de sa charge pastorale, il doit montrer «sa sollicitude à l'égard de tous les fidèles chrétiens confiés à ses soins, quels que soient leur âge, leur condition, leur nationalité ou leur *Ecclesia sui iuris*, qu'ils habitent sur le territoire de l'éparchie ou qu'ils s'y trouvent pour un temps; il appliquera son souci apostolique également à ceux qui ne peuvent pas assez bénéficier de l'activité pastorale ordinaire à cause de leur condition de vie ainsi qu'à ceux qui ont abandonné la pratique religieuse» (c. 192§1 CCEO). De plus, «l'évêque éparchial considérera comme confiés à lui dans le Seigneur les non baptisés, et il veillera à ce que se manifeste à eux aussi la charité du Christ par le témoignage des fidèles chrétiens vivant dans la communion ecclésiastique» (c. 192§3 CCEO). Pour plus de détails, voir D. SALACHAS, «I Battezzati», 311-334. En outre, «l'évêque éparchial, aux soins duquel sont confiés les fidèles chrétiens d'une autre *Ecclesia sui iuris*, est tenu par une grave obligation de veiller en tout à ce que ces fidèles chrétiens conservent le rite de leur propre Eglise, le pratiquent et l'observent autant qu'ils le peuvent et qu'ils favorisent les relations avec l'autorité supérieure de cette Eglise» (c. 193§1 CCEO). Pour plus de détails, voir L. OKULIK, «La cura pastorale», 629-642.

[397] Cf. c. 596 CCEO. Pour plus de détails, voir G. NEDUNGATT, «Ecclesiastical Magisterium», 431-492; «Magistero ecclesiastico», 313-328.

[398] C. 600 CCEO. Et, en ce sens, le c. 604 CCEO précise: «il appartient en premier lieu aux Pasteurs de l'Eglise de veiller avec soin à ce que, parmi les variétés des énoncés de la doctrine dans les différentes Eglises, le même sens de la foi soit préservé et promu de sorte que l'intégrité et l'unité de la foi ne souffrent pas de dommage, bien plus que la catholicité de l'Eglise, par une légitime diversité, soit mise en meilleure lumière».

l'évêque éparchial est tenu de proposer et d'expliquer aux fidèles chrétiens les vérités de foi qu'il faut croire et appliquer dans la vie en prêchant souvent lui-même; il veillera aussi à ce que soient observées avec soin les prescriptions du droit sur le ministère de la parole de Dieu, surtout celles qui concernent l'homélie et la formation catéchétique, de telle sorte que la doctrine chrétienne tout entière soit transmise à tous[399].

Le même canon prescrit que l'évêque éparchial est tenu à défendre avec fermeté l'intégrité et l'unité de la foi[400]. Dans les Eglises orientales catholiques, restant sauf le droit commun, il appartient à l'évêque éparchial «de réglementer la prédication de la parole de Dieu dans son territoire»[401] et «de donner la catéchèse»[402]. De même, il revient à l'évêque éparchial le droit de veiller de manière particulière à ce que tous les fidèles chrétiens confiés à ses soins favorisent l'unité entre les chrétiens selon les principes approuvés par l'Eglise catholique[403].

---

[399] C. 196§1 CCEO.

[400] Cf. c. 196§2 CCEO.

[401] C. 609 CCEO. En ce sens, il est prévu que les évêques éparchiaux doivent veiller, «par des dispositions données, à ce qu'en temps opportuns ait lieu une série spéciale de prédication sacrée destinée au renouveau spirituel du peuple chrétien» (c. 615 CCEO).

[402] C. 617 CCEO. Ainsi, «il appartient à l'évêque éparchial de promouvoir dans son éparchie avec la plus grande sollicitude la formation catéchétique, de la diriger et de la réglementer» (c. 623§1 CCEO). Toutefois, «il appartient au Synode des évêques de l'Eglise patriarcale ou au Conseil des Hiérarques dans les limites du territoire de leur Eglise d'établir des directives sur la formation catéchétique qu'il faudra ordonner convenablement dans un directoire catéchétique, en respectant les prescriptions données par l'autorité suprême de l'Eglise» (c. 621§1 CCEO).

[403] Cf. cc. 192§2, 902-908 CCEO. Il faut cependant remarquer ici que «les Eglises orientales catholiques ont la charge spéciale de favoriser l'unité entre toutes les Eglises orientales, par la prière en premier lieu, par l'exemple de la vie, par une fidélité religieuse à l'égard des anciennes traditions des Eglises orientales, par une meilleure connaissance réciproque, par la collaboration et l'estime fraternelle des choses et des esprits» (c. 903 CCEO). Toutefois, il convient souligner ici que cette affirmation ne peut jamais être employée pour justifier des actions de prosélytisme de la part des Eglises orientales catholiques envers les fidèles orthodoxes, à cause de la «Déclaration de Balamand», adoptée le 23 juin 1993 au monastère Notre-Dame de Balamand au Liban à l'occasion de VIe rencontre de la *Commission mixte internationale mixte pour le dialogue théologique entre l'Eglise catholique et l'Eglise orthodoxe*, et intitulée «L'uniatisme, méthode d'union du passé, et la recherche actuelle de la pleine communion» (cf. *Enchiridion*, 805-815). Et cela parce que dans ce document remarquable il ont été prises trois décisions importantes: 1. que la démarche de l'uniatisme est condamnée par les deux Eglises (rappelons que les Eglises orientales catholiques étaient parties prenantes de cet accord), en tant que méthode d'union et en tant que modèle d'unité; 2. que les deux Eglises se reconnaissent comme *Eglises*

Quant aux écoles catholiques, le CCEO prévoit qu'une école n'est juridiquement réputée catholique que si elle a été érigée comme telle par l'évêque éparchial ou l'autorité ecclésiastique supérieure ou qu'elle ait été reconnue par eux comme telle[404]. Il appartient donc à l'évêque éparchial de porter un jugement sur toutes les écoles et de décider si elles répondent ou non aux exigences de l'éducation chrétienne; c'est à lui aussi qu'il appartient d'interdire aux fidèles chrétiens, pour une cause grave, la fréquentation d'une école[405]. La formation catéchétique dans toutes les écoles est soumise à l'autorité et à la vigilance de l'évêque éparchial[406], à qui appartient aussi le droit de nommer ou d'approuver les maîtres qui enseignent la religion catholique et, si un motif de foi ou de mœurs le requiert, de les révoquer ou d'exiger qu'ils soient révoqués[407]. De plus, c'est à l'évêque éparchial qu'appartient le droit de visiter canoniquement toutes les écoles catholiques existantes dans son éparchie, à l'exception des écoles qui sont exclusivement ouvertes aux propres étudiants d'un institut de vie consacrée de droit pontifical ou patriarcal, et restant sauve, en tout cas, l'autonomie des instituts de vie consacrée concernant la direction de leurs écoles[408].

---

sœurs; 3. que les orthodoxes s'engagent, par économie, à respecter les communautés orientales catholiques existantes. Le cœur de cet accord est donc constitué par la reconnaissance mutuelle comme *Eglises sœurs* qui interdit une démarche comme l'uniatisme: «à cause de la manière dont catholiques et orthodoxes se considèrent à nouveau dans leur rapport au mystère de l'Eglise et se redécouvrent comme Eglises sœurs, cette forme d'apostolat missionnaire décrite ci-dessus et qui a été appelée '*uniatisme*' ne peut plus être acceptée ni en tant que méthode à suivre, ni en tant que modèle de l'unité recherchée par nos deux Eglises» (n. 12). Voir aussi J.C. PÉRISSET, «Le implicazioni», 61-90; D. SALACHAS, «Il nuovo codice», 230-265.

[404] Cf. c. 632 CCEO. Il est aussi prévu qu'il appartient «à l'évêque éparchial particulièrement de veiller à ce qu'il y ait des écoles catholiques, surtout là où d'autres écoles font défaut ou ne sont pas adéquates, même des écoles professionnelles et techniques, dans la mesure où leur existence est requise par une raison spéciale eu égard aux circonstances de lieu et de temps» (c.635 CCEO). «Dans les écoles où fait défaut l'éducation catholique ou, au jugement de l'Evêque éparchial, elle n'est pas suffisante, il faut y suppléer par une véritable formation catholique de tous les élèves catholiques» (c. 637 CCEO).

[405] Cf. c. 633§1 CCEO.
[406] Cf. c. 636§1 CCEO.
[407] Cf. c. 636§2 CCEO.
[408] Cf. c. 638§1 CCEO. Là où il y a plusieurs évêques éparchiaux, le droit de visite canonique revient à celui qui a fondé ou approuvé l'école, à moins d'une autre disposition prévue dans les statuts de fondation ou par une convention spéciale passée entre ces mêmes évêques (cf. c 638§2 CCEO).

Dans les Eglises orientales catholiques, les universités catholiques peuvent être érigées ou approuvées comme tel, soit par l'autorité administrative supérieure de l'*Ecclesia sui iuris* après la consultation préalable du Siège Apostolique, soit par le Siège Apostolique lui-même[409]. L'érection ou l'approbation d'universités ou de facultés ecclésiastiques sont faites par le Siège Apostolique ou par l'autorité administrative supérieure de l'*Ecclesia sui iuris* ensemble avec le Siège Apostolique[410]. Dans l'éparchie qui lui a été confiée, l'évêque éparchial peut ériger un séminaire pour sa propre éparchie. Un séminaire commun[411] à plusieurs éparchies est érigé par les évêques éparchiaux des mêmes éparchies ou par l'autorité supérieure, cependant avec le consentement du Conseil des hiérarques, s'il s'agit du métropolite d'une Eglise métropolitaine *sui iuris*, ou avec le consentement du Synode des évêques de l'Eglise patriarcale, s'il s'agit du patriarche[412].

En ce qui concerne l'évangélisation, le CCEO précise que, dans l'éparchie qui lui a été confiée, l'évêque éparchial doit favoriser les diverses formes d'apostolat[413] et veiller à ce que dans l'éparchie tout entière ou dans ses districts particuliers toutes les œuvres d'apostolat soient coordonnées sous sa direction, tout en respectant le caractère propre de chacune d'elles[414]. De même, il revient à l'évêque éparchial la responsa-

---

[409] Cf. c. 642§1 CCEO.

[410] Cf. c. 649 CCEO. Pour plus de détails, voir G. NEDUNGATT, «Ecclesiastical Universities», 423-464; P. SZABÓ, «Le università nel CCEO», 257-266.

[411] «Le séminaire commun à plusieurs éparchies est soumis au hiérarque désigné par ceux qui ont érigé le séminaire» (c. 336§1 CCEO).

[412] Cf. c. 334§1 CCEO. De plus, il est précisé que «les évêques éparchiaux, pour les sujets desquels un séminaire commun a été érigé, ne peuvent ériger validement un autre séminaire sans le consentement de l'autorité qui a érigé le séminaire commun ou, s'il s'agit d'un séminaire érigé par les évêques éparchiaux eux-mêmes, sans le consentement unanime des parties contractantes ou sans le consentement de l'autorité supérieure» (c. 334§2 CCEO).

[413] Ainsi, l'évêque éparchial doit insister sur l'obligation qu'ont les fidèles chrétiens d'exercer l'apostolat chacun selon sa condition et ses aptitudes, et il les doit exhorter à prendre part et à apporter leur aide aux diverses œuvres d'apostolat, selon les besoins de lieu et de temps (cf. c. 203§2 CCEO). De plus, l'évêque éparchial doit promouvoir les associations de fidèles chrétiens qui poursuivent directement ou indirectement une fin spirituelle, s'il le faut, en les érigeant, les approuvant, les louant ou les recommandant selon le droit (cf. c. 203§3 CCEO).

[414] Cf. c. 203§1 CCEO. Pour plus de détails, voir G. NEDUNGATT, «Evangelization of Peoples», 403-430.

bilité de veiller sur les moyens de communication sociale[415], ainsi que sur les livres et les revues qui se vendront dans son éparchie[416]. Toutefois, s'il s'agit d'éditions de l'Ecriture Sainte ou d'autres livres, qui, selon le droit, ont besoin de l'approbation ecclésiastique, l'approbation légitimement concédée par un évêque éparchial ne suffit pas pour l'usage licite de ces livres dans une autre éparchie, mais le consentement explicite de l'évêque de cette même éparchie est requis[417].

De tout ce qui nous avons dit jusqu'ici, il ressort clairement que le CCEO donne à l'évêque éparchial un large espace d'exercice de son *munus docendi* dans l'éparchie qui lui a été confiée. Toutefois, il est évident aussi que cet espace est ensuite réduit par les canons qui réservent au Siège Apostolique ou à l'autorité compétente dans chaque *Ecclesia sui iuris* différentes prérogatives.

Quant au sujet de l'exercice du *munus sanctificandi*, le CCEO précise que l'évêque éparchial, en tant que «principal dispensateur des mystères de Dieu», doit se prodiguer

> pour que les fidèles chrétiens confiés à ses soins grandissent en grâce par la célébration des sacrements et tout particulièrement par la participation à la Divine Eucharistie, et qu'ils connaissent parfaitement le mystère pascal et vivent de telle sorte qu'ils forment un seul Corps dans l'unité de la charité du Christ[418].

Et parce que, dans l'éparchie qui lui a été confiée, l'évêque éparchial est le modérateur, le promoteur et le gardien de toute la vie liturgique[419], à lui il revient les tâches suivantes:

– veiller à ce que la vie liturgique soit favorisée le plus possible et qu'elle soit réglée selon les prescriptions et les coutumes légitimes de son *Ecclesia sui iuris*[420] ;
– veiller à ce qu'une partie au moins des louanges divines soit célébrée dans sa propre église cathédrale, même quotidiennement, selon

---

[415] Cf. c. 652§1 CCEO. En ce sens, il est précisé que, «pour protéger l'intégrité de la foi et des mœurs, il appartient à l'évêque éparchial, au Synode des évêques de l'Eglise patriarcale, au Conseil des hiérarques ainsi qu'au Siège Apostolique, d'interdire aux fidèles chrétiens de se servir des moyens de communication sociale ou de les communiquer à d'autres dans la mesure où ces moyens portent préjudice à cette même intégrité» (c. 652§2 CCEO).

[416] Cf. c. 662§1 CCEO.

[417] Cf. c. 663§2 CCEO. Pour plus de détails, voir P. SZABÓ, «I libri liturgici», 261-278; C. VASIL', «Norme riguardanti l'edizione dei libri liturgici», 363-391.

[418] C. 197 CCEO.

[419] Cf. c. 199§1 CCEO.

[420] Cf. c. 199§1 CCEO.

les coutumes légitimes de son *Ecclesia sui iuris*, et à ce que dans chaque paroisse les louanges divines soient célébrées autant que possible les dimanches et les jours de fête ainsi qu'aux principales solennités et leurs vigiles[421];
- célébrer dans toute l'éparchie les fonctions sacrées qui, selon les prescriptions des livres liturgiques, doivent être accomplies solennellement par lui-même, revêtu de tous les insignes pontificaux, mais non en dehors des limites de sa propre éparchie sans le consentement exprès ou au moins raisonnablement présumé de l'évêque éparchial[422];
- donner des règles plus précises en ce qui concerne l'admission de prêtres étrangers à la célébration de la Divine Liturgie[423];
- donner la permission aux prêtres de son éparchie pour qu'ils puissent célébrer la Divine Liturgie dans une église de non catholiques[424];
- établir, si l'autorité compétente de son *Ecclesia sui iuris* ne l'a pas fait, les cas de graves nécessités pour l'administration de certains sacrements aux chrétiens non catholiques[425];
- introduire, autant que possible, la pratique selon laquelle seront acceptées, à l'occasion de la Divine Liturgie, seulement les offrandes que les fidèles chrétiens donnent spontanément[426];
- pouvoir conférer par une concession spéciale à tout prêtre la faculté d'administrer le sacrement de pénitence à tout fidèle chrétien[427];
- donner les lettres dimissoriales pour le prêtre qui se transfère dans une éparchie de la même *Ecclesia sui iuris*[428];
- pour une cause très grave, même occulte, pouvoir interdire à un diacre, son sujet, destiné au presbytérat, l'accession au presbytérat lui-même, restant sauf le droit de recours selon le droit[429];

---

[421] Cf. c. 199§2 CCEO.
[422] Cf. c. 200 CCEO. A l'évêque éparchial revient aussi le droit de consacrer le Saint Myron, restant sauf le droit particulier selon lequel ce pouvoir est réservé au patriarche (cf. c. 693 CCEO).
[423] Cf. c. 703§2 CCEO.
[424] Cf. c. 705§2 CCEO.
[425] Cf. c. 671§4 CCEO.
[426] Cf. c. 716 CCEO.
[427] Cf. c. 724§1 CCEO.
[428] Cf. c. 752 CCEO.
[429] Cf. c. 755§2 CCEO.

- dans un cas particulier, interdire le mariage à ses propres sujets où qu'ils demeurent et à tous les autres fidèles chrétiens de son *Ecclesia sui iuris* qui résident de fait dans les limites du territoire de l'éparchie, mais cela pour un temps seulement, pour une cause grave et aussi longtemps qu'elle perdure[430];
- dispenser des empêchements de droit ecclésiastique ses propres sujets où qu'ils demeurent et tous les autres fidèles chrétiens qui sont inscrits à son *Ecclesia sui iuris* et qui résident actuellement dans les limites du territoire de l'éparchie, à l'exception des empêchements réservés au Siège Apostolique ou au patriarche[431].

En ce qui concerne l'exercice de *munus regendi*, il faut remarque que, en ce que concerne le gouvernement interne et la discipline religieuse, les instituts religieux, s'ils sont de droit éparchial, sont soumis immédiatement à l'évêque éparchial[432], bien que tous les religieux sont soumis au Pontife Romain comme à leur Supérieur suprême[433]. Ainsi, en ce qui concerne les monastères, les congrégations de droit éparchial, et les instituts séculiers, il appartient à l'évêque éparchial:

- d'approuver les règles des monastères et les statuts des congrégations et des instituts séculiers, ainsi que les changements qui y sont

---

[430] Cf. c. 794§1 CCEO. S'il s'agit d'un évêque éparchial qui exerce son pouvoir dans les limites du territoire de l'Eglise patriarcale, le patriarche peut ajouter une clause dirimante à une telle interdiction; dans tous les autres cas, seulement le Siège Apostolique peut le faire (cf. c. 794§2 CCEO).

[431] Cf. 795 CCEO. En cas de danger de mort imminente, l'évêque éparchial peut dispenser ses propres sujets où qu'ils demeurent et tous les autres fidèles chrétiens qui résident actuellement dans les limites du territoire de l'éparchie, de la forme de la célébration du mariage prescrite par le droit ainsi que de tous et de chacun des empêchements de droit ecclésiastique publics ou occultes, à l'exception de l'empêchement de l'ordre sacré du sacerdoce (cf. c. 796§1 CCEO).

[432] Cf. c. 413 CCEO. Un monastère est de droit éparchial si, érigé par l'évêque éparchial, il n'a pas obtenu le décret de reconnaissance du Siège Apostolique (c. 434 CCEO). De plus, «il appartient à l'évêque éparchial d'ériger un monastère *sui iuris*, dans les limites du territoire de l'Eglise patriarcale, après avoir consulté le patriarche ou, dans tous les autres cas, après avoir consulté le Siège Apostolique» (c. 435§1 CCEO). En outre, l'évêque éparchial doit être consulté par le patriarche lorsque, pour une cause grave, ce dernier accorde à un monastère *sui iuris* le statut de monastère stavropigiaque (cf. c. 486§1 CCEO).

[433] Cf. c. 412§1 CCEO.

introduits selon le droit, restant sauf ce qui a été approuvé par l'autorité supérieure[434];
- de donner dans chaque cas et occasionnellement les dispenses de ces mêmes règles et statuts, qui dépassent le pouvoir des supérieurs de religieux et qui lui sont légitimement demandées[435];
- de visiter les monastères, même dépendants, et aussi chaque maison des congrégations et instituts séculiers qui sont sur son territoire, toutes les fois qu'il fait là la visite canonique ou que des raisons vraiment spéciales, à son jugement, le conseillent[436].

Ainsi, l'évêque éparchial a le droit et l'obligation de visiter, en ce qui regarde la célébration publique du culte divin, la prédication de la parole de Dieu à transmettre au peuple, l'éducation religieuse et morale des fidèles chrétiens spécialement des enfants, la formation catéchétique et liturgique, la dignité de l'état clérical et les diverses œuvres en ce qui concerne l'apostolat[437], chaque monastère ainsi que les maisons des ordres et des congrégations situées sur son territoire, toutes les fois qu'en cet endroit il fait la visite canonique ou que des causes graves, à son jugement, le conseillent[438]. En outre, l'évêque éparchial peut visiter les membres des instituts religieux ainsi que ceux des sociétés de vie commune à l'instar des religieux de droit pontifical ou patriarcal et leurs maisons seulement dans les cas prévus expressément par le droit[439].

Dans l'éparchie qui lui a été confiée, l'évêque éparchial peut ériger seulement des congrégations et des instituts religieux, qui sont appelées «éparchiaux»[440]. Toutefois, il ne les érigera pas sans avoir consulté le

---

[434] Cf. c. 414§1,1°, 566 CCEO.

[435] Cf. c. 414§1,2° CCEO. «Si une congrégation de droit éparchial s'étend à d'autres éparchies, rien ne peut être validement modifié dans ses statuts si ce n'est avec le consentement de l'évêque éparchial de l'éparchie dans laquelle est située la maison principale, après avoir consulté cependant les évêques éparchiaux des éparchies dans lesquelles toutes les autres maisons sont situées» (c. 414§3 CCEO).

[436] Cf. c. 414§1,3°, 566 CCEO.

[437] Toutefois, «l'évêque éparchial ne peut confier à des religieux des œuvres d'apostolat ou des charges propres à l'éparchie qu'avec le consentement des supérieurs compétents, restant sauf le droit commun et étant respectés la discipline religieuse des instituts, leur caractère propre et leur fin spécifique» (c. 415§3 CCEO).

[438] Cf. c. 205§§1,2, 415§2, 420§3 CCEO.

[439] Cf. c. 205§3 CCEO.

[440] «Une congrégation est de droit éparchial, si érigée par l'évêque éparchial, elle n'a pas obtenu le décret de reconnaissance du Siège Apostolique, ni du Patriarche» (c. 505§2,3° CCEO).

Siège Apostolique et, en plus, dans les limites du territoire de l'Eglise patriarcale, sans avoir consulté le patriarche[441]. Puisqu'un membre puisse passer validement d'une congrégation de droit éparchial à un autre institut religieux de droit éparchial, est requis le consentement donné par écrit de l'évêque éparchial du lieu où se trouve la maison principale de l'institut religieux auquel se fait le passage[442]. Un ordre, une congrégation ou un institut séculier ne peuvent ériger validement une maison si ce n'est avec le consentement donné par écrit de l'évêque éparchial[443]. Une maison d'un ordre, d'une congrégation ou d'un institut séculier ne peut être validement supprimée sans que l'évêque éparchial ait été consulté[444].

Quant à la suppression d'un ordre, d'une congrégation ou d'un institut séculiers, ils sont prévus deux cas:
- un ordre, même de droit patriarcal, légitimement érigé, même s'il ne consiste qu'en une seule maison, ne peut être supprimé que par le Siège Apostolique, auquel est également réservé le droit de statuer sur les biens de l'ordre supprimé, restant sauve la volonté des donateurs[445];
- une congrégation de droit patriarcal ou éparchial ou un institut séculier légitimement érigés, même si ceux-ci ne consistent qu'en une seule maison, peuvent être supprimés, en plus du Siège Apostolique, par le patriarche dans les limites du territoire de l'Eglise, à la tête de laquelle il est, après consultation des intéressés et avec le consentement du Synode permanent et du Siège Apostolique[446].

Pour les associations des fidèles chrétiens éparchiales, l'évêque éparchial, dans l'éparchie qui lui a été confiée, est la seule autorité pour les ériger et les approuver, à l'exception des associations dont l'érection est réservée à d'autres en vertu d'un privilège apostolique ou patriarcal[447].

Outre les dispositions présentées jusqu'ici, le CCEO a confié en particulier à l'évêque éparchial:

---

[441] Cf. c. 506§1 CCEO.
[442] Cf. c. 544§2 CCEO.
[443] Cf. 509§1 CCEO. Le même canon précise que «s'il s'agit d'ériger une première maison d'un ordre ou d'un congrégation de droit patriarcal dans une éparchie, le consentement du patriarche est requis dans les limites du territoire de l'Eglise patriarcale ou, dans tous les autres cas le consentement du Siège Apostolique».
[444] Cf. c. 510 CCEO.
[445] Cf. c. 507§1 CCEO.
[446] Cf. c. 507§2 CCEO.
[447] Cf. c. 575§1,1° CCEO.

- la constitution du Conseil pastoral éparchial, ainsi que l'élaboration de ses statuts[448];
- les règles qui assurent la charge de la paroisse en l'absence du curé[449];
- les règles pour les registres paroissiaux[450];
- la détermination ultérieure des droits et de devoirs des vicaires paroissiaux[451].

Au sujet de la discipline ecclésiastique du clergé de l'éparchie, le CCEO a précisé:

> comme il doit protéger l'unité de l'Eglise tout entière, l'évêque éparchial est tenu de promouvoir la discipline ecclésiastique commune ainsi que d'insister sur l'observation de toutes les lois ecclésiastiques et des coutumes légitimes[452].

De conséquence, l'évêque éparchial doit veiller à ce que des abus ne s'introduisent dans la discipline ecclésiastique, surtout en ce qui concerne le ministère de la parole de Dieu, la célébration des sacrements et des sacramentaux, le culte de Dieu et des Saints, l'exécution des pieuses volontés[453]. De plus, l'évêque éparchial doit manifester une sollicitude particulière à l'égard des prêtres, qu'il doit les écouter comme ses aides et ses conseillers. En ce sens, l'évêque éparchial, dans l'éparchie qui lui a été confiée, est tenu à défendre leurs droits et à veiller à ce qu'ils accomplissent les obligations propres à leur état et qu'ils aient à leur disposition les moyens et les institutions dont ils ont besoin pour entretenir leur vie spirituelle et intellectuelle[454], et à ce qu'il soit pourvu selon le droit à une subsistance convenable et à une juste prévoyance et sécurité sociale ainsi qu'à l'assistance médicale des clercs et de leurs familles, s'il sont mariés[455].

L'évêque éparchial peut dispenser, dans un cas particulier, aussi bien des lois du droit commun, que des lois du droit particulier de son *Ecclesia sui iuris*, les fidèles chrétiens sur lesquels, selon le droit, il exerce

---

[448] Cf. c. 272, 274§1 CCEO.
[449] Cf. c. 292§3 CCEO.
[450] Cf. c. 296§1 CCEO.
[451] Cf. c. 302§1 CCEO.
[452] C. 201§1 CCEO.
[453] Cf. c. 201§2 CCEO.
[454] Cf. c. 192§4 CCEO.
[455] Cf. c. 192§5 CCEO. Il faut noter ici que dans les Eglises orientales catholiques il y a la possibilité d'avoir des diacres et prêtres mariés. Pour plus de détails, voir S. SODARO, *Keshi, preti sposati*.

son pouvoir, chaque fois qu'il le juge profitable à leur bien spirituel, à moins qu'une réserve n'ait été faite par l'autorité qui a porté les lois[456].

Pour l'administration économique de l'éparchie, le CCEO prévoit qu'il appartient à l'évêque éparchial de veiller à l'administration de tous les biens ecclésiastiques qui sont dans les limites de l'éparchie et qui ne sont pas soustraits à son pouvoir de gouvernement, restant saufs les titres légitimes qui lui attribuent des droits plus étendus[457]. Compte tenu des droits, des coutumes légitimes et des circonstances, les évêques éparchiaux doivent veiller à ce que toute l'administration des biens ecclésiastiques soit dûment organisée par la publication d'instructions opportunes dans les limites du droit commun et du droit particulier de son *Ecclesia sui iuris*[458]. En matière économique, à l'évêque éparchial revient aussi:

– d'imposer, avec le consentement du conseil pour les affaires économiques, aux personnes juridiques qui lui sont soumises des taxes proportionnelles aux revenus de chaque personne[459];
– de déterminer, dans les limites fixées par le droit particulier de son *Ecclesia sui iuris*, les taxes pour les divers actes du pouvoir de gouvernement et les offrandes à l'occasion de la célébration de la Divine Liturgie, des sacrements, des sacramentaux ou de toute autre célébration liturgique, sauf autre disposition du droit commun[460];
– de prescrire la collecte d'offrandes pour des projets déterminés de l'Eglise[461];
– de fixer, après avoir consulté le conseil presbytéral, les règles selon lesquelles il sera pourvu à la destination des offrandes versées par les fidèles à l'occasion des fonctions liturgiques dites paroissiales et à la juste rémunération du curé et de tous les autres clercs de la paroisse[462].

Quant au pouvoir judiciaire, il est prévu que, dans chaque éparchie et pour toutes les causes non exclues expressément par le droit, le juge au

---

[456] Cf. c. 1538§1 CCEO. Pour plus de détails, voir p. 401-402.
[457] Cf. c. 1022§1 CCEO.
[458] Cf. c. 1022§2 CCEO.
[459] Cf. c. 1012§1 CCEO. Le même canon précise cependant que aucune contribution ne peut être imposée sur les offrandes reçues à l'occasion de la célébration de la Divine Liturgie, et que des contributions peuvent être imposées aux personnes physiques seulement selon le droit particulier de l'*Ecclesia sui iuris* (cf. c. 1012§2 CCEO).
[460] Cf. c. 1013§1 CCEO.
[461] Cf. c. 1014 CCEO.
[462] Cf. c. 291 CCEO.

premier degré de jugement est l'évêque éparchial[463]. Les évêques éparchiaux de diverses *Ecclesiae sui iuris* qui exercent leur pouvoir dans le même territoire peuvent convenir entre eux de constituer un tribunal commun, qui connaîtra des causes soit contentieuses soit pénales des fidèles chrétiens soumis à l'un de ces mêmes évêques éparchiaux[464]. Toutefois, les évêques éparchiaux, qui ont consenti à un tribunal commun, doivent désigner un d'entre eux, auquel appartiennent sur ce tribunal les pouvoirs qu'un évêque éparchial a sur son tribunal[465].

De ce qui nous avons dit jusqu'ici, il ressort très claire que le cadre de l'exercice de l'autorité de l'évêque dans l'éparchie qui lui a été confiée est large, bien que l'activité pastorale de l'évêque soit strictement limitée à son éparchie. Ainsi, l'évêque éparchial, qui exerce son pouvoir dans les limites du territoire de l'Eglise patriarcale, doit faire tous les cinq ans un rapport au patriarche sur l'état de l'éparchie qui lui est confiée selon le mode établi par le Synode des évêques de l'Eglise patriarcale. Ensuite, l'évêque doit envoyer au plus tôt un exemplaire du rapport au Siège Apostolique[466]. Tous les autres évêques éparchiaux doivent faire tous les cinq ans le même rapport au Siège Apostolique et, s'il s'agit des évêques d'une Eglise patriarcale ou d'une Eglise métropolitaine *sui iuris*, ils enverront au plus tôt un exemplaire du rapport au patriarche ou au métropolite[467].

En concluant, nous pouvons dire que, dans l'éparchie qui lui a été confiée, l'évêque éparchial jouit d'un cadre large d'exercice de son autorité, et donc d'une autonomie qui concerne surtout l'organisation et l'administration de l'éparchie. Si, dans le cas de l'autonomie des diocèses latins, il s'agissait d'une *juste* ou *légitime autonomie contrôlée*, car elle est réglée par le droit et est définie par rapport aux exigences de la portion du Peuple de Dieu formant le diocèse et par rapport à l'autorité suprême, qui peut être aussi nommée *contrôlée*, à cause de l'obligation de présenter un rapport quinquennal au Saint Siège, dans les cas de l'autonomie éparchiale on peut dire qu'il s'agit plutôt d'une *juste* ou *légitime autonomie doublement contrôlée*, car l'évêque éparchial est tenu à présenter un rapport quinquennal sur la situation de l'éparchie au Pontife Romain et à l'autorité compétente de son *Ecclesia sui iuris*.

---

[463] Cf. c. 1066§1 CCEO.
[464] Cf. c. 1068§1 CCEO.
[465] Cf. c. 1068§3 CCEO.
[466] Cf. 206§1 CCEO.
[467] Cf. 206§2 CCEO.

2.4 Conclusion

De ce qui nous avons présenté dans ce chapitre il en résulte que, dans l'Eglise catholique, le concept d'autonomie non seulement a constitué un sujet de débat entre les théologiens et canonistes, mais, en fait, il est aussi prévue dans son actuelle législation canonique qui s'inspire des textes du concile Vatican II.

Ainsi, pour l'Eglise latine, le CIC prévoit une *juste autonomie* ou une *autonomie légitime des diocèses*, et certains privilèges pour les unités ecclésiales supérieures au diocèse.

Pour les éparchies catholiques orientales, le CCEO prescrit *une juste autonomie* ou une *autonomie légitime*, que, par rapport à celle des diocèses de l'Eglise latine, sous l'aspect de la double relation à l'autorité responsable de l'*Ecclesia sui iuris* à laquelle elle appartient et au Pontife Romain, peut être considérée *diminuée*. D'autre part, sous l'aspect des compétences reconnues à l'éparque dans l'intérieur de l'*Ecclesia sui iuris* à laquelle il appartient, on peut dire que l'autonomie des éparchies orientales catholique est la même avec celle prevue pour les diocèses catholiques latins.

Pour les unités supérieures à l'éparchie, à savoir les *Ecclesiae sui iuris*, le CCEO prévoit plusieurs privilèges pour les évêques qui sont à la tête de celles-ci. Par conséquent, dans l'Eglise catholique, les *Ecclesiae sui iuris* jouissent d'une *autonomie ecclésiastique* qui s'articule en différents degrés, jusqu'à pratiquement disparaître. Cette autonomie, même au plus haut niveau, diffère cependant sensiblement de l'*autonomie ecclésiastique* prévue dans l'Eglise orthodoxe, surtout à cause de la dépendance directe du Pontife Romain.

Pour toutes les autres unités ecclésiales, l'actuelle législation canonique catholique ne prévoit que des privilèges pour ceux qui sont à leur tête.

EN GUISE DE CONCLUSION

De tout ce que nous avons présenté, il en résulte que le concept d'*autonomie ecclésiastique* est un concept analogue et non pas univoque, car il est défini et interprété dans un système juridique donné, en fonction de ses principes. Dans notre cas il s'agit des principes ecclésiologiques.

Toutefois, il appert clairement que, dans l'Eglise catholique et dans l'Eglise orthodoxe, l'*autonomie ecclésiastique* représente un élément constitutif à la fois pour leurs ecclésiologies et organisations administratives. Son importance est surtout due au fait que chaque unité ecclésiale (le diocèse/l'éparchie ou les regroupements des diocèses/éparchies) bénéficie d'un niveau plus ou moins élevé d'autonomie. Ainsi, nous avons vu que, soit dans l'Eglise catholique, que dans l'Eglise orthodoxe, il a plusieurs niveaux d'autonomie, qui peuvent varier de l'*auto-nomie éparchiale/diocésaine restreinte ou diminuée* jusqu'à l'*auto-nomie ecclésiastique* maximale, voir l'*autocéphalie*. Cette *autonomie* est cependant intégrée toujours dans l'ecclésiologie qui explique, en fait, les rapports existants entre les Eglises locales ou particulières et les instances ecclésiales d'autorité hiérarchique intermédiaires et/ou suprêmes. Quant aux ecclésiologies, orthodoxe et catholique, nous avons vu qu'elles ont beaucoup d'éléments communs. Les plus importants sont deux: la notion de diocèse/éparchie guidé par un évêque diocésain/ éparchial et celle d'autorité suprême limitée par le droit.

Le premier aspect commun est donc celui que les deux ecclésiologies, orthodoxe et catholique, affirment que l'élément foncier de l'organisation de l'Eglise est le diocèse/l'éparchie à la tête duquel se trouve l'évêque diocésain/éparchial. Celui-ci est le premier serviteur du Christ pour les hommes dans l'Eglise locale ou particulière comprise comme une manifestation dans un lieu ou un cas particulier de l'Eglise du Christ répandue à travers tout l'univers ou universelle[1]. Par conséquent, les deux ecclésiologies affirment à l'unisson que dans chaque diocèse/éparchie est présente l'entière Eglise du Christ répandue à travers tout l'univers ou universelle.

Les évêques, dans leur ensemble, sont les successeurs des Apôtres, avec la seule différence que l'ecclésiologie catholique précise que l'Evêque de Rome succède personnellement à l'apôtre Pierre[2]. Ainsi, comme successeurs des Apôtres, les évêques, dans les diocèses/éparchies qui leurs ont été confiés, sont responsables de la communion dans la foi apostolique et de la fidélité aux exigences d'une vie confirme à l'Evangile. De plus, les évêques, toujours par leur consécration, sont liés, non seulement avec une certaine Eglise locale ou particulière, mais aussi avec l'Eglise du Christ répandue à travers l'univers ou universelle. Il appert donc que, d'une part, l'autorité de l'évêque est limitée à l'intérieur du diocèse/éparchie qui lui a été confié, et, d'autre part, que l'évêque diocésain/éparchial est toujours tenu à se rapporter à l'autorité suprême de l'Eglise afin de pouvoir maintenir la communion (κοινωνία/*communio*) avec l'Eglise du Christ répandue à travers l'univers ou universelle. Ce rapport entre le diocèse/l'éparchie et l'autorité suprême de l'Eglise est habituellement indiqué par l'expression *autonomie diocésaine* ou *autonomie éparchiale*.

A leur tour, les diocèses/éparchies sont réunis dans des unités ecclésiales intermédiaires (métropolies, provinces, régions, patriarcats, catholicosats, *Ecclesiae sui iuris*) qui, sous certains aspects, d'une manière similaire, dans l'Eglise catholique et dans l'Eglise orthodoxe, sont articulés dans *synodes* ou *conciles* des évêques à la tête desquels se

---

[1] Il faut cependant rappeler ici que, dans l'ecclésiologie orthodoxe, l'*Eglise locale* n'est pas comprise comme un fragment de l'*Eglise répandue à travers l'univers*, mais elle constitue une épiphanie dans un lieu et dans un moment précis de l'*Eglise du Christ répandue à travers l'univers*, de la même manière que la présence du Christ Dieu n'est pas partielle ou fragmentaire, mais entière dans chaque parcelle de l'Eucharistie que reçoit celui ou celle qui communie. De même, pour l'ecclésiologie catholique, l'*Eglise particulière*, en tant que partie de l'*Eglise universelle*, est sujet complet en elle-même car, en elle-même, est présente et agit l'Eglise Une, Sainte, Catholique et Apostolique.

[2] En principe, dans les Eglises orthodoxe et catholique, la succession apostolique n'est pas personnelle (un évêque ne succède pas à l'un des Apôtres, sinon, il n'y aurait de droit que douze évêques) mais institutionnelle (soit parce qu'un évêque succède à la mission ou à la charge des Apôtres, soit parce qu'ensemble aux autres il succède aux Apôtres). Toutefois, l'ecclésiologie catholique fait une distinction en affirmant que la succession apostolique est personnelle dans le cas de la succession de l'évêque de Rome à l'apôtre Pierre, et collégiale dans le cas de la succession des évêques aux Apôtres.

trouve un proto-hiérarque (archevêque, métropolite ou patriarche)³. Ces unités ecclésiales intermédiaires se trouvent cependant dans un rapport de dépendance plus ou moins étroite de l'autorité suprême de l'Eglise respective, orthodoxe ou catholique. Ce rapport est habituellement identifié par l'expression *autonomie ecclésiastique*.

Le deuxième aspect commun est constitué du fait que, dans les deux Eglises, l'autorité suprême ne jouit pas d'un pouvoir illimité. Ainsi, dans l'Eglise catholique, l'autorité suprême, à savoir le Pontife Romain ou le Collège des évêques avec toujours son chef, trouve sa limité dans le droit divin, qui inclut ce qui est de foi divine et catholique. Dans l'Eglise orthodoxe, l'autorité suprême, à savoir le Synode œcuménique, trouve sa limite, d'une part, dans le fait qu'il ne peut pas modifier les décisions dogmatiques (ὅροι) déjà prises et reconnues comme telles par l'Eglise, et, d'autre part, dans l'obligation de la réception de ses décisions par la «conscience» (le plérôme) de l'Eglise. L'autorité suprême de chaque Eglise locale autocéphale, c'est-à-dire son Synode des évêques, est limitée encore de plus par la doctrine canonique orthodoxe, c'est-à-dire par la somme des principes fondamentaux d'organisation et de fonctionnement de l'Eglise orthodoxe énoncés dans les saints canons, à savoir dans son *corpus canonum*.

A partir de ces considérations nous pouvons identifier facilement les éléments communs de l'*autonomie* des unités ecclésiales ainsi comme elle a été prévue dans la législation canonique actuelle des Eglises orthodoxe et catholique. Les cas analysés ont été celui de l'autonomie du diocèse/éparchie, à savoir l'*autonomie diocésaine* ou *éparchiale*, et celui de l'autonomie des unités ecclésiales qui regroupent les diocèses/éparchies, c'est-à-dire l'*autonomie ecclésiastique*.

Dans le premier cas il faut souligner d'abord certaines prescriptions canoniques communes pour les deux Eglises: 1. l'évêque diocésain/éparchial exerce son pouvoir propre dans le diocèse/l'éparchie qui lui a été confié, et il le représente dans toutes les affaires juridiques du dio-

---

³ Il convient souligner ici que dans les deux Eglises, catholique et orthodoxe, les *synodes* ou les *conciles* sont le principal moyen par lequel s'exerce la communion (κοινωνία/communio) entre les évêques. Le fait qu'un *synode* ou un *concile* soit toujours composé essentiellement d'évêques qui ont voix délibérante, révèle la nature de l'autorité ecclésiastique comme basée sur la nature du ministère épiscopal lui-même. De plus, en Occident comme en Orient, il est reconnu, bien que différemment, le rôle du proto-hiérarque (πρῶτος – primus) dans le *synode* ou le *concile* de chaque métropolie, région, province, patriarcat ou catholicosat. L'exemple le plus éloquente en ce sens est le Document de Ravenne (n. 24-25).

cèse/éparchie; 2. il est interdit à tout évêque, à l'exception de l'Evêque de Rome pour l'Eglise catholique, de s'immiscer dans les affaires d'un autre diocèse/éparchie; 3. dans le diocèse/éparchie qui lui a été confié, l'évêque diocésain/éparchial est le seul à pouvoir décider, édicter des lois (*νόμοι–leges*), dispenser les fidèles des lois, à l'exception de celles dont la dispense a été spécialement réservée à une autre autorité, et juger les causes du diocèse/éparchie, par lui-même ou par autrui, en première instance; 4. dans le diocèse/éparchie qui lui a été confié, l'évêque diocésain/éparchial est responsable, restant sauves les prescriptions concernant les privilèges prévus pour l'autorité suprême ou intermédiaire, de l'organisation et de la surveillance de la vie monastique ainsi que de différentes formes de vie consacrée qui demeurent dans son diocèse/éparchie, de la discipline concernant l'ensemble de l'administration des biens ecclésiastiques soumis à son autorité, de la réglementation de ce qui tient à l'enseignement et à l'éducation religieuse donnés en n'importe quelle école ou université ou transmis par le moyens de communication sociale, et de l'activité catéchétique et missionnaire.

Il en ressort donc que les points de rencontre entre l'*autonomie diocésaine/éparchiale* prévue par l'actuelle législation canonique catholique et celle prescrite dans l'Eglise orthodoxe sont très nombreux et concernent les aspects centraux de la vie de l'Eglise.

Toutefois, nous avons vu que chaque législation canonique présente des particularités et que, par conséquent, l'*autonomie diocésaine/éparchiale* prévue par celles-ci montre aussi des aspects particuliers. Ainsi, l'*autonomie éparchiale* prévue dans les Eglises orientales catholiques peut être considérée en quelque sorte comme une autonomie diminuée par rapport à l'*autonomie diocésaine* prescrite dans l'Eglise catholique latine, à cause notamment de l'exercice de l'autorité responsable de l'*Ecclesia sui iuris* de laquelle l'éparchie est partie, et à lequel s'ajoute l'exercice de l'autorité du Siège Apostolique. A son tour, l'*autonomie diocésaine* prévue pour l'Eglise latine est sensiblement diminuée par rapport à l'*autonomie éparchiale* prescrite dans l'Eglise orthodoxe, surtout à cause de l'exercice du pouvoir de l'autorité suprême de l'Eglise catholique dans les diocèses latins.

Quant au deuxième cas, à savoir celui de l'*autonomie ecclésiastique*, on doit souligner d'abord que les choses sont encore beaucoup plus compliquées. Plus précisément, comme nous avons déjà vu, dans l'Eglise orthodoxe ainsi que dans l'Eglise catholique, il y a plusieurs niveaux d'*autonomie ecclésiastique*, qui sont parfois très mal prescrits. Ainsi, bien que la doctrine canonique orthodoxe prévoie de façon très claire le concept d'*autonomie ecclésiastique* et de son degré maximal, l'*autocéphalie ecclésiastique*, les Statuts actuels des certaines Eglises autocéphales présente des innovations, voir déviations, ecclésiologiques en ce qui concerne ce concept et son application dans l'Eglise.

La principale déviation qui met en péril soit l'*autonomie éparchiale* que celle *ecclésiastique*, est constituée du fait que, dans les Eglises de Constantinople et de Russie, le proto-hiérarque, en l'espèce le patriarche de Constantinople et celui de Moscou, jouit d'une autorité personnelle sur les évêques, fait qui le fait sembler être plutôt un primat (*primatus*) et non plus un proto-hiérarque ($\pi\rho\tilde{\omega}\tau o\varsigma$ – *primus*). Il est nécessaire de noter ici que la figure de patriarche catholique oriental, ainsi comme est-elle prévue par l'actuelle législation canonique catholique, est très proche de cette figure de primat (*primatus*).

Cette déviation ecclésiologique cache derrière elle un problème encore plus épineux: la querelle entre Moscou et Constantinople sur la préséance dans l'Eglise orthodoxe. Le point de départ de ce problème est constitué du fait que l'Eglise de Constantinople, à partir de 1923, a commencer indûment à prétendre avoir non pas «l'honneur de l'ainesse» ($\pi\rho\varepsilon\sigma\beta\varepsilon\tilde{\iota}\alpha\ \tau\tilde{\eta}\varsigma\ \tau\iota\mu\tilde{\eta}\varsigma$) dans l'Eglise orthodoxe, privilège d'ailleurs expressément prescrit dans les saint canons (c. 6 du Ier synode œcuménique, cc. 2 et 3 du IIe synode œcuménique, c. 28 du IVe synode œcuménique), mais une vraie primauté de pouvoir, manifestée en pratique par le droit exclusif d'appel dans l'Eglise orthodoxe et par une autorité exclusive sur les orthodoxes de la diaspora.

Cette attitude excessivement infatuée de l'Eglise de Constantinople a donné ensuite naissance aux autres déviations ecclésiologiques qui non seulement portent atteinte à l'*autonomie ecclésiastiques*, mais menacent gravement l'unité de l'Orthodoxie. Ainsi, en 1990, le Patriarcat de Moscou, afin de se défendre devant les prétentions hégémoniques du Patriarcat de Constantinople, a fait entrer dans son organisation ecclésiale deux concept absolument innovateurs: celui de *territoire canonique* et celui de l'*Eglise auto-administrée*.

Enfin, la conséquence gravissime de cette querelle est l'apparition, dans l'Eglise orthodoxe, d'un phénomène ecclésiologique absolument contraire à sa doctrine canonique: la *co-territorialité*, à savoir la coexistence de différentes communautés orthodoxes dans le même lieu, chacune soumise canoniquement à l'autorité de son Eglise-mère (patriarcale). Ce phénomène ne constitue, en effet, qu'une application mauvaise de l'*autonomie ecclésiastique*, à savoir son revendication inique en dehors de la synodalité. En outre, ce phénomène constitue une vraie source de conflit, non seulement entre les unités ecclésiales respectives, mais aussi entre les unités ecclésiales et les autorités étatiques, ainsi qu'entre les différents patriarcats orthodoxes.

Il reste cependant une interrogation fondamentale: comment l'Eglise orthodoxe pourrait discuter dans une commission mixte, catholique-orthodoxe, les notions de communion ecclésiastique, de conciliarité et d'autorité, si deux des Eglises autocéphales orthodoxes ne réussissent pas s'accorder, entre elles, pratiquement, sur le sens de celles-ci ? Et parce que, nous voudrions faire notre l'affirmation de l'actuel Patriarche de Moscou et de toute la Russie, Sa Sainteté Cyrille:

> L'Orthodoxie n'est pas divisée: elle témoigne plus que jamais de son unité et professe que l'unité est notre plus grande richesse[4],

nous rappelons encore que, à titre de solution, la doctrine canonique et la tradition de l'Eglise orthodoxe prévoient toujours le retour au modèle ecclésial prescrit et accepté par les saints canons. Par conséquent, il est absolument claire que toutes les innovations, et leurs conséquences, doivent être ôtées de l'ecclésiologie orthodoxe. D'ailleurs, un exemple d'application fidèle de l'ecclésiologie orthodoxe est donné par le dernier Statut d'organisation et de fonctionnement de l'Eglise orthodoxe de Roumanie qui respecte entièrement la doctrine canonique et la tradition ecclésiale orthodoxes.

Dans l'Eglise catholique, l'*autonomie ecclésiastique* est appliquée dans deux situations bien différentes: l'Eglise latine et les Eglises orientales catholiques. Dans l'Eglise latine, on ne peut parler que de la *juste* ou la *légitime autonomie ecclésiastique* des provinces ecclésiastiques, car les régions ecclésiastiques ne jouissent d'aucune forme d'*autonomie ecclésiastique*. Quant aux Eglises orientales catholiques, on doit rappeler ici que toutes les éparchies et les exarchats orientaux catholiques sont regroupés dans des *Ecclesiae sui iuris*. Ces dernières, selon l'opinion des Auteurs orientaux catholiques, non seulement jouissent d'*autonomie ecclésiastique*, mais elles serraient des vraie Eglises autonomes.

Toutefois, nous avons vu que, malgré le fait que l'expression *Ecclesia sui iuris* représente une variante ancienne de traduction latine de l'expression *Eglise autocéphale*, les Eglises orientales catholiques organisées comme des *Ecclesiae sui iuris* jouissent d'une autonomie ecclésiastique qui s'articule en divers degrés, pratiquement jusqu'à la

---

[4] CYRILLE, «L'unité est le don le plus précieux de l'Eglise», 30.

disparition dans le niveau le plus bas (les *Ecclesiae sui iuris* desquelles parlent les cc. 174-176 CCEO), et que, même dans le degré le plus haut, cette autonomie diffère par extension de l'autonomie ecclésiastique prévue dans l'Eglise orthodoxe, surtout à cause de la dépendance directe du Pontife Romain.

La définition de l'*Ecclesia sui iuris* offerte par le c. 27 CCEO non seulement présente un défaut et a un caractère général (en effet, étant une tautologie), mais elle est même incomplète. De plus, même le CCEO n'offre aucune précision en ce qui concerne cette définition.

Il en résulte donc que la proposition de traduire l'expression *Ecclesia sui iuris* par *Eglise autocéphale* ne peut point être acceptable selon l'actuelle ecclésiologie catholique. Et cela notamment parce qu'il s'agirait d'un fort antagonisme entre la forme de l'expression (*Eglise autocéphale*, c'est-à-dire administrativement indépendante) et son contenu (*Ecclesia sui iuris*, à savoir une Eglise qui, ainsi comme nous avons vu, dépende directement du Romain Pontife). Seulement dans la lumière de cette conclusion on peut comprendre la demande très incitante de l'actuel patriarche catholique des melchites, Sa Béatitude Grégoire III:

> Les Eglises orientales catholiques doivent avoir le courage de se déclarer elles-mêmes autocéphales en union totale et parfaite avec la sœur aînée, l'Eglise de Rome. En effet, le terme *cum Petro* n'est pas moins forte que *sub Petro*. D'ailleurs, le premier terme a un contenu ecclésial, biblique, historique qui exprime la communion parfaite *cum Petro*, amour, fidélité et la fierté d'être *cum Petro*, avec tout ce qui a signifié pour les Eglises orientales [catholiques], au moins pour bon nombre de ses membres, y compris l'effusion de sang et la volonté de martyre pour rester dans cette communion avec Pierre![5]

En fait, dans cette exhortation, le patriarche reconnaît ouvertement le manque d'autonomie à un niveau supérieur pour les Eglises orientales catholiques à l'intérieur de l'Eglise catholique, et pousse ces Eglises vers l'autodétermination de la propre autocéphalie lorsqu'il affirme:

---

[5] «The Eastern Catholic Churches should have the courage to declare themselves autocephalous churches in full and perfect union with the great sister Church of Rome. In fact, the term *cum Petro* is no less strong than the term *sub Petro*. Besides, the former term has an ecclesial, biblical, historical content that expresses perfect communion *cum Petro*, love, fidelity and the pride of being *cum Petro* with all that has signified for the Eastern Churches, at least for many of its members, including the shedding of blood and martyrdom to remain within this communion with Peter !» (notre traduction), L. LAHAM, «Between East and West», 143.

> Les Eglises orientales catholiques doivent avoir le courage de déclarer que les quatre-vingt dix pour cent des actes de la Curie romaine, de ses interventions dans la vie de ces Eglises orientales (et même dans la vie de l'Eglise latine) n'ont rien à voir avec le primat pétrinien, et il peut seulement lui porter préjudice et le ruine[6].

De ce point de vue, il en ressort donc que le concept d'*Ecclesia sui iuris* n'est pas seulement une nouveauté difficilement à être identifiée précisément, mais aussi une source des certains problèmes au sein de l'Eglise catholique, tant au niveau théorétique pour l'inexistence d'une définition et la présence des différentes théories sur ce concept, que au niveau pratique: l'intention de transposer ce concept dans l'Eglise latine, et, par conséquent, l'identification de l'Eglise latine avec une des *Ecclesiae sui iuris*; la vision de l'Eglise catholique comme communion des 21 ou 22 *Ecclesiae sui iuris*.

Du point de vue de l'ecclésiologie catholique, notamment celle orientale, l'emploi de concept d'*Ecclesia sui iuris* indique le fait que l'Eglise catholique est composée de plusieurs Eglises particulières, entendus comme regroupements des diocèses/éparchies. L'Eglise latine este l'une de ces Eglises, numériquement plus grande, et avec une structure et systèmes juridiques propres. Les Eglises orientales catholiques, à différents niveaux de structure organisationnelle, sont des Eglises particulières organisées sur la base d'un droit propre, élaboré par eux-mêmes et reconnu par l'autorité suprême de l'Eglise, ou élaboré pour eux directement par l'autorité suprême de l'Eglise. Et parce que l'organisation et le fonctionnement de ces Eglises se développent *ad norma iuris*, celles-ci sont appelées *Ecclesiae sui iuris*.

Après avoir faite cette précision, on peut cependant dire que, même dans les relations œcuméniques, en particulier dans les relations avec l'Eglise orthodoxe, la nouveauté, la non-appartenance à la tradition orientale, ainsi que l'éventuelle interprétation ambiguë de ce concept, pourraient créer des confusions et, probablement, même certains problèmes.

---

[6] «The Eastern Catholic Churches should have the courage to declare that ninety percent of the acts of the Roman Curia, of its interventions in the life of these Eastern Churches (and even in the life of the Latin Church) have nothing to do with the petrine primacy, and can only be prejudicial to it and ruin it» (notre traduction), L. LAHAM, «Between East and West», 144. Il faut noter que le patriarche Grégoire III a développé cet idée-programme dans un étude publié en 2005 (cf. GREGORIOS III, «Patriarches d'Orient et d'Occident», 13-33).

A notre avis, il appert qu'il serait préférable que ce concept d'*Ecclesia sui iuris* soit revu, et que, dans le même temps, soit aussi revue la vision ecclésiologique sur les Eglises orientales catholiques.

Malgré tous ces difficultés créés par l'insertion des nombreuses innovations dans les ecclésiologies respectives, nous avons vu que, de l'analyse de l'*autonomie ecclésiastique* dans les Eglises orthodoxe et catholique, il en ressort qu'il y a aussi certains éléments communs. En effet, pendant notre recherche nous avons remarqué que les deux ecclésiologies, orthodoxe et catholique, sont particulièrement sensibles au mystère de la Trinité, la suprême structure d'amour, fondement et modèle ultimes de l'Eglise. Dans cette perspective, parler de l'*autonomie* et de l'*autorité* dans l'Eglise n'est pas possible sans se rapporter au thème de la *communion*. Plus précisément, le rapport *autonomie – autorité* dans les ecclésiologies de communion, orthodoxe et catholique, se présente en fait de la même manière que le rapport *liberté – (co)res-ponsabilité*. Il en ressort donc que l'élément commun le plus important est celui que l'*autonomie ecclésiastique* est considérée comme une liberté/indépendance administrative par rapport à l'autorité suprême. Bien que les deux Eglises, orthodoxe et catholique, regardent différemment ce rapport, l'idée principale est la même: d'accorder une certaine liberté/indépendance administrative aux unités ecclésiales intermédiaires (métropolies, régions, provinces, *Ecclesiae sui iuris*, patriarcats, catholicosats).

Un autre élément commun est celui que le principe ethnique constitue un critère pour l'octroi de l'*autonomie ecclésiastique*, bien que compris de manière différente. Ainsi, dans l'Eglise orthodoxe, le principe ethnique constitue un des principes fondamentaux pour l'octroi de l'autonomie ecclésiastique, surtout pour l'autocéphalie, tandis que, dans l'Eglise catholique, ce principe est présente principalement dans l'organisation des *Ecclesiae sui iuris*.

Quant à l'organisation des Eglises locales ou particulières qui bénéficient de l'*autonomie ecclésiastique*, il faut noter que celles-ci sont guidées par une structure synodale/conciliaire. Plus précisément, ces Eglises sont guidées par un synode ou concile des évêques, qui jouit de certaines privilèges par rapport à l'autorité suprême. Voila donc un autre aspect commun: dans les deux Eglises, orthodoxe et catholique, l'*autonomie ecclésiastique* est toujours comprise dans un cadre synodal/conciliaire, bien que ce dernier soit différemment compris par les ecclésiologies respectives.

Concrètement, on peut aussi identifier un cas où l'*autonomie ecclésiastique* est appliqué de la même manière. Il s'agit de l'*autonomie ecclésiastique restreinte* de laquelle bénéficie l'Eglise de Crète dans le

Patriarcat de Constantinople, qui, à notre avis, est la pareille avec la *juste autonomie ecclésiastique* de laquelle jouit chaque province ecclésiastique dans l'Eglise catholique latine.

Tout compte fait, nous pouvons conclure que, en principe, l'*autonomie ecclésiastique* est conçue de la même manière dans les deux Eglises, orthodoxe et catholique, bien que sa modalité d'application soit différente. Les modalités diverses d'application de ce concept sont dues surtout au fait que les deux Eglises comprennent l'autorité suprême de façon différent. Par conséquent, l'idée de la possibilité d'élaborer une théorie commune orthodoxe-catholique sur le concept d'*autonomie ecclésiastique* reste tout à fait liée à l'idée d'identifier une vision commune concernant l'autorité suprême dans l'Eglise du Christ et sa modalité d'agir. Dans ce sens, on peut rappeler ici l'appel fait par le pape Jean-Paul II dans son encyclique *Ut unum sint*, c'est-à-dire «de trouver une forme d'exercice de la primauté ouverte à une situation nouvelle, mais sans renoncement aucun à l'essentiel de sa mission»[7].

Pour conclure, nous sommes tout à fait en droit d'affirmer que, avec la recherche commune de ce qui constitue l'essentiel du ministère d'unité que l'Evêque de Rome est appelé à exercer dans l'Eglise du Christ, corroborée avec l'approfondissement d'une vision commune du concept d'*autonomie ecclésiastique*, le chemin vers l'unité de l'Eglise du Christ sera plus facile et plus rapide.

---

[7] JEAN-PAUL II, *Ut unum sint* 95.

SIGLES ET ABREVIATIONS

§	paragraphe.
AAS	*Acta Apostolicae Sedis*, Roma 1909sq.
AC	*L'Année Canonique*, Paris 1952sq.
AHC	*Annuarium Historiae Conciliorum*, Paderborn 1969sq.
AHP	*Archivum Historiae Pontificiae*, Roma 1963sq.
AKK	*Archiv für katholisches Kirchenrecht*, Mainz 1857sq.
Ang.	*Angelicum*, Roma 1924sq.
Anton.	*Antonianum*, Roma 1925sq.
Apol.	*Apollinaris*, Roma 1928sq.
Ap.S.	CONGREGATIO PRO EPISCOPIS, *Directoire pour le ministère pastoral de l'évêque "Apostolorum Successores"* (22 février 2004), Città del Vaticano 2004.
Apostolos suos	JEAN-PAUL II, M.p. *Apostolos suos*, dans *AAS* 90 (1998) 641-658.
art.	article.
AS	*Acta Synodalia Sacrosancti Concilii Oecumenici Vaticani II*, 4 vol., Città del Vaticano 1970-1978.
ASS	*Acta Sanctae Sedis*, 41 t., Rome, 1865-1908.
Bailly	BAILLY, A., *Dictionnaire grec-français*, Paris 1950.
BOR	*Biserica Ortodoxă Română*, Bucarest 1882sq.
BS	*Balkan Studies*, Thessalonique 1960-1996.
Byz	*Byzantion*, Paris-Bruxelles 1924sq.
Byzantinon Dikaion	E. ROUSSOS, [Ε. ΡΟΥΣΣΟΣ], Λεξιλογιον εκκλησιαστικου δικαιου τριγλωσσον. Βυζαντινον δικαιον, Athènes 1948.
c.	canon.
cap.	caput / chapitre.
CCEO	*Codex Canonum Ecclesiarum Orientalium* 1990
CIC	*Codex Iuris Canonici* 1983
CIC 1917	*Codex Iuris Canonici* 1917
cc.	canons.
CD	VATICAN II, Décret sur la charge pastorale des évêques dans l'Eglise *Christus Dominus*, 28-10-1965.
CDoc	*Cuadernos Doctorales*, Pamplona, Navarra 1983sq.
Civ.Catt	*La Civiltà Cattolica*, Napoli 1850-1866, Roma 1866sq.

Cleri sanctitate	PIE XII, M.p. *Cleri sanctitate*, dans *AAS* 49 (1957) 433-603.
CO	*Credere Oggi*, Padova 1980.
Code Bilingue	E. CAPARROS – M. THÉRIAULT – J. THORN, ed., *Code de droit canonique bilingue et annoté*, Montréal 1999.
Code Annoté	A. SORIA-VASCO – H. LAPLANE – M.-A. CHUECA (traduit par), *Code de Droit Canonique Annoté*. Traduction et adaptation françaises des commentaires de l'Université pontificale de Salamanque publiés sous la direction du professeur Lamberto De Echeverria, Paris 1989.
col.	colonne.
Comentario	A. MARZOA – J. MIRAS – R. RODRIGUEZ-OCAÑA, ed., *Comentario exegético* al *Código de derecho canónico*, I, Pamplona 1996.
Comm.	*Communicationes*, Roma 1969sq.
Comm.CCEO	P.V. PINTO, ed., *Commento al Codice dei Canoni delle Chiese Orientali*, Città del Vaticano 2001.
Comm.CIC	P.V. PINTO, ed., *Commento al Codice di Diritto Canonico*, Città del Vaticano 2001.
Comm.PB	P.V. PINTO, ed., *Commento alla Pastor Bonus e alle norme sussidiarie della Curia Romana*, Città del Vaticano 2003.
CN	CONGREGATIO PRO DOCTRINA FIDEI, «Lett. *Communionis Notio*», dans *AAS* 85 (1993) 838-850.
Con	*Contacts*, Paris 1949sq.
Const. Ap.	Constitution Apostolique.
CRM	*Commentarium pro Religiosis et Missionariis*, Roma 1920sq.
CrSt	*Cristianesimo nella storia*, Bologna 1980sq.
DC	*La Documentation Catholique*, Paris 1919sq.
DE	*Il Diritto Ecclesiastico*, Roma 1890sq.
DELG	CHANTRAINE, P., *Dictionnaire étymologique de la langue grecque. Histoire de mots*, Paris 1968.
DiEc	*Diálogo Ecuménico*, Salamanca 1945sq.
Discipline antique	P.-P. IOANNOU, ed., *Discipline générale antique (IVe – IXe s.)*, 4vol., Grottaferrata-Roma 1962-1964.
EA	Ἐκκλησιαστικὴ Ἀλήθεια, Constantinople 1880sq.
DOP	*Dumbarton Oaks Papers*, Washington 1948sq.
ed.	edidit / ediderunt (éditeur / édité par).
ED	*Euntes Docete*, Roma 1948sq.
EE	*Estudios Eclesiásticos*, Madrid 1922-1936, 1942sq.
EIC	*Ephemerides Iuris Canonici*, Roma 1945-1993.

Enchiridion	G. CERETI – J. F. PUGLISI, ed., *Enchiridion Oecumenicum. Documenti del dialogo teologico interconfessionale*, vol. 3, Bologna 1995.
EO	*Echos d'Orient*, Bucarest-Paris 1897-1942.
etc	et cetera (et les autres)
ETL	*Ephemerides Theologicae Lovanienses*, Louvain 1924sq.
Ex. Ap.	Exhortation Apostolique.
FC	*Folia Canonica*, Budapest 1998sq.
GB	*Glasul Bisericii*, Bucarest 1941sq.
GOTR	*The Greek Orthodox Theological Review*, Brookline 1954sq.
Gr.	*Gregorianum*, Roma 1920sq.
IC	*Ius Canonicum*, Pamplona 1961sq.
IE	*Ius Ecclesiae*, Roma 1989sq.
Imérologhion	Ἡμερολόγιον του Οἰκουμενικοῦ Πατριαρχείου ετους 2009, Thessalonique 2009.
Irén.	*Irénikon*, Chevetogne 1928sq.
Ist.	*Istina*, Boulogne-sur-Seine 1934sq.
JMP	*Journal du Patriarcat de Moscou - Журнал Московской Патриархии*, Moscou 1931-1935, 1943sq.
Jurist	*The Jurist*, Washington D.C. 1941sq.
Kanon	*Kanon*, Wien 1973sq.
Lat	*Lateranum*, Roma 1976sq.
Latinikon Dikaion	E. ROUSSOS, [Ε. ΡΟΥΣΣΟΣ], *Λεξιλογιον εκκλησιαστικου δικαιου τριγλωσσον. Λατινικον δικαιον*, Athènes 1949.
Lett.	Lettre
Lett. ap.	Lettre apostolique
Lett. Enc.	Lettre encyclique
Liddell	H.G. LIDDELL, ed., *A Greek English Lexicon*, Oxford, 1966.
LG	VATICAN II, Constitution dogmatique sur l'Eglise *Lumen Gentium*, 21-11-1964.
Logos	*Logos. A Journal of Eastern Christian Studies*, Ottawa 1950-1983, 1993sq.
MA	*Mitropolia Ardealului*, Sibiu 1956-1990.
Magnien-Lacroix	V. MAGNIEN – M. LACROIX, *Dictionnaire grec-français*, Paris, 1969.
MB	*Mitropolia Banatului*, Timişoara 1947-1990.
ME	*Monitor Ecclesiasticus*, Rome 1876sq.
MEOR	*Messager de l'Eglise orthodoxe russe*, Paris 2007sq.
MEPREO	*Messager de l'Exarchat du Patriarche russe en Europe occidentale*, Paris 1927sq.
MMB	*Mitropolia Moldovei şi Sucevei*, Iaşi 1924-1990.

m.p.	Motu proprio.
n.	numéro
NDDC	C. CORRAL SALVADOR – V. DE PAOLIS – G. GHIRLANDA, ed., *Nuovo Dizionario di Diritto Canonico*, Cinisello Balsamo 1993.
NEP	*Nota explicativa Preavia*
New Commentary	J.P. BEAL – J.A. CORIDEN – T.J. GREEN, ed., *New Commentary on the Code of Canon Law*, New York-Mahwah, 2002.
Nic	*Nicolaus*, Bari 1973sq.
NRT	*Nouvelle Revue Théologique*, Louvain 1869sq.
NT	*Nuntia*, Città del Vaticano 1973-1991.
ÖARR	*Österreichisches Archiv für Recht & Religion*, Freistadt 1950sq.
OCP	*Orientalia Christiana Periodica*, Roma 1935sq.
Odigos	*O Odigos – La Guida*, Bari 1981sq.
OR	*L'Osservatore Romano*, Cité du Vatican 1861sq.
OF	*Orthodoxes Forum*, München 1987sq.
ORT	*Ortodoxia*, Bucarest, 1948sq.
p.	page
PB	JEAN-PAUL II, Const. Ap. *Pastor Bonus*, 28-06-1988.
PenOrth	*La Pensée Orthodoxe*, Paris 1966sq.
Periodica	*Periodica de re morali, canonica, liturgica*, Roma 1885-1990, *Periodica de re canonica*, Roma 1991sq.
p. ex.	par exemple
PG	J.P. MIGNE, *Patrologiae cursus completus, series graeca*, 161 t., Parisiis 1857-1866.
PL	J.P. MIGNE, *Patrologiae cursus completus, series latina*, 221 t., Parisiis 1844-1864.
POC	*Proche-Orient Chrétien*, Beyrouth 1951sq.
pp.	pages
Prontuario	L. CHIAPPETTA, *Prontuario di Diritto Canonico*, Rome 1994.
QDE	*Quaderni di Diritto Ecclesiale*, Milan 1988sq.
RC	*Russie et chrétienté*, Boulogne-sur-Seine 1934-1954.
RDC	*Revue de droit canonique*, Strasbourg 1951sq.
REB	*Revue des études byzantines*, Paris 1943sq.
REDC	*Revista española de derecho canónico*, Salamanca 1949sq.
Regno.Doc	*Il Regno. Documenti*, Bologne 1956sq
RETM	*Revue d'éthique et de théologie morale. Le Supplément*, Paris 1970sq.
ROC	*Romanian Orthodox Church News*, Bucarest 1971sq.

RSPT	*Revue des sciences philosophiques et théologiques*, Paris 1907sq.
RSR	*Recherches de Science Religieuse*, Paris 1910sq.
RSS	*Religion, State & Society*, Abingdon 1992sq.
RT	*Revista Teologică*, Sibiu 1907-1947, 1956-1991 (sous le nom de *Mitropolia Ardealului*), 1991sq.
RTL	*Revue Théologique de Louvain*, Louvain 1970sq
Sal	*Salesianum*, Torino 1949sq.
s.d.	sine data.
SE	*Studi Ecumenici*, Venezia 1982sq.
SG	*Subseciva Groningana*, Groningen 1984sq.
Sob	*Sobornost*, London 1979sq.
SOP	*Service Orthodoxe de Presse*, Paris 1975sq.
Spc	*Speculum*, Cambridge 1926sq.
sq	sequentes / suivant(e)s.
SUBTC	*Studia Universitatis Babeş-Bolyai. Theologia Catholica*, Cluj-Napoca 1996sq.
SUBTO	*Studia Universitatis Babeş-Bolyai. Theologia Orthodoxa*, Cluj-Napoca 1992sq.
SVSQ	*St. Vladimir's Seminary Quarterly, Crestwood – NY, 1952-1960 (après 1960 il devient St Vladimir's Theological Quarterly)*
SVTQ	*St. Vladimir's Seminary Quarterly*, Crestwood – NY 1960sq.
Syntagme	G.A. Ralli – M. Potli [Γ.Α. Ραλλη – M. Ποτλη], ed., Σύνταγμα τῶν θείων καὶ ἱερῶν κανόνων, Athènes, 6 vol., 1852-1859.
ST	*Studii Teologice*, Bucarest 1929-1940, 1948-2004, 2005sq.
StC	*Studia Canonica*, Ottawa 1967sq.
t.	tome
TG.DG	*Tesi Gregoriana. Serie Diritto Canonico*
TGL	Stephano, H., ed., Θησαυρος της Ελληνικις Γλωσσης – *Thesaurus Graecae Linguae*, Paris, 6 vol., 1831-1846.
TP	*Theologie und Philosophie*, Freiburg 1966sq.
TS	*Theological Studies*, New York 1940sq.
UDG	Jean-Paul II, Const. Ap. *Universi Dominici Gregis* 1996.
UR	Vatican II, Décret sur l'œcuménisme *Unitatis Redintegratio*, 21-11-1964.
VC	*Vita Consacrata*, Milano 1964sq.
VGI	Rocci, L., *Vocabolario Greco-Italiano*, Milan – Rome – Naples – Cité du Castello 1959.
vol.	volume

BIBLIOGRAPHIE

1. Sources

«Acordarea rangului de Arhiepiscop conducătorului Episcopiei misionare ortodoxe române în America», *BOR* 91 (1973) 733-737.

Acta Synodalia Sacrosancti Concilii Oecumenici Vaticani II, 4 vol., 25 t., Città del Vaticano 1970-1978.

«Acte de communion canonique entre l'Eglise orthodoxe russe et l'Eglise orthodoxe russe hors frontières», *MEOR* 2007, n.1, 3-7.

ALEXEÏ II, «Грамота митрополиту Киевскому и всея Украины», *JMP* 1991, n. 2, 11.

———, «Томос Алексия второго божиею милостино патриарха Московского и всея Руси епископу Таллиннискому и всея Эстонний Корнилию», dans ALEXEÏ II, *Православие в Эстонии*, 576-578 [en français dans *MEOR* 2009, n. 13, 36-37].

ANTHIMOS IV ('ΑΝΘΙΜΟΣ Δ'), «Πατριαρχικος και συνοδικος τομος περι της εν Ελλάδι Ορθοδόξου Εκκλησιας», dans P.I. AKANTHOPOULOS, *Οι θεσμοι της αυτονομίας και του αθτοκεφάλου των Ορθοδόξων Εκκλησιών*, Thessalonique 1988, 207-214 [républié dans P.I. AKANTHOPOULOS, *Κώδικας Ιερών Κανόνων και Εκκλησιαστκών Νόμων*, Thessalonique 1991, 745-749; traduction française dans G. PAPATHOMAS, *L'Eglise de Grèce dans l'Europe Unie. Approche nomocanonique*, Katérini 1998, 543-549].

Annuario pontificio per l'anno 2010, Città del Vaticano 2010.

«Αποφαεσεις του πανορθοδοξου συνεδριον», *EA* 43 (1923) 189-193.

BARTHOLOMÉ Ier (ΒΑΡΘΟΛΟΜΛΙΟΣ 'Α), «Πατριαρχική καὶ Συνοδική Πρᾶξις ἐνεργοποιησεως τόυ Πατριαρχικου καὶ Συνοδικόυ Τόμου τοῦ 1923 περὶ τῆς Μητροπολεως Ἐσθονίας», dans G. PAPATHOMAS – M.H. PALLI, *The Autonomous Orthodox Church of Estonia – L'Eglise autonome orthodoxe d'Estonie. Approche historique et nomocanonique*, Katérini 2002, 63-66 [traduction anglaise dans G. PAPATHOMAS – M.H. PALLI, *The Autonomous Orthodox Church of Estonia*, 67-70; traduction française dans G. PAPATHOMAS – M.H. PALLI, *The Autonomous*

Orthodox Church of Estonia, 71-74; traduction italienne dans «Estonia: Mosca contro Costantinopoli», *Regno.Doc* 1996, n. 768, 245-246].

———, «Tomos patriarcal et synodal élevant l'archevêché au rang d'Exarchat du Patriarcat œcuménique», dans *Avancer sur la voie de l'édification de l'Eglise locale. Communications présentées à l'Assemblée pastorale du 1er novembre 2004 et à la Conférence diocésaine du 1er octobre 2005*, Paris 2007, 109-112.

BASILEOS III (ΒΑΣΙΛΕΙΟΣ Γ), «Πατριαρχικη και Συνοδικη Πραξις περι της διοικήσεος των Ιερών Μητροπόλεων των Νέων Χωρών», dans P.I. AKANTHOPOULOS, *Κώδικας Ιερών Κανόνων και Εκκλησιαστκών Νόμων*, Thessalonique 1991, 755-759 [traduction française dans G. PAPATHOMAS, *L'Eglise de Grèce dans l'Europe Unie. Approche nomocanonique*, Katérini 1998, 557-562].

BENEDICT XVI, Const. Ap. *Anglicanorum coetibus*, OR 11-12 novembre 2009.

———, M.p. *De Aliquibus Mutationibus in Normis de electione Romani Pontificis*, AAS 99 (2007) 776.

BEVERIDGE, W., *Synodikon sive pandectae canonum Ss. Apostolorum et conciliorum ab Ecclesia graeca receptorum: nec non canonicarum Ss. Patrum epistolarum, una cum scholiis antiquorum singulis eorum annexis, et scriptis aliis huc spectantibus, quorum plurima e bibliothecae bodleianae ... nunc primum edita*, Oxford, 1672.

COMMISSION INTER-ORTHODOXE PREPARATOIRE, «L'autonomie et la manière de la proclamer. Texte adopté», texte manuscrite adopté par la Commission lors de sa réunion à Chambésy du 9 au 17 décembre 2009.

———, «L'autocéphalie et la manière de la proclamer», texte manuscrite adopté par la Commision lors de sa réunion à Chambésy du 9 au 17 décembre 2009.

COMMISSION MIXTE INTERNATIONALE POUR LE DIALOGUE THEOLOGIQUE ENTRE L'EGLISE CATHOLIQUE ROMAINE ET L'EGLISE ORTHODOXE, «Conséquences ecclésiologiques et canoniques de la nature sacramental de l'Eglise. Communion ecclésiale, conciliarité et autorité», *Irén.* 80 (2007) 579-597 [publié aussi dans *POC* 58 (2008) 79-94].

«Communiqué du Secrétariat Générale du Saint et Sacre Synode du Patriarcat de Constantinople du 24 février 1996», publié en italien dans «Estonia: Mosca contro Costantinopoli», *Regno.Doc* 1996, n. 768, 246-247 [en anglais: «Communiqué of the Ecumenical Patriarchate on the Autonomy of the Church of Estonia (24.2.1996)», dans G. PAPATHOMAS – M. H. PALLI, *The Autonomous Orthodox Church of Estonia – L'Eglise autonome orthodoxe d'Estonie. Approche historique et nomocanonique*, Katérini 2002, 225-227].

CONCILE ŒCUMÉNIQUE VATICAN I, Constitutio dogmatica I *Pastor aeternus* de Ecclesia Christi, *ASS* 6 (1870-1871) 40-47.

CONGREGATIO PRO CLERICIS ET ALII, Instruction *Ecclesia de mysterio*, *AAS* 89 (1997) 852-877 [en français dans *DC* 94 (1997) 1009-1020].

CONGREGATIO PRO DOCTRINA FIDEI, Déclaration *Mysterium Ecclesiae*, *AAS* 65 (1973) 396-408 [en français dans *DC* 70 (1973) 664-670].

———, Notification *De scripto P. Leonardi Boff, OFM, "Chiesa: Carisma e Potere"*, *AAS* 77 (1985) 756-762 [en français dans *DC* 82 (1985) 484-486].

———, Professio Fidei et iusiurandum fidelitatis in suscipiendo officio nomine Ecclesiae exercendo, *AAS* 81 (1989) 104-106, 1169 [en français dans *DC* 86 (1989) 378-379].

———, Lett. *Communionis Notio*, *AAS* 85 (1993) 838-850 [en français dans *DC* 89 (1992) 729-734].

———, «Il primato del successore di Pietro nel mistero della Chiesa», dans *Il Primato del Successore di Pietro*. Atti del Simposio teologico, Roma 2-4 Dicembre 1996, Città del Vaticano 1998, 493-503.

———, «Professio Fidei et iusiurandum fidelitatis in suscipiendo officio nomine Ecclesiae exercendo una cum nota doctrinali adnexa», *AAS* 90 (1998) 542-551.

———, «La primauté du Successeur de Pierre dans le mystère de l'Eglise. Réflexions de la Congrégation pour la Doctrine de la Foi», *DC* 80 (1998) 1016-1020.

———, Déclaration *Dominus Iesus*, *AAS* 92 (2000) 742-765 [en français dans *DC* 82 (2000) 812-822].

———, «Note sur l'expression "Eglises sœurs"», *DC* 82 (2000) 823-825.

———, «Responsa ad quaestiones de aliquibus sententiis ad doctrinam de Ecclesia pertinentibus», *AAS* 109 (2007) 604-608 [en français dans *DC* 89 (2007) 717-724].

CONGREGATIO PRO EPISCOPIS, *Directoire pour le ministère pastoral de l'évêque "Apostolorum Successores"* (22 février 2004), Cité du Vatican, 2004.

———, «Direttorio per la visita "ad limina" (29-06-1988)», *Comm.* 20 (1988) 156-165 [en français dans *DC* 85 (1988) 857-860].

CONGREGATIO PRO EPISCOPIS – CONGREGATIO PRO GENTIUM EVANGELISATIONE, «Istruzione sui sinodi diocesani», *AAS* 89 (1997) 706-721 [en francais dans *DC* 94 (1997) 826-831].

CONSEIL PONTIFICAL POUR LA PROMOTION DE L'UNITE DES CHRETIENS, «Le Ministère pétrinien, Un Document de travail – Petrine Ministry, A Working Paper», *Service d'Information – Information Service* n. 109

(2002/I-II), 29-42 [en anglais dans *Service d'Information – Information Service* n. 109 (2002/I-II) 33-47].

COSTESCU, C.C., ed., *Colecțiunea de legiuiri bisericești și școlare adnotată*, III, București 1931.

———, *Legea și Statutul pentru organizarea Bisericii Ortodoxe Române din 6 mai 1925. Adnotate cu desbaterile parlamentare și Jurisprudențele referitoare*, București 1925.

«Декрет СНК, изданный 23 Января 1918 г.», dans N. ORLEANSKY (Н. ОРЛЕАНСКИЙ), *Закон о религиозных объединениях РСФСР*, Moscou 1930, 5-6 [traduction française dans N. STRUVE, *Les chrétiens en U.R.S.S.*, Paris 1963, 320-321; traduction italienne dans G. M. SCHWEIGL, *Il nuovo Statuto della Chiesa Russa e l'articolo 124 della Costituzione sovietica*, Roma 1948, 41-43].

DENZINGER, H., ed., *Enchiridion Symbolorum Definitionum et Declaratiorum de Rebus Fidei et Morum*, Freiburg im Bresgau 1965.

IGNACE D'ANTIOCHE, «Ad Smyrnaeos», PG t. V, col. 839-856.

Ἡμερολόγιον του Οἰκουμενικοῦ Πατριαρχείου ἔτους *2009*, Thessalonique 2009.

IOANNOU, P.-P., ed., *Discipline générale antique (IVe –IXe s.)*, 4 vol., Grottaferrata-Rome 1962-1964.

JEAN XXIII, Lett. Enc. *Pacem in terris*, AAS 55 (1963) 257-304 [en français dans *DC* 60 (1963) 513-546].

———, M.p. *Cum gravissima*, AAS 54 (1962) 256-258 [en français dans *DC* 59 (1962) 553-554].

———, Lett. Enc. *Mater et magistra*, AAS 53 (1961) 401-464 [en français dans *DC* 58 (1961) 945-990].

JEAN-PAUL II, Ex. Ap. post-synodale *Pastores Gregis*, AAS 96 (2004), 825-924 [en français dans *Pastores Gregis. Exhortation apostolique sur l'Evêque, serviteur de l'Evangile de Jésus-Christ pour l'espérance du monde*, Paris 2003 et dans *DC* 100 (2003) 1001-1058]

———, M.p. *Sacramentorum Sanctitatis Tutela* del 30 de abril de 2001, AAS 93 (2001) 737-739.

———, M.p. *Apostolos suos*, AAS 90 (1998) 641-658 [en français dans *DC* 95 (1998) 751-759].

———, Const. Ap. *Universis Dominici Gregis*, AAS 88 (1996) 305-343 [en français dans *DC* 93 (1996) 251-266].

———, Encyclique *Ut unum sint* (25.05.1995), AAS 87 (1995) 921-982.

———, Allocution *Ad eos qui conventui de iure Ecclesiae, X espleto anno a Codice Iuris Canonici promulgato, interfuerunt*, AAS 86 (1994) 244-248.

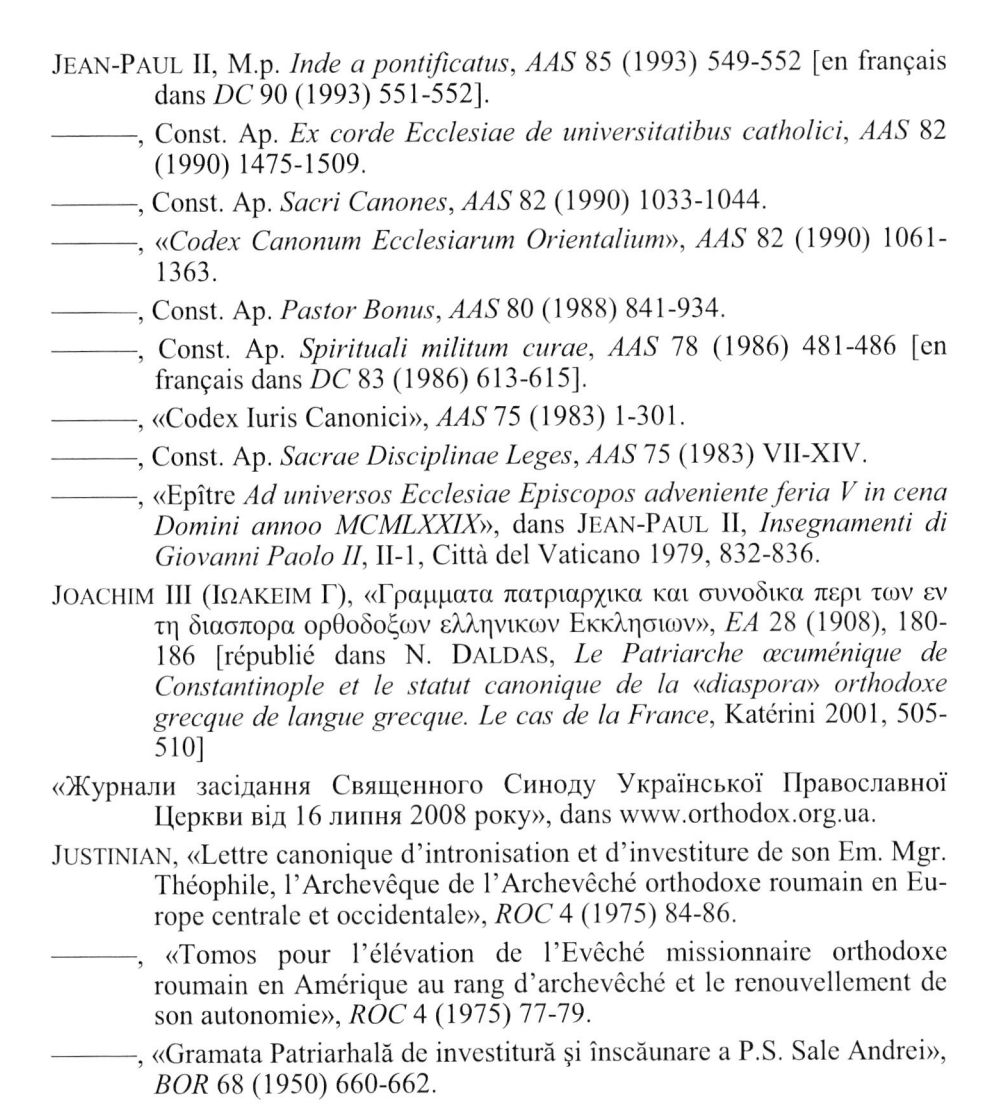

Jean-Paul II, M.p. *Inde a pontificatus*, AAS 85 (1993) 549-552 [en français dans *DC* 90 (1993) 551-552].

———, Const. Ap. *Ex corde Ecclesiae de universitatibus catholici*, AAS 82 (1990) 1475-1509.

———, Const. Ap. *Sacri Canones*, AAS 82 (1990) 1033-1044.

———, «*Codex Canonum Ecclesiarum Orientalium*», AAS 82 (1990) 1061-1363.

———, Const. Ap. *Pastor Bonus*, AAS 80 (1988) 841-934.

———, Const. Ap. *Spirituali militum curae*, AAS 78 (1986) 481-486 [en français dans *DC* 83 (1986) 613-615].

———, «*Codex Iuris Canonici*», AAS 75 (1983) 1-301.

———, Const. Ap. *Sacrae Disciplinae Leges*, AAS 75 (1983) VII-XIV.

———, «Epître *Ad universos Ecclesiae Episcopos adveniente feria V in cena Domini annoo MCMLXXIX*», dans Jean-Paul II, *Insegnamenti di Giovanni Paolo II*, II-1, Città del Vaticano 1979, 832-836.

Joachim III (ΙΩΑΚΕΙΜ Γ), «Γραμματα πατριαρχικα και συνοδικα περι των εν τη διασπορα ορθοδοξων ελληνικων Εκκλησιων», *EA* 28 (1908), 180-186 [républié dans N. Daldas, *Le Patriarche œcuménique de Constantinople et le statut canonique de la «diaspora» orthodoxe grecque de langue grecque. Le cas de la France*, Katérini 2001, 505-510]

«Журнали засідання Священного Синоду Української Православної Церкви від 16 липня 2008 року», dans www.orthodox.org.ua.

Justinian, «Lettre canonique d'intronisation et d'investiture de son Em. Mgr. Théophile, l'Archevêque de l'Archevêché orthodoxe roumain en Europe centrale et occidentale», *ROC* 4 (1975) 84-86.

———, «Tomos pour l'élévation de l'Evêché missionnaire orthodoxe roumain en Amérique au rang d'archevêché et le renouvellement de son autonomie», *ROC* 4 (1975) 77-79.

———, «Gramata Patriarhală de investitură și înscăunare a P.S. Sale Andrei», *BOR* 68 (1950) 660-662.

«La situation de l'Orthodoxie en Estonie et l'avenir du dialogue théologique catholique-orthodoxe. Communiqué du Département des relations extérieures du patriarcat de Moscou concernant les résultats des pourparlers entre les délégations des patriarcats de Moscou et de Constantinople (Zurich, 26 mars 2008)», *MEOR* 2008, no. 9, 23-27.

Léon XIII, Encyclique *Rerum novarum: de conditione opificium*, ASS 23 (1890-1891) 641-670.

Le Concile Vatican II (1962-1965). Edition intégrale et définitive. Texte latin et traduction française avec index et tables, Paris 2003.

Liturghier cuprinzând Dumnezeieștile Liturghii ale Sfinților noștri părinți: Ioan Gură de Aur, Vasile cel Mare și Liturghia darurilor mai înainte sfințite, precum și Rânduiala Vecerniei, Utreniei, Dumnezeieștii Proscomidii, Liturghiei cu arhiereu, ca și altele de trebuință la sfânta slujbă în Biserică (tipărit cu aprobarea Sfântului Sinod și cu binecuvântarea Prea Fericitului Părinte Teoctist, Patriarhul Bisericii Ortodoxe Române), București 1987.

«Loi no. 489/2006 sur la liberté relieuse et le régime général des cultes», *Ist.* 53(2008), 174-186 [publié aussi dans B. BASDEVANT-GAUDEMET, ed., *L'Administration des cultes dans les pays de l'Union Européenne*, Leuven 2008, 184-196].

MÉLÉTIOS IV (ΜΕΛΕΤΙΟΣ Δ), «Ἄρσεος καὶ ἀκιρώσεως τοῦ προεκδεδομένου Πατριαρχικοῦ καὶ Συνοδικοῦ ὑπο ἡμερομ. 8 Μαρτίου 1908 Τόμος περὶ τῶν ἐν τῇ διασπορᾷ Ἐκκλησιῶν», *EA* 44 (1922) 129-130. [républié dans N. DALDAS, *Le patriarche œcuménique*, 513-516].

———, «Τομος περὶ ἱδρύτεως τῆς Ιερας Μητροπόλεως Θυατειρων», *EA* 42 (1922) 193-195 [traduction française dans N. DALDAS, *Le patriarche œcuménique*, 519-522].

———, «Επισημα Γραμματα: Ἡ πρὸς τὰς Αὐτοκεφάλους Ὀρθοδόξους Ἐκκλησίας ἀπολυθεῖσα Πατριαρχικὴ ἐπιστολὴ περὶ τοῦ χύρους τῶν Ἀγγλικανικῶν χειροτονιῶν», *EA* 42 (1922) 343-344.

———, «Τομος περὶ ἱδρύτεως τῆς Αρχιεπισκοπῆς Αμεριχῆς», *EA* 42 (1922) 218-219 [traduction française dans J. BOGÈVE, «Les nouvelles autonomies orthodoxes», 480-482; N. DALDAS, *Le patriarche œcuménique*, 519-522].

———, «Τομος περὶ ἰδρύσεως τῆς Ορθοδόξου Αρχιεπισκοπῆς Τσεχοσλοβακίας», *EA* 43 (1923) 69-71. [républié dans P.I. AKANTHOPOULOS, *Οι θεσμοι της αυτονομίας και του αθτοκεφάλου των Ορθοδόζων Εκκλησιών*, 153-157; traduction française dans J. BOGÈVE, «Les nouvelles autonomies orthodoxes», 489-491].

———, «Τομος περὶ τῆς Ὀρθοδόξου Ἀρχιεπισκοπῆς Φιλλανδίας», *EA* 43 (1923) 251-253.[républié dans P.I. AKANTHOPOULOS, *Οι θεσμοι της αυτονομίας και του αθτοκεφάλου των Ορθοδόζων Εκκλησιών*, 158-163; traduction française dans J. BOGÈVE, «Les nouvelles autonomies orthodoxes», 492-494].

———, «Τομος περὶ τῆς Ὀρθοδόξου Μητροπόλεως Ἐσθονιας», *EA* 43 (1923) 254-255 [républié dans P.I. AKANTHOPOULOS, *Οι θεσμοι της αυτονομίας και του αθτοκεφάλου των Ορθοδόζων Εκκλησιών*, 163-167; G. PAPATHOMAS – M.H. PALLI, *The Autonomous Orthodox Church of Estonia*, 47-50; traduction française dans J. BOGÈVE, «Les nouvelles autonomies orthodoxes», 492-494; G. PAPATHOMAS – M.H. PALLI, *The Autonomous Orthodox Church of Estonia*, 59-62; traduction anglaise dans G. PAPATHOMAS – M.H. PALLI, *The Autonomous Orthodox Church of Estonia*, 55-58].

«Mitropolia Basarabiei şi Exarhatul Plaiurilor and Others v. Moldova», *Human Rights Case Digest*, 12 (2001), n. 5-6, 441-442.

«Наречение и хиротония архимандрита Корнилия (Якобса) во епископа Таллиннского», *JMP* 1991, n. 8, 18-20.

«Наречение и хиротония архимандрита Петра (Пздурару) во епископа Бельского», *JMP* 1991, n. 9, 33-35.

«Определение Юбилейного Архиерейского Собора Русской Православной Церкви по Уставу Русской Православной Церкви», *JMP* (2000), n. 10, 21.

«Определение освященного Юбилейного Архиерейского Собора Русской Православной Церкви о положении Православной Церкви в Эстонии», *JMP* 2000, n. 10, 20.

«Определение освященного Архиерейского Собора Русской Православной Церкви (Москва, 24-29 июня 2008 года) "О внесении поправок в устав Русской Православной Церкви"», dans www.patriachia.ru

«Определение Архиерейского Собора Русской Православной Церкви 25-27 октября 1990 г. Об Украинской Православной Церкви», *JMP* 1991, n. 2, 2.

«Определения Поместного Собора Русской Православной Церкви», *JMP* 1990, no. 9, 6-9.

«Πατριαεχικόν και Συνοδικόν Γράμμα (13.04.1978)», dans G. PAPATHOMAS – M.H. PALLI, *The Autonomous Orthodox Church of Estonia – L'Eglise autonome orthodoxe d'Estonie. Approche historique et nomocanonique*, Katérini 2002, 199-201 [traduction française «Acte patriarcal et synodal du 13 avril 1978 concernant l'Eglise autonome orthodoxe d'Estonie décidant la suspension momentanée du Tomos de 1923», *Ist.* 49 (2004) 95].

PAUL VI, M.p. *Inter eximia episcopalis*, *AAS* 70 (1978) 441-442.

———, M.p. *Catholica Ecclesia*, *AAS* 68 (1976) 694-696.

———, M.p. *Sollicitudo omnium Ecclesiarum*, *AAS* 61 (1969) 473-484 [en français dans *DC* 66 (1969) 602-606].

———, «Allocution avant la clôture officielle du Synode extraordinaire des évêques», *AAS* 61 (1969) 726-730 [en français dans *DC* 66 (1969) 1011-1012].

———, M.p. *Ad purpuratorum patrum*, *AAS* 57 (1965) 295-296 [en français dans *DC* 62 (1965) 515-515].

———, M.p. *Apostolica sollicitudo*, *AAS* 57 (1965) 775-780 [en français dans *DC* 62 (1965) 1663-1667].

PIE X, Lett.Ap. *Quibus ritus ruthenus constituitur in Statibus Foederatis Americae Septentrionalis*, *ASS* 41 (1908) 3-12.

PIE IX, Lett. ap. *"Mirabilis illa constantia" ad Germaniae episcopos*, dans H. DENZINGER, ed., *Enchiridion Symbolorum Definitionum et Declaratiorum de Rebus Fidei et Morum*, Freiburg im Bresgau 1965, 3117.

PIE XI, Encyclique *Quadragesimo Anno*, *AAS* 23 (1931) 177-228.

PIE XII, M.p. *Cleri sanctitate*, *AAS* 49 (1957) 433-603.

———, M.p. *Postquam apostolicis Litteris*, *AAS* 44 (1952) 65-152.

———, «Allocution aux cardinaux», *AAS* 38 (1946) 141-151.

———, Encyclique *Mystici Corporis Christi*, *AAS* 35 (1943) 193-248.

———, Encyclique *Humani Generis*, *AAS* 42 (1950) 561-578.

«Положение о Русской Православной Церкви», *JMP* 1961, n. 8, 15-17 [traduction allemande dans P. HAUPTMANN – G. STRICKER, ed., *Die Orthodoxe Kirche in Russland. Dokumente ihrer Geschichte*, Göttingen 1988, 824-827].

«Положение об экзархатах Московского Патриархата», *JMP* 1990, n. 5, 9-12.

PONTIFICIA COMMISSIO CODICI IURIS CANONICI ORIENTALIS RECOGNOSCENDO, «Schema Canonum de Constitutione Hierarchica Ecclesiarum Orientalium», *NT* 19 (1984) 3-91.

———, «Principi direttivi per la revisione del Codice di diritto canonico orientale», *NT* 3 (1976) 3-10.

PONTIFICIUM CONSILIUM DE LEGUM TEXTIBUS PONTIFICIO CONSIGLIO PER I TESTI LEGISLATIVI, «La natura giuridica e l'estensione della *recognitio* della Santa Sede», *Comm.* 38 (2006) 10-17.

———, «L'obbligo del Vescovo di risiedere in Diocesi (Circa il canone 395 CIC)», *Comm.* 28 (1996) 182-186.

PONTIFICIUM CONSILIUM AD CHRISTIANORUM UNITATEM FOVENDAM, «Comunicato circa la soppressione del titolo di "Patriarca d'Occidente" nell'Annuario Pontificio», *Bollettino della Sala Stampa della Santa Sede* n. 0142 du 22 mars 2006.

Πρακτικὰ καὶ ἀποφάτεις τοῦ ἐν Κωνσταντινουπόλει Πανορθοδόξου Συνεδρίου (10 Μαΐου– 8 Ἰουνίου), Constantinople 1923.

RALLI, G.A. – POTLI, M. [РАЛЛИ, Г.А. – ПОТЛИ, М.], ed., *Σύνταγμα τῶν θείων καὶ ἱερῶν κανόνων*, I-VI, Athènes 1852-1859.

«Résolution sur la question „de la hiérarchie anglicane"», dans *Actes de la Conférence des Chefs et des représentants des Eglises orthodoxes autocéphales, réunis à Moscou à l'occassion de la célébration solennelle des fetes du 500ème anniverssaire de l'autocéphalie de l'Eglise orthodoxe russe (8-18 juillet 1948)*, II, Moscou 1952, 445-447 [traduction allemande dans P. HAUPTMANN – G. STRICKER, ed., *Die Orthodoxe Kirche in Russland. Dokumente ihrer Geshichte*, Göttingen 1988, 788].

«Résolution sur la question „du calendrier de l'Eglise"», dans *Actes de la Conférence des Chefs et des représentants des Eglises orthodoxes autocéphales, réunis à Moscou à l'occassion de la célébration solennelle des fetes du 500ème anniverssaire de l'autocéphalie de l'Eglise orthodoxe russe*, II, 448-449 [traduction allemande P. HAUPTMANN – G. STRICKER, ed., *Die Orthodoxe Kirche in Russland*, 789-791].

Rituel de Bénédiction des veuves approuvé pour la "Fraternité Notre Dame de la Résurrection" par l'Archevêque de Paris et confirmé en 1984 par la Congrégation pour la Liturgie et le Culte Divin – Protocol CD 551/81.

«Russia. Law on the Freedom of Conscience and Religious Associations (1997)», dans W. COLE DURHAM jr. – S. FERRARI, ed., *Laws on Religion and the State in the Post-Communist Europe*, Leuven 2004, 279-299.

SANCTA SEDES, «Regolamento Generale della Curia Romana (30.IV.1999)», *AAS* 91 (1999) 629-699 [aussi dans *IC* 40 (2000) 159-207].

SECRETARIA STATUS, Rescrit *Fit facultas licentiam de qua in can. 112§1, 1° C.I.C. legitime, in casu, praesumendi*, *AAS* 85 (1993) 81.

———, «*Ordo Synodi Episcoporum*», *AAS* 98 (2006) 755-779.

SECRETARIAT GENERAL DU SAINT ET SACRE SYNODE DU PATRIARCAT ŒCUMENIQUE, «Communiqué concernant la renonciation par le pape de Rome Benoît XVI au titre du Patriarche d'Occident», *Ist.* 51 (2006), 11-13 [publié aussi dans *Episkepsis* 37 (2006), n. 662, 15-17].

SIMEDREA, T., ed., *Patriarhia Românească. Acte și documente*, București 1925.

STATISTIKAAMET – STATISTICAL OFFICE OF ESTONIE, *2000. Aasta Rahva Ja Eluruumide Loendus. Haridus. Usk – 2000. Population and Housing Census. Education. Religion*, IV, Tallinn 2002.

«Statut de l'administration de l'Eglise orthodoxe russe, adopté par le Concile local de l'Eglise orthodoxe russe, le 31 janvier 1945», *RC* 2 (1947) 47-52 [républié dans N. STRUVE, *Les chrétiens en U.R.S.S.*, Paris 1963, 333-340; en italien dans G.M. SCHWEIGL, *Il nuovo Statuto della Chiesa Russa e l'art. 124 della Costituzione sovietica*, Roma 1948, 81-89; en allemand dans P. HAUPTMANN – G. STRICKER, ed., *Die Orthodoxe Kirche in Russland*, 767-773].

«Statutul pentru organizarea și funcționarea Bisericii Ortodoxe Române», dans *BOR* 126 (2008) 13-108.

«Статут про управління Української Православної Церкви», dans www.orthodox.org.ua

SYNODE DES EVEQUES, *Synode extraordinaire. Célébration de Vatican II*, Paris 1986.

«Synode des évêques. Xe Assemblée générale ordinaire "L'évêque: serviteur de l'Evangile de Jésus-Christ pour l'espérance" (30 septembre – 27 octobre 2001)», *DC* 2001, n. 2258, 980-991.

Synodica. Textes publiés par le Secrétariat pour la préparation du Saint et Grand Concile de l'Eglise orthodoxe, III, Chambésy-Genève 1979.

TEOCTIST, «Act patriarcal şi sinodal al Patriarhiei Române privind reactivarea Mitropoliei Basarabiei, autonomă şi de stil vechi cu reşedinţa la Chişinău», *BOR* 110 (1992) 24-26.

TONDINI, C. (traduit par), *Le Règlement Ecclésiastique de Pierre le Grand*, Paris 1874.

Устав об управлении Русской Православной Церкви. Принят Поместным Собором Русской Православной Церкви 8 июня 1988 года, Saint Pétersbourg 1996.

UFFICIO DELLE CELEBRAZIONI LITURGICHE DEL SOMMO PONTEFICE, *Sede Apostolica vacante. Storia – Legislazione – Riti – Luoghi e Cose*, Città del Vaticano 2005.

VENIAMINOS, «Tomos for the autonomy of the Latvian Othodox Church», dans A. CHERNEY, *The Latvian Orthodox Church*, Welshpool – Powys 1985, 46-47.

2. Instruments de travail (commentaires, dictionnaires, etc.)

BAILLY, A., *Dictionnaire grec-français*, Paris 1950.

BAUDRILLART, A., ed., *Dictionnaire d'histoire et de géographie ecclésiastiques*, VI, Paris 1956.

BEAL, J.P. – CORIDEN, J.A. – GREEN, T.J., ed., *New Commentary of the Code of Canon Law*, New York – Mahwah 2002.

CERETI, G. – PUGLISI, J.F., ed., *Enchiridion Oecumenicum. Documenti del dialogo teologico interconfessionale*, III, Bologna 1995.

CHANTRAINE, P., *Dictionnaire étymologique de la langue grecque. Histoire de mots*, Paris 1968.

CHIAPPETTA, L., *Prontuario di Diritto Canonico*, Roma 1994.

DEMETRAKOPOULOS, G.H., *Dictionary of Orthodox Theology: A Summary of the Beliefs, Practices and History of the Eastern Orthodox Church*, New York 1964.

Dictionnaire de Droit Canonique et des Sciences en Connexion avec le Droit canon ou *Le dictionnaire de Mgr. André et de l'Abbé Condis, revu, corrigé, considérablement augmenté et actualisé par le chanoine J. Wagner*, I-IV, Paris 1894.

DI BERNARDINO, A., ed., *Dizionario patristico e di antichità cristiane*, I-III, Casale Monferrato 1983-1988.

HEDERICI, B., *Lexicon Graeco-Latinum et Latino-Graecum*, I-II, Roma 1832.

LEBAIGUE, C., *Dictionnaire latin-français*, Paris 1925.

LIDDELL, H.G., ed., *A Greek English Lexicon*, Oxford 1966.

LOMBARDIA P. – ARRIETA J.I., ed., *Codice di diritto canonico*, I, Roma 1986.

MAGNIEN, V. – LACROIX, M., *Dictionnaire grec-français*, Paris 1969.

MARZOA, A.– MIRAS, J. – RODRIGUEZ-OCAÑA, R., ed., *Comentario exegético al Código de derecho canónico*, I, Pamplona 1996.

NAZ, R., ed., *Dictionnaire de droit canonique: contenant tous les termes du droit canonique avec un sommaire de l'histoire et des institutions et de l'état actuel de la discipline*, I-VII, Paris 1935-1965.

OLSON, J.S., ed., *An Ethnohistorical Dictionary of the Russian and Soviet Empires*, London 1994.

PARRY, K. – MELLING, D.J. – BRADY, D. – GRIFFITH, S.H. – HEALY, J.F., ed., *The Blackwell Dictionary of Eastern Christianity*, Oxford 1999.

PINTO, P.V., ed., *Commento alla Pastor Bonus e alle norme sussidiarie della Curia Romana*, Città del Vaticano 2003.

———, *Commento al Codice di Diritto Canonico*, Città del Vaticano 2001.

———, *Commento al Codice dei Canoni delle Chiese Orientali*, Città del Vaticano 2001.

POUPARD, P., ed., *Dictionnaire des religions*, Paris 1984.

ROCCI, L., *Vocabolario Greco-Italiano*, Milano – Roma – Napoli – Città del Castello 1959.

ROUSSOS, E. [ΡΟΥΣΣΟΣ, Ε.], Λεξιλογιον εκκλησιαστικου δικαιου τριγλωσσον. Βυζαντινον δικαιον, Athènes 1948.

———, Λεξιλογιον εκκλησιαστικου δικαιου τριγλωσσον. Λατινικον δικαιον, Athènes 1949.

QUICHERAT, L. – DAVELUY, A., ed., *Dictionnaire latin-français*, Paris 1889.

STEPHANO, H., ed., Θησαυρος της Ελληνικις Γλωσσης – *Thesaurus Graecae Linguae*, I-VI, Paris 1831-1846.

WERCKMEISTER, J., *Petit dictionnaire de droit canonique*, Paris 1993.

3. Livres et ouvrages

ACERBI, A., ed., *Il ministero del papa in prospettiva ecumenica*, Milano 1999.

———, *Due ecclesiologie. Ecclesiologia giuridica ed ecclesiologia di comunione nella "Lumen Gentium"*, Bologna 1975.

Actes de la Conférence des Chefs et des représentants des Eglises orthodoxes autocéphales, réunis à Moscou à l'occassion de la célébration solennelle des fetes du 500ème anniverssaire de l'autocéphalie de l'Eglise orthodoxe russe (8-18 juillet 1948), I-II, Moscou 1950-1952.

AFANASSIEFF, N., *L'Eglise du Saint Esprit*, Paris 1975.

AGHNIDES, T., *The Ecumenical Patriarchate of Constantinople in the light of the Treaty of Lausanne*, New-York 1964.

AKANTHOPOULOS, P.I. (ΑΚΑΝΘΟΠΟΥΛΟΣ, Π.Ι.), *Οι θεσμοι της αυτονομίας και του αυτοκεφάλου των Ορθοδόξων Εκκλησιών σύμφωνα με το θετικό δίκαιο του Οικουμενικού Πατριαρχείου κατά τη διάρκεια του 19^{ου} και 20^{ου} αιώνα*, Thessalonique 1988.

———, *Κώδικας Ιερών Κανόνων και Εκκλησιαστικών Νόμων*, Thessalonique 1991.

———, *Παράρτημα του Κώδικα Ιερών Κανόνων και Εκκλησιστικών Νόμων*, Thessalonique 1992.

AKGÖNÜL, S., *Le patriarcat grec orthodoxe de Constantinople. De l'isolement à l'internalisation (de 1923 à nos jours)*, Istanbul 2005.

ALAPPATT, P., *The Election of the Patriarch in the Eastern Catholic Canonical Tradition: a historical-juridical study*, Rome 1997.

ALBERIGO, G., *Histoire du concile Vatican II. L'Eglise en tant que communion. La troisième session et la troisième intersession (Septembre 1964-Septembre 1965*, Paris 2003.

———, *Cardinalato e collegialità. Studi sull'ecclesiologia tra l'XI e il XIV secolo*, Firenze 1969.

ALBERTARIO, E., *Introduzione storica allo studio del diritto romano giustinianeo*, Milano 1936.

ALEXEÏ II (Алексий II), *Православие в Эстонии*, Moscou 1999.

ALFEYEV, H., *L'Orthodoxie. Histoire et structures canoniques de l'Eglise orthodoxe*, Paris 2009.

———, *Le mystère de la foi. Introduction à la théologie dogmatique orthodoxe*, (traduit du russe par M. Evdokimov), Paris 2001.

ALIVIZATOS, A., *Οι ιεροι κανονες και εκκλησιστικοι νομοι*, Athènes 1949.

AMENTA, P., *Partecipazione alla potestà legislativa del Vescovo. Indagine teologico-giuridica su Chiesa particolare e sinodo diocesano*, TG.DC, Roma 1996.

ANASTOS, M.V., *Aspects of the Mind of Byzantium. Political Theory, Theology, and Ecclesiastical Relations with the See of Rome*, ed. S. Vryonis – N. Goodhue, Aldershot 2001.

ANDROUTSOS, Ch. (ΑΝΔΡΟΥΤΣΟΣ, Χ.), *Η εκλογή του μητροπολίτου Μελετίου Μεταξάκη: κανονικώς και κατά τους γενικούς κανονισμούς εξεταζόμενη*, Athènes 1921 [traduction anglaise C. ANDROUTSOS, *The Election of the Metropolitan Meletios Mataxakis from the Canonical Point of View and from the General Regulations Point of View*, Athens 1921].

ANGHELESCU, G.F., *Părintele Dumitru Stăniloae – promotor și exeget al gândirii patristice. Introducere în bibliografie*, Iași 1998.

ANGHELOPOULOS, A. (ΑΓΓΕΛΟΠΟΥΛΟΣ, Α.), *Η εκκλησιαστική ιστορία των νέων χωρών 1912-1928*, Thessalonique 1982.

ANTÓN, A., *El Misterio de la Iglesia. Evolución histórica de las ideas eclesiologías*, I-II, Madrid 1986-1987.

ALOOR, F., *The territoriality of "Ecclesia sui iuris": a historical, ecclesiological and juridical study*, Rome 2006.

APOSTOLAKIS, G.K. (ΑΠΟΣΤΟΛΆΚΗΣ, Γ.Κ.), *Εκκλησιαστική νομοθεσία Κρήτης: κείμενα, τροποποιήσεις, σχόλια κλπ.*, Héraklion 1993.

ARAMPATZOGLOU, G.M. (ΑΡΑΜΠΑΤΖΟΓΛΟΥ, Γ.Μ.), *Ιστορία του Οικουμενικού Πατριαρχείου*, Thessalonique 2001.

ARCHONTONIS, B. (ΑΡΧΟΝΘΩΝΗΣ, Β.), *Περὶ τὴν κωδικοποίησιν τῶν ἱερῶν κανόνων καὶ τῶν κανονικῶν Διατάξεων ἐν τῇ Ὀρθοδόξῳ Ἐκκλησίᾳ*, Thessalonique 1970.

ARRIETA, J.I., *Diritto dell'organizzazione ecclesiastica*, Milano 1997.

ASTIGUETA, D.G., *La noción de laico desde el Concilio Vaticano II al CIC 83. El laico: "sacramento de la Iglesia y del mondo"*, TG.DC 38, Roma 1999.

ATTWATER, *The Catholic Eastern Churches, Milwaukee 1935*.

AUER, J. – RATZINGER, J., *Piccola dogmatica cattolica, VIII. La Chiesa, universale sacremento della salvezza*, Assisi 1981.

BAILLARGEON, G., *Perspectives orthodoxes sur l'Eglise-Communion: l'œuvre de Jean Zizoulas*, Montréal 1989.

BARBERINI, G., *Chiesa e Santa Sede nell'ordinamento internazionale: esame delle norme canoniche*, Torino 2003.

BARON, P., *Un théologien laïc orthodoxe russe au XIXe siècle: Alexis Stépanovich Khomiakov (1804-1860). Son ecclésiologie*, Rome 1940.

BASSET, W, *The determination of Rite,* Rome 1967.

BAURA, E., ed., *Studi sulla prelatura dell'opus Dei. A venticinque anni dalla Costituzione Apostolica "Ut Sit"*, Roma 2008.

———, *Legislazione ordinaria sugli ordinariati castrensi*, Milano 1992.

BĂDILIȚĂ, C., *Orthodoxie versus ortodoxie*, București 2009.

BEHR, J., *The Way to Nicaea*, Crestwood NY 2001.

———, *The Nicene Faith*, Crestwood NY 2004.

BELLARMIN, R., *De controversiis christianae fidei adversus huius temporis haereticos*, Venetiis1599.

BENEŠEVIČ, V.N. (БЕНЕШЕВИЧЪ, В.Н.), *Канонический Сборникъ XIV титуловъ со второй четверти VII века до 883 г.*, Saint Pétersbourg 1906.

BERTONE, T., *Benedetto XIV [1740-1758] e la gerarchia ecclesiastica*, Roma 1976.

BERTRAMS, W., *Vicarius Christi, vicarii Christi: de significatione potestatis episcopalis et primatialis*, Roma 1964.

BERZDORF, F., *Autonomie und Exemtion der kanonischen Lebensverbände*, St. Ottilien 1995.

BESSE, J.-P., *Eglise orthodoxe roumaine de Paris: au cœur du quartier latin*, Paris 1994.

BESSON, É., *La dimension juridique des sacrements*, TG.DC 65, Roma 2004.

BETTI, U., *La dottrina sull'episcopato nel Vaticano II*, Roma 1968.

———, *La costituzione dommatica "Pastor Aeternus" de concilio Vaticano I*, Roma 1961.

BEYER J., *Du Concile au Code de droit canonique: la mise en application du Vatican II*, Paris 1985.

BHARANIKULANGARA, K., *Particular Law of the Eastern Catholic Churches*, New York 1996.

BIONDI, B., *Giustiniano primo: principe e legislatore cattolico*, Milan 1936.

BOEGLIN, J.-G., *Pierre dans la communion des Eglises. Le ministère pétrinien dans la perspective de l'Eglise-Communion et de la communion des Eglises*, Paris 2004.

BOGDANOV, A.P. (БОГДАНОВ, А.П.), *Русские Патриархи 1589-1700*, I-II, Moscou 1999.

BOGOLEPOV, A., *Toward an American Orthodox Church: The Establishement of an Autocephalous Orthodox Church*, Crestwood NY 1995.

BONNET, P.A. – GULLO, C., ed., *La Curia Romana nella Const. Ap. Pastor Bonus*, Città del Vaticano 1990.

BORRAS, A., *L'excommunication dans le nouveau Code de droit canonique. Essai de définition*, Paris 1987.

BOROIANU, D.G., *Dreptul bisericesc*, Craiova 1903.

BOUIX, D.-M., *Du concile provincial, ou traité des questions de théologie et de droit canon qui concernent les conciles provinciaux*, Paris 1850.

BOULGAKOV, S., *L'Orthodoxie*, Alcan 1932.

BOUMIS, I.P. (ΜΠΟΥΜΗΣ, Ι.Π.), *Κανονικόν Δίκαιον*, Athènes 2002³.

BOŽIC, J.Z., *Die Autokephalieerklärung der Makedonischen Orthodoxen Kirchen*, Würzburg 1994.

BRATSIOTIS, P., *Die Grundprinzipien und Hauptmerkmale der Orthodoxen Kirche*, Athènes 1938.

BRAVI, M.C., *Il Sinodo dei Vescovi. Istituzione, fini e natura. Indagine teologico-giuridica*, Roma 1995.

BREMER, T., ed., *Religion und Nation. Die Situation der Kirchen in der Ukraine*, Wiesbaden 2003.

BROWNING, R., *Byzantium and Bulgaria*, London 1978.

BRUNI, G., *Quale ecclesiologia ? Cattolicesimo e Ortodossia a confronto. Il dialogo ufficiale*, Milano 1999.

CÁRCEL ORTÍ, M.-M. –CÁRCEL ORTÍ, V., *Historia, Derecho y Diplomática de la visita "ad limina"*, Valencia 1990.

CÂNDEA, S., *Pedeapsa depunerii din cler*, Sibiu 1934.

CELEGHIN, A., *Origine e natura della potestà sacra. Posizioni post-conciliari*, Brescia 1987.

CELSI, F.R., *Le "Relationes ad limina". Aspetti della esperienza storica di un istituto canonistico*, Torino 2005.

CHAILLOT, C., ed., *Histoire de l'Eglise orthodoxe en Europe occidentale au 20ᵉ siècle*, Paris 2005.

CHERNEY, A., *The Latvian Orthodox Church*, Welshpool –Powys 1985.

CHIMY, H., *De figura iuridica arhiepiscopi maioris in iure canonico orientali vigenti*, Roma 1968.

CHIRAMEL, J., *The patriarchal Churches in the Oriental Canon Law*, Rome 1992.

CHIRICESCU, C., *Privire asupra instituției sinodale*, București 1909.

CHIRON, J.-F., *L'infaillibilité et son objet: l'autorité du magistère infaillible de l'Eglise s'étend-elle sur des vérités non-révélées ?*, Paris 1999.

CHRYSOS, E. (ΧΡΥΣΟΣ, Ε.), *Η εκκλησιαστική πολιτική του Ιουστινιανού: κατά την έριν περί τα τρία κεφάλαια και την Ε' (i.e. πέμπτην) Οικουμενικήν Σύνοδον*, Thessalonique 1969.

CHUCRALLAH, A.N., *Les Églises "sui iuris"*, Rome 2004.

CIACHIR, N., *Basarabia sub stăpânire țaristă (1812-1917)*, București 1992.

CODEVILLA, G., *Lo zar e il patriarca: i rapporti tra trono e altare in Russia dalle origini ai giorni nostri*, Milano 2008.

CONGAR, Y., *Le Concile de Vatican II: son Eglise, Peuple de Dieu et Corps du Christ*, Paris 1984.

CONSTANTELOS, D.J., *Renewing the Church. The Significance of the Council in Trullo*, Brookline MA 2006.

CORONELLI, R., *Incorporazione alla Chiesa e comunione. Aspetti teologici e canonici dell'appartenenza alla Chiesa*, Roma 1999.

COSTIGAN, R., *The Consensus of the Church and Papal Infallibility: a study in the background of Vatican I*, Washington 2005.

COTRONEO, R., *Il rito greco di Calabria*, Reggio di Calabria 1902.

COUSSA, A., *Epitome praelectionum de jure ecclesiastico orientali*, I-III, Città del Vaticano 1940-1950.

CRACAFT, J., *The Church Reform of Peter the Great*, Stanford-California 1971.

CRISTEA, M., *Chestiunea unui nou Sinod ecumenic al Bisericilor ortodoxe răsăritene*, București 1920.

CRONȚ, G., *Alegerea ierarhilor în Biserica Ortodoxă*, București 1937.

DAGRON, G., *Naissance d'une capitale. Constantinople et ses institutions de 330 à 451*, Paris 1974.

DALDAS, N., *Le Patriarche œcuménique de Constantinople et le statut canonique de la „diaspora" orthodoxe grecque de langue grecque. Le cas de la France*, Katérini 2001.

DALEGRE, J., *Grecs et Ottomans.1453-1923. De la chute de Constantinople à la disparition de l'Empire ottoman*, Paris 2002.

DANDOU, P.W.F., *Les conférences des évêques. Histoire et développement de 1830 à nos jours*, Paris 2007.

DANIEL, *La joie de la fidélité*, Paris 2009.

———, *Teologie și spiritualitate*, București 2009.

———, *Antologie de documente și studii privind Mitropolia Moldovei:1401-2001*, I, Iași 2001.

DANILOV, M., *Cenzura sinodală și cartea religioasă în Basarabia 1812-1918 (între tradiție și politică țaristă)*, Chișinău 2007.

DARROUZÈS, J., *Notitiae episcopatuum ecclesiae Constantinopolitanae. Texte critique, introduction et notes*, Paris 1981.

DELHAYE, P. – GUERET, M. – TOMBEUR, P., *Concilium Vaticanum II: concordances, index, listes de fréquences, tables comparatives*, Louvain 1974.

DELPERO, C., *La Chiesa del Concilio: l'ecclesiologia nei documenti del Vaticano II*, Firenze 2004.

DEL RE, N., *La Curia Romana. Lineamenti storico-giuridici*, Città del Vaticano 1998.

DESTIVELLE, H., *Le concile de Moscou (1917-1918): la création des institutions conciliaires de l'Eglise orthodoxe russe*, Paris 2006.

DE BERTOLIS, O., *Origine ed esercizio della potestà ecclesiastica di governo in San Tommaso*, TG.DC 70, Roma 2005.

DE LUBAC, H., *Les églises particulières dans l'église universelle*, Paris 1971.

DE SARDES, M., *Le Patriarcat œcuménique dans l'Eglise orthodoxe* (traduit du grec par J. TOURAILLE), Paris 1975.

DE SMOLENSK, C., *L'Evangile et la liberté. Les valeurs de la Tradition dans la société laïque*, Paris 2006.

DRON, C., *Valoarea actuală a canoanelor*, București, 1928.

DUPRE LA TOUR, F., *Le synode des évêques dans le contexte de la collégialité. Une étude théologique de "Pastor Aeternus" à "Apostolos Suos"*, Paris 2004.

DURAND, E., *Le Père, Alpha et Oméga de la vie trinitaire*, Paris 2008.

DURĂ, N., *Le régime de la synodalité selon la législation canonique conciliaire, œcuménique du Ier millénaire*, București 1999.

———, *"Scythia Minor" (Dobrogea) și Biserica ei apostolică. Scaunul arhiepiscopal și mitropolitan al Tomisului (sec. IV-XIV)*, București 2006.

DVORNIK, F., *The Idea of Apostolicity in Byzantium and the Legend of the Apostle Andrew*, Cambridge 1958.

———, *Les slaves. Histoire et civilisation de l'Antiquité aux débuts de l'époque contemporaine* (traduit de l'anglais par D. Pavlevski avec la collaboration de M. Chpolyansky), Paris 1970.

D'ONORIO, J.B., *Le Pape et le gouvernement de l'Eglise*, Paris 1992.

———, *La nomination des évêques. Procédures canoniques et conventions diplomatiques*, Paris 1986.

D'OSTILIO, F., *I vescovi emeriti e l'istituto giuridico dell'"emeritato"*, Città del Vaticano 2000.

EDELBY, N. – DICK, I., *Les Eglises Orientales catholiques. Le Décret «Orientalium Ecclesiarum». Texte latin et traduction française*, Paris 1970.

EID, E., *La figure juridique du Patriarche: étude historico-juridique*, Rome 1962.

ELUVATHINGAL, F., *Patriarchal and Major Archiepiscopal Curia in the Eastern Catholic Legislations Based on CCEO Canons 114-125*, Kottayam 2009.

ERDÖ, P. – SZABÓ, P., ed., *Territorialità e personalità nel diritto canonico ed ecclesiastico: il diritto canonico di fronte al terzo millennio*: atti dell'XI Congreso Internazionale di Diritto Canonico e del XV Congresso Internazionale della Società per il Diritto delle Chiese Orientali – *Territoriality and personality in canon law and ecclesiastical law: canon law faces the third millennium*: proceedings of the 11th International Congress of Canon Law and of the 15th International Congress of the Society for the Law of the Eastern Churches: Budapest, 2-7, Settembre 2001, Budapest 2002.

ETEROVIČ, N., ed., *Il sinodo dei vescovi 40 anni di storia 1965-2005*, Città del Vaticano 2006.

EVDOKIMOV, P., *L'Orthodoxie*, Paris 1979.

FARIS, J.D., *Eastern Catholic Churches: Constitution and Gouvernance*, New York 1992.

FEDOTOV, G.P., *The Russian Religious Mind. Kievan Christianity. The 10th to the 13th Centuries*, Belmont – Massachusetts 1975.

FELICIANI, G., *Le conferenze episcopali*, Bologna 1974.

FELMY, K.C., *La teologia ortodossa contemporanea. Una introduzione*, Brescia 1999.

FLOCA, I.N., *Drept canonic ortodox. Legislație și administrație bisericească*, I-II, București 1990.

FORTE, B., *La Chiesa della Trinità*, Cinisello Balsamo 1995.

FORTESCUE, A., *The Eastern Orthodox Church*, London 1907.

———, *The Uniate Eastern Churches: the Biyantine Rite in Italy, Sicily, Syria and Egypt*, London 1923.

FRAZEE, C.A., *The Orthodox Church and Independent Greece (1821-1852)*, Cambridge 1969.

FREILING, P.-S., *Das Subsidiaritätsprinzip im Kirchen Recht*, Essen 1995.

FÜRST, C.G., *Canones Synopse: zum Codex Iuris Canonici und CCEO*, Freiburg-Basel-Wien 1992.

GAHBAUER, F. R., *Die Pentarchietheorie. Ein Modell der Kirchenleitung von den Anfängen bis zur Gegenwart*, Frankfurt, 1993.

GAILLARDETZ, R.R., *The Church in the Making: Lumen Gentium, Christus Dominus, Orientalium Ecclesiarum*, New York-Mahwah 2006.

GARCIADIEGO, A., *Katholiké Ekklesía: el significado del epíteto "Católica" aplicado a "Iglesia" desde San Ignacio de Antioquía hasta Orígenes*, México 1953.

GARUTI, A., *Patriarca d'Occidente? Storia e attualità*, Bologna 2007.

———, *Libertà religiosa ed ecumenismo. La questione del "territorio canonico" in Russia*, Siena 2005.

———, *Il papa patriarca d'Occidente? Studio storico-dottrinale*, Bologna 1990.

———, *La collegialità. Oggi e domani*, Bologna 1982.

GAUDEMET, J., *Les élections dans l'Eglise latine, des origines au XVIe siècle*, Paris 1979.

GÂRDAN, G.V., *Episcopia ortodoxă română din America – parte a Ortodoxiei americane*, Cluj-Napoca 2007.

GELZER, H., *Der Patriarchat von Achrida: Geschichte und Urkunden*, Leipzig 1902.

GHIDULIANOV, P. (Гидуляновъ, П.), *Митрополиты въ первые три века христианства*, Moscou 1905.

GHIRLANDA, G., *Introduzione al Diritto ecclesiale*, Casale Monferrato 1993.

———, *Il diritto nella Chiesa mistero di comunione.*, Roma 1990.

———, *Hierarchica communio. Significato della formula nella "Lumen Gentium"*, Roma 1980.

GIDI THUMALA, M., *El obispo diocesano como moderador de todo el ministerio de la palabra en la Iglesia particular: normativa de la moderación como "lugar teológico" de comunión en la misión: la doctrina conciliar, canónica y sinodal*, Roma 2007.

GKAVARDINAS, G.C. (ΓΚΑΒΑΡΔΙΝΑΣ, Γ.Χ.), Ἡ Πενθέκτη Οἰκουμενικη Σύνοδος καὶ τὸ νομοθετικό της ἔργο, Katérini 1999.

GORBOFF, M., *La Russie fantôme. L'émigration russe de 1920 à 1950*, Lausanne 1995.

GRIGORIȚĂ, G., *Il concetto di "Ecclesia sui iuris". Un'indagine storica, giuridica e canonica*, Roma 2007.

GROOTAERS, J., *Primauté et collégialité. Le dossier de Gérard Philips sur la Nota Explicativa Praevia (Lumen Gentium, chap. III). Présenté avec introduction historique, annotations et annexes,* Louvain 1986.

GUÉORGUIEVSKY, E., *Le chemin de ma vie. Mémoires du métropolite Euloge (Rédiges d'après ses récites par T. Manoukhina. Traduit du russe par le père Pierre Tchesnakoff)*, Paris 2005.

GUILLEMETTE, F., *Théologie des conférences épiscopale: une herménetutique de Vatican II*, Montréal 1994.

HAJJAR, J., *Le synode permanent-synode endêmoussa: dans l'Eglise byzantine des origines au XIème siècle*, Rome 1962.

HAUPTMANN P. – STRICKER G., ed., *Die Orthodoxe Kirche in Russland. Dokumente ihrer Geschichte*, Göttingen 1988.

HEINZMANN, M. C., *Le leggi irritanti e inabilitanti. Natura e applicazione secondo il CIC 1983*, Roma 2002.

HERGENRÖTHER, J., *Photius, Patriarch von Konstantinopel. Sein Leben, seine Schriften und das griechische Schisma*, I-III, Regensburg 1867-1869.

HERGHELEGIU, M.-E., *Reservatio Papalis. A Study on the Application of the Legal Prescription According to the 1983 Code of canon law*, Münster 2008.

HEYER, F., *Die Orthodoxe Kirche in der Ukraine von 1917 bis 1945*, Köln-Brausfeld 1954.

HÖFFE, O., *Democracy in an Age of Globalisation*, New-York 2007.

HONIGMANN, E., *Trois mémoires posthumes d'histoire et de géographie de l'Orient chrétien*, Bruxelles 1961.

HUELS, J., *Empowerment for Ministry: A Complete Manual on Diocesan Faculties for Priests, Deacons and Lay People*, New Jersey 2003.

HUSSEY, J.M., *The Orthodox Church in the Byzantine Empire*, Oxford 1990.

ILIEVSKI, D., *The Macedonian Orthodox Church: the road to independence* (translated by James M. Leech), Skopje 1973.

IVAN, I., *Demisia din preoție. Studiu de drept canonic*, București 1937.

JANIN, R., *Les Eglises orientales et les rites orientaux*, Paris 1926.

JOUBEIR, A., *La notion canonique de rite, essai historico-canonique*, Rome 1961.

KARMIRIS, I., *L'insegnamento dogmatico ortodosso intorno alla chiesa*, Milano 1970.

KASPER, W., ed., *Il ministero petrino. Cattolici e ortodossi in dialogo*, Rome, 2004 [en anglais: W. KASPER, ed., *The Petrine ministry. Catholics and orthodoxes in dialogue*, New York-Mahwah 2005].

———, *La théologie et l'Eglise* (traduit de l'allemand par Joseph Hoffmann), Paris 1990.

KATZIAPOSTOLOU, G.D. (ΧΑΤΖΗΑΠΟΣΤΟΛΟΥ, Γ.Δ.), *Η καθαίρεσις των κληρικών*, Athènes 1965.

KEHL, M., *Die Kirche. Eine katholische Ekklesiologie*, Würzburg 1992.

KING, A.A., *The Rites of Eastern Christendom*, vol. I-II, Rome 1947-1948.

KNIGHT, D.H., ed., *The Theology of John Zizioulas. Personhood and the Church*, Ashgate 2007.

KOLUTHARA, V., *Rightful Autonomy of Religious Institutes: A Comparative Study Based on the Code of Canons of Oriental Churches and the Code of Canon Law*, Rome 1994.

KONIDARIS, G. (ΚΟΝΙΔΑΡΗΣ, Γ.), *Περί τον τίτλον του „Αρχιεπισκόπου": μελέτη ιστορική και φιλολογική ως συμβολή εις την γεν. εκκλ. ιστορίαν και την εκκλ. ιστορίαν της Ελλάδος μετά κριτικών παρατηρήσεων εις έργα R. Sohm και Χρυσ. Παπαδόπουλου*, Athènes 1963-1964.

KONSTANTINIDIS, E. (ΚΩΝΣΤΑΝΤΙΝΙΔΗΣ, Ε.), *Ανακηρυξις του αυτοκεφαλου της εν Ελλαδι Εκκλησιας (1850) και η θεσις των Μητροπολεων των Νεων Χωρων (1928)*, Athènes 1983.

KOSTRÏOKOV, A. (КОСТРЮКОВ, А.), *Русская Зарубежная Церковь в первой половине 1920-х годов. Организация церковново управления в емиграции*, Moscou 2007.

LADARIA, L.F., *Il Dio vivo e vero. Il mistero della Trinità*, Casale Monferrato 1999.

LANATA, G., *Legislazione e natura nelle Novelle giustinianee*, Napoli 1984.

LANGAN, J.P., ed., *Catholic Universities in Church and Society: A dialogue on "Ex corde Ecclesiae"*, Washington 1993.

LAZIĆ, R., *Novatorsko bogoslovlje mitropolita Ziziulasa*, Belgrade 2002.

LEITE SOARES, A., *A comunhão na consticuição hiérarquica da Igreja: investigação teológico-canónico*, Porto 1992.

LEYS, A., *Ecclesiological Impacts of the principle of subsidiarity*, Kampen 1995.

LIESEL, N., *Les liturgies catholiques orientales. Commentaire et schémas analytiques avec cartes géographyques*, Rome 1958.

LOBANOV, V.V. (ЛОБАНОВ, В.В.), *Патриарх Тихон и Советская власть (1917-1925 гг.)*, Moscou 2008.

LODA, N., *La collegialità nella Chiesa, con particolare riguardo alle varie forme di collegialità episcopale*, Rome 1995.

LORUSSO, L., *Gli orientali cattolici e i pastori latini: problematiche e norme canoniche*, Rome 2003.

LOSINGER, A., *Iusta autonomia. Studien zu einem Schlüsselbegriff der II. Vatikanischen Konzils*, Paderborn 1989 [en anglais: *Relative Autonomy. The Key to Understanding Vatican II*, Frankfurt-Berlin-Bern-New York-Paris-Wien 1997].

LOTOTSKY, A., *Autokefalja. Zasady autokefalji*, Varsovie 1932.

———, *Автокефалия*, I-II, Varsovie 1935-1938.

LOUTH, A., *John Damascene: Tradition and Originality in Byzantine Theology*, Oxford 2002.

LO CASTRO, G., *Les prélatures personnelles: aperçues juridiques* (traduit de l'italien par Dominique Le Tourneau, avec la collaboration de Jean-Pierre Schouppe), Bruxelles 1993 [l'original en italien: *Le prelature personali. Profili giuridici*, Milano 1988].

LUDECKE, N., *Die Grundnormen des katholischen Lehrrechts in den päpstlichen Gesetzbüchern und neueren Äusserungen in päpstlicher Autorität*, Würzburg 1997.

LUPU, Ş., *La sinodalità e/o conciliarità, espressione dell'unità e della cattolicità della Chiesa in Dumitru Stăniloae (1903-1993)*, Roma 1999.

L'Eglise Orthodoxe Russe. Organisation, situation, activité, Moscou 1958.

L'HUILLIER, P., *The Church of the Ancient Councils. The Disciplinary Work of the First Four Ecumenical Councils*, Crestwood – NY 1996.

MACCARRONE, M., *Vicarius Christi: storia del titolo papale*, Rome, 1952.

MAGAGNOTTI, P., ed., *Il principio della sussidiarietà nella dottrina sociale della Chiesa: testi integrali della Rerum novarum e dei documenti pontifici pubblicati per le ricorrenze dell'enciclica leonina con presentazioni di P. Raimondo Spiazzi o.p.*, Bologna 1991.

MANGALATHIL, J., *The Metropolitans of Patriarchal or Major Archiepiscopal Churches: a historico-juridical study of Canons 133-139 of the Codex Canonum Ecclesiarum Orientalium in comparison with the Canons on Metropolitans of the Codex Iuris Canonici*, Rome 1997.

MANNA, S. (commento di), *Decreto sulle Chiese Orientali Cattoliche "Orientalium Ecclesiarum"*, Casale Monferrato 1986.

MARCHETTI, G., *La curia come organo di partecipazione alla cura pastorale del Vescovo diocesano*, Roma 2000.

MARINČÁK, S., ed., *Diritto particolare nel sistema del CCEO: aspetti teoretici e produzione normativa delle Chiese orientali cattoliche*, Košice 2007.

MARINI, F.J., *The power of the Patriarch: patriarchal jurisdiction on the verge of the Third Millennium*, New York 1998.

MARTÍ BONET, J.M., *El palio. Insignia pastoral de los papas y arzobispos*, Madrid 2008.

MATHON, G. – BAUDRY, G. H. – THIERY, E., ed., *Catholicisme. Hier, Aujourd'hui, Demain*, tome douzième, Paris 1990.

MATSOUKAS, N., *Teologia dogmatica e simbolica ortodossa* (traduzione dal greco di E. PAVLIDOU), I-II, Roma 1995-1996.

MELLONI, A., *Il conclave: storia di una istituzione*, Bologna 2001 [en français: *Le conclave: histoire, fonctionnement, composition* (traduit de l'italien par F. Leroy), Paris 2003].

MENEVISSOGLOU, P. (ΜΕΝΕΒΙΣΟΓΛΟΥ Π.), *Ιστορικη εισαγωγη εις τους κανονας της Ορθοδοξου Εκκλησιας*, Stockholm 1990.

―――, *Το Αγιον Μύρον εν τη Ορθοδόξω Ανατολική Εκκλησία: ίδια κατά τας πηγάς και την πράξιν των νεότερων χρόνων του Οικουμενικού Πατριαρχείου*, Thessalonique 1972.

METZ, R., *Le nouveau droit des Eglises orientales catholiques*, Paris 1997.

MEYENDORFF, J., *Byzantium and the Rise of Russia: a study of Byzantino-Russian relations in the 14th Century*, Cambridge 1981.

―――, *The Orthodox Church. Its Past and Its Role in the World Today* (with selected revisions by Nicolas Lossky), Crestwood NY, 1996^4.

―――, *Lo scisma tra Roma e Costantinopoli*, Comunità di Bosé 2005.

MIELE, M., *Dalla sinodalità alla collegialità nella codificazione latina*, Padova 2004.

MILAȘ, N., *Drept bisericesc oriental* (traduit par D. I. Cornilescu et V. S. Radu, revue par I. Mihălcescu), București 1915.

MILLER, C., *The Gift of the World. An Introduction to the Theology of Dumitru Stăniloae*, Edinburgh 2000.

MINNERATH, R., *Le droit de l'Eglise à la liberté. Du syllabus à Vatican II*, Paris 1982.

―――, *Le Pape, évêque universel ou premier des évêques ?*, Paris 1978.

MISSIR REGGIO MAMAKY DE LUSIGNAN, L., *Rome et les Eglises d'Orient vues par un Latin d'Orient (recueil d'articles et de croquis)*, Paris 1976.

MITROHIN, N. – TIMOFEEVA, S. [Н. МИТРОХИН – С. ТИМОФЕЕВА], *Епископы и епархии Русской Православной Церкви по состоянию на 1 октября 1997 г.*, Moscou 1997.

MONACHINO, V., *Le origini del patriarcato di Costantinopoli e il canone 28 di Calcedonia*, Genève 1998.

MONDIN, G.B., *Le nuove ecclesiologie. Un'immagine attuale della Chiesa*, Roma 1980.

MORRISEY, F.G., *Les documents pontificaux et de la Curie: leur portée canonique à la lumière du "Code de droit canonique" de 1983* (traduction établie par M.-P. Couturier), Ottawa 2005.

MORTARI, L., *Consacrazione episcopale e collegialità. La testimonianza della Chiesa antica*, Firenze 1969.

NAZ, R., ed., *Traité de Droit Canonique*, I, Paris 1954².

NEDUNGATT, G. – FEATHERSTONE, M., *The Council in Trullo Revisited*, Roma 1995.

NEGRU, G., *Politica etnolingvistică în R.S.S. Moldovenească*, Chişinău 2000.

NICHOLS, A., *Theology in the Russian Diaspora: Church, Fathers, Eucharist in Nikolai Afanas'ev [1893–1966]*, Cambridge 1989.

NIKOLAU, T., *Die Orthodoxe Kirche: im Spannungsfeld von Kultur, Nation und Religion*, St. Otilien 2005.

OCHOA, X., *Index verborum ac locutionum Codicis iuris canonici*, Città del Vaticano, 1984².

OHME, H., *Das Ökumenische Patriarchat von Konstantinopel und türkische Religionspolitik*, Erfurt 2007.

———, Concilium Quinisextum – Das Konzil Quinisextum. Griechisch und deutsch, Turnhout 2006.

OKULIK, L., ed., *Nuove terre e nouve Chiese. Le comunità di fedeli orientali in diaspora*, Venezia 2008.

———, *Le Chiese "sui iuris". Criteri di individuazione e delimitazione*, Venezia 2005.

PAGÉ, R., *Les Eglises particulières. Leurs structures de gouvernement selon le Code de droit canonique de 1983*, Montréal 1985.

PALLATH, P., *The Synod of Bishops of Catholic Oriental Churches*, Rome 1994.

PAPADOPOULLOS, T.H., *Studies and Documents relating to the History of the Greek Church and People under Turkish Domination*, Bruxelles 1952.

PAPADOPOULOS, C.G., *Les privilèges du Patriarcat œcuménique dans l'Empire ottoman*, Paris 1924.

PAPATHANASSIOU-GHINIS, D., *Théologie et pastorale des pénitences (epitimia) selon l'Eglise orthodoxe*, Strasbourg 1981.

PAPATHOMAS, G., *Essai de bibliographie (ad hoc) pour l'étude des questions de l'autocéphalie, de l'autonomie et de la diaspora*, Katérini 2000.

———, *Le patriarcat œcuménique de Constantinople (y compris la Politeia monastique du Mont Athos) dans l'Europe Unie. Approche nomocanonique*, Katérini 1998.

———, *L'Eglise de Grèce dans l'Europe Unie. Approche nomocanonique*, Katérini 1998.

PAPATHOMAS, G., *L'Eglise autocéphale de Chypre dans l'Europe Unie*, Katérini 1998.

———, *Le Patriarcat Œcuménique de Constantinople, les Eglises autocéphales orthodoxes de Chypre et de Grèce et la Politeia monastique du Mont Athos dans l'Europe Unie*, Paris 1994. (thèse de doctorat)

PAPATHOMAS, G. – PALLI, M.H., *The Autonomous Orthodox Church of Estonia – L'Eglise autonome orthodoxe d'Estonie. Approche historique et nomocanonique*, Katérini 2002.

PAVLOV, A.S. (ПАВЛОВ, А.С.), *Курс церковного права*, Св. Троице-Сергиева Лавра 1902.

PĂCURARIU, M., *Istoria Bisericii Ortodoxe Române*, vol. I-III, Bucureşti 1992.

———, *Basarabia. Aspecte din istoria Bisericii şi a neamului românesc*, Iaşi 1993.

PĂIUŞAN, C. – CIUCEANU, R., *Biserica Ortodoxă Română sub regimul comunist 1945-1958*, I, Bucureşti 2001.

PERI, V., *Chiesa romana e "rito greco". G. A. Santoro e la Congregazione dei Greci (1566-1596)*, Brescia 1975.

PETRUSHKO, V. (ПЕТРУШКО, В.), *Автокефалистские расколы на Украине в постсоветский период 1989-1997*, Moscou 1998.

PHEIDAS, V. (ΦΕΙΔΑΣ, Β.), *Προϋποθέσεις διαμορφώσεως του θεσμού της πενταρχίας των πατριαρχών: επίδρασις των πρεσβείων τιμής και του δικαίου των χειροτονιών επί της εξελίξεως της εκκλησιαστικής διοικήσεως άχρι και της Δ΄ ικουμενικής συνόδου (451)*, Athènes 1969.

———, *Ιστορικοκανονικά προβλήματα περί την λειτουργίαν του θεσμού της Πενταρχίας των πατριαρχών: η εν μέσω των παπικών και πολιτειακών αντικανονικών τάσεων κανονική λειτουργία του θεσμού της Πενταρχίας των πατριαρχών και η επίδρασις επί του συνοδικού συστήματος (451-553)*, Athènes 1970.

PHILIPS, G., *L'Eglise et son mystère au IIème concile du Vatican. Histoire, texte et commentaire de la Constitution Lumen Gentium*, I-II, Paris 1967-1968.

PILAT, L., *Între Roma şi Bizanţ. Societate şi putere în Moldova (sec. XIV-XVI)*, Iaşi 2008.

POCITAN, V., *Geneza demnităţii patriarhale şi Patriarhatele Bisericii Ortodoxe*, Bucureşti 1926.

———, *Patriarhatele Bisericii Ortodoxe*, Bucureşti 1926.

POLSKY, M. (ПОЛЬСКИЙ, М.), *Каноническое положение высшей Церковной власти в СССР и заграницей*, Jordanville – NY 1948.

POMMARES, J.-M., *La coordination des fors interne et externe dans l'ordonnancement canonique actuel*, Rome 1993.

POSPIELOVSKY, D. (ПОСПЕЛОВСКИЙ, Д.), *Русская православная церковъ в XX веке*, Moscou 1995.

POSPISHIL, V.J., ed., *Orientalium ecclesiarum: The decree on the Eastern Catholic Churches of the II Council of Vatican, canonical, pastoral commentary*, Bronx-New York 1965.

———, *Eastern Catholic Church Law. According to the Code of Canons of the Eastern Churches*, Brooklyn-New York 1993.

POTTMEYER, H.J., *Die Rolle des Papsttums im dritten Jahrtausend*, Freiburg 1999.

POTZ, R. – SYNEK, E. (unter Mitarbeit von S. TROIANOS), *Orthodoxes Kirchenrecht. Eine Einführung*, Freistadt 2007.

PRADER, J., *Il matrimonio in Oriente ed in Occidente*, Roma 1992.

Il Primato del Successore di Pietro. Atti del Simposio teologico, Roma 2-4 Dicembre 1996, Città del Vaticano 1998.

Il Primato del Successore di Pietro nel ministero della Chiesa. Considerazioni della Congregazione per la Dottrina della Fede, Città del Vaticano 2002.

PUGLISI, J., ed., *Petrine Ministry and the unity of the Church: "Toward a patient and fraternal dialogue": A Symposium celebrating the 100th anniversary of the Foundation of the Society of the Atonement (Rome, December 4-6, 1997)*, Collegeville 1999 [en italien: J. PUGLISI, ed., *Il Ministero Petrino e l'unità della Chiesa*, Venezia 1999].

PURMONEN, V., ed., *Orthodoxy in Finland. Past and Present*, Kuopio 1984.

QUINN, J.R., *The Reform of the Papacy. The Costly Call to Christian Unity*, New-York 1999 [en italien: *Per una riforma del Papato. L'impegnativo appello all'unità dei cristiani*, Brescia 2000].

RALLES, C.M. (ΡΆΛΛΗΣ, Κ.Μ.), *Περί παραιτήσεως επισκόπων κατά το δίκαιον της ορθοδόξου ανατολικής εκκλησίας*, Athènes 1911.

RAMOS, F.J., *Le Diocesi nel Codice di Diritto Canonico. Studio giuridico-pastorale sulla organizzazione ed i raggruppamenti delle Chiese particolari*, Roma 1997.

———, *Le Chiese particolari e i loro raggruppamenti (cann. 368-572)*, I-II, Roma 1995-1996.

RATZINGER, J., *Le nouveau peuple de Dieu* (traduit par R. Givord et H. Bourboulon), Paris 1971.

RIGAL, J., *Découvrir l'Eglise. Initiation à l'ecclésiologie*, Paris 2000.

———, *L'Ecclésiologie de communion. Son évolution historique et ses fondements*, Paris 1997.

———, *Le mystère de l'Eglise. Fondements théologiques et perspectives pastorales*, Paris 1992.

RIGHETTI, M., *Manuale di storia liturgica*, Milano 1950.

ROBERTSON, R., *Contemporary Romanian Orthodox Ecclesiology. The Contribution of Dumitru Stăniloae and His Younger Colleagues*, Roma 1988.

———, *The Eastern Christian Churches. A brief Survey*, Roma 1999.

RODRÍGUEZ, T., *Justa autonomia de los Institutos de vida consacrada (can. 586)*, Roma 1996.

RUNCIMAN, S., *The Great Church in Captivity. A Study of the Patriarchate of Constantinople from the Eve of the Turkish Conquest to the Greek Wars of Independence*, Cambridge 1968.

———, *The Eastern Schism: a study of papacy and the Eastern Churches during the XIth and XIIth centuries*, Oxford 1956 [en français *Le Schisme d'Orient: la papauté et les Eglises d'Orient. 11e -12e siècles* (traduit par H. Defrance), Paris 2008].

SAFRONOV, S. (САФРОНОВ, С.), *Русская Православная Церковь в конне XX в.: территориалный аспект*, Moscou 2001.

SALACHAS, D., *La vita consacrata nel Codice dei Canoni delle Chiese Orientali (CCEO)*, Bologna 2006.

———, *Istituzioni di diritto canonico delle Chiese cattoliche orientali*, Bologna 2003.

SALVATORI, D., *L'oggetto del Magistero definitivo della Chiesa alla luce del m.p. "Ad Tuendam Fidem": il can. 750 visto attraverso i Concili vaticani*, Roma 2001.

SAMPAIO DE OLIVEIRA, A., *L'autonomia ("status sui iuris") delle Chiese orientali nella piena comunione con la Sede Apostolica secondo il CCEO*, Roma 2003.

SCANZILLO, C., *La Chiesa, sacramento di comunione: commento teologico alla "Lumen Gentium"*, Napoli 1987.

SCHAEDER, H., *Moskau das dritte Rom: Studien zur Geschichte der politischen Theorien in der slavischen Welt*, Hambourg 1929.

SCHAPOV, E. N., (ЩАПОВ, Я. Н.), *Византийское и южнославянское правовое наследие на Руси в XI-XIII вв.*, Moscou 1978.

SCHATZ, K., *La primauté du Pape. Son histoire des origines à nos jours* (traduction de l'allemand par J. Hoffmann), Paris 1992.

SCHOUPE, J.-P., *Le droit canonique. Introduction général et droit matrimonial*, Bruxelles 1991.

SCHWARZ, R., *Die Eigenberechtigte Gewalt der Kirche*, Roma 1974.

SHEVKUNOVA, T. (ШЕВКУНОВА, Т.), *Русская Православная Церковь. XX век*, Moscou 2008.

SIMONETTI, M., *Ortodossia ed eresia tra I e II secolo*, Soneria Mannelli 1994.

SIMONINI, A., *Autocefalia ed esarcato in Italia*, Ravena 1969.

SMOLITSCH, I., *Geschichte der Russichen Kirche 1700-1917*, I, Leyden 1964, et II, Berlin 1991.

SOARE, G.I., *Natura juridică a consistoriilor bisericești. Studiu canonico-juridic*, București 1943.

———, *Mitropolia în dreptul canonic ortodox*, București 1939.

———, *Forma de conducere în Biserica creștină în primele trei veacuri*, București 1938.

SODARO, S., *Keshi, preti sposati nel diritto canonico orientale*, Trieste 2000.

SPITERIS, Y., *Ecclesiologia ortodossa: temi a confronto tra Oriente e Occidente*, Bologna 2003.

———, *La teologia ortodossa neo greca*, Bologna 1992.

SPULBER, C.A., *Le concept byzantin de la loi*, București 1938.

STAN, L., *Mirenii în Biserică. Studiu canonic-istoric*, Sibiu 1939.

STAVRIDES, V.Th., (ΣΤΑΥΡΙΔΗΣ, Β.Θ.), Ιστορία του Οικουμενικού Πατριαρχείου: 1453 - σήμερον, Thessalonique 1987.

STĂNILOAE, D., *Prière de Jésus et expérience du Saint Esprit*, Paris, 1981.

———, *Teologia Dogmatică Ortodoxă*, I-III, București 1997².

STEVENS, G.P., *De Theodoro Balsamone analysis operum ac mentis iuridicae*, Roma 1969.

STRUVE, N., *Soixante-dix ans d'émigration russe. 1919-1989*, Paris, 1996.

———, *Les chrétiens en URSS*, Paris 1963.

SYGUT, M., *Natura e origine della potestà dei vescovi nel Concilio di Trento e nella dottrina successiva (1545-1869)*, Roma 1998.

ȘESAN, V., *Curs de drept bisericesc universal*, Cernăuți 1942.

ȘIȘCANU, E., *Basarabia sub regim bolșevic (1940-1952)*, București 1998.

TAFT, R.F., *The Diptychs*, Roma 1991.

TAGLE, L.A.G., *Episcopal Collegiality and Vatican II. The Influence of Paul VI*, Manila 2004.

TANNER, N., *The Councils of the Church: a Short History*, New York 2001.

THANCHAN, G., *The Juridical Institution of Major Archbishop in Oriental Law: a historical juridical study with special reference to Syro Malabar Major Archiepiscopal Church*, Roma 1998.

THEKKEKARA, G., *The power of the Roman Pontiff in Relation to the Churches "sui iuris": an analytical study of CCEO can. 43 with special reference to the patriarchal Churches in an ecumenical perspective*, Roma 2006.

THILS, G., *La primauté pontificale. La doctrine de Vatican I. Les voies d'une révision*, Gembloux 1972.

TIHON, P., ed., *Changer la papauté?*, Paris 2000.

TILLARD, J.-M. R., *L'Eglise locale. Ecclésiologie de communion et catholicité*, Paris 1995.

———, *Chaire de l'Eglise, chaire du Christ: aux sources de l'ecclésiologie de communion*, Paris 1992.

———, *Eglise d'Eglises. L'ecclésiologie de communion*, Paris 1987.

TKHOROVSKYY, M., *Procedura per la nomina dei vescovi. Evoluzione dal Codice del 1917 al Codice del 1983*, Roma 2004.

TODORAN, I. – CHIȚESCU, N. – ICĂ, I. – STĂNILAOE, D., ed., *De la théologie orthodoxe roumaine des origines à nos jours*, București 1974.

TREMBELAS, P., *Dogmatique de l'Eglise orthodoxe catholique*, Chévetogne 1967.

TROIANOS, S.N. (ΤΡΩΙΑΝΟΣ, Σ.Ν.), *Οἱ πηγές τοῦ βυζαντινοῦ δικαίου*, Athènes 1986.

TSAGKARI, A.(ΤΣΑΓΚΆΡΗ, Α.), *Η ιστορία και το νομικό πλαίσιο της Διαρκούς Ιεράς Συνόδου*, Thessalonique 2001.

TSYPIN, V. (ЦЫПИН, В.), *Церковное Право*, Moscou 1996.

———, *"Кормчая Книга" в русском церковном праве*, Moscou 1997.

———, *История Русской Православной Церкви 1917-1990*, Moscou 1994.

UMBA, K., *La notion de Peuple de Dieu dans le nouveau Code. Une notion unifiante de la normative canonique?*, Città del Vaticano 2000.

URRUTIA, F.J., *Les normes générales. Commentaire des canons 1-203*, Paris 1994.

VACCA, S., *Prima Sedes a nemine iudicatur. Genesi e sviluppo storico dell'assioma fino al Decreto di Graziano*, Roma 1993.

VANIYAPURACKAL, S.T., *The ecclesiological and canonical concepts of Church "sui iuris" and rite: implications on Gens Suddistica*, Roma 2005.

VAN DEN STEEN DE JEHAY, F., *De la situation légale des sujets ottomans non-musulmans*, Bruxelles 1906.

VAN DER WAL, N., *Manuale Novellarum Justiniani. Aperçu systématique du contenu des Nouvelles de Justinien*, Groningen-Amsterdam 1964.

VAN DER WAL, N. – LOKIN, J.H.A., *Historiae iuris greco-romani delineatio. Les sources du droit byzantin de 300 à 1453*, Groningen 1985.

VARNALIDIS, S. (ΒΑΡΝΑΛΙΔΗΣ, Σ.), *Ο θεσμός της χαριστικής (δωρεάς) των μοναστηριών εις τους Βυζαντινούς*, Thessalonique 1985.

VATTAPPALAM, M., *The Congregation for the Eastern Churches: origins and competence*, Città del Vaticano 1999.

VIANA, A., *Introducción al estudio de las Prelaturas*, Pamplona 2006.

———, *Territorialidad y personalidad en la organización eclesiástica. El caso de los ordinariatos militares*, Pamplona 1992.

VILLEMIN, L., *Pouvoir d'ordre et pouvoir de juridiction, Histoire théologique de leur distinction*, Paris 2003.

VISCOME, F., *Origine ed esercizio della potestà dei vescovi dal Vaticano I al Vaticano II. Contesto teologico-canonico del magistero dei «recenti Pontefici» (Nota explicativa praevia 2)*, Roma 1997.

VISCUSO, P., *A Quest for Reform of the Orthodox Church: the 1923 Pan-Orthodox Congress: an analysis and translation of its acts and decisions*, Berkeley 2006.

VISIOLI, M., *Il diritto della Chiesa e le sue tensioni alla luce di un'antropologia teologica*, Roma 1999.

VLAICU, P.D., *Le Statut canonique et de droit étatique de l'Eglise orthodoxe en Roumanie postcommuniste: identité nationale et liberté religieuse et de religion*, Paris 2005. (thèse de doctorat).

VODOFF, V., *Naissance de la chrétienté russe. La conversion du prince Vladimir de Kiev (988) et ses consequencés (XIe et XIIIe siècles)*, Paris 1988.

———, *Autour du mythe de la sainte Russie. Christianisme, pouvoir et société chez les slaves orientaux (X^e -XVIIe sicècles)*, Paris 2003.

VON SCHELIHA, W., *Russland und die orthodoxe Universalkirche in der Patriarchatsperiode 1589-1721*, Wiesbaden 2004.

VON TEUFFENBACH, A., *Die Bedeutung des "subsistit in" (LG8) zum Selbstverständnis der Katholischen Kirche*, München 2002.

VORNICESCU, N., ed., *Adevărul despre Mitropolia Basarabiei*, București 1993.

WENGER, A., *Vatican II. Chronique de la deuxième session*, Paris 1964.

WHITTOW, M., *The Making of Orthodox Byzantium, 600-1025*, London 1996.

WINTERKAMP, K., *Die Bischofskonferenz zwischen "affektiver" und "effektiver" Kollegialität*, Münster 2003.

YOUNG, A. – PRUTER, K. – SELDIS P.D., ed., *The Russian Orthodox Church Outside Russia: A History and Chronology*, San Bernardino – California 1993.

ZERNOV, N., *Moscow the Third Rome*, London 1937.

ZIEGLER, A., *Die Union des Konzils von Florenz in der Russichen Kirch*, Würzburg 1938.

ZIVIANI, G., *La Chiesa madre nel concilio Vaticano II*, Roma 2001.

ZIZIOULAS, J. (ΖΗΖΙΟΥΛΑΣ, Ι.), *Η ενότης της εκκλησίας: εν τη Θεία Ευχαριστία και τω επισκόπω κατά τους τρεις πρώτους αιώνας*, Athènes 1965.

———, *L'être ecclésial*, Genève 1981.

———, *Being Communion. Studies in Personhood and the Church*, Crestwood NY 1985.

———, *L'Eucharistie, l'Evêque et l'Eglise*, Paris 1994.

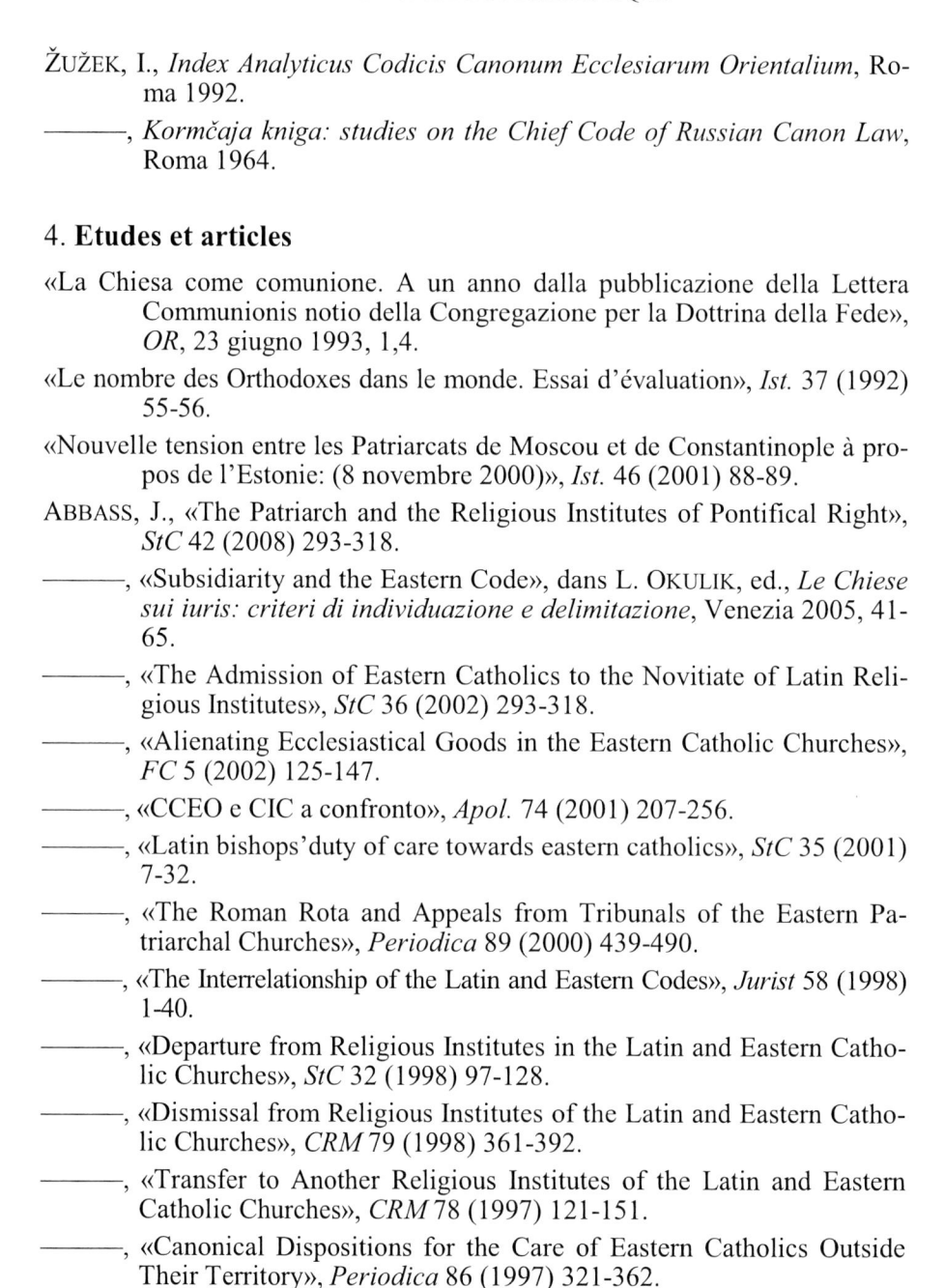

ŽUŽEK, I., *Index Analyticus Codicis Canonum Ecclesiarum Orientalium*, Roma 1992.

———, *Kormčaja kniga: studies on the Chief Code of Russian Canon Law*, Roma 1964.

4. Etudes et articles

«La Chiesa come comunione. A un anno dalla pubblicazione della Lettera Communionis notio della Congregazione per la Dottrina della Fede», *OR*, 23 giugno 1993, 1,4.

«Le nombre des Orthodoxes dans le monde. Essai d'évaluation», *Ist.* 37 (1992) 55-56.

«Nouvelle tension entre les Patriarcats de Moscou et de Constantinople à propos de l'Estonie: (8 novembre 2000)», *Ist.* 46 (2001) 88-89.

ABBASS, J., «The Patriarch and the Religious Institutes of Pontifical Right», *StC* 42 (2008) 293-318.

———, «Subsidiarity and the Eastern Code», dans L. OKULIK, ed., *Le Chiese sui iuris: criteri di individuazione e delimitazione*, Venezia 2005, 41-65.

———, «The Admission of Eastern Catholics to the Novitiate of Latin Religious Institutes», *StC* 36 (2002) 293-318.

———, «Alienating Ecclesiastical Goods in the Eastern Catholic Churches», *FC* 5 (2002) 125-147.

———, «CCEO e CIC a confronto», *Apol.* 74 (2001) 207-256.

———, «Latin bishops'duty of care towards eastern catholics», *StC* 35 (2001) 7-32.

———, «The Roman Rota and Appeals from Tribunals of the Eastern Patriarchal Churches», *Periodica* 89 (2000) 439-490.

———, «The Interrelationship of the Latin and Eastern Codes», *Jurist* 58 (1998) 1-40.

———, «Departure from Religious Institutes in the Latin and Eastern Catholic Churches», *StC* 32 (1998) 97-128.

———, «Dismissal from Religious Institutes of the Latin and Eastern Catholic Churches», *CRM* 79 (1998) 361-392.

———, «Transfer to Another Religious Institutes of the Latin and Eastern Catholic Churches», *CRM* 78 (1997) 121-151.

———, «Canonical Dispositions for the Care of Eastern Catholics Outside Their Territory», *Periodica* 86 (1997) 321-362.

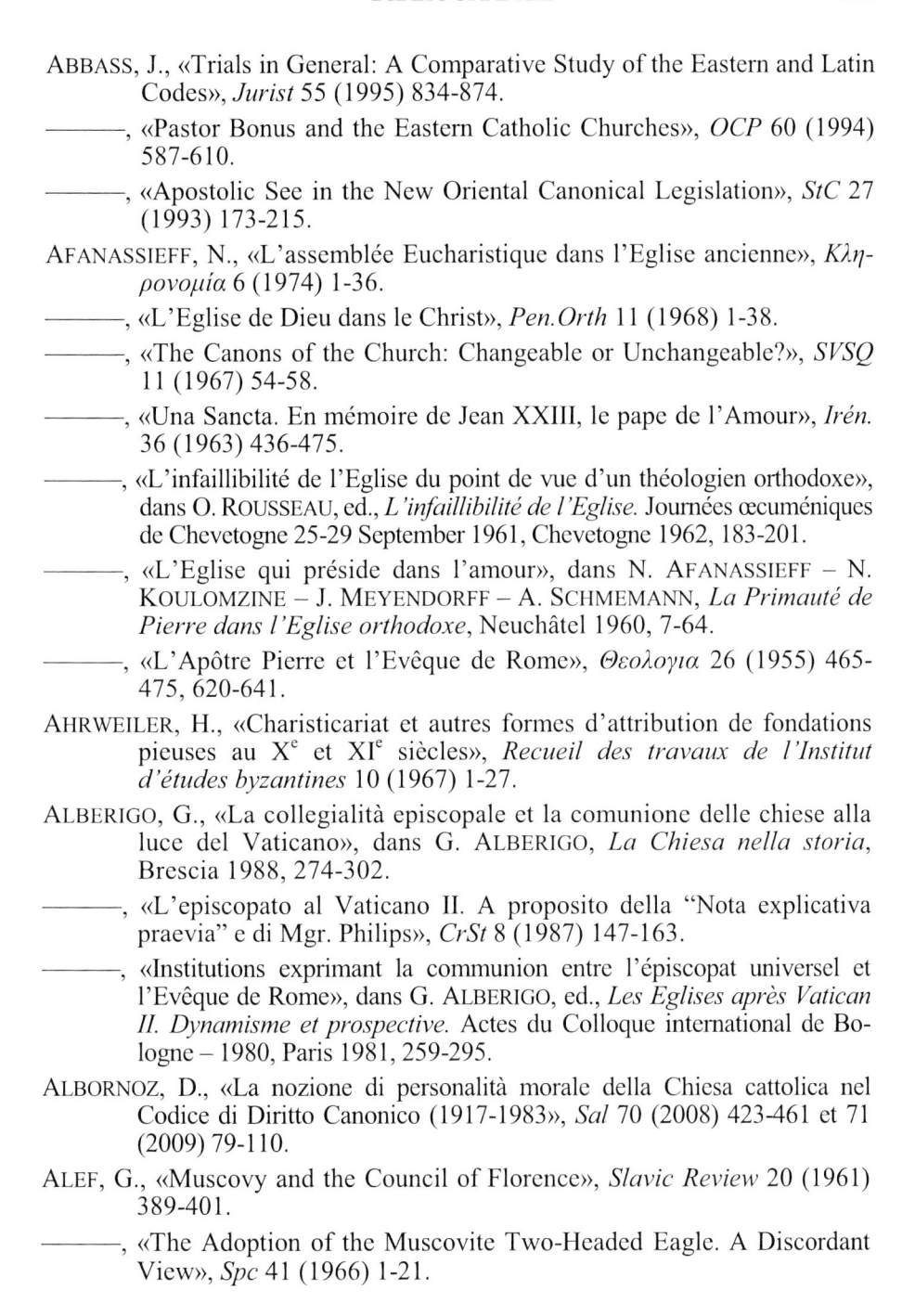

ABBASS, J., «Trials in General: A Comparative Study of the Eastern and Latin Codes», *Jurist* 55 (1995) 834-874.

———, «Pastor Bonus and the Eastern Catholic Churches», *OCP* 60 (1994) 587-610.

———, «Apostolic See in the New Oriental Canonical Legislation», *StC* 27 (1993) 173-215.

AFANASSIEFF, N., «L'assemblée Eucharistique dans l'Eglise ancienne», *Κληρονομία* 6 (1974) 1-36.

———, «L'Eglise de Dieu dans le Christ», *Pen.Orth* 11 (1968) 1-38.

———, «The Canons of the Church: Changeable or Unchangeable?», *SVSQ* 11 (1967) 54-58.

———, «Una Sancta. En mémoire de Jean XXIII, le pape de l'Amour», *Irén.* 36 (1963) 436-475.

———, «L'infaillibilité de l'Eglise du point de vue d'un théologien orthodoxe», dans O. ROUSSEAU, ed., *L'infaillibilité de l'Eglise.* Journées œcuméniques de Chevetogne 25-29 September 1961, Chevetogne 1962, 183-201.

———, «L'Eglise qui préside dans l'amour», dans N. AFANASSIEFF – N. KOULOMZINE – J. MEYENDORFF – A. SCHMEMANN, *La Primauté de Pierre dans l'Eglise orthodoxe*, Neuchâtel 1960, 7-64.

———, «L'Apôtre Pierre et l'Evêque de Rome», *Θεολογια* 26 (1955) 465-475, 620-641.

AHRWEILER, H., «Charisticariat et autres formes d'attribution de fondations pieuses au Xe et XIe siècles», *Recueil des travaux de l'Institut d'études byzantines* 10 (1967) 1-27.

ALBERIGO, G., «La collegialità episcopale et la comunione delle chiese alla luce del Vaticano», dans G. ALBERIGO, *La Chiesa nella storia*, Brescia 1988, 274-302.

———, «L'episcopato al Vaticano II. A proposito della "Nota explicativa praevia" e di Mgr. Philips», *CrSt* 8 (1987) 147-163.

———, «Institutions exprimant la communion entre l'épiscopat universel et l'Evêque de Rome», dans G. ALBERIGO, ed., *Les Eglises après Vatican II. Dynamisme et prospective.* Actes du Colloque international de Bologne – 1980, Paris 1981, 259-295.

ALBORNOZ, D., «La nozione di personalità morale della Chiesa cattolica nel Codice di Diritto Canonico (1917-1983», *Sal* 70 (2008) 423-461 et 71 (2009) 79-110.

ALEF, G., «Muscovy and the Council of Florence», *Slavic Review* 20 (1961) 389-401.

———, «The Adoption of the Muscovite Two-Headed Eagle. A Discordant View», *Spc* 41 (1966) 1-21.

ALEXEÏ II, «L'incident de Ravenne ait été spécialement provoqué afin d'exclure du dialogue le Patriarcat de Moscou», *Europaica* 136 (21 janvier 2008).

ALFARO, P.J., «Christus, Sacramentum Dei Patres: Ecclesia, Sacramentum Christi Gloriosi», dans A. SCHÖNMETZER, ed., *Acta Congressus internationalis de theologia concilii Vaticani II*, Città del Vaticano 1968, 4-9.

ALFEYEV, H., «Il primato e la conciliarità nella tradizione ortodossa. Discorso all'Assemblea della Commissione teologica della Conferenza Episcopale Svizzera», *Odigos* 26 (2007), n. 2, 4-8.

———, «Le dialogue manqué», *Europaica* 130 (21 octobre 2007).

———, «Que signifie pour les orthodoxes l'abandon par le pape du titre de "patriarche d'Occident"», *Europaica* 89 (6 mars 2006) [républié dans *Ist.* 51 (2006) 14-15].

———, «Les églises orthodoxes ne feront pas leur deuil du titre de patriarche d'Occident», *Ist.* 51 (2006) 16-18.

———, «La primauté et la conciliarité dans la tradition orthodoxe», dans *Irén.* 78 (2005) 24-36.

———, «La notion du territoire canonique dans la tradition orthodoxe», *Diakonia. Bulletin de la Fraternité orthodoxe en Belgique* 2005, n. 49, 30-32 et n. 50, 25-28 [en allemand: «Das Prinzip des 'Kanonischen Territoriums' in der orthodoxen Tradition», *FC* 8 (2005) 253-264].

———, «The Reception of the Ecumenical Councils in the Early Church», *SVTQ* 47 (2003) 413-430.

ALIVIZATOS, A. (ΑΛΙΒΙΖΑΤΟΣ, Α.), «Περὶ τῆς ἑνότητος ἐν τῇ ὀρθοδόξῳ ἐκκλησίᾳ», *Γρηγόριος ὁ Παλαμᾶς* 42 (1959) 435-456.

———, «Die Kircheordnung der Autokephalen Kirche von Cypern», *Θεολογία* 35 (1964) 529-541.

———, «Les rapports de la législation ecclésiastique de Justinien avec les canons de l'Eglise», dans *Atti del Congresso Internazionale di Diritto Romano (Bologna e Roma XVII-XXVII aprile MCMXXXIII)*, II, Pavia 1935, 79-87.

ALWAN, H., «Rapporto fra il Codice dei canoni per le Chiese orientali e il Codice di diritto canonico per la Chiesa latina», *Quaderni dello Studio Rotale* 15 (2005) 69-92.

ÁLVAREZ DE LAS ASTURIAS, N., «'Patriarca de Occidente': razones históricas para la renuncia a un título», *Revista Española de Teología* 66 (2006) 431-463.

AMATO, A., «*Dominus Iesus*: recezione e problematiche», *Path* 1 (2002) 79-114.

AMENTA, P., «Appunti sulla vacanza della sede episcopale», *Apol.* 74 (2001) 355-375.

———, «Il Sinodo diocesano quale organo di partecipazione alla potestà legislativa del vescovo», *Periodica* 84 (1995) 627-653.

ANDRÉS, D. J., «Relaciones entre obispos y religiosos: análisis y significado», *Apol.* 56 (1983) 569-600.

ANGHELESCU, F.G., «Părintele Profesor Academician Dumitru Stăniloae. Bibliografie sistematică», dans *Persoană și comuniune. Prinos de cinstire Preotului Profesor Academician Dumitru Stăniloae (1903-1993)*, Sibiu 1993, 16-67.

ANTÓN, A., «La lettera apostolica *Apostolos Suos* di Giovanni Paolo II», *Civ.Catt* 150 (1999) 119-132.

―――, «El ministerio petrino y/o papado en la "Ut Unum Sint" y desde la eclesiología sistemática», *Gr.* 79 (1998) 503-542, 645-686.

―――, «Le "status" théologique des conférences épiscopales», dans H. LEGRAND – J. MANZANARES – A. GARCÍA Y GARCÍA, ed., *Les conférences épiscopales. Théologie, statut canonique, avenir.* Actes du Colloque international de Salamanque (3-8 janvier 1988), Paris 1988, 253-289 [en anglais: «The Theological Status of Episcopal Conference», *Jurist* 48 (1988) 185-219].

―――, «Lo sviluppo della dottrina sulla Chiesa nella teologia dal Vaticano I al Vaticano II», dans *L'Ecclesiologia dal Vaticano I al Vaticano II*, Milano 1973, 27-87.

―――, «Sinodo e collégialità extraconciliare dei vescovi», dans V. FAGIOLO – G. CONCETTI, ed., *La collegialità episcopale per il futuro della Chiesa*, Firenze 1969, 62-78.

―――, «Hacia una síntesis de las nociones "cuerpo de Cristo" y "pueblo de Dios" en la eclesiología», *EE* 44 (1969) 311-364.

―――, «La Iglesia "pueblo de Dios" en la nueva alianza», *EE* 44 (1969) 465-501.

―――, «Iglesia, Cuerpo de Cristo», *Manresa* 40 (1968) 283-304.

―――, «Estructura teándrica de la Iglesia. Historia y significado eclesiológico del número 8° de la "Lumen Gentium"», *EE* 42 (1967) 39-72.

―――, «El capítulo del Pueblo de Dios en la Eclesiología de la comunidad», *EE* 42 (1967) 155-181.

ANTONOPOULOS, N., «La condition internationale du Mont Athos», *Le Millénnaire du Mont Athos 963-1963. Etudes et Mélanges*, Chevetogne 1962, 381-405.

ARCE, A., «Configuración canónica de la potestad de régimen del Obispo diocesano. Del Concilio Vaticano I al CIC de 1983», *CDoc* 12 (1994) 357-412.

ARCHONTONIS, B., «A Commun Code for orthodox Churches», *Kanon* 1 (1973) 45-53.

ARNANZ CUESTA, J. C., «Desarrollo histórico y documentos del diálogo internacional entre la Iglesia católica y la Iglesia ortodoxa», *DiEc* 36 (2001) 7-61.

ARRIETA, J.I., «Il regolamento del Sinodo. Novità e prospettive», *IE* 19 (2007) 659-670.

———, «Il sistema elettorale della cost. ap. *Universi Dominici Gregis*», *IE* 12 (2000) 137-162.

———, «Organismi episcopali a livello continentale, nazionale, regionale e provinciale», *IE* 10 (1998) 531-557.

———, «Problemas organizativos de las regiones eclesiásticas», dans F.R. AZNAR-GIL, ed., *Magister canonistarum: estudios con motivo de la concesión al Prof. Dr. Urbano Navarrete, S.I., del doctorado honoris causa*, Salamanca 1994, 110-127

———, «Funzione pubblica e attività di governo nell'organizzazione centrale della Chiesa: il Regolamento generale della Curia Romana», *IE* 4 (1992) 585-613.

———, «La Reforma de la Curia Romana (Comentario a la Constitución Apostólica *Pastor Bonus*)», *IC* 29 (1989) 185-204.

ASHER, R.E., «The Ecclesiology of Alexis Khomiakov», *The American Benedictine Review* 40 (1989) 204-219.

ASTIGUETA, D.G., «Il *munus docendi* del vescovo alla luce del c. 747§1 e dei documenti del Sinodo dei Vescovi del 2001», *Periodica* 91 (2002) 641-676 et 92 (2003) 21-75.

AUSTIN, R.J., «The Particular Church and the Universal Church in the 1983 Code of Canon Law», *StC* 22 (1988) 339-357.

BACCARI, R., «Disputa sul collegio dei vescovi non adunati in Concilio ecumenico», dans *Studi in onore di Guido Saraceni*, Napoli 1988, 3-21.

BAILLARGEON, G., «Jean Zizoulas, porte parole de l'Orthodoxie contemporaine», *NRT* 111 (1989) 176-193.

BAKHOUM, H.N., «Il diritto particolare delle Chiese patriarcali sui iuris», *Apol.* 82 (2009) 723-741.

BAMBERG, A., «Monasterio autónomo y vigilancia particular del Obispo diocesano. En torno a la interpretación del c. 615 del Código de Derecho Canónico», *IC* 48 (2008) 477-492.

BARBERINI, G., «Appunti e riflessioni sull'applicazione del principio di sussidiarietà nell'ordinamento della Chiesa», *EIC* 36 (1980) 329-361.

BARBU, Ș., «Charism, Law and Spirit in Eucharistic Ecclesiology: New Perspectives on Nikolai Afanasiev's Sources», *Sob* 31 (2009) 19-43.

———, «From Ontology to Ecclesiology: John Zizioulas, the Cappadocians and the Quest for a new Ecclesiology», *ST* 6 (2010) 201-216.

BARROCHE, J., «La subsidiarité. Le principe et l'application», *Etudes* 152 (2008) 777-788.

BARTAS G., «Accord entre le Phanar et l'Eglise de Grèce à propos des Eglises de la dispersion», *EO* 11 (1908) 54-55 et 243-245.

BARTHOLOMÉ Ier, «L'apport de l'Eglise orthodoxe à la construction de l'Europe», *SOP* 190 (juillet-août 1994) 25-26.

BASARAB, M., «Mitropolia Ortodoxă Română pentru Germania și Europa Centrală. Scurt istoric», *BOR* 117 (1999) 290-299.

BASIOUDIS, G. (ΜΠΑΣΙΟΥΔΗΣ Γ.), «Μια πτυκή από το σύγχρονο εκκλησιολογικό προβληματισμό: Το αυτοκεφαλο και ο τρόπος της ανακήρυξής του», *Καθ'οδόν* 10 (1995) 95-102.

BEAL, J.P., «The Exercise of the Power of Governance by Lay People: State of the Question», *Jurist* 55 (1995) 1-92.

BECKER, K.J., «"Subsistit in"(Lumen Gentium 8)», *OR* 5-6.12.2005, 1,6-7 [en anglais: «The Church and Vatican II's "Subsistit in" Terminology», *Origins* 35 (2006) 514-522].

BECKET, S. W., «The Stauropegial Monastery», *OCP* 66 (2000) 147-167.

BEHR, J., «The Trinitarian Being of the Church», *SVTQ* 48 (2004) 67-88.

BEHR-SIGEL, E., «Présence de l'Orthodoxie russe en Occident», *Con* 40 (1988), n. 143, 226-239.

BEL, V., «Dumitru Stăniloae als Leitfigur orthodoxer Theologie im 20. Jahrhundert», *SUBTO* 45 (2000) 41-48.

———, «Die Bedeutung der Katholizität der Kirche für ihre ökumenische Existenz», *SUBTO* 52 (2007) 51-61.

BERGER, C., «Does the Eucharist make the Church ? An Ecclesiological Comparison of Stăniloae and Zizoulas», *SVTQ* 51 (2007) 23-70.

BERLINGÒ, S., «*Consensus, consilium* (cc. 127 CIC/934 CCEO) e l'esercizio della potestà ecclesiastica», *IC* 38 (1998) 87-118.

BERMEJO, I.J., «El símbolo de la fe, la autoridad de la Iglesia y la infalibilidad del Papa», *Archivo teológico granadino* 71 (2008), 83-121.

BERTONE, T., «La legge canonica e il governo pastorale della Chiesa: il ruolo specifico del Pontificio Consiglio per i Testi Legislativi», dans PONTIFICIO CONSIGLIO PER I TESTI LEGISLATIVI, ed., *La legge canonica nella vita della Chiesa. Indagine e prospettive nel segno del recente Magistero Pontificio*. Atti del Convegno di studio tenutosi nel XXV Anniversario della promulgazione del Codice di Diritto Canonico, Aula del Sinodo in Vaticano, 24-25 gennaio 2008, Città del Vaticano 2008, 29-43.

———, «Il servizio del cardinalato nel ministero del successore di Pietro», *Sal* 48 (1986) 109-121.

———, «I soggetti della suprema potestà nella Chiesa», *Apol.* 56 (1983) 486-498.

BERTONE, T., «I fedeli nella Chiesa. La costituzione gerarchica della Chiesa», dans G. ZIRILLI, ed., *I religiosi e il nuovo Codice di Diritto Canonico*. Atti della XXIII Assemblea CISM. Collevalenza 8-11 nov. 1983, Rome s.d., 64-101.

BERTRAMS, W., «De Synodi Episcoporum potestate cooperandi in exercitio potestatis primatialis», *Periodica* 57 (1968) 528-549.

———, «Commentarium in Litteras Apostolicas "Apostolica sollicitudo" Pauli Papae VI», *Periodica* 55 (1966) 115-132.

———, «De gradibus "Communionis" in Doctrina Concilii Vaticani II», *Gr.* 47 (1966) 286-305.

———, «La collegialità episcopale», *Civ.Catt* 115 (1964) 436-455.

———, «De principio subsidiarietatis in iure canonico», *Periodica* 46 (1957) 3-65.

BETTETINI, A., «Collegialità, unanimità e "potestas". Contributo per uno studio sulle conferenze episcopali alla luce del m.p. "Apostolos Suos"», *IE* 11 (1999) 493-509.

BETTI, U., «Chiesa di Cristo e Chiesa cattolica», *Anton.* 61 (1986) 726-745.

BEYER, J., «De Synodi Episcoporum natura melius determinanda», *Periodica* 84 (1995) 609-626.

———, «Le principe de subsidiarité: son application dans l'Eglise», *Gr.* 69 (1988) 435-459.

———, «Principe de subsidiarité ou "juste autonomie" dans l'Eglise», *NRT* 108 (1986) 801-822.

———, «Le nouveau code de droit canonique. Esprit et structures», *NRT* 106 (1984) 360-382, 566-583.

———, «Chiesa universale e chiese particolari», *VC* 18 (1982) 73-87.

———, «"Hierarchica communio". Una chiave dell'ecclesiologia della "Lumen Gentium"», *Civ.Catt* 132 (1981) 464-473.

BIEDERMANN, M.-H., «1500 Jahre Autokefalie der Orthodoxen Apostolischen Kirche von Georgien», *Ostkirchliche Studien* 33 (1984), 310-331.

BIGHAM, S., «Le concile de Constantinople de 1872 et le phylétisme», *Le Messager Orthodoxe* 135 (2000) 30-36.

BÎRDAȘ, E., «Stavropighia în dreptul bisericesc», *GB* 14 (1955) 168-198.

BLANCHET, H.-M., «La question de l'union des Eglises (13ᵉ–15ᵉs.). Historiographie et perspectives», *REB* 61 (2003) 5-48.

BLAZQUEZ, N., «Primado de Pedro e infalibilidad papal», *Studium* 42 (2002) 205-221.

BLEIZIFFER, W.A., «*Episcopale munus*. Considerații canonice asupra ministerului episcopal», *SUBTC* LII (2007) 145-162.

———, «Termenul ecleziastic de Biserică *sui iuris*», *SUBTC* XLVI (2001) 63-72.

BOBRINSKOY, B., «Le message de l'Orthodoxie en ce fin de millénaire», *SOP* 207 (1996) 32-37.

BOCIURKIW, B. R., «The Rise of the Ukrainian Autocephalous Church, 1919-1922», dans G.A. HOSKING, ed., *Church, Nation and State in Russia and Ukraine*, London 1991, 228-249.

———, «The Ukrainian Autocephalous Orthodox Church, 1920-1930: A Study in Religious Modernisation», dans D. DUNN, ed., *Religion and Modernisation in the Soviet Union*, Colorado 1977, 310-347 [republié en B.R. BOCIURKIW, *Ukrainian Churches Under Soviet Rule: Two Case Studies*, Cambridge-Massachussetts 1984, 310-347].

———, «The Issues of Ukrainianization and Autocephaly of the Orthodox Church in Ukrainian-Russian Relations, 1917-1921», dans P.J. POTICHNYJ – al., ed., *Ukraine and Russia in Their Historical Encounter*, Edmonton 1992, 245-273.

BOGÈVE, J., «Les nouvelles autonomies orthodoxes», *EO* 26 (1923) 478-494.

BOGOLEPOV, A., «Conditions of Autocephaly», *SVTQ* 5 (1961) 11-37.

BONET, E., «La région ecclésiastique après Vatican II», *AC* 13 (1969) 55-63.

BONNET, M., «La "dispense" dans le Code», *Les Cahiers du droit ecclésial* 1 (1984) 51-56, 101-113.

BONNET, P.A., «La competenza. Brevi annotazioni ai cc. 1404-1416 CIC», *Periodica* 85 (1996) 303-330, 515-530.

———, «La competenza del tribunale della Rota Romana e del Supremo tribunale della Signatura Apostolica», *IE* 7 (1995) 3-37.

———, «I tribunali nella loro diversità di grado e di specie», dans P.A. BONNET – C. GULLO, ed., *Il processo matrimoniale canonico*, I, Città del Vaticano 1994, 183-225.

———, «Diritto e potere nel momento originario della "potestas hierarchica" nella Chiesa. Stato della dottrina in una questione canonisticamente disputata», *IC* 15 (1975) 77-159.

BORDEIANU, R., «Orthodox-Catholic Dialogue: Retriewing Eucharistic Ecclesiology», *Journal of Ecumenical Studies* 44 (2009), 239-265.

BORRAS, A., «Les laïcs: suppléance ou partenariat ? Une mise en perspective du canon 230», *Revue d'Histoire Ecclésiastique* 95 (2000) 305-326.

———, «*Ut unum sint*. Une encyclique pour les chrétiens en voie de réconciliation», *ETL* 72 (1996) 368.

BOTTE, B., «Presbyterium et ordo episcoporum», *Irén.* 29 (1956) 5-27.

BOUMIS, P. (ΜΠΟΥΜΗΣ, Π.), «Το κυρος και η ισχυς των ιερον κανονων», *Θεολογια* 46 (1975) 94-114.

BOUWEN, F., «Xe Session plénière de la Commission mixte internationale pour le dialogue théologique entre l'Eglise catholique et l'Eglise orthodoxe – Ravenne 2007», *POC* 58 (2008) 59-78.

BOZGAN, O., «Biserica Ortodoxă Română din Paris în primii ani postbelici», dans O. BOZGAN, ed., *Studii de istoria Bisericii*, București 2000, 43-66.

BRAIDA, A.V., «Le modalità procedurali dell'elezione del vescovo romano nel secondo millennio», *Apol.* 79 (2006) 483-619.

BRANIȘTE, E., «Unitate și varietate în cultul liturgic al Bisericilor Ortodoxe Autocefale», *ST* 7 (1955) 423-444.

BRIA, I., «Introducere în ecleziologia ortodoxă», *ST* 28 (1976) 695-704.

———, «Ecleziologia comuniunii», *ST* 20 (1968) 669-681.

BRIAN, F., «Ministère épiscopal et conseil pastoral diocésain», dans J. PALARD, ed., *Le Gouvernement de l'Eglise catholique. Synode et exercice du pouvoir*, Paris 1997, 273-286.

BRLEK, M., «De vocis catolica origine et notione», *Anton.* 38 (1963) 263-286.

BRODERICK, J.F., «The Sacred College of Cardinals. Size and Geographical Composition (1099-1986)», *AHP* 25 (1987) 7-71.

BROGI, M., «Elezioni dei Vescovi Orientali Cattolici», dans D.J. ANDRÉS GUTIÉRREZ, ed., *Il processo di designazione dei vescovi. Storia, legislazione, prassi*. Atti del X Symposium canonistico-romanistico, 24-28 aprile 1995 in onore del Rev.Mo P. Umberto Betti, O.F.M., *già rettore della PUL*, Città del Vaticano 1996, 597-613.

———, «L'Impegno quotidiano della Congregazione per le Chiese Orientali», *REDC* 53 (1996) 681-693.

———, «Prospettive pratiche nell'applicare alle singole Chiese *sui iuris* il CCEO», dans PONTIFICIUM CONSILIUM DE LEGUM TEXTIBUS INTERPRETANDIS, ed., *Ius in vita et in missione Ecclesiae. Acta Symposii Internationalis Iuris Canonici*, Città del Vaticano 1994, 739-751.

———, «Il diritto all'osservanza del proprio rito (CIC can. 214)», *Anton.* 68 (1993) 108-119.

———, «Le Chiese *sui iuris* nel *Codex Canonum Ecclesiarum Orientalium*», *REDC* 48 (1991) 517-544.

———, «La Congregazione per le Chiese Orientali», dans P.A. BONNET – C. GULLO, ed., *La Curia Romana nella Const. Ap. Pastor Bonus*, Città del Vaticano 1990, 239-267.

BROWN, A., «On the Criticism of *Being as Comunion* in Anglophone Orthodox Theology», dans D.H. KNIGHT, ed., *The Theology of John Zizioulas. Personhood and the Church*, Ashgate 2007, 35-78.

BROWN, T.S., «The Church of Ravenna and the Imperial Administration in the Seventh Century», *The English Historical Review* 94 (1979) 1-28.

BROWNING, R., «Theodore Balsamon's Commentary on the Canons of the Council in Trullo as a Source on Everyday Life in Twelfth-Century Byzantium», dans Η Καθμερινη Ζων Στο Βυζαντιο, Athènes 1989, 421-427.

BRUGNOTTO, G., «Tipologia degli atti legislativi del vescovo diocesano», QDE 20 (2007) 126-144.

BRUNET, E., «Il ruolo di papa Gregorio II (715-731) nel processo di ricezione del concilio Trullano o Quinisesto (692)», Iura Orientalia 3 (2007) 37-65.

BURGO, P., «La visita del Vescovo diocesano agli Istituti e alle opere dei religiosi», QDE 6 (1993) 159-169.

BURKHARD, J.J., «The Interpretation and Application of Subsidiarity in Ecclesiology: an Overview of the Theological and Canonical Literature», Jurist 58 (1998) 279-342.

BUT-CĂPUȘAN, D., «Sobornicitatea Bisericii – universalitate și comuniune», SUBTO 45 (2000) 197-207.

CAFARDI, N., «L'autorità di imporre le tasse da parte del vescovo diocesano secondo quanto previsto dal canone 1263», dans B. ESPOSITO, ed., Attuali problemi di interpretazione del Codice di diritto canonico: atti del Simposio internazionale in occasione del 1. centenario della Facoltà di diritto canonico, Roma, 24-26 ottobre 1996, Roma 1997, 127-138.

CALVI, M., «Il Collegio dei Consultori», dans M. RIVELLA, ed., Partecipazione e corresponsabilità nella Chiesa. I Consigli diocesani e parrochiali, Milano 2000, 149-162.

CALVO, J., «Las competencias de las Conferencias Episcopales y del obispo diocesano en relación con el "munus santificandi"», IC 24 (1984) 645-674.

CAMPATELLI, M., «La teologia ortodossa del XX secolo. Alcune linee interpretative», CO 24 (2004) 7-30.

CANOBBIO, G., «Unità della Chiesa, unità della Trinità», dans F. CHICA – S. PANIZZOLO – H. WAGNER, ed., Ecclesia tertii millennii advenientis: omaggio al p. Angel Anton, professore di ecclesiologia alla Pontificia Università Gregoriana nel suo 70 compleanno, Casale Monferrato 1997, 29-45.

CANOSA, J., «La legislazione generale sul procedimento di formazione degli atti amministrativi nel diritto canonico», IE 10 (1998) 255-273.

CAPRILE, G., «Pie XI et la reprise du Concile du Vatican», DC 63 (1966) 2175-2188.

———, «Pie XII et un nouveau projet de Concile œcuménique», DC 64 (1967) 49-68.

CÁRCEL ORTÍ, V., «Legislazione e Magistero di Giovanni Paolo II sulla visita "Ad limina Apostolorum"», ME 118 (1993) 451-500.

CARNERERO PEÑALVER, J., «La atención pastoral de los fieles de otras iglesias *sui iuris* en territorio latino», *EE* 78 (2003) 715-742.

CARON, P. G., «La démission du Pape dans la législation et dans la doctrine canoniquedu XIIIème au XVème siècle», *DE* 62 (1951), 60-67.

CARTAXO, M., «Orgãos de participação na Igreja Particular: Sínodo Diocesano, Cúria Diocesana, Conselho Pastoral», dans *Codex iuris canonici de 1983: 10 anos de aplicação na Igreja em Portugal. II Jornadas de Direito Canónico, 7-10 de Março de 1994, Fátima*, Lisboa 1995, 81-98.

CASIAN, I., «Românii din America și viața lor religioasă», *BOR* 68 (1950) 588-602.

CASSIDY, E. I., «La légalisation de l'Eglise catholique ukrainienne: accord entre le Saint-Siège et le Patriarcat de Moscou», *DC* 72 (1990) 346-348.

CASTILLO LARA, R.J., «La sussidiarietà nella dottrina della Chiesa», *Sal* 57 (1995) 443-463.

CATAUDELLA, M.R., «Intorno al VI canone del concilio di Nicea», dans *Atti dell'Accademia delle Scienze di Torino. Classe di scienze morali, storiche e filologiche* 103 (1969) 379-421.

CATTANEO, A., «L'esercizio dell'autorità episcopale in rapporto a quella suprema: dalla sussidiarietà alla comunione (Esortazione ap. *Pastores Gregis* 56)», dans A. CATTANEO, ed., *L'esercizio dell'autorità nella Chiesa. Riflessioni a partire dall'Esortazione apostolica "Pastores Gregis"*, Venezia 2005, 63-80.

———, «"Chiese sorelle": portata e limiti di un'ecclesiologia», dans T. TRIGO, ed., *Dar razón de la esperanza. Homenaje al Prof. Dr. José Louis Illanes*, Pamplona 2004, 269-281.

———, «Primato del Vescovo di Roma e chiese sorelle. A proposito di una monografia sull'ecclesiologia soggiacente ai dialoghi ecumenici», *Annales Theologici* 14 (2000) 467-483.

———, «La priorità della Chiesa universale sulla Chiesa particolare», *Anton.* 77 (2002) 503-539.

———, «La fundamentación eclesiológica de la Curia Romana en la "Pastor Bonus"», *IC* 30 (1990) 39-57 [en français: «La Curie Romaine dans la communion des Eglises. Le cadre ecclésiologique de la Const. Ap. "Pastor Bonus"», *AC* 33 (1990) 59-77].

CĂLIAN, C.S., «The Influence of the Byzantine Phanariots upon Romania (Walachia and Moldavia) since 1453», dans M. BERZA – E. STINESCU, ed., *Actes du XIVe Congrès International des études byzantines. Bucarest 6-12 septembre 1971*, II, București 1975, 509-513.

CECCARELLI-MOROLLI, D., «La figura del "procurator patriarchae apud S. Sedem"», *Apol.* 68 (1995) 733-740.

CELEGHIN, A., «Sacra Potestas: Quaestio Post Conciliaris», *Periodica* 74 (1985) 165-225.

CELEGHIN, A., «Il "potere di governo" dei laici nella Chiesa», *QDE* 2 (1989) 307-318.

———, «Prelatura personale: problemi e dubbi», *Periodica* 82 (1993) 95-138.

CHADWICK, H., «Fait hand Order at the Council of Nicaea: A Note on the Background of the Sixth Canon», *The Harvard Theological Review* 53 (1960) 171-195.

CHANTRAINE, G., «La corrélation radicale des Églises particulières et de l'Église universelle chez Henri de Lubac», dans F. CHICA – S. PANIZZOLO – H. WAGNER, ed., *Ecclesia tertii millennii advientis.* Omaggio al P. Angel Antón nel suo 70° compleano, Casale Monferrato 1997, 68-85.

CHAPLIN, V., «Law and Church-State Relations in Russia: Position of the Orthodox Church, Public Discussion and the Impact of Foreign Experience», dans S. FERRARI – W. COLE DURHAM jr., ed., *Law and Religion in Post-Communist Europe*, Leuven 2003, 281-294.

CHARTOMATSIDIS, T., «L'Eglise autocéphale de Grèce: son évolution historique de 1833 à sa situation actuelle», *Con* 54 (2002) 7-23.

CHENAUX, P., «Il dibattito sulla collegialità episcopale nel concilio Vaticano II», *Lat* 71 (2005) 395-406.

CHIRAMEL, J., «La struttura gerarchica delle Chiese orientali», dans K. BHARANIKULANGARA, ed., *Il Diritto Canonico Orientale nell'ordinamento ecclesiale*, Città del Vaticano 1995, 134-141.

CHIRON, J.-F., «Le Magistère dans l'histoire. Evolutions et rèvolutions dans la compréhension de la "fonction d'enseignement" de l'Eglise», *RSR* 87 (1999) 483-518.

———, «Eglise du Christ et Eglise catholique. Note sur les Rèponses à des questions concernant certains aspects de la doctrine de l'Eglise», *RSR* 96 (2008) 65-79.

CHIȚESCU, N., «Sobornicitatea Bisericii», *ST* 7 (1955) 150-168.

CHOUINARD, P., «Les expressions "Eglise locale" et "Eglise particuliere"», *StC* 6 (1972) 115-161.

CIOBOTEA, D., «L'Eglise, mystère de communion et de la liberté», *Unité chrétienne* 80 (1985) 40-83.

———, «Autocefalia bisericească. Unitate de credință și libertate religioasă», dans *Centenarul autocefaliei Bisericii Ortodoxe Române. 1885-1985*, București 1987, 268-278.

———, «Problema canonicității și a comuniunii în diaspora ortodoxă», *MB* 35 (1985) 102-104.

———, «Autocefalia bisericească: unitate de credință și libertate responsabilă», *MB* 35 (1985) 290-298.

———, «L'heure de la vérité pour les Eglises orthodoxes», *SOP* 118 (mai 1987) 8.

CIOFFARI, G., «La sobornost' nella teologia russa. La visione della chiesa negli scritti ecclesiastici della prima metà del XIX secolo», *Nic* 5 (1977) 259-324.

———, «A.S. Chomjakov e l'itinerario filosofico della sobornost'», *Nic* 6 (1978) 87-127.

CITO, D., «Il Papa supremo legislatore», *QDE* 13 (2000) 32-45.

CIUCUR, M., «Principiul adaptării unităților teritoriale bisericești la împărțirea administrativ-politică de stat în secolele I-VI», *MMB* 53 (1977) 555-566.

———, «Dreptul de acordare al autocefaliei în Biserica Ortodoxă», *ST* 29 (1977) 536-541.

———, «Autonomie și autocefalie în Biserica Ortodoxă Română», *MMB* 50 (1974) 216-228.

CIUHANDU, G., «Autochefalie și autonomie bisericească», *RT* 11 (1921) 33-50.

CLÉMENT, M., «L'apparition du patriarcat dans l'Église (IVe-Ve siècles)», *POC* 16 (1966) 162-173.

CLÉMENT, O., «L'ecclésiologie orthodoxe comme ecclésiologie de communion», *Con* 61 (1968) 10-36 [traduit en anglais par John Bolger, «Orthodox Ecclesiology as an Ecclesiology of Communion», *One in Christ* 6 (1970) 101-122].

———, «Un "vicariat extraordinaire" du Trône œcuménique en Europe occidentale», *Ist.* 17 (1972) 5-16.

———, «Constantinople et Moscou: une crise», *Con* 48 (1996) 89-100.

CLOGG, R., «Greek Millet in the Ottoman Empire», dans B. BRAUDE – B. LEWIS, ed., *Christians and Jews in the Ottoman Empire. The functioning of a Plural Society*, New York-London 1982, 185-207.

COCCOPALMERIO, F., «Il primato del Romano Pontefice nel Codice di diritto canonico. Anche per una risposta a *Ut unum sint* n. 95», *Oecumenicas Civitas* 4 (2004) 3-46.

———, «Alcune considerazioni sull'idea di Chiesa in H. de Lubac e nel concilio Vaticano II», dans A. RUSSO – G. COFFELE, ed., *Divinarum Rerum Notitia. La teologia tra filosofia e storia.* Studi in onore del Cardinale Walter Kasper, Roma 2001, 295-318.

———, «Il sinodo diocesano», dans G. BARBERINI, ed., *Raccolta di scritti in onore di P. Fedele*, I, Perugia 1984, 406-416.

COGONI, D., «La teologia ortodossa romena di Padre Dumitru Stăniloae. Personalità – teologia – cristologia – ecclesiologia», *SE* 25 (2007) 35-59, 233-280.

COLOMBO, C., «Il significato della collegialità episcopale nella Chiesa», *IC* 19 (1979) 13-28.

CONDORELLI, O., «Sul principio di sussidiarietà nell'ordinamento canonico: alcune considerazioni storiche», *DE* 114 (2003) 942-1010.

CONGAR, Y.M., «Romanité et catholicité. Histoire de la conjonction changeante de deux dimensions de l'Eglise», *RSPT* 71 (1987) 161-190.

———, «Titres donnés au Papes», *Concilium* 1975, n. 108, 55-64.

———, «Le Pape comme Patriarche d'Occident: approche d'une réalité trop négligée», *Ist.* 28 (1983) 373-390.

———, «Les implications christologiques et pneumatologiques de l'ecclésiologie de Vatican II», dans G. ALBERIGO, ed., *Les Eglises après Vatican II : dynamisme et perspectives.* Actes du colloque international de Bologne – 1980, Paris 1981, 117-130.

———, «Bulletin d'ecclésiologie», *RSPT* 63 (1979) 251-288.

———, «Bulletin d'ecclésiologie», *RSPT* 57 (1973) 486-487.

———, «La consécration épiscopale et la succession apostolique constituent-elles chef d'une Eglise locale ou membre de collège ?», dans Y. CONGAR, *Ministères et communion ecclésiale*, Paris 1971, 123-140.

———, «La collégialité de l'épiscopat et la Primauté de l'évêque de Rome dans l'histoire (brève esquisse)», *Ang.* 47 (1970) 403-427.

———, «"Lumen Gentium" n. 7. "L'Eglise, Corps mystique du Christ" vu au terme de huit siècles d'histoire de la théologie du Corps mystique», dans *Au service de la Parole de Dieu.* Mélanges offerts à Monseigneur André-Marie Charue, Evêque de Namur, Gembloux 1969, 179-202.

———, «L'ecclésiologie, de la Révolution française au Concile Vatican, sous le signé de l'affirmation de l'autorité», dans M. NEDONCELLE – R. AUBERT, ed., *L'ecclésiologie aux XIXᵉ siècle*, Paris 1960, 77-114.

———, «Neuf cents ans après. Notes sur le "schisme oriental"», dans *1054-1954. L'Eglise et les Eglises. Neuf siècles de douloureuse séparation entre l'Orient et l'Occident. Etudes et travaux sur l'Unité chrétienne offerts à Dom Lambert Beaudin*, I, Chevetogne 1954, 3-95.

CONN, J.J., «The mandate of can. 812 revisited», dans J.J. CONN – L. SABBARESE, ed., *Iustitia in caritate.* Miscellanea di studi in onore di Velasio De Paolis, Città del Vaticano 2005, 227-248.

CONSTANTINESCU, I.M.L., «The principle of Ecclesiastical Autocephaly and the Problems of Inter-Orthodox Jurisdiction. An actual Ecclesiological and Canonical Contribution», dans C. RUS, ed., *The place of the Canonical Principles in the Organization and Working of Autocephalous Orthodox Churches*, Arad 2008, 220-243.

CONTRI, A., «La teologia della Chiesa locale e i suoi orientamenti fondamentali», *ED* 25 (1972) 333-401.

CORECCO, E., «Sinodalità», dans G. BARBAGLIO – S. DIANICH, ed., *Dizionario di teologia*, Roma 1988, 1446-1447.

———, «Natura e struttura della "sacra potestas" nella dottrina e nel nuovo Codice di diritto canonico», *Communio* 75 (1984), 24-52 [en français: «Nature et structure de la *sacra potestas* dans la doctrine et dans le nouveau Code de droit canonique», *RDC* 34 (1986) 361-389].

CORIDEN, J.A., «The Teaching Ministry of the Diocesan Bishop and Its Collaborative Exercise», *Jurist* 68 (2008) 382-407.

CORNEANU, N., «La diaspora et les Eglises-mères», *ROC* 11 (1981) 52-57.

———, «La diaspora orthodoxe», *ROC* 10 (1980) 3-7.

CORRAL SALVADOR, C., «Chiesa cattolica (*Ecclesia catholica*)», *NDDC* 160-169.

COSTALUNGA, M., «De episcoporum Conferentiis», *Periodica* 57 (1968) 217-280.

COUTURIER, P.C., «*Sacramentum* et *Mysterium* dans l'œuvre de Saint Augustin», dans H. RONDAT – M. LE LANDAIS – A. LAURAS – C. COUTURIER, *Etudes augustiniens*, Paris 1953, 163-332.

CRISTESCU, M., «"Unitas" and "varietas ecclesiarum" a Vital and Resplendent Force, Safeguarded in CCEO by the Relation *ius comune – ius particulare*», *Kanon* 19 (2006) 160-207.

CRISTIȘOR, M., «Tipuri de sinoade prevăzute în sfintele canoane», *ST* 15 (1963) 426-443.

CROCE, G. M., «Alle origini della Congregazione Orientale e del Pontificio Istituto Orientale. Il contributo di Mons. Louis Petit», *Orientalia christiana periodica* 53 (1987) 257-333.

CRONȚ, G., «Îndreptarea Legii din1652», *ST* 13 (1960) 57-82.

CUNEO, J.J., «The Power of Jurisdiction: Empowerment for Church Functioning and Mission Distinct from the Power of Orders», *Jurist* 39 (1979) 183-219.

CYRILLE, «L'unité est le don le plus précieux de l'Eglise», *MEOR* 2008, n. 10, 29-32.

DALEY, B.E., «Primacy and collegiality in the fourth century: a note on apostolic canon 34», *Jurist* 68 (2008) 5-21.

DALLA TORRE, G., «Il codice pio-benedettino e lo "Ius publicum ecclesiasticum externum"», dans A. CATTANEO, ed., *L'eredità giuridica di San Pio X*, Venezia 2006, 225-242.

DANIEL (CIOBOTEA), «Liberté et responsabilité par la communion dans l'Eglise. Présentation du nouveau Statut pour l'organisation et le fonctionnement de l'Eglise Orthodoxe Roumaine», *Ist.* 53 (2008) 203-208.

DARROUZES, J., «Dossier sur le charisticariat», dans P. WIRTH, ed., *Polychronion. Festschrift für Franz Dölger zum 75. Geburtstag*, Heidelberg 1966, 150-165.

DAVID, B., «Le conseil diocésain pour les affaires économiques», *Les Cahiers de Droit Ecclésial* 2 (1985) 9-22.

DEJAIFVE, G., «La collégialité épiscopale d'après Lumen Gentium», *Lumen Vitae* 20 (1965), 481-494.

DENAUX, A., «L'Eglise comme communion. Réflexions à propos du Rapport final du Synode extraordinaire de 1985», *NRT* 110 (1988) 16-37, 161-180.

DENEKEN, M., «Les romantiques allemands, promoteurs de la notion d'Eglise sacrement du salut ? Contribution à l'étude de la genèse de l'expression "Eglise sacrement du salut"», *RSR* 67 (1993) 55-74.

DE CARDEBAL, O.G., «Genesi di una teologia della Chiesa locale dal Concilio Vaticano I al concilio Vaticano II», dans H. LEGRAND – J. MANZANARES – A. GARCÍA Y GARCÍA, ed., *Chiese locali e cattolicità*. Atti del Colloquio internazionale di Salamanca (2-7 aprile 1991), Bologna 1994, 27-61.

DE DIEGO LORA, C., «Los tribunales de justicia de la Sede Apostólica: I. la Rota Romana», *IE* 4 (1992) 419-461;

———, «Los tribunales de justicia de la Sede Apostólica: I. la Signatura Apostólica», *IE* 5 (1993) 121-158.

DE FLEURQUIN, L., «The Profession of Faith and the Oath of Fidelity: A Manifestation of Seriousness and Loyalty in the Life of the Church (Canon 833)», *StC* 23 (1989) 485-499.

DE GHELLINCK, J., «Un chapitre dans l'histoire de la définition des sacrements au XIIe siècle», dans *Mélanges Madonnet. Etudes d'histoire littéraire et doctrinale de Moyen-Âge*, II, Paris 1930, 79-96.

DE HALLEUX, A., «La collégialité dans l'Eglise ancienne», *RTL* 24 (1993) 433-454.

———, «"L'Eglise catholique" dans la lettre ignacienne aux Smyrniotes», *ETL* 58 (1982) 5-24.

DE LA HERA, A., «La suprema autoridad de la Iglesia en la codificación canónica latina», *IC* 33 (1993) 515-540.

DE LA HERA, A. – MUNIER, C., «Le droit public ecclésiastique à travers ses définitions», *REDC* 14 (1964) 32-63.

DE LA SOUJEOLE, B.-D., «L'Eglise comme société et l'Eglise comme communion au deuxième concile du Vatican», *Revue Thomiste* 91 (1991) 219-258.

DE MINSK, P., «Il "territorio canonico"», *Regno.Doc* 910 (2002), n. 17, 534-535.

DE PAOLIS, V., «Stile pastorale di governo e comunione diocesana (Esortazione ap. *Pastores Gregis* nn. 43-44)», dans A. CATTANEO, ed., *L'esercizio dell'autorità nella Chiesa. Riflessioni a partire dall'Esortazione apostolica "Pastores Gregis"*, Venezia 2005, 23-52.

DE PAOLIS, V., «L'autorità competente ad erigere una persona giuridica nella Chiesa», *Periodica* 92 (2003) 3-20, 223-255.

―――, «Tipologia e gerarchia delle norme canoniche», dans GRUPPO ITALIANO DOCENTI DI DIRITTO CANONICO, ed., *Fondazione del diritto. Tipologia ed interpretazione della norma canonica. XXVII Incontro di studio, "Villa Cagnola", 26-30 giugno 2000, Gazzada (VA)*, Milano 2000, 123-151.

―――, «La vita consacrata nella Chiesa. Autonomia e dipendenza della gerarchia», *Periodica* 89 (2000) 291-315, 379-401.

―――, «Le nuove forme di vita consacrata (a norma del can. 605)», *IE* 6 (1994) 531-552.

―――, «Autonomia del Vescovo di fronte alle Conferenze episcopale», *ED* 45 (1992) 351-358.

DE PASCUAL, F.R., «Los monasterios autónomos. A propósito de los canones 613-615», *CRM* 74 (1993) 5-30.

DE POOTER, P., «La "mission canonique" et le "mandatum" au sein des universités ecclésiastiques et catholiques», *IE* 16 (2004) 596-618.

DE POULPIQUET, A., «Essai sur la notion de catholicité», *RSPT* 3 (1909) 17-36.

DE ROSA, G., «La chiesa di Cristo 'sussiste nella' chiesa cattolica», *Civ.Catt* 159 (2008) 67-73.

DE SALIS AMARAL, M., «El influjo del diálogo con los teólogos ortodoxos en la idea de "catolicidad" de la Iglesia en el Concilio Vaticano II», *AHC* 35 (2003) 401-411.

DE VILLE, A., «Ravenna and Beyond. The Question of the Roman Papacy and the Orthodox Churches in the Literature 1962-2006», *One in Christ* 42 (2008) 99-138.

DE VRIES, G., «Le Chiese orientali. Sguardo storico geografico», *L'Oriente cristiano e l'unità della Chiesa* 7 (1942), n. 3-4, 45-48.

DICK, I., «Vatican II et les Eglises orientales catholiques», dans *Le deuxième Concile du Vatican (1959-1965). Actes du colloque organisé par l'Ecole française de Rome (Rome 28-30 mai 1986)*, Roma 1989, 615-625.

DIRIART, A., «L'ecclésiologie du Corps du Christ dans Lumen Gentium: méfiance des Pères conciliaires ou réappropriation?», *Nova et vetera* 84 (2009) 253-275, 373-395.

DULLES, A., «The Sacramental Ecclesiology of *Lumen Gentium*», *Gr.* 86 (2005) 550-562.

DUPUY, B., «Un épisode de l'histoire de l'Eglise en Ukraine: la création et la suppresion de l'Eglise orthodoxe autocephale (1921-1930)», *Ist.* 30 (1985) 331-346.

DURAND, J.-P., «Le renouvellement postconciliaire du droit concordataire», *RETM* 1996, n. 199, 129-146.

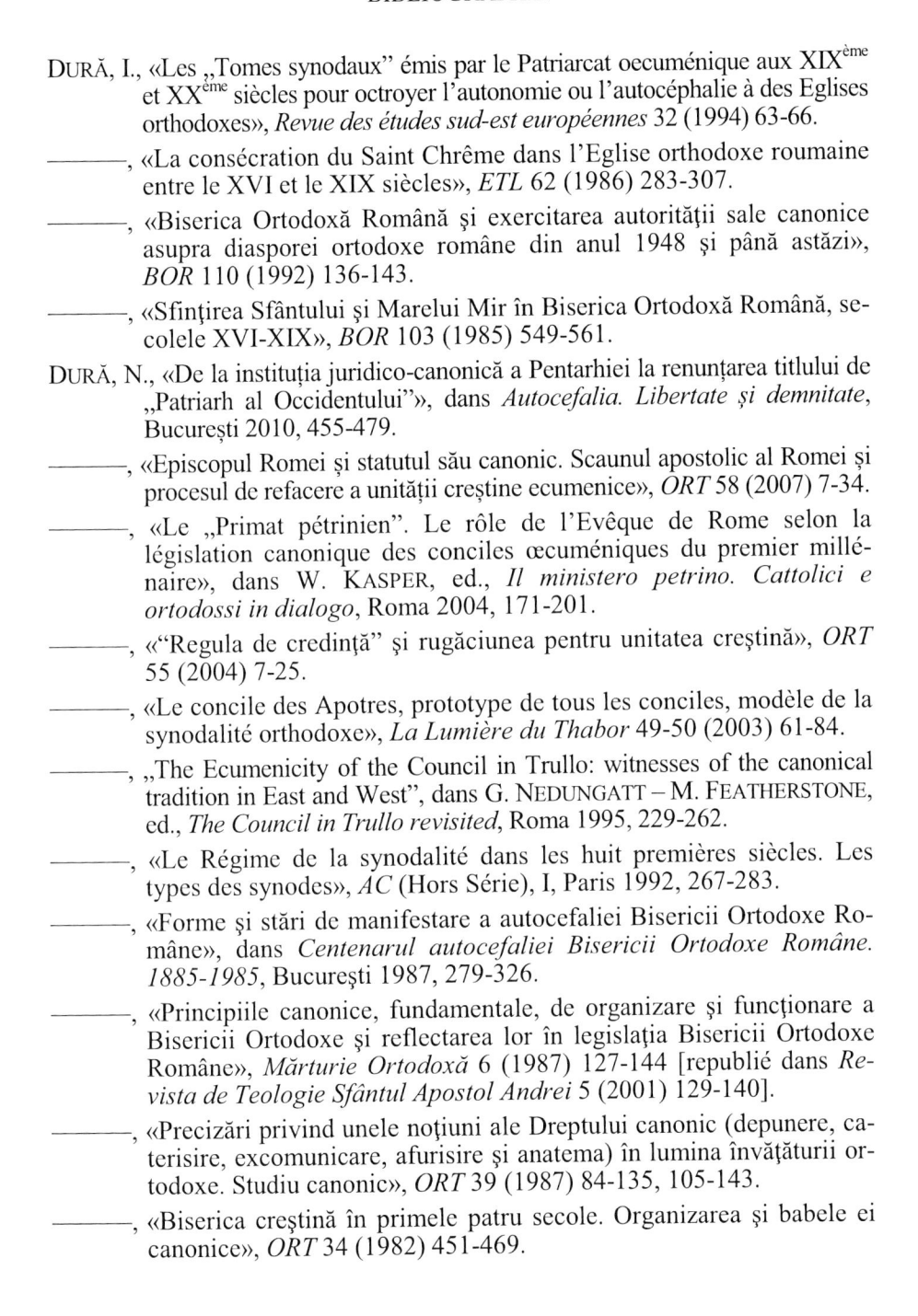

DURĂ, I., «Les „Tomes synodaux" émis par le Patriarcat oecuménique aux XIXème et XXème siècles pour octroyer l'autonomie ou l'autocéphalie à des Eglises orthodoxes», *Revue des études sud-est européennes* 32 (1994) 63-66.

———, «La consécration du Saint Chrême dans l'Eglise orthodoxe roumaine entre le XVI et le XIX siècles», *ETL* 62 (1986) 283-307.

———, «Biserica Ortodoxă Română și exercitarea autorității sale canonice asupra diasporei ortodoxe române din anul 1948 și până astăzi», *BOR* 110 (1992) 136-143.

———, «Sfințirea Sfântului și Marelui Mir în Biserica Ortodoxă Română, secolele XVI-XIX», *BOR* 103 (1985) 549-561.

DURĂ, N., «De la instituția juridico-canonică a Pentarhiei la renunțarea titlului de „Patriarh al Occidentului"», dans *Autocefalia. Libertate și demnitate*, București 2010, 455-479.

———, «Episcopul Romei și statutul său canonic. Scaunul apostolic al Romei și procesul de refacere a unității creștine ecumenice», *ORT* 58 (2007) 7-34.

———, «Le „Primat pétrinien". Le rôle de l'Evêque de Rome selon la législation canonique des conciles œcuméniques du premier millénaire», dans W. KASPER, ed., *Il ministero petrino. Cattolici e ortodossi in dialogo*, Roma 2004, 171-201.

———, «"Regula de credință" și rugăciunea pentru unitatea creștină», *ORT* 55 (2004) 7-25.

———, «Le concile des Apotres, prototype de tous les conciles, modèle de la synodalité orthodoxe», *La Lumière du Thabor* 49-50 (2003) 61-84.

———, „The Ecumenicity of the Council in Trullo: witnesses of the canonical tradition in East and West", dans G. NEDUNGATT – M. FEATHERSTONE, ed., *The Council in Trullo revisited*, Roma 1995, 229-262.

———, «Le Régime de la synodalité dans les huit premières siècles. Les types des synodes», *AC* (Hors Série), I, Paris 1992, 267-283.

———, «Forme și stări de manifestare a autocefaliei Bisericii Ortodoxe Române», dans *Centenarul autocefaliei Bisericii Ortodoxe Române. 1885-1985*, București 1987, 279-326.

———, «Principiile canonice, fundamentale, de organizare și funcționare a Bisericii Ortodoxe și reflectarea lor în legislația Bisericii Ortodoxe Române», *Mărturie Ortodoxă* 6 (1987) 127-144 [republié dans *Revista de Teologie Sfântul Apostol Andrei* 5 (2001) 129-140].

———, «Precizări privind unele noțiuni ale Dreptului canonic (depunere, caterisire, excomunicare, afurisire și anatema) în lumina învățăturii ortodoxe. Studiu canonic», *ORT* 39 (1987) 84-135, 105-143.

———, «Biserica creștină în primele patru secole. Organizarea și babele ei canonice», *ORT* 34 (1982) 451-469.

DURĂ, N., «Legislația canonică a Sinodului II ecumenic și importanța sa pentru organizarea și disciplina Bisericii», *GB* 40 (1981) 630-671.

———, «Dispoziții și norme canonice privind admnistrarea Sfântului și Marelui Mir. Sfințirea Sfântului și Marelui Mir pe teritoriul țării noastre, expresie elocventă a autocefaliei Bisericii Române de-a lungul secolelor», *MMB* 57 (1981) 39-58.

———, «Întâistătătorul în Biserica Ortodoxă», *ST* 32 (1980) 15-50.

———, «Dipticele – studiu istorico-canonic și liturgic», *ST* 29 (1977) 636-659.

DYMYD, M., «Les enjeux de l'abandon du titre de "patriarche d'Occident"», *Ist.* 51 (2006) 24-32.

D'ALTEROCHE, B., «Le statut de *pallium* dans le droit canonique classique de Gratien à Hostiensis (vers 1140-1270)», *Revue Historique de Droit français et étranger* 83 (2005) 553-586.

D'AURIA, A., «I laici nel *munus regendi*», dans GRUPPO ITALIANO DOCENTI DI DIRITTO CANONICO, ed., *I laici nella ministerialità della Chiesa. XXVI Incontro di Studio Centro Dolomiti "Pio X" – Borca di Cadore, 28 giugno-3 luglio 1999*, Milano 2000, 135-160.

D'HERBIGNY, M. (Introduction, traduction et notes), «"L'Eglise orthodoxe panukrainienne" crée en 1921 à Kiev: Documénts inédits», *Orientalia Christiana* 1923, n. 3, 73-126.

D'HERBIGNY, M. – VOLKONSKY, P. (traduction de l'ukrainien par), «Dossier americain de "l'Orthodoxie panukrainienne". Dix-huit documénts inédits, précédés de la traduction d'une lettre du patriarche Tikhon», *Orientalia Christiana* 1923, n. 4, 129-224.

D'ONORIO, J.-B., «Les conciles particuliers après dix ans d'application du Code de droit canonique de 1983», *AC* 36 (1994) 275-284.

D'SOUZA, V.G., «Patriarch in the Eastern Catholic Churches: some reflections», *Indian Theological Studies* 42 (2005), n. 2, 147-173.

ÉCHAPPÉ, O., «À propos du Conseil presbytéral, "tamquam senatus episcopi" (c. 495)», *AC* hors série (1992) 775-780.

EID, E., «Rite – Eglise de droit propre – Juridiction», *AC*, 40 (1998) 7-18.

ELLIOT, M. – CORRADO, S., «The 1997 Russian Law on Religion: The Impact on Protestants», *RSS* 27 (1999), no.1, 109-134.

ENE, I., «Autonomie și autocefalie în istoria Moldovei. Cu prilejul centenarului recunoașterii autocefaliei Bisericii Ortodoxe Române», *MMB* 61 (1985) 360-374.

ENESCU, C, «Despre titlurile de mitropolit, arhiepiscop, exarh, patriarh și papă», *BOR* 20 (1896) 644-651.

ERBICEANU, C., «Studii literare asupra cuvintelor πρόεδρος – președinte și τόπον ἐπέχοντος – locțiitor», *BOR* 17 (1893-1894) 326-332, 435-442, 599-618.

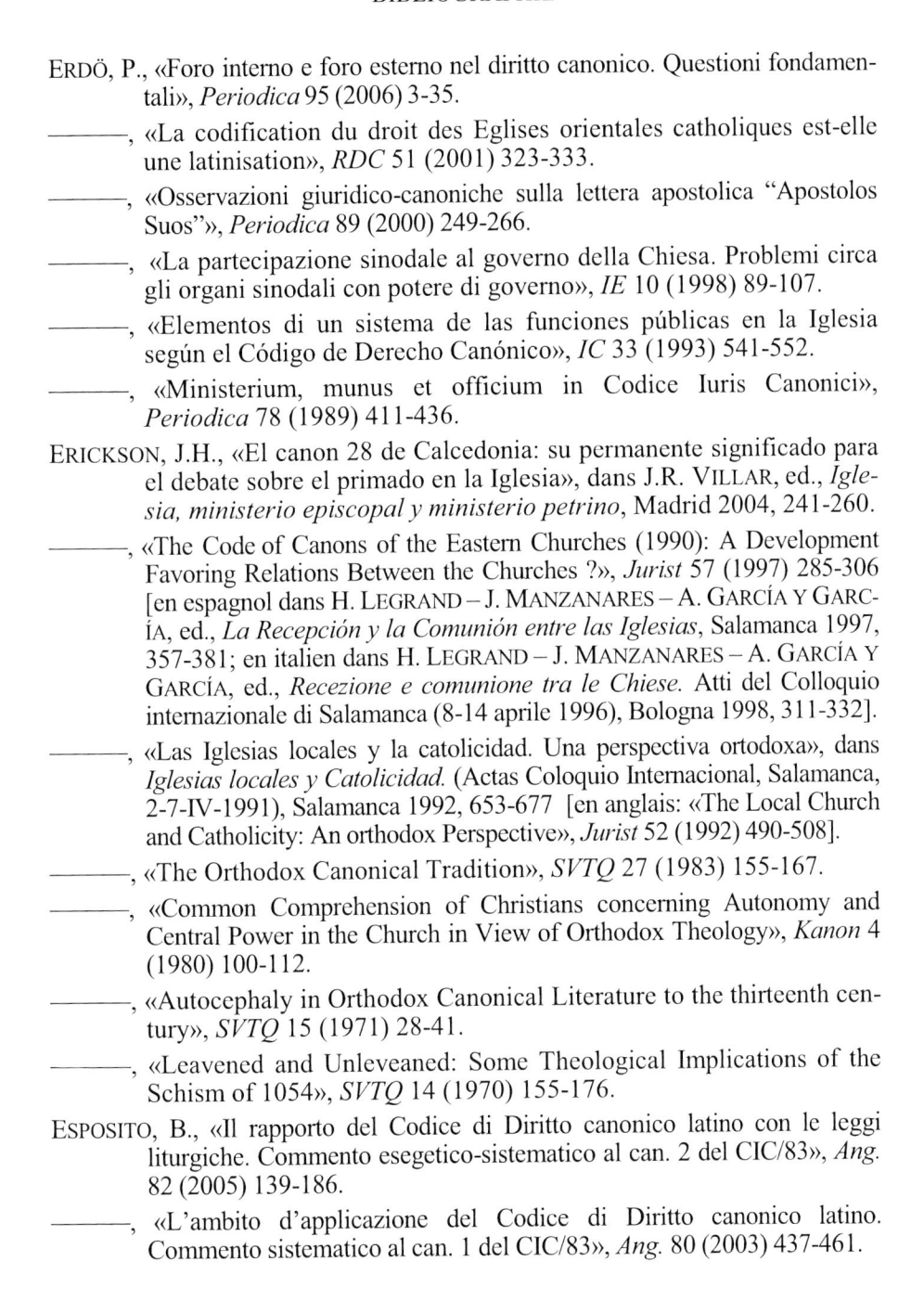

ERDÖ, P., «Foro interno e foro esterno nel diritto canonico. Questioni fondamentali», *Periodica* 95 (2006) 3-35.

———, «La codification du droit des Eglises orientales catholiques est-elle une latinisation», *RDC* 51 (2001) 323-333.

———, «Osservazioni giuridico-canoniche sulla lettera apostolica "Apostolos Suos"», *Periodica* 89 (2000) 249-266.

———, «La partecipazione sinodale al governo della Chiesa. Problemi circa gli organi sinodali con potere di governo», *IE* 10 (1998) 89-107.

———, «Elementos di un sistema de las funciones públicas en la Iglesia según el Código de Derecho Canónico», *IC* 33 (1993) 541-552.

———, «Ministerium, munus et officium in Codice Iuris Canonici», *Periodica* 78 (1989) 411-436.

ERICKSON, J.H., «El canon 28 de Calcedonia: su permanente significado para el debate sobre el primado en la Iglesia», dans J.R. VILLAR, ed., *Iglesia, ministerio episcopal y ministerio petrino*, Madrid 2004, 241-260.

———, «The Code of Canons of the Eastern Churches (1990): A Development Favoring Relations Between the Churches ?», *Jurist* 57 (1997) 285-306 [en espagnol dans H. LEGRAND – J. MANZANARES – A. GARCÍA Y GARCÍA, ed., *La Recepción y la Comunión entre las Iglesias*, Salamanca 1997, 357-381; en italien dans H. LEGRAND – J. MANZANARES – A. GARCÍA Y GARCÍA, ed., *Recezione e comunione tra le Chiese. Atti del Colloquio internazionale di Salamanca (8-14 aprile 1996)*, Bologna 1998, 311-332].

———, «Las Iglesias locales y la catolicidad. Una perspectiva ortodoxa», dans *Iglesias locales y Catolicidad.* (Actas Coloquio Internacional, Salamanca, 2-7-IV-1991), Salamanca 1992, 653-677 [en anglais: «The Local Church and Catholicity: An orthodox Perspective», *Jurist* 52 (1992) 490-508].

———, «The Orthodox Canonical Tradition», *SVTQ* 27 (1983) 155-167.

———, «Common Comprehension of Christians concerning Autonomy and Central Power in the Church in View of Orthodox Theology», *Kanon* 4 (1980) 100-112.

———, «Autocephaly in Orthodox Canonical Literature to the thirteenth century», *SVTQ* 15 (1971) 28-41.

———, «Leavened and Unleveaned: Some Theological Implications of the Schism of 1054», *SVTQ* 14 (1970) 155-176.

ESPOSITO, B., «Il rapporto del Codice di Diritto canonico latino con le leggi liturgiche. Commento esegetico-sistematico al can. 2 del CIC/83», *Ang.* 82 (2005) 139-186.

———, «L'ambito d'applicazione del Codice di Diritto canonico latino. Commento sistematico al can. 1 del CIC/83», *Ang.* 80 (2003) 437-461.

ETZI, P., «L'attuale fisionomia canonica dell'esenzione degli Istituti di vita consacrata: storia redazionale del vigente canone 591», *Anton.* 81 (2006) 257-283.

EVDOKIMOV, P., «Les principaux courants de l'ecclésiologie orthodoxe au XIXème siècle», dans *L'ecclésiologie au XIXème siècle*, Paris 1960, 57-76.

EYT, P., «La collégialité», dans *Le deuxième Concile du Vatican (1959-1965)*. Actes du colloque organisé par l'Ecole française de Rome (Rome 28-30 mai 1986), Rome 1989, 539-548.

FABENE, F., «La funzione di vigilanza del vescovo diocesano (can. 392)», dans D.J. ANDRÈS GUTIÉRREZ, ed., *Vitam impendere magisterio. Profilo intellettuale e scritti in onore dei professori Reginaldo Pizzorni, O.P., e Giuseppe Di Mattia, O.F.M. Conv.*, Città del Vaticano 1993, 207-232.

FAMERÉE, J., «"Communion ecclésiale, conciliarité et autorité". Le Document de Ravenne», *RTL* 40 (2009) 236-247.

FARIS, J., «At Home Everywhere – A Reconsideration of the Territorium Proprium of the Patriarchal Churches», *Jurist* 69 (2009) 5-30.

———, «The Latin Church *Sui Iuris*», *Jurist* 62 (2002) 280-293.

———, «Churches *Sui Iuris* and Rites», dans G. NEDUNGATT, ed., *A Guide to the Eastern Code. A Commentary on the Code of Canons of the Eastern Churches*, Rome 2002, 99-128.

———, «Eastern Churches in a Western World: The Relationship to the Churches of Origin», *Logos* 40 (1999) 119-142.

FEDELE, P., «Il primato del Vicario di Cristo», *EIC* 45 (1989) 199-265.

FELDHANS, V., «*Ecclesia sui iuris* and the Local Church: An Investigation in Terminology», *Jurist* 68 (2008) 350-360.

FELICIANI, G., «La dimensione collegiale del ministero del vescovo a livello locale (Esortaz. Ap. *Pastores Gregis* nn. 62-63)», dans A. CATTANEO, ed., *L'esercizio dell'autorità nella Chiesa. Riflessioni a partire dall'Esortazione apostolica "Pastores Gregis"*, Venezia 2005, 53-61.

FERME, B.E., «Graviora delicta: the apostolic letter m.p. "Sacramentum sanctitatis tutela"», dans Z. SUCHECKI, ed., *Il processo penale canonico*, Roma 2003, 365-382.

———, «La competenza della Congregazione per la dottrina della fede e il suo peculiare rapporto di vicarietà col Sommo Pontefice in ambito magistrale», *IE* 11 (1999) 447-469.

FIRSOV, S. L., «Le persecuzioni chruščeviane contro la religione e l'ortodossia in URSS. Aspetti ideologici e morali», dans A. MAINARDI, ed., *La notte della Chiesa russa. Atti del VII Convegno di spiritualità russa dal 1943 ai nostri giorni, Bose, 15-18 settembre 1999*, Comunità di Bose 2000, 119-148.

FISICHELLA, R., «Le Magistère ordinaire et universel comme expression du Magistère infaillible de l'Eglise», *RETM* 219 (2001) 29-42.

FLOCA, I.N., «L'autocéphalie dans l'Eglise orthodoxe roumaine», *Kanon* 5 (1981) 104-113.

———, «Recunoaşterea autocefaliei Bisericii Ortodoxe Române», dans *Autocefalie, Patriarhie, Slujire Sfântă. Momente aniversare în Biserica Ortodoxă Română 1995*, Bucureşti 1995, 100-113.

———, «Întâietate onorifică, întâietate jurisdicţională şi primat de jurisdicţie universală», *ST* 41 (1989) 6-16.

———, «Caterisirea în dreptul canonic ortodox», *ST* 39 (1987) 83-90 [republié dans *RT* 86 (2004) 123-133].

———, «Canonicitatea Patriarhiei Române», *MB* 35 (1985) 568-574.

FLOGAUS, R., «Das Concilium Quinisextum (691/692): neue Erkenntnisse über ein umstrittenes Konzil und seine Teilnehmer», *Byzantinische Zeitschrift* 102 (2009) 25-64.

FOSTER, J., «The Election of the Roman Pontiff: An Examination of canon 322§1 and Recent Special Law», *Jurist* 56 (1996) 691-705.

FOSTER, M., «The Role of Auxiliary Bishops», *Jurist* 51 (1991) 423-430.

FOUILLOUX, É., «Les chrétiens d'Orient menacés», dans J.-M. MEYER, ed., *Histoire du christianisme*, XII, Paris 1990, 743-831.

FRISONE, P., «I dittici liturgici nelle testimonianze dei padri della Chiesa», *Nic* 34 (2007) 157-167.

FUENTES, J. A., «Sujeción del fiel en las nuevas fórmulas de la profesión de fe y del juramento de fidelidad», *IC* 30 (1990) 517-545.

FÜRST, C.G., «Balsamon, il Graziano del diritto canonico bizantino ?», dans *La cultura giuridico-canonica medioevale: premesse per un dialogo ecumenico*, Milano 2003, 233-248.

———, «*Lex prior derogat posteriori* ? Die Ap. Konst. *Pastor Bonus*, die Römische Rota als Konkurrierendes Gericht II. Instanz bzw. als III. (und gegebenenfalls weitere) Instanz zu Gerichten einer Orientalischen Kirche eigenen Rechts und der CCEO», dans C. MIRABELLI – G. FELICIANI – C.G. FÜRST – H. PREE, ed., *Winfried Schulz in memoriam*, Frankfurt am Main 1999, 269-283.

———, «Die Synoden im neuen orientalischen Kirchenrecht», dans R. PUZA – A. KUSTERMANN, ed., *Synodalrecht und Synodalstrukturen. Konkretionen und Entwicklungen der «Synodalität» in der katholischen Kirche*, Fribourg 1996, 67-85.

———, «Interdipendenza del diritto canonico latino ed orientale. Alcune osservazioni circa il Diritto Canonico della Chiesa Cattolica», dans K.

BHARANIKULANGARA, ed., *Il Diritto Canonico Orientale nell'ordinamento ecclesiale*, Città del Vaticano 1995, 13-33.

GALANIS, S., «Comment fut déclarée l'autocéphalie de l'Eglise de Grèce (1833)», *Con* 38 (1986) 37-49, 128-148.

GALEOTA, G., «La chiesa locale nell'ecclesiologia ortodossa contemporanea», *Asprenas* 34 (1987) 267-283.

GALERIU, C., «Autocefalie şi Ortodoxie. Aspecte ecleziologice», dans *Centenarul autocefaliei Bisericii Ortodoxe Române. 1885-1985*, Bucureşti 1987, 202-233.

GALLAGHER, C., «Theology and Canon Law in the Writings of Theodore Balsamon», *Jurist* 56 (1996) 161-181.

———, «Collegiality in the East and the West in the First Millennium. A Study Based on the Canonical Collections», *Jurist* 64 (2004) 64-115.

GALLARO, G. D., «The Bishop Emeritus: An Ecclesial Consideration», *Jurist* 66 (2006) 374-389.

GALLARO, G. – SALACHAS, D., «Interecclesial matters in the communion of Churches», *Jurist* 60 (2000) 256-309.

GARCÍA MARTÍN, J., «La consulta previa a la Santa Sede para erigir un instituto de derecho diocesano según el can. 579», *CRM* 87 (2006) 131-147.

———, «Los actos administrativos de los Dicasterios de la Curia Romana según el Reglamento General (1 julio 1999)», *Apol.* 73 (2000) 733-759.

———, «Origen de las misiones independientes o sui iuris y de sus superiores eclesiásticos», *CRM* 74 (1993) 265-324.

GARCÍA MATEO, R., «Il rapporto Laico-Chierico-Consacrato secondo le Esortazioni Apostoliche "Christifideles Laici", "Pastores Dabo Vobis", "Vita Consacrata"», *Periodica* 92 (2003) 359-382.

GARUTI, A., «L'ecclesiologia oggi. Commento al documento della Congregazione per la Dottrina della Fede "Risposte a quesiti riguardanti alcuni aspetti circa la dottrina della Chiesa"», *Anton.* 83 (2008) 25-40.

———, «Nè "ritorno" nè "consenso differenziato". A proposito di talune reazioni alla Dominus Iesus», *Anton.* 76 (2001) 551-560.

———, «"Chiese sorelle": Realtà e interrogativi», *Anton.* 71 (1996) 631-686.

———, «Ancora a proposito del Papa Patriarca d'Occidente», *Anton.* 70 (1995) 31-45.

———, «Il Papa patriarca d'Occidente? Considerazione dottrinale», *Anton.* 65 (1990) 23-59.

———, «Il Papa Patriarca d'Occidente? Riflessioni sull'origine del titolo», dans *Anton.* 60 (1985) 42-85.

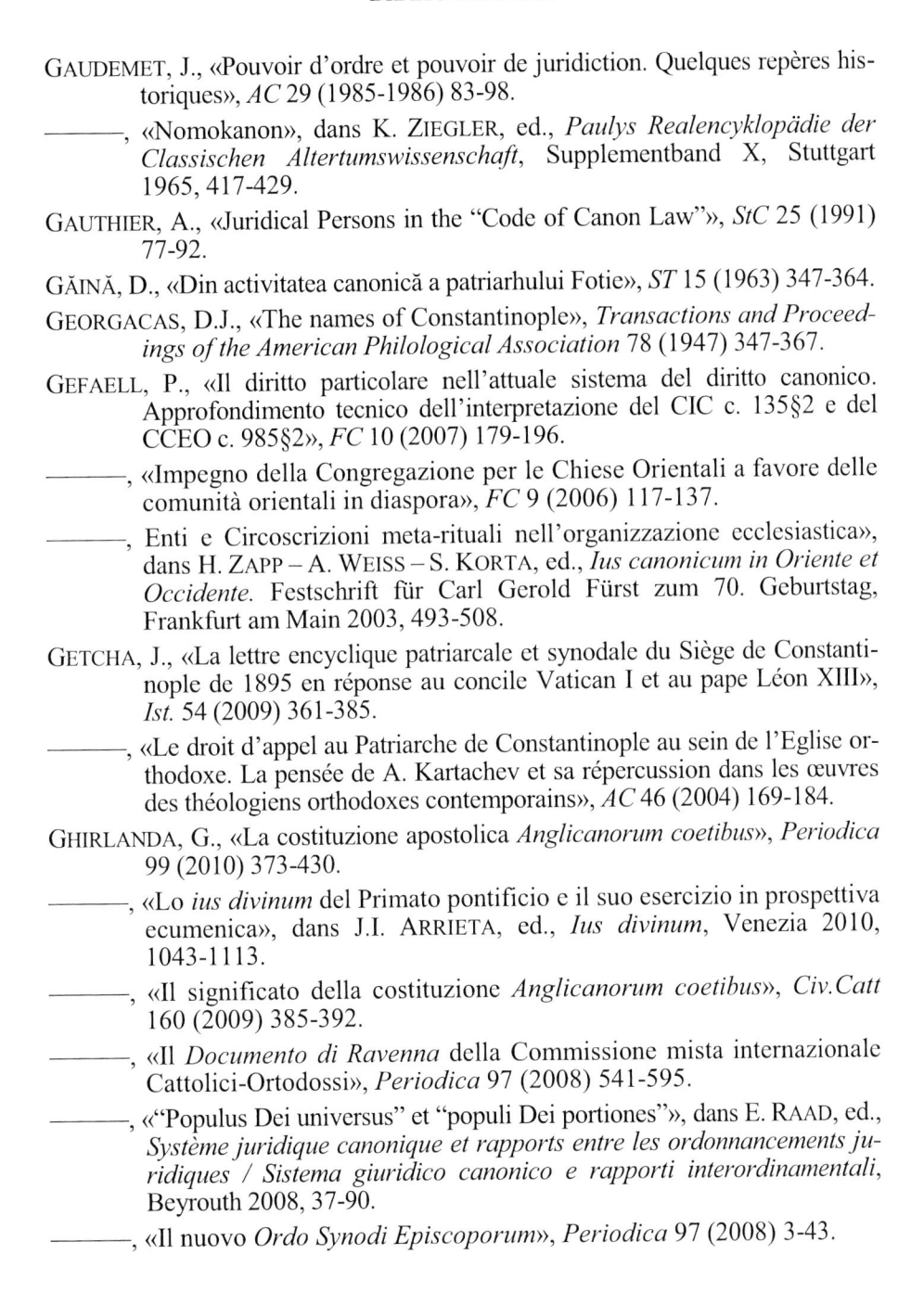

GAUDEMET, J., «Pouvoir d'ordre et pouvoir de juridiction. Quelques repères historiques», *AC* 29 (1985-1986) 83-98.

———, «Nomokanon», dans K. ZIEGLER, ed., *Paulys Realencyklopädie der Classischen Altertumswissenschaft*, Supplementband X, Stuttgart 1965, 417-429.

GAUTHIER, A., «Juridical Persons in the "Code of Canon Law"», *StC* 25 (1991) 77-92.

GĂINĂ, D., «Din activitatea canonică a patriarhului Fotie», *ST* 15 (1963) 347-364.

GEORGACAS, D.J., «The names of Constantinople», *Transactions and Proceedings of the American Philological Association* 78 (1947) 347-367.

GEFAELL, P., «Il diritto particolare nell'attuale sistema del diritto canonico. Approfondimento tecnico dell'interpretazione del CIC c. 135§2 e del CCEO c. 985§2», *FC* 10 (2007) 179-196.

———, «Impegno della Congregazione per le Chiese Orientali a favore delle comunità orientali in diaspora», *FC* 9 (2006) 117-137.

———, Enti e Circoscrizioni meta-rituali nell'organizzazione ecclesiastica», dans H. ZAPP – A. WEISS – S. KORTA, ed., *Ius canonicum in Oriente et Occidente. Festschrift für Carl Gerold Fürst zum 70. Geburtstag*, Frankfurt am Main 2003, 493-508.

GETCHA, J., «La lettre encyclique patriarcale et synodale du Siège de Constantinople de 1895 en réponse au concile Vatican I et au pape Léon XIII», *Ist.* 54 (2009) 361-385.

———, «Le droit d'appel au Patriarche de Constantinople au sein de l'Eglise orthodoxe. La pensée de A. Kartachev et sa répercussion dans les œuvres des théologiens orthodoxes contemporains», *AC* 46 (2004) 169-184.

GHIRLANDA, G., «La costituzione apostolica *Anglicanorum coetibus*», *Periodica* 99 (2010) 373-430.

———, «Lo *ius divinum* del Primato pontificio e il suo esercizio in prospettiva ecumenica», dans J.I. ARRIETA, ed., *Ius divinum*, Venezia 2010, 1043-1113.

———, «Il significato della costituzione *Anglicanorum coetibus*», *Civ.Catt* 160 (2009) 385-392.

———, «Il *Documento di Ravenna* della Commissione mista internazionale Cattolici-Ortodossi», *Periodica* 97 (2008) 541-595.

———, «"Populus Dei universus" et "populi Dei portiones"», dans E. RAAD, ed., *Système juridique canonique et rapports entre les ordonnancements juridiques / Sistema giuridico canonico e rapporti interordinamentali*, Beyrouth 2008, 37-90.

———, «Il nuovo *Ordo Synodi Episcoporum*», *Periodica* 97 (2008) 3-43.

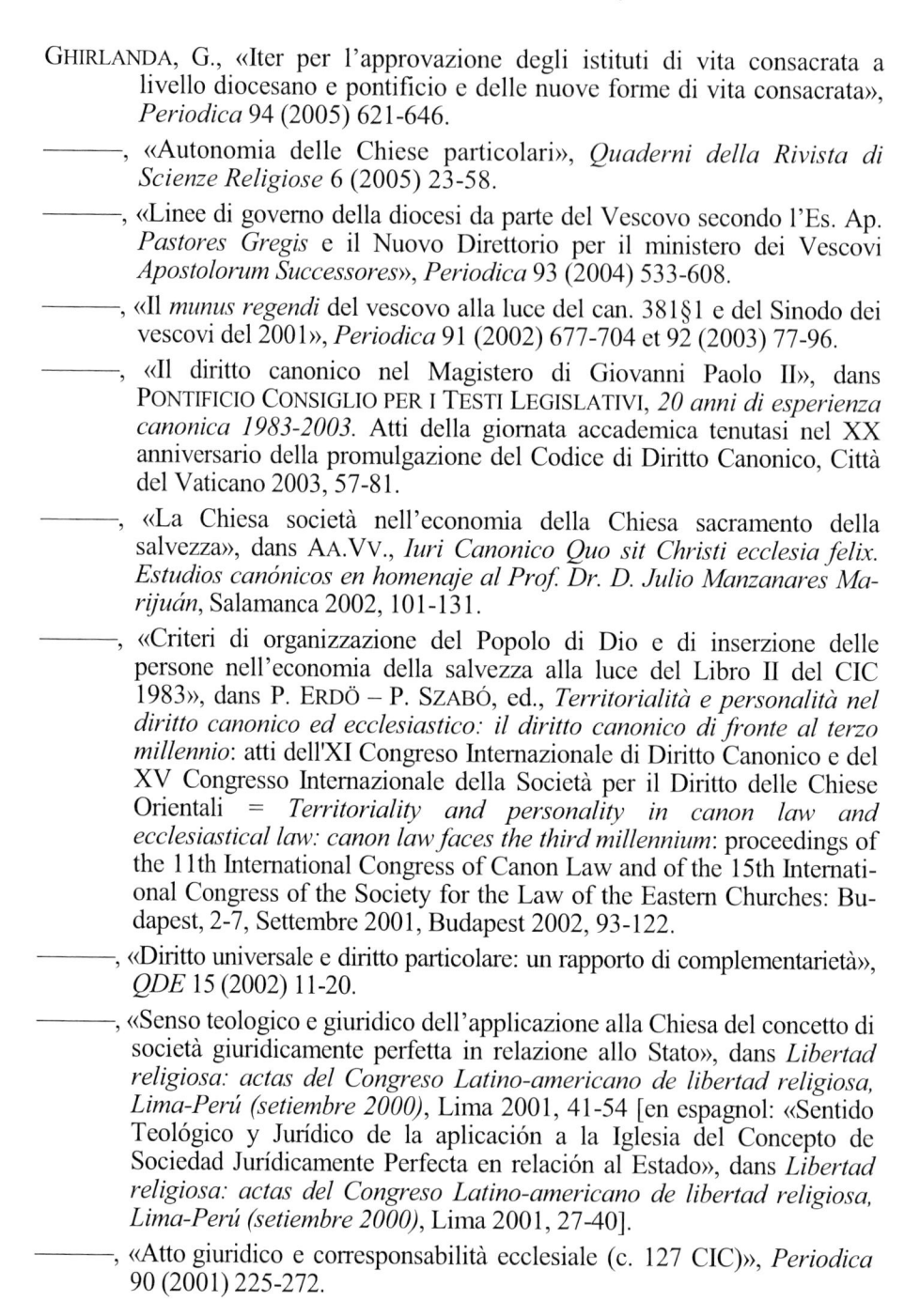

GHIRLANDA, G., «Iter per l'approvazione degli istituti di vita consacrata a livello diocesano e pontificio e delle nuove forme di vita consacrata», *Periodica* 94 (2005) 621-646.

———, «Autonomia delle Chiese particolari», *Quaderni della Rivista di Scienze Religiose* 6 (2005) 23-58.

———, «Linee di governo della diocesi da parte del Vescovo secondo l'Es. Ap. *Pastores Gregis* e il Nuovo Direttorio per il ministero dei Vescovi *Apostolorum Successores*», *Periodica* 93 (2004) 533-608.

———, «Il *munus regendi* del vescovo alla luce del can. 381§1 e del Sinodo dei vescovi del 2001», *Periodica* 91 (2002) 677-704 et 92 (2003) 77-96.

———, «Il diritto canonico nel Magistero di Giovanni Paolo II», dans PONTIFICIO CONSIGLIO PER I TESTI LEGISLATIVI, *20 anni di esperienza canonica 1983-2003*. Atti della giornata accademica tenutasi nel XX anniversario della promulgazione del Codice di Diritto Canonico, Città del Vaticano 2003, 57-81.

———, «La Chiesa società nell'economia della Chiesa sacramento della salvezza», dans AA.VV., *Iuri Canonico Quo sit Christi ecclesia felix. Estudios canónicos en homenaje al Prof. Dr. D. Julio Manzanares Marijuán*, Salamanca 2002, 101-131.

———, «Criteri di organizzazione del Popolo di Dio e di inserzione delle persone nell'economia della salvezza alla luce del Libro II del CIC 1983», dans P. ERDÖ – P. SZABÓ, ed., *Territorialità e personalità nel diritto canonico ed ecclesiastico: il diritto canonico di fronte al terzo millennio*: atti dell'XI Congresso Internazionale di Diritto Canonico e del XV Congresso Internazionale della Società per il Diritto delle Chiese Orientali = *Territoriality and personality in canon law and ecclesiastical law: canon law faces the third millennium*: proceedings of the 11th International Congress of Canon Law and of the 15th International Congress of the Society for the Law of the Eastern Churches: Budapest, 2-7, Settembre 2001, Budapest 2002, 93-122.

———, «Diritto universale e diritto particolare: un rapporto di complementarietà», *QDE* 15 (2002) 11-20.

———, «Senso teologico e giuridico dell'applicazione alla Chiesa del concetto di società giuridicamente perfetta in relazione allo Stato», dans *Libertad religiosa: actas del Congreso Latino-americano de libertad religiosa, Lima-Perú (setiembre 2000)*, Lima 2001, 41-54 [en espagnol: «Sentido Teológico y Jurídico de la aplicación a la Iglesia del Concepto de Sociedad Jurídicamente Perfecta en relación al Estado», dans *Libertad religiosa: actas del Congreso Latino-americano de libertad religiosa, Lima-Perú (setiembre 2000)*, Lima 2001, 27-40].

———, «Atto giuridico e corresponsabilità ecclesiale (c. 127 CIC)», *Periodica* 90 (2001) 225-272.

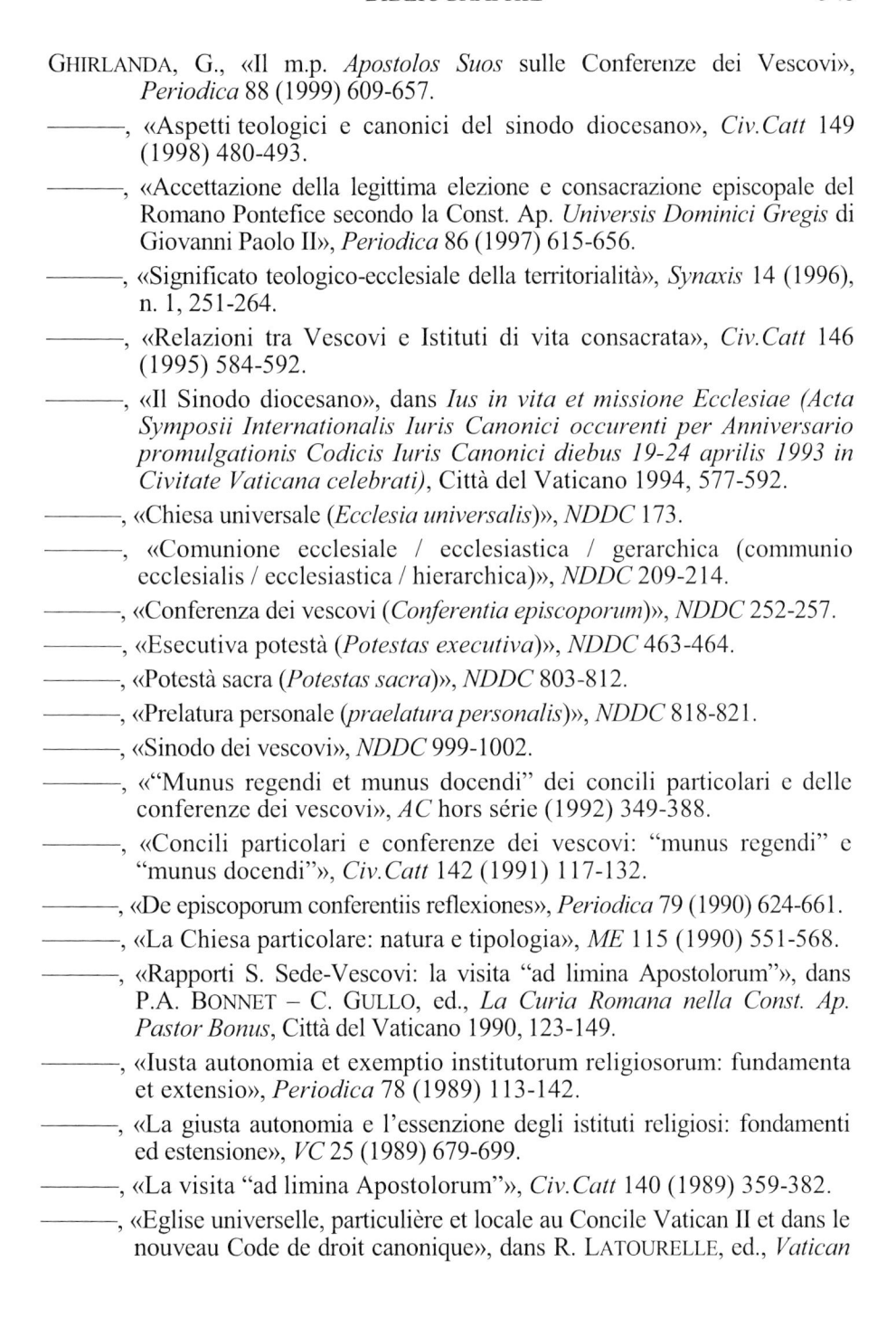

GHIRLANDA, G., «Il m.p. *Apostolos Suos* sulle Conferenze dei Vescovi», *Periodica* 88 (1999) 609-657.

———, «Aspetti teologici e canonici del sinodo diocesano», *Civ.Catt* 149 (1998) 480-493.

———, «Accettazione della legittima elezione e consacrazione episcopale del Romano Pontefice secondo la Const. Ap. *Universis Dominici Gregis* di Giovanni Paolo II», *Periodica* 86 (1997) 615-656.

———, «Significato teologico-ecclesiale della territorialità», *Synaxis* 14 (1996), n. 1, 251-264.

———, «Relazioni tra Vescovi e Istituti di vita consacrata», *Civ.Catt* 146 (1995) 584-592.

———, «Il Sinodo diocesano», dans *Ius in vita et missione Ecclesiae (Acta Symposii Internationalis Iuris Canonici occurenti per Anniversario promulgationis Codicis Iuris Canonici diebus 19-24 aprilis 1993 in Civitate Vaticana celebrati)*, Città del Vaticano 1994, 577-592.

———, «Chiesa universale (*Ecclesia universalis*)», *NDDC* 173.

———, «Comunione ecclesiale / ecclesiastica / gerarchica (communio ecclesialis / ecclesiastica / hierarchica)», *NDDC* 209-214.

———, «Conferenza dei vescovi (*Conferentia episcoporum*)», *NDDC* 252-257.

———, «Esecutiva potestà (*Potestas executiva*)», *NDDC* 463-464.

———, «Potestà sacra (*Potestas sacra*)», *NDDC* 803-812.

———, «Prelatura personale (*praelatura personalis*)», *NDDC* 818-821.

———, «Sinodo dei vescovi», *NDDC* 999-1002.

———, «"Munus regendi et munus docendi" dei concili particolari e delle conferenze dei vescovi», *AC* hors série (1992) 349-388.

———, «Concili particolari e conferenze dei vescovi: "munus regendi" e "munus docendi"», *Civ.Catt* 142 (1991) 117-132.

———, «De episcoporum conferentiis reflexiones», *Periodica* 79 (1990) 624-661.

———, «La Chiesa particolare: natura e tipologia», *ME* 115 (1990) 551-568.

———, «Rapporti S. Sede-Vescovi: la visita "ad limina Apostolorum"», dans P.A. BONNET – C. GULLO, ed., *La Curia Romana nella Const. Ap. Pastor Bonus*, Città del Vaticano 1990, 123-149.

———, «Iusta autonomia et exemptio institutorum religiosorum: fundamenta et extensio», *Periodica* 78 (1989) 113-142.

———, «La giusta autonomia e l'essenzione degli istituti religiosi: fondamenti ed estensione», *VC* 25 (1989) 679-699.

———, «La visita "ad limina Apostolorum"», *Civ.Catt* 140 (1989) 359-382.

———, «Eglise universelle, particulière et locale au Concile Vatican II et dans le nouveau Code de droit canonique», dans R. LATOURELLE, ed., *Vatican*

II. Bilan et perspectives. Vingt-cinq ans après (1962-1987), II, Montréal-Paris 1988, 263-297.

GHIRLANDA, G., «Natura delle prelature personali e posizione dei laici», *Gr.* 69 (1988) 299-314.

———, «Riflessioni sulla "Nota Explicativa Praevia" alla "Lumen Gentium"», *Gr.* 69 (1988) 324-331.

———, «Note sull'origine e la natura della potestà sacra», *Civ.Catt* 139 (1988) 337-350.

———, «De differentia praelaturam personalem inter et Ordinariatum militarem seu castrensem», *Periodica* 76 (1987) 219-251.

———, «De natura, origine et exercitio potestatis regiminis iuxta novum Codicem», *Periodica* 74 (1985) 109-164.

———, «La notion de communion hiérarchique dans le Concile Vatican», *AC* 25 (1981) 231-254.

———, «De potestate iuxta schemata a Commissione Codici recognoscendo proposita», *Periodica* 70 (1981) 401-428.

———, «De notione comunionis hierarchicae iuxta Vaticanum II», *Periodica* 70 (1981) 41-68.

———, «De hierarchica communione ut elemento constitutivo officii episcopalis iuxta "Lumen Gentium"», *Periodica* 69 (1980) 31-57.

———, «De caritate ut elemento iuridico fondamentali constitutivo iuris ecclesialis», *Periodica* 66 (1977) 621-655.

GIANNAKIS, B., «The International status of the Ecumenical Patriarchate», *GOTR* 2 (1956) 10-46.

GIANNINI, F., «La Chiesa particolare e gli organimi di partecipazione», *Apol.* 56 (1983) 514-527.

GONZÁLES-PINTO, N., «La Curia diocesana de Gobierno-Pastoral-Administrativo en la fase antepreparatoria del Concilio Vaticano II, a la luz del nuevo Código de Derecho Canónico de 1983», *CDoc* 3 (1985) 253-351.

GOREANU, V., «Autocefalia în Biserica Ortodoxă. Considerații istorico-canonice», dans *Autocefalia. Libertate și demnitate*, București 2010, 50-64.

———, «Reflectarea principiilor fundamentale ale autocefaliei și autonomiei bisericești în doctrina canonică a Bisericii Ortodoxe», dans C. RUS, ed., *The place of the Canonical Principles in the Organization and Working of Autocephalous Orthodox Churches*, Arad 2008, 270-293.

———, «Organizarea eparhiei și a vieții bisericești în Basarabia, în secolul al XIX-lea», *ORT* 59 (2008) 149-160.

———, «Comuniune sau intercomuniune ? Precizări privind relațiile Bisericii Ortodoxe cu eterodocșii», *ORT* 59 (2008) 263-274.

———, «Canonizarea sfinților în Biserica Ortodoxă», *ORT* 58 (2007) 106-122.

GOUYON, P., «Les relations entre le diocèse et la Conférence épiscopale», *AC* 22 (1978) 1-23.

GRANFIELD, P., «"Iglesias y comunidades eclesiales": historia analítica de una fórmula», dans J.R. VILLAR, ed., *Iglesia, ministerio episcopal y ministerio petrino*, Madrid 2004, 83-97.

———, «The Church local and universal: Realization of Communion», *Jurist* 49 (1989) 449-471.

———, «Essor et déclin de la "societas perfecta"», *Concilium* 1982, n. 177, 13-20.

GRANIC, B., «Die Gründung des autokephalen Erzbistums von Justiniana Prima durch Kaiser Justinian I im Jahre 535 n. Chr.», *Byz* 2 (1926) 123-140.

GRAULICH, M., «Die Neufassung des *Ordo Synodi Episcoporum*», *AKK* 176 (2007) 154-176.

———, «"… transferendi in sermonem canonisticum ecclesiologiam conciliarem". L'ecclesiologia della "Lumen Gentium" alla base del "Codex Iuris Canonici"», dans M. SODI, ed., *"Ubi Pietrus, ibi Ecclesia": sui "sentieri" Del Concilio Vaticano II*: miscellanea offerta a S.S. Benedetto XVI in occasione del suo 80° genetliaco, Roma 2007, 138-156.

GREEN, T.J., «The Latin and Eastern Codes. Guiding Principles», *Jurist* 62 (2002) 235-279.

———, «The Church's Teaching Mission: Some Aspects of the Normative Role of Episcopal Conference», *StC* 27 (1993) 23-57.

———, «The Church's Sanctifying Mission: Some Aspects of the Normative Role of the Diocesan Bishop», *StC* 25 (1991) 245-276.

———, «The Pastoral Governance Role of the Diocesan Bishop: Foundations, Scope, and Limitations», *Jurist* 49 (1989) 472-506.

———, «The Normative Role of Episcopal Conferences in the 1983 Code», dans T.J. REESE, ed., *Episcopal Conferences. Historical, Canonical and Theological Studies*, Washington 1989, 137-175.

———, «Subsidiarity During the Code Revision Process: Some Initial Reflections», *Jurist* 48 (1988) 771-799.

GRÉGOIRE, V., «L'élection du Patriarche de Constantinople vue d'Athènes», *EO* 21 (1922) 454-460.

GRIGORIEFF, D., «The Orthodox Church in America. From Alaska Mission to Autocephaly», *SVTQ* 14 (1970) 196-218.

GREGORIOS III, «Patriarches d'Orient et d'Occident: similarités et différences. Comment Rome pourrait fonctionner comme l'un d'entre eux ?», *Logos* 46 (2005) 13-33.

GRIGORIȚĂ, G., «Autocefalia în Biserica Ortodoxă. Studiu canonic», dans *Autocefalia. Libertate și demnitate*, București 2010, 65-82.

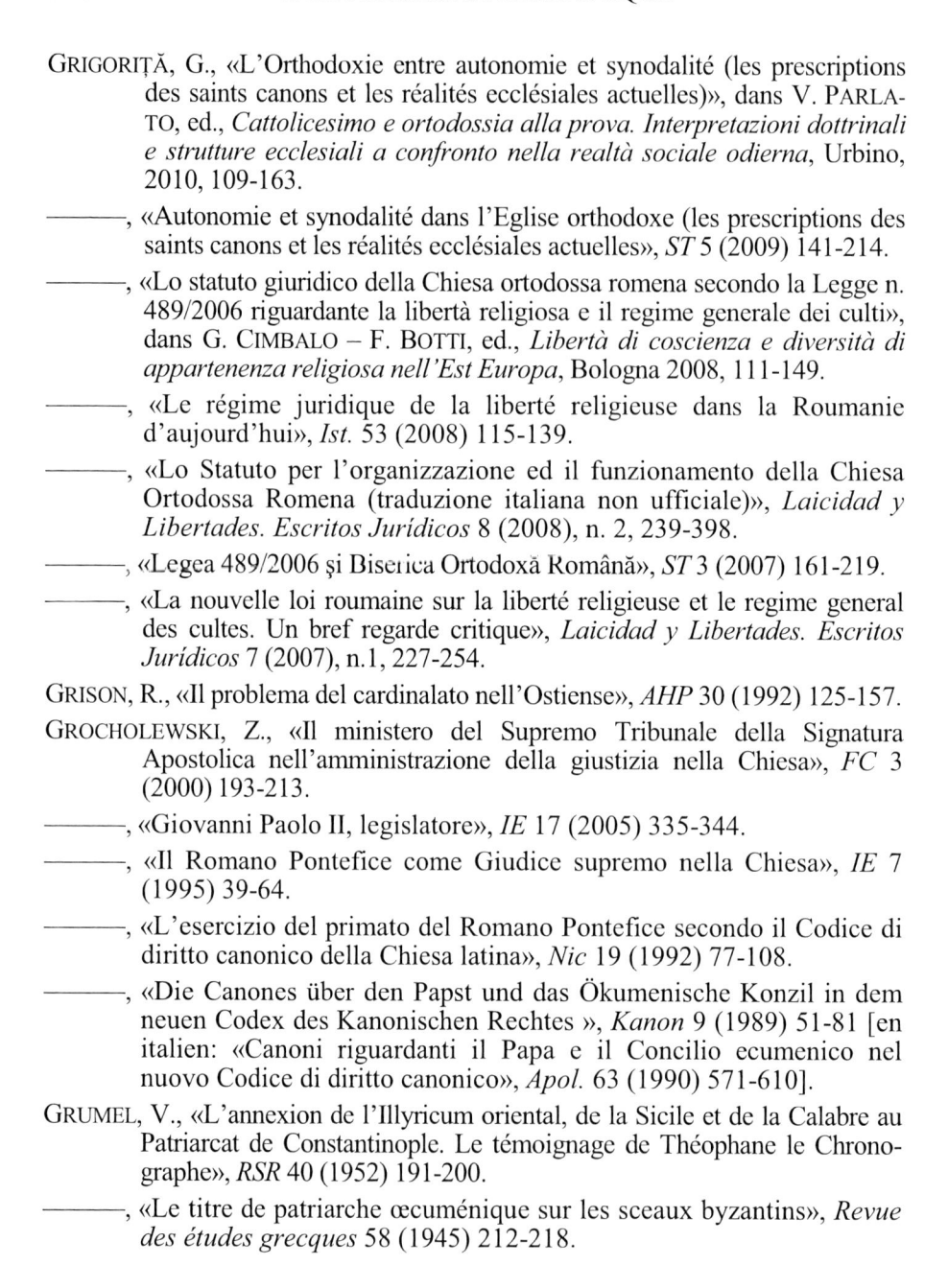

GRIGORIȚĂ, G., «L'Orthodoxie entre autonomie et synodalité (les prescriptions des saints canons et les réalités ecclésiales actuelles)», dans V. PARLATO, ed., *Cattolicesimo e ortodossia alla prova. Interpretazioni dottrinali e strutture ecclesiali a confronto nella realtà sociale odierna*, Urbino, 2010, 109-163.

———, «Autonomie et synodalité dans l'Eglise orthodoxe (les prescriptions des saints canons et les réalités ecclésiales actuelles», *ST* 5 (2009) 141-214.

———, «Lo statuto giuridico della Chiesa ortodossa romena secondo la Legge n. 489/2006 riguardante la libertà religiosa e il regime generale dei culti», dans G. CIMBALO – F. BOTTI, ed., *Libertà di coscienza e diversità di appartenenza religiosa nell'Est Europa*, Bologna 2008, 111-149.

———, «Le régime juridique de la liberté religieuse dans la Roumanie d'aujourd'hui», *Ist.* 53 (2008) 115-139.

———, «Lo Statuto per l'organizzazione ed il funzionamento della Chiesa Ortodossa Romena (traduzione italiana non ufficiale)», *Laicidad y Libertades. Escritos Jurídicos* 8 (2008), n. 2, 239-398.

———, «Legea 489/2006 și Biserica Ortodoxă Română», *ST* 3 (2007) 161-219.

———, «La nouvelle loi roumaine sur la liberté religieuse et le regime general des cultes. Un bref regarde critique», *Laicidad y Libertades. Escritos Jurídicos* 7 (2007), n.1, 227-254.

GRISON, R., «Il problema del cardinalato nell'Ostiense», *AHP* 30 (1992) 125-157.

GROCHOLEWSKI, Z., «Il ministero del Supremo Tribunale della Signatura Apostolica nell'amministrazione della giustizia nella Chiesa», *FC* 3 (2000) 193-213.

———, «Giovanni Paolo II, legislatore», *IE* 17 (2005) 335-344.

———, «Il Romano Pontefice come Giudice supremo nella Chiesa», *IE* 7 (1995) 39-64.

———, «L'esercizio del primato del Romano Pontefice secondo il Codice di diritto canonico della Chiesa latina», *Nic* 19 (1992) 77-108.

———, «Die Canones über den Papst und das Ökumenische Konzil in dem neuen Codex des Kanonischen Rechtes », *Kanon* 9 (1989) 51-81 [en italien: «Canoni riguardanti il Papa e il Concilio ecumenico nel nuovo Codice di diritto canonico», *Apol.* 63 (1990) 571-610].

GRUMEL, V., «L'annexion de l'Illyricum oriental, de la Sicile et de la Calabre au Patriarcat de Constantinople. Le témoignage de Théophane le Chronographe», *RSR* 40 (1952) 191-200.

———, «Le titre de patriarche œcuménique sur les sceaux byzantins», *Revue des études grecques* 58 (1945) 212-218.

GUILLAUME, B., «La genèse du n. 22 de la *Lumen Gentium*. Contribution à l'étude de la pensée conciliaire sur le collège épiscopal et la collégialité», *CDoc* 2 (1984) 197-227.

GUTIÉRREZ, J.L., «I raggruppamenti di Chiese particolari», *ME* 116 (1991) 437-455.

———, «Las dimensiones particulares de la Iglesia», dans P. RODRÍGUEZ – E. MOLANO – A. CATTANEO – J. R. VILLAR – J. M. ZUMAQUERO, ed., *Iglesia universal e iglesias particulares*. IX simposio internacional de teología de la Universidad de Navarra, Pamplona 1989, 251-272.

———, «La potestà legislativa del Vescovo diocesano», *IC* 24 (1984) 509-526.

HANNON, J., «Diocesan Consultors», *StC* 20 (1986) 147-179.

HELJAS, M.-A., «L'Eglise orthodoxe d'Estonie: Histoire des origines», *Ist.* 49 (2004) 36-45.

HERCSIK, D., «Il subsistit in: la Chiesa di Cristo e la Chiesa cattolica», *Civ.Catt* 157 (2006) 111-122.

HERMAN, E., «De conceptu *ritus*», *Jurist* 2 (1942) 340-345.

———, «De *ritu* in jure canonico », *OCP* 32 (1933) 96-158.

HERRÁNZ, J., «La interpretación auténtica: El Consejo Pontificio para la interpretación de los textos legislativos», *IC* 35 (1995) 501-527.

———, «El Pontificio Consejo para la interpretación de los textos legislativos», *IC* 30 (1990) 115-132.

HIRNSPERGER, J., «Die Diözesansynode. Bemerkungen zu den einschlägigen Normen des CIC unter besonderer Berücksichtigung der Instruktion vom 19. März 1997», dans J. VON ISENSEE – W. REES – W. RÜFNER, ed., *Dem Staate, was des Staates-der Kirche, was der Kirche ist*. Festschrift für Joseph Listl zum 70. Geburtstag, Berlin 1999, 855-873.

HOLBEA, G., «Ecleziologia părintelui Dumitru Stăniloae în contextul ecleziologiei ortodoxe contemporane», *ORT* 59 (2008) 67-91.

HOLTZMAN, J.J., «Eucharistic ecclesiology of the orthodox theologians», *Diakonia* 8 (1973) 5-21.

HOUTEPEN, A., «La realtà salvifica di una comunione imperfetta. Il "subsistit in" in LG e UR 3», *SE* 11 (1993) 157-175.

HUELS, J.M., «"Anglicanorum coetibus": text and commentary», *StC* 43 (2009) 389-430.

———, «Categories of Indispensable or Dispensable Laws», *StC* 39 (2005) 41-73.

———, «The correction and punishment of a diocesan bishop», *Jurist* 49 (1989) 507-542.

HUSBAND, W. B., «Soviet Atheism and Russian Orthodox Strategies of Resistance, 1917-1932», *The Journal of Modern History* 70 (1998) 74-107.

ICĂ Jr., I., «Important acord teologic ortodox-catolic pe tema sinodalității și autorității pe marginea celei de-a X-a sesiuni plenare a Comisiei mixte internaționale pentru dialog teologic între Biserica Ortodoxă și Biserica Romano-Catolică. Ravena, 8-15 octombrie 2007», *ST* 3 (2007) 227-256.

IGNĂTESCU, V., «Principiul comuniunii în Ortodoxie», *ORT* 8 (1956) 358-368.

«Il teologo Ioannis Zizioulas espone veramente l'Ortodossia?», *Italia ortodossa* 1999, 2-3.

INCITTI, G., «Il collegio dei consultori: abolizione o ridefinizione ?», dans J.J. CONN – L. SABBARESE, ed., *Iustitia in caritate. Miscellanea di studi in onore di Velasio De Paolis*, Città del Vaticano 2005, 293-312.

IONESCU, I., «Contextul istoric al dobândirii autocefaliei Bisericii Ortodoxe Române», *GB* 44 (1985) 314-334.

IVAN, I., «Etnosul-neamul, temei divin și principiu fundamental canonic al autocefaliei bisericești», dans *Centenarul Autocefaliei Bisericii Ortodoxe Române. 1885-1985*, București 1987, 186-201.

———, «Câțiva termeni canonici. Înțelesul și explicarea lor în dreptul bisericesc», *ST* 41 (1989) 78-101.

———, «Hotărârile canonice ale Sinodului al II-lea ecumenic și aplicarea lor de-a lungul secolelor», *BOR* 99 (1981) 821-866.

———, «Importanța principiilor fundamentale canonice de organizație și administrație, pentru unitatea Bisericii», *MMB* 45 (1969) 155-165.

———, «Ὅρος și κανων în dreptul bisericesc ortodox», *ORT* 22 (1970) 365-372.

———, «Pravila cea Mare de-a lungul timpului», *ST* 4 (1952) 580-609.

JACOBS, A., «La participation des laïcs à la mission de l'Eglise dans le Code de droit canonique», *RTL* 18 (1987) 317-336.

JACQUEMIN, A., «Les enjeux ecclésiologiques de "subsistit in" en Lumen Gentium», *Kephas* 1 (2002) 67-78.

JAEGER, D.-M., «Erezione di circoscrizioni ecclesiastiche orientali in territori a popolazione cattolica prevalentemente di rito latino: considerazioni canoniche e presupposti ecclesiologici», *Anton.* 75 (2000) 499-521.

JANIN, R., «Constantinople», dans A. BAUDRILLART, ed., *Dictionnaire d'histoire et de géographie ecclésiastiques*, VI, Paris 1956, 626-754.

———, «Formation du patriarcat de Constantinople», *EO* 13 (1910) 135-140.

JAVIERRE ORTAS, A.M., «Successione apostolica e succesione primaziale», *Rivista Liturgica* 83 (1996) 380-416.

JOHNSON, J., «Religion after Communism: Belief, Identity and the Soviet Legacy in Russia», dans J. JOHNSON – M. STEPANIANTS – B. FOREST, ed., *Religion and Identity in Modern Russia: The Revival of Orthodoxy and Islam*, Aldershot 2005, 1-25.

JOHNSON, J.G., «Subsidiarity and the Synod of Bishops», *Jurist* 50 (1990) 488-523.

JOOS, A., «Comunione universale e cattolicità dell'assemblea. Elementi di ecclesiologia negli scritti del P.N.N. Afanassiev», *Nic* 1 (1973) 7-47, 223-260.

KALOGHIROS, I. (ΚΑΛΟΓΗΡΟΣ, Ι.), «Ἡ ἑνότης ἐν τῇ οἰκουμενικότητι τῆς Ἐκκλησίας κατὰ τὰς θεμελιώδεις ἐκκλησιαστικὰς ἀρκὰς», *Γρηγόριος ὁ Παλαμᾶς* 42 (1959) 480-498.

KAPTIJN, A., «Problématiques concernant les Eglises de droit propre et les rites», dans CONGREGAZIONE PER LE CHIESE ORIENTALI, ed., *Ius Ecclesiarum Vehiculum Caritatis. Atti del Simposio Internazionale per il decennale dell'entrata in vigore del Codex Canonum Ecclesiarum Orientalium. Città del Vaticano 19-23 novembre 2001*, Città del Vaticano 2004, 405-420.

——, «L'inscription à l'Eglise de droit propre», *AC* 40 (1998) 49-70.

KARABÉLIAS, E., «Le droit ecclésiastique byzantin dans ses rapports avec le droit impérial (du 4e au 12e siècle)», *Επετηπις του Κεντρου της Ιστοριας του Ελληνικου Δικαιου* 37 (2003) 195-267.

KARALIS, G., «La teologia ortodossa e alcune opinioni teologiche correnti», *Italia Ortodossa* (2000) 6-12.

KARANICOLAS, P., «Synodical Legislation and State Ecclesiastical Law», *Θεολογία* 52 (1981) 217-227

KARMIRIS, I., «The distinction between the Horoi and the Canons on the Early Synods and their significance for acceptance of the Council of Chalcedon by the non-chalcedonian Churches», *GOTR* 16 (1971) 79-107.

KARRER, O., «Le principe de subsidiarité dans l'Eglise», dans G. BARAUNA, ed., *L'Eglise de Vatican II. Etudes autour de la Constitution conciliaire sur l'Eglise*, II, Paris 1966, 575-606.

KARTACHEV, A.V. (КАРТАШЕВЬ, А.В.), «Практика апелляционнаго права Константинопольскихъ Патриарховъ», *Вѣстникъ братства православныхъ богослововъ въ Польшѣ* 3 (1936), n. 2, 91-111.

——, «La Révolution et le Concile de 1917-1918. Contribution à l'histoire de l'Eglise russe contemporaine», *RC* 1950, n. 1-2, 7-42.

KASPER, W., «Le radici del conflitto fra Mosca e Roma», *Civ.Catt* 153 (2002) 531-541.

——, «L'Eglise comme communion. Un fil conducteur dans l'ecclésiologie de Vatican II», *Communio* 12 (1987), n. 1, 15-31.

KAUFMANN, L., «Le synode épiscopal: ni un concile ni un synode. Eléments de critique du point de vue de "mouvement synodal"», *Concilium* (1990), n. 230, 83-94.

KAZEM-BEK, A., «Histoire et situation présente du schisme parisienne», *Ist.* 16 (1971) 94-117.

KIVIORG, M., «Church and State in Estonia», dans S. FERRARI – W. COLE DURHAM – E.A. SEWELL, ed., *Law and Religion in Post-Communist Europe*, Louvain 2003, 99-103.

———, «Church and State in Estonia», dans G. ROBBERS, ed., *State and Church in the European Union*, Baden-Baden 2005, 95-114.

KLEIN, W., «Orthodoxe in der Diaspora. Zur Tradition der Integration», *Pastoral Theologie* 89 (2000) 74-86.

KLUTSCHEWSKY, A. – NÉMETH, T. M. – SYNEK, E., «Das Statut der Russischen Orthodoxen Kirche», *Kanon* 19 (2006) 41-72.

KNIAZEFF, A., «La place de la loi de l'Eglise dans la tradition de l'Orthodoxie», *Unité Chrétienne* 76 (1984) 61-73.

———, «Le Royaume de César et le Règne de Dieu», *Con* 39 (1987) 265-278 et 40 (1988) 19-36.

KNITTEL, R., «Il 'Subsistit' di *Lumen Gentium* 8 e la permanenza indefettibile della chiesa pellegrinante», *Divinitas* 44 (2001) 253-271.

KNOX, Z., «The Symphonic Ideal: The Moscow Patriarchate's Post-Soviet Leadership», *Europe-Asia Studies* 55 (2003) 575-596.

———, «Postsoviet challenges to the Moscow Patriarchate, 1991-2001», *RSS* 32 (2004), n. 2, 87-113.

KOMONCHAK, J.A., «The Significance of Vatican Council II for Ecclesiology», dans P. GRANFIELD – P.C. PHAN, ed., *The Gift of the Church: A Textbook on Ecclesiology in Honor of Patrick Granfield O.S.B.*, Collegeville – MN 2000, 69-92.

———, «Subsidiarity in the Church: the State of the Question», *Jurist* 48 (1988) 298-349.

———, «Le principe de subsidiarité et sa pertinence ecclésiologique», dans H. LEGRAND – J. MANZANARES – A. GARCÍA Y GARCÍA, ed., *Les conférences épiscopales. Théologie, statut canonique, avenir*. Actes du Colloque international de Salamanque (3-8 janvier 1988), Paris 1988, 391-448.

KONSTANTINIDES, C., «The Ecumenical Patriarchate and the Ecumenical Patriarchs from the Treaty of Laussane (1923) to the Present», *GOTR* 45 (2000) 5-22.

KOTZULA, S., «Der ekklesiologische Gehalt in den Normen des CIC/1983 zum Priesterrat», *AKK* 154 (1985) 58-82.

KOVALENKO, L., «*Communio ecclesiastica* del Patriarca con il Romano Pontefice: questione e dubbi», dans CONGREGAZIONE PER LE CHIESE ORIENTALI, ed., *Ius Ecclesiarum Vehiculum Caritatis*. Atti del Simposio Internazionale per il decennale dell'entrata in vigore del Codex Canonum Ecclesiarum Orientalium. Città del Vaticano 19-23 novembre 2001, Città del Vaticano 2004, 783-790.

KOVALESKY, E., «Analyse du XXXIV canon apostolique», *MEPREO* 2-3 (1950) 67-75.

KRASSIKOV, A., «Comment est appliquée en Russie la loi de 1997 sur la liberté de conscience ?», *Ist.* 48 (2003) 235-251.

KUTTNER, S., «Cardinalis: The History of a Canonical Concept», *Traditio* 3 (1945) 129-214.

KUZHINAPURATH, T., «Metropolitan Church *sui iuris*: Juridical Status and Power of Governance», *Christian Orient* 21 (2000) 41-48.

KUZIO, T., «In Search of Unity and Autocephaly: Ukraine's Orthodox Churches», *RSS* 25 (1997) 393-415.

KYRIAKOS, A. D., «Das System der autokephalen selbständigen orthodoxen Kirchen», *Revue internationale de théologie* 10 (1901) 99-115, 273-286.

«La nuova revisione dello Schema Canonum de Constitutione Hierarchica Ecclesiarum Orientalium», *NT* 22 (1986) 3-124.

LABANCA, B., «Del nome papa nelle Chiese cristiane», dans *Actes de Douzième Congrès International des orientalistes. Rome 1899*, III-1, Firenze 1902, 47-101.

LADARIA, L. F., «L'uomo in Cristo alla luce della Trinità», *Lat* 75 (2009) 147-169.

———, «*Tam Pater nemo*: quelques réfléctions sur la paternité de Dieu», *Transversalités* 107 (2008) 95-123.

LAHAM, L., «Between East and West. The Ecclesiological Experience of the Melkite Church», *Studi sull'Oriente Cristiano* 3 (1999), n. 2, 121-146.

LANATA, G., "Du vocabulaire de la loi dans les Nouvelles de Justinien", *SG* 3 (1989) 37-48.

LANNE, E., «Collegialità e primato del Successore di Pietro», *Nic* 27 (2000) 15-26.

———, «Le canon 34 des apôtres et son interprétation dans la tradition latine», *Irén.* 71 (1998) 212-233.

———, «Le mystère de l'Eglise et de son unité», dans E. LANNE, *Tradition et communion des Églises. Recueil d'études*, Louvain 1997, 449-484.

———, «La conception post-tridentine de la primauté et l'origine des Eglises unies», dans E. LANNE, *Tradition et communion des Églises. Recueil d'études*, Louvain 1997, 569-590.

———, «Les trois Rome», *Concilium* 268 (1996) 21-30.

———, «Eglise sœur et Eglise mère dans le vocabulaire de l'Eglise ancienne», dans B. BOBRINSKOY – C. BRIDEL, ed., *Communio Sanctorum. Mélanges offerts à Jean-Jacques von Allmen*, Genève 1982, 86-97.

———, «Eglises sœurs. Implications ecclésiologiques du Tomos Agapis», *Ist.* 29 (1975) 47-74.

LANNE, E., «Eglises unies ou Eglises sœurs: un choix inéluctable», *Irén.* 48 (1975) 322-342.

———, «L'Eglise locale et l'Eglise universelle. Actualité et portée du thème», *Irén.* 43 (1970) 481-511.

———, «L'Eglise locale: sa catholicité et son apostolicité», *Ist.* 14 (1969) 46-66 [en anglais : «The Local Church. Its Catholicity and Apostolicity», *One in Christ* 6 (1970) 288-313].

———, «Le mystère de l'Eglise dans la perspective de la théologie orthodoxe», *Irén.* 35 (1962) 171-212.

———, «Eglises locales et patriarcats à l'époque des grands conciles», dans E. LANNE, *Tradition et communion des Eglises. Recueils des ètudes*, Leuven 1997, 387-411 [publié aussi dans *Irén.* 34 (1961) 292-321].

LARENTZAKIS, G., «Über die Bedeutung der Ortskirche in der orthodoxen Theologie», *OF* 2 (1988) 227-238.

LAURENT, V., «L'oeuvre canonique du concile in Trullo, 691-692: source primaire du droit de l'Eglise orientale», *REB* 23 (1965) 7-41.

———, «Le titre de Patriarche œcuménique et Michel Cérulaire: à propos de deux de ses sceaux inédites», *Studi e testi* 3 (1946) 373-386.

———, «Le titre de patriarche œcuménique et la signature patriarcale», *REB* 6 (1948) 5-26.

———, «L'archeveque de Peč et le titre de patriarche après l'Union de 1375», *Balcanica* 7 (1944) 303-310.

LEB, I.-V., «Le grand schisme et ses implications sur les relations ecclésiastiques entre l'Orient et l'Occident. Un point de vue orthodoxe», *SUBTO* 45 (2000) 29-40.

———, «Ortodoxia în Japonia», dans I.V. LEB, *Biserica în acţiune*, Cluj-Napoca 2001, 127-140.

———, «Die Nation im orthodoxen Christentum», dans K. NIKOLAKOPOULOS – A. VLETSIS – V. IVANOV, ed., *Orthodoxe Theologie zwishen Ost und West. Festschrift für Prof. Theodor Nikolau*, Frankfurt am Main 2002, 277-291.

LECLERCQ, H., «Catholique», dans F. CABROL, ed., *Dictionnaire d'archéologie chrétienne et de liturgie*, II, Paris 1910, 2624-2639.

LÉCUYER, J., «Institutions en vue de la communion entre l'épiscopat universel et l'Evêque de Rome», G. ALBERIGO, ed., *Les Eglises après Vatican II. Dynamisme et prospective*. Actes du Colloque international de Bologne – 1980, Paris 1981, 297-301.

LEGRAND, H., «Le Pape, patriarche d'occident: l'actualité d'un titre inactuel», *POC* 57 (2007) 250-278.

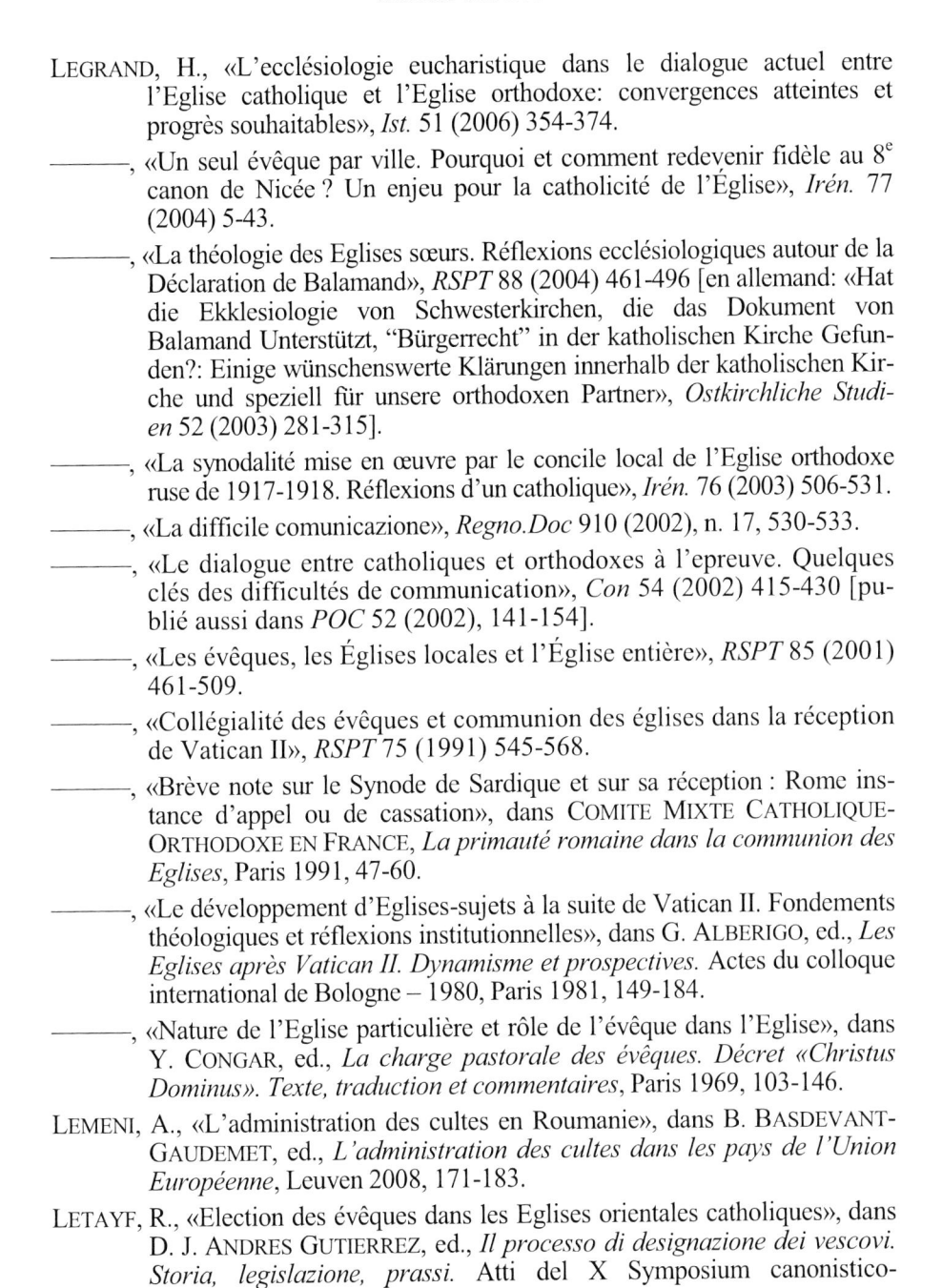

LEGRAND, H., «L'ecclésiologie eucharistique dans le dialogue actuel entre l'Eglise catholique et l'Eglise orthodoxe: convergences atteintes et progrès souhaitables», *Ist.* 51 (2006) 354-374.

———, «Un seul évêque par ville. Pourquoi et comment redevenir fidèle au 8ᵉ canon de Nicée ? Un enjeu pour la catholicité de l'Église», *Irén.* 77 (2004) 5-43.

———, «La théologie des Eglises sœurs. Réflexions ecclésiologiques autour de la Déclaration de Balamand», *RSPT* 88 (2004) 461-496 [en allemand: «Hat die Ekklesiologie von Schwesterkirchen, die das Dokument von Balamand Unterstützt, "Bürgerrecht" in der katholischen Kirche Gefunden?: Einige wünschenswerte Klärungen innerhalb der katholischen Kirche und speziell für unsere orthodoxen Partner», *Ostkirchliche Studien* 52 (2003) 281-315].

———, «La synodalité mise en œuvre par le concile local de l'Eglise orthodoxe ruse de 1917-1918. Réflexions d'un catholique», *Irén.* 76 (2003) 506-531.

———, «La difficile comunicazione», *Regno.Doc* 910 (2002), n. 17, 530-533.

———, «Le dialogue entre catholiques et orthodoxes à l'epreuve. Quelques clés des difficultés de communication», *Con* 54 (2002) 415-430 [publié aussi dans *POC* 52 (2002), 141-154].

———, «Les évêques, les Églises locales et l'Église entière», *RSPT* 85 (2001) 461-509.

———, «Collégialité des évêques et communion des églises dans la réception de Vatican II», *RSPT* 75 (1991) 545-568.

———, «Brève note sur le Synode de Sardique et sur sa réception : Rome instance d'appel ou de cassation», dans COMITE MIXTE CATHOLIQUE-ORTHODOXE EN FRANCE, *La primauté romaine dans la communion des Eglises*, Paris 1991, 47-60.

———, «Le développement d'Eglises-sujets à la suite de Vatican II. Fondements théologiques et réflexions institutionnelles», dans G. ALBERIGO, ed., *Les Eglises après Vatican II. Dynamisme et prospectives.* Actes du colloque international de Bologne – 1980, Paris 1981, 149-184.

———, «Nature de l'Eglise particulière et rôle de l'évêque dans l'Eglise», dans Y. CONGAR, ed., *La charge pastorale des évêques. Décret «Christus Dominus». Texte, traduction et commentaires*, Paris 1969, 103-146.

LEMENI, A., «L'administration des cultes en Roumanie», dans B. BASDEVANT-GAUDEMET, ed., *L'administration des cultes dans les pays de l'Union Européenne*, Leuven 2008, 171-183.

LETAYF, R., «Election des évêques dans les Eglises orientales catholiques», dans D. J. ANDRES GUTIERREZ, ed., *Il processo di designazione dei vescovi. Storia, legislazione, prassi.* Atti del X Symposium canonistico-romanistico, 24-28 aprile 1995 in onore del Rev.Mo P. Umberto Betti, O.F.M., già rettore della PUL, Città del Vaticano 1996, 419-443.

LETTMANN, R., «Episcopal Conferences in the New Canon Law», *StC* 14 (1980) 347-368.

LE TOURNEAU, D., «La *potestas regiminis* du patriarche sur les fidèles qui résident en dehors du territoire de l'Eglise patriarcale», dans CONGREGAZIONE PER LE CHIESE ORIENTALI, ed., *Ius Ecclesiarum Vehiculum Caritatis*. Atti del Simposio Internazionale per il decennale dell'entrata in vigore del Codex Canonum Ecclesiarum Orientalium. Città del Vaticano 19-23 novembre 2001, Città del Vaticano 2004, 825-835.

———, «Le caractère personnel et territorial de la *potestas* des patriarches orientaux», *FC* 5 (2002) 85-93.

———, «Le soin pastoral des catholiques orientaux n dehors de leur Église de rite propre. Le cas de l'Odinariat Français», *IE* 13 (2001) 391-419.

———, «Les légats pontificaux dans le Code de 1983, vingt ans après la constitution apostolique "Sollicitudo omnium Ecclesiarum"», *AC* 32 (1989) 229-260.

———, «La juridiction cumulative de l'Ordinariat aux armées», *RDC* 37 (1987) 171-214.

———, «La nouvelle organisation de l'Ordinariat aux armées», *StC* 21 (1987) 37-66.

LODA, N., «Le missioni e l'evangelizzazione nel contesto organizzativo ecclesiastico territoriale e personale: l'enclave delle Chiese Orientali Cattoliche», *CRM* 81 (2000) 355-376.

———, «Il diritto missionario delle Chiese dell'Oriente Cattolico ed il canone 584 Codicis Canonum Ecclesiarum Orientalium», *CRM* 79 (1998) 321-366 et 80 (1999) 5-25.

———, «Sul concetto di nomina ed elezione dei vescovi nel *Codex Iuris Canonici* e nel *Codex Canonum Ecclesiarum Orientalium*. Confronto, teoresi e procedimento», dans D.J. ANDRÉS GUTIÉRREZ, ed., *Il processo di designazione dei vescovi. Storia, legislazione, prassi*. Atti del X Symposium canonistico-romanistico, 24-28 aprile 1995 in onore del Rev.Mo P. Umberto Betti, O.F.M., già rettore della PUL, Città del Vaticano 1996, 445-471.

———, «La formulazione *sicut caput et pater* relativa al Patriarca nel canone 55 CCEO e le sue implicanze giuridiche», *FC* 5 (2002) 107-124.

LÖFFLER, W., «*Missio canonica* und *Nihil obstat*: Wege des Rechtsschutzes im Konfliktfall», dans K. BREITSCHING – W. REES, ed., *Tradition - Wegweisung in die Zukunft*. Festschrift für Johannes Mühlsteiger SJ zum 75. Geburtstag, Berlin 2001, 429-462.

LOMBARDIA, P., «Le droit ecclésiastique selon Vatican II», *Apol.* 40 (1967) 59-112.

LONGHITANO, A., «L'amministrazione dei beni: la funzione del Vescovo diocesano (cann. 1276-1277)», dans *I beni temporali della Chiesa*, Città del Vaticano 1999, 83-102.

LOPEZ GONZALEZ, P., «Origen de la expresión "res et sacramentum"», *Scripta Theologica* 17 (1985) 73-119.

LORUSSO, L., «Monasteri e autorità patriarcale», *Ang.* 85 (2008) 1185-1197.

——, «Estensione della potestà patriarcale e sinodale in diaspora: designazione dei Vescovi, erezione di circoscrizioni ecclesiastiche, clero uxorato», *Ang.* 83 (2006) 845-870 [publié aussi dans L. OKULIK, ed., *Nuove terre e nuove Chiese. Le comunità di fedeli orientali nella diaspora*, Venezia 2008, 101-124].

——, «Costituzione e provvisione delle circoscrizioni ecclesiastiche in Europa: riordino delle competenze della Congregazione per le Chiese Orientali. Il Rescriptum ex Audientia», *Ius Missionale* 2 (2008) 229-266.

——, «Ravenna e la questione estone», *Odigos* 26 (2007), n. 4, 4-13.

——, «Sede vacante – sede impedita. Designazione del gerarca nel *Codex Canonum Ecclesiarum Orientalium*», *Nic* 33 (2006) 131-167.

——, «Il riconoscimento della pari dignità nella comunione cattolica: il decreto *Orientalium Ecclesiarum* e il Codice dei Canoni delle Chiese Orientali», *Ang.* 83 (2006) 451-473.

——, «Reazioni ortodosse circa la rinuncia del Papa di Roma Benedetto XVI al titolo di "Patriarca d'Occidente"», *Odigos* 25 (2006), n. 2, 11-13.

——, «L'ambito d'applicazione del Codice dei Canoni delle Chiese Orientali. Commento sistematico al can. 1 del CCEO», *Ang.* 82 (2005) 451-478.

——, «Il rapporto del Codice dei Canoni delle Chiese Orientali con le prescrizioni dei libri liturgici. Commento al can. 3 del CCEO», *FC* 8 (2005) 163-182.

——, «Interrelazione dei due Codici nella Chiesa», dans CONGREGAZIONE PER LE CHIESE ORIENTALI, ed., *Ius Ecclesiarum Vehiculum Caritatis*. Atti del Simposio Internazionale per il decennale dell'entrata in vigore del Codex Canonum Ecclesiarum Orientalium. Città del Vaticano 19-23 novembre 2001, Città del Vaticano 2004, 277-330.

——, «La designazione dei vescovi nel *Codex Canonum Ecclesiarum Orientalium*», *QDE* 12 (1999) 46-57.

LOSSKY, N., «L'ecclésiologie dans une perspective orthodoxe», *Science et esprit* 48 (1996) 7-14.

——, «Orthodoxie et diversités liturgiques», dans A.M. TRIACCA – A. PISTOIA, ed., *Liturgie et Cultures*. Conférences Saint-Serge XLIIIe semaine d'études liturgiques, Paris, 25-28 juin 1996, Rome 1997, 137-141.

LO CASTRO, G., «Le prelature personali nell'esperienza giuridica e nel dibattito dottrinale dell'ultimo decennio», dans M. TEDESCHI, ed., *Studi in onore di Piero Bellini*, II, Soveria Mannelli 1999, 423-456.

LUMPE, A., «Zur Geschichte der Wörter *Concilium* und *Synodus* in der Antiken Christlichen Latinität», *AHC* 2 (1970) 1-21.

———, «Zur Geschichte des Wortes *Synodus* in der antiken Grazität», *AHC* 6 (1974) 40-53.

LÜNING, P., «Das ekklesiologische Problem des *Subsistit in* (LG8) im heutigen ökumenischen Gespräch», *Catholica* 52 (1998) 1-23.

L'HUILLIER, P., «Le Code de droit canonique de 1983. Point de vue d'un orthodoxe», *AC* 30 (1987) 423-430.

———, «Le schisme de 1054», *MEPREO* 5 (1954) 144-164.

———, «Le concile œcuménique comme autorité suprême dans l'Eglise», *Kanon* 2 (1974) 128-142.

———, «Problems concerning Autocephaly», *GOTR* 24 (1979) 165-191.

———, «Un aspect estompé du 28 canon de Chalcedoine», *RDC* 29 (1979) 12-22.

———, «Accession to Autocephaly», *SVTQ* 37 (1993) 267-304.

———, «The Development of the Concept of an Ecumenical Council (Fourth – Eight Centuries)», *GOTR* 36 (1991) 243-262.

———, «La législation du concile de Sardique sur le droit d'appel dans la tradition canonique byzantine», *MEPREO* 20 (1972) 201-230.

———, «Le décret du Concile de Chalcédoine sur les prérogatives du siège de la très sainte Eglise de Constantinople», *MEPREO* 27 (1979) 33-69.

MACDERMOTT, R., «Ecclesiastical Authority and Religious Autonomy: Canon 679 Under Glass», *StC* 38 (2004) 461-480.

MACRIDES, R., «Nomos and Kanon on paper and in court», dans R. MORRIS, ed., *Church and People in Byzantium*, Birmingham 1990, 61-85.

MADRIGAL, S., «A propósito del binomio Iglesia universal-Iglesias particulares», *DiEc* 39 (2004) 7-29.

MAFFEIS, A., «La Chiesa e l'Eucaristia. L'ecclesiologia eucaristica nella teologia ortodossa contemporanea», *Quaderni teologici del Seminario di Brescia* 3 (1993) 149-180.

MAKLAGOFF, G., «L'Eglise orthodoxe et le pouvoir civil en U.R.S.S. de 1917 à nos jours», *RC* 1946, n. 1, 22-72.

MALANGA, M., «La Chiesa nella *Lumen Gentium*: mistero di comunione», *Asprenas* 19 (1972) 263-289.

MALVAUX, B., «Les professeurs et la mission canonique, nihil obstat, mandat d'enseigner, profession de foi, serment de fidelité», *StC* 37 (2003) 521-548.

MAJER, P., «"Universi Dominici Gregis". La nueva normativa sobre la ellecion del Romano Pontefice», *IC* 36 (1996) 669-712.

MAN, D., «Visarion Puiu – un ierarh al românilor de pretutindeni», *SUBTO* 51 (2006) 39-44.

MANZANARES, J., «Concilio ecuménico. Poderes, funciones, relación con el primado», *AC* hors serie (1992) 143-165.

———, «Papal Reservation and *Recognitio*: Considerations and Proposals», *Jurist* 52 (1992) 228-254.

———, «Las Conferencias Episcopales en tiempo de Pio XI», *REDC* 36 (1980) 5-57.

———, «De praelaturae personalis origine, natura et relatione cum iurisdictione ordinaria», *Periodica* 69 (1980) 387-423.

MANZO, O., «L'esenzione degli Istituti di vita consacrata (can. 591)», *CRM* 86 (2005) 317-346.

MARCHESI, M., «Il Consiglio presbiterale: gruppo di sacerdoti, rappresentante di un presbiterio», *QDE* 8 (1995) 72-93.

MARCHETTI, G., «La curia diocesana come organo di partecipazione al ministero pastorale del vescovo diocesano», *Periodica* 89 (2000) 565-591.

MARCOU, G., «La posizione politica, religiosa e giuridica della Chiesa ortodossa e il suo contributo per la rinascita della nazione greca sotto il dominio turco», *Annali di storia del diritto* 14-17 (1970-1973) 267-293.

MARGA, I., «Instituția patriarhatului în Biserică», *MA* 35 (1990) 50-57.

MARINA, E., «Temeiuri istorice și canonice ale sinodului permanent», *ST* 18 (1966) 190-214.

———, «Organizarea sinoadelor permanente în Bisericile autocefale», *ST* 18 (1966) 337-354.

MARINA, J. «Valabilitatea actuală a canonului 28 al Sinodului al IV-lea ecumenic de la Calcedon», *ORT* 3 (1951) 173-187.

MARINELLI, L., «Processo informativo sugli Episcopabili Orientali», dans D. J. ANDRÉS GUTIÉRREZ, ed., *Il processo di designazione dei vescovi. Storia, legislazione, prassi*. Atti del X Symposium canonistico-romanistico, 24-28 aprile 1995 in onore del Rev.Mo P. Umberto Betti, O.F.M., già rettore della PUL, Città del Vaticano 1996, 615-624.

MARIOTTI, M., «Orientamenti bibliografici sulla Chiesa particolare», *Presenza Pastorale* 38 (1968) 505-516, 41 (1971) 213-242.

———, «Appunti bibliografici sulla Chiesa locale», *Vita e Pensiero* 54 (1971) 155-182, 347-375.

MARKUS, R.A., «Carthage – Prima Justiniana – Ravenna: An Aspect of Justinian' „Kirchenpolitik"», *Byz* 49 (1979) 277-302.

MARTIN, T.O., «The Twenty-Eight Canon of Chalcedon. A Background Note», dans A. GRILLMEIER – A. BACHT, ed., *Das Konzil von Chalkedon. Geschichte und Gegenwart*, II, Würzburg 1953, 433-458.

MARTÍNEZ GORDO, J., «El debate de J. Ratzinger y W. Kasper sobre la relación entre la Iglesia universal y la Iglesia local», *Scriptorium Victoriense* 54 (2007) 269-301.

MARTÍNEZ SISTACH, L., «El Colegio de Consultores, nueva institución diocesana», *Revista Catalana de Teologia* 10 (1985) 155-176.

——, «El Colegio de Consultores en el nuevo Código», *REDC* 39 (1983) 291-306.

MAZZONI, G., «Ministerialità e potestà (can. 129)», dans GRUPPO ITALIANO DOCENTI DI DIRITTO CANONICO, ed., *I laici nella ministerialità della Chiesa. XXVI Incontro di Studio Centro Dolomiti "Pio X" – Borca di Cadore, 28 giugno-3 luglio 1999*, Milano 2000, 73-97.

MCCORMACK, A.R.A., «The Privileges of Cardinals», *StC* 37 (2003) 125-162.

MCDONNELL, K., «The Ratzinger/Kasper debate: The universal Church and local churches», *TS* 63 (2002) 227-250.

MELIA, E., «Le Comité Interépiscopal Orthodoxe de France. La Signification interne et dans le dialogue œcuménique», *Témoignage et Pensée Orthodoxe* 35 (1982) 28-30.

MELLONI, A., «Note sul lessico della *Communionis notio*», *CrSt* 16 (1995) 307-319.

MENEVISSOGLOU, P., «La signification canonique et ecclésiologique des titres épiscopaux dans l'Eglise orthodoxe», *Kanon* 7 (1985) 74-90.

MERLO, S., «La Chiesa russa sotto il regime sovietico. Una rassegna storiografica», *CrSt* 28 (2005) 697-742.

MÉTHODIOS, Métropolite de Axomis (ΜΕΘΟΔΙΟΣ, Μητροπολιτης 'Αξωμης), «Εισήγησις του Μητροπολιτου 'Αξωμης Μεθοδιου αρχηγου της 'Αντιπροσωπειας του Πατριαρχειου 'Αλεξανδρειας επι του θεματος „Τροπος ανακηρυξεως Αυτοκεφαλου και Αυτονομου Εκκλησιας"», *Εκκλησιστικος Φαρος* 79 (1979) 645-653.

METZ, R., «La désignation des évêques dans les Eglises orientales catholiques selon le Code de 1990: respect du principe de l'élection», dans C. BONTEMS, ed., *Nonagesimo Anno*. Mélanges en hommage à Jean Gaudemet, Paris 1999, 217-230.

——, «Le nouveau Code des Canons des Eglises Orientales et le canoniste latin», *RDC* 47 (1997) 41-51.

——, «Les deux Codes: le Code de Droit Canonique de 1983 et le Code des Canons des Eglises Orientales de 1990. Concordances et discordances», *AC* 39 (1997) 75-94.

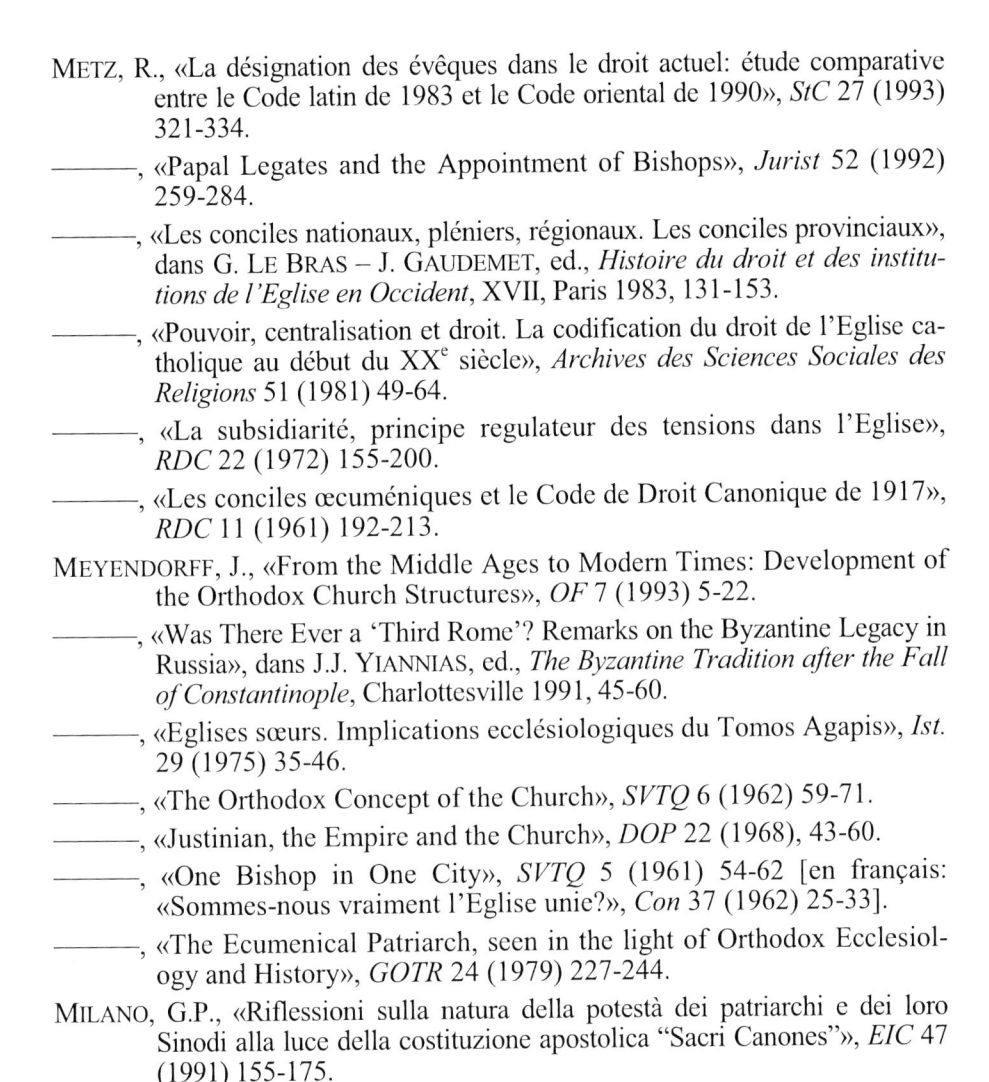

METZ, R., «La désignation des évêques dans le droit actuel: étude comparative entre le Code latin de 1983 et le Code oriental de 1990», *StC* 27 (1993) 321-334.

———, «Papal Legates and the Appointment of Bishops», *Jurist* 52 (1992) 259-284.

———, «Les conciles nationaux, pléniers, régionaux. Les conciles provinciaux», dans G. LE BRAS – J. GAUDEMET, ed., *Histoire du droit et des institutions de l'Eglise en Occident*, XVII, Paris 1983, 131-153.

———, «Pouvoir, centralisation et droit. La codification du droit de l'Eglise catholique au début du XXe siècle», *Archives des Sciences Sociales des Religions* 51 (1981) 49-64.

———, «La subsidiarité, principe regulateur des tensions dans l'Eglise», *RDC* 22 (1972) 155-200.

———, «Les conciles œcuméniques et le Code de Droit Canonique de 1917», *RDC* 11 (1961) 192-213.

MEYENDORFF, J., «From the Middle Ages to Modern Times: Development of the Orthodox Church Structures», *OF* 7 (1993) 5-22.

———, «Was There Ever a 'Third Rome'? Remarks on the Byzantine Legacy in Russia», dans J.J. YIANNIAS, ed., *The Byzantine Tradition after the Fall of Constantinople*, Charlottesville 1991, 45-60.

———, «Eglises sœurs. Implications ecclésiologiques du Tomos Agapis», *Ist.* 29 (1975) 35-46.

———, «The Orthodox Concept of the Church», *SVTQ* 6 (1962) 59-71.

———, «Justinian, the Empire and the Church», *DOP* 22 (1968), 43-60.

———, «One Bishop in One City», *SVTQ* 5 (1961) 54-62 [en français: «Sommes-nous vraiment l'Eglise unie?», *Con* 37 (1962) 25-33].

———, «The Ecumenical Patriarch, seen in the light of Orthodox Ecclesiology and History», *GOTR* 24 (1979) 227-244.

MILANO, G.P., «Riflessioni sulla natura della potestà dei patriarchi e dei loro Sinodi alla luce della costituzione apostolica "Sacri Canones"», *EIC* 47 (1991) 155-175.

MINA, A., «Sviluppo del diritto particolare nelle Chiese *sui iuris*», dans CONGREGAZIONE PER LE CHIESE ORIENTALI, ed., *Ius Ecclesiarum Vehiculum Caritatis*. Atti del Simposio Internazionale per il decennale dell'entrata in vigore del Codex Canonum Ecclesiarum Orientalium. Città del Vaticano 19-23 novembre 2001, Città del Vaticano 2004, 535-553.

MIÑAMBRES, J., «Nuove determinazioni sulle capacità decisionali del collegio dei Cardinali riunito in Conclave», *IE* 19 (2007) 757-762.

MIÑAMBRES, J., «La natura giuridica della "recognitio" da parte della Santa Sede e il valore delle "note" del Ponitficio Consiglio per i testi legislativi», *IE* 19 (2007) 517-524.

———, «Il governo della Chiesa durante la vacanza della sede romana e l'elezione del Romano Pontefice», *IE* 8 (1996) 713-729.

MIRAGOLI, E., «La visita pastorale: "anima regiminis episcopalis"», *QDE* 6 (1993) 122-149.

MOHRMANN, C., «Sacramentum dans les plus anciens textes chrétiens», dans C. MOHRMANN, *Etudes sur le latin des chrétiens*, Rome 1961², 233-244.

MOLDOVAN, I., «Sfintele canoane și raportul lor cu revelația divină», *MB* 27 (1977) 101-114.

———, «Etnicitate și autonomie bisericească. Considerații de ordin teologic-moral, cu ocazia aniversării autocefaliei Bisericii Ortodoxe Române», dans *Centenarul autocefaliei Bisericii Ortodoxe Române. 1885-1985*, București 1987, 234-267.

MONCZAK, I., «Appointments of Bishops in the Self-governing Eastern Catholic Churches», dans CONGREGAZIONE PER LE CHIESE ORIENTALI, ed., *Ius Ecclesiarum Vehiculum Caritatis*. Atti del Simposio Internazionale per il decennale dell'entrata in vigore del Codex Canonum Ecclesiarum Orientalium. Città del Vaticano 19-23 novembre 2001, Città del Vaticano 2004, 857-865.

MONETA, P., «La sede episcopale metropolitana nel diritto canonico», *DE* 104 (1993) 82-96.

MONTAN, A., «Ministeria, munera, officia. I laici titolari di uffici e di ministeri (cann. 228, 230, 274): precisazioni terminologiche», dans GRUPPO ITALIANO DOCENTI DI DIRITTO CANONICO, ed., *I laici nella ministerialità della Chiesa. XXVI Incontro di Studio, Centro Dolomiti "PioX", Borca di Cadore, 28 giugno-3 luglio 1999*, Milano 2000, 99-134.

MONTINI, G.P., «La diocesi comunità capace di ricevere leggi, ossia il vescovo diocesano legislatore», *QDE* 20 (2007) 117-125.

———, «I ricorsi amministrativi presso il Supremo Tribunale della Segnatura Apostolica», dans GRUPPO ITALIANO DOCENTI DI DIRITTO CANONICO, ed., *I giudizi nella Chiesa: processi e procedure speciali. XXV incontro di studio, Villa S. Giuseppe-Torino: 29 giugno-3 luglio 1998*, Milano 1999, 85-120.

———, «Alcune riflessioni sull'*omnis potestas* del vescovo diocesano», *QDE* 9 (1996) 23-34.

———, «De querela nullitatis deque restitutione in integrum adversus sententias Sectionis Alterius Supremi Signaturae Apostolicae Tribunalis», *Periodica* 82 (1993) 669-697.

MONTINI, G.P., «Il risarcimento del danno provocato dall'atto amministrativo e la competenza del Supremo Tribunale della Signatura Apostolica», dans ARCISODALIZIO DELLA CURIA ROMANA, ed., *La giustizia amministrativa nella Chiesa*, Città del Vaticano 1991, 179-220.

MONTES CASAS, A., «La recepción de la personalidad moral en el CIC (Estudio del canon 113§1)», *IC* 35 (1996) 143-178.

MOREL, V., «Le Corps mystique du Christ et l'Eglise catholique romaine», *NRT* 70 (1948) 703-726.

MORINI, E., «Roma nella pentarchia», dans *Roma fra Oriente e Occidente (Settimane di studio del Centro Italiano di Studi sull'Alto Medioevo)*, Spoleto 2002, 833-942.

MÖRSDORF, K., «Die Autonomie der Ortskirche», *AKK* 138 (1969) 388-405 [en italien: «L'Autonomia della Chiesa locale», *EIC* 26 (1970) 324-345].

MOSCONI, M., «Commento a un canone. La presunzione di non infallibilità (can. 749§3)», *QDE* 10 (1997) 83-97.

———, «*Sede vacante nihil innovetur*: i limiti all'esercizio dell'autorità nella condizione di vacanza della sede», *QDE* 17 (2004) 146-175.

MOȘOIU, N., «"Sobornicitatea deschisă" ca tipologie ecumenică sau De la teologia confesională la teologia ecumenică în perspectiva viziunii despre "sobornicitatea deschisă"», *RT* 7 (1997) 87-117.

MUCCI, G., «Il 'subsistit in' nella *Lumen Gentium*», *Civ.Catt* 138 (1987) 444-455.

———, «Il principio di sussidiarietà e la teologia del collegio episcopale», *Civ.Catt* 137 (1986) 428-442.

MUNIER, C., «La coopération des évêques au bien commun de plusieurs Eglises», dans Y. CONGAR, ed., *La charge pastorale des évêques. Décret «Christus Dominus». Texte, traduction et commentaires*, Paris 1969, 329-352.

MUNTEANU, A.-A., «Exarhii în Biserica veche», *ST* 14 (1962) 549-569.

———, «Aplicarea epitimiilor în lumina sfintelor canoane», *ST* 13 (1961) 445-465.

MÜLLER, G.L., «"*Lumen Gentium*": ¿Dos eclesiologías opuestas en la constitución sobre la Iglesia?», dans J.R. VILLAR, ed., *Iglesia, ministerio episcopal y ministerio petrino*, Madrid 2004, 15-32.

MÜLLER, H., «Comunione ecclesiale e strutture di corresponsabilità: dal Vaticano II al Codice di diritto canonico», dans J. BEYER – G. FELICIANI – H. MÜLLER, *Comunione ecclesiale e strutture di corresponsabilità*, Roma 1990, 17-35.

———, «Utrum "Communio" sit principium formale-canonicum novae codificationis iuris canonici Ecclesiae latinae ?», *Periodica* 74 (1985) 85-108.

NAAMAN, B., «La recezione del Vaticano II nel nuovo Codice di diritto canonico. Una nuova visione pastorale della chiesa», *Asprenas* 50 (2003) n. 2-4, 303-342.

NAAMAN, B., «L'ecclesiologia di comunione nel nuovo Codice di diritto canonico», *Miscellanea Francescana* 100 (2000), n. 3-4, 583-641.

NAUTIN, P., «Théodore Lecteur et sa "Réunion de différentes histoires" de l'Eglise», *REB* 52 (1994) 213-243.

NEDUNGATT, G., «Ecclesiastical Universities and Faculties in the Eastern Catholic Churches», dans CONGREGAZIONE PER LE CHIESE ORIENTALI, ed., *Ius Ecclesiarum Vehiculum Caritatis*. Atti del Simposio Internazionale per il decennale dell'entrata in vigore del Codex Canonum Ecclesiarum Orientalium. Città del Vaticano 19-23 novembre 2001, Città del Vaticano 2004, 423-464.

———, «Evangelization of Peoples (cc. 584-594)», dans G. NEDUNGATT, ed., *A guide to the Eastern Code: a commentary on the Code of Canons of the Eastern Churches*, Rome 2002, 403-430.

———, «Ecclesiastical Magisterium (cc. 595-666)», dans G. NEDUNGATT, ed., *A guide to the Eastern Code: a commentary on the Code of Canons of the Eastern Churches*, Rome 2002, 431-492.

———, «The Patriarchal Ministry in the Church of the first Millennium», *Jurist* 61 (2001) 1-89.

———, «Der Patriarch in der katholischen Kirche», dans L. GEROSA – S. DEMEL – P. KRÄMER – L. MÜLLER, ed., *Patriarchale und synodale Strukturen in den katholischen Ostkirchen*, Münster 2001, 83-121.

———, «Normae indolis giuridica ad tenorem c. 1492 CCEO applicandae», *Periodica* 86 (1997) 477-491.

———, «Magistero eccleasiastico nei due codici», *Apol.* 65 (1992) 313-328.

NÈGRE, P., «„Ceci est mon Corps". Traversée de l'ecclésiologie eucharistique de Jean Zizioulas», *NRT* 130 (2008) 194-219.

NICA, A., «Înfiinţarea Episcopiei Ortodoxe Autonome din China», *BOR* 74 (1956) 431-433.

NIKOLAKAKIS, D., «La diaspora orthodoxe grecque», *AC* 45 (2003) 133-148.

NIKOLAOU, T., «The Term ἔθνος (Nation) And Its Relevance for the Autocephalous Church», *GOTR* 45 (2000) 453-478 [en allemand: «Der Begriff ἔθνος (Nation) in seiner Bedeutung für das Autokephalen der Kirche», *OF* 14 (2000) 5-23].

NISSIOTIS, N.A., «Die Ekklesiologie des zweiten Vatikanischen Konzils in orthodoxer Sicht und ihre ökumenische Bedeutung», *Kerygma und Dogma* 10 (1964) 157-158.

———, «Présence théologique, relations oecuméniques et unité intérieure de l'Orthodoxie», *Con* 16 (1964) 167-203.

NIVIERE, A., «Anton Kartachev l'historien de l'Eglise», dans D. BEAUNE-GRAY, ed., *Les historiens de l'émigration russe*, Paris 2003, 121-140.

NOETHLICHS, S., «Das päpstliche Konsistorium im Spiegel der Quellen des 11. bis 13. Jahrhunderts», *Zeitschrift der Savigny-Stiftung für Rechtsgeschichte* 125 (2008) 272-287.

OBOLENSKY, D., «Russia and Byzantium in the Tenth Century», *GOTR* 28 (1983) 157-171.

OCHOA, J., «I titoli di competenza», dans P.A. BONNET – C. GULLO, ed., *Il processo matrimoniale canonico*, I, Città del Vaticano 1994, 133-181.

OELDEMANN, J., «Das Konzept des Kanonischen Territoriums in der Russischen Orthodoxen Kirche», *Der Christliche Osten* 61 (2006) 92-98.

OKULIK, L., «La cura pastorale dei fedeli ascritti ad un'altra Chiesa *sui iuris*», dans E. RAAD, ed., *Système juridique canonique et rapports entre les ordonnancements juridiques / Sistema giuridico canonico e rapporti interordinamentali*, Beyrouth 2008, 629-642.

———, «Configurazione canonica delle Chiese orientali senza gerarchia», dans L. OKULIK, ed., *Le chiese sui iuris. Criteri di individuazione e delimitazione*, Venezia 2005, 209-228.

OLIVIERI, M., «Le rappresentanze pontificie nell'indirizzo del Vaticano II», *ME* 100 (1975) 3-58.

OLMOS ORTEGA, M.-E., «La participación de los laicos en los órganos de gobierno de la Iglesia (con especial referencia a la mujer)», *REDC* 46 (1989) 89-114.

ONCLIN, W., «Les évêques et l'Eglise universelle», dans Y. CONGAR, ed., *La charge pastorale des évêques. Décret «Christus Dominus». Texte, traduction et commentaires*, Paris 1969, 87-101.

ORIOLI, G., «La collazione del Pallio», *NT* 2 (1976) 88-96.

ORLANDIS, J., «Funciòn storica y eclesiològica de los concilios particulares», *AC* 1992 (hors série), I, 289-304.

ORLOV, B. – KOTZER, S. «The Russian Orthodox Church in a Changing Society», dans N. SCHLEIFMAN, ed., *Russia at a Crossroads. History, Memory and Political Practice*, London 1998, 147-171.

ORSI, J. C., «O Princípio de Subsidiariedade e a sua aplicabilidade no Livro V do Código de Direito Canônico», *Apol.* 78 (2005) 399-412.

ÖRSY, L., «Episcopal Conference and the Power of the Spirit», *Jurist* 59 (1999) 409-431 [republié dans *Louvain Studies* 25 (2000) 363-375].

———, «The Development of the Concept of Protos in the Ancient Church», *Kanon* 9 (1989) 83-97.

OVERMEYER, H., «La lucha por el 'territorio canónico': ¿ un conflicto territorial entre la Iglesia católica y la Iglesia ortodoxa rusa sin solución ?», *Concilium* 320 (2007) 203-213.

PAARHAMMER, H., «Bischofsbestellung im CCEO. *Patriarchen- und Bischofswahl und andere Formen der Bischofsbestellung*», *AKK* 160 (1991) 390-407.

PAGÉ, R., «Le document sur la profession de foi et le serment de fidélité», *StC* 24 (1990) 51-68.

———, «Juges laïcs et exercice du pouvoir judiciaire», dans M. THÉRIAULT – J. THORN, ed., *Unico Ecclesiae servitio*: études de droit canonique offerts à Germain Lesage, o.m.i., en l'honneur de son 75e anniversaire de naissance et du 50e anniversaire de son ordination presbytérale, Ottawa 1991, 197-212.

PAÏZI-APOSTOLOPOULOU, M., «Du charisticariat et des droits patriarcaux à l'exarchie patriarcale. Survivances et transformations des institutions byzantines», *Επετηρις του Κεντρου της Ιστοριας του Ελληνικου Δικαιου* 37 (2003) 113-120.

PALLATH, P., «L'Assemblée des Hiérarques de plusieurs Eglises de droit propre selon le CCEO», *AC* 42 (2000) 101-126.

PANAYOTAKOS, P.J., «Les bases du droit ecclésiastique dans l'Eglise Orthodoxe», *REDC* 19 (1964) 619-626.

PANEV, Z., «Aux origines de l'autocéphalie», *Con* 47 (1995) 125-134.

PAPADOPOULOS, H. [ΠΑΠΑΔΟΠΟΥΛΟΣ, H.], «Ὁ τίτλος τοῦ ἀρχιεπισκόπου», *Θεολογία* 52 (1935) 289-295.

PAPAGÉORGIOU, K.G., «Le cadre nomocanonique des relations du Patriarcat œcuménique avec l'Eglise semi-autonome de Crète», *AC* 46 (2004) 159-168.

PAPAIOANNOU, G., «The Diamond Jubilee of the Greek Orthodox Archdiocese of America, 1922-1997», *GOTR* 45 (2000) 217-306.

PAPASTATHIS, C., «The Ecumenical Patriarchate and the Internal Administration of the "Rum Millet" in the "Tanzimat" Reform Era (1839-1876)», dans E. VOULGARAKIS – *al.*, ed., *Orthodoxy and Oecumene*. Gratitude volume in honor of Ecumenical Patriarch Bartholomaios I, Athènes 2001, 367-382.

———, «Unity Among the Orthodox Churches. From the Theological Approach to the Historical Reality», dans R. TORFS, ed., *Canon Law and Realism*. Monsignor W. Onclin Chair 2000, Leuven 2000, 75-88.

———, «Aspects de l'autocéphalie au sein de l'Eglise orthodoxe», dans *Dinamica juridica postconciliar. Trabajos de la XII Semana de Derecho Canonico*, Salamanca 1969, 299-302.

———, «Le statut du Mont Athos», *AC* 46 (2004) 141-158.

———, «The Status of Mont Athos in Hellennic Public Law», dans C. PAPASTATHIS, ed., *The Status of Mont Athos and the European Community*, Thessalonique 1993, 55-75.

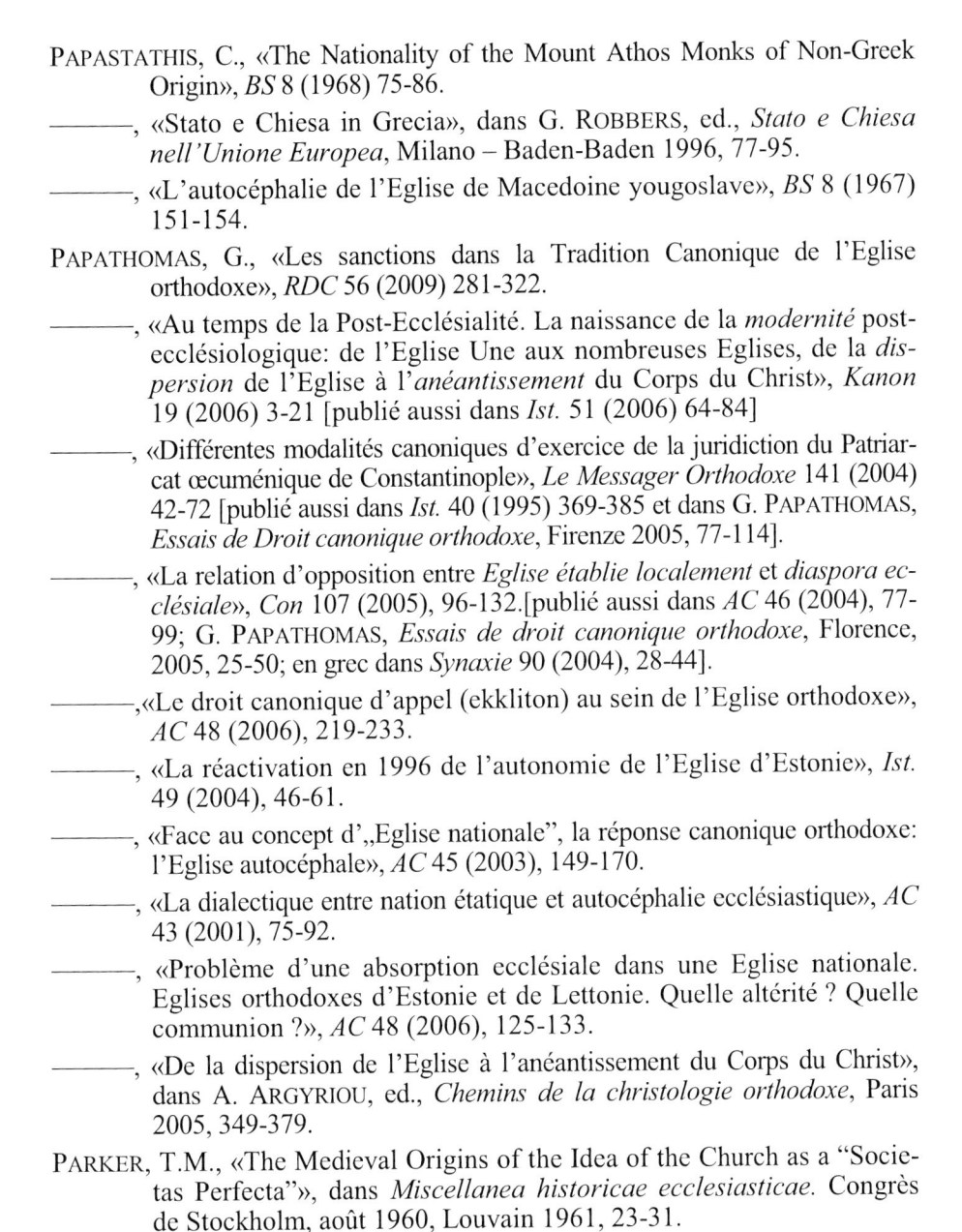

PAPASTATHIS, C., «The Nationality of the Mount Athos Monks of Non-Greek Origin», *BS* 8 (1968) 75-86.

———, «Stato e Chiesa in Grecia», dans G. ROBBERS, ed., *Stato e Chiesa nell'Unione Europea*, Milano – Baden-Baden 1996, 77-95.

———, «L'autocéphalie de l'Eglise de Macedoine yougoslave», *BS* 8 (1967) 151-154.

PAPATHOMAS, G., «Les sanctions dans la Tradition Canonique de l'Eglise orthodoxe», *RDC* 56 (2009) 281-322.

———, «Au temps de la Post-Ecclésialité. La naissance de la *modernité* post-ecclésiologique: de l'Eglise Une aux nombreuses Eglises, de la *dispersion* de l'Eglise à l'*anéantissement* du Corps du Christ», *Kanon* 19 (2006) 3-21 [publié aussi dans *Ist.* 51 (2006) 64-84]

———, «Différentes modalités canoniques d'exercice de la juridiction du Patriarcat œcuménique de Constantinople», *Le Messager Orthodoxe* 141 (2004) 42-72 [publié aussi dans *Ist.* 40 (1995) 369-385 et dans G. PAPATHOMAS, *Essais de Droit canonique orthodoxe*, Firenze 2005, 77-114].

———, «La relation d'opposition entre *Eglise établie localement* et *diaspora ecclésiale*», *Con* 107 (2005), 96-132.[publié aussi dans *AC* 46 (2004), 77-99; G. PAPATHOMAS, *Essais de droit canonique orthodoxe*, Florence, 2005, 25-50; en grec dans *Synaxie* 90 (2004), 28-44].

———,«Le droit canonique d'appel (ekkliton) au sein de l'Eglise orthodoxe», *AC* 48 (2006), 219-233.

———, «La réactivation en 1996 de l'autonomie de l'Eglise d'Estonie», *Ist.* 49 (2004), 46-61.

———, «Face au concept d'"Eglise nationale", la réponse canonique orthodoxe: l'Eglise autocéphale», *AC* 45 (2003), 149-170.

———, «La dialectique entre nation étatique et autocéphalie ecclésiastique», *AC* 43 (2001), 75-92.

———, «Problème d'une absorption ecclésiale dans une Eglise nationale. Eglises orthodoxes d'Estonie et de Lettonie. Quelle altérité ? Quelle communion ?», *AC* 48 (2006), 125-133.

———, «De la dispersion de l'Eglise à l'anéantissement du Corps du Christ», dans A. ARGYRIOU, ed., *Chemins de la christologie orthodoxe*, Paris 2005, 349-379.

PARKER, T.M., «The Medieval Origins of the Idea of the Church as a "Societas Perfecta"», dans *Miscellanea historicae ecclesiasticae*. Congrès de Stockholm, août 1960, Louvain 1961, 23-31.

PARLATO, V., «Concetto e status di *Ecclesia sui iuris*: rito, struttura ecclesiale, pluralità di tipologie», *Nicolaus* 35 (2008), n.2, 131-156.

PARLATO, V., «La politica di accentramento effettuata dal Patriarcato di Costantinopoli e conseguente lesione dell'autonomia degli altri patriarcati orientali nel IX secolo», *Kanon* 5 (1981) 79-84.

PASQUALE, G., «*An exemptio sit tuitio pontificalis*: costituzione autonoma dell'istituto di vita consacrata nella Chiesa particolare tra eziologia storica e salvaguardia carismatica», *CRM* 82 (2001) 35-67.

PASTOR, F.A., «"Authenticum Episcoporum Magisterium". Las conferencias de Obispos y el ejercicio de la potestas docendi», *Periodica* 89 (2000) 79-118.

PATSAVOS, L.J., «Unity and Autocephaly. Reality or Illusion ?», dans Τιμητικον Αφιερωμα εις τον μητροπολιτην Κιτρους Βαρναβαν επι τη 25ετηπιδι της αρχιερατειας του, Athènes 1980, 311-320.

———, «History of the Charters: The Structure of the Archdiocese According to the Charters of 1922, 1927, 1931 and 1977», dans M.B. EFTHIMIOU – G.A. CHRISTOPOULOS, ed., *History of the Greek Orthodox Church of America*, New York 1984, 67-92.

PATTARO, G., «Ecclesia subsistit in Ecclesia Catholica», *SE* 4 (1986) 27-58.

PAVINSKY, H., «Russian Orthodox Parishes in Finland», dans V. PURMONEN, ed., *Orthodoxy in Finland. Past and Present*, Kuopio 1984, 97-100.

PAVLOWITCH, K., «The Church of Macedonia: "limited autocephaly" or schism?», *Sob* 9 (1987) 42-59.

PĂCURARIU, M., «Câteva considerații privind vechimea „autocefaliei" Bisericii Ortodoxe Române», dans *Autocefalie, Patriarhie, Slujire Sfântă. Momente aniversare în Biserica Ortodoxă Română 1995*, București 1995, 67-82 [publié aussi dans *Centenarul autocefaliei Bisericii Ortodoxe Române. 1885-1985*, București 1987, 139-155].

PĂTRULESCU, G., «Epitimiile canonice și ascetice în general», *ST* 32 (1980) 535-550.

PECKSTADT, A., «L'autorité dans l'Eglise: une approche orthodoxe», *Irén.* 75 (2002) 35-51.

PERI, V., «La pentarchia: istituzione ecclesiale (IV-VII secc.) e teoria canonico-teologica», dans *Bisanzio, Roma e l'Italia nell'Alto Medioevo (Settimane di studio del Centro italiano di studi sull'Alto Medioevo)*, Spoleto, 1988, I, 209-311 [republié dans *Da Oriente a Occidente. La Chiesa cristiana dall'impero romano all'Europa moderna*, I, Roma-Padova 2001, 815-904].

———, «La genesi storica dell'uniatismo», *Oriente cristiano* 37 (1997) 3-29 [en anglais: «Uniatism and his origins», *Journal of Eastern Christian Churches* 49 (1997) 23-46].

PERI, V., «La synergie entre le pape et le Concile œcuménique. Note d'histoire sur l'ecclésiologie traditionnelle de l'Eglise indivise», *Irén.* 56 (1983) 163-193.

―――, «La Congregazione dei Greci (1573) e i suoi primi documenti», *Studia Gratiana* 13 (1967) 129-256.

PÉRISSET, J.C., «Le implicazioni ecumeniche del diritto canonico e le implicazioni canoniche dell'ecumenismo», *Periodica* 88 (1999) 61-90.

PERLASCA, A., «La potestas legislativa del vescovo diocesano nelle Conferenze episcopali», *QDE* 20 (2007), 145-155.

PETIT, L., «Composition et Consécration du Saint Chrême», *EO* 3 (1899-1900) 129-142.

―――, «Règlements généraux de l'Eglise orthodoxe en Turquie», dans *Revue de l'Orient chrétien* 3 (1898) 398-424 et 4 (1899), 227-246.

PETTINATO, S., «Esenzione e autonomia degli istituti di vita consacrata», *DE* 102 (1991), 194-229.

«Phanar: nouvel octroi d'autocéphalie à l'Eglise tchèque et slovaque», *Ist.* 45 (2000), 60-61.

PHEIDAS, V., «L'Eglise locale – autocéphale ou autonome – en comunion avec les autres Eglises. Autocéphalie et communion», dans *Eglise locale et Eglise universelle*, Chambésy – Genève, 1981, 141-150.

―――, «Droit stavropégiaque et droit de recours (ἔκκλητον)», *Episkepsis* 24 (1993), n. 497, 17-24.

―――, «The Johanine Apostolicity of the Throne of Constantinople», *GOTR* 45 (2000), 23-55.

―――, «Τὸ "αὐτοκέφαλον" καὶ τὸ "αὐτόνομον" ἐν τῇ 'Ορθοδόξῳ 'Εκκλησίᾳ», *Νέα Σιὼν* 71 (1979), 9-32.

―――, «L'autorité du *prôtos* au niveau de la province ecclésiastique», *Nic* 18 (1991), 37-50.

PIACENTINI, E., «Le competenze del Collegio dei consultori nel nuovo Codice», *ME* 110 (1985), 401-410.

PIANO, L., «La prassi del "nulla osta" della Santa Sede per i docenti di facoltà ecclesiastiche: lineamenti storici», *Seminarium* 35 (1995), 564-578.

PIÉ-NINOT, S., «Vocabulario teológico sobre la Iglesia. El reciente documento de la Congregación para la Doctrina de la Fe», *Phase* 47 (2007), 483-492.

―――, «*Ecclesia in et ex ecclesiis* (LG 23). La catolicidad de la "Communio Ecclesiarum"», dans F. CHICA – S. PANIZZOLO – H. WAGNER, ed., *Ecclesia tertii millennii adventis. Omaggio al P. Angel Antón nel suo 70° compleano*, Casale Monferrato 1997, 276-288.

PIETRI, C., «L'ecclésiologie patristique et *Lumen Gentium*», dans *Le deuxième concile du Vatican (1959-1965). Actes du colloque organisé par l'Ecole* française de Rome en collaboration avec l'Université de Lille III, l'Istituto per le scienze religiose de Bologne et le Dipartimento di studi storici del Medioevo e dell'età contemporanea de l'Università di Roma – La Sapienza (Rome 28-30 mai 1986), Roma 1989, 517-518.

PIPPIDI, A., «Phanar, Phanariotes, Phanariotisme», *Revues des Etudes Sud-Est Européennes* 13 (1975) 231-239.

PITSAKIS, K., «„Démissionne" (παραιτησις) et „détrônement" (εκπτωσις) des évêques: une approche historique de la doctrine et de la pratique de l'Eglise orthodoxe», *Kanon* 14 (1998) 1-65.

PÎRVU, C., «Dreptul de devoluțiune», *ST* 6 (1954) 386-398.

———, «Autocefalia Bisericii Ortodoxe Române», *ST* 6 (1954) 511-529.

PLAMPER, J., «The Russian Orthodox Episcopate, 1721-1917: A Prosopography», *Journal of Social History* 34 (2000) 5-34.

PLANK, P., «Der Ökumenische Patriarch Meletios IV. (1921-1923) und die orthodoxe Diaspora», *OF* 21 (2007), 251-265.

PLĂMĂDEALĂ, A., «Autocefalia și modul proclamării ei», *RT* 75 (1993) 91-98.

PÕLD, A., «History of the Orthodox Church of Estonia», dans G. PAPATHOMAS – M.H. PALLI, ed., *The Autonomous Orthodox Church of Estonia – L'Eglise autonome orthodoxe d'Estonie. Approche historique et nomocanonique*, Katérini 2002, 275-284.

POLITI, V., «Foro interno e foro esterno nel nuovo Codice di diritto canonico e nei presupposti dottrinari», dans *Scritti in memoria di Pietro Gismondi*, II-2, Milano 1991, 179-205.

POPESCU, E., «Începuturile îndepărtate ale autocefaliei Bisericii Ortodoxe Române», dans *Centenarul autocefaliei Bisericii Ortodoxe Române. 1885-1985*, București 1987, 327-353.

———, «Ierarhia ecleziastică pe teritoriul României. Creșterea și structura ei până în secolul al VII-lea», *BOR* 108 (1990) 149-164.

———, «Organizarea ecleziastică a provinciei Scythia Minor în secolele IV-VI», *ST* 32 (1980), 590-605.

POPESCU, D., «Natura Bisericii din punct de vedere ființial și comunitar», *MB* 30 (1980) 652-664.

———, «Biserica locală și comunitatea conciliară», *ORT* 29 (1977) 507-512.

———, «Centralitatea lui Hristos în teologia ortodoxă contemporană», *ORT* 53 (2002) 11-20.

POPESCU, T.M., «Geneza și evoluția schismei», *ORT* 6 (1954) 163-217.

———, «Cum s-au făcut unirile cu Roma», *ORT* 1 (1949) 120-142.

———, «A. Kartașev, *Practica dreptului de apel la Patriarhii de Constantinopol* (Varșovia, 1936)», *BOR* 55 (1937) 221-226.

POPPE, A., «The Political Background to the Baptism of Rus'. Byzantine-Russian Relations Between 986-989», *DOP* 30 (1976) 195-244.

PORPORA, A., «Percorsi della teologia ortodossa contemporanea. L'ecclesiologia ecumenica di Ioannis Zizioulas», *Oriente Cristiano* 47 (2007), n. 1-4, 6-155.

PORTARU, M., «"Patriarh" şi "patriarhie" în epoca Sinoadelor ecumenice», dans *Autocefalia. Libertate şi demnitate*, Bucureşti 2010, 416-443.

POSPIELOVSKY, D., «"The Best Years" of Stalin's Church Policy (1942-1948) in the light of Archival Documents», *RSS* 25 (1997), n. 2, 139-162.

―――, «Stalin e la Chiesa. Il "concordato" del 1943 e la vita della Chiesa ortodossa russa alla luce di documenti d'archivio», dans A. MAINARDI, ed., *La notte della Chiesa russa*. Atti del VII Convegno di spiritualità russa dal 1943 ai nostri giorni, Bose, 15-18 settembre 1999, Comunità di Bose 2000, 51-86.

POTT, T., «Le document de Ravenne. Présentation et texte», *Irén.* 80 (2007) 572-579.

POTTMEYER, H. J., «Recent Discussions on Primacy in relation on Vatican I», dans W. KASPER, ed., *Il ministero petrino. Cattolici e ortodossi in dialogo*, Roma 2004, 227-245.

―――, «The *plena et suprema potestas iurisdictionis* of the Pope at the first Vatican council and *receptio*», *Jurist* 57 (1997) 216-234.

―――, «Lo sviluppo della teologia dell'ufficio papale nel contesto ecclesiologico, sociale ed ecumenico nel XX secolo», dans G. ALBERIGO – A. RICCARDI, ed., *Chiesa e papato nel mondo contemporaneo*, Bari-Roma 1990, 5-63.

―――, «Continuité et innovation dans l'ecclésiologie de Vatican II. L'influence de Vatican I sur l'ecclésiologie de Vatican II et la nouvelle réception de Vatican I à la lumière de Vatican II», dans G. ALBERIGO, ed., *Les Eglises après Vatican II. Dynamisme et prospectives*. Actes du colloque international de Bologne – 1980, Paris 1981, 91-116 [en italien «Continuità e innovazione nell'ecclesiologia del Vaticano II. L'influsso del Vaticano I sull'ecclesiologia del Vaticano II», *CrSt* 2 (1981) 71-95].

POULAT, E., «L'évêque émérite dans l'institution épiscopale», *AC* 40 (1998) 235-242.

PROVOST, J.H., «La costituzione *Pastor Bonus*», dans H. LEGRAND – J. MANZANARES – A. GARCÍA Y GARCÍA, ed., *Chiese locali e cattolicità. Atti del Colloquio internazionale di Salamanca (2-7 aprile 1991)*, Bologna 1994, 325-345.

―――, «Particular Councils», dans *Le nouveau Code de Droit Canonique:* actes du Ve Congrès international de droit canonique, organisé par l'Université d'Ottawa du 19 au 25 août 1984, I, Ottawa 1986, 537-562.

PROVOST, J.H., «The Participation of the Laity in the Governance of the Church», *StC* 17 (1983) 417-448.

PRUTEANU, P., «Evoluția rânduielilor tipiconale în Răsăritul ortodox. Studiu istorico-liturgic», *ST* 2 (2006) 63-99.

PSOMIADES, H.J., «The Ecumenical Patriarchate Under The Turkish Republic: The First Ten Years», *BS* 2 (1961) 47-80.

PUGLIESE, A., «De missione sui iuris eiusque praelato», *CRM* 18 (1937) 175-184.

PULCINI, T., «Undaing Disunity: An Examination of the Dynamics of Orthodox Ecclesiology in Four Contemporary Situations», *Logos* 48 (2007) 219-242.

PULPEA, I., «Două noi Biserici autocefale: Biserica Ortodoxă Polonă și Biserica Ortodoxă Cehoslovacă», *ORT* 5 (1953) 477-500.

PURMONEN, V., «Orthodoxy in Finland. An Historical Introduction», dans V. PURMONEN, ed., *Orthodoxy in Finland. Past and Present*, Kuopio 1984, 13-21.

PUZA, R., «Le principe synodale et les deux types des synodes entre le Code de 1917 et le Code de 1983», dans A. MELLONI – S. SCATENA, ed., *Synod and Synodality. Theology, History, Canon Law and Ecumenism in new contact*. International Colloquium Bruges 2003, Münster 2005, 647-667.

———, «Le nouveau règlement de l'élection pontificale», *RDC* 48 (1998) 163-174.

———, «La hiérarchie des normes en droit canonique», *RDC* 47 (1997) 127-142.

RADU, D., «Grija Bisericii Ortodoxe Române față de comunitățile ortodoxe române de peste hotare», *BOR* 43 (1975) 1461-1472.

RAMOS, F., «Lo statuto giuridico degli Ordinariati militari», dans J.E. VILLA AVILA – C. GNAZI, ed., *Matrimonium et ius.* Studi in onore del prof. avv. Sebastiano Villeggiante, Città del Vaticano 2006, 209-217.

———, «Il sinodo diocesano: nella storia, nel CIC del 1983, nell'istruzione del 1997», *Ang.* 75 (1998) 365-401.

RATZINGER, J., «L'ecclesiologia della costituzione Lumen Gentium», dans R. FISICHELLA, ed., *Il Concilio Vaticano II. Recezione e attualità alla luce del Giubileo*, Cinisello Balsamo-Milano 2000, 66-81.

———, «Quelques questions au sujet de la structure et de la mission du synode des évêques», dans J. RATZINGER, *Eglise, Œcuménisme et Politique* (traduit de l'allemand par P. Jordan, P.-E. Gudenus et B. Müller), Paris 1987, 67-88.

———, «La collégialité épiscopale. Le développement théologique», dans G. BARAUNA, ed., *L'Eglise de Vatican II. Etudes autour de la Constitution conciliaire sur l'Eglise*, III, Paris 1966, 763-790.

RE, G.B., «Legge universale e produzione normativa a livello di Chiesa particolare, di Conferenze episcopali e di Concili particolari», dans PONTIFICIO CONSIGLIO PER I TESTI LEGISLATIVI, ed., *La legge canonica nella vita della Chiesa. Indagine e prospettive nel segno del recente Magistero Pontificio*. Atti del Convegno di studio tenutosi nel XXV Anniversario della promulgazione del Codice di Diritto Canonico, Aula del Sinodo in Vaticano, 24-25 gennaio 2008, Città del Vaticano 2008, 83-101.

REDAELLI, C., «I regolamenti del Collegio dei Consultori e del Consiglio per gli affari economici», *QDE* 9 (1996) 109-130.

———, «Natura e compiti della Curia diocesana», *QDE* 7 (1994) 140-153.

———, «La responsabilità del Vescovo diocesano nei confronti dei beni ecclesiastici», *QDE* 4 (1991) 317-335.

RENKEN, J.A., «Pastoral Councils: Pastoral Planning and Dialogue Among the People of God», *Jurist* 53 (1993) 132-154.

RESTREPO URIBE, L., «Vicarius», *Periodica* 74 (1985) 273-300.

RHODE, U., «Die *Recognitio* von Statuten, Dekreten und Liturgischen Büchern», *AKK* 169 (2000) 433-468.

RINCÓN-PÉREZ, T., «La justa autonomía de los institutos religiosos y su proyección sobre los monasterios de monjas», *IC* 46 (2007) 13-50.

RINGVEE, R., «Religious Freedom and Legislation in Post-Soviet Estonia», *Brigham Young University Law Review* 2001, n. 2, 631-642.

———, «State and Religious Associations in Estonia», *Laicidad y Libertades. Escritos Jurídicos* 6 (2006), n. 1, 503-532.

RINNE, J., «The Orthodox Church in Estonia», *Kanon* 12 (1994) 44-48.

RIVELLA, M., «Le funzioni del Consiglio presbiterale», *QDE* 8 (1995) 48-60.

ROBERTI, J.-C., «L'Eglise russe des origines à la fin du XVIIᵉ siècle», dans J.-C. ROBERTI – N. STRUVE – D. POSPIELOVSKY – W. ZIELINSKY, *Histoire de l'Eglise russe*, Paris 1989, 17-66.

———, «L'Eglise orthodoxe en France au 20ᵉ siècle», dans C. CHAILLOT, ed., *Histoire de l'Eglise orthodoxe en Europe occidentale au 20ᵉ siècle*, Paris 2005, 21-36.

ROBERTSON, R.G., «Dumitru Stăniloae on Christian Unity», dans L. TURCESCU, ed., *Dumitru Staniloae: Tradition and Modernity in Theology*, Iaşi 2002, 105-125.

RODOPOULOS, P., «Sinodality – "Collegiality" – in the Eastern Tradition. The Endemousa Synod», *AC* 1992 (hors série), II, 229-248.

———, «Sacred canons and laws», *Kanon* 10 (1991) 9-15

———, «Ecclesiological Review of the thirty-fourth Apostolic Canon», *Kanon* 4(1980) 92-99 [en grec: «Εκκλησιολογικη θεωρησις του τριακοστου τεταρτου αποστολικου κανονος», *Κληρονομια* 11 (1979) 1-11].

RODOPOULOS, P., «Autocephaly in the Orthodox Church ant the Manner in Which It Is Declared: The Orthodox Church of Montenegro», *GOTR* 42 (1997) 213-219.

———, «Commemoration of the Name of the Bishop during the Divine Liturgy. Commemoration of the Primate in the Provinces known as the Neae Chorae in Greece. An Ecclesiological and Canonical Issue», dans H. ZAPP – A. WEISS – S. KORTA, ed., *Ius canonicum in Oriente et Occidente. Festschrift für Carl Gerold Fürst zum 70. Geburtstag*, Frankfurt am Main 2003, 737-741.

———, «Territorial jurisdiction According to Orthodox Canon Law – The Phenomenon of Ethnophyletism in Recent Years», dans ERDÖ, P. – P. SZABÓ, ed., *Territorialità e personalità nel diritto canonico ed ecclesiastico: il diritto canonico di fronte al terzo millennio*: atti dell'XI Congreso Internazionale di Diritto Canonico e del XV Congresso Internazionale della Società per il Diritto delle Chiese Orientali = *Territoriality and personality in canon law and ecclesiastical law: canon law faces the third millennium*: proceedings of the 11th International Congress of Canon Law and of the 15th International Congress of the Society for the Law of the Eastern Churches : Budapest, 2-7, Settembre 2001, Budapest 2002, 207-223.

RODRÍGUEZ, P., «Naturaleza y finalidad del Primado del Papa: el Vaticano I a la luz del Vaticano II», dans J.R. VILLAR, ed., *Iglesia, ministerio episcopal y ministerio petrino*, Madrid 2004, 281-307.

———, «La comunion en la Iglesia. Un documento de la Congregación por la Doctrina de la Fe», *Scripta Teologica* 24 (1992), 559-567.

ROMÁN CASTRO, F., «Las regiones eclesiásticas (El ejemplo italiano y su proyección)», *EE* 77 (2002), 553-600.

ROMANIDIS, J., «Orthodox Ecclesiology according to Alexis Khomiakov», *GOTR* 2 (1956) 57-73.

ROSA, L., «Il "principio della sussidiarietà" nell'insegnamento sociale della Chiesa», *Aggiornamenti Sociali* 13 (1962), 589-606 et 14 (1963), 151-163.

ROSE, K., «Byzanz und die Autonomiebestrebungen der russischen Kirche in der Zeit vom 10. bis 15. Jahrhundert», dans J. IRMSCHER, ed., *Byzantinische Beiträge*, Berlin 1964, 291-322.

ROSS, D.M., «The Diocesan Synod: A Comparative Analysis of the 1917 and 1983 Codes of Canon Law», *ME* 114 (1989) 560-571.

ROSS, N., «La rupture entre le métropolite Euloge et le métropolite Serge, vue de la rue Daru (1927-1931)», *Ist.* 53 (2008) 76-100.

ROUDOMETOF, V., «From Rum Millet to Greek Nation: Enlightenment, Secularisation and National Identity in Ottoman Balkan Society», *Journal of Modern Greek Studies* 16 (1998) 11-48.

ROUSSELET, K., «Religion et politique en Russie», dans P. MICHEL, ed., *Les Religions à l'Est*, Paris 1992, 9-26.

ROUTHIER, G., «L'Assemblée extraordinaire de 1985 du Synode des évêques: moment charnière de relecture de Vatican II dans l'Eglise catholique», dans P. BORDEYNE – L. VILLEMIN, ed., *Vatican II et la théologie. Perspectives pour le XXIe siècle*, Paris 2006, 61-88.

ROWLAND, D.B., «Moscow – The Third Rome or the New Israel ?», *Russian Review* 55 (1996) 591-614.

RUNCIMAN, S., «Rum Milleti: the Orthodox Communities under the Ottoman Sultans», dans J.J. YIANNIAS, ed., *The Byzantine Tradition after the fall of Constantinople*, Charlottesville 1991, 1-15.

RUPPERT, H.J., «Das Prinzip der Sobornost' in der Russichen Orthodoxie», *Kirche im Osten* 16 (1973) 22-56.

RUS, C., «Probleme referitoare la autocefalie», dans *Prezența Bisericilor într-o Europă unită. O nouă dimensiune a dialogului ecumenic și interreligios*, Arad 2005, 209-238.

SALACHAS, D., «Sinodalità della Chiesa locale: problemi e prospettive aperti dal confronto fra i codici latino e orientale», dans R. BATTOCCHIO – S. NOCETI, ed., *Chiesa e sinodalità. Conscienza, forme, processi*, Milano 2007, 249-271.

—————, «Il ministero del vescovo di Roma tra dottrina ed esercizio alla luce del diritto canonico in vigore nella Chiesa cattolica (CIC e CCEO)», *Nic* 34 (2007) 77-108.

—————, «Conciliarità e autorità nella Chiesa. Il concetto del *Protos* tra i vescovi a diversi livelli nel documento di Ravenna (13 ottobre 2007)», *FC* 10 (2007) 17-34.

—————, «Sussidio e proposte per l'elaborazione del diritto particolare delle Chiese orientali *sui iuris*», *Apol.* 78 (2005) 679-735 et 80 (2007) 381-540.

—————, «La figure juridique du patriarche dans la pensée de Mgr Néophytos Edelby», dans N. EDELBY – P. MASRI, ed., *Mélanges en mémoire de Mgr Néophytos Edelby (1920-1995)*, Beyrouth 2005, 387-422.

—————, «Ecclesial Communion and the Exercise of Primacy in *Codex Canonum Ecclesiarum Orientalium*», *Studies in Church Law* 1 (2005) 147-198.

—————, «La funzione della Congregazione per le Chiese Orientali: dimensione ecumenica e missionaria», dans G. RIGOTTI, ed., *Dall'Oronte al Tevere. Scritti in onore del cardinale Ignace Moussa I Daoud per il cinquantesimo di sacerdozio*, Roma 2004, 177-206.

—————, «Réponse d'un canoniste oriental à l'invitation du Saint-Père de chercher ensemble les formes dans lesquelles son ministère pétrinien pourra s'exercer», *RETM* 220 (2002) 135-168.

SALACHAS, D., «Ecclesiastical Communion and the relationship of the Eastern Catholic patriarchs with the Roman Pontiff and the Apostolic See», *Ephrem's Theological Journal* 3 (1999) 126-154.

———, «Le novità del *Codex Canonum Ecclesiarum Orientalium* a proposito del primato romano. Il rapporto Romano Pontefice-Patriarca», *FC* 1 (1998) 105-127.

———, «Eglises catholiques orientales: leur autonomie dans la communion avec le Siège Apostolique de Rome», dans A. AL AHMAR – A. KHALIFE – D. LE TOURNEAU, ed., *Acta Symposii Internationalis circa Codicem Canonum Ecclesiarum Orientalium*, Kaslik-Liban 1996, 93-119.

———, «Il nuovo codice dei canoni delle chiese orientali: prospettive ecumeniche e limiti», *ED* 49 (1996) 230-265.

———, «I vescovi eparchiali e la loro elezione nel diritto canonico delle Chiese cattoliche orientali», *Nic* 21 (1994) 207-238.

———, «Lo status *sui iuris* delle chiese patriarcali nel diritto canonico orientale», *Periodica* 83 (1994) 569-609.

———, «Teologia e nomotecnica del Codex Canonum Ecclesiarum Orientalium», *Periodica* 82 (1993) 317-338, 511-528.

———, «I Battezzati non cattolici e la promozione dell'unità dei cristiani alla luce del nuovo Codice dei Canoni delle Chiese Orientali», dans D.J. ANDRÈS GUTIÉRREZ, ed., *Vitam impendere magisterio. Profilo intellettuale e scritti in onore dei professori Reginaldo Pizzorni, O.P., e Giuseppe Di Mattia, O.F.M. Conv.*, Città del Vaticano 1993, 311-334.

———, «*Ecclesia universa* et *Ecclesia sui iuris* nel Codice latino e nel Codice dei canoni delle Chiese orientali», *Apol.* 65 (1992) 65-76.

———, «Il concetto ecclesiologico e canonico di *Chiese orientali (Ecclesiae sui iuris)*», *Oriente Cristiano* 30 (1990) 45-53.

———, «Le *status* ecclésiologique et canonique des Eglises catholiques orientales *sui iuris* et des Eglises orthodoxes autocéphales», *AC* 33 (1990) 29-56.

———, «L'istituzione patriarcale e sinodale nelle Chiese orientali cattoliche – sviluppo storico della normativa canonica», *ED* 43 (1990) 231-284.

———, «L'istituzione ecclesiale dell'assemblea eparchiale nel diritto delle Chiese Orientali», *Apol.* 61 (1988) 861-877.

SANTOS DÍEZ, J.L., «La nueva Ley federal rusa sobre libertad de conciencia y asociaciones religiosas (19-9-1997)», dans *Estudios en homenaje al profesor Martínez Valls*, II, Murcia 2000, 651-685.

SARRAZIN, F., «La nomination des évêques dans l'Eglise latine», *StC* 20 (1986) 367-408.

SARTORI, L., «Il *Subsistit in* del Concilio Vaticano II criterio ermeneutico per ogni forma di dialogo ecumenico», dans R. BURIGANA – al., ed., *Dall'amicizia al dialogo*, Roma 2004, 227-251.

SĂSĂUJAN, M., «Die lokalen orthodoxen Kirchen und die Problematik des "Kanonischen Territoriums"», *Ostkirchliche Studien* 53 (2004) 159-183.

SCHMALE, F.J., «Synodus, synodale concilium, concilium», *AHC* 8 (1976) 80-103.

SCHMEMANN, A., «La primauté de Pierre dans l'Eglise orthodoxe», dans N. AFANASSIEFF – N. KOULOMZINE – J. MEYENDORFF – A. SCHMEMANN, *La primauté de Pierre dans l'Eglise orthodoxe*, Neuchâtel 1960, 117-150.

———, «The Idea of Primacy in Orthodox Ecclesiology», *SVTQ* 4 (1960) 49-75.

———, «A Meaningful Storm. Some Reflections on Autocephaly, Tradition and Ecclesiology», *SVTQ* 15 (1971) 3-27.

SCHMITZ, R.M., «Der Papst als quasi-Patriarch ? Die autonome Metropolitankirche des CCEO im Vergleich zur Patriarchalkirche», dans F. CHICA – S. PANIZZOLO – H. WAGNER, ed., *Ecclesia tertii millennii advenientis*: omaggio al p. Angel Anton, professore di ecclesiologia alla Pontificia Università Gregoriana nel suo 70 compleanno, Casale Monferrato 1997, 705-721.

SCHOUPPE, J.-P., «Les circonscriptions ecclésiastiques ou communautés hiérarchiques de l'Eglise catholique», *ETL* 81 (2005) 435-467.

———, «Les Ordinariats aux Armées dans la Constitution Apostolique "Spirituali militum curae"», *ETL* 64 (1988) 173-190.

SCHULTZE, B., «Ecclesiologia universale o eucaristica», *Unitas* 20 (1965) 14-35.

SCHULZ, G., «Versuch der Registrierung der Russischen Orthodoxen Kirche: Entwurf einer Eingabe des Patriarchatsverwesers Petr (Poljanskij) an den Rat der Volkkomissare (Herbst 1925)», *Kirche im Osten* 40-41 (1997-1998) 84-93.

SCMINCK, A., «Leges ou nomoi ?», dans S. FLOGAITIS – A. PANTELIS, *The Eastern Roman Empire and the Birth of the Idea of State in Europe*, London 2005, 309-316.

SCRIMA, S., «"De aliquibus mutationibus …": Eine gravierende Änderung des Papstwahlrechts aus dem Jahr 2007», *ÖARR* 54 (2007), n. 2, 291-305.

SEMERARO, M., «Il ministero episcopale alla luce dell'ecclesiologia di comunione (Visione sintetica dell'es. ap. *Pastores Gregis*)», dans A. CATTANEO, ed., *L'esercizio dell'autorità nella Chiesa. Riflessioni a partire dall'Esortazione apostolica "Pastores Gregis"*, Venezia 2005, 11-21.

SENYK, S., «The Patriarchate of Constantinople and the Metropolitans of Rus', 1300-1600», dans D. MUREȘAN – P. ODORICO, ed., *Le Patriarcat œcuménique de Constantinople aux XIV-XIV siècles: rupture et continuité*. Actes du colloque international, Rome, 5-7 decembre 2005, Paris 2007, 91-101.

SESBOÜE, B., «Le Magistère ordinaire et universel et le Magistère romain», *RETM* 219 (2001) 43-52.

SESBOÜE, B., «La notion de magistère dans l'histoire de l'Eglise et de la théologie», *AC* 31 (1988) 55-94.

———, «Magistère ordinaire et Magistère authèntique», *RSR* 84 (1996) 267-275.

SHEPARD, J., «Some Problems of Russo-Byzantine Relations c. 860- c. 1050», *Slavonic and East European Review* 52 (1974) 10-33.

SHEVCHENKO, T.I. (ШЕВЧЕНКО, Т.И.), «К вопросу о юрисдикции Финляндской Православной Церкви», *Вестник* 26 (2008) 42-69.

SIEBEN, H.J., «Concilium perfectum: Zur Idee der sogenannten Partikularsynode in der Alten Kirche», *TP* 63 (1988) 203-229.

———, «Das Nationalkonzil im frühen Selbstverständnis, in theologischer Tradition und in römischer Perspektive», *TP* 62 (1987) 526-562.

SIMON, D., «Balsamon zum Gewohnheitsreicht», dans *ΕΧΟΛΙΑ. Studia ad criticam interpretationemque textuum graecorum et ad historiam iuris graeco-romani pertinentia viro doctissimo D. Holwenta oblata*, Groningen 1985, 119-133.

SÎRBU, C., «Unitatea ortodoxă», *ORT* 10 (1958) 539-553.

———, «Din trecutul unității ortodoxe», *ORT* 11 (1959) 63-84.

SKUBLICS, E., «The rebirth of communion ecclesiology within orthodoxy: From nineteenth century Russians to the twenty-one century Greeks», *Logos* 46 (2005) 95-124.

SLEMAN, É., «De *Ritus* à *Ecclesia sui iuris* dans le Code des Canons des Eglises Orientales», *AC* 41 (1999) 253-276.

SLIJEPCEVIC, D., «Die Autokephalie der so genannten "Mazedonischen" Orthodoxen Kirche von Kanonischen und geschichtlichen Standpunkt beurtbeilt», *BS* 20 (1979) 3-17.

SOARE, G., «Sistemul mitropolitan în dreptul canonic ortodox», *Raze de lumină* 10 (1938) 104-143.

SOUARN, R., «Le 28e canon de Chalcèdoine», *EO* 1 (1897) 19-22, 55-58.

SPITERIS, Y., «L'ecclesiologia della *Dominus Iesus* e dialogo ecumenico», *Path* 1 (2002) 346-366.

———, "La Chiesa tra patrologia ed escatologia nella teologia ortodossa", *Laurentianum* 43 (2002) 308-395.

———, «La Chiesa ortodossa riconosce veramente quella cattolica come "chiesa sorella"? Il Punto di vista della tradizione teologica ed ecclesiale greca», *SE* 14 (1996) 43–81.

STAN, L. (ΣΤΑΝ, Λ.), «Περι των θεμελιωδων κανονικων αρχων της Ορθοδοξιας», *Θεολογια* 39 (1968) 5-18.

———, «Das Wesen des orthodoxen Kirchenrechtes–göttliche Setzung oder geschichtlich wandelbar ?», *Kyrios* 8 (1968) 180-189.

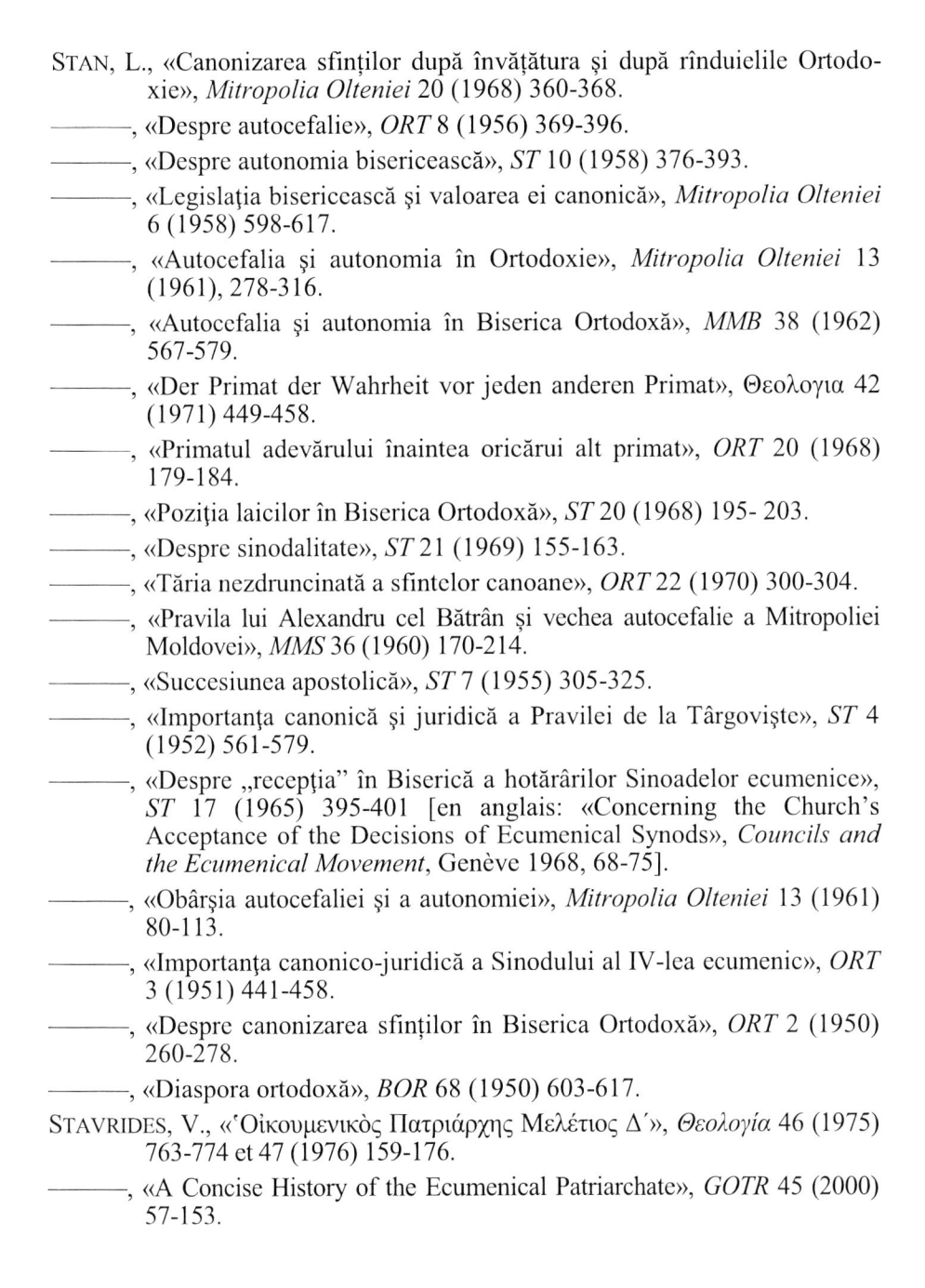

STAN, L., «Canonizarea sfinților după învățătura și după rînduielile Ortodoxie», *Mitropolia Olteniei* 20 (1968) 360-368.

———, «Despre autocefalie», *ORT* 8 (1956) 369-396.

———, «Despre autonomia bisericească», *ST* 10 (1958) 376-393.

———, «Legislația bisericească și valoarea ei canonică», *Mitropolia Olteniei* 6 (1958) 598-617.

———, «Autocefalia și autonomia în Ortodoxie», *Mitropolia Olteniei* 13 (1961), 278-316.

———, «Autocefalia și autonomia în Biserica Ortodoxă», *MMB* 38 (1962) 567-579.

———, «Der Primat der Wahrheit vor jeden anderen Primat», Θεολογια 42 (1971) 449-458.

———, «Primatul adevărului înaintea oricărui alt primat», *ORT* 20 (1968) 179-184.

———, «Poziția laicilor în Biserica Ortodoxă», *ST* 20 (1968) 195- 203.

———, «Despre sinodalitate», *ST* 21 (1969) 155-163.

———, «Tăria nezdruncinată a sfintelor canoane», *ORT* 22 (1970) 300-304.

———, «Pravila lui Alexandru cel Bătrân și vechea autocefalie a Mitropoliei Moldovei», *MMS* 36 (1960) 170-214.

———, «Succesiunea apostolică», *ST* 7 (1955) 305-325.

———, «Importanța canonică și juridică a Pravilei de la Târgoviște», *ST* 4 (1952) 561-579.

———, «Despre „recepția" în Biserică a hotărârilor Sinoadelor ecumenice», *ST* 17 (1965) 395-401 [en anglais: «Concerning the Church's Acceptance of the Decisions of Ecumenical Synods», *Councils and the Ecumenical Movement*, Genève 1968, 68-75].

———, «Obârșia autocefaliei și a autonomiei», *Mitropolia Olteniei* 13 (1961) 80-113.

———, «Importanța canonico-juridică a Sinodului al IV-lea ecumenic», *ORT* 3 (1951) 441-458.

———, «Despre canonizarea sfinților în Biserica Ortodoxă», *ORT* 2 (1950) 260-278.

———, «Diaspora ortodoxă», *BOR* 68 (1950) 603-617.

STAVRIDES, V., «Οἰκουμενικὸς Πατριάρχης Μελέτιος Δ΄», Θεολογία 46 (1975) 763-774 et 47 (1976) 159-176.

———, «A Concise History of the Ecumenical Patriarchate», *GOTR* 45 (2000) 57-153.

STAVRIDES, V., «The Ecumenical Patriarchs from America: Meletios IV Metaxakis (1921-1923) and Athenagoras I Spyrou (1948-1972)», *GOTR* 44 (1999) 55-84.

———, «The Historical Evolution of the Synods in the Ecumenical Patriarchate», *AHC* 24 (1992) 147-157.

STAVROU, M., «L'abandon par Rome du concept de "Patriarcat d'Occident" augure-t-il un meilleur exercice de la primauté universelle», *Ist.* 51 (2006) 19-23.

STĂNCULESCU, I. F., «Arhiepiscopii», *ST* 14 (1962) 598-617.

STĂNILOAE, D., «Natura sinodicității», *ST* 29 (1977) 605-614.

———, «Temeiurile teologice ale ierarhiei și ale sinodalității», *ST* 22 (1970) 165-178.

———, «Sfântul Duh și sobornicitatea Bisericii», *ORT* 19 (1967) 32-48.

———, «Sfânta Treime, structura supremei iubiri», *ST* 22 (1970) 333-355.

———, «Relațiile treimice și viața Bisericii», *ORT* 16 (1964) 503-525

———, «Sobornicitatea deschisă», *ORT* 23 (1971) 165-180.

———, «Biserica universală și sobornicească», *ORT* 18 (1966) 167-198.

———, «Sinteză eclesiologică», *ST* 7 (1955) 267-284.

———, «Opinii în legătură cu viitorul Sfânt și Mare Sinod Ortodox», *ORT* 25 (1973) 428-443.

STEFANOV, S., «Millet system in the Ottoman Empire – example for oppression or for tolerance?», *Bulgarian Historical Review – Revue bulgare d'Histoire* 25 (1997) 138-142.

STEIN, E., «Le développement du pouvoir patriarcal du siège de Constantinople jusqu'au Concile de Chalcédoine», *Le Monde slave* 3 (1926) 80-108.

STICKLER, A.-M., «Origine e natura della *sacra potestas*», dans S. GHERRO, ed., *Studi sul primo libro del Codex Iuris Canonici*, Padova 1993, 73-90.

STOCKMANN, P., «Die Ordinariate für Gläubige eines orientalischen Ritus – ein Rechtsinstitut *praeter legem*», dans U. KAISER – R. RAITH – P. STOCKMANN, ed., *Salus animarum suprema lex. Festschrift für Offizial Max Höpfner zum 70. Geburtstag*, Frankfurt am Main 2006, 431-448.

———, «Die *Missio "sui iuris"* – ein Auslaufmodell des Kirchlichen Verfassungsrechts?», dans W. REES, ed., *Recht in Kirche und Staat. Joseph Listl zum 75. Geburtstag*, Berlin 2004, 453-478.

STOCKMEIER, D., «Zum Begriff der katholike ekklesia bei Ignatius von Antiochien», dans H. FLECKENSTEIN, ed., *Ortskirche - Weltkirche: Festgabe für Julius Kardinal Döpfner*, Würzburg 1973, 63-74.

STOLTE, B.H., «Of Nomoi and Kanones», *SG* 6 (1999) 121-136.

———, «In Search of the Origins of the Nomocanon of the Fourteen Titles», dans C. PAPASTATHIS, ed., *Byzantine Law. Proceedings of the International Symposium of Jurists, Thessaloniki, 10-13 December 1998*, Thessalonique 2001, 183-194.

———, «A Note on the un-Photian Revision of the Nomocanon XIV Titulorum», dans S. TROIANOS, ed., *Analecta Atheniensia ad Ius Byzantinum Spectantia*, I, Athènes 1997, 115-130.

STRÉMOOUKHOFF, D., «Moscow The Third Rome: Sources of the Doctrine», *Spc* 28 (1953) 84-101.

STRUVE, D., «Une "Métropole auto-administrée" russe est-elle possible ? Remarques sur le chapitre XIV des statuts de l'Eglise orthodoxe Russe (Les institutions ecclésiales dans l'étranger lointain)», *Le Mesagger Orthodoxe* 142 (2005) 25-35.

———, «Réponse au père Grégoire Papathomas», *Le Messager Orthodoxe* 141 (2004), 73-88.

SUGAWARA, Y., «Autonomia degli istituti di vita consacrata», *Periodica* 90 (2001) 415-436.

SULLIVAN, F.A., «The Meaning of Subsistit in as explained by the Congregation for the Doctrine of Faith», *TS* 69 (2008) 116-124.

———, «Quaestio Disputata. A Response to Karl Becker, S.J., on the Meaning of *Subsistit in*», *TS* 67 (2006) 395-409.

———, «The Teaching Authority of Episcopal Conference», *TS* 63 (2002) 472-493.

———, «The ordinary universal magisterium», *Jurist* 56 (1996) 338-360.

———, «"Sussiste" la Chiesa di Cristo nella Chiesa cattolica romana ?», dans R. LATOURELLE, ed., *Vaticano II: bilancio e prospettive. Venticinque anni dopo (1962-1987)*, Asissi 1987, 811-824.

SYNEK, E., «Zur Wiedervereinigung der Russischen Orthodoxen Kirche», *Österreichisches Archiv für Kirchenrecht* 54 (2007) 468-477.

SYSYN, F.E., «The Third Rebirth of the Ukrainian Autocephalous Orthodox Church and the Religious Situation in Ukraine, 1989-1991», dans S. K. BATALDEN, ed., *Seekin God. The Recovery of Religious Identity in Orthodox Russia, Ukraine and Georgia*, Dekalb 1993, 191-219.

SYTY, J.K., «Nicolas Afanasieff (1893-1966)», *CO* 2 (2004) 85-100.

SZABÓ, P., «Le Chiese *sui iuris* in diaspora», *Ius missionale* 2 (2008) 167-192.

———, «Competenza governativa e fisionomia degli organi sinodali. L'integrità della potestà episcopale nel sistema degli organi sinodali di carattere permanente», *IE* 19 (2007) 445-456.

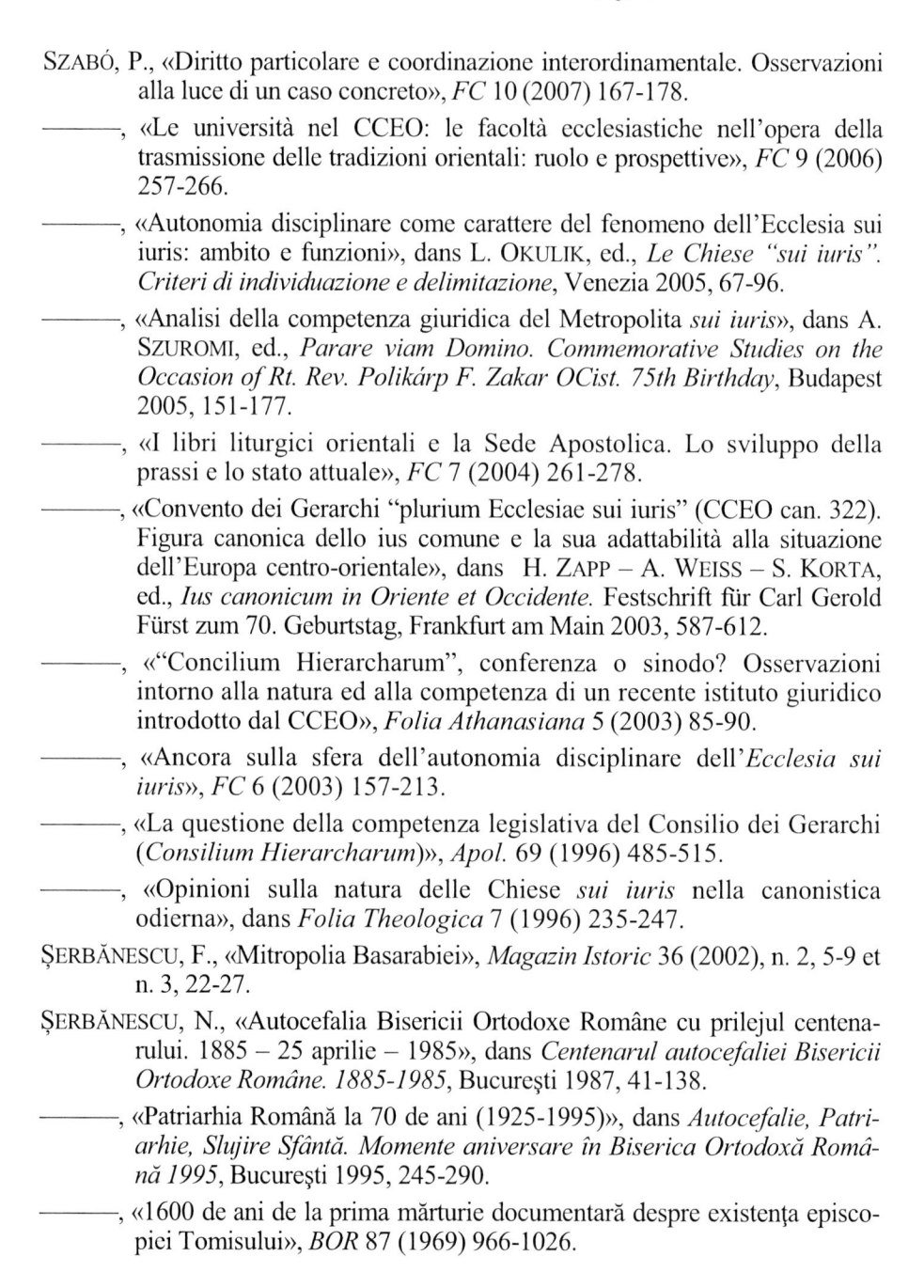

SZABÓ, P., «Diritto particolare e coordinazione interordinamentale. Osservazioni alla luce di un caso concreto», *FC* 10 (2007) 167-178.

———, «Le università nel CCEO: le facoltà ecclesiastiche nell'opera della trasmissione delle tradizioni orientali: ruolo e prospettive», *FC* 9 (2006) 257-266.

———, «Autonomia disciplinare come carattere del fenomeno dell'Ecclesia sui iuris: ambito e funzioni», dans L. OKULIK, ed., *Le Chiese "sui iuris". Criteri di individuazione e delimitazione*, Venezia 2005, 67-96.

———, «Analisi della competenza giuridica del Metropolita *sui iuris*», dans A. SZUROMI, ed., *Parare viam Domino. Commemorative Studies on the Occasion of Rt. Rev. Polikárp F. Zakar OCist. 75th Birthday*, Budapest 2005, 151-177.

———, «I libri liturgici orientali e la Sede Apostolica. Lo sviluppo della prassi e lo stato attuale», *FC* 7 (2004) 261-278.

———, «Convento dei Gerarchi "plurium Ecclesiae sui iuris" (CCEO can. 322). Figura canonica dello ius comune e la sua adattabilità alla situazione dell'Europa centro-orientale», dans H. ZAPP – A. WEISS – S. KORTA, ed., *Ius canonicum in Oriente et Occidente. Festschrift für Carl Gerold Fürst zum 70. Geburtstag*, Frankfurt am Main 2003, 587-612.

———, «"Concilium Hierarcharum", conferenza o sinodo? Osservazioni intorno alla natura ed alla competenza di un recente istituto giuridico introdotto dal CCEO», *Folia Athanasiana* 5 (2003) 85-90.

———, «Ancora sulla sfera dell'autonomia disciplinare dell'*Ecclesia sui iuris*», *FC* 6 (2003) 157-213.

———, «La questione della competenza legislativa del Consilio dei Gerarchi (*Consilium Hierarcharum*)», *Apol.* 69 (1996) 485-515.

———, «Opinioni sulla natura delle Chiese *sui iuris* nella canonistica odierna», dans *Folia Theologica* 7 (1996) 235-247.

ŞERBĂNESCU, F., «Mitropolia Basarabiei», *Magazin Istoric* 36 (2002), n. 2, 5-9 et n. 3, 22-27.

ŞERBĂNESCU, N., «Autocefalia Bisericii Ortodoxe Române cu prilejul centenarului. 1885 – 25 aprilie – 1985», dans *Centenarul autocefaliei Bisericii Ortodoxe Române. 1885-1985*, Bucureşti 1987, 41-138.

———, «Patriarhia Română la 70 de ani (1925-1995)», dans *Autocefalie, Patriarhie, Slujire Sfântă. Momente aniversare în Biserica Ortodoxă Română 1995*, Bucureşti 1995, 245-290.

———, «1600 de ani de la prima mărturie documentară despre existenţa episcopiei Tomisului», *BOR* 87 (1969) 966-1026.

ŞESAN, M., «Proclamarea autocefaliei Bisericii Ortodoxe din Cehoslovacia. Festivităţile dela Praga din 8-9 decembrie 1951», *BOR* 69 (1951) 423-434.

———, «Din istoricul noţiunii de Ortodoxie», *MA* 1 (1956) 63-75.

———, «Circulaţia cuvântului "ortodox"», *MA* 1 (1956) 240-263.

———, «De l'Orthodoxie», Θεολογια 50 (1979) 122-131.

———, «Orthodoxie. Histoire d'un mot et de sa signification», *Ist.* 15 (1970) 425-434.

———, «Orthodoxie. Histoire d'un mot et d'une civilisation», *Présence orthodoxe* 5 (1969) 50-56.

ŞESAN, V., «Autocefalia – Autonomia», *Candela* 42 (1931) 237-249.

———, «Dreptul de devoluţiune al Patriarhilor şi Mitropoliţilor (în baza canonului 11 al sinodului 7 ecumenic)», *Candela* 47 (1936) 71-85.

———, «Revizuirea canoanelor şi a altor norme bisericeşti, precum şi codificarea lor», *Candela* 47 (1936) 145-159. [en allemand: «Revisionen der Kanonen und anderei kirchlichen Normen, sowie deren Kodifizierung», dans H. ALIVISATOS, ed., *Procès Verbaux du Premier Congrès de Théologie orthodoxe à Athènes (29 novembre – 6 décembre 1936)*, Athènes 1939, 310-323].

TARCHNISVILI, M., «Die Entstehung und Entwicklung der Kirchlichen Autokephalie Georgiens», *Le Muséon* 73 (1960) 107-126 [en anglais: «The origin and development of the ecclesiastical autocephaly of Georgia», *GOTR* 46 (2001) 89-111].

TAVARD, G.H., «The Task of A Bishop in His Diocese», *Jurist* 68 (2008) 361-381.

TAWIL, E., «Le respect de la hiérarchie des normes dans le droit canonique actuel», *RDC* 51 (2002) 167-185.

TEODOROVICH, N., «The Belorussian Autocephalous Orthodox Church», dans B. IWANOW, ed., *Religion in the USSR*, Munchen 1960, 70-75.

THILS, G., «Le magistère infaillible du Pontife Romain à Vatican I», *Bibliotheca Ephemeridum Theologicarum Lovaniensium* 89 (1989) 115-315.

TILLYRIDES, A., «Elefterios Venizelos (1864-1935) and Meletios Metaxakis (1871-1935)», *Texts and Studies* 2 (1983) 271-276.

TOBIN, J., «The Diocesan Bishop as Catechist», *StC* 18 (1984) 365-414.

TORFS, R., «*Auctoritas-potestas-iurisdictio-facultas-officium-munus*. Un'analisi dei termini», *Concilium* 24 (1988) 93-106.

TOXÉ, P., «La hiérarchie des normes canoniques latines ou la rationabilité du droit canonique», *AC* 44 (2002), 113-128.

TRACZ, Z., «Consagración episcopal sin mandato pontificio. Estudio penal-canónico», *CDoc* 17 (2001) 283-332.

TRASERRA, J., «La legislación particular *contra ius*», *Revista catalana de Teología* 12 (1987) 165-194.

TREMBELAS, P. (ΤΡΕΜΠΕΛΑΣ, Π.), «Θεωριαι απαραδεκτοι περι την Unam Sanctam», *Εκκλησια* 41 (1964) 167-168, 198-199, 235-237, 268-269, 296-298, 318-320, 351-353.

———, «Αρχαι, κρατησασαι εν τη ανακηρυξει του αυτοκεφαλου», *Θεολογια* 28 (1957) 5-22.

———, «Οι οροι και οι παραγοντες της ανακηρυζεως του αθτοκεφαλου», dans *Εκκλησια* 10 (1932) 210, 218-220, 247-250, 264-266, 278-281.

TREVISAN, G., «Le buone qualità del candidato all'episcopato», *QDE* 12 (1999) 58-69.

TRIFON, N., «La langue roumaine au cœur de la problématique de reconstruction nationale de la République de Moldavie», dans W. DRESSLER, ed., *Le second printemps des nations. Sur les ruines d'un empire, questions nationales et minoritaires en Pologne (Haute Silésie, Biélorussie polonaise), Estonie, Moldavie, Kazakhstan*, Bruxelles 1999, 257-281.

TROIANOS, S. (ΤΡΩΙΑΝΟΣ, Σ.), «Die Verfassung der Orthodoxen Kirche in Griechenland», *Kanon* 19 (2006) 111-121.

———, «Η Πενθέκτη Οἰκουμενικὴ Σύνοδος καὶ τὸ νομοθετικό της ἔργο», *Εκκλησία* 69 (1992) 103-121.

———, «Nomos und kanon in Byzanz», *Kanon* 10 (1991) 37-51

———, «Παρατηρησεις επι των τυπικον και ουσιαστικων προυποθεσεων της ανακηρυζεως του αθτοκεφαλου και αυτονομου εν τη Ορθοδοζω Εκκλησια», dans *Τιμητικον Αφιερωμα εις τον μητροπολιτην Κιτρους Βαρναβαν επι τη 25ετηπιδι της αρχιερατειας του*, Athènes 1980, 335-348.

———, «Rome et Constantinople dans les commentaires des canonistes orientaux du XII siècle», dans M.P. BACCARI, ed., *Diritto e Religione. Da Roma a Constantinopoli a Mosca*, Roma 1994, 125-136.

———, «Einige Bemerkungen zu den materiellen und formellen Voraussetzungen der Autokephalie in der orthodoxen Kirche», *Kanon* 5 (1981) 157-164.

TROÏTSKY, S. (Троицкий, С.), «О церковной автокефалии», *JMP* 1948, n. 7, 33-54.

———, «Где и в чем главная опасность?», *JMP* 1947, n. 12, 31-42.

———, «Цариградска црква као фактор аутокефалије», *Архив за правне и друштвене науке* 47 (1937), n. 1, 1-21.

———, «О границах распространения права власти Константинопольской Патриархии на „Диаспору"», *JMP* 1947, n. 11, 34-45 [en anglais: «The Limits of the Authority of the Patriarch of Constantinople Over the Diaspora», *Sourozh* 64 (1996), 33-44].

———, «Будет вместе бороться с опасностью», *JMP* 1950, n. 2, 36-51.

TROÏTSKY, S., «О смысле 9-го и 17-го канонов Халкидонского Собора», *JMP* 1961, n. 2, 57-65. [en roumain: «Despre sensul canoanelor 9 și 17 de la Calcedon», *MB* 16 (1966) 201-213].

———, «Државна власт и Црквена аутокефалија», *Архив за правне и друштвене науке* 43 (1933), n. 6, 1-16.

———, «Суштина и фактори аутокефалије», *Архив за правне и друштвене науке* 43 (1933), n. 3, 1-16.

TSETSIS, G., «La dimension universelle de l'Eglise locale», *Unité chrétienne* 81 (1986) 23-64.

TUFFÉRY-ANDRIEU, J.-M., «Un aspect du pouvoir législatif de l'éveque: le synode diocésain, du Concile de Trente au Code de 1917», *RDC* 55 (2005) 355-376.

TUILIER, A., «Le sens de l'adjectif „œcuménique" dans la tradition patristique et dans la tradition byzantine», *NRT* 96 (1964) 260-271.

———, «Le titre de patriarche œcuménique et le schisme entre les Eglises», *MEPREO* 60 (1967) 215-229.

———, «Le titre de patriarche œcuménique à l'époque de Michel Cérulairie et le schisme entre les Eglises», *Studia Patristica* 11 (1972) 247-258.

TURCESCU, L., «Eucharistic Ecclesiology or Open Sobornicity ?», dans L. TURCESCU, ed., *Dumitru Staniloae: Tradition and Modernity in Theology*, Iași 2002, 83-103.

———, «"Person" versus "Individual", and Other Modern Misreadings of Gregory of Nyssa», *Modern Theology* 18 (2002) 527-539 [republié après dans S. COAKLEY, ed., *Re-thinking Gregory of Nyssa*, Oxford 2003, 97-109].

TURCESCU, L. – STAN, L., «Church-state conflict in Moldova: The Bessarabian Metropolitanate», *Communist and Post-communist Studies* 36 (2003) 443-469.

TZORTZATOS, B., (ΤΖΩΡΤΖΑΤΟΣ, B.), «Η εις την εκκλησιαν της Ελλαδος υπαγωγη των εν διασπορα Ελληνικων Εκκλησιων και ανακλησις αυτης», *Θεολογία* 48 (1977) 21-32.

UGINET, F.-C., «Les projets de concile général sous Pie XI et Pie XII», dans *Le deuxième concile du Vatican (1959-1965). Actes du colloque organisé par l'Ecole française de Rome en collaboration avec l'Université de Lille III, l'Istituto per le scienze religiose de Bologne et le Dipartimento di studi storici del Medioevo e dell'età contemporanea de l'Università di Roma – La Sapienza (Rome 28-30 mai 1986)*, Roma 1989, 65-78.

URRUTIA, F.X., «…Atque de specifica approbatione Summi Pontificis (Const. Ap. *Pastor Bonus* , art. 18)», *REDC* 47 (1990) 543-561.

URRUTIA, F.X., «Ecclesiastical Universities and Faculties (Canons 815-821)», *StC* 23 (1989) 459-469.

———, «Administrative Power in the Church According to the Code of Canon Law», *StC* 20 (1986) 253-274.

———, «Delegation of the Executive Power of Governance», *StC* 19 (1985) 339-356.

URSINUS, M.O.H., «Millet», dans C.E. BOSWORT,– E. VAN DONZEL – W.P. HEINRICHS – C. PELLAT, *Encyclopedie de l'Islam*, VII, Leiden-New York 1993, 60-64.

USEROS, M., «Orden y jurisdicción. Tradición teológico-canónica y tradición litúrgica primitiva», *REDC* 19 (1964) 689-723.

VAILHÉ, S., «Les origines de l'Eglise de Constantinople», *EO* 10 (1907) 287-295.

———, «Le titre de patriarche œcuménique avant Saint Grégoire le Grand», *EO* 11 (1908) 65-69.

———, «Saint Grégoire le Grand et le titre de patriarche œcuménique», *EO* 11 (1908) 161-171.

———, «Annexion de l'Illyricum au Patriarcat œcuménique», *EO* 14 (1911) 29-36.

———, «Le droit d'appel en Orient et le Synode permanente de Constantinople», *EO* 24 (1921) 129-146.

VALDMAN, T., «Însemnătatea sinodului al IV-lea ecumenic pentru codificarea canoanelor», *ST* 22 (1970) 713-722.

———, «Dumitru Stăniloae (1903-1993)», *CO* 24 (2002), n. 2, 143-155.

VALDRINI, P., «L'*Aequalis dignitas* des Eglises d'Orient et d'Occident», dans A. AL AHMAR – A. KHALIFE – D. LE TOURNEAU, ed., *Acta Symposii Internationalis circa Codicem Canonum Ecclesiarum Orientalium*, Kaslik-Liban 1996, 51-68.

———, «A propos de la contribution de l'Eglise catholique au développement de la subsidiarité et du fédéralisme en Europe», *RETM* 199 (1996) 147-163.

———, «Les universités catholiques: exercice d'un droit et contrôle de son exercice (canons 807-814)», *StC* 23 (1989) 445-458.

VALENTINI, D., «Regard sur les positions des théologiens. Revue des principaux écrits et état actuel de la question», *Concilium* 1990, n. 230, 43-55.

VALIYAVILAYIL, A., «The notion of *sui iuris* Church», dans J. CHIRAMEL – K. BHARANIKULANGARA, ed., *The Code of Canons of the Eastern Churches. A Study and Interpretation*. Essays in honour of Joseph Cardinal Parecattil, Alwaye 1992, 57-90.

VALLINI, A., «L'ordinariato castrense: da un servizio apostolico ad una chiesa particolare. Prime riflessioni sulla Const. Ap. *Spirituali militum curae*», dans *Studi in onore di Lorenzo Spinelli*, III, Modena 1989,1163-1193.

VAL PÉREZ, H., «La potestà ordinaria del Romano Pontefice e dei Vescovi sugli stessi fedeli: dal Concilio Vaticano I fino al CIC 1983», *Periodica* 95 (2006) 597-618.

VALL VILARDELL, H., «Il lungo camino del dialogo tra la Chiesa Cattolica e la Chiesa ortodossa (Belgrado 2006)», *Odigos* 26 (2007), n. 1, 7-14.

VAN DER WAL, N., «Wer war der "Enantiophanes"?», *Tijdschrift voor Rechtsgeschiedenis* 48 (1980) 125-136.

VAN ROSSUM, J., «A.S. Khomiakov and the Orthodox Ecclesiology», *SVTQ* 35 (1991) 67-82.

———, «The Notion of Freedom in Khomiakov's Teaching on the Church», *SVTQ* 49 (2005) 297-312.

VAPORIS, N., «Some aspects of the civil jurisdiction of Patriarchate of Constantinople during the Ottoman Period», *GOTR* 12 (1966/1967) 154-160.

VASIL', C., «"Populus Dei universus" et "populi Dei portiones"», dans E. RAAD, ed., *Système juridique canonique et rapports entre les ordonnancements juridiques / Sistema giuridico canonico e rapporti interordinamentali*, Beyrouth 2008, 91-109.

———, «Chiese orientali cattoliche nell'ecclesiologia e nel diritto della Chiesa cattolica. Il cammino del CCEO», *FC* 10 (2007) 119-151 [en allemand «Orientalische Kirchen in der Ekklesiologie und im Kirchenrecht der Katholischen Kirche: der Weg zum CCEO», *Kanon* 19 (2006) 125-159].

———, «Etnicità delle Chiese *sui iuris* e l'*Annuario Pontificio*», dans L. OKULIK, ed., *Le Chiese "sui iuris". Criteri di individuazione e delimitazione*, Venezia 2005, 97-108.

———, «Alcune considerazioni sull'istruzione EMCC dal punto di vista del diritto delle Chiese Orientali Cattoliche», *People on the Move* 37 (2005), n. 98, 109-125.

———, «Norme riguardanti l'edizione dei libri liturgici», dans CONGREGAZIONE PER LE CHIESE ORIENTALI, ed., *Ius Ecclesiarum Vehiculum Caritatis. Atti del Simposio Internazionale per il decennale dell'entrata in vigore del Codex Canonum Ecclesiarum Orientalium. Città del Vaticano 19-23 novembre 2001*, Città del Vaticano 2004, 363-391.

———, «Modificazioni nell'estensione della potestà dei Patriarchi: identificazione dei limiti della loro competenza amministrativa secondo il CCEO», *FC* 5 (2002) 293-304.

———, «Le principe de la synodalité dans les Eglises patriarcales selon le CCEO», *AC* 40 (1998) 87-117.

VASILIU, C., «Biserica Ortodoxă Finlandeză», *ST* 16 (1964) 367-383.

VATTAPPALAM, M., «Ecclesiology of Churches *sui iuris* and their Relative Autonomy in *Codex Canonum Ecclesiarum Orientalium*», dans *Christian Orient* 22 (2001) 10-21.

VAVOUSKOS, K., «L'orthodoxie et la crise ecclésiastique en Estonie», *Ist.* 49 (2004) 62-84.

VEDERNIKOV A. (ВЕДЕРНИКОВ А.), «На канонический пумъ», *JMP* (1953), n. 10, 16-18.

———, «Внутреннее дело полъской православной Церкви», *JMP* (1950), n. 8, 40-51.

VERZAN, S., «Eveniment istoric la Patriarhia Română: Reactivarea Mitropoliei Basarabiei, Autonomă şi de Stil Vechi (19-20 decembrie 1992)», *BOR* 110 (1992) 8-61.

VERYUSKY, V. (ВЕРЮЖСКИЙ В.), «Происхождение греко-болгарского Церковного вопроса и болгарской схизмы», *JMP* (1948), n. 7, 23-32.

VERKHOVSKY, S., «The Highest Authority in the Church», *SVSQ* 4 (1960) 76-88.

VIANA, A., «"Approbatio in forma specifica". El reglamento General de la Curia Romana de 1999», *IC* 40 (2000) 209-228.

———, «El principio de subsidiariedad en el gobierno de la Iglesia», *IC* 38 (1998), 147-172.

———, «La instrucción de la curia romana sobre los sínodos diocesanos», *IC* 38 (1998) 727-748.

VILLAR, J.R., «L'ambiguità del concetto di sussidiarietà (Esortazione ap. *Pastores Gregis* 56)», dans A. CATTANEO, ed., *L'esercizio dell'autorità nella Chiesa. Riflessioni a partire dall'Esortazione apostolica "Pastores Gregis"*, Venezia 2005, 81-97.

VILLEMIN, L., «Conséquences théologiques du non usage de la distinction entre pouvoir d'ordre et pouvoir de juridiction», *AC* 47 (2005) 145-154.

———, «Le diocèse est-il une Eglise locale ou une Eglise particulière ? Quel est l'enjeu de ce vocabulaire», dans H. LEGRAND – C. THEOBALD, ed., *Le ministère des évêques au concile Vatican II. Hommage à Mgr. G. Herbulot*, Paris 2001, 74-94.

VILLIEN, A., «La nouvelle Congrégation pour l'Eglise orientale», *Le Canoniste contemporain* 40 (1917) 497-505.

VLAICU, P.D., «L'identité canonique de l'Eglise orthodoxe de Roumanie à l'aube de l'integration dans l'Union Européenne», *AC* 47 (2005) 227-253.

VOGT, P., «The Church as Community of Love According to Alexis S. Khomiakov», *SVTQ* 48 (2004) 393-413.

VOILLERY, P., «Le haut clergé phanariote et les Bulgares. Oppresseur, prévaricateur ou bon pasteur ? 1830-1860», *Turcica* 35 (2003) 81-123.

VON BENEDEN, P., «Ordo. Über Den Ursprung Einer Kirchlichen Terminologie», *Vigiliae Christianae* 23 (1969) 161-176.

WALF, K., «The Nature of the Papal Legation: Delineation and Observations», *Jurist* 63 (2003) 85-105.

———, «L'infaillibilité comme la voit le Code de droit canonique (canons 749-750)», *StC* 23 (1989) 257-266.

———, «Lacunes et ambiguïtés dans l'ecclésiologie de Vatican II», dans G. ALBERIGO, ed., *Les Eglises après Vatican II. Dynamisme et prospectives.* Actes du Colloque International de Bologne – 1980, Paris 1981, 207-221.

WALSER, M., «El domicilio canónico. Bases para la formulación del concepto y su relevancia para la competencia del párroco y del Ordinario del lugar», *IC* 34 (1994) 617-638.

WARE, K., «The Ravenna Document and the Future of Orthodox-Catholic Dialogue», *Jurist* 69 (2009) 766-789.

WIJLENS, M., «Local Churches Their Groupings: a Roman Catholic Perspective», *Internationale Kirchliche Zeitschrift* 92 (2002) 100-117.

WILLEBRANDS, J., «La signification de "subsistit in" dans l'ecclésiologie de communion», *DC* 85 (1988) 35-41.

WILSON, M.P.J. – O'BRIEN, M.J., «Provincial and Plenary Councils: Renewed Interest in an Ancient Institution», *Jurist* 65 (2005) 241-267.

WOJCIECHOWSKI, G., «Los derechos y deberes del patriarca en el derecho canónico oriental», *CDoc* 21 (2003-2004) 278-344.

WUYTS, A., «Le 28e canon de Chalcédoine et le fondement du primat romain», *OCP* 17 (1951) 265-282.

YURCHENKO, O., «The Ukrainian Autocephalous Orthodox Church», dans B. IWANOW, ed., *Religion in the USSR*, Munchen 1960, 63-69.

ZANETTI, E., «"Nel Sinodo diocesano l'unico legislatore è il Vescovo diocesano" (can. 466)», *QDE* 4 (1991) 63-68.

ZAOZERSKY, N.A., «The Exact Meaning and Significance of the 34th Apostolic Canon», *The Theological Herald* 3 (1907) 770-784.

ZHELEV-DIMITROV, I., «The Orthodox Church in Bulgaria Today», *GOTR* 45 (2000) 491-511.

ZIVIANI, G. – MARALDI, V., «Ecclesiologia», dans G. CANOBBIO – P. CODA, ed., *La Teologia del XX secolo: un bilancio*, II, Roma 2003, 287-410.

ZIZIOULAS, J., «Christologie, pneumatologie et institutions ecclésiales. Un point de vue orthodoxe», dans G. ALBERIGO, ed., *Les Eglises après Vatican II*, Paris 1981, 138-147.

———, «Le mystère de l'Eglise dans la tradition orthodoxe», *Irén.* 60 (1987) 323-335.

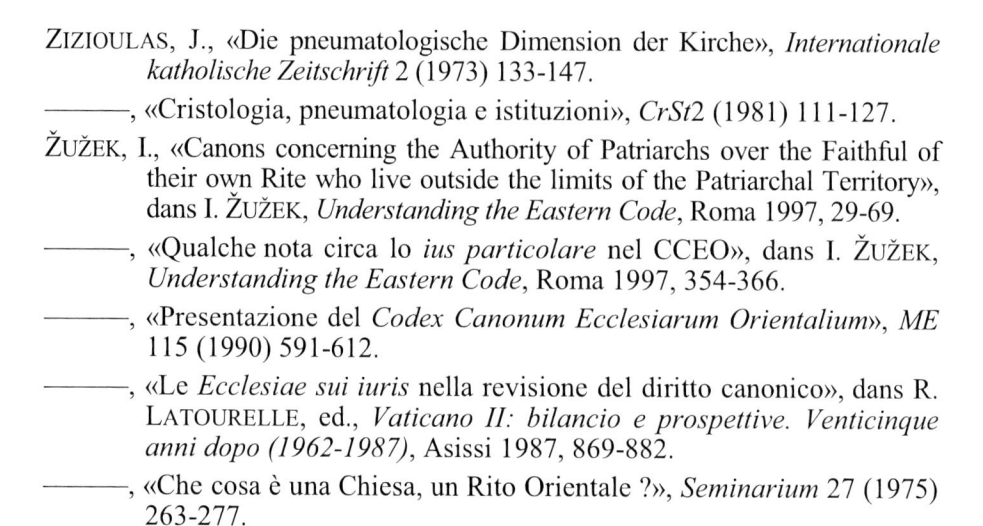

ZIZIOULAS, J., «Die pneumatologische Dimension der Kirche», *Internationale katholische Zeitschrift* 2 (1973) 133-147.

———, «Cristologia, pneumatologia e istituzioni», *CrSt*2 (1981) 111-127.

ŽUŽEK, I., «Canons concerning the Authority of Patriarchs over the Faithful of their own Rite who live outside the limits of the Patriarchal Territory», dans I. ŽUŽEK, *Understanding the Eastern Code*, Roma 1997, 29-69.

———, «Qualche nota circa lo *ius particolare* nel CCEO», dans I. ŽUŽEK, *Understanding the Eastern Code*, Roma 1997, 354-366.

———, «Presentazione del *Codex Canonum Ecclesiarum Orientalium*», *ME* 115 (1990) 591-612.

———, «Le *Ecclesiae sui iuris* nella revisione del diritto canonico», dans R. LATOURELLE, ed., *Vaticano II: bilancio e prospettive. Venticinque anni dopo (1962-1987)*, Asissi 1987, 869-882.

———, «Che cosa è una Chiesa, un Rito Orientale ?», *Seminarium* 27 (1975) 263-277.

TABLE DES AUTEURS CITÉS

Abbass: 43, 265, 267, 300, 433, 437, 439, 452, 454, 456, 520, 521
Acerbi: 225, 238, 307, 501
Afanassieff:17, 22, 33, 82, 502, 521
Aghnides: 37, 108, 502
Ahrweiler: 104, 521
Akanthopoulos: 31, 46, 86, 502
Akgönül: 109, 502
Alappatt: 439, 502
Alberigo: 308, 313, 315, 316, 331, 350, 502, 521
Albertario: 30, 502
Albornoz: 267, 521
Alef: 166, 521
Alexeï II: 8, 95, 114, 134, 172, 179, 204, 491, 502, 522
Alfaro: 229, 522
Alfeyev: 7, 14, 62, 82, 85, 167, 170, 184, 426, 427, 502, 522
Alivizatos: 29, 30, 31, 71, 502, 522
Aloor: 437, 503
Álvarez De Las Asturias: 428, 522
Alwan: 265, 522
Amato: 246, 522
Amenta: 296, 370, 373, 383, 502, 522
Anastos: 103, 502
Andrés: 404, 523
Androutsos: 109, 502
Anghelescu: 22, 503
Anghelopoulos: 140, 503
Anthimos IV: 139, 491

Antón: 224, 225, 230, 232, 235, 259, 321, 503, 523
Antonopoulos: 137, 523
Apostolakis: 124, 503
Arampatzoglou: 101, 503
Arce: 392, 523
Archontonis: 36, 503, 523
Arnanz Cuesta: 6, 523
Arrieta: 266, 275, 276, 331, 351, 357, 421, 438, 501, 503, 524
Asher: 27, 524
Astigueta: 291, 395, 503, 524
Attwater: 256, 503
Auer: 228, 503
Austin: 266, 524
Baccari: 344, 524
Baillargeon: 18, 19, 503, 524
Bakhoum: 459, 524
Bamberg: 405, 524
Barberini: 43, 267, 503, 524
Barbu: 17, 20, 524
Baron: 27, 503
Barroche: 43, 524
Bartholomé Ier: 43, 171, 491, 525
Basarab: 149, 525
Basileos III: 140, 492
Basioudis: 46, 525
Basset: 262, 503
Baudry: 262, 263, 512
Baura: 272, 503
Bădiliță: 14, 503
Beal: 290, 500, 525

Becker: 240, 242, 525
Becket: 104, 439, 525
Behr: 20, 503, 525
Behr-Sigel: 171, 525
Bel: 22, 27, 525
Bellarmin: 222, 503
Benedict XVI: 273, 331, 386, 492
Beneševič: 34, 503
Berger: 20, 525
Berlingò: 316, 525
Bermejo: 328, 525
Bertone: 297, 325, 353, 369, 384, 503, 525, 526
Bertrams: 42, 238, 239, 309, 321, 348, 349, 504, 526
Berzdorf: 390, 504
Besse: 149, 504
Besson: 229, 504
Bettetini: 260, 526
Betti: 219, 241, 504, 526
Beveridge: 60, 492
Beyer: 43, 237, 255, 257, 265, 266, 349, 368, 504, 526
Bharanikulangara: 459, 504
Biedermann: 71, 526
Bigham: 108, 526
Biondi: 30, 504
Bîrdaș: 104, 526
Blanchet: 455, 526
Blazquez: 328, 526
Bleiziffer: 367, 429, 526
Bobrinskoy: 15, 527
Bociurkiw: 87, 88, 527
Boeglin: 386, 504
Bogdanov: 166, 504
Bogolepov: 70, 504, 527
Bonet: 260, 527
Bonnet, M.: 401, 527
Bonnet, P.A.: 266, 297, 299, 300, 364, 504, 527
Bordeianu: 26, 527
Boroianu: 33, 504
Borras: 291, 301, 430, 504, 527
Botte: 318, 527

Boulgakov: 14, 15, 504
Boumis: 33, 36, 504, 527
Bouwen: 7, 528
Bozgan: 149, 528
Božic: 87, 504
Braida: 331, 528
Braniște: 29, 528
Bratsiotis: 37, 504
Bravi: 80, 81, 235, 313, 348, 504
Bremer: 88, 504
Bria: 15, 22, 528
Brian: 374, 528
Brlek: 219, 528
Broderick: 352, 528
Brogi: 376, 423, 429, 437, 456, 528
Brown, A.: 20, 528
Brown, T.S., 77, 528
Browning: 58, 108, 505, 529
Brunet: 34, 529
Bruni: 6, 505
Burgo: 404, 529
Burkhard: 43, 529
But-Căpușan: 27, 529
Cafardi: 402, 529
Calvi: 393, 529
Calvo: 399, 529
Campatelli: 16, 529
Canobbio: 231, 529
Canosa: 304, 529
Caprile: 220, 529
Cárcel Ortí, M.-M.: 379, 505
Cárcel Ortí, V.: 379, 505, 529
Carnerero Peñalver: 438, 530
Caron: 337, 530
Casian: 149, 530
Cassidy: 175, 530
Castillo Lara: 39, 530
Cataudella: 61, 530
Cattaneo: 244, 246, 335, 357, 530
Călian: 107, 530
Cândea: 53, 505
Ceccarelli-Morolli: 439, 530
Celeghin: 272, 283, 284, 285, 290, 505, 530, 531

Celsi: 379, 505
Chadwick: 61, 531
Chaillot: 171, 505
Chantraine: 261, 500, 531
Chaplin: 175, 531
Chartomatsidis: 141, 531
Chenaux: 313, 531
Cherney: 112, 505
Chimy: 444, 505
Chiramel: 278, 449, 455, 505, 531
Chiricescu: 33, 505
Chiron: 242, 251, 328, 505, 531
Chițescu: 16, 27, 518, 531
Chouinard: 255, 531
Chrysos: 62, 505
Chucrallah: 429, 505
Ciachir: 97, 505
Ciobotea: 20, 37, 38, 531
Cioffari: 27, 532
Cito: 329, 532
Ciuceanu: 97, 514
Ciucur: 60, 70, 75, 107, 146, 532
Ciuhandu: 46, 532
Clément, M.: 51, 532
Clément, O.: 15, 22, 119, 171, 532
Clogg: 106, 532
Coccopalmerio: 261, 307, 370, 532
Codevilla: 167, 505
Cogoni: 22, 532
Colombo: 321, 532
Commission mixte internationale pour le dialogue théologique entre l'Eglise catholique romaine et l'Eglise orthodoxe: 6, 492
Commission inter-orthodoxe Préparatoire: 64, 72, 492
Condorelli: 43, 533
Congar: 217, 218, 219, 220, 221, 222, 232, 261, 287, 426, 505, 533
Congregatio pro Doctrina Fidei: 242, 243, 246, 247, 249, 250, 251, 311, 326, 376, 493
Congregatio pro Episcopis: 370, 379, 493

Congregatio pro Gentium Evangelisatione: 370, 493
Conn: 397, 533
Conseil Pontifical pour la Promotion de l'Unité des Chrétiens: 307, 493
Constantelos: 32, 505
Constantinescu: 47, 533
Contri: 255, 533
Corecco: 283, 317, 534
Coriden: 395, 500, 534
Corneanu: 86, 92, 534
Coronelli: 224, 505
Corrado: 175, 538
Corral Salvador: 220, 534
Costalunga: 258, 534
Costescu: 146, 147, 494
Costigan: 327, 505
Cotroneo: 263, 505
Coussa: 264, 505
Couturier: 228, 534
Cracaft: 167, 505
Cristea: 45, 506
Cristescu: 459, 534
Cristișor: 35, 534
Croce: 456, 534
Cronț: 36, 57, 506, 534
Cyrille: 480, 534
Dagron: 101, 506
Daldas: 110, 113, 119, 171, 506
Dalègre: 106, 506
Daley: 84, 534
Dalla Torre: 223, 534
Dandou: 258, 506
Daniel (Ciobotea): 22, 74, 145, 150, 506, 534
Danilov: 97, 506
Darrouzès: 104, 106, 506, 535
Daveluy: 40, 501
David: 373, 393, 535
Dejaifve: 321, 535
Delhaye: 255, 506
Delpero: 219, 506
Del Re: 356, 506
Denaux: 236, 535

Deneken: 227, 535
Denzinger: 327, 494
Destivelle: 168, 506
De Bertolis: 283, 506
De Cardebal: 257, 535
De Diego Lora: 300, 535
De Fleurquin: 376, 535
De Ghellinck: 228, 535
De Halleux: 81, 218, 535
De La Hera: 223, 323, 535
De La Soujeole: 225, 535
De Lubac: 255, 261, 506
De Minsk: 184, 535
De Paolis: 267, 363, 390, 393, 398, 403, 535, 536
De Pooter: 397, 536
De Poulpiquet : 219, 536
De Rosa: 240, 536
De Salis Amaral: 219, 536
De Sardes: 101, 104, 121, 506
De Smolensk: 181, 506
De Ville: 7, 536
De Vries : 256, 536
Dick: 262, 263, 264, 441, 507, 536
Diriart: 232, 536
Di Bernardino: 14, 500
Dron: 33, 506
Dulles: 229, 536
Dupré La Tour: 320, 506
Dupuy: 88, 536
Durand. E.: 232, 506
Durand, J.-P.: 223, 536
Durǎ, I.: 46, 146, 150, 537
Durǎ, N.: 21, 22, 29, 31, 32, 33, 34, 35, 37, 46, 51, 52, 53, 59, 62, 76, 79, 80, 85, 86, 145, 146, 217, 428, 507, 537, 538
Dvornik: 102, 165, 507
Dymyd: 427, 538
D'Alteroche: 410, 538
D'Auria : 290, 538
D'Herbigny: 87, 538
D'Onorio: 317, 366, 376, 409, 507, 538

D'Ostilio: 316, 507
D'Souza: 432, 538
Échappé: 371, 538
Edelby: 262, 263, 264, 441, 507
Eid: 263, 434, 507, 538
Elliot: 175, 538
Eluvathingal: 434, 507
Ene: 145, 538
Enescu: 50, 538
Erbiceanu: 140, 538
Erdö: 186, 260, 266, 289, 290, 291, 507, 539
Erickson: 13, 20, 31, 37, 46, 47, 77, 266, 539
Esposito: 265, 421, 539
Eterovič: 235, 507
Etzi: 404, 540
Evdokimov: 14, 15, 16, 507, 540
Eyt: 320, 540
Fabene: 394, 540
Famerée: 7, 540
Faris: 415, 416, 419, 420, 430, 431, 437, 438, 444, 507, 540
Featherstone: 32, 34, 513
Fedele: 326, 540
Fedotov: 165, 507
Feldhans: 277, 540
Feliciani: 258, 389, 507, 540
Felmy: 16, 17, 18, 507
Ferme: 301, 540
Firsov: 174, 540
Fisichella: 326, 541
Floca: 23, 34, 37, 46, 53, 68, 70, 85, 120, 146, 147, 508, 541
Flogaus: 32, 541
Forte: 231, 508
Fortescue: 14, 256, 508,
Foster, J.: 331, 541
Foster, M.: 365, 541
Fouilloux: 109, 541
Frazee: 107, 508
Freiling: 42, 508
Fuentes: 376, 541

Fürst: 58, 265, 300, 414, 429, 435, 508, 541
Gahbauer: 62, 508
Gaillardetz: 244, 508
Galanis: 123, 542
Galeota: 16, 542
Galeriu: 46, 542
Gallagher: 58, 81, 542
Gallaro: 316, 420, 542
Garciadiego: 218, 508
García Martin: 273, 294, 404, 542
García Mateo: 291, 542
Garuti: 186, 246, 249, 321, 426, 427, 508, 542
Gaudemet: 34, 293, 376, 508, 543
Gauthier: 267, 543
Găină: 35, 543
Gârdan: 150, 508
Gefaell: 393, 438, 543
Gelzer: 106, 508
Georgacas: 102, 543
Getcha: 71, 118, 327, 543
Ghidulianov: 50, 59, 508
Ghirlanda: 7, 41, 42, 220, 224, 225, 226, 230, 233, 235, 239, 241, 253, 255, 257, 258, 260, 265, 269, 270, 273, 276, 283, 285, 287, 294, 304, 307, 316, 329, 330, 332, 335, 337, 341, 343, 349, 351, 363, 368, 370, 379, 383, 384, 389, 390, 394, 404, 407, 408, 412, 421, 423, 425, 508, 543, 546
Giannakis: 121, 546
Giannini: 371, 546
Gidi Thumala: 395, 508
Gkavardinas: 32, 509
Gonzáles-Pinto: 374, 546
Gorboff : 17, 509
Goreanu: 46, 47, 97, 137, 153, 546
Gouyon: 258, 547
Granfield: 222, 223, 251, 364, 547
Granic: 77, 547
Graulich: 265, 351, 547

Green: 41, 265, 295, 392, 395, 399, 500, 547
Grégoire: 109, 547
Gregorios III : 482, 547
Grigorieff: 94, 547
Grigoriță: 46, 68, 150, 211, 256, 262, 274, 276, 277, 414, 420, 443, 509, 547, 548
Grison: 354, 548
Grocholewski: 265, 297, 300, 329, 347, 548
Grumel: 103, 104, 548
Guéorguievsky: 169, 509
Guéret: 255, 506
Guillaume: 308, 549
Guillemette: 258, 509
Gullo: 266, 504
Gutierrez: 296, 409, 438, 549
Hajjar: 35, 509
Hannon: 372, 393, 549
Hauptmann: 128, 168, 172, 509
Hederici: 69, 86, 294, 415, 433, 501
Heinzmann: 402, 509
Heljas: 96, 132, 549
Hercsik: 240, 549
Hergenröther: 35, 509
Herghelegiu: 299, 509
Herman: 59, 263, 549
Herránz: 297, 549
Heyer: 88, 509
Hirnsperger: 370, 549
Höffe: 40, 509
Holbea: 22, 549
Holtzman: 17, 549
Honigmann: 34, 509
Houtepen: 240, 549
Huels: 273, 364, 402, 415, 509, 549
Husband: 173, 549
Hussey: 101, 509
Ică: 16, 518
Ică jr.: 7, 115, 550
Ignace d'Antioche: 218, 494
Ignătescu: 22, 550
Incitti: 372, 550

Ilievski: 87, 509
Ionescu: 146, 550
Ivan: 33, 36, 47, 52, 70, 550
Jacobs: 289, 550
Jacquemin: 240, 550
Jaeger: 438, 550
Janin: 102, 103, 418, 509, 550
Javierre Ortas: 314, 550
Jean XXIII: 40, 355, 494
Jean Paul II: 15, 42, 259, 265, 266, 272, 301, 320, 331, 336, 358, 385, 396, 442, 484, 494
Joachim III: 108, 495
Johnson, J.: 175, 550
Johnson, J.G.: 43, 551
Joos: 17, 551
Joubeir: 263, 509
Kaloghiros: 37, 551
Kaptijn: 420, 431, 551
Karabélias : 36, 551
Karalis: 20, 551
Karanicolas: 36, 551
Karmiris: 15, 33, 509, 551
Karrer: 43, 551
Kartachev: 118, 551
Kasper: 7, 186, 226, 227, 307, 510, 551
Katziapostolou: 53, 510
Kaufmann: 349, 551
Kazem-Bek: 119, 551
Kehl: 231, 510
King: 418, 510
Kiviorg: 132, 552
Klein: 92, 552
Klutschewsky: 182, 552
Kniazeff: 36, 47, 552
Knight: 18, 510
Knittel: 240, 552
Knox: 175, 552
Koluthara: 390, 510
Komonchak: 43, 212, 219, 552
Konstantinides: 114, 552
Konstantinidis: 140, 510
Kostriokov: 168, 510

Kotzer: 175, 565
Kotzula: 393, 552
Kovalenko: 441, 552
Kovalesky: 84, 86, 553
Krassikov: 175, 553
Kuttner: 352, 553
Kuzio: 88, 553
Kyriakos: 48, 553
Labanca: 51, 553
Ladaria: 232, 510, 553
Laham: 481, 482, 553
Lanata: 30, 510, 553
Lanne: 15, 68, 84, 167, 221, 242, 246, 263, 326, 456, 553, 554
Larentzakis: 28, 554
Laurent: 32, 104, 106, 554
Lazić: 20, 510
Leb: 13, 70, 114, 554
Lebaigue: 40, 501
Leclercq: 218, 554
Lécuyer: 313, 554
Legrand: 6, 26, 120, 186, 244, 246, 249, 261, 268, 287, 385, 428, 554, 555
Leite Soares: 340, 510
Lemeni: 150, 555
Léon XIII: 39, 495
Letayf: 376, 555
Lettmann: 258, 556
Leys: 42, 510
Le Tourneau: 272, 359, 437, 438, 556
Liesel: 418, 510
Lobanov: 172, 510
Loda: 278, 321, 378, 432, 434, 439, 510, 556
Löffler: 397, 556
Lokin: 35, 518
Lombardia: 223, 421, 501, 556
Longhitano: 402, 557
Lopez Gonzalez: 229, 557
Lorusso: 96, 112, 135, 264, 265, 266, 377, 421, 427, 433, 438, 439, 456, 511, 557
Losinger: 390, 511

Lossky: 15, 28, 29, 557
Lototsky: 60, 62, 63, 69, 70, 511
Louth: 20, 511
Lo Castro: 272, 511, 558
Ludecke: 395, 511
Lumpe: 79, 81, 558
Lüning: 240, 558
Lupu: 22, 511
L'Huillier: 13, 33, 46, 58, 70, 77, 82, 103, 120, 266, 511, 558
Maccarrone: 326, 511
MacDermott: 406, 558
Macrides: 36, 558
Madrigal: 255, 558
Maffeis: 16, 558
Magagnotti: 41, 511
Majer: 331, 559
Maklagoff: 168, 558
Malanga: 231, 558
Malvaux: 397, 558
Man: 149, 559
Mangalathil: 448, 511
Manna: 263, 264, 511
Manzanares: 258, 272, 295, 310, 347, 559
Manzo: 404, 559
Maraldi: 219, 589
Marchesi: 393, 559
Marchetti: 374, 511, 559
Marcou: 107, 559
Marga: 51, 559
Marina, E.: 35, 559
Marina, J.: 77, 112, 559
Marinčák: 459, 511
Marinelli: 377, 559
Marini: 432, 511
Mariotti: 255, 559
Markus: 77, 559
Martin: 77, 560
Martí Bonet: 410, 512
Martínez Gordo: 247, 560
Martínez Sistach: 372, 560
Mathon: 262, 263, 512
Matsoukas: 15, 512

Mazzoni: 289, 560
McCormack: 355, 560
McDonnell: 247, 560
Mélétios IV: 109, 110, 111, 112, 496
Melia: 94, 560
Melloni: 243, 332, 512, 560
Menevissoglou: 34, 65, 512, 560
Merlo: 173, 560
Méthodios: 71, 560
Metz: 43, 223, 265, 266, 273, 324, 359, 378, 379, 413, 437, 512, 560, 561
Meyendorff: 13, 15, 29, 62, 89, 106, 115, 121, 165, 167, 246, 512, 561
Miele: 317, 512
Milano: 442, 561
Milaş: 34, 46, 68, 120, 512
Miller: 22, 512
Mina: 459, 561
Miñambres: 295, 331, 338, 561, 562
Minnerath: 221, 224, 319, 512
Miragoli: 407, 562
Missir Reggio Mamaky De Lusignan: 434, 512
Mitrohin: 134, 512
Mohrmann: 228, 562
Moldovan: 33, 46, 562
Monachino: 77, 103, 512
Monczak: 449, 562
Mondin: 225, 512
Moneta: 409, 562
Montan: 289, 562
Montes Casas: 267, 563
Montini: 296, 300, 367, 562, 563
Morel: 240, 563
Morini: 62, 563
Morrisey: 40, 513
Mörsdorf: 369, 383, 384, 385, 563
Mortari: 315, 513
Mosconi: 328, 373, 563
Moşoiu: 27, 563
Mucci: 43, 240, 563
Munier: 223, 388, 535, 563
Munteanu: 51, 53, 563

Müller, G.L.: 225, 563
Müller, H.: 236, 325, 563
Naaman: 265, 325, 563, 564
Nautin: 68, 564
Naz: 260, 265, 338, 410, 501, 513
Nedungatt: 32, 34, 432, 436, 461, 464, 513, 564
Nègre: 20, 564
Negru: 148, 513
Németh: 182, 552
Nica: 114, 564
Nichols: 17, 513
Nikolau: 14, 513
Nissiotis: 29, 313, 564
Nivière: 118, 564
Noethlichs: 353, 565
Obolensky: 165, 565
Ochoa: 289, 297, 513, 565
Oeldemann: 184, 565
Ohme: 32, 37, 513
Okulik: 419, 428, 438, 461, 513, 565
Olivieri: 359, 565
Olmos Ortega: 290, 565
Olson: 148, 501
Onclin: 387, 565
Orioli: 443, 565
Orlandis: 409, 565
Orlov: 175, 565
Orsi: 43, 565
Örsy: 85, 259, 565
O'Brien: 409, 589
Paarhammer: 440, 566
Pagé: 268, 291, 376, 513, 566
Païzi-Apostolopoulou: 104, 566
Pallath: 295, 435, 513, 566
Palli: 96, 114, 130, 514
Panayotakos: 37, 566
Panev: 46, 566
Papadopoulos, C.G.: 106, 513
Papadopoulos, H.: 50, 566
Papagéorgiou: 126, 566
Papaioannou: 126, 566
Papastathis: 29, 46, 87. 107, 137, 139, 566, 567

Papathanassiou Ghinis: 53, 513
Papathomas: 21, 39, 46, 48, 49, 69, 70, 71, 92, 93, 96, 101, 110, 114, 115, 116, 120, 121, 130, 133, 137, 138, 140, 183, 185, 422, 423, 513, 514, 567
Parker: 222, 567
Parlato: 66, 429, 567, 568
Parry: 52, 501
Pasquale: 404, 568
Pastor: 260, 568
Patsavos: 46, 126, 568
Pattaro: 240, 568
Paul VI: 40, 42, 235, 271, 348, 354, 359, 443, 497
Pavinsky: 129, 568
Pavlov: 34, 514
Pavlowitch: 87, 568
Păcurariu: 98, 107, 145, 514, 568
Păiuşan: 97, 514
Pătrulescu: 53, 568
Peckstadt: 33, 568
Peri: 62, 263, 347, 455, 456, 514, 568, 569
Périsset: 463, 569
Perlasca: 295, 569
Petit: 65, 109, 569
Petrushko: 88, 175, 514
Pettinato: 390, 569
Pheidas: 34, 46, 62, 69, 85, 102, 514, 569
Philips: 240, 317, 514
Piacentini: 372, 569
Piano: 397, 569
Pie IX: 220, 498
Pie XI: 39, 498
Pie XII: 39, 224, 240, 276, 405, 498
Pié-Ninot: 244, 249, 569
Pietri: 227, 569
Pilat: 145, 514
Pippidi: 136, 570
Pitsakis: 59, 570
Pîrvu: 55, 146, 570
Plamper: 140, 570

Plank: 110, 570
Plămădeală: 46, 570
Pocitan: 60, 514
Põld: 132, 570
Politi: 291, 570
Polsky: 168, 514
Pommarès: 291, 514
Pontificia Commissio Codici Iuris Canonici Orientalis Recognoscendo: 276, 277, 498
Pontificium Consilium de Legum Textibus: 295, 394, 498
Popescu, D.: 15, 20, 23, 570
Popescu, E.: 145, 570
Popescu, T.M.: 13, 118, 256, 570
Poppe: 165, 571
Porpora: 18, 571
Portaru: 52, 571
Pospielovsky: 169, 173, 174, 515, 571
Pospishil: 264, 415, 430, 431, 515
Pott: 8, 571
Pottmeyer: 219, 220, 307, 515, 571
Potz: 34, 515
Poulat: 316, 571
Poupard: 262, 501, 515
Prader: 453, 515
Provost: 266, 291, 409, 571, 572
Pruteanu: 29, 572
Pruter: 170, 519
Psomiades: 109, 572
Pugliese: 273, 572
Puglisi: 307, 500, 515
Pulcini: 132, 134, 572
Pulpea: 111, 572
Purmonen: 112, 128, 129, 515, 572
Puza: 331, 370, 393, 572
Quicherat: 40, 501
Quinn: 307, 515
Radu: 149, 150, 572
Ralles: 59, 515
Ramos: 267, 272, 370, 409, 515, 572
Ratzinger: 228, 242, 286, 309, 313, 319, 320, 350, 503, 515, 572
Re: 295, 573

Redaelli: 374, 393, 402, 573
Renken: 374, 573
Restrepo Uribe: 326, 573
Rhode: 295, 573
Rigal: 22, 220, 224, 226, 227, 232, 235, 236, 515,
Righetti: 410, 516
Rincón-Pérez: 390, 573
Rinne: 96, 573
Ringvee: 132, 573
Rivella: 393, 573
Roberti: 107, 119, 573
Robertson: 22, 27, 129, 516, 573
Rodopoulos: 35, 36, 84, 87, 142, 184, 573, 574
Rodríguez, P.: 220, 244, 574
Rodríguez, T.: 404, 516
Romanidis: 27, 574
Román Castro: 275, 574
Rosa: 39, 574
Rose: 165, 574
Ross, D.M.: 370, 574
Ross, N.: 171, 574
Roudometof: 106, 574
Rousselet: 174, 575
Routhier: 235, 256, 575
Rowland: 167, 575
Runciman: 106, 217, 516, 575
Ruppert: 27, 575
Rus: 46, 575
Safronov: 175, 516
Salachas: 7, 307, 317, 323, 370, 376, 420, 423, 429, 430, 432, 433, 440, 442, 443, 444, 449, 451, 452, 454, 456, 459, 461, 463, 516, 542, 575
Salvatori: 327, 516
Sampaio De Oliveira: 454, 516
Sancta Sedes: 357, 499
Santos Díez: 175, 576
Sarrazin: 376, 576
Sartori: 240, 576
Săsăujan: 184, 577
Scanzillo: 231, 516
Schaeder: 167, 516

Schapov: 35, 516
Schatz: 217, 516
Schmale: 79, 577
Schmemann: 24, 46, 577
Schmitz: 447, 577
Schouppe: 223, 267, 272, 577
Schulz: 173, 577
Schwarz: 222, 516
Scminck: 36, 577
Scrima: 331, 577
Secretaria Status: 351, 420, 499
Secrétariat Général du Saint et Sacré Synode du Patriarcat Œcuménique: 427, 499
Seldis: 170, 519
Semeraro: 363, 577
Senyk: 165, 577
Sesboüé : 326, 328, 578
Shepard: 165, 578
Shevchenko: 172, 578
Shevkunova: 173, 516
Sieben: 409, 412, 578
Simedrea: 146, 147, 499
Simonetti: 14, 516
Simonini: 77, 517
Sîrbu: 29,
Skublics: 22, 578
Sleman: 277, 414, 429, 430, 578
Slijepcevic: 87, 578
Smolitsch: 167, 517
Soare: 50, 55, 57, 59, 517, 578
Sodaro: 470, 517
Souarn: 77, 578
Spiteris: 15, 16, 18, 20, 246, 517, 518, 578
Stan, Lavinia: 98, 585
Stan, Liviu: 17, 23, 30, 33, 36, 37, 46, 47, 51, 60, 54, 65, 66, 67, 68, 69, 70, 71, 76, 79, 80, 82, 92, 112, 145, 153, 517, 578, 579
Statistical Office of Estonie: 132, 499
Stavrides: 101, 109, 122, 517, 579, 580
Stavrou: 427, 580

Stănculescu: 50, 580
Stăniloae: 15, 16, 22, 23, 25, 26, 27, 28, 71, 80, 83, 517, 580
Stefanov: 106, 580
Stein: 103, 580
Stevens: 58, 517
Stickler: 283, 580
Stockmann: 273, 438, 580
Stockmeier: 218, 580
Stolte: 35, 36, 581
Strémooukhoff: 167, 581
Stricker: 128, 168, 172, 509
Struve, D.: 120, 202, 581
Struve, N.: 17, 172, 174, 517
Sugawara: 390, 581
Sullivan: 240, 242, 259, 326, 581
Sygut: 283, 517
Synek: 34, 180, 182, 515, 552, 581
Sysyn: 88, 581
Syty: 17, 581
Szabó: 186, 295, 296, 429, 430, 438, 446, 447, 459, 460, 464, 465, 507, 581, 582
Șerbănescu, F.: 97, 582
Șerbănescu, N.: 107, 145, 146, 147, 582
Șesan, M.: 14, 111, 583
Șesan, V.: 33, 46, 55, 65, 517, 583
Șișcanu: 148, 517
Taft: 76, 517
Tagle: 313, 517
Tanner: 321, 517
Tarchnisvili: 71, 583
Tavard: 394, 583
Tawil: 393, 583
Teoctist: 148, 162, 500
Teodorovich: 88, 583
Thanchan: 444, 517
Thekkekara: 443, 517
Thiery: 262, 263, 512
Thils: 220, 327, 517, 583
Tihon: 307, 518
Tillard: 219, 236, 261, 518
Tillyrides: 109, 583

Timofeeva: 134, 512
Tkhorovskyy: 376, 518
Tobin: 396, 583
Todoran: 16, 518
Tombeur: 255, 506
Tondini: 167, 500
Toxé: 393, 583
Tracz: 376, 583
Traserra: 393, 584
Trembelas: 15, 17, 46, 71, 518, 584
Trevisan: 375, 584
Trifon: 148, 584
Troianos: 31, 35, 36, 46, 105, 139, 518, 584
Troïtsky: 46, 47, 64, 65, 68, 69, 70, 71, 112, 113, 118, 119, 121, 584, 585
Tsagkari: 35, 518
Tsetsis: 19, 585
Tsypin: 34, 35, 46, 68, 168, 172, 174, 518
Tufféry-Andrieu: 370, 585
Tuillier: 104, 585
Turcescu: 19, 20, 98, 585
Tzortzatos: 92, 585
Ufficio delle Celebrazioni liturgiche del Sommo Pontefice: 336, 500
Uginet: 220, 585
Umba: 233, 518
Urrutia: 267, 294, 302, 397, 518, 585, 586
Ursinus: 105, 586
Useros: 318, 586
Vacca: 298, 518
Vailhé: 102, 103, 107, 586
Val Pérez: 283, 587
Valdman: 22, 31, 586
Valdrini: 43, 264, 396, 586
Valentini: 309, 586
Vallini: 272, 587
Valiyavilayil: 416, 429, 454, 586
Vall Vilardell: 6, 587
Vaniyapurackal: 429, 518
Van Den Steen De Jehay: 106, 518

Van Der Wal: 30, 34, 35, 518, 587
Van Rossum: 27, 587
Vaporis: 107, 587
Varnalidis: 104, 518
Vasiliu: 128, 172, 587
Vasil': 274, 277, 416, 424, 432, 433, 434, 435, 438, 465, 587
Vattappalam: 429, 456, 518, 588
Vavouskos: 134, 588
Vedernikov: 111, 128, 172, 588
Veniaminos: 111, 500
Verkhovskoy: 33, 588
Veryusky: 108, 588
Verzan: 98, 588
Viana: 43, 272, 294, 370, 518, 588
Villar: 369, 588
Villemin: 255, 286, 519, 588
Villien: 456, 588
Viscome: 283, 285, 326, 519
Viscuso: 110, 519
Visioli: 310, 319, 519
Vlaicu: 39, 519, 588
Vodoff: 165, 519
Vogt: 27, 588
Voillery: 108, 588
Volkonsky: 87, 538
Von Beneden: 318, 589
Von Scheliha: 166, 519
Von Teuffenbach: 240, 519
Vornicescu: 98, 519
Walf: 253, 325, 329, 359, 589
Walser: 270, 589
Ware: 7, 589
Werckmeister: 39, 501
Whittow: 101, 519
Wijlens: 424, 589
Willebrands: 240, 589
Wilson: 409, 589
Winterkamp: 259, 519
Wuyts: 77, 589
Young: 170, 519
Yurchenko: 88, 589
Zanetti: 371, 589
Zaozersky : 84, 589

Zernov: 107, 167, 519
Zhelev-Dimitrov: 108, 589
Ziegler: 166, 519
Ziviani: 219, 247, 519, 589

Zizioulas: 18, 19, 21, 519, 590
Žužek: 35, 262, 276, 277, 419, 420, 425, 429, 430, 432, 449, 459, 520, 590

TABLES DES MATIÈRES

Introduction 5

Première partie
L'autonomie ecclésiastique
selon l'actuelle législation canonique de l'Eglise orthodoxe

Chapitre I: *L'ecclésiologie de l'Eglise orthodoxe: organisation, statuts* 13

1. L'ecclésiologie orthodoxe: aperçu général 13
   1.1 Le syntagme de l'Eglise orthodoxe: étymologie et sens actuel 13
   1.2 Eléments essentiels de l'actuelle ecclésiologie de l'Eglise orthodoxe . 15
      1.2.1 L'*ecclésiologie eucharistique* vs. l'*ecclésiologie de communion*.. 17
      1.2.2 L'*ecclésiologie eucharistique* vs. l'*ecclésiologie
            de la «sobornicité ouverte»* 22
      1.2.3 L'Eglise locale et l'Eglise répandue dans l'univers................... 28
2. L'ecclésiologie orthodoxe et les «saints canons» 29
   2.1 Le «corpus canonum» de l'Eglise orthodoxe: aperçu général 31
   2.2 Le «corpus canonum» comme source des principes
       fondamentaux pour l'organisation de l'Eglise orthodoxe 36
   2.3 Les principes fondamentaux d'organisation de l'Eglise orthodoxe
       et la subsidiarité 38

Chapitre II: *L'autonomie ecclésiastique selon la doctrine canonique
            de l'Eglise orthodoxe* 45

1. Le concept d'*autonomie ecclésiastique* 45
2. L'*autonomie ecclésiastique* et ses degrés d'extension 49
   2.1 L'autonomie éparchiale.. 49
   2.2 L'autonomie ecclésiastique 59
   2.3 L'autocéphalie ecclésiastique 68

Chapitre III: *L'autonomie ecclésiastique et l'organisation actuelle
             de l'Eglise orthodoxe* 79

1. La synodalité en rapport avec l'*autonomie ecclésiastique* 79
2. Synodalité et autonomie dans le «corpus canonum» 84

3. Autonomie et synodalité dans l'organisation de l'Eglise orthodoxe	89
4. L'*autonomie ecclésiastique* et les problèmes organisationnels actuels	94
5. L'organisation de l'Eglise orthodoxe: regard conclusif	99

CHAPITRE IV: *L'autonomie ecclésiastique et son application concrète dans l'Eglise orthodoxe (études des cas)* 101

1. L'*autonomie ecclésiastique* dans l'Eglise de Constantinople	101
1.1 L'Eglise de Constantinople	101
1.1.1 Brève esquisse historique	101
a) La fondation et le développement	101
b) L'organisation après 1054	105
c) Le statut dans l'Empire ottoman	105
d) L'Eglise de Constantinople après 1922	107
1.1.2 L'Eglise de Constantinople et la diaspora orthodoxe	114
a) L'actuelle politique constantinopolitaine de revendication du droit d'autorité sur l'entière diaspora orthodoxe	114
b) Nouvelles théories constantinopolitaines pour la revendication du droit d'autorité sur l'entière diaspora orthodoxe	115
+ La théorie de G. Papathomas	115
+ La théorie de A.V. Kartachev	117
1.1.3 La situation actuelle de l'Eglise de Constantinople	120
1.2 L'*autonomie ecclésiastique* dans l'Eglise de Constantinople	122
1.2.1 L'autonomie ecclésiastique dans l'organisation de l'Eglise de Constantinople	122
1.2.2 Les différents degrés d'*autonomie ecclésiastique* dans l'organisation de l'Eglise de Constantinople	124
a) L'Eglise orthodoxe de Crète	124
b) L'Archevêché grec orthodoxe d'Amérique	126
c) Les Eglises autonomes	128
+ L'Eglise orthodoxe de Finlande	128
+ L'Eglise orthodoxe d'Estonie	130
+ La Politeia monastique du Mont Athos	137
+ L'Eglise orthodoxe de Grèce	139
1.3 Conclusion	144
2. L'*autonomie ecclésiastique* dans l'Eglise orthodoxe de Roumanie	145
2.1 L'Eglise orthodoxe de Roumanie	145
2.1.1 Brève esquisse historique de l'Eglise orthodoxe de Roumanie	145
2.1.2 La situation actuelle de l'Eglise orthodoxe de Roumanie	150
2.2 L'*autonomie ecclésiastique* selon l'actuel Statut d'organisation de l'Eglise orthodoxe de Roumanie	153
2.2.1 L'autorité suprême de l'Eglise orthodoxe de Roumanie	153
a) Le Saint-synode	153

b) Le Synode permanent	156
c) L'Assemblée Nationale Ecclésiastique	157
d) Le Conseil National Ecclésiastique	157
e) Le Patriarche de Roumanie et l'autorité suprême de l'Eglise orthodoxe de Roumanie	157
2.2.2 Les différents degrés d'*autonomie ecclésiastique* dans l'organisation de l'Eglise orthodoxe	160
a) L'*autonomie ecclésiastique* à l'intérieur de la Roumanie	160
b) L'*autonomie ecclésiastique* en dehors de la Roumanie	162
2.3 Conclusion	164
3. L'*autonomie ecclésiastique* dans de l'Eglise orthodoxe de Russie	165
3.1 L'Eglise orthodoxe de Russie	165
3.1.1 Brève esquisse historique de l'Eglise orthodoxe de Russie	165
3.1.2 La situation actuelle de l'Eglise orthodoxe de Russie	174
3.2 L'autonomie ecclésiastique selon l'actuel Statut d'organisation de l'Eglise orthodoxe de Russie	182
3.2.1 L'Eglise orthodoxe de Russie et son territoire canonique	182
3.2.2 L'autorité suprême dans l'Eglise orthodoxe de Russie	186
a) L'Assemblée locale	186
b) Le Synode des évêques	188
c) Le Saint-synode	192
d) Le Patriarche de Moscou et de toute la Russie	196
3.2.3 Les différents degrés d'*autonomie ecclésiastique* dans l'organisation de l'Eglise orthodoxe de Russie	200
a) Les institutions ecclésiales dans les lointains pays étrangers	201
b) Les Exarchats	202
c) Les Eglises «auto-administrées»	203
3.3 Conclusion	210
4. Conclusion	211

DEUXIEME PARTIE
L'AUTONOMIE ECCLÉSIASTIQUE
SELON L'ACTUELLE LÉGISLATION CANONIQUE DE L'EGLISE CATHOLIQUE

CHAPITRE V: *L'ecclésiologie de l'Eglise catholique*	217
1. Le syntagme d'Eglise catholique: étymologie et sens actuel	218
2. Eléments essentiels de l'ecclésiologie actuelle de l'Eglise catholique	219
2.1 L'Eglise société parfaite et l'Eglise-communion	222
2.2 L'Eglise-communion dans le mystère de la Trinité	230
2.3 La communion ecclésiastique	236
2.4 L'Eglise du Christ subsiste dans l'Eglise catholique (LG8b)	239

3. Les derniers éclaircissements magistériels sur l'ecclésiologie catholique ... 242

CHAPITRE VI : *L'Eglise universelle, locale et particulière* 253

1. L'Eglise universelle, locale et particulière au Vatican II................ 253
2. L'Eglise universelle, locale et particulière
   selon l'actuelle législation canonique de l'Eglise catholique....................... 265
3. Conclusion 280

CHAPITRE VII: *Le pouvoir de gouvernement* 283

1. Le pouvoir de gouvernement selon les documents du Vatican II................ 283
2. Le pouvoir de gouvernement
   selon l'actuelle législation canonique de l'Eglise catholique....................... 288
   2.1 Le pouvoir de gouvernement en général.. 288
   2.2 Pouvoir ordinaire et pouvoir délégué 291
   2.3 L'extension du pouvoir de gouvernement 293
       2.3.1 Le pouvoir législatif... 293
       2.3.2 Le pouvoir judiciaire.. 297
       2.3.3 Le pouvoir exécutif.. 302
3. Conclusion 305

CHAPITRE VIII: *Primauté et collégialité dans l'Eglise catholique*.................. 307

1. Primauté et collégialité selon les documents du Vatican II........................ 308
   1.1 L'autorité suprême selon les documents du Vatican II 308
   1.2 La succession apostolique selon les documents du Vatican II 313
   1.3 La collégialité épiscopale selon les documents du Vatican II 315
   1.4 Les différents types de collégialité épiscopale................................. 319
   1.5 Conclusion 321
2. L'autorité suprême dans l'Eglise catholique
   selon son actuelle législation canonique... 322
   2.1 L'autorité suprême dans l'Eglise catholique:
       le Pontife Romain et le Collège des évêques 325
       2.1.1 La charge (*munus*) et le pouvoir du Pontife Romain............... 325
       2.1.2 L'exercice du pouvoir du Pontife Romain 334
       2.1.3 La cessation du pouvoir du Pontife Romain 336
       2.1.4 La période de vacance du Siège Apostolique 337
   2.2 Les organismes au service du Pontife Romain 340
       2.2.1 Le Collège des évêques 343
           a) Le Collège des évêques en général 343
           b) Le Concile œcuménique 346
       2.2.2 Le Synode des évêques... 348
       2.2.3 Le Collège des cardinaux 352

2.2.4 La Curie Romaine	355
2.2.5 Les légats pontificaux	359
2.3 Regard conclusif	361
3. L'autorité de l'évêque diocésain/éparchial en rapport avec le primat-collégialité dans l'organisation actuelle de l'Eglise catholique	362
3.1 Le statut canonique de l'évêque dans l'Eglise catholique	362
3.2 Les organismes au service de l'évêque diocésain /éparchial	369
3.2.1 Le Synode diocésain ou l'Assemblée éparchiale	370
3.2.2 Le Conseil presbytéral	371
3.2.3 Le Collège des consulteurs	372
3.2.4 Le Conseil pastoral	374
3.2.5 La Curie diocésaine / éparchiale	374
3.3 La nomination des évêques dans l'Eglise catholique	375
3.4 Les visites «ad limina»	379
3.5 Regard conclusif	381
4. Conclusion	381
CHAPITRE IX: *L'autonomie ecclésiastique et son application concrète dans l'Eglise catholique*	383
1. L'*autonomie ecclésiastique* selon les documents du Vatican II	383
2. L'*autonomie ecclésiastique* selon l'actuelle législation de l'Eglise catholique	390
2.1 Le concept d'autonomie selon l'actuelle législation de l'Eglise catholique	390
2.2 L'autonomie dans l'Eglise latine	391
2.2.1 L'autonomie diocésaine	392
2.2.2 L'autonomie ecclésiastique (provinces et régions ecclésiastiques)	408
a) L'autonomie des provinces ecclésiastiques	409
b) L'autonomie des régions ecclésiastiques	413
2.3 L'autonomie dans les Eglises orientales catholiques	414
2.3.1 Le concept d'*Ecclesia sui iuris* et l'autonomie ecclésiastique	414
2.3.2 L'autonomie ecclésiastique dans les différents types d'*Ecclesia sui iuris* prévus dans le CCEO	431
a) Les Eglises patriarcales	432
b) Les Eglises archiépiscopales majeures	444
c) Les Eglises métropolitaines	445
d) Les autres *Ecclesiae sui iuris*	448
e) L'intervention du Pontife Romain dans les *Ecclesiae sui iuris*	449
2.3.3 L'autonomie des unités ecclésiales qui se trouvent à l'intérieur des *Ecclesiae sui iuris*	457
a) L'autonomie des métropolies	458

b) L'autonomie des éparchies	459
3. Conclusion	473
EN GUISE DE CONCLUSION	475
SIGLE ET ABREVIATIONS	485
BIBLIOGRAPHIE	491
TABLES DES AUTEURS CITÉS	591
TABLE DES MATIÈRES	603

TESI GREGORIANA

Depuis 1995, la collection «Tesi Gregoriana» met à la disposition du public quelques-unes des meilleures thèses élaborées à l'Université Pontificale Grégorienne. La composition en est assurée par les auteurs eux-mêmes, selon les normes typographiques définies et contrôlées par l'Université.

Volúmenes Publicados [Serie: Droit Canonique]

[Voll. 1-30 cf. *www.unigre.it /TG/diritto.htm*]

31. RUBIYATMOKO, Robertus, *Competenza della Chiesa nello scioglimento del vincolo del matrimonio non sacramentale. Una ricerca sostanziale sullo scioglimento del vincolo matrimoniale*, 1998, pp. 300.
32. BROWN, J. Phillip, *Canon 17 CIC 1983 and the Hermeneutical Principles of Bernard Lonergan*, 1999, pp. 436.
33. BAFUIDINSONI, Maloko-Mana, *Le* munus regendi *de l'évêque diocésain comme* munus patris et pastoris *selon le Concile Vatican II*, 1999, pp. 280.
34. POLVANI, Carlo Maria, *Authentic Interpretation in Canon Law. Reflections on a Distinctively Canonical Institution*, 1999, pp. 388.
35. GEISINGER, Robert, *On the Requirement of Sufficient Maturity for Candidate to the Presbyterate (c. 1031 §1), with a Consideration of Canonical Maturity and Matrimonial Jurisprudence (1989-1990)*, 1999, pp. 276.
36. VISIOLI, Matteo, *Il diritto della Chiesa e le sue tensioni alla luce di un'antropologia teologica*, 1999, pp. 480.
37. CORONELLI, Renato, *Incorporazione alla Chiesa e comunione. Aspetti teologici e canonici dell'appartenenza alla Chiesa*, 1999, pp. 456.
38. ASTIGUETA, Damián G., *La noción de laico desde el Concilio Vaticano II al CIC 83. El laico: «sacramento de la Iglesia y del mundo»*, 1999, pp. 300.
39. OLIVER, James M., *Ecumenical Associations: Their Canonical Status, with Particular Reference to the United States of America*, 1999, pp. 336.

40. BRUGNOTTO, Giuliano, *L'«aequitas canonica». Studio e analisi del concetto negli scritti di Enrico da Susa (Cardinal Ostiense)*, 1999, pp. 284.
41. TINTI, Myriam, *Condizione esplicita e consenso implicitamente condizionato nel matrimonio canonico*, 2000, pp. 220.
42. KALLENBACH, Gerald A., *Ein Kirchenamt im Dienst der Verkündigung. Die Rechtsstellung des Religionslehrers*, 2000, pp. 388.
43. MIRAGOLI, Egidio, *Il Consiglio Pastorale Diocesano secondo il Concilio e la sua attuazione nelle diocesi lombarde*, 2000, pp. 260.
44. ROMANO, Maria Teresa, *La rilevanza invalidante del dolo sul consenso matrimoniale (can. 1098 C.I.C.): dottrina e giurisprudenza*, 2000, pp. 252.
45. MARCHETTI, Gianluca, *La curia come organo di partecipazione alla cura pastorale del Vescovo diocesano*, 2000, pp. 556.
46. MALECHA, Paweł, *Edifici di culto nella legislazione canonica e concordataria in Polonia*, 2000, pp. 328.
47. GHISONI, Linda, *La rilevanza giuridica del* metus *nella consumazione del matrimonio*, 2000, pp. 212.
48. MOSCARIELLO, Giovanni, *«Error qui versetur circa id quod substantiam actus constituit» (can. 126). Studio storico-giuridico*, 2001, pp. 284.
49. RAVA, Alfredo, *Il requisito della rinnovazione del consenso nella convalidazione semplice del matrimonio (can. 1156§2). Studio storico-giuridio*, 2001, pp. 340.
50. FERNÁNDEZ CONDE, María Teresa, *La misión profética de los laicos del Concilio Vaticano II a nuestros días. El laico, «signo profético» en los ámbitos de la Iglesia y del mundo*, 2001, pp. 356.
51. SALVATORI, Davide, *L'oggetto del magistero definitivo della Chiesa alla luce del m.p.* Ad Tuendam Fidem: *il can. 750 visto attraverso i Concilî vaticani*, 2001, pp. 466.
52. ZAMBON, Adolfo, *Il consiglio evangelico della povertà nel ministero e nella vita del presbitero diocesano*, 2002, pp. 400.
53. CELIS BRUNET, Ana Maria, *La relevancia canónica del matrimonio civil a la luz de la teoría general del acto jurídico. Contribución teórica a la experiencia jurídica chilena*, 2002, pp. 396.
54. PAWŁOWSKI, Andrzej, *Il «bonum fidei» nella tradizione canonica e la sua esclusione nella recente giurisprudenza rotale*, 2002, pp. 408.
55. GRAZIAN, Francesco, *La nozione di amministrazione e di alienazione nel Codice di Diritto Canonico*, 2002, pp. 324.
56. BOLCHI, Elena Lucia, *La consacrazione nell'Ordo Virginum. Forma di vita e disciplina canonica*, 2002, pp. 450.
57. MULLANEY, Michael J., *Incardination and the Universal Dimension of the Priestly Ministry. A Comparison Between CIC 1917 and CIC 1983*, 2002, pp. 276.

58. CABRERA LÓPEZ, Rubén, *El derecho de asociación del presbítero diocesano*, 2002, pp. 236.
59. HEINZMANN, Marcelo Cristian, *Le leggi irritanti e inabilitanti. Natura e applicazione secondo il CIC 1983*, 2002, pp. 232.
60. UGGÉ, Bassiano, *La fase preliminare/abbreviata del processo di nullità del matrimonio in secondo grado di giudizio a norma del can. 1682 § 2*, 2002, pp. 368.
61. SAJE, Andrej, *La forma straordinaria e il ministro della celebrazione del matrimonio secondo il Codice latino e orientale*, 2003, pp. 276.
62. COLOMBO, Giovanna Maria, *«Sapiens aequitas». L'equità nella riflessione canonistica tra i due codici*, 2003, pp. 452.
63. SEQUEIRA, Domingos, *Os presbíteros diocesanos e o seu envolvimento na política: proibição e excepção. Estudo histórico-canónico-teológico*, 2004, pp. 384.
64. GAVIN, Fintan, *Pastoral Care in Marriage Preparation (Can. 1063). History, Analysis of the Norm, and Its Implementation by Some Particular Churches*, 2004, pp. 240.
65. BESSON, Éric, *La dimension juridique des sacrements*, 2004, pp. 386.
66. WALKER VICUÑA, Francisco, *La facultad para confesar*, 2004, pp. 270.
67. TKHOROVSKYY, Mykhaylo, *Procedura per la nomina dei Vescovi. Evoluzione dal CIC 1917 al CIC 1983*, 2004, pp. 276.
68. MANTARAS RUIZ-BERDEJO, Federico, *Discernimiento vocacional y derecho a la intimidad en el candidato al presbiterado diocesano*, 2004, pp. 492.
69. DOTTI, Federica, *Diritti della difesa e contraddittorio: garanzia di un giusto processo? Spunti per una riflessione comparata del processo canonico e statale*, 2005, pp. 290.
70. DE BERTOLIS, Ottavio, *Origine ed esercizio della potestà ecclesiastica di governo in San Tommaso*, 2005, pp. 214.
71. DE OLIVEIRA, Mário Rui, *O direito a viver do Evangelho. Estudo jurídico-teológico sobre a Sustentação do Clero*, 2006, pp. 368.
72. CIERKOWSKI, Stanisław, *L'impedimento di parentela legale. Analisi storico-giuridica del diritto canonico e del diritto statale polacco*, 2006, pp. 584.
73. VANZI, Alberto, *L'incapacità educativa dei coniugi verso la prole come incapacità ad assumere gli oneri essenziali del matrimonio (can. 1095, 3°)*, 2006, pp. 344.
74. GIRAUDO, Alessandro, *L'impedimento di età nel matrimonio canonico (can. 1083). Evoluzione storica e analisi delle problematiche attuali della dottrina e della prassi*, 2007, pp. 470.
75. SOSNOWSKI, Andrzej, C.R., *L'impedimento matrimoniale del voto perpetuo di castità (can. 1088 C.I.C.). Evoluzione storica e legislazione vigente*, 2007, pp. 336.

76. DELLAVITE, Giulio, «*Munus pascendi*»: *autorità e autorevolezza. Leadership e tutela dei diritti dei fedeli nel procedimento di preparazione di un atto amministrativo*, 2007, pp. 388.
77. ANAYA TORRES, Juan Miguel, *La expulsión de los religiosos.Un recorrido histórico que muestra el interés pastoral de la Iglesia*, 2007, pp. 550.
78. MAZZOTTI, Stefano, *La libertà dei fedeli laici nelle realtà temporali (c. 227 C.I.C.)*, 2007, pp. 336.
79. PIŁAT, Zbigniew, *Rilevanza giuridica delle interpellazioni e delle cauzioni nello scioglimento del matrimonio*, 2007, pp. 302.
80. SMITH, Gregory N., *The Canonical Visitation of Parishes. History, Law and Contemporary Concerns*, 2008, pp. 366.
81. GORBATYKH, Vitaliy, *L'impedimento della parentela spirituale nella Chiesa Latina e nelle Chiese Orientali. Studio storico-canonico*, 2008, pp. 352.
82. HUBERT, Patrick, «*De praesumptionibus iurisprudentiae*». *Zur Entwicklung ständiger richterlicher Vermutungen in der neueren Rota-Rechtsprechung und deren Anwendung an untergeordneten Gerichten*, 2009, pp. 320.
83. HALLEIN, Philippe, *Le défenseur du lien dans les causes de nullité de mariage. Étude synoptique entre le code et l'Instruction «Dignitas connubii», fondée sur les travaux des commissions préparatoires de l'Instruction*, 2009, pp. 728.
84. CEREZUELA GARCÍA, Carlos A., *El contenido esencial del* bonum prolis. *Estudio histórico-jurídico de Doctrina y Jurisprudencia*, 2009, pp. 364.
85. PETIT, Emmanuel, *Consentement matrimonial et fiction du droit. Étude sur l'efficacité juridique du consentement après l'introduction de la fiction en droit canonique*, 2010, pp. 410.
86. GRIGORIȚĂ, Georgică, *L'autonomie ecclésiastique selon la législation canonique actuelle de l'Eglise orthodoxe et de l'Eglise catholique. Étude canonique comparative*, 2011, pp. 616.

DIRITTO CANONICO

85 PETIT Emmanuel
Consentement matrimonial et fiction du droit

2010 • pp. 414
ISBN 978-88-7839-174-1 • € 27,00

84 CEREZUELA GARCÍA Carlos Antonio
El contenido esencial del bonum prolis

2009 • pp. 368
ISBN 978-88-7839-147-5 • € 27,00

83 HALLEIN Philippe
Le défenseur du lien dans les causes de nullité de mariage

2009 • pp. 728
ISBN 978-88-7839-146-8 • € 48,00

82 HUBERT Patrick
De praesumptionibus iurisprudentiae

2009 • pp. 332
ISBN 978-88-7839-144-4 • € 23,00

PERIODICA

PERIODICA DE RE CANONICA

Vol. 100/2011
Abbonamento per un anno: € 60,00
ISSN 0031-529X

ATTUALITÀ

BARBIERI Cristiano - TRONCHIN Michele
Disturbi del comportamento alimentare e matrimonio canonico

2010 • pp. 404
ISBN 978-88-7839-159-8 • € 32,00

Finito di stampare nel mese di maggio 2011
presso Lisanti S.r.l. - Roma